Für meinen Mann und unsere beiden Töchter Anja und Carolin,
für Julius, Jannik, Moritz, Juri und Caspar

Christa Seidel

Leitlinien zur Interpretation der Kinderzeichnung

Journal Verlag

1. Auflage 2007

Lektorat:
Dr. med. Helga Drews, Feldafing
Gisela Pispers, M. A., Köln
Ingelid Brand, Würzburg

Buchumschlaggestaltung: creARTive Studio Droesler, München, www.creARTive.de
Reproduktion der Originale: Dietmar Lauffer, München
Schriftsatzgestaltung, graphische Gestaltung und Druckabwicklung:
Journal Verlag GmbH, A-9900 Lienz i. Ostt.

ISBN-Nr. 978-3-902128-30-0
www.christa-seidel.de

Leitlinien zur Interpretation der Kinderzeichnung

Praxisbezogene Anwendung in
Diagnostik, Beratung, Förderung und Therapie

Altersgemäße Entwicklung – Verhaltensprobleme – Entwicklungsstörungen
Hochbegabung – Intelligenzminderung – Sonderformen der Begabung

Mit über 250 farbigen Abbildungen

Inhaltsverzeichnis

Vorwort

Wie bewertet man ein Buch? Ich glaube, entscheidend ist, dass der Autor uns wissen lässt, was er über sein Fachgebiet weiß, was er von seinem Wissen, Denken und seiner Erfahrung einbringt, wie er seine neuen Einsichten weitergibt und uns dadurch zum Weiterdenken anregt. Ein gutes Buch ist wie ein Kieselstein, der ins Wasser geworfen wird und Wellenkreise auslöst. Solche Kreise sind für mich ein Angebot, weiter zu denken.
Gerne schreibe ich die Einführung zu einem Buch von Christa Seidel, in dem sich Erfahrung und Wissen, Theorie und Praxis, Ästhetik und Methodik zu einem tiefen Verständnis der Kinderseele, ihrer Sprache und ihres Schweigens, ihrer Worte und ihrer Zeichnungen ineinander weben. Auf beeindruckend einfühlsamen Wegen schafft Christa Seidel jenen intimen Raum, der es möglich macht, dem Kind seine eigene Welt und die seiner Mitwelt zu eröffnen.

„Intimität" gilt leider oft als ein gut zu hütendes Geheimnis und aus Sicht bestimmter psychologischer Schulen als unerlaubtes Phänomen in der Therapie. Meist wird der Begriff inhaltlich mit sehr persönlichen religiösen Empfindungen und Erfahrungen konnotiert oder mit der sexuellen Beziehung innerhalb einer Partnerschaft; nur selten dient er im Sprachgebrauch zur Beschreibung familiärer (Vater/Mutter/Kind; Kind zu Kind) oder psychotherapeutischer Beziehungen (Psychotherapeut/Klient). Im englischen Sprachraum steht „to be intimate with" auch für ein besonderes Vertrautsein, sei es mit einem Menschen oder einem Bereich, für Freundschaft, für das Bewandertsein auf einem Gebiet und das sich Auskennen bis hin zum Wissen und Wahren eines Geheimnisses, das sich nur in Andeutungen ausspricht. Erst wenn man eine Atmosphäre schafft, in der Andeutungen verstanden und Geheimnisse bewahrt werden, wagt ein Kind es, etwas, im günstigen Fall sogar sehr viel von sich zu zeigen. Es bedarf aber oft eines langen, mühsamen Wartens, bis die notwendige Sicherheit aufgebaut ist, die dem Kind genügend Mut und Kraft gibt, etwas von sich zu offenbaren und das therapeutische Angebot anzunehmen.

Diese Geduld, diese Ausdauer, warten zu können, bis eine leise, zaghafte Antwort, ein neues Kraft gebendes Zeichen der Intimität des Kindes sich in der Zeichnung, in der therapeutischen Beziehung, zeigt, ist Christa Seidel so eigen und macht ihre Arbeit so wertvoll und dieses Buch, ihr Lebenswerk, so lesenswert.
Anhand ihrer Fallbeispiele führt Christa Seidel uns durch die Seele des Kindes und zeigt uns, wie es sich und die Welt um sich fühlt. Sie zeigt uns auch, wie man es Kindern leichter machen kann, sich und ihre Umwelt zu verstehen. Christa Seidels fein-

fühlige und an neuen Einsichten reiche Interpretationen machen uns Mut, zunächst gemeinsam mit ihr und dann auch selbstständig weiterzudenken. Auf der Grundlage der von ihr entwickelten, klar gegliederten Leitlinien analysiert sie die Kinderzeichnung, berücksichtigt prüfend aber bei ihrer Interpretation nicht nur ihre, sondern auch die Sicht diverser anderer psychologischer Schulen. Damit vermittelt sie uns mit den Maßstäben, die sie für sich gefunden hat, auch die Möglichkeit, unser Denken und unsere Arbeit mit Kindern der kritischen Prüfung und eigenständigen Beurteilung zu unterziehen.

Ich glaube, all das kann ein Therapeut nur leisten, wenn er seine ganze Persönlichkeit einsetzt, in allen ihren Aspekten, wenn er das Kind in sich walten lässt, um es zu fühlen und zu erkennen. Erst die Verbindung von beidem, von Erfahrung und Wissen, befähigt ihn, dem Kind die nötige Sicherheit zu bieten und auch seinen Eltern weiterhelfen zu können. Es ist ein bipolarer, kreativer Prozess, der sich zunächst im Inneren des Therapeuten abspielt, aber fast gleichzeitig auf das behandelte Kind wirkt, ein kreativer Prozess im ursprünglichen, unverfälschten und umfänglichen etymologischen Wortsinn. Creare: das heißt (er)zeugen, gebären, schaffen, gestalten, hervorbringen. Diese „Kreation", das Erschaffene, ist Alpha und Omega, Ursprung und Vollendung zugleich in der Psychotherapie.

Hier liegt ein in vielerlei Hinsicht wertvolles, klares, hilfreiches und belehrendes Buch vor uns. Es schafft die intime Atmosphäre, in der man sich Zeit lassen darf, um so das Verhüllte, das sich in jedem Kind verbirgt, zu verstehen, – ein Prozess, für den das Wort Goethes gilt: „Dass Du mich liebst [mich annimmst], macht mich mir wert". Dieses Buch wird vielen Menschen die Augen öffnen und durch die genaue Beobachtung, Wertschätzung und sorgfältige Bewertung der Kinderzeichnung helfen, hoffnungsvolle Wege für die weitere Arbeit mit Kindern aufzuzeigen.

Erika Landau, Tel Aviv
im Mai 2007

Dr. Erika Landau ist eine der anerkanntesten Pioniere in der Kreativitäts- und Begabtenforschung. Ihre Bücher sind in neun Sprachen übersetzt.
Sie ist Gründerin und Leiterin des Young Persons' Institute for the Promotion of Creativity and Excellence, Tel Aviv University, Israel.

Einführung

Dieses Buch hat eine lange Geschichte. Seit Beginn meiner kinderpsychologischen Arbeit beschäftige ich mich intensiv mit Kinderzeichnungen und setze sie gezielt in der psychologischen Diagnostik, Therapie und Beratung ein. Auch bei meiner Arbeit in Kindergärten spielt die Kinderzeichnung im Hinblick auf die sprachliche und kognitive Entwicklungsförderung, die Entfaltungsmöglichkeiten kreativer Potenziale, die Stabilisierung der emotional-sozialen Entwicklung und die Prävention von Wahrnehmungs-, Lern- und Verhaltensstörungen der Kinder sowie für die Elternberatung eine wichtige Rolle. Das in vielen Berufsjahren von mir zusammengetragene und hier vorgelegte reichhaltige Bildmaterial mit Fallbeispielen soll auf Kinderschicksale aufmerksam machen und zur genauen und detaillierten Beobachtung von Kindern und ihren Zeichnungen anregen. Es wird aufgezeigt, wie das Malen und Zeichnen über Bewegungsspiele und Rollenspiele stimuliert werden können. Aus den anschließenden Kommentaren der Kinder zu ihren Zeichnungen können ihre Vorstellungsbilder und Symbolisierungen erkannt und eingeordnet werden. Dies eröffnet nicht nur die Möglichkeit, Einblick in ihre Erlebnis- und Phantasiewelt, in die Landschaft ihrer Seelen, zu erhalten, es können darüber hinaus Erkenntnisse über die Entwicklung von Graphomotorik, Sprache, der verschiedenen Wahrnehmungsfunktionen und der kognitiven Funktionen gewonnen werden. Mit den hier vorgestellten neuen und praxisbezogenen Leitlinien möchte ich allen Berufsgruppen, die mit Kindern malen und zeichnen, sowie den Eltern Hilfestellungen zur Interpretation der Kinderzeichnung geben. Die Vermittlung von entwicklungspsychologischen und kunstpädagogischen Grundlagen soll in diese Thematik einführen.

Mein methodischer Ansatz ist qualitativ-beschreibend und stützt sich auf intensive Langzeit-Untersuchungen an einzelnen Kindern sowie auf vorliegende Normierungen von Zeichentests. Allgemeine, durch statistische Untersuchungen bestätigte Trends der Fachliteratur zur Auswertung von Kinderzeichnungen werden berücksichtigt. Das von mir vorgelegte Beobachtungsmaterial soll beispielhaft einen Einblick in die altersentsprechende, in 4 Stufen eingeteilte Zeichenentwicklung ermöglichen. In Gegenüberstellung zur altersentsprechenden Entwicklung werden Zeichnungen hochbegabter, sonderbegabter, verhaltensgestörter und entwicklungsgestörter Kinder/Jugendlicher in individuellen Langzeit-Entwicklungsverläufen erläutert. Die überwiegende Mehrzahl der Zeichnungen wurde in meiner Praxis unter konstanten Bedingungen angefertigt (vgl. Kap. 5.2.2.1; 5.2.2.2; 8.3.1). Aus meinen Erläuterungen zu den Zeichnungen ist jeweils zu entnehmen, in welchem Umfeld und unter welchen Rahmenbedingungen sie entstanden sind. Die Authentizität aller Zeichnungen ist von mir geprüft; sämtliche Bilder wurden selbstständig und ohne die Möglichkeit des Kopierens von Vorlagen ge-

zeichnet. Eine Ausnahme von dieser Vorgabe bildet die Abb. 134, bei der ein 10;0jähriger hochbegabter Junge nach einem Museumsbesuch das Motiv „Der singende Fisch" von Joan Miró nach einer Kunstpostkarte malte, ganz bewusst eigenständige Variationen des Originals vornahm (vgl. Kap. 8.5.3, Abb. 289, S. 719) und beim Zeichnen seine musikalischen Empfindungen zu diesem Bild verbal zum Ausdruck brachte (vgl. Kap. 3.8, Abb. 134, S. 263). Eine andere Ausnahme von dieser Vorgabe sehe ich in der Abb. 138, Kap. 3.8, bei der ein ebenfalls hochbegabtes Mädchen Comics und Texte von Uli Stein zum Thema Hochbegabung als Ausgangspunkt und Inspiration für eigene graphische Variationen und Neugestaltung von Textpassagen verwendete.
Keine Zeichnung entstand mit Hilfestellung von Geschwistern, anderen Kindern, Eltern oder Bezugspersonen. Meine Aussagen über die hier vorgestellten Kinder sind durch eigene Langzeit-Beobachtungen und in vielen Fällen durch medizinische, psychodiagnostische und (sonder)pädagogische Begutachtungen belegt. Mit Hilfe der Analyse von „Entwicklungsmerkmalen", geordnet nach 8 Bereichen, von Emotionalen Faktoren (Koppitz) und von Emotionalen Zeichen (Seidel) wird im Sinne eines qualitativ orientierten Screening-Verfahrens die Methodik der psychologischen Prozessdiagnostik bei Kindern erweitert; die hier beschriebenen Leitlinien zur Interpretation von Kinder- und Jugendzeichnungen können psychodiagnostische und therapeutische Verfahren unterstützen, jedoch nicht ersetzen.

Gerade selbstunsichere, sensible, ängstliche Kinder, Kinder mit Leistungsängsten, Kinder mit frühen Lern- und Entwicklungsstörungen oder mit gravierenden affektiven Störungen, aber auch hochbegabte Kinder, benötigen in Form einer ganzheitlich und mehrdimensional orientierten Diagnostik, Förderung und Therapie unsere besondere Aufmerksamkeit, liebevolle Zuwendung und positive Verstärkung. Mit den dokumentierten Fallbeispielen soll darauf hingewiesen werden, wie wichtig es ist, Kinder zu ermutigen, ihre Fähigkeiten und Würde zu achten, ihnen zur Entfaltung eines gesunden Selbstwertbewusstseins (Kohärenzgefühl, vgl. Schiffer, E. und H., 2004, Kap. 2.5, S. 70) zu verhelfen, auch oder gerade, wenn sie durch allgemeine Entwicklungsstörungen oder durch Entwicklungsstörungen in umschriebenen Bereichen schulischer Fertigkeiten („Teilleistungsstörungen") beeinträchtigt sind. Ebenso können hochbegabte, oft besonders sensible Kinder gefährdet sein, Schulversagen und Verhaltensstörungen zu entwickeln, wenn ihre überdurchschnittlich hohen geistigen und kreativen Begabungen nicht rechtzeitig erkannt und im häuslichen Umfeld bzw. in der Schule nicht entsprechend beachtet und in ganzheitlichem Zusammenhang gefördert werden.
Mein Buch soll dazu anregen, Kinder genauer zu beobachten. Erst wenn wir die Persönlichkeit der Kinder, ihre Stärken und ihre Probleme, möglichst genau erkannt haben, können wir fundierte Beratungen anbieten, effektive Förderungen oder Thera-

pien planen und umsetzen. Innerhalb des therapeutischen Prozesses kommt es daher entscheidend darauf an, Kindern dabei zu helfen, dass sie zunächst ihre eigenen positiven Fähigkeiten, kreativen Potenziale und Begabungen erkennen lernen und stolz darauf werden. Umso erfolgreicher werden sie dann ihre Fähigkeiten und Fertigkeiten einsetzen und ihre sozialen Kompetenzen entfalten, denn unter diesen Voraussetzungen müssen sie sich nicht mehr einseitig über ihre Defizite, ihre Abweichungen von der „Norm", ihre Hoch- oder Minderbegabung definieren. In dieser Hinsicht müssen besonders entwicklungsgestörte Kinder möglichst frühzeitig mit Hilfe ihrer Eltern, Lehrer und Therapeuten lernen, ihre Schwächen zu erkennen und zu akzeptieren und an deren Überwindung oder Besserung zu arbeiten. Dabei ist es besonders wichtig, auch Hilfsangebote von Stützsystemen in ihrem Umfeld zu suchen und anzunehmen. Die Beispiele, die ich in meinem Buch gebe, weisen nachdrücklich darauf hin, wie wichtig es ist, im therapeutischen Prozess mit den Kindern/Jugendlichen und in der Elternberatung auch die Problematik einer möglichen bleibenden Störung oder Behinderung gezielt anzusprechen und entsprechend zu bearbeiten; nur auf diesem Weg sind die bestmögliche Kompensation von Defiziten und die Entwicklung individueller Lebensfreude zu erreichen.

Geschrieben wurde dieses Buch für mit Kindern arbeitende Berufsgruppen aller Disziplinen und für Eltern, die mit ihren Kindern malen und zeichnen und sich für Kinderzeichnungen interessieren. Zur Beantwortung der wichtigen Frage, wie Eltern oder Berufsgruppen aus unterschiedlichen Fachdisziplinen das Kind zum Malen und Zeichnen anregen und motivieren können, ohne dabei Leistungsdruck auszuüben, will es einen Beitrag leisten. Häufig ist zu beobachten, dass Eltern die Malentwicklung ihrer Kinder durch mangelnde Würdigung der Zeichnungen, infolge eigener, aus Kindheit oder Schulzeit herrührender negativer Einstellungen gegenüber dem Malen und Zeichnen, oder durch vorschnelles Fragen nach genauen Erklärungen zu den Bildern („Was hast du denn da gemalt?") hemmen. Durch eine leistungsbezogene Kritik („Dieses Bild gefällt mir aber gar nicht, du kannst es doch viel besser, da fehlen ja noch die Arme, probiere es noch einmal!"), durch Vormalen, durch das Hineinmalen in die Bilder der Kinder oder durch eine falsche Gesprächsführung mit Suggestivfragen zu den Bildern werden Kinder leicht beim Malen und Zeichnen verunsichert und verlieren so die Freude am eigenen Gestalten. Sie empfinden dann das Zeichnen als eine lästige Schulaufgabe, die sie zunehmend meiden und sich stattdessen lieber zum Zeitvertreib und zur „Entspannung" vor den Computer oder den Fernseher setzen. Auch zu häufiges, zu überschwängliches und vom Kind nicht einzuordnendes Lob kann sich auf die Weiterentwicklung des Zeichnens/Malens und die unbeschwerte Fortführung eigenen Experimentierens mit Linien, Formen und Farben negativ auswirken. Oft sind sich

Eltern, aber auch „Fachleute“ dieser problematischen Zusammenhänge nicht ausreichend bewusst und finden daher keine Ansatzpunkte zur Änderung und Verbesserung der Situation. Sie nehmen hin, dass ihre Kinder nicht malen können oder wollen, ohne zu ahnen, wie viel aufbauende Kräfte für die emotionale, geistige und kreative Entwicklung ihrer Kinder auf diese Weise verloren gehen. Viele, für die das Malen/Zeichnen mit Kindern noch von Unsicherheit geprägt ist oder die bisher überhaupt noch keinen Zugang zu diesem Medium gefunden haben, können in diesem Buch gezielte Anregungen finden. Auch für die Arbeit mit Kindern, die feinmotorische, taktil-kinästhetische oder visuelle Wahrnehmungsstörungen aufweisen, finden sich Hilfen und Maßnahmen zur Förderung der Zeichenentwicklung/Malentwicklung. Der wichtige, zur Förderung der Zeichenentwicklung so grundlegende Bereich des „dreidimensionalen plastischen Gestaltens“ wird bei allen Anregungen mit einbezogen.

An dieser Stelle möchte ich darauf hinweisen, dass das umfangreiche Buch – je nach Berufsgruppe oder Interesse – nicht notwendig komplett oder in der vom Inhaltsverzeichnis vorgegebenen Reihenfolge gelesen werden muss: Wer rasch einen Einstieg in die praktische Anleitung zur Interpretation der Kinderzeichnung wünscht, dem empfehle ich, mit Kapitel 5 zu beginnen. Die Leserin/der Leser findet dort neue Leitlinien zur Interpretation der Kinderzeichnung, die anhand eines Interpretationsmodells erläutert und in ihrer praktischen Anwendung demonstriert werden (Fallgeschichte „Anna“ mit ausführlicher Beschreibung der einzelnen Interpretationsschritte, Testauswertungen und Hypothesenbildungen). Die ausführliche Darstellung der 4 Entwicklungsstufen der Kinderzeichnung (Kap. 3.7.1-3.7.4.9 und 3.8), die Anwendung der Original-Auswertungstabellen von E. Koppitz (Kap. 9.2-9.2.2) und mein Strukturierter Beobachtungsbogen (4 Stufen der Kinderzeichnung und ihre Entwicklungstendenzen, zugeordnet 8 Beobachtungsbereichen, Kap. 9.4) werden als Auswertungshilfe die Aufmerksamkeit des diagnostisch arbeitenden Lesers auf sich ziehen. Von Kapitel 5 ausgehend werden therapeutisch interessierte Leserinnen und Leser die Kapitel 4, 6, 7 und 8 bearbeiten und dort anhand vieler Fall- und Bildbeispiele Anregungen zur Behandlung entwicklungsgestörter Kinder mit Verhaltensproblemen finden. Wer sich für entwicklungspsychologische Grundlagen der Kinderzeichnung interessiert (Piaget u. a.), wird sich auf die Kapitel 1, 2 und 3.1-3.6.8 konzentrieren. Interessierten Eltern rate ich, mit Kapitel 8 zu beginnen und sich über Fragen und ihre Beantwortung sowie über die aufmerksame Betrachtung der 279 interpretierten, zumeist farbigen Kinderzeichnungen des Buches in die vorliegende Thematik einführen zu lassen.
Die in diesem Buch enthaltenen Beiträge eines Elternpaares und zweier betroffener Mütter (Kap. 6.2.1 und 7.3.2; 7.5.1) konfrontieren Eltern und Fachleute unterschiedlicher Disziplinen mit den Schwierigkeiten, aber auch positiven Erfahrungen

bei der Erziehung und Förderung entwicklungsgestörter Kinder. Eltern, Erzieher/innen, Pädagog/innen, Therapeut/innen, Ärzt/innen können hier Problemen wieder begegnen, mit denen sie vielleicht selbst hart zu kämpfen hatten oder noch haben. Die Bedeutung des Malens und Zeichnens für den Therapieprozess der hier besprochenen Kinder wird in diesen Beiträgen aus einem besonderen Blickwinkel beleuchtet. Für diese Beiträge danke ich den Eltern, die namentlich nicht genannt werden möchten, ganz besonders. Ihr geduldiger Kampf für die Rechte ihrer Kinder und deren Anerkennung in unserer Gesellschaft kann anderen betroffenen Eltern Mut machen und der therapeutischen Arbeit wichtige Anregungen vermitteln.
Besonders freue ich mich, dass auch Betroffene selbst hier zu Wort kommen und uns über ihre Entwicklungsschwierigkeiten, aber auch über ihre Stärken und positiven Erfahrungen aus Sicht des Erwachsenenalters berichten (vgl. Brief von Marcel, Kap. 6.2.1 und Brief einer erwachsenen Legasthenikerin: „Gefangene in einer Schwäche", Kap. 6.2.2).

Denn dass wir über Bilder und Symbole voneinander lernen und, verbal wie nichtverbal, besser miteinander kommunizieren können, ist meine feste Überzeugung. Auf diese Weise können Verständnis füreinander und Achtung voreinander wachsen, Vorurteile gar nicht erst entstehen oder, auch bei noch so unterschiedlichen körperlichen, sprachlichen, emotionalen, sozialen, geistigen oder kreativen Voraussetzungen, rasch abgebaut werden. Wenn wir Kindern wirklich helfen wollen, müssen wir uns ganz und bedingungslos auf sie einlassen. Sie müssen spüren, dass wir mit ihnen gehen, sie begleiten, stützen, ermutigen. Wir müssen uns Zeit für sie nehmen, mit ihnen sprechen, sie mit ihren Wünschen und Sorgen ernst nehmen. Wir müssen versuchen, sie immer besser zu verstehen, menschlich und gestützt auf eine ganzheitliche Orientierung unseres fachkompetenten Erfahrungswissens, das wir im Austausch mit den anderen einschlägigen Berufsdisziplinen erweitern und vertiefen. Dieses Bemühen erstreckt sich nicht nur auf die Therapie der Kinder selbst, auch die Beratung der Eltern sollte darin eingeschlossen sein. In der Welt der Bilder und Symbole können wir Wege zum Verständnis von Kindern und ihren Eltern finden; überraschende Zugänge, Eingänge und Türen, verborgene Räume können sich öffnen. Es lohnt sich, diese Räume zu betreten, – das zu zeigen, ist mein großes Anliegen. Allen, die sich auf diesen Weg machen, will dieses Buch Wegweiser sein.

Ich wünsche mir, dass meine Leserinnen und Leser dieses Buch mit Verstand, aber auch mit ihrem Herzen lesen und dass sie Anregungen und Anstöße für ihre eigene kreative Arbeit mit Kindern, mit Eltern und mit sich selbst darin finden mögen.

Christa Seidel, Mai 2007

1 Einsatz der Kinderzeichnung in Diagnostik, Beratung, Förderung und Therapie

Die Kinderzeichnung kann sowohl im Rahmen einer mehrdimensional und interdisziplinär orientierten Diagnostik als auch im Rahmen von Beratung, Förderung und Therapie eingesetzt werden (vgl. Kap.1, Abb. 001, Schaubild 1).
Im Sinne des hier vertretenen Ansatzes der Humanistischen Psychologie steht für mich bei der Interpretation der Kinderzeichnung die Gesamtpersönlichkeit des Kindes (Symbol des mittleren Kreises) und ihre Vernetzung mit den psychischen Funktionen im Mittelpunkt. In den emotional-sozialen Bereich eines Kindes sind, wie in einen tragenden Grund, die einzelnen Funktionen und Fähigkeiten anderer Bereiche eingelassen, die selbst wiederum vernetzt und in ihrer Abhängigkeit vom tragenden Grund zu sehen und zu beurteilen sind. Bewegung, Sprache, sämtliche Wahrnehmungsfunktionen, die höheren kognitiven Funktionen, einschließlich ihrer Stützfunktionen Konzentration, Aufmerksamkeit und Ausdauer, die Gedächtnisfunktionen und der kreative Bereich werden unter entwicklungspsychologischen Gesichtpunkten sowohl einzeln als auch in ihrem Zusammenhang diagnostiziert und gefördert, ermittelte Probleme durch Beratungsgespräche aufgefangen und, wenn nötig, Störungen gezielt behandelt.

Aus der formalen Strukturanalyse (vgl. Kap. 3) und der inhaltlichen Analyse (vgl. Kap. 4) der Kinderzeichnung als orientierende Verfahren können Anhaltspunkte zur Begutachtung aller genannten Bereiche zusammengetragen und in die mehrdimensionale Diagnostik (vgl. Kap. 5), in die Planung von Beratungsgesprächen und Fördermaßnahmen sowie in die Durchführung von Therapien (vgl. Kap. 7 und 8) zweckdienlich integriert werden.
Im Gesamtplan einer kindlichen Förderung durch Elternhaus, Kindergarten und Schule sowie bei medizinisch-psychologisch-(sonder)pädagogischen diagnostischen und therapeutischen Maßnahmen kommt der Kinderzeichnung eine wichtige Bedeutung zu. Denn die freien zeichnerischen Gestaltungen der Kinder liefern, zusammen mit ihren sprachlichen Kommentaren, Eltern, Erziehern, Lehrern, Psychologen, Therapeuten und Ärzten aufschlussreiche Hinweise auf den Entwicklungsstand des Kindes, was beispielsweise die Auge-Hand-Koordination, die verschiedenen Wahrnehmungsbereiche, die Sprache, die Denk- und Gedächtnisfunktionen, das Arbeitsverhalten und die aktuelle Erlebnisverarbeitung in seinem emotional-sozialen Umfeld betrifft (vgl. Kap. 8). Freie Zeichnungen und Zeichentests können darüber hinaus im Zusammenhang mit standardisierten psychodiagnostischen Intelligenz-, Leistungs- und Persönlichkeitstests in einer ganzheitlich orientierten Prozessdiagnostik als *orientierende psychodiagnostische*

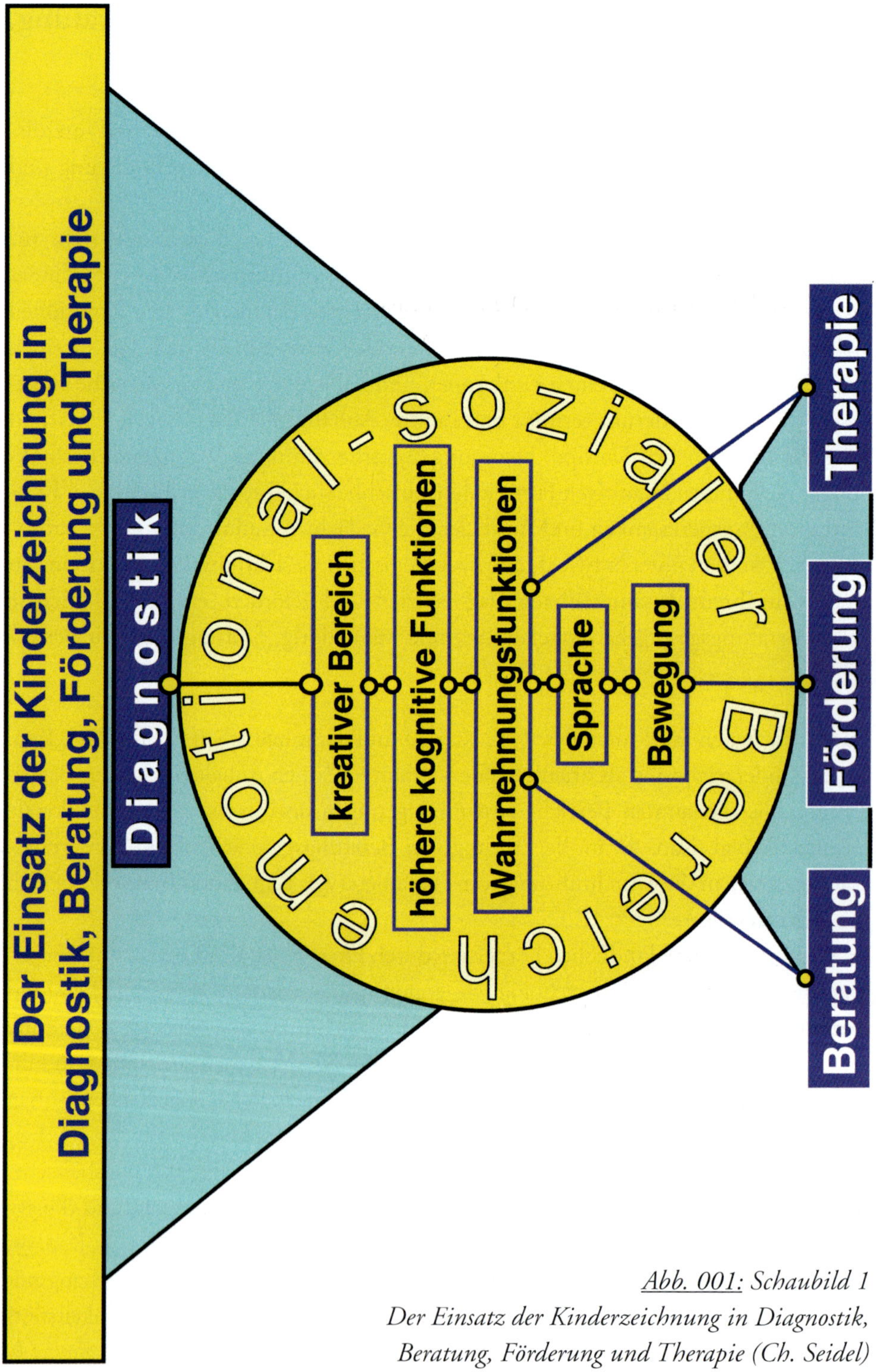

Abb. 001: Schaubild 1
Der Einsatz der Kinderzeichnung in Diagnostik,
Beratung, Förderung und Therapie (Ch. Seidel)

Verfahren eingesetzt werden und zeigen bei Kindern mit Wahrnehmungs-, Lern- oder Verhaltensstörungen charakteristische Auffälligkeiten. Im Zusammenhang mit der Vorgeschichte, der Verhaltensbeobachtung, dem Gespräch mit Eltern und Bezugspersonen sowie gegebenenfalls notwendigen medizinischen, psychodiagnostischen und (sonder)pädagogischen Befunderhebungen beurteilt, lassen sich aus den Zeichnungen Entwicklungstendenzen ermitteln, die von mir als *„Knotenpunkte neuronaler Vernetzung"* 8 Bereichen zugeordnet werden (vgl. Kap. 3); ferner *Emotionale Zeichen* (vgl. Kap. 4), die im Bereich der *Entwicklungsdiagnostik* und zur *Absicherung psychodiagnostischer Befunde* zu berücksichtigen sind. Diese Gesichtspunkte gilt es vor allem bei Kindern zu beachten, die aufgrund von *Leistungsängsten* in der Intelligenztestdiagnostik oft ihre positiven geistigen Potenziale nicht überzeugend zeigen können. Aus der freien, ohne Zeitdruck und Prüfungsangst geschaffenen Zeichnung lassen sich als Ergänzung zur Testdiagnostik wichtige Hinweise auf die individuellen Ausdrucksmöglichkeiten des Kindes im sprachlichen und kreativen Bereich, auf den motorischen, sprachlichen und geistigen Entwicklungsstand, auf kreative Potenziale, Hochbegabung und Sonderbegabungen, Traumatisierungen und Entwicklungsrückfälle ermitteln; aus den sprachlichen Äußerungen der Kinder können aktuelle Erlebnisinhalte sowie vorliegende emotional-soziale Probleme oder Störungen erschlossen werden. *Auffällige Emotionale Zeichen in der Kinderzeichnung sind niemals isoliert zu interpretieren,* sondern setzen immer eine Überprüfung des erreichten Gesamtentwicklungsstandes und Einordnung in entwicklungspsychologische Zusammenhänge der verschiedenen Funktionsbereiche sowie eine Beachtung und Diskussion der Ergebnisse anderer Untersuchungsverfahren voraus (vgl. Kap. 5, 6 und 7).

Die Interpretation von Kinderzeichnungen stellt in ihren Ergebnissen eine wertvolle Bereicherung des Gesamtprozesses der psychodiagnostischen Untersuchung dar. Auch in der pädiatrischen Vorsorgeuntersuchung (U9) kann die Kinderzeichnung sinnvoll als Screening-Verfahren eingesetzt werden. Allerdings reicht es nach meiner Überzeugung nicht aus, Kinderzeichnungen, wie bisher oft gehandhabt, nur anhand weniger Merkmale per Checklisten zu beurteilen. Die von mir vorgestellten neuen Leitlinien zur Interpretation der Kinderzeichnung bieten hier eine praxisorientierte Hilfestellung an (vgl. Kap. 5.2; 5.2.1; 9.4).

Im Rahmen von Schulfähigkeitsuntersuchungen sind Kinderzeichnungen im Zusammenhang mit standardisierten psychodiagnostischen Tests als wichtiges Screening-Verfahren einsetzbar (vgl. Kap. 5.1). In Kindergärten und Vorschulen orientieren Kinderzeichnungen bei der Querschnitt- und Langzeit-Beobachtung über den Entwicklungsverlauf von Auge-Hand-Koordination, Wahrnehmung, Sprache, Denken

und Handlungsplanung, Gedächtnis und von kreativen Ausdrucksmöglichkeiten. Überdurchschnittlich gute Fähigkeiten (Hochbegabungen) oder Entwicklungsdefizite können in Kinderzeichnungen erkannt und in Zusammenhang mit anderen vorliegenden Verhaltensbeobachtungen bei der Ausarbeitung von Förderplänen für die oben genannten Bereiche berücksichtigt werden (vgl. Kap. 3.8, Abb. 120-131). Hieraus ergeben sich wegweisende Impulse für eine ganzheitlich orientierte Vorschulpädagogik und die gezielte Vorbereitung der Einschulung.
Die Interpretation der Kinderzeichnung kann nicht nur auf gute Entwicklungspotenziale oder auf Entwicklungsdefizite aufmerksam machen. Auch die symbolische Verarbeitung von aktuellen Erlebnissen und Konflikten wird oft in Kinderzeichnungen deutlich. Ist eine akute Krisensituation gegeben, so fallen die emotional-sozialen Probleme des Kindes/Jugendlichen oft unmittelbar in seiner Zeichnung auf (vgl. Kap. 4.3.5, Abb. 172). Erzieher, Lehrer und andere Berufsgruppen, die in diesem Verfahren geschult sind, können so rechtzeitig auf die Probleme aufmerksam werden, das notwendige Gespräch mit Eltern und Bezugspersonen bzw. den Kindern/Jugendlichen selbst in die Wege leiten und die Zusammenarbeit mit fachkompetenten Kollegen und Kolleginnen suchen. In Verbindung mit den individuellen Lebensdaten des Kindes und seiner Familie, mit Explorationsgesprächen, gezielter Verhaltensbeobachtung in der Spiel- und Lernsituation sowie Beachtung und Untersuchung von Leistungspotenzialen und Defiziten kann die Kinderzeichnung als orientierendes Verfahren bei der Ermittlung von Wahrnehmungs-, Lern- und Verhaltensstörungen ausgewertet werden. Bei den betroffenen Kindern oder Jugendlichen lassen sich so gezielte, weiterführende diagnostische, *gegebenenfalls auch beratende oder therapeutische Interventionen* frühzeitig einleiten, ehe es zur Chronifizierung von Störungsbildern kommt.

Nicht nur in Kindergärten und Vorschulen, auch im Kunstunterricht (aller Schultypen, auch des Gymnasiums) kommt der Kinderzeichnung/Jugendzeichnung eine wichtige Bedeutung im Gesamterziehungsplan zu. Sie kann in eindrücklicher Weise die Kommunikation zwischen Schülern und Lehrern als auch der Schüler untereinander beleben, zur Förderung der genannten psychischen Funktionen beitragen, Probleme in diesen Bereichen rechtzeitig erkennen lassen und Ausgangspunkt für notwendige Beratungsgespräche sein.

Fortbildung für Kunsterzieher/innen:
Bei einer von mir durchgeführten Fortbildung für Kunsterzieherinnen und Kunsterzieher an Gymnasien in Österreich wurden – auf meinen Wunsch und mit Einverständnis der Schüler – Zeichnungen aus dem Kunstunterricht aller Altersstufen vorgelegt und besprochen. Es war für die Beteiligten beeindruckend zu sehen, welche kreativen

bildnerischen und sprachlichen Möglichkeiten hier zum Ausdruck kamen. Wie viel Persönliches wurde in diesen Bildern mitgeteilt, wie vielen Wünschen Gestalt gegeben, wie viele aktuelle Erlebnisse wurden verarbeitet! Individuelle Begabungen und Interessen, aber auch Defizite und Schwächen wurden deutlich. Leider gab es auch viele Zeichnungen, die das gestellte Thema eher stereotyp verarbeiteten und kaum individuelle Ausdrucksmöglichkeiten erkennen ließen. Den Bildern war anzumerken, dass sie lustlos, mit wenig Motivation und Einsatz gezeichnet worden waren. Es schien, als seien sie alle aus einem Guss! (vgl. Fallgeschichte *Michael*, Kap. 7). Eine zu eng gefasste Themenstellung seitens der Lehrer, zu wenig Freiraum für persönlich geprägtes Gestalten, fehlende Anregung der Eigenmotivation wurden als mitverursachende Faktoren für die geringe Aussagekraft dieser Bilder diskutiert. Die Lehrer überlegten gemeinsam, inwieweit sie ihre Beobachtungen sinnvoll einsetzen und umsetzen, auch mit Kollegen anderer Unterrichtsfächer austauschen könnten. So war z. B. ein Schüler mit einer gravierenden Lese- und Rechtschreibschwäche durch besondere Begabung im plastischen Gestalten und beim Zeichnen im Kunstunterricht aufgefallen. Er besaß eine sehr gute räumliche Wahrnehmung und setzte diese in eindrucksvollen perspektivischen Gestaltungen um. Im Unterschied zu dieser Begabung versagte er in den Leistungsfächern Deutsch und Englisch weit gehend. Auch in den übrigen Fächern gehörte er eher zu den „Versagern" seiner Klasse, zeigte ein sehr reduziertes Selbstbewusstsein und keine Freude am Unterricht. Die Frage, ob und wie der Kunstlehrer dem begabten Jungen Hilfestellung leisten könne, wurde diskutiert: Sollte man versuchen, das Versagen in den Leistungsfächern und die generalisierten schulischen Schwierigkeiten aufzufangen, indem man die sehr guten Leistungen im Kunstunterricht, auch in den Augen von Mitschülern oder Lehrern anderer Unterrichtsfächer, stärker würdigte, ihnen auch außerhalb des Kunstunterrichts mehr Beachtung schenkte? Die Seminarteilnehmer waren sich einig, dass ein solcher Versuch sinnvoll und ein möglicher positiver Einfluss auf das Selbstwertbewusstsein dieses Schülers und, in der Folge, auf seine Gesamtentwicklung und seine schulische Situation im Ganzen nicht auszuschließen sei.

Einige Zeichnungen von Jugendlichen fielen in ihrer Not und Verzweiflung auf. Ihre verbalen, auf die Rückseite der Bilder geschriebenen und den Lehrern für dieses Seminar mitgegebenen Kommentare ließen, in Zusammenhang mit der individuellen Bildsymbolik, keinen Zweifel daran, dass sie dringend auf ein persönliches Gespräch, auf eine Hilfestellung angewiesen waren, vielleicht schon darauf warteten. Gerade in solchen Fällen ist es wichtig, dass ein Lehrer, eine Lehrerin solche Rufe feinfühlig zu beachten versteht, sich einem vom Schüler selbst gewünschten Gespräch nicht entzieht und gegebenenfalls nach fachkompetenten Hilfsmöglichkeiten sucht (vgl. Bröcher, J., 1999a, 1999b).

2 Analyse der Kinderzeichnung unter entwicklungspsychologischen Gesichtspunkten

2.1 Die Analyse der Kinderzeichnung als Screening-Verfahren (Überblick)

Die Analyse der Kinderzeichnung muss, dem hier vertretenen Ansatz entsprechend, im Sinne einer ganzheitlich orientierten Diagnostik erfolgen (vgl. Kap. 5), wenn sie als Screening-Verfahren wertvolle Beiträge zur Psychodiagnostik liefern und bei Beratung, Förderung und Therapie wirkungsvoll zum Einsatz kommen soll. Der von mir vertretene ganzheitliche Ansatz erstreckt sich sowohl auf die Analyse von Zeichentests (z. B. „Zeichne-Einen-Menschen", ZEM, von Koppitz) als auch auf die Analyse freier Zeichnungen.

Im einem ersten Schritt soll die *Analyse* der Kinderzeichnung *unter entwicklungspsychologischen Gesichtspunkten* erfolgen. Qualitative Auswertung nach den neuen Leitlinien (Seidel) und verfügbare Normierungen von Zeichentests ermöglichen eine erste orientierende Einschätzung des Niveaus der Zeichenentwicklung (vgl. Normierungstabellen des ZEM-Tests „Zeichne-Einen-Menschen", Kap. 9.2-9.2.1, Tabelle 1-3). Mit Hilfe einer *formalen Strukturanalyse und inhaltlichen Analyse* werden zunächst die Entwicklungsmerkmale einer Kinderzeichnung in 8 Bereichen bestimmt und diese den 4 Stufen der Zeichenentwicklung zugeordnet (vgl. Kap. 3.7.1-3.7.4.9 und Kap. 5). Die Analyse der Entwicklungsmerkmale entspricht einer ganzheitlichen Betrachtung des Entwicklungsgeschehens und einer Beobachtung von *Entwicklungstendenzen* in 8 Beobachtungsbereichen (vgl. Kap. 9.4, Strukturierter Beobachtungsbogen).

Erst wenn so der Entwicklungsstand des Kindes in Relation zu den Erwartungswerten des Lebensalters abgeschätzt werden kann, soll die Kinderzeichnung durch *formale Strukturanalyse und inhaltliche Analyse* unter dem Gesichtspunkt von Auffälligkeiten der *emotional-sozialen Entwicklung* genauer beurteilt werden (vgl. Kap. 4). Es können dabei Emotionale Faktoren (Koppitz, 1972) sowie Emotionale Zeichen (Ch. Seidel) ermittelt und mit den Entwicklungsmerkmalen verglichen werden (vgl. Kap. 5.2-5.2.2.5; Kap. 9.2.2, Tabelle 4; Kap. 9.4). Durch diesen Vergleich lassen sich aussagekräftige *Fragestellungen und Hypothesen* für die Gesamtdiagnostik und Therapieplanung aufstellen (vgl. Kap. 5.2.3).

Die vorliegende Fachliteratur zeigt bei der Auswertung freier Zeichnungen, aber auch von Zeichentests oft eine Vernachlässigung des Entwicklungsaspekts, indem sie tiefenpsychologische Deutungen unmittelbar vornimmt, ohne die entwicklungspsychologischen Zusammenhänge adäquat zu berücksichtigen und die Einzelbeobachtungen in eine ganzheitlich orientierte Diagnostik einzufügen. Auf diese Weise werden Entwicklungsmerkmale und Emotionale Zeichen inhaltlich nicht überzeugend auseinander gehalten. Nach meinen Beobachtungen leidet die psychodiagnostische Aussagekraft von Kinderzeichnungen ganz erheblich unter dieser Vermischung von Auswertungsansätzen. So ist es zwar sehr zu bedauern, aber auch nicht verwunderlich, dass heute viele psychodiagnostische Fachgutachten über Kinder erstellt werden, ohne den so wichtigen Bereich der Kinderzeichnung überhaupt und angemessen mit zu berücksichtigen.

Der Wert der Kinderzeichnung für die Diagnostik wird in vielen psychologischen und kinder-/jugendpsychiatrischen Einrichtungen wegen mangelhafter statistischer Gütekriterien wie Reliabilität und klinische Validität immer noch infrage gestellt.

Der von mir gewählte Ansatz soll dazu beitragen, die Analyse der Kinderzeichnung in die Gesamtdiagnostik zu integrieren und ihr einen angemessenen Platz als wichtiges *Screening-Verfahren* einzuräumen. Mit Hilfe einer ganzheitlich orientierten Interpretation der Kinderzeichnung als Screening-Verfahren können wichtige *Fragestellungen und Hypothesen* ermittelt und bearbeitet werden, die für den Gesamtprozess der Diagnostik von elementarer Bedeutung sind (Kap. 5).

Vergleichbar der Entwicklung von Bewegung, Sprache und Denken verläuft nach den Ergebnissen der Grundlagenwissenschaften auch die Entwicklung der Kinderzeichnung bis zum 11./12. Lebensjahr in gesetzmäßig aufeinander folgenden Stufen. Diese Stufen werden von verschiedenen Autoren nach ihren inhaltlichen Besonderheiten und nach ihrem zeitlichen Auftreten teils unterschiedlich, teils übereinstimmend beschrieben und definiert (Kerschensteiner, 1905, Luquet, 1927/1977, Mühle, 1975, John-Winde, 1981, Richter, 1987). Es zeigte sich, dass sie, entwicklungspsychologischen Gesetzmäßigkeiten folgend, aufeinander aufbauen, sich jedoch in Übergangsstadien entwickeln; die einzelnen Stufen überlappen sich, die Zeitangaben zum Erreichen der jeweiligen Stufe werden als Richtwerte angegeben. Eine vergleichende Analyse von Stufenmodellen der Zeichenentwicklung zeigt, dass die Zeitstrukturen, die den Entwicklungsverlauf charakterisieren, im Wesentlichen übereinstimmen (vgl. Kap. 3.3, Stufenmodelle, Abb. 003, Schaubild 2).

Valide Beobachtungen der Fachliteratur weisen auf eine Abhängigkeit der Zeichenentwicklung von der Gesamtentwicklung des Kindes hin. Der Zusammenhang zwischen Denkentwicklung und Zeichenentwicklung/Malentwicklung wird eingehend, allerdings aus unterschiedlichen Positionen, diskutiert. Dies überrascht nicht, da die wechselseitige Abhängigkeit zwischen Denken und Zeichnen von Variablen bestimmt wird, die eine individuelle Analyse der Entwicklungssituation des Kindes, einschließlich seiner emotional-sozialen Entwicklung, erforderlich machen (vgl. Kap. 5). Untersuchungen mit Hilfe von Zeichentests (z. B. Mensch-Zeichentest nach

Goodenough, 1926, Koppitz, 1972) – vorgenommen an größeren und definierten Untersuchungsgruppen und ausgewertet nach statistisch definierten Gütekriterien – haben zu gültigen Richtlinien der Interpretation der Kinderzeichnung geführt und darüber hinaus wichtige, allgemein akzeptierte Grundlagen zu den hier diskutierten Fragestellungen vermittelt.

So liegen statistisch definierte Testnormen des Mensch-Zeichentests nach Goodenough, Ziler und Koppitz vor, die einen Zusammenhang von Denkentwicklung und Zeichenentwicklung im Lebensalter von 5;0 - ca. 10;0 Jahren gut belegen konnten. Eine jüngere Untersuchung von Reynolds und Hickman legte 2004 neue Normen des Mensch-Zeichentests für das Lebensalter bis 13;11 Jahre und sogar für das Erwachsenenalter vor, die ebenfalls einen signifikant gesicherten Zusammenhang von Denken und Menschzeichnung unterstreichen (Reynolds and Hickman, 2004). Es wird in der Handanweisung darauf hingewiesen, dass dieser Test sprachunabhängig ist, somit auch außerhalb der amerikanischen Normierungsgruppen als Screening-Verfahren zur Intelligenzuntersuchung angewendet werden kann. Allerdings sind stets individualisierte Untersuchungen von Kinderzeichnungen die notwendige Voraussetzung für eine Beurteilung ihrer Aussagekraft und ihrer Brauchbarkeit als Screening-Verfahren. Man geht in der Literatur überwiegend davon aus, dass nur dann ein gesicherter Zusammenhang von Denkentwicklung und Menschzeichnung (oder anderen Darstellungen in normierten Zeichentests) besteht, wenn keine neurotischen, psychoneurologischen oder psychiatrischen Störungen vorliegen, die das Niveau der Zeichnungen häufig auffälliger reduzieren als das Niveau der Intelligenztests. Unterschiedliche Ergebnisse von Zeichentests und Intelligenztests sind daher differentialdiagnostisch von besonderem Interesse.

Will man die anstehenden Fragen genauer abklären, reicht es also nicht aus, allein die Ergebnisse von Intelligenz- und Zeichentests zu vergleichen. Zur Einordnung der entwicklungspsychologischen Merkmale der Zeichnung (freie Zeichnungen und Zeichentests) ist es nach dem hier vertretenen Ansatz darüber hinaus notwendig, die biographische Anamnese, die Familienanamnese, die Explorationsgespräche mit den Bezugspersonen und dem Kind/Jugendlichen selbst, die Verhaltensbeobachtung sowie die vorhandenen medizinischen und psychodiagnostischen Befunde und pädagogischen Beurteilungen zu berücksichtigen (vgl. Kap. 5.2, Abb. 178, Schaubild 4). Sozio-ökonomische und sozio-kulturelle Faktoren müssen im Einzelfall ebenfalls in die Beurteilung einbezogen werden. Auch das Ausmaß der Anregungen zum Zeichnen/Malen, die Gelegenheiten zum Üben und die Materialerfahrungen des Kindes sind in diesem Zusammenhang zu bedenken.
Die Analyse der Kinderzeichnung muss also im Vergleich mit psychodiagnostischen Untersuchungsbefunden (u.a. Intelligenztests, Wahrnehmungstests, Leistungstests, Konzentrationstests, Bewegungstests) hinsichtlich ihrer Entwicklungsmerkmale gewertet und in ein erkenntnistheoretisch und entwicklungspsychologisch fundiertes Konzept eingeordnet werden. Nach meinem Ansatz können Kinderzeichnungen

zum einen die Denkentwicklung reflektieren, zum anderen psychische Funktionen (z. B. der Sprache, aller Wahrnehmungsbereiche, der Kreativität, der emotional-sozialen Funktionen) widerspiegeln und so wertvolle Aufschlüsse und Hinweise für die Gesamtbeurteilung bereitstellen.

Das *erkenntnistheoretische und entwicklungspsychologische Konzept Jean Piagets*, das in Kapitel 3 ausführlich dargestellt werden soll, *beschreibt 4 Stufen der Denkentwicklung*, wobei die ersten 3 Stufen dieser Entwicklung mit den in der Grundlagenliteratur beschriebenen Stufen der Zeichenentwicklung weit gehend übereinstimmen. Ihre Beschreibung bietet eine gute Möglichkeit, parallele Entwicklungen im Zeichnen und Denken bei Kindern zu verstehen, sofern diese altersentsprechend entwickelt sind, sich bei ihnen keine Hinweise auf neurotische, psychoneurologische oder psychiatrische Störungen zeigen und keine gravierenden milieu-bedingten Störungen (z. B. Hospitalismus, Vernachlässigung) vorliegen.
In der 4. Stufe der Denkentwicklung nach Piaget – der Stufe der *formalen Operationen* – lässt sich dagegen die Zeichenentwicklung des Jugendalters (ab ca. 12 Jahren) auch bei altersgemäßer, störungsfreier Entwicklung nur in einigen ausgewählten Aspekten mit den Merkmalen der Denkentwicklung nach Piaget vergleichen. Die Denkentwicklung ist zwar auch im Jugendalter eine wichtige Grundlage zur Handlungsplanung beim Zeichnen oder zur sprachlichen Verarbeitung des Gezeichneten, sie kommt jedoch vor allem in *unterschiedlichen Denkansätzen*, nicht nur in formal-logischen Prägungen im Sinne Piagets zum Tragen (vgl. Kap. 3.5).
In der Literatur wird diskutiert, die Denkentwicklung über den Ansatz Piagets und dessen „formale Operationen" hinausgehend um eine fünfte Stufe, nämlich jene des „dialektischen Denkens", zu erweitern (Meacham, Riegel, 1978, S. 181, zitiert nach Richter, 1987). Diese 5. Stufe soll das *reife Denken des Erwachsenen* charakterisieren als „eine Periode fortgesetzter Veränderung: zu ihr gehört vor allem das Schaffen, Dulden und Lösen von Widersprüchen sowie das Spiel mit ihnen." (Meacham, Riegel, 1978, S. 181, zitiert nach Richter, 1987, S. 76).
Das vorliegende Buch zur Interpretation der Kinderzeichnung konzentriert sich auf jenen Entwicklungszeitraum, der mit dem Beginn des Jugendalters endet. Die Merkmale des Jugendalters werden jedoch ebenfalls im Überblick dargestellt, um zu demonstrieren, wie die Kinderzeichnung ihren Weg in das Jugendalter nimmt, bevor die Stufe des Erwachsenseins erreicht ist.

In den folgenden Ausführungen soll die Stufeneinteilung der Denkentwicklung des Kindes nach Piaget eine besondere Beachtung finden und auf die Stufen der kindlichen Zeichenentwicklung bis zum Beginn des Jugendalters (ca. 12 Jahre) übertragen werden.

Anhand experimenteller Untersuchungen konnte H. John-Winde 1981 die unterschiedlichen Entwicklungsmerkmale der voroperationalen Stufe der Denkentwicklung im Unterschied zur Stufe der konkreten Operationen nach Piaget nachweisen. Die Merkmalsanalyse der im Rahmen dieses Experiments angefertigten Zeichnungen zeigte deutliche qualitative Unterschiede, die John-Winde den Stufen der Denkentwicklung nach Piaget zuordnete. Gleichzeitig belegten die Ergebnisse der Analyse schichtspezifische Einflüsse auf die Entwicklungsmerkmale der Kinderzeichnung nicht schon im ersten, sondern erst im vierten Schuljahr (vgl. Kapitel 6.2.7).

H. John-Winde untersuchte 1981 Zeichnungen von 150 Grundschulkindern und führte Merkmalsanalysen durch. Die Untersuchungen der Kinder fanden Ende des 1. und Ende des 4. Schuljahres statt.

Den Kindern war folgendes Thema als Arbeitsimpuls gestellt und als Geschichte vorgelesen worden:

John-Winde, H., 1981, S. 102:

„Harald ist so alt wie ihr. Wie könnte man ihn zeichnen? Sein Vater hat ihm ein Spielauto mit Verdeck gebastelt. Dieser Wagen ist so groß, dass Harald bequem darin sitzen kann. Wie könnte dieser Wagen aussehen?

Wenn Harald von einer Fahrt zurückkehrt, schiebt er den Wagen zum Parken unter einen Baum. Wie sieht ein solcher Baum aus?

- Arbeitsanweisung: Zeichnet, wie Harald sein Auto unter einen Baum schiebt.

Bei der Einführung des Arbeitsimpulses wird von mir die Bewegung des Schiebens mit gebücktem Rücken in seitlicher Haltung zu den Kindern vorgeführt. Diese gestische Demonstration begleitet den Satz: „Wenn Harald von einer Fahrt zurückkehrt, schiebt er den Wagen zum Parken unter einen Baum.“ Sie wird noch einmal bei der Arbeitsanweisung wiederholt: „Zeichnet, wie Harald das Auto unter einen Baum schiebt.“

Auf neuere Ergebnisse der experimentellen Säuglings- und Kleinkindforschung wird, über den Ansatz John-Windes hinausgehend, von mir hingewiesen. Mein Ansatz zur Definition der Stufen der Zeichenentwicklung berücksichtigt notwendige Modifikationen des Ansatzes von Piaget, erweitert sie aber durch eine genauere und umfassendere Beschreibung der Entwicklungstendenzen und bezieht in einem zweiten Schritt die emotional-sozialen Funktionen als Emotionale Zeichen in die Zeichenentwicklung mit ein (vgl. Kap. 4 und 5). Die Problematik der Stufeneinteilung der Zeichenentwicklung im Vergleich zur Denkentwicklung ab dem Jugendalter wird besonders diskutiert.

Die Analyse der Entwicklungstendenzen unter Beachtung ihrer unterschiedlichen Stufen erleichtert eine überschlägige Orientierung der Zeichenentwicklung bis zum Lebensalter von 10;0 Jahren, sie orientiert bei altersentsprechend entwickelten Kindern auch über den erreichten Stand der Denkentwicklung.

Bei Entwicklungsstörungen in den ersten 11 Lebensjahren, bei Intelligenzminderungen, bei psychoneurologischen Störungen, bei vorliegenden emotional-sozialen Störungen und emotionalen Traumatisierungen sowie bei gravierenden Milieuschädigungen und Vernachlässigungen (Deprivation) können sich in der Malentwicklung und Denkentwicklung differentialdiagnostisch wichtige Unterschiede zeigen. Stimmen also bei einem Kind bis etwa zum 11. Lebensjahr Malentwicklung und Entwicklung des Denkens nicht überein, sollte immer nach den Ursachen dieser disharmonischen Entwicklung gesucht werden. Dies schließt selbstverständlich auch eine Analyse der Motivation und des Interesses des Kindes am Malen/Zeichnen mit ein.
In Kap. 5 wird die Kinderzeichnung als Screening-Verfahren eingehend dargestellt, ihre Interpretation auf dem Boden eines ganzheitlichen Ansatzes ausführlich beschrieben und anhand des Schaubildes 4 und der Interpretation eines Fallbeispiels verdeutlicht.

Nach allen in der Literatur vorliegenden Ergebnissen ist, bei altersentsprechend entwickelten Jugendlichen, ab einem Alter von 10;0-11;0 Jahren nicht mehr damit zu rechnen, dass Zeichenentwicklung und Denkentwicklung unter normalen Bedingungen parallel verlaufen. Das Formniveau der Zeichnungen liegt im Jugendalter, vor allem bei Anbruch der Vorpubertät oder Pubertät, oft erheblich unter dem Niveau der allgemeinen Intelligenz. Die Motivation zum Malen/Zeichnen nimmt zudem ab dem 11. Lebensjahr häufig auffallend ab, sodass mangels fortlaufender Übung das Niveau der Zeichnungen meist deutlich hinter der Denkentwicklung zurückbleibt. *Intelligenzentwicklung und Zeichenentwicklung fallen also ab dem Jugendalter fast regelhaft auseinander.*

Zeichnen mit Erwachsenen:
Erwachsene ohne Übung im Malen und Zeichnen sind oft frustriert, wenn sie ihre Zeichnungen mit solchen von Kindern im Grundschulalter vergleichen. Zwar bemerken sie viele Ähnlichkeiten, fühlen sich aber im Hinblick auf die Formgestaltung sogar Grundschulkindern unterlegen und verlieren infolgedessen meist endgültig die Motivation zum Malen oder Zeichnen. Gerade bei der Beurteilung von Bildern „normaler" Erwachsener ohne psychoneurologische oder psychiatrische Störungen wird deutlich, dass die Parallelität von Denkentwicklung und Zeichenentwicklung ab dem Jugendalter nicht mehr überzeugend hergestellt werden kann. Auf dieses „Auseinanderfallen" sollte hingewiesen werden, wenn man mit Jugendlichen oder Erwachsenen bildnerisch arbeitet und ihr Selbstwertbewusstsein und ihre Motivation erhalten bzw. diese nach problematischen Zeichenerfahrungen (oft im Zeichenunterricht in der Schule) wieder aufbauen möchte.
In der Umbruchsituation der Vorpubertät und Pubertät spiegeln Zeichnungen von Jugendlichen oft große Unsicherheiten im emotional-sozialen Bereich wider, die die Motivation zum Malen/Zeichnen ebenso reduzieren können wie das Formniveau

der Zeichnungen selbst. In diesem Fall sind geistige Reifung oder intellektuelle Fähigkeiten des Jugendlichen (im Sinne der formalen Operationen Piagets) aus seinen Zeichnungen nicht mehr zuverlässig ablesbar. Die Zeichnungen und Bilder reflektieren dann vielmehr dominierende affektive Bedürfnisse und Unsicherheiten oder auch sozialkritische Auseinandersetzungen, verbunden mit Protesthaltungen und Abgrenzungsversuchen von der Welt der Erwachsenen. Allerdings kommt es in Ausnahmefällen auch vor, dass Zeichnungen ab dem Jugendalter weniger emotionale Verunsicherungen und mehr logische Denkabläufe im Sinne der 4. Stufe der formalen Operationen Piagets erkennen lassen, der sie dann auch zuzuordnen sind (vgl. Kap. 2.2.4; 3.7.4; 3.7.4.9, Abb. 135, Abb. 136-138).

Andere Jugendliche zeigen in ihren Darstellungen geringes Formniveau wie: wenig detailgetreue Differenzierungen an den Zeichenobjekten, keine tiefenräumlichen Darstellungen der Objekte oder perspektivische Gesamtsicht des Bildes und keine Handlungszusammenhänge mit Bewegungsgestaltungen, sie setzen stattdessen auf das kreative, freie Experimentieren mit Formen und Farben im Sinne der Modernen Kunst. Sie imitieren bewunderte Vorbilder der Abstrakten Kunst und versuchen, ihren eigenen „Picasso" zu schaffen (vgl. Kap. 3.7.4.9, Abb. 118). Häufig reflektieren die Zeichnungen Jugendlicher ein niedrigeres Niveau als die sprachlichen Kommentare, die dazu abgegeben werden. Aus diesem Grund ist es m. E. nur im Einzelfall, wenn überhaupt, sinnvoll, im Jugendalter Zusammenhänge von Denkentwicklung und Zeichenentwicklung herstellen oder abschätzen zu wollen.

2.2 *Die 4 Stufen der Denkentwicklung des Kindes nach Jean Piaget (Einführung)*

Das Werk Piagets ist qualitativ und quantitativ von großer Vielfalt und Komplexität. Im Folgenden sollen einige ausgewählte Aspekte der Erkenntnistheorie Piagets und seiner Charkterisierung der 4 Stufen der Denkentwicklung, auf die sich mein Ansatz der Zeichenentwicklung des Kindes wesentlich bezieht, genauer beschrieben werden (vgl. Buggle, 2001).

Fur die entwicklungspsychologische Forschung im 20. Jahrhundert gewann die kognitive Entwicklungstheorie Jean Piagets eine große Bedeutung. Das Konzept dient als Grundlage zum Verständnis der Denkentwicklung des Kindes und erlaubt die Einordnung der Entwicklung der Kinderzeichnung in einen größeren Zusammenhang. Nach vielfachen experimentellen Überprüfungen, Bestätigungen oder auch Zurückweisungen seiner Hypothesen kommt dem Werk Piagets auch heute noch eine große Anregungskraft zu. Seine Untersuchungen zur Entwicklung der menschlichen Erkenntnisfähigkeit, speziell zur Entwicklung der Denkfähigkeit des Kindes, geben somit auch der Analyse von Kinderzeichnungen wegweisende Impulse.

Zur Erkenntnistheorie Piagets:
Mit seinen über sechs Jahrzehnte kontinuierlich fortgeführten, systematischen Beobachtungen, vor allem an seinen eigenen drei Kindern, und zahlreichen experimentellen Untersuchungen an Kindern entwickelte Jean Piaget (1896-1980) in einer Grenzregion zwischen Biologie, Philosophie und Psychologie eine umfassende Theorie der kognitiven Entwicklung des Menschen in der Kindheit. Ihn interessierte vor allem die Frage, *wie menschliche Erkenntnisfähigkeit entsteht.* Dabei geht er von einem Entwicklungskontinuum fundamentaler Interaktionen und Austauschprozesse zwischen Organismus und Umwelt auf phylo- wie ontogenetisch frühester Stufe und höchsten kognitiven Leistungen des Homo sapiens aus.
Piaget erklärt die Entwicklung der menschlichen Erkenntnisfähigkeit in Anlehnung an den biologisch-organistischen Begriff des *Gleichgewichts* und die in der Biologie beschriebenen *Gleichgewichtsprozesse.* Ein System befindet sich im Gleichgewicht, wenn Kräfte und Gegenkräfte sich gegenseitig in ihrer Wirkung ausgleichen. Zum biologisch-organistischen Begriff des Gleichgewichts gehört der zirkuläre Aufbau im Sinne eines Regelkreises. Durch kompensierende Gegenmaßnahmen (Äquilibrationsprozesse) werden störende Einflüsse im Sinne einer *Selbstregulierung lebender Organismen* ausgeglichen.

Die Suche nach Gleichgewicht ist nach Piaget das Herz alles biologischen und auch psychisch-kognitiven Entwicklungsgeschehens. So sind die anderen zentralen *invarianten* Funktionen, die *Adaptation* mit *Assimilations- und Akkomodationsprozessen* und die *Organisation, das Reifen und Lernen,* der *Suche nach Gleichgewicht* untergeordnet. Als gleich bleibende Grundfunktion über alle Entwicklungsstufen sieht Piaget diese Suche als die notwendige, immer neu zu leistende Anpassung jedes Organismus an seine Umwelt auf jeder Entwicklungshöhe. *Aufgabe der Adaptation ist es, die Gleichgewichtszustände im Organismus herzustellen und aufrechtzuerhalten.* Die Adaptationsvorgänge haben zwei verschieden stark akzentuierte und begrifflich zu unterscheidende Grundaspekte: den der *Assimilation* und den der *Akkomodation.*
Assimilation (lat. assimilare = angleichen) besagt, dass *Elemente aus der Umwelt an vorgegebene Strukturen des Organismus angeglichen werden.*
Bei der *Akkommodation* (Anpassung) steht die *modifizierende Anpassung des Organismus und seiner Strukturen an vorgegebene Eigenschaften der Umwelt im Vordergrund.*
Adaptation hat also immer einen Doppelaspekt: Sie ist sowohl Anpassung, Umgestaltung der Umwelt an den Organismus als auch Anpassung des Organismus und seiner Strukturen an die Umwelt. Der Mensch wird verstanden als ein aktives, die Umwelt gestaltendes und nicht nur auf die Umwelt reagierendes Wesen. In der optimalen Balance zwischen Assimilations- und Akkomodationsaspekten sieht Piaget ein Kriterium gelungener und reifer Adaptation.

Adaptation führt zu zunehmend ganzheitlich strukturierter *Organisation* und *Vernetzung (Hierarchisierung)* immer differenzierterer Hirnstrukturen und differenzierterer Intelligenzprozesse.

Beispiele zur Veranschaulichung des theoretischen Modells von Piaget sind im somatischen Bereich die Austauschprozesse des offenen Systems ‚Organismus' mit seiner Umwelt durch Nahrungsaufnahme. Die Nahrung wird durch Kauen assimiliert, „einverleibt". Die Ausbildung spezifischer Organe zur Aufnahme und Zerkleinerung der Nahrung entspricht dem von Piaget beschriebenen Vorgang der Akkomodation.
Beispiele für den Denkansatz Piagets im psychisch-kognitiven Bereich zeigen sich bei Erkenntnisprozessen, Interaktionsprozessen (Adaptationsprozessen) und beim Informationsaustausch zwischen Organismus und Umwelt im Dienst der Erhaltung und Ausweitung des Lebensraumes des Organismus. Kognitive Elemente der Umwelt werden im Sinne von *wahrnehmen, wissen, verstehen, interpretieren* aktiv an bestehende Erkenntnisstrukturen des jeweiligen Organismus *assimiliert.* Umgekehrt werden dieselben instrumentellen Erkenntnisstrukturen beim Vorgang der *Akkomodation* den zu erkennenden strukturellen Merkmalen des Objektes angepasst. Dabei strebt die Entwicklung der Erkenntnis zu einer jeweils optimalen *Balance zwischen Assimilations- und Akkomodationsaspekten.* Unreife kognitive Niveaus sind durch ein entsprechendes Ungleichgewicht zwischen diesen Aspekten zu erkennen.
Mit Hilfe neurobiologischer Forschungen an Netzwerkmodellen konnte die generelle Bedeutung von Assimilation und Akkomodation für Lernprozesse nachgewiesen werden.

> Spitzer, M., 2000, S. 212:
> „Assimilation und Akkomodation sind in jedem Netzwerkmodell gleichsam definitionsgemäß vorhanden: Es ist in der Regel erforderlich, Eingangssignale aufzubereiten (d.h. in eine vektorielle Form zu überführen), bevor sie als Input eines Netzwerks eingesetzt werden können (Assimilation). Durch den Input wird wiederum das Netzwerk verändert, d.h. der Input wird in das Netzwerk inkorporiert (Akkomodation)."

Ein zentraler Vorgang bei den genannten Prozessen ist die Schemabildung. Unter einem Schema versteht Piaget „eine kognitive Struktur, die sich auf eine Klasse gleichartiger Handlungssequenzen bezieht" (Buggle, 2001, S.30). Schemata werden zur Erinnerung in das Gedächtnis aufgenommen und zur Wiedererkennung von Gegenständen als deren wesentliche Züge reaktiviert bzw. abgerufen. Lenkt ein Kind seine Aufmerksamkeit auf ein äußeres Ereignis, so versucht es zunächst, es in sich aufzunehmen und in seine schon vorher existierenden neuronalen Strukturen (Schemata) zu integrieren, d. h. es versucht, das Ereignis zu verstehen und in sein vorhandenes

Repertoire geistiger Strukturen einzupassen. In den Anfängen der Entwicklung werden instinkt- und reflexgesteuerte Schemata schrittweise, den jeweiligen Umwelterfahrungen entsprechend, unter ganzheitlichen Bedingungen erweitert.

> Buggle, 2001:
> „Spürt ein Säugling z. B., dass etwas seine Lippen berührt, wird er sofort saugen. Er erwartet, dass sich der Gegenstand an seinen Lippen in sein Schema des Saugens einfügt (assimiliert). Aber Gegenstände haben verschiedene Eigenschaften. Wenn dieser Gegenstand z. B. keine Milch gibt, passt der Säugling sein Saugschema der Art des Gegenstandes an, er akkomodiert, verändert, generalisiert. Er lernt zwischen Flasche und anderen Gegenständen zu unterscheiden (zu diskriminieren). Später werden Schemata vereint, koordiniert, mehrere Schemata zu einem komplexeren Schema zusammen geführt. Der Säugling verbindet z. B. Flaschesaugen mit dem Gesicht und der Stimme der Mutter, er integriert seine emotionalen und seine Gegenstandserfahrungen. Im Laufe der Entwicklung werden sensomotorische oder kognitive Schemata zu Schemata höherer Ordnung strukturiert."

Dornes, 2001, S. 187:
„Piaget geht davon aus, dass aus verschiedenen ähnlichen Erfahrungen ein Schema gebildet wird, das eine Art Durchschnitt oder Prototyp der gemachten Erfahrung darstellt. An diesem Schema werden neue Erfahrungen gemessen und ihm werden sie einverleibt, wodurch das Schema modifiziert wird. Wenn das Kind an der Mutterbrust saugt, bildet sich nach einigen Wiederholungen ein Saugschema. Dieses Schema konstituiert eine durchschnittliche Erwartung, die aktiviert wird, wenn eine neue Fütterungsperiode stattfindet. Dadurch wird ein Vergleich des aktivierten Schemas mit der aktuell ablaufenden Episode möglich. Die Episode modifiziert das Schema, ebenso wie das Schema – als Summe der bisherigen Erfahrung – die Wahrnehmung der ablaufenden Fütterungsperiode beeinflusst. Es gibt also eine wechselseitige Durchdringung von Allgemeinem (Schema) und Besonderem (aktuelle Episode)."

Assimilation und Akkomodation sind grundlegende Prozesse, die sich mit dem Ziel, einen Zustand des Gleichgewichts zu erreichen, während des ganzen Lebens fortsetzen. Sie verändern sich spezifisch auf jeder Entwicklungsstufe.
Im Symbolspiel des Kindes erkennen wir z. B. seine Denkfähigkeit, die auf das Vorhandensein innerer Bilder sowie den bereits möglichen Zugriff auf sie, auf innere Repräsentationen also, hinweist. Es handelt sich um einen wichtigen *vorbereitenden Schritt* für das Vermögen der *Dezentrierung*, die erst ab ca. 7;0 Jahren in ihrer echten und voll entwickelten Form möglich wird.

> Buggle, 2001, S. 29:
> „Im Symbolspiel des Kindes etwa, wo ein Holzstück als Puppe oder Lokomotive fungieren kann, überwiegt der Aspekt der Assimilation: das Objekt wird trotz großer objektiver Unähn-

lichkeit fast „gewaltsam" an das entsprechende Erkenntnis-Schema „Puppe" oder „Lokomotive" assimiliert, d. h., der Anteil der Assimilation am Erkenntnisprozess ist sehr stark ausgeprägt. Umgekehrt läge der Fall nach Piaget beim Nachahmungsspiel, wo das Kind ganz überwiegend an vorgegebene Umweltstrukturen akkomodiert."

In Zusammenhang mit den oben beschriebenen Assimilations- und Akkomodationsprozessen setzt sich Piaget mit den sich entwicklungsgemäß verändernden *kognitiven Strukturen (Schemata)* des Erkenntnisprozesses auseinander.

Buggle, 2001, S. 30-31:
„(...) Handlungssequenzen bilden im Rahmen des jeweiligen Schemas eine organisierte Ganzheit, innerhalb derer die einzelnen elementaren Handlungssegmente straff gekoppelt, in festliegender Abfolge angeordnet sind."

Buggle weist darauf hin, dass die kognitive Struktur (Schema) bei Piaget aus Elementen besteht, die bestimmten Aufbaugesetzmäßigkeiten unterworfen sind. Eine solche Struktur regelt sich weit gehend selbst, d. h. sie stellt eine ursprüngliche dynamische Ganzheit dar, ein System von Beziehungen und Transformationen. Die kognitiven Strukturen bestehen aus Gruppen von Schemata, die sich nach gewissen Entwicklungsgesetzen verändern. Die Schemabildung, die „*Gestalt*", wird hier als eine für den Menschen typische Art und Weise verstanden, bestimmte Klassen von Umweltgegebenheiten zu handhaben. Schemata machen verschiedenartige Gegenstände zu gleichartigen (z. B. solche, die man werfen, mit denen man klopfen, die man multiplizieren kann), sie ermöglichen also Handlungsschemata (des Werfens, Klopfens, Multiplizierens) und erleichtern somit kognitiv den Umgang mit der Umwelt (Buggle, 2001).

Schemata sind nach Piaget die Bausteine der Entwicklung des Denkens. Mit dem Begriff des Schemas wird häufig im allgemeinen Sprachgebrauch etwas Starres, Unflexibles, „Schematisches" assoziiert. *Bei Piaget entspricht dagegen der Begriff des Schemas einer flexiblen, dynamischen Struktur. In ihr liegt die inhärente, angeborene (intrinsische) Tendenz, Motivation, ein Gleichgewicht zwischen Assimilationsprozessen und Akkomodationen des Verhaltens herzustellen.*

Die dem Schema innewohnende Tendenz zur Aktivierung kognitiver Entwicklung fasst Piaget unter den *vier Aspekten des Assimilationprozesses* zusammen (Piaget, J., 1959/2003; Buggle, F., 2001):

- Wiederholende (reproduktive) und funktionelle Assimilation
  Die reproduktive Assimilation bedeutet die angeborene Tendenz zur Wiederholung von Handlungen und erworbener Schemata (Gestalten). Hat ein Individuum ein

bestimmtes Schema ausgebildet, so wird es dieses wiederholt aktivieren und damit die Schematisierung einleiten. K. Bühler nennt dies auch „Funktionslust". Nach Piaget gehören die wiederholende, verallgemeinernde, differenzierende und reziproke Assimilation zur Grundvoraussetzung der Intelligenzentwicklung (vgl. Piaget, J., 1959/2003).

Überträgt man diesen Aspekt auf das Gebiet der Kinderzeichnung, so lässt sich aus meiner Sicht Folgendes festhalten:
Das Kind wird ein einmal motorisch verfügbares Schema, z. B. die Darstellung eines Hauses, so oft wiederholen, bis diese automatisiert und motorisch gefestigt verfügbar ist. Das betrifft die Funktionslust des Kritzelns, das immer wiederholte Ausprobieren der ersten Urformen (Kreise, Spiralen, Vierecke, Kreuze, Sonnenformen), die durch vielfältige Wiederholungen motorisch, rhythmisch gefestigt und damit verfügbar werden, sowie die Wiederholung differenzierter strukturierter Schemata in der Zeichnung.

- Verallgemeinernde (generalisierende) Assimilation
  Jedem erworbenen Schema wohnt die Tendenz inne, den jeweiligen Anwendungsbereich fortlaufend auszuweiten. Das Kind wird z. B., ausgehend von seinem angeborenen Saug- und Greifreflex, spezielle Saug- und Greifschemata entwickeln, es wird alles besaugen oder angreifen, was es erreichen kann und wird seine damit erworbenen Schemata auf immer neue Objekte und Bereiche ausweiten. Dies ermöglicht nach Piaget eine Weiter- und Höherentwicklung von Erkenntnisvorgängen.

Auch die *Schemata der Kinderzeichnung* unterliegen aus meiner Sicht der Tendenz der Generalisierung und werden entsprechend der immer differenzierteren emotionalen und sozialen Erfahrungen sowie durch immer differenziertere Vernetzungen der verschiedenen Wahrnehmungsfunktionen angereichert.

- Assimilation der Differenzierung, Wiedererkennung und Unterscheidung
  Mit seinen zunehmenden Differenzierungsmöglichkeiten erkennt das Kind Unterschiede der Assimilierbarkeit der verschiedenen Objekte. Der *Neuheitscharakter* der zu assimilierenden Umweltaspekte darf allerdings nicht fehlen, sonst werden sie nicht an schon bereits vorhandene Schemata assimiliert. *Der Neuheitscharakter darf aber auch nicht zu ausgeprägt sein. Es wird nur so weit aufgenommen, angeglichen, d. h. erkannt, als entsprechende kognitive Strukturen, an welche assimiliert werden kann, schon ausgebildet sind.*

Diese Erkenntnisse Piagets sind im pädagogischen Bereich richtungsweisend für den Aufbau von Lerninhalten. Wenn Kinder mit Lernangeboten konfrontiert werden, die keinen Neuheitscharakter aufweisen, langweilen sie sich schnell, und ihre Motivation zum Lernen erlischt. Bietet man ihnen Lerninhalte, die nicht an Bekanntes anknüpfen, haben die Kinder Probleme, sie einzuordnen, zu verstehen und zu speichern.

> Buggle, 2001, S. 34:
> „Ein Holzwürfel kann von einem Kind im ersten Lebensjahr zunächst nur an die sensomotorischen Schemata des Greifens, Werfens usw. assimiliert und somit nur als Greif- und Werfbares erkannt werden, jedoch noch nicht als Bauelement oder gar als Exemplar der abstrakten Klasse würfelförmiger Objekte mit geometrisch-mathematischen Eigenschaften. Dem Organismus sind große Entwicklungssprünge nicht möglich. Die angleichende Modifikation von aufgenommenen Schemata ist nur in relativ kleinen Schritten zu vollziehen."

Spitzer, 2000, belegt mit neuesten Forschungen diese Erkenntnisse Piagets und weist darauf hin, dass die Großhirnrinde eine ausreichende Zeit zur Vernetzung der aufgenommenen Informationen benötigt, nachdem diese im Hippocampus gespeichert worden sind.
„Bei Darbietung zu unvertrauter, völlig fremdartiger Lernangebote werden entsprechende Umweltsituationen gar nicht zur Kenntnis genommen, d. h. assimilatorisch kognitiv verarbeitet." (Spitzer, 2000, S. 35).

Im *Bereich der Kinderzeichnung* lässt sich die Bedeutung der Assimilation von Differenzierung, Wiedererkennung und Unterscheidung durch mein folgendes Beispiel verdeutlichen: Ein Kindergartenkind (Lebensalter 3;0-4;6 Jahre), das aufgefordert wird, die Profilzeichnung einer menschlichen Figur zu imitieren, ist nicht in der Lage, an eigene Schemata von inneren Bildern anzuknüpfen und kann daher dieser Aufgabe nicht gerecht werden. Das altersentsprechend begabte Kindergartenkind verfügt noch nicht über die Möglichkeit, den Körper imaginativ als inneres Bild zu drehen. Es zeichnet daher die menschliche Figur spontan von vorne. Die einzelnen Bewegungsmerkmale können noch nicht differenziert und die Form- und Bewegungszusammenhänge der Erwachsenenzeichnung noch nicht wiedererkannt und unterschieden werden. Entsprechend ist das Kind auch nicht in der Lage, diese Merkmale in seinem Kurzzeit- und Langzeitgedächtnis abzuspeichern und die Kopierversuche später aus seinem Gedächtnis zu reproduzieren. Das Kind erlebt seinen Versuch, die Erwachsenenzeichnung (Menschzeichnung im Profil) zu imitieren, daher meist als Misserfolg und Versagen. Als Ergebnis dieses Versagens verliert es rasch die Motivation zu weiteren Versuchen des Abzeichnens, oft auch zum freien Zeichnen. Nur wenn beim Kindergartenkind eine zeichnerische Sonderbegabung mit überdurchschnittlich gutem visuellen Gedächtnis vorliegt (fotografisches Gedächtnis) und/oder die zeichnerische Entwicklung von ihm auf der Grundlage einer Hochbegabung in ungewöhnlich raschem Tempo durchlaufen wird, kann es diese Aufgabe bewältigen und die Assimilation der Differenzierung, Wiedererkennung und Unterscheidung angemessen dieser Aufgabenstellung vollziehen (vgl. Kinderzeichnungen bildender Künstler wie Alfred Kubin und Paul Klee).

- Aufeinander bezogene (reziproke) Assimilation
  „Schemata haben die angeborene und angelegte Grundtendenz zum Zusammenschluss zu umfassenderen Einheiten und zur gegenseitigen Koordination im Dienste immer komplexerer, umfassenderer Funktionen.“ (Buggle, 2001, S. 35). In der Reihenfolge geordnete und gegenseitig abgestimmte Einzelhandlungen der Seh- und Greifschemata werden zu einem übergeordneten Gesamtziel geführt.

In der *Kinderzeichnung* wird dies aus meiner Sicht z. B. in der zunehmenden Tendenz erkennbar, bei der Darstellung zeitliche und räumliche Qualitäten gleichzeitig zu beachten (z. B. in Bewegungsdarstellungen) und in der Tendenz, Objekte auf die jeweiligen Grundlinien zu beziehen (Klappbilder, Präperspektive) bzw. unter einen Gesamtbetrachtungswinkel (Perspektive) zu ordnen.

Piaget spricht bei geistigen Erkenntnisprozessen im Vergleich zu biologisch-organismischen Prozessen vom Begriff des Gleichgewichts, um auf den Balanceakt der fortgesetzten Interaktion zwischen assimilierenden Erfahrungen (Wahrnehmung, Wissen, Begreifen) und Akkomodation (Anpassung an die neue Situation) hinzuweisen. *Die dynamische Kraft, die hinter allem Lernen und aller Entwicklung steht, ist das Streben nach dem Gleichgewichtszustand.* Er sieht es als *angeborenes Bedürfnis* des Menschen an, diesen Zustand durch das Ausbalancieren von Wahrnehmen, Wissen, Verstehen und modifizierender Anpassung jeweils neu zu erreichen. So stören z. B. nach Piaget logische Widersprüche, Erkenntnislücken, das kognitive Gleichgewicht. Als Kompensation werden Denkprozesse und emotionale Prozesse in Gang gesetzt.

> Buggle, 2001, S. 32:
> „Diese *Motivation* zur Anwendung, zur Aktivierung, muss nicht erst, und hier unterscheidet sich Piaget von entsprechenden behavioristischen oder lerntheoretischen Auffassungen, durch von außen kommende Verstärkung aufgebaut werden.“

Buggle weist allerdings einschränkend darauf hin, dass z. B. auch *sozio-kulturell bedingte Vor- und Lernerfahrungen die Motivation des Kindes beeinflussen und diese exogenen Faktoren im Modell Piagets zu wenig berücksichtigt sind.*

Höhere Gleichgewichtsstufen haben eine höhere Komplexitäts-, Differenziertheits- und Organisationsgrundlage. Die Funktionen und Handlungen sowie die instrumentellen Strukturen, die diesen Funktionen und Handlungen zu Grunde liegen, sind auf der jeweils höheren Ebene zahlreicher, differenzierter, besser koordiniert. Die Stabilität der erreichten Gleichgewichtszustände nimmt mit wachsendem Entwicklungsniveau der kognitiven Strukturen zu. Störfaktoren können unter diesen Bedingungen besser kompensiert werden. Bei höheren Gleichgewichtszuständen besteht ein höherer Grad an geistiger Beweglichkeit.
Buggle verweist auf die Schwierigkeit, die Kriterien einer reifen Adaptation objektiv bestimmen zu können. Der Begriff des Gleichgewichts oder der „Äquilibration" leide darunter, dass es häufig an konkreten, einigermaßen eindeutigen Kriterien fehle, „die im jeweiligen Fall entscheiden lassen, ob oder wieweit ein bestimmter Gleichgewichtszustand realisiert ist; wobei gerade im Bereich des höher entwickelten Verhaltens das Kriterium eines optimalen Gleichgewichts oder einer gelungenen Anpassung sich häufig einer objektiv-allgemeinverbindlichen Definition entzieht." (Buggle, 2001, S. 109). Er hinterfragt z. B. Piagets Modell des Suchens nach Gleichgewicht: „Nimmt etwa die Störbarkeit und in welcher Proportion mit höherem Entwicklungsniveau ebenfalls zu?" (Buggle, 2001, S. 118). In Kap. 2.6 werden einige Aspekte zur Frage des Gleichgewichts und seiner Störbarkeit in der kognitiven, kreativen und emotional-sozialen Entwicklung eingehender besprochen.

Für die Erforschung der *variablen Inhalte* der Denktätigkeit zeigte Piaget nur sekundäres Interesse, da sich die Inhalte, abhängig von der individuellen Auswahl und auch von den kulturellen Prägungen der einzelnen Individuen, ständig ändern und wenig Regelmäßigkeiten aufweisen. Die Frage, an welchen Gegenständen der Mensch seine kognitiven Strukturen ausbildet, war für Piaget nicht so wichtig. Wichtiger war ihm, die übergeordneten Gesetzmäßigkeiten der Denkprozesse selbst zu erforschen. „Ihn interessierte es aufzuzeigen, was an gleichen Gegenständen Verschiedenes und was an verschiedenen Gegenständen Gleiches gelernt werden kann." (Buggle, 2001).

Die Auffassung von der *gesetzmäßigen Abfolge strukturell jeweils verschiedener Entwicklungsstufen* (Phasen) gehört nach Buggle zu den am meisten bekannt gewordenen Bestimmungsstücken der Piaget´schen Theorie der kognitiven Entwicklung. Die von Piaget definierten 4 Entwicklungsstufen unterscheiden sich qualitativ und gehen mit Übergangsphasen ineinander über (Piaget, J., 1966; Piaget, J. und Inhelder, B., 1977; Buggle, 2001, S. 49).

Die Stufen der Intelligenzentwicklung nach Piaget

Stufe 1: ***Sensomotorische Intelligenz***
Diese entwickelt sich von Geburt an bis zu etwa 2;0 Jahren.

Stufe 2: ***Voroperationales Denken***
Zwischen ca. 2;0 bis zu 4;0 Jahren findet die Entwicklung der Symbolfunktion, der Sprache, des vorbegrifflichen und transduktiven Denkens statt. Zwischen etwa 4;0 und 7;0 Jahren entwickelt sich anschauliches (noch stark der Wahrnehmung verhaftetes) irreversibles Denken.

Stufe 3: ***Konkrete Operationen***
Von ca. 7;0 bis zu 11;0/12;0 Jahren finden sich Reversibilität des Denkens und Gruppierungen, die jedoch noch stark der konkret-anschaulichen Realität verhaftet sind.

Stufe 4: ***Formale Operationen***
Ab ca. 11;0/12;0 Jahren entwickelt sich formales, abstraktes hypothetisches Denken.

Buggle betont im Sinne Piagets, dass die an Genfer Kindern gewonnenen Altersangaben nur als grobe Anhaltspunkte anzusehen sind.

> Piaget, 1966, Piaget und Inhelder, 1977a, Greenfield, 1966, zitiert nach Buggle, 2001, S. 49-50: „Das Auftrittsalter als auch die Dauer der einzelnen Perioden variieren in Abhängigkeit von verschiedenen Faktoren, wie Intelligenzhöhe, Sozialisationsbedingungen, Erfahrungen mit verschiedenen Erkenntnisgegenständen usw.. Ferner: die höchste Stufe der formalen Operationen muss nicht von allen Angehörigen und/oder für alle Gegenstandsbereiche einer Kultur aktualisiert werden; dies kann besonders dann der Fall sein, wenn in der jeweiligen sozio-kulturellen Umgebung (wie etwa bei so genannten <Naturvölkern>) keine Notwendigkeit zur Realisierung formal-operationalen Denkens, generell oder für bestimmte Gegenstandsbereiche, besteht."

Nicht das zeitliche Auftreten, sondern die Abfolge der angeführten Entwicklungsstufen sieht Piaget als invariant (unveränderlich) an.
Diese Annahme konnte nach Buggle durch interkulturelle Untersuchungen weit gehend bestätigt werden. Buggle betont, dass zum jetzigen Zeitpunkt kein endgültiger und totaler Geltungsanspruch für Piagets Modell erhoben und die tatsächlich vorhandene, größere interne Inhomogenität der jeweiligen Entwicklungsstufen nicht übersehen werden kann. In experimentellen Untersuchungen mit Netzwerkmodellen wurde inzwischen das „spontane Auftreten von Entwicklungsphasen als Systemeigenschaft eines langsam und kontinuierlich lernenden Systems nachgewiesen." (Spitzer, 2000, S. 213). Diese Experimente gehen auf Beobachtungen zurück, die von Inhelder und Piaget 1958 publiziert worden waren.

McClelland, zitiert nach Spitzer, 2000, konnte zeigen, „dass die empirisch bei Kindern ermittelten Phasen auch bei einer Computersimualtion auftraten. Ein Netzwerk wurde mit je zwei Gewichten und Orten auf dem Balken trainiert, den korrekten Output (Richtung der Neigung des Balkens) vorherzusagen. Nachdem das Netzwerk zunächst sehr schlecht abschneidet (entsprechend Kindern unter vier Jahren), ließ sich ein rascher Übergang zur Phase 1 beobachten, wonach das Netzwerk die weiteren Phasen in der empirisch bei Kindern gefundenen Reihenfolge durchlief.
Der wesentliche Punkt dieser Simulationsexperimente besteht darin, dass während der gesamten Simulationen Synapsengewichte kontinuierlich den Erfahrungen des Netzwerks angepasst wurden. Die dabei ablaufenden Prozesse waren immer dieselben. Dennoch war das äußerlich beobachtbare Verhalten phasenhaft! Es wurde somit gezeigt, dass Entwicklungsphasen spontan als Systemeigenschaft lernender Netzwerke auftreten können." (Spitzer, 2000, S. 214).

Die einzelnen Stufen der Denkentwicklung nach Piaget sind wie folgt charakterisiert:

2.2.1 Stufe 1 der Denkentwicklung: Sensomotorische Intelligenz (von Geburt bis ca. 1;6-2;0 Jahre)

Durch den *Umgang mit konkreten* Dingen schafft sich das Kind eine erste kognitive Orientierung im äußeren realen Anschauungs- und Wirkraum. Die kognitive Entwicklung vollzieht sich auf der ersten Stufe zunächst nur aus dem Umgang mit den Dingen selbst und noch nicht aus der Auseinandersetzung mit verinnerlichten Repräsentationen (inneren Bildern, Vorstellungen, Worten). *Wahrnehmungs-* und *motorische* Aktivitäten werden verbunden (Kennzeichnung als *sensomotorische* Intelligenz). Es wird eine zunehmende Koordination von Sinnes- und motorischen Aktivitäten als auch verschiedener Aktivitäten untereinander zu immer umfassenderen und komplexer organisierten Gesamteinheiten beobachtet. Aus dem Saug- und Greifreflex entwickeln sich sensomotorische Schemata als erste Erkenntnisorgane.

Dornes, M., 2002, S. 171-172:
„Ein Schema ist eine Vielfalt von zunehmenden miteinander koordinierten Sinneseindrücken eines Objektes. Wenn das Subjekt das Objekt schmeckt, greift und sieht, entstehen Empfindungen, die gespeichert werden und das Schema begründen. Nach der Schemabildung kann der Säugling ein Objekt wiedererkennen, wenn er es wiedersieht oder wieder in die Hand bekommt, aber er kann sich das Objekt nicht vorstellen, wenn es nicht da ist ... Denken ist in dieser Phase ein intelligentes Handeln, und die kognitiven Strukturen (Schemata) sind Aufzeichnungen dieses Tuns."
„Aus dem ganz konkreten Begreifen der sensomotorischen Stufe wird das verinnerlichte erkennende Begreifen der späteren Stufen." (Buggle, 2001, S. 52).

Die *sensomotorische Stufe* ist nach Piaget *präsymbolisch* und *präverbal*. Nach neuen Forschungen könnte der Erwerb der Symbolfunktion einige Monate früher erfolgen, als dies Piaget glaubte. Der Zugriff auf innere Bilder bereitet sich bereits im Verlauf der ersten Stufe in Erwartungshaltungen vor (z. B. Acht-Monatsangst mit nachweisbarer Objekt-Permanenz, vgl. Kap. 3.7.1.2). Auch die aktive Sprache, und damit die ersten inneren Repräsentationen, werden Ende des ersten Lebensjahres mit dem Aufbau des Sprachverständnisses (Verständnis sprachlicher Zeichen) und erster sprachlicher Symbole vorbereitet. Der genaue Zeitpunkt des Auftretens der ersten inneren Bilder ist oft schwierig nachzuweisen. Vorliegende Ergebnisse der Säuglingsforschung sprechen jedoch nach Dornes dafür, dass der Erwerb des inneren Bildes eine Fähigkeit ist, die nicht von Anfang an existiert (Dornes, 2001, S. 171).

1. Phase: 0-1 Monat

Es werden angeborene Reflex- und Instinkthandlungen als Bausteine der nachfolgenden kognitiven Entwicklung beschrieben. Saugreflex und Greifreflex dienen als Ausgangsmaterial zur nachfolgenden Ausbildung des Saugschemas, des Greifschemas (Konsolidierung der Reflexe durch funktionelle Übung).

Dornes, 2001, S. 164:

„Ein Objekt, an dem gesaugt wird, hat noch keine vom Subjekt unabhängige Existenz in Raum und Zeit. Das Objekt ist identisch mit den Empfindungen, die beim Saugen ausgelöst werden. Die ersten Empfindungen sind nach Piaget noch nicht koordiniert. Piaget geht, ebenso wie die Psychoanalyse, von einer anfänglichen Welt der Teilobjekte aus, in der die gesehene, gefühlte und geschmeckte Brust noch unverbunden nebeneinander existieren und erst später zu einem einheitlichen Objekt zusammengefasst werden.“

Dornes betont, dass die Annahmen von Piaget und der Psychoanalyse durch neue Ergebnisse der Säuglingsforschung widerlegt sind. Es konnten angeborene Wahrnehmungskoordinationen, kreuzmodale Wahrnehmungen, von Geburt an nachgewiesen werden (z. B. kann der Säugling die Stimme der Mutter und ihren Geruch bereits kurz nach der Geburt koordinieren). Dornes setzt sich mit den Konsequenzen dieser Forschungsergebnisse für das Auftreten der infantilen Phantasien auseinander. Der Säugling wird nach Dornes, gestützt auf neue Ergebnisse der Säuglingsforschung, von den Phantasien der erwachsenen Bezugspersonen beeinflusst und geleitet, verfügt jedoch in den ersten Lebensmonaten noch nicht über eigene, von Wahrnehmungen und Handlungen unabhängige innere Bilder (vgl. Kap. 3.7.1.2).

Schon J. Piaget und B. Inhelder hatten auf diese Zusammenhänge hingewiesen.

Piaget, J. und Inhelder, B., 1972/2000, S. 18:

„Dort, wo die Assoziationisten nur einen Wiederholungseffekt sehen (doch woher kommt hier die Wiederholung, da sie nicht durch äußere Beziehungen aufgedrängt wird?) und wo die Psychoanalytiker bereits, in der vorstellungsmäßigen Gleichsetzung von Daumen und Brust, eine symbolische Verhaltensweise sehen (doch woher soll lange vor der Ausbildung der ersten inneren Bilder dieses symbolische oder evokative Vermögen kommen?), schlagen wir vor, diese Erwerbung durch eine einfache Ausweitung der zur Diskussion stehenden senso-motorischen Assimilation schon auf den Reflex zu interpretieren.“

2. Phase: 1-4 Monate

Primäre Zirkulärreaktionen richten sich vorwiegend *auf den eigenen Körper*, auf die eigenen Aktivitäten des Saugens und Greifens. Der Säugling beginnt mit gezielten Wiederholungen reflexähnlicher Handlungen, die zu angenehmen Empfindungen geführt hatten. Nach Piaget beginnen jetzt erste Koordinationen von sensomotorischen Schemata. Der Säugling betrachtet nun das, was er greift. Allerdings müssen dazu Hand und Gegenstand im Blickfeld liegen. Es bilden sich die ersten Gewohnheiten heraus.

Dornes, 2001, S. 165:

„Das ergriffene Ding ist nun nicht mehr vollständig identisch mit dem Greifen und den dadurch vermittelten Empfindungen, sondern es ist auch noch etwas anderes, z. B. etwas Sehbares."

Dornes stellt klar, dass Piaget die Bedeutung der Wahrnehmung für den *handlungsunabhängigen* Erwerb von Wissen unterschätzt hat und belegt dies durch Ergebnisse der neueren Säuglingsforschung.

3. Phase: 4-8 Monate

Sekundäre Zirkulärreaktionen richten sich zunehmend *auf die Umwelt außerhalb des eigenen Körpers.* Erste Anfänge der Intentionalität auf Handlungsniveau, jedoch noch nicht auf begrifflich-symbolischem Niveau, sind zu beobachten. Das Kind versucht nicht im Geist, sondern durch Handlungen interessante Ereignisse aus der Vergangenheit wieder ins Leben zu rufen. Die Wiederholung einer Handlung soll das Objekt wiederbringen. *Anfänge der Objektpermanenz sind nachzuweisen.* „Das Objekt existiert für den Säugling nur solange es sinnlich wahrnehmbar, also konkret anwesend ist. Vom abwesenden Gegenstand kann er sich kein Bild machen." (Dornes, 2001, S. 167).

4. Phase: 8-12 Monate

Objektpermanenz wird sicherer. Der Säugling sucht ein verdecktes Objekt, indem er das Tuch wegzieht oder ein Hindernis, das ihm die Sicht auf das Objekt verdeckt, wegstößt. Er unterliegt aber dabei noch einem Irrtum, der als „A-B Irrtum" in der Säuglingspsychologie beschrieben und experimentell vielfach dokumentiert worden ist. Dornes (2001, S. 167) beschreibt hierzu ein Experiment von Piaget: „Jaqueline ist zehn Monate alt und hält einen Spielzeugpapagei in der Hand. Piaget nimmt den Papagei und versteckt ihn zweimal nacheinander unter der Matratze zur Linken des Kindes an einer Stelle A. Beide Male sucht Jaqueline sofort danach und zieht ihn hervor. Im dritten Durchgang führt Piaget den Papagei langsam vor den Augen des Kindes an die entsprechende Stelle rechts unter der Matratze zu B. Jaqueline sieht aufmerksam zu, und in dem Moment, wo der Papagei rechts (bei B) verschwindet, dreht sie sich nach links und sucht bei A. ... Das Objekt, obwohl in ersten Ansätzen permanent, verliert diese Eigenschaft wieder, wenn es seinen Ort verändert. Es wird dann wieder zum Teil einer Handlung, die es vorgebracht hat und hat keine von ihr unanhängige (objektive) Existenz mehr." (Dornes, 2001, S. 167-168).

Das Kind sucht dort, wo die eigene Suchhandlung beim letzten Mal erfolgreich war. Das Handlungswissen ist stärker als die visuelle Wahrnehmung. Die Permanenz des Objektes geht bei einfacher Ortsverlagerung wieder verloren. Die in früheren Unterstufen isoliert auftretenden Schemata können nun zu Gesamtverhaltenskomplexen koordiniert werden. Hindernisse können beseitigt werden, um eine Zielhandlung zu erreichen. Intentionales Verhalten ist erreicht.

5. Phase: 12-18 Monate

Tertiäre Zirkulärreaktionen zeigen experimentelles Vorgehen, „um zu sehen", neue „Mittel-Zweck Schemata" werden entdeckt. Ein Stock wird z. B. nicht nur benutzt, weil er sich schon zufällig in den Händen des Kindes befindet, sondern er wird mit Absicht gesucht, um eine Aktion auszuführen („intelligenter Instrumentengebrauch"). K. Bühler entwickelte dazu den Begriff des „Schimpansen-Alters" (Bühler, 1967). „Der Gegenstand ist nicht mehr an eine praktische Situation gebunden (d.h. an den früheren Erfolg des Säuglings), sondern hat eine eigene Permanenz gewonnen." (Ginsburg/Opper, 1969, S. 84 nach Dornes, 1993, S. 168). Das Kind sucht gleich dort, wo es den Gegenstand zuletzt verschwinden sieht und nicht mehr dort, wo es ihn beim ersten Mal gefunden hat. Es wird damit kein A-B Irrtum mehr begangen. Aber bei unsichtbaren Ortsveränderungen folgert das Kind noch nicht und fällt in den A-B Irrtum zurück („Das Suchen neuer Mittel durch Differenzierung der bekannten Schemata", Piaget, J. und Inhelder, B., 1972/2000, S. 21).

6. Phase: 18-24 Monate

Dieses Übergangsstadium zum voroperationalen Denken zeigt die beginnende Interiorisation und Entwicklung der Symbolfunktion: Handlungsschemata können nun auch innerlich in der Vorstellung ausgeführt und kombiniert werden (verinnerlichte Manipulationen). In Zusammenhang mit „Nachahmungshandlungen" und „aufgeschobener Nachahmung" treten als Vorformen der Symbolbildung symbolische motorische Handlungen auf. Das Objekt wird permanent und damit zunehmend von Handlungen unabhängig. Das wird erst möglich wegen der jetzt zu beobachtenden Fähigkeit, sich das Objekt in dessen Abwesenheit bildhaft vorzustellen. „Das Objekt ist jetzt Gegenstand der Betrachtung und nicht mehr Teil einer Handlung." (Dornes, 2001, S. 169). Das geistige Bild entsteht nach Piaget aus einer Verinnerlichung von handelnder Nachahmung. Bei aufgeschobener Nachahmung (ab ca. 18 Monaten) wird interiorisiert (die Bewegungen der Nachahmung werden nach innen verlagert, als innere Bilder gespeichert und verfügbar gemacht). Auf diese Weise entstehen über neue Kombinationen senso-motorischer Schemata Verinnerlichungen (Vorstellungen), die das Kind zu ersten motorischen Symbolhandlungen befähigen und „die in bestimmten Situationen das unmittelbare Verstehen („Insight") ermöglichen" (vgl. Piaget, J. und Inhelder, B., 1972/2000, S. 23) Damit ist der Übergang zur Stufe der „Voroperationalen Intelligenz" erreicht.

2.2.2 *Stufe 2 der Denkentwicklung: Voroperationale Intelligenz (zwischen ca. 2;0-4;0 Jahren bzw. zwischen ca. 4;0-7;0 Jahren)*

a) Die Entwicklung der Symbolfunktion (ca. 2;0-4;0 Jahre):

Das Kind ist nun bereit, nicht nur mit den Dingen selbst, sondern mit ihren verinnerlichten, zunehmend willkürlich abrufbaren Bildern oder Repräsentationen zu agieren. Die jetzt zu beobachtende Symbolfunktion wird als die Fähigkeit beschrieben, „Bezeichnendes (Bild, Symbol, Zeichen) von Bezeichnetem (reale Objekte oder Relationen) gleichzeitig zu unterscheiden und aufeinander zu beziehen." (Buggle, 2001, S. 65).

Der Weg zu inneren Bildern führt nach Piaget über die sensomotorische Handlung, die Nachahmung von Handlungen und die aufgeschobene, zeitlich verzögerte Nachahmung.
Die Nachahmungsspiele sind primär akkomodatorisch. Handlungen anderer werden ohne Interpretation (Assimilation) in eigene Handlungen übertragen. Bei den Symbolspielen des Kindes ist das Gleichgewicht zwischen Akkomodation und Assimilation im Unterschied zu Nachahmungsspielen einseitig zu Gunsten der Assimilation verschoben:

> Buggle, 2001, S. 66:
> „Ein Holzstück, das als Lokomotive verwendet wird, oder das ein Auto darstellt, impliziert ein starkes Ausmaß an Angleichung an das entsprechende, notwendig schon verinnerlichte Schema des Kindes, d.h. an Assimilation.

Buggle, 2001, S. 66:
Piaget unterscheidet drei Grundformen von Repräsentationen:

- „Bilder oder Symbole, bei denen eine Ähnlichkeitsbeziehung zwischen Bezeichnendem und Bezeichnetem, zwischen Repräsentation und Realobjekt oder Realereignis besteht. Der Terminus Symbol bleibt den „motivierten" (sinnhaltigen) Zeichen vorbehalten, die eine Ähnlichkeit mit dem Bezeichneten aufweisen.
- Zeichen, bei denen die Beziehung zwischen Bezeichnendem und Bezeichnetem arbiträr-konventionell (willkürliche, nach gängigen Verhaltensnormen geschaffene sprachliche Zeichen) und sozial festgelegt ist (gesprochene Sprache).
- Begriffe oder geistige abstrakte Schemata."

Das voroperationale Denken unterscheidet sich vom Denken der sensomotorischen Stufe durch die Möglichkeit, mit inneren Bildern zunehmend unabhängig von der Wahrnehmung zu agieren und zunehmend auch über zeitlich (Vergangenheit und Zukunft) wie räumlich immer Entfernteres verfügen zu können. Das Kind gewinnt mittels symbolischer Bilder und Zeichen zunehmend Unabhängigkeit von der Beschaffenheit der realen Umwelt.
Mit Hilfe der Symbole und Zeichen können Sachverhalte nun auch sozial vermittelt werden. Im Unterschied zur sensomotorischen Stufe ist das Kind jetzt durch sein symbolisch-voroperationales Erkennen unabhängiger von der realen Beschaffenheit der jeweiligen Umwelt. Allerdings ist das Denken auf dieser Stufe noch geprägt vom Egozentrismus des Kindes, das zunächst seine eigenen Bedürfnisse und seine indivi-

duelle Sicht in den Mittelpunkt stellt und noch nicht aus dem Betrachtungswinkel der Bezugspersonen urteilen kann.

Buggle, 2001, S. 70-71, fasst Piagets Merkmale des voroperationalen Denkens unter folgenden Schwerpunkten zusammen: *Konkrete Bildhaftigkeit (sehr hoher Grad an Konkretheit) und Isomorphie mit dem äußeren Handeln, Zentrierung, Irreversibilität, Vorbegriffe, transduktives Schließen:*

- Konkrete Bildhaftigkeit (sehr hoher Grad an Konkretheit) und Isomorphie mit dem äußeren Handeln
  Das Denken ist nach Piaget ein noch weit gehend verinnerlichtes und wenig abstrahiert-schematisiertes und ordnend-umgestaltetes Abbild konkreter äußerer Handlungen. Die Isomorphie (gleiche Struktur) zwischen voroperationalem Denken und äußerem Handeln ist noch stark ausgeprägt und äußert sich im kindlichen Weltbild (noch wenig verarbeitete geistige Realität). Auch immanente Phänomene, wie etwa Namen, Träume, Gedanken, werden konkret-materiell und räumlich existierend aufgefasst (vgl. Piaget, 1978, „Das Weltbild des Kindes“).

- Zentrierung
  „Konzentration der kindlichen Aufmerksamkeit auf einzelne wahrnehmungsmäßig jeweils besonders hervorstechende Merkmale eines Objektes oder eines Sachverhaltes unter Vernachlässigung anderer wichtiger konkurrierender Eigenschaften.... Das Kind ist noch nicht in der Lage zu dezentrieren... andere kompensierende Merkmale können noch nicht korrigierend in Betracht gezogen werden......das Denken des Kindes erscheint gemessen am Maßstab des erwachsenen Denkens als einseitig-falsch.“ (Buggle, 2001, S. 71).

  Beispiel für die Zentrierung des voroperationalen Denkens, zitiert nach Buggle, 2001, S. 71-72: Umschuttexperimente Piagets mit 4-5jährigen Kindern: „Dabei werden jeweils 2 Gläser A1 und A2 von identischer Form und Größe mit einer gleichen Anzahl Perlen oder der genau gleichen Menge Flüssigkeit gefüllt. Die Äquivalenz der Perlen- oder Flüssigkeitsmengen in beiden gleich gestalteten Gläsern wird von den Kindern auf die entsprechende Frage hin bejaht. Danach wird der Inhalt vor den Augen des Kindes von A2 zunächst in ein anderes, schmaleres Gefäß B umgeschüttet, sodass die Perlen oder Flüssigkeitssäule in B nun höher als in dem als Vergleichsgröße unverändert gebliebenen Glas A1 ist. Das Kind verneint nun die Äquivalenz der beiden zuvor als gleich beurteilten Mengen und konstatiert eine größere Perlen- oder Flüssigkeitsmenge in B1, weil es höher ist. D. h. das kindliche Wahrnehmen und Urteilen ist zentriert auf das auffällige, ins Auge springende Merkmal Höhe der Perlen- oder Flüssigkeitssäule, ohne dezentrierend die kompensatorische Abnahme des Durchmessers zu berücksichtigen. Wird der Durchmesser von B zunehmend verkleinert, so kann schließlich eine Zentrierung auf das nunmehr auffälligste Merkmal der Schmalheit oder Dünne des

Gefäßes B erfolgen, sodass das Kind nun sagt, in B seien weniger Perlen oder weniger Flüssigkeit als in A, weil es dünner ist“ (vgl. Piaget, 1966).

- Irreversibilität
  „Reale und vorstellungsmäßige Abläufe können innerlich nicht umgekehrt werden, können nicht zurück zum Ausgangspunkt laufen gelassen werden.“ (Buggle, 2001, S. 72).

Der Umschüttversuch Piagets zeigt zugleich die *Irreversibilität des Denkens*, d. h. das Kind ist nicht in der Lage, in Gedanken, in der Vorstellung, den Umschüttvorgang zurücklaufen zu lassen, ihn geistig rückgängig zu machen, wodurch innerlich in der Vorstellung die Äquivalenz der beiden Mengen wieder hergestellt wäre. Diese Fähigkeit wird durch den Ablauf von Handlungen in rhythmischen Strukturen und durch „Konfigurationen und Regulierungen“ vorbereitet, aber erst auf der nächsten Stufe der konkreten Operationen erreicht (vgl. Punkt *b) Das anschauliche Denken*).

- Sprachliches und vorbegriffliches Denken, Vorbegriffe
  Nach Piaget stellt nicht die Sprache die genetisch primäre Quelle des symbolisch-repräsentativen Denkens dar, sondern dieses setzt im Gegenteil „die vorangehende Ausbildung der allgemeinen, umfassenderen, auch die Sprache als eine der wichtigsten Ausprägungen einschließenden Symbolfunktion voraus.“ (Buggle, 2001, S. 66-67). „Die gesprochene Sprache des Menschen ist nur die hauptsächliche, nicht aber die einzige Manifestation einer sehr allgemeinen Symbolfunktion.“ (Piaget, 1975b, S. 92, zitiert nach Buggle, 2001, S. 67; siehe unter Literatur, Piaget, 1959/2003b). Die primären Wurzeln der Sprache und des Denkens sieht Piaget „im Vollzug und in der Struktur des vorsprachlich-sensomotorischen Agierens mit den Dingen selbst und eben noch nicht mit ihren (auch sprachlichen) Repräsentationen.“ (Buggle, 2001, S. 67). Piaget verneint dennoch nicht die überragende Bedeutung der Sprache als sozio-kulturellen Motor der kindlichen Entwicklung. „Ist die Symbolfunktion als generelle Voraussetzung auch des Umgangs mit sprachlichen Zeichen erst einmal verfügbar, so entwickelt sich zunehmend eine intensive Wechselwirkung, ein *genetischer Zirkel zwischen Sprache und Denken...* Sprache fördert in kaum zu unterschätzendem Ausmaß die Reifung und symbolische Verdichtung des Denkens“ ...“ (Buggle, 2001, S. 67).

Die sprachliche Entwicklung der voroperationalen Stufe wird charakterisiert durch den Erwerb von *Vorbegriffen*. Sie zeigen nach Piaget eine „noch sehr enge Anlehnung an äußere, sensomotorische Handlungen, noch einen sehr ausgeprägten konkret-bildhaften Charakter.“ (Piaget, zitiert nach Buggle, 2001, S. 72). Die beiden *Grundmerkmale des Vorbegriffs sind Mangel an stabiler Identität* und an logischer Allgemeinheit. Es handelt sich um eine Zwischenform zwischen einem singulären Individualbegriff mit stabil unterscheidbarer Identität und eigentlichem Gattungsbegriff. Der Wolf im Märchen ist *der* Wolf. Er wird auf der Stufe des voroperationalen Denkens individualisiert wahrgenommen und nicht als Gattungsbegriff zugeordnet. Das gleiche Individuum kann in verschiedene Personen zerfallen, je nach der Kleidung, die es trägt oder den Bildern, die im Spiegel oder auf Fotografien von ihm zu sehen sind. „Jaqueline will nicht an die Identität ihrer Schwester L. glauben, wenn diese ein anderes Badekostüm trägt, dann erklärt sie, dass <es jetzt wieder L. ist>, wenn diese ihr Kleid wieder anzieht (Piaget, zitiert nach Buggle, 2001, S. 73). Ein Kind kann mit deutlicher Angst reagieren, wenn die Mutter z. B. plötzlich vor seinen Augen eine Mütze aufsetzt, die auch die Haare verdeckt und das Aussehen verändert. Die Mutter verliert in diesem Augenblick ihre Identität und ist nicht mehr die vertraute Person. Dies ändert sich sofort, wenn die Mütze wieder abgenommen wird. *Der kindliche Vorbegriff bleibt auf halbem Weg zwischen dem individuellen und dem allgemeinen stehen.* Es besteht noch eine mangelnde Fähigkeit zur Abstraktion.

- Transduktives Schließen
  Auf Stufe 2 der Denkentwicklung schließt das Kind vom Einzelfall zum Einzelfall, nicht vom Einzelfall aufs Allgemeine (induktiv) und nicht vom Allgemeinen auf den Einzelfall (deduktiv). Das transduktive Schließen geschieht nicht nach den logischen Regeln des Erwachsenen (Fehlen der Klasseninklusion), sondern „das Kind geht scheinbar willkürlich-irrational oder assoziativ von einem Merkmal zum andern oder assimiliert egozentrisch-willkürlich das im Denkvollzug jeweils folgende Merkmal an ein vorausgehendes auffälliges Merkmal, auf das das kindliche Denken jeweils zentriert ist.“ (Buggle, 2001, S. 74).

  Beispiel Piagets zum transduktiven Schließen, zitiert nach Buggle, 2001, S. 74.
  „Mit 2,10 hat J. Fieber und verlangt Orangen, aber die neue Ernte ist noch nicht zu haben, und man versucht ihr klar zu machen, dass die Orangen noch nicht reif seien: Sie sind noch grün, man kann sie noch nicht essen. Sie haben noch nicht diese schöne gelbe Farbe. (J. kennt nur dieses Wort, um deren Farbe zu bezeichnen) J. scheint zunächst zu resignieren, aber einen Augenblick später, während sie Kamillentee trinkt, sagt sie: Die Kamillen sind nicht grün, sie sind schon gelb, gib mir Orangen! Man sieht, worin hier der Schluss besteht: Wenn die Kamillen schon gelb sind, können die Orangen es auch gut sein; das ist die Analogie oder die symbolische Partizipation.“ (Piaget, 1975b, S. 293/294; siehe unter Literatur, Piaget, 1959/2003b).

Beim transduktivem Schließen ist die Sensibilität für Widersprüche noch wenig ausgebildet. Die einzelnen Gedanken werden eher durch willkürliche, zufällige, assoziative Verbindungen oder Analogien als durch logisch-implikative oder kausale Verbindungsglieder verknüpft. In der ersten Subperiode von 2;0-4;0 Jahren ist die Ausrichtung des Denkens vorwiegend an der Verwirklichung praktischer Ziele orientiert.

b) Das anschauliche Denken (ca. 4;0-7;0 Jahre):

Piaget beobachtete eine Übergangsphase oder ein Zwischenstadium, das er durch das Auftreten von „*Konfigurationen*" und „*Regulierungen*" in der Denkentwicklung charakterisierte. „Es tauchen Denkstrukturen auf, die in der Mitte zwischen den starr zentrierten und irreversiblen Denkweisen der vorausgegangenen Subperiode und den (völlig) dezentrierten reversiblen Operationen der folgenden Entwicklungsstufe liegen." (Buggle, 2001, S. 76).

Konfigurationen oder *gegliederte Anschauungen:*
Sie beziehen sich jetzt nicht mehr wie auf der früheren Subperiode auf ein einzelnes (typisches) Objekt, sondern auf eine Mehrzahl oder „eine Gesamtheit von Elementen, die durch eine einfache Gesamtanordnung verbunden sind." (Piaget, 1975b, S. 308, zitiert nach Buggle, 2001, S. 76; siehe unter Piaget, 1959/2003b). Allerdings bleiben die Konfigurationen an die jeweilige Anschauungsgestalt gebunden, das Ganze kann noch nicht unabhängig von der Anschauung im Auge behalten werden. Konfigurationen werden durch den Ablauf von Handlungen in rhythmischen Strukturen vorbereitet.

> Piaget, 1966, S. 149, zitiert nach Buggle, 2001, S. 76-77:
> „Reihen wir jetzt sechs rote Spielmarken auf den Tisch, geben wir der Versuchsperson eine Anzahl blauer Spielmarken und fordern wir sie auf, eine eben so große Anzahl davon auf den Tisch zu legen. Im Alter von ungefähr 4-5 Jahren wird das Kind keine Zuordnung herstellen und sich damit begnügen, eine ebenso lange Reihe aufzubauen (deren Elemente dichter aneinander liegen als im Vorbild). Im Alter von ungefähr 5-6 Jahren wird das Kind sechs blaue Scheiben gegenüber den sechs roten aneinander reihen."
> Allerdings ist auch dies nach Piaget noch keine reife Operation, da die Abhängigkeit von der Anschauung bleibt. Das Kind gibt den Glauben an die Äquivalenz der Menge auf, wenn die Elemente einer Reihe voneinander entfernt oder zu einem Haufen zusammengeschoben werden. Nur solange die optische Übereinstimmung vorhanden ist, ist auch die Äquivalenz selbstverständlich.

Regulierungen:
„Die Zentrierung auf einen bestimmten herausragenden „gefangen nehmenden" Wahrnehmungsaspekt kann abgelöst, „reguliert" werden durch ein mit wachsender Entwicklung immer rascher mögliches *sukzessives* Umspringen auf einen zwei-

ten kompensatorischen Wahrnehmungsaspekt, ohne dass es jedoch zu einer echten Dezentrierung, d.h. einer simultanen, kompensatorischen Berücksichtigung beider zuvor zentrierten Aspekte und damit zu einer Realisierung der Erhaltung des Ganzen käme, wie es dem operatorischen Denken entspräche.“ (Buggle, 2001, S. 77). Das Denken hat noch stark den Charakter einer verinnerlichten praktisch-konkreten Handlung, ist noch stark an die konkrete Anschauung gebunden. Die Regulierungen werden im Vorschulalter immer flexibler und nähern sich immer rascher der folgenden Stufe der dezentriert-reversiblen Operationen.

> Im Umschüttversuch z. B. besteht der Vorgang der Regulierung darin, „dass bei zunehmender Überhöhung des Glases B die Zentrierung auf die Höhe auf die entsprechend maximierte Dünne der Flüssigkeits- oder Perlensäule umspränge, d.h. die Menge in B wird nun nicht mehr als mehr, sondern als geringer eingeschätzt <denn es ist so schmal>. Die Zentrierung auf die Höhe wird also abgelöst durch eine Zentrierung auf die Breite, ohne dass jedoch schon eine gleichzeitig-simultane Kompensation beider Aspekte, Höhe und Breite, erfolgen würde, d.h. die entsprechende dezentrierende Operation wird erst vorbereitet, <angekündigt> (Piaget, 1966, S. 148), aber noch nicht realisiert.“ (Buggle, 2001, S. 77-78).

2.2.3 *Stufe 3 der Denkentwicklung: Konkrete Operationen (zwischen ca. 7;0-12;0 Jahren)*

Mit dem Begriff der „Operation“ wird die zentrale Auffassung Piagets deutlich, dass er den Prozess des Erkennens und den der Intelligenz als eine Tätigkeit verstanden wissen will. Diese Tätigkeiten entwickeln sich kontinuierlich von der ersten Stufe der sensomotorischen Entwicklung über die Stufe der voroperationalen Denkentwicklung bis zur jetzt zu beschreibenden Stufe der konkreten Operationen. Die Operationen sind verinnerlichte Tätigkeiten, die immer stärker generalisiert werden und sich auszeichnen durch einen immer höheren Entwicklungsstand an Differenzierung, Strukturierung und Integration. Mit fortschreitender Entwicklungshöhe findet sich als zentrales Merkmal der biologischen, körperlichen oder psychischen Entwicklung eine zunehmende Systematisierung von Organen und Funktionen. Mit fortschreitender Erkenntnismöglichkeit werden die Denkoperationen vermehrt in ein ganzes System von Operationen eingebettet. „Eine einzelne Operation ist keine Operation, es ist nur eine gänzlich unerlaubte Abstraktion, wenn man von <einer> Operation spricht; eine vereinzelte Operation kann nicht Operation sein, denn die eigentümlichste Eigenschaft der Operationen liegt gerade darin, dass sie zu Systemen vereinigt sind.“ (Piaget, 1966, S. 41, zitiert nach Buggle, 2001, S. 80).

Es kommt auf dieser qualitativ neuen Stufe nach den *„Regulierungen“* jetzt zu *echten*, d. h. zu gleichzeitig beweglichen und doch stabilen *Dezentrierungen*:

Buggle, 2001, S. 80:
„Das Kind ist jetzt in der Lage, sich zunehmend der Bestimmung und der Gefangenschaft durch einzelne hervorstechende Wahrnehmungsaspekte oder seine jeweils individuell-egozentrische Wahrnehmungsposition zu entziehen und auch andere kompensierende Aspekte in sein kognitives Urteilen einzubeziehen."

„Das neue an dem beweglichen Gleichgewicht ..... ist die Tatsache, dass die von den Regulierungen und den allmählichen Gliederungen der Anschauung schon vorbereitete *Dezentrierung* plötzlich systematisch wird und ihren Höhepunkt erreicht. Das Denken haftet dann nicht mehr an besonderen, bevorzugten Zuständen des Gegenstandes, sondern bemüht sich, seinen sukzessiven Veränderungen auf allen möglichen Um- und Rückwegen zu folgen, und geht nicht mehr von einem besonderen Standpunkt des Subjektes aus, sondern koordiniert alle besonderen Gesichtspunkte zu einem objektiven System." (Piaget, 1966, S. 161, zitiert nach Buggle, 2001, S. 80).

In dem zuvor beschriebenen Umschüttversuch geht das Kind z. B nun nicht mehr jeweils von nur einem hervorstechenden Wahrnehmungsmerkmal, der Höhe oder der Dünne des jeweiligen Gefäßes aus, sondern erkennt die Äquivalenz der Vergleichsmengen, es erkennt die Erhaltung der Menge oder des Ganzen, es erkennt ihre Invarianz. Es kann also hervorstechende Merkmale in ein ganzes System von Beobachtungen einbeziehen und daraus dann die Urteile fällen. „Die Säule ist zwar höher, aber dafür dünner." (Buggle, 2001, S. 80).

Das Kind auf der Stufe des konkret operatorischen Denkens ist in der Lage, ***Invarianzbegriffe*** (Gewicht, Masse, Volumen u. a.) zu erwerben und stabilisiert damit zunehmend seine wechselnden Wahrnehmungsaspekte gegenüber den Täuschungen durch Sinneseindrücke. Es erhält so einen verlässlichen Orientierungsrahmen und berechenbare Verhaltensdispositionen. „Der höhere System- und Organisationsgrad des operatorischen Denkens, das verstärkte gegenseitige In-Beziehung-Setzen und korrigierende Berücksichtigen alternativer Erkenntnisaspekte impliziert gleichzeitig eine Abnahme der Widersprüchlichkeit des kindlichen Denkens." (Buggle, 2001, S. 81).

Ein weiteres zentrales Merkmal des operatorischen Denkens ist seine *Reversibilität.* „Reversibilität nennen wir die Fähigkeit, eine und dieselbe Handlung in den beiden Durchlaufsrichtungen auszuführen, und zwar im Bewusstsein davon, dass es dieselbe Handlung ist." (Piaget, 1957, S. 44, zitiert nach Buggle, 2001, S. 81).

Auf dieser neuen Stufe können Denk- und Erkenntnisprozesse wieder zurück zu ihrem Ausgangspunkt geführt werden. Dadurch wird die Vorstellung von der Erhaltung des Ganzen oder der Invarianz der Menge überhaupt erst möglich. Das Kind auf der Stufe der konkreten Operationen erwirbt z. B. einen simultanen Mengenbegriff von etwa 5 (es erfasst spontan, ohne abzuzählen, die Menge 5). Mengenbilder können erkannt, analysiert und zugeordnet werden, auch wenn die Mengenbilder in räumlich unterschiedlicher Anordnung gezeigt werden. Die Vorstellung von der Invarianz der Menge ist eine Voraussetzung dafür, dass das Kind in der Schule Rechenoperationen durchführen kann. Das Invarianzbewusstsein des Kindes hinsichtlich Gewichten, Masse, Volumen und Mengen setzt voraus, dass es auf dieser Stufe nun über *„antizipierende Vorstellungsbilder“* verfügt, d. h. es kann auf innere Vorstellungsbilder zurückgreifen, die es im Laufe seiner Entwicklung gespeichert hat und die es jetzt flexibel in jeweiligen neuen Wahrnehmungskonstellationen abrufen kann. Das Kind auf der Stufe der Denkentwicklung konkreter Operationen ist zu dezentrierenden Denkprozessen, zur Reversibilität des Denkens fähig. Es kann logische und arithmetische Operationen durchführen, Klassifikationen, Seriation und Zahlsysteme erwerben. Das Vermögen zur *„Klassifikation oder Klasseninklusion“* ist die nunmehr mögliche Voraussetzung für Anforderungen, mit denen das Kind in der Schule konfrontiert wird.

> „Das Kind kann nun Elemente, Gegenstände aufgrund abstrahierter gleicher Eigenschaften zu Klassen, mehrere Klassen zu Oberklassen verbinden und so hierarchische Systeme von über- und untergeordneten Klassen bilden; es kann entsprechend dem Merkmal der Reversibilität, das sein Denken nun zentral kennzeichnet, durch logische Substraktion auch wieder von der Ober- zur Unterklasse zurückkehren usw.“ (Buggle, 2001, S. 86).

Ein weiterer Begriff, der die Stufe der konkreten Operationen prägt, ist der Begriff der *Seriation*, d. h. die ordnende Reihung von Elementen nach einem bestimmten Kriterium, z. B. der Größe.

> Buggle, 2001, S. 86:
> Das Kind vermag nun nicht nur wie auf der voroperationalen Stufe Paare nach bestimmten Relationen (z. B. A < B) zu erkennen bzw. zu bilden, sondern darüber hinaus größere Anzahlen von Elementen nach bestimmten Kriterien in eine geordnete Reihe zu bringen (A < B < C < C < D....). „Es kann nun realisieren, dass ein Element gleichzeitig größer als das ihm vorhergehende und kleiner als das ihm nachfolgende sein kann. Es entdeckt das Prinzip der Transitivität. A < B, B < C, also A < C.“

Das Kind kann auf der Entwicklungsstufe der konkreten Operationen zwei oder mehr geordnete Reihen einander zuordnen.

> Piaget und Szeminska, 1941, deutsch 1965, zitiert nach Buggle, 2001, S. 87:
> „Durch die Koordination der Klasseninklusion und der Reihenbildung nach einer asymmetrischen Beziehungsordnung zu einem „operativen Ganzen“ (Piaget, 1966, S. 163) bildet sich nach Piaget nunmehr das von Wahrnehmungsstrukturen zunehmend ablösbare und unabhängige Zahlensystem, das einerseits Eigenschaft der Klasseninklusion (1 ist in 2 enthalten, 2 in 4 usw.) wie der Seriation (1< 2, 2< 3, 3 < 4) impliziert.“

Buggle, 2001, S. 88:
„Einen weiteren Bereich auf dieser Stufe bilden in der Zusammenfassung der Entwicklungspsychologie Piagets die räumlich-zeitlichen oder <infralogischen> Operationen ... Der logischen Operation der Klasseneinschachtelung entspricht im *räumlichen Bereich* die Einschachtelung von Teilerstreckungen oder Teilräumen in jeweils hierarchisch aufsteigende umfassendere Erstreckungen oder Räume ... Der Erwerb eines objektiv-einheitlichen Zeitbegriffs setzt zunächst die Operationen der Reihung der Ereignisse nach ihrer zeitlichen Aufeinanderfolge (vorher-nachher) sowie der Unterteilung des kontinuierlichen Zeitflusses (Dauer: länger-kürzer) in hierarchisch ineinander verschachtelte (Sekunden sind in Minuten, Minuten in Stunden, Stunden in Tage usw. eingeschachtelt), durch zeitliche Einheitsstrecken messbar gemachte Intervalle voraus, ferner die Synthese dieser beiden Operationssysteme oder der Aspekte der zeitlichen Aufeinanderfolge und der Dauer.
Diese Koordination, wegen der geringeren Anschaulichkeit zeitlicher Verhältnisse etwas später (im Alter von etwa 8 Jahren nach Piaget) als die entsprechende bei der Bildung des Zahlbegriffs realisiert, führt zur Bildung des Konzeptes einer einheitlichen, verschiedenste Bewegungsvorgänge zu den verschiedensten Zeiten umfassenden Zeit."

Durch den Erwerb der Fähigkeit zu konkreten Operationen wird das Kind auch in der kognitiven Bewältigung seiner übrigen Lebensbereiche beeinflusst, nicht nur in seinem logischen, arithmetischen oder zeitlich-räumlichen Denken. Das auf der vorigen Entwicklungsstufe überwiegend widersprüchliche, instabile kindliche Moralverhalten wird nun durch übernommene Werte und Normen zunehmend hierarchisiert und gereiht. Das moralische Verhalten kann damit widerspruchsfreier, stabiler und berechenbarer werden. Die konkreten operationalen Denkstrukturen beeinflussen auch das soziale Verhalten des Kindes und steuern seine sozialen Interaktionen. „Das effiziente operatorische Denken kann sich nur entwickeln in einer engen Wechselwirkung zwischen der konstruktiven Aktivität des Individuums und der intensiven Förderung der operatorischen Aktivitäten des Individuums durch sozial-gesellschaftliche Wirkkräfte." (Buggle, 2001, S. 89).

Um eine verlässliche und effiziente Kommunikation und Interaktion aufbauen zu können, braucht das Individuum auf der einen Seite den Erwerb des operationalen Denkens (wie Widerspruchsfreiheit, Dezentrierung, Invarianzbegriffe und Reversibilität), andererseits wird das operationale Denken auch durch die Konfrontation mit anderen Standpunkten erheblich bereichert.

Piaget, 1966, S. 185, zitiert nach Buggle, 2001, S. 89:
„Die Gruppierung ist also eine Koordinierung der verschiedenen Gesichtspunkte und das heißt eine Koordinierung zwischen verschiedenen Beobachtern, und also eine Zusammenar-

beit zwischen mehreren Individuen. Nehmen wir aber mit dem gesunden Menschenverstand an, dass ein außergewöhnlicher Mensch, indem er die Gesichtspunkte viele Male wechselt, sie von sich aus soweit koordinieren könnte, dass er zur Gruppierung gelangte...es wäre ihm also gelungen, eine einfache < Gesellschaft > zwischen seinen verschiedenen < Ich's > zu schaffen! In Wirklichkeit ist es gerade der ständige Gedankenaustausch mit den anderen Menschen, der uns diese Dezentrierung erlaubt und uns die Möglichkeit gibt, die den verschiedenen Gesichtspunkten entsprechenden Beziehungen innerlich zu koordinieren. Es wäre vor allem schwer einzusehen, wie die Begriffe ohne die Zusammenarbeit ihren gleich bleibenden Sinn und ihre Definition beibehalten könnten. Die Reversibilität des Denkens ist also daran gebunden, dass sie im sozialen Austausch eingehalten wird, geschähe dies nicht, so besäße das individuelle Denken eine unendlich viel beschränktere Beweglichkeit."

Das Denken auf der konkret operationalen Stufe bezieht sich noch weit gehend auf konkrete Handlungen und Wahrnehmungen und kann sich von jeweiligen konkreten Inhalten nur schwer lösen. Die einzelnen konkreten Operationssysteme stehen auf der Stufe der konkreten Operation noch relativ unkoordiniert nebeneinander.

Buggle, 2001, S. 90:
„Strukturen des einen konkreten Handlungs- oder Inhaltsbereichs werden noch nicht stringent auf andere Bereiche übertragen. So wird die Masseninvarianz bei den oben angeführten Umschüttversuchen oder bei Versuchen, in denen Plastilin verformt wird, erst im konkreten Handlungsvollzug des Umschüttens oder des Verformens und noch nicht generell-formal realisiert. Die erworbene operatorische Struktur der Invarianz der Masse wird noch nicht simultan, sondern erst mit deutlicher, d. h. durchschnittlich etwa zwei- bis vierjähriger zeitlicher Verzögerung, auf andere inhaltliche Bereiche wie etwa Gewicht oder Volumen übertragen: die operatorische Struktur ist also noch sehr weit gehend von ihrem konkreten Inhalt bestimmt."

2.2.4 Stufe 4 der Denkentwicklung: Formale Operationen (ab ca. 12;0 Jahren)

Buggle, 2001, S. 91:
„Das operatorische Denken löst sich immer deutlicher von der Bestimmung und engen Bindung an die jeweiligen konkreten Inhalte. Es schreitet immer mehr vom Konkret-Wirklichen zum viel umfassenderen Bereich des Hypothetisch-Möglichen, von den jeweiligen konkreten Inhalten zu immer inhaltsleereren, immer allgemeineren, immer abstrakteren Formen und Strukturen, vom räumlichen-zeitlichen Hier und Jetzt zu räumlich und zeitlich immer entfernteren und umfassenderen Horizonten fort. Die Systematisierung und Integration zu immer umfassenderen Gesamtstrukturen nimmt weiter zu. Die in der Periode der konkreten Operationen noch weit gehend gegenseitig isolierten einzelnen Operationssysteme werden zunehmend zueinander in Beziehung gesetzt und zu sehr allgemeinen, räumlich und zeitlich auch sehr entfernte Vorgänge umfassenden Gesamtsystemen integriert."

Das Konkret-Reale wird nun auf das Mögliche ausgeweitet, das Wirkliche wird als ein Fall des Möglichen eingestuft. Das formal-operationale Denken bezieht sich nicht mehr nur unmittelbar auf konkret-reale Objekte und Ereignisse, sondern auch auf Aussagen über diese. Sie werden dann selbst zum Gegenstand des operationalen Denkens. Der Jugendliche oder der Erwachsene, der die Stufe des formal-operationalen Denkens erreicht, nimmt logische Verknüpfungen zwischen Operationen vor und integriert sie zu einem formal-operationalen Gesamtsystem mit bestimmten neuen Merkmalen.

Man beobachtet jetzt eine immer stärker werdende hypothetisch-deduktive Vorgehensweise beim Denken, das Mögliche tritt immer mehr in den Mittelpunkt der Erwägungen (wenn...dann; was wäre, wenn...; es könnte sein, dass...). Durch experimentelle Prüfungen wird das Wirkliche bestätigt oder nicht bestätigt (falsifiziert).

> Buggle, 2001, S. 92:
> „Während das Kind der konkreten operatorischen Stufe seine operatorischen Kenntnisse unmittelbar im Umgang mit den konkreten Realitäten (klassifizieren, reihen, gleichsetzen, zuordnen usw., wirklicher, konkreter Gegenstände und Sachverhalte) gewinnt, ist das Kind oder der Jugendliche auf dem formal-operatorischen Niveau in der Lage, die Gegenstände seiner Operationen als hypothetisch-mögliche zu antizipieren und sie dann im Nachhinein experimentell auf Wirklichkeit zu testen."

Das Kind der vorhergehenden Stufe setzt sich in seinen phantastischen Geschichten, Erzählungen, Märchen usw. mit dem „Unwirklichen" auseinander. Dagegen ist jetzt auf der Stufe der formalen Operationen die Auseinandersetzung mit der besonderen Qualität des „Möglichen" erreicht.

Buggle führt sinngemäß aus, dass dieses „Unwirkliche", die Willkür der Phantasie ohne Regeln und ohne Objektivität, nicht mit dem „Möglichen" des formal-operationalen Denkens gleichgesetzt werden darf.

> Buggle, 2001, S. 93:
> „Das Mögliche der formal-operatorischen Stufe ist vielmehr zentral gekennzeichnet durch seine logisch-objektivierende Zielsetzung und Unterwerfung unter die logische Notwendigkeit. Das formal-operatorische Mögliche ist das logisch Mögliche: <Möglich ist alles das, was nicht widersprüchlich ist>." (Piaget und Inhelder, 1977a, S. 245).

Die natur- oder erfahrungswissenschaftliche Kausalanalyse ist besonders kennzeichnend für das formal-operationale Denken. Alle möglichen als Wirkfaktoren infrage kommenden Variablen werden identifiziert und als einzelner oder in den je möglichen Kombinationen in ihrer kausalen Wirkung isoliert.

Eine weitere Grundeigenschaft des formal-operationalen Denkens ist das auf dem Schema der Kompensationen aufbauende Schema der *Proportionen* als Ausdruck der Äquivalenzverhältnisse zwischen jeweils zwei Größen.

Piaget und Inhelder, 1977a, S. 208, 209, zitiert nach Buggle, 2001, S. 95:
„...allen Formen der Proportionalität, die der Prüfling gefunden hat, ist gemeinsam, dass Kompensationsurteile mitwirken. Sobald der Prüfling begreift, wenn er zwei unabhängige Variablen vor sich hat, dass die Vergrößerung der einen dasselbe identische Ergebnis wie eine Verkleinerung des anderen zur Folge hat, konstruiert er das qualitative Schema der Proportionalität."

Eine weitere Errungenschaft dieser Stufe der formalen Operationen ist das Konzept der *Wahrscheinlichkeit als „einer Beziehung zwischen den verwirklichten und den möglichen Fällen"* (Piaget und Inhelder, 1977, S. 213, zitiert nach Buggle, 2001, S. 96), „sowie das eng mit den Schemata der Proportionen wie der Wahrscheinlichkeit zusammenhängende Konzept der Korrelation für Erfassung und Beschreibung von systematischen (z. B. Kausal-)Relationen, die sich mit Zufallsverteilungen überlappen und so teilweise verundeutlicht sind (vgl. Piaget und Inhelder, 1977a, S. 311ff, zitiert nach Buggle, 2001, S. 96).
Buggle erläutert in seiner Zusammenfassung der Entwicklungspsychologie Piagets weitere Merkmale der Denkfähigkeit des Jugendlichen auf der Stufe der formalen Operationen, z. B. zwei Bezugssysteme zu koordinieren und die Relativität von Bewegungen oder Geschwindigkeiten zu erfassen und kognitiv zu bewältigen (Buggle, 2001, S. 96).
Die Grundmerkmale der formal-operationalen Denkstufe lassen sich genereller kennzeichnen, wenn auch die personalen und sozialgesellschaftlichen und kulturellen Bereiche herangezogen werden. Durch die jetzt mögliche Überschreitung des konkret-unmittelbaren, gegenwärtig Wirklichen, ist der Heranwachsende nun auf zeitlich und räumlich Entfernteres ausgerichtet und interessiert sich für Abstrakt-Allgemeines und für Hypothetisch-Mögliches.

Buggle, 2001, S. 98-99:
„Der Jugendliche der formal-operatorischen Stufe entwickelt oder beschäftigt sich zunehmend mit individuell-persönlichen wie gesellschaftlich weitreichenden Lebens- und Zukunftsentwürfen. Zu der häufig als unbefriedigend und verengt empfundenen persönlichen und gesellschaftlichen Realität werden alternative Möglichkeiten in Form von Lebensplänen oder Idealen entwickelt, die häufig in die Struktur abstrakter gesellschaftlicher oder philosophischer Systementwürfe eingearbeitet werden."

Reformideen von Jugendlichen sind oft stark emotional motivational gefärbt.
Bei Eintritt in die Stufe des formal-operationalen Denkens zeigt sich erneut ein *<Egozentrismus>*.

Buggle, 2001, S. 99:
„Wieder findet sich auf einer höheren Stufe eine die egozentrische Haltung kennzeichnende mangelnde Unterscheidung zwischen Ich und Umwelt und, daraus folgend, eine Überschätzung der eigenen sozialen Bedeutsamkeit und Wirkungsmöglichkeit."

Der kommunikative Austausch mit anderen Menschen, besonders die Auseinandersetzung mit der Gruppe der Gleichaltrigen, ist für die Jugendlichen dieser Stufe wichtig.

> Buggle, 2001, S. 99-100:
> „Die Kommunikation mit anderen Menschen und die Konfrontation mit ihren jeweils verschiedenen Perspektiven, sei es direkt oder indirekt, etwa in Form von Büchern o. ä., ist also auch hier als wesentlicher Motor der objektivierenden Dezentrierung, die nach Piaget zum eigentlichen Erwachsenenalter führen soll, anzusehen."

Die Bedingungen für die Ausbildung formal operationaler Denkstrukturen sind grundsätzlich von der biologischen Reifung abhängig und darüber hinaus von den jeweils durch die Umwelt gestellten *Erfordernissen* und anderen *sozio-kulturellen Faktoren.*

Piaget und Inhelder, 1977a, S. 324, zitiert nach Buggle, 2001, S. 101:
„Kurz, die Reifung des Nervensystems ist alles andere als eine Quelle, ‚angeborener Vorstellungen', die fix und fertig gegeben sind, sondern sie bestimmt bloß die Gesamtheit der Möglichkeiten und der Unmöglichkeiten auf einer gegebenen Stufe, und ein gewisses soziales Milieu ist für die Aktualisierung dieser Möglichkeiten durchaus unerlässlich. Diese Aktualisierung kann aufgrund von kulturellen und erzieherischen Bedingungen beschleunigt oder verzögert werden: Sowohl die Ausformung des formalen Denkens, als auch das Alter der Adoleszenz im Allgemeinen, d. h. der Einfügung des Individuums in die Gesellschaft der Erwachsenen, bleiben somit ebenso sehr von sozialen Faktoren wie von den neurologischen Faktoren abhängig."

2.3 Kritische Anmerkungen zu Piagets Stufenmodell

Piagets Beschreibung der vier Stufen der Denkentwicklung entspricht einer *idealtypischen Charakterisierung.* So betont Buggle 2001 in seiner kritischen Würdigung der Entwicklungspsychologie Piagets, dass die Zuordnung zu einer spezifischen Stufe oft schwierig und nicht zu leisten ist. Ein Individuum kann sich nämlich simultan auf strukturell verschiedenen Stufen bewegen. Buggle rät zu einem zweifachen Beobachtungsansatz:

- Beobachten von *generellem Nicht-Realisieren* kognitiver Strukturen einer bestimmten Entwicklungsstufe
- Erfassen von höchstmöglichen, aber *nicht unbedingt generell* realisierten kognitiven Leistungen einer bestimmten Entwicklungsstufe

> „Die globale Zuordnung eines Individuums zur Stufe des formal-operatorischen Denkens hieße dann also nur, dass das jeweilige Individuum auf irgendeinem Gebiet formal-operatorische Strukturen realisiert hat, keineswegs

aber, dass es diese über die Zeit und verschiedenen Bereiche generell realisiert." (Buggle, 2001, S. 117).

Diese Aspekte sind bei der Zuweisung zu den Stufen der Zeichenentwicklung zu berücksichtigen. Piagets idealtypische Stufeneinteilung dient dabei der entwicklungspsychologischen Orientierung. Allerdings müssen individuelle Abweichungen auch innerhalb der strukturell unterschiedlichen Stufen immer im Auge behalten werden (vgl. Kap. 5.3-5.3.6, Fallbeispiel Anna). Die Charakterisierung der Stufe der formalen Operationen nach Piaget macht bei der Interpretation von Jugendzeichnungen auf besondere Entwicklungsvoraussetzungen der Denkentwicklung aufmerksam. Nur ein kleiner Teil von Jugendlichen lässt in seinen Zeichnungen Denkstrukturen auf dem Niveau der formalen Operationen Piagets erkennen. *Die 4. Stufe der Zeichenentwicklung (ab ca. 12;0 Jahren) kann im Unterschied zu den vorigen Stufen (1-3) nur unter bestimmten Voraussetzungen der 4. Stufe der Denkentwicklung nach Piaget zugeordnet werden* (vgl. Kap. 3.7.4).

M. Tücke kritisiert an Piagets Modell die 4. Stufe der formalen Operationen. Er beschreibt neben dem von Piaget angeführten „logisch-formalen, naturwissenschaftlichen Denkstil" den „intuitiv-personenzentrierten" Denkstil des Jugendalters (Tücke, 1999). Er weist darauf hin, dass bei der Mehrzahl der Jugendlichen die Denkstufe der formalen Operationen im Sinne Piagets weder erreicht noch intendiert und nur unter bestimmten Voraussetzungen und in bestimmten Situationen angewendet wird, da sie nicht der Begabungsstruktur der meisten Jugendlichen, auch nicht ihren emotional-sozialen Vorstellungen und Bedürfnissen entspricht (vgl. Kap. 3.7.4). Bei einem kleinen Teil der Jugendlichen entwickelt sich nach Tücke allerdings – meist aufgrund besonderer Anforderungen der Umwelt und/oder intensiver spezieller schulischer Förderung – das Denken in formalen Operationen im Sinne Piagets und entfaltet sich dann nach vorbereitenden Schritten erst voll in der Mitte des Jugendalters (ab ca. 14,0 Jahren). (Ausführlichere kritische Würdigung der Entwicklungspsychologie Piagets vgl. Buggle, 2001, S. 102-115).

Zusammenfassende Gesichtspunkte:

Die kognitive Entwicklung des Kindes baut sich also im Sinne einer Suche nach Gleichgewicht (Adaptation, Äquilibration) in Prozessen des Aufnehmens, Angleichens und Interpretierens (Assimilation) von Umwelt- und Lernerfahrungen und der Einordnung des Aufgenommenen in die Denkstrukturen auf (Akkomodation). Ausgehend von Reflexhandlungen und angeborenen Handlungsmustern werden die ersten sensomotorischen „Schemata" als dynamische Ganzheiten und Grundbausteine des

Denkens („Gestalten") gebildet. Den jeweiligen Umwelterfahrungen entsprechend, werden diese Ganzheiten ab Geburt nach entwicklungspsychologischen Gesetzmäßigkeiten schrittweise erweitert, differenziert und in hierarchisch aufgebauten Denkstrukturen miteinander vernetzt.

Piaget sah seine *Zeitangaben* zum Erreichen der Stufen und der Phasen innerhalb der Stufen als Richtwerte an. Neuere Ergebnisse der Säuglings- und Kleinkindforschung zeigen, dass er die Zeitschritte insgesamt, vor allem aber in der Säuglings- und Kleinkindzeit, etwas zu spät ansetzte. Die Einteilung der Denkentwicklung in unterschiedliche Denkstrukturen, die aufeinander aufbauen, wurde durch neuere Untersuchungen weit gehend bestätigt (Buggle, 2001, S. 112). Auch in neuerer Zeit vorgenommene Computersimulationen an neuronalen Netzwerken greifen Piagets gedankliches Modell einer stufenweisen, phasenhaften kognitiven Entwicklung auf (vgl. Spitzer, 2000, S. 212, Kap. 2.2).

Durch experimentelle Untersuchungen konnte ein *spontanes Auftreten von Entwicklungsphasen als Systemeigenschaft eines langsam und kontinuierlich lernenden Systems* nachgewiesen werden. Piagets Theorie der Entwicklung des Lernens in Stufen wurde so eindrucksvoll bestätigt (Spitzer, 2000).

Die Stufen der Denkentwicklung gehen kontinuierlich und überlappend ineinander über. In der Zeit des Übergangs von Stufe zu Stufe treten Merkmale der früheren Stufe der Denkentwicklung und der neu erreichten Stufe nebeneinander auf, bis die notwendige Sicherheit von Denkabläufen auf der neu gewonnenen Stufe des Denkens erreicht ist.

Die Charakterisierung der Stufen der Denkentwicklung nach Piaget wird an späterer Stelle in die Beschreibung der 4 Stufen der Zeichenfähigkeit integriert und den Lesern anhand zahlreicher Beispiele von Kinderzeichnungen veranschaulicht (vgl. Kap. 3.7.1; 3.7.2; 3.7.3; 3.7.4).

2.4 Merkmale intelligenten Verhaltens und ihre Bedeutung für Lernprozesse

Frostig, M. und Maslow, Ph., 1978, S. 228-230, sehen in Piagets Konzept folgende Merkmale intelligenten Verhaltens:

- Dezentrierung
- Bilden von kognitiven „Schemata", Ganzheiten, nach denen Denkoperationen stattfinden
- Speicherung im Kurzzeit- und Langzeitgedächtnis
- Verwendung von Modellen und Symbolen

Die folgende zusammenfassende Darstellung der Merkmale intelligenten Verhaltens berücksichtigt die Ausführungen Frostigs und Maslows. Eigene ergänzende Gesichtspunkte zur Entwicklung des Zeichnens und der Spielentwicklung sind eingefügt.

Dezentrierung:
Dem Prozess der *Dezentrierung* geht auf jeder Entwicklungsstufe der Denkentwicklung die *Zentrierung* voraus. In den Anfängen der Denkentwicklung auf der sensomotorischen und präoperationalen Stufe ist das Kind nur ansatzweise zu Dezentrierungen fähig.

Zentrierung:
In den Anfängen seiner Denkentwicklung *zentriert* das Kind zunächst seine Aufmerksamkeit auf bestimmte Teile von Objekten oder bestimmte Merkmale von Situationen, andere Teile werden ausgeschlossen. Die Teile von Gegenständen oder Situationen werden dabei als „Ganzes" wahrgenommen und emotional erlebt.
Ein Kind auf der präoperationalen Stufe erkennt z. B. einen Löwen an seinem aufgerissenen Maul und erlebt emotional über dieses Maul die Ganzheit des Löwen. Es nimmt den Löwen über das Merkmal des aufgerissenen Maules als ganze Gestalt wahr und verbindet diese Wahrnehmung mit individuellen Emotionen (Neugier, Freude, Angst u. a.). Auch beim Zeichnen übernehmen in der präoperationalen Stufe Teile die Funktion von Ganzen (z. B. reicht dem Kind die Darstellung eines Kopfes, um einen ganzen Stier darzustellen und zu erleben (vgl. Kap. 3.7.2.9, Abb. 046). Dieses Entwicklungsmerkmal nennt man „Pars-pro-toto"-Prinzip. Der Teil steht für das Ganze und wird als Ganzes interpretiert („Exemplarisches Detail"). Bei der ersten Menschdarstellung z. B., dem „Kopffüßler", wird ein Kreis gezeichnet, der sowohl den Kopf als auch den ganzen Körper darstellen soll (vgl. Kap. 3.7.2.9, Abb. 024, 033).

> Ein anderes Beispiel des Zentrierens der Aufmerksamkeit bei Denkprozessen der präoperationalen Stufe geben Frostig und Maslow, 1978, S. 91:
> „So beachtet das Kind etwa die Länge und nicht die Dicke eines Plastilinklumpens und kommt so unter Umständen zu dem Schluss, die Plastilinmenge nehme zu, wenn die ausgerollte „Schlange" länger wird."

Aufbau des Dezentrierens:
Die Fähigkeit des Dezentrierens wird aufbauend auf der senomotorischen Stufe der Denkentwicklung vorbereitet und schrittweise über *spielerische* Prozesse der Nachahmung und aufgeschobenen Nachahmung von Bewegungen entwickelt.
Ein *Nachahmungsspiel* liegt z. B. vor, wenn der Vater weggeht und winkt und das Kind zurückwinkt, indem es das väterliche Winken imitiert.

Um eine *aufgeschobene Nachahmung* handelt es sich, wenn das Kind die Winkbewegung später wiederholt, um auszudrücken, dass der Vater fortgegangen ist. Die Winkbewegung ist dann zu einem differenzierten Zeichen für das Weggehen des Vaters geworden (Beginn des symbolischen Denkens).
Auch die Auge-Hand-Koordination bei Bewegungsspielen, z. B. einen Ball werfen und fangen, bereitet schon die Fähigkeit des Dezentrierens auf späteren Stufen vor. So sind sensomotorische Übungen, rhythmische Übungen und Übungen im Bereich der unterschiedlichen Wahrnehmungsfunktionen zugleich wichtige Grundlagen für den Aufbau von Konzentration und Denken. Symbolspiele (Rollenspiele) fördern in besonderer Weise den Prozess des Dezentrierens und damit nicht nur die emotionale Entwicklung, sondern auch den Denkprozess selbst.
Wir erkennen z. B. im Symbolspiel des Kindes die wichtige Voraussetzung für die weitere Entwicklung seiner Denkfähigkeit und für das Vorhandensein von und den Zugriff auf innere Bilder, innere Repräsentationen, Phantasien. Der Beginn des Symbolspiels (ab 1;6-2;0 Jahren) bedeutet für die Denkentwicklung einen qualitativen Sprung und zeigt den Beginn der 2. Stufe des voroperationalen Denkens (vgl. Buggle, 2001, S. 29, Kap. 2.2).
Umgekehrt überwiegt beim Nachahmungsspiel/Übungsspiel (z. B. Nachahmung von Gesten, von motorischen Bewegungsmustern, Durchführen von funktionellen Wahrnehmungsübungen, z. B. mit Montessori-Material) die Akkomodation: Das Kind akkomodiert bei den Übungsspielen überwiegend an vorgegebene Umweltstrukturen. Auch in diesem Fall ist die Wahrnehmung zunächst zentralisiert. Eigene Anteile von Assimilation, Verstehen, Interpretieren, werden beim Nachahmungsspiel weniger aktiviert als die Übernahme und Nachahmung von Umweltreizen. Beide Spielformen sind wichtig für die Entwicklung des Kindes und fördern mit unterschiedlicher Gewichtung auf unterschiedlichen Entwicklungsstufen die Prozesse von Assimilation, vom Bilden innerer Bilder und Phantasien (Symbolspiel) und der Nachahmung (Übungsspiele mit einem Überwiegen akkomodatorischer Prozesse). Erst mit Ende der 3. Stufe der Denkentwicklung (ab ca. 10 Jahren) ist das Kind zu fortgeschrittenen dezentralisierenden Prozessen in der Lage, kann vorübergehend bei seinen Spielaktivitäten Gleichgewichtszustände von Assimilation und Akkomodation herstellen und sie den Umweltgegebenheiten gleichgewichtig jeweils neu anpassen.

Die Spielentwicklung des Kindes spiegelt, der Zeichenentwicklung vergleichbar, die Stufe seiner Denkentwicklung sowie seiner emotionalen- und sozialen Entwicklung wider. Sie zeigt, in unterschiedlicher Gewichtung von Assimilations- und Akkomodationsprozessen, seine Suche nach Gleichgewicht.

Übungsspiele:
Piaget und Inhelder, 1972/2000, S. 67: „…sie enthalten keine Symbolik und keine spezifisch spielerische Technik, sondern wiederholen zum Vergnügen Tätigkeiten, die anderswo mit dem Ziel der Anpassung erworben wurden: das Kind hat z. B. zufällig die Möglichkeit entdeckt, einen aufgehängten Gegenstand zum Schwingen zu bringen; es wiederholt das Ergebnis, um sich daran zu adaptieren und es zu verstehen, was kein Spiel ist; dann benützt es diese Verhaltensweise aus bloßem „funktionellen Vergnügen" (K. Bühler) oder aus Freude, Ursache zu sein und ein neu erworbenes Wissen zu bestätigen (was auch noch der Erwachsene mit einem neuen Auto oder Fernsehapparat tut)."

Symbolspiele:
Piaget und Inhelder, 1972/2000, S. 67: „Sie bilden den Höhepunkt des Kinderspiels. Die Motivation beim Symbolspiel ist nicht die Anpassung an das Wirkliche, sondern im Gegenteil, die Anpassung des Wirklichen an das Ich, ohne Zwang und Sanktionen."

Im Symbolspiel baut sich ein Kind selber ein System von Zeichen auf und ist dabei nicht so wie beim Gebrauch der Sprache auf die Übernahme konventionell festgelegter und kollektiver Zeichen angewiesen. Das Kind *erlebt* über die von ihm eingesetzte Symbolik das Ereignis noch einmal; es begnügt sich nicht mit der gedanklichen Erinnerung. Im Symbolspiel werden nicht nur die bewussten Interessen des Kindes formuliert und gefördert, es bringt auch affektive Erlebnisse und Konflikte zum Vorschein, die auf spielerische Art emotional-sozial bearbeitet werden.

> So reagiert z. B. ein Kind im Spiel mit der Puppe ein traumatisches Erlebnis ab, indem es über das Spiel nochmals das Ereignis durchlebt und lernt, dieses besser in sein emotional-soziales Leben einzuordnen. Im symbolischen Spiel werden die Erlebnisse, der Traumarbeit vergleichbar, verdichtet und verschoben. Wenn das Kind z. B. von der Mutter geschlagen wurde, schlägt es nun seinerseits die Puppe und kann mit Hilfe dieser symbolischen Handlung die Verletzung seines Selbstwertgefühls bearbeiten.

Im *Symbolspiel* zeigen sich die *inneren Bilder des Kindes, seine Phantasien.* Auch *unbewusste Konflikte* (Ängste, Aggressivität oder Identifikation mit Aggressoren, Rückzug aus Angst und Gefahr) werden deutlich. Die Symbole enthalten eine dem Kind eigene und von ihm entwickelte Sprache. Wer sie versteht, kann aus den Spielen der Kinder Rückschlüsse auf die Stufe ihrer Denkentwicklung, ihrer emotional-sozialen Entwicklung, ihrer Motivation und ihrer Bedürfnisse ziehen. Vergleichbares gilt, wie ich noch ausführlich darlegen werde, für die Entwicklung der „Sprache" der Kinderzeichnung, die wie das Symbolspiel auf die inneren Bilder, die Phantasien des Kindes hinweist und damit sowohl den Stand seiner Interessen und Denkentwicklung als auch seine affektiven Bedürfnisse anzeigt.

Regelspiele:
Hierzu zählen Hüpfspiele, Brettspiele und andere Spiele; die sozial (von Erwachsenem zu Kind oder von Kind zu Kind) weitergegeben werden und nach Piaget mit den Fortschritten des sozialen Lebens immer mehr an Bedeutung gewinnen.

Konstruktionsspiele:
Piaget und Inhelder, 1972/2000, S. 67: „Vom symbolischen Spiel her entwickeln sich schließlich Konstruktions-Spiele, die am Anfang noch mit spielerischer Symbolik durchsetzt sind, in der Folge jedoch dahin tendieren, wirkliche Adaptationen (mechanische Konstruktionen usw.) oder Lösungen von Problemen und intelligenten Schöpfungen zu werden."

Mit dem Übergang der Denkentwicklung von Stufe 2 zu Stufe 3 verfügt das Kind über ein ausgewogeneres Verhältnis von Assimilation und Akkomodation und über ein stabileres Gleichgewicht zwischen diesen beiden Prozessen, als dies auf den Stufen 1 und 2 möglich war. Der Prozess der Suche nach einem Gleichgewicht zwischen Assimilations- und Akkomodationsprozessen schreitet lebenslang fort (vgl. Kap. 2.2). Bei günstigem Verlauf wird dabei eine immer bessere Ausgewogenheit zwischen Aufnahme und Interpretation von Umweltreizen sowie deren Einordnung in eigene Strukturen psychischer Funktionen erreicht. Die Eindrücke werden immer differenzierter wahrgenommen, Teile werden Ganzheiten untergeordnet. Das Vermögen zur Dezentrierung zeigt die Stadien der fortschreitenden Denkentwicklung und baut sich von Geburt an in kleinen Schritten mit der Entwicklung von Bewegung, Sprache, Wahrnehmung, höheren kognitiven Funktionen und der emotional-sozialen Entwicklung auf. Hat das Kind die Stufe der konkreten Operationen (ab ca. 7;0 Jahren) erreicht, ist es in der Lage, seine Aufmerksamkeit gleichzeitig auf mehrere Merkmale einer Figur oder einer Situation zu richten und diese zu „seinem" Gesamtbild zu integrieren. Die Merkmale eines Gegenstandes oder einer Situation werden dann in der Wahrnehmung genauer differenziert, in Kategorien geordnet, in hierarchisch geordnete Strukturen integriert, vernetzt und interpretiert. *Diese Dezentrierungen machen die Bildung von Klassifikationen und Kategorien im Rahmen der Sprach- und Denkentwicklung möglich und führen zu Generalisierungen, Umkehrbarkeit (Reversibilität) und Beweglichkeit (Flexibilität) des Denkens.* Unter *Dezentrierung* versteht Piaget also die Fähigkeit, ein Problem von verschiedenen Seiten her zu betrachten, Beziehungen zwischen den einzelnen Merkmalen wahrzunehmen und sie in ein Gesamtbild einzuordnen.

Frostig, M. und Maslow, Ph., 1978, S. 91:

„Um die Beziehungen zwischen einzelnen Merkmalen bzw. Eigenschaften wahrzunehmen, ist Dezentrierung nötig, die auch als Fähigkeit beschrieben werden kann, bei der Klassifizierung von Objekten von untergeordneten zu gleich geordneten und schließlich zu übergeordneten Kategorien zu gelangen. Ein Kind muss dezentrieren können, um zu begreifen, dass Frosch und Salamander beides Amphibien sind, und dass Amphibien zu den Wirbeltieren gehören. Dezentrierung ist nötig, um die Klassifikationsbasis zu verändern, so etwa wenn ein Kind Bauklötze zuerst der Form und dann der Farbe nach ordnet. Auch für die Klassifikation nach mehreren Gesichtspunkten muss dezentriert werden, so wenn beispielsweise nach Größe, Farbe, und Form sich unterscheidende Bauklötze nach diesen drei Merkmalen sortiert werden sollen (die großen blauen Kreise, die kleinen gelben Dreiecke usw.). Auch bei der Reversibilität (Umkehrbarkeit) von Vorgängen handelt es sich um Dezentrierung. Ein Kind weiß, dass 2 + 4 = 6 ist. Damit es aber versteht, dass 6 – 4 = 2 ist, muss es einen anderen Standpunkt bei der Überprüfung der Zahlenbeziehungen einnehmen. Das Konzept der Dezentrierung lässt sich auf den sozialen und den kognitiven Bereich in weitreichender Weise anwenden. Ein Mensch, der nicht fähig ist zu dezentrieren, ist an eine einzige starre Sichtweise gefesselt; er kann seine Position gedanklich nicht verändern und eine Situation von verschiedenen Seiten her betrachten. Er versteht und akzeptiert nur das, was mit seinen eigenen Vorstellungen in Einklang steht. Ein Kind wird in Schwierigkeiten mit fast allen Klassenkameraden geraten, weil es deren Gefühle verletzt oder ihnen sogar körperlich wehtut, und dies deshalb, weil es sich von den anderen bei dem, was es gerne tun möchte, gestört fühlt und dabei gar nicht beachtet, dass es ebenfalls auf die anderen einwirkt und eventuell auch deren Aktivitäten stört."

Auch der Versuch, Dinge oder Gegebenheiten sprachlich zu beschreiben, für sie sprachliche Begriffe zu finden bzw. sie, in verschiedener Weise und von verschiedenen Seiten aus betrachtet, mit Gesten und durch Sprache auszudrücken, bereichert Denkprozesse und macht sie durch die Möglichkeit der Dezentrierung flexibler. So ist es auch im Sinne Piagets nicht wirkungsvoll, Lerninhalte automatisiert zu üben und auswendig lernen zu lassen. Lernerfolge stellen sich viel nachhaltiger und schneller ein, wenn Figuren und Ganzheiten im Lernprozess durch sprachliche und bildliche Symbolisierungen herausgehoben werden, um hierdurch in ihren besonderen Strukturen und Dimensionen (Mustern, Gestalten) leichter erkannt und besser im Kurzzeitspeicher festgehalten zu werden. Malen, Zeichnen, plastisches Gestalten und andere kreative Tätigkeiten fördern die Funktionen des Dezentrierens und damit die grundlegenden Funktionen der Wahrnehmung, der Symbolbildung und Denktätigkeit; sie können für die Entwicklung des emotional-sozialen Bereichs und die Integration der psychischen Funktionen besonders stimulierend sein.

Bilden von Schemata:

Denken erfordert das Bilden von „Schemata", von Ganzheiten, die auf den verschiedenen Entwicklungsstufen als Bausteine zum Einsatz kommen. Kognitive Schemata werden gebildet, wiederholend geübt, gefestigt, an affektive Bedürfnisse, innere Bilder sowie die jeweiligen Bedingungen des Umfeldes neu angepasst, hierarchisiert und miteinander vernetzt. Im pädagogischen Bereich ist es für die Neuordnung von Schemata z. B. wichtig, wiederholt ähnliche Aufgaben anzubieten und diese unter verschiedenen Voraussetzungen (z. B. Gegenstände nach unterschiedlichen Dimensionen sortieren, Stäbchen abgestuft nach Länge, Form und Größe einordnen) ausführen zu lassen (ausführliche Beschreibung der Entwicklung der Schemata in der Denkentwicklung nach Piaget vgl. Kap. 2.2).

Gedächtnisprozesse:
Die Unterscheidung von Gedächtnisprozessen erfolgt hinsichtlich ihrer Informationsverarbeitungsweise unter verschiedenen Gesichtspunkten. In *zeitlicher Hinsicht* wird darunter die Speicherung im *Ultrakurzzeit-*, *Kurzzeit- und Langzeitgedächtnis* verstanden. Im Hinblick auf die *inhaltlichen Gesichtspunkte* beschreibt Spitzer, 2004, S. 116, das *episodische, semantische und prozedurale Gedächtnis.*
Das *Ultrakurzzeitgedächtnis* verarbeitet nach Spitzer vorbewusst Signale der Sinneswahrnehmungen. Inhalte des Ultrakurzzeitgedächtnisses (z. B. ein Ton oder ein Geräusch, das für eine gewisse Zeit wie ein Echo nachklingt) bleiben für einen Bruchteil von Sekunden haften. Das *Kurzzeitgedächtnis* (*Arbeitsgedächtnis*) speichert dagegen Inhalte (z. B. kurzfristige Erinnerung an eine Telefonnummer) für einige Sekunden; durch geschicktes Zusammenfassen mehrerer Einzelinhalte zu einem Inhalt lässt sich die Kapazität des Kurzzeit- oder Arbeitsgedächtnisses nach Spitzer deutlich erhöhen, was vor allem Gedächtniskünstler sehr gut nutzen können (Spitzer, 2004, S. 117). Das *Langzeitgedächtnis* kann seine Inhalte (z. B. Kindheitserinnerungen) über lange Zeiträume (viele Jahre) speichern. „Man kann sich etwas merken und später wieder darauf zurückgreifen. Im Langzeitgedächtnis haben wir Ereignisse und Fähigkeiten, unsere Sprache und unser Wissen über die Welt, aber auch unsere emotionalen Reaktionen auf verschiedene Aspekte der Welt gespeichert." (Spitzer, 2004, S. 117).

Unter *inhaltlichen Gesichtspunkten* unterscheidet Spitzer das *episodische* vom *semantischen* und *prozeduralen* Gedächtnis.

> Spitzer, 2004, S. 116:
> „Im Hinblick auf die *Inhalte* kann man das *episodische Gedächtnis* vom *semantischen* und *prozeduralen Gedächtnis* unterscheiden, womit gemeint ist, dass man sich einerseits einzelne Ereignisse merken kann, d.h. einen Inhalt, der ein einziges Mal verarbeitet wurde (episodisches Gedächtnis), andererseits jedoch auch ganz allgemeines Wissen (z. B. die Bedeutungen der Wörter der Muttersprache) erworben hat (semantisches Gedächtnis) und zudem viele Dinge kann, d.h. Fähigkeiten wie beispielsweise das Fahrradfahren erlernt hat (prozedurales Gedächtnis)."

Im *episodischen Gedächtnis speichern* wir nach Spitzer *einzelne Daten* unserer jeweils besonderen Lebenserfahrung.

Spitzer, 2004, S. 118:

„Wir können uns an die Einschulung, die Hochzeit, den ersten Urlaub am Meer oder den 21. Geburtstag erinnern. Im *semantischen Gedächtnis* haben wir allgemeines Weltwissen gespeichert. Wir wissen, was ein Baum, ein Tisch, eine Tomate oder ein Computer ist. Im *prozeduralen Gedächtnis* sind erlernte Fähigkeiten gespeichert, beispielsweise Fahrradfahren oder einen Schraubenzieher verwenden. Schließlich gibt es noch das *Sinnengedächtnis*, in dem wir *Strukturen des Wahrgenommenen* gespeichert haben. Wir besuchen einen Freund, fahren nach Jahren wieder einmal die gleiche Straße entlang und haben plötzlich das Gefühl, nun abbiegen zu müssen.... Auch Geräusche, Gerüche oder Berührungsempfindungen können solche Bekanntheitserlebnisse mit sich bringen. Die früheren Erfahrungen haben (...) Spuren hinterlassen (man spricht ja auch von Gedächtnisspuren) und bewirken, dass wir bei erneuten Wahrnehmungen des Gleichen die Dinge rascher erkennen, uns sogleich viel besser auskennen und zurechtfinden. Die früheren Erfahrungen bahnen (engl.: to prime) sozusagen neue Wahrnehmungserlebnisse, weswegen man diese Gedächtnisprozesse auch als *Priming* bezeichnet."

Bei allen unterschiedlichen Gedächtnisleistungen spielen, im Zusammenhang mit neokortikalen Hirnfunktionen, auch die neuronalen Vernetzungen mit den affektiven Grundbedingungen des Nervensystems, die in den älteren Hirnstrukturen des limbischen Systems verankert sind, eine grundlegend prägende, fördernde oder hemmende Rolle. Die Aktivierung der Amygdala, des Mandelkerns, durch unbewusst ablaufende und zum Teil *angeborene Mechanismen* führt z. B. zu Angstreaktionen, die nicht nur physiologische Reaktionen (Schweißausbruch, beschleunigte Atmung und beschleunigte Herzfrequenz), sondern auch Fluchtreaktionen auslösen können. Diese Prozesse unterliegen ebenfalls Speicherungsprozessen und können nicht oder nur in kleinem Umfang durch kognitive Steuerung beeinflusst werden. Sie beeinträchtigen die kontrollierenden Funktionen des Neokortex in starkem Ausmaß und können unter Stresseinwirkung zu Panikreaktionen mit Denkstörungen und Gedächtnisblockaden führen („Black out"). Auch durch angeborene Mechanismen (z. B. durch evolutionsgeschichtlich erklärbare Angst Abwehr-Fluchtreaktionen von Affen und Menschen, ausgelöst z. B. durch den Anblick einer Schlange oder Spinne; M. Spitzer, 2005) können solche Reaktionen provoziert werden.

Verwendung von Modellen und Symbolen:

Als viertes Merkmal intelligenten Verhaltens im Konzept Piagets bezeichnen Frostig und Maslow, 1973/1978, die Fähigkeit, beim Problemlösen Modelle und Symbole (z. B. mathematische Zeichen wie $\leq$, $\geq$ oder graphische Darstellungen) verwenden zu können, auch das Lesenkönnen von Tabellen oder das Erlernen der Computersprache zählen dazu (zur ausführlichen Besprechung der Denkentwicklung der Stufe 4 nach Piaget unter Verwendung von Modellen und Symbolen vgl. Kap. 2.2.4).

2.5 Weiterführende Konsequenzen aus dem Konzept Piagets für die Pädagogik

Kinder, vor allem kleine Kinder, lernen am besten durch konkrete Aktivitäten, ausgehend von der Nachahmung und aufgeschobenen Nachahmung. Nach Piaget ist Bewegung der Königsweg zum Lernen. Er schlägt u. a. vor, zur Stimulierung der sprachlichen Symbolfunktion neue Begriffe zunächst durch nachahmende Körperbewegungen erfahren zu lassen. Mit Hilfe von Gesten, die erst einem Vorbild abgeschaut, später aus dem Gedächtnis imitiert werden, prägen sich Kinder neue Begriffe besonders gut ein. Über die Umsetzung von Körperbewegungen und Erinnerungsbildern in Zeichnungen können so erste innere Bilder aufgebaut, mit sprachlichen Zeichen verknüpft und gespeichert werden. Auf späteren Entwicklungsstufen vertiefen dann Bildsymbole und graphische Darstellungen die Entwicklung von Sprachsymbolik und graphischer Symbolik.
Um die Entwicklung der Symbolfunktion des Bildes anzuregen, empfiehlt es sich also, zunächst mit dem Kind kreative Bewegungsspiele durchzuführen, die mit individuellen Vorstellungsinhalten des Kindes verbunden und integriert werden können. Damit erhält die *spielerische Tätigkeit* eine wichtige Funktion beim Aufbau von Denkstrukturen. Auch die Ergebnisse neuerer Hirnforschung weisen auf diese Bedeutung des Spiels hin und bestätigen so die Erkenntnisse Piagets.

> Spitzer, 2000, S. 62:
> „Im Spiel können Input-Output-Relationen immer wieder trainiert werden, ohne dass der Organismus Gefahr läuft, durch das Hervorbringen von falschem Output Schaden zu nehmen. Spiel ist damit die unmittelbare Konsequenz von Lernfähigkeit. Der Mensch ist die lernfähigste Spezies, er ist am spielfähigsten und hat das Spielen auch am dringendsten nötig."

Über die Nachahmung von Bewegungen und die aufgeschobene Nachahmung kommt das Kind nach Piaget zur Stufe der Symbolspiele und baut bei diesen Prozessen innere Repräsentationen und Vorstellungsbilder auf. Auch durch kreatives Gestalten, Malen, Zeichnen werden innere Bilder, Schemata, aktiviert, die im Kurzzeit- und Langzeitgedächtnis gespeichert werden und damit die Denkstrukturen erweitern.
Der Aufbau der Denkstrukturen geht nach Piaget, bestätigt durch neue Ergebnisse der Hirnforschung, immer den entwicklungspsychologisch orientierten Weg, der auf der Stufe der sensomotorischen Funktionen beginnt. Alle Wahrnehmungsfunktionen sind hier eingebunden. Die Funktionen des Riechens, Schmeckens, die Funktionen des Gleichgewichts, die taktil-kinästhetischen, visuellen und auditiven Funktionen

entwickeln sich schrittweise zu immer komplexer ausgebildeten Stufen der Denkentwicklung. Bei diesem Prozess kommt der *Emotionalität* eine tragende Bedeutung zu. Zwar hat Piaget bereits die wichtige Rolle der emotional-sozialen Entwicklung für die Denkentwicklung erwähnt, den Zusammenhang aber nicht ausführlicher behandelt.

Die neuere Hirnforschung analysiert die Funktionen der älteren und jüngeren Hirnstrukturen. In einer Publikation über Depression und das Spirituelle in der Modernen Kunst beschreibt Obiols 1996 neuropsychologische Perspektiven in der Kunst und in anderen kreativen Prozessen. Auf der Grundlage experimenteller Untersuchungsergebnisse unterscheidet er spezifische linkshemisphärische und rechtshemisphärische Funktionen und deren Auswirkungen auf unterschiedliche Fähigkeiten, auf emotionale Grundstimmungen und auf kreative Prozesse. Beispiele aus der Bildenden Kunst, Literatur und Musik illustrieren, welche Konsequenzen ein gestörtes Zusammenspiel der beiden Hirnhemisphären mit den älteren Hirnstrukturen haben kann. Mögliche Einflüsse auf das Entstehen von Depression werden anhand klinischer Beobachtungen diskutiert. Hervorgehoben wird in diesem Zusammenhang insbesondere die Bedeutung der Hirnregion des *Mandelkerns (Amygdala) im limbischen System.*

Auch D. Goleman weist in seinen Ausführungen zur „Emotionalen Intelligenz" (1995/2002) auf die medizinische und pädagogische Bedeutung des Zusammenspiels von älteren und neueren Hirnstrukturen hin. Er betont die besondere *Bedeutung des Mandelkerns im limbischen System für das Verhalten in Angst- und Stresssituationen.* Von der Mandelkernregion ausgehend kann es, unter Umgehung des Neokortex, zu Blockierungen der Gedächtnisleistung, zur Fixierung traumatischer Erinnerungen und zu begleitenden Verhaltensstörungen kommen. Selbst bei gut entwickelter Intelligenz mit gut vernetzten neuronalen Hirnstrukturen des Neokortex können Angst und Stressreaktionen über die Aktivierung der Mandelkernregion im limbischen System zu einem „Teufelskreis der Lernstörungen" führen, aus dem z.B. Kinder mit Lese- und Rechtschreibstörungen oder Rechenstörungen nicht mehr ohne gezielte pädagogische und psychologische Hilfestellung herauskommen (Betz, D. und Breuninger, H., 1993). Umgekehrt können sich besonders positiv erlebte Situationen, ebenfalls über Mandelkern und limbisches System, dem Sitz des *emotionalen Gehirns,* sehr fördernd auf die Aufnahme und Verarbeitung von Erinnerungen und Lerninhalten im Kurzzeitspeicher des Hippocampus (limbisches System) und im Langzeitspeicher des Neokortex auswirken. Erst wenn sich das Kind sicher und geborgen, anerkannt und gewürdigt fühlt, ist es bereit zu lernen und kann seine Fähigkeiten, dem Zusammenspiel seiner hirnorganischen Grundstrukturen und den Anforderungen seiner Umwelt gemäß, gezielt einsetzen.

„Abschied vom IQ“:
Goleman entwickelte seine Thesen zur „Emotionalen Intelligenz“ anhand verschiedener Forschungsansätze und Ergebnisse der neueren Hirnforschung und Kognitionswissenschaft (Goleman, 1995/2002). Er bezieht H. Gardners Theorie der vielfachen Intelligenzen mit ein, der in seinem Buch „Abschied vom IQ“ auf die Einengung des Intelligenzbegriffs durch die heute angewandten psychodiagnostischen Testmethoden hinweist (Gardner, 1994). In Intelligenztests werden vorwiegend verbale und mathematisch-logische Fähigkeiten geprüft; andere Intelligenzbereiche (räumliche Intelligenz, kinästhetische Intelligenz, musikalische Intelligenz, interpersonale Intelligenz, soziale Intelligenz, intrapsychische Intelligenz, naturkundliche Intelligenz und spirituelle Intelligenz) werden nicht oder nicht angemessen untersucht und nicht zur diagnostischen Beurteilung herangezogen. Nach Gardner und Goleman ist es ein Irrtum zu glauben, der Intelligenzquotient allein bestimme den Lebenserfolg eines Menschen oder könne diesbezüglich zu einer verlässlichen Voraussage herangezogen werden. Vielmehr komme es auf die Möglichkeit des balancierten Zusammenspiels älterer und jüngerer Hirnbereiche (limbisches System und Neokortex) an, auf die Möglichkeit also, die Emotionale Intelligenz sowie die individuellen Fähigkeiten und Fertigkeiten in unterschiedlichen Bereichen zur angemessenen Situationsbewältigung und Lebensgestaltung entfalten und einsetzen zu können.
In den Neurowissenschaften werden immer differenziertere Methoden (z. B. Positronen-Emissions-Tomographie, PET) entwickelt, um individuelle Spezialisierungen der beiden Hirnhemisphären des Neokortex und deren klinisch relevante Veränderungen bei bestimmten Hirnaktivitäten darstellen und erkennen zu können. Dadurch wird es möglich, entsprechende Lernprogramme zur Kompensation von Entwicklungsstörungen oder Ausfällen in umgrenzten Hirnregionen (z. B. Aphasie, Apraxie, Agnosie, Akalkulie) bei hirngeschädigten Erwachsenen und Kindern zusammenzustellen.

Lernen in kleinen Schritten:
Die heutige *Pädagogik* muss – unter der Grundvoraussetzung eines entwicklungspsychologisch geleiteten Weges – erkennen, dass *Lernen in kleinen Schritten zu erfolgen* hat; sie muss dieses Wissen verstärkt in die Praxis umsetzen. Lerninhalte müssen nicht nur dem Lebensalter, sondern individuell auch den Stufen der jeweils erreichten Denkentwicklung angepasst sein. *Unterschiedliche spielerische Aktivitäten* (wie Nachahmungsspiele, Fingerspiele, rhythmische Bewegungsspiele, Symbolspiele, Übungsspiele), die den Lernprozess ebenso unterstützen wie *kreative Aktivitäten* auf dem Gebiet der Musik (Singen, Einsatz von Orff-Instumenten) und beim Malen, Zeichnen und plastischen Gestalten, lassen einen *nachhaltigen Lernerfolg* erwarten.

Individuelle Interessen und Begabungen müssen erkannt und sollten gezielt eingesetzt und gefördert werden. Einseitige Spielangebote oder „stures" Auswendiglernen von Texten und orthografischen, grammatikalischen oder mathematischen Regeln können nach den heute vorliegenden pädagogischen Erfahrungen weniger leicht vernetzt und nicht optimal in die Denkstrukturen integriert werden. Sie gewährleisten daher auch keinen überzeugenden langfristigen Lernerfolg mit der Möglichkeit des *Transfers*, d. h. die gelernten Regeln können dann nicht in erweiterter Form auf andere vergleichbare Zusammenhänge übertragen werden. Im Symbolspiel bereiten sich oft tiefe Einsichten und Erkenntnisse vor, die dem Kind neue Wege weisen. Lerninhalte, die mit positiven emotionalen Erlebnissen verbunden werden, bleiben länger im Gedächtnis haften.
Kinder merken sich Lerninhalte, die an *praktischen Beispielen auf der Handlungsebene* und *sprachlich* erläutert werden, und die sie mit eigenen, *spielerisch durchgeführten Aktivitäten* ausprobieren, leichter. Sie bilden unter diesen ganzheitlich orientierten, beide Hirnhemisphären ansprechenden Voraussetzungen innere Vorstellungen und Bilder, ganzheitliche Muster, Gestalten (rechtshemisphärische Funktionen beim Rechtshänder), und verbinden sie mit Sprache (linkshemisphärischen Funktionen beim Rechtshänder). Neuropsychologische Forschungsergebnisse sprechen dafür, dass sich Lerninhalte unter diesen Bedingungen leichter im Kurzzeit- und später im Langzeitgedächtnis einprägen. Sie lassen sich damit nachhaltiger in Denkstrukturen einarbeiten und können z. B. durch „Priming" selbstständig in der Bildgestaltung und in der verbalen Verarbeitung weiterentwickelt und abgespeichert werden. Bei diesem Vorgang bietet man Bildausschnitte kurzfristig an und lässt sie nachfolgend als innere Bilder vorstellen und beschreiben. Wenn beim Lernen keine inneren Bilder aufgerufen und gespeichert werden müssen, ergeben sich für eine Vernetzung neuronaler Strukturen *beider* Hirnhemisphäre weniger Chancen, was den Lernerfolg erschwert.

Die Bedeutung schöpferischer Aktivitäten für Gesundheit, Lebens- und Lernfreude:
Erfolgserlebnisse, die sich beim Gestalten eines eigenen „Werkes" einstellen, haben nach allen vorliegenden Beobachtungen der pädagogischen und psychologischen Literatur einen nachhaltigen Einfluss auf die Entstehung eines stabilen Selbstwertgefühls mit positiven Voraussetzungen auch für Lernprozesse. So sind das dreidimensionale Gestalten mit verschiedenen Materialien, das Malen und Zeichnen oder später auch das Gestalten im multimedialen Bereich mit der Möglichkeit, eigene „Werke" herzustellen, sie zu betrachten, sich mit dem schöpferischen Produkt zu identifizieren und über das eigene Werk von Bezugspersonen oder Kontaktpersonen Anerkennung zu erfahren, von besonderer Bedeutung. Diese kreativen Prozesse zeigen oft auffallend

positive Auswirkungen auf die Persönlichkeitsentwicklung des Kindes/Jugendlichen und tragen somit zur seelisch-geistigen Gesundheit und Zufriedenheit bei.

Eckhard und Heidrun Schiffer setzen sich intensiv mit den Grundvoraussetzungen der *„Lerngesundheit“* von Kindern auseinander und betonen die wichtige Rolle von schöpferischen Aktivitäten für Gesundheit, Lebens- und Lernfreude bis hin zur Bildung des für die Gesundheit so wichtigen *„Kohärenzgefühls“*.

> E. und H. Schiffer, 2004, S. 32-33:
> „Sinnempfinden bezüglich meines Selbst- und Weltverständnisses sowie Vertrauen in meine eigene Kompetenz sind die Grundelemente des Kohärenzgefühls. Kohärenz kommt aus dem Lateinischen und bedeutet so viel wie Zusammenhang, Zusammenhalt oder auch inneren und äußeren Halt haben. Das Kohärenzgefühl und die damit einhergehende gedankliche Aktivität (Kohärenzsinn) sind entscheidend für die Gesundheit eines Menschen. Die Beschreibung des Kohärenzgefühls/Kohärenzsinns sowie des dazugehörigen theoretischen Modells (Salutogenesemodell) stammt von Aaron Antonovsky (1923-1994). Das Kohärenzgefühl meint eine Grundstimmung oder Grundsicherheit, innerlich zusammengehalten zu werden, nicht zu zerbrechen und gleichzeitig auch Unterstützung und Halt zu finden. Der Kohärenzsinn beschreibt eine mit diesem Gefühl einhergehende und an gedankliche Aktivitäten geknüpfte Weltsicht: Meine Welt ist verständlich, stimmig, geordnet; auch Probleme und Belastungen, die ich erlebe, kann ich in einem größeren Zusammenhang begreifen (Verstehbarkeit). Das Leben stellt mir Aufgaben, die ich lösen kann. Ich verfüge auch über innere und äußere Ressourcen, die ich, um mein Leben zu meistern, einsetzen kann (Handhabbarkeit). Für meine Lebensführung ist Anstrengung sinnvoll. Es gibt Ziele und Projekte, für die es sich zu engagieren lohnt (Sinndimension).“

Im neuen Bayerischen Bildungs- und Erziehungsplan für Kinder in Tageseinrichtungen bis zur Einschulung wird ausdrücklich auf die pädagogische Bedeutung der Stärkung des „Kohärenzgefühls“ im Vorschul- und Grundschulalter und damit auch auf die Bedeutung der Fächer Kunst und Musik für die Entwicklung des kindlichen Selbstwertbewusstseins hingewiesen. Es bleibt zu hoffen, dass die Grundüberlegungen dieses Bildungsplanes auch mit einer Erhöhung der Stundenzahl in den musischen Fächern und einem deutlichen Schwerpunkt bei der kreativen Erziehung der Schüler aller Schulzweige einhergehen werden.

2.6 *Die Suche nach Gleichgewicht in der kognitiven, kreativen und emotional-sozialen Entwicklung*

Es gehört zu den Merkmalen eines geistig lebendigen und kreativen Menschen, Neues erfahren zu wollen, verbunden mit der Bereitschaft und dem Mut, sich durch die Auseinandersetzung mit der Umwelt vorübergehend aus dem Gleichgewicht bringen zu lassen. Nach einem solchen Prozess der Konfrontation kann die Balance dann auf einer höheren und differenzierteren Stufe wieder erreicht werden.

Es handelt sich dabei um Prozesse, die im Sinne Piagets auch und besonders bei der Denkentwicklung von Kindern und Jugendlichen nachzuweisen sind. Erika Landau erweitert dieses Spektrum um einen weiteren Aspekt: den der Entwicklung des kreativen Denkens und der kreativen Persönlichkeit.

> Landau, E., 1999, S. 29:
> „Ich glaube, wenn wir begabte Kinder erziehen, müssen wir diese „Ganzheit" im Auge behalten: den intellektuellen, emotionalen und sozialen Aspekt ihrer Persönlichkeit in einer Umgebung, die wie das Kind auch ihre Bedürfnisse und Forderungen hat. Jede Erfahrung im Leben des Kindes trägt zu seinem Wissen, zu seinem Selbst und zu seiner sozialen Interaktion bei. Der andauernde, kontinuierliche Prozess des Lernens und des Erlebens formt ein Selbst, das vollständiger ist als die Summe seiner Teile."
> Landau, E., 1999, S. 26:
> „Das kreative und integrative Selbst der sich aktualisierenden Persönlichkeit ist die harmonische Balance zwischen Intellekt und Gefühlen, zwischen Eigen- und Umwelt."

Aus dem Bemühen um Balance zwischen Intellekt und Gefühl, zwischen Eigen- und Umwelt entsteht nach Landau in einem lebenslangen Prozess individueller Entwicklung die *„Emotionale Reife"*. Sie ist das Band, das polare Lebensäußerungen der emotionalen, kognitiven und sozialen Lebensbereiche umspannt und zusammenhält.
Solche Prozesse spielen sich nicht nur beim Kind oder Jugendlichen ab; in der Weiterführung sehen wir sie, hinsichtlich der Erkenntnisfähigkeit, der kreativen Entwicklung und kreativen Einstellung, auch beim Erwachsenen, beim älteren und alten Menschen wieder. Der biologisch ältere oder alte Mensch kann seine emotional-geistige Lebendigkeit erhalten, wenn er in aktiver Auseinandersetzung mit seiner Umwelt lebt, wenn er neugierig bleibt und bereit ist, neue Erfahrungen zu machen, Wissenslücken aufzufüllen. Umwelterfahrungen können unter solchen Bedingungen aufgenommen und in die eigenen geistigen und emotionalen Strukturen eingeordnet werden. Nach Spitzer erfolgen solche Einordnungsprozesse in neuronale Strukturen sogar während tiefer Schlafphasen (REM-Phasen), denen damit für die Vernetzung von Informationen aus neurobiologischer Sicht eine wichtige Bedeutung zukommt (Spitzer, 2000).

Ein in seiner geistigen Entwicklung retardierter oder behinderter Mensch hat nur begrenzte Möglichkeiten zur Adaptation von Umwelterfahrungen. Seine Assimilations- und Akkomodationsmöglichkeiten sowie das Ausbilden von kognitiven Strukturen und von „Emotionaler Reife" bleiben hinter dem vergleichbaren Entwicklungsstand eines Gesunden zurück. Oft halten diese Menschen an einmal erworbenen geistigen Strukturen starr fest. Ihr Gleichgewicht ist instabil, da die Strukturen, an die assimiliert werden könnte, wenig differenziert und wenig flexibel sind.

Entsprechend finden wir bei Kindern oder Erwachsenen mit reduzierter Intelligenz ein geringeres Maß an geistiger Neugierde, an der Motivation, Neues zu lernen und neue Wege auszuprobieren. Sie bewegen sich eher auf bekannten Pfaden und beharren im Zentrum, da dort kognitive Strukturen verfügbar sind, die Sicherheit gewähren. Sie wagen es nicht, das Gleichgewicht dieser Strukturen aufzugeben und das Zentrum vorübergehend zu verlassen. So kann der Prozess des *Dezentrierens* nur in sehr geringem Ausmaß ablaufen. Im Modell Piagets wird die entscheidende Bedeutung der Dezentrierung zum Aufbau der Intelligenz zwar betont, die wichtige und tragende Rolle der Emotionalität, der sozialen Einflüsse und Umweltfaktoren für die Entwicklung der Denkfähigkeit des altersentsprechend entwickelten als auch des hochbegabten und des geistig retardierten oder behinderten Menschen jedoch zu wenig angesprochen.

Die von Piaget beschriebenen Prozesse der Suche nach Gleichgewicht, der Adaptation mit Assimilation und Akkomodation und der Organisation in kognitive Strukturen finden wir als dynamisches Lebensprinzip auch bei der Entwicklung der Emotionalität und der sozialen Funktionen, welche ihrerseits wieder die Dynamik der Entwicklung von Denkstrukturen beeinflussen. Durch Umwelteinflüsse, nachhaltig wirkende freudige Erlebnisse und Begebenheiten, aber auch durch emotionale Belastungen, Ängste, Traumatisierungen oder auch Entwicklungsstörungen kann die Denkentwicklung entscheidend beeinflusst werden. Emotionale Traumatisierung und starke Angstentwicklung können sogar zu einer Regression und Einengung in der Denkentwicklung führen, die gravierende Auswirkungen auf andere psychische Funktionen, z. B. auf Feinmotorik, Sprache, Wahrnehmungsleistung, Konzentration, Gedächtnis, Motivation, hat. Hierdurch kann die Gesamtpersönlichkeit in erheblichem Umfang destabilisiert werden. Gerade in der Kinderzeichnung zeigen sich nach emotionaler Traumatisierung oft eindrucksvolle Beispiele von Regressionen in der Bildgestaltung bis hin zu einem Rückfall in das Kritzelstadium der sensomotorischen Stufe, die meist von schwer wiegenden Verhaltensstörungen oder psychosomatischen Störungen begleitet werden (vgl. Kap. 4.3.2, Abb. 139-144). Auch gravierende Sprachstörungen wie z. B. Sprachverweigerung im Sinne des *Elektiven Mutismus* werden in diesem Zusammenhang beobachtet (vgl. Kap. 4.3.2, Bildbeispiel Bärbel, Abb. 145-148).
Gleichermaßen kann eine emotional und geistig einengende Erziehung die Denkentwicklung beeinträchtigen und die Entfaltung einer kreativen Persönlichkeit selbst bei sehr hoher intellektueller Begabung blockieren. Umgekehrt stimuliert eine emotional zugewandte, warmherzige und pädagogisch unterstützende Erziehung die Denkentwicklung nicht nur des altersgemäß intelligenten, sondern auch des intelli-

genzgeminderten Kindes positiv und führt oft zu erstaunlichen Lernerfolgen und zur Entfaltung einer harmonischen, motivierten und sozial integrierten Persönlichkeit (vgl. Kap. 6.2.3, Abb. 250).

Ausgehend von der *Befriedigung von Triebstrukturen* („*somatische Schemata*") werden im Laufe der emotionalen Entwicklung durch Adaptation, Assimilation und Akkomodation immer differenziertere und – der Denkentwicklung vergleichbar – in ihrem Aufbau besser miteinander vernetzte und integrierte emotionale Strukturen aufgebaut und weiterentwickelt. Diese finden auf einer späteren emotionalen Reifungsstufe des Menschen in Werthaltungen und sozialer Verantwortlichkeit ihre Ausformungen. Dabei ist das Gleichgewicht um so tragfähiger, je differenziertere Strukturen (Schemata) gebildet, eingeordnet und miteinander vernetzt worden sind. Aus ihnen können dann innere Einstellungen, kreative Möglichkeiten und Auseinandersetzungen, moralische Urteile und Werthaltungen gebildet werden.
Das kleine Kind steht immer, sowohl in seiner Denkentwicklung als auch in seiner emotionalen Entwicklung, in einem *labilen Gleichgewicht.* Es ist daher schon bei geringen Veränderungen der Umweltbedingungen leicht zu verunsichern und aus seiner Balance zu bringen. Erst mit zunehmendem Alter gewinnt das Kind unter günstigen Umweltbedingungen seine „Emotionale Reife". Seine Frustrationstoleranz wird unter fördernden Entwicklungs- und Umweltbedingungen größer, es kann Veränderungen des sozialen Umfeldes leichter erkennen, akzeptieren und einordnen (assimilieren und akkomodieren). Durch angeborene tief greifende Entwicklungsstörungen (z. B. Autismus im Sinne des Asperger-Syndroms) kann dieser Prozess des Zunehmens an „Emotionaler Reife" nachhaltig blockiert sein. Auch überdurchschnittlich gute Gedächtnisleistungen oder mathematische Fähigkeiten und Fertigkeiten können unter solchen Bedingungen nicht oder nur unzureichend in die Gesamtstruktur der Persönlichkeit integriert werden und zum Tragen kommen. Gleichgewichtszustände von Assimilationen und Akkomodationen werden bei entwicklungsgestörten Kindern oft nur sehr begrenzt und meist unter Zuhilfenahme langjähriger, individuell zugeschnittener pädagogischer und therapeutischer Bemühungen erreicht. Die zu beobachtende Angstneigung vor neuen Situationen wirkt sich bei diesen Kindern oft hemmend auf die Entfaltung ihrer geistigen Neugierde aus. Auch bei überdurchschnittlich guten geistigen Fähigkeiten und Fertigkeiten in einzelnen Bereichen kann es aus diesem Grund zu eingeengtem Denken und Verhalten kommen (vgl. Kap. 7.3-7.3.3 und 7.4-7.4.2, Beispiele Alexander und Janna).

Das Gewinnen der Balance als Fähigkeit, in der eigenen Mitte zu ruhen, ist ein lebenslanger Prozess, gebunden an die stetige Bereitschaft, die mühsam erworbene,

Sicherheit gewährende Balance immer wieder aufzugeben und sie über Umwelterfahrung und inneren Dialog neu zu suchen. Das anhaltende Bemühen um ein ausgewogenes Verhältnis zwischen logisch-rationalem und emotional-sozialem Bereich ist dafür eine Voraussetzung.
Bei gesunden Kindern, Jugendlichen und Erwachsenen ist die Bereitschaft zur Auseinandersetzung mit Neuem, die anhaltende geistige Neugierde, wichtiges Merkmal einer kreativen, „lebendigen" Persönlichkeit (Landau, E., 1999). Es geht dabei auch um das emotionale Wagnis, polare emotionale Einstellungen zuzulassen, sie zu integrieren und so neue Erfahrungen zu ermöglichen. Die neu gewonnenen Erfahrungen können bei einem psychisch gesunden Mensch dann wieder dazu dienen, einen zentrierten, geordneten und integrierten (akkomodierten) Gleichgewichtszustand auf höherer Stufe zu erreichen, der für weitere kreative Prozesse nutzbar gemacht werden kann.

> Landau, E., 1999, S. 45-46:
> „So zieht sich durch die Geschichte ein ironischer Prozess der Dialektik des Erfolgs, der These, die in sich selber die Antithese erschafft. Diese Dialektik in positivem Sinne zu lösen ist die ganz besondere Eigenschaft der begabten Persönlichkeit, jene „psychologische Androgynität"; zur gleichen Zeit zwei extreme, gegensätzliche Eigenschaften, Gefühle oder Gedanken anzunehmen und in sich zu balancieren, einerseits z. B. äußerst neugierig zu sein und auf der Suche nach Neuem und Interessantem, andererseits beharrlich und gründlich einer Sache nachzugehen, leidenschaftlich passioniert in einer Aufgabe aufzugehen und doch objektiv sich und die Aufgabe zu beurteilen. Weitere Gegensätze dieser „psychologischen Androgynität", wie aggressiv und unterstützend, sensitiv und rigide, dominant und nachgiebig, maskulin und feminin, traditionell und ikonoklastisch, mutig und vorsichtig, zentrifugal und zentripetal, differenziert und integriert, können wir sehr oft bei unseren kreativen begabten Kindern sehen. Besonders im Denken dieser Kinder können wir dieses Phänomen sehen. Ich nenne es das „Janus-Denken", wie der römische Gott Janus, der zwei Gesichter hatte und dadurch nach vorne und nach hinten sehen konnte. Sie können im gleichen Atemzug die These und Antithese bringen. Diese Balancierung der Gegensätze macht die Interaktion mit dem eigenen Selbst und der Umwelt viel reicher, interessanter und schließlich auch kreativer."

Auch das Zulassen polarer psychischer Funktionen wie Phantasiebezogenheit/Realitätsbezogenheit, spielerische Einstellung/logisch-systematische Einstellung kann nach Erika Landau das kreative Denken besonders anregen.

In die gleiche Richtung weist ein Dokument Paul Klees, in dem er über das Entstehen eines Kunstwerkes aus dem Zusammenspiel von Bewegung und Gegenbewegung spricht: <ein in sich selbst ruhender, über dem Spiel der Kräfte gelagerter Zustand> (Klee, Schöpferische Konfession, Klee, Kunst-Lehre, herg. von Regel, 1991, zitiert nach Düchting, 2001).

Abb. 002: *Paul Klee: „Insula dulcamara", 1938, 481 (C 1), 88 x 175 cm; Öl und Kleisterfarbe auf Zeitungspapier auf Jute über Keilrahmen; originale Rahmenleisten, Zentrum Paul Klee, Bern, © VG Bild-Kunst, Bonn 2007*

Düchting, H., 2001, S. 85-87:

„Eines der Hauptwerke (Klees) aus seiner Spätzeit hat den schönen Titel „Insula dulcamara", was eine Verknüpfung der Begriffe „süß" (dulcis) und „bitter" (amara) bedeutet (vgl. Kap. 2.6, Abb. 002). „Süß" erscheinen die hellen Farben, eine kühne Kombination von Öl- und Kleisterfarben, die auch den Sprenkeleffekt an manchen Stellen hervorrufen. „Bitter" wirken im Kontrast dazu die schwarzen Zeichen. Die damit angesprochene Polarität ist der Schüssel für das ganze Bild. Auf einer ersten biographischen Ebene spiegelt sich darin das Schwanken des kranken Künstlers zwischen hoffender Gelassenheit und tiefer Lebensangst. Darüber hinaus ist Klees gesamtes bildnerisches Denken auf Polaritäten begründet. Ein Begriff ist für ihn nicht ohne Gegenstück denkbar, beide bedingen einander und bilden eine komplementäre Einheit, in der sich die Totalität der Welt widerspiegeln kann. Die wichtigsten Gegensatzpaare sind Chaos-Kosmos, Diesseits-Jenseits, Irdisch-Kosmisch, Statik-Dynamik, Klassik-Romantik.

In dem Bild Insula dulcamara versucht Klee, diesen für ihn im Wesen der Natur verankerten Gegensatz in eine adäquate bildnerische Form zu bringen. In der Bildmitte ist ein Gesicht zu erkennen, das durch die Ähnlichkeit mit dem weißen Kopf in Tod und Feuer (1940, 332) als Symbol des Todes gedeutet werden kann. Man könnte in dem Kopf auch eine Art Stütze für die zwei Waagschalen mit <Süßem> und <Salzigem> sehen. In einem großen melodischen Bogen spannt sich einen Linie von links über die ganze Breite des Bildes, um sich rechts in einem mehrstimmigen Akkord <klanglich> aufzulösen. Ihre freie Bewegung erinnert wieder an Klees Versuche der Übertragung musikalischer Rhythmen ins Bildnerische. Eine große u-förmig geschwungene Linie fängt diese Bewegung im rechten Bildteil auf. Eine schlangenförmig geschwungene Linie links erhält durch zwei Punkte einen fast physiognomischen Ausdruck. Daneben finden sich abstraktere Zeichen, die <ähnlich Taktstrichen> das Bildfeld gliedern und in der Abfolge der Hieroglyphen einen Zusammenhang herstellen. Zu diesen Zeichen gehören

> auch zwei korrespondierende Kreishälften am oberen Bildrand, die nach Klees Formlehre auch <Erde> und <Wasser> bedeuten können. Einige zart angelegte Zeichen, vegetative Elemente, erwecken die Vorstellung einer frühlingshaften Insel."

Das Erleben, Aushalten und Ausbalancieren solcher Polaritäten stellt an kreative Menschen wie Klee hohe Anforderungen an ihre seelisch-geistige Flexibilität und Emotionale Reife. Es gibt in den Bereichen der Bildenden Kunst, Musik, Literatur, des Schauspiels, des Tanzes, der Architektur und der Wissenschaft viele Beispiele von ungewöhnlich kreativen Menschen, die gerade in der Auseinandersetzung mit und dem Zulassen von extrem gegensätzlichen Gefühlen und Denkrichtungen ihren schöpferischen Aufbruch und zu ihrem Werk fanden.

> Stefan Zweig, 1925/2002, S. 144-145:
> „Kleist war überspannt im Sinne von: zu viel gespannt, er war von seinen Gegensätzen ständig auseinander gerissen und beständig bebend in dieser Spannung, die, wenn der Genius sie berührte, gleich einer Saite schwang und klang... Er hatte zuviel Blut bei zuviel Hirn, zuviel Temperament bei zuviel Zucht, zuviel Gier bei zuviel Ethos und war ebenso übertreiberisch im Gefühl wie überwahrhaftig im Geist. So spannt sich der Konflikt immer gewaltsamer durch sein ganzes Leben..."

Heinrich von Kleist fehlte das Band, das seine gegensätzlichen emotionalen, sozialen und intellektuellen Fähigkeiten hätte zusammenhalten können. Er fand in seiner psychischen Zerrissenheit nicht mehr zu seiner Mitte, zu seinem Selbst, zurück und konnte, den „Kampf mit dem Dämon" nicht gewinnen. Im Alter von erst 34 Jahren nahm er sich zusammen mit Henriette Vogel 1811 am Wannsee bei Berlin das Leben.

3 Die Entwicklung der Kinderzeichnung

3.1 Einführung

Neuere Ergebnisse der Säuglingsforschung zeigen eine größere Kompetenz des Säuglings, als dies zur Zeit Piagets bekannt war. Experimentelle Untersuchungen unter standardisierten Bedingungen konnten nachweisen, dass ein Säugling *von Geburt an Ganzheiten wahrnimmt und verbindet.* So erkennt er z. B. schon sehr früh eine Gemeinsamkeit von Bild und Ton; auch können das Gesicht der Mutter und ihre Stimme einander zugeordnet werden. Ebenso wird der Geruch der Mutter mit dem Klang ihrer Stimme verbunden. Ein Säugling nimmt bereits kurz nach der Geburt eine *interaktive Beziehungssuche mit seinen primären Bezugspersonen auf.* „Die Differenzierung dieser Ganzheiten in separate Empfindungen ist dann ein Ergebnis des weiteren Entwicklungsprozesses und nicht der Anfang." (Dornes, 2001, S. 47).

Jeder Säugling verfügt über angeborene Instinkt- und Reflexmuster. Seine sensomotorischen Reaktionen knüpfen an diese Muster an. Aber auch seine verschiedenen Wahrnehmungsfunktionen bilden mit dem Aufbau von Schemata eine Grundlage für die Gesamtentwicklung. Die Wahrnehmung seiner *Körperempfindungen* und *Gleichgewichtsreaktionen (propriozeptive und vestibuläre Wahrnehmung)*, die Wahrnehmung von *Tastempfindungen* und *Bewegungsempfindungen (taktil-kinästhetische Wahrnehmung)*, die *Wahrnehmung* von *Geschmack* und *Geruch*, die *visuelle* und *auditive Wahrnehmung* verbinden sich zu *Wahrnehmungs- und Erkennungseinheiten*, die wiederum die Grundlage weiterer *Ordnungen* und *Ganzheiten* bilden.

Neue Ergebnisse der experimentellen Säuglingsforschung:

Die experimentelle Säuglingsforschung hat begonnen, alle diese Bereiche genauer zu untersuchen und die neuronalen Verknüpfungen sowie den daraus resultierenden Aufbau hierarchischer Strukturen der Wahrnehmungsmodalitäten zu ermitteln. Im Bereich der visuellen Wahrnehmung fand sie z. B. heraus, dass Säuglinge bereits von Geburt an verschiedene Töne, Farben und visuelle Muster unterscheiden sowie Wahrnehmungsmodalitäten koordinieren können *(kreuzmodale Wahrnehmungen).* Aus diesen bilden sie sich *Grundmuster von differenzierten affektiven Aktionen und Reaktionen*, also nicht nur Lust- und Unlustreaktionen, wie man bisher annahm. Als *angeborene Antriebskräfte* finden sich auch *interkulturell nachweisbare Affektmuster: Interesse/Neugier, Freude, Furcht, Überraschung, Ekel, Ärger.* Außerdem zeigt jeder Säugling schon kurz nach der Geburt *angeborene Muster von interaktiv-sozialem Verhalten zu seiner primären Bezugsperson.* Man nimmt heute an, dass auf diese Weise

der Grundstein für die spätere emotional-soziale Entwicklung gelegt und so auch entscheidend die Entwicklung der anderen psychischen Funktionen frühzeitig gebahnt und erweitert wird (Dornes, 2001). Selbst *vorgeburtliche Einflüsse* auf die kindliche Entwicklung werden als prägende Faktoren immer gezielter in die Säuglingsforschung mit einbezogen. So lassen sich bereits beim ungeborenen Kind differenzierte Reaktionen auf Sinneseindrücke der verschiedensten Bereiche erkennen.
Alle angeborenen sensomotorisch-perzeptiv-affektiven Handlungsschemata werden im Laufe der Entwicklung und zunehmend über Umwelterfahrungen und Lernvorgänge ständig weiter differenziert. Die motorischen Funktionen, die sensorischen und affektiven Empfindungsmöglichkeiten als auch die emotional-sozialen Funktionen werden im Rahmen eigener Erfahrungen miteinander vernetzt und bilden die Grundlage der Entwicklung aller höheren psychischen Funktionen des Menschen.

Konsequenzen für die Entwicklung der Kinderzeichnung:
Die Voraussetzungen zur Entwicklung der Kinderzeichnung sind – vergleichbar den Voraussetzungen der sensomotorischen, vorsprachlichen, perzeptiven, kognitiven und affektiven Entwicklung – zum Teil angeboren und folgen in ihrem strukturellen Aufbau (Schemata) überprüfbaren Entwicklungsgesetzen, z. B. solchen, die in der Wahrnehmungspsychologie oder der experimentellen Säuglingsforschung der letzten Jahre entdeckt und bestätigt wurden. Ausgehend von diesen Grundvoraussetzungen werden die psychobiologischen Muster nach der Geburt durch frühe Lernerfahrungen im Sinne eines fortlaufenden, sich schrittweise erweiternden dynamischen Prozesses von Schemabildungen differenziert. Mit Hilfe der Schemata können die ersten inneren Bilder, die inneren Repräsentationen, die Vorstellungen aufgebaut werden; sie bilden die Grundvoraussetzung zur Entwicklung von Symbolfunktion und Phantasie.

Durch emotional-soziale und sozio-kulturelle Faktoren wird diese Entwicklung von Beginn an beeinflusst. Umweltbedingungen werden im Laufe dieses Prozesses erfasst (assimiliert), gespeichert und modifiziert (akkomodiert) und schließlich als Erwartungshaltungen mit neuen Erfahrungen verglichen.

Unter Berücksichtigung dieser neueren Ergebnisse der Säuglingsforschung gehe ich davon aus, dass die Entwicklung der Kinderzeichnung von angeborenen Reflexen und angeborenen ganzheitlichen Mustern der sensomotorischen, vorsprachlichen, perzeptiven, sprachlichen und affektiven Entwicklung ihren Ausgang nimmt. Diese werden in der Folge in ganzheitlich orientierten Schemata weiter aufgebaut, ausgebaut, differenziert und zunehmend miteinander vernetzt und gespeichert. Damit

sind von Beginn an alle psychischen Funktionen auch am Aufbau der Entwicklung der Kinderzeichnung grundlegend beteiligt.
Die Sensomotorik wird in ihrer Leitfunktion für die Stufe 1 der Kinderzeichenentwicklung (Aufbau von Denkstrukturen) gesehen. Sie wird jedoch auch hinsichtlich ihrer Vernetzung mit anderen psychischen Funktionen auf allen 4 Stufen eingeordnet. Ihre Entfaltungsmöglichkeit hängt vom Zusammenwirken mit anderen psychischen Funktionen ab.
Daher wird von mir die Stufe 1 der Zeichenentwicklung zwar durch das sensomotorische Denken charakterisiert; es wird jedoch auch der prägende Einfluss der (vor)sprachlichen, perzeptiven und emotional-sozialen Funktionen auf die Denkentwicklung und Zeichenentwicklung betont. Die Stufe 2 der Zeichenentwicklung wird nach meinem Ansatz durch das voroperationale Denken, die Stufe 3 durch die konkreten Operationen des Denkens charakterisiert. Vergleichbar der Stufe 1 wird jeweils die Vernetzung der genannten Denkfunktionen mit sensomotorischen, sprachlichen, perzeptiven und emotional-sozialen Funktionen beschrieben. Die Zusammenfassung der Ergebnisse neuerer experimenteller Säuglingsforschung (Dornes, 2001) unterstreicht und rechtfertigt meine Auffassung in diesem Punkt. Die Stufe 4 der „geplanten zeichnerischen Gestaltungen“ wird nach meinem Ansatz nur für eine kleine Gruppe Jugendlicher durch formale Operationen des Denkens charakterisiert. In Unterscheidung zur Theorie Piagets wird auf der 4. Stufe der Zeichenentwicklung die Bedeutung anderer Denkformen in Zusammenhang mit sensomotorischen, sprachlichen, perzeptiven und emotional-sozialen Funktionen stärker betont.

3.2 Gestaltungsprozess – Schematisierung, Schablonisierung

Will man den Gestaltungsprozess der Kinderzeichnung verstehen und in ein Gesamtentwicklungsgeschehen einordnen, so kann man auf einige wichtige Aspekte der erkenntnistheoretischen Grundlagen des Konzepts von Piaget zurückgreifen. Bei der Entwicklung der Kinderzeichnung werden von Beginn an *dynamische Strukturen* aufgebaut, die dem entsprechen, was Piaget in der Denkentwicklung als „Schemata" bezeichnet. Aus Ganzkörperbewegungen und der zunehmenden Koordination der Strichführung entstehen in der Zeichnung die ersten Formen (Gestalten) bereits als dynamische Ganzheiten, die sich im Laufe der Entwicklung von Stufe zu Stufe vertiefen und erweitern, wie es jeweils der kognitiven Reifung, der Reifung der Wahrnehmungsfunktionen, aber auch der Reifung der Emotionalität und der sozialen Funktionen entspricht. Es handelt sich dabei um einen Umwandlungs- und Anpassungsprozess, bei dem durch Assimilationen (Aufnahme von Umweltinformationen) und Akkomodationen (Einarbeitung der Informationen in die Denkstruktur/ Struktur der emotional-sozialen Entwicklung) neue Gleichgewichtszustände hergestellt werden. *Das Kind erwirbt also erste Schemata in der Zeichnung und erweitert sie schrittweise, indem es Merkmale additiv anfügt, später einfügt und integriert.* Diese Schemata übt das Kind feinmotorisch so lange ein, bis sie seinem Gedächtnis eingeprägt und damit verfügbar sind. Erst wenn die jeweiligen Schemata gefestigt sind, ist das Kind zu neuen Assimilationen innerer Erfahrungen oder Umwelterfahrungen bereit, um sie in das Schema zu integrieren, das sich unter diesen ständigen Gleichgewichtsbemühungen wandelt und differenziert. „Das Schema enthält das im bildhaften Wesentliche des Gegenstandes, das den Gegenstand als solchen zeichenhaft kenntlich macht." (Richter, 1987).

Wir finden in der Kinderzeichnung Entwicklungsmerkmale, die für die Stufe der sensomotorischen Intelligenz, des voroperationalen Denkens, des Denkens auf der Stufe der konkreten Operationen und schließlich, im Jugendalter, für die Stufe des Denkens in unterschiedlichen Denkstilen bezeichnend sind. Nur ein kleiner Teil der Jugendlichen wird beim Zeichnen durch formale Operationen des Denkens im Sinne Piagets geleitet (vgl. Kap. 3.7.4). Der Ablauf der Stufenfolge ist für alle Kinder, auch im interkulturellen Vergleich, gleich. Allerdings ist das Tempo, in dem die Stufen durchlaufen werden, individuell verschieden. Es hängt ab vom intellektuellen oder künstlerischen Begabungsniveau, aber auch von fördernden Umwelteinflüssen oder Schwierigkeiten, die den Ablauf beschleunigen oder stören. Die Wahl der Motive und Symbole, der graphischen und sprachlichen Zeichen, unterliegt entwicklungspsychologischen Grundbedingungen wie auch kulturellen und individuellen Vorgaben.

Schematisierung und Schablonisierung:
Die Schematisierung ist ein notwendiger Prozess, der dem Kind zum Aufbau, zur Festigung, zur Speicherung im Langzeitgedächtnis und zum Verfügbarmachen von Strukturen in der Zeichnung dient.

> Mühle, 1975, S. 57: „ Die Schematisierung ist von Zeit zu Zeit notwendig, weil sie den Formbestand verfestigt und dem „motorischen" wie dem „visuellen" Gedächtnis einverleibt."

Die *Schematisierung* unterscheidet sich somit fundamental von der *„Schablonisierung"*, die ohne *dynamische Entwicklung* bleibt und *Stillstände* aufweist. Die Formen bleiben dann für ungewöhnlich lange Zeit auf einem Entwicklungsniveau stehen, ohne dass eine neue Stufe der Darstellung erreicht werden kann. Von Schablonisierung sprechen wir aber erst, wenn Zeichenschemata über die Zeitspanne einer Entwicklungsstufe hinaus beibehalten werden und dabei starr, unlebendig erscheinen (vgl. Kap. 6.2.3, Abb. 226, 235, 242).

Schablonisierungen werden oft auch bei der Nachahmung von Zeichnungen übernommen. So entsprechen z. B. „Strichmännchen" schablonisierten Formen, die meist von Erwachsenen vorgemalt und vom Kind nachahmend übernommen werden, ohne dass es eigene perzeptive, kognitive und emotional-soziale Anteile integriert.

Es ist sehr wichtig, dass wir in der Betrachtung und Bewertung der Stufenfolge erkennen, wann sich ein Kind in einem *Übergangsstadium* von einer Stufe zur anderen befindet. Übergangsphasen sind relativ leicht daran zu erkennen, dass das Kind seine Schemata verändert und versucht, Entwicklungsmerkmale der folgenden Stufe hinzuzufügen, um sie später zu integrieren. Bei diesem Bemühen kann die zuvor meist gut koordinierte Feinmotorik vorübergehend unsicherer und unrhythmischer werden, bis nach erneuten Einübungsphasen diese neuen Merkmale zu einem gefestigten und abrufbaren Formenbestand geworden sind.

Wir erkennen z. B. bei der Übergangsphase von der voroperationalen Stufe 2 zur Stufe 3 der konkreten Operationen eine Verunsicherung der Zeichenmotorik, aber gleichzeitig auch den Beginn der Profilwendung. Das Kind will einen Menschen nun nicht mehr von vorne (en face), sondern von der Seite zeichnen. Es greift dabei auf innere Vorstellungsbilder zurück, die es unabhängig von äußeren Wahrnehmungsbildern abrufen kann und möchte. Diese Suche führt das Kind dazu, verschiedene neue Merkmale auszuprobieren, um diese dann über einen neuen schematisierenden Prozess in der neu erreichten Stufe der Zeichenentwicklung zur Verfügung zu haben. Das Kind übt bei diesem Prozess solange, bis die neuen Schemata im motorischen Gedächtnis gespeichert und automatisiert abrufbar sind, um so wieder frei für eine neue Stufe der Gestaltung zu werden.

Meine Darstellung des Gestaltungsprozesses in der Kinderzeichnung folgt frühen Gedanken von G. Mühle, 1975, der diesen Prozess anschaulich analysierte.

3.3 Stufenmodelle zur Entwicklung der Kinderzeichnung im Vergleich

Die Charakterisierung der Stufen der Zeichenentwicklung wird in der Literatur unterschiedlich gehandhabt. Eine tendenzielle Übereinstimmung findet sich jedoch bei der sprachlichen Definition der Stufen und ihren zeitlichen Zuordnungen. In diesem Kap. 3.3, Abb. 003, Schaubild 2 sollen die aus der vorliegenden Literatur zusammengestellten *Stufenmodelle* von *G. Kerschensteiner*, 1905, *G.-H. Luquet*, 1927, *V. Lowenfeld*, 1960, *J. Piaget*, 1973, *H. John-Winde*, 1981, und *H. G. Richter*, 1987, im Vergleich dargestellt und diskutiert werden.

Stufenmodelle zur Entwicklung der Kinderzeichnung

Lebensalter	Kerschensteiner 1905	Luquet 1927	Lowenfeld 1960	Piaget 1973	John-Winde 1981	Richter 1987
14. J. 13;0 - 14;0	ab ca. 12;0 J. 4) „Stufe der formgemäßen Darstellung, Raum, Perspektive“	Erwachsenen-zeichnung ist erreicht	ca. ab 12 J. + „pseudo-naturalistische Darstellung, an Kunst oder Natur orientierte Darstellungen“	Stufe 4 ca. ab 12;0 J. + „formale Operationen“	ca. ab 12;0 J. + „Phase des geplanten Gestaltens“	ca. ab 12;0 J. „Auflösung des Schemabildes, quasi-künstlerische Gestaltung, Jugendalter“
13. J. 12;0 - 13;0						
12. J. 11;0 - 12;0	ca. 10;0 – 12;0 J. 3) „Stufe der erscheinungsgem. Darstellung“	ca. ab 7;0/8;0 J. „visueller Realismus“ räumliche Darstellung, Perspektive	ca. bis 10;0 - 12;0 J. „aufkommender Realismus“	Stufe 3 ca. 7;0 - 11;0/12;0 J. „konkrete Operationen“	ca. 7;0 - 11;0/12;0 J. „Phase der Schema-überwindung durch Abbildungs-bemühen“	ca. ab 7;0/8;0 - 11;0/12;0 J. „2. Schemaphase, späte Kindheit“
11. J. 10;0 - 11;0						
10. J. 9;0 - 10;0	ca. 7;0 - 10;0 J. 2) „Stufe des beginnenden Linien- und Formgefühls“		ca. 7;0 - 10;0 J. „Schema-Stufe“			
9. J. 8;0 - 9;0						
8. J. 7;0 - 8;0		ca. 5;0 - 7;0/8;0 J. „Intellektueller Realismus“ (Inneres Modell)				5;0 - 7;0/8;0 J. „1. Schemaphase, mittlere Kindheit“ Werkreife
7. J. 6;0 - 7;0	ca. 3;0 - 7;0 J. 1) „Stufe des Schemas“		ca. 4;0 - 7;0 J. „vorschematische Darstellung“	Stufe 2	ca. 2;0 - 7;0 J. „Phase der Schemata für Vorstellungsbilder“	
6. J. 5;0 - 6;0				b) 4;0 - 7;0 J. „anschauliches Denken“		ca. 4;0 - 5;0 J. „Vorschemaphase“
5. J. 4;0 - 5;0		ca. 3;0 - 5;0 J. „misslungener Realismus“				
4. J. 3;0 - 4;0			ca. bis 3;0/4;0 J. „Kritzeln“	a) 2;0 - 4;0 J. „Aufbau der Symbolfunktionen“		ca. 3;0 - 4;0 J. „Konzeptkritzel“
3. J. 2;0 - 3;0	ca. bis 3;0 J. „Kritzelphase“	ca. 2;0 - 3;0 J. „zufälliger Realismus“				
2. J. 1;0 - 2;0				Stufe 1 ca. 0;0 - 2;0 J. „Sensomotorische Intelligenz“	ca. 1;0 - 2;0 J. „Kritzelphase“	ca. bis 3;0/4;0 J. „Kritzelphase, frühe Kindheit“
1. J. 0;0 - 1;0						

Abb. 003: *Schaubild 2; Stufenmodelle zur Entwicklung der Kinderzeichnung: G. Kerschensteiner, G.-H. Luquet, V. Lowenfeld, J. Piaget, H. John-Winde, H.-G. Richter*

Die Modelle von Schaubild 2 basieren auf einem reichen Erfahrungsschatz der Auswertung und Interpretation von Kinderzeichnungen. Die genannten Autoren haben sich über viele Jahre intensiv mit der Entwicklung der Kinderzeichnung beschäftigt und z. T. groß angelegte Studien unter experimentellen Bedingungen durchgeführt, deren Ergebnisse sie ihren Modellen zu Grunde legten. So hat *Kerschensteiner*, 1905, 58.000 Zeichnungen von Grundschülern ausgewertet und daraus sein Entwicklungsmodell abgeleitet. *John-Winde* begutachtete mit ihrem Team unter experimentellen Bedingungen Zeichnungen von 150 Grundschülern (1. und 4. Schuljahr) und stellte Kriterien zur Auswertung und Interpretation der Zeichenentwicklung zusammen (vgl. Kap. 2.1). Sie orientierte sich dabei an *Piagets* Stufenmodell der Intelligenzentwicklung. Ihre Ergebnisse, die wertvolle Hinweise zur Interpretation der Entwicklungsmerkmale der Kinderzeichnung innerhalb von 4 Entwicklungsstufen enthalten, sind zu großen Teilen in meine Darstellung eingeflossen. Bei Ausarbeitung des Schaubildes 2 konnte ich wesentliche Informationen über die Entwicklungsmodelle *Kerschensteiners, Luquets* und *Lowenfelds* von *John-Winde* übernehmen (John-Winde, 1981, S. 25).

Die Einteilung der Kinderzeichnung in Entwicklungsstufen ist nicht unproblematisch und wird kontrovers diskutiert. Für die praktische klinische Anwendung ergibt sich allerdings über den Vergleich von Stufenmodellen doch eine Leitlinie zur Erfassung der Zeitstrukturen der Kinderzeichenentwicklung und ihrer inhaltlichen Interpretation (vgl. modifizierter Ansatz nach *Christa Seidel*, Kap. 3.3, Abb. 006, Schaubild 3). Voraussetzung hierfür ist allerdings, dass die Entwicklung der Kinderzeichnung im Sinne einer *integrierten Umstrukturierung* begriffen wird. Im Sinne Piagets heißt dies: Eine Stufe hebt sich mit ihrer neu erworbenen Qualität nicht zu einem festgelegten Zeitpunkt von der nächst höheren plötzlich, *ohne Übergänge*, ab, sondern die *Stufen* gehen *überlappend ineinander über*. Die Zeitangaben für die jeweiligen Entwicklungsstufen sind nach Einschätzung der hier zitierten Autoren lediglich als Anhaltspunkte oder Richtwerte zu verstehen.

Zeichenentwicklungsmodelle:

Die Übersicht der Zeichenentwicklungsmodelle zeigt bei *Kerschensteiner* und *Lowenfeld* übereinstimmende *5 Stufen*, bei *Luquet 4 Stufen*, bei *Piaget* und *John-Winde* übereinstimmende *4 Stufen* und bei *Richter 3 Hauptstufen* (Kritzelstufe, Schemastufe, Auflösung des Schemabildes im Jugendalter (quasi-künstlerische Gestaltungen). Die 3 Hauptstufen werden bei Richter durch *2 Übergangsstufen eingeleitet.*

Richter unterscheidet die *Kritzelphase der frühen Kindheit* (ca. 1;6-3;0/4;0 Jahre), die *Schemaphase* der *mittleren* Kindheit (1. Schemaphase, ca. 4;0-7;0/8;0 Jahre; 5;0-7;0

Jahre „Werkreife;) und der *späten Kindheit* (2. Schemaphase ca. 7;0/8;0-12;0 Jahre), und die Auflösung des *Schemabildes, quasi-künstlerische Gestaltungen der Jugendzeit* (ab ca. 12;0 Jahren). Zwischen Kritzelphase und Schemaphase (ca. 4;0-6;0 Jahre) und zwischen Schemaphase und Auflösung des Schemabildes im Jugendalter (ca. 10;0-12;0 Jahre) sieht Richter Übergangsphasen, durch welche die Hauptphasen eingeleitet werden.
Die vergleichende Betrachtung der Modelle zeigt, dass der Begriff des *„Schemas"* bei vier der sechs Autoren verwendet wird. Er wurde zur *Charakterisierung der Stufen der Kinderzeichnung* erstmals von *Sully*, 1896, eingeführt und dann von *Kerschensteiner, Lowenfeld, John-Winde* und *Richter* übernommen. Mit dem Begriff *Schema* wird in diesem Zusammenhang die Eigenart des Kindes, *inneren Vorstellungsbildern folgend* und *nicht orientiert an Wahrnehmungen der äußeren Realität* zu zeichnen, zum Ausdruck gebracht. Nach *Kerschensteiner* überwindet das Kind die Schemazeichnung, wenn es ab 8;0/9;0 Jahren ein *Form- und Liniengefühl entwickelt* und zunehmend versucht, Zeichnungen erscheinungsgemäß und realitätsorientiert darzustellen. Kerschensteiner leitete aus dieser Beobachtung die für die Kunsterziehung wichtige Empfehlung ab, Schüler bis zum Alter von ca. 10 Jahren nach eigenen Vorstellungen zeichnen zu lassen und nicht, wie bisher üblich, die Nachahmung von Objekten und Modellen schon im frühen Schulalter in den Mittelpunkt der Kunstpädagogik zu stellen.

Luquet hat mit seinem Stufenmodell bis heute wesentliche Impulse zum Verständnis der Kinderzeichnung gesetzt. Auf sein Stufenmodell haben sich Piaget, John-Winde und Richter bezogen, wenn sie auch seine Begriffe des *„zufälligen Realismus"* (2;0-3;0 Jahre), *„misslungenen oder fehlerhaften Realismus"* (3;0-5;0 Jahre), *„intellektuellen Realismus"* (5;0-7;0/8;0 Jahre) und *„visuellen Realismus"* (ab ca. 8;0/9;0 Jahren) nicht unwidersprochen hinnahmen. Besonders aber hat sich Luquets Stufe des *„Intellektuellen Realismus"* – mit dieser Nomenklatur und mit seiner inhaltlichen Charakterisierung des anschaulichen Denkens – bis heute in der Literatur durchgesetzt. Luquet fand heraus, dass das Kind im Alter zwischen 5;0-7;0/8;0 Jahren nach einem „Inneren Modell", nach inneren Vorstellungen, dasjenige zeichnet, was es weiß und nicht das, was es sieht (z. B. im „Röntgenbild", wenn es gleichzeitig die Außenansicht und die Innenansicht eines Hauses darstellt). Bei *Piaget* gehört die Phase des *„Intellektuellen Realismus"* zur 2. Stufe der Denkentwicklung, in die Stufe des voroperationalen Denkens, bei der das symbolische und anschauliche Denken des Kindes überwiegen. Bei *Richter* fällt die Stufe des *„Intellektuellen Realismus"* in die Zeitspanne der *„Werkreife"*, gehört damit zu seiner *„1. Schemaphase der mittleren Kindheit"*. Bei der Charakterisierung der Stufe des „Intellektuellen Realismus" im Sinne Piagets wird deutlich, dass das Kind in dieser Zeitspanne weder „intellektuell" noch „realistisch" zeichnet, sondern seinem absoluten egozentrischen, anschaulich orientierten Denken und seinem besonders gearteten Fühlen auf dieser Stufe folgt. Der Begriff des „Intellektuellen Realismus" ist missverständlich und trifft nicht die oben skizzierte Besonderheit des kindlichen Denkens, das eben noch nicht „intellektuell" und noch nicht „realistisch" zeichnet. Aber der von Luquet geprägte Begriff des „Inneren Modells", aus dem heraus die Kinder in der Stufe des „Intellektuellen Realismus" zeichnen, trifft inhaltlich bis heute den Kern unseres Verständnisses der Kinderzeichnung in dieser bildermächtigen Zeit. Auch Piaget wurde in seiner Erkenntnistheorie von dem Modell Luquets beeinflusst.

3.4 *Vergleichende Betrachtungen: Entwicklung der Kinderzeichnung und Bildende Kunst*

Piaget versteht im Unterschied zu den genannten Autoren das Entstehen der inneren Bilder, eines „Inneren Modells", als Voraussetzung der Entwicklung des symbolischen Denkens und damit als Voraussetzung der Intelligenz- und Phantasieentwicklung überhaupt. Für ihn beinhaltet der Begriff des Schemas eine dynamische Ganzheit, die als Grundbaustein des Denkens auf jeder Stufe der Intelligenzentwicklung und auch der Zeichenentwicklung wirksam wird und sich bis ins Erwachsenenalter fortsetzt. Allerdings unterscheiden sich die Schemata von Stufe zu Stufe hinsichtlich ihrer zunehmenden Komplexität, Vernetzung mit emotional-sozialen Funktionen und Hierarchisierung. Aus meiner an Piaget orientierten Sicht kann es also, anders als bei John-Winde, die in der 3. Stufe eine „Phase der Schemaüberwindung durch Abbildungsbemühen" sieht, und Richter, der von der „Auflösung des Schemabildes" im Jugendalter spricht, *keine* Überwindung einer Schemaphase geben. Ausgehend vom ersten Schema des Kreises bilden sich in der Zeichenentwicklung von der Kindheit bis zum Alter Schemata im Sinne sich zunehmend differenzierter vernetzenden Strukturen. Im Rahmen der Suche nach Gleichgewicht von Assimilations- und Akkomodationsprozessen ist dies als ein sich selbst regulierender und organisierender, neuronaler und emotional-sozialer Vorgang zu betrachten. Tiefe, mit ursprünglichen Bildeindrücken verbundene Menschheitserfahrungen werden in graphischen Schemata im kulturellen Gedächtnis als transkulturelle Symbole bewahrt und weitergegeben. In einer transkulturellen Studie zur Psychologie und Psychopathologie der bildnerischen Gestaltung des Kopffüßlers weist Kraft 1982 auf diese Zusammenhänge mit vielen anschaulichen Beispielen hin.

Nach meinem Verständnis setzt sich, ausgehend von der Kinderzeichnung, dieser Prozess bis zu den Ebenen der Bildenden Kunst im Erwachsenenalter fort, allerdings, je nach kulturellem Hintergrund, mit wechselnden Schwerpunkten. In diesem Prozess spiegeln sich die unterschiedlichen Stilepochen wider. Wie sich aus „chaotischen“ Wolkenbildern unter dem Einfluss des Windes neue Strukturen, neue Ordnungen ergeben, so beobachten wir im Ablauf kultureller Entwicklungen im Bereich der Bildenden Kunst wechselnde Orientierungen an inneren, ursprünglichen oder archaischen Bildern und an der gegenständlichen Welt.

Älteste Zeugnisse des Menschen für Verwendung von Pigmenten und Bindemitteln finden sich in den Höhlenmalereien der jüngeren Altsteinzeit (vor 80 000–10 000 Jahren) in Spanien, Frankreich und Italien. In der Höhle von Altamira (Nordspanien) wurden z. B. Tiere dargestellt, die in der Eiszeit gelebt haben (Pferd, Hirschkuh, Bison), daneben wurden aber auch abstrakte Zeichen verwendet. Die Tiere wirken erstaunlich plastisch und realistisch. In der Höhle von Lascaux (Frankreich) sind Pferde, Stiere, Hirsche, die den Fluss überqueren, Einhorn, daneben aber auch ein Mensch mit Vogelkopf und Gitterzeichen ohne Realitätsbezug dargestellt. Erstaunlich ist die Beobachtung der Dreidimensionalität der Tiere. Man nimmt heute an, in diesen Höhlenbildern älteste Zeugnisse einer religiösen Kultur des Menschen gefunden zu haben, die zugleich Ansätze mystischer Darstellungen sind. Vieles deutet darauf hin, dass in der Nähe der Höhlenmalereien magische Handlungen, Tänze und Beschwörungen stattfanden. In der Jagd sollte durch Zauber, Magie der Schamanen – aber auch durch die Zeichnungen im Inneren der Felsenhöhlen beeinflusst – die Fruchtbarkeit des Jagdwildes gemehrt, der im erlegten Tier beleidigte Tiergeist versöhnt werden.

Nachdem sich frühere Kulturen an inneren Bildern und metaphysischen Zusammenhängen orientierten, kam es im Lauf der Entwicklung unterschiedlicher Stile zu unterschiedlichen Anpassungen an visuelle Wahrnehmungsgegebenheiten. Inneren Bildern entnommene Motive bzw. realitätsorientierte Motive in der Bildenden Kunst reflektierten geistige, soziale oder religiöse kulturelle Entwicklungen. Es fanden Gleichgewichtsregulierungen von Assimilationen und Akkomodationen statt, die zu veränderten subjektiven Sichtweisen, zu Umbrüchen und zur Entwicklung von neuen Kunststilen mit unterschiedlichen Bezügen zur Darstellung der gegenständlichen Welt führten.

Unterschiedliche Stilrichtungen in der europäischen Bildenden Kunst:
Die *Vertreter des Impressionismus* (u. a. Edouard Manet, Claude Monet, Edgar Degas, Auguste Renoir) zeigten in der zweiten Hälfte des 19. Jahrhunderts in Frankreich eine Abkehr von der konventionellen Malweise, von der Kunst der Nachahmung im Sinne wirklichkeitsgetreuer Abbildung und vom erzählten Inhalt des Bildes, vom Malen im Atelier. Sie versuchten, an die subjektiven Grenzen der objektiven Welt zu gelangen und wollten nicht das Objekt als solches und auch nicht – wie im nachfolgenden Expressionismus zu beobachten – sein Wesen, son-

dern vor allem seine atmosphärische Hülle in der subjektiv wahrgenommenen Welt des Betrachters einfangen. Die Künstler dieser neuen Stilrichtung (in Deutschland u. a. Max Liebermann, Max Slevogt, Lovis Corinth) zeichneten nicht vorrangig das, was sie von den Gegenständen wussten, sondern stellten in ihren Bildern spontane, sinnliche, unverwechselbare und flüchtige Eindrücke mit größtmöglicher Genauigkeit dar. Die Wirkung der Farben, oft in komplementärer Strukturierung und Komposition, die Wirkung von Licht und graduierten Schatten, faszinieren den Betrachter dieser Bilder bis heute. Bei dem Versuch, in ihren Bildern individuelle Stimmungen zu gestalten, gingen die impressionistischen Künstler von real erlebten Landschaftseindrücken oder Objekten aus, die sie auf der Grundlage ihrer differenzierten, subjektiven, visuellen Beobachtungen und Wahrnehmungen zeichneten und malten.

Am Ende dieser Epoche bereiteten sich mit den *Vorläufern des Expressionismus* (Paul Cézanne, Paul Gauguin, Vincent van Gogh und Edvard Munch) wiederum ein Umbruch und Stilwechsel in der europäischen Malerei vor. Neue Bildordnungen, ein veränderter Gegenstandsbezug, großzügige Pinselstriche – oft ohne Hell-Dunkel-Modellierung – und eine noch ausdrucksstärkere Farbwahl – überwiegend in komplementären Kontrastfarben – spiegelten die geistige Neuorientierung. Auch andere Bereiche des künstlerischen Ausdrucks (Literatur, Musik, Architektur, Design) wurden in diesen Prozess einbezogen. Erich Heckel, Fritz Bleyl, Ernst Ludwig Kirchner und Karl Schmidt-Rottluff gründeten 1905 in Dresden die Künstlergemeinschaft „Die Brücke", der auch Emil Nolde und Max Pechstein angehörten; in München entstanden die „Neue Künstlervereinigung" sowie die 1911 von Wassily Kandinsky, August Macke, Franz Marc und Gabriele Münter gegründete Gruppe „Der Blaue Reiter". Mit ihnen setzte sich nach dem Impressionismus der Expressionismus als neue und führende Stilrichtung bis zum Ausbruch des Ersten Weltkrieges durch. Andere führende Vertreter dieser Stilrichtung waren Alfred Kubin, Paul Klee, Marianne von Werefkin, Alexej von Jawlensky, George Grosz, Otto Dix, Max Beckmann, Egon Schiele und Oskar Kokoschka.

Die *Künstler des Expressionismus* kämpften gegen die hierarchische Erstarrung der europäischen Kultur der Jahrhundertwende und zu Beginn des 20. Jahrhunderts. Sie richteten sich gegen die gegenständliche Malweise und grenzten sich vom Naturalismus, in vielen Aspekten auch vom Impressionismus, ab. Die Gegenstände wurden nun oft in verzerrten Perspektiven dargestellt, mit schwarzen Umrisslinien, aggressiven Farbgebungen und kantigen Formen versehen. Die Künstler malten nicht die Realität, sondern ihre subjektiven, emotionalen Reaktionen bei der Verarbeitung der Realität. Religiöse und metaphysische Inhalte spielten eine wichtige Rolle. Der Zeitströmung vor Ausbruch des Ersten Weltkrieges entsprechend drückten ihre Bilder häufig Unsicherheit, Angst, Zweifel und Ausweglosigkeit aus. Es ging Wassily Kandinsky und den Künstlern der Gruppe „Der Blaue Reiter" zunehmend um die vollständige Befreiung vom Naturalismus, um Entmaterialisierung und freies Kräftespiel von Formen und Farben, auch um Farbharmonien. Reine Farbformen wurden nicht von einzelnen Motiven ausgelöst, sondern vom „Klang der Dinge", der die Seele bewegt. So sagt Paul Klee: „Die Kunst gibt nicht das Sichtbare wieder, sondern macht sichtbar." Hatten die Impressionisten mit subjektiven Wahrnehmungen von Stimmungen die Grenze der objektiven Realität bereits erreicht, so wollten die Expressionisten – darüber hinausgehend – die irreale, phantastische Welt des Unterbewussten einfangen und das Geistige hinter den Phänomenen erkennen und darstellen. Wassily Kandinsky z. B. wurde bei der Gestaltung seines eigenen Ansatzes stark von der Philosophie und Theosophie Rudolf Steiners beeinflusst. Er übertrug Steiners Leitgedanken der „Imagination", „Inspiration" und „Intuition" zum Erreichen eines höheren Bewusstseins in den Bereich der Bildenden Kunst. „Impression", „Improvisation" und „Komposition" wurden zentrale Anliegen seines künstlerischen Werkes.

Nach Vorläufern in der französischen Malerei war mit Kandinskys erstem abstrakten Aquarell 1910 die *Abstrakte Kunst in Deutschland* zum Durchbruch gekommen. In der Programmschrift „Das Geistige in der Kunst" fasste Wassily Kandinsky 1912 die Grundlagen dieser neuen Stilrichtung zusammen und begründete damit zugleich die Ästhetik der Abstrakten Kunst. Durch Entmaterialisierung und Reduktionen der Formen gelang es den Künstlern dieser Kunstepoche, den wesentlichen Kern, das Geistige, in der Kunst auszudrücken. „Sie wollten die Isolierung des Individuums aufheben und hinter die Dinge , ins <Innere der Schöpfung> vorstoßen" (Kleine, 1994, S. 362). Wassily Kandinsky, Paul Klee u. a. entfernten sich von der nachahmenden, gegenstandsbezogenen Malerei und fanden über die intensive Auseinandersetzung mit den archaischen „Künsten des Ursprungs" den Durchbruch vom Expressionismus zur Abstrakten Kunst. Bilder und plastische Gestaltungen früher Kulturvölker stimulierten diese Prozesse. Gestaltungen von Masken, Reliquiar-Figuren und Fetischen der Afrikanischen Kunst (vgl. Kap. 3.6.6, Abb. 008) mit religiösen, philosophischen, existenziellen gedanklichen Inhalten, aber auch die Volkskunst und die „Kinderkunst" spielten dabei eine wesentliche Rolle. Durch Reduktion von Formen und Wechsel zwischen Zentrierungen und Dezentrierungen gelangten die Künstler zu neuen Sichtweisen und Aussagen (vgl. Kap. 2.6, Abb. 002, Paul Klee: „Insula dulcamara", 1938).

Expressionistische Künstler entdecken die „Kinderkunst":
Der Rückgriff auf die Kinderzeichnung war für die expressionistischen Künstler ein Versuch, neue, für ihre Zeit als provokant empfundene, unverstellte, ausdruckskräftige Elemente in ihre Werke zu integrieren. Schönheitsideale der damaligen Zeit wurden bei diesen künstlerischen Aufbrüchen hin zum Ausdruck existenzieller gedanklicher Inhalte bewusst negiert oder gewaltsam zerstört. Viele Werke dieser Kunstrichtung wurden in der nationalsozialistischen Kulturpolitik weder verstanden noch anerkannt, sondern als „Entartete Kunst" diffamiert und zum großen Teil vernichtet.
Wassily Kandinsky entdeckte in Kinderzeichnungen die universelle Sprache der Kunst. Expressionisten, Kubisten, Futuristen und Künstler der russischen Avantgarde interessierten sich für die „Kinderkunst". Wassily Kandinsky, Gabriele Münter, Paul Klee, Pablo Picasso, Henri Matisse, Joan Miró, Jean Dubuffet sowie Mitglieder der Gruppe „Cobra" sammelten Kinderzeichnungen und setzten sich in ihrem Werk intensiv mit deren Merkmalen auseinander. Sie wollten über die Kinderzeichnung zur unverbildeten Natur zurückkehren und ihre eigene Kindheit wieder finden. Es faszinierte sie die rohe Ausdruckskraft der Kindheit: ihre Triebhaftigkeit, die Gier und Aggressivität des Kleinkindes, das durch gesellschaftliche Normen (Erziehung, Bildung) noch nichts von seiner Instinktsicherheit und Ursprünglichkeit verloren hat. Wie die Kinder wollten sie wieder lernen, naiv nur das zu sehen, was wirklich da zu sein scheint. Diese „naive" veränderte Sichtweise kennzeichnet auch das Werk Marc Chagalls, der Elemente der Kinderzeichnung als „Rohmaterial" nutzte und es nach eigenen kreativen Vorstellungen in neuem bildlichen Kontext, unterlegt mit eigenschöpferischen begrifflichen Metaphern, gestaltete.
Wassily Kandinsky und Gabriele Münter sammelten Hunderte von Kinderzeichnungen, analysierten typische Eigenheiten dieser Bilder, malten sie ab und veränderten sie während des Abmalens abstrahierend nach eigenen Vorstellungen. Sie bezogen bei diesem Bemühen typische Merkmale der Kunst früher Kulturvölker und der Volkskunst mit ein. Das Formniveau der Bildenden Kunst, das in den Jahrhunderten zuvor von Künstlern Schritt für Schritt mit integrierten Details differenziert und an die Realität des visuellen Eindrucks der äußeren Realität angepasst worden war, wurde unter diesem neuen Ansatz auf frühe Grundformen der Entwicklung des zeichnerischen Ausdrucks, auf Linien, Flächen und Formen, zurückgeführt.

Pablo Picasso übernahm z. B. die Merkmale des Beginns der Profilwendung und zeichnete in Gesichtern gleichzeitig eine Nase von vorne und eine Nase zur Seite. Die Körper wurden wie in der Kinderzeichnung oft segmentiert und aus Teilen attributiv zusammengesetzt, ohne diese integrativ miteinander zu verbinden. Der rechte Winkel spielte, wie in Kinderzeichnungen, eine große Rolle z. B. bei der Stellung der Arme (R-Prinzip). Auch Proportionen wurden bewusst nicht mehr an der Realität orientiert, sondern – wie in Kinderzeichnungen oder der Kunst früher Kulturvölker – durch „Bedeutungsperspektiven" umgestaltet, d.h. es wurden Details, die dem Künstler wichtig waren, entgegen der realitätsorientierten Beachtung der Größenproportionen besonders groß dargestellt. So wurde auf diesem Weg auch der Versuch aufgegeben, Objekte oder Räume in korrekter perspektivischer Sicht zu zeichnen, also alle Motive unter einen Gesamtbetrachtungswinkel zu ordnen, wie dies zuvor in der Renaissance erarbeitet worden war.

Stattdessen griffen die Maler in der *Raumdarstellung* auf *vorperspektivische oder verzerrt perspektivische Gestaltungen zurück*, wie sie auch in der Kinderzeichnung der mittleren oder späten Kindheit oder bei Gestaltungen früher kultureller Epochen, z. B. in Kunst des Mittelalters, zu beobachten sind. Die *Motive wurden kompositorisch voneinander isoliert*, jedes Element existierte in einer eigenen Welt für sich. *Raumübergänge wurden aufgehoben, narrative Zusammenhänge fehlten.* Raum wurde durch räumliche Schichtungen dargestellt, wie dies bei Kindern der 3. Stufe der Zeichenentwicklung als vorperspektivische Darstellung zu beobachten ist.

Bei der Schichtung werden auf dem Zeichenblatt Linien übereinander gelegt. Es handelt sich dabei um erste kindliche Versuche, das Raumerlebnis eines Vorder- und Hintergrundes durch die Schichtung der Linien darzustellen (vgl. Kap. 3.7.3.9, Abb. 101; Kap. 4, Abb. 168).

Eine andere Auffälligkeit der Raumdarstellung war, dass die Motive nicht unter einen Gesamtbetrachtungswinkel geordnet wurden. Vergleichbar der vorperspektivischen Kinderzeichnung erfolgte die Orientierung nicht durchgängig zur Bodenlinie des Zeichenblattes. Stattdessen erfolgte eine Zuordnung der Objekte zu ihren jeweiligen verschiedenen Grundlinien (vgl. Kap. 3.7.3.9, Abb. 099). Vorder- und Hintergrund wurden nicht mehr in fließendem Übergang gemalt oder gezeichnet.

Die expressionistischen Künstler suchten nach Urformen, Urzuständen; sie interessierten sich für frühe Kulturen. Sie entdeckten die „Kinderkunst" für sich, sammelten intensiv Kinderbilder und setzten sich mit den Schemata der Kinderzeichnung auseinander. Die Künstler modifizierten diese, veränderten die objektive Welt im Sinne ihrer inneren Bilder und kehrten damit zum Ausgangspunkt der frühen Zeichenentwicklung, zu den Schemata, zurück. Allerdings erfolgte dies unter differenzierteren, mit der kindlichen Vorgehensweise nicht vergleichbaren, gedanklichen Vernetzungen und Abstraktionen sowie mit der Fähigkeit zur selbstkritischen Korrektur und bewussten Steuerung des künstlerischen Ausarbeitungsprozesses. Entsprechend wiesen auch viele dieser Künstler explizit auf den Unterschied zwischen „Kinderkunst" und ihren Werken hin.

Das Festhalten subjektiver, sensueller Eindrücke durch die Impressionisten, die Reduktion von Formen sowie die Abkehr von der gegenständlichen Darstellung durch die Expressionisten und die abstrakt arbeitenden Künstler waren Meilensteine der Entwicklung. Sie provozierten Umbrüche, die neue Stilrichtungen, neue Ordnungen, einleiteten. Nach der Abkehr von klassizistischen und naturalistischen ästhetischen Idealen zeichneten die expressionistischen Künstler, die Vertreter des Kubismus, der Abstrakten Kunst, des Surrealismus, der Art brut, vorwiegend nach inneren Vorstellungen und Bildern. Sie „überwanden damit allerdings das Schema als Abbildungsbemühen" nicht (vgl. John-Winde, 1981), sondern fanden unter neuen gedanklichen Verknüpfungen zu *Umstrukturierungen* ihrer Schemata. Häufig kehrten die expressionistischen und abstrakten Künstler zu den ursprünglichen, dynamischen Rhythmen und Schemata der Kinderzeichnung (z. B. zum Schema des Kreises, der ersten geometrischen Formen, des Kopffüßlers) zurück. Die Künstler wiederholten serienweise „Gestalten" in neuem Kontext und festigten auf diese Weise ihr Grundrepertoire bis zu einem Zeitpunkt, an dem sie emotional und geistig bereit zum Ausprobieren und zum Erwerb wiederum modifizierter Schemata auf einer neuen Stufe ihrer individuellen Entwicklung und der künstlerischen Gestaltung ihrer inneren Bilder waren. Die Prozesse der sich differenzierenden und umorganisierenden Schemata („Skripts") gehören zu den Grundvoraussetzungen geistiger Aktivität und zur Bildung neuronaler Netzwerke.

„Kinderzeichnung und Moderne Kunst":
In diesem Sinne weisen aus meiner Sicht Schemata in Kinderzeichnungen auf Grundbausteine des Denkens und Fühlens von Kindern unterschiedlicher Reifungsstufen hin und bilden ein phylogenetisch und sozio-kulturell verankertes Fundament der geistig-emotionalen Entwicklung, der Auseinandersetzung mit inneren Bildern und mit der wahrnehmbaren realitätsorientierten Welt. Kreative Erwachsene und Künstler suchen nach diesem Fundament, wollen es neu erfahren und über ihr Werk einen Zugriff darauf finden. Unterschiedliche Stilrichtungen im Bereich der Modernen Kunst benutzten dieses Fundament als Ausgangsbasis („Rohmaterial") für Veränderungen des künstlerischen Ansatzes; auch Künstler der Gegenwart gewinnen aus diesen Quellen Inspiration für ihren kreativen Prozess. In einer viel beachteten Ausstellung „Mit den Augen des Kindes – Kinderzeichnung und Moderne Kunst" (Lenbachhaus, Kunstbau, München, 1995, und Kunstmuseum Bern, 1995) wurden die hier skizzierten Zusammenhänge aufbereitet und die inhaltlichen Beziehungen zur „Kinderkunst" bei zahlreichen Meisterwerken dokumentiert (Fineberg, 1995a, 1995b).

Im Bereich der klassischen Moderne und der zeitgenössischen Kunst finden wir das Bemühen von Künstlern, an die ursprünglichen und emotional geladenen Bilder zu gelangen, die nicht der Kontrolle des Neokortex, des logischen Denkens und gesellschaftlicher Normierungen unterliegen, sondern tieferen und phylogenetisch ursprünglicheren Hirnstrukturen zuzuordnen sind. Wir finden sie in allen Kulturen, im Unbewussten, in Träumen, im Irrationalen, das wir – die Menschen früher Kulturen ebenso wie die Kinder unserer Zeit – als „Fossil“ phylogenetisch in uns tragen und das die kreativen Prozesse stimuliert. Pablo Picasso sagte nach dem Besuch einer Ausstellung von Kinderzeichnungen 1945 in Paris: „Als ich so alt war wie diese Kinder, da konnte ich zeichnen wie Raffael. Es hat viele Jahre gedauert, bis ich zeichnen konnte wie diese Kinder.“ (zitiert nach Fineberg, 1995a, S. 143). Fineberg gibt dazu den erklärenden Hinweis, dass Pablo Picasso schon sehr früh aufgrund seiner hohen künstlerischen Begabung und unter Anleitung seines Vaters, der Zeichenlehrer war, akademisch genau, also nicht kindgemäß zeichnete und sich erst später zu ursprünglichen Bildern befreien konnte. Auch Joan Miró suchte in Kinderzeichnungen nach ursprünglichen Ausdrucksformen. In seinem Werk sieht man das tiefe Anliegen verwirklicht, seine Kindheit wiederzufinden: „Je mehr ich meinen Beruf beherrsche, je weiter ich im Leben komme, um so mehr nähere ich mich meinen ersten Eindrücken. Ich glaube, am Ende meines Lebens werde ich den ganzen Wert meiner Jugend wiedergefunden haben.“ (Miró zitiert nach Fineberg, 1995a, S. 148). Vergleichbares gilt nach Fineberg für Paul Klees Werk.

> Fineberg, 1995a, S. 92:
> „Im 32. Lebensjahr begann er (Klee) einen Werkkatalog zu führen. Den Anfang machte er mit 18 Zeichnungen, die zwischen seinem dritten und zehnten Lebensjahr entstanden waren. Alle seine jugendlichen Versuche im Stil des Naturalismus überging er, ebenso – bis auf drei Ausnahmen – alle Werke, die während seiner Studienaufenthalte in München und Rom entstanden waren; er bezeichnete sie als <nicht künstlerisch>. Danach setzt der Katalog erst im Jahr 1902 wieder ein, dem Jahr, in dem Klee die Werke aus seiner Kindheit wiederfand.“

In seinem Spätwerk gelangte Paul Klee, unter dem Einfluss seiner schweren Erkrankung an Sklerodermie und der Auseinandersetzung mit dem Tod, auf einen neuen Weg der geistigen Wiederentdeckung der Kindheit.
Fineberg, 1995a, S. 119: „Die Zeichnungen der Jahre 1938 und 1939 wie *Als ich noch jung war, Kindheit, Wieder kindisch* und *Kinder spielen Tragödie* spiegeln die Entschiedenheit, mit der der Künstler in den letzten zwei Jahren seines Lebens seine eigenen Anfänge wiederzufinden suchte.“

Nicht nur in der Bildenden Kunst, auch in Musik, Poesie, Literatur, im Tanz, in Mythen und Märchen sind kreative Prozesse eng mit phylogenetischen Anteilen des menschlichen Verhaltens verbunden, mit den tiefen archaischen und emotionalen Wurzeln der Menschheitsentwicklung und ihren Verbindungen auch zur animalischen Welt. Zeichnungen und plastische Gestaltungen früher Kulturvölker enthalten solches „Urgestein" und weisen im Sinne C. G. Jungs auf allen Kulturen gemeinsame archetypische Vorstellungen, ursprüngliche Bilder, hin, die als genetisch codierte Dispositionen das Grundmaterial für Phantasien, kulturelle Entwicklungen und Religionen der Menschheit bilden und so auch eine Wurzel künstlerischen Schaffens darstellen (vgl. Kap. 4.4.1).

Auch in Werken der auf den Expressionismus folgenden abstrakten Kunstströmungen, z. B. im Surrealismus, finden sich immer wieder Elemente der Kinderzeichnung, die nach eigenschöpferischer Umgestaltung in das jeweilige Werk eingearbeitet wurden.

Abb. 004:
Horst Antes: „Lebensalter", 1976/77, Aquatec und Kohle auf Leinwand, 180 x 450 cm, Sig. Würth Inv. 6362, © VG Bild-Kunst, Bonn 2007

Ein Beispiel hierfür sei das Gemälde „Lebensalter", 1976/77, von Horst Antes (Kap. 3.4, Abb. 004). Gezeichnet werden Menschen in Profilwendung, wie es der Kinderzeichnung zu Beginn der 3. Stufe der Zeichenentwicklung entspricht. Durch nur ein Auge in der Mitte des Kopfes („Zentralauge") wird, ähnlich wie in der Kinderzeichnung, die physiognomische Ausdruckskraft des Bildes erhöht. Die Größenrelationen sind durch überproportional große Köpfe auffällig im Sinne der „Bedeutungsperspektive" verschoben und weisen auf die wichtige Bedeutung hin, die der Künstler der Gestaltung des Kopfes gibt. Als Sinnbild (Allegorie) kann der überproportional große Kopf die übergeordnete Bedeutung des Denkens, der geistigen Verarbeitungsmöglichkeiten des Menschen, der inneren geistigen Welt, in den verschiedenen Abschnitten des Lebensalters ausdrücken. Damit verarbeitet dieses Bild von Horst Antes Schemata der Kinderzeichnung in verändertem Kontext zu einer geplanten künstlerischen Aussage.

Abb. 005:
Joan Miró: „L'enfance d'Ubu", 1975, Farblithographie, 32 x 51 cm, © Successió Miró/ VG Bild-Kunst, Bonn 2007

Auch Joan Miró verwendet in seinem Bild *„L'enfance d'Ubu"*, 1975, (Kap. 3.4, Abb. 005) Elemente der Kinderzeichnung und verarbeitet sie zu einem eigenständigen künstlerischen Werk. So zeigt die rechte Figur, vergleichbar der Darstellung von Horst Antes, ein „Zentralauge" und deutet damit eine beginnende Profilwendung an. Allerdings benutzt Joan Miró gleichzeitig Merkmale der Formdarstellung, die Kinder auf der Entwicklungsstufe der beginnenden Profilwendung noch nicht einsetzen können. Die aus dem Gesicht herausführende „Nase" überschneidet die Kopfkontur im Sinne einer Überlappung mit Linienauslassung (vgl. monokulare Tiefenkriterien, Kap. 3.7.3.7; 3.7.4.7). Diese ist im Entwicklungsverlauf bei Kindern in der Kinderzeichnung erst dann zu erwarten, wenn die Profilwendung abgeschlossen ist (etwa ab Ende der 3. Stufe). Ebenso passt der gezielt eingesetzte Wechsel der Farben nicht zum Entwicklungsniveau der Grundfigur. So setzt Joan Miró zwar Elemente der Kinderzeichnung ein, verfremdet diese jedoch und verbindet sie zu eindrucksvollen symbolischen Verdichtungen, die außerhalb des geistigen Horizonts von Kindern liegen und auch von Erwachsenen nur nach intensiver Einarbeitung annäherungsweise entschlüsselt werden können. Die metaphorische sprachliche Benennung des Bildes *„L'enfance d'Ubu"* erzeugt im Zusammenhang mit den auf den ersten Blick „kindlich anmutenden" Bildinhalten von „Kopffüßlern" eine starke innere Spannung. Die Detailgestaltung steht durch die nicht-kindgemäßen sexuellen Symbole in Zusammenhang mit der metaphorischen Benennung des Bildes im provokanten Kontrast zu den Kopffüßlerformen.

> Fineberg, 1995a, S. 160:
> „Die umfangreiche Serie von Arbeiten auf Papier, die Miró um 1970 – unter Bezugnahme auf den geradezu zum Inbegriff der Plumpheit gewordenen Protagonisten der protodadaistischen Dramen Alfred Jarrys – zum Motivkreis Ubus Kindheit schuf, weisen eine <naive> Frische und Spontaneität des Stils auf, wiewohl sie gleichzeitig ein Thema behandeln, das die übelsten Ausprägungen menschlicher Niederträchtigkeit beinhaltet."

Fineberg erwähnt in seinen Anmerkungen zu diesen Ausführungen, dass Ubu für den Generalissimo Franco sowie für grobe Menschen schlechthin stand.

Die Kinderzeichnung beschäftigte Joan Miró als Chiffre des kindlichen Denkens, seiner Unvoreingenommenheit in elementaren Fragen.

> Fineberg, 1995a, S. 161:
> „Dieser Prozess, beängstigend einerseits, bewirkt andererseits im kindlichen Staunen, in der Frische, aber auch in der destruktiven Instinktivität des Kindes einen ständig neuen Vitalitätsschub. Schließlich wird klar, dass sich Miró noch mit neunzig Jahren – ja zum Schluss sogar besonders stark – mit einer subversiven Unschuld gegen die Werteordnungen Erwachsener auflehnte."

Eine wichtige Rolle kam innerhalb der Modernen Kunst auch den Bildern und plastischen Gestaltungen psychiatrischer Patienten zu. Die Gemälde autistischer und psychotischer Patienten sind Neuschöpfungen, die Merkmale von Kinderzeichnungen tragen, jedoch in verfremdeter, sich von der Kinderzeichnung spezifisch unterscheidender Weise komponiert werden. Oft wirken sie seltsam bizarr, zwanghaft an die Detailgestaltung fixiert, sind aber dennoch von verblüffender und faszinierender Ausdruckskraft. Hans Prinzhorn machte die „Bildnerei der Geisteskranken" in einem bis heute unübertroffenen Dokument mit Bildern dieser Patienten zugänglich (Prinzhorn, 1922/2001).

„Art brut" und die Kinderzeichnung:

In ähnlicher Weise interessierten sich die Vertreter der „Art brut" für die Kunst psychiatrischer Patienten. Die *„Art brut"* wurde von Jean Dubuffet (1901-1985) als neue Kunstrichtung eingeführt; sie bekämpfte die etablierte Kunst und fand bei Außenseitern in psychiatrischen Kliniken oder Strafanstalten provokative Künstler mit affektgeladenem und zugleich individuell ausgearbeitetem Stil. Jean Dubuffet: „Die Kunst legt sich nicht in die Betten, die man für sie vorbereitet hat; sie flüchtet, sobald man ihren Namen nennt. Was sie liebt, ist Inkognito. Ihre schönsten Augenblicke sind die, wenn sie vergisst, wie sie heißt."

Es war Jean Dubuffet, der den heute weltberühmten Adolf Wölfli in der Anstalt Waldau entdeckte und in ihm die Ideale der „Art brut" verwirklicht fand. Der psychotische (schizophrene) Künstler Adolf Wölfli zeichnete in den 35 Jahren seines Anstaltslebens eine Vielfalt visionär aussagekräftiger Bilder und schuf ein heute international anerkanntes reichhaltiges Werk. Wölfli ist ein besonders eindrucksvolles Beispiel für die fließenden Grenzen zwischen Geisteskrankheit und Normalität und für den kreativen Aufbruch der „Art brut", deren Wurzeln in der afrikanischen und ozeanischen Kunst (Südseekunst) liegen, in den „Künsten des Ursprungs", in der „primitiven Kunst". Auf der Suche nach neuen Ausdrucksformen von ursprünglicher Kreativität entdeckte sie nicht nur die Kunst der Außenseiter, sondern auch die Aussagekraft spontaner, intuitiver Kinderzeichnungen. Viele Bilder Jean Dubuffets erinnern an die unverbildete „Kunst" der Kinder und tragen deren Merkmale (vgl. 8 Bereiche der Entwicklungsmerkmale, Kap. 3.7.1-3.7.4.9), wenn auch in eigenschöpferischen Umgestaltungen. Das Körperkonzept seiner menschlichen Figuren und sein Raum- und Zeitkonzept entsprechen häufig den Merkmalen von Kinderzeichnungen der 2. und 3. Entwicklungsstufe. Dubuffet verfügte über eine reiche Sammlung von Kinderzeichnungen, die ihm wesentliche Merkmale der „Kinderkunst" zugänglich und einfühlbar machte. Doch er stellte die Schemata der Kinderzeichnung in einen anderen Kontext, als dies bei zeichnenden Kindern zu beobachten ist, und gab ihnen damit einen differenzierten kreativen Hintergrund. Durch das Aufeinanderprallen *archaischer* Bildstrukturen und *metaphorischer* (symbolisierender) Deutungen (Benennungen) auf hoch entwickelter sprachlich-begrifflicher Ebene entstehen in Jean Dubuffets Bildern, vergleichbar den Bildern Joan Mirós, eindringlich ausstrahlende Kraftfelder.

3.5 Modifizierter Ansatz zur Charakterisierung der Entwicklungsstufen der Kinderzeichnung (Christa Seidel)

Meine Darstellung der Entwicklung der Kinderzeichnung nimmt Bezug auf Piagets Stufenmodell der Intelligenzentwicklung, modifiziert dieses allerdings in einigen Aspekten. Die von mir vorgenommene Charakterisierung der einzelnen Stufen kindlicher Zeichenentwicklung stützt sich auf grundlegende Erkenntnisse der entsprechenden Fachliteratur (Mühle, 1975; Piaget, 1973, 1959/2003a und 1959/2003b; Piaget und Inhelder, 1972/2000; John-Winde, 1981; Richter, 1987, u. a.) und integriert langjährige eigene Erfahrungen bei deren Interpretation.

Abb. 006: Schaubild 3
Modifizierter Ansatz zur Charakterisierung der Stufen der Kinderzeichnung (Ch. Seidel)

Modifizierter Ansatz zur Charakterisierung der Stufen der Kinderzeichnung nach Ch. Seidel:

Die Einteilung der Kinderzeichenentwicklung erfolgt in 4 Stufen, die in Kap. 3.5, Abb. 006, Schaubild 3 beschrieben werden. Mein Ansatz konzentriert sich auf folgende Gesichtspunkte:

- Der Begriff des *Schemas* wird nicht mehr zur Charakterisierung *spezifischer Stufen* der Zeichenentwicklung verwendet; die *Bedeutung der emotional-sozialen Funktionen* bei der Entwicklung von Schemata in Kinderzeichnungen wird stärker betont
- Die einzelnen Entwicklungsstufen werden als *integrierte Umstrukturierung* betrachtet
- Die Stufen der Zeichenentwicklung werden neu charakterisiert
- Die Entwicklungstendenzen auf den einzelnen Stufen werden als *„Knotenpunkte neuronaler Vernetzungen"* 8 zentralen grundlegenden Beobachtungsbereichen (Beobachtungsschwerpunkten) zugeordnet

Der Begriff des Schemas in der Kinderzeichnung wird neu definiert und nicht mehr zur Charakterisierung spezifischer Stufen der Zeichenentwicklung verwendet:
Der eingeschränkte Begriff des *„Schemas"*, wie ihn Kerschensteiner, Lowenfeld, John-Winde oder Richter verwenden, kommt in den hier vorgelegten Definitionen der Stufen der Zeichenentwicklung nicht zur Anwendung. Wie Piaget gehe ich davon aus, dass sich, mit unterschiedlichen Schwerpunkten, *auf allen Entwicklungsstufen Schemata als Grundbausteine des Denkens* strukturieren und miteinander vernetzen. Dieser Prozess setzt sich über das Jugendalter hinaus bis ins Erwachsenenalter, selbst bis in den Bereich der Bildenden Kunst, fort. In seinem Verlauf *wechselt das Zugreifen auf innere Vorstellungsbilder* mit *Versuchen, die äußere Realität nachahmend zu gestalten,* ab. *Immer* sind *beide Prozesse* in individueller und altersabhängiger Weise beteiligt. Meine Überlegungen hierzu entsprechen den Erkenntnissen der neuropsychologischen Forschung, die auf die Bedeutung der vielfältigen neuronalen Vernetzungen von Grundmustern (Gestalten, Skripts) als Voraussetzung der Lern- und Gedächtnisleistungen hinweist (Spitzer, 2000).
In enger Orientierung an Piaget sollen so die Grundbedingungen der Entwicklung der Kinderzeichnung besser verständlich gemacht werden. Der in der Literatur bisher übliche Begriff der „Schemaphase" (vgl. Richter, 1987) wird von mir auf jene Bedingungen der Denkentwicklung, die zum „Schemabild" führen, zurückgeführt. Die zeitlichen Einschnitte, die Meilensteine der Zeichenentwicklung, die wir in Kap. 3.3, Abb. 003, Schaubild 2 erkennen, lassen sich m. E. durch die Stufen der Denkentwicklung nach Piaget grundsätzlich und überzeugend erklären; sie bieten sich geradezu als Erklärungsmodell für die von Richter beschriebenen 3 Hauptphasen und 2 Übergangsphasen an.
John-Winde und Richter haben zur Erklärung ihrer „Schemabilder" bereits auf erkenntnistheoretische Grundlagen Piagets zurückgegriffen. Auch wenn in meinem modifizierten Ansatz der Begriff des „Schemas" zur spezifischen Charakterisierung der einzelnen Stufen der Zeichenentwicklung fallen gelassen wird, so bleiben die zeitlichen und inhaltlichen Charakterisierungen der ersten 3 Stufen der Zeichenentwicklung dennoch mit den Modellen von John-Winde und Richter in vielen Aspekten vergleichbar und inhaltlich eng verbunden. Die 4. Stufe der Zeichenentwicklung jedoch wird von mir neu charakterisiert (vgl. neue Charakterisierung der Stufe 4 in Kap. 3.7.4).
Die *zeitliche Zuordnung* der vier Entwicklungsstufen wird in meinem modifizierten Ansatz von den Stufen der Denkentwicklung Piagets übernommen. *Alle vier Stufen* der Zeichenentwicklung *bieten Raum für eine zunehmende Individualisierung der Gestaltungsmuster.* Beim Übergang von einer Stufe zur nächst höheren beobachten wir graphomotorische und rhythmische Unsicherheiten, die durch wiederholende

Übungen gefestigt und als modifizierte Schemata oder Gestaltungsmuster mit neuen Entwicklungstendenzen etwa in der Mitte der neuen Stufe sicher verfügbar werden. So werden z. B. auf der 2. Stufe der Zeichenentwicklung inneren Vorstellungsbildern entsprechende Details attributiv hinzugefügt. Die 3. Stufe der Zeichenentwicklung ist erreicht, wenn das Kind zu konkreten Operationen des Denkens fähig ist. Fortschritte in seiner Denkentwicklung (z. B. Reversibilität des Denkens) veranlassen das Kind, nicht immer weitere Einzelheiten anzufügen, sondern damit zu beginnen, Details nach einem Gesamtplan in die Binnenstruktur zu integrieren und sie mit ausdruckshaltigen Merkmalen zu versehen. Die Linie grenzt jetzt nicht nur Flächen ab, sondern wird zur Kontur, zur Umrisslinie. Kopf und Hals werden nicht mehr als zwei Details aneinander gefügt, sondern gehen jetzt mit Hilfe einer Körperumrisslinie ineinander über. Auch ist das Kind nun ab ca. 7;0 Jahren bereit für Bewegungsdarstellungen und Raumdarstellungen.
Die Voraussetzungen zu solchen Meilensteinen der Entwicklung liegen jedoch in dem Erreichen einer neuen Stufe der Denkentwicklung, nämlich der Stufe der konkreten Operationen, mit der Möglichkeit zu reversiblem Denken und der Fähigkeit, neben reproduzierenden zu antizipierenden Vorstellungsbildern zu finden.

Richters Stufeneinteilung der Zeichenentwicklung umfasst die *„Kritzelphase“*, *„Schemaphase“* (mit den Untergruppen „Vorschemaphase“ und „1. und 2. Schemaphase“) und die *„Auflösung des Schemabildes“*. Die Kritzelstufe endet nach Richter, wenn sich das anschauliche Denken entfaltet (mit ca. 3;0-4;0 Jahren). Hier beginnt nach einer Übergangsphase („Vorschemaphase“ im Alter von ca. 4;0-5;0 Jahren) die *1.Schemaphase* (ca. 5;0-8;0/9;0 Jahre). Diese enthält die beiden Denkstile des anschaulichen Denkens und des Denkens auf der Stufe der konkreten Operationen und geht mit ca. 8;0/9;0 Jahren in die 2.Schemaphase über. Nach einer Übergangsphase (ca. 10;0-12;0 Jahre) endet diese nach Richter mit dem Bestreben des Kindes, nicht mehr innere Vorstellungsbilder, sondern möglichst realitätsgerecht im Sinne eines „visuellen Realismus“ (Luquet) zu zeichnen. Damit löst sich das Schemabild auf, der Wunsch nach Kommunikation mit dem Betrachter durch die Zeichnung wird stärker.

Verzicht auf den Begriff „Schemaphase“ in der Kinderzeichnung:
Mein an Piaget orientierter Ansatz legt die Zäsuren der Zeichenentwicklung (Stufen 1-3) auf der Grundlage *qualitativ unterschiedlicher Denkstrukturen* fest und verzichtet auf den Begriff der „Schemaphase“. Die 4. Stufe der Zeichenentwicklung wird durch unterschiedliche Denkstile und nicht im Sinne Piagets schwerpunktmäßig durch die formalen Operationen des Denkens charakterisiert.

- Stufe 1: Sensomotorisches Denken (Geburt bis ca. 2;0 Jahre; diese Stufe entspricht der Kritzelphase Richters)
- Stufe 2: Voroperationales Denken (ca. 2;0-7;0 Jahre); in dieser Stufe sind Richters Kritzelphase, Vorschemaphase und 1. Schemaphase enthalten
- Stufe 3: Konkrete Operationen des Denkens (ca. 7;0-12;0 Jahre); in dieser Stufe finden sich Richters 1. und 2. Schemaphase
- Stufe 4: Unterschiedliche Denkstile des Jugendalters (ab ca.12;0 Jahren); Richter bezeichnet diese Stufe als „Auflösung des Schemabildes, quasi-künstlerische Gestaltung des Jugendalters“

Nach meinem Verständnis gibt das Kind auf der 3. Stufe der Zeichenentwicklung seine schon verfügbaren Schemata wieder auf, wenn neue Gestaltungsanliegen aufgenommen (assimiliert) und in die zeichnerische Darstellung eingepasst (akkomodiert) werden können. Der Prozess der Bildung von neuen Schemata wiederholt sich auf jeder Stufe, jedoch unter je anderen, der jeweiligen neuronalen Vernetzung der Hirnstrukturen entsprechenden Ausgangsbedingungen; er wird nach meinem Dafürhalten mit dem Erreichen des 11. oder 12. Lebensjahres auch nicht beendet. Wie schon in Kap. 2.6 ausgeführt, wird die Suche nach einem Gleichgewicht von Assimilations- und Akkomodationsvorgängen im Jugend- und Erwachsenenalter beibehalten; sie bildet die Grundlage für neue Schemata im Sinne umgestalteter und neu miteinander vernetzter Denkstrukturen. Bei dem hier verwendeten Begriff des Schemas handelt es sich im Sinne Piagets um eine *intermodale Wahrnehmungsleistung* und um einen *Grundbaustein beim Aufbau von Denkstrukturen*, bei dem in unterschiedlicher und altersabhängiger Weise die Eindrücke der visuellen Realität schrittweise einbezogen werden. Zu Beginn des Jugendalters und in jedem neuen Lebensabschnitt kommt es zu neuen Ausprägungen von „Schemata“, „Gestalten“, „Mustern“, die jeweils neu geordnet und umstrukturiert werden. Es sind Prozesse, die sich unter Einbeziehung von emotional-sozialen Funktionen und sozio-kulturellen Einflüssen auf die dynamischen Grundbausteine des Denkens stützen. Ab der 3. Stufe der Zeichenentwicklung können diese Strukturen in Beziehung zueinander gesetzt und Relationen zwischen Objekten und Personen hergestellt werden. Unter diesen neuen Voraussetzungen werden Kompositionen mit planender Darstellung eines Sinnzusammenhanges des Gesamtbildes gezeichnet. Dies war auf den Stufen 1 und 2 noch nicht möglich (Charakterisierung der 4 Stufen der Zeichenentwicklung vgl. Kap. 3.7.1-3.7.4.9).

Die einzelnen Entwicklungsstufen werden als integrierte Umstrukturierung betrachtet:
Die Zeichenentwicklung wird von mir, wie bei Piaget, in 4 Stufen, allerdings unter der Vorgabe einer integrierten Umstrukturierung, dargestellt. Die Stufen entwickeln

sich mit Übergangsphasen aufeinander aufbauend und überlappen sich. Die kognitiven Operationen, die Entwicklungstendenzen der jeweils vorangehenden Entwicklungsphase, werden in meinem Ansatz im Sinne Piagets jeweils Bestandteil der nachfolgenden Stufe (vgl. „Implikationsgesetz", formuliert von Piaget und Inhelder zur Charakterisierung der Entwicklungsstufen der Denkentwicklung, zitiert nach Richter, 1987, S. 148).

Bei diesem Prozess entwickeln sich nicht alle Entwicklungsmerkmale in allen von mir beschriebenen 8 Beobachtungsbereichen (vgl. Kap. 3.6.1-3.6.8 und 3.7.1-3.7.4.9) gleichmäßig oder in gleichem Tempo. Es ist deshalb erforderlich zu beobachten, welche Entwicklungsmerkmale in welchem Bereich altersentsprechend erreicht, früher erreicht bzw. nicht erreicht werden und sie im Einzelnen zu interpretieren.

Man kann die Stufenentwicklung der Kinderzeichnung auch in Analogie zu der Treppe eines Hauses sehen, die auf der Grundlage unterschiedlicher Denkstile vom Untergeschoss (sensomotorische Stufe) über das Erdgeschoss (voroperationales Denken) zum 1. Stock (konkrete Operationen) und schließlich zum Obergeschoss (geplante Gestaltungen) führt (vgl. Kap. 3.5, Abb. 006, Schaubild 3). Die Treppen des Untergeschosses und aller Stockwerke bleiben im Aufbau der Struktur des Hauses immer wichtig und miteinander verbunden. Die Treppen des Untergeschosses und Erdgeschosses behalten zum Erreichen des Obergeschosses (geplante Gestaltungen) ihre notwendige Funktion. Ferner können, um im Bild zu bleiben, in diesem Haus nicht nur Haupt-, sondern auch Nebentreppen benutzt werden. Auch ein Aufzug ist vorhanden, der ein schnelleres Erreichen des Obergeschosses erlaubt (dem beschleunigten Durchlaufen der Zeichenentwicklungsstufen bei überdurchschnittlich oder weit überdurchschnittlich intelligenten Kindern vergleichbar). Je nach individueller Ausgangsbedingung, wozu auch emotional-soziale Funktionen und Umweltkonditionen zählen, können die Treppen des Hauses in beide Richtungen benutzt werden. Treppenstufen werden z. B. übersprungen oder in rückwärtiger Richtung (Regression) begangen. Die Kritzelphase behält als „Untergeschoss", als Ausdruck eines Fundamentes der sensomotorischen und perzeptiven Funktionen, durch alle Stufen der Zeichenentwicklung bis hin zum Erwachsenenalter ihre wichtige Bedeutung (vgl. Beispiel einer Erzieherin, die aktuell emotional soziale Konflikte über Kritzelzeichnungen kreativ bearbeitete; www.christa-seidel.de/html/kurswerkstatt.html - Heidrun Egert).

Die Stufen der Zeichenentwicklung werden neu charakterisiert:
Die ersten drei Stufen der Zeichenentwicklung charakterisiere ich analog zur Intelligenzentwicklung nach Piaget. Im Unterschied zu Piaget und zu John-Winde,

1981, wird jedoch die Bedeutung der Vernetzung der kognitiven Funktionen mit den Funktionen der sensomotorischen, perzeptiven, sprachlichen und emotional-sozialen Entwicklung von mir stärker betont.

Zeichenentwicklung der Stufe 4:
Die 4. Stufe der Zeichenentwicklung wird in meinem Ansatz nicht in Analogie zur Intelligenzentwicklung Piagets definiert; sie unterscheidet sich damit auch inhaltlich grundlegend von der Definition der 4. Stufe der Zeichenentwicklung John-Windes.
In Unterschied zu den genannten Autoren sehe ich als Grundlage der Zeichenentwicklung der Stufe 4 nicht allein das formal-logische Denken. Meine Beobachtungen zeigen vielmehr, dass *Zeichenentwicklung* und *Intelligenzentwicklung* bei altersentsprechender Gesamtentwicklung *nur bis zur 3. Stufe parallelisiert beurteilt werden können.* Die Jugendlichen der 4. Stufe zeichnen nur zum kleinen Teil auf der Grundlage formal-operationaler Funktionen im Sinne Piagets. Der größere Teil der jugendlichen Zeichnungen entspricht eher einem intuitiven Denkstil und Bilderdenken und wird durch emotional-soziale Bedürfnisse, besonders in Zeiten des vorpubertären und pubertären Umbruchs, stark beeinflusst. Die Zeichnungen reflektieren daher meist nicht den Stand der kognitiven Entwicklung ihres Zeichners im Sinne formaler Operationen. Zeichnungen der Stufe 4 sind vielmehr durch *unterschiedliche Denkstile* geprägt, die auch von der Dominanzentwicklung der Händigkeit und der individuell strukturierten und genetisch vorgegebenen Dominanz der Hirnstrukturen der rechten bzw. der linken Hirnhemisphäre beeinflusst werden können. Die ausgeprägte Dominanz der linken Hirnhemisphäre beim Rechtshänder würde in diesem Sinne die Bevorzugung eines *formal-logischen Denkstils* nahe legen, während die ausgeprägte Dominanz der rechten Hirnhemisphäre beim Rechtshänder dagegen eher für die Entwicklung eines *intuitiven Denkstils* spräche. *Beide* Denkstile können zu den geplanten Gestaltungen der Stufe 4 der Zeichenentwicklung führen. In diesem Sinne habe ich zur Charakterisierung der 4. Stufe den Begriff der „geplanten Gestaltungen“ gerne von John-Winde übernommen, setze aber dabei nicht, wie John-Winde es tut, die formalen Operationen des Denkens im Sinne Piagets voraus. Die „Auflösung des Schemabildes“ im Jugendalter mit der Fähigkeit zu „quasi-künstlerischen Gestaltungen“ (Richter) wird aus meiner Sicht besser verständlich, wenn man die zu Grunde liegenden *unterschiedlichen Denkstile und sozial-emotionalen Bedingungen* dieser Zeitspanne berücksichtigt und diese nicht unmittelbar mit der „Auflösung des Schemabildes“ verknüpft. Jugendliche übernehmen Modelle ihrer Kultur und vernetzen sie auf individuelle Weise (vgl. Kap. 3.7.4.9, Abb. 118; Kap. 3.8, Abb. 134, 138). Aus Film,

Fernsehen, Video, Werbung und aus Vorbildern der Modernen Kunst werden Impulse für eigene Gestaltungen entnommen. Es ist aber bei den Jugendlichen der 4. Stufe der Zeichenentwicklung aus meiner Sicht nicht grundsätzlich davon auszugehen, dass sie diese Eindrücke im Sinne *formaler Denkoperationen* verarbeiten. Damit entfällt auch das in der Literatur häufig erwähnte Argument, nur wenige Jugendliche erreichten die 4. Stufe der Zeichenentwicklung, blieben also auf der 3. Stufe stehen. M. Tücke, 1999, unterscheidet dagegen im Jugend- und im Erwachsenenalter den „personenzentrierten, intuitiven Denkstil" von der „objektzentrierten, logisch konsistenten Form des Denkens (naturwissenschaftlicher Denkstil)". In einer kritischen Würdigung der Befunde Piagets weist er darauf hin, dass im Jugendalter (wie im Erwachsenenalter) nur selten das Stadium der formalen Operationen der Denkentwicklung nach Piaget erreicht und in Alltagssituationen eher der intuitive Denkstil bevorzugt wird. Auch ist das Erreichen der ausgereiften formal-logischen Denkfähigkeit von kulturellen Einflüssen und von schulischer Förderung abhängig und kann nicht als übergeordnete Denkform des Jugendalters angesehen werden.

> Tücke, 1999, S. 290-291:
> „Kinder und Jugendliche, aber auch Erwachsene gehen an viele Probleme intuitiv heran, und dieses Vorgehen ist sehr effektiv (...) formale Strategien kommen dann zum Einsatz, wenn unsere gewohnten Denkweisen versagen (...) Jungen und Mädchen unterscheiden sich im Einsatz formaler Denkoperationen. Nach einer Meta-Analyse von Meehan (1984) schneiden Jungen bei Problemen zur Aussagenlogik, zu kombinatorischem Denken und zu Denken mit Proportionen besser ab als Mädchen. Die Unterschiede sind zwar gering, aber systematisch (...) Formales Denken umfasst nicht unbedingt alle Problembereiche, sondern ist bereichsspezifisch. So ist es gut möglich, dass wir bei weniger wichtigen oder solchen Problemen, über die wir schon über ein gutes Vorwissen verfügen, einfachere heuristische Strategien einsetzen, während wir bei wichtigen Problemen und solchen, über die wir so gut wie nichts wissen, formale Operationen einsetzen."

Auch nach meinem Verständnis darf deshalb die 4. Stufe der Zeichenentwicklung nicht von der Fähigkeit zu formalen Operationen des Denkens abhängig gemacht werden. Sie sollte sich an der Anwendung unterschiedlicher Denkstile orientieren, mit deren Hilfe „geplante Gestaltungen und Zeichnungen" (John-Winde, 1981) und „quasi-künstlerische Gestaltungen" (Richter, 1987) möglich werden. Die Erfahrung zeigt, dass beim plastischen Gestalten, Malen und Zeichnen das formal-logische Denken seltener eingesetzt wird als das intuitive Denken. Es gibt allerdings eine kleine Gruppe von Jugendlichen, die mit viel Freude und Eifer unter entsprechender Anleitung im Kunstunterricht die Grundvoraussetzungen z. B. der Darstellung der Zentralperspektive, Linearperspektive, Frontalperspektive, Farbenperspektive erlernt und dabei ihre formal-logischen Fähigkeit in Verbindung mit guter räumlicher Vorstellungsfähigkeit gezielt einsetzt, etwa beim Design und Gestalten von Objekten, bei dreidimensionalem Gestalten der Modelle von Gebäuden, bei Verwendung der Perspektive in Malerei und Zeichnung. Nicht selten sind solche Fähigkeiten auch bei Legasthenikern zu finden (vgl. Kap. 6.2.2, Abb. 204, 205; Kap. 7, Abb. 286). Diese erreichen oft die 4. Stufe der Zeichenentwicklung und verfügen, im Unterschied zu ihren sprachlichen Defiziten, über bemerkenswert gute Fähigkeiten im Bereich der Raumwahrnehmung und des räumlichen Vorstellungsvermögens. Das perspektivisch korrekte Zeichnen fällt ihnen sehr leicht (vgl. Kap. 7.5, Abb. 286). Nicht selten qualifizieren sie sich aufgrund dieser besonderen Begabung und Fähigkeiten später für den Beruf des Architekten.

Stufenspezifische Entwicklungstendenzen:
Mein neuer Ansatz beschreibt auf jeder Stufe stufenspezifische Entwicklungstendenzen der Zeichenstruktur, die *8 Beobachtungsbereichen als „Knotenpunkte neuronaler Vernetzungen"* zugeordnet werden. Es sind dies:

- Gesamteindruck
- Motive, Symbole, Zeichen
- Graphomotorik (Strichführung, Strichcharakter, Flächenbehandlung)
- Formdarstellung
- Größendarstellung
- Farbdarstellung
- Bewegungsdarstellung
- Raum- und Zeitdarstellung, Komposition

Diese hier im Überblick dargestellten 8 Beobachtungsbereiche sind wie neuronale Netzwerke zu verstehen, die miteinander verbunden sind und sich überlappen (vgl. Kap. 9.1, Anmerkungen zum visuellen Wahrnehmungstest: DTVP-2, Hammill et al., 1993). So betreffen Bewegungsdarstellungen z. B. immer auch die Beobachtung von Raum und Zeit; die übrigen Bereiche sind in unterschiedlicher Gewichtung ebenfalls in die Bewegungsdarstellungen integriert.
Die Einordnung der Entwicklungsmerkmale nach den genannten Schwerpunkten soll die Orientierung erleichtern. Bezugnehmend auf Spitzer, 2000, könnte man sie als „Knotenpunkte" auf der Landkarte der Entwicklung der Kinderzeichnung bezeichnen, die wie neuronale Netzwerke miteinander verknüpft sind und bei altersentsprechender Entwicklung in den vier Entwicklungsstufen immer differenzierter in ihrer Vernetzung ausgebaut werden. Bei Entwicklungs- und Verhaltensstörungen lassen sich in Kinderzeichnungen mangelhafte Verknüpfungen innerhalb der einzelnen Bereiche und der Bereiche untereinander ermitteln, deren genauere Beachtung und Analyse von differentialdiagnostischem Wert sein können. Umgekehrt weisen

oft besonders differenzierte Verknüpfungen innerhalb der 8 Beobachtungsbereiche und der Bereiche untereinander auf überdurchschnittliche oder weit überdurchschnittliche allgemeine Intelligenz oder auf besondere künstlerische, bildnerische Begabungen hin. Auch altersgemäße oder unterdurchschnittliche Entwicklungstendenzen können in Zeichnungen erkannt werden. Von besonderem differentialdiagnostischen Interesse ist es, wenn die Entwicklungstendenzen der verschiedenen Bereiche bei einem Kind weit auseinander fallen und die Entwicklungsmerkmale unterschiedlichen Entwicklungsstufen zuzuordnen sind (vgl. Stilbrüche). Alle Auffälligkeiten der Entwicklungstendenzen der hier beschriebenen 8 Beobachtungsbereiche werden nach meinem Ansatz in ganzheitlichem Zusammenhang interpretiert und bei Beratungsgesprächen und der Ausarbeitung von Förder- und Therapieplänen gezielt berücksichtigt.

Die Entwicklung meines Konzepts wurde beeinflusst von den experimentellen Untersuchungen zum Test „Zeichne-Einen-Menschen“ (ZEM) durch Koppitz (1972). Mit Hilfe dieser Untersuchungen ermittelte Koppitz 30 Entwicklungsmerkmale, die eine Abschätzung des Entwicklungsstandes im Alter von 5;0 bis 12;0 Jahren mit statistisch gesicherten Standardisierungsnormen ermöglichen (vgl. Originaltabellen mit getrennten Normen für Jungen und Mädchen von Koppitz, Kap. 9.2-9.2.2).

> Koppitz, 1972, S. 25:
> „Die Definition eines Entwicklungsmerkmals liegt darin, dass es nur in verhältnismäßig wenigen ZEM von Kindern der unteren Altersstufe vorkommt und dass es, mit zunehmendem Alter der Kinder, immer häufiger auftritt, bis es ein regulärer Bestandteil vieler oder der meisten ZEM Protokolle auf einer gegebenen Altersstufe wird.“

Die Entwicklungsmerkmale von Koppitz spiegeln die qualitative Veränderung von Strukturen im Mensch-Zeichentest im Entwicklungsverlauf und bieten quantitative, statistisch gesicherte Auswertungsnormen. Obwohl diese Normen nur für den amerikanischen Raum standardisiert und nicht durch Neustandardisierungen aktualisiert wurden, bieten sie auch für deutsche Verhältnisse heute noch eine gute Orientierung im Sinne eines Screening-Verfahrens. Besonders aussagekräftig wird der Ansatz von Koppitz durch die Gegenüberstellung von „erwarteten“ und „außergewöhnlichen Merkmalen“. Hierin unterscheidet er sich von Zilers Auswertungsmethode, der „erwartete Merkmale“ addierte und daraus ein „Mann-Zeichen-Alter, MZA“ bzw. einen „Mann-Zeichen-Quotient, MZQ“ bestimmte, ohne „außergewöhnliche Merkmale“ als Korrektiv zu berücksichtigen. Gerade sie sind jedoch aus der Sicht von Koppitz und auch aus meiner Sicht von diagnostischem Wert, da sie besondere Potenziale des Kindes, durch die es sich von seiner Altersgruppe abhebt, anzeigen können. Die Auswertungsnormen von Koppitz sind deshalb in meinen Ansatz integriert bzw. können ergänzend zu der Beurteilung der Differenzierung von Formen und Formdetails, der Größendarstellung und anderer Entwicklungstendenzen der Menschzeichnung (vgl. 8 Beobachtungsbereiche) hinzugezogen werden.

Auch für die inhaltliche Analyse des Mensch-Zeichentests legte Koppitz quantitative, aus statistischen Erhebungen gewonnene Normen vor, die ich ebenfalls in meinen Ansatz integriert habe. Die von Koppitz aus Vergleichsuntersuchungen zwischen unauffälligen und verhaltensgestörten Kindern herauskristallisierten *Emotionalen Faktoren* gelten als Indikatoren für *Probleme im emotional-sozialen Bereich.* Mit der Unterscheidung von Entwicklungsmerkmalen und Emotionalen Faktoren hat Koppitz die Interpretation der Menschzeichnung auf ein breiteres Fundament gestellt als z. B. Goodenough, 1926/1975, oder Ziler, 1950/2000; sie findet deshalb auch heute noch Beachtung und Anerkennung (vgl. Kap. 9.2-9.2.2).

Exemplarisch beschreibende und ganzheitlich orientierte Interpretation der Kinderzeichnung:
Mit den hier vorgestellten Leitlinien möchte ich den Ansatz von Koppitz hinsichtlich einer *exemplarisch beschreibenden* und *ganzheitlich orientierten Interpretation* der Kinderzeichnung erweitern, indem ich Leitlinien zur *qualitativen Beurteilung von Entwicklungstendenzen und von Emotionalen Zeichen in 8 Beobachtungsschwerpunkten beschreibe,* die sowohl zur Interpretation von freien Zeichnungen als auch von Zeichentests (z. B. „Mensch-Zeichentest", „Baumtest", „Sterne-Wellen-Test" u. a.) angewendet werden können. Mein Ansatz bezieht zwar in der Literatur verfügbare quantitative Normen oder qualitative Analysen von Zeichentests ein, geht aber über eine Merkmalsanalyse einzelner Faktoren in Zeichentest-Aufgaben, wie z. B. die Auswertung des ZEM von Koppitz, 1972, oder des Mann-Zeichen-Tests von Ziler, 2000, hinaus. Die Entwicklungstendenzen der Kinderzeichnung sollen aufgrund der hier vorgestellten Leitlinien grundsätzlicher und umfassender beobachtet werden. So werden nach meinem Ansatz nicht nur Formen, Formdetails und Größen in der Kinderzeichnung untersucht, sondern auch der Gesamteindruck (erster subjektiver Eindruck, bildnerischer Ausdruck, sprachlicher Ausdruck, bildnerischer Stil, Ausführung und Organisation) wird Gegenstand der Analyse und Interpretation der Kinderzeichnung sein. Eingeschlossen sind gezielte Beobachtungen zum Langzeit-Verlauf der Zeichenentwicklung (Stillstand, Sprung, Rückfall und „Splitterfähigkeiten"). Darüber hinaus werden Motive, Symbole, Zeichen, Graphomotorik, Farb-, Bewegungs-, Raum- und Zeitdarstellung und Komposition untersucht. Erst nach Analyse der Entwicklungsmerkmale in den genannten 8 Bereichen un-

tersuche ich in einem zweiten Schritt, ob die Kinderzeichnung Merkmale enthält, die in Zusammenhang mit bestehenden emotional-sozialen Problemen diskutiert werden sollten. Diese Emotionalen Zeichen sind eine erweiterte Definition der Emotionalen Faktoren von Koppitz und werden ausführlich in Kapitel 4 besprochen. In der Praxis sollten aus meiner Sicht die Untersuchungsergebnisse der hier beschriebenen Analyse der Kinderzeichnung (Beurteilung von Entwicklungstendenzen und Emotionalen Zeichen) mit den Ergebnissen standardisierter Intelligenz-, Wahrnehmungs-, Leistungstests und projektiver Tests verglichen und im Sinne einer ganzheitlich orientierten Diagnostik interpretiert werden (vgl. Kap. 5). Eine augenärztliche Untersuchung (z. B. zur Ermittlung peripherer Sehstörungen, von Kurz- oder Weitsichtigkeit, einer Farbenblindheit oder Beeinträchtigung des räumlichen Sehens) ist vor der Anwendung von visuellen Wahrnehmungstests immer empfehlenswert (vgl. Kap. 5.2.1; 8.3.3).

3.6 Die Entwicklungsmerkmale der Kinderzeichnung und ihre Zuordnung zu 8 Beobachtungsbereichen auf allen 4 Entwicklungsstufen – theoretische Grundlagen und entwicklungspsychologische Aspekte

Im Folgenden werden die Grundlagen der kindlichen Zeichenentwicklung und ihr Verlauf im Überblick beschrieben und erklärt. Anschließend werden diese, dem Vier-Stufen-Modell der Kinderzeichnung entsprechend, mit ihren einzelnen Merkmalen und Alterszuordnungen ausführlich beschrieben. Der Strukturierte Beobachtungsbogen (vgl. Kap. 9.4) enthält die Informationen der Kapitel 3.7.1-3.7.4.9 in gekürzter und übersichtlicher Form und ist in Zusammenhang mit Kapitel 5 als praxisorientierte Leitlinie zur Interpretation der Kinderzeichnung einzusetzen.

Die 8 Beobachtungsbereiche im Einzelnen:

3.6.1 Gesamteindruck

Beim Gesamteindruck werden Entwicklungstendenzen erfasst, die einzelnen Beobachtungsbereichen als Gesamtqualitäten übergeordnet sind.

Es werden folgende Merkmale qualitativ beschrieben und analysiert:

- Erster subjektiver Eindruck
- Bildnerischer Ausdruck
- Sprachlicher Ausdruck
- Stil
- Ausführung und Organisation

Gesamteindruck, erster subjektiver Eindruck zum Entwicklungsstand:
Beim Betrachten der Zeichnung werden alle spontanen Einfälle *zum Entwicklungsstand* des Kindes festgehalten. Wirkt die Zeichnung auf mich als Betrachter/in altersentsprechend, entwicklungsverzögert oder schätze ich ihr Formniveau als überdurchschnittlich gut ein?

Bildnerischer Ausdruck:
Über die Beobachtung des bildnerischen Ausdrucks gewinnt der Betrachter/die Betrachterin einen Eindruck von der Ansprechbarkeit und den Speichermöglichkeiten des Kindes für Sinneswahrnehmungen unterschiedlicher Modalitäten (z. B. Tast-, Seh-, Bewegungs- und Höreindrücke), ihre Verarbeitung zu inneren Bildern und deren spontane Übertragungsmöglichkeit zu phantasievollem bildnerischen Ausdruck. Gute oder überdurchschnittlich gute und kreative Bilddarstellungen (z. B. ungewöhnliche Verknüpfungen von Sinneswahrnehmungen mit gedanklichen Einfällen), die Imagination, visuelle Vorstellungskraft und inneren Bilderreichtum verraten, werden von verarmten, schablonisierten (starren), willentlich konstruierten Bildern unterschieden, die keinen Zugriff auf innere Bilder, „Gesichte", (vgl. G. F. Hartlaub, 1930) erkennen lassen. Auch der bildnerische Ausdruckswert von grotesken, bizarren, skurrilen Bildern, wie wir sie bei hirnorganischen Schädigungen bzw. bei tief greifenden Entwicklungsstörungen (z. B. bei Kindern mit Asperger-Autismus, vgl. Kap. 6.2.5) finden, ist festzuhalten und in Zusammenhang mit den vorliegenden medizinischen und psychodiagnostischen Befunden zu interpretieren. Beginnend am Ende der Stufe 3, ausgeprägt jedoch erst auf Stufe 4 der Zeichenentwicklung, äußert sich geistige Flexibilität (Reversibilität des Denkens) im bildnerischen Ausdruck durch Witz, Humor und die Möglichkeit zu Karikierungen. Im späten Jugendalter können eigenschöpferische bildliche Abstraktionen (z. B. im Sinne der modernen, vor allem der expressionistischen Kunst) Hinweis auf kreative bildliche Gestaltungsfähigkeit sein. Überdurchschnittlich oder weit überdurchschnittlich intelligente Kinder fallen schon ab der Stufe 3 durch die originelle Verbindung von bildnerisch dargestellten und verbal verdeutlichten Einfällen, Ideen, Imaginationen und Abstraktionen auf (vgl. Kap. 3.8). Bildnerische Ausdrucksfähigkeit ist eng mit der emotional-sozialen Entwicklung des Kindes verbunden und muss ebenfalls im Hinblick auf sich äußernde Emotionale Zeichen beurteilt werden (vgl. Kap. 4.3.3). Im Sinne von „Gegenübertragungsphänomenen" sind auch die emotionalen Voraussetzungen des Betrachters/der Betrachterin in die Beurteilung des bildnerischen Ausdrucks einzubeziehen (vgl. Kap. 4.2.1).

Sprachlicher Ausdruck:
Bei den zu ihren Bildern abgegebenen Kommentaren und erzählten Geschichten der Kinder wird auf sprachliche Kommunikationsfähigkeit, sprachliche Phantasie, Gedankenreichtum mit flexiblen verbalen Assoziationsmöglichkeiten und mit Wortgewandtheit bzw. auf eine geringe sprachliche Ausdruckskraft geachtet. In den Zeichnungen können sich flexible Verknüpfungsmöglichkeiten von Sinneswahrnehmungen, bildnerischem und sprachlichem Ausdruck (spontane Produktionen und Verknüpfungen von Assoziationen, Einfällen, Ideen) ausdrücken. Bei älteren Kindern und Jugendlichen sind Witz, Humor und Ironie als kreative sprachliche Ausdrucksmöglichkeiten zu vermerken (vgl. Kap. 3.8, Abb. 138, bildnerische und verbale Karikatur des hochbegabten Kindes).

Bei Sprachstörungen oder sprachlichen Verständigungsproblemen, z. B. bei Migranten-Kindern, wird die Kinderzeichnung als wichtige nicht-verbale Kommunikationshilfe eingesetzt; sie gewährt Einblick auf die Stufe der Denkentwicklung des Kindes, seine kognitiven Verarbeitungsmöglichkeiten, seine Phantasie und inneren Bilder, auf seine Interessen, sein Arbeitsverhalten und seine emotional-soziale Erlebnisverarbeitung.

Stil:
Richter weist 1987 darauf hin, dass beim Stil überindividuelle (kollektive) Aspekte zu berücksichtigen sind, etwa Merkmale, die sich aus der Werdeform der Entwicklungsabfolge ergeben (z. B. Besonderheiten der Zeichnung aus der inneren Vorstellung des Vorschulkindes der Stufe 2) sowie individuelle Varianten der zeichnerischen Darstellung.
Die *überindividuellen Aspekte des Stils* zeigen sich in den aufgeführten Merkmalen der vier Stufen der Zeichenentwicklung. So zeichnet ein Kind z. B. im Stil der Kritzelstufe (vgl. Kap. 3.7.1) oder der Stufe 2, wenn es Details im rechten Winkel an Grundfiguren fügt (R-Prinzip) oder die Motive nebeneinander und noch nicht übereinander reiht (vgl. Kap. 3.7.2). Ein realitätsorientierter Stil der Form- und Farbdarstellung der Stufe 3 (vgl. Kap. 3.7.3) unterscheidet sich z. B. vom abstrakten Stil der Stufe 4 (vgl. Kap. 3.7.4).
In Zusammenhang mit den überindividuellen Aspekten lassen sich *individuelle Varianten* des Stils auf jeder Stufe der Zeichenentwicklung nachweisen. Sie drücken sich in bevorzugten graphologischen Merkmalen aus (z. B. individuelle Darstellung, Strukturierung oder Platzierung von Punkten, Linien, Formen oder Formkombinationen) sowie in deutlichen Inhaltsbevorzugungen (z. B. wiederholt ein Kind über längere Zeit die Struktur und einzelne Merkmale eines erworbenen, in seinem Arbeitsgedächtnis gespeicherten Zeichenschemas (Skript), fügt jeweils an den gleichen Stellen besondere Linien, Kringel, Formen ein). DiLeo definiert

Stil, 1992, S. 32, als „individuelle Ausdrucksweise über eine längere Zeit, Ausdruck persönlicher Neigungen, z. B. der Linienführung (langsame, kontinuierliche, ungebrochene Linien werden von vielen schnell gezeichneten Linien unterschieden)."

Nach R. Kienzle liegt das Wesentliche eines Stils an der „Durchgängigkeit und Konstanz der zeichnerischen Eigenart."

> R. Kienzle, zitiert nach Richter, 1987, S. 359:
> „Mit < Stil > meinen wir aber in diesem Zusammenhang die Durchgängigkeit und Konstanz der zeichnerischen Eigenart, die als innere Gesetzmäßigkeit nicht nur in allen Zeichnungen eines Schülers zu finden ist, sondern auch innerhalb desselben Bildes das Ganze wie die Teile gleichermaßen bestimmt."

Aus psychodiagnostischer Sicht ist nach meinem Ansatz besonders auf *Stilbrüche* zu achten (unterschiedliche Motive zeigen Entwicklungsmerkmale, die unterschiedlichen Entwicklungsaltern zuzuordnen sind, vgl. „Splitterfähigkeiten" bei Karl, Kap. 6.2.3, Abb. 229).

Ausführung und Organisation:

Hier geht es um die differenzierte Beobachtung der Arbeitsweise beim Zeichnen und um ihre Manifestation innerhalb der Zeichnung. Es wird beobachtet, ob das Kind exakt, detailliert ausformt oder skizzenhaft, flüchtig andeutet, ob es nach einem Handlungsplan geordnet oder chaotisch ungeordnet zeichnet, ob es überkritzelt, ausradiert, durchstreicht u. ä.. Die Organisation innerhalb der Zeichnung gewinnt auf der Grundlage von kognitiven Reifungsprozessen und emotional-sozialen Funktionen schrittweise an Planungsmöglichkeiten und Sicherheit (vgl. Kap. 3.7.1.1; 3.7.2.1; 3.7.3.1; 3.7.4.1).

Affektive Schwankungen können Ausführung und Organisation der Zeichnung jedoch auch innerhalb der Stufenentwicklungen immer wieder beeinflussen; sie sind dann ebenfalls im Hinblick auf mögliche Emotionale Zeichen zu diskutieren (vgl. Kap. 4.2.1).

3.6.2 Motive, Symbole, Zeichen

Richter beschreibt 1987 zwei Möglichkeiten der Ausdrucks- und Verständigungsweise: die *bildhaft-nonverbale* und die *verbale Mitteilung*. Beide Mitteilungsarten weisen im Sinne Piagets auf innere Bilder, innere Repräsentationen hin, die Kinder/Jugendliche in Kommunikationsprozessen einsetzen.

In Zeichnungen erkennen wir die inneren Bilder an den Bildmotiven und Symbolen. Im Unterschied zu sozial festgelegten Zeichen oder sprachlichen Begriffen sind sie mit individuell bedeutsamen und sinnhaltigen Inhalten ausgestattet (vgl. Kap. 2.2.2, Grundformen von Repräsentationen nach Piaget).

Motive, Symbole und *Zeichen* spiegeln die emotional-soziale Situation der Kinder wider. Ihre Umwelt- und Lernerfahrungen sind von sozio-kulturellen Bedingungen beeinflusst. Auf den einzelnen Stufen der Zeichenentwicklung (vgl. Kap. 3.7.1.2, 3.7.2.2, 3.7.3.2, 3.7.4.2) werden, dem Stand der taktil-kinästhetischen, sensomotorischen, sprachlichen, perzeptiven, kognitiven und emotional-sozialen Entwicklung entsprechend, jeweils *unterschiedliche Motive, Symbole und Zeichen* verwendet, die sich als *Entwicklungstendenzen* in die Stufen der Zeichenentwicklung einordnen lassen und darüber hinaus als *Emotionale Zeichen* Auskunft darüber geben können, mit welchen aktuellen Erlebnissen sich das Kind beschäftigt bzw. welche Erlebnisse oder Inhalte des emotional-sozialen Bereichs in den Motiven und Symbolen in verdichteter Weise bildlich und/oder sprachlich zum Ausdruck kommen und mitgeteilt werden (vgl. Kap. 4).

3.6.3 Graphomotorik (Strichführung, Strichcharakter, Flächenbehandlung)

Die Auge-Hand-Koordination ist in Zusammenklang mit der Gesamtkörper-Motorik ein Grundpfeiler der kindlichen Entwicklung und so auch grundlegend an der Entwicklung der Kinderzeichnung beteiligt.

> Orpet und Heustis, 1971, zitiert nach Frostig und Maslow, 1978, S. 155:
>
> „Faktorenanalytische Untersuchungen ergaben übereinstimmend, dass die Fähigkeiten der Bewegung nach *Koordination, Behändigkeit, Gleichgewicht, Beweglichkeit, Kraft, Geschwindigkeit und Ausdauer differenziert werden können.*“

Bei der Auge-Hand-Koordination verlagert sich die Bewegungskoordination von den Armbewegungen in die Hand- und Fingerbewegungen. Augenbewegungen und Handbewegungen müssen im feinmotorischen Ablauf koordiniert werden. Die Entwicklung der Auge-Hand-Koordination vollzieht sich auf der Grundlage des Körperbewusstseins.

> Frostig und Maslow, 1978, S. 154:
>
> „Körperbewusstsein wird als die Summe aller Empfindungen, die den Körper betreffen (Körperimago, Körperbild), definiert. Körperbewusstsein macht die automatische Anpassung der Knochen und Muskeln möglich, die für Haltung und Bewegung (Körperschema) nötig sind, und umfasst auch das Wissen von Struktur und Funktion des Körpers (Körperbegriff, s. Frostig, 1970, S. 43-65). Ein enger Zusammenhang besteht zwischen Körperbewusstsein und der gesamten physischen und emotionalen Anpassung des Kindes (...). Obwohl sich alle Erlebnisse des Kindes in seinem Körperbewusstsein spiegeln, kann Bewegungserziehung dieses Bewusstsein höchst wirksam beeinflussen.“

Das Körperbewusstsein umfasst *Körperschema, Körperbild und Körperkonzept* und leitet nach Frostig und Maslow das Kind in seiner Freude an Körperbewegungen.

Die fein- und graphomotorische Koordinationsfähigkeit ist in erheblichem Umfang abhängig von neuropsychologischen und affektiven Bedingungsgrundlagen. Sie ist daher bevorzugt geeignet, in psychodiagnostischem Zusammenhang analysiert und insbesondere im Rahmen der Persönlichkeitsdiagnostik eingesetzt zu werden.
Es verwundert nicht, dass die Grundelemente der graphischen Gestaltung – Linien, Schraffuren und Strukturen – seit Beginn der Ausdrucksforschung bis heute im Mittelpunkt der wissenschaftlich orientierten Graphologie stehen. *Strichführung, Strichcharakter, Flächenbehandlungen* und *Strichstörungen* werden ermittelt und interpretiert (Avé-Lallemant, 2002, 2006). Es gibt aussagekräftige Zeichentests, bei denen die Analyse der graphischen Elemente zur Analyse des *kognitiven Entwicklungsstandes* und zur *Persönlichkeitsdiagnostik* eingesetzt wird (z. B. Sterne-Wellen-Test, Avé-Lallemant; Baumtest von Koch in der Neubearbeitung von Avé-Lallemant). Allerdings ist es aus meiner Sicht unbedingt erforderlich, bei der graphologischen Analyse beide Ebenen einzubeziehen und aus ihr nicht nur tiefenpsychologische Deutungen abzuleiten. Gerade in diesem Zusammenhang kann nicht eindringlich genug auf die Notwendigkeit einer ganzheitlich orientierten Diagnostik unter Beachtung des Entwicklungsaspekts hingewiesen werden.

D. Hann, 2007, unterscheidet für die Kunstpädagogik Linie, Struktur und Schraffur als Grundelemente der graphischen Gestaltung und charakterisiert diese wie folgt:
Linien:

- „*Länge:* scheinbar endlos, sehr lang, mittellang, kurz oder sehr kurz"
- „*Stärke*: sehr dünn, dünn, mittlerer Strich, dick, sehr dick"
- „*Dunkelheit*: die Dunkelung hängt ab vom starken oder schwachen Druck beim Gebrauch des Malwerkzeugs"
- „*Richtung*: die Linien können gerade, gebogen, gewellt mit allmählicher Richtungsänderung oder gezackt sein mit plötzlichen Richtungsänderungen"
- „*Begrenzung*: scharf oder unscharf begrenzt"
- „*Oberflächenbeschaffenheit*: glatt, strukturiert, Transparenz, Reflexion"
- „*Linienbild*: durchgehende Spur, unterbrochen, Einzellinie, Linienbündel" [Anm. Seidel: Bei der Kinderzeichnung entspricht dies z. B. der Sicherheit der Strichführung innerhalb von Begrenzungslinien, Ausmalen von Formen, Führen eines Striches zwischen vorgegebenen „Straßen".]
- „*Charakter der Ausführung*: skizzenhaft, locker, flüchtig – bzw. genau, studienhaft, geplant, exakt, konstruiert mit oft unlebendiger, bewegloser technischer

Wirkung (Verwendung von Hilfsmitteln, z. B. Lineal, Zirkel oder Schablone)" [Anm. Seidel: Bei der Kinderzeichnung entsprechen dem Charakter einer flüchtigen Ausführung z. B. Überschneidungen von Linienenden und Körperkonturen.]

Schraffuren:

„Schraffuren bestehen aus vielen parallelen Einzellinien (keine Endlos-Linien) in paralleler waagerechter, senkrechter, schräger Richtung (jede mögliche Richtung) oder als Kreuzschraffur. Dieses graphische Element stellt körperlich-räumliche Formen, Flächen dar, Licht- und Schattenwirkungen."

[Anm. Seidel: In der Kinderzeichnung kommen Schraffuren erst ab Ende der 3. Stufe, meist erst in der 4. Stufe vor.]

Strukturen:

Strukturen drücken nach Hann die Oberflächenbeschaffenheit einer Form aus, die Gliederung einer Fläche. Er unterscheidet folgende Möglichkeiten, Strukturen darzustellen, die auch in Kinderzeichnungen ab Mitte bis Ende der Stufe 3 zu beobachten sind:

- „Nachahmung natürlicher Strukturen (z. B. Strukturen von Blättern, Baumrinde, von Steinen, Wasser, Wolken)"
- „Erfundene Strukturen (z. B. Formen bestehen aus Punkten, Strichen, Kreuzen, Kreisen, Quadraten, Dreiecken)"
- „Wirkliche Strukturen (z. B. Frottagen: das Zeichenblatt wird auf eine strukturierte Unterlage gelegt und diese wird mit einem festen Material durchgerieben)"
- „Material bedingte Strukturen (z. B. Spuren von Kreide, Borstenpinsel, raues Papier, Leinwand)"
- „Dekorative Strukturen (Rastercharakter)"

Bei der graphologischen Analyse von Zeichentests und Handschriften werden die Grundstrukturen der graphischen Gestaltung (vgl. Hann, 2007) in entwicklungspsychologische Zusammenhänge eingeordnet und als Ausdruck von emotional-sozialen Grundbedingungen mit Persönlichkeitsmerkmalen belegt.

Avé-Lallemant entwickelte, gestützt auf empirische Forschungsergebnissen der wissenschaftlichen Graphologie und eigene Untersuchungsergebnisse, Normierungen für den von ihr konstruierten und standardisierten Sterne-Wellen-Test und für den Baumtest (Koch, 1949/1997) sowie Auswertungskriterien für *Strichführung, Strichcharakter, Strichstörungen und Flächenbehandlung* (Avé-Lallemant, 2002, 2006), die nach meinem Ansatz auf freie Zeichnungen und weitere Zeichentests als auch auf die Analyse von Handschriften übertragen werden können.

Avé-Lallemant, 1976/2002; 1978/2006, charakterisiert die Elemente *Strichführung, Strichcharakter und Flächenbehandlung* nach A. Vetter, 1949, 1951, sowie Strichstörungen nach eigenen Definitionen wie folgt:

- *Strichführung*: Es wird beurteilt, ob im Einzelstrich oder in pendelnder, rhythmischer Strichführung gezeichnet wird, ob die Strichführung sicher oder unsicher, unabgesetzt oder abgesetzt ist.
  Aus kunstpädagogischer Sicht entspricht dies den Kategorien von Länge, Richtung, Begrenzung und Linienbild (vgl. Hann, 2007, Erklärungen dazu siehe oben).
- *Strichcharakter*: Es wird darauf geachtet, ob der Strich zart, tonig (druckschwach und breit) oder scharf und fest ist.
  Aus kunstpädagogischer Sicht entspricht dies den Kategorien von Stärke, Dunkelheit, Begrenzung, Charakter der Ausführung. (vgl. Hann, 2007, Erklärungen dazu siehe oben).
- *Strichstörungen*: z. B. gestückelter Strich, fixierende Schwärzungen.
  Aus kunstpädagogischer Sicht entspricht dies Auffälligkeiten bei der Ausführung der Linie und des Strichcharakters. Diese Kategorie spielt als diagnostisch wichtiges Merkmal in der Graphologie und in der Klinischen Psychologie eine Rolle, wird jedoch z. B. von Hann nicht näher beschrieben.
- *Flächenbehandlung*: Nicht der Strich allein, sondern die Fläche der Zeichenobjekte wird untersucht, wobei *Schattierungen, Schraffierungen, Konturierungen* (Umrisslinien als Kontur, als „Haut", nicht nur in der Funktion, Flächen abzugrenzen), *Dunkelungen und Rauungen* festgehalten werden.
  Aus kunstpädagogischer Sicht wird die Flächenbehandlung schwerpunktmäßig durch die Kategorien der Schraffur und Struktur definiert, jedoch ist bei der Konturierung auch die Linienqualität der Begrenzung enthalten (vgl. Hann, 2007, Erklärungen dazu siehe oben).
  [Anm. Seidel: Die Merkmale der *Schattierungen* zählt Hann zu den Schraffierungen. Die *Konturierung* ordnet Hann der Linienqualität der Begrenzung unter, *Rauungen* werden bei ihm den Strukturen untergeordnet. Schattierung wie Schraffierung treten meist erst gegen Ende der späten Kindheit bzw. im Jugendalter auf und sind erst dann projektiv zu beurteilen.]

Die Auge-Hand-Koordination (Strichführung, Strichcharakter und Flächenbehandlung) wird von Stufe zu Stufe der Zeichenentwicklung sicherer, unterliegt jedoch in den Übergangsphasen vorübergehenden Verunsicherungen (vgl. Kap. 3.7.1.3; 3.7.2.3; 3.7.3.3; 3.7.4.3 sowie 9.4).

3.6.4 Formdarstellung

Bei der Beschreibung von theoretischen Grundlagen und Entwicklungsaspekten der Formdarstellung geht es um

- die Wahrnehmungsorganisation nach Gestaltprinzipien
- Erwartungshaltungen und emotional-soziale Bedingungen der visuellen Wahrnehmung
- Aspekte der Form- und Figurdarstellung und ihrer Details in der Kinderzeichnung

Wahrnehmungsorganisation nach Gestaltprinzipien:

Das Ganze ist mehr als die Summe seiner Teile:
In experimentellen Untersuchungen konnten u. a. die Gestaltpsychologen M. Wertheimer, K. Koffka und W. Kohler bereits in den 20er und 30er Jahren nachweisen, dass die Formwahrnehmung ein *konstruktiver, konzeptgesteuerter Prozess* ist, dass *„das Ganze der Figur mehr ist als die Summe ihrer Teile"* und *dass Formelemente in Abhängigkeit vom visuellen Untergrund (Muster)* wahrgenommen werden. Ihre Untersuchungen belegen, dass das visuelle Feld durch angeborene Gestaltprinzipien organisiert wird, die neurophysiologischen Reifungsbedingungen des Zentralnervensystems unterliegen (z. B. Prinzip der Nähe, der Ähnlichkeit, der guten Fortsetzung, der Geschlossenheit).

Das Prinzip der „guten Gestalt":
Das oberste Prinzip der Wahrnehmungsorganisation von Formen ist das der prägnanten, „guten Gestalt". Eine gute Gestalt zeichnet sich nach den Untersuchungsergebnissen der Gestaltpsychologie durch die Eigenschaften *Einfachheit, Regelmäßigkeit* und *Symmetrie* aus. Der Gebrauch des *rechten Winkels (R-Prinzip) mit Aufrichtungstendenz* gehört zu den grundlegenden Voraussetzungen des Aufbaus von Formen im Sinne der *Prägnanztendenz.* Der rechte Winkel wird beim Anfügen von Details an das Formganze bis zum Beginn der 3. Stufe der Zeichenentwicklung bevorzugt. Auch später bleibt sein Gebrauch ein unverzichtbares Prinzip der graphischen Gestaltung und wird immer dann eingesetzt, wenn bei der Suche nach neuen Schemata, Formen und Gestalten vorübergehende Unsicherheiten der graphischen Gestaltungsfähigkeit auftreten.

Das Prinzip der Empirisierung:
Die Wahrnehmungsorganisation von Formen wird darüber hinaus vom *Prinzip der „Empirisierung"* geleitet. Es besagt, dass *Formen im Verlauf der Entwicklung mehr*

und mehr den Erfahrungswerten der visuellen Wahrnehmung der äußeren Realität angepasst werden. Diesem Anpassungsprozess zufolge können der Zeichnung immer mehr mit der Beobachtung der äußeren Realität übereinstimmende Details hinzugefügt und in ihre Binnenstruktur integriert werden.
Das reifungsbedingte Wirksamwerden von Gestaltprinzipien lässt sich bei den Zeichnungen altersgemäß entwickelter Kinder anschaulich verfolgen. Die Entwicklung der Formgestaltung vollzieht sich nach aufeinander aufbauenden und im interkulturellen Vergleich übereinstimmenden Gesetzen einer stufenweise differenzierenden Wahrnehmungsorganisation. Dieser Prozess ist nach Piaget allerdings im Sinne einer aktiven (dynamischen) Strukturierung (umfassende Generalisation) zu verstehen, der durch erworbene Erfahrungen vorbereitet und geprägt wird (Piaget, 1959/2003a, zusammenfassende Darstellung S. 379-397).

Formkonstanz:
Im Zusammenhang mit der Organisation der visuellen Wahrnehmung nach Gestaltgesetzen spielt die Entwicklung der Formkonstanz eine wichtige Rolle. Die *Formkonstanz* dient ebenso wie die Größen-, Farb-, und Helligkeitskonstanz *der menschlichen Orientierung* und ermöglicht auch bei wechselnden Abbildungen von Seheindrücken auf der Retina des Auges konstante Bedingungen und Einordnungsmöglichkeiten. „Die Formkonstanz ist die Wahrnehmung der gewöhnlichen Form des Gegenstandes (zum Beispiel von vorne oder von der Seite gesehen usw.), ungeachtet der perspektivischen Verformung" (Piaget und Inhelder, 1972/2000, S. 40). Piaget und Inhelder weisen darauf hin, dass sich Form- und Größenkonstanz schon in der zweiten Hälfte des ersten Lebensjahres auszubilden beginnt und sich bis zum 10./12. Lebensjahr, manchmal auch darüber hinaus, noch verfeinert.
So werden z. B. Formen mit ihren einzelnen Merkmalen aufgrund der Formkonstanzbedingungen im Gedächtnis gespeichert und können wiedererkannt werden, auch wenn das Bild auf der Netzhaut des Auges je nach Distanz zur wahrgenommenen Form jeweils wechselnde Formeigenschaften wiedergibt. Ein Quadrat wird z. B. nur in senkrechter Betrachtung als Quadrat auf der Retina abgebildet. Bei schrägem Betrachtungswinkel sieht das Kind eine Trapezform. Es ordnet diese Form dennoch, dem Wirken der Formkonstanz entsprechend, einem Quadrat zu, sofern es als Ergebnis von Lernprozessen schon mit diesem Begriff und seinen Eigenschaften vertraut ist. Oder ein Kind kann ein Quadrat wiedererkennen, auch wenn es in veränderter Raumlage gesehen wird, wenn es z. B. auf dem Kopf steht.

Erwartungshaltungen und emotional-soziale Bedingungen:
Nicht nur Reifungsprozesse der visuellen Wahrnehmung und „Gestaltprinzipien",

sondern auch Erwartungshaltungen und vielfältige emotional-soziale Bedingungen sind an der Gestaltung, am Aufbau, an der Deutung und Benennung von Formen beteiligt. Die visuelle Wahrnehmung erfolgt unter reifungsabhängigen, konzeptgesteuerten, merkmalsgesteuerten und individualisierten Bedingungen. Aus diesem Grund eignen sich Zeichnungen auch besonders dazu, Prozesse der perzeptiven und kognitiven Reifung zu erfassen und Deutungen, innere Einstellungen, Erwartungen oder aktuelle Erlebnis- oder Konfliktanteile (Projektionen) zu erkennen.

Optische Täuschungen und „Kippfiguren“:
Untersuchungen zu optischen Täuschungen oder zu so genannten „Kippfiguren“ konnten die Prinzipien der feldabhängigen, von Gestaltgesetzen gesteuerten und zugleich individuell orientierten Wahrnehmungsorganisation von Formen und Figuren eindrucksvoll nachweisen. Besonders wenn im Wahrnehmungsfeld die *Figuren und ihr Grund* nicht klar voneinander abgehoben sind, wenn Merkmale der Figuren und ihres Hintergrundes gleich geartet sind, werden konzeptgesteuerte und individualisierte Wahrnehmungs- und Deutungsprozesse provoziert, die auch die Analyse von optischen Merkmalen einbeziehen. Auf dieser Basis werden z. B. projektive Bild-Deutungstests in der Psychodiagnostik von Kindern (ab. ca. 7;0 Jahren), von Jugendlichen und Erwachsenen eingesetzt (z. B. CAT: der Kinder-Apperzeptions-Test, Schwarzfuß-Test, Rorschach-Test).
Als Beispiel für konzeptgesteuerte und/oder merkmalsgesteuerte (datengesteuerte) Wahrnehmungsprozesse bei der Betrachtung und Deutung von Bildern soll die Abbildung einer „Kippfigur“ (Seidel, 1999) dienen (vgl. Kap. 3.6.4, Abb. 007).

Dieses von mir gezeichnete Bild (s. S. 118) wird von vielen Betrachtern zuerst als „Blumenvase“ gedeutet. Andere Deutungen werden nicht genannt. Erst auf den ausdrücklichen Hinweis: „Kannst du nicht noch etwas anderes sehen?“ werden in einem dezentrierenden Suchprozess, in einer konzeptgesteuerten Erwartung, drei Gesichter erkannt. Bei diesem Erkennungsprozess wird die mangelnde Detailgenauigkeit kompensiert, fehlende Gesichtsteile werden in der Vorstellung ergänzt. Nach dem Erkennen der Gesichter fällt es vielen Betrachtern schwer, an Stelle der Gesichter wieder nur Blumen zu sehen. Nachdem sie ihr Wahrnehmungsfeld im Hinblick auf die nun dominanten Köpfe organisiert haben, bleiben die anderen Teile des Bildes diesen „Ganzheiten“ untergeordnet. Es finden sich aber auch Betrachter, die das Bild beim ersten Anblick nicht als Blumenvase sehen und bezeichnen, sondern darin unmittelbar drei Gesichter erkennen. Erst nach einem entsprechenden Hinweis wird dann auch die Blumenvase erkannt, die Identifikation der Gesichter von einigen aber weiterhin bevorzugt. Schließlich gibt es Betrachter, die mit kurzer Zeitverzögerung selbstständig erst das eine, dann das andere Motiv erkennen. Bei ihnen wechselt die Organisation des visuellen Feldes im Sinne der Dezentrierung von der Blumenvase zu den Gesichtern hin und her, ihre Wahrnehmung „kippt“ in kurzen Zeitintervallen je nach dem individualisierten Konzept, das ihre Wahrnehmung organi-

<u>Abb. 007:</u>
Christa Seidel: „So oder so", 2003, farbige Tinten und Filzstift, 30 x 24 cm

siert. In solche „Wechselerkennungen" fließen in Zusammenhang mit „Gestaltprinzipien" der Wahrnehmung subjektive Anteile von inneren Einstellungen, Erlebnissen oder Erwartungen (Projektionen) häufig ein.

Aspekte der Form- und Figurdarstellung und ihrer Details in der Kinderzeichnung:
Bei der Untersuchung der Form- und Figurgestaltung in der Kinderzeichnung geht es um folgende Beobachtungen:

- *Analyse der Wahrnehmungsobjekte im Hinblick auf ihre Form* (Konturen, Formganzes und Formdetails, Beziehung der Formen zum Untergrund oder Hintergrund)
- *Wahrnehmungsorganisation der Formgestaltung* nach Gestaltprinzipien (z. B. „gute Gestalt")
- *Objekterkennung der Formen im Sinne der Empirisierungstendenz* (Was stellen die Formen dar? Sind sie an der Realität orientiert?)
- *Aspekte der Entwicklung der Form- und Figurdarstellung*

Bei der Besprechung der vier Stufen der Kinderzeichnung wird die Entwicklung der Formmerkmale mit Altersangaben genauer besprochen und erklärt (vgl. Kap. 3.7.1.4; 3.7.2.4; 3.7.3.4; 3.7.4.4 sowie 9.4).

3.6.5 Größendarstellung

Die realitätsorientierte Darstellung von Größen und von Größenrelationen hängt, ebenso wie die Form-, Farb- und Helligkeitsgestaltung, eng mit perzeptiven und kognitiven Reifungsbedingungen und mit emotional-sozialen Faktoren zusammen.
Wie die Formkonstanz bei der Formgestaltung, dient bei der Größengestaltung die Größenkonstanz als grundlegende Orientierungsmöglichkeit.
Piaget und Inhelder, 1972/2000, S. 40:
„Als Größenkonstanz bezeichnet man die Wahrnehmung der wirklichen Größe eines entfernten Gegenstandes, ungeachtet seiner scheinbaren Verkleinerung."
Nach den Beobachtungen von Piaget und Inhelder beginnt sich die Größenkonstanz schon in der zweiten Hälfte des 1. Lebensjahres annäherungsweise auszubilden (ab ca. 6 Monaten); sie verfeinert sich bis zum 10./12. Lebensjahr und auch noch später. Aufgrund von Lernprozessen ist das Kind schrittweise dazu in der Lage, Distanzen abzuschätzen und unterschiedlich große Bilder auf seiner Netzhaut konstanten Eigenschaften von Objekten zuzuordnen.

Je näher ein Objekt uns steht, desto größer wird es auf unserer Netzhaut abgebildet. Mit Hilfe der Größenkonstanz bleibt die wahrgenommene Größe dieses Gegenstandes stabil, auch wenn sich die Position des Betrachters dem Objekt gegenüber verändert. Aufgrund dieser konstanten Bedingungen kann das Kind in kleinen Schritten lernen, Größenrelationen ganzer Figuren untereinander und Größenrelationen von Figurteilen zu Figurganzen (z. B. Proportion zwischen Kopf und Körper) abzuschätzen.

Zu Beginn der Zeichenentwicklung werden Größenrelationen an inneren Bildern, nicht an der äußeren Realität orientiert, und je nach emotional-sozialer Befindlichkeit als *„Ausdrucksperspektive"*, *„Affektperspektive"*, als *„Bedeutungsperspektive"* dargestellt. Groß wird das gemalt, was dem Kind wichtig ist. Erst im Laufe der Entwicklung (ab Stufe 3 der Zeichenentwicklung, mit ca. 6;6/7;0 Jahren) lernt das Kind mit zunehmender kognitiver Reifung, unterschiedliche Größenverhältnisse genauer zu betrachten, sie der äußeren Realität gemäß einzuschätzen, diese Beobachtungen zu speichern und sie malerisch/zeichnerisch umzusetzen. Es hat damit die Stufe der konkreten Operationen erreicht.

Während bei den ersten Menschzeichnungen zwischen Kopf und Körper überhaupt noch nicht unterschieden wird und im „Kopffüßler" beides eine Einheit darstellt, wird in der Kindergartenzeit der gegliederte Mensch mit Kopf und Körper gezeichnet. Oft ist dabei der Kopf jedoch entsprechend der „Bedeutungsperspektive" größer als der Körper. Das Vorschulkind zeichnet den Kopf schon nur noch halb so groß wie den Körper (eingeschlossen ist dabei die Beinlänge) im Verhältnis 1:2, beim Schulanfänger verschiebt sich das Verhältnis von Kopf zu Körper schon auf 1:3 und nähert sich mit ca. 10 Jahren einer Relation von ca. 1:5 an. Im Erwachsenenalter wird die Relation nochmals im Verhältnis 1:8 reduziert.

Auch die Relation der Objekte untereinander wird im Laufe der Entwicklung zunehmend realitätsgerechter.

So wird z. B. ein Mensch kleiner gezeichnet als ein Baum und ein Haus; der Baum wird größer dargestellt als ein Mensch, aber kleiner als ein Haus. Die Abschätzung der Größenrelationen der Objektdetails und verschiedener Objekte untereinander ist abhängig von der auf Stufe 3 der Zeichenentwicklung erworbenen Flexibilität (Reversibilität) des Denkens (vgl. Kap. 2.2.3; 3.7.3).

Die *Abschätzung von Größenrelationen* ist allerdings von subjektiven emotionalen Voraussetzungen mit geprägt und unterliegt größeren Schwankungen. Piaget und Inhelder weisen darauf hin, dass eine Überschätzung der Höhe entfernter Gegenstände mit 8-9 Jahren beginnt und bei Erwachsenen allgemein verbreitet ist (Piaget und Inhelder, 1972/2000, S. 41).

Weitere Einzelheiten zur Größendarstellung werden in den Kapiteln 3.7.1.5; 3.7.2.5; 3.7.3.5; 3.7.4.5 sowie 9.4 dargestellt.

3.6.6 Farbdarstellung

Das Licht verschiedener Wellenlängen wird über Linse und Netzhaut aufgenommen und im Rahmen neuronaler Verarbeitung in Farbwahrnehmungen übertragen. Auch bei diesem Prozess spielen angeborene physiologische Voraussetzungen des Auges und Konstanzmechanismen, vergleichbar der Form-, Größen- und Helligkeitskonstanz, eine grundlegende Rolle.

Wichtige Aspekte der Farbdarstellung werden schwerpunktmäßig wie folgt erfasst:

- Farbtheorie nach Itten in der Bearbeitung von Hann, 2007
- Farbempfindungen
- Signalfunktion der Farbe als „Zeichen"
- Kulturelle, sozio-kulturelle und transkulturelle Aspekte der Farbsymbolik
- Entwicklungspsychologische Aspekte der Farbdarstellung
- Persönlichkeitsspezifische Aspekte der Farbsymbolik

Farbtheorie nach Itten in der Bearbeitung von Hann, 2007:

Verschiedene Farbtheorien versuchten, die Farbwahrnehmung und die Möglichkeiten der Farbdarstellung systematisch und verständlich zu ordnen (Goethe, Runge, Ostwald, Hoelzel).

Hann, 2007:

„Die Farbenlehre von Itten baut auf den Erkenntnissen seiner Vorgänger auf, indem er Brauchbares übernimmt und weiterentwickelt, sowie Unbrauchbares bzw.

seiner Meinung nach Falsches eliminiert und durch Neues ersetzt. Obwohl neuere Forschungen (vor allem durch H. Küppers) nachgewiesen haben, dass die Ittensche Farbtheorie nicht exakt und z.T. auch unrichtig ist, hat die Lehre von Itten aufgrund ihrer inneren Logik und leichten Anwendungsmöglichkeit bis heute ihre große Bedeutung vor allem für den Kunstunterricht in den Schulen und im Malerhandwerk behalten."

Nach Hann werden folgende Farben unterschieden:

- *Unbunte Farben:* Schwarz, Weiß, alle Grautöne, die sich aus Schwarz und Weiß ermischen lassen
- *Bunte Farben:* alle anderen Farben, die nicht rein Weiß, Schwarz, Grau, also unbunt sind
- *Reine bunte Farben:* nicht durch unbunte Farben (Weiß, Schwarz oder Grau) veränderte Farbkreisfarben, also Farben, die allein durch Mischen der Grundfarben in einem bestimmten Verhältnis miteinander entstehen
- *Unreine bunte Farben:* reine bunte Farben, die mit einer unbunten Farbe (Schwarz, Weiß oder Grauton) in einem bestimmten Verhältnis vermischt wurden.

Der Farbkreis nach Itten zusammengefasst nach Hann, 2007:
Itten ordnet die reinen bunten Farben in Form eines 12-teiligen Farbkreises:

- Farben 1. Ordnung, *„Grundfarben"* oder *„Primärfarben"* im Farbkreis sind Gelb, Rot und Blau. Diese Farben lassen sich nicht aus anderen Farben mischen.
- Farben 2. Ordnung, *„Mischfarben", „Sekundärfarben"* Orange, Violett und Grün. Sie entstehen aus der Mischung der Grundfarben untereinander.
- Farben 3. Ordnung, *„Tertiärfarben"*. Sie entstehen aus der Mischung von Grundfarben mit Sekundärfarben: Gelborange, Rotorange, Rotviolett, Blauviolett, Blaugrün, Gelbgrün.

Die Anordnung der Farben im Farbkreis nach Itten macht die Besonderheiten von Farbkontrasten, Hell-Dunkel-Kontrasten, Komplementärkontrasten, Kalt-Warm-Kontrasten und Qualitätskontrasten verständlich. So läuft z.B. der Hell-Dunkel-Kontrast ausgehend von Gelb als der hellsten Farbe zum gegenüberliegenden dunklen Violett, das die Komplementärfarbe zu Gelb bildet. „Farben, die sich im Farbkreis genau gegenüberliegen, ergeben in einem bestimmten Verhältnis miteinander gemischt ein neutrales Grau. Sie werden *Komplementärfarben* genannt. Komplementärfarben bilden einen sehr intensiven Kontrast (Gelb-Violett, Gelborange-Blauviolett, Orange-Blau, Rotorange-Blaugrün, Rot-Grün, Rotviolett-Gelbgrün)." (Hann, 2007).

Auch die *„Harmonielehre“* der Farben kann nach Hann aus ihrer Position im Farbkreis abgeleitet werden (Harmoniefiguren zur Ermittlung von Akkordfarben; Zweiklangfarben durch Komplementärkontraste, Dreiklangfarben werden mit Hilfe von gleichseitigen und gleichschenkligen Dreiecken ermittelt, Vierklangfarben durch Quadrat und Rechteck).

Diese Farbenlehre wird von Hann u. a. um eine Auseinandersetzung mit Farbe-Gegenstandsbeziehungen und um die Frage des Verhältnisses von Farbe und Form erweitert:

- Vollform: Die Begrenzung entsteht durch Farbkontraste; Konturen fehlen; Konturen werden mit dem Farbfleck selbst gebildet
- Leerform: Die Form wird mit einer Konturlinie umrissen
- Füllform: Die Form wird durch Farbfleck wie durch Kontur bestimmt; die Kontur wird mit Linie gezeichnet und dann ausgemalt

Farbempfindung:
Farbwahrnehmung und Farbempfindung hängen von den physiologischen Voraussetzungen des Sehapparates und gleichzeitig von subjektiven psychologischen Bedingungen ab. Dieses wird z. B. am Phänomen des *Simultankontrastes* deutlich.

> Hann, 2007:
> „Der Simultankontrast beruht auf der Erscheinung, dass das menschliche Auge zu einer gegebenen Farbe immer gleichzeitig (simultan) deren Komplementärfarbe verlangt. Wenn diese jedoch nicht vorhanden ist, versucht das Auge sie selbst zu erzeugen. Sie bleibt jedoch nur eine Farbempfindung und ist nicht real vorhanden, kann also nicht fotografiert werden. Dadurch entsteht für das Auge ein Gefühl von Erregtheit und Vibration (...). In der expressiven Malerei werden Simultankontraste verwendet, um Disharmonien zu erzeugen (...), in der Werbung, weil der Simultankontrast auch über das Unterbewusstsein funktioniert und automatisch Aufmerksamkeit auf sich zieht (...), in der Mode, um aufzufallen und Signale auszusenden (Farben harmonieren nicht, sie < beißen > sich“).

Farbwahrnehmung und Darstellung von Farben sind eng mit *emotionalen und subjektiv gefärbten Empfindungen verknüpft.* So wurde z. B. festgestellt, dass Tomaten roter erinnert werden, als sie tatsächlich sind. Ein blau gestrichener Raum vermittelte nach Untersuchungen von Boynton, 2003, subjektiv einen kühleren Temperatureindruck als ein gelber Raum, obwohl die Heizung im blauen Raum höher eingestellt war als im gelben (vgl. Kalt-Warm-Kontrast der Farbwahrnehmung, Zuordnung der Farben im Farbkreis zum Kältepol bzw. Wärmepol).

Signalfunktion der Farbe als „Zeichen":
Farben werden im Laufe der Entwicklung und kognitiven Reifung als *sozio-kulturell festgelegte und gelernte Zeichen mit Signalfunktionen* innerhalb der gesellschaftlichen Kommunikationsprozesse verstanden: Rot dient z. B. bei Verkehrszeichen allgemein als Signal für mögliche Gefahr und Aufforderung zum <Anhalten >. Ein rotes Kreuz auf einem Auto wird in seiner Symbolfunktion zur Kennzeichnung eines Rettungswagens unmittelbar verstanden.

Kulturelle, sozio-kulturelle und transkulturelle Aspekte der Farbsymbolik:
Farben besitzen in Bilderwelt und Sprache einer Kultur eine wichtige Bedeutung. Menschen werden durch Farbwahrnehmungen in ihrer Emotionalität und in ihrem Sozialverhalten beeinflusst. In Redewendungen und Bildern kommen farbsymbolische Bedeutungen zum Ausdruck, die allgemein akzeptiert und als Erfahrungsschatz kulturell verfügbar sind. Körpererfahrungen, Gefühlserfahrungen, Naturerscheinungen, Inhalte mystischer und religiöser Überlieferungen werden in der gesellschaftlich verankerten Farbsymbolik verarbeitet: „Rot ist die Liebe, Rot ist das Blut, Rot ist der Teufel in seiner Wut!"

> Hann gibt eine anschauliche Zusammenstellung der Symbolwerte der Farben hinsichtlich Sprachbezug, Farbcharakter, Entstehung durch Farbmischung, psychologische Wirkung, Bedeutung in Volksmund und Volksglauben, Bedeutung in christlich geprägten und außerchristlichen Kulturen, im Kunstbezug, im Alltagsbezug. J. Gage beschreibt die Kulturgeschichte der Farbe und die Sprache der Farben (2001, 1999). Im Lexikon der Symbole werden Farbsymbole ausführlich in ihren kulturellen, sozio-kulturellen und transkulturellen Bezügen dargestellt (Tresidder, J., 2002). Andere einschlägige Publikationen zur Symboldeutung von Farben vgl. Heller, E., 2004, Lauf, D. I., 1999, u. a..

In der Literatur, vor allem in der Lyrik, sind Farbsymbole unverzichtbare Mosaiksteine des künstlerischen Werkes, hier auch in eigenwillig verfremdeter und eigenschöpferischer Verwendung.
Im christlich geprägten europäischen Raum gilt Schwarz als Farbe der Trauer und Buße. „Das bedeutet gleichzeitig ein Versprechen der künftigen Auferstehung, in deren Verlauf sich das Schwarz über Grau zu Weiß wandelt." (Hann, 2007). Schwarz ist dementsprechend die Amtstracht vieler kirchlicher Berufsgruppen (Pfarrer, Nonnen, Mönche). Trauerkleidung ist nach europäischer Tradition und Normvorstellung schwarz. Im vorwiegend von der hinduistischen und buddhistischen Religion geprägten Indien wird dagegen weiße Trauerkleidung getragen.
Das folgende Beispiel aus der afrikanischen Kultur zeigt, wie beide Pole, Schwarz und Weiß, in einer künstlerischen Arbeit vereinigt werden.

Abb. 008:
Ambete Reliquiarfigur, Ambete, Gabun, Kongo, 19.-20. Jahrhundert, Hauptfigur einer Gemeinschaft. Holz, Pigmente, 59 cm. Ausgehöhlt zur Verwahrung von Reliquien der Ahnen und magischer Substanz.
Die Abbildung dieser Figur wurde freundlicherweise von G. Plewig zur Verfügung gestellt.

Kap. 3.6.6, Abb. 008:
Die Ambete Reliquiarfigur aus dem Kongo, 19.-20. Jahrhundert, Hauptfigur einer Gemeinschaft, Holz, Pigmente, 59 cm, zeigt die polare Symbolik der Farben Weiß und Schwarz (Abb.008) in eindrucksvoller Weise:

> Plewig, G., 2004:
> „Diese Figur ist ausgehöhlt zur Verwahrung von Reliquien der Ahnen und magischer Substanz. Kopf, Hals und Schultern bilden den Deckel. Der quadratische geöffnete Mund diente wohl auch als Reliquienhöhle. Weiße Kaolin- und schwarze Ruß-Applikation symbolisieren kosmische und soziale Ordnung, als auch Leben und Tod.“

Von Interesse ist, dass in dieser, an den europäischen Kubismus erinnernden afrikanischen Fetisch-Figur die polaren Deutungen der Farben Weiß und Schwarz als Metaphern für Leben und Tod zusammengeführt werden. So kann ein Ort der Ruhe und des Vertrauens entstehen, ein Ort, der magische Substanz zu bewahren weiß. Dies Figur zeigt beispielhaft, wie durch die Symbolik von Farben und Formen tiefe religiöse und existenzielle Erfahrungen allegorisch ausgedrückt werden können.
Die oben zitierte Publikation Gerd Plewigs lässt seinen tiefen Respekt vor der schöpferischen Kraft der afrikanischen Menschen und Künstler erkennen und ermöglicht mit dem Einblick in seine reichhaltige Sammlung von Fetisch-Figuren einen ersten Zugang in diese geheimnisvolle Welt. Die Künstler sind namenlos

geblieben, auch die zeitliche Zuordnung der Gestaltung dieser Figuren kann oft nur geschätzt werden. Es ist bekannt, dass Künstler der westlichen Welt, Maler wie Bildhauer, von den Objekten des schwarzen Afrikas beeinflusst wurden.

> Plewig, G., 2004, S. 2-3:
> „Der Kreis um Pablo Picasso, Emil Nolde, Max Beckmann, Ernst Ludwig Kirchner, Karl Schmidt-Rottluff, Franz Marc, Wassily Kandinsky und viele andere Große wählten Afrika-Objekte für die Weiterentwicklung ihres Stils.... Die Brockhaus Enzyklopädie in der 17. Auflage vermerkt unter dem Stichwort Fetisch: <Im 18. Jahrhundert aus dem Französischen fétiche, dies aus dem Portugiesischen feitico = Zaubermittel vom Lateinischen factitius = künstlich gemacht, ein mit magischen Kräften versehener Gegenstand, dem schützende oder Übel abwehrende Kräfte zugeschrieben werden (Amulett, Talisman und andere)>."

Entwicklungspsychologische Aspekte der Farbdarstellung:
Die Symboldeutung der Farben bildet sich in früher Kindheit aus den Erfahrungen des eigenen Körpers (z. B. dem Rot des Blutes) und aus Naturerfahrungen (z. B. dem Grün der Pflanzen, dem Rot Orange des Feuers, dem Blau des Himmels oder des Meeres, dem Gelb der Sonne, dem Schwarz der Nacht). Das Kind lernt schrittweise, mit Hilfe einer in Lernvorgängen erworbenen Spezifierung der Farbwahrnehmung, konstante Farbzuordnungen von unterschiedlichen Gegenständen und deren Details im Gedächtnis zu speichern, sie zu vernetzen und in Zeichnungen darzustellen. Zwar verfügt es über angeborene Möglichkeiten der Farbunterscheidung bei Personen, Objekten oder Landschaften, kann dieses Wissen zu Beginn der Zeichenentwicklung in seinen Bildern jedoch nur sporadisch und andeutungsweise realitätsgerecht umsetzen.

Überwiegend folgt das Kind zu Beginn seiner Zeichenentwicklung seinen inneren Bildern, die eine altersabhängige kognitive und emotional-soziale Verarbeitung äußerer Wahrnehmungseindrücke enthalten (im Sinne der Prozesse von Assimilation und Adaptation, vgl. Kap. 2.2). Bei diesem Prozess verwendet es zuerst die *„Dekorativfarben"*, d. h. es dekoriert sein Bild nach eigenen Vorstellungen mit den bunten Farben, die verfügbar sind, setzt aber die Wahrnehmungen der Realität noch nicht zeichnerisch um. Die Dekorativfarben werden noch nicht gemischt (Mosimann, 1979). Eine Wiese wird z. B. nicht Grün, sondern Blau gemalt, obwohl das Kind auf seiner Netzhaut eine grüne Wiese sieht, oft sogar schon den Farbnamen „grün" kennt und die Farbe grün als Fertigfarbe zur Verfügung steht. Am Ende der Vorschulzeit treten immer häufiger *„Typenfarben"* auf, das sind an der Realität orientierte Farbmerkmale, die für die entsprechenden Objekte „typisch", spezifisch, sind und über die Wahrnehmungsgesetze der Farbkonstanz gespeichert und zugeordnet wurden. Die Wiese wird nun immer Grün gemalt. Auf der darauf folgenden Stufe werden *„Gegenstandsfarben"* (Mosimann, 1979) verwendet. Das Bild zeigt jetzt Farbabstufungen durch Farbmischungen, die sich an der wahrgenommenen Realität des Gegenstandes orientieren. Bei der erst im Jugendalter gestalteten *„Erscheinungsfarbe"* wird die Farbe durch Farbmischungen mit den unbunten Farben Schwarz, Weiß und Grautönen aufgehellt, getrübt, gedunkelt. Durch Mischungen werden Farbabstufungen erzeugt. Neben den Grund- und Sekundärfarben setzt der Jugendliche auch die Tertiärfarben gezielt ein und erzeugt durch Hell-Dunkel-Kontraste Licht- und Schattenwirkungen, sodass ein räumlicher Eindruck entsteht (Mosimann, 1979).

Persönlichkeitsspezifische Aspekte der Farbsymbolik:
Individualpsychologisch kann die Farbsymbolik im Hinblick auf eine *kollektive* oder eine *persönliche und persönlichkeitsspezifische Symbolik* interpretiert werden. Dabei ist auch hier, wie bei anderen Symboldeutungen, zu beachten, dass Symbole polare Aussagen enthalten, die nur auf der Basis einer individualisierten Diagnostik zu entschlüsseln sind. Rot kann Ausdruck einer archetypischen Vorstellung des kollektiven Unbewussten sein, es kann jedoch mit Rot auch ein individueller archetypischer Komplex konstelliert sein, der Hinweise auf tiefe, verdrängte Ängste oder Aggressionen gibt. Projektive Deutungen von Farbsymbolen erfordern immer psychotherapeutische Fachkompetenz und einen mehrdimensionalen diagnostischen Ansatz (vgl. Kap. 4 und 5). In diesem Sinne ist z. B. bei der Interpretation der Untersuchungsergebnisse des *Tests mit Lüscher Farben „zur Persönlichkeitsbeurteilung und Konfliktlösung"* eine Einordnung in ganzheitliche und biographisch orientierte Zusammenhänge aus meiner Sicht unerlässlich (Lüscher, M., 1989).
Weitere Einzelheiten der Farbdarstellung, bezogen auf die 4 Entwicklungsstufen der Kinderzeichnung, werden in den Kapiteln 3.7.1.6; 3.7.2.6; 3.7.3.6; 3.7.4.6 sowie 9.4 beschrieben.

3.6.7 Bewegungsdarstellung

Die Bewegungsdarstellung in der Zeichnung ist eng mit der Körperwahrnehmung eines Kindes/Jugendlichen in Raum und Zeit verbunden. Bewegungsdarstellungen sind nach Hann, 2007, abhängig von:

- *Bewegungshaltung*: stehen, sitzen, liegen, laufen
- *Ansicht*: Vorderansicht, Seitenansicht oder Profil, Rückansicht und Draufsicht
- *Standpunkt*: sehr nah, nah, entfernt
- *Blickwinkel*: gerade gesehen, von schräg unten oder von schräg oben aus

Die Fähigkeit zur Bewegungsdarstellung entwickelt sich in der mittleren und späten Kindheit in kleinen Schritten und erreicht erst im Jugendalter die nötige Flexibilität, um unterschiedliche Bewegungsqualitäten darstellen zu können. Im Jugendal-

ter können neben Körperbewegungen dann auch mimische Ausdrucksbewegungen (unterschiedliche Gesichtsausdrücke zeigen unterschiedliche Gemütsbewegungen) dargestellt werden.
„Dem gleich einem weidenden Tier abtastenden Auge des Beschauers sind im Kunstwerk Wege eingerichtet. (...). Das bildnerische Werk entstand aus der Bewegung, ist selber festgelegte Bewegung und wird aufgenommen in der Bewegung (Augenmuskeln)" (Klee, zitiert nach Düchting, 2001, S. 67). Vom Punkt als ruhendem Zentrum ausgehend, enthält die sich entfaltende Linie bereits die Dimensionen von Bewegung im Raum und Bewegung in Zeiteinheiten oder Zeitprozessen. Dem Kind sind diese Dimensionen zunächst nicht bewusst; es vollzieht die ersten Kritzelbewegungen aus vital bedingten eigenrhythmischen Impulsen.
Die Entwicklung der Bewegungsdarstellung ist eng mit kognitiven Reifungsschritten verbunden. Sie beginnt mit der *motorischen Symbolik* und baut sich mit der *Profilwendung* (ab Ende der 2. Zeichenentwicklungsstufe) schrittweise weiter auf. (Zu einzelnen Entwicklungsschritten der Bewegungsdarstellung vgl. Kap. 3.7.1.7; 3.7.2.7; 3.7.3.7; 3.7.4.7 sowie 9.4).

3.6.8 Raum- und Zeitdarstellung, Komposition

Obwohl auf der Netzhaut des Menschen nur zweidimensionale Bilder reproduziert werden, können als Resultat hirnphysiologischer Prozesse Lebewesen, Pflanzen, Gegenstände, Räume und Landschaften dreidimensional wahrgenommen werden. Abhängig von der zentralen Verarbeitung der Seheindrücke beider Augen und der kognitiven Reifung auf hoherer Entwicklungsstufe wird die dreidimensionale Wahrnehmung auch vom Kind in der Zeichnung umgesetzt. Bei diesem Vorgang spielen, wie bei der Form-, Größen-, Farb- und Helligkeitswahrnehmung, sowohl angeborene als auch erlernte Prozesse eine wichtige Rolle.
Bei der Raumwahrnehmung gibt es mehrfache Tiefenkriterien, da das Gehirn mehrere Quellen benutzt, um über die Anordnung der Objekte im dreidimensionalen Raum Aufschluss zu erhalten. Folgende Tiefenkriterien werden unterschieden:

- „monokulare Tiefenkriterien"
- „physiologische Tiefenkriterien"
- „binokulare Tiefenkriterien"
- „bewegungsindizierte Tiefenkriterien"

Die Einteilung dieser Kriterien und die folgenden Erklärungen dazu beziehen sich auf Internet-Informationen der Abteilung Psychologie der Universität Heidelberg (www.psychologie.uni-heidelberg.de/ae/allg/lehre/wct/w/w6_raum/index.htm – 01.03.2005), die hier in Zusammenfassung zitiert werden:

„Monokulare Tiefenkriterien"

„Zu den *„monokularen" Tiefenkriterien* der Raumwahrnehmung werden gezählt:
<*Verdeckung und Überlappung*>: Verdecktes wird als weiter hinten wahrgenommen. Die fehlenden Teile werden durch unser Gehirn ersetzt.
<*Schatten*>: Auch Schatten können Aufschluss über den Tiefenraum geben. Sie weisen auf die Lichtquellen hin und lassen die Körper- und Gegenstandsformen plastisch erscheinen.
<*Vertraute Größen*>: Ebenfalls ermöglichen „Vertraute Größen" Einschätzungen über Entfernungen und können zu Raumerfahrungen führen. Was klein gesehen wird, ist nach unserem Erfahrungswissen weiter weg als das, was groß gesehen wird. Die Abschätzung der relativen Größe zueinander kann sich mit Raumerfahrungen verbinden.
<*Relative Helligkeit und Schärfe bzw. Unschärfe des Bildes*> provoziert Raumeindrücke: Nahe Punkte sind in der Regel kontrastreicher, dunkler und schärfer als entfernte Punkte. Das liegt an Partikeln von Staub, Wassertröpfchen und Verschmutzungen, die sich zwischen uns und den entfernten Objekten befinden (atmosphärische Perspektive).
<*Textur der Oberfläche*> kann Aufschluss über die räumliche Lage geben: z. B. können Linienmuster den Eindruck der Raumlage: von vorne, nach hinten auslaufend, ergeben (z. B. bei Treppen).
<*Relative Höhe der Gegenstände zueinander und in Beziehung zum Horizont*>: Was näher am Horizont ist, befindet sich nach unserem Erfahrungswissen weiter von uns entfernt und wird relativ kleiner gesehen als nahe Objekte. Die relative Höhe der Gegenstände wird entsprechend zueinander in Beziehung gesetzt und tiefenräumlich wahrgenommen.

„Physiologische Tiefenkriterien"

Zu den *„physiologischen Tiefenkriterien"* gehören die <augenmotorischen Tiefenkriterien>. Sie gehen aus der Motorik der Augen hervor. Durch Akkomodation der Linse, Krümmung durch Anspannung bzw. Entspannung des Augenmuskels, können Gegenstände fokussiert und Entfernungen abgeschätzt werden.

„Zweiäugige Tiefenkriterien"

Die *„zweiäugigen Tiefenkriterien"* entstehen aus den Unterschieden zwischen den beiden Netzhautbildern unserer beiden Augen, aus denen das Gehirn die unterschiedliche Entfernung verschiedener Gegenstände errechnen kann (Beziehungen von Vordergrund und Hintergrund werden aus dem Übereinanderprojizieren des rechten und linken Netzhautbildes und der Abbildungsmöglichkeit dieser Bilder in korrespondierenden Punkten der Netzhaut erkannt). Für viele Tiere und für Säuglinge (2-5 Monate alt) sind bereits zweiäugige Tiefenkriterien nachweisbar. Jedoch sind visuelle Erfahrungen und Lernprozesse in der „sensiblen Phase" nötig, damit sich die angeborenen Tiefenkriterien neuronal vernetzen und auf höherer kognitiver Entwicklungsstufe entfalten können.

„Bewegungsabhängige Tiefenkriterien"
Schließlich gibt es *„bewegungsabhängige Tiefenkriterien"*. „Wenn sich ein Beobachter bewegt, bewegen sich betrachtete Objekte je nach ihrer Distanz unterschiedlich schnell in unterschiedlichen Richtungen."

Aspekte der Raum- und Zeitdarstellung und Komposition in der Kinderzeichnung:
Zwar verfügt schon das kleine Kind über tiefenräumliches Sehvermögen, es sind jedoch in der Folgezeit viele Lernprozesse notwendig, die das tiefenräumliche Sehen differenzieren. In die Kinderzeichnung kann diese Fähigkeit nur in kleinen, vorbereitenden Schritten unter Rückgriffen auf Erfahrungswissen mit der Möglichkeit des Abschätzens von Größenrelationen übertragen werden.
Nach eindimensionalen *Linien* (z. B. zur Darstellung eines Bodens oder des Himmels) und zweidimensionalen *Flächengestaltungen* (Boden- und Himmelslinie werden verbreitert und wirken dadurch flächig) beginnt das Kind erst Mitte der Stufe 3 der Zeichenentwicklung *präperspektivisch* zu zeichnen (es treten jetzt z. B. Klappbilder als Vorstufe der dreidimensionalen, perspektivisch angelegten Zeichnung auf); im Jugendalter ist es dann in der Lage, in der Zeichnung *tiefenräumliche Kriterien* (vgl. monokulare Tiefenkriterien) umzusetzen. Untersucht werden bei der räumlichen Gestaltung der Kinderzeichnung folgende Merkmale:

- Formale Raumstruktur: Analyse der Raum-Lage der Objekte, ihrer räumlichen Beziehungen und Komposition; Analyse der formalen Kriterien des Gesamtbildes als zweidimensionales Flächenbild bzw. als dreidimensionales Raumbild in der Vorperspektive oder Perspektive gezeichnet; Analyse der Raumqualitäten der einzelnen Bildobjekte in flächiger oder dreidimensionaler Darstellung
- Situationsdarstellung: Darstellung von Handlungen, Handlungszusammenhangen und Sinnzusammenhängen
- Darstellung der Dimension der Zeit

Formale Raumstruktur des Gesamtbildes:
Die formale Raumstruktur einer Bilddarstellung spiegelt ihre formal-inhaltliche Gesamtorganisation, zugeordnet der jeweiligen Entwicklungsstufe (individuelle und altersabhängige Besonderheiten und Bevorzugungen bei der Auswahl, Platzierung

und Gestaltung der Motive und ihrer Details). Ab Stufe 3 (konkrete Operationen) beginnt das Kind *Sinnganze* des Gesamtbildes darzustellen. Die einzelnen Objekte oder Personen werden einer Darstellungsabsicht untergeordnet und werden in ihren gegenseitigen Beziehungen und jeweiligen räumlichen Positionen gezeichnet. Die formale Raumstruktur spiegelt nicht nur die Stufe der kognitiven Reifung und Raumwahrnehmung, sondern wird auch durch emotional-soziale Grundbedingungen des Kindes/Jugendlichen beeinflusst. Spezifische Auffälligkeiten der Raumdarstellung werden daher nicht nur in Zusammenhang mit der perzeptiven und kognitiven Reifung, sondern als Emotionale Zeichen diskutiert (vgl. Kap. 4). So kann z. B. das Kind mit der Distanz von Personen zueinander und ihrer Position im Bild eigene emotional-soziale Befindlichkeiten in die zeichnerische Darstellung übertragen (Ausführungen hierzu Kap. 4.2.8).

Die *Komposition* einer Zeichnung *basiert* auf der Entwicklung der formalen Raumstruktur und Situationsdarstellung.

Aufbau der formalen Raumstruktur des Gesamtbildes:

Bei der Analyse der formalen Raumstruktur geht es um folgende Beobachtungen:

Raum-Lage, räumliche Beziehungen, Komposition:

Vertikaler Bildaufbau: Was ist oben, was ist unten, was in der Mitte, was an den Blatträndern dargestellt?

Sind die Raumbereiche „Oben", „Unten" und „in der Mitte" ausgeglichen oder werden sie unterschiedlich betont?

Horizontaler Bildaufbau: Welche Motive liegen rechts, welche links, welche liegen in der Mitte? Was steht im Bildzentrum?

Anordnung der Motive zueinander, Komposition:

Unter der Komposition einer Zeichnung verstehen wir die Darstellung der räumlichen Anordnung und des räumlichen und inhaltlichen Zusammenhangs von Bildmotiven. Die Komposition der Motive spiegelt als Gesamtqualität die Entwicklungsstufe der Raum-, Situations- und Zeitdarstellung des Kindes. Mit dem Begriff der Komposition beschreiben wir das Verhältnis der Figuren und Dinge zueinander und zum Gesamtraum. Je mehr Motive ein Kind zeichnet, umso komplexer werden ihre Wirkzusammenhänge. Ihre Darstellung erfordert nicht nur das Zugreifen auf innere Bilder und visuelle Vorstellungen der Anordnung einzelner Motive in einem Gesamtraum, sondern auch kognitive Planung und zeichnerische Bearbeitung. Die Möglichkeiten der Komposition erweitern sich von Entwicklungsstufe zu Entwicklungsstufe in Abhängigkeit von der Gesamtentwicklung des Kindes. Entwicklungsverzögerungen der Raumwahrnehmung und/oder emotional-soziale Probleme des Kindes äußern sich oft in einer unausgewogenen Komposition der Motive.

Situationsdarstellung, Beachtung der Dimension der Zeit:
Unter diesem Gesichtspunkt werden „Handlungszusammenhänge“ und „Sinnzusammenhänge“ beurteilt, die Kinder/Jugendliche in *„Erzählbildern“* oder *„Stimmungsbildern“* darstellen. Bei dieser Form der Bilder spielen sowohl Raumvorstellungen und Komposition als auch das Erleben der zeitlichen Dimension eine wichtige Rolle. Bildgeschichten (Erzählbilder) werden als Reihungen der Ereignisse nach ihrer zeitlichen Aufeinanderfolge (vorher-nachher) und mit der Unterteilung des kontinuierlichen Zeitflusses (Dauer: länger-kürzer) dargestellt. Ab Mitte der Stufe 3 (ab ca. 9;0 Jahren) zeichnen Kinder Bildgeschichten, wie sie diese aus Comic-Heften kennen. Die Ereignisse werden in aneinander gereihten räumlichen Unterteilungen (Kästchen) in zeitlicher Aufeinanderfolge dargestellt. Die Kinder drücken die Inhalte der Erzählungen mit Hilfe von Bildzeichen oder, wenn ihnen dies zu schwierig erscheint, auch unterstützend mit Hilfe von Schriftzeichen in Sprechblasen aus (vgl. Kap. 3.7.3.9, Abb. 103).
Erst im Jugendalter kommt es mit der fortgeschrittenen kognitiven Reifung zu einer Synthese dieser beiden Ordnungssysteme. Die Aspekte der zeitlichen Aufeinanderfolge und der Dauer werden verbunden. Jetzt erst werden die Dimension der Zeit und die Zusammenhänge von Raum und Zeit bewusster reflektiert und mit Hilfe formaler Operationen zugänglich gemacht (vgl. Kap. 2.2.4).
In *„Stimmungsbildern“* stellen Jugendliche ein subjektiv bedeutsames Erlebnis dar, bei dem neben der Dimension des Raumes (Wo hat das Erlebnis stattgefunden?) auch die Dimension der Zeit (Wann ereignete sich das Erlebnis? Wie lange dauerte es?) für sie eine bedeutsame Rolle spielt (z. B. „Gewitter uber dem See“, „Ich und meine Wut“).
Ab dem Jugendalter sind kreativ bildnerisch umgesetzte Ausdrucksformen des Zeiterlebens zu beobachten. Neben unverschlüsselten Motiven (z. B. Darstellung einer bestimmten Uhrzeit auf einer Uhr) werden von emotional und kognitiv reiferen Jugendlichen auch Metaphern gewählt, um ein Zeiterlebnis im Bild auszudrücken (z. B. die Uhr als Symbol der Lebensuhr, der Vergänglichkeit). Bei Erzählungen zu den Zeichnungen werden solche Metaphern von verbal begabten Jugendlichen sprachlich ausdrucksvoll erläutert (vgl. Kap. 3.7.3.8; 3.7.4.8; 3.7.4.9; 3.8).

Der Ausdruckswert der Raumstruktur, der Situationsdarstellung und zeitlicher Strukturen im Bild ist außerordentlich hoch. Gerade bei intellektuell und bildnerisch gut begabten Kindern finden wir oft den ausgeprägten Wunsch, differenzierte Raum-Zeitstrukturen sowie Situationsdarstellungen zu zeichnen. Überdurchschnittlich und weit überdurchschnittlich intelligente Kinder und partiell bildnerisch sonderbegabte Kinder mit überdurchschnittlich guten Raumvorstellungen und herausragenden visu-

ellen Vorstellungen beginnen mit diesen Ausdrucksformen oft schon auffallend früh (ab Ende der 2. Stufe der Zeichenentwicklung; vgl. Kap. 3.8). Bei ihnen liegt oft eine eidetische Veranlagung vor, d.h. sie speichern ihre visuellen Wahrnehmungen wie Fotografien als Bilder ab, haben unmittelbaren Zugriff zu jedem Detail dieses komplexen Gedächtnisbildes und sind in der Lage, sie in realitätsorientierten und räumlich gut strukturierten Zeichnungen darzustellen (zu komponieren). Eidetische Veranlagungen können Ausgangsvoraussetzungen zu einer künstlerischen Begabung sein, sofern sie mit kreativen und eigenschöpferischen Kräften in Verbindung treten. Auch bei der tief greifenden Entwicklungsstörung des Asperger-Autismus werden als Sonderform zeichnerischer Begabung eidetische Fähigkeiten in Kinderzeichnungen nachgewiesen und sind in der Literatur mehrfach dokumentiert worden (vgl. Kap. 6.2.5).
Weitere Einzelheiten zur Entwicklung der Raumdarstellung werden, bezogen auf die vier Stufen der Zeichenentwicklung, genauer beschrieben (vgl. Kap. 3.7.1.8; 3.7.2.8; 3.7.3.8; 3.7.4.8 sowie 9.4).

3.7. Entwicklungstendenzen der Stufen 1-4 mit Bildbeispielen (altersgemäße Entwicklung)

3.7.1 Stufe 1 der Zeichenentwicklung (altersgemäße Entwicklung im Überblick) Säuglingsalter - ca. 2;0 Jahre

Sensomotorisches Denken vernetzt mit (vor)sprachlichen, perzeptiven und emotional-sozialen Funktionen des Säuglingsalters und des Beginns der frühen Kindheit:
Stufe 1 ist die Vorstufe der Zeichenentwicklung. Im Säuglingsalter und zu Beginn der frühen Kindheit werden durch angeborene ganzheitliche Strukturen und Muster, durch Umwelt- und Lernerfahrungen, die Voraussetzungen zur Entwicklung der Kinderzeichnung gelegt. Das in dieser Vorstufe zu beobachtende Denken entspricht in vielen Aspekten den Kriterien der sensomotorischen Stufe Piagets (vgl. Kap. 2.2.1). Es wird eine zunehmende Koordination von Sinnes- und motorischen Aktivitäten als auch verschiedener Aktivitäten untereinander zu immer umfassenderen und komplexer organisierten Gesamteinheiten beobachtet. Aber nicht nur die Sensomotorik, auch die taktil-kinästhetischen, (vor)sprachlichen, visuell- und auditiv-perzeptiven sowie emotional-sozialen Funktionen bilden die Grundlage zur Entwicklung der Kinderzeichnung. (Beispiele hierzu vgl. Kap. 3.7.1.9).

Merkmale des sensomotorischen Denkens der Stufe 1 nach Piaget im Überblick:

- die sensomotorische Intelligenz entwickelt sich aus dem Zusammenspiel von Sinneswahrnehmungen und motorischen Aktivitäten

- Sinnes- und motorische Aktivitäten als auch ihre verschiedenen Aktivitäten untereinander werden zu immer komplexer organisierten Gesamteinheiten (Schemata) organisiert. „Denken ist ein intelligentes Handeln, und die kognitiven Strukturen (Schemata) sind Aufzeichnungen dieses Tuns." (Dornes, 2002, S. 172)
- Schemata sind die dynamischen Grundbausteine des Denkens und entwickeln sich bei Adaptationsprozessen (Suche nach Gleichgewicht) durch das Zusammenspiel von Assimilation (Elemente aus der Umwelt werden an vorgegebene Strukturen des Organismus angeglichen, wahrgenommen, verstanden) und Akkomodation (modifizierende Anpassung des Organismus und seiner Strukturen an vorgegebene Eigenschaften der Umwelt)
- die erste Stufe der Intelligenzentwicklung nach Piaget ist vorsymbolisch und vorverbal
- symbolisches Denken ist nach Piaget erst nachweisbar, wenn die Objektpermanenz fast vollständig entwickelt ist und die ersten Sprachsymbole im Sprachverständnis und in der expressiven Sprache verfügbar werden (ab ca. 1;6-2;0 Jahren). „Aus dem ganz konkreten Begreifen der ersten Lebensmonate wird das verinnerlichte Begreifen (symbolisches Denken) der späteren Stufen." (Buggle, 2001, S. 52). Dies entspricht einem qualitativen Sprung in der Denkentwicklung.
  Neuere Erkenntnisse der Säuglingsforschung haben gezeigt, dass Vorformen des symbolischen Denkens bereits ab dem 8. Lebensmonat nachzuweisen sind (erstes Fremdeln, Acht-Monatsangst; vgl. Kap. 3.7.1.2).

Merkmale der Zeichenentwicklung, Stufe 1 im Überblick

- Spurschmieren als motorische Aktivität ohne Symbolfunktionen (ab ca. 8 Monaten)
- ab ca. 13-18 Monaten Beginn des Kritzelns mit einem Stift; Bewegungsrhythmen formen sich zu Linien, Spiralen, Punkten, Hiebkritzeln, Schwingkritzeln, Kreiskritzeln, verschieden geformten Kritzeln (vgl. Meyers nach Mühle, 1975)
- Form-, Größen-, Farb-, Bewegungs-, Raumdarstellung sind noch nicht zu beurteilen
- ein Sinnzusammenhang der verschiedenen Kritzelformen kann noch nicht hergestellt werden
- John-Winde fasst die Merkmale der Stufe 1 der Zeichenentwicklung wie folgt zusammen: „Ich kann etwas machen. *Wenn ich Bewegungen mache, gibt es Spuren.*" (John-Winde, 1981, S. 88)
  Nach Erikson erwirbt das Kind auf dieser Entwicklungsstufe ein Gefühl des Grundvertrauens und überwindet das Grundmisstrauen. Dies entspricht der „oralen Phase" nach Freud.

Erikson, zitiert nach Frostig und Maslow, 1978, S. 82-83:
„Nach Erikson beruht das Gefühl des Vertrauens auf dem Empfinden, dass es (das Kind) angemessen umsorgt wird und von diesem Empfinden abhängig (ist). Unberechenbare Bedürfnisbefriedigung und zu wenig Zuwendung führen zu einem Mangel an Vertrauen."

3.7.1.1. Gesamteindruck (Stufe 1)

Erster subjektiver Eindruck (1):
Festgehalten wird der erste subjektive Eindruck zur *Zeichenentwicklung* des Kindes bis zum Lebensalter von ca. 2;0 Jahren. Alle ersten Beobachtungen zur Zeichenentwicklung werden notiert (Wirkt die Zeichnung altersentsprechend, dem Lebensalter vorauseilend oder rückständig? Welche Entwicklungsmerkmale fallen beim ersten Betrachten der Zeichnung auf?).

Bildnerischer Ausdruck (1):
Die Ausprägung der vitalen Antriebskraft und der affektiven Befindlichkeit des Kindes wird in den Kritzelbildern und ersten Grundformen am Ende der Stufe 1 bzw. am Übergang zur Stufe 2 in ersten Ansätzen in den Strichführungen und im Strichcharakter erkennbar.

Sprachlicher Ausdruck (1):
Zu Beginn der Sprachentwicklung können charakteristische sprachliche Ausdrucksqualitäten noch nicht nachgewiesen werden.

Stil (1):
Der Stil der Stufe 1 entspricht der Kritzelzeichnung und ist der sensomotorischen Stufe Piagets zuzuordnen. Die Kritzel sind als Streubild über das Zeichenblatt verteilt. Individuelle graphische Merkmale oder individuelle Inhaltsbevorzugungen (Motive, Symbole, Zeichen, Handlungszusammenhänge und Planungen) sind in den Darstellungen noch nicht nachzuweisen. Allerdings können die Kritzel am Ende der Stufe 1 schon erste individuelle Besonderheiten des bildnerischen Ausdrucks und der vitalen Befindlichkeit (Unterschiede in den Strichführungen und im Strichcharakter) erkennen lassen.

Ausführung und Organisation (1):
Das Kind der ersten Stufe arbeitet flüchtig. Seine Kritzel sind noch nicht nach einem Handlungsplan organisiert.

3.7.1.2 *Motive, Symbole, Zeichen (Stufe 1)*

Vorformen innerer Bilder (1):

Der Beginn der Stufe 1 ist *vorsymbolisch* und *vorverbal.* Die ersten *Vorformen* von inneren Bildern lassen sich an der *„Objektpermanenz“* erkennen, die mit der Acht-Monatsangst (ab ca. 6-8 Monaten) erstmalig zu beobachten ist, sich zu diesem Zeitpunkt aber noch nicht in den Zeichnungen nachweisen lässt.

Das Kind hat das Bild der Mutter, des Vaters oder der vertrauten Bezugsperson gespeichert und beginnt, es mit anderen Bildern von Betreuungspersonen zu vergleichen. Es reagiert plötzlich mit Angst und Abwehrreaktionen, wenn es dieses vertraute Bild nicht in einer Betreuungsperson wieder erkennen kann. Die Acht-Monatsangst ist daher ein erstes Zeichen, eine Vorform, zur Entwicklung innerer Bilder und eigener Phantasien. Im Laufe der folgenden Monate speichert das Kind immer mehr innere Bilder und entwickelt eigene Vorstellungen, die es mit Gesten und ab ca. 12 Monaten auch mit bestimmten Lauten und ersten Worten deutlich macht. Das Entstehen der graphischen und sprachlichen Symbolfunktion bedeutet einen qualitativen Sprung für die Denkentwicklung mit wichtigen Auswirkungen auch für den emotional-sozialen Bereich und die soziale Kommunikation. Wir erkennen im Auftreten der Symbolfunktion den Beginn der Phantasietätigkeit des Kindes und seiner Möglichkeit, auch Wünsche nach eigenen inneren Bildern zu formen. Vor dieser Zeit ist der Säugling abhängig von Außenerfahrungen und so auch von dem durch Phantasien und Erwartungen geprägten Verhalten seiner primären Bezugspersonen. Bereits von Geburt an sind interaktive Prozesse zwischen Mutter und Kind zu beobachten, jedoch noch nicht im Sinn innerer Bilder, sondern gemäß angeborener und interaktiver, sich entsprechend der Umwelterfahrungen differenzierender Verhaltensmuster. Der Säugling reagiert z. B. höchst sensibel auf depressives Verhalten der Mutter (Gesichtsausdruck, Stimme, negativ verändertes Zuwendungsverhalten) und stellt nach zunächst verstärkter Kontaktsuche seine kommunikativen Aktionen ein, wird apathisch, sucht selbst nicht mehr den Blickkontakt. Schwer wiegende Ess-, Gedeih- und Verhaltensstörungen können auf diese Weise die Entwicklung des Säuglings grundlegend negativ beeinflussen (Dornes, 2001).

Das Entstehen innerer Bilder wird schon vorgeburtlich durch akustisches Aufnehmen sprachlicher Rhythmen und Strukturen vorbereitet. Es entfaltet sich im 1. Lebensjahr schrittweise, in Abhängigkeit von der taktil-kinästhetischen, motorischen und perzeptiven Entwicklung (Nachahmungshandlungen) und der nicht-verbalen und verbalen Kommunikation zwischen dem Kind und seinen primären und sekundären Bezugspersonen. Das Sprachverständnis setzt meist vor Ende des 1. Lebensjahres ein.

Die ersten aktiven Worte werden mit ca. 12-18 Monaten (und früher) gesprochen und zeigen damit auch das Entstehen der Vorformen der ersten einzelnen inneren Bilder, die allerdings zunächst noch in Abhängigkeit von äußeren Wahrnehmungen und äußeren Konstellationen auftreten und noch nicht miteinander verknüpft werden.

Auf der 1. Stufe der Zeichenentwicklung finden sich ab ca. 1;6 Jahren als erste Motive Bewegungsspuren und Kritzel, die zunächst noch nicht mit einer Symbolik verbunden sind.

Erst am Ende der Stufe 1 und als *Übergang zur Stufe 2* zeigen sich mit vereinzelten ersten Ansätzen der *motorischen Symbolik* (Kritzel, die eine Bewegung ausdrücken sollen, vgl. Bewegungsdarstellung) und den „Konzeptkritzeln" (Kritzel, die eine Symbolik ausdrücken) die Versuche des Kindes, über graphische Zeichen innere Vorstellungen mitteilen zu wollen. Die Stufe 2 ist erreicht, wenn motorische Symbolik und Konzeptkritzel zum festen Bestandteil der Kinderzeichnung geworden sind.

3.7.1.3 Graphomotorik Stufe 1 (Strichführung, Strichcharakter, Flächenbehandlung)

Erste Schmierbewegungen (1):

Ausgangspunkt für alle zeichnerische Gestaltung ist die motorische Komponente. Das Kind bewegt sich im Raum, es lernt, seine Bewegungen auch im kleineren Raum zu koordinieren, die Auge-Hand-Koordination wird gezielter. Zunächst hat es Freude, großformatige Armbewegungen und Handbewegungen durchzuführen. Die Fingerbewegungen sind noch unkoordiniert. Vereinzelt werden mit den Fingern erste Schmierspuren z. B. auf dem Breiteller hinterlassen (ab ca. 1;0-1;6 Jahren).

Gezieltere Kritzelbewegungen (1):

Großformatige Armbewegungen verlagern sich in die Hand- und Fingerbewegungen (ab ca. 1;6-2;0 Jahren). Zu diesem Zeitpunkt zügelt das Kind zunehmend seine rhythmischen Bewegungen und entdeckt eines Tages die eigene Bewegungsspur, die es hinterlassen hat. Der Verlauf und die Form dieser Spur und dieser ersten Linien werden beobachtet.

Kleine Gegenstände werden meist schon ab ca. 12-18 Monaten im Pinzettgriff aufgenommen. Dagegen wird ein Stift beim Kritzeln zuerst im Faustgriff gehalten. Die richtige Stifthaltung lässt sich erst auf Stufe 2 mit ca. 3;0-4;0 Jahren im Kindergartenalter gezielt aufbauen und einüben. Die ersten Kritzelbilder bis zum Alter von ca. 2;0 Jahren zeigen unterschiedliche unkoordinierte Linienqualitäten, die ihren Ausdruck bestimmen und von der emotionalen Befindlichkeit des Kindes beeinflusst sind. Der Strichcharakter (Strichdruck) ist noch schwankend. Da das Kind noch nicht in der Lage ist, Formen zu schließen, können noch keine Flächen dargestellt werden.

3.7.1.4 Formdarstellung (Stufe 1)

Die Formdarstellung auf Stufe 1 geht aus von Gesamtkörperbewegungen und Bewegungen des ganzen Armes. Die Armbewegungen verlagern sich in die Bewegungen der Hände und in die Fingermotorik.

Erste Formen (1):

Als erste Formen treten auf der Zeichenfläche *Punkte, Bewegungsspuren und Kritzel* auf.

Die Kritzel schließen sich noch nicht zu Formen und sind noch nicht sinnunterlegt.

Meyers unterschied *„Hiebkritzel"*, *„Schwingkritzel"*, *„Kreiskritzel"*, *„verschieden geformte Kritzel"*, *„sinnunterlegte Kritzel"* (Meyers, zitiert nach Mühle, 1975). Nach meinem Ansatz treten die sinnunterlegten Kritzel in ersten vereinzelten Vorformen am Ende der Stufe 1, regelmäßig dann zu Beginn der Stufe 2 (ab ca. 2;0-3;0 Jahren) auf.

Neue Erkenntnisse der Säuglingsforschung zeigen, dass der Säugling über die angeborene Fähigkeit verfügt, visuelle Muster zu unterscheiden (vgl. Dornes, 2001). Diese Unterscheidungsmöglichkeiten können allerdings noch nicht aktiv in die darstellende Kinderzeichnung umgesetzt werden. Auf Stufe 1 zeigen die Kritzelspuren beim altersgemäß entwickelten Kind unter 2;0 Jahren noch keine erkennbaren und deutbaren Hinweise für das Formenschließen und damit noch keine Voraussetzungen zur Darstellung von Formen.

3.7.1.5 Größendarstellung (Stufe 1)

Größenrelationen (1):

Das Kind der Stufe 1 beachtet beim Kritzeln noch keine Ansätze der Gestaltung von Größenrelationen, obwohl angeborene Voraussetzungen der visuellen Wahrnehmung hierfür nachgewiesen werden können (vgl. Dornes, 2001).

Die Kritzelspuren sind meist großflächig, die ausfahrenden Armbewegungen benötigen viel Raum auf dem Malplatz, auf dem Boden, auf der Tafel oder auf dem Papier. Die Größendarstellung ist auf Stufe 1 der Zeichenentwicklung noch vom Zufall bestimmt und kann noch nicht im Hinblick auf Entwicklungsmerkmale interpretiert werden.

3.7.1.6 Farbdarstellung (Stufe 1)

Auf Stufe 1 sind angeborene neuronale Muster des Farberkennens und der Farbunterscheidungen nachgewiesen worden (vgl. Dornes, 2001).

Diese angeborenen Fähigkeiten können allerdings noch nicht mit einer bewussten und gesteuerten Farbwahl oder Farbgestaltung bei den ersten Kritzeln in der Kinderzeichnung eingesetzt werden. Die Farben werden zufällig ausgewählt, obwohl der Säugling die Farben als angeborenes Muster bereits unterscheiden und bei seiner Farbwahrnehmung sogar Farben nach Farbkategorien ordnen kann. So werden nach Ergebnissen der neueren Säuglingsforschung z. B. Rot und Rosa als ähnlicher erlebt als Rot und Grün (Dornes, 2001).

3.7.1.7 Bewegungsdarstellung (Stufe 1)

Bewegungssymbolik und Bewegungsdarstellung sind auf der Stufe 1 noch nicht nachweisbar.

Das Kind bewegt sich gerne im Raum, kann aber seine Bewegungen noch nicht durch Bewegungsspuren symbolisch zum Ausdruck bringen. Seine Kritzel entsprechen spontanen Bewegungsspuren, die jedoch noch keine inneren Bilder des Bewegtseins, noch keine Mitteilung über eine motorische Bewegung enthalten (vgl. Kap. 3.7.1.7, Abb. 009). Ende der ersten Stufe und bereits als Übergang zur 2. Stufe zeigen sich vereinzelte erste Ansätze zu motorischer Symbolik: Aus der nachahmenden Gebärde und aufgeschobenen Nachahmung von Bewegungsabläufen entstehen Bewegungsspuren auf dem Papier, die eine motorische Symbolik erkennen lassen (Erklärungen zu diesem Entwicklungsmerkmal vgl. Kap. 3.7.2.7).

3.7.1.8 Raum- und Zeitdarstellung, Komposition (Stufe 1)

Körperbewusstsein (1):

Das Körperbewusstsein bildet sich über die Entwicklung des *Körperschemas*, des *Körperbildes* und des *Körperkonzepts* (vgl. Kap. 3.6.3, Strichführung, Strichcharakter, Flächengestaltung). Die Funktionen der Wahrnehmung der Schwerkraft und des Gleichgewichts sind angeboren, werden jedoch bei der Darstellung der ersten Kritzelbilder noch nicht auf das Papier übertragen.

„Streubilder" (1):

Das Kind verteilt seine Kritzel als „Streubilder" über das ganze Blatt. Die Raumrichtungen „oben", „unten", „rechts", „links" werden noch nicht beachtet.

Aufrichtungstendenz (1):

Sie ist auf Stufe 1 in der Zeichnung noch nicht erkennbar: Die Kritzel werden noch nicht im rechten Winkel zur unteren Blattkante hin orientiert.

> Das Erlebnis des Stehens auf einem Boden ist für das Kind ab ca. 12-18 Monaten zum Laufen lernen sehr wichtig, wird jedoch noch nicht auf die Bildebene übertragen. Das Kind schaut sich Bilderbücher aus allen Raumrichtungen an. Es stört sich nicht daran, wenn die Bilder beim Betrachten auf dem Kopf stehen. Beim Kritzeln dreht das Kind entsprechend auch das Blatt noch nicht so, dass ein Unten als tragender Boden oder ein Oben zu erkennen ist. Das Kind dieser Altersstufe beachtet damit noch keine Raum-Lage Qualitäten auf dem Blatt.

Komposition (1):

Kompositionsstrukturen sind noch nicht nachweisbar.
Die Platzierung der Motive erfolgt willkürlich. Handlungs- und Sinnzusammenhänge sind beim Übergang zur Stufe 2 in Vorformen durch Gesten mit Erzählabsicht, aber noch nicht in den Zeichnungen selbst zu beobachten.

Dimension der Zeit (1):

Sie ist auf Stufe 1 noch nicht erkennbar. Wir können aus den Kritzeln und ersten Grundformen am Ende der Stufe 1 noch nicht erkennen, dass ein bewusstes Erleben der zeitlichen Qualitäten beginnt.

3.7.1.9 *Beispiele von Zeichnungen altersgemäß entwickelter Kinder der Stufe 1*

Abb. 009:
H., I., Mädchen, LA: 1;9 Jahre, Benennung: fehlt, Buntstifte, 21 x 29,7 cm, ***Zeichenentwicklung: altersgemäß (Stufe 1)****, verschieden geformte Kritzel;* ***Gesamtentwicklung:*** *altersgemäß, keine Hinweise auf Entwicklungs- und/oder Verhaltensstörungen.*

Abb. 010:
E., M., Junge, LA: 1;10 Jahre; Benennung: fehlt, Zuckerkreide (Rezept zur Herstellung vgl. Kap. 8.3.2), 32 x 32 cm, ***Zeichenentwicklung: altersgemäß (Stufe 1)****, Spurschmieren, Farbabdruck mit den Händen, taktil-kinästhetisches Farberlebnis;* ***Gesamtentwicklung:*** *altersgemäß, keine Hinweise auf Entwicklungs- und/oder Verhaltensstörungen.*

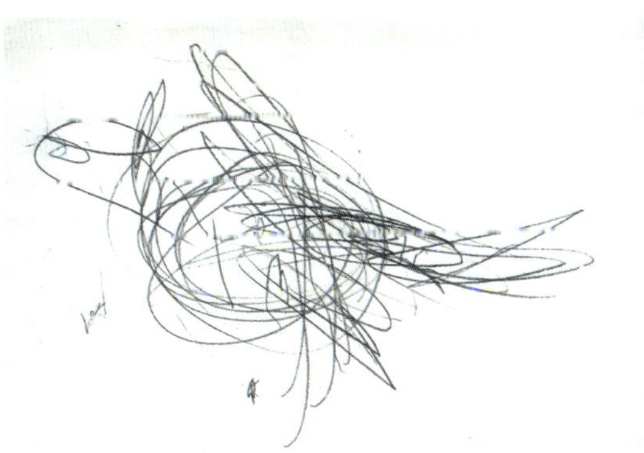

Abb. 011:
S., C., Mädchen, LA: 1;10 Jahre, Benennung: fehlt; Bleistift, 30,3 x 44 cm, ***Zeichenentwicklung: altersgemäß (Stufe 1)****, Hieb-, Schwing- und Kreiskritzel;* ***Gesamtentwicklung:*** *altersgemäß, keine Hinweise auf Entwicklungs- und/oder Verhaltensstörungen.*

<u>*Abb. 012:*</u>
E., M., Junge, LA: 1;10 Jahre, Benennung: fehlt, Buntstifte, 29,7 x 32,2 cm, ***Zeichenentwicklung: altersgemäß (Stufe 1)****, Kreiskritzel und Punkte;* ***Gesamtentwicklung:*** *altersgemäß, keine Hinweise auf Entwicklungs- und/oder Verhaltensstörungen.*

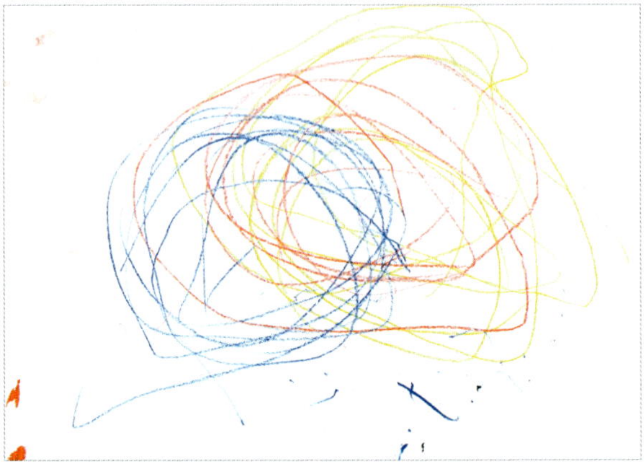

<u>*Abb. 013:*</u>
E., M., Junge, LA: 1;10 Jahre, Benennung: „Kuche", Buntstifte, 29,7 x 42,1 cm, ***Zeichenentwicklung: altersgemäß (Ende Stufe 1, Übergang zur Stufe 2)****, Kreiskritzel und verschieden geformte Kritzel, erste „Konzeptkritzel": Die Zeichnung wurde im Anschluss an ein lustvoll erlebtes Kuchenessen gezeichnet und soll dieses Erlebnis (inneres Bild) mit den Kritzeln auf der Zeichenfläche zum Ausdruck bringen;* ***Gesamtentwicklung:*** *altersgemäß, keine Hinweise auf Entwicklungs- und/oder Verhaltensstörungen.*

<u>*Abb. 014:*</u>
S., C., Mädchen, LA: 2;2 Jahre, Benennung: fehlt, Wachsmalstift, 21 x 29,7 cm, ***Zeichenentwicklung: altersgemäß (Ende Stufe 1, Übergang zur Stufe 2)****, Übergang vom Kreiskritzel zur geschlossenen Form des Kreises;* ***Gesamtentwicklung:*** *altersgemäß, keine Hinweise auf Entwicklungs- und/oder Verhaltensstörungen.*

3.7.2 *Stufe 2 der Zeichenentwicklung (altersgemäße Entwicklung im Überblick)*
ca. 2;0-7;0 Jahre
a) ca. 2;0-4;0 Jahre b) ca. 4;0-7;0 Jahre
ca. 5;0-7;0 Jahre „Werkreife", Vorschulalter

Voroperationales Denken in Verbindung mit sensomotorischen, sprachlichen, perzeptiven und emotional-sozialen Funktionen der frühen Kindheit und des Beginns der mittleren Kindheit:
Auf Stufe 2 der Kinderzeichnung finden wir Entwicklungsmerkmale des voroperationalen Denkens, die sich eng verbunden und vernetzt mit den taktil-kinästhetischen, sensomotorischen, sprachlichen, visuell- und auditiv-perzeptiven sowie emotional-sozialen Funktionen entfalten. Stufe 2 der Zeichenentwicklung entspricht in vielen Aspekten der Stufe des voroperationalen Denkens nach Piaget (vgl. Kap. 2.2.2). Entsprechend der Charakterisierung Piagets ist das Denken dieser Stufe symbolisch, anschaulich, noch stark der Wahrnehmung verhaftet, nicht umkehrbar. Echte Dezentrierungen sind noch nicht möglich. Die kognitiven Urteile werden nur aufgrund einzelner hervorstechender Merkmale getroffen (zentriertes Denken). Das Kind bildet Schlussfolgerungen von Einzelfall zu Einzelfall (transduktiv) und kommt so zu falschen Generalisierungen. Der Egozentrismus des Kindes fällt im Denken, aber auch in seiner emotionalen Entwicklung auf (vgl. Kap. 2.2.2).

Merkmale des voroperationalen Denkens der Stufe 2 nach Piaget im Überblick:
- Das Kind agiert nicht nur mit den Dingen selbst, sondern mit ihren verinnerlichten Repräsentationen (Bildern, Symbolen, sprachlichen und graphischen Zeichen)
- das Denken ist egozentrisch, anschaulich, konkret-bildhaft, animistisch (d. h. alles wird als beseelt und lebendig-belebt empfunden), an Handlungen gebunden
- Zentrierung des Denkens (Konzentration und Aufmerksamkeit sind auf einzelne, wahrnehmungsmäßig besonders hervorstechende Merkmale gerichtet)
- das Denken ist irreversibel (das Kind kann reale und vorstellungsmäßige Abläufe noch nicht innerlich umkehren und zum Ausgangspunkt zurücklaufen lassen; Mengen werden z. B. nur in Abhängigkeit von ihrem jeweiligen optischen Umfeld analysiert und zugeordnet, die Invarianz der Menge ist noch nicht erreicht)
- Sprache setzt die Entwicklung der Symbolfunktion voraus und fördert zugleich in hohem Ausmaß die Reifung und symbolische Verdichtung des Denkens; genetischer Zirkel zwischen Sprache und Denken

- die Sprache baut sich aus Vorbegriffen auf; diese sind noch unvollständig hierarchisiert
- das Verständnis der personalen Identität ist noch instabil (verändertes Aussehen verändert die Identität)
- das Kind denkt intuitiv-ganzheitlich und kann noch nicht im Sinne des reifen Denkens älterer Kinder und Jugendlicher logisch schließen; es nimmt falsche Generalisierungen vor, da es von Einzelfall zu Einzelfall (transduktiv) schließt
- Vorformen von Dezentrierungen werden am Ende der Stufe 2 (Vorschulzeit) in Konfigurationen (gegliederte Anschauungen) und Regulierungen beobachtet (vgl. Kap. 2.2.2).

Merkmale der Zeichenentwicklung, Stufe 2:
Stufe 2 der Zeichenentwicklung beginnt im Kleinkindalter mit der Entwicklung der Symbolfunktion der Sprache und der inneren Bilder und äußert sich zunächst in noch ungeformten ersten Kritzelzeichnungen (vgl. Kap. 3.7.2.9, Abb. 013), die aber schon benannt werden („Konzeptkritzel"). Aus den Kreiskritzeln entwickelt sich als erste Grundform der Kreis (ab ca. 2;0-3;0 Jahren). Im Kindergartenalter erwirbt das Kind weitere Grundformen (Kreuze, Spiralen, Vierecke, Sonnenformen, Leiterformen, Kopffüßler). Aus Kreisen und Strichen werden erste Formen zusammengesetzt, die erst nachträglich benannt werden. Das Kind verarbeitet nun seine vielfältigen Sinneswahrnehmungen und affektiven Erlebnisse zu immer reichhaltigeren inneren Bildern und visuellen Vorstellungen. Damit beginnt die bildermächtigste Zeit des Kindes. Es hat Zugriff zur Welt seiner inneren Bilder und verarbeitet diese mit Hilfe seines anschaulichen Denkens und seiner intensiven Gefühle zu ausdrucksvollen Darstellungen. Bei diesen Prozessen verknüpft es z. B. im Sinne des anschaulichen Denkens Farbwahrnehmungen mit Begriffen und kommt damit zu freien, phantasievollen Lösungen, die noch nicht durch rationale Kontrolle und Orientierung an der Realität gesteuert oder eingeengt werden (die Farbe Rot wird z. B. vom Kind als ein Lebewesen, eine bestimmte Person erlebt und gezeichnet, mit der es spricht, die sein Freund ist oder vor der es sich fürchtet).
In Gesprächen mit dem Kind kann nachvollzogen werden, welche Inhalte es beschäftigen und was es dem Betrachter mit seinem „Werk" mitteilen möchte (vgl. Kap. 3.7.2.9, Abb. 040).
Im Vorschulalter (ab ca. 5;0 Jahren) hat das Kind die „Werkreife" erreicht. Es verfügt nun über vielfältige Darstellungsmöglichkeiten (vgl. Kap. 3.7.2.9, Abb. 056), die am Ende der Vorschulzeit in ersten Schritten an die Realität der dargestellten Objekte angeglichen werden. Den Merkmalen des voroperationalen Denkens entsprechend, werden die Details an die Grundformen meist im rechten Winkel

angefügt (attributiv) und noch nicht in die Binnenstruktur der „Gestalten", der Formganzen, integriert.

Merkmale der Zeichenentwicklung, Stufe 2 im Überblick:

- Entwicklung der Symbolfunktion der Sprache und der inneren Bilder
- das Kind zeichnet aus seiner Vorstellung (aus seinen inneren Bildern) und orientiert sich beim Zeichnen noch nicht an der Realität
- die ersten Kritzelzeichnungen werden benannt und mit Sinn belegt („Konzeptkritzel"); die Symbolfunktion von graphischen Zeichen beginnt mit der *motorischen Symbolik* (ab ca. 1;6-2;0 Jahren); aus der verinnerlichten Nachahmung, aus der Nachahmung von Körperbewegungen entstehen Bewegungsspuren (Kritzel); diese werden durch Gestik oder mit nachträglicher Benennung in ihrer Aussage (Symbolik) mit *Konzeptkritzeln* verdeutlicht (d.h. das Kind unterlegt seinen Kritzeln einen Sinn und verbalisiert dies)
- innere Bilder stützen sich auf Gedächtnisinhalte, die entweder aus der Erinnerung nachgeahmt werden oder aus dem Erfahrungsschatz ähnlicher Handlungsschemata erwachsen (John-Winde, 1981)
- aus Kreiskritzeln entsteht als erste Grundform der Kreis
- Kreise und Striche werden zu ersten Formen zusammengesetzt
- Erwerb weiterer Grundformen (Kreuz, Spirale, Viereck, Sonnenformen, Leiterformen, Kopffüßler)
- Details werden an die Grundformen im rechten Winkel angefügt (attributiv) und noch nicht in ihre Binnenstruktur integriert; der rechte Winkel wird gegenüber anderen Winkelformen bevorzugt (R-Prinzip)
- ab ca. 5 Jahren hat das Kind die „Werkreife" erreicht und ist in der Lage, seine inneren Vorstellungen für den Betrachter verständlich zeichnerisch umzusetzen; Sprache und visuelle Wahrnehmung erreichen Vorschulreife; Schulfähigkeit bereitet sich vor. Projektive Deutungen von Zeichentests sind erst ab „Werkreife" sinnvoll
- am Ende der Vorschulzeit beginnt das Kind in ersten Schritten, seine Zeichnungen an die Realität anzugleichen (vgl. Form-, Größen-, Farbdarstellung der Stufe 2)
- John-Winde fasst die Merkmale der Stufe 2 der Zeichenentwicklung im Sinne Luquets wie folgt zusammen: *„Ich kann auf dem Papier festhalten, was ich mir vorstelle – ich zeichne, was ich weiß."* (John-Winde, 1981, S. 89).
  Aus meinem Verständnis von Luquet sollte der Satz wie folgt ergänzt werden: *„Ich zeichne, was ich weiß und nicht* nur *das, was ich vor mir sehe."*

Nach Erikson muss das Kind im ersten Abschnitt dieser 2. Entwicklungsstufe (ca.

1;6/2;0-4;0 Jahre) ein Gefühl der Selbstständigkeit erreichen, während es mit „Zweifel und Scham" kämpft.
Frostig und Maslow, 1978, S. 83:
„Diese Phase fällt grob zusammen mit der analen Phase nach Freud und der präoperationalen Phase (erster Abschnitt) nach Piaget (Entwicklung der Symbolfunktionen, des sprachlichen und vorbegrifflichen, transduktiven Denkens). Sie beginnt mit ungefähr 18 Monaten und dauert etwa bis zum vierten Lebensjahr. Ihr Hauptkonflikt leitet sich von der Notwendigkeit der Reinlichkeitserziehung her; denn während dieser muss das Kind sozialen Forderungen nachgeben. Gleichzeitig entwickelt es Selbstständigkeit in seinen körperlichen Funktionen, lenkt und beeinflusst andere mittels seiner Sprache und vergrößert den Bereich des Umgangs mit seiner Umwelt. Wird das Kind zu sehr kontrolliert, entwickelt es ein dauerndes Gefühl von Zweifel und Scham; wird ihm größere Selbstkontrolle zugestanden, erwirbt es ein Gefühl der Selbstständigkeit."
Im 2. Abschnitt dieser Entwicklungsstufe (ca. 4;0-7;0 Jahre) muss das Kind nach Erikson ein Gefühl der Initiative erwerben und ein „Schuldgefühl" überwinden.
„Dieser Abschnitt dauert von ungefähr vier bis sieben Jahren und stimmt ungefähr mit der phallischen Phase nach Freud und dem zweiten Teil der voroperationalen Stufe nach Piaget (anschauliches Denken) überein. Das Kind kommt häufig schon in die Schule oder in den Kindergarten, wo es lernen muss, sich einer neuen Art von Disziplin anzupassen. Es beschäftigt sich mit kreativem Spiel und wird sich seiner selbst als geschlechtliches Wesen bewusst – als Junge oder als Mädchen."

3.7.2.1 Gesamteindruck (Stufe 2)

Erster subjektiver Eindruck (2):
Festgehalten wird der erste subjektive Eindruck zur *Zeichenentwicklung* des Kindes bis zum Lebensalter von ca. 2;0-4;0 und von 4;0-7;0 Jahren. Besondere Aufmerksamkeit gilt dem Alter der „Werkreife" (Vorschulalter; 5;0-7;0 Jahre). Alle ersten Beobachtungen zur Zeichenentwicklung werden notiert (Wirkt die Zeichnung altersentsprechend, dem Lebensalter vorauseilend oder rückständig? Welche Entwicklungsmerkmale fallen beim ersten Betrachten der Zeichnung auf?).

Bildnerischer Ausdruck (2)
Bereits in den Kritzelzeichnungen und ersten Motiven zeigen sich zu Beginn der Stufe 2 unterschiedliche Ausdrucksqualitäten der Kinderzeichnung. Im bildnerischen Ausdruck lässt sich eine „Ausstrahlung" der Zeichnung erkennen, welche sich dem Betrachter unmittelbar als Eindruck mitteilt. Auf Stufe 2 finden sich Zeichnungen, die eine positive emotionale Befindlichkeit, Vitalität, Einfallsreichtum und Leben-

digkeit ausstrahlen; andere wiederum lösen beim Betrachter/der Betrachterin die gegenteilige Empfindung aus. Sie wirken vitalschwach, inhaltsarm, starr, unlebendig. Die Wahrnehmung des bildnerischen Ausdrucks ist immer vom subjektiven Empfinden des Betrachters geprägt und reflektiert das eigene persönliche Erleben. Bei der Deutung Emotionaler Zeichen werden diese Prozesse der „Gegenübertragung" gezielt im psychotherapeutischen Prozess eingesetzt.
Stufe 2 repräsentiert die bildermächtigste Zeit im Leben des Kindes. Im Kindergarten- und Vorschulalter können die inneren Bilder zu ausdrucksstarken, kreativen Zeichnungen verarbeitet werden, sofern das Kind über die notwendigen graphomotorischen, perzeptiven, kognitiven und emotionalen Voraussetzungen verfügt.

Sprachlicher Ausdruck (2):
Zu Beginn der Stufe 2 beginnt das Kind bereits, seine inneren Bilder verbal auszudrücken (vgl. Kap. 3.7.2.9, Abb. 019, 020). Ab dem 4. Lebensjahr nimmt diese Fähigkeit deutlich zu. Kinder können, sobald sie über innere Bilder verfügen, erste sprachliche Kommentare dazu abgeben. Oft erzählen schon 3;0jährige Kinder zu ihren Kritzelzeichnungen lange Geschichten und zeigen so, mit welchen inneren Bildern sie sich intensiv beschäftigen (vgl. Kap. 3.7.2.9, Abb. 040). Nach der Werkreife finden Kinder mit Freude an der Entfaltung der Sprache und guter verbaler Intelligenz zu ausdrucksstarken Benennungen ihrer Bilder. Sie zeigen damit zugleich kreative verbale Potenziale (vgl. Kap. 3.7.3.9, Abb. 074).

Stil (2):
Der Stil der Stufe 2 ist geprägt vom anschaulichen Denken dieses Entwicklungsabschnittes. Details werden attributiv angefügt, aber noch nicht in die ganzen Formen integriert. Das Kind orientiert sich zu Beginn dieser Stufe in seinen Darstellungen noch nicht an der Realität. Als Übergang zur Stufe 3 ändert sich mit der Reifung des Denkens auf der Stufe der konkreten Operationen auch der Zeichenstil. Die Zeichnungen passen sich beim Übergang von Stufe 2 zur Stufe 3 in kleinen Schritten zunehmend an die Realität an. Schon bald nach Erwerb der ersten Schemata, der ersten geometrischen Formen, zeigt das Kind in seinen Zeichnungen typische Merkmale seines individuellen Stils. Es wiederholt z. B. graphologische Merkmalskombinationen (besondere Kringel oder Strichkombinationen, Winkelformen an vergleichbaren Stellen der Motive), zeigt deutliche Inhaltsbevorzugungen (malt z. B. lange Zeit Kopffüßler oder Bäume bei gleichem Ablauf der Hand- und Fingerbewegungen und gleichem strukturellen Aufbau). Stilunterschiede zeigen sich mit zunehmendem Lebensalter auch in typischen Ausdrucksqualitäten der Zeichnung, in der die Zeichnung kennzeichnenden individuellen „Ausstrahlung" (vgl.

Bildnerischer Ausdruck). Oft ist es möglich, Zeichnungen von Kindern der Stufe 2 an ihrem individuellen Malstil zu erkennen und vom Zeichenstil anderer Kinder zu unterscheiden – vgl. Kap. 6.2.3, Abb. 234-236: Übereinstimmende Stilmerkmale der Menschzeichnungen (Schablonisierungen) bei vorliegender mentaler Entwicklungsstörung.

Ausführung und Organisation (2):
Zu Beginn der Stufe 2 arbeiten die Kinder flüchtig, d.h. mit sehr kurzen Konzentrationsspannen. Die Zeichnungen werden noch nicht planvoll organisiert. Ab der „Werkreife" (ab ca. 5;0 Jahren) beginnen die Kinder, sich auf ihre Zeichentätigkeit zu konzentrieren. Sie möchten dem Betrachter mit ihren Zeichnungen etwas ihnen Wichtiges mitteilen und beschäftigen sich mit dieser Aufgabe, bis sie aus ihrer Sicht erfüllt ist. Die Ausdauer beim Zeichnen ist oft noch kurz und von individuellen Bedürfnissen abhängig. Meist gelingt die planvolle Organisation des Bildes nur in einzelnen Bildabschnitten, aber noch nicht im Gesamtbild.

3.7.2.2 Motive, Symbole, Zeichen (Stufe 2)

Erste Motive (2):
Die *freie Verfügbarkeit* von verknüpften inneren Bildern, Vorstellungen und sprachlichen Symbolen *unabhängig von äußeren Wahrnehmungen* beginnt ab ca. 2;0 Jahren. Erste Motive als Kritzelformen entstehen meist aus der Koordination eigener Körperbewegungen und sind oft verbunden mit auditiven Signalen (Geräuschen, die das Kind begleitend produziert). Das Kind zu Beginn der Stufe 2 benennt seine Kritzelformen nachträglich und erzählt zu ihnen seine Erlebnisse. Die Sprache enthält eigene Wortschöpfungen in „Vorbegriffen", denen es noch an stabiler Identität und logischer Allgemeinheit mangelt. Sie lassen aber ihre vitale Bedeutung für das Kind erkennen und auf innere Bilder des Kindes, seine Umwelterfahrungen und Phantasieentwicklung schließen.
Die ersten *sinnvollen Kritzelzeichnungen* (Konzeptkritzel) entstehen aus der Bewegung und aus der Nachahmung von Bewegungen in Zusammenhang mit taktilkinästhetischen, visuell- und auditiv-perzeptiven, vorsprachlichen, affektiven und interaktiven Funktionen.
Aus dem *Kreiskritzel* entwickelt sich als erstes graphisches Zeichen und Symbol der *geschlossene* Kreis in der Zeichnung (ab ca. 2;0-3;0 Jahren). Er wird auch als Grundform oder „Urform" bezeichnet. Es handelt sich beim Kreis um ein transkulturelles, kollektives Symbol, das als universelle Formensprache in allen Kulturen die Grundlage der Zeichenentwicklung und graphischen Gestaltung darstellt und mit unterschiedlichen individuellen Deutungen belegt wird (vgl. Kap. 4.2.1).

Die sprachliche Symbolik eilt der Zeichensymbolik meist um 1;0-2;0 Jahre voraus. Das Kind benennt seine Kritzel und Kreise, die vom Betrachter selbst häufig noch nicht oder nur in ersten Ansätzen gedeutet werden können.

Ein 2;0jähriger Junge zeichnet Kreiskritzel und sagt mit nachträglicher Benennung dazu: „Kuche." Das Kind hatte gerade mit großem Genuss Kuchen gegessen (vgl. Kap. 3.7.1.9, Abb. 013).

Aus Kreisen und Strichen werden alle folgenden Motive aufgebaut: erste Menschdarstellungen der primären Bezugspersonen („Mama", „Papa", Geschwister und andere Familienangehörige ab ca. 3;0 Jahren), Selbstdarstellung und Sonnen (ab ca. 3;6 Jahren), Blumen, Wiese, Häuser, Bäume, Tiere, Fahrzeuge etc..
Die *ersten menschlichen Figuren (Kopffüßler)*, die *Sonne*, der *Baum* und das *Haus* gehören ebenso wie der Kreis zu den transkulturellen „archaischen" Symbolen der Zeichnung, die in allen Kulturen Grundbestand der graphischen Gestaltung sind. Sie behalten auch in der späteren Kindheit, im Jugend- und im Erwachsenenalter ihre hohe Wertigkeit und können schon ab der „Werkreife" (ab ca. 5;0-7;0 Jahren) mit einer individuell geprägten Symbolik verbunden werden. Bei der psychotherapeutischen Aufdeckung vorbewusster oder unbewusster Konflikte von Kindern, Jugendlichen und Erwachsenen weisen sie eine aufschlussreiche Symbolik auf und ermöglichen wichtige Hinweise für den Behandlungsplan (vgl. Kap 4.2.2).
Die ersten Motive werden erst nachträglich, dann gleichzeitig und schließlich vorzeitig sprachlich benannt.
Schreibkritzel treten ab ca. 3;0-4;0 Jahren als erste sozio kulturelle Zeichen aus Nachahmungshandlungen von Schreibbewegungen Erwachsener auf und sind Vorformen der später erlernten Schriftzeichen der jeweiligen Sprachkulturen. Das Kind macht dem Betrachter mit Hilfe seiner Schreibkritzel verständlich, dass es einen „Brief" schreiben möchte.

Ab ca. 4;0 Jahren werden die Motive reichhaltiger (Wiese, Blumen, Häuser, Bäume, Tiere, Autos), auf der Grundlage eigener innerer Bildern entsprechend detailliert gestaltet und mit ersten individuellen Attributen versehen; auch aus Wahrnehmungen des Kindes gewonnene Informationen und Lernerfahrungen fließen in die Gestaltung mit ein (vgl. Formgestaltung Stufe 2).

Motive nach der „Werkreife" (ca. 5;0-7;0 Jahre, Stufe 2):
Ab ca. 5 Jahren, wenn die „Werkreife" erreicht ist, erhöhen sich die Vielfältigkeit und Differenziertheit der Motive kontinuierlich.
Die Menschdarstellungen sind nun *gegliedert und mit individuellen Merkmalen,*

auch mit Geschlechtsmerkmalen, versehen (vgl. Formen und Formdetails Stufe 2). *Inhalte von Bilderbüchern, Hörkassetten, Filmen und Fernsehsendungen* finden Eingang in die Kinderzeichnung. *Farben* werden als *sozio-kulturelle Zeichen* (z.B. Farben der Verkehrsampeln), als *kollektive Symbole,* aber auch mit individueller Symbolik versehen, in der Zeichnung sichtbar (vgl. Kap. 3.7.3.6 und 4.2.6). Das *magische Denken* dieser Stufe spiegelt sich in Darstellungen aus der *Welt der Märchen.* Auch *Geister, Angstgeister,* werden oft gezeichnet und geben Zeugnis von den in dieser Phase oft auftretenden Dunkelängsten (vgl. Kap. 3.7.2.9, Abb. 040, 041). Mädchen bevorzugen *Motive aus dem Familienleben,* Jungen setzen sich im Vorschulalter mit *Rittern, Cowboys, Indianern* auseinander. Sie fügen häufig den Zeichnungen attributive *Kampfwerkzeuge* bei. Mädchen im Vorschulalter zeichnen den menschlichen Figuren gerne *schöne Kleider,* die sie mit *Mustern* verzieren. Mädchen in dieser Altersstufe sind den Jungen in der Reichhaltigkeit der Wahl der Motive und ihrer zeichnerischen Darstellung oft voraus. Viele Jungen holen diesen Vorsprung erst in der späten Kindheit auf (ab ca. 8;0 Jahren).

3.7.2.3 Graphomotorik Stufe 2 (Strichführung, Strichcharakter, Flächenbehandlung)

Von ausfahrenden Kritzelbewegungen über Formreduktion zur gezielteren Strichführung (2):

Nun kann aus gezielteren Kreiskritzeln entsprechend der angeborenen Tendenz, Formen zu schließen (Schließungstendenz als Merkmal der Prägnanztendenz), als erste geschlossene Form ab 2;0-3;0 Jahren der Kreis entstehen (Übergang vom Kreiskritzel zum geschlossenen Kreis vgl. Kap. 3.7.1.9, Abb.014; geschlossene Kreise als erste Zeichenmotive vgl. Kap. 3.7.2.9, Abb. 015). Mit der Möglichkeit, Formen zu schließen (erste geschlossene Kreise zu zeichnen), reduzieren sich die ausfahrenden Kritzelbewegungen des Kindes, und die Auge-Hand-Koordination stabilisiert sich in kleinen Schritten.

Erste Ausmalversuche (2):

Etwa mit 3;6 Jahren finden wir bereits die ersten Ausmalversuche mit Beachtung von Grenzlinien (vgl. Kap. 3.7.2.9, Abb. 026).

Wechsel von unsicherer zu sicherer werdenden Feinmotorik (2):

Der Wechsel von unsicherer zu sicherer werdenden Feinmotorik gehört als wichtiger dynamischer Prozess zur ungestörten Zeichenentwicklung. Durch ihn wird überhaupt erst eine Weiterentwicklung der Zeichenentwicklung von Stufe zu Stufe möglich (vgl. Kap. 3.2).

Das Kind ist bis zum Erreichen der Werkreife und Schulfähigkeit immer gezielter in der Lage, seinen Stift zu führen und Begrenzungslinien zu beachten. Allerdings treten auch noch am Ende der Stufe 2 immer wieder feinmotorische Unsicherheiten, z. B. Überschneidungen von Linienenden, auf.

3.7.2.4 Formdarstellung (Stufe 2)

Die Entwicklung der Formdarstellung geht auf Stufe 2 von den ungerichteten Bewegungsspuren (Punkten, Kritzeln) zu den ersten geschlossenen Kreisen und anderen Grundformen, zu den Formen mit hinzugefügten Details.
Die ersten Formen mit Formdetails werden entsprechend der Strukturen der Gestaltgesetze aufgebaut (vgl. Kap. 3.6.4). Der rechte Winkel (R-Prinzip) spielt auf Stufe 2 eine stabilisierende Rolle, auf die das Kind bei vorübergehenden zeichnerischen Unsicherheiten und dem Ausprobieren neuer Schemata immer wieder zurückgreift (vgl. Kap. 3.7.3.9, Abb. 043, 051, 057).
Die Details werden auf Stufe 2 zuerst im rechten Winkel *attributiv* an eine Grundform *angesetzt*. Erst am Ende der Stufe 2 und als Übergang zur Stufe 3 beginnt das Kind damit, die Details in die Binnenstruktur zu integrieren (vgl. Kap. 3.7.3.4).
Die Darstellung von Formen und Formdetails ist auf Stufe 2 noch nicht an der visuellen Realität orientiert. Die Formen werden in Entsprechung zu inneren Bildern, inneren Bewegungsimpulsen und emotionalen Impulsen gezeichnet. Es ist daher nicht sinnvoll, Kinder der Stufe 2 dazu anzuhalten, nach Modellen (Bildern oder Objekten) zu zeichnen oder Modelle mit speziellen Merkmalen abmalen zu lassen, um dadurch eine Steigerung ihrer Zeichenleistungen zu erreichen.

Formen und Formdetails (2;0-4;0 Jahre, Stufe 2):
Aus den Kreiskritzeln entsteht als erste geschlossene Form (Urform) der Kreis (ab ca. 2;6-3;0 Jahren).

> Bei gut entwickelten Kindern können geschlossene Kreise schon ab 2;0-2;6 Jahren beobachtet werden. Jungen zeichnen geschlossene Kreise häufig etwas später als Mädchen (ab ca. 3;0 Jahren) und zeigen nach in der Literatur vorliegenden Untersuchungsergebnissen insgesamt in der Zeichenentwicklung bis ca. 8;0 Jahre ein langsameres Entwicklungstempo, holen diese Verzögerung aber nach diesem Zeitpunkt in der Regel auf (Richter, 1987, John-Winde, 1981).

Aufbau der Formen aus Kreisen und Strichen (2):
Alle weiteren graphischen Formen werden aus Kreisen und Strichen aufgebaut. Das Kind reichert die Formen im Laufe seiner Entwicklung entsprechend seinen inneren Bildern und Vorstellungen und seinen Umwelt- und Lernerfahrungen mit immer mehr Details an.

Weitere erste Grundformen, Stufe 2:
Zu den ersten Grundformen gehören neben dem Kreis das Kreuz (ab ca. 3;6 Jahren), *die Spirale, die Leiterformen* (ab ca. 3;0-4;0 Jahren), *die Sonnenformen* (ab ca. 3;6 Jahren), *die Kopffüßler* (ab ca. 3;0-4;0 Jahren) und *Schreibkritzel* (ab ca. 3;6 Jahren).

Kopffüßler (2):
Kopffüßler werden bis zum Erreichen der Schulfähigkeit zur Vollform des gegliederten Menschen ausgestaltet (gegliederter Mensch ab ca. 4;0-5;0 Jahren).

Beim Kopffüßler zeichnet das Kind den Kreis als ganzheitliches Symbol für eine Einheit von Kopf und Körper. Meist fügt es zuerst im rechten Winkel zwei Striche als Beine nach unten weisend an. Seitlich zeichnet es zwei Striche als Arme. In einem Kreis kennzeichnen Kinder oft schon sehr früh, ab ca. 3;0-4;0 Jahren, Punkte oder Striche als Augen, Nase und Mund. Bald darauf ordnet das Kind dann Striche als Haare oben außen an den Kreis (vgl. Kap. 3.7.2.9, Abb. 024, 035, 052, 054).
Kurz nach dem Auftreten des ersten Kopffüßlers werden auch die ersten einfach gegliederten Menschen gezeichnet. Beide Formen treten bis ca. 4;0/4;6 Jahren nebeneinander auf. Zunächst fügt das Kind auf Stufe 2 Einzelmerkmale zu dem Grundschema des Kreises additiv hinzu. Die Menschzeichnung wird im Laufe der Entwicklung immer deutlicher an Erfahrungswerte der visuellen Wahrnehmung angeglichen. Aus dem „Kopffüßler" entwickelt sich ab ca. 4;0/4;6 Jahren das Schema eines gegliederten Menschen (Kopf, Rumpf, Beine, Arme, Gesichtsmerkmale, Andeutungen von Kleidern; der Bauchnabel spielt bei den frühen Menschzeichnungen eine wichtige Rolle). Bei den Frühformen von gegliederten menschlichen Figuren (Übergangsformen vom Kopffüßler zum gegliederten Mensch) wird der Bauchnabel oft zwischen den Beinen dargestellt, auch wenn noch kein Körper abgegrenzt ist (Eckstein, 1999, vgl. Kap. 5.1). Details (z. B. Körperteile) setzt das Kind im rechten Winkel (R-Prinzip) an. Es zeichnet Arme und Beine bei der Menschdarstellung, Stamm und Äste bei der Baumdarstellung als Einzelstriche und noch nicht flächig mit Doppelstrich. Die Positionen der Glieder sind noch nicht an die Realität angeglichen. Bei den ersten Menschzeichnungen werden z. B. oft die Arme am Kopf angesetzt. Kopf, Arme und Beine werden noch nicht mit dem Körper verbunden, sondern über oder neben dem Körper gezeichnet und noch nicht mit der Grundfigur integriert (vgl. Kap. 3.7.2.9, Abb. 036).

Anmutungsqualitäten (2):
Das Kind nimmt die Binnenstruktur von Formen noch nicht differenziert wahr. Es lässt sich zunächst bei seinen Darstellungen nicht von differenzierten visuellen Wahrnehmungen, sondern von gefühlsgetragenen und ganzheitlich orientierten „Anmutungsqualitäten" leiten.

Kap. 3.7.2.9, Abb. 020:
Ein Mädchen zeichnet z. B. im Lebensalter von 3;0 Jahren eine Eisenbahn, indem es das ganze Blatt mit verschiedenen Farben ausmalt und an den unteren Rand Kreise zeichnet, die als

Räder die ganze Eisenbahn darstellen sollen. Es konzentriert sich also auf ein Detail, z. B. auf die Räder der Eisenbahn, das von ihm als Ganzheit, als die ganze Eisenbahn, erlebt wird. Über ein hervorstechendes Merkmal wird ein kognitives und zugleich gefühlsbestimmtes Urteil über eine ganze Gestalt getroffen. Oder ein Kind malt ein aufgerissenes Maul, das für es das ganze Tier, einen kompletten Löwen, symbolisiert. Die Ganzheit und Gefährlichkeit des Löwen wird von ihm über ein dargestelltes „exemplarisches Detail" – das aufgerissene Maul – erlebt.

Formen und Formdetails (ca. 4;0-7;0 Jahre, Stufe 2):
Ab ca. 4;0 Jahren ist ein altersentsprechend entwickeltes Kind in der Lage, ein Viereck mit rechtwinkligen Ecken zu zeichnen. Es baut seine Häuser jetzt auf dieser Grundform auf, während es in jüngerem Alter noch von der Kreisform ausging.

Röntgenbilder (ca. 4;0-7;0 Jahre, Stufe 2):
Das Kind malt aus seiner inneren Vorstellung alles, was es von seinem Zeichenmotiv weiß (vgl. „Intellektueller Realismus" bei Luquet, Kap. 3.3). Vergleiche mit der visuellen Wahrnehmung werden nur bedingt in die Zeichnungen hineingenommen. Auch Dinge, die man nicht gleichzeitig sehen kann, z. B. *die Außen- und gleichzeitig die Innenansicht eines Hauses* oder die Beine unter dem Rock, werden durchscheinend wie bei einer Röntgenaufnahme dargestellt (vgl. Kap. 3.7.2.9, Abb. 056).

Formen und Formdetails nach der Werkreife (ca. 5;0-7;0 Jahre, Stufe 2):
Ab ca. 5;0 Jahren ist die „Werkreife" (Bühler, K., 1967) erreicht. Das Kind beherrscht jetzt motorisch sicher die Grundformen (Kreis, Kreuz, Quadrat, Dreieck) und kann sie miteinander zu immer neuen und vielfältigeren Schemata verbinden. Mit dem Erreichen der Schulfähigkeit (ab ca. 6;0-7;0 Jahren) beobachtet man beim Kind einen *Übergang* von Stufe 2 zu Stufe 3 der Zeichenentwicklung. Es verfügt mit der Reifung der visuellen Wahrnehmung und der fein- und graphomotorischen Funktionen jetzt über das „Handwerkszeug" der visuellen Darstellung und kann viele Inhalte seiner inneren Bilder in seinen Zeichnungen so zum Ausdruck bringen, dass der Betrachter die Mitteilung versteht. Es ist jetzt auch in der Lage, einen Rhombus oder eine Mengengestalt (bestehend aus 10 Punkten) oder einen Satz in Schreibschrift nach einer Vorlage abzuzeichnen, ohne dass dies vorher geübt wurde (vgl. Kap. 7.3.3, Abb. 269). Das Kind beginnt, seine inzwischen erworbenen Zeichenschemata mit der visuellen Realität zu vergleichen und in kleinen Schritten abzuändern, neu zu strukturieren. Es integriert Details in die Formganzen und verändert ihre Positionen. Röntgenbilder werden seltener und mit Beginn oder kurz nach Beginn der Stufe 3 von den meisten Kindern ganz aufgegeben.

Die Menschdarstellung ist jetzt gegliedert und zeigt oft schon flächige Arme und/oder Beine (mit Doppelstrich). Die Details (z. B. Kleidungsstücke) nehmen zu. *Häuser* werden vor Erreichen der „Werkreife" (bis ca. 5;0 Jahre) noch mit Runddach gezeichnet (Halbkreis; vgl. Kap. 3.7.2.9, Abb. 032). Zu Beginn der Werkreife ist das Kind jedoch schon in der Lage, ein Dreieck mit spitzem Winkel zu zeichnen. Aus dem „Runddach" wird jetzt ein „Spitzdach" (vgl. Kap. 3.7.2.9., Abb. 047). Bei *Bäumen* verwendet ein Kind vor Erreichen der „Werkreife" für Stamm und Äste nur Einzelstriche (vgl. Kap. 3.7.2.9, Abb. 043). Ab ca. 5;0 Jahren wird zwar der Stamm flächig, die Äste erscheinen jedoch meist bis zum Erreichen der 3. Stufe noch in Form von Einzelstrichen (noch nicht flächig). Stamm und Äste oder Kugelkrone werden noch nicht integriert, sondern beifügend zusammengesetzt. Das Kind setzt die Äste im rechten Winkel außen an die Kugelkrone oder den Stamm (R-Prinzip; vgl. Kap. 3.7.2.9, Abb. 051). Beim Übergang zur Stufe 3 beginnen die Äste im schiefen Winkel aus dem Stamm herauszuwachsen (vgl. Kap. 6.2.1, Abb. 190). Das schulfähige Kind wiederum ist schon in der Lage, gezackte Sterne („Flächensterne") aus eigener Vorstellung darzustellen (Avé-Lallemant, 2005, Sterne-Wellen-Test, Instruktion vgl. Anhang, Kap. 9.3.4). Ab dem Lebensalter von ca. 5;0 Jahren können u. a. die Fortschritte der Darstellung von Formen und Formdetails mit Hilfe standardisierter Zeichentests festgehalten und im Vergleich zu Erwartungswerten der Altersgruppe ausgewertet werden (z. B. *„Zeichne-Einen-Menschen"*, Koppitz, 1972; *Mann-Zeichen-Test*, Ziler, 1950/2000; *Baum-Test*, Avé-Lallemant, 1976/2002; *Sterne-Wellen-Test*, Avé-Lallemant, 1978/2006; vgl. Kap. 5.3-5.3.6 und Kap. 9.2-9.3.4).

3.7.2.5 Größendarstellung (Stufe 2)

Die Entwicklung der Größendarstellung geht von der Nichtbeachtung der Größen oder Größenrelationen zu Beginn der Stufe 2 über in die so genannte emotional geprägte „Bedeutungsgröße", d.h. das Kind malt das groß, was ihm wichtig ist. Erst ab Ende der Stufe 2 und als Übergang zur Stufe 3 erfolgt in kleinen Schritten die an der äußeren Realität orientierte visuelle Wahrnehmung von Größenrelationen und deren Darstellung.

Zu beobachten sind auf Stufe 2 (bis ca. 4;6/5;0 Jahre) Menschdarstellungen mit unverhältnismäßig großen Köpfen. Häuser, Menschen und Bäume entsprechen in ihren Proportionen nicht der Realität und sind in ihren Größenverhältnissen nicht aufeinander bezogen. Auf der voroperationalen Stufe kommt der Größendarstellung ein erhöhter Ausdruckswert zu. Sie spiegelt die innere Befindlichkeit des Kindes („Affektperspektive").

Größe der Form im Verhältnis zum Zeichenblatt:

Eine Menschzeichnung von 5 cm oder weniger gilt auf einem DIN-A4 Blatt nach Untersuchungsergebnissen von Koppitz (1972) als auffallend klein, eine Menschzeichnung größer als 23 cm gilt auf einem DIN-A4 Blatt dagegen als auffallend groß (vgl. Koppitz, 1972; Buck, revised by Warren, 1992; Eckstein, 1995, 1996, 1999, 2000).

Die Größendarstellung ist zunächst als ein Entwicklungsmerkmal zu beurteilen. Auffallend kleine oder auffallend große Menschzeichnungen werden von Koppitz als Emotionale Faktoren interpretiert (vgl. Kap. 4.2.5). Ihre projektive Deutung ist allerdings erst ab der Werkreife (ab ca. 5;0-7;0 Jahren) in Erwägung zu ziehen.

Proportionen der Einzelformen:
Das Verhältnis von Armen zu Beinen oder von Gesichtsteilen zum Kopf bzw. Körper wird bei den ersten Menschzeichnungen noch nicht bewusst kognitiv verarbeitet, sondern entsteht vorwiegend aus emotionalen Impulsen. Der Kopf der ersten gegliederten Menschdarstellungen ist zumeist größer als der Körper (bis ca. 4;6 Jahre). Später werden Kopf und Körper etwa gleich groß gezeichnet. Mit ca. 5;0 Jahren tendiert das Kind dazu, den Kopf halb so groß wie den Körper zu zeichnen. Das schulfähige Kind zeichnet den Kopf im Verhältnis zum Körper oft schon in der Größenrelation ca. 1:3. Ende der Grundschulzeit verändert das Kind die Relation im Verhältnis 1:5.

3.7.2.6 Farbdarstellung (Stufe 2)

Das Kind der Stufe 2 wählt die Farben zunächst eher zufällig bzw. entsprechend seiner momentanen emotionalen Gestimmtheit aus; es trifft noch keine der Realität entsprechende Auswahl.

Dekorativfarbe (2):
Mit seinen Farben „dekoriert" das Kind willkürlich seine Linien, Formen und Flächen. Mosimann, 1979, spricht bei dieser Farbgestaltung von *„Dekorativfarbe"*. Die Wiese kann heute Rot und morgen Blau sein, die Sonne Rot oder Grün. Die Dekorativfarbe tritt überwiegend bis zum Lebensalter von ca. 5;0 Jahren auf.
Die Kinder der Stufe 2 brauchen einen freien und ungezwungenen Zugang zu Farben und sollten von Erwachsenen nicht vorzeitig zu einer Beachtung der realitätsorientierten Farbgebung angehalten werden. Gerade der Einsatz von „Dekorativfarben" führt oft bei Kindern des Vorschulalters zu besonders ausdrucksstarken Bildern. Auch die expressionistischen Maler des 20. Jahrhunderts wählten zur Steigerung ihrer Ausdruckskraft die Farben frei und passten sie nicht der visuell wahrnehmbaren Realität an.

Typenfarbe (2):
Erst ab „Werkreife" orientiert sich das Kind häufiger an *typischen Farbzuordnungen*. Entsprechend seiner Umwelterfahrungen und der Reifung seiner visuellen Wahrnehmung gebraucht es mit Erreichen der Schulfähigkeit oft schon die *„Typenfarben"* (Mosimann, 1979) und malt nun z. B. die Wiese nicht mehr Rot, sondern Grün. Es orientiert sich bei Anwendung der Typenfarben an den äußeren Wahrnehmungen als auch an visuellen Vorbildern aus Bilderbüchern, Filmen und Fernsehen.
Schon in der frühen Kindheit werden angeborene Möglichkeiten der Farbwahrnehmung und Farbempfindung mit individuellen Körpererfahrungen (z. B. mit der roten Farbe des Blutes), ebenso mit Naturerfahrungen (z. B. dem Grün der Pflanzen, der Dunkelheit der Nacht, der Helligkeit des Sonnenlichts), und mit sozio-kultu-

rellen Umwelterfahrungen (z. B. Signalwerte von Verkehrszeichen, Verkehrsampeln) verbunden sowie mit kollektiven Farbsymbolwerden (z. B. der blaue Mantel der Mutter Maria) belegt.

Kap. 3.7.2.9, Abb. 019:
Ein 2;11jähriges Kind ordnete in seiner Zeichnung die Erlebnisse von Tag und Nacht den Farben Blau und Schwarz bzw. Gelb und Orange zu und stellte zuerst die Nacht mit blauen und schwarzen Kritzeln, den Tag darauf folgend mit gelben und orangefarbenen Kritzeln dar. Zu seiner Zeichnung gab es folgende Erklärung: „Es ist Nacht, alle schlafen (Blau und Schwarz)", „es ist hell, alle wachen auf (Gelb und Orange)". Interessant ist, dass dem Kind diese Farbzuordnungen zuvor nicht erklärt worden waren. Es werden offensichtlich tradierte „kollektive Symbole", ausgehend von Körpererfahrungen und Naturerfahrungen, im Sinne eines „kulturellen Gedächtnisses" gebildet, die auch in den Kinderzeichnungen der Stufe 2 schon in ersten Spuren zu ermitteln sind.
Die Farben Dunkelblau und Schwarz und der Begriff „Nacht" werden ab der Stufe 4 der Zeichenentwicklung und im Erwachsenenalter auch im Hinblick auf ihren individuellen Symbolwert eingesetzt. Dunkelblau, Schwarzblau und Schwarz können im Sinne emotional deutbarer Zeichen dann auf Gefühle von Trauer, Depression, Hoffnungslosigkeit hinweisen. Die Farben Gelb und Orange können dagegen in symbolischer Weise „Wachsein", Aktivität und Zuversicht und eine positive Gestimmheit ausdrücken.

Kindern auf Stufe 2 sind schon ab ca. 4;0 Jahren die Farben der Verkehrsampel in ihrer Signalfunktion bekannt; sie setzen sie auch entsprechend in ihrer Zeichnung ein: Rot als Signalfarbe für „Stop", Gefahr, Grün als Signalfarbe für „Gehen erlaubt". Auch die Farben Schwarz und Weiß werden als sozio-kulturelle Zeichen schon früh von den Kindern verstanden und in ihren Zeichnungen verwendet. So gilt in unserem Kulturkreis die Farbe Schwarz als Ausdruck der Trauer, während in Indien die Farbe Weiß als Ausdruck der Trauer verwendet wird. Das Kind wächst langsam in das Verständnis solcher sozio-kulturell festgelegten Zeichen hinein und verfügt etwa mit Erreichen der „Werkreife" über ein Grundwissen ihrer überlieferten Zuordnungen. Ab der Werkreife (ab ca. 5;0-7;0 Jahren) können sich auch früh erworbene Farbsymbole mit emotionalen Inhalten verbinden und tiefenpsychologische Bedeutung erhalten (vgl. Emotionale Zeichen in der Farbdarstellung Kap. 4.2.6). Ihre differentialdiagnostische Interpretation ist allerdings nur im Rahmen einer mehrdimensionalen Diagnostik sinnvoll.
Bei Kindern unter 5;0 Jahren ist die Zuordnung von speziellen Farbsymbolen zu einer individuellen Problematik meist noch nicht zuverlässig möglich, da der Einsatz von Farben oft noch nach zufälligen (dekorativen) Gesichtspunkten erfolgt. Bei emotional traumatisierten Kindern im Alter zwischen 3;6-4;0 Jahren kann es jedoch in Einzelfällen bereits zur Verwendung einer spezifischen Farbsymbolik in ihren Zeichnungen kommen. Diese ist jedoch nur mit Vorbehalt differentialdiagnostisch zu interpretieren (vgl. Kap. 4.2.6).

Kinder auf der Stufe 2, vor allem im Kindergartenalter zwischen 3;0 und 4;6 Jahren, benutzen gerne die Farbe Schwarz, um klarere Umrisslinien darzustellen, sodass sich die Formen besser voneinander absetzen. Es ist in solchen Fällen irreleitend, aus der Anwendung der Farbe Schwarz unreflektiert und vorschnell tiefenpsychologische Deutungen, z. B. im Hinblick auf eine depressive Gestimmtheit der Kinder, vorzunehmen. Farbsymbole dürfen nicht eindimensional, sondern nur unter Abwägung polarer Deutungsmöglichkeiten und nur im Gesamtzusammenhang interpretiert werden (vgl. Kap. 4.3.5, Abb. 169, 172, 173).

3.7.2.7 Bewegungsdarstellung (Stufe 2)

Die Bewegungsdarstellung entwickelt sich, ausgehend von der ungerichteten, unkoordinierten, unrhythmischen *Gesamtkörperbewegung hin zu der gerichteten* Körpergebärde, seiner Nachahmung und aufgeschobenen Nachahmung. Rhythmische Bewegungsspuren im Sand oder auf dem Zeichenblatt, mit dem Finger oder dem Stift, repräsentieren nun eine Bewegungsvorstellung (motorische Symbolik) als inneres Bild. Am Ende der Stufe 2 verfügt das Kind über sich differenzierende Möglichkeiten, seine Bewegungsvorstellungen nicht nur durch motorische Symbolik, sondern auch durch spezifische Bewegungscharakteristik (z. B. durch Situationsprofil oder *Profilwendung*) auszudrücken.

Motorische Symbolik (2):

Das Auftreten der motorischen Symbolik markiert einen wichtigen Schritt der Zeichen- und zugleich der Denkentwicklung des Kindes und zeugt von seiner beginnenden Fähigkeit, innere Bilder (Vorstellungen) in einer Zeichnung umzusetzen. *Die motorische Symbolik ist der Beginn der Bewegungsdarstellung.* Erst am Ende der Stufe 2 zeigen sich beim schulfähigen Kind mit dem Beginn der Profilwendung weitere Fortschritte dieses Entwicklungsmerkmals.

Ein 2;0jähriger Junge spielt mit Körpergebärden das Fahren der Eisenbahn, malt dann Kritzelspuren auf das Papier und sagt dazu ein Wort für Eisenbahn oder produziert ein entsprechendes symbolisches Geräusch. Die Kritzelspuren sollen das Fahren der Eisenbahn repräsentieren. Die motorische Symbolik ist der Beginn der Symbolfunktion der Stufe 2 (vgl. Kap. 3.7.2.9, Abb. 043: Die Bewegungsspur des Segelbootes zeigt die Bewegung an, mit der es um den Baum fährt oder gefahren ist; Kap. 3.7.2.9, Abb. 061: Die seitlich gezeichneten Haare sollen die Bewegung des Windes ausdrücken).

Profilwendung (2):

Am Ende der Stufe 2 und als Übergang zur Stufe 3 sind erste Versuche der Profilwendung in Form vereinzelter Bemühungen zur Darstellung eines *Situationsprofils* und eines *Zentralauges* zu beobachten. Sie weisen auf Umstrukturierungen der Zeichenentwicklung hin, die zugleich das Erreichen einer neuen Stufe der Denkentwicklung ankündigen. Das Kind passt jetzt seine reichhaltigen visuellen Erfahrungen an seine Zeichenschemata an, gestaltet sie um, verändert die Anordnung der Glieder zueinander und damit ihre Binnenstruktur (vgl. Kap. 3.7.2).

Situationsprofil (2):
Beim Situationsprofil erfolgt eine erste Drehung von Objekten. Stühle werden seitlich zum Tisch gedreht, die menschlichen Figuren, die auf den Stühlen sitzen, werden aber noch in Vorderansicht (en face) auf die Stühle gezeichnet (vgl. Kap. 3.7.2.9, Abb. 068).

Zentralauge (2):
Auch das „Zentralauge" leitet die Profilwendung ein. Es wird nur ein Auge „zentral" in die Mitte des Kopfes gesetzt. Arme und die Beine bleiben noch in der Vorderansicht (vgl. Kap. 3.7.2.9, Abb. 049). Das Kind zeigt durch diese Weglassung, dass es eine Menschenfigur in seiner Vorstellung so dreht und beobachtet, dass durch die Profildrehung nur noch ein Auge sichtbar ist. Der Höhepunkt der Profilwendung wird erst in der Mitte der Stufe 3 erreicht und wird noch genauer mit seinen weiteren Schritten in Kap. 3.7.3 besprochen.

3.7.2.8 Raum- und Zeitdarstellung, Komposition (Stufe 2)

Die Raum- und Zeitdarstellung beinhaltet die Entwicklung der *formalen Raumstruktur (Bildkomposition)* und der *Situationsdarstellung* (Orientierung am Inhaltlichen der Raumdarstellung).
Ausgehend von dem Körpergefühl des Stehens auf einem Boden (Aufrichtungstendenz) entwickelt sich die Orientierung der Raumbeziehungen in der Zeichenfläche (unten, oben, rechts, links). Es entsteht das Flächenbild, das die Raumqualitäten des Zeichenraums und der Zeichenobjekte berücksichtigt und Handlungszusammenhänge in Bildstrukturen darstellt.

Entwicklung der formalen Raumstruktur auf Stufe 2:

Vorformen erster räumlicher Orientierungen:
Streubilder (2):
Während des Zeichnens zu Beginn der Stufe 2 beachtet das Kind die Raumstruktur noch nicht. In seinen „Streubildern", „Fragmentbildern", werden die Kritzelspuren und ersten Objekte noch nicht zielgerichtet platziert. Auch wird noch kein „Oben" und „Unten", „Rechts" und „Links" der Zeichenfläche beachtet.

Erste räumliche Orientierungen:
Vorformen der Aufrichtungstendenz (2):
Vorformen der Auseinandersetzung mit dem Raum finden wir schon auf Stufe 2 mit ca. 3;0-4;0 Jahren. Das Kind beginnt einige seiner Objekte entsprechend der Vertikalachse aufzurichten und *in Richtung der Blattkante* als eine gedachte Bodenlinie zu orientieren. Es ordnet seine Objekte auf den eigenen Körper hin und dreht während des Zeichnens das Zeichenblatt bezogen auf sein Gefühl des eigenen Stehens auf dem Boden. Die Objekte richten sich also in der Senkrechten auf, stehen aber zuerst noch nicht auf der Blattkante oder auf einer Bodenlinie, sondern bleiben als Streubilder im Raum verteilt (vgl. Kap. 3.7.2.9, Abb. 016, 022, 024, 033, 037). Die räumlichen Ansichten wechseln von Objekt zu Objekt und können noch nicht unter einen Gesamtbetrachtungswinkel geordnet werden.

Blattkante dient als Bodenlinie (2):
Als nächster Schritt sind bereits ab ca. 4;0 Jahren erste Ansätze der Darstellung der Objekte *auf der Blattkante als einer gedachten Bodenlinie* zu beobachten. Diese ersten Versuche sind aber noch instabil und werden bis zur Werkreife immer wieder zu Gunsten von Streubildern aufgegeben. Kurz vor Erreichen der Werkreife weisen Andeutungen von Bodenlinien und Himmelslinien als ein unten und oben gedachter Raum sowie farbliche Markierungen von Seitenrändern der Zeichenfläche darauf hin, dass sich das Kind mit den Raumqualitäten der Zeichenfläche auseinander setzt (vgl. Kap. 3.7.2.9, Abb. 035).

Formale Raumstruktur ab der Werkreife (2):
Ab der „Werkreife" ordnet das Kind seine Objekte mit größerer Sicherheit zwischen einem Oben und einem Unten an, eine Bodenlinie wird gezeichnet. Diese wird beim Übergang zur Stufe 3 verbreitert und weist dann schon einen flächigen Eindruck auf (vgl. Kap. 3.7.2.9, Abb. 058). Die einzelnen Objekte werden *nebeneinander auf der Bodenlinie aufgereiht.* Das werkreife Kind (ca. 5,0-7;0 Jahre) setzt sich mit den zeichnerischen Möglichkeiten, die Raumqualitäten eines Vorder- oder Hintergrundes darzustellen, jedoch noch nicht auseinander (vgl. Kap. 3.7.2.9, Abb. 068). Entsprechend zeichnet es seine Objekte nebeneinander und ordnet sie noch nicht in Reihen hintereinander an (Streifenbilder treten erst ab Mitte der Stufe 3 auf). An *einzelnen Objekten* sind erste formale Raumkriterien zu beobachten, die auf der Grundlage angeborener Tendenzen der visuellen Gestaltwahrnehmung (z. B. Prägnanztendenz mit Bevorzugung des rechten Winkels und Symmetriebeachtung) zur Ausführung kommen.
Als Übergang zur Stufe 3 treten z. B. bei Zuordnungen von Autos zu Straßen die ersten vereinzelten *Klappbilder* auf (weitere Ausführungen zu Klappbildern und vorper-

spektivischen Darstellungen vgl. Kap. 3.7.3.7). Klappbilder beim Übergang zur Stufe 3 sind ein Zeichen dafür, dass das Kind Merkmale der formalen Raumstruktur in seiner Zeichnung beachtet. Dies deutet auf Fortschritte der kognitiven Entwicklung hin und zeigt beginnende Funktionen der konkreten Operationen des Denkens.
Ein 6;0jähriges Kind malt z. B. den Schornstein auf das Dach, indem es ihn im rechten Winkel an die Grenzlinie des dreieckigen Daches als *„Klappbild"* aufsetzt. Die Dachlinie dient dabei als Grundlinie und wird noch nicht mit der Bodenlinie des Gesamtbildes zu einem Betrachtungswinkel koordiniert.

> Schuster, M., 2000, S. 73:
> „Kohlmann et al. (1983) und Kohlmann (1984) konnten zeigen, dass schon 3jährige Kinder vertikale und senkrecht zu einer Schrägen verlaufende Schornstein- und Baumausrichtungen richtig als schief oder gerade klassifizierten, also schon wissen, wie eine Zeichnung aussehen muss, aber nicht über das „Produktionswissen" (wie macht man das?) verfügen, angesichts der Standlinie einen schiefen Winkel zu produzieren."

Erst auf Stufe 3 vermag das Kind dieses Wissen in der eigenen Zeichnung zum Ausdruck zu bringen. Es bezieht dann den senkrecht aufgerichteten Schornstein nicht mehr auf die Grundlinie des Daches, sondern auf die Bodenlinie einer Wiese oder eine Straße und beginnt, ihn in das Koordinatensystem des Gesamtbildes einzuordnen und im schiefen Winkel darzustellen.
Auf Stufe 2 bleibt der rechte Winkel die prägnante Gestalt und bezieht sich zuerst auf die jeweilige Grundlinie der Formen. Im Unterschied zu Piaget und Inhelder, 1972/2000, führt M. Schuster, 2000, die falsche „Rechtwinkligkeit" nicht auf ein „irgendwie geartetes Raumkonzept" zurück („topologische Raumauffassung" nach Piaget), sondern sieht darin neben anderen Erklärungsversuchen „eine Tendenz eine symmetrische Lösung herzustellen, die den Winkel halbiert." Nach Schuster ist „dieses Zeichenmerkmal sehr wohl von der Vorstellung des Abbildungsgegenstandes, aber gleichzeitig *auch* von formalen Faktoren wie der Tendenz zur Symmetrie abhängig" (M. Schuster, 2000, S. 74).
Die falsche Rechtwinkligkeit des Kaminaufsatzes als auch andere Klappbilder kommen noch bei 9;0jährigen, altersgemäß entwickelten Kindern vor (vgl. Kap. 3.7.3.9, Abb. 100: Das Auto auf der oberen „Straße" zwischen Kirche und Schwimmbad steht im rechten Winkel zur Straße, der Kamin steht im rechten Winkel zum Dach). Ab ca. 9;0-10;0 Jahren finden die meisten altersgemäß entwickelten Kinder jedoch zu differenzierteren Möglichkeiten der Raumdarstellung und geben die Klappbilder auf. Sie ordnen zunehmend die Ansichtswinkel unterschiedlicher Objekte einem Gesamtansichtswinkel unter.
Das Kind der Stufe 2 gibt zunächst jedem Objekt seinen Raum, seinen eigenen Platz. Oft werden diese Plätze auch eingekästelt (mit einer Linie umgrenzt). *Über-*

schneidungen von Objekten werden auf Stufe 2 vermieden. Nach M. Schuster zeichnet allerdings auch das kleine Kind dann Überschneidungen, wenn sich die Gegenstände auf derselben Ebene befinden.
Überschneidungen mit Auslassungen verdeckter Linien treten erst Mitte der Stufe 3 auf und finden sich dort bei Kindern mit guten kognitiven Fähigkeiten.

> Schuster, M., 2000, S. 62:
> „In vielen Werken über die Kinderzeichnung wird betont, dass jeder abgebildete Gegenstand oder Mensch seinen eigenen Raum einnimmt und das Kind Überschneidungen der Linien vermeidet (s.o.). Goodnow (1977) hat in Versuchen demonstriert, dass Kinder z. B. die Haare verändern, wenn zu hoch angesetzte Arme bei herabhängenden Haaren zu Überschneidungen der jeweiligen Linien führen würden (.....). Andererseits finden sich in den Zeichnungen der Kinder dieser Altersgruppe sehr wohl Linienüberschneidungen, wenn nämlich ein räumlicher Kontakt stattfindet. Die Vermeidung solcher Überschneidungen ist unter anderem aus der speziellen Raumdarstellung der Kinder zu verstehen. So kann z. B. ein Reiter, der auf einem Pferd sitzt, die Linien des Pferdes schneiden. Reiter und Pferd nehmen ja die gleiche Stelle des Raumes ein. Ein Regenschirm, den man am Arm trägt, kann den Arm „schneiden", er hat eben Kontakt mit diesem Arm. Das Kind hat noch nicht das Prinzip der „Auslassung" verdeckter Linien entdeckt."

M. Schuster weist im Folgenden darauf hin, dass ein Überschneiden von Gegenständen, die nicht auf derselben Ebene liegen, durch kognitive Planung auf eine Ebene gerückt werden müssten. Nach meinen Beobachtungen und in Übereinstimmung mit M. Schuster ist das Kind der Stufe 2 dazu jedoch noch nicht bereit. Es zeichnet nur dann Überschneidungen, wenn sich die Gegenstände tatsächlich auf einer Ebene befinden.
Der Raumstruktur kommt bereits auf Stufe 2 ein wichtiger Ausdruckswert zu. Das Erlebnis des Stehens auf einem Boden ist für das Kind aus grundlegendem Sicherheitsbedürfnis sehr wichtig. Erst am Ende der Stufe 2 nach Erreichen der „Werkreife" kann jedoch das Erlebnis des Stehens auf einem Boden differentialdiagnostisch als Emotionales Zeichen interpretiert werden. Das Raumgefühl des Stehens auf einem Boden überträgt sich erst langsam und in kleinen Schritten in die Kinderzeichnung der Stufe 2. Die kognitive Reifung der Stufe 3 ist notwendig, um Interesse an der Darstellung von Raumstrukturen zu entwickeln und diese als einen vorgestellten Boden zu zeichnen. Bei Kindern der Stufe 2 der Zeichenentwicklung fehlen aus entwicklungspsychologischen Gründen oft noch die Bodenlinien. Eine fehlende Bodenlinie sollte daher bei Kindern bis zur Werkreife (bis ca. 5;0 7;0 Jahre) weder als fehlendes Entwicklungsmerkmal eingeordnet noch als Emotionales Zeichen interpretiert werden (vgl. Kap. 4.2.8).

Situationsdarstellung und Bildkomposition (2):
Im Sinne des voroperationalen Denkens werden auf Stufe 2 Bildzusammenhänge erst im Ansatz und in *einzelnen Bildausschnitten* dargestellt. Die Motive werden jedoch noch nicht nach einem Gesamtplan platziert. Es kommt noch nicht zur Situationsdarstellung und zur geplanten Komposition der Motive.

Beachtung der Dimension der Zeit (2):
Das Kind auf der Stufe des präoperationalen Denkens setzt sich in seinen Bildern noch nicht bewusst mit der Dimension Zeit auseinander. Ohne Berücksichtigung des Zeitfaktors malt das Kind auf dieser Stufe alles, was es ausdrücken will, als Streubild ohne Raumplanung auf der Zeichenfläche verteilt oder nebeneinander gereiht. Bei seinen Benennungen und Verbalisierungen beachtet es den Ablauf von wechselnden und aufeinander bezogenen Zeitstrukturen noch nicht. Was vorher, nachher oder hinterher passiert, wird vom Kind weder im Bild noch sprachlich ausgedrückt. Auf Stufe 2 finden wir noch keine Erzählbilder, die eine Geschichte bewusst in zeitlicher Reihenfolge darstellen; diese finden sich erst auf Stufe 3.
Symbole oder Allegorien für „Zeit“ werden sogar erst auf Stufe 4 gefunden und eingesetzt. Zeit ist für das Kind der Stufe 2 eher ein komplexqualitatives, ganzheitliches, noch nicht in Abschnitte gegliedertes Geschehen.

3.7.2.9 Beispiele von Zeichnungen altersgemäß entwickelter Kinder der Stufe 2

Abb. 015:
S., C., Mädchen, LA: 2;2 Jahre, erste nachträgliche Benennungen: „Ostereier“, Wachsmalstifte und Bleistift, 21 x 29,7 cm, ***Zeichenentwicklung: altersgemäß (Anfang Stufe 2)****, Kreise, Kreiskritzel, verschieden geformte Kritzel und Punkte werden verwendet, um innere Bilder – Vorstellungen – von Ostereiern und Erlebnisse mit diesen ersten Motiven auszudrücken; erste Orientierung zur unteren Blattkante beginnt, die Ostereier liegen alle im unteren Blattbereich;* ***Gesamtentwicklung:*** *altersgemäß, keine Hinweise auf Entwicklungs- und/oder Verhaltensstörungen.*

Abb. 016:
S., C., Mädchen, LA: 2;9 Jahre, Benennung: „Papa“, Wachsmalstift, 29,7 x 13,2 cm, ***Zeichenentwicklung: altersgemäß (Anfang Stufe 2)****, früheste Ansätze zur Formgliederung, erster Kopffüßler in Aufrichtungstendenz, Schließungstendenz als Prägnanztendenz der Form wird deutlich: Die Formen der Beine und Arme werden durch Querstriche geschlossen, Leiterform;* ***Gesamtentwicklung:*** *altersgemäß, keine Hinweise auf Entwicklungs- und/oder Verhaltensstörungen.*

<u>Abb. 017:</u>
S., C., Mädchen, LA: 2;10 Jahre, Benennung: „Papa", weißer und gelber Stift auf schwarzem Tonpapier, 24,9 x 17,7 cm, ***Zeichenentwicklung: altersgemäß (Anfang Stufe 2)****, oben links in gelber Farbe Versuch eines Kopffüßlers; in Bildmitte Kopffüßler als Streubild, noch nicht nach unten orientiert; unten links Kopffüßler in Aufrichtungstendenz mit erster Andeutung von Gesichtsteilen; rechts geschlossene Form mit Linienüberschneidung; in der Mitte Wellenlinien,* ***Gesamtentwicklung:*** *altersgemäß, keine Hinweise auf Entwicklungs- und/oder Verhaltensstörungen.*

<u>Abb. 018:</u>
W., A., Mädchen, LA: 2;10 Jahre, Benennung: „Ein Krokodil", Filzstift, 22,9 x 25,7 cm, ***Zeichenentwicklung: altersgemäß (Anfang Stufe 2)****, erstes eigenes Bildschema wird aus Kreisen und Strichen aufgebaut und benannt;* ***Gesamtentwicklung:*** *altersgemäß, keine Hinweise auf Entwicklungs- und/oder Verhaltensstörungen.*

Abb. 019:

S., C., Mädchen, LA: 2;11 Jahre, Benennung: „Es ist dunkel, alle schlafen (Blau und Schwarz). Es ist hell, alle wachen auf (Gelb und Orange)", Wachsmalstifte, 30,5 x 43,2 cm, ***Zeichenentwicklung**: **altersgemäß**, die Sprachentwicklung eilt der Zeichenentwicklung voraus; eine gute visuelle Beobachtungsfähigkeit bildet die Grundlage zu ersten voroperationalen Denkleistungen* ***(Ende Stufe 1, Übergang zur Stufe 2)**, Konzeptkritzel, erste eigenständige Übertragung von Naturerfahrungen – dunkle Nacht, heller Tag – in Farbsymbole;* ***Gesamtentwicklung:** altersgemäß, keine Hinweise auf Entwicklungs- und/oder Verhaltensstörungen.*

Abb. 020:

S., C., Mädchen, LA: 3;0 Jahre, Benennung: „Eisenbahn", Wachsmalstifte, 21 x 29,7 cm, ***Zeichenentwicklung: altersgemäß (Anfang Stufe 2)**, exemplarisches Detail: Die unteren Kreise bestimmen den Gesamteindruck und die nachträgliche Benennung der Zeichnung; das Kind wird durch die Kreise und die ausgemalte Fläche ganzheitlich und gefühlsqualitativ „angemutet" und findet über dieses Erlebnis zu seinem Zeichenmotiv;* ***Gesamtentwicklung:** altersgemäß, keine Hinweise auf Entwicklungs- und/oder Verhaltensstörungen.*

Abb. 021:

W., S., Junge, LA: 3;0 Jahre, Benennung: fehlt, Buntstift, 29,7 x 39,7 cm, ***Zeichenentwicklung: altersgemäß (Ende Stufe 1, Übergang zur Stufe 2)**, geschlossene Kreise und Kreiskritzel;* ***Gesamtentwicklung:** altersgemäß, keine Hinweise auf Entwicklungs- und/oder Verhaltensstörungen.*

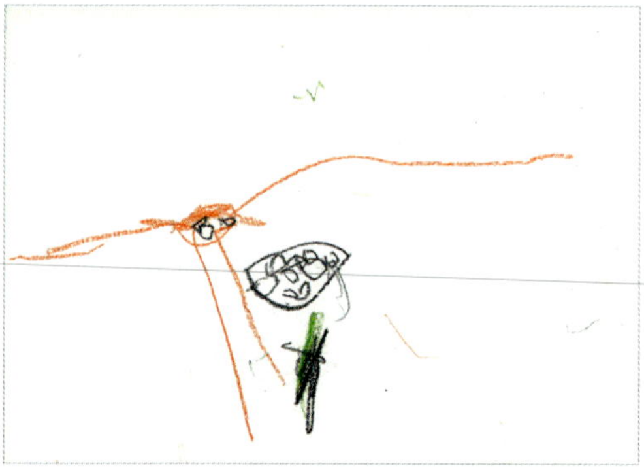

Abb. 022:
S., C., Mädchen, LA: 3;1 Jahre, Benennung: „Osterhase und Korb mit Eiern", Wachsmalstifte, 21 x 29,7 cm, ***Zeichenentwicklung: altersgemäß (Anfang Stufe 2)****, Menschenschema des Kopffüßlers wird auf Tierschema übertragen, 2 Augen erkennbar; Aufrichtungstendenz, Beine zur unteren Blattkante hin gerichtet; Ostereier sind von einer Linie umschlossen, sie liegen in einem „Innenraum", der von einem Außenraum abgetrennt wird;* ***Gesamtentwicklung:*** *altersgemäß, keine Hinweise auf Entwicklungs- und/oder Verhaltensstörungen.*

Abb. 023:
W., S., Junge, LA: 3;3 Jahre, Benennung: „Das ist das Haus vom Nikolaus, dort wohnt das Christkind und der Nikolaus", Wachsmalstift, 29,7 x 41,6 cm, ***Zeichenentwicklung: altersgemäß****, unerwartet frühe Vierecksformen* ***(Anfang Stufe 2)****, ein Kreiskritzel umschließt erste Vierecksformen, die als Fenster den Innenbereich des Hauses vom Nikolaus bilden;* ***Gesamtentwicklung:*** *altersgemäß, keine Hinweise auf Entwicklungs- und/oder Verhaltensstörungen.*

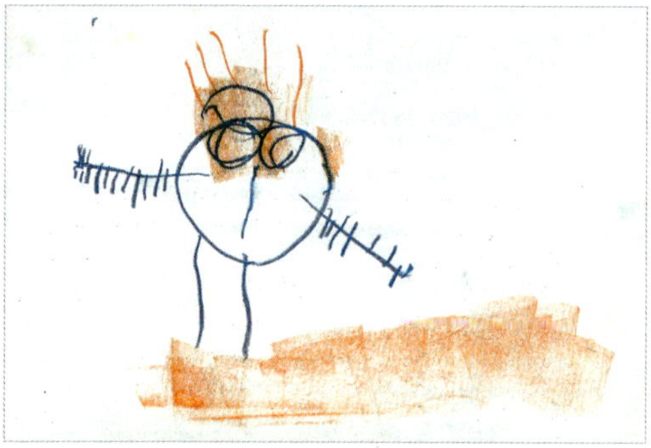

Abb. 024:
S., C., Mädchen, LA: 3;4 Jahre, Benennung: fehlt, Wachsmalblöcke, 30,2 x 43,5 cm, ***Zeichenentwicklung: eilt den Erwartungswerten des Lebensalters leicht voraus (Anfang bis Mitte Stufe 2)****, aufgerichteter Kopffüßler hat bereits Haare, 2 Augen, Andeutung von Nase, Arme mit Fingern; ungewöhnlich früh ist der flächige Boden; er entstand wahrscheinlich eher zufällig durch geschickten Einsatz des Wachsmalblocks und entspricht damit noch nicht einer geplanten Raumqualität;* ***Gesamtentwicklung:*** *altersgemäß, keine Hinweise auf Entwicklungs- und/oder Verhaltensstörungen.*

<u>*Abb. 025:*</u>
S., C., Mädchen, LA: 3;4 Jahre, Benennung: „Es ist Nacht im Garten“, Wachsmalblöcke, 20,7 x 23 cm, ***Zeichenentwicklung: altersgemäß****, die verbale Entwicklung eilt der Zeichenentwicklung voraus, frühe Symbolisierung des Begriffs der Nacht* ***(Anfang bis Mitte Stufe 2)****, erstes Ausmalen einer ganzen Zeichenfläche, Übertragung eines Naturerlebnisses in Farbsymbolik,* ***Gesamtentwicklung:*** *altersgemäß, keine Hinweise auf Entwicklungs- und/oder Verhaltensstörungen.*

<u>*Abb. 026:*</u>
S., C., Mädchen, LA: 3;4 Jahre, Benennung: „Sonne“, Wachsmalstifte, 20,8 x 27,8 cm, ***Zeichenentwicklung: altersgemäß (Anfang bis Mitte Stufe 2)****, erste Darstellung des Motivs der Sonne, erstes koordiniertes Ausmalen einer Innenfläche, die Strahlen werden schon teilweise schräg angesetzt, im Inneren der Sonne sind zweifarbig markierte Kreise als „Augen“ gezeichnet, die Farbwahl entspricht der „Dekorativfarbe“ und ist noch nicht an der Realität orientiert,* ***Gesamtentwicklung:*** *altersgemäß, keine Hinweise auf Entwicklungs- und/oder Verhaltensstörungen.*

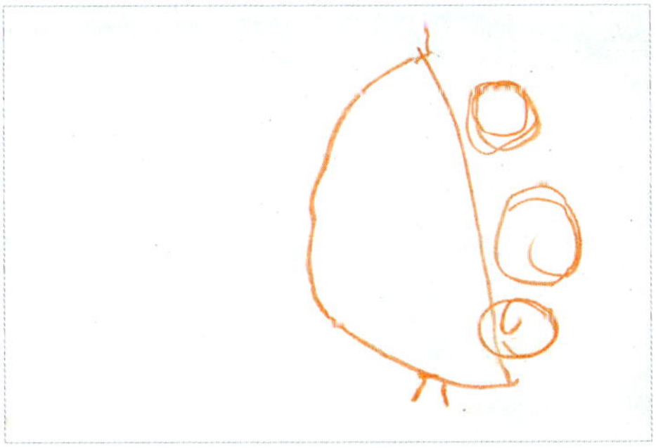

<u>*Abb. 027:*</u>
S., C., Mädchen, LA: 3;4 Jahre, Benennung: „Auto“, Wachsmalstift, 30 x 43,3 cm, ***Zeichenentwicklung: altersgemäß (Anfang bis Mitte Stufe 2)****, aus Kreiskritzeln und Langrund wird erstes eigenes Schema des Autos gebildet, Andeutung eines Scheinwerfers, Streubild: Die Ausrichtung des Autos ist noch nicht zur unteren Blattkante gerichtet; die Darstellung der Anzahl der Räder ist noch nicht realitätsorientiert;* ***Gesamtentwicklung:*** *altersgemäß, keine Hinweise auf Entwicklungs- und/oder Verhaltensstörungen.*

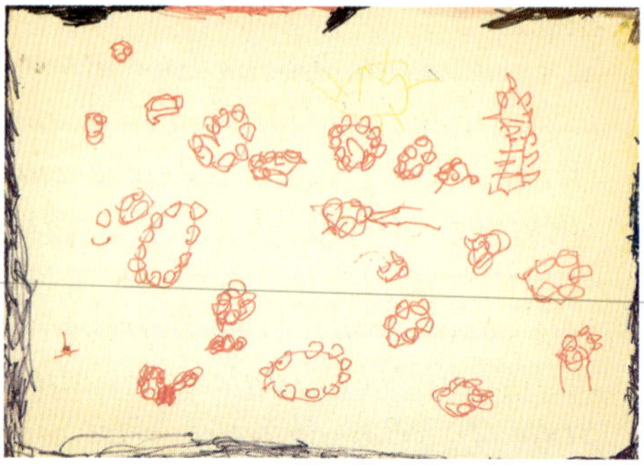

Abb. 028:
S., C., Mädchen, LA: 3;5 Jahre, Benennung: fehlt, Filzstifte, 30 x 41,8 cm, ***Zeichenentwicklung: altersgemäß (Anfang bis Mitte Stufe 2)****, aus Rundformen werden erste eigenständige Schemata gebildet und wiederholend eingeübt; erstmals werden die vier Blattkanten farbig markiert, die Zeichnung wird auf diese Weise „eingerahmt"; **Gesamtentwicklung:** altersgemäß, keine Hinweise auf Entwicklungs- und/oder Verhaltensstörungen.*

Abb. 029:
S., C., Mädchen, LA: 3;5 Jahre, Benennung: „Blumen, kleiner Vogel, Baum", Wachsmalstifte, 30 x 43,4 cm, ***Zeichenentwicklung: altersgemäß (Anfang bis Mitte Stufe 2)****, die Rundformen (vgl. Abb. 028) werden zu „Blumenmotiven" weiterentwickelt; die Markierung der linken Blattkante (vgl. Abb. 028) könnte das Kind veranlasst haben, sie zu einem ersten eigenen Baumschema weiterzuentwickeln; der kleine Vogel – rechts neben dem Baum – zeigt als Kopf das Blumenschema, vergleichbar dem der anderen Blumen in der Mitte des Bildes; **Gesamtentwicklung:** altersgemäß, keine Hinweise auf Entwicklungs- oder Verhaltensstörungen.*

<u>Abb. 030:</u>
S., C., Mädchen, LA: 3;5 Jahre, Benennung: „Schmetterling", Wachsmalstifte, 30 x 43,3 cm, ***Zeichenentwicklung: altersgemäß (Mitte Stufe 2)****, aus dem Blumenschema entwickelt sich durch Betonung des mittleren Langrunds als neues Schema eine Schmetterlingsform; die Flügel des Schmetterlings sind andeutungsweise zu erkennen;* ***Gesamtentwicklung:*** *altersgemäß, keine Hinweise auf Entwicklungs- und/oder Verhaltensstörungen.*

<u>Abb. 031:</u>
S., C., Mädchen, LA: 3;6 Jahre, Benennung: „Der Junge sucht einen Schatz im Wald, die Frau klettert auf die Leiter und holt Äpfel vom Baum", Wachsmalstifte, 21 x 29,7 cm, ***Zeichenentwicklung: Zeichnerische Darstellung und Benennung eilen den Erwartungswerten des Lebensalters deutlich voraus (Mitte Stufe 2)****, der linke Baum zeigt bereits Ansätze zu realitätsorientierten farblichen Differenzierungen von braunem Stamm, grünen Blättern und gelben Äpfeln und damit erstmalig „Typenfarbe", rechts wird ein zweites Baumschema mit Stamm und alterstypischen rechtwinkligen Ästen gezeichnet (R-Prinzip). Es zeigen sich erste Handlungszusammenhänge mit Bewegungsausdruck, der verbalisiert und in ersten Ansätzen zeichnerisch als situative Zuordnung dargestellt wird: Die Leiter ist in Schräglage an den Baum gestellt, ein Kopffüßler – die Frau – steht an der Leiter, im rechten Winkel ihr zugeordnet, und soll zeichnerisch des Hochgehen auf die Leiter ausdrücken; der Kopffüßler ist noch nicht zur unteren Blattkante gerichtet, er berührt mit den Füßen einen „Korb", in dem sich gelbe Äpfel befinden;* ***Gesamtentwicklung:*** *altersgemäß, keine Hinweise auf Entwicklungs- und/oder Verhaltensstörungen.*

Abb. 032:
S., C., Mädchen, LA: 3;6 Jahre, Benennung: „Mama, (Kopffüßler Mitte), Baum (links), Haus (rechts oben), Wiese, Blumen (unten), Sonne (unten rechts), Wachsmalstifte, 21 x 29,7 cm, ***Zeichenentwicklung: eilt den Erwartungswerten in der Gesamtkonzeption und Darstellung einzelner Motive voraus (Mitte Stufe 2)****, viele unterschiedliche Motive in guter Formdarstellung, Graphomotorik schon gut koordiniert, Äste im R-Prinzip an den Stamm angesetzt; die Farbdarstellung zeigt sowohl Dekorativ- als auch Typenfarbe bei der Sonne, dem Himmel und der Hälfte der Blätter des Baumes; Raumdarstellung: bereits Bodenlinie und flächiger Himmel, Raumlagebeachtung von oben und unten jedoch noch instabil – der Himmel ist oben, die Sonne im unteren Teil des Bildes; die Blumen stehen unten, senkrecht auf Bodenlinien; das Haus besteht aus einem Langrund, hat unten eine Andeutung eines Bodens, hängt aber noch im Sinne eines Streubildes in der Luft; oben am Haus ist die Andeutung eines Rauches zu beobachten;* ***Gesamtentwicklung:*** *altersgemäß, keine Hinweise auf Entwicklungs- und/oder Verhaltensstörungen.*

Abb. 033:
W., S., Junge, LA: 3;6 Jahre, Benennung: nennt den Namen seiner Tante, sagt außerdem: „2 Augen, Beine“, Wachsmalstift, 30 x 40 cm, ***Zeichenentwicklung: altersgemäß (Anfang Stufe 2)****, die Beine des Kopffüßlers richten sich zur unteren Blattkante;* ***Gesamtentwicklung:*** *altersgemäß, keine Hinweise auf Entwicklungs- und/oder Verhaltensstörungen.*

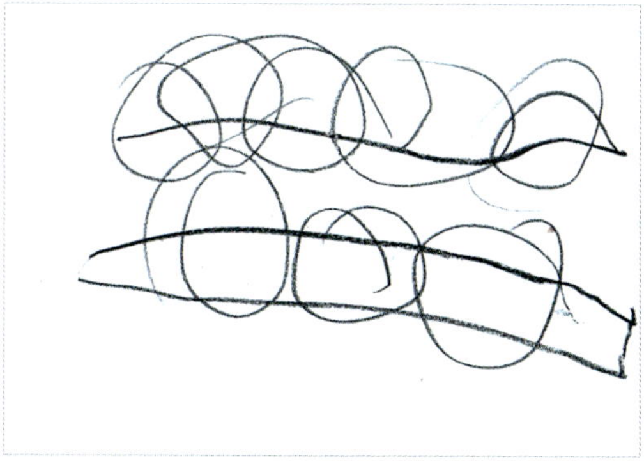

Abb. 034:
W., S., Junge, LA: 3;7 Jahre, Benennung: „Jeep" (oben), „Ferrari" (unten), Wachsmalstift, 21 x 29,7 cm, ***Zeichenentwicklung: altersgemäß (Anfang Stufe 2)****, aus Kreisen und Strichen wird erstes eigenes Schema für Auto gebildet,* ***Gesamtentwicklung:*** *altersgemäß, keine Hinweise auf Entwicklungs- und/oder Verhaltensstörungen.*

Abb. 035:
S., C., Mädchen, LA: 3;11 Jahre, Benennung: fehlt, Wachsmalstifte, 30 x 34 cm, ***Zeichenentwicklung: eilt den Erwartungswerten der Formdarstellung deutlich voraus (Mitte Stufe 2)****, Graphomotorik noch unsicher, frühe Darstellung des Halses;* ***Gesamtentwicklung:*** *altersgemäß, keine Hinweise auf Entwicklungs- und/oder Verhaltensstörungen.*

Abb. 036:
W., N., Junge, LA: 4;0 Jahre, Benennung von links nach rechts: „Leiter, Blume, Mensch, der Mensch ist krank, er hat eine böse Zitrone gegessen, böse Zitrone (Gelb), Boot (Grau); Himmel" (oben in den Farben Blau und Orange), Filzstifte und Wachsmalkreiden, 30 x 40 cm, ***Zeichenentwicklung: noch altersgemäß*** *für einen 4;0jährigen Jungen* ***(Anfang bis Mitte Stufe 2)****, Entwicklung erster eigener Schemata, Erlebnisse werden zu graphischen Schemata verarbeitet und verbal ausgedrückt; die Zitrone wurde realitätsorientiert in Typenfarbe gemalt und im Sinne des anschaulichen Denkens kognitiv erfasst – der Mensch ist krank, er hat eine böse Zitrone gegessen – ; erste Beachtung der räumlichen Qualitäten eines Bodens (schon flächig) und des Himmels;* ***Gesamtentwicklung:*** *altersgemäß, keine Hinweise auf Entwicklungs- und/oder Verhaltensstörungen.*

Abb. 037.

W., N., Junge, LA: 4;0 Jahre, Benennung: „Ich in der Arbeit (oben rechts), Opa und ich (oben links), Sonne“ (Mitte), Wachsmalstifte, 40 x 30 cm, ***Zeichenentwicklung: altersgemäß (Mitte Stufe 2)****, die Zeichnung wurde zeitlich unmittelbar nach Abb. 036 gezeichnet und zeigt eine rasche und deutliche Verbesserung der Zeichenleistung; der Junge fühlte sich offensichtlich bei der 2. Zeichnung sicherer, zeigt jetzt deutlicher seine Potenziale in der Form- und Farbdarstellung seiner Motive; deutliche Beachtung der Raumqualitäten des Oben und Unten, der Boden- und Himmelslinie; es empfiehlt sich, bei der Analyse der Kinderzeichnung immer mehrere Bilder im Verlauf anzusehen und nicht nur ein Bild oder nur das erste gezeichnete Bild herauszugreifen;* ***Gesamtentwicklung:*** *altersgemäß, keine Hinweise auf Entwicklungs- und/oder Verhaltensstörungen.*

Abb. 038:

W., N., Junge, LA: 4;0 Jahre, Benennung: „U-Boot, die Motoren sind außen (obere äußere Kreise), da sind die Fenster vom U-Boot (innere Kreise) und da sind Kanonen (untere äußere Kreise), das kann unter Wasser fahren“, Filzstift, 21 x 29,7 cm, ***Zeichenentwicklung: altersgemäß (Mitte Stufe 2)****, eigenständige Entwicklung eines Schemas für U-Boot;* ***Gesamtentwicklung:*** *altersgemäß, keine Hinweise auf Entwicklungs- und/oder Verhaltensstörungen.*

Abb. 039:

W., N., Junge, LA: 4;2 Jahre, Benennung: fehlt, Kugelschreiber, 14,9 x 6,9 cm, ***Zeichenentwicklung: altersgemäß (Mitte Stufe 2)****, deutliche Weiterentwicklung im Vergleich zu Abb. 036 und 037; die menschliche Figur ist aufgerichtet und steht auf der unteren Blattkante, Zeichen für Pupillen und Haare; der Kopf ist alterstypisch überdimensional groß;* ***Gesamtentwicklung:*** *altersgemäß, keine Hinweise auf Entwicklungs- und/oder Verhaltensstörungen.*

<u>Abb. 040:</u>

W., S., Junge, LA: 4;3 Jahre, Benennung: „Das Gruselmonster“

„Das ist das Gruselmonster. Es war einmal Nacht, da ist ein Gruselmonster in unseren Garten gekommen. Und in der Nacht hatte ich ganz schreckliche Angst, weil das Gruselmonster gekommen ist. Es war noch mehr dunkel geworden. Ich hatte Angst. Ich ging nach unten und trank ein bisschen Wasser, weil ich so Angst hatte. Das ist gut für die Angst. Das Gruselmonster näherte sich immer an unser Haus. Das Gruselmonster schrie und schrie: ‚Kommt heraus!‘ Ich hatte so Husten, weil das Gruselmonster auch Husten hatte, deshalb habe ich Husten gekriegt. Ich hatte sehr, sehr Angst und bin zur Mama gelaufen ins Bett. Das Gruselmonster kam nun in mein Zimmer rein durch die Balkontür. Die Balkontür zerbrach. Ich hatte einen riesen Schreck gekriegt. Das Gruselmonster näherte sich zum Bett meiner Mama. Es war morgens und das Gruselmonster war weg, weil es hell war. Die Gruselmonster sind immer weg, wenn die Sonne scheint. Ich war sehr, sehr fröhlich, weil das Gruselmonster weg war und rief zu Mama in den Garten: Mama, das Gruselmonster ist weg, juchu!“

Filzstifte und Bleistift, 14,9 x 21 cm, ***Zeichenentwicklung: altersgemäß****, die verbale Entwicklung, der sprachliche Ausdruck und Phantasiepotenziale eilen im Unterschied zur Zeichenentwicklung dem Lebensalter deutlich voraus; alterstypische Ängste vor Monstern in Albträumen werden über die Zeichnung und über das Erzählen der Geschichte bearbeitet* ***(Mitte Stufe 2)****, rhythmische Wellenlinien als Boden und eine ausdrucksvolle Figur, die ebenfalls aus einer rhythmischen Bewegung in einem Schwung entstand; die Figur zeigt mit Ausnahme von Augen, Nase und Mund keine Binnengliederung; es handelt sich um einen Kopffüßler, bei dem Kopf und Körper eine Einheit bilden, zwei Arme sind ansatzweise zu sehen, jedoch nur ein schräg angesetztes Bein, das integrierend in den Körper übergeht; ein Bein fehlt; ich nehme an, dass die Integration des einen Beines mit dem Körper noch keiner geplanten Leistung entspricht, sondern zufallsbedingt ist; der angedeutete Himmel ist bereits flächig gezeichnet;* ***Gesamtentwicklung:*** *altersgemäß, keine Hinweise auf Entwicklungs- und/oder Verhaltensstörungen.*

Abb. 041:
W., S., Junge, LA: 4;3 Jahre, Benennung: „Nachtgespenst", Buntstifte und Bleistift, 20,9 x 29,6 cm, ***Zeichenentwicklung: unausgewogen, zum Teil altersgemäß, zum Teil leicht verzögert (Mitte Stufe 2)****, eine altersgemäße Formdarstellung zeigt die Blume; dagegen ist das Nachtgespenst in der Mitte des Blattes noch ein Kopffüßler (vgl. Abb. 040) und zeigt einen leichten Entwicklungsrückstand;* ***Gesamtentwicklung:*** *altersgemäß, keine Hinweise auf Entwicklungs- und/oder Verhaltensstörungen.*

Abb. 042:
W., S., Junge, LA: 4;3 Jahre, Benennung: „Schneemann (in der Pistole), Pistole (rechtwinklige Form in der Farbe Lila) und Gold (runde Formen in der Farbe Orange)", Buntstifte, 29,5 x 40 cm, ***Zeichenentwicklung: altersgemäß (Mitte Stufe 2)****, 3 Wochen später als Abb. 041 gezeichnet, deutliche Fortschritte der Zeichenentwicklung, jetzt kein Kopffüßler mehr, sondern gegliederte Figur (Schneemann), reichhaltige andere Motive, vielfältige Phantasiepotenziale, die jedoch verbal nicht verdeutlicht werden; was sich der Junge bei dem Schneemann in der Pistole denkt, ist für den Betrachter unklar;* ***Gesamtentwicklung:*** *altersgemäß, keine Hinweise auf Entwicklungs- und/oder Verhaltensstörungen.*

Im Lebensalter von 8;10 Jahren wurde dem Jungen dieses Bild nach 4;7 Jahren nochmals vorgelegt. Er erinnerte sich gleich an sein Bild (vgl. Abb. 042) und sagte: „Das war doch die Schneekanone!" Nun erzählte er dazu die folgende Geschichte, die uns andeutungsweise erklärt, was der damals 4;3jährige Junge beim Zeichnen seines Bildes empfunden haben mag: „Eines Tages war ein Schneemann, der hatte eine Pistole, die war aber eine seltsame Pistole, weil sie leuchtete und Menschen zu Schnee machen konnte. Immer wenn Banditen kamen, machte er sie zu Schneemännern wie er und im Sommer schmolzen sie und waren hin. Aber der Schneemann machte sich einfach immer Schnee und er war immer am Leben. Und immer wenn Kinder kamen, machte er eine Schneeparty." Auf Nachfragen sagte er: „Außen an der Pistole sind Lichter, die leuchten." Und dann sagte er weiter auf Befragen: „Wenn er auf die Kinder schießt, dann ist vor den Kindern ein Schneemann. Der Schneemann hält so die Arme zum Knuddeln. Da können die Kinder in die Arme flutschen. Im Sommer verwandelt sich der Schneemann in Watte und wird ein Kuscheltier." Auf weiteres Befragen sagte er: „Innen in der Pistole rechts sind kleine Schneekanonen, die platzen auf, sie pumpen sich in der Kanone auf und sie kommen groß wieder raus."

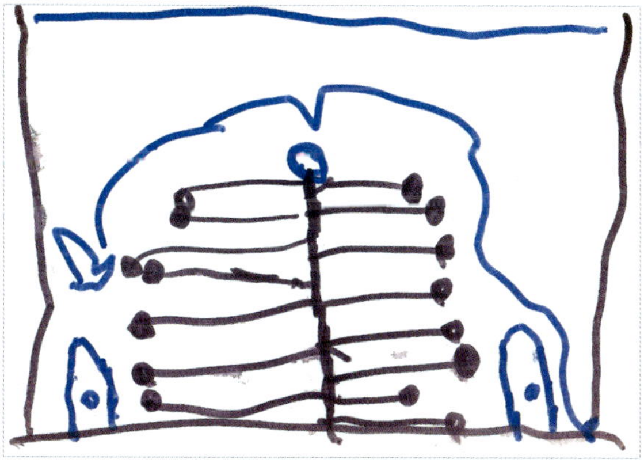

Abb. 043:
*S., C., Mädchen, LA: 4;3 Jahre, Benennung: „Baum, Vogelnest, 2 Tore, Segelboot", Filzstifte, 21 x 29,7 cm, **Zeichenentwicklung: altersgemäß** mit Hinweisen für gute kognitive Potenziale; Werkreife deutet sich bereits an **(Mitte bis Ende Stufe 2)**; Äste nach dem alterstypischen R-Prinzip im rechten Winkel angesetzt; das Bild wird im Sinne der Prägnanztendenz eingekästelt, eingerahmt; erste Bewegungsdarstellung durch motorische Symbolik. Die Bewegungsspur des Segelbootes wird dargestellt – eine blaue Linie führt um den Baum, am Ende der Linie sieht man das Segelboot; **Gesamtentwicklung:** altersgemäß, keine Hinweise auf Entwicklungs- und/oder Verhaltensstörungen.*

Abb. 044:

*W., S., Junge, LA: 4;4 Jahre, Benennung: „Schätze (unten Mitte), Waffen (links), Feuer (oben rechts), dass ich nicht friere", Buntstifte, 29,5 x 40,5 cm, **Zeichenentwicklung: altersgemäß (Mitte Stufe 2)**, **Gesamtentwicklung:** altersgemäß, keine Hinweise auf Entwicklungs- und/oder Verhaltensstörungen.*

Abb. 045: *S., C., Mädchen, LA: 4;5 Jahre, Benennung: fehlt, Buntstifte, 21 x 29,7 cm,* ***Zeichenentwicklung: eilt den Erwartungswerten der Altersstufe leicht voraus (Mitte bis Ende Stufe 2)****, Pupillen, Augenwimpern und zweidimensionale Arme unerwartet früh;* ***Gesamtentwicklung:*** *altersgemäß, keine Hinweise auf Entwicklungs- und/oder Verhaltensstörungen.*

Abb. 046: *W., S., Junge, LA: 4;5 Jahre, Benennung: „Ritterburg (unten rechts), Wolken (Kreise über der Ritterburg), Rauch (Kritzel über dem Schornstein), Stier (Stierkopf links oben), Mensch (links oben in blauer Farbe), Sonne", Wachsmalstifte, 21 x 21,7 cm,* ***Zeichenentwicklung: überwiegend altersgemäß (Mitte Stufe 2)****, Graphomotorik gut koordiniert; der in seiner Form gut dargestellte Stierkopf wird von dem Jungen als ganzer Stier erlebt: Das exemplarische Detail Kopf symbolisiert hier alterstypisch die ganze Gestalt; bei der menschlichen Figur sind die Gliedmaßen noch nicht mit dem Körper verbunden, was jedoch noch in den Rahmen der knapp altersgemäßen Zeichenentwicklung fällt; im Hinblick auf die Formdarstellung ist die Ritterburg altersentsprechend, die Dreieckform eilt dem Lebensalter voraus; die Farbwahl entspricht z. B. mit der blauen Sonne der alterstypischen Dekorativfarbe, die noch nicht an der Realität orientiert ist; im Hinblick auf die Raumdarstellung ist die Ritterburg nach unten zu einem Boden hin orientiert, den Schornstein setzt der Junge alterstypisch im rechten Winkel nach dem R-Prinzip auf das Dach; die übrigen Motive ordnet er noch im Sinne eines Streubildes und zeichnet die Sonne unter den Stierkopf, was in diesem Lebensalter gerade noch in den Rahmen des Altersgemäßen fällt; die gezeichneten Buchstaben zeigen, dass der Junge über sein Lebensalter hinausweisend bereits beginnt, sich für die Schriftsprache zu interessieren und das Schreiben von Buchstaben übt;* ***Gesamtentwicklung:*** *altersgemäß, keine Hinweise auf Entwicklungs- und/oder Verhaltensstörungen.*

Abb. 047:
S., C., Mädchen, LA: 4;7 Jahre, Benennung: fehlt, Wachsmalstifte, 29,5 x 33,5 cm, ***Zeichenentwicklung: eilt den Erwartungswerten der Altersstufe leicht voraus,*** *Werkreife deutet sich bereits an* ***(Mitte bis Ende Stufe 2)****, die Graphomotorik ist gut koordiniert; erste Darstellung eines Spitzdachs in dreieckiger Form, das erst ab ca. 5;0 Jahren erwartet wird; die Raumlagedarstellung der Häuser ist altersgemäß: Die Häuser sind auf die untere Blattkante als gedachter Bodenlinie hin orientiert;* ***Gesamtentwicklung:*** *altersgemäß, keine Hinweise auf Entwicklungs- und/oder Verhaltensstörungen.*

Abb. 048:
S., C., Mädchen, LA: 4;7 Jahre, Benennung: „Eisenbahn", Filzstifte, 21 x 29,5 cm, ***Zeichenentwicklung: eilt den Erwartungswerten der Altersstufe leicht voraus****, die Werkreife ist jetzt erreicht,* ***(Mitte bis Ende Stufe 2)****, nach Koppitz entspricht die Menschzeichnung – rechts neben der Eisenbahn – dem Stand eines ca. 5;0jährigen Kindes, im Hinblick auf die räumliche Orientierung wird eine Bodenlinie gezeichnet, die Eisenbahn ist auf diese Bodenlinie hin orientiert, die Bodenlinie symbolisiert die Schiene, auf der die Eisenbahn fährt;* ***Gesamtentwicklung:*** *altersgemäß, keine Hinweise auf Entwicklungs- und/oder Verhaltensstörungen.*

Abb. 049:
W., S., Junge, LA: 4;7 Jahre, Benennung: „Ritter mit Schwert, Baum (rechts), Blume" (links), Wachsmalstifte, 21,2 x 29,6 cm, ***Zeichenentwicklung: eilt den Erwartungswerten der Altersstufe voraus,*** *Werkreife ist erreicht* ***(Ende Stufe 2)****, bei der Menschzeichnung erster guter Ansatz einer Bewegungsdarstellung: Mit dem Zentralauge – ein Auge in der Mitte des Kopfes – und der Wendung des Kopfes nach links deutet sich der erste Versuch zur Profilwendung an;* ***Gesamtentwicklung:*** *altersgemäß, keine Hinweise auf Entwicklungs- und/oder Verhaltensstörungen.*

Abb. 050:
W., S., Junge, LA: 4;9 Jahre, Benennung: „Blumen und Regenbogen", Wachsmalstifte, 41,8 x 29,5 cm, ***Zeichenentwicklung: leicht vorauseilend (Mitte bis Ende Stufe 2)****, die Blätter stehen alterstypisch im rechten Winkel zum Blumenstil;* ***Gesamtentwicklung:*** *altersgemäß, keine Hinweise auf Entwicklungs- und/oder Verhaltensstörungen.*

<u>*Abb. 051:*</u>
S., C., Mädchen, LA: 5;1 Jahre, Benennung: „Bäume und ein Haus", Fingerfarben, 30 x 35,5 cm, ***Zeichenentwicklung: altersgemäß (Mitte bis Ende Stufe 2)****, Werkreife, die Äste stehen alterstypisch im rechten Winkel vom Stamm ab, der Baum links ist in Dekorativfarbe, der mittlere Baum bereits realitätsorientiert in Typenfarbe gezeichnet;* ***Gesamtentwicklung:*** *altersgemäß, keine Hinweise auf Entwicklungs- und/oder Verhaltensstörungen.*

<u>*Abb. 052:*</u>
W., A., Mädchen, LA: 5;3 Jahre, Benennung: nennt den Namen ihres Vaters, Bleistift und Buntstift, 21 x 27,4, ***Zeichenentwicklung: altersgemäß (Mitte bis Ende Stufe 2)****, erste mimische Ausdrucksbewegung als gutes kognitives Potenzial;* ***Gesamtentwicklung:*** *altersgemäß, keine Hinweise auf Entwicklungs- und/oder Verhaltensstörungen.*

<u>*Abb. 053:*</u>
S., C., Mädchen, LA: 5;4 Jahre, Benennung: „Biene", Buntstifte, 28,8 x 41,2 cm, ***Zeichenentwicklung: altersgemäß (Mitte bis Ende Stufe 2)****, das Menschenschema wird auf das Tierschema übertragen; die Raumdarstellung zeigt bereits früh einen flächigen, gewölbten Boden;* ***Gesamtentwicklung:*** *altersgemäß, keine Hinweise auf Entwicklungs- und/oder Verhaltensstörungen.*

<u>Abb. 054:</u>
W., S., Junge, LA: 5;4 Jahre, Benennung: „Tarzan mit Muskeln (rechts Rot), der Tarzan hat Finger (Grau) und Nägel (Lila), er ist im Zelt (Grün, oben Striche auf dem Zelt), das ist die Frau von dem Tarzan (Rosa, links neben dem Zelt), Sonne (Gelb und Lila), Stern" (links neben der Sonne), Wachsmalstifte, 29,5 x 41 cm, ***Zeichenentwicklung: altersgemäß (Mitte bis Ende Stufe 2)****, Graphomotorik noch etwas unsicher, erstmals Betonung geschlechtsspezifischer Merkmale: auffällige Muskeln des ganz in Rot gezeichneten Tarzan. Will der Junge mit Hilfe dieser Merkmale seine männliche Stärke ausdrücken? Übergroße Hände mit langen Fingernägeln stellen sich mir als Ausdruck von Tarzans Kampfbereitschaft dar; im Kontrast zu Tarzan ist seine Frau ohne Hände und Finger in der Farbe Rosa dargestellt und vermittelt mir eher einen hilflosen Eindruck. Die Motive zu „Tarzan" sind aus einem Fernsehfilm (Zeichentrickfilm von Walt Disney) in die Kinderzeichnung übernommen worden. In vielen Rollenspielen mit seinen Freunden übernahm der Junge zurzeit der Fertigstellung dieser Zeichnung die Rolle des starken Helden Tarzan, der in der Filmgeschichte von Affen aufgezogen worden war, und fühlte sich als dieser in der phantasierten gefahrenreichen Welt des Dschungels ausgesprochen wohl. Inwieweit auch persönlichkeitsspezifische Anteile und Einflüsse des familiären Umfeldes die Motivwahl der Zeichnung beeinflusst haben, kann nur durch eine genauere psychodiagnostische Untersuchung geklärt werden. Im vorliegenden Fall war zwar die Darstellung von Tarzan, seiner betonten Muskeln, seiner übergroßen Hände und langen Fingernägel sowie die Rotfärbung seines Körpers als mögliches Emotionales Zeichen auffällig (Angstabwehr durch Identifikation mit dem Helden?). Es lagen jedoch keine Verhaltens- oder Entwicklungsprobleme des Kindes vor, die eine solche Vermutung zu diesem Zeitpunkt nahe gelegt hätten. Die Auffälligkeiten der Zeichnung entsprechen aus meiner Sicht vielmehr alterstypischen emotional-sozialen Entwicklungsprozessen, die bei Jungen dieses Alters häufig auf der Grundlage der Auseinandersetzung mit kollektiv unbewussten Inhalten und archetypischen Vorstellungen zu beobachten sind. Diese geschlechtsspezifischen und sozio-kulturell geprägten Prozesse (Auseinandersetzung mit Helden und ihrem Mythos, mit Abenteuern, Mutproben etc.) spiegeln sich in einer Faszination vieler Jungen an Fernsehfilmen oder Büchern, die diese Thematik aufgreifen. Sie werden besonders effektiv durch Rollenspiele oder durch Symbolisierungen in plastischen Gestaltungen oder Zeichnungen von Kindern ausgelebt;* ***Gesamtentwicklung:*** *altersgemäß, keine Hinweise auf Entwicklungs- und/oder Verhaltensstörungen.*

<u>*Abb. 055:*</u>
S., C., Mädchen, LA: 5;7 Jahre, Benennung: fehlt, Buntstifte, 16,5 x 10,6 cm, ***Zeichenentwicklung: altersgemäß (Ende Stufe 2)****, beginnende Bewegungsdarstellung als gutes kognitives Potenzial;* ***Gesamtentwicklung:*** *altersgemäß, keine Hinweise auf Entwicklungs- und/oder Verhaltensstörungen.*

<u>*Abb. 056:*</u>
S., C., Mädchen, LA: 5;7 Jahre, Benennung: fehlt, Filzstifte, 21 x 29,7 cm, ***Zeichenentwicklung: eilt den Erwartungswerten der Altersstufe voraus (Ende Stufe 2, Übergang zur Stufe 3)****, gute kognitive Potenziale; Schulfähigkeit deutet sich an, Graphomotorik schon gut koordiniert, alterstypische „Röntgenzeichnung“. Das Äußere und Innere des Hauses werden dargestellt: Man sieht das Innere des Hauses wie auf einer Röntgenaufnahme; Bewegungsdarstellung: „Situationsprofil“, das Kind sitzt seitlich auf dem Stuhl, Kopf und Oberkörper sind jedoch noch nach vorne – en face – gerichtet; frühe Überschneidungen: Wolke und Sonne überschneiden das Hausdach; gute Raumdarstellung und Gesamtbildplanung;* ***Gesamtentwicklung:*** *altersgemäß, keine Hinweise auf Entwicklungs- und/oder Verhaltensstörungen.*

Abb. 057:
W., N., Junge, LA: 5;7 Jahre, Benennung: „Das bin ich", Bleistift, 29,8 x 21,1 cm, ***Zeichenentwicklung: altersgemäß (Ende Stufe 2)****, Schulfähigkeit deutet sich an, nach Koppitz gut-durchschnittliche Leistung der Menschzeichnung, als besonders gut wird nach Koppitz die Zweidimensionalität der Füße und die korrekte Anzahl der Finger bewertet;* ***Gesamtentwicklung:*** *altersgemäß, keine Hinweise auf Entwicklungs- und/oder Verhaltensstörungen.*

Abb. 058:
W., N., Junge, LA: 5;8 Jahre, Benennung: „Haus", Buntstifte, 24,1 x 32 cm, ***Zeichenentwicklung: altersgemäß (Ende Stufe 2), Gesamtentwicklung:*** *altersgemäß, keine Hinweise auf Entwicklungs- und/oder Verhaltensstörungen.*

Abb. 059:
S., C., Mädchen, LA: 5;8 Jahre, Benennung: „Die Fahrt nach Daisbach", Buntstifte und Filzstifte, 29,5 x 37,5 cm, ***Zeichenentwicklung: eilt den Erwartungswerten der Altersstufe voraus (Ende Stufe 2, Übergang zur Stufe 3)****, Bewegungsdarstellungen mit Profilwendung als gutes kognitives Potenzial;* ***Gesamtentwicklung:*** *altersgemäß, keine Hinweise auf Entwicklungs- und/oder Verhaltensstörungen.*

<u>Abb. 060:</u>
S., C., Mädchen, LA: 5;8 Jahre, Benennung: fehlt, Wachsmalstifte, 21 x 29,7 cm, ***Zeichenentwicklung: eilt den Erwartungswerten der Altersstufe voraus (Ende Stufe 2, Übergang zur Stufe 3)****, früher und guter Bewegungsausdruck mit Profilwendung; Hinweis auf gute kognitive Fähigkeiten; Raumdarstellung mit Beachtung von flächiger Boden- und Himmelslinie;* ***Gesamtentwicklung:*** *altersgemäß, keine Hinweise auf Entwicklungs- und/oder Verhaltensstörungen.*

<u>Abb. 061:</u>
W., S., Junge, LA: 5;8 Jahre, Benennung: „Unser Haus (links), Baum (Mitte), Garage (rechts), Papi, seine Haare flattern, ich fliege", Wachsmalstifte, 21 x 29,7 cm, ***Zeichenentwicklung: altersgemäß (Ende Stufe 2)****, Bewegungsdarstellung der Haare weist auf gutes kognitives Potenzial hin;* ***Gesamtentwicklung:*** *altersgemäß, keine Hinweise auf Entwicklungs- und/oder Verhaltensstörungen.*

<u>Abb. 062:</u>
W., S., Junge, LA: 5;8 Jahre, Benennung: „Bäume", Wachsmalstifte, 21 x 29,7 cm, ***Zeichenentwicklung: altersgemäß (Ende Stufe 2)****, Baumstämme und Baumkronen alterstypisch additiv aneinander gesetzt, Typenfarbe;* ***Gesamtentwicklung:*** *altersgemäß, keine Hinweise auf Entwicklungs- und/oder Verhaltensstörungen.*

Abb. 063:
Die Abbildungen 063-066 wurden unmittelbar nacheinander im Anschluss an einen Zirkusbesuch gezeichnet. Das Mädchen gibt zu jedem Bild seine Kommentare und beginnt, die Bilder im Sinne von „Erzählbildern" mit ersten Handlungszusammenhängen und erster Beachtung der zeitlichen Dimension darzustellen.

S., C., Mädchen, LA: 5;9 Jahre, Benennung: „Im Zirkus, ein Clown, er macht Quatsch und ist jeden Tag lustig", Buntstifte, 24 x 27,8 cm, ***Zeichenentwicklung: altersgemäß*** *mit Hinweisen für gute kognitive Potenziale* ***(Ende Stufe 2)****, guter Bewegungsausdruck des Clowns; die sprachliche Beschreibung des Clowns trifft sehr gut seinen lustigen und beschwingten bildnerischen Ausdruck;* ***Gesamtentwicklung:*** *altersgemäß, keine Hinweise auf Entwicklungs- und/oder Verhaltensstörungen.*

Abb. 064:
S., C., Mädchen, LA: 5;9 Jahre, Benennung: „Ein Mädchen tanzt auf den Steinen. Das ist sehr schwer." Buntstifte, 24 x 27,8 cm, ***Zeichenentwicklung: altersgemäß (Ende Stufe 2)****, Graphomotorik etwas unsicher; es wird ein Handlungszusammenhang dargestellt und erzählt, was einem guten kognitiven Potenzial entspricht;* ***Gesamtentwicklung:*** *altersentsprechend, keine Hinweise auf Entwicklungs- und/oder Verhaltensstörungen.*

Abb. 065:
S., C., Mädchen, LA: 5;9 Jahre, Benennung: „Das Kamel ist verlegen, es hat einen roten Kopf; niemand ist bei ihm, da weiß es nicht, was es machen soll." Buntstifte, 24 x 27,8 cm, ***Zeichenentwicklung: leicht vorauseilend, Hinweise auf Sensitivität und gute kognitive Fähigkeiten (Ende Stufe 2 Übergang zur Stufe 3)****, Graphomotorik etwas unsicher; gute Formdarstellung des Kamels, gute Umsetzung von Farbsymbolik in Typenfarbe im bildnerischen und sprachlichen Ausdruck;* ***Gesamtentwicklung:*** *altersgemäß, keine Hinweise auf Entwicklungs- und/oder Verhaltensstörungen.*

Abb. 066:
S., C., Mädchen, LA: 5;9 Jahre, Benennung: „Ein Kind schaut traurig zum Fenster hinaus; seine Eltern sind gestorben und jetzt geht niemand mit ihm in den Zirkus." Buntstifte, 24 x 27,8 cm, ***Zeichenentwicklung: altersgemäß (Ende Stufe 2)****, gute Umsetzung von Farbsymbolik in bildnerischen und sprachlichen Ausdruck; die Farbsymbolik des Weiß als Zeichen für Trauer hat das Kind spontan und ohne entsprechende Hinweise von Erwachsenen oder anderen Kindern verwendet; hier zeigt sich in der Kinderzeichnung die Anwendung der Farbsymbolik im Rahmen sozio-kultureller Überlieferungen. Inwieweit bei der Motivwahl (vgl. Benennung) und der Verwendung der Farbsymbole Weiß (Umriss des Hauses, Fensters, Baumes und Baumstammes) und Rot (Kind, das aus dem Fenster schaut) und der fehlenden Bodenlinie des Hauses individuelle Symbolisierungen mit Hinweisen für aktuelle emotional-soziale Konflikte den Zeichenprozess beeinflussten, kann nur mit Hilfe einer psychodiagnostischen Untersuchung geklärt werden. Im vorliegenden Fall bestand zu einer solchen Untersuchung kein Anlass, da das Mädchen keine Verhaltens- und/oder Entwicklungsprobleme zeigte und auch im Hinblick auf seine familiäre Situation keine aktuellen Probleme feststellbar waren. Es ist nicht ungewöhnlich, dass sich Kinder dieses Alters mit dem möglicherweise drohenden Tod ihrer Eltern auseinander setzen. Über Symbolisierungen in ihren Rollenspielen und/oder Zeichnungen versuchen sie, ihre alterstypischen Verlustängste zu bewältigen;* ***Gesamtentwicklung:*** *altersgemäß, keine Hinweise auf Entwicklungs- und/oder Verhaltensstörungen.*

Abb. 067:
W., N., Junge, LA: 5;9 Jahre, Benennung: „Das bin ich", Buntstifte, 29,5 x 41,6 cm, ***Zeichenentwicklung: altersgemäß (Ende Stufe 2)****, Schulfähigkeit deutet sich an;* ***Gesamtentwicklung:*** *altersgemäß, keine Hinweise auf Entwicklungs- und/oder Verhaltensstörungen.*

Abb. 068:
W., S., Junge, LA: 5;10 Jahre, Benennung: „Die Zauberer, ein kleiner Zauberer spielt mit dem Computer (rechts), Computer und CD auf dem Tisch", Buntstifte, 29,8 x 42 cm, ***Zeichenentwicklung: altersgemäß (Ende Stufe 2, Übergang zur Stufe 3)****, Beginn der Bewegungsdarstellung mit dem Situationsprofil: Die Anordnung von Tisch und Stuhl ist seitlich orientiert, der Junge sitzt auf dem Stuhl, ist aber in der Sicht von vorne zu sehen;* ***Gesamtentwicklung:*** *altersgemäß, keine Hinweise auf Entwicklungs- und/oder Verhaltensstörungen.*

Abb. 069:
W., S., Junge, LA: 5;10 Jahre, Benennung: „Pirat mit Kanonen, Piratenhaus (links)", Filzstifte, 21 x 29,7 cm, ***Zeichenentwicklung: altersgemäß (Ende Stufe 2)****, wieder auffallend große Hände (vgl. Abb. 054);* ***Gesamtentwicklung:*** *altersgemäß, keine Hinweise auf Entwicklungs- und/oder Verhaltensstörungen.*

Abb. 070:
W., S., Junge, LA: 5;10 Jahre, Benennung: „Schiff mit Kanonen und Anker“, Filzstifte, 21 x 29,7 cm, ***Zeichenentwicklung: altersgemäß (Ende Stufe 2)****,* ***Gesamtentwicklung:*** *altersgemäß, keine Hinweise auf Entwicklungs- und/oder Verhaltensstörungen.*

Abb. 071:
S., C., Mädchen, LA: 5;11 Jahre, Benennung: fehlt, Filzstifte, 28,7 x 42 cm, ***Zeichenentwicklung: eilt den Erwartungswerten der Altersstufe voraus (Ende Stufe 2, Übergang zur Stufe 3)****, frühes Auftreten von „Klappbildern“ als Raummerkmal: Wegebild, die Autos stehen im rechten Winkel zur jeweilig befahrenen Straße, sie sind im rechten Winkel in die freie Fläche geklappt; mit diesem Merkmal zeigt das Kind, dass es sich mit der Raumwahrnehmung auseinander setzt;* ***Gesamtentwicklung:*** *altersgemäß, keine Hinweise auf Entwicklungs- und/oder Verhaltensstörungen.*

Abb. 072:
S., C., Mädchen, LA: 5;11 Jahre, Benennung: fehlt, Wachsmalstifte, 29,8 x 21 cm, ***Zeichenentwicklung: eilt den Erwartungswerten der Altersstufe voraus (Ende Stufe 2, Übergang zur Stufe 3)****, Röntgenbild: Die Beine unter dem Rock werden gezeichnet. Ein Kind dieses Lebensalters möchte alles das zeichnen, was es weiß (Luquet, „Intellektueller Realismus"); sehr früh erfolgt hier die Schrägstellung der beiden Arme als Überschneidung mit Auslassungen;* ***Gesamtentwicklung:*** *altersgemäß, keine Hinweise auf Entwicklungs- und/oder Verhaltensstörungen.*

Abb. 073:
S., C., Mädchen, LA: 5;11 Jahre, Benennung: fehlt, Wachsmalstifte, 21 x 29,7 cm, ***Zeichenentwicklung: eilt den Erwartungswerten der Altersstufe voraus (Ende Stufe 2, Übergang zur Stufe 3)****, gute Bewegungsdarstellung mit Profilwendung, Zentralauge, bereits realitätsorientierte Darstellung des Pferdes, vor allem des Pferdekopfes; Raumdarstellung mit flächigem Boden;* ***Gesamtentwicklung:*** *altersgemäß, keine Hinweise auf Entwicklungs- und/oder Verhaltensstörungen.*

3.7.3 *Stufe 3 der Zeichenentwicklung (altersgemäße Entwicklung im Überblick) ca. 7;0-12;0 Jahre*

Konkrete Operationen des Denkens in Verbindung mit sensomotorischen, sprachlichen, perzeptiven und emotional-sozialen Funktionen der mittleren und späten Kindheit: Stufe 3 der Zeichenentwicklung wird charakterisiert durch die Möglichkeit zu konkreten Operationen im Denken und ist noch an die konkrete Anschauung gebunden. Sie entspricht in vielen Aspekten der Stufe 3 der konkreten Operationen Piagets.

Merkmale der konkreten Operationen des Denkens nach Piaget im Überblick, Stufe 3:

- Denkoperationen werden zunehmend systematisiert, generalisiert, differenziert, strukturiert und integriert (miteinander vernetzt), beziehen sich aber noch auf konkrete Handlungen
- Vorstellungsbilder entstehen vorwegnehmend (antizipierend) und unabhängig von Wahrnehmungen
- das Denken ist nicht mehr zentriert (keine Deutungen aufgrund einzelner hervorstechender Merkmale, sondern gleichzeitiges Beachten mehrerer Merkmale)
- Rückgang animistischer Deutungen; sie sind jetzt mehr an der Realität orientiert (vgl. Tücke, 1999)
- es finden jetzt echte Dezentrierungen statt; das Denken ist reversibel (Umkehrungen der Denkprozesse werden möglich, Gedankengänge können zu ihrem Ausgangspunkt zurückgeführt werden)
- Invarianzbegriffe werden erworben (Menge, später Gewicht, Masse, Volumen)
- logische und arithmetische Operationen, Klassifikationen und Klasseninklusion sind möglich
- Begriffe werden hierarchisiert; Beherrschung der Klasseninklusion; Beziehungen zwischen Begriffen können hergestellt werden; das Kind kann in Relationen denken (Bruder von..., Schwester von...)
- es finden ordnende Reihungen z. B. nach Größe statt (Seriation)
- räumliche Zusammenhänge werden erfasst, Entfernungen können abgeschätzt werden; Orientierung nach und Beschreibung von räumlichen Richtungen (rechts, links, geradeaus); Wegbeschreibungen, kognitive Landkarten (Wege für Schatzsuche, Grundriss der Wohnung) werden erstellt und verstanden (vgl. Tücke, 1999)
- Erwerb eines objektiv-einheitlichen Zeitbegriffs (vgl. Tücke, 1999)
- räumliche und zeitliche Qualitäten können getrennt beachtet werden (vgl. Tücke, 1999)

- das Denken beschränkt sich auf die Gegenwart, auf gegebene konkret-anschauliche oder sprachliche Informationen (vgl. Tücke, 1999)
- das moralische Verhalten kann unter den Fortschritten der Denkentwicklung der konkreten Operationen widerspruchsfreier und berechenbarer werden; Abbau des voroperationalen Egozentrismus

Merkmale der Zeichenentwicklung, Stufe 3:
Im Unterschied zur Stufe 2 der Zeichenentwicklung wird nun auf der Stufe 3 das Denken flexibler, Umkehrungen der Denkprozesse werden möglich. Das Kind beginnt, *seine Wahrnehmungen der Realität anzugleichen. Detailfreude und Detailgenauigkeit nehmen in der Zeichnung zu.* Die Bildzeichen erhalten jetzt Binnendifferenzierung. Damit ist die Voraussetzung zur Bewegungsdarstellung erfüllt (die einzelnen Schritte der Bewegungsdarstellung vgl. Kap. 3.7.3.7).
Das Kind der mittleren Kindheit zeigt ab ca. 7;0 Jahren mit *Bewegungsdarstellungen* (vgl. Kap. 3.7.3.9, Abb. 075, 086, 089) Anfänge der neuen Denkmöglichkeiten der konkreten Operationen und damit auch die Möglichkeit zu *vorwegnehmenden (antizipierenden) Vorstellungsbildern.*
In der späten Kindheit (ab ca. 9;0-10;0 Jahren) werden die Bewegungsdarstellungen durch größere Angleichung an die Wahrnehmung der äußeren Realität und die nun möglichen *Überschneidungen und Verdeckungen* immer sicherer und vielfältiger (vgl. Kap. 3.7.3.9, Abb. 096, 097). Hinzu kommt eine immer bewusstere und an die Realität angeglichenere *Raumdarstellung* der Tiefenrelation von Gegenständen (vgl. Kap. 3.7.3.8). Die Objekte und Objektdetails werden jetzt in sachlich-logischer Beziehung zueinander gesehen. Handlungen in den Zeichnungen sind keine isolierten Akte mehr, sondern Bestandteil eines Systems in einem Gesamtbild. Verschiedene Beziehungen wie Lage, Größe und Richtung der Objekte zueinander und der Details innerhalb der Objekte werden zunehmend berücksichtigt. In der späten Kindheit (ca. 9;0-11;0/12;0 Jahre) setzt sich das Kind deutlich mit den Möglichkeiten der Raumdarstellung in seinen Zeichnungen auseinander. „*Klappbilder*" (vgl. Kap. 3.7.3.9, Abb. 100) und vorperspektivische Darstellungen sind zu beobachten (vgl. Kap. 3.7.3.9, Abb. 108). Auch die Dimension der Zeit (vgl. Kap. 3.7.3.9, Abb. 103, „Erzählbild") beginnt zunehmend in den Zeichnungen eine Rolle zu spielen. Diese Beobachtungen reflektieren nicht nur den Entwicklungsstand der Denkentwicklung, sondern auch aller anderen psychischen Funktionen, die nun in gleicher Weise am Aufbau dieser Stufe der Zeichenentwicklung beteiligt sind.
Folgende Merkmale der Zeichenentwicklung der Stufe 3 sind *besonders* auffällig:

Merkmale der Zeichenentwicklung Stufe 3 im Überblick:

- Interesse an der gesehenen Welt weitet sich aus
- Das Kind beginnt, seine Zeichnungen in der Form-, Größen-, Farb-, Bewegungs- und Raumdarstellung der Realität anzugleichen
- Detailfreude und Detailgenauigkeit nehmen zu
- Bildzeichen erhalten jetzt integrierten Umriss mit Binnendifferenzierung; Arme und Beine nicht nur als Richtungslinien, sondern flächig gezeichnet
- Umfeld der Objekte wird beachtet (z. B. Tischunterlage als Hintergrund), Überschneidungen und Überdeckungen mit Auslassungen im Umfeld sind jetzt möglich (Mitte bis Ende Stufe 3)
- Planendes Vorausdenken einer Gesamtkonzeption; mehrere Faktoren können gleichzeitig beachtet werden; Beziehungen wie Lage, Größe und Richtung der Objekte zueinander und der Details innerhalb der Objekte werden erkannt und in den Zeichnungen zum Ausdruck gebracht
- Bewegungsdarstellungen mit Möglichkeiten zu vorwegnehmenden (antizipierenden) Vorstellungsbildern; zunehmende und schrittweise Differenzierungen und Angleichung an die Realität (ab. ca. 7;0 Jahren): ab Mitte bis Ende der Stufe 3 Überschneidungen, Überdeckungen mit Auslassungen und Richtungsänderungen bei Bewegungsdarstellungen
- Die rein flächige Darstellung reicht dem Kind nicht mehr, es will körperhaft darstellen (ab ca. 8;0/9;0 Jahren); Raumdarstellungen (Gesamtraum und Tiefenrelation von Landschaften und Objekten) werden zunehmend differenziert und an die Realität angepasst (ab ca. 9;0-11;0/12;0 Jahren); vielfältige und schrittweise Erweiterung von Raummerkmalen
- „Klappbilder" (ca. 7;0-9;0 Jahre) und vorperspektivische Darstellungen (ab ca. 9;0/10;0 Jahren) sind zu beobachten (vgl. Kap. 3.7.3.8)
- Überschneidungen mit Weglassen von verborgenen Linien treten am Ende der Stufe 3 auf
- Objekte und Objektdetails stehen in sachlich-logischer Beziehung zueinander, Handlungen in den Zeichnungen sind jetzt keine isolierten Akte mehr, Situationsdarstellung
- Die Dimension der Zeit wird in der Zeichnung zunehmend berücksichtigt
- Am Ende der Stufe 3 oft Zweifel an zeichnerischer Fähigkeit; Ironisierungen und groteske Übertreibungen, um Unsicherheit zu verbergen; eingefügte Sprechblasen ersetzen Versuch zur zeichnerischen Wiedergabe
- John-Winde, 1981, fasst die Merkmale der 3. Stufe der Zeichenentwicklung wie folgt zusammen: *„Was ich zeichne, entspricht der gesehenen Welt. Es wird von anderen erkannt und verstanden"* (John-Winde, 1981, S. 89).

Frostig und Maslow, 1978, S. 83-84:
„Diese Phase (bei Erikson Phase 4) dauert von sieben bis elf Jahre(n). Während dieser Zeit erwirbt das Kind ein Bedürfnis nach Leistung und überwindet das Gefühl der Unterlegenheit. Diese Phase korrespondiert mit der Latenzphase nach Freud und der Phase der konkreten Operationen nach Piaget.
In diesen Jahren ist das Kind sehr aktiv; es versucht auf verschiedenste Weise seine Aufgaben erfolgreich zu erledigen und sich von Erwachsenen und Gleichaltrigen anerkannt und akzeptiert zu fühlen. Jedes Versagen verunsichert es zutiefst. Kinder mit Entwicklungsstörungen oder nachweisbaren neurologischen Dysfunktionen fühlen sich während dieser Phase erheblich bedroht, weil die Forderungen der Umwelt, besonders in der Schule, ständig zunehmen. Dem Lehrer muss daran gelegen sein, dem Kind beim Aufbau eines angemessenen Selbstbewusstseins zu helfen; nur so trägt er dazu bei, dass es ein tatsächliches oder eingebildetes Defizit oder Probleme überwindet."

3.7.3.1 Gesamteindruck (Stufe 3)

Erster subjektiver Eindruck (3):
Festgehalten wird der erste subjektive Eindruck zur *Zeichenentwicklung* des Kindes von ca. 7;0-12;0 Jahren. Alle ersten Beobachtungen zur Zeichenentwicklung werden notiert (Wirkt die Zeichnung altersentsprechend, dem Lebensalter vorauseilend oder rückständig? Welche Entwicklungsmerkmale fallen beim ersten Betrachten der Zeichnung auf?).

Bildnerischer Ausdruck (3):
Die Qualität des bildnerischen Ausdrucks der Stufe 3 wird durch verstärkte Orientierung an der Realität und die Möglichkeiten zu Bewegungs- und Raumdarstellungen in den Zeichnungen geprägt. Sofern die Kinder über entsprechende graphomotorische, perzeptive, kognitive und emotionale Voraussetzungen verfügen, können sie jetzt ihre inneren Bilder detailreich und differenziert zum Ausdruck bringen. Zeichnungen mit phantasievollem, lebendigem, vital starkem bildnerischen Ausdruck lassen sich von Zeichnungen unterscheiden, die vom Betrachter/der Betrachterin als ausdrucksleer, undifferenziert, phantasiearm empfunden und beschrieben werden („Gegenübertragung" muss im therapeutischen Prozess beachtet werden, vgl. Kap. 4.2.1). Das Zulassen *eigener innerer Bilder* und ihre Umsetzung in die Zeichnung bestimmt die Qualität des bildnerischen Ausdrucks und seiner „Ausstrahlung". Auch beim Zeichnen nach Vorlagen, das am Ende dieser Stufe recht beliebt ist, lässt sich individueller bildnerischer Ausdruck beobachten und im Hinblick auf unterschiedliche Ausdrucksqualitäten beschreiben. Am Ende

der Stufe 3 verlieren viele Kinder die Freude am Malen und Zeichnen und bevorzugen nicht mehr das bildnerische Medium als Ausdruckmöglichkeit ihrer inneren Bilder. Unter diesen Voraussetzungen verliert der Bildausdruck bei vielen Kindern an Qualität und Aussagekraft.

Sprachlicher Ausdruck (3):
Das Kind ist nun sprachlich flexibel und gewandt. Es ist in der Lage, eigene Gedanken und Gefühle zu seiner Zeichnung verbal verständlich und ausdrucksvoll darzustellen.

Stil (3):
Der Stil entspricht dem Denken der Stufe der konkreten Operationen. Die gewählten Motive zeigen eine zunehmende Auseinandersetzung mit den jeweiligen Umwelterfahrungen. Die Feinmotorik wird kontrolliert eingesetzt. Form-, Größen-, Farb-, Bewegungs- und Raumdarstellung orientieren sich an der Realität und verbinden sich mit inneren Bildern. Allerdings kopiert das Kind am Ende der Stufe 3 auch *bewusst unrealistische Motive* von Bildvorlagen handelsüblicher Spielkarten oder Abbildungen der Medien. Dabei setzt es geplant Zeichenmerkmale einer früheren Phase der Entwicklungsstufe ein, die bereits zu Gunsten einer realitätsangepassteren Darstellung aufgegeben worden waren (z. B. Verwendung des Zentralauges bei Monstern und unrealistischen Wesen aus den Medien, Büchern oder Spielkarten, vgl. Kap. 3.7.3.9, Abb. 091). Formdetails werden jetzt in die Formganzen integriert, präperspektivische Darstellungen zeigen die Auseinandersetzung mit den Qualitäten von Raum und Zeit. Die Bildkomposition erfolgt geplant und weist auf Sinnzusammenhänge hin. Über diese Charakterisierung typischer Stilmerkmale der Stufe 3 hinausgehend zeigt das Kind der Stufe 3 individuell geprägte graphische und bildnerische Stilmerkmale und inhaltliche Bevorzugungen besonderer Motive und Themen.

Ausführung und Organisation (3):
Die Voraussetzungen zu geplanter und kontrollierter Arbeitsweise sind jetzt erreicht. Flüchtige und ungeordnete Arbeitsweise mit Überkritzelungen und Durchstreichungen sind auf Stufe 3 diagnostisch festzuhalten und in ganzheitlichem Zusammenhang zu interpretieren. Ebenso ist auf übermaßig kontrolliertes, langsames, perseverierendes Arbeitsverhalten zu achten (z. B. nur mit Hilfe eines Lineals zeichnen wollen, immer wieder beginnen, um ein besseres Ergebnis zu erreichen).

3.7.3.2 Motive, Symbole, Zeichen (3)

Die Motive, Symbole, Zeichen der Stufe 3 spiegeln die sich ausweitenden Interessen der Kinder und ihre Versuche, in Zeichnungen die gesehene Welt darzustellen. Im Laufe der Entwicklung von 7;0 bis 11;0/12;0 Jahren werden immer komplexere Motive dargestellt. Die vielfältigen Themen variieren entsprechend z. B. von Jahrgangsstufe 1 zu Jahrgangsstufe 4 der Grundschule und der ersten Klassen der Hauptschule und der weiterführenden Schulen. Die folgende Darstellung gründet sich auf eigene Beobachtungen sowie auf Angaben in der Literatur.

Umgang mit der Natur (3):

Das Thema des Umgangs mit der Natur wandelt sich von dem Interesse des Sammelns von Naturmaterialien zu dem des Malens von Pflanzen, Blumen und Tieren (sehr beliebt sind z. B. die Darstellungen von Hunden und Dinosauriern). Sonne, Mond, Sterne, Meer, Wind, Feuer, Regen, Wolken treten als Motive auf.

Menschen in der sozialen Umwelt (3):

Hier interessiert die Kinder die Darstellung ihres Zuhauses, ihrer Wohnung, des Schulhauses, des Schulgebäudes, besonderer Bauwerke und schließlich in der späten Kindheit die Darstellung von Alltagsgegenständen.

Selbstdarstellung (3):

Im Zuge des Interesses an Selbstdarstellung werden gerne Porträts und menschliche Figuren gezeichnet, aber auch das Verhältnis des Kindes zu einem Du oder das Kind in der Gruppe sind Themen der Zeichnungen. In der späten Kindheit wenden sich die Kinder fremden Kulturen zu.

Bilderwelt der Bücher und Medien (3):

In die Kinderbilder fließen Inhalte von Kinderbüchern, von Märchen, Mythen und Sagen ein. In zunehmendem Maße wird die Vorstellungswelt der Kinder am Ende der Stufe 3 durch ihre Fernseherfahrungen und durch Anregungen über Filme und Tonkassetten geprägt.

> Comic-Figuren werden nachgemalt. „Micky Maus“ und „Diddl-Maus“ sowie bekannte Akteure aus dem Fernsehgeschehen sind beliebte Zeichenmotive (Helden wie James Bond, Batman, Superman, Zorro, Harry Potter). Auch Vampire und Figuren mit ausgeprägter aggressiver Thematik werden aus dem Fernsehen in die Kinderzeichnungen möglichst detailgenau übernommen. In den beliebten Kopien von Motiven handelsüblicher Spielkarten (Pokémon, Yu-Gi-Oh Karten) oder von Bildern aus den Medien werden unrealistische, oft furchtauslösende Wesen aus phantastischen Welten gezeichnet. Die Kinder kopieren am Ende der Stufe 3 z. B. in der Darstellung von Monstern mit nur einem übergroßen Auge in der Mitte des Kopfes Bild-

> vorlagen mit einem Zentralauge (vgl. Kap. 3.7.3.9, Abb. 091). Sie setzen damit in ihrer Zeichenfertigkeit bewusst ein Entwicklungsmerkmal einer früheren Entwicklungszeit ein (Ende 2., Anfang 3. Stufe) und verlassen vorübergehend die Ebene ihres Bemühens um Darstellung einer realen Welt. Das Fasziniertsein von der Welt der Helden und Monster kann im Sinne C.G. Jungs auf Auseinandersetzungen der Kinder mit archetypischen Vorstellungsbildern des kollektiven Unbewussten gedeutet werden. Im Einzelfall ist zu klären, inwieweit sie mit Hilfe dieser Symbolik auch individuelle Beunruhigungen und Ängste oder besondere Wünsche und Bedürfnisse ausdrücken und verarbeiten (vgl. Kap. 4.2.2).

Die Motive der mittleren Kindheit (ca. 7;0-9;0/10;0 Jahre) zeigen das Bemühen der Kinder, zunehmend komplexere, spannendere und aktuellere Inhalte (z. B. solche, die aus den Nachrichten des Fernsehens bekannt werden) in ihren Zeichnungen aufzunehmen. So spielen Themen der Raumfahrt (Space Shuttle, Landung auf dem Mond oder Mars, Mondauto, Mondrakete, kriegerische Auseinandersetzungen von Außerirdischen, Star Wars) eine wichtige Rolle (vgl. Kap. 3.7.3.9, Abb. 084, 086).

Geschlechtsspezifische Unterschiede (3):
Im Unterschied zu Mädchen zeichnen Jungen nach meiner Beobachtung öfter kämpferische Szenen von Indianern, Rittern und Fernsehhelden mit spannenden Abenteuern. Ab der späten Kindheit geben sie sich auch viel Mühe, verschiedene Typen von Autos, Schiffen und Fahrzeugen detailgenau zu zeichnen (vgl. Kap. 3.7.3.9, Abb. 098, 107, 111). Mädchen interessieren sich nach meinen Beobachtungen sehr für Motive, die um die Familie und die Familiensituation, auch die Schulsituation, kreisen (vgl. Kap. 3.7.3.9, Abb. 096). Sie dekorieren ihre Zeichnungen gerne mit Blumen in vielfältigen Farben oder Mustern. Das Interesse an technischen Zusammenhängen finde ich bei Mädchen etwas später als bei Jungen. Allerdings ist die Entwicklung dieses Interesses und dessen Umsetzung in den Zeichnungen bei Jungen und Mädchen auch besonders abhängig von den speziellen Erfahrungen und Anregungen der häuslichen Umwelt sowie schulischer Förderung.

Sozialkritische Auseinandersetzungen (3):
Am Ende der Stufe 3 beginnen erste Zukunftsgedanken und Ansätze von sozialkritischen Auseinandersetzungen. Vor allem interessieren Fragen der Umweltzerstörung (vgl. Reiß, W., 1996; Peez, G., 2000/2002). Die Kinder setzen sich mit aktuellen, häufig Angst auslösenden Tagesnachrichten auseinander. So finde ich heute bei Kindern der Stufe 3 Bilddarstellungen zum Angriff auf das World Trade Center des 11. September 2001 in New York oder zu anderen terroristischen Angriffen; ebenso stellen sie Kriegsszenen dar, die sie im Fernsehen gesehen oder selbst erlebt haben (vgl. Kap. 4.3.5, Abb. 174-177; Kap. 6.2.7, Abb. 257).

Auseinandersetzung mit der Welt der Kunst (3):
Die Kinder beginnen sich für Künstler und ihr Werk zu interessieren, kopieren am Ende der Stufe 3 Kunstwerke besonders gerne nach Bildvorlagen und variieren diese. Durch Besuche in Museen wird dieses Interesse geweckt und gefördert (vgl. Kap. 3.8, Abb. 134).
Reiß, W., 1996: „Wie Kinder heute leben. 6-14 Jahre":
W. Reiß wertete Motive von 34 623 Schülerzeichnungen aus den Jahren zwischen 1982 und Anfang 1990 aus. Die Gesamtauswertung ergab, dass sich in jüngerer Zeit entgegen den Erwartungen bei der *freien Themenwahl* 44,7 % der Kinder mit *Umweltfragen* beschäftigten, 34,7 % mit dem Thema *Freizeit*; andere Themen *(Gesellschaft und Politik, Familie, Schule, Bildnisse)* waren dagegen prozentual deutlich weniger vertreten. Die Auswertung nach Altersgruppen zeigte, dass *jüngere Schulkinder* in ihren Themen noch *weit gehend konkret* bleiben und *gegenständliche Inhalte* bevorzugen: Das bin ich, Haus, Familie, Schule, Lieblingstiere, Sport, Feste, Märchen und Geschichten. In der *späten Kindheit* sind dann *Umweltzerstörung, Umweltprobleme und der epochale Prozess der Umstrukturierung* die häufigsten Themen. Je älter die Kinder werden, desto mehr Interesse zeigen sie an Themen der Umwelt und der Politik. Reiß stellte im Untersuchungszeitraum bei älteren Kindern einen drastischen Rückgang von Bildnissen und Selbstbildnissen fest. Die Interessen verlagern sich weg von der Familie und Spielwelt hin zu extrafamiliären, schulischen und zukünftigen Erfahrungen und Lebensräumen. Zunehmend wird eine kritischere Denkeinstellung im Bild deutlich (Reiß, W., 1997).

3.7.3.3 Graphomotorik Stufe 3 (Strichführung, Strichcharakter, Flächenbehandlung)

Die visuomotorische Koordination auf der Stufe der konkreten Operationen ist insgesamt gesehen wesentlich stabiler als diejenige der vorigen Stufen. Die Kinder, die ins Schulalter eintreten, können, sofern keine graphomotorischen Störungen vorliegen, den Stift sicher halten und können sich zunehmend auch in kleineren Zeichen- und Schreibräumen bewegen. Beim Übergang von Stufe 2 zu Stufe 3 der konkreten Operationen ist allerdings mit einer vorübergehenden Verunsicherung der Zeichenmotorik zu rechnen (vgl. Kap. 3.2). Der Rhythmus wird unsicherer, und wir finden aus suchenden motorischen Bewegungen heraus neue Ansätze in der Formgebung und in der Gestaltung von Bewegung und Raum. In der Mitte der Stufe 3 der konkreten Operationen festigt sich dann die Motorik wieder, indem das Kind die nun neu erworbenen Schemata übt und automatisiert und immer sicherer verfügbar macht. Am Ende der Stufe 3 können mit Beginn der Vorpubertät und Pubertät emotionale Schwankungen ihren Ausdruck in graphologischen Unsicherheiten finden.

Strichführung (3):
Sie ist auf Stufe 3 überwiegend koordiniert. Schwankungen der Strichführung sind beim Übergang von Stufe 2 zu Stufe 3 und zu Beginn der Stufe 3 bei bestehenden emotionalen Verunsicherungen zu beobachten.
Grenzlinien können jetzt beim Ausmalen auch kleinerer und komplizierterer Formen beobachtet werden.
Überschneidungen von Linienenden und von Körperkonturen treten kaum noch auf.

Strichcharakter (3):
Die Druckstärke ist zunehmend ausgeglichen, hängt jedoch ebenfalls von Emotionalen Faktoren ab.

Flächenbehandlung (3):
Verschiedene Strukturen der Oberflächenbeschaffenheit werden ab Mitte der Stufe 3 gezeichnet. Es treten jetzt Schattierungen und Schraffierungen, Konturierungen, Dunkelungen und Rauungen auf (Erklärungen dieser Begriffe vgl. Kap. 3.6.3).

3.7.3.4 Formdarstellung (Stufe 3)

Veränderung der Formen auf Stufe 3:
Die Formen werden differenzierter und mit weiteren Details angereichert. Sie sind zunehmend an der erlebten Realität der visuellen Wahrnehmung orientiert und mit Sinnbezügen ausgestattet. Merkmale werden nicht mehr nur den Formganzen hinzugefügt, sondern sie werden in die Formen hinein*integriert.* Damit ändert sich z. B. beim Körper die Stellung der Glieder untereinander. Wir beobachten einen lebendigeren Ausdruck der Formen; Bewegungsdarstellungen sind möglich. Ausdrucksqualität und Originalität der Formen nehmen in ihren Bildzusammenhängen zu.

Die Körperteile bei der Menschdarstellung werden nicht mehr nur an eine Körperform angesetzt, sondern sie werden mit einer Kontur in die Gesamtfigur hineingenommen. Wir finden diese Veränderungen vor allem im Bereich des Überganges von Kopf zu Hals oder vom Hals zum Körper bzw. vom Körper zu den Armen oder Schultern oder vom Körper zu den Beinen (vgl. Kap. 3.7.3.9, Abb. 076, 085, 087). Gerade diese Änderungen zeigen uns, dass das Kind eine neue Stufe der Gestaltung erreicht hat oder auf dem Weg ist, eine solche neue Stufe zu erreichen. Wir finden auch bei Baumzeichnungen nicht mehr nur eine Zweiteilung von Stamm mit attributiv aufgesetzter Krone, sondern aus einer Schnittfläche des Stammes wachsen einzelne Äste („Lötstamm", bis ca. 10;0/11;0 Jahre). In der weiteren Entwicklung zweigen einzelne Äste von einem Mittenast ab, der aus der Ursprungsmitte des Stammes wächst (vgl. Kap. 3.7.3.9, Abb. 105, Baum rechts unten). Diese Äste werden zuerst oft noch von einer Kronenhaut umgeben, die eine Einheit von Ästen und Krone als geschlossene Gestalt unterstreicht (vgl. Kap. 3.7.3.9, Abb. 105). Erste Versuche eines „Fingeransatzes" und „organischen Ansatzes" von Stamm, Ästen und Zweigen deuten bereits den Übergang zur Stufe 4 an und werden dort besprochen.

Es sind jetzt auch Bewegungsdarstellungen möglich, durch die die Schemata bewegter und lebendiger wirken. Ausdrucksqualität und Originalität der Zeichnungen nehmen unter diesen neuen Bedingungen deutlich zu. Es kommt aber auch am Ende der Stufe 3 zu grotesken Formgestaltungen und zu skurrilen Gestalten (vgl. Kap. 3.7.3.9, Abb. 112), die von echten und ausdrucksstarken Karikaturen am Ende der Stufe 3 und als Übergang zur Stufe 4 zu unterscheiden sind (vgl. Kap. 3.7.4.9, Abb. 113).

Die Fortschritte der Darstellung von Formen und Formdetails können im Lebensalter von 5;0-11;0/12;0 Jahren mit Hilfe von standardisierten Zeichentests festgehalten und im Vergleich zu Erwartungswerten der Altersgruppe ausgewertet werden („Zeichne-Einen-Menschen", Koppitz, 1972; Mann-Zeichen-Test, Ziler, 1950/2000; Baum-Test, Avé-Lallemant, 1976/2002; Sterne-Wellen-Test, Avé-Lallemant, 1978/2006; vgl. Kap. 5.3-5.3.6; 9.2-9.4).

Kritische Auseinandersetzung mit der eigenen Zeichnung (3):

Am Ende der Stufe 3 setzt sich das Kind zunehmend kritisch mit seinen zeichnerischen Gestaltungen auseinander. Formen, die es nicht zu seiner Zufriedenheit zeichnen kann, werden oft mit beschrifteten Sprechblasen versehen, die das Zeichnen der Formen und Formzusammenhänge ersetzen sollen (vgl. Kap. 3.7.3.9, Abb. 103). Durch das Ausweichen in gewollte Übertreibungen oder in dekorative Ausschmückungen der Formen soll oft von Unsicherheiten der eigenen Darstellungsmöglichkeiten abgelenkt werden (Kap. 3.7.3.9, Abb. 112).

3.7.3.5 Größendarstellung (Stufe 3)

Auf der Stufe der konkreten Operationen hat das Kind nun Größenkonstanzen entwickelt; ferner orientiert es seine Größenwahrnehmung zunehmend an der Realität. Die in der vorigen Stufe so auffallende emotionale Beteiligung bei der Größendarstellung tritt immer mehr zurück. Die „Affektperspektive" der vorigen Stufe weicht einer immer realitätsangemesseneren Größendarstellung.

Proportionen von Ganzen zu ihren Details (3):

Proportionen von Ganzen und ihren Details werden jetzt in ersten Schritten an die Realität angeglichen.

Hat das Vorschulkind bei dem Verhältnis Kopf zu Körper einer menschlichen Figur den Kopf noch etwa halb so groß wie den Körper gemalt und das schulfähige Kind das Verhältnis Kopf zu Körper auf 1:3 verändert, so zeichnet das Grundschulkind die Proportionen im Verhältnis 1:5 und gleicht seine Proportionen auf der Stufe 4 dem Verhältnis 1:8 an. In Zeichentests werden die Proportionen Kopf zu Körper als Entwicklungsmerkmale besonders aufgeführt (ZEM, „Zeichne-Einen-Menschen", Koppitz, 1972; Mann-Zeichen-Test, Ziler, 1950/2000).

Das Kind weiß nun allmählich auch, dass ein Mensch kleiner ist als ein Haus und ein Baum größer als ein Mensch, es fängt also an, die Größen in Relation zum Gesamtbild zu begreifen und darzustellen. Die Größendarstellung bleibt allerdings auf der 3. Stufe mit emotionalen Inhalten eng verknüpft und von der emotionalen Befindlichkeit abhängig. Sie ist daher nur mit Vorbehalt als Entwicklungsmerkmal zu beurteilen und wird von Koppitz zur Beurteilung Emotionaler Faktoren eingesetzt (emotional auffällig sind: winzige Gestalt, 5 cm hoch oder kleiner; große Gestalt, 23 cm hoch oder größer (bei Knaben und Mädchen ab 8 Jahren zu beurteilen); winziger Kopf: Höhe des Kopfes weniger als ein Zehntel der Gesamtgestalt; kurze Arme: Arme nicht lang genug, um die Taille zu erreichen; lange Arme: Arme lang genug, um bis unter die Knie zu reichen; große Hände: so groß wie das Gesicht der Gestalt oder noch größer).
Ziler beurteilt dagegen im Mann-Zeichen-Test die Größe des Kopfes als Entwicklungsmerkmal (es wird nur ein Punkt gegeben, wenn der Kopf nicht größer als 1/2 und nicht kleiner als 1/6 des Rumpfes ist).

3.7.3.6 Farbdarstellung (Stufe 3)

Wir beobachten zu Beginn der Stufe 3 einen überwiegenden Gebrauch von Typenfarben (vgl. Mosimann, 1979). Das Kind möchte nun seine Farbgebungen den natürlichen, von ihm beobachteten Umweltbedingungen anpassen. In der Mitte der Stufe der konkreten Operationen, also etwa mit 9;0 Jahren, finden wir auch den Gebrauch der „Gegenstandsfarbe", d. h. hier werden Farbdifferenzierungen innerhalb von Gegenständen bewusst durch Mischen der Farben dargestellt (vgl. Mosimann, 1979). Das Kind will jetzt, seinen Erfahrungen und Beobachtungen entsprechend, die es in der realen Welt machen kann, durch Farbabstufungen Lebendigkeit in seinem Bild zum Ausdruck bringen. Die Anwendung der „Erscheinungsfarbe" mit dem Zeichnen von Farbperspektiven und besonderen Helligkeitsabstufungen und Farbschattierungen je nach vorliegenden Entfernungen (vorne dunkler, hinten heller) ist allerdings erst der Stufe 4 der Zeichenentwicklung vorbehalten. Solche Versuche deuten sich evtl. am Ende der Stufe 3 bei Kindern mit besonderer künstlerischer Begabung an. Auch durch eine intensive kunstpädagogische Förderung kann der Umgang mit Farben bis zur Anwendung der Erscheinungsfarbe gezielt eingeübt werden. Die Kinder wünschen dringend, ihre Bilder nach eigenen Farbvorstellungen zu gestalten und hier nicht von Erwachsenen eingeengt zu werden.

Ich habe öfters erlebt, dass Kinder bereits in der 1. Klasse von ihrem Lehrer im Kunstunterricht angehalten wurden, festgelegte Farben zu benutzen und sie ausgesprochen unglücklich auf solche Vorgaben reagierten. Für Kinder sind Farbdarstellungen nach eigenen Vorstellungen und Vorlieben auch zur Verarbeitung von eigenen Phantasien und aktuellen Erlebnissen außerordentlich wichtig.

Bei der *Farbwahl* ist zwischen kollektiven Farbsymbolen und individueller Verarbeitung der Farbsymbolik zu unterscheiden. Schon früh beginnen Kinder, ihre visuellen Farbbeobachtungen in ihre Zeichnungen zu übertragen und verbinden diese Beobachtungen mit begleitenden emotionalen Reaktionen. Dabei spielen Beobachtungen physiologischer Vorgänge, z. B. rot werden, wenn man sich schämt oder wenn man wütend ist und das Blut in den Kopf steigt, eine wichtige Rolle (vgl. Kap. 3.7.3.9, Abb. 065, Mädchen, 5;9 Jahre: „Das Kamel ist verlegen, es hat einen roten Kopf."). Nur eine ausführliche Diagnostik ist in der Lage, genauer herauszufinden, ob Farbsymbole nicht nur Naturerfahrungen, körperliche und sozio-kulturell geprägte Erfahrungen reflektieren, sondern sich in ihnen auch persönliche, unbewusste und konfliktbesetzte Inhalte spiegeln, die z. B. auf tief liegende Ängste oder Aggressionen hinweisen können (vgl. Kap. 4.2.6).

Kap. 3.7.3.9, Abb. 079, 080:
Der 8;0jährige Junge verfügt über eine sehr gute Gesamtintelligenz, überdurchschnittlich gute verbale und nicht-verbale Intelligenz und zeigt eine ausgewogene positive emotional-soziale Entwicklung ohne Hinweise auf Verhaltensprobleme. Seine Muttersprache ist deutsch. Er wird zweisprachig erzogen (deutsch/englisch) und malte im Englischunterricht seine „super colours". Zu jeder Farbe zeichnete er ein Bild und ergänzte dazu in englischer Sprache einen vorgegebenen Satzanfang. Die Empfindungen, die bei dem gefühlsansprechbaren Jungen durch Farbnamen ausgelöst wurden, weisen auf lebhafte, reiche innere Bilder und Vorstellungen hin. Er ist in der Lage, seine Assoziationen zu den Farben vor allem verbal sehr anschaulich zum Ausdruck zu bringen. Seine verbale Ausdrucksfähigkeit eilt dem bildnerischen Ausdruck voraus. Seine Erklärungen zu den Farbsymbolen sind in Zusammenhang mit einer sozio-kulturell verankerten Symbolik zu werten. Sie spiegeln emotionale Ansprechbarkeit, weisen jedoch nicht auf eine individuelle Verarbeitung unbewusster emotionaler Konflikte hin. Die folgenden Sätze wurden von dem Jungen selbst in deutsche Sprache übertragen:

„Wenn ich an Gelb denke, fühle ich Hitze, so heiß wie eine Sonne, die am Himmel brennt."
„Wenn ich an Orange denke, fühle ich mich glücklich, so glücklich wie ein Luftballon, der am Himmel fliegt."
„Wenn ich an Rot denke, fühle ich mich glücklich, so glücklich wie ein schönes schlagendes Herz."
„Wenn ich an Blau denke, fühle ich mich wundervoll, so wundervoll wie das Meer, das sich im Wind bewegt."
„Wenn ich an Lila denke, fühle ich mich gut, so gut wie eine Blume, die im Sonnenlicht wächst."
„Wenn ich an Grün denke, fühle ich mich komisch, so komisch, wie wenn ein Frosch auf eine Biene hüpft."
„Wenn ich an Weiß denke, fühle ich mich schlecht, so schlecht wie ein Kind, das weint."
„Wenn ich an Schwarz denke, fühle ich mich wütend, so wütend wie ein Panther, der in der Nacht weint."
„Wenn ich an Grau denke, fühle ich mich traurig, so traurig wie eine Wolke, die den ganzen Tag regnet."
„Wenn ich an Braun denke, fühle ich mich nervös, so nervös wie ein Bär, der im Dschungel brüllt."
„Wenn ich an Rosa denke, fühle ich mich glücklich, so glücklich wie eine Kette, die den ganzen Tag glänzt."
„Wenn ich an Gold denke, fühle ich mich cool, so cool wie ein Ritter, der sein Schwert schwingt."

3.7.3.7 *Bewegungsdarstellung (Stufe 3)*

Profilwendung (vorbereitende Schritte, Stufe 3):

Die weitere Entwicklung der Bewegungsdarstellung führt zur „Profilwendung". Das Kind verfügt nun über innere Vorstellungsbilder, die es motivieren, eine Person von einer anderen Ansicht aus darzustellen. Ihm genügt jetzt die Vorderansicht (frontal/en face) nicht mehr, sondern es möchte eine Seitenansicht zeichnen. Dies ist nur dann möglich, wenn das Kind die Binnenstruktur eines Menschen zeichnen kann und nicht nur Körperteile von außen an einen Körperumriss anfügt. Die Position der Details oder Körperglieder zueinander kann jetzt entsprechend der Führung durch innere Vorstellungsbilder verändert werden. Die Profilwendung beginnt mit vorbereitenden Schritten Ende der Stufe 2 und zeigt bei kognitiv gut begabten Kindern am Ende der „Werkreife" den Übergang zur Stufe 3 an. Viele Kinder beginnen erst in der Mitte der 3. Stufe mit Bewegungsdarstellungen (ab ca. 9;0 Jahren). Die erste Bewegungscharakteristik zeichnen Kinder bei menschlichen Figuren und bei Tieren. Die Profilwendung gliedert sich in verschiedene, meist nacheinander ablaufende kleine Schritte. In ihren Anfängen treten an einem Objekt unterschiedliche Bewegungsrichtungen aus unterschiedlichen Blickwinkeln auf (z. B. werden die Füße bereits in Laufrichtung, der Körper jedoch noch von vorne gezeichnet).

Situative Zuordnung (3):

Die Objekte selbst sind noch nicht gedreht, aber so in den Raum gestellt, dass man aus ihrer Position eine Bewegung ableiten kann.

> Es wird z. B. ein Sprungbrett über einem Schwimmbad gezeichnet, dazwischen sehen wir ein Kind. Das Kind möchte nach seiner verbalen Aussage darstellen, dass das Kind vom Sprungbrett springt. Bei der situativen Zuordnung erkennt man im Bild selbst den Sprung nicht an der Körperhaltung des Springers, man folgert ihn aus der Anordnung zwischen Sprungbrett, Springer und Schwimmbad (vgl. Kap. 3.7.3.9, Abb. 093).

Situationsprofil (3):

Durch eine seitliche Position der Stühle soll z. B. der Bewegungsausdruck des Sitzens am Tisch vermittelt werden, die Stühle stehen seitlich, der Mensch sitzt auf dem Stuhl, ist aber von vorne gezeichnet (vgl. Kap. 3.7.3.9, Abb. 068)

Zentralauge (3):

Bevor der Kopf selbst in Profilwendung gezeichnet wird, verändert sich das Schema der Augen und ihrer Position zueinander. In der Mitte des Kopfes wird das „Zentralauge" gezeichnet: Statt zwei Augen wird in zentraler Position nur ein Auge dargestellt (vgl. Kap. 3.6.7; 3.7.3.9, Abb. 049, 060, 073).

Altersentsprechend entwickelte Kinder malen erst dann ein „Zentralauge“, wenn sie bereits das Kopffüßler-Stadium verlassen haben, gegliederte Menschen zeichnen können und kognitiv bereit und in der Lage sind, dieses Menschenschema zu modifizieren (ab ca. 5;0 Jahren). Sind bei Kindern mit umschriebenen Entwicklungsstörungen fein- und/oder graphomotorischer Funktionen Kopffüßler mit Zentralauge zu beobachten, so ist dies als Entwicklungspotenzial zu werten. Das Zentralauge deutet in diesen Fällen bereits die Profilwendung der Stufe 3 an, während die Grundfigur in der Strichführung, im Strichcharakter, in der Flächendarstellung sowie in der Formdarstellung noch das Entwicklungsniveau des Beginns der Stufe 2 repräsentiert (vgl. Kap. 6.2.1, Abb. 193). Im Stadium des Kopffüßlers zu Beginn der Stufe 2 zeichnet ein altersentsprechend entwickeltes Kind noch kein „Zentralauge“.

Die expressionistische Kunst hat bei der Übernahme des Kopffüßler-Schemas der Kinderzeichnung häufig auch als charakteristisches Merkmal das „Zentralauge“ übernommen. Durch diese Zusammenstellung (Kopffüßler und Zentralauge) erkennt der geübte Betrachter die künstlerische Absicht einer Verfremdung, einer Problematisierung von Entwicklungsprozessen. Zugleich wird damit auch für den erwachsenen Kunstbetrachter die hohe physiognomische Wertigkeit der Augen in en face-Stellung bewusst gemacht (vgl. Kap. 3.4, Abb. 005, Joan Miró).

In der Kinderzeichnung wird das Schema des Gesichts mit beiden Augen in mittlerer Position als prägnante Gestalt bis zum Lebensalter von ca. 6;0-7;0 Jahren beibehalten. Das Profil wird entweder in Links- oder in Rechtsrichtung gezeichnet. DiLeo weist darauf hin, dass Rechts- bzw. Linkshändigkeit ausschlaggebend für die Profilorientierung sind.

DiLeo, 1992, S. 154:
„Für die Tatsache, dass die meisten Kinder eine Figur mit dem Profil nach links zeichnen werden, gibt es viele Erklärungen. Die Leserichtung von links nach rechts wurde bereits erwähnt. Ein weiterer Faktor mag sein, dass man sehen will, was man zeichnet, und nicht die Zeichnung mit der Hand verdecken will. Meiner Meinung nach ist Rechts- bzw. Linkshändigkeit ausschlaggebend für die Profilorientierung.
Die Richtungsorientierung von Zeichnungen ist sowohl in den USA wie in anderen Ländern, vor allem von Gesell u. a. (1974) und Zazzo (1950) umfassend untersucht worden.“

Doppelungen (3):
Es werden z. B. in einem Gesicht, bevor die Profilwendung gelingt, zwei Nasen gezeichnet, eine Nase in der Mitte des Gesichts, eine Nase in Profilwendung an die seitliche Gesichtskontur zunächst angefügt, erst Ende der Stufe 3 in die Gesichtskontur eingezeichnet; ein Merkmal, das in der expressionistischen Kunst und in den anderen oben genannten Kunstrichtungen Verwendung findet. Auf Stufe 2 weisen auch Beine Doppelungen auf, um die Bewegung einer Person auszudrücken. Es werden in diesem Fall nicht zwei, sondern vier Beine gezeichnet.

Gestische Bewegungen (3):
Der Bewegungsausdruck der Arme beginnt oft mit einer auffälligen Verlängerungslinie eines Armes, durch die z. B. die Bewegung des Pflückens eines Apfels ausgedrückt werden soll (Mühle, 1975). Bei Darstellung von Armbewegungen selbst werden zunächst die Armgelenke der Ellenbogen rund gezeichnet. Erst am Ende der Stufe 3 erhalten die Ellenbogen Winkelform (ab ca. 10;0 Jahren).

Laufbewegungen (3):
Die Kinderzeichnung zeigt anfangs den Oberkörper in Frontalansicht, die Beine bereits im Profil und in Laufbewegung. Später werden Oberkörper und Beine in dieselbe Laufrichtung gedreht. Dabei werden Kniegelenke bis zum Alter von ca. 10;0 Jahren rund und erst am Ende der Stufe 3 bzw. zu Beginn der Stufe 4 in Winkelform dargestellt.

> Kandinsky hat dieses Merkmal der Kinderzeichnung oft bei der Darstellung der Laufbewegungen seiner Pferde übernommen und ihre Kniegelenke rund statt in Winkelform gezeichnet.

Profilwendungen des ganzen Körpers mit Bewegungsausdruck der Arme und Beine und unterschiedlichen Körperstellungen (3):
Der Kopf und der ganze Körper sind jetzt in Profilstellung gedreht, Arm- und Beinbewegungen werden deutlich gemacht. Der Körper wird nun auch in anderen Körperhaltungen gezeichnet (aus der Rückenansicht, sitzend, liegend, auf dem Kopf stehend, vgl. Kap. 3.7.3.9, Abb. 089, 096, 104).

Bewegt gezeichnete Objekte (3):
Häufig findet sich auch Bewegungsausdruck in Form seitlich fliegender Haare (vgl. Kap. 3.7.3.9, Abb. 086) oder eines seitlich fliegenden Schals. Außerdem kann durch Bewegungslinien z. B. das Fahren eines Autos (vgl. Kap. 3.7.3.9, Abb. 086) oder Schlittens, das Fallen von Blattern vom Baum oder die Bewegung der Wolken oder des Windes angedeutet werden. Skizzenartige Strichführungen können den Eindruck von schneller Bewegung auf der Zeichenfläche hinterlassen.

Bewegungscharakteristik bei Situationsdarstellung (3):
Handlungsartige Zusammenhänge werden wiedergegeben, wie Reigendarstellungen, ein Mensch schiebt ein Auto, eine Ärztin untersucht einen Patienten (vgl. Kap. 3.7.3.9, Abb. 097), ein Kind schwingt auf einer Schaukel, eine Person trägt, schiebt, zieht ein Objekt etc. Bei diesen Situationsdarstellungen finden wir Überschneidungen von Linien und Konturen, um verschiedene Bewegungszusammenhänge zu

verdeutlichen. Die Situationsdarstellungen sind immer zugleich Raumdarstellungen und enthalten ebenfalls die Dimension der Zeit.
Eine weitere Möglichkeit, Bewegung darzustellen, besteht darin, Figuren unvollständig zu zeichnen, wobei erwartet wird, dass der Betrachter den Bewegungseindruck der Figur in der Vorstellung vervollständigt. Ein vorüberfahrendes Boot wird z. B. nur zur Hälfte dargestellt. Das Kind erklärt dazu, das Boot fahre gerade vorbei, man könne noch nicht alles von ihm sehen (vgl. Kap. 3.7.3.9, Abb. 110).

Ausdruckswert von Bewegungsdarstellungen (3):
Durch Bewegungsdarstellungen gewinnen die Bilder der Kinder an lebendigem Ausdruck. Handlungen zwischen Personen werden meist nur von Kindern mit Flexibilität des Denkens dargestellt und zeigen, dass ihr Reichtum an inneren Bildern und Vorstellungen in den Zeichnungen umgesetzt werden kann (vgl. Kap. 3.7.3.9, Abb. 104). Auch Witz und Humor finden sich in Bewegungs- und Handlungsdarstellungen am Ende der Stufe 3 (vgl. Kap. 3.7.3.9, Abb. 103). Ebenfalls können technisches Verständnis und Interesse für technische Zusammenhänge und Abläufe oft von Zeichnungen abgelesen werden (z. B. Darstellung des Funktionierens einer Zugbrücke, die bei Ansturm von Feinden hochgezogen werden kann, durch einen 8;5jährigen Jungen; er zeichnet die Zugvorrichtung, um das Funktionieren (die Bewegung) der Zugbrücke zu demonstrieren (vgl. Kap. 3.7.3.9, Abb. 092).

3.7.3.8 Raum- und Zeitdarstellung, Komposition (Stufe 3)

Merkmale der formalen Raumstruktur (3):
Gesamtraum (Tiefenraum) und räumliche Darstellung einzelner Motive:
Die Kinder versuchen in kleinen Entwicklungsschritten, auf dem zweidimensionalen Zeichenblatt Tiefe darzustellen. Die Fähigkeit zur Projektion ihrer dreidimensionalen Welt auf die Zeichenfläche entwickelt sich in Abhängigkeit von der kognitiven Reifung, wird aber auch von Gegebenheiten des kulturellen Raumes beeinflusst (Einflüsse der Bildenden Kunst auf das Bemühen um Tiefendarstellung, vgl. Kap. 3.4). Auf der Stufe 3 beachtet das Kind in seinen Zeichnungen nun zunehmend die Dimensionen von Höhe, Breite und Tiefe, setzt sich mit der Zeitdarstellung auseinander und beginnt, seine Motive nach einem Gesamtplan zu komponieren.

> Schuster, M., 2000, S. 64:
> „Der Gesamtraum und die Gegenstände ordnen sich nun langsam der Perspektive unter. Die Gegenstände weisen aber zunächst noch fehlerhafte Perspektiven auf oder ordnen sich noch keiner gemeinsamen Perspektive unter (...)
> Versuche mit der Perspektive beginnen im Alter von ca. 10 Jahren, aber noch im Alter von 14 Jahren können nur 65 % der Kinder die Perspektive korrekt wiedergeben (Leroy, 1951). Und

auch im Erwachsenenalter kann nur ein Teil der Population eine perspektivisch korrekte Darstellung z. B. eines Würfels zeichnen.
Die Kulturabhängigkeit zumindest dieser Stufe der Raumdarstellung ist evident. Das Bildangebot der Umgebung, das die Zentralperspektive reichhaltig anbietet, gibt den Kindern Vorbilder. In Kulturen mit anderen Abbildungskonventionen übernehmen Kinder das Schema der Grundlinie; die Tiefe wird durch ein Übereinanderstehen auf der Zeichenfläche ausgedrückt (vgl. Teile der asiatischen Kunst; das Phänomen ist ebenfalls in der Ikonenmalerei zu beobachten)."

Merkmale der Entwicklung der Darstellung des Gesamtraumes (Tiefenraumes) und der räumlichen Darstellung von Objekten (vertikale und horizontale Anordnung):
Nicht die Blattkante bildet den Boden (wie bei Stufe 2), sondern die Objekte werden zu Beginn der Stufe 3 häufiger auf eine als Boden gedachte Grundlinie gestellt („Grundlinienbild"). Eine Himmelslinie begrenzt den Raum nach oben.
In der weiteren Entwicklung werden Boden und/oder Himmel nicht mehr als Linien, sondern flächig gezeichnet (vgl. Kap. 3.7.3.9, Abb. 081).
Die Flächen um Bodenlinie und Himmelslinie verbreitern sich und treffen sich in der Horizontlinie. Es finden sich ab ca. 7;0 Jahren erste Versuche, einen Tiefenraum darzustellen (vgl. Kap. 3.7.3.9, Abb. 082), die in der folgenden Entwicklungszeit schrittweise differenziert werden (vgl. Kap. 3.7.3.9, Abb. 094, 105, 108). Die Komposition der Motive in ihrer *vertikalen und horizontalen Anordnung* wird ab ca. 7;0 Jahren zunehmend geplant. Der Bildmitte wird für Aussagen, die für das Kind von Bedeutung sind, eine besondere Bedeutung beigemessen.

„Klappbilder" treten auf:
Als deutliches Zeichen der Weiterentwicklung der Raummerkmale sind *bei der Darstellung des Gesamtraumes und bei der Darstellung einzelner Gegenstände innerhalb des Gesamtraumes Umklappungen zu beobachten.*
„Klappbilder" („Umklappungen") treten Anfang bis Mitte der Stufe 3 auf und setzen altersentsprechende kognitive Reifungsprozesse dieser Stufe voraus (vgl. Kap. 3.6.8).

Schuster, M., 2000, S. 58:
„Dieses Hinlegen erfolgt in die „freien" Flächen, sodass Umklappungen, z. B. von Bäumen rechts und links einer Straße, zu Stande kommen.(...) Dies sollte jedoch keineswegs als mangelnde Integration einer Raumkonstruktion interpretiert werden, sondern als konstruktive Notwendigkeit der Landkartenfläche mit dem gleichzeitigen Wunsch, eine vollständige Ansicht der Abbildungsgegenstände zu zeigen. Der Gegenstand selbst kann in seinen Teilen dann unterschiedliche Tiefenprojektionen aufweisen, wenn das die typische Ansicht erforderlich macht."

Um einen ersten Tiefeneindruck zu erzeugen, ordnet das Kind seine umgeklappten Objekte im Sinne der Aufrichtungstendenz ihrer jeweiligen Grundlinie zu. Es ist jedoch noch nicht in der Lage, in seiner Darstellung sämtliche Betrachtungswinkel in ein Koordinatensystem des Gesamtbildes einzuordnen.

Bei Klappbildern werden z. B. die Beine des Tisches im rechten Winkel zur Seite oder nach unten abgeklappt. Beine und Tischplatte sind noch nicht unter einen Gesamtbetrachtungswinkel geordnet; die Tischbeine orientieren sich zunächst im rechten Winkel an der jeweiligen Grundlinie der Tischplatte und beziehen sich noch nicht auf die räumliche Ansicht des gezeichneten Bodens des Gesamtbildes (vgl. Kap. 3.7.3.9, Abb. 106). In der weiteren Entwicklung werden die Beine dann im rechten Winkel zu der unteren Bodenlinie hin geklappt, es treten aber noch keine perspektivischen Verkürzungen auf (z. B. noch keine Beachtung eines Fluchtpunktes). Nicht sichtbare Seiten des Hauses werden in die Zeichenfläche aufgeklappt (vgl. Kap. 6.2.2, Abb. 204, Verdoppelung der Giebelpartien). Die verschiedenen Blickwinkel können noch nicht zusammengeführt werden. Einige dieser Bilder sehen aus wie aus der Vogelperspektive gezeichnet, sind aber noch nicht nach zentralperspektivischen, linearperspektivischen oder frontalperspektivischen Kriterien gemalt (vgl. Kap. 6.2.2, Abb. 205). Das Kind, das Klappbilder malt, beginnt erst, sich mit räumlichen Kriterien der Objekte und des Gesamtraumes auseinander zu setzen; es kann zu diesem Entwicklungszeitpunkt noch keine Ansicht von oben aus perspektivischer Sicht (Luftperspektive) in seinen Zeichnungen darstellen und diese Ansicht gleichzeitig mit den anderen Blickwinkeln des Bildes koordinieren (vgl. Kap. 3.7.3.9, Abb. 108)

Streifenbilder (3):

Mit einer Grundlinie wird ein Schnitt durch den Raum gelegt.

Schuster, M., 2000, S. 60:

„Der Raum unterhalb der Grundlinie liegt aber auch unterhalb des Bodens, weshalb Wurzeln (...), Schätze oder Unterwasserszenen mit dieser Raumdarstellung problemlos zu bewältigen sind. Das Blatt schneidet sozusagen eine Scheibe aus dem Raum. In einem fortgeschrittenen Stadium können über mehreren nach oben gestaffelten Grundlinien mehrere Raumscheiben hintereinander liegen.“

Durch übereinander gelegte Streifen (Raumschichten, Raumscheiben) soll der Raum in verschiedene räumliche Ebenen gegliedert werden. Vordergrund, mittlere Ebene und Hintergrund werden durch Streifen voneinander abgehoben und kenntlich gemacht (vgl. Kap. 3.7.3.9, Abb. 101). Durch das Streifenbild wird das Raumschema des Grundlinienbildes erweitert.

Wanderbilder (3):

Wege führen durch den Raum und sollen auf das Raumerlebnis des Gehens in einem Raum hinweisen (vgl. Kap. 3.7.3.9, Abb. 095, 099, 100). Innerhalb der Wanderbilder treten zunächst auch Umklappungen auf. Autos werden z. B. im rechten Winkel zur jeweiligen Grundlinie der Straße gezeichnet, diese Blickwinkel stimmen jedoch weder untereinander noch mit dem Blickwinkel der unteren Bodenlinie überein (vgl. Kap. 3.7.3.9, Abb. 100).

Schrägbilder (3):
Die Objekte werden entlang einer schrägen Linie orientiert, die den Eindruck räumlicher Tiefe vermitteln soll. Die Größenrelationen der Objekte verändern sich in Abhängigkeit von ihrer Raumlage. Im Vordergrund werden sie größer, in den Hintergrund weisend kleiner gezeichnet (vgl. Kap. 3.7.3.9, Abb. 109).

Horizontbilder (3):
Das Kind beginnt, verschiedene Blickwinkel einem Betrachtungswinkel unterzuordnen unter Einbeziehung eines „Horizonts" als gedachtem Tiefenraum zwischen Himmel und Boden (vgl. Kap. 3.7.3.9, Abb. 082, 094).

Tiefendimension der Gegenstände durch Überschneidungen mit Weglassen von verborgenen Linien (ab ca. 9;0 Jahren, Stufe 3):
Das Kind entdeckt jetzt mit Überschneidungen und Auslassungen verdeckter Linien eine neue Möglichkeit der Tiefendarstellung. Durch Überschneidungen von Bildmotiven mit Weglassen verborgener Linien entsteht ein Tiefeneindruck (vgl. Kap. 3.7.3.9, Abb. 096, 097). M. Schuster weist auf besondere Bedingungen hin, die das Kind motivieren können, bei Überschneidungen verdeckte Linien zu zeichnen.

> Schuster, M., 2000, S. 67:
> „In einer Studie von Freeman und Janikoun (1972) wurde durch den Kommentar eines Kindes deutlich, dass eine Tasse, die ohne Henkel zu sehen war, deshalb mit Henkel gezeichnet wurde, weil man sie sonst mit einem Napf verwechseln könnte: Das verborgene Detail muss also hinzugefügt werden, um die Eindeutigkeit der Zeichnung zu gewährleisten (kanonisches Merkmal)."

Situationsdarstellung (3):
Bei der Raumdarstellung werden neben der formalen Raumstruktur auch die inhaltlichen Kriterien der *Situationsdarstellung* beachtet. Es kommt zur Darstellung von Handlungs- und Sinnzusammenhängen, auch in Form von Erzählbildern, die z. B. Comics nachempfunden sind und Bildergeschichten im Ablauf und Zusammenhang erzählen (vgl. Kap. 3.7.3.9, Abb. 103). Die sprachlichen Kommentare stehen oft in Sprechblasen.
Raum-, Bewegungs- und Zeitdarstellung gehören inhaltlich in der Vorstellungswelt des Kindes bereits eng zusammen, können aber auf Stufe 3 bildnerisch noch nicht zu einer Gesamtkomposition zusammengesetzt werden (vgl. Ausführungen zur Bewegungsdarstellung).
Daher werden bei der Situationsdarstellung Verknüpfungen von Bewegungs-, Raum- und Zeitmerkmalen oft nicht so sehr bildnerisch als durch sprachliche Erklärungen verdeutlicht (vgl. Kap. 3.7.3.9, Abb. 089). Wenn Kinder im Bild Sinnzusammen-

hänge darstellen, zeigen sie damit, dass sie aufgrund ihrer Denkentwicklung in der Lage sind, im Bild Handlungsstrategien gezielt und planvoll umzusetzen. Diese Möglichkeiten setzen notwendige Reifungsvorgänge der Gedächtnis- und Denkleistungen voraus und werden erst auf der Stufe der konkreten Operationen der Denkentwicklung erreicht (Erklärungen zu Gedächtnisprozessen vgl. Kap. 2.4). Sie können dann auch sprachlich verständlich umgesetzt und erklärt werden (ab ca. 7;0 Jahren; vgl. Untersuchungsergebnisse von John-Winde, 1981).

> Kap. 3.7.3.9, Abb. 074, Junge, 6;0 Jahre:
> Es wird die Gesamtanlage einer Piratenburg gezeichnet. Der Zeichner ist der „Chef" der Burg und hat Konstruktionen entworfen, wie er den Piraten fangen kann. Er malt sich selbst oben auf das Dach der Burg. Er zeigt, wie er an einer Schnur zieht und wie sich durch dieses Ziehen der Mechanismus einer Falltüre öffnet, durch die der „Bandit" ins Gefängnis fällt. Die Planungen der Bildgestaltung zeigen unverkennbar Handlungsstrategien, die den Beginn der Stufe 3 der Denk- und Zeichenentwicklung ankündigen.

Ab der Stufe der konkreten Operationen lässt sich feststellen, inwieweit das Kind *planvolle Denkstrategien* durchführt bzw. ob es, wie dies für die Stufe 2 des voroperationalen Denkens typisch ist, noch keine Handlungsstrategien auf dem Bild herstellen kann.

Zeitdarstellung (3):

Die Dimension der Zeit wird in Kinderzeichnungen zunächst den Besonderheiten des voroperationalen Denkens und der Reifung seiner Gedächtnisfunktionen gemäß dargestellt. Alles, was erzählt werden soll, wird auf Stufe 2 gleichzeitig und ohne Berücksichtigung eines Zeitfaktors auf ein Blatt gezeichnet, dem Zeiterleben im Traum vergleichbar, bei dem erinnerte Ereignisse aus früherer Zeit oder Wünsche, die erst in der Zukunft erfüllbar sind, in der zeitlichen Dimension der Gegenwart geträumt werden. Erst zu Beginn der Stufe 3 (ab ca. 7;0-9;0 Jahren) und vor allem in der späten Kindheit (9;0-12;0 Jahren) versucht das Kind, Zeitabläufe auch in seiner zeichnerischen Gestaltung (durch Erzählbilder, die eine Geschichte in einem bestimmten zeitlichen Ablauf schildern) bewusst und strukturiert darzustellen (vgl. Kap. 3.7.3.9, Abb. 103).

3.7.3.9 Beispiele von Zeichnungen altersgemäß entwickelter Kinder der Stufe 3

Abb. 074: *W., S., Junge, LA: 6;0 Jahre, Benennung: „Das Ritterbild, der zieht an der Schnur (rechts oben) und die Falltür geht auf, der Böse fällt ins Gefängnis; rechts unten: der Böse geht die Leiter hoch, außen um die Burg ist Laser, viel Licht, ich bin der Chef, der hat ein Zauberschwert in der Hand und eine Krone auf dem Kopf (links Mitte); oben ist ein Wetterhahn"; Kugelschreiber, 29,7 x 21 cm,* ***Zeichenentwicklung:*** *Hinweise auf gute kognitive Potenziale;* ***altersentsprechende sowie dem Lebensalter deutlich vorauseilende Entwicklungsmerkmale (Gesamteinschätzung: Anfang Stufe 3; Graphomotorik und Formdarstellung noch Übergang von Stufe 2 zur Stufe 3)****; bildnerischer Ausdruck, sprachlicher Ausdruck, Bewegungsdarstellungen und Raumdarstellung entsprechen dagegen bereits* ***Anfang Stufe 3****; Vorstellungsreichtum, Situationsdarstellung, Sinn- und Handlungszusammenhänge entsprechen* ***Mitte Stufe 3****;* ***Gesamtentwicklung:*** *altersgemäß, keine Hinweise auf Entwicklungs- und/oder Verhaltensstörungen.*

<u>*Abb. 075:*</u>
S., C., Mädchen, LA: 6;6 Jahre, Benennung: fehlt, Filzstifte, 41 x 29,8 cm, ***Zeichenentwicklung: altersgemäß mit Hinweisen auf gute kognitive Potenziale (Anfang Stufe 3)****, bildnerischer Ausdruck lebendig, beschwingt, Hinweis auf Vorstellungsreichtum, Beginn der Bewegungsdarstellung: motorische Symbolik, rhythmisch schwingende Linien, schwingende Zöpfe, Verbindungslinie bzw. Verlängerungslinie der sich anfassenden Arme, Bewegungsstellung der Beine;* ***Gesamtentwicklung:*** *altersgemäß, keine Hinweise auf Entwicklungs- und/oder Verhaltensstörungen.*

<u>*Abb. 076:*</u>
S., C., Mädchen, LA: 6;6 Jahre, Benennung: „Mama", Wachsmalstifte, 41 x 29,7 cm, ***Zeichenentwicklung:*** *Hinweise auf gute kognitive Fähigkeiten;* ***Merkmale der Zeichnung eilen den „erwarteten Entwicklungsmerkmalen" des Lebensalters um ca. 12 Monate voraus (Anfang bis Mitte Stufe 3)****, Auswertung nach Koppitz: durchschnittliche bis sehr hohe Leistung, alle „erwarteten Entwicklungsmerkmale" werden erreicht (-0), als außergewöhnlich gutes Merkmal ist der Ansatz der Arme an der Schulter zu „werten" (+1), Auswertungsformel: - 0 + 1 + 5= 6; die nach unten weisenden Arme, Hals, Augenbrauen, Pupillen, zweidimensionalen Füße und Beachtung der 5 Finger sind zwar in diesem Lebensalter nicht ungewöhnlich, weisen jedoch auf ein gutes kognitives Potenzial der Schulanfängerin hin;* ***Gesamtentwicklung:*** *altersgemäß, keine Hinweise auf Entwicklungs- und/oder Verhaltensstörungen.*

Abb. 077:
W., N., Junge, LA: 6;7 Jahre, Benennung: „Die Lehrerinnen halten die Stange, alle Erstklässler gehen unter der Stange durch; es war Fasching in der Schule, im Auditorium, ich war Sadam Russi, ein böser Mensch (links unten mit Umhang), eigentlich wollte ich James Bond sein", Buntstifte, 21,1 x 29,8 cm, ***Zeichenentwicklung: insgesamt altersgemäß mit Hinweisen auf gute kognitive Potenziale (Anfang Stufe 3)****, Ausführung und Organisation zum Teil geplant, zum Teil flüchtig, sprachlicher Ausdruck weist auf Vorstellungsreichtum hin und eilt dem bildnerischen Ausdruck voraus; Graphomotorik unsicher, Formdarstellung des Selbstbildnisses knapp altersentsprechend: Es fehlen die für das Lebensalter „üblichen Merkmale" der Haare; die für das Lebensalter „nicht ungewöhnlichen Merkmale": Arme nach unten gerichtet, Hals, Ohr, Augenbrauen, Pupillen, 5 Finger sind nicht zu ermitteln; es ist kein „außergewöhnliches" Merkmal zu beobachten; der Körper ist alterstypisch im Sinne eines „Röntgenbildes" durch den Umhang sichtbar; im Unterschied zu den knapp altersentsprechenden Entwicklungsmerkmalen der Graphomotorik und Formdarstellung zeigen sich mit Beginn der Bewegungsdarstellung – dem Halten der Stange – und dem Versuch der Darstellung des Raummerkmals – unten durchgehen – gute Potenziale der Bewegungs- und Raumdarstellung;* ***Gesamtentwicklung:*** *altersgemäß, keine Hinweise auf Entwicklungs- und/oder Verhaltensstörungen.*

Abb. 078:
S., C., Mädchen, LA: 6;10 Jahre, Benennung: fehlt, Filzstift, 5,5 x 9,5 cm, ***Zeichenentwicklung: altersgemäß*** *mit Hinweisen auf gute kognitive Fähigkeiten* ***(Anfang Stufe 3)****, guter bildnerischer Ausdruck, Beginn der Bewegungsdarstellung mit gut gelungener mimischer Ausdrucksbewegung;* ***Gesamtentwicklung:*** *altersgemäß, keine Hinweise auf Entwicklungs- und/oder Verhaltensstörungen.*

<u>Abb. 079:</u>

W., S., Junge, LA: 8;0 Jahre, Benennung: Zu jeder Farbe zeichnete der zweisprachig erzogene Junge in der Schule ein Bild (insgesamt 12 Zeichnungen) und ergänzte dazu in englischer Sprache einen vorgegebenen Satzanfang. Nachdem sein „colourbook" fertig war, übersetzte er selbst den Text ins Deutsche (vgl. Kap. 3.7.3.6):

„Wenn ich an Rot denke, fühle ich mich glücklich, so glücklich wie ein schönes schlagendes Herz."
„Wenn ich an Gelb denke, fühle ich Hitze, so heiß wie eine Sonne, die am Himmel brennt."
„Wenn ich an Weiß denke, fühle ich mich schlecht, so schlecht wie ein Kind, das weint. "
„Wenn ich an Grün denke, fühle ich mich komisch, so komisch, wie wenn ein Frosch auf eine Biene hüpft."
„Wenn ich an Schwarz denke, fühle ich mich wütend, so wütend wie ein Panther, der in der Nacht weint."
„Wenn ich an Lila denke, fühle ich mich gut, so gut wie eine Blume, die im Sonnenlicht wächst."

Bleistift und Buntstifte, 30 x 21 cm, ***Zeichenentwicklung: Die Entwicklungsmerkmale sind unausgeglichen und liegen sowohl im knapp-durchschnittlichen wie im überdurchschnittlichen Bereich;*** *Hinweise auf sehr gute kognitive Fähigkeiten im verbalen*

Bereich (graphomotorische Koordination, Form-, Farb- und Bewegungsdarstellung mit motorischer Symbolik der Motive ***Anfang bis Mitte Stufe 3;*** *ausdrucksvolle Verbindungen von bildnerischer und sprachlicher Symbolik* ***Mitte bis Ende Stufe 3)****; Hinweise auf hohe Gefühlsansprechbarkeit, Sensitivität, Vorstellungsreichtum innerer Bilder und dem Lebensalter vorauseilende Flexibilität ihrer Vernetzungsmöglichkeiten („schlagendes Herz", „weinendes Kind", „weinender Panther", „Frosch, der auf eine Biene hüpft");* ***Gesamtentwicklung:*** *altersgemäß, keine Hinweise auf Entwicklungs- und/oder Verhaltensstörungen.*

<u>Abb. 080:</u>

W., S., Junge, LA: 8;0 Jahre, Benennung: Zu jeder Farbe zeichnete der zweisprachig erzogene Junge ein Bild (insgesamt 12 Zeichnungen; vgl. Abb. 079) und ergänzte dazu in englischer Schriftsprache einen vorgegebenen Satzanfang. Nachdem sein „colourbook" fertig war, übersetzte er selbst den Text ins Deutsche (vgl. Kap. 3.7.3.6):

„Wenn ich an Orange denke, fühle ich mich glücklich, so glücklich wie ein Luftballon, der am Himmel fliegt."

„Wenn ich an Gold denke, fühle ich mich cool, so cool wie ein Ritter, der sein Schwert schwingt."
„Wenn ich an Grau denke, fühle ich mich traurig, so traurig wie eine Wolke, die den ganzen Tag regnet."
„Wenn ich an Braun denke, fühle ich mich nervös, so nervös wie ein Bär, der im Dschungel brüllt."
„Wenn ich an Blau denke, fühle ich mich wundervoll, so wundervoll wie das Meer, das sich im Wind bewegt."
„Wenn ich an Rosa denke, fühle ich mich glücklich, so glücklich wie eine Kette, die den ganzen Tag glänzt."

Bleistift und Buntstifte, 30 x 21 cm, ***Zeichenentwicklung: Die Entwicklungsmerkmale sind unausgeglichen und liegen sowohl im knapp-durchschnittlichen wie im überdurchschnittlichen Bereich****; Hinweise auf sehr gute kognitive Fähigkeiten im verbalen Bereich; graphomotorische Koordination, Form- und Farbdarstellung der Motive* ***Anfang bis Mitte Stufe 3****; bei der Flächendarstellung der grauen Wolke gelingen schon Schattierungen, die bereits dem* ***Ende der Stufe 3*** *zuzuordnen sind und auf erhöhte sensuelle Ansprechbarkeit schließen lassen; auch die ausdrucksvollen Verbindungen von bildnerischer und sprachlicher Symbolik erreichen bereits* ***Mitte bis Ende der Stufe 3*** *und weisen auf hohe Gefühlsansprechbarkeit, Sensitivität, Vorstellungsreichtum innerer Bilder und dem Lebensalter vorauseilende Flexibilität ihrer Vernetzungsmöglichkeiten hin („glücklich fliegender Luftballon", „cool sein Schwert schwingender Ritter", „traurig regnende Wolke", „nervös brüllender Löwe", „sich wundervoll im Wind bewegendes Meer", „glücklich den ganzen Tag glänzende Kette");* ***Gesamtentwicklung:*** *altersgemäß, keine Hinweise auf Entwicklungs- und/oder Verhaltensstörungen; hohe Gefühlsdifferenziertheit und überdurchschnittliche kognitive Fähigkeiten, insbesondere im verbalen Bereich, deuten sich an.*

Abb. 081:
S., C., Mädchen, LA: 6;11 Jahre, Benennung: fehlt, Filzstifte, 21 x 28,6 cm, ***Zeichenentwicklung: altersgemäß mit Hinweisen auf gute kognitive Potenziale (Anfang Stufe 3)****, Formdarstellung überwiegend altersgemäß; allerdings fehlen bei der rechten Figur die Hände, der Hund hat nur drei Beine; Bewegungsdarstellung: Profilwendung der linken Figur, Beine und Arme in Profilwendung, Kopf und Knöpfe noch en face; Beine in Laufbewegung, Arme halten Hundeleine; situative Zuordnung von Mensch, Hund und Hundeleine enthält guten Bewegungsausdruck: Der Mensch führt den Hund an der Leine; Hund im Profil gezeichnet, rechte Figur noch von vorne (en face); Raumdarstellung zeigt schöne Flächengestaltung des breiten, gewellten Bodens;* ***Gesamtentwicklung:*** *altersgemäß, keine Hinweise auf Entwicklungs- und/oder Verhaltensstörungen.*

<u>Abb. 082:</u>
W., S., Junge, LA: 7;2 Jahre, Benennung: fehlt, Buntstifte, 29,8 x 21,1 cm, ***Zeichenentwicklung: altersgemäß (Anfang bis Mitte Stufe 3),*** *gute Raumdarstellung: erster Ansatz eines Horizontbildes;* ***Gesamtentwicklung:*** *altersgemäß, keine Hinweise auf Entwicklungs- und/oder Verhaltensstörungen.*

<u>Abb. 083:</u>
K., S., Mädchen, LA: 7;6 Jahre, Benennung: fehlt, Buntstifte und Bleistift, 29,8 x 39,5 cm, ***Zeichenentwicklung: die Entwicklungsmerkmale liegen im gut-durchschnittlichen Bereich,*** *Hinweise auf gute kognitive Potenziale* ***(Mitte Stufe 3),*** *bildnerischer Ausdruck verrät Vorstellungsreichtum des Kindes; Ausführung und Organisation sind schon gut geplant; gute kognitive Potenziale finden sich in den Bewegungsdarstellungen und in der Raumdarstellung; motorische Symbolik: Bewegungsspur (braun) auf der Straße, die zu dem verletzten Hund führt; das symbolisch angedeutete Fließen seiner blauen Tränen und der roten Blutstropfen; Mann und Frau, die durch eine Linie im Mundbereich miteinander verbunden sind; die Linie symbolisiert als Bewegungsspur die Bewegung des sich Küssens; Bewegungsausdruck ist ebenfalls bei der alterstypischen Profilwendung mit Zentralauge zu beobachten – die Augen sind nicht mehr en face, aber auch noch nicht korrekt in Profilstellung gezeichnet; das Zentralauge zeigt an, dass der Entwicklungsprozess der Profilwendung noch nicht abgeschlossen ist; guter Bewegungsausdruck findet sich bei der Person, die am Lenkrad des Autos sitzt; die Raumdarstellung ist sowohl im Hinblick auf die formale Raumstruktur als auch auf die Situationsdarstellung gut-durchschnittlich entwickelt; das Mädchen zeichnet als Vorstufe des „Erzählbildes“ eine Geschichte, die auf einem Zeichenblatt gleichzeitig vier unterschiedliche und räumlich voneinander getrennte Sinnzusammenhänge, Handlungen darstellt. Sie beginnt, diese Szenen unter einen Betrachtungswinkel zu ordnen;* ***Gesamtentwicklung:*** *altersgemäß, keine Hinweise auf Entwicklungs- und/oder Verhaltensstörungen.*

<u>Abb. 084:</u>

W., S., Junge, LA: 7;10 Jahre, Benennung: „Das ist ein Detektiv; 4 Raketen sind unter dem Detektiv angeschnallt (rot mit Bewegungslinien), zwei Raketen hängen an seiner Seite, sie sind noch nicht gezündet. Er düst mit den Raketen ins Raumschiff und geht zu Aliens auf einen anderen Planet, er landet auf dem Mars; dort sind Krater auf dem roten Boden; er fährt auf einem automatischen Roller mit Düsenantrieb (rechts, Rot); er hat ein gelbes Laserschwert in der Hand; in der anderen Hand hat er ein Ding wie der Zorro, es hat 2 Steine, die schmeißt man und es wickelt sich um einen; dort ist die amerikanische Flagge (am rechten Arm); er hat auch ein Walki-Talki Telefon (am linken Arm); auf dem Kopf hat er ein Glasgefäß mit rotem Schlitz, damit er durchsehen kann; über dem Schlitz ist die Sternmarke, das ist das Wahrzeichen für Weltraumdetektiv. Über dem Detektiv sieht man 3 andere Planeten: Der eine ist ganz weit weg, auf ihm sieht man keine Krater; der Planet in der Mitte hat kleine Punkte, er ist schon näher, deshalb kann man die Krater als kleine Punkte sehen; der andere Planet ist ziemlich nah, die Krater dort sind am deutlichsten zu sehen", Filzstift und Buntstifte, 19,3 x 29,7 cm, Ausschnitt aus einem Bild mit der Originalgröße 42 x 29,7 cm, dieses zeigt im unteren Bildteil den gewölbten roten Boden des Mars mit 10 Kratern (gezeichnet als Kreise), auf dem der Detektiv gelandet ist; der Boden füllt fast die Hälfte des Zeichenblattes aus; über dem Detektiv sind 3 Kreise dargestellt, die Planeten darstellen sollen: Der rechte Kreis ist rot ausgemalt und enthält keine dunklen Punkte, der mittlere rote Kreis enthält kleine dunkle Punkte; der linke rote Kreis enthält vier kleine Kreise, mit denen der Junge die Krater darstellen möchte; ***Zeichenentwicklung:*** *Hinweise auf großen Vorstellungsreich-*

tum (alterstypische Weltraumphantasien) und gute kognitive Potenziale im verbalen und nicht-verbalen Bereich ***(die Entwicklungsmerkmale liegen auf unterschiedlichem Reifungsniveau und sind überwiegend Anfang bis Mitte Stufe 3 einzuordnen)****; als gutes Entwicklungspotenzial fallen der bildnerische Ausdruck, der sprachliche Ausdruck, der Detailreichtum der Formen und Farben und die Weiterentwicklung seiner Größenwahrnehmung auf; die Formdarstellung zeigt alterstypisch integrierten Übergang des Körpers zu den Armen; die Arme sind allerdings noch im R-Prinzip und die Beine attributiv angesetzt; die Hände sind altersuntypisch gestaltet und auffallend groß; vorauseilend ist die Entwicklung der Raumdarstellung mit der Beobachtung der unterschiedlichen Entfernungen der Planeten und der entsprechenden Zuordnung der Größenverhältnisse ihrer sichtbaren Krater* ***(Mitte bis Ende Stufe 3)****: Krater, die auf uns nahen Planeten sind, zeichnet er größer als diejenigen entfernterer Planeten; bei dem ganz fernen Planeten lässt er die „Krater" weg;* ***Gesamtentwicklung:*** *altersgemäß, keine Hinweise auf Entwicklungs- und/oder Verhaltensstörungen.*

Abb. 085:
W., S., Junge, LA: 7;10 Jahre, Benennung: „Skateboard-Fahrer", Filzstift und Buntstifte, 10,3 x 15 cm, Ausschnitt aus einer Serie von 6 Zeichnungen, die sich alle mit dem Thema des „Geheimagenten" beschäftigen; ***Zeichenentwicklung: leicht vorauseilend mit guten kognitiven Potenzialen (Mitte Stufe 3)****, bildnerischer Ausdruck eilt den Erwartungswerten des Lebensalters voraus und zeigt Vorstellungsreichtum des Jungen; Formdarstellung zeigt alterstypisch integrierten Ansatz der Arme an den Körper; auch bei einem Bein integrierter Ansatz, das andere Bein ist noch attributiv angesetzt; die gute Bewegungsdarstellung zeigt Profilwendung des Kopfes und eines Armes; Nase und Mund in Profilstellung, Nase noch attributiv angesetzt; Auge noch in mittlerer Position; geplante Drehung der Kappe: Schirm der Mütze ist, wie von Jungen dieses Alters bevorzugt, nach hinten geklappt und zeigt die zeichnerische Umsetzung realitätsorientierter Erfahrungen; die nach hinten gedrehte Kappe unterstreicht die Haltung von Kopf und Körper in Profilstellung;* ***Gesamtentwicklung:*** *altersgemäß, keine Hinweise auf Entwicklungs- und/oder Verhaltensstörungen.*

Abb. 086:
W., S., Junge, LA: 7;10 Jahre, Benennung: „Das Mondauto", Filz- und Buntstift, 8 x 13,5 cm, Ausschnitt aus einer Serie von 6 Zeichnungen, die sich alle mit dem Thema des „Geheimagenten" beschäftigen; ***Zeichenentwicklung: leicht vorauseilend mit sehr guten kognitiven Potenzialen (Mitte Stufe 3)****, origineller bildnerischer Ausdruck eilt den Erwartungswerten des Lebensalters voraus und zeigt den Vorstellungsreichtum der inneren Bilder des Jungen; guter Bewegungsausdruck äußert sich in der motorischen Symbolik der Bewegungsspuren von wehender Fahne und Rauchschwaden des Auspuffs sowie in der Profilwendung und Bewegungshaltung der sitzenden Figur;* ***Gesamtentwicklung:*** *altersgemäß, keine Hinweise auf Entwicklungs- und/oder Verhaltensstörungen.*

Abb. 087:
W., S., Junge, LA: 7;10 Jahre, Benennung: „Zorro, er ist ein Held, der einen überfällt, er ist wie ein geheimer Fechter für die Gerechtigkeit, er hat einen Degen in der Hand; wenn er kämpft, weiß er jeden Muskel, wie er ihn bewegt, er weiß genau die Bewegungen", Buntstifte, 42 x 29,8 cm, ***Zeichenentwicklung: leicht vorauseilend mit guten kognitiven Potenzialen (Mitte Stufe 3)****, sehr guter bildnerischer und sprachlicher Ausdruck;* ***Gesamtentwicklung:*** *altersgemäß, keine Hinweise auf Entwicklungs- und/oder Verhaltensstörungen.*

Abb. 088:
S., C., Mädchen, LA: 7;10 Jahre, Benennung: „Lib Sabine und Silwia, Blöt Tanja", Bleistift und Filzstifte, 20,8 x 28,1 cm, ***Zeichenentwicklung: altersgemäß*** *mit Hinweisen auf gute kognitive Potenziale und geistige Flexibilität; die Rechtschreibung ist noch unsicher* ***(Anfang Stufe 3)****, Formdarstellung zeigt noch R-Prinzip; gelungene Profilwendung, auch die Nasen sind schon in die Gesichtskonturen integriert; origineller Einsatz der Farbsymbolik in Verbindung mit sprachlichem Ausdruck: Die individuelle Farbgestaltung von Tanja (roter Anzug, blaue Schuhe) unterstreicht ihre negative sprachliche Charakterisierung als „Blöt" und unterscheidet sie optisch von den beiden anderen Mädchen, die einen roten Pulli, blaue Hose und rote Schuhe tragen;* ***Gesamtentwicklung:*** *altersgemäß, keine Hinweise auf Entwicklungs- und/oder Verhaltensstörungen.*

Abb. 089:
W., S., Junge, LA: 7;11 Jahre, Benennung: „Lucky Luke", Buntstifte, 29,8 x 42 cm, ***Zeichenentwicklung: leicht vorauseilend mit Hinweisen auf gute kognitive Potenziale (Mitte bis Ende Stufe 3)****, gute Bewegungsdarstellungen mit unterschiedlichen Körperpositionen: Schießen aus liegender und stehender Haltung, Bewegungsspuren zeigen symbolisch die Spuren der Geschosse an; gute Situationsdarstellung von Sinnzusammenhängen;* ***Gesamtentwicklung:*** *altersgemäß, keine Hinweise auf Entwicklungs- und/oder Verhaltensstörungen.*

<u>Abb. 090:</u> *G., M., Mädchen, LA: 8;0 Jahre, Benennung: „Der Weg zur Schule", Bleistift und Buntstifte, 21 x 29,7 cm,* ***Zeichenentwicklung: altersgemäß*** *mit Hinweisen auf gute kognitive Potenziale* ***(Mitte Stufe 3)****, gute Raumdarstellung mit Straßenbild, der Darstellung eines Hauses im Vordergrund und eines Hauses im Hintergrund, das hintere Haus zeigt zum ersten Mal eine Kombination von Vorder- und seitlicher Ansicht;* ***Gesamtentwicklung:*** *altersgemäß, keine Hinweise auf Entwicklungs- und/oder Verhaltensstörungen.*

<u>Abb. 091:</u> *M., Ch., Mädchen, LA: 8;0 Jahre, Benennung: „elecktria, E. Stern, Basic", Buntstifte, 20,9 x 29,6 cm,* ***Zeichenentwicklung:knapp altersgemäß****, die Figuren sind aus dem Gedächtnis gezeichnet, es werden Vorlagen der Pokémon-Spielkarten individuell bearbeitet; das Niveau der Zeichnungen ist geplant reduziert, um den Vorlagen der Spielkarten mit außerirdischen Wesen gerecht zu werden* ***(Anfang Stufe 3; es wird geplant auf Entwicklungsmerkmale des Endes der Stufe 2 zurückgegriffen, um die Vorlagen der Spielkarten realitätsorientiert aus dem Gedächtnis zu kopieren)****, in Unterscheidung zu irdischen Wesen zeigen alle 3 Figuren über dem Augenpaar noch ein Zusatzauge, der mittleren Figur fehlt der Mund;* ***Gesamtentwicklung:*** *altersgemäß, keine Hinweise auf Entwicklungs- und/oder Verhaltensstörungen.*

<u>Abb. 092:</u> *W., S., Junge, LA: 8;5 Jahre, Benennung: „Die Wikinger greifen an, in der Burg sind Ritter, das Tor ist runtergelassen, oben ist eine Kurbel, damit das Tor aufgeht und die Brücke heruntergelassen wird, es ist ein Klapptor; in der Burg sind Ritter, um die Burg ist Wasser; da ist das Schiff mit Wikingern" (rechts unten), Buntstifte, 21 x 29,7 cm,* ***Zeichenentwicklung: altersgemäß mit Hinweisen auf gute kognitive Potenziale (Mitte Stufe 3)****, gute Handlungsplanung bei der Konstruktion des „Klapptors"; der Junge versucht seine Vorstellungen über das Funktionieren einer Mechanik in der Zeichnung umzusetzen;* ***Gesamtentwicklung:*** *altersgemäß, keine Hinweise auf Entwicklungs- und/oder Verhaltensstörungen.*

<u>Abb. 093:</u> *S., C., Mädchen, LA: 8;6 Jahre, Benennung: „Im Schwimmbad, die Mutter ruft: rauß kommen", Wasserfarben und Bleistift, 29,7 x 39,8 cm,* ***Zeichenentwicklung: altersgemäß mit Hinweisen auf gute kognitive Potenziale (Mitte Stufe 3)****, Bewegungsdarstellung durch Profilwendungen und situative Zuordnung. Die räumliche Anordnung des Mädchens (oben Mitte) soll darstellen, wie es vom Sprungturm in das Schwimmbad springt; als Zeichen des Entwicklungsprozesses zeigt die Profilwendung der Kinder im Schwimmbad noch das Zentralauge; auch bei der Figur der Mutter (rechts unten) ist die Profilwendung noch nicht korrekt vollzogen, ihr Mund ist noch in die Mitte des seitlich gerichteten Kopfes gezeichnet und ihre Beine sind noch in Vorderansicht dargestellt; der Text in der Sprechblase „rauß kommen" zeigt, dass das Mädchen mit diesem Bild dem Betrachter eine Geschichte über Erlebnisse im Schwimmbad erzählen möchte (Erzählbild mit Situationsdarstellung);* ***Gesamtentwicklung:*** *altersgemäß, keine Hinweise auf Entwicklungs- und/oder Verhaltensstörungen.*

Abb. 094:
W., N., Junge, LA: 8;6 Jahre, Benennung: „Kirche, Bäume, Häuser, Wald, Sonne und Vögel", Pastellkreiden, 24 x 17,1 cm, ***Zeichenentwicklung: leicht vorauseilend mit Hinweisen auf sehr gute kognitive Fähigkeiten, insbesondere der Raumwahrnehmung (Mitte bis Ende Stufe 3)****, der bildnerische Ausdruck eilt dem sprachlichen Ausdruck voraus; ausdrucksvolle Farbdarstellung in Typenfarben mit Farbmischungen; gute Entwicklung der Raumdarstellung mit ersten Versuchen der Tiefengestaltung: Der Raum teilt sich in einen Vorder- und Hintergrund, die linke schräge Linie des flächigen Bodens leitet den Blick des Betrachters vom Vordergrund zur Horizontlinie und damit zum Standort der Kirche und Häuser, die ihre räumliche Position im Hintergrund des Bildes einnehmen; die Bäume (links) sind zur schrägen Grundlinie des Bodens orientiert, die Winkelstellung ihrer Zuordnung ist nicht klar zu erkennen; gute Komposition der Motive im Gesamtbild;* ***Gesamtentwicklung:*** *altersgemäß, keine Entwicklungs- und/oder Verhaltensstörungen; Gefühlsdifferenziertheit und überdurchschnittliche kognitive Fähigkeiten, insbesondere im nicht-verbalen Bereich, deuten sich an.*

Abb. 095:
W., S., Junge, LA: 8;7 Jahre, Benennung: „Im Drachenland, das Haus von dem kleinen Drachen (unten links), Spielplatz (links), Computerplatz (Mitte links), Fußballplatz (rechts Mitte), Supermarkt und Drachenschule" (oben), Buntstifte und Bleistift, 28,7 x 21 cm, ***Zeichenentwicklung: altersgemäß (Mitte Stufe 3)****, Raumdarstellung mit Wegebild, Unterscheidung von Vorder-, Mittel- und Hintergrund, die Zuordnung der Objekte erfolgt noch im rechten Winkel zur Grundlinie im Sinne von Klappbildern (z. B. Schilder von Fußballplatz und Golf);* ***Gesamtentwicklung:*** *altersgemäß, keine Hinweise auf Entwicklungs- und/oder Verhaltensstörungen.*

<u>Abb. 096:</u>
Sch., R., Mädchen, LA: 8;0 Jahre, Benennung: „Wir sitzen am Tisch und essen Kuchen", Filzstifte, 14,5 x 21 cm, ***Zeichenentwicklung: eilt den „erwarteten Entwicklungsmerkmalen" des Lebensalters deutlich voraus****, Hinweise auf Vorstellungsreichtum und Flexibilität des Denkens* ***(Mitte bis Ende Stufe 3)****, differenzierte Farbdarstellungen bei den Personen und bei der geometrisch gemusterten Tischdecke; sehr gute Bewegungsdarstellungen durch Profilwendung und unterschiedliche Ansichtswinkel: Die Personen sind von vorne, von der Seite und von hinten gezeichnet;* ***Gesamtentwicklung:*** *altersgemäß, keine Hinweise auf Entwicklungs- und/oder Verhaltensstörungen; überdurchschnittliche kognitive Fähigkeiten deuten sich an.*

<u>Abb. 097:</u>
G., M., Mädchen, LA: 8;10 Jahre, Benennung: „In der Praxis, die Mutter gibt der Arzthelferin zwei Krankenscheine (rechts); einen von sich und einen von der Tochter; die Mutter hat Kopfschmerzen einmal im Monat, dann kommt sie zu der Frau Doktor; Schrank mit Krankenscheinen (rechts unten), das Kind hat Lungenentzündung, ich hatte auch einmal Lungenentzündung (links), die Frau Doktor hört das Kind mit dem Abhörrohr ab; am wenigsten gefallt mir die Frau Doktor wegen dem Abhörer; bei mir war auch einmal eine Frau Doktor, ich hatte Virus", Buntstifte und Bleistift, 21 x 29,7 cm, ***Zeichenentwicklung: altersgemäß mit Hinweisen auf gute kognitive Potenziale (Mitte bis Ende Stufe 3)****, schöne farbliche Differenzierungen, gute Formdarstellung, auffallend gute Bewegungsdarstellungen mit Überschneidungen, gute Raumvorstellungen und Darstellung von Handlungszusammenhängen;* ***Gesamtentwicklung:*** *altersgemäß, keine Hinweise auf Entwicklungs- und/oder Verhaltensstörungen.*

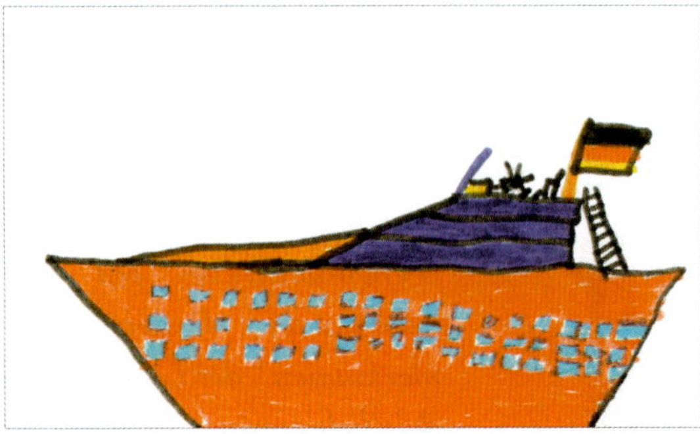

<u>Abb. 098:</u>
W., S., Junge, LA: 8;10 Jahre, Benennung: „Titanic", Filzstifte, 11,3 x 18,9 cm, ***Zeichenentwicklung: altersgemäß (Mitte bis Ende Stufe 3)****, schöne Differenzierungen der Form- und Farbdarstellung, Orientierung an der Realität wird deutlich; Versuch, beim Innenraum des Schiffes die Raumqualität der Tiefe darzustellen, erste Ansätze der Vorperspektive bei Objekten;* ***Gesamtentwicklung:*** *altersgemäß, keine Hinweise auf Entwicklungs- und/oder Verhaltensstörungen.*

<u>Abb. 099:</u>
P., C., Mädchen, LA: 9;0 Jahre, Benennung: „Sonderspielplatz für Kinder", Filzstifte, 21 x 29,5 cm, ***Zeichenentwicklung: altersgemäß (Mitte Stufe 3)****, Raumdarstellung mit Wegebild, noch keine Zuordnung unter einen Gesamtansichtswinkel, noch Klappbilder (Eisenbahn auf den Schienen), Hinweise auf Vorstellungsreichtum und gute Phantasieansätze des Kindes;* ***Gesamtentwicklung:*** *altersgemäß, keine Hinweise auf Entwicklungs- und/oder Verhaltensstörungen.*

Abb. 100:
S., C., Mädchen, LA: 9;0 Jahre, Benennung: „Unser Garten mit Schwimmbad, in der Nähe ist ein Schloss (Rot rechts)“, Bleistift und Filzstifte, 21,1 x 29,8 cm, ***Zeichenentwicklung: altersgemäß (Mitte Stufe 3)****, das Bild wurde nicht zu Ende gezeichnet; gelungener Versuch, die Formqualitäten des Schlosses an der Realität zu orientieren; Darstellung von Raumschichten (Streifenbild), Häuser im Vordergrund (unten) und Wald, Blumen, Haus, Hund an der Leine, Schwimmbad, Straße mit Auto und Schloss im Hintergrund (obere Linie). Die Zuordnung unter einen Gesamtansichtswinkel gelingt noch nicht, es treten noch Klappbilder auf (Auto auf der Straße, Schornstein auf dem Dach);* ***Gesamtentwicklung:*** *altersgemäß, keine Hinweise auf Entwicklungs- und/oder Verhaltensstörungen.*

Abb. 101:
S., C., Mädchen, LA: 9,0 Jahre, Benennung: „Spielplatz für alle“, Bleistift, Filzstifte, Wasserfarben, 29,8 x 39,5 cm, ***Zeichenentwicklung: altersgemäß (Mitte Stufe 3)****, schöne Form- und Farbdifferenzierungen, guter Bewegungsausdruck durch Profilwendung (Kinder auf der Wippe) und durch Veränderung von Bewegungshaltungen (Bewegung des oberen Kindes, das mit dem Kopf nach unten dargestellt wird; die Raumdarstellung gelingt als Streifenbild: Der Raum wird in verschiedene Raumschichten zerlegt, Vordergrund (unten), Mittelgrund und Hintergrund (oben);* ***Gesamtentwicklung:*** *altersgemäß, keine Hinweise auf Entwicklungs- und/oder Verhaltensstörungen.*

Abb. 102:
S., C., Mädchen, LA: 9;2 Jahre, Benennung: „Ich reite auf einem Elefant, er spritzt mit Wasser", Filzstifte, 30 x 42,2 cm, ***Zeichenentwicklung: altersgemäß (Mitte Stufe 3)****, die Formdarstellung des Elefanten orientiert sich an der Realität, seine Beine gehen schon integrativ in den Körper über; die Farbdarstellung enthält noch Anteile von Dekorativfarbe (rote Ohren und Füße); Bewegungsdarstellung durch motorische Symbolik (Bewegungsspuren des Wassers am Boden und des Wassers, das aus dem Rüssel des Elefanten spritzt) und durch Profilwendung der reitenden Figur: Die Profilwendung ist noch nicht abgeschlossen, der Körper ist in Vorderansicht zu sehen, die Knöpfe sind in seiner Mitte gezeichnet; Füße, Arme und Kopf der Person sind dagegen in Profilrichtung orientiert, das Auge steht aber noch in mittlerer Position; die frei schwebende Position der Elefantenfüße unterstreicht den Versuch des Mädchens, die Bewegung des Tieres darzustellen;* ***Gesamtentwicklung:*** *altersgemäß, keine Hinweise auf Entwicklungs- und/oder Verhaltensstörungen.*

Abb. 103:

zu Abb. 103:

S., C., Mädchen, LA: 9;4 Jahre, Benennung: „Ich will jetzt zu meinem Kaffeeklatsch", dieses Bild gehört in eine Serie von 4 gleich großen Bildern, die als Erzählbilder hintereinander angefertigt und in Folge zusammengeklebt wurden; dieser Bildausschnitt zeigt das 2. Bild, Filzstifte und Bleistift, 21 x 29 cm, ***Zeichenentwicklung: leicht vorauseilend mit Hinweisen auf gute kognitive Potenziale, Vorstellungsreichtum und Flexibilität des Denkens (Mitte bis Ende Stufe 3)****, die gelungene Formdarstellung der Objekte weist auf eine gute visuelle Beobachtungsfähigkeit des Kindes hin; viele kleine Details werden in guter Formdarstellung gezeichnet (z. B. Brille und Krawatte des Mannes, lange flächige, die Gesichtskontur seitlich überschneidende Nase der Figur, die auf dem Schrank sitzt); differenzierte Farbdarstellungen; sehr gute Bewegungsdarstellungen unterschiedlicher Körperhaltungen; die Raumdarstellung zeigt gute Situationsdarstellung mit Handlungszusammenhängen als „Erzählbild": In Sprechblasen zeigt das Mädchen, welche Inhalte es in dieser Zeichnung zusätzlich verdeutlichen möchte; als besonderes Potenzial deuten sich hier und in den anderen drei Zeichnungen der Serie bildnerisch und sprachlich Sinn für Witz und Humor an; das Gesamtbild zeigt eine gelungene Komposition seiner Motive;* ***Gesamtentwicklung:*** *altersgemäß, keine Hinweise auf Entwicklungs- und/oder Verhaltensstörungen.*

Abb. 104:

S., C., Mädchen, LA: 9;6 Jahre, Benennung: „Zirkus der Weld", Filzstifte, 21 x 29,6 cm, ***Zeichenentwicklung: leicht vorauseilend (Mitte bis Ende Stufe 3), Hinweise auf gute kognitive Potenziale mit Vorstellungsreichtum und Flexibilität des Denkens****, gute Form-, Farb- und Bewegungsdarstellungen, sehr gute Darstellung unterschiedlicher Bewegungshaltungen verdeutlichen die Bewegungsvorstellungen des Mädchens; das Gesamtbild zeigt hinsichtlich der Raumdarstellung (Situationsdarstellung) eine gute Komposition und Ausgewogenheit der Motive ihrer vertikalen und horizontalen Positionen;* ***Gesamtentwicklung:*** *altersgemäß, keine Hinweise auf Entwicklungs- und/oder Verhaltensstörungen.*

Abb. 105:
G., M., Mädchen, LA: 9;9 Jahre, Benennung: „Mein Ferienerlebnis, ich schaue aus dem Fenster", Filzstifte, 21,1 x 32 cm, ***Zeichenentwicklung: vorauseilend mit Hinweisen auf gute kognitive Potenziale (Ende Stufe 3)****, gute Form-, Farb- und Raumdarstellungen, gute Gesamtkonzeption und Komposition des Bildes, deutliche Orientierung der Motive an der Realität, liebevolle Ausgestaltung von Details, Baum (oben) zeigt alterstypischen „Lötstamm" mit Kronenhaut, der die Äste und Zweige umgibt, unterer Baum (rechts) zeigt beginnendes organisches Wachstum; das Dach des Hauses und das Auto zeigen Versuche der vorperspektivischen Darstellung; der umgebende Zaun ist noch im Sinne des Klappbildes im rechten Winkel zur Grundlinie aufgeklappt;* ***Gesamtentwicklung:*** *altersgemäß, keine Hinweise auf Entwicklungs- und/oder Verhaltensstörungen.*

Abb. 106:
W., S., Junge, LA: 9;9 Jahre, Benennung: „Schreibtisch und Drucker", Filzstifte, 29,7 x 21 cm, ***Zeichenentwicklung: altersgemäß (Mitte bis Ende Stufe 3)****, guter Versuch, die Formqualität der Objekte an der Realität zu orientieren: Der Drucker (unten links) ist mit Drähten an den Computer und die Lautsprecher angeschlossen, die auf dem Schreibtisch stehen; lebendige Farbgestaltung; die formale Raumstruktur des Schreibtisches wird in vorperspektivischer Darstellung erfasst (Klappung zur unteren Bodenlinie);* ***Gesamtentwicklung:*** *altersgemäß, keine Hinweise auf Entwicklungs- und/oder Verhaltensstörungen.*

Abb. 107:
B., J., Junge, LA: 10;0 Jahre, Benennung: „Segelboot", Bleistift und Filzstifte, 21 x 29,7 cm, ***Zeichenentwicklung: altersgemäß mit Hinweisen auf gute kognitive Potenziale (Ende Stufe 3)****, gute Form-, Farb- und Raumdarstellung; Versuch der vorperspektivischen Gestaltung des Bootes und Tiefendarstellung seines Innenraumes, gute erste Versuche der Zuordnung zu einem gemeinsamen Betrachtungswinkel;* ***Gesamtentwicklung:*** *altersgemäß, keine Hinweise auf Entwicklungs- und/oder Verhaltensstörungen.*

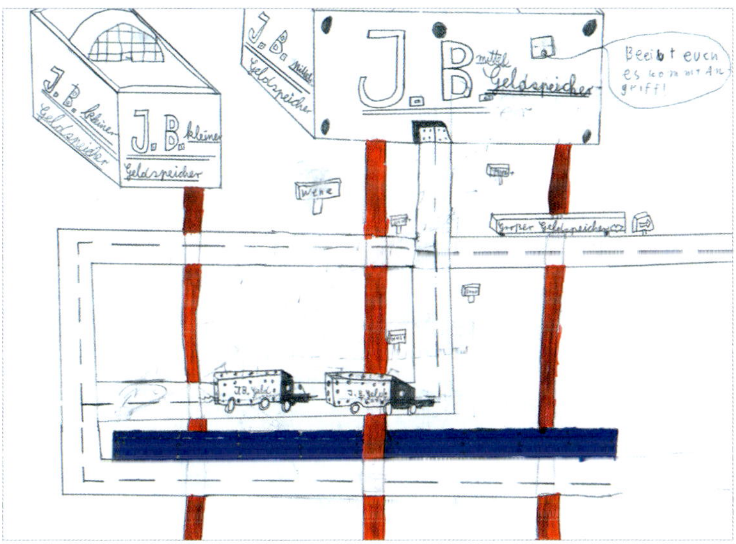

Abb. 108:
B., J., Junge, LA: 10;3 Jahre, Benennung: „Angriff auf den Geldspeicher", Bleistift und Filzstifte, 21,1 x 29,7 cm, ***Zeichenentwicklung: Die Merkmale der vorperspektivischen Gestaltung eilen den „erwarteten Entwicklungsmerkmalen" des Lebensalters voraus, Hinweise auf gute Potenziale der formalen Operationen des Denkens (Ende Stufe 3 mit Übergang zur Stufe 4)****, gute Ansätze der perspektivischen Gestaltung einzelner Objekte, das Gesamtbild wird jedoch noch nicht unter einen gemeinsamen Betrachtungswinkel geordnet (die Straßen sind z. B. noch im Sinne des Klappbildes im rechten Winkel dargestellt), das Gesamtbild ist gut komponiert und zeigt Handlungszusammenhänge im Sinne eines Erzählbildes;* ***Gesamtentwicklung:*** *altersgemäß, keine Hinweise auf Entwicklungs- und/oder Verhaltensstörungen.*

Abb. 109:
S., A., Mädchen, LA: 10;5 Jahre, Benennung: „Unsere Stadt", Bleistift und Wasserfarben, 39,8 x 29,8 cm, ***Zeichenentwicklung: altersgemäß (Ende Stufe 3)****, die Raumdarstellung zeigt bildnerisch ausdrucksvolle Tiefengestaltungen durch Überschneidungen; die Tiefenwirkung des Bildes wird durch die schräg und horizontal verlaufenden Bleistiftlinien verstärkt; durch die Kombination von Bleistift und Wasserfarben ergeben sich gute Möglichkeiten, die verdeckten Linien farbig auszugleichen und damit den Eindruck der Tiefenwirkung zu erhöhen; gute Komposition des Gesamtbildes;* ***Gesamtentwicklung:*** *altersgemäß, keine Hinweise auf Entwicklungs- und/oder Verhaltensstörungen.*

Abb. 110:
W., S., Junge, LA: 10;9 Jahre, Benennung: „Unser Boot", Tempera- und Aquarellfarben auf Leinwand, 21 x 29,5 cm, ***Zeichenentwicklung: vorauseilend, Hinweise auf kreative bildnerische Fähigkeiten (Ende Stufe 3, Übergang zur Stufe 4)****, differenzierter bildnerischer Ausdruck; ansprechende Farbdarstellung; erster Versuch, eine Bewegung darzustellen, in dem nur ein Ausschnitt eines Objektes (des Bootes) gezeichnet wird: Der Junge bemerkt dazu, das Boot fahre gerade vorüber, man sehe deshalb nur einen Teil von ihm; hier wird ebenfalls zum ersten Mal auch der Versuch des Jungen deutlich, die Zeiteinheit des vorüberfahrenden Bootes zeichnerisch darzustellen; das Gesamtbild ist gut komponiert;* ***Gesamtentwicklung:*** *altersgemäß, keine Hinweise auf Entwicklungs- und/oder Verhaltensstörungen.*

Abb. 111:
H., H., Junge, LA: 10;11 Jahre, Benennung: fehlt, Filzstifte, 21 x 29,8 cm, ***Zeichenentwicklung: vorauseilend mit Hinweisen auf gute kognitive Fähigkeiten (Ende Stufe 3, Übergang zur Stufe 4)****, sehr gute und realitätsorientierte Formdarstellung des Krans, künstlerisch anmutende Abstraktionen der „Autowracks" (links) und des Fensters (rechts unten), „quasi künstlerische Gestaltung des Jugendalters";* ***Gesamtentwicklung:*** *altersgemäß, keine Hinweise auf Entwicklungs- und/oder Verhaltensstörungen.*

Abb. 112:
M., M., Mädchen, LA: 11;0 Jahre, Benennung: „Das Bild des Jahres, er ist doof", Filzstift, 29,7 x 21 cm, ***Zeichenentwicklung: altersgemäß (Ende Stufe 3)****, der bildnerische Ausdruck wirkt dekorativ gewollt, starr und unlebendig; ich gewinne den Eindruck, dass das Mädchen sich über seine eigene Zeichnung lustig macht bzw. den Betrachter zum Lachen bringen möchte; geschickt sind die Augen des unteren männlichen Kopfes und seine Brille in die Gestaltung des Wortes „doof" eingebunden; es handelt sich bei dem Bild nicht um eine spontane Ausdrucksdarstellung, anstelle des lebendigen Ausdrucks tritt die überwiegend kognitiv gesteuerte Dekoration;* ***Gesamtentwicklung:*** *altersgemäß, keine Hinweise auf Entwicklungs- und/oder Verhaltensstörungen.*

Abb. 113:

S., C., Mädchen, LA: 11;4 Jahre, Benennung: „Gesucht!", Kohlestifte, 27,8 x 21 cm, ***Zeichenentwicklung: leicht vorauseilend mit Hinweisen auf sehr gute visuelle Beobachtungsfähigkeit****, sehr gute kognitive und kreative Fähigkeiten, „quasi-künstlerische Gestaltung des Jugendalters"* ***(Ende Stufe 3, Übergang zur Stufe 4)****; sehr gute Formdarstellung mit Beachtung von Details und bereits flächiger Darstellung der Ohren und der Nase; in Unterscheidung zur Abb. 112 handelt es sich hier um eine spontane lebendige Ausdrucksdarstellung mit Rückgriff auf eine reiche innere Vorstellung und kreative Verarbeitung innerer Bilder; die Gesichtszüge verraten als Bewegungsdarstellung mimische Ausdrucksbewegungen (Blickrichtung, Augenfalten, Mundfalten und Mundhaltung weisen auf die individuell gestaltete Gesichtsmimik hin);* ***Gesamtentwicklung:*** *altersgemäß, keine Hinweise auf Entwicklungs- und/oder Verhaltensstörungen.*

Abb. 114:

W., A., Mädchen, LA: 11;9 Jahre, Benennung: fehlt, Filzstifte, 21 x 14,8 cm, ***Zeichenentwicklung: altersgemäß (Ende Stufe 3, Übergang zur Stufe 4)****, Orientierung an der Realität, gute visuelle Beobachtungsfähigkeit und Darstellung realitätsbezogener Formmerkmale: Beachtung aktueller modischer Trends des Jugendalters (z. B. Plateauschuhe oder ausgestellte Hosen); deutliches Interesse am geschlechtsspezifischen Merkmal der Haare und der modischen Kleidung; die Körperhaltung vermittelt einen Bewegungsausdruck (Tanzhaltung);* ***Gesamtentwicklung:*** *altersgemäß, keine Hinweise auf Entwicklungs- und/oder Verhaltensstörungen.*

3.7.4 *Stufe 4 der Zeichenentwicklung (altersgemäße Entwicklung im Überblick) Zeichnung des Jugendalters (ab ca. 12;0 Jahren)*

Unterschiedliche Denkstile in Verbindung mit sensomotorischen, sprachlichen, perzeptiven und emotional-sozialen Funktionen, geplante Gestaltungen

Stufe 4 der Zeichenentwicklung gehört nicht mehr zur Kinderzeichnung im engeren Sinn, zeigt jedoch an, in welche formale und inhaltliche Richtung sich die Kinderzeichnung zur Jugendzeichnung hin entwickeln kann. Die Zeichenentwicklung endet nicht mit der Stufe 4 des Jugendalters, sondern geht nach der Pubertät in die Zeichnung des Erwachsenenalters über (ab ca. 18 Jahren).

Das Denken des Jugendalters ist geprägt von unterschiedlichen Denkstilen. Tücke beschreibt den „intuitiv-personenzentrierten" und den „logisch-formalen, naturwissenschaftlichen Denkstil" (vgl. Kap. 2.3). Die Stufe der formalen Operationen, wie sie von Piaget beschrieben wurde, wird nur von wenigen Jugendlichen oder auch Erwachsenen überhaupt erreicht und kann nicht als allgemein erreichter Denkstil dieser Entwicklungszeit vorausgesetzt und erwartet werden. Von der Mehrzahl der Jugendlichen wird die Denkstufe der formalen Operationen weder erreicht noch intendiert, oder sie wird nur unter bestimmten Voraussetzungen und in bestimmten Situationen angewendet. Sie entspricht nicht der Begabungsstruktur der meisten Jugendlichen, auch in vielen Fällen nicht ihren emotional-sozialen oder ästhetisch-künstlerischen Vorstellungen und Bedürfnissen (vgl. Kap. 2.3). Bei einem kleinen Teil der Jugendlichen entwickelt sich das Denken in formalen Operationen im Sinne Piagets und entfaltet sich nach vorbereitenden Schritten dann voll in der Mitte des Jugendalters (ab ca. 14;0 Jahren), meist durch intensive spezielle Anforderungen seitens der Umwelt und durch schulische Förderung stimuliert.

Merkmale des Denkens im Jugendalter nach Piaget im Überblick, Stufe 4:

- Das Denken geht über das Konkret-Wirkliche hinaus und befasst sich mit dem Hypothetisch-Möglichen
- es zeigen sich im Denken immer abstraktere Formen und Strukturen
- räumlich und zeitlich Entfernteres wird erfasst
- es finden logische Verknüpfungen zwischen Denkoperationen statt
- das Denken ist geprägt durch natur- oder erfahrungswissenschaftliche Kausalanalyse
- im formal-operativen Denken werden Proportionen kompensatorisch erkannt, Wahrscheinlichkeiten und Korrelationen werden berechnet
- angeeignete Regeln werden bewusst reflektiert

- im persönlichen Bereich zeigen sich Lebens- und Zukunftsentwürfe, Reformideen, Versuch der Verwirklichung von Idealen, oft mit starker emotional-motivationaler Färbung
- Egozentrismus des frühen Jugendalters
- Auseinandersetzung mit Gruppen von Gleichaltrigen
- die Entwicklung des formal-operativen Denkens ist abhängig von den Anforderungen der Umwelt und von anderen sozio-kulturellen Faktoren

Merkmale des Denkens im Jugendalter nach Tücke, 1999, S. 285-286:
Tücke, 1999, S. 285, zitiert Montada (1995) mit einem Vergleich zwischen den konkret-operatorischen und den formalen Operationen des Denkens:

> „Vielfach ist zu lesen, das konkret-operatorisch denkende Kind könne noch nicht mit abstrakten Zeichensystemen operieren, es benötige eine Abstützung des Denkens auf konkret-anschauliche Gegebenheiten. Dies trifft nicht den Kern der Unterschiede. Im konkret-operatorischen Denken ist das Kind beschränkt auf gegebene Informationen, seien sie konkret-anschaulich oder sprachlich repräsentiert. Demgegenüber geht das formal-operatorische Denken in spezifischer Weise über vorgefundene oder gegebene Informationen hinaus. Heranwachsende urteilen und folgern nicht nur auf der Basis der aktuell gegebenen Informationen, sondern beziehen mögliche weitere Informationen ein, die sie zu gewinnen suchen."

- Tücke, 1999, S. 286, arbeitet im Folgenden weitere Besonderheiten des Denkens des Jugendlichen heraus (zusammenfassende Darstellung):
  „Jugendliche können über Möglichkeiten nachdenken,(...) können über die Zukunft nachdenken,(...) können über Tatbestände nachdenken, die möglich oder wahrscheinlich sind, deren Wahrheitsgehalt aber nicht bewiesen ist (Hypothesen), und daraus „vernünftige" Folgerungen ableiten,(...) können über Konventionen hinaus denken,(...) können ihr eigenes Denken analysieren(...) können sich eigene Realitäten konstituieren, die über ihre momentane Existenz hinausgehen."

Tücke, 1999, S. 287, weist darauf hin, dass Jugendliche verstärkt über Dinge nachdenken, „die sie nicht unmittelbar berühren, die nicht unmittelbar anstehen, die aber von übergeordnetem Interesse sind: Umweltschutz, soziale Gerechtigkeit, Gleichberechtigung, Sinn militärischer Einsätze in Krisengebieten oder Tierschutz."

- Tücke unterzieht die Befunde Piagets zu den formalen Operationen einer kritischen Würdigung

> Tücke, 1999, S. 290:
> „Formale Operationen treten nicht als universelles Entwicklungsstadium auf. Die Annahme, dass formale Kategorien und Regeln unser Denken bestimmen ist problematisch (Thomas & Schillig, 1996). Kinder und Jugendliche, aber auch Erwachsene gehen an viele Probleme

intuitiv heran, und dieses Vorgehen ist sehr effektiv. Die von Piaget favorisierte Untersuchung aller Lösungsmöglichkeiten und der damit verbundene Ausschluss falscher Hypothesen („Falsifikationsstrategie") ist gegenüber einer heuristischen, plausiblen Lösungsstrategie („Verifikationsstrategie") zwar exakt, aber im Alltag schwer zu handhaben. Unser tägliches Denken wird wesentlich von effektiven, aber manchmal eben fehlerhaften Lösungsstrategien bestimmt (....); formale Strategien kommen dann zum Einsatz, wenn unsere gewohnten Denkweisen versagen (Thomas & Schillig, 1996). Jungen und Mädchen unterscheiden sich im Einsatz formaler Denkoperationen. Nach einer Meta-Analyse von Meehan (1984) schneiden Jungen bei Problemen zur Aussagenlogik, zu kombinatorischem Denken und zu Denken mit Proportionen besser ab als Mädchen. Die Unterschiede sind zwar gering, aber systematisch. Das ist vielleicht ein Symptom dafür, dass Piaget naturwissenschaftliche Denkstile bevorzugt – also solche Denkstile, mit denen Jungen offenbar weniger Probleme haben."

- Tücke (1999) setzt sich weiterhin mit dem jugendlichen Egozentrismus und anderen wichtigen Themenbereichen des Jugendalters auseinander:

  Tücke, 1999, S. 293:

  „Der Egozentrismus im Denken Jugendlicher zeigt sich in vielen Bereichen. Jugendliche verbringen viel Zeit vor dem Spiegel und reagieren sensibel auch auf kleinste körperliche Veränderungen (z. B. Pickel oder einzelne beim Kämmen ausfallende Haare), weil sie sich von einem imaginären Publikum permanent beobachtet und kontrolliert fühlen. Sie reagieren besonders sensibel auf abfällige Bemerkungen über ihr äußeres Erscheinungsbild (und dazu gehört natürlich auch ihre Kleidung) und achten darauf, dass damit „alles im grünen Bereich ist" (und dazu gehört – leider – oft auch die richtige Kleidermarke). Körperpflege wird viel wichtiger als in der Kindheit, und Eltern tun gut daran, sich auf längere Blockaden des Badezimmers einzurichten, weil manche Jugendliche ihre körperliche Unbefangenheit auch gegenüber den Eltern verlieren."

  Als weitere wichtige Themenbereiche des Jugendalters nennt Tücke, 1999, die soziale Entwicklung im Jugendalter mit der Bedeutung von Cliquen und Freundschaften und dem Generationenkonflikt, die Entwicklung der eigenen Identität und Sexualität; den Konsum von Nikotin, Alkohol und Drogen.

- Richter (1987) hebt die Fähigkeit zur *Selbstkritik* und den mit einer „Erweiterung des Zeithorizonts" verbundenen Aufbau von politisch-sozialem Bewusstsein (vgl. Adelson, 1977, S. 272 ff.) bei Jugendlichen im fortgeschrittenen Jugendalter hervor.

  Richter, 1987, S. 77 (vgl. Adelson, 1977, S. 272 ff.):

  „‚Es zeigt sich allmählich ein Bewusstsein von der Vergangenheit' und ‚eine intensive Vorstellung von der Zukunft.' Auch der Aufbau einer Distanz zu sich selbst und zum ‚naiven' Darstellungssystem der Kindheit/des frühen Jugendalters und die Aufnahme von Themen und Motiven aus dem politisch-sozialen Umfeld waren Merkmale, die wir an den Jugendzeichnungen beobachten konnten."

  Richter weist im Folgenden auf die Bildung von Gruppen gleichaltriger Jugendlicher (Subkulturen) samt ihrem Konformitätsdruck hin. Allerdings ermöglicht dieser den Jugendlichen auch, ihre (kulturellen) Erfahrungen im Schutz von Gleichgesinnten zu machen: „Die jeweils besondere Subkultur begünstigt also den Aufbau einer Zwischenwelt – jenseits der Kindheit und diesseits der Erwachsenenkultur -, die widersprüchliche, antagonistische Züge aufweisen kann. Sie gestattet es der/dem Jugendlichen, Erwachsenwerden zu probieren – in Abhängigkeit allerdings von der umfassenderen Gruppe oder der sozio-kulturellen Schicht, in welche die Subkultur eingebettet ist (vgl. Ausubel, 1968, S. 330). Auch die wechselhaften künstlerischen Objektivationen Jugendlicher ließen sich daher – in Analogie zu den besonderen Lebensformen dieser Zeit – als kulturelle *Probehandlungen* charakterisieren."

- Auf Stufe 4 finden wir nach H. John-Winde, 1981, in Anlehnung an das Konzept Piagets folgende Besonderheiten des formalen Denkens, die jedoch nach Tücke, 1999, als auch meinem Ansatz zufolge, wie oben erwähnt, nur von einer kleinen Gruppe Jugendlicher oder Erwachsener erreicht werden.

Besonderheiten des formalen Denkens des Jugendalters nach John-Winde, 1981, S. 82-83 (in Auszügen):
- „Neigung, sämtliche Lösungshypothesen aufzustellen und systematisch zu erkunden"
- „Bewusst deduktives Vorgehen, von einem formalen Satz ausgehend"
- „Operationen werden zu höherer Ordnung organisiert und daraus Kombinationen gefunden (kombinatorische Strukturen)"
- „Tendenz, Elemente eines Problems zu isolieren, sämtliche möglichen Lösungshypothesen systematisch durchzugehen"
- „Die angeeigneten Regeln werden bewusst reflektiert"
- „Das Hier und Jetzt wird überschritten"
- „Hypothetisches, Künftiges und Fernliegendes treten ins Bewusstsein"

Merkmale der Zeichenentwicklung, Stufe 4 (Jugendalter):
Das Jugendalter zeichnet sich durch die Fähigkeit zu „planenden Gestaltungen" (John-Winde, 1981) und durch „quasi-künstlerische Gestaltungen" (Richter, 1987) aus. Diese folgen unterschiedlichen Denkstilen (s. o.). Die verschiedenen psychosozialen Funktionen des Jugendalters müssen darüber hinaus bei ihrem Denken und beim Arbeiten des Jugendlichen im Bereich der Bildenden Kunst besonders berücksichtigt werden (z. B. Besonderheiten der sozialen Entwicklung im Jugendalter, Entwicklung der eigenen Identität).
John-Winde, 1981, S. 83-84, charakterisiert die „geplanten Gestaltungen" des Jugendalters wie folgt (Auszüge):
- „Der Jugendliche steht eindeutig unter einem Aufgabenbewusstsein"
- „Verschiedene Alternativen können abgewogen werden, Realisierung planend und konsequent"

- „Zeichnung als Sinnganzes, Aussage ist enthalten, die auf Kommunikationscharakter hinweist“
- „Subjektive Selbstsicherheit, Gestaltung kann sich radikal vom Üblichen abheben (Kreativität, auch Verzicht auf realistisches Abbild, Abstraktionen)“
- „Ganzheitliche Planung, Strukturiertheit des Ganzen, Überblick über das Ganze, Beziehungen der Figuren untereinander mit Relation und Inklusion, Funktionsgerechtheit, gute Lösungen, Entsprechung von Inhalt und Form ist aus den Alternativen gefunden“
- „Sicherheit in der Komposition und im Stil“

John-Winde fasst die Besonderheiten der geplanten Gestaltungen des Jugendalters wie folgt in dem Satz zusammen: *„Ich drücke meine Ideen präsentativ aus.“* (John-Winde, 1981, S. 90).

Bei der plastischen Gestaltung oder der Gestaltung von Malereien und Zeichnungen der Vorpubertät und Pubertät spielen oft weniger die formal-logischen Denkansätze als die emotional-sozialen Bedürfnisse der Jugendlichen die tragende Rolle. Sie möchten sich selbst, ihre Gefühle, und ihre eigene Situation zum Ausdruck bringen. In Pubertätskrisen sind oft die affektiven Bedürfnisse und Probleme des Jugendlichen auch in den Zeichnungen sehr ausgeprägt. Im Zusammenhang mit schwankenden affektiven Grundstimmungen fallen vorübergehende Verunsicherungen in der Auge-Hand-Koordination und eine Reduzierung des Formniveaus auf. Es zeigen sich in dieser Zeit oft Stillstände, Rückfälle oder Sprünge in der Zeichenentwicklung. Häufig haben die Jugendlichen bereits die Motivation zum plastischen Gestalten, Malen oder Zeichnen verloren und wenden sich anderen Interessen zu. Mangelnde Anregungen von Seiten des Elternhauses oder des Kunstunterrichts machen sich hier negativ bemerkbar. Künstlerische Begabungen allerdings entfalten sich jetzt im Jugendalter mit besonderer Deutlichkeit, häufig auch ohne spezielle pädagogische Anregungen. Die Jugendlichen stehen ihren eigenen Fähigkeiten zum bildnerischen Gestalten der Realität oft sehr kritisch gegenüber und können durch solche Selbstkritik und das Bemühen um zunächst möglichst realitätsgetreue und perspektivisch genaue Abbildungen in ihrer Zeichenentwicklung gehemmt werden. Sie möchten zum Wertesystem der Erwachsenen kritisch Stellung beziehen, möchten sich in ihre „Peergruppe“ einreihen und Gestaltungen produzieren, die in dieser Gruppe der Gleichaltrigen akzeptiert und anerkannt sind. Die unter diesen Bedingungen entstehenden Produktionen reflektieren die Besonderheiten der jeweiligen Jugendkultur und tragen kulturabhängige Merkmale. Sie setzen sich zunehmend mit Werken der Modernen Kunst auseinander und kopieren diese möglichst genau nach Bildvorlagen. Ab ca. 14;0 Jahren beginnen Jugendliche, Stilmittel der Expressionistischen oder Abstrakten Kunst in ihre eigenen Vorstellungen zu integrieren und entfernen sich oft von der gegenständlichen Darstellung. In diesem Alter malt jeder Jugendliche gerne *seinen eigenen Picasso* (vgl. Kap. 3.7.4.9, Abb. 118). Besonders beliebt sind zunehmend selbstständig vorgenommene Verfremdungen, indem Stilmittel von Künstlern nach eigenem Gutdünken umgeformt und verbal umformuliert werden.

Überblick von weiteren Merkmalen der Zeichenentwicklung, Stufe 4:

- Die Gestaltungsmöglichkeiten des Jugendalters sind unterschiedlich und abhängig von Persönlichkeitsmerkmalen; die Charakterisierung des jugendlichen Zeichenstils ist nur individuell beschreibend möglich: Verschiedene Ebenen der Entwicklung sollten gleichberechtigt beobachtet und angesprochen werden
- Zu Beginn des Jugendalters versuchen die Jugendlichen, die Wahrnehmungen der Realität möglichst form- und detailgenau in ihren Zeichnungen umzusetzen („Quasi-Realismus", Richter, 1987); im späten Jugendalter oft Verlassen des Realismus, Abstraktionen und eigenständige Umgestaltungen
- Details werden entsprechend der Realität zunehmend differenziert gezeichnet und in die Binnenstruktur von Gestalten eingeordnet
- Konturen umschließen Objekte und Figuren mit ihren Details, planende Überschneidung von Umrisslinien, Weglassen von verborgenen Linien
- Größen- und Farbdarstellung sind zu Beginn des Jugendalters an der Realität orientiert, im späten Jugendalter folgen Abstraktionen und eigenständige Umgestaltungen
- Bewegungsgestaltungen gelingen jetzt mit Überschneidungen und Verkürzungen, auch aus perspektivischer Sicht
- Perspektivische Zeichnungen (ab ca. 14;0 Jahren); alle Linien und Motive werden jetzt unter einen Gesamtbetrachtungswinkel geordnet (Zentralperspektive, Linearperspektive, Frontalperspektive, Farbenperspektive); kunstpädagogische Anleitungen sind meist erforderlich.

> Frostig und Maslow, 1978, S. 84:
> „In dieser Phase (Phase 5 nach Erikson) erreicht der junge Mensch ein Gefühl der Identität und überwindet Identitäts- oder Rollenunsicherheit.(...) Die Zeit der Präpubertät und Pubertät fällt zusammen mit der Periode der formalen Operationen nach Piaget. In diesen Jahren beschäftigt sich das Kind mit der Suche nach seinem Selbst in seiner Einzigartigkeit und nach seiner besonderen Beziehung zur Umwelt. Es probiert verschiedene Rollen, um eine Entscheidung über seine gegenwärtige und zukünftige Rolle zu treffen. In

einem Vortrag vor Eltern von Kindern der Mittelstufe äußerte ein Pädagoge, dass Jugendliche im Alter zwischen dreizehn und fünfzehn Jahren präzise und sicher wissen, was sie als Erwachsene sein und tun wollen. Aber das gelte immer nur für den Augenblick, sie ändern ihre Meinung leicht, alle Stunden, Tage oder Wochen haben sie ganz entschiedene andere Ansichten. Kürzer und treffender lässt sich der Zustand des Jugendlichen vor der Adoleszenz nicht beschreiben."

3.7.4.1 Gesamteindruck (Stufe 4)

Erster subjektiver Eindruck (4):
Festgehalten wird der erste subjektive Eindruck zur *Zeichenentwicklung* des Jugendlichen ab ca.12;0 Jahren. Alle ersten Beobachtungen zur Zeichenentwicklung werden notiert (Wirkt die Zeichnung altersentsprechend, dem Lebensalter vorauseilend oder rückständig? Welche Entwicklungsmerkmale fallen beim ersten Betrachten der Zeichnung auf?).

Bildnerischer Ausdruck (4):
Die Ausdrucksqualitäten des Jugendbildes sind vielfältig. Es gibt Jugendliche, die mit ihren voll entfalteten Möglichkeiten der Graphomotorik, Form-, Größen-, Farb-, Bewegungs- und Raumdarstellung zu ausdrucksstarken zeichnerischen Gestaltungen finden. Graphische und sprachliche Symbolik werden in den Zeichnungen kombiniert und führen zu überzeugenden und oft originellen Bildern (vgl. Kap. 3.8, Abb. 115, 135, 136, 137, 138). Es gibt jedoch auch Jugendliche, die eine negative Einstellung zur Bildenden Kunst aufgebaut haben, das Zeichnen ablehnen und entsprechend ausdrucksschwache Zeichnungen ohne erkennbare Anteile eigener innerer Bilder oder selbstschöpferischer Aktivitäten gestalten.

Sprachlicher Ausdruck (4):
Wortgewandtheit, sprachlicher Einfallsreichtum, sprachliche Phantasie und bildliche Phantasie können im kreativen bildnerischen und sprachlichen Ausdruck verbunden und an der Realität orientiert werden oder sind geplant unrealistisch, illusionistisch. Intellektuell und zeichnerisch sehr begabte und hochbegabte Jugendliche fallen oft durch Witz, Humor und Originalität in der Verbindung von Bildsymbolik und Sprachsymbolik auf (vgl. Kap. 3.8, Abb. 135, 138).

Stil (4):
Beim Jugendlichen sind unterschiedliche Denkstile zu beobachten (Tücke: „personenzentrierter, intuitiver Denkstil und naturwissenschaftlicher Denkstil"). Ent-

sprechend lässt sich das Jugendalter weder durch einen übergeordneten Denkstil noch Zeichenstil charakterisieren. Es wird sowohl nach eigenen Vorstellungen (inneren Bildern) als auch nach Vorbildern gemalt, die in der Peergruppe (Gruppe der Gleichaltrigen) anerkannt sind. Bildvorlagen von Kunstwerken unterschiedlicher Stilrichtungen oder aus den Medien werden gerne kopiert, gemäß der Vorlage übernommen (kopiert) oder nach eigenen Vorstellungen umgestaltet (verfremdet). Gefühlsbetonte Zeichnungen nach eigenen Vorstellungen und Phantasien kennzeichnen den Stil des Jugendbildes ebenso wie realitätsbezogene Sachzeichnungen, multimediale Gestaltungen und Designs. Über diese grundsätzlichen Unterschiede hinaus können bei Zeichnungen Jugendlicher auch individuelle bildnerische Stilmerkmale und individuelle Inhaltsbevorzugungen beobachtet werden.

Ausführung und Organisation (4):
Der Jugendliche hat die Voraussetzungen zu planvoller Organisation und Ausführung erreicht. In der Vorpubertät und Pubertät sind allerdings häufig aufgrund affektiver Schwankungen auch Störtendenzen des Arbeitsverhaltens und der Organisation festzustellen.

3.7.4.2 Motive, Symbole, Zeichen (Stufe 4)

Auf Stufe 4 zeigt sich in den Zeichnungen eine Vielfalt von Motiven. Im Folgenden werden einige Schwerpunkte dargestellt:

- Neue politisch-soziale Motive (z. B. Umweltzerstörung)
- Auseinandersetzung mit modernen Vorbildern der Erwachsenenkunst; Kopien nach Vorlagen oder eigenständige Umgestaltungen (vgl. Kap. 3.8, Abb. 138; vgl. außerdem Zeichnungen von Jugendlichen unter: www.christa-seidel.de/html/kurswerkstatt.html – Bilder von Jugendlichen – Bilder von Eva -
- Auseinandersetzung mit visuellen Medien (Werbung, Unterhaltung, Presse, Film/Fernsehen und Internet)
- Weltraumphantasien, illusionistischer Raum, surreale Raumwelten
- Karikierende Übertreibungen, Ironisierungen
- Verfremdungen von perspektivischen Darstellungen durch ungewöhnliche tiefenräumliche Ein- und Ausblicke
- Auseinandersetzung mit der Dimension der Zeit in der Zeichnung
- Realitätsnahe Bildkonzepte mit Verbindung von Bild- und Sprachsymbolik gelingen
- Sozialkritische Motive verstärkt ab ca. 14;0 Jahren: z. B. die heile und die zerstörte Welt, Krieg und Frieden, Tierschutz, Hunger in der Dritten Welt, Darstellungen von Vergangenheit, Gegenwart und Zukunft

- Angst vor der Schule, aggressive Phantasien auf Schulgebäude, Freizeitgestaltung außerhalb der Wohnung
- Collagen, multimediale Gestaltungen, eigene Gestaltung von Filmen, Computersimulation, 3-D Animationen
- Gebundenes Sachzeichnen, Design, konstruktive Darstellungen von Objekten, Umgestaltung von vorgegebener Architektur
- Experimentieren mit Farben und Formen, Oberflächenbeschaffenheit von Objekten (Textur), Darstellung der Stofflichkeit der Objekte (Weichheit der Haut, Härte von Metall), Hell-Dunkel-Studien, Licht und Schatten, Körperschnitte, Zentralperspektive (z. B. Horizont, Grundriss, Aufriss, Seitenriss) und Darstellung anderer perspektivischer Standpunkte

3.7.4.3 Graphomotorik Stufe 4 (Strichführung, Strichcharakter, Flächenbehandlung)

Strichführung (4):

Die Strichführung erfolgt als rhythmischer Pendelstrich oder Einzelstrich. Sie ist sicher beim Ausmalen von Formen und/oder Zeichnen von Linien. Beim Einsetzen der Vorpubertät und Pubertät können affektive Schwankungen zu Störungen des Zeichenrhythmus, der Strichführung und zu ungeplanten Überschneidungen und Nichtschließen von Linienenden und Körperkonturen führen.

Strichcharakter (4):

Der Strichcharakter zeigt sich je nach individueller Voraussetzung unterschiedlich (druckstark/druckschwach), zarter Strich (druckschwach und schmal), toniger Strich (druckschwach und breit), scharfer Strich (druckstark und schmal) und fester Strich (druckstark und breit). Zur Interpretation von Strichstörungen als Entwicklungsmerkmal bzw. als Emotionale Zeichen (Kap. (vgl. Kap. 3.6.3; 4.2.3; 5.2.2.4 und 5.2.2.5).

Flächenbehandlung:

Jugendliche sind in der Lage, differenzierte Flächengestaltungen zu zeichnen. Es zeigen sich Schattierungen, Schraffierungen, Konturierungen, Dunkelungen, Rauungen (Erklärungen zu den Definitionen der Flächenbehandlungen und ihrer Interpretation vgl. Kap. 3.6.3).

3.7.4.4 Formdarstellung (Stufe 4)

Realitätsorientierte Bildkonzepte mit differenzierten Formen und Formdetails sind jetzt möglich. Die Details sind nicht mehr additiv angefügt, sondern wachsen nun

organisch aus dem Inneren der Figur; die Gliedmaßen des Menschen sind organisch miteinander verbunden, die Finger wachsen aus den Handflächen, der Hals geht in den Brustkorb über. Bei der Baumdarstellung wird der Lötstamm aufgegeben, bei dem der Stamm durch eine Trennungslinie von der Krone getrennt ist. Es wird nun der „Fingeransatz“ beobachtet, ab ca. 10;0-12;0 Jahren (die Äste wachsen wie flächige Finger aus dem Stamm) und ab ca. 12;0 Jahren der „organische Ansatz“ (die Äste wachsen über einen Mittenast organisch aus der Ursprungsmitte des Stammes; aus Hauptästen wachsen organisch Nebenäste, Zweige, Blätter, Blüten und Früchte. Die Krone öffnet sich bei vielen Jugendlichen nach außen und wird nicht mehr von der „Kronenhaut“ umgeben).
Alle Winkelformen werden verwendet, das R-Prinzip ist nicht mehr dominant. Überschneidungen von Formen mit Auslassungen verdeckter Linien bei Überlappungen werden eingesetzt, um Tiefenwirkungen zu erzielen. In perspektivischer Ansicht werden Formen mit ihren Schattenwirkungen gezeichnet. Der Jugendliche hat nun genügend Sicherheit in der Verwendung seiner Schemata aufgebaut, sodass auch ein spielerisches Ausprobieren und Experimentieren mit ihnen möglich ist. Formen werden unter diesen Voraussetzungen zuweilen absichtlich verzerrt dargestellt, auseinander geschnitten und wieder mit veränderten Gestaltungsabsichten zusammengefügt. Der Jugendliche zeichnet Motive mit zahlreichen, genau beobachteten Details und beschreibt sie sprachlich differenziert.

3.7.4.5 Größendarstellung (Stufe 4)

Die Realität dient als Vorbild zur Gestaltung von Größen und Größenrelationen (Proportionen). Abschätzen vertrauter Größen und Einschätzen ihrer Entfernungen sind jetzt möglich. Im Jugendalter nähert sich z. B. die Größenrelation Kopf zu Körper dem Verhältnis 1:8 an. Es werden jedoch auch Verzerrungen von Größenrelationen der einzelnen Motive im Gesamtraum vorgenommen, die entsprechend bewusster Planung nicht an der Realität orientiert sind.

3.7.4.6 Farbdarstellung (Stufe 4)

Der Jugendliche zeichnet seine Motive in realitätsorientierten Farbmischungen und verwendet sowohl die „Gegenstandsfarbe“, ab ca. 9;0-12;0 Jahren, als auch die „Erscheinungsfarbe“, ab ca. 12;0-14;0 Jahren. Mit dieser wird die Farbigkeit eingesetzt, um Tiefenwirkungen zu erzielen (Farbperspektive). Differenzierte, nuancierte Farbigkeit, viele Farbklänge, Mischfarben, Hell-Dunkel-Abstufungen, Licht- und Schattenwirkungen sind bei der Erscheinungsfarbe zu beobachten. In Anlehnung an Farbgestaltungen expressionistischer Künstler werden jedoch auch Farben eingesetzt, die einer inneren Befindlichkeit, nicht aber der Realität entsprechen (z. B.

blaue Pferde, rote Wiesen, Gebrauch von Komplementärfarben, die nicht an der Realität orientiert sind etc.). Ab der Pubertät finden sich in Zeichnungen oft Stimmungsbilder mit ausdrucksvoller Farbgestaltung. Es gibt aber auch Jugendliche, die ab dieser Zeit eine Tendenz zur reduzierten Farbigkeit zeigen, sich auf unbunte Farben konzentrieren und gerne mit Bleistiften, Graphitstiften, Kohle, Rötelstiften, Federn oder unterschiedlichen Drucktechniken experimentieren.

3.7.4.7 Bewegungsdarstellung (Stufe 4)

Ab dem Jugendalter können alle Bewegungshaltungen in unterschiedlichen Ansichten (Vorderansicht, Seitenansicht, Profil, Rückenansicht, Draufsicht, Kombination mehrerer Sichten) und von unterschiedlichen Blickwinkeln aus betrachtet dargestellt werden (ab ca. 14;0 Jahren). Dabei werden auch Überschneidungen, Weglassen von verborgenen Linien und perspektivisch gesehene Verkürzungen von Körpergliedern beobachtet. Bewegung kann jedoch nicht nur durch *Bewegungslinien* und durch *bewegt gezeichnete Figuren oder Objekte* dargestellt werden, sondern auf Stufe 4 der Zeichenentwicklung auch mit Hilfe von *Bewegungsausdrücken*, die aus *dem gezielten Einsatz und rhythmischen Gegeneinander von Formen und Farben* entstehen.

Gezielter Einsatz und rhythmisches Gegeneinander von Formen und Farben (4):
Es entstehen Eindrücke von Bewegung und Stillstand, wenn die in ihrer Wirkung aktivste Farbe des leuchtenden Zinnoberrot im scharfen Kontrast zu der „klanglosesten" Farbe Schwarz eingesetzt wird. Auch „Formprogressionen" erzeugen den Eindruck von Bewegung; dabei wird eine Form in fortlaufender Folge immer größer oder immer kleiner dargestellt, oder die Farbe einer Form wird von dunkel nach hell in abgestufter Folge verändert und lässt den Eindruck einer Bewegung des Wachsens entstehen. Ebenso kann der *rhythmische Wechsel einzelner Farblagen in Stufen* den Eindruck von Bewegung auslösen. So entstehen auch Eindrücke von Farbbewegungen durch das bewusste Nebeneinandersetzen von komplementären Farbpaaren (z. B. Rot zu Grün, Orange zu Blau, Gelb zu Violett) sowie durch Farbgebungen, die der Kreisbewegung der Spektralfarben folgen (von Rot zu Orange, Gelb, Grün, Blau, Violett).

Paul Klee hat solche Bewegungseindrücke in seinen Bildern in überzeugender und ausdrucksstarker Weise vermittelt. Farbe wird bei diesem Künstler zur Bewegung, wird zur Musik. In seinen „Farbsymphonien" erlebt der Betrachter durch das Zusammenwirken seiner Form- und Farbgestaltungen den Eindruck quasi „polyphoner" Bewegungen und Gegenbewegungen, wie wir sie aus der Musik Johann Sebastian Bachs kennen.

3.7.4.8 Raum- und Zeitdarstellung, Komposition (Stufe 4)

Merkmale der formalen Raumstruktur des Gesamtraumes (Tiefenraumes) und einzelner Objekte:

Der Gesamtraum, die vertikale und horizontale Anordnung seiner Objekte wird auf Stufe 4 entsprechend eines Gesamtplanes koordiniert (komponiert). Erst ab Mitte der Stufe 4 (ab ca. 14;0 Jahren) beginnt der/die Jugendliche jedoch, alle Motive der Zeichnung unter einem gemeinsamen Betrachtungswinkel darzustellen und perspektivisch zu zeichnen. Die perspektivische Raumdarstellung (bei der es keinen rechten Winkel mehr gibt) wird meist unter Anleitung im Kunstunterricht erlernt. Jedoch nur wenige Jugendliche oder Erwachsene haben Zugang zu diesen Ausdrucksformen, die sich als spezielle Fähigkeiten auf der Grundlage formaler Operationen des Denkens entfalten.

Die perspektivische Zeichnung (Gesamtraum und räumliche Darstellung einzelner Motive) wird vorbereitet durch Tiefenkriterien:

Überlappungen, Schatten, Größen und Entfernungen können als Erfahrungswissen abgeschätzt werden, Bilder zeigen relative Helligkeiten; Schärfe und Unschärfe werden dem räumlichen Abstand entsprechend gezeichnet (aus der Nähe: scharf, klar konturiert; weiter entfernt: unscharf). Bei der räumlichen Darstellung einzelner Objekte werden Flächen mit Texturen gestaltet (z. B. Darstellung von Treppen), relative Höhen der Gegenstände zueinander und in Beziehung zum Horizont werden beachtet.

Nur wenige Jugendliche erlernen die Grundlagen der perspektivischen Zeichnung von Gesamträumen und Objekten; Motive aus Design und Architektur finden großes Interesse bei Jugendlichen, die zu formalen Operationen des Denkens fähig sind.

> Uli Schuster (www.kusem.de/texneu/3d/3d.htm) definiert die verschiedenen Formen der perspektivischen Zeichnung wie folgt:
>
> „Zentralperspektive: eine Zentralprojektion, wie sie als mathematisch-wissenschaftliche Perspektive in der Renaissance entdeckt wurde „perspektivus = durchblickend. Sie enthält mehrere Fluchtpunkte, unendlich viele sind möglich. Sie ist nicht gleichzusetzen mit der Frontalperspektive.“
>
> „Linearperspektive: Illusionierung eines Raumes auf der Bildfläche durch den Einsatz linearer Mittel (meist durch die Umrisslinien der dargestellten Objekte).“
>
> „Frontalperspektive: Zentralperspektivische Darstellung (Konstruktion) rechtwinkliger Objekte, von denen jeweils eine Seite parallel zur Bildebene (bzw.) frontal zum Betrachter liegt (nicht gleichzusetzen mit Zentralperspektive).“
>
> „Farbenperspektive: Luftperspektive: Farbverfälschung (Verblauen) und zunehmende Unschärfe.“
>
> Martin Schuster, 2000, S. 65, benennt nach Dubery und Willats, 1983, verschiedene Stufen der perspektivischen Geschicklichkeit, die allerdings nicht zwingend in dieser Reihenfolge auftreten müssen.

- „Keine Projektion: z. B. Klappbilder oder Projektion nur einer Kante des Gegenstandes“
- „Orthographische Projektion: Jedes Teil des Objekts wird von seiner Frontseite gesehen“
- „Oblique Projektion: Es gibt keine Verkürzung“
- „Naive Perspektive: Es gibt keinen zentralen Fluchtpunkt, auf dem die Linien zusammenlaufen, aber der Versuch der Verkürzung ist vorhanden“
- „Lineare Perspektive“

Martin Schuster, 2000, S. 66-67:
„Erst im Jugendalter wird als Mittel der Tiefendarstellung eine Verringerung der Größe entfernterer Gegenstände verwendet bzw. ein Konvergieren der Fluchtlinien (Verkürzung s.o.). Diese Form perspektivischer Darstellung wird aber kaum „entdeckt“, sondern z. B. in der Schule gelernt (Phillips et al., 1985).
Aber auch Erwachsene erreichen in der Perspektive keinen vollständigen Realismus. Die Frontseite eines Würfels wird auch bei einer perspektivischen Darstellung als Quadrat gezeichnet, obwohl sie nur aus einem einzigen Blickwinkel, der dann eben keine Tiefeninformation bietet, tatsächlich als Quadrat erscheinen würde. Wenn Erwachsene nur zwei Seiten eines Würfels sehen können, so zeichnen dennoch 12 % einen Würfel mit drei sichtbaren Seiten (Cox, 1986), sie machen also im Prinzip denselben Fehler wie Kinder: Das gesehene Objekt ruft eine Malvorschrift auf, die dann mit der visuellen Szene inkompatibel ist. Sie malen dann auch eher das, was sie wissen, und nicht das, was sie sehen!“

Situationsdarstellung (4)
Der Jugendliche verteilt seine Motive planvoll über das Zeichenblatt. Er gestaltet Situations- und Sinnzusammenhänge, die die inneren und äußeren Beziehungen der Objekte untereinander ausdrücken. Es werden Szenen dargestellt, die besondere Inhalte verdeutlichen. Die handelnden Personen treten in Beziehung zueinander (vgl. Kap. 3.7.4.9, Abb. 115: „Auftritt einer Band“; die Person in der Mitte des Bildes tanzt, die anderen begleiten den Tanz mit einer musikalischen Darbietung).

Zeitdarstellung (4):
Auf Stufe 4 der Zeichenentwicklung beschäftigt sich der Jugendliche nicht nur mit Gegenwärtigem, sondern versucht auch Fernliegendes, Künftiges in seinen Bildern auszudrücken. Die Dimension der Zeit wird dabei in Bildern wichtig und auch in Zeitsymbolen (z. B. durch eine Uhr) oder in Allegorien (z. B. Darstellen des Jahreszeitenwechsels oder Bild eines Knochenmannes als Allegorie für die Flüchtigkeit und Vergänglichkeit des Lebens) ausgedrückt.

Picasso malte Gesichter, bei denen er gleichzeitig die Ansicht von vorne und von der Seite präsentierte. Dadurch entsteht beim Betrachten der Eindruck einer Drehung des Gesichts. Räumliche und zeitliche Dimension werden bei diesen Gestaltungen zu einer Einheit verbunden.

3.7.4.9 Beispiele von Zeichnungen altersgemäß entwickelter Jugendlicher der Stufe 4

Abb. 115:

G., M., Mädchen, LA: 13;0 Jahre, Benennung: „Eine Rockgruppe in Aktion", Filz- und Buntstifte, 29,6 x 41,9 cm, ***Zeichenentwicklung: altersgemäß mit Hinweisen auf gute visuelle Beobachtungsfähigkeit und gute kognitive Fähigkeiten (Anfang Stufe 4)****, realitätsorientierte Form-, Größen-, Farb- und Bewegungsdarstellung; farblich ist das Bild sehr ausdrucksfreudig und differenziert gestaltet (sehr kunstvoll sind z. B. die Blumenmuster auf der Hose des in der Mitte tanzenden Mädchens und sein Schal); ausdrucksvolle unterschiedliche Bewegungshaltungen stellen eine Tanz- und Musikszene dar; die formale Raumstruktur zeigt Ausgewogenheit der Motive im vertikalen und horizontalen Bildraum mit Betonung der Bildmitte – die Motive sind gut komponiert; ausdrucksvolle Versuche der perspektivischen Gestaltung (Blöcke unten), während in der Situationsdarstellung Handlungs- und Sinnzusammenhänge zur Darstellung kommen;* ***Gesamtentwicklung:*** *altersgemäß, Hinweise auf Begabungsschwerpunkte im Bereich der bildnerischen Gestaltung; keine Hinweise auf Entwicklungs- und/oder Verhaltensstörungen.*

Abb. 116:
G., M., Mädchen, LA: 13;7 Jahre, Benennung: „Schlösser", Bleistift, 42 x 29,8 cm, ***Zeichenentwicklung: altersgemäß mit Hinweisen auf gute kognitive Fähigkeiten vor allem im formal-logischen Bereich (Mitte Stufe 4)****, Experimentieren mit perspektivischen Ansichten von Bauten;* ***Gesamtentwicklung:*** *altersgemäß, keine Hinweise auf Entwicklungs- und/oder Verhaltensstörungen.*

Abb. 117:
S., C., Mädchen, LA: 14;0 Jahre, Benennung: „Muster", Federzeichnung mit schwarzer Tinte, 29,6 x 21 cm, ***Zeichenentwicklung: altersgemäß mit Hinweisen auf gute kognitive und kreative Fähigkeiten (Mitte Stufe 4)****; im Unterschied zu Abb. 116 zeigt sich hier eher ein intuitiver und nicht ein formal-logischer Denkansatz, es handelt sich um ein kreatives Spiel mit Formen und Mustern;* ***Gesamtentwicklung:*** *altersgemäß, Begabungsschwerpunkte im bildnerisch-künstlerischen Bereich (graphisches Gestalten) deuten sich an; keine Hinweise auf Entwicklungs- und/oder Verhaltensstörungen.*

<u>Abb. 118:</u>
G., M., Mädchen, LA: 14;0 Jahre, Benennung: „Fasching", Acryl- und Temperafarben, 41,9 x 29,6 cm, ***Zeichenentwicklung: altersgemäß mit Hinweisen auf sehr gute Potenziale des bildnerischen Gestaltens (Mitte Stufe 4)****, „quasi-künstlerische Gestaltung" des Jugendalters in Anlehnung an Vorbilder der Expressionistischen Kunst (z. B. an Bilder von Picasso);* ***Gesamtentwicklung:*** *altersgemäß, Begabungsschwerpunkte im bildnerisch-künstlerischen Bereich deuten sich an, keine Hinweise auf Entwicklungs- und/oder Verhaltensstörungen.*

<u>Abb. 119:</u>
G., M., Mädchen, LA: 14;0 Jahre, Benennung: „Meine Heimat", Temperafarben, 42 x 29,5 cm, ***Zeichenentwicklung: altersgemäß mit Hinweisen auf gute Fähigkeiten des bildnerischen Gestaltens (Anfang bis Mitte Stufe 4)****, lebendige Form- und Farbdarstellungen, erste Ansätze zur perspektivischen Gestaltung einiger Hausdächer, Bildkomposition insgesamt sehr ausgewogen, Überlappungen von Häusern vermitteln ersten Eindruck der Tiefengestaltung;* ***Gesamtentwicklung:*** *altersgemäß, keine Hinweise auf Entwicklungs- und/oder Verhaltensstörungen.*

3.8 *Zeichnungen von Kindern mit überdurchschnittlicher und weit überdurchschnittlicher Intelligenz (Hochbegabung; Stufen 2, 3, 4)*

Abb. 120: *M., M., Junge, LA: 2;9 Jahre, Benennung: fehlt, Filzstifte, 19,8 x 28,6 cm,* ***Zeichenentwicklung: Die Merkmale der Zeichnung eilen den „erwarteten Entwicklungsmerkmalen" des Lebensalters weit voraus (Mitte Stufe 2)****, überdurchschnittlich gute Formdarstellung des Tieres, das bereits 4 Beine und 2 Ohren und die Gesichtsteile Auge, Nase, Mund aufweist; besonders frühe Darstellung des Wortes „Figaro", das er schon schreiben und lesen kann; er lebt im Spanisch sprechenden Kulturkreis und hat sich zu diesem Zeitpunkt bereits das Lesen selber beigebracht; diese Zeichnung enthält erste Hinweise auf eine vorliegende Hochbegabung, die später testpsychologisch bestätigt wurde;* ***Gesamtentwicklung:*** *altersgemäß, im Bereich der kognitiven Entwicklung weit überdurchschnittlich, keine Hinweise auf Entwicklungs- und/oder Verhaltensstörungen.*

- **Erläuternde Hinweise zu den Abb. 121-128:**

Der 6;4jährige Junge war mir wegen der ungewöhnlich raschen Fortschritte seiner Zeichenentwicklung am Ende seiner Kindergartenzeit aufgefallen. Die Eltern berichteten, dass er mit großer Freude mit Stiften auf Papier oder großflächig mit Kreide auf der Straße male, am liebsten Dinosaurier (vgl. Abb. 128). Er interessiere sich sehr für das Leben dieser Tiere, studiere ausdauernd ihr Aussehen und ihre Lebensgewohnheiten in Büchern oder im Museum. Ihr Sohn sei ein sehr sensibles Kind, insgesamt sehr wiss- und lernbegierig, und merke sich Erklärungen und Zusammenhänge von Sachverhalten auffallend schnell. Gerne spiele er mit dem Vater Schach und zeige dabei ein über sein Alter hinausreichendes logisches Verständnis und die Fähigkeit, spielstrategisch zu planen.

Den Eltern wurde von mir geraten, noch vor der Einschulung das möglicherweise

Vorliegen einer sehr hohen Intelligenz oder Hochbegabung testpsychologisch ermitteln zu lassen. Ich erklärte ihnen, wie wichtig es für die Gesamtentwicklung ihres Kindes sei, seine möglicherweise vorliegende überdurchschnittliche Begabung rechtzeitig zu erkennen und diese Erkenntnisse für die weitere Erziehung, Gesamtförderung der emotional-sozialen, kognitiven, kreativen Entwicklung und Planung der Schullaufbahn nutzbar zu machen.
Zur Überprüfung einer Hochbegabung wurde der Junge im Lebensalter von 6;10 Jahren von einer Kollegin mit dem Adaptiven Intelligenz Diagnostikum AID-2 getestet. In diesem differenzierten Verfahren zu unterschiedlichen Intelligenzaspekten zeigte er entsprechend ihres Fachgutachtens weit überdurchschnittliche Fähigkeiten. „Während der Junge zu Beginn des Tests in allen Untertests relativ gleichmäßige Leistungen im oberen Durchschnittsbereich erbrachte, steigerte er sich in der 2. Hälfte bis zum drittletzten Untertest deutlich. Dabei lag sein höchster Wert mit T=75 im Untertest „Funktionen abstrahieren", dieser Untertest wird häufig als Indikator für eine allgemeine Grundbegabung, unabhängig von Förderung durch die Umwelt betrachtet. Danach würde man annehmen, dass der Junge eine sehr gute Begabungsausstattung hat, die durch die Umwelt durchaus noch stärker gefördert werden könnte. Es könnte aber auch sein, dass die in der ersten Hälfte noch gut durchschnittlichen Ergebnisse darauf hinweisen, dass er da noch nicht genug an die Situation gewöhnt war, sodass deren Ergebnisse seine Fähigkeiten zu gering abbilden und er eigentlich völlig ausreichend gefördert ist. Ebenfalls sehr hohe Werte erreichte der Junge in dem Untertest „Antizipieren und kombinieren" (T=70, entspricht „Figuren legen" im HAWIK) und „Assoziationen", ein Untertest, der das spontane visuelle Gedächtnis misst (T=66). Diese beiden Ergebnisse weisen auf eine hohe visuelle Fähigkeit hin, das würde zu der beobachteten hohen Fähigkeit im Malen und Zeichnen passen. Die Testautoren haben auch eine Formel geliefert, mit der man einen Gesamt-IQ nach früherem Muster ausrechnen könnte, danach ergibt sich eine deutlich überdurchschnittliche Begabung (121). Eine Hochbegabung konnte mit diesem einen Test nicht nachgewiesen werden. In Anbetracht der obigen Ausführungen scheint sie aber doch wahrscheinlich vorzuliegen, zumindest im Bereich der visuellen Gestaltung, möglicherweise aber auch insgesamt."

Die folgenden Zeichnungen (Abb. 121-128) wurden mir von den Eltern des Jungen zur Verfügung gestellt und zeigen in der Langzeit-Beobachtung den Verlauf seiner überdurchschnittlich raschen und differenzierten Zeichenentwicklung (Lebensalter: 3;10-6;4 Jahre).

Abb. 121:
P., R., Junge, LA: 3;10 Jahre, Benennung: „Trecker", Filzstift, 21 x 29,7 cm, ***Zeichenentwicklung: gut durchschnittlich****, die Merkmale der Zeichnung eilen den „erwarteten Entwicklungsmerkmalen" des Lebensalters leicht voraus* ***(Mitte Stufe 2)****, früher erster Ansatz der Bewegungsdarstellung (situative Zuordnung); der Junge möchte darstellen, dass die Figur Traktor fährt und im Innenraum der Fahrerkabine sitzt;* ***Gesamtentwicklung:*** *altersgemäß, keine Hinweise auf Entwicklungs- und/oder Verhaltensstörungen.*

Abb. 122:
P., R., Junge, LA: 4;0 Jahre, Benennung: „Mama, Papa und ich", Filzstifte, 21 x 29,7 cm, ***Zeichenentwicklung: gut durchschnittlich****, die Merkmale der Zeichnung eilen den „erwarteten Entwicklungsmerkmalen" des Lebensalters leicht voraus* ***(Mitte Stufe 2)****;* ***Gesamtentwicklung:*** *altersgemäß, keine Hinweise auf Entwicklungs- und/oder Verhaltensstörungen.*

Abb. 123:
P., R., Junge, LA: 4;11 Jahre, Benennung: fehlt, Filzstifte, 21 x 29,7 cm, ***Zeichenentwicklung: Die Merkmale der Zeichnung eilen den „erwarteten Entwicklungsmerkmalen" des Lebensalters nun auffallend um ca. 12 Monate voraus (Ende Stufe 2, Übergang zur Stufe 3)****; im Hinblick auf die Formdarstel-*

lung zeigen die Bäume, vor allem der mittlere Baum links, schon sehr frühe Ansätze von erstem organischen Wachstum; auffallend frühe Bewegungsdarstellung mit Profilwendung (spielende Kinder unten) und unterschiedlichen Bewegungshaltungen; ebenfalls sehr frühe Ansätze der Raumdarstellung, der gelungenen Gesamtkonzeption und Komposition des Bildes; der Junge stellt hier einen Handlungszusammenhang und seine Erlebnisse auf dem Spielplatz dar; die formale Raumstruktur zeigt ein erstes Klappbild (Klettergerüst, das im rechten Winkel zur roten Grundlinie orientiert ist und aus der Sicht von vorne dargestellt wird); ***Gesamtentwicklung:*** *altersgemäß, erste Hinweise auf überdurchschnittlich gute kognitive Fähigkeiten, keine Hinweise auf Entwicklungs- und/oder Verhaltensstörungen.*

Abb. 124: *P., R., Junge, LA: 5;1 Jahre, Benennung: fehlt, Filzstifte, 18,5 x 19 cm,* ***Zeichenentwicklung: Die Merkmale der Zeichnung eilen den „erwarteten Entwicklungsmerkmalen" des Lebensalters um ca. 2-3 Jahre voraus (Anfang bis Mitte Stufe 3);*** *die differenzierte Form- und Farbdarstellung des Hauses fällt ebenso ins Auge wie seine überdurchschnittlich gute Raumdarstellung; es wird bereits mit ersten Ansätzen der Vorperspektive gezeichnet; auch seine Größendarstellung ist altersuntypisch realitätsorientiert: Das vordere Haus ist groß, das hintere Haus ist kleiner, und die Eisenbahn ist besonders klein gezeichnet;* ***Gesamtentwicklung:*** *altersgemäß, deutliche Hinweise auf überdurchschnittliche kognitive Fähigkeiten, insbesondere der Raumwahrnehmung, keine Hinweise auf Entwicklungs- und/oder Verhaltensstörungen.*

<u>Abb. 125:</u>
P., R., Junge, LA: 5;1 Jahre, Benennung: fehlt, Filzstifte, 21 x 29,5 cm., ***Zeichenentwicklung: Die Merkmale der Zeichnung eilen den „erwarteten Entwicklungsmerkmalen" des Lebensalters um ca. 2-3 Jahre voraus (Anfang bis Mitte Stufe 3)****, Motive, Form-, Größen-, Farb-, Bewegungs- und Raumdarstellung sind überdurchschnittlich weit entwickelt; besonderes früh sind hier die Profilwendung mit Zentralauge (Figur links) und die Profilwendung des Gesichts mit integrierter Nase der Figur im Fenster, bei der durch graphische Zeichen Sprechbewegungen im Sinne einer Situationsdarstellung gezeichnet werden;* ***Gesamtentwicklung:*** *altersgemäß, deutliche Hinweise auf eine überdurchschnittlich gute Intelligenzentwicklung, keine Hinweise auf Entwicklungs- und/oder Verhaltensstörungen.*

Abb. 126:

P., R., Junge, LA: 6;1 Jahre, Benennung: „Wäre ich bloß nicht Boot gefahren – jetzt geht es unter!" Buntstifte, 29,5 x 21 cm, ***Zeichenentwicklung: Die Merkmale der Zeichnung eilen den „erwarteten Entwicklungsmerkmalen" des Lebensalters um ca. 2-3 Jahre voraus (Mitte bis Ende Stufe 3)****; bemerkenswerte Abstraktionsleistung eines 6jährigen Kindes, das durch Verwendung von abstrahierenden Zeichen einen Sinnzusammenhang darstellt: Der nach unten weisende Pfeil soll den drohenden Untergang dieses Bootes veranschaulichen (größerer Pfeil links); in der Sprechblase finden wir eine Kombination von 3 abstrahierenden Zeichen: das verkleinerte Boot, die Durchstreichung des Bootes und den nach unten weisenden verkleinerten Pfeil; mit Hilfe dieses selbst erfundenen „Piktogramms" stellt er die Geschichte mit graphischen Zeichen verständlich dar; die Figur, mit der er sich identifiziert, ist als Strichfigur in realitätsorientierter gebeugter Körperhaltung mit auf das Wasser gerichtetem Blick dargestellt; im Hinblick auf die Formdarstellung ist die Überschneidung des Bootes mit den Wellen im Sinne eines Röntgenbildes als altersgemäß einzuordnen; allerdings sind bereits Auslassungen bei Überdeckungen zu beobachten, die erst* ***Mitte bis Ende der Stufe 3*** *erwartet werden: Die Körperteile der menschlichen Figur sind nur bis zum Bootsrand zu sehen, die im Boot befindlichen Körperteile bleiben verdeckt;* ***Gesamtentwicklung:*** *altersgemäß, Hinweise auf eine weit überdurchschnittliche Intelligenzentwicklung, insbesondere im Bereich der Fähigkeit, Funktionen zu abstrahieren, keine Hinweise auf Entwicklungs- und/oder Verhaltensstörungen.*

<u>Abb. 127:</u>
P., R., Junge, LA: 6;2 Jahre, Benennung: fehlt, Buntstifte, 29,5 x 21 cm, ***Zeichenentwicklung: Die Merkmale der Zeichnung eilen den „erwarteten Entwicklungsmerkmalen" des Lebensalters um ca. 3 Jahre voraus (Mitte bis Ende Stufe 3);*** *alle Bereiche der Entwicklungsmerkmale sind als überdurchschnittlich gut zu beurteilen; ungewöhnlich frühe realitätsorientierte Formdarstellung der Tiere und des „Schnellbootes", sehr differenzierte Farbdarstellungen der Unterwasserlandschaft; die formale Raumstruktur des „Schnellbootes", links oben, zeigt den ungewöhnlich frühen Versuch der perspektivischen Darstellung (Ansätze der Farbperspektive);* ***Gesamtentwicklung: altersgemäß, Hinweise auf eine überdurchschnittliche Intelligenzentwicklung****, keine Hinweise auf Entwicklungs- und/oder Verhaltensstörungen.*

<u>Abb. 128:</u>
P., R., Junge, LA: 6;4 Jahre, Benennung: „Dinosaurier", Filzstifte, 21 x 29,5, ***Zeichenentwicklung: Die Merkmale der Zeichnung eilen den „erwarteten Entwicklungsmerkmalen" des Lebensalters um ca. 3 Jahre voraus (Mitte bis Ende Stufe 3)****, bereits realitätsorientierte, differenzierte Formdarstellung mit Auslassungen bei den Überschneidungen von Beinen und Körper, sehr differenzierte Darstellung des Tiermauls und der Zähne, sehr ausdrucksvolle Farbdarstellung;* ***Gesamtentwicklung:*** *altersgemäß mit Hinweisen auf eine weit überdurchschnittliche Intelligenzentwicklung, keine Hinweise auf Entwicklungs- und/oder Verhaltensstörungen.*

Abb. 129:
C., J., Junge, LA: 5;4 Jahre, Benennung: fehlt, Bleistift, 21 x 29,7 cm, ***Zeichenentwicklung: Erwartet*** *wird bei dem Jungen seinem Lebensalter entsprechend* ***Ende Stufe 2****; die* ***Merkmale der Zeichnung eilen den „erwarteten Entwicklungsmerkmalen" des Lebensalters um ca. 4 Jahre voraus****, sie weisen auf weit überdurchschnittliche kognitive Fähigkeiten, insbesondere auf eine überdurchschnittlich gute visuelle Beobachtungsfähigkeit und Raumwahrnehmung hin* ***(erreicht wird Mitte bis Ende Stufe 3, Übergang zur Stufe 4)****; diese und die folgenden zwei ungewöhnlich weit entwickelten Zeichnungen (Abb. 130, 131) wurden mir von einer Kollegin freundlicherweise zur Verfügung gestellt. Leider fehlen nähere Angaben zur Vorgeschichte des Kindes und zu Gesprächen über die Zeichnungen; in einer Bilderfolge von 7 nummerierten Bildern experimentierte der Junge ungewöhnlich früh mit sich verändernden perspektivischen Ansichten von Objekten; er probierte dabei Licht- und Schattenwirkungen mit Hilfe von Schraffuren aus; erstes Arbeiten mit Fluchtpunkten, frühe Zuordnungsversuche unter einen Betrachtungswinkel;*

von 7 Zahlen sind noch 5 Zahlen gedreht, was allerdings bei einem altersentsprechend entwickelten Kindergartenkind nicht ungewöhnlich ist; im Hinblick auf die weit überdurchschnittlichen räumlichen Fähigkeiten dieses Jungen ist die Unsicherheit des Zahlenschreibens jedoch auffallend; im Hinblick auf schulvorbereitende Maßnahmen sollte aus meiner Sicht bei ihm die Händigkeit überprüft und der richtige Ablauf der Schreibbewegungen von Zahlen im letzten Kindergartenjahr eingeübt werden; die Zeichnungen sprechen dafür, dass es sich bei dem Jungen um einen Linkshänder handelt und er bei allen drei Zeichnungen von rechts nach links gearbeitet hat; die vermutete Linkshändigkeit könnte zur Erklärung der Zahlendrehungen bei den beobachteten, weit überdurchschnittlichen Fähigkeiten der Raumwahrnehmung herangezogen werden; Informationen zur Gesamtentwicklung, testpsychologischen Überprüfung der Intelligenz und zu Vorschlägen für Erziehung, Förderung und Elternberatung vgl. Abb. 131.

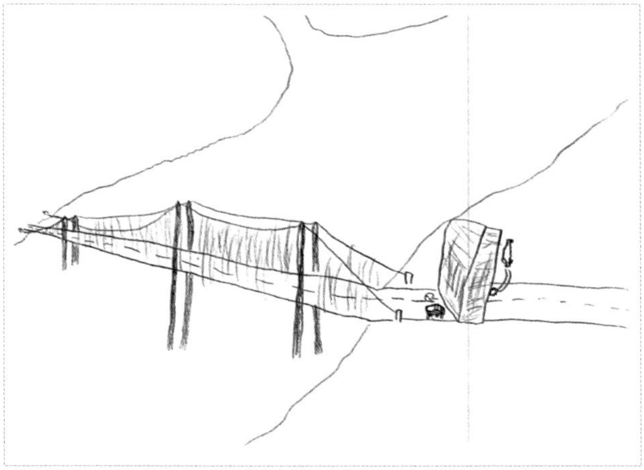

Abb. 130:
C., J., Junge, LA: 5;4 Jahre, Benennung: fehlt, Bleistift, 21 x 29,8 cm, ***Zeichenentwicklung: Erwartet*** *wird bei dem Jungen seinem Lebensalter entsprechend* ***Ende Stufe 2****; die* ***Merkmale der Zeichnung eilen den „erwarteten Entwicklungsmerkmalen" des Lebensalters um ca. 4 Jahre voraus****, sie weisen auf weit überdurchschnittliche kognitive Fähigkeiten der konkreten Operationen, insbesondere auf eine überdurchschnittlich gute visuelle Beobachtungsfähigkeit, Raumwahrnehmung und zeichnerische Begabung hin* ***(erreicht wird Ende Stufe 3, bei einigen Motiven Übergang zur Stufe 4)****, sehr differenzierte Formdarstellung der Brücke, des Blockes und des Autos links neben dem Block; wiederum Versuch der perspektivischen Darstellung mit beginnender Unterordnung unter einen Betrachtungswinkel; Beachtung von räumlichen Beziehungen: Der entfernter liegende Straßenabschnitt links verjüngt sich, leitet das Auge vom Vordergrund zur linken Seite der Brücke; der angedeutete Fluss, über den die Brücke führt, ist noch vorperspektivisch gezeichnet (Klappbild) und vermittelt den Eindruck einer Luftaufnahme; es handelt sich um eine Situationsdarstellung, bei der der Junge mit Hilfe von Bewegungslinien zeigt, wie ein Auto gegen den großen Block geprallt ist; Informationen zur* ***Gesamtentwicklung****, testpsychologischen Überprüfung der Intelligenz und zu Vorschlägen für Erziehung, Förderung und Elternberatung vgl. Abb. 131.*

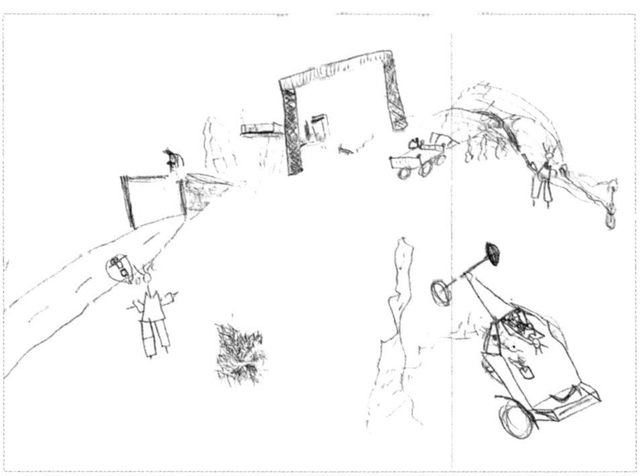

Abb. 131:
C., J., Junge, LA: 5;4 Jahre, Benennung: fehlt, Bleistift, 21 x 29,8 cm, ***Zeichenentwicklung: Erwartet*** *wird bei dem Jungen seinem Lebensalter entsprechend* ***Ende Stufe 2****; die* ***Merkmale der Zeichnung eilen den „erwarteten Entwicklungsmerkmalen" des Lebens-***

***alters um ca. 4 Jahre voraus**, sie weisen auf weit überdurchschnittliche kognitive Fähigkeiten der konkreten Operationen, insbesondere auf eine überdurchschnittlich gute visuelle Beobachtungsfähigkeit, Raumwahrnehmung und zeichnerische Begabung hin; Hinweise auf eidetische Fähigkeiten (fotografisches Gedächtnis) sollten überprüft werden (Gesamteinschätzung der erreichten **Zeichenentwicklung: Mitte bis Ende Stufe 3, Übergang zur Stufe 4)**; auffallend gut ist die koordinierte Feinmotorik; Schattierungen und Schraffuren werden gezielt eingesetzt, um den Eindruck von räumlicher Tiefe zu erzeugen; sehr gute Formdarstellungen der Objekte, die Menschdarstellungen (links unten und rechts oben) sind dagegen auf deutlich niedrigerem, jedoch altersentsprechendem Entwicklungsniveau gezeichnet **(Ende Stufe 2)**, wirken aber ausdrucksarm und schablonenhaft; im Unterschied zu dieser Beobachtung ist die Figur im Auto allerdings in Bewegungshaltung dargestellt **(Anfang Stufe 3)**; die Personen haben keine Gesichtszüge; ihre Füße und Hände bestehen nur aus jeweils einem Strich; diese Beobachtung (Emotionales Zeichen) sollte Anlass sein, die emotional-soziale Entwicklung dieses ungewöhnlich begabten Kindes zu überprüfen; im Hinblick auf die Raumdarstellung zeigen sich ungewöhnlich frühe Ansätze perspektivischer Zeichnung von Objekten (so ist das Fahrzeug im oberen mittleren Bereich bereits **Anfang Stufe 4** zuzuordnen); es kommt jedoch auch noch zu einem vorperspektivischen Klappbild (Auto rechts unten, **Mitte Stufe 3**); es handelt sich hier um eine Situationsdarstellung, Sinnzusammenhänge werden gut strukturiert und komponiert gezeichnet; leider liegen keine Gesprächsprotokolle vor, aus denen nachvollzogen werden könnte, über welche Erlebnisse der Junge in diesem Bild berichtet; **Gesamtentwicklung:** Die Intelligenzprüfung mit Hilfe des Kaufmann-Tests, K-ABC, erbrachte nach Aussagen meiner Kollegin überdurchschnittliche Werte im ganzheitlichen Denken; Hinweise auf Entwicklungs- und/oder Verhaltensstörungen sind mir nicht bekannt; aus meiner Sicht sollten bei der Erziehung dieses hochbegabten Kindes nicht nur seine bildnerische und kognitive Begabung, sondern auch seine emotional-soziale Weiterentwicklung besonders im Auge behalten und die Eltern entsprechend beraten werden.*

- **Erläuternde Hinweise zu den Abb. 132-134:**

Es handelt sich hier um einen insgesamt hochbegabten Jungen, dessen Hochbegabung im verbalen und nicht-verbalen Bereich testpsychologisch eindeutig nachgewiesen wurde. Bei allen weit überdurchschnittlichen Fähigkeiten fällt die herausragende musikalische Begabung seines Klavierspiels besonders auf. Die ausgewählten Zeichnungen zeigen mit ihren differenzierten Form-, Farb- und Raumgestaltungen (Komposition der Motive und ihrer Details) Hinweise auf eine überdurchschnittliche kognitive und bildnerische Begabung, die mit hoher Sensitivität und differenzierter Gefühlsansprechbarkeit verbunden ist.

<u>Abb. 132:</u>
P., H., Junge, LA: 10;0 Jahre, Benennung: „Mein Kletterbaum mit Kleidungsstücken, auf den Baum habe ich verschiedene Kleidungsstücke gehängt, dass er schöner aussieht – Papas Jacke, und meine und Mamas Jacke; das habe ich wirklich gemacht, es sieht schön aus, man fühlt sich gemütlicher auf dem Kletterbaum, man kann gut auf ihm klettern, wenn weiche Kleider daran hängen", Wasserfarben, Stifte mit Glitzereffekt in unterschiedlichen Farben zum Zeichnen der Konturen, 29,5 x 21 cm, ***Zeichenentwicklung: Die Gesamtkonzeption der Zeichnung lässt bei dem Jungen eine überdurchschnittliche bildnerische und kognitive Begabung erkennen****; der sprachliche Ausdruck und die Motivwahl der Zeichnung sind originell und verraten reiche innere Vorstellungsbilder und Phantasie sowie Flexibiltität des Denkens und Fühlens* ***(Anfang Stufe 4)****; im Hinblick auf die Formdarstellung fällt der beginnende organische Ansatz der Äste auf, sie wachsen an verschiedenen Stellen organisch (nicht attributiv) aus dem Stamm, die Form des Baumes, seiner Äste und Zweige erinnert – über den Realitätsbezug hinausgehend – an Ansätze der Expressionistischen Malerei; die formale Raumstruktur zeigt eine ausdrucksvoll geschwungene Horizontlinie, sie deutet im Hintergrund des Bildes eine bergige Landschaft an; durch den Einsatz der blauen Farbe des Himmels zwischen dem Grün wird die beginnende Tiefenwirkung der Zeichnung erhöht;* ***Gesamtentwicklung:*** *Hinweise auf hohe Sensitivität und Gefühlsdifferenziertheit und eine dem Lebensalter weit vorauseilende kognitive, bildnerische und musikalische Begabung.*

Abb. 133:
P., H., Junge, LA: 10;0 Jahre, Benennung: „Radtour im Wald“, Wasserfarben, Wachsmalstifte, glitzernde Stifte in unterschiedlichen Farben, 21 x 29,7 cm, ***Zeichenentwicklung: Die Gesamtkonzeption der Zeichnung lässt bei dem Jungen eine überdurchschnittliche bildnerische und kognitive Begabung erkennen (Anfang Stufe 4)****; besonders auffallend sind der differenzierte Farbausdruck und die ausgewogene Komposition der Motive, die in ihren Positionen im Vorder-, Mittel- und Hintergrund Tiefenwirkung ausstrahlen; über den Realitätsbezug hinausgehend gelingt es dem Jungen, eine künstlerisch anmutende Landschaft zu zeichnen, bei der er durch den Wechsel von skizzierenden und koordinierten Linien sowie durch Farbmischungen und ungemischte Farben einen lebendigen Bildausdruck gestaltet;* ***Gesamtentwicklung:*** *Hinweise auf hohe Sensitivität, Gefühlsdifferenziertheit und eine dem Lebensalter weit vorauseilende kognitive, bildnerische und musikalische Begabung.*

<u>*Abb. 134:*</u>

P., H., Junge, LA: 10;0 Jahre, Benennung: „Der singende Fisch", – „ich habe ein ähnliches Bild im Museum und auf einer Postkarte gesehen (vgl. Kap. 8.5.3, Abb. 289, S. 719); ich wollte es anders machen, die Punkte waren nicht da, das Rote rechts war auch nicht da, ein paar Teile vom Fisch waren auch anders; gefallen hat mir, dass die Farben Töne repräsentieren, die Töne, die der Fisch singt: je dunkler die Farben desto tiefer ist der Ton; das passt irgendwie sehr zu dem Gefühl", Temperafarben, glitzernder Stift, 29,8 x 21 cm, ***Zeichenentwicklung: Die freihändige Nachgestaltung und eigenständige Variation der Zeichnung von Joan Miró lässt bei dem Jungen eine überdurchschnittliche bildnerische und kognitive Begabung erkennen****; auffällig ist seine synästhetische Fähigkeit, Farben nicht nur zu sehen, sondern sie gleichzeitig zu hören und entsprechend ihren Farben klanglich zu unterscheiden; diese Fähigkeit bewirkte wohl die große Affinität des Jungen gerade zu diesem Bild Mirós, sodass er es nachschaffend umso intensiver mit Augen und Ohren erleben und erste Ansätze einer eigenständigen Bearbeitung (Variation) einfügen konnte.* ***Gesamtentwicklung:*** *altersgemäß mit Hinweisen auf hohe Sensitivität, Gefühlsdifferenziertheit und eine dem Lebensalter weit vorauseilende kognitive, bildnerische und musikalische Begabung (zur vergleichenden Betrachtung der Malerei des Jungen mit der Reproduktion der Original-Lithographie Joan Mirós „Der singende Fisch", 1972, siehe Kap. 8.5.3, Abb. 289, S. 719).*

Abb. 135:
B., L., Mädchen, LA: 11;10 Jahre, Benennung: „Vati hat Urlaub", Aquarellfarben und Bleistift, 15 x 11,3 cm, ***Zeichenentwicklung: weit überdurchschnittliche zeichnerische Begabung mit Hinweisen auf hohe kognitive Begabung, Flexibilität des Denkens, Witz und Humor (Mitte bis Ende Stufe 4)****; diese Zeichnung entspricht im Hinblick auf Motivwahl, Graphomotorik, Form-, Größen-, Farb-, Bewegungs- und Raummerkmale der Erwachsenenzeichnung einer begabten Karikaturistin; ungewöhnlich ausdrucksvoll ist der Bewegungsausdruck der liegenden Haltung des Vaters aus der Sicht von unten gesehen; die sichere Strichführung (z. B. bei den Bügelfalten der Hose, der karierten Bluse, der Darstellung des Hutes und der halb verdeckten Gesichtszüge) unterstreicht die ausdrucksvolle Form- und Bewegungsdarstellung; die Anordnung der Motive unter einen Ansichtswinkel verleiht dem Bild Tiefenwirkung; die Motive sind sehr gut komponiert und überzeugen besonders durch gewollte Darstellung von Bildausschnitten: unvollständig gezeichneter Baum, der jedoch, umrahmt von seinem Grün, das Bild eines ganzen Baumes wachruft; das unvollständig gezeichnete Gesicht des Vaters, das unter seinem Hut halb verdeckt ist, aber in seiner nur angedeuteten Darstellung und in Zusammenhang mit der Bewegungshaltung seines Körpers umso ausdrucksvoller das Thema des Bildes karikiert;* ***Gesamtentwicklung:*** *deutliche Hinweise auf hohe Sensitivität, Gefühlsdifferenziertheit und überdurchschnittliche bildnerische und kognitive Begabung.*
Das Mädchen fertigte in der Folgezeit viele Karikaturen und Linolschnitte an; auch im Erwachsenenalter und als berufstätige Mutter von drei Kindern behielt sie nicht nur ihren Sinn für Humor, sondern auch die Motivation und das Geschick zum kreativen bildnerischen Gestalten; neben ihrem sozialen Engagement entwickelte und vertiefte sie ihre literarischen Interessen und verfasst heute eigene Texte in Gedichtform und Prosa.

<u>Abb. 136:</u>
Laura, LA: 12;0 Jahre, Benennung: „Geisterschloss zur Geisterstunde“, im Lebensalter von 16 Jahren erklärte mir Laura zu ihrem Bild Folgendes: „Das Geisterschloss entstand als Arbeit in meiner Kunstklasse in der Schule, eine Bleistiftzeichnung, bei der wir mit verschiedenen Bleistiftstärken experimentierten. Es ging mir bei meiner Zeichnung nicht um ein gruseliges Schloss, sondern um ein humorvolles Kompendium aller gängigen Geistergestalten des Gruselgenres. In jeder Ecke sollte man etwas Neues entdecken. Die spielenden Geister vor dem Schloss entstanden ganz am Schluss rein zufällig, als ich viel Raum vor dem Schlossplatz hatte und irgendeinen Lückenfüller benötigte – im Nachhinein eines meiner persönlichen Highlights in dem Bild“, Bleistift, 40 x 29 cm, ***Zeichenentwicklung: weit überdurchschnittliche zeichnerische Begabung mit Hinweisen auf weit überdurchschnittliche kognitive Begabung (Ende Stufe 4)****; künstlerische graphische Gestaltung; vielfältige originelle Motivwahl, sehr gut koordinierte Graphomotorik, ausdrucksvolle Form-, Größen-, Farb-, Bewegungs- und Raumdarstellung zeigen weit überdurchschnittliches Niveau; besonders eindrucksvoll sind hier die zum Teil zarten, zum Teil deftigen Hell-Dunkel-Gestaltungen und Schattierungen der vielfältigen Motive, die auf hohe Sensitivität und Gefühlsansprechbarkeit der Zeichnerin schließen lassen; das Gemäuer zeigt Rauungen und Tiefenwirkungen durch Schattenwürfe; das Schloss selbst wirft einen großen Schatten auf den Boden, auf dem Geister mit Schwertern kämpfen;* ***Gesamtentwicklung:*** *deutliche Hinweise auf hohe Sensitivität, Gefühlsdifferenziertheit und eine weit überdurchschnittliche bildnerische und kognitive Begabung.*

<u>Abb. 137:</u>

Laura, LA: 16;5 Jahre, Benennung: „Meine Liebeserklärung an die Geige" – „Meine Violine, meine Liebeserklärung an sie, anlehnend an Goethes Gedicht ‚Ginkgo Biloba'", Buntstifte und Bleistift, 29,5 x 19,8 cm, ***Zeichenentwicklung: Lauras zeichnerische Begabung verbindet sich mit ihren Interessen für Lyrik und Literatur****. Sie setzt Goethes Liebesgedicht „Ginkgo Biloba" in Beziehung zu ihrem eigenen bildnerischen Gestalten; aus der Zusammenführung (Konnotation) von Goethes Wort und der Liebe zu ihrer Geige (zur Musik) entstand in ihr die Idee zu diesem Bild; sie setzte das symmetrisch gefächerte Ginkgoblatt metaphorisch als Ausdruck ihrer Beziehung zur Musik ein* ***(Mitte bis Ende Stufe 4)****; mit sehr gut koordinierter Graphomotorik und unter Einbeziehung differenzierter Farbnuancen arbeitete Laura die Form ihrer Geige, die Saitenbespannung, die Formen der zwei Ginkgoblätter und der Noten heraus; Dunkelungen geben dem Bild einen lebendigen Ausdruck mit angedeuteter plastischer Wirkung;* ***Gesamtentwicklung:*** *deutliche Hinweise auf hohe Sensitivität, Gefühlsdifferenziertheit, überdurchschnittliche bildnerische und kognitive Begabung mit Begabungsschwerpunkten und Hauptinteressen im sprachlichen und musikalischen Bereich.*

Abb. 138:

Laura, LA: 16;0 Jahre, Benennung: „Hochbegabte Kinder" – „Es ging mir bei diesem Bild um den Humor, mit dem Hochbegabung behandelt werden kann. Hochbegabung ist eine

Eigenschaft, die uns auch liebenswert macht", Filzstift, 30 x 21 cm, ***Zeichenentwicklung: ausdrucksvolle und originelle Variationen zu Mäuse-Comics von Uli Stein****, Hinweise auf überdurchschnittliche zeichnerische und kognitive Begabung, Verbindung von bildlichen und sprachlichen Symbolen zur Karikatur* ***(Ende Stufe 4)****, sichere Strichführung, sehr gute Form- und Bewegungsdarstellungen, gedankliche und bildnerische Auseinandersetzung mit einer Thematik, die Laura auch persönlich angeht und die sie in diesem Bild mit Witz und Humor bearbeitete;* ***Gesamtentwicklung:*** *deutliche Hinweise auf hohe Sensitivität, Gefühlsdifferenziertheit, überdurchschnittliche bildnerische Fähigkeiten und eine weit überdurchschnittliche kognitive Gesamtbegabung; ihre Begabungsschwerpunkte und Hauptinteressen liegen im sprachlichen und musikalischen Bereich; Lauras Hochbegabung konnte testpsychologisch mit großer Eindeutigkeit nachgewiesen werden.*
Lauras Gesamt-Testwert (AID) weist auf eine extrem hohe allgemeine intellektuelle Leistungsfähigkeit bei ausgeglichenem Profil der Untertestwerte hin. Ihr Gesamtwert wird nur von ca. 2 % der vergleichbaren Schüler übertroffen.
Die höchsten Werte (T-80) erreichte Laura in den Untertests Antizipieren und Kombinieren – figural (der visuelles Vorstellungsvermögen und Gliederungsfähigkeit erfordert) sowie Soziales Erfassen und Sachliches Reflektieren (T-80). Beide Werte sind als extrem hoch zu bezeichnen. Bei allen anderen Untertests liegen Lauras Werte im Bereich hoch bis sehr hoch.

4 Emotional-soziale Entwicklung im Spiegel der Kinderzeichnung

4.1 Emotionale Zeichen in der Kinderzeichnung

Einführung:

Im Kapitel 3 wurden anhand ausführlichen Bildmaterials die Stufen der Zeichenentwicklung und die altersentsprechend zu erwartenden Entwicklungstendenzen mit Entwicklungsmerkmalen aufgezeigt.

Darüber hinaus ist es wichtig, die Kinderzeichnung hinsichtlich Emotionaler Zeichen zu untersuchen.

Emotionale Zeichen weisen auf konfliktreiche persönliche *aktuelle Erlebnisse* des Kindes, auf seine problematischen *sozialen Beziehungen, auf Traumatisierungen, auf bewusste, unterbewusste (vorbewusste)* oder auch *unbewusste belastende Phantasien, Wünsche und Konfliktkonstellationen* hin. In der Kinderzeichnung spiegelt sich die imaginäre Welt des Kindes. Archetypische Vorstellungen und archaische Symbole verweisen zugleich auf Spuren der Menschheitsentwicklung und prägende Einflüsse des sozio-kulturellen Raumes, die dem Bewusstsein des Kindes nicht unmittelbar zugänglich sind.

Die Beobachtung von Emotionalen Zeichen in Zeichnungen ermöglicht es, im Sinne eines Screening-Verfahrens *gezielte Fragen und Hypothesen* zur gestörten Emotionalität des Kindes zu formulieren, die anschließend im Sinne einer *ganzheitlich orientierten Diagnostik* genauer aufzuarbeiten sind. Dies ist nach meinem hier beschriebenen Ansatz vor allem für die Diagnostik des entwicklungsgestörten Kindes von Bedeutung. Bei der Interpretation Emotionaler Zeichen sind immer die *Gesamtentwicklung des Kindes,* die Kenntnis seiner perzeptiven, visuellen und intellektuellen Reife (Entwicklungsmerkmale) und sein *soziales Umfeld* im Auge zu behalten. Leider wird dieser Grundsatz nicht immer befolgt; sodass es bei der Auswertung projektiver Zeichentests und freier Zeichnungen zu unhaltbaren Vermutungen und Fehleinschätzungen kommt, vor allem wenn die Deutungen zudem ohne die notwendige psychodiagnostische oder psychotherapeutische Fachkompetenz vorgenommen werden.

Im Unterschied zu den Entwicklungsmerkmalen folgen Emotionale Zeichen *keinem Entwicklungsverlauf in Stufen.* Sie sind vielmehr *individuell aus der Biographie des Kindes, seiner Familiengeschichte, seiner emotional-sozialen Entwicklung* zu verstehen. Sie *unterliegen keinen altersspezifischen Reifungsbedingungen,* sondern sind, der individuellen Verarbeitung von Umwelterfahrungen, Problemen oder Traumatisierungen entsprechend, in jedem Lebensalter und *auf jeder Entwicklungsstufe der Zeichnungen in unterschiedlicher Ausprägung und Gewichtung* nachzuweisen.

Mein Ansatz der Analyse Emotionaler Zeichen stützt sich auf psychotherapeutisches *Grundlagenwissen unterschiedlicher Konzepte.* Neben der Berücksichtigung entwicklungspsychologischer Erkenntnisse der psychoanalytischen Theorie Freuds werden vor allem Grundlagen der analytischen Psychologie C. G. Jungs einbezogen. Auch Ergebnisse der Anwendung anerkannter projektiver Zeichentests werden beschrieben, ohne dass ihre Interpretation nach meinem Ansatz einer definierten psychotherapeutischen Theorie (Schule) verpflichtet ist.

Die Analyse Emotionaler Zeichen soll dazu beitragen, einen ersten Zugang zur konfliktbesetzten Emotionalität des Kindes zu gewinnen und anhand der Zeichnungen vor allem die *aktuelle emotionale Erlebnisverarbeitung* aufzudecken. Es lassen sich daraus *gezielte Fragestellungen und Hypothesen* zur emotional-sozialen Situation des Kindes ermitteln, deren *Bearbeitung* für die Planung und Durchführung von *Förderung und Entwicklungstherapien* und bei anstehenden Elterngesprächen hilfreich ist. Verschiedene *psychotherapeutische Verfahren* wie *Verhaltenstherapie, Gesprächstherapie, Gestalttherapie, Kunsttherapie, Familientherapie u. a.* können aus dieser Analyse ebenfalls wichtige erste Informationen gewinnen und diese nach ihren unterschiedlichen Konzepten vertiefend bearbeiten.
Im Kindergarten, in der Vorschule und Schule (z. B. bei Einschulungsuntersuchungen) kann die Ermittlung von Emotionalen Zeichen in Kinderzeichnungen auf mögliche Probleme und die Notwendigkeit einer fachkompetenten psychodiagnostischen Abklärung bzw. psychotherapeutischen Behandlung frühzeitig aufmerksam machen. Ohne eine gründliche Weiterbildung von Erziehern und Lehrern auf den Gebieten der Entwicklungspsychologie und Interpretation der Kinderzeichnung sind diese Vorhaben allerdings weder zu verantworten noch zu leisten.

4.2 Formale Strukturanlyse und inhaltliche Analyse von Emotionalen Zeichen, zugeordnet 8 Beobachtungsbereichen

D. Widlöcher, 1993, deutet die Kinderzeichnung aus psychoanalytischer Sicht. Er unterscheidet folgende drei Interpretationsebenen:

- *Ausdruckswert und Projektionswert der Zeichnung:*

Im zeichnerischen Ausdruck der formalen graphischen Struktur (Strichführung, Zeichendruck, Farbwahl etc.) lassen sich u. a. affektive Zustände des Kindes erkennen. In der formalen Organisation kommen die Projektionen des Kindes zum Ausdruck. (Es ist anzumerken, dass der Begriff ‚Projektion' hier von Widlöcher nicht im tiefenpsychologischen Sinn, d.h. als Abwehrmechanismus verwendet wird, sondern in seiner allgemeinen Bedeutung. Projektion meint hier, dass der Sinn der

Zeichnung mit Hilfe bewusster oder vorbewusster psychischer Bearbeitungsvorgänge symbolisch ausgedrückt wird. Er kann demzufolge auch auf der bewussten Ebene entschlüsselt werden, einer tiefenpsychologischen Deutung bedarf es auf dieser Interpretationsebene nicht).

- *Narrativer Wert der Zeichnung:*

Berichtete Erlebnisse und Interessen des Kindes sind durch die Analyse von Themenvorlieben und den Vergleich von Motiven, ihrer Veränderung und Wiederholung zu erkennen. Es handelt sich dabei um innere Vorgänge, die dem Kind bewusst oder vorbewusst sind. Der narrative Wert einer Zeichnung kann auch ohne Einsatz psychoanalytischer Methoden erkannt werden.

- *Tiefensymbolischer Wert der Zeichnung:*

Hier geht es um die Aufdeckung des *unbewussten, latenten Sinns der Zeichnung*, der sich in bildhaften Assoziationen und Umstrukturierungen, Verdichtungen und Verschiebungen zeigt. Bildhafte Substitute, Verlagerung der Bedeutung von einem Vorstellungsbild auf ein anderes, die der Zeichner aufgrund einer inneren Zensur „verbotener" Inhalte unbewusst vornimmt, werden mit Hilfe der psychoanalytischen Technik aufgedeckt und bearbeitet. Hier kommt die spezielle, psychoanalytische Bedeutung des Begriffs „Projektion" zum Tragen, der so erstmalig von Freud in die Psychologie eingeführt wurde. Projizieren heißt demnach „auf ein anderes das übertragen, was wir in uns nicht erkennen wollen." (Widlöcher, 1993, S. 98).

Die Analyse Emotionaler Zeichen berücksichtigt nach meinem Ansatz vor allem den *Ausdruckswert, Projektionswert* und *narrativen Wert* der Zeichnung, soweit diese dem Bewusstsein des Kindes oder seinen vorbewussten Verarbeitungsmöglichkeiten zugänglich sind. In Unterscheidung zu Widlöcher setze ich meinen Interpretationsschwerpunkt also *nicht* auf die Analyse des *tiefensymbolischen Wertes* der Zeichnung und die Aufdeckung von unbewussten psychodynamischen Vorgängen.

Zur Ermittlung Emotionaler Zeichen werden die Besonderheiten des Ausdruckswertes, Projektionswertes und narrativen Wertes der Zeichnung von mir unter den folgenden 8 Aspekten analysiert:

- Gesamteindruck (erster subjektiver Eindruck, bildnerischer Ausdruck, sprachlicher Ausdruck, bildnerischer Stil, Ausführung und Organisation)
- Motive, Symbole und Zeichen
- Graphomotorik (Strichführung, Strichcharakter und Flächenbehandlung)
- Formdarstellung
- Größendarstellung

- Farbdarstellung
- Bewegungsdarstellung
- Raum- und Zeitdarstellung, Komposition

4.2.1 Emotionale Zeichen im Gesamteindruck

Emotionale Zeichen im ersten subjektiven Eindruck:

Bevor eine genauere Analyse Emotionaler Zeichen der Zeichnung durchgeführt wird, ist es wichtig, den ersten subjektiven Eindruck festzuhalten, den die Zeichnung bei mir als Betrachter auslöst. Die Ermittlung dieser subjektiv empfundenen Ausdrucksqualitäten kann dem Psychotherapeut/der Psychotherapeutin zur Bildung seiner/ihrer Hypothesen im Hinblick auf die Persönlichkeitsstruktur des Kindes und das Auffinden Emotionaler Zeichen dienlich sein. Mit Hilfe der Analyse *eigener problematischer emotionaler Reaktionen* („Gegenübertragung") auf die im Bild ausgedrückten Emotionen des Kindes ist es dem Therapeuten/der Therapeutin möglich, einen ersten Zugang zu den verdrängten unbewussten Phantasien, Wünschen und Konflikten des Kindes zu gewinnen.

So wichtig das Festhalten subjektiver Empfindungen des Therapeuten beim Betrachten von Zeichnungen ist, so wichtig bleibt es jedoch, diese mit Hilfe von Verhaltensbeobachtung, Explorationsgesprächen, spieltherapeutischen Maßnahmen und projektiven Testverfahren im psychotherapeutischen Prozess am Kind selber zu überprüfen. Nach einer solchen Überprüfung wird es möglich sein, die ersten subjektiven Empfindungen des Therapeuten beim Betrachten der Zeichnung anzunehmen (zu verifizieren) oder sie abzulehnen, zurückzuweisen (zu falsifizieren).

Emotionale Zeichen im bildnerischen Ausdruck:

Im Gesamtbild werden Ausdrucksqualitäten festgehalten, die auf Emotionale Zeichen hinweisen können (z. B. Kargheit, Phantasiearmut, Schablonisierungen, unlebendiger, starrer Ausdruck, Zeichen für Depression oder Aggressivität, mangelhafte Impulskontrolle, Seltsamkeiten, skurrile Darstellungen, Fratzen, Ungereimtheiten, Ideenflucht, Flucht in Phantasiewelt u. a.) und als Emotionale Zeichen zu interpretieren sind (vgl. Kap. 4.3.5, Kriegsbilder; vgl. Beispiel Janna, Kap. 7.4.2, Abb. 278-281). Bei der Beschreibung dieser bildnerischen Ausdrucksqualitäten fließen immer subjektive emotionale Reaktionen des Betrachters auf die Kinderzeichnung ein.

Emotionale Zeichen im sprachlichen Ausdruck:

In den sprachlichen Äußerungen des Kindes zu seiner Zeichnung werden Hinweise auf individuelle Konflikte beobachtet und analysiert (vgl. Beispiel Paul, Kap. 4.3.4, Abb. 167: Gespräch zur Geschichte mit dem Rosenbusch; Beispiel Anna, Gespräch zu ihrer Zeichnung: „Der Wundergarten", Kap. 5.3.3). Ein Motiv, eine Form oder eine Farbe werden von mir nicht ohne individuellen Bezug zum Kind und ohne *seine verbalen Äußerungen zu ihnen im Hinblick auf das Vorliegen eines Emotionalen Zeichens* interpretiert. Es wird z. B. festgehalten, ob dem Kind eine bestimmte Farbe angenehm oder unangenehm ist. Konfliktbesetzte verbale Äußerungen zu dieser Farbe als auch begleitender körperlicher Ausdruck von Abwehr oder der Zusammenhang mit dem Vorliegen eines psychosomatischen Symptoms sind für die Interpretation eines Emotionalen Zeichens wichtig. Vergleichbar dem bildnerischen Ausdruck kann auch die Interpretation von Emotionalen Zeichen im sprachlichen Ausdruck subjektive Reaktionen des Untersuchers enthalten, die im psychotherapeutischen Prozess genauer zu untersuchen sind.

Emotionale Merkmale im Stil:
Im Stil des Kindes zeigen sich entwicklungsabhängige individuelle Besonderheiten, Details, Merkmalskombinationen. Im Hinblick auf die Ermittlung emotionaler Merkmale des Stils ist festzuhalten, wenn in einer Zeichnung oder bei der Analyse von Bilderfolgen *Stilbrüche* sichtbar werden, die sich von den üblichen Stilbesonderheiten des Kindes unterscheiden. Ein Kind hat z. B. in seinen Zeichnungen bereits den Stil der Stufe 3 erreicht (konkrete Operationen des Denkens) und fällt bei der Untersuchung der Entwicklungsmerkmale einzelner Bereiche in der Zeichnung auf die Stufe 2 (voroperationales Denken) oder auf die Stufe 1 (Kritzelstufe) zurück. Es können sich auf diese Weise *Regressionen* zeigen, die auf eine emotionale Problematik zurückzuführen sind (vgl. Beispiel Darian, Kap. 4.3.1, Abb. 139-144; Beispiel Tom, Abb. 149). Auch den vom üblichen Niveau abweichenden „Inseln" in der Gesamtstruktur der Zeichnung (Motive, die ein deutlich höheres Formniveau aufweisen) ist im Sinne eines *Stilbruchs* Beachtung zu schenken. Diese „Splitterfähigkeiten" sind nicht mit dynamischen Strukturen der visuelle Wahrnehmung und Kognition vernetzt und begünstigen eine *unharmonische, störanfällige Entwicklung*; sie können dem Kind gegen seinen Widerstand antrainiert worden sein, sind meist mit negativen Emotionen verknüpft (z. B. mit Leistungsängsten) und führen oft zu Verhaltensstörungen.

Stilbruch als Emotionales Zeichen:
Fallbeispiel Karl, Kap. 6.2.3, Abb. 229:
Die Zeichnung des 7;9jährigen Jungen Karl, Kap. 6.2.3, Abb. 229, wurde bei der Eingangsdiagnostik Anfang bis Mitte der Stufe 2 zugeordnet, Hinweise auf Stilbruch und Splitterfähigkeit wurden ermittelt. Die Motive sind unterschiedlichen Entwicklungsaltern zuzuordnen. Das Haus in der Mitte des Bildes entspricht einem Entwicklungsalter von ca. 5;0 Jahren und zeigt schon Ansätze eines dreieckigen Daches, das mit dem Haus korrekt verbunden ist (beginnende

Werkreife). Das Formniveau der anderen Motive liegt dagegen nur bei einem Entwicklungsalter von ca. 3;0-4;0 Jahren und weist auf gravierende graphomotorische, visuell-perzeptive und kognitive Entwicklungsstörungen und eine insgesamt unharmonische Entwicklung hin. Die Formen wirken starr und eintrainiert. Selbst die Sonne ist als Viereck dargestellt! Die Menschdarstellung lässt bei dem Jungen große Probleme des Körperbewusstseins (Körperschema, Körperbild, Körperkonzept) und der Form- und Raumwahrnehmung vermuten. Die Körperteile sind nicht mit dem Körper integriert (Gestaltzerfall). Eine rechteckige, isoliert liegende Form stellt den Kopf dar, in Richtung der Bodenlinie gezeichnet. Die Beine stehen als dreieckige Form in Verkehrung der Raumlage nach oben gerichtet. Auch die Orientierung der Rauchwolken zeigt eine altersuntypische Raumlage (nicht nach oben, sondern zur Bodenlinie hin gerichtet) und weist auf eine Entwicklungsstörung der Raumwahrnehmung hin.
Die Analyse der Zeichnung macht deutlich, dass sich das Motiv des Hauses im Sinne einer Splitterfähigkeit von den anderen Motiven abhebt. Sein Formniveau ist wesentlich höher als das aller anderen Motive und Details der Zeichnung. Die Beobachtung des Stilbruchs in der beschriebenen Zeichnung erweist sich als hilfreich zur Planung von weiteren psychodiagnostischen Untersuchungsstrategien und für gezielte Fragen an die Eltern im Explorationsgespräch.
Mit Hilfe standardisierter psychodiagnostischer Untersuchungsverfahren konnte bei dem Jungen eine globale Entwicklungsstörung mit geistiger Behinderung, fein- und grobmotorischen Störungen und Wahrnehmungsstörungen in allen Modalitäten festgestellt werden. Sehr auffällig waren darüber hinaus seine Sekundärstörungen (Verhaltensstörungen, große Leistungsängste und Situationsstottern bei Leistungsanforderungen).
Aus dem Elterngespräch erfuhr ich, dass die Eltern große Probleme hatten, die geistige Behinderung des Jungen anzunehmen. Dies galt vor allem für die Mutter, die versucht hatte, ihm geistige Fähigkeiten anzutrainieren, um ihn auf den Einschulungstest einer Körperbehindertenschule vorzubereiten. Sie ließ ihn z. B. viele Hundert Male geometrische Formen und ein Haus zeichnen. Der Junge hatte auf diese Trainingsversuche zunehmend mit Verhaltensstörungen reagiert. Er begann zu stottern und lehnte Leistungsanforderungen jeglicher Art immer mehr ab, auch das Malen und Zeichen. Wenn sich die Mutter mit Malstiften näherte, begann er zu weinen und verweigerte jede Mitarbeit.

Emotionale Zeichen in der Ausführung und Organisation:
Nicht nur die kognitive Reifung, sondern auch affektive Schwankungen beeinflussen die Arbeitsweise und Organisation häufig negativ. Es ist zu beobachten, an welchen Stellen der Zeichnung ein Bruch mit der ursprünglichen Intention der ersten Motive und Inhalte entsteht. Das Kind bricht z. B. die Zeichnung eines Motivs ab und *überkritzelt* dieses, *radiert aus, streicht durch.* Diese Verhaltensweisen können durch geringe Frustrationstoleranz und unterschiedliche emotionale Konflikte provoziert werden und wirken sich problematisch auf den Zeichenprozess aus.

Fallbeispiel Marcel, Kap. 6.2.1, Abb. 190:
Der 5;2jährige, altersentsprechend intelligente Marcel begann einen Menschen zu zeichnen. Während des Zeichnens wurde er durch einen kleinen Punkt auf dem Zeichenblatt vollkom-

men irritiert, reagierte mit Wut und zerkritzelte plötzlich alles. Er wollte daraufhin das Zeichnen abbrechen und begann zu weinen. Durch die schnelle Reaktion der Therapeutin wurde es möglich, seine Frustration aufzufangen und mit dem Zeichnen fortzufahren. Die Therapeutin deutete seine Kritzel als ein Versteck des Männleins hinter einem Vorhang positiv um. Marcel sollte erzählen, was das Männlein alles hinter dem Vorhang sieht. Er fühlte sich verstanden, positiv verstärkt und erzählte nun eine lange Geschichte von Weihnachten, dem Weihnachtsbaum und den Geschenken, die unter dem Baum lagen. Nach dieser Erzählung fasste er auch wieder Mut zu seinen Zeichenkünsten und malte sein Bild fertig.
Es handelte sich bei Marcel um ein adoptiertes Kind mit gravierenden Störungen in der Fein- und Grobmotorik und der visuellen Wahrnehmung (Teilleistungsstörungen). Seine auditive Wahrnehmung und seine Sprache waren dagegen gut-durchschnittlich entwickelt. Er zeigte nicht nur beim Zeichnen, sondern auch in seinem sonstigen Verhalten eine sehr geringe Frustrationstoleranz und Labilität. Mit Hilfe von Spieltherapie und Elternberatung wurde versucht, sein labiles Selbstwertgefühl und seine gravierenden Ängste aufzufangen. Die Behandlung seiner Teilleistungsstörung mit übenden Verfahren war erst nach einer längeren Vorbereitungszeit möglich. Spieltherapeutische Angebote wurden über eine längere Zeit parallel zu übenden Verfahren angeboten.
Aus Sicht eines jungen Erwachsenen vermittelt er in einem Brief an die Therapeutin Einblick in seine Entwicklungsgeschichte und beschreibt seine jetzige Lebenssituation (vgl. Kap. 6.2.1).

4.2.2 *Emotionale Zeichen in den Motiven, Symbolen, graphischen Zeichen*

Motive und Bildsymbole in Zeichnungen spiegeln die Erlebniswelt des Kindes, erzählen von dem, was es in seinem kulturellen Umfeld gesehen und gelernt hat. Das Kind möchte dem Betrachter mit seiner Zeichnung etwas mitteilen, etwas von sich erzählen. Motive, Symbole und graphische Zeichen werden im Sinne von Kommunikationsprozessen mit Benennungen und Erklärungen verbunden (verbale Zeichen). Bei ihrer Deutung sind *transkulturelle, sozio-kulturelle* und *persönlichkeitsspezifische, individuelle* Aspekte in ihrem *Zusammenhang* und in ihrer *Verknüpfung* zu berücksichtigen.

Transkultureller Aspekt:

Motive und Symbole samt ihren Sprachbezügen entsprechen einem kulturabhängigen Erfahrungswissen, das von Kultur zu Kultur weitergegeben, aber zunächst nicht bewusst reflektiert wird und *keine individuellen emotional-sozialen Anteile* oder Konfliktkonstellationen erkennen lässt. Dieses Erfahrungswissen zeigt in seiner archaischen Symbolik deutliche *transkulturelle Übereinstimmungen*; vergleichbare Urformen werden in den unterschiedlichsten Kulturen verwendet. Auch Kinder greifen in ihren Zeichnungen auf eine ihnen gemeinsame Bilderschrift, Ikonographie, zurück, deren Grundbestandteile solche Urformen sind.

Urformen werden als „archaische Symbole" bezeichnet, die in der kulturellen Entwicklung des Menschen von Beginn an mit unbewussten kollektiven und auch unterbewussten, vorbewussten oder ins Bewusstsein zu hebenden individuellen Inhalten gefüllt sind. Eine solche Urform ist das „Mandala", ein oft mit integrierten Vierecks- und Dreiecksformen versehener Kreis. In einigen Religionen (z. B. im tibetischen Buddhismus) wird die meditative Betrachtung oder die eigene Gestaltung eines Mandalas zu Übungen der Selbstfindung eingesetzt. Transkulturelle Mandalaformen können mit unbewussten oder vorbewussten *individuellen Inhalten* gefüllt werden. Dem Malen eigener Mandala kommt in der Psychotherapie C. G. Jungs eine wichtige Bedeutung zu. *„Das Mandala ist das Hilfsmittel für die große Verwandlung"* (C. G. Jung). Es steht in Beziehung zum Archetyp der Selbstfindung, des Sinns und seinen archetypischen Vorstellungen (Riedel, I., 2002).

Symbole und Allegorien:
In Religionen, Mythen, Sagen und Märchen finden sich vergleichbare Urformen und eine Vielfalt von Symbolen aus unterschiedlichen Kulturen und Epochen. Ihre Darstellung und inhaltliche Beschreibung weist auffällige Übereinstimmungen auf. C. G. Jung hat ein grundlegendes transkulturelles Beobachtungs- und Erfahrungswissen zusammengetragen und es in seinem Konzept des kollektiven Unbewussten, der Archetypen und archetypischen Vorstellungen erläutert (Jung, C. G. et al., 1995). Er unterscheidet das *Symbol* begrifflich und inhaltlich von der *Allegorie.* Jung, 1988, S. 14: „Eine Allegorie ist eine Paraphrasierung (verdeutlichende Umschreibung) eines bewussten Inhaltes. Ein Symbol dagegen ist ein bestmöglicher Ausdruck für einen erst geahnten, aber noch unerkannten unbewussten Inhalt."
Das Wort „Allegorie" stammt aus dem Griechischen und bedeutet „anders sagen". Ein Begriff oder ein Vorgang werden im Sinnbild verdeutlicht. In Griechenland wurden z. B. Mythen, auch alte Göttermythologien, allegorisch gedeutet und dadurch verständlich gemacht. In der bildenden Kunst der alten und neueren Zeit finden wir allegorische Abbildungen: Das Glück wird durch eine Göttin, die Trauer durch eine verschleierte Frau, der Tod durch einen Sensenmann dargestellt.
Das Wort Symbol kommt ebenfalls aus dem Griechischen und bedeutet: Sinnbild, Erkennungszeichen: „das aus zwei Bruchstücken Zusammengefügte, das die Zusammengehörigkeit der Besitzer anzeigt" (zitiert nach Brockhaus Enzyklopädie, 1973, 18. Bd., S. 380). Im Unterschied zur Allegorie ist das Symbol begrifflich nicht auszuschöpfen und spiegelt die Vielfalt tieferer Zusammenhänge. Allerdings sind die Übergänge von Allegorie und Symbol fließend.

> Gadamer, 1977/1993, S. 41-42:
> „Was heißt Symbol? Es ist zunächst ein technisches Wort der griechischen Sprache und meint

die Erinnerungsscherbe. Ein Gastfreund gibt seinem Gast die so genanntte «tessera hospitalis», d. h., er bricht eine Scherbe durch, behält die eine Hälfte selber und gibt die andere Hälfte dem Gastfreund, damit, wenn in dreißig oder fünfzig Jahren ein Nachkomme dieses Gastfreundes einmal wieder ins Haus kommt, man einander im Zusammenfügen der Scherben zu einem Ganzen erkennt. Antikes Passwesen: das ist der ursprüngliche technische Sinn von Symbol. Es ist etwas, woran man jemanden als Altbekannten erkennt.
Es gibt da eine sehr schöne Geschichte in Platons Gespräch [Das Gastmahl], die, wie ich meine, noch tiefer auf die Art von Bedeutsamkeit weist, die die Kunst für uns darstellt. Da erzählt Aristophanes eine bis heute faszinierende Geschichte über das Wesen der Liebe. Er sagt, dass die Menschen ursprünglich Kugelwesen waren; dann haben sie sich schlecht benommen, und die Götter haben sie entzweigeschnitten. Nun sucht jede dieser Hälften einer vollen Lebens- und Seinskugel ihre Ergänzung. (...) dass jeder Mensch gleichsam ein Bruchstück ist; und das ist die Liebe, dass sich die Erwartung, etwas sei das zum Heilen ergänzende Bruchstück, in der Begegnung erfüllt. Dieses tiefsinnige Gleichnis für Seelenfindung und Wahlverwandtschaft lässt sich auf die Erfahrung des Schönen im Sinne der Kunst umdenken."

Gadamer führt weiter aus, dass bei der Allegorie ein Bedeutungsbezug da ist, der vorgewusst sein muss. Beim Symbol dagegen ist die Bedeutung, auf die es verweist, zugleich in ihm selbst verkörpert und sogar verbürgt. „Nur in dieser gegen das pure Begreifen widerständigen Form begegnet Kunst. (...) Daher besteht das Wesen des Symbolischen und Symbolhaften gerade darin, dass es nicht auf ein intellektuell einzuholendes Bedeutungsziel bezogen ist, sondern seine Bedeutung in sich einbehält." (Gadamer, 1977/1993, S. 49).

Allegorien und Symbole finden sich nicht nur in der Bildenden Kunst. Auch die Dichtung nutzt die reiche Aussagekraft der bildhaften Rede (metaphorisch, allegorisch oder symbolisch) und sucht so in Worte zu fassen, was sich mit rein rationaler Begrifflichkeit niemals ganz fassen lässt. Manchmal wird ein solches Bild zum Symbol für das Lebensgefühl einer ganzen Epoche (wie z. B. die „Blaue Blume" des Novalis für die Romantik.)

Kollektive Symbole:
In seiner *analytischen Psychologie* setzt sich C. G. Jung *mit dem kollektiven Unbewussten, den Archetypen* und *archetypischen Vorstellungen* auseinander (Jung et al., 1995; Kast, 2002). Nach C. G. Jung sind *archetypische Vorstellungen* als Grundbilder und Bildmaterial der Phantasie in allen operativen Gestaltungsprinzipien wirksam. Sie werden von den *unbewussten, unsichtbaren Archetypen an sich* unterschieden, die als energetisches, aber unanschauliches Grundelement der Vorstellung zu verstehen sind. Als *vererbte, weitergegebene Organisationsmuster, hirnphysiologische Engramme,* sind die Archetypen nach Jung Ausdruck des kollektiven Unbewussten und mit

ihren guten und negativen Aspekten allen Menschen gemeinsam (das Selbst, das göttliche Kind, Mutterarchetyp, Vaterarchetyp, das archetypische Paar Anima und Animus, der alte Weise, die alte Weise, Archetyp des Helden, des Sinns, der Wandlung, der Reise, des Todes etc., vgl. Kast, 2002).

> Kast, 2002, S. 13-14:
> „Jung sagt vom Selbst – und das ist für ihn der zentrale Archetypus –, dass es ein wegweisendes Prinzip sei, der geheime spiritus rector unseres Lebens, das, was bewirkt, dass wir sind und uns entwickeln (6)......Die Symbole des Selbst – so sagt Jung – entstehen in der Tiefe des Körpers, sie drücken deshalb sowohl unsere Stofflichkeit aus als auch die Struktur des wahrnehmenden Bewusstseins (9). Symbolisch erscheint denn auch das Selbst sehr oft im Symbol der Vereinigung der Gegensätze, häufig im Symbol eines Liebespaares, und gerade dieses Symbol erscheint mir außerordentlich wichtig, weil hier das Erleben von Liebe, von Ganzheit, von Vereinigung der Gegensätze, von Sehnsucht nach Entgrenzung ausgedrückt ist (10). Und es ist immer wieder feststellbar, dass Menschen die Sehnsucht nach Liebe und die Sehnsucht nach dem Selbst kaum voneinander trennen können. Wenn wir von Liebe ergriffen sind, ist damit noch eine Sehnsucht verknüpft, die über die Liebesbeziehung hinausgeht. In solchen Situationen wäre das Selbst konstelliert. Das Selbst kann auch in abstrakten Symbolen dargestellt werden, wie Kreis, Kugel, Dreieck, Kreuz, in Figuren also, die eine Ganzheit symbolisieren und deren Wesen es ist, dass viele mögliche Gegensätze in ihnen enthalten sein können, aber nicht aufgehoben sein müssen (11).“

Die kollektiven und individuellen Symbole werden nach C. G. Jung *intuitiv* erfasst, also mit Hilfe jener Funktionen des Ich, die sich Sachverhalte spontan, ganzheitlich, phantasievoll, spielerisch aneignen und dabei vorwiegend auf vorbewusste und unbewusste Erfahrungen zurückgreifen. Intuition meint das spontane Auftauchen, Zulassen und Erkennen innerer Bilder und Vorstellungen (auch von Vorahnungen und parapsychologischen Phänomenen), die nicht durch rationallogisches Vorgehen ableitbar oder aufrufbar sind. Durch Intuition werden kreative Zugänge und kreative Arbeitsprozesse in Kunst, Musik, Literatur, Lyrik und Wissenschaft eingeleitet und gestützt. Über aktives Imaginieren (Bereitschaft und Mut, innere Bilder und archetypische Vorstellungen aufsteigen zu lassen, sie anzunehmen und sich mit ihnen auseinander zu setzen), können intuitiv erfahrene innere Bilder und Symbole (auch Traumsymbole) im psychotherapeutischen Prozess bearbeitet werden.

Symbole als Schutzwall gegen die Bedrohungen des kollektiven Unbewussten:
Der Mensch sucht nach Symbolen, um mit ihrer Hilfe seine unbewussten archetypischen Vorstellungen fassbar zu machen. Symbole und Rituale bilden nach Jung einen Schutzwall gegen Bedrohungen des kollektiven Unbewussten. In Religionen, Mythen, Sagen und Märchen sind solche von den sozio-kulturellen Lebensbedin-

gungen des Menschen beeinflusste Symbolbildungen wirksam. C. G. Jung bezeichnet die Archetypen als *Regulatoren der schöpferischen Phantasietätigkeit und Symbolbildungen.* So sind in Zeichnungen von Kindern und Erwachsenen sozio-kulturell überlieferte Motive von kollektiver Symbolik enthalten. Sie sind als menschheitsgeschichtliche Urbilder aus der Nähe des Menschen zu den lebensnotwendigen und lebensbestimmenden Urelementen (Feuer, Wasser, Luft und Erde), den Himmelskörpern (Sonne, Mond, Sterne, Planeten), seiner Beziehung zu Menschen, Göttern, Tieren, Pflanzen (z. B. Symbolik von Bäumen und Blumen), Farben, Materialien und Objekten seiner Umwelt zu erklären. In kulturellen und gesellschaftlichen Überlieferungen werden sie von Generation zu Generation weitergegeben (kulturelles Gedächtnis). Ihnen kann somit zunächst *keine* vorrangig *individuelle* symbolische Bedeutung zugesprochen werden.

Kinder übernehmen die Symbole ihrer Kultur:
Kinder übernehmen im Laufe ihrer Entwicklung die Symbole ihrer Kultur und verwenden sie in Rollenspielen, Zeichnungen und anderen kreativen Gestaltungen. Auch in Träumen tauchen kollektive Symbole auf. Die Phantasiewelt der Kinder aus den unterschiedlichsten Kulturen ist mit guten und bösen Feen, mit Hexen, König, Königin und Prinzessin, mit Helden und Teufeln, Zauberern und Ungeheuern, Drachen und Geistern bevölkert. Krone, Stab, Schlange, Schwert und Feuer spielen in ihren Vorstellungen eine wichtige Rolle. Sie folgen hierin symbolischen Inhalten aus den Mythen und Märchen ihrer Kultur. Nach C. G. Jung handelt es sich hierbei *nicht* um eine Substitution von Triebobjekten durch Sexualsymbole im Sinne der Psychoanalyse Freuds, der in der Symbolbildung vor allem einen Abwehrmechanismus sieht. Die Deutung dieser menschheitsgeschichtlichen Urbilder hat nach Jung auf zwei Deutungsstufen zu erfolgen: auf der *Subjektebene* und auf der *Objektebene.* Während die erstere den *Bezug zur persönlichen Lebensgeschichte* herstellt, werden auf der Objektebene die menschheitsgeschichtlichen Urbilder, die Archetypen des kollektiven Unbewussten selbst genauer analysiert.

In der griechischen Mythologie wurde z. B. der Phallus in der Darstellung von Götterskulpturen deutlich hervorgehoben Er galt als Symbol für Kraft, Stärke, Abwehr von Gefahr, Abwehr von Feinden und Angst sowie als Zeichen der Potenz und Fruchtbarkeit. In Eingangsportalen frühchristlicher Kirchen findet man in Anknüpfung an transkulturelle vorchristliche Angst-Abwehrsymbolik noch menschliche Figuren mit deutlicher Betonung von Phallus und Vagina (Eibl-Eibesfeldt und Sütterlin, 1992). Nach Jung verweisen diese Symbolisierungen auf die angstauslösenden Wirkkräfte des kollektiven Unbewussten und den Versuch des Menschen, sich mit Hilfe ihrer symbolischen Darstellungen dagegen zur Wehr zu setzen.
Auch in der Kinderzeichnung sind Symbolisierungen z. B. von Phallus und Vagina zu finden. Nur durch ihre Deutung auf der Subjektebene unter Einbeziehung der persönlichen Lebensge-

schichte lässt sich klären, ob auf dem Hintergrund einer archaischen Symbolik und dem Interesse an der Entwicklung der eigenen Geschlechtlichkeit auch *persönliche Konfliktkonstellationen* angesprochen sind (vgl. Kap. 4.3.5, Abb. 169, 170, 171).

Die heilende Kraft der archaischen Symbole:
Am Beispiel des Jungen Tom wird die heilende Kraft der Symbole deutlich (vgl. Kap. 4.3.3, Abb. 149-164). Der 6;9jährige Junge setzte sich über einen Zeitraum von 4 Jahren (von 6;9-10;11 Jahren) im maltherapeutischen Prozess intensiv mit der Darstellung der Symbolfigur der Hexe kreativ auseinander. Die Tatsache, dass nach Abschluss ihrer Verwandlungen (von der „Knothexe", zur „Feuerhexe", „Farbenhexe" und schließlich zu einer „schönen Frau mit bunten Kleidern") sein psychosomatisches Symptom der schweren Form der Enkopresis (Einkoten) verschwand, weist auf die hohe symbolische Bedeutung dieses Zeichenmotivs im psychotherapeutischen Prozess hin. (Erklärung des medizinischen Fachbegriffs vgl. Kap. 10.3).

Archaische Symbole können zum vergleichenden Studium der Wurzeln verschiedener Religionen und Kulturen herangezogen werden, ihrer Deutung kommt jedoch auch im psychotherapeutischen Prozess bei der Aufklärung einer individuellen Problematik eine grundlegende Bedeutung zu.

Die Symbolik des Kreuzes:
In frühen und heutigen Kulturen gehört das Kreuz zu den wichtigen und vielseitig verwendeten Symbolen. Die inhaltliche Aussage dieses Symbols ist nicht auf den christlichen Bereich beschränkt (Menschengestalt mit ausgestreckten Armen, Stilisierung des Lebensbaumes, kosmischer Baum). Neben dem Kreis ist das Kreuz Strukturelement vieler Mandala-Meditationsbilder und der Baupläne von Tempeln und Kirchen; „das Kreuz innerhalb eines Kreises („Radkreuz") stellt neben der kosmologischen Bedeutung auch ein Sinnbild der Jahreseinteilung in vier Abschnitte dar" (Biedermann, 1998, S. 249); christliches Symbol ist es erst ab ca. 5. Jahrhundert, das Bild des gekreuzigten Christus ist Symbol für die Grausamkeit der Hinrichtung, für den Tod als auch für die Hoffnung auf Auferstehung und ewiges Leben; (Informationen über das Symbol des Kreuzes vgl. Biedermann, 1998, S. 248-252).
Heute gilt das Kreuz nicht nur als christliches Symbol, sondern, vergleichbar dem Gebrauch vorchristlicher Symbole, als Angst-Abwehrsymbol. Es wird wie ein „Glücksbringer" zum Schutz vor Unheil und Krankheit als Schmuck an einer Halskette getragen, ohne dass damit notwendig ein christlicher Glaubensinhalt zum Ausdruck gebracht wird. Kinder verwenden in ihren Zeichnungen ab ca. 3;6 Jahren Kreuze zunächst als graphische Zeichen und transkulturelle Symbole und charakterisieren in unserem Kulturkreis mit ihnen ab Stufe 3 der Zeichenentwicklung (ab ca. 7;0-11;0/12;0 Jahren) Häuser als Kirchen. Kreuze können ab diesem

Alter aber auch von Kindern mit individueller Symbolik belegt und als Ausdruck von Trauer und Tod und individuellen Konflikten eingesetzt werden.

Die Symbolik der Augen:
Bei dem „Auge mit blauer Pupille" handelt es sich ebenfalls um ein transkulturelles Symbol, das in Zusammenhang mit Angstabwehr in unterschiedlichen Kulturen verwendet wurde und noch heute verwendet wird. Zur Abwehr des neidischen „bösen Blickes" ist es auch heute noch in der Türkei, Griechenland oder anderen Ländern üblich, in den Hauseingang ein Auge mit blauer Pupille anzubringen (als Objekt bzw. als Abbildung) oder einem Neugeborenen zur Abwehr von Gefahren, Krankheit und Missgunst (oder von Abwehr des neidischen Blicks des Nachbarn) ein solches Auge in den Kinderwagen zu legen. Diese Symbolik wird ohne bewusste Reflexion und ohne zu Grunde liegende emotionale Problematik (z. B. gesteigerte Angstneigung) von Generation zu Generation als Teil der kulturellen Tradition weitergegeben. Neben dieser kulturellen und transkulturellen Bedeutung finden wir jedoch auch auffällige Darstellungen von Augen als individuell zu deutendes Symbol von Angst und Angstabwehr. Koppitz definierte bei der Normierung ihres Tests: „Zeichne-Einen-Menschen" (ZEM) „schielende Augen" als Emotionales Zeichen und fand sie gehäuft bei Kindern mit emotional-sozialen Problemen (vgl. Kap. 9.2.2). Die Symbolik der Augen in Zeichnungen von Kindern und Erwachsenen (z. B. schielende Augen, fehlende oder übermäßig betonte, geschwärzte oder ausgekritzelte Augen) weist auf die große und prägende Bedeutung des Blickkontaktes zur Mutter und zu den primären Bezugspersonen in unserer Menschheitsgeschichte und in unserem persönlichen Erleben hin. Nur durch eine individualisierte Diagnostik kann allerdings geklärt werden, ob eine auffällige Darstellung der Augen in Zusammenhang mit frühen Ängsten und Beziehungsproblemen steht.

Sozio-kultureller Aspekt:
Die Motive und Bildsymbole können ein unmittelbares Erlebnis im persönlichen sozio-kulturellen Umfeld des Kindes ausdrücken und *aktuell erlebte Inhalte* „erzählen" *(narrativer Aspekt)*. Dementsprechend kann aus den Bildern auf aktuelle Wahrnehmungen und Erlebnisse des Kindes geschlossen werden. Dies schließt z. B. auch die zeichnerische Wiedergabe von Eindrücken ein, die es aus Abbildungen von Büchern, Filmen, Fernsehsendungen, Theateraufführungen u. a. entnommen hat und erzählend und nachahmend in eigene Darstellungen umsetzt.
Kinder übertragen Motive, Symbole und Zeichen im Sinne einer Nachahmung (vgl. Kap. 3.7.2.9, Abb. 054), ohne dass damit gleichzeitig eine individuelle *Problematik* angesprochen sein muss. Ein Kind interessiert sich z. B. für Indianer und zeichnet

eine Szene mit kämpfenden Indianern, bei der Kampfwerkzeuge und die Kampfhandlung eine dominierende Rolle spielen. Es zeigt auf diese Weise seine inneren Bilder, die es auf die Figur der Indianer projiziert. Seine innere Beziehung zur Welt der Indianer wird deutlich. Erst eine *individuelle Diagnostik* kann klären, inwieweit in dieser Symbolik aktuelle oder unbewusste *Konfliktkonstellationen* enthalten sind. Nicht jede gezeichnete Kampfszene muss also zwingend als Emotionales Zeichen (verdrängter) aggressiver Tendenzen oder als Angst vor Aggression gedeutet werden.

Die Symbolik der Farbe Rot als Emotionales Zeichen:
Bei Zeichnungen von Kindern und Jugendlichen, die eigene Kriegserlebnisse wiedergeben, liegt z. B. bei Verwendung der Farbe Rot die Vermutung einer konfliktreichen individuellen Problematik nahe (vgl. Kap. 4.3.5, Abb. 176, 177). Das Rot bringt in der Zeichnung die zerstörende Kraft des Feuers und Mordens zum Ausdruck. Seine Verwendung entspricht einer gesellschaftlich geprägten und allgemein verstandenen Symbolik für Blutvergießen im Krieg und kann *zunächst nicht als individuelle Symbolik von Verdrängung und Angst interpretiert werden.* Obwohl eigene Kriegserlebnisse die *individuelle Wahl* der Farbe Rot nahe legen, kann erst das *Gespräch mit dem Kind zu seinem Bild* darüber aufklären, ob *persönliche*, in der Farbe Rot symbolisierte *Konfliktkonstellationen* vorliegen und wie diese beschaffen sind. Nur eine ganzheitlich orientierte Diagnostik erlaubt, aus der Verwendung einer Farbe auf bewusste aktuelle oder unbewusste, verdrängte, farbsymbolisch zum Ausdruck gebrachte Konflikte zu schließen. Häufig überdecken sich auch aktuelle Konflikte und unbewusste Phantasien und sind nur mit Hilfe einer psychotherapeutischen Prozessdiagnostik und Psychotherapie abzuklären.

Die Symbolik graphischer Zeichen:
In der frühen und mittleren Kindheit enthält die gewählte Bildsymbolik nachahmende und individuelle Symbolisierungen in unterschiedlicher Ausprägung. Im Laufe der weiteren Entwicklung finden in Zeichnungen neben Symbolen zunehmend auch gesellschaftlich geprägte und gelernte *graphische Zeichen* Verwendung, wie z. B. das „Rote Kreuz“ auf einem Auto zur Kennzeichnung eines Rettungswagens, wenn eine Unfallsituation gezeichnet wird. Auch das Herz wird schon mit Beginn des Schulalters interkulturell als graphisches Zeichen, aber auch als individuelles Symbol für Liebe, Zuneigung und Freundschaft eingesetzt. Gelernte graphische Zeichen können allerdings auch in der Darstellung unbewusster verdrängter Phantasien Verwendung finden und sind dann entsprechend zu deuten (vgl. Verwendung des Kreuzes oder Auges als graphisches Zeichen oder als tiefenpsychologisch deutbares Symbol).

Persönlichkeitsspezifischer Aspekt:
Alle vom Kind gezeichneten Motive spiegeln seine persönliche Beziehung zu ihnen. Auswahl und Art der Darstellung sind eng mit transkulturellen und sozio-kulturellen Prägungen, aber zugleich auch mit seinen Persönlichkeitsmerkmalen verbunden. Personen und Objekte der Zeichnung drücken Merkmale des dynamischen Körperbildes des Kindes aus. Wenn ein Kind bei einer Menschzeichnung das eigene Geschlecht darstellt, ist dies zugleich Ausdruck seiner geschlechtsspezifischen Identifikation. Alle Motive der Kinderzeichnung spiegeln die inneren Bilder und Identifikationen des Kindes und enthalten subjektiv geprägte visuelle Wahrnehmungen und individuelle Umwelterfahrungen, die zu Bildsymbolen verarbeitet werden. Über Symbolbildungen in Zeichnungen, über Gespräche zu seinen Zeichnungen, über das Rollenspiel oder Phantasiegeschichten kann das Kind bewusste und unterbewusste (vorbewusste), aber auch unbewusste Wünsche und Konflikte verarbeiten.
Das Kind greift beim Bilden von individuellen Symbolen auf „archaische" Symbole, kollektive Symbole und graphische Zeichen zurück, die es auf der Basis der Entwicklung seiner Instinkte und Triebe aus dem Erbe der Menschheitserfahrungen und seines eigenen Kulturraumes übernommen hat und in seinen Zeichnungen zunächst ohne bewusste Reflexion einsetzt. Die imaginäre Welt der Kinder, der Jugendlichen und Erwachsenen enthält einen großen Reichtum an kollektiven Symbolen.
Nach der Theorie C. G. Jungs bildet das Kind auf der Grundlage des Wirkens des kollektiven Unbewussten und seiner archetypischen Vorstellungen *individuelle Symbole und stellt sie in seinen Zeichnungen dar.* In der Wahl seiner Symbole zeigt sich die Verarbeitung seiner archetypischen Vorstellungen. Seine *verdrängten Phantasien* (verdrängte Wünsche, Ängste, Konflikte) unterliegen den komplexen und rational nicht zugänglichen Bedingungen des kollektiven Unbewussten; sie sind von dessen inneren Gegensätzen und polaren Spannungen gekennzeichnet und können nicht ohne therapeutische Hilfe mit der bewussten Ebene in Einklang gebracht werden.
Aus der Sicht C. G. Jungs sind Symbole in Zusammenhang mit den Wirkungen des kollektiven Unbewussten und seiner Archetypen zu deuten. In psychosomatischen Reaktionen und Erkrankungen des Kindes sieht Jung daher, anders als „orthodoxe" Vertreter der Psychoanalyse dies vertreten, nicht eine primäre Störung der Libidoentwicklung mit Triebfixierungen im oralen, analen oder phallischen Bereich. Auch Widlöcher, der den psychoanalytischen Standpunkt vertritt, lehnt es ab, Symboldeutungen ausschließlich aufgrund typischer phasenspezifischer Entwicklungsstörungen (z. B. Deutung von oralen, analen und phallischen Fixierungen, Kastrationsangst, Ödipuskomplex) vorzunehmen.
So interpretiert er, um nur ein Beispiel zu nennen, gezeichnete Rauchwolken aus einer Lokomotive – anders als die Psychoanalytikerin S. Morgenstern – *nicht zwingend* als

Symbol für Kastrationsangst (Widlöcher, 1993, S. 124). Er betont dagegen die Notwendigkeit, Symboldeutungen in Zusammenhang mit der Entwicklungsgeschichte des Kindes, unter Berücksichtigung der kindlichen Umwelterfahrungen und seiner *individuellen* Konfliktverarbeitung im psychoanalytischen Prozess durchzuführen.

Nur mit Fachkompetenz können Symbole individuell gedeutet werden:
Psychotherapeutische Fachkompetenz und nicht ein Lexikon der Symboldeutung ist notwendig, um Symbole in den Zeichnungen zu deuten und *Inhalte unbewusster Phantasien* aufdecken zu können. In der psychotherapeutischen Arbeit lässt sich beobachten, dass die zeichnerische Darstellung einer *individuellen* Problematik *unmittelbare Erlebnisinhalte (narrativer Aspekt) enthält und auf eine transkulturelle kollektive Symbolik zurückgreift.* Diese kann *mit individuellen emotionalen Inhalten gefüllt werden.* Der Kreis, das Mandala, der Baum, das Haus, die Sonne oder das Meer werden unter diesen Voraussetzungen nicht nur in ihrer allgemeinen, kulturgeprägten Bedeutung verwendet. Sie werden darüber hinaus bevorzugt als Symbol und Ausdrucksmöglichkeit der *individuellen Selbstfindung* eingesetzt und gezeichnet (Archetyp des Selbst, vgl. Kast, 2002, S. 13-14). In der Maltherapie mit Kindern/Jugendlichen und Erwachsenen findet man dazu anschauliche Beispiele (Schmeer, 2002). Die mit persönlichen Inhalten gefüllten Symbole, die dem Patienten in ihrer individuellen Problematik zunächst nicht bewusst sind, bedürfen im therapeutischen Prozess einer fachkompetenten Aufarbeitung und Deutung ihrer unbewussten symbolischen Zusammenhänge (Kast, 2002).

Allgemeine Bedeutung des Begriffs „Projektion":
„Das Symbol nimmt den gestalthaften Bezug von Zeichen und Bezeichnetem auf und bringt damit den Sinn des Gemeinten wie im Gleichnis zur Anschauung." (Brockhaus Enzyklopädie, 18. Bd. 1973, S. 380). Auf die Darstellung eines Objektes wird eine individuelle Bedeutung in verdichteter Form *projiziert* (allgemeine Bedeutung des Begriffs „Projektion"). Diese Zuschreibungen können auch außerhalb eines therapeutischen Prozesses bewusst erfahren, nachvollzogen und akzeptiert werden.

> Auf das Bild eines *absterbenden Baumes* wird z. B. die Bedeutung des Alterns, des Sterbens übertragen, wohingegen dem Bild eines *blühenden Baumes* die Bedeutung von Frühling, Leben, Aufbruch innewohnt.
>
> Oder: Ein Kind zeichnet einen Mann und sagt dazu, dies sei sein Vater. Es beschreibt zur Darstellung des Vaters ein aktuelles Ereignis der Familiensituation, bei dem der Vater eine wichtige Rolle für es spielte. Bei dieser die Zeichnung kommentierenden Geschichte *erzählt es aktuell Geschehenes, projiziert* aber gleichzeitig eigene Einstellungen und Wünsche, evtl. auch Ängste seinem Vater gegenüber oder Gefühle von Geschwisterrivalität. Diese sind jedoch noch nicht mit Hilfe unbewusster Mechanismen (z. B. durch Verdrängung) abgewehrt worden. Sie haben

nicht zu emotional-sozialen Problemen und Verhaltensstörungen oder psychosomatischen Störungen geführt, die eine psychotherapeutische Behandlung und Aufarbeitung eines unbewussten Problems mit dem Vater notwendig machen würden.

Der Begriff der „Projektion" in der Psychotherapie:
Neben dieser allgemeineren Verwendung des Begriffs „Projektion" versteht die *Psychoanalyse* unter Projektion einen *grundlegenden Abwehrmechanismus unbewusster verdrängter Phantasien, Wünsche und Konflikte.*
Mit den *psychoanalytisch/psychotherapeutisch zu deutenden Projektionen* zeigen sich also *Mechanismen des Unbewussten,* die denen *des Bewusstseins und seiner rationalen Kontrollmöglichkeiten entgegengesetzt sind. Unbewusste Inhalte werden nicht nach den Regeln des kausalen Denkens verarbeitet.* Für Traumsymbole wie für Symbole in Zeichnungen gilt, dass sich an ihnen die Wirkungen des Unbewussten in den psychodynamischen Prozessen der *„Verdichtung"*, *„Verschiebung"* oder *„Substitution"* beobachten lassen.
So werden im Traum z. B. bedeutsame Erfahrungen aus verschiedenen Altersphasen (Gegenwart, Vergangenheit und Zukunft des Träumers) und unterschiedlichen Stadien affektiver und intellektueller Verfassungen zu einem einzigen Eindruck zusammengedrängt, verdichtet. *Verdichtungsarbeit ist charakteristisch für jede Symbolisierung.* Daher sind Symbole in der Zeichnung auch *nie eindimensional zu deuten,* sie erhalten durch den Prozess der Projektion, durch Verdichtungs-, Verschiebungsarbeit und Substitution immer eine *Mehrdeutigkeit.*

Ein im Unbewussten verborgener Inhalt eines Vorstellungsbildes kann durch psychodynamische Prozesse der Projektion abgewehrt und in seiner Bedeutung auf ein zugängliches Vorstellungsbild im Sinne einer Verschiebung übertragen werden. So kann man in der Klinischen Psychologie/Psychotherapie beobachten, dass es z. B. bei Angst vor dem Tod nicht zur Darstellung eines kahlen, „sterbenden" Baumes kommen muss, sondern dass im Sinne einer unbewussten Wunschvorstellung, einer Projektion im psychotherapeutisch (psychoanalytisch) zu deutenden Sinne, das Gegenteil, nämlich ein blühender, lebenskräftiger Baum gezeichnet wird. Das Symbol des blühenden Baumes dient dann der Abwehr und emotionalen Bewältigung (Sublimierung) eines angstauslösenden Inhaltes und verweist zugleich auf tiefere Zusammenhänge der Suche nach Ganzheit und dem Selbst.

Fallbeispiel Anna, Kap. 5.3.2, Abb. 179:
Anna wurde im Babyalter adoptiert und ist jetzt 9;9 Jahre alt. Sie hat Lernprobleme in der Schule und leidet an kombinierten umschriebenen Entwicklungsstörungen, die mit sekundären Verhaltensstörungen verbunden sind. Während der Untersuchung zeigte sie sich auffallend selbstunsicher. Sie zeichnete im Test: „Familie in Tieren" folgende Motive: Sie selbst war von einem Zauberer in eine Katze mit auffälligen langen und spitzen Krallen verwandelt worden.

Sie zeichnete diese Katze als 1. Motiv und stellte sie auf die linke Seite des Bildes. Die in eine Maus verzauberte Mutter wurde erst als 4. Motiv in größtmöglicher Entfernung zur Katze auf die rechte Bildseite gezeichnet. Diese Symbolwahl (Katze – Maus) kann auf unbewusste Mechanismen der Angstabwehr des Kindes hindeuten (Umkehrung). Im symbolischen Ausdruck verleiht es sich selbst als Katze mit spitzen Krallen Macht über die Maus, vertauscht so im Sinne einer Wunschvorstellung die Rollen von Mutter und Tochter. Die viel größere und mächtigere Katze Anna braucht die kleine Maus (Mutter) nicht zu fürchten. Psychotherapeutische Fachkompetenz ist erforderlich, um solche Mechanismen des Unbewussten (Projektionen) zu erkennen und sie in der Interaktion (z. B. im Sinne der nicht-direktiven Spieltherapie oder eines aufdeckenden psychoanalytischen Ansatzes) mit dem Kind zu bearbeiten. Die Elternberatung und Unterstützung der Eltern sollte aus meiner Sicht in diesen Prozess immer einbezogen werden (weitere Informationen zu dieser Fallgeschichte vgl. Kap. 5.3-5.3.6).

Auch Weglassungen können symbolischer Ausdruck von Phantasien, Wünschen oder Konflikten des Kindes sein. So ist es bei Familiendarstellungen (als Personen, Sonnen oder Tiere) aufschlussreich, wenn ein Kind sich selber oder ein anderes Familienmitglied weglässt, ihnen also in seiner Zeichnung keinen Raum zugesteht. Kinder, die sich selber auslassen, haben oft Probleme mit ihrer eigenen Rolle und ihrem Akzeptiertsein in der Familie. Sie beziehen konfliktreiche unterbewusste (vorbewusste) oder unbewusste Phantasien auf Familienmitglieder, die sie bei Familienzeichnungen weglassen und nach eigenen Aussagen in ihrer Darstellung „vergessen" haben. Dieses „Vergessen" weist nach dem Freudschen Konzept als „Fehlleistung" auf die Verdrängungsmechanismen des Unbewussten hin. Nach dem hier vertretenen Ansatz müssen im psychotherapeutischen Prozess die *Biographie des Kindes/Jugendlichen, die Aufarbeitung seiner eigenen und der Familienanamnese und Beobachtungen über seine aktuelle individuelle Erlebnisverarbeitung immer auch die Interpretationsgrundlage von tiefenpsychologischen Deutungen in Zeichnungen bleiben.*

In vergleichbarer Weise betont auch Widlöchers psychoanalytischer Ansatz die Notwendigkeit, die Phantasiewelt des Kindes zu erforschen und dabei nicht das Wichtigste zu vernachlässigen: die Verbindung zwischen den *Forderungen des Kindes* und seinen *Wünschen*, die *Bezüge zu sozialen Realitäten*, dem *Milieu und Tun* des Kindes. Symbole sind daher aus ihren individuellen Bezügen heraus zu sehen.

Für die psychoanalytische Therapie ist nach Widlöcher, 1993, die Analyse der *Übertragung* der wichtigste Faktor. Die Psychoanalyse geht davon aus, dass unbewusste Phantasien und Gefühle des Patienten, die auf Triebfixierungen aus der Kindheit zurückgehen, auf die *Person des Therapeuten übertragen werden.* Nur durch Deutung dieser Übertragungen ist es nach Widlöcher möglich, Zugang zu den unbewussten Phantasien, unbewussten Wünschen und Konflikten des Patienten (hier: des Kindes) zu gewinnen. Die Psychoanalyse vermag so zu den Mechanismen des Verbergens, der Abwehr und der Projektion vorzustoßen und nicht nur, wie er dies C. G. Jung vorwirft, die Phantasien der imaginären Welt des Kindes aufzuspüren.

Die auf unterschiedlichen theoretischen Grundlagen beruhenden und mit unterschiedlichen Techniken arbeitenden psychotherapeutischen Konzepte von S. Freud und C. G. Jung unterscheiden sich auch in ihren Symboldeutungen. Dennoch ist das Verständnis der Kinderzeichnung aus meiner Sicht auf das inzwischen allgemein anerkannte Basiswissen beider Konzepte angewiesen. Auch die Erkenntnisse anderer psychotherapeutischer Konzepte (z. B. nach Alfred Adler oder Erik Erikson) können bei der Interpretation und dem Verständnis der Kinderzeichnung hilfreich sein.

Sprachzeichen:
Unter *Sprachzeichen* sind Inhalte zu verstehen, die als Ausdruck innerer Repräsentationen über Sprache mitgeteilt werden. Es handelt sich hierbei um verbale Mitteilungen, die konkrete Sachverhalte und Vorstellungen, aber auch Wahrnehmungskomplexe der verschiedenen Sinnesmodalitäten enthalten. Wie bei den Bild- und Sprachzeichen werden auch bei der *Schriftsprache* Zeichen und Bezeichnetes in eine gestalthafte Beziehung gebracht. In Bilderschriften (Hieroglyphen) zeigt sich noch deutlich der symbolisch-physiognomische Charakter von Wort und Schrift. Auch der Mitteilungsgehalt von *Schriftzeichen* in Kinderzeichnungen muss in diesem Zusammenhang angesprochen werden. Sie werden z. B. zur Verdeutlichung oder an Stelle der Bildinhalte als schriftliche verbale Kommentare eingefügt. Es handelt sich hier um Nachahmungen von „Sprechblasen“ in Comic-Heften. Kinder entwerfen auch gerne eine eigene Bilderschrift mit hieroglyphenartigen Schriftzeichen (z. B. erfand Tom eine „Krokodilsschrift“, vgl. Kap. 4.3.3, Abb. 152). Bei Sprachzeichen handelt es sich primär um den Einsatz der Sprache (auch Schriftsprache) als *begrifflich-sprachlicher Verständigungs-Code.*
Bedeutungsinhalte der *Sprachzeichen* werden beim Spracherwerb gemäß den *soziokulturellen Prägungen der Muttersprache* übernommen. *Individuelle Prägungen von Sprachzeichen* finden sich zu Beginn der Sprachentwicklung mit ersten *eigenen Wortneuschöpfungen.* Diese spiegeln noch persönliche Erlebnisse durch „Urlaute“ oder Bewegungseindrücke wider und lassen emotionale Bedeutungszuweisungen erkennen.

Die individuelle Wortneuschöpfung des Kindes „Kletter“ (an Stelle des sozio-kulturell geprägten Sprachzeichens „Leiter“) weist darauf hin, dass die Bewegung des Kletterns als inneres Bild wichtig und prägend war.

Mit der so genannten „Lautmalerei“ verfügt die Sprache selbst über gestalthafte Ausdruckselemente, die die Beziehung von Zeichen zu Bezeichnetem erkennen lassen. So deutet z. B. der Klang des Wortes Riss auf das Geräusch des Reißens hin.

Sprachsymbole , „Metaphern“:

Kinder bilden in ihrem Sprachgebrauch „Metaphern“, wenn sie neue Erfahrungen, für die sie noch keine Strukturen gebildet haben, auf bekannte Schemata beziehen und damit verstehbar und erinnerbar machen.

> Spitzer, 2004, S. 135, 136:
> „Eine Metapher ist letztlich ein Verhältnis zweier Strukturen. Wir sagen, dass eine Metapher gut „passt“, und meinen damit strukturelle Entsprechungen zwischen Sachverhalten. Bereits vorhandene allgemeine Strukturen werden verwendet, um neue Sachverhalte zu begreifen. Man kann annehmen, dass Kinder bestimmte Sachverhalte und Strukturen sehr bald lernen und zur Strukturierung anderer, neuer Erfahrungen verwenden. Solche im Laufe der kindlichen Entwicklung recht früh erworbenen Strukturen beziehen sich u. a. auf die körperliche Welt um uns (Physik) und unseren eigenen Körper (Physiologie). Beides ist uns sozusagen in die Wiege gelegt.“
> S. 136: ...nicht nur leicht und schwer bzw. hoch und tief haben in der Musik eine – wie jetzt geklärt metaphorische – Bedeutung. Auch so etwas wie Bewegung, Spannung, Ziel und ein Höhepunkt sind Momente an der Musik, deren Bedeutung letztlich eine metaphorische ist, die von der Natur und unserem Verständnis derselben (einschließlich unserer selbst) abgeleitet sind.“

Die 14jährige Janna (Asperger-Autismus, gute verbale Intelligenz) gebraucht eine metaphorische Sprache, um ihre Trauer auszudrücken (vgl. Fallbeispiel Janna, Kap. 7.4.1): „Ich bin so traurig, dass ich ein Loch im Herzen habe, durch das der Wind weht.“ Sie bezieht hier das Gefühl der Trauer, das sie nicht verstehen und einordnen kann, auf ein visuell erfahrbares Bild der Außenwelt, „auf ein Loch, durch das der Wind weht.“ Solche ungewöhnlichen gedanklichen Verknüpfungen finden wir bei kreativen Kindern und Erwachsenen, die Zugang zu reichhaltigen inneren Bildern und Vorstellungen haben. Sie greifen sowohl in ihren Bild- als auch in ihren Sprachschöpfungen nicht auf das kausale, sondern auf das anschauliche, bilderreiche Denken zurück, das die Wurzeln ihrer kreativen Gestaltungsmöglichkeiten enthält. So deuten Jannas Äußerungen bereits lyrisches Potenzial keimhaft an, lassen aufhorchen und fordern zu tieferer Auseinandersetzung auf.

Nachdem die Sprache im Jugend- und Erwachsenenalter mit ihren differenzierten semantischen (den Sinn einschließlich aller Bedeutungen betreffenden) und grammatikalischen Strukturen aufgebaut worden ist, kann sie unter Verwendung von Sprachzeichen und vielfältigen und vieldeutigen sprachlichen Begriffen und Symbolen kreativ eingesetzt und abstrahierend reflektiert werden. In der Alltagssprache sind Sprachwitz und humorvolle Wortspiele Ausdruck kreativen Sprachgebrauchs. Im künstlerischen Sprachgebrauch verwenden Lyrik und Prosa sprachliche Begriffe in symbolischer Form als *Metaphern* – schwer zu deutende komplexe *verbale „Sinnganze"* in verdichteter, *kristalliner Form*, die letztlich in ihrer kollektiven kulturabhängigen oder individuellen Bedeutung nicht eindeutig aufzuschlüsseln sind.

Sprachsymbole in der Psychotherapie:
Psychotherapeutisch, z. B. in der Kunsttherapie, werden sprachliche Äußerungen und Sprachsymbole im Hinblick auf ihren aktuellen Mitteilungswert wie auch als mögliches Zeichen unbewusster Konfliktverarbeitung analysiert und bearbeitet. *Im Symbol, im Bild- oder Sprachsymbol, bleibt immer ein unauflösbarer Teil mit Sinnbezügen, der in seiner polaren Spannung und in seinen Abhängigkeiten von unbewussten Mechanismen mehrdeutig ist.*
Die verbalen Äußerungen zum Bild/zu den Bildern sind daher in meinem Ansatz der wichtigste Schlüssel zur Interpretation, insbesondere zum Verstehen und Einordnen möglicher Emotionaler Zeichen. Sie müssen sorgfältig protokolliert und ausgewertet werden.
Bildsymbole und Sprachzeichen bzw. Sprachsymbole unterliegen eigenen Gesetzmäßigkeiten von Informationsverarbeitung und Speicherung, sind jedoch im Entwicklungsprozess und in ihren Äußerungsformen in vielfältiger Weise *miteinander verknüpft.*

Individuelle Bild- und Sprachsymbole, die nicht oder nicht nur auf aktuelle Erlebnisinhalte zurückgeführt werden können und auf eventuell vorliegende unbewusste Konflikte hinweisen, erfordern zur Abklärung ihrer *tiefenpsychologischen Bedeutungen die psychotherapeutische Fachkompetenz.*
Motive von Blut, Krieg, Gewaltdarstellungen und sexuelle Symbole sind sowohl als Bildsymbol als auch als Sprachsymbol besonders sorgfältig daraufhin zu untersuchen, ob ihnen im Sinne Emotionaler Zeichen eine individuelle Bedeutung zukommt (vgl. Kap. 4.3.5, Abb. 169-171, 174-177). Auf Motive, Bildsymbole und sprachliche Mitteilungen, die sich auffällig wiederholen, ist ebenfalls besonders zu achten. Sie können zur Bestätigung oder Verwerfung von Hypothesen herangezogen werden (vgl. Kap. 4.3.3, Beispiel Tom, Abb. 149-165). Die zeichnerische Darstellung erlebter Traumata (z. B. der Tod der Mutter) und ihre Übertragung in sprachliche Symbole eröffnet dem Psychotherapeuten den Weg zu ihrer Bearbeitung (vgl. Kap. 4.3.5, Beispiel Georg, Abb. 172).

4.2.3 Emotionale Zeichen in der Graphomotorik (Strichführung, Strichcharakter, Flächendarstellung)

Die Auge-Hand-Koordination eines Kindes/Jugendlichen hängt ab von seinem Alter und seiner Reife, von zentral-nervösen und neuropsychologischen Voraussetzungen, kann jedoch auch primär oder sekundär durch seine emotionale Befindlichkeit geprägt werden. Bei vorliegenden Problemen im emotional-sozialen Bereich erweist sich die Auge-Hand-Koordination im Vergleich zu anderen psychischen Funktionen als besonders störanfällig.
U. Avé-Lallemant hat ausführliche graphologische Analysen sowohl des Baum-Tests als auch des Sterne-Wellen-Tests vorgelegt und bezieht sich dabei auf Untersuchungsergebnisse der Literatur (vgl. Kap. 9.3.3; 9.3.4). Sie untersuchte in diesen Testverfahren, inwiefern der Auge-Hand-Koordination eine tiefenpsychologische Bedeutung zukommt. Die Analyse von Strichführung, Strichcharakter und Flächenbehandlung, gestützt auf Ergebnisse der wissenschaftlichen Graphologie, kann nach Avé-Lallemant in beiden Testverfahren wichtige Hinweise auf emotional-soziale Probleme geben.

Hinweise auf emotional-soziale Probleme durch die Analyse von Strichführung, Strichcharakter und Flächenbehandlung nach Avé-Lallemant:
Strichführung:
Es werden *rhythmischer Pendelstrich* und *Einzelstrich* unterschieden. Bei der Analyse des Pendelstrichs, der die rhythmisch schwingende Hand voraussetzt, steht die Hypothese des symbolischen Ausdrucks einer *Ungestörtheit der Lebensabläufe* zur Diskussion, beim *Einzelstrich* die Hypothese des Vorliegens einer *klaren Zielvorstellung* und *rationalen Steuerungsfähigkeit.* Die graphologische Untersuchung beschäftigt sich mit der Frage, inwiefern der *sicheren/unsicheren* und der *unabgesetzten/abgesetzten* Strichführung eine Bedeutung für die Persönlichkeitsentwicklung zukommt. Geprüft wird, ob die sichere und unabgesetzte Strichführung in Zusammenhang mit einer emotional ausgeglichenen Persönlichkeitsstruktur steht. Umgekehrt wird die Strichqualität des unsicheren und abgesetzten Strichs als möglicher Ausdruck einer unsicheren Persönlichkeit untersucht.

Strichcharakter:
Es werden die Hypothesen überprüft, ob dem Ausdruckscharakter des *druckstarken/druckschwachen* Strichs, des *zarten Strichs (druckschwach und schmal)*, des *tonigen Strichs (druckschwach und breit)*, des *scharfen Strichs (druckstark und schmal)* und des *festen Strichs (druckstark und breit)* im Rahmen der Persönlichkeitsentwicklung eine nachprüfbare Bedeutung zukommt.

Strichstörungen:
Avé-Lallemant analysiert *Strichstörungen*, die differentialdiagnostisch erst ab ca. 5 Jahren zu beurteilen sind, genauer im Hinblick auf ihre persönlichkeitsspezifische Bedeutung. In diesem Zusammenhang ist auf *grobe Schwankungen* und *Verzitterungen der Strichführung* als Emotionale Zeichen besonders zu achten. Folgende Auffälligkeiten erfordern nach U. Avé-Lallemant besondere Aufmerksamkeit und genauere psychodiagnostische Abklärung:

- zart/fragile Strichführung (wirkt zerbrechlich, unsicher, schwankend)
- tonig/schwammige Strichführung (wirkt schmierig, verwischt)
- scharf/harte Strichführung (es zeigen sich auf der Rückseite des Zeichenpapiers Rillen oder Ritzen)
- fest/deftige Strichführung (wirkt breit, druckstark)
- gestückelter Strich (der Strich wird immer wieder angesetzt)
- fixierende Schwärzung (hierunter versteht Avé-Lallemant das Ausfüllen eines Gegenstandes, kein plastisches Hervorheben. Farbigkeit oder Fülligkeit sind hier gemeint. Schwärzungen können auf affektive Probleme des Zeichners und mangelnde Impulskontrolle hinweisen, vgl. Kap. 4.3.5, Abb. 172, 173).

Flächenbehandlung
Bei der Flächenbehandlung untersucht und begutachtet Avé-Lallemant die Verfahren der *Schattierung, Schraffierung, Konturierung, Dunkelung und Rauung.*

Bei der *Schattierung* werden im Unterschied zur Konturierung mehr vital bedingte Pendelbewegungen beobachtet, die ein Überwiegen der Antriebskräfte vermuten lassen. Schattierungen können das Stimmungshafte im Bild ausdrücken. Es ist zu überprüfen, ob Schattierungen mit tonigem Strich auf eine sensuelle Ansprechbarkeit des Zeichners, auf schwebende Stimmungslage und zugleich auf eine seelisch-sinnliche Ansprechbarkeit hinweisen (vgl. Kap. 3.7, Abb. 113: Schattierung des Gesichts).

Die *Schraffierung* besteht aus vielen parallelen Einzellinien in jeder möglichen Richtung oder als Kreuzschraffur. Sie zeigt ein Gleichgewicht zwischen Konturierung und Schattierung. Die Hypothese, dass sich Verstandes- und Antriebskräfte beim schraffierenden Zeichner die Waage halten und seine gefühlten Inhalte gedanklich verarbeitet sind, ist hier zu überprüfen.

Die *Konturierung* zeigt eine feste Umgrenzung der Form. An ihr wird die Hypothese überprüft, ob sie mit einer vorwiegenden Beteiligung der Verstandeskräfte des Zeichners in Zusammenhang steht und entsprechend zu interpretieren ist.

Dunkelungen zeigen das Ausfüllen von Formen durch Ausmalen mit dem Bleistift oder die plastische Hervorhebungen einzelner Details. Zu prüfen ist, ob Dunkelungen Ausdruck sensueller Ansprechbarkeit und räumlicher Vorstellungsfähigkeit sind.

Rauungen stellen die äußere Struktur eines Objektes (z. B. Rinde eines Baumstammes) dar und kommen in Kinderzeichnungen erst ab Ende der späten Kindheit (ab ca. 10;0 Jahren) vor. Rauungen können ein Hinweis auf gute Beobachtungsfähigkeit und sensuelle Ansprechbarkeit des Zeichners sein, können jedoch auch auf erhöhte psychische Verletzbarkeit hinweisen (vgl. Kap. 3.7.3.9, Abb. 080: Schattierung der regnenden Wolke).

Die graphologische Analyse von Zeichnungen nach Avé-Lallemant erbringt wichtige Hinweise auf die emotional-soziale Situation des Zeichners. Bei der Interpretation von *Kinderzeichnungen* ist allerdings auf eine ganzheitlich orientierte Diagnostik und die Unterscheidung von Entwicklungsmerkmalen und Emotionalen Zeichen besonders zu achten. Es ist z. B. von Bedeutung, auf welcher Entwicklungsstufe und in welcher Phase der Entwicklungsstufe sich ein Kind befindet. Bei *Stufenübergängen* sind entwicklungsbedingte Verunsicherungen der Zeichenmotorik, die vorrangig auf entwicklungspsychologische Zusammenhänge und nicht auf eine emotional-soziale Problematik oder andere Problembereiche zurückzuführen sind, häufig zu beobachten. So können Verunsicherungen der Zeichenmotorik Ausdruck dafür sein, dass das Kind ein neues Schema in der Zeichnung ausprobiert und neu organisiert. Die rasch wechselnden affektiven Schwankungen des Kindes im Kindergarten- und Vorschulalter bewirken darüber hinaus häufig Unsicherheiten der Strichführung, des Strichcharakters und der Flächengestaltung. Projektive Deutungen der graphologischen Analyse von Zeichentests und freien Zeichnungen gewinnen daher erst ab Werkreife (ab ca. 5;0-7;0 Jahren) zunehmend an Bedeutung. Überkritzelungen können Ausdruck emotional-sozialer Probleme sein und sollten genauer psychodiagnostisch abgeklärt werden.

4.2.4 Emotionale Zeichen in der Formdarstellung

Anhand von Zeichentests ist dieser Bereich am gründlichsten untersucht worden. E. Koppitz analysierte sowohl bei der Ermittlung von Entwicklungsmerkmalen als auch bei der Analyse Emotionaler Faktoren im Test „Zeichne-Einen-Menschen“ (ZEM) vorwiegend die Formgestaltung. Besondere Formdarstellungen, die für eine emotionale Problematik sprechen, werden von ihr „Emotionale Merkmale“ genannt.

Folgende Emotionale Merkmale konnten bei der Standardisierung des ZEM durch den Vergleich von unauffälligen Schulkindern mit verhaltensgestörten Kindern aus Erziehungsberatungsstellen ermittelt werden:

- Unzulängliche Integration von Teilen
- Schattierung des Gesichts
- Schattierung des Körpers bzw. der Gliedmaßen
- Schattierung der Hände
- Grobe Asymmetrie der Gliedmaßen
- Schräg geneigte Gestalten
- Winzige Gestalt
- Große Gestalt
- Transparenzen (Röntgenbilder)
- Winziger Kopf
- Schielende Augen
- Zähne
- Kurze Arme
- Lange Arme
- Arme am Körper anliegend
- Große Hände
- Abgeschnittene Hände
- Beine zusammengepresst
- Genitalien
- Ungeheuer oder groteske Gestalt
- Drei oder mehr spontan gezeichnete Gestalten
- Wolken (Regen, Schnee, fliegende Vögel)
- Weglassungen (keine Augen, keine Nase, kein Mund, kein Körper, keine Arme, keine Beine, keine Füße, kein Hals).
  In Kap. 9.2.2. kann die Definition dieser 30 Emotionalen Merkmale des ZEM nach Koppitz in Originaltabellen und in einem erläuternden Text zur Auswertung eingesehen werden.

Nach Koppitz beginnt der klinische Aussagewert dieser Faktoren erst, wenn sie gehäuft (mindestens 2 Faktoren) in der Zeichnung vorkommen. Um diese Auffälligkeiten als Emotionale Faktoren isolieren zu können, ist allerdings ihre Einordnung in eine ganzheitlich orientierte Diagnostik unerlässlich. Unzulängliche Integration von Teilen, grobe Asymmetrie der Gliedmaßen oder Transparenzen können z. B. auch Ausdruck einer Entwicklungsstörung auf der Grundlage einer zerebralen Schädigung sein. Besonderheiten der Formgestaltung sind nicht nur in der Menschzeichnung, sondern auch in anderen Zeichentests und freien Zeichnungen zu finden. So beschreibt z. B. Avé-Lallemant Emotionale Zeichen im Baum-Test oder im Sterne-Wellen-Test, die insbesondere die Formdarstellung betreffen (Avé-Lallemant

2002, 2006). Ohne dass hier auf Einzelheiten der Interpretation dieser Tests eingegangen werden kann, ist festzuhalten, dass bei der Analyse von Formdarstellungen insgesamt darauf zu achten ist, ob bestimmte *Details fehlen*, die üblicherweise gezeichnet werden.

Fallbeispiel Bärbel, Kap. 4.3.2, Abb. 145-148:
Die 6;0jährige Bärbel verweigert nach traumatischen Erlebnissen im Elternhaus die Sprache gegenüber Erwachsenen (Elektiver Mutismus; Erklärung dieses medizinischen Begriffs vgl. Kap. 10.3). Es fällt auf, dass sie an Stelle einer Menschzeichnung zwei menschliche Gesichter mit auffällig großen Mündern und Zähnen darstellt und diese keine Gesichtkonturen aufweisen. Mit Hilfe einer ganzheitlich orientierten Diagnostik konnte geklärt werden, dass die auffällig großen Münder und großen Zähne als individuelles Symbol einer zu Grunde liegenden Angstabwehr im Rahmen ihrer verbalen Kommunikationsproblematik zu beurteilen sind.

Wird bei einer Baumdarstellung z. B. nur der Stamm, aber keine Krone oder diese unvollständig und durch den Blattrand wie abgeschnitten wirkend gezeichnet, so ist zu prüfen, ob diese Weglassung zufällig oder als Emotionales Zeichen zu interpretieren ist. Der Zeichner ist hinsichtlich seiner Möglichkeiten zu geistigem Wachsen, geistiger Auseinandersetzung und sozialen Kompetenz zu beobachten (dynamischer Aspekt des Archetypus des Selbst).

Ein 16jähriger zeichnet einen extrem unsymmetrischen Baum: Die linke Baumhälfte ist im Unterschied zur rechten völlig entlaubt und weist abgebrochene Äste auf. Er wird im Hinblick auf seine frühe Entwicklungsgeschichte, sein Aufwachsen in der Familie und seine möglicherweise in der Vergangenheit erlittenen Verluste und Traumatisierungen genauer anzusehen sein.

Darstellung von Genitalien in der Kinderzeichnung:
Bei der Formdarstellung wird darüber hinaus beobachtet, ob Formen oder Formdetails altersuntypisch besonders hervorgehoben sind. Wenn z. B. 9jährige Kinder bei der Menschzeichnung Genitalien zeichnen, ist dies für das Alter untypisch und sollte Anlass zu einer genaueren Untersuchung sein. Aber auch schon bei Kindern im Vorschulalter (ab ca. 5;0 Jahren) können Darstellungen von Penis und Vagina Ausdruck einer Problematik im sexuellen Bereich sein oder auf Missbrauch hinweisen. Das in diesem Alter nicht ungewöhnliche Interesse am eigenen Körper, das Entdecken der eigenen Geschlechtlichkeit, kann jedoch ebenfalls eine solche Symbolik in den Zeichnungen bewirken, *ohne dass sexuelle Probleme oder Missbrauch* vorliegen. Nachdrücklich muss deshalb hier vor *vorschnellen Diagnosen* und *möglichen Schuldzuweisungen gewarnt werden.* Es kommt ganz wesentlich auf die ganzheitliche Beurteilung des Entwicklungsstandes der Persönlichkeit des Kindes und seines familiären und sozialen Umfeldes an. Genitalien werden in Kinderzeichnungen ab der Stufe 3 (ca. 7;0-12;0 Jahre) selten dargestellt. Das Zeichnen von Genitalien

oder farbsymbolisch auffälliges Auskritzeln des Genitalbereichs sollte daher ab dem Grundschulalter *Ausgangspunkt zu weiteren gezielten Fragestellungen und Explorationen* des Kindes und ggf. seiner Eltern sein, als *Beweis für Missbrauch* können solche Darstellungen jedoch *nicht* verwendet werden.

Fallbeispiel Detlef, Kap. 4.3.5, Abb. 169:
Der 6;0jährige, kognitiv gut begabte Detlef war in letzter Zeit im Hinblick auf sein Verhalten im Kindergarten auffällig geworden (motorische Unruhe, deutlich reduzierte Konzentrationsfähigkeit, aufdringliches Verhalten den Mädchen gegenüber). Eltern und Erzieher/innen konnten sich die Verhaltensstörung nicht erklären. Eines Tages zeichnete er im Kindergarten ein ungewöhnliches Motiv, das er aber nicht benannte (Abb. 169). Form und Farbe der Zeichnung erinnern an eine Vagina. Wahl und realitätsorientierte Ausführung dieses Motivs sind untypisch für einen Jungen im Kindergartenalter und als Emotionales Zeichen zu werten. Mit Hilfe von Explorationsgesprächen (mit dem Jungen und seinen Eltern) konnte im geschützten psychotherapeutischen Raum in Erfahrung gebracht werden, dass Detlef kurze Zeit vor Fertigung der Zeichnung durch ältere Jungen sexuell traumatisiert worden war und nach diesem Ereignis mit seiner jüngeren Schwester sexuelle Spiele durchgeführt hatte. Auswahl und Gestaltung des Motivs verweisen auf ein realitätsorientiertes Erinnerungsbild (Vagina der Schwester), das sexuelle Neugier signalisiert, jedoch auch in Zusammenhang mit der selbst erlittenen sexuellen Traumatisierung interpretiert und psychotherapeutisch umgehend aufgearbeitet werden sollte.

Fallbeispiel John, Kap. 4.3.5, Abb. 171:
Bei dem 8;3jährigen entwicklungsgestörten John liegt eine infantile Zerebralparese mit motorischen, perzeptiven und kognitiven Entwicklungsstörungen (Lernbehinderung) sowie Verhaltensstörungen vor. Bei seiner Menschzeichnung hebt er den Penis besonders hervor und markiert die Genitalgegend mit auffälligen Kritzeln in der Farbe Orange (Emotionales Zeichen). Das Verhalten des Jungen, der als Integrationskind im Kindergarten intensiv betreut wurde, war besonders im Hinblick auf stereotype Bewegungsmuster und reduzierte Impulskontrolle auffällig. Sobald er zu Hause oder im Kindergarten die Ansprachemöglichkeit einer erwachsenen Bezugsperson vermisste, onanierte er exzessiv und bekam durch dieses Verhalten zunehmend mit seinen Eltern und den Kindern des Kindergartens Probleme. Nach Auswertung aller vorliegenden Untersuchungsergebnisse und Explorationen kann die Betonung des Penis in der Zeichnung des Jungen als Hinweis auf seine Probleme im sexuellen Bereich gewertet werden. Gleichzeitig wird deutlich, dass er nicht nur wegen seiner Entwicklungsdefizite im kognitiven und perzeptiven Bereich, sondern auch wegen seiner mangelnden Impulskontrolle, seinem Bedürfnis nach Zuwendung und seinen Verhaltensstörungen im sexuellen Bereich therapeutische Hilfe benötigte.

Auch *nicht integrierten Formen,* bei denen die Formdetails untereinander keinen Zusammenhang aufweisen, ist ab dem Lebensalter von ca. 5;0-7;0 Jahren besondere Beachtung zu schenken. Es kommt z. B. vor, dass Kinder mit großer emotionaler Verunsicherung bei der Menschzeichnung Arme und Beine nicht mit dem Rumpf verbinden und so Probleme ihres Körperbewusstseins (des Körperschemas, Körperbildes und Körperkonzepts) zum Ausdruck bringen (vgl. Fallbeispiel Kim, Kap. 6.2.1, Abb. 186; Fallbeispiel Darian, Kap. 4.3.5, Abb. 140). *Asymmetrien* können ebenfalls darauf hinweisen, dass sich beim Zeichnen der Form eine besondere psychische Unsicherheit des Kindes ausdrückt, die weiter abgeklärt werden muss (vgl. Fallbeispiel Marcel, Kap. 6.2.1, Abb. 193). Die Unterscheidung von Entwicklungsmerkmalen und Emotionalen Zeichen ist in diesem Bereich allerdings besonders schwer und erfordert eine sorgfältige Diagnostik (vgl. Emotionale Faktoren beim ZEM nach Koppitz).

4.2.5 Emotionale Zeichen in der Größendarstellung

Die Beachtung realitätsgerechter Größenrelationen wird erst etwa ab dem Alter von 5;0 Jahren in kleinen Schritten wirksam. Bis zu diesem Zeitpunkt zeichnet das Kind vorwiegend nach der „Bedeutungsgröße", d.h. groß wird gezeichnet, was dem Kind emotional wichtig ist. Die Beurteilung von Größenrelationen setzt mindestens das Alter der „Werkreife", zuverlässiger ein Alter von ca. 7;0 Jahren voraus; vorher können Größenrelationen auch im Hinblick auf Emotionale Zeichen nicht unzweifelhaft interpretiert werden. Koppitz gibt z. B. bei der Menschzeichnung der *winzigen Gestalt* einen besonderen emotionalen Stellenwert. Sie bezeichnet eine Gestalt als winzig, wenn sie maximal 5 cm hoch ist. Diese Definition wird von anderen Autoren heute weit gehend übernommen (z. B. im Haus-Baum-Person-Test, Buck, revised by Warren, 1992; Kap. 9.3.5). Auch Bucks/Warrens Definition der *auffällig großen* Gestalt (mindestens 23 cm hoch oder höher) bei Knaben und Mädchen ab 8 Jahren geht auf die Untersuchungsergebnisse von Koppitz zurück. Eine winzige Gestalt in der Zeichnung kann ausdrücken, dass das Kind sich mit dieser Figur identifiziert; die Winzigkeit der Figur steht dann symbolisch für das eigene reduzierte Körperbild und ein problematisches Selbstkonzept. Auch B. Eckstein übernahm diese Größenkriterien bei der Auswertung seiner Studie zur Überprüfung der Schulfähigkeit mit der Menschzeichnung (Eckstein, 1999).

> Dasselbe Kind könnte jedoch auch im Sinne einer Wunscherfüllung einen besonders großen Menschen zeichnen und damit versuchen, sein Problem über den Faktor „Größe" symbolisch zu bearbeiten. Oder ein Kind mit einem ausgesprochenen Hochwuchs leidet übermäßig an seiner Größe und stellt sich, weil es kleiner sein *möchte*, als besonders klein dar. Es projiziert in die auffallend kleine Figur seinen Wunsch nach Veränderung der eigenen Körpergröße, in der Hoffnung, von anderen Kindern nicht mehr wegen des Hochwuchses gehänselt zu werden.

Eine übermäßig groß gezeichnete Person kann auf der einen Seite als Wunsch interpretiert werden, selber groß zu sein, andererseits Angst und Angstabwehr in Bezug auf die eigene Körpergröße zum Ausdruck bringen. So ist es z. B. im Test: *„Familie in Tieren"* wichtig zu analysieren, mit welchem Tier sich das Kind identifiziert und in welchen Größenrelationen die Tiere gezeichnet werden (vgl. Fallbeispiel Sven, Kap. 6.2.2, Abb. 206: Der Junge zeichnet sich als winzig kleine Fliege, die über der Familie fliegt). Im Rahmen einer ganzheitlich orientierten Diagnostik ist abzuklären, ob die Größenzuweisungen eine emotional-soziale Bedeutung haben oder ob sie, gemessen am Entwicklungsalter, noch Ergebnis einer nicht geplanten zufälligen Zeichenhandlung sind. Auch dem Zeichnen von sehr kurzen oder sehr langen Armen kann eine emotionale Bedeutung zukommen (vgl. Koppitz, Kap. 9.2.2, Originaltabelle der Auswertung von Emotionalen Zeichen). Bei allen freien Zeichnungen oder Zeichentests sind Größenrelationen im Hinblick darauf zu beobachten, ob sie zufällig gewählt wurden oder einen emotional-sozialen Bezug zum Kind ausdrücken (vgl. vgl. Fallbeispiel Anna, Kap. 5.3.2.1, Abb. 179, Größenrelationen von Katze und Maus im Test: „*Familie in Tieren*").

4.2.6 *Emotionale Zeichen in der Farbdarstellung*

Farben können in Zeichnungen entweder als konventionelle Zeichen (z. B. Farben der Verkehrsampeln) eingesetzt oder im Sinne einer kollektiven oder individuellen Farbsymbolik verwendet werden. Nur mit Hilfe einer eingehenden Diagnostik ist es möglich, solche Unterscheidungen zu treffen. Eine oberflächliche Zuordnung der Farbsymbolik, z. B. anhand eines Lexikons zur Deutung von Symbolen, ist nicht zulässig und kann zu falschen Interpretationen führen. Es ist immer erforderlich, das Kind oder den Jugendlichen zu den von ihm gewählten Farben Stellung nehmen zu lassen. Farbsymbolik entsteht aus archetypischen Vorstellungen, die wiederum auf ursprüngliche körpernahe Empfindungen des Menschen zurückgehen. So hat z. B. die Farbe Rot eine starke Beziehung zum Blut und wird in Beziehung zu dieser ganzkörperlichen Sinneserfahrung erlebt. Die in der Natur wahrgenommene Farbe Grün verbindet sich bereits in der frühen Kindheit mit Vorstellungsbildern der Vegetation, der Wiese, des Waldes. Die Farbsymbolik baut auf Farbwahrnehmungen und begleitende subjektive Empfindungen auf.

In Zeichnungen verwendet das Kind Farben in Abhängigkeit zur Gesamtentwicklung. Kindergartenkinder bis zum Alter von etwa 4;0 bis 5;0 Jahren orientieren sich dabei noch nicht an einer realitätsbezogenen Farbgebung, sondern malen Farben je nach Bedürfnis zur Dekoration. Mosimann, 1979, spricht in diesem Zusammenhang von „Dekorativfarben" (vgl. Kap. 3.7.2.6). Erst ab dem Schulalter verwendet das Kind an der Realität orientierte, aus der Umweltbeobachtung gewonnene, typische Farben („Typenfarbe"), z. B. malt es jetzt die Wiese grün und den Himmel blau. Die Farben werden nicht mehr willkürlich gewählt (vgl. Kap. 3.7.3.6). Auf noch späterer Stufe differenziert es die Farben durch Farbnuancen und Farbschattierungen im Sinne von „Gegenstandsfarben" und „Erscheinungsfarben" (vgl. Kap. 3.7.4.6). Die projektive

Deutung von Farbsymbolen kann also erst einsetzen, wenn der Entwicklungsprozess des Kindes so weit abgeschlossen ist, dass typische Farben erwartet werden können. Eine auffällige Farbwahl kann Hinweis für vorliegende emotionale Probleme sein.

Farbsymbole werden in der psychologischen Literatur vielfach tiefenpsychologisch analysiert. Es ist jedoch zu beanstanden, dass die Analyse dieser Symbolik häufig nicht in Zusammenhang mit einer gründlichen psychodiagnostischen Untersuchung erfolgt. Bei den Farbsymbolen, wie überhaupt bei jeder symbolischen Gestaltung und Interpretation, ist die Polarität ihrer Eigenschaften zu beachten. Kinder drücken z. B. mit der Farbe Rot nicht nur Angst bzw. Angstabwehr, Aggressivität bzw. Angst vor Aggressivität aus, sondern können mit dieser Farbe auch Freude, Vitalität, Aktivität und Impulsivität zum Ausdruck bringen. Die Art der Deutung hängt von der individuellen Situation und emotionalen Befindlichkeit des jeweiligen Zeichners (Kindes oder Jugendlichen) ab.

Symboldeutungen einzelner Farben, Polarität ihrer Eigenschaften:
Gelb:
Gelb kann auf der einen Seite eine warme Empfindung auslösen, die positiv und aktivierend erlebt wird. Kandinsky (1912) bemerkt, dass Gelb auf den Betrachter zugeht. So wirkt Gelb anregend und befreiend. Gelb kann jedoch auch ein unangenehmes Gefühl auslösen und als Farbe des Abscheus und Missbehagens gedeutet werden. Die psychologische Wirkung von Gelb hängt u. a. davon ab, wie viel Rot oder Grün darin enthalten ist: Mehr Rot provoziert eher die positive Wirkung des Gelb, mehr Grün eher die problematische Empfindung. Grünliches Gelb kann Misstrauen symbolisieren oder ein Zeichen für Neid, Hass und Eifersucht sein. In reinem Gelb können die Sonne, Macht und Einsicht symbolisch zum Ausdruck kommen.

Orange:
Die Farbe Orange symbolisiert Energie und Aktivität. Orange strahlt nach außen und kann ein Gefühl von Wärme, Freude, Aktivität und Gesundheit vermitteln. Die Wirkung kann heiter und anregend, auch entspannend sein. Es gibt jedoch auch individuelle Bedingungen, unter denen die Farbe Orange eher negativ (fanatisch, überschäumend, aufdringlich) empfunden wird.

Rot:
Rot ist eine Steigerung des Orange und kann höchste Energie symbolisieren. Von Rot kann eine aktivierende Wirkung ausgehen, die auch das vegetative Nervensystem anregt. Beim Anblick der Farbe Rot können sich Puls, Atemfrequenz und

Blutdruck erhöhen. Die Farbe Rot wird gern in Verbindung zur Emotionalität und zum Affektiven gesehen (erregend, erwärmend). Sie kann Blut, Feuer, Liebe, Leidenschaft, Vitalität oder auch Revolution, Kampf, Aggressivität und Angst vor Gewalt symbolisieren. Nach Jacobi, 1992, drückt Rot auch das Teuflische, das Laster und ein Gefühl der Lebensbedrohung aus.

Fallbeispiel Detlef, Kap. 4.3.5, Abb. 169:
Es gilt als Emotionales Zeichen, wenn z. B. ein 7;0jähriges, altersgemäß intelligentes Schulkind einen Menschen zeichnet und die Genitalgegend mit roter Farbe deutlich überkritzelt. Der Rückfall auf die Kritzelstufe in der motorischen Entwicklung kann zusammen mit der auffälligen Farbwahl auf eine Problematik im sexuellen Bereich hindeuten, die mit Hilfe einer ganzheitlich orientierten Diagnostik abgeklärt werden sollte.
Auch die Rotfärbung der Vagina durch den 6;0jährigen Detlef ist im Zusammenhang mit einer selbst vor Kurzem erlebten sexuellen Traumatisierung des Kindes als Emotionales Zeichen zu werten.

Kriegsbilder von Flüchtlingskinder aus dem Kosovo, Kap. 4.3.5, Abb. 174-177:
In von Kindern gezeichneten Kriegsbildern aus dem Kosovo zeigt sich die Farbsymbolik des Rot in Spuren von Blut und Feuer und spiegelt eine aktuell erlebte emotionale Traumatisierung. Unter Berücksichtigung auch der verbalen Kommentare der Kinder ist hier Rot ebenfalls als Emotionales Zeichen zu interpretieren.

Fallbeispiel Paul, Kap. 4.3.4, Abb.167:
Die Geschichte vom Rosenbusch zeigt bei Paul eine auffällige Verwendung der Farben Rot und Schwarz im Sinne Emotionaler Zeichen.

Blau:

Die Farbe Blau gilt als Farbe der Introversion und hat eine ruhige und kühle Wirkung. Sie bewegt sich zum Zentrum des Menschen hin. Dunkelblau kann auf eine ernste Stimmung hinweisen, deprimierend und traurig wirken und im Zustand der Depression gemalt werden. Dunkelblau kann auch das Unbewusste, die Nacht, die Ruhe oder den Tod repräsentieren. Dagegen drückt Hellblau eher ein Gefühl von Weite und Ferne aus. Durch Blau können Himmel und Wasser, Treue, Sehnsucht, das Übersinnliche und Geistige symbolisiert werden. Auch der blaue Mantel der Mutter Maria gehört in diesen geistig religiösen Deutungszusammenhang. Erst ab dem Jugendalter ist die geistige Reife erreicht, um die Farbe Blau in der Zeichnung als Verbildlichung eines abstrakten Begriffs einsetzen zu können.

Violett:

Violett entsteht aus einer Mischung von Rot und Blau und vereint in sich sowohl die erregenden Anteile des Rot, das auf den Menschen zukommt, als auch die kühlende, distanzierte Symbolik des Blau, das sich zum Zentrum des Menschen bewegt. Violett kann Deprimierendes, Sehnsüchtiges, Trauriges ausstrahlen und unruhig wirken. Es kann jedoch auch auf Bedeutungsvolles, Würdevolles (violette Mäntel von Kaisern, violetter Umhang Jesu auf alten Passionsbildern) hindeuten und positiv erlebt werden.

Grün:
Im Grün heben sich die exzentrischen Bewegungen des Gelb und die konzentrischen Bewegungen des Blau auf. Dadurch entsteht der Eindruck von Ruhe, Unbeweglichkeit und Passivität. Die Farbe Grün wirkt beruhigend, wohltuend; sie wird, indem sie positive innere Bilder aus der Pflanzenwelt provoziert, als sanft und friedvoll erlebt. Wachstum, Natur und Hoffnung kommen in der Farbe Grün zum Ausdruck. Da aber von ihr wenig Farbanregungen ausgehen, kann diese Farbe nach längerer Exposition als langweilig erlebt werden. Auch hier kommt es auf die Nuancierung des Grün an. Hellgrün kann als lebendig, jugendlich interpretiert werden, Dunkelgrün drückt dagegen eher eine nachdenkliche Stimmung aus. Mittelgrün symbolisiert Ausgeglichenheit und Zufriedenheit (vgl. den Wechsel der Farbwahl bei der Maltherapie Toms; das Grün tauchte bei ihm vermehrt erst gegen Ende der Langzeit-Therapie auf, als sein psychosomatisches Symptom (Enkopresis) verschwunden war (vgl. Kap. 4.3.3, Abb. 165).

Weiß:
Nach Kandinsky wirkt die Farbe Weiß auf die Psyche wie ein „großes Schweigen“. Weiß bewegt sich nach außen, es wirkt exzentrisch. Das Gute, die Unschuld, die Reinheit, die Offenheit können durch reines Weiß ausgedrückt werden, stumpfes Weiß kann dagegen auch Tod, Leere und Trostlosigkeit symbolisieren. In Indien ist Weiß die Farbe der Trauer. Bei Theodor Storm taucht der „Schimmelreiter“ als Unglücks- und Todesbote auf. Gespenster in weißen Gewändern spielen in kindlichen Phantasien eine wichtige Rolle.

S. Bach fand in den Zeichnungen unheilbar krebskranker Kinder ein zunehmendes Verblassen der Farben. Mit dem Schwinden der Lebensenergie nahm die Farbigkeit der Kinderzeichnungen ab, der Weißanteil zu (Bach, 1995). In diesen Beispielen wird das Weiß als Emotionales Zeichen zu diskutieren sein.

Schwarz:
Kandinsky, 1912, beschreibt die Farbe Schwarz als erloschen und unbeweglich. Riedel, 1999, sieht im Schwarz eine hemmende und blockierende Wirkung. In unserem Kulturraum kann die Farbe Schwarz Tod, Trauer, Nacht, Depression, das Böse,

Teuflische und Aggressive symbolisieren. Kinder im Kindergartenalter wählen die Farbe Schwarz dagegen auch zum Zweck prägnanter Konturierung im positiven Sinn. Hinter der Farbwahl steht dann nicht eine depressive Gestimmtheit, vielmehr geht es darum, die Zeichenmotive optisch besonders hervorzuheben. Jugendliche empfinden die Farbe Schwarz oft als elegant, schick und extravagant; sie wählen schwarze Kleidung, schwarze Autos oder eine schwarze Zimmereinrichtung. Nur mit Hilfe einer individualisierten Diagnostik ist es möglich, eine differenzierte psychologische Deutung des Schwarz vorzunehmen.

Fallbeispiel eines schwer verhaltensgestörten Flüchtlingsjungen aus dem Kosovo, Kap. 4.3.5, Abb. 173:
Die intensive Schwärzung im Bild eines schwer verhaltensgestörten 6;0jährigen Kosovo-Flüchtlingsjungen ist als Emotionales Zeichen zu interpretieren, das seine Trauer, Wut und Verzweiflung ausdrückt. Kurz bevor er dieses Bild malte, schlug er wiederholt heftig mit dem Kopf gegen die Wand und wollte offensichtlich mit diesem Verhalten Aufmerksamkeit und Zuwendung auf sich lenken. Seine Impulskontrolle war mangelhaft, und er hatte große Schwierigkeiten mit der sozialen Einordnung in die Gruppe. Weil die Betreuer seine Sprache nicht verstanden, konnte er seine Probleme im Bild und in seinem Verhalten, jedoch nicht über die Sprache ausdrücken. Erst später wurde es mit Hilfe eines Dolmetschers möglich, zu dem Jungen auch verbalen Kontakt herzustellen, mehr über seine Wut und seine Ängste zu erfahren und ihm therapeutische Hilfe anzubieten.

Fallbeispiel Georg, Kap. 4.3.5, Abb. 172:
Der 6;0jährige Georg zeichnet das Grab seiner vor Kurzem verstorbenen Mutter als schwarzen Kreis. Für ihn symbolisiert die Farbe Schwarz die aktuelle Trauer um den Verlust der Mutter und ist in Zusammenhang mit Kritzelungen und anderen Auffälligkeiten der Zeichnung als Emotionales Zeichen zu werten.

Grau:
Grau kann für Leblosigkeit, Melancholie und Lebensunlust stehen. Es kann ein Symbol für Trübsinn, Pessimismus, Alter und Schmutz sein. Grau kann auch gewählt werden, um Konformität, ein Nichtauffälligwerden („graue Maus") und Unentschiedenheit auszudrücken.

Braun:
Jacobi, 1992, schreibt Braun eine entkrampfende und erlösende Wirkung zu. Braun kann im positiven Sinn als Symbol für die Mutter, Erde und Erdhaftigkeit Verwendung finden. Es kann Behaglichkeit und Wärme oder den Wunsch danach ausdrücken. Es symbolisiert aber auch den Schmutz, Abfall, das Absterben und, sofern es an Kot erinnert, Probleme des fäkal-analen Bereichs. Durch den Nationalsozialismus bekam die Farbe Braun, abgeleitet von den braunen Uniformhemden der SA, eine besonders negative politische Symbolik.

Fallbeispiel Tom, Kap. 4.3.5, Abb. 153:
Bei der psychosomatischen Störung Toms (schwere Form einer Enkopresis, Einkoten, Erklärung dieses medizinischen Begriffs vgl. Kap. 10.3) ist die Wahl der Farbe Braun für die überdimensional groß dargestellte „Wurst" als Emotionales Zeichen auffällig. Jedoch nur innerhalb des psychotherapeutischen Prozesses konnte Zugang zu den *unbewussten Phantasien* gefunden werden, die in den individuell gewählten Symbolen seiner Zeichnung zum Ausdruck gebracht worden waren (vgl. Fallbeispiel Tom, Kap. 4.3.5, Abb. 149-165).

Gold:
10jährige Kinder, besonders Mädchen, verwenden gerne die Farbe Gold, malen Prinz und Prinzessin meist in goldenen Kleidern, ohne dass eine individuelle Problematik Anlass zu dieser Farbwahl gibt. Anders verhält es sich im folgenden Beispiel:

Fallbeispiel Anna, Kap. 5.3.3, Abb. 180:
Es handelt sich bei der 10;5jährigen Anna um ein Adoptivkind. Sie leidet an kombinierten umschriebenen Entwicklungsstörungen, die mit Sekundärstörungen (Verhaltensstörungen) verbunden sind. Zur Adoptivmutter besteht ein angespanntes Verhältnis (ausführliche Besprechung der freien Zeichnung: „Der Wundergarten" mit Aufzeichnung des Gesprächsprotokolls vgl. Kap. 5.3.3).
Das Mädchen verwendet Gold in seiner Zeichnung, um die Kleider von Prinz und Prinzessin zu schmücken. Sie erzählt zu ihrem Bild, dass sich Prinz und Prinzessin, die früher Bären waren und in einer Bärenhöhle lebten, toll fühlen, wenn sie Gold in der Luft glitzern sehen.

Der Einsatz der Farbe Gold lässt in Zusammenhang mit der erzählten Geschichte Annas vermuten, dass unbewusste Wünsche über diese Farbe symbolisiert werden (weitere Einzelheiten hierzu vgl. Fallbeispiel Anna, Kap. 5.3-5.3.6)

4.2.7 Emotionale Zeichen in der Bewegungsdarstellung

Bewegungsdarstellungen werden immer zuerst im Hinblick auf vorliegende Entwicklungsmerkmale analysiert (vgl. Kap 3.6.7; 3.7.1.7; 3.7.2.7; 3.7.3.7; 3.7.4.7), sie können jedoch auch Hinweise auf die emotionale Empfindlichkeit eines Kindes enthalten. Als gutes Beispiel hierfür gilt z. B. im Sterne-Wellen-Test von Avé-Lallemant die Darstellung des Meeres (vgl. Kap. 9.3.4). Die Meereswellen symbolisieren den emotionalen Bereich und das Lebensgefühl des Kindes oder Jugendlichen. Stürmische Wellen können Ausdruck einer positiv bewegten lebendigen Emotionalität, von Aktivität und Lebensfreude, jedoch auch Ausdruck von problematisch erlebten „Lebensstürmen" sein (vgl. Fallbeispiel Susanne, Kap. 6.2.3, Abb. 243). Sehr flache und undynamische Wellen werden als Ausdruck mangelnder Antriebskraft gedeutet. Am Beispiel des Sterne-Wellen-Tests wird deutlich, dass die motorische Symbolik der Linie Hinweise zur Persönlichkeitsdiagnostik geben kann. Auch in Bewegung dargestellte Menschen können Ausdruck des dynamischen Körperbildes

des Zeichners sein. Umgekehrt ist zu überprüfen, inwieweit undynamische, starre Zeichnungen Probleme des Körperbildes aufzeigen.

4.2.8 Emotionale Zeichen in der Raum-Zeitdarstellung und in der Komposition

Widlöcher und Avé-Lallemant, aber auch andere vorliegende Publikationen betonen die häufig klinisch zu beobachtende große Übereinstimmung von *graphischem Ausdruck, Temperament und Charakter sowie die Analogie zwischen dem räumlich-zeitlichen Rahmen, in dem sich das Kind befindet, und dem graphischen Raum* (Widlöcher, 1993; Avé-Lallemant 2006, 2002). Die Raumdarstellung in der Zeichnung kann Hinweis auf ein emotionales Erlebnis des Kindes in seinem persönlichen Raum sein. In solchen Fällen *projiziert es sein Körperbewusstsein, sein eigenes dynamisches Körperbild in Ausdruckselemente der Raumdarstellung.* Auch sein ihm unbewusstes Körperschema, das sein Gleichgewicht und sein Körperkonzept (sein Wissen über die Funktionen des Körpers) reguliert, spiegelt sich in seinen Zeichnungen.

Rechts- oder Linkshändigkeit beeinflussen die formale Raumstruktur der Zeichnung:
Ebenso können Rechts- oder Linkshändigkeit die Raumstruktur des gezeichneten Bildes beeinflussen. Rechtshänder bevorzugen nach vorliegenden klinischen Erfahrungen in unserem Schreibkulturraum in der Regel die Bearbeitung ihrer Motive in Richtung ihrer Schreibbewegungen *von links nach rechts.* Linkshänder dagegen richten ihr Wahrnehmungsfeld nach links aus. Sie beginnen nach meinen Erfahrungen im Kindergartenalter überwiegend ihre Zeichnungen auf der rechten Seite und arbeiten sie weiter in Linksrichtung des Blattes aus. Mit dem Schrifterwerb prägt sich allerdings auch bei vielen Linkshändern unseres Kulturraumes zunehmend die Links-Rechtsrichtung in den Zeichnungen ein.
Profile werden von Rechtshändern in anderer Raumrichtung gezeichnet als von Linkshändern. DiLeo gibt hierzu anschauliche Beispiele von Profilzeichnungen des linkshändigen Künstlers Leonardo da Vinci, der übereinstimmend mit Zeichnungen linkshändiger Kinder die Nase zur rechten Seite ausrichtet. Linkshänder sind nach DiLeo u. a. an der Rechtsrichtung der Profile ihrer Menschzeichnungen zu erkennen, bei Rechtshändern verhält es sich überwiegend umgekehrt.

> DiLeo, 1992, S. 151-153:
> „LEONARDO DA VINCI schrieb, malte und zeichnete mit der linken Hand. Da er ein Genie und meisterhafter Künstler war, konnte er den Menschen in beispielloser Meisterschaft in unendlich vielen Haltungen und Ausrichtungen darstellen. Interessant ist aber, dass seine Köpfe in schnell gezeichneten Skizzen überwiegend nach rechts blicken (Bildtafel II)."

Nicht nur die Händigkeit hat Einfluss auf Bewegungsdarstellung (Profilwendung) und Raumstruktur, auch mit dem Körperbild verbundene Körpergefühle werden auf die Zeichenfläche übertragen. Man geht in der Literatur davon aus, dass sich die linke Körperhälfte und die Gliedmaßen der linken Körperseite auf der links vor dem Kind liegenden Zeichenfläche, die rechte Körperhälfte auf der rechts vor dem Kind liegenden Zeichenfläche spiegeln. Der Körper legt sich zeichnend gleichsam symbolisch auf die Zeichenfläche, überträgt auf sie auch seine Körperempfindungen. Diese Beobachtungen sind durch viele klinische Erfahrungen belegt.

So findet man z. B. bei Menschdarstellungen körperbehinderter (spastischer) Kinder eine zeichnerische Betonung von Gliedmaßen (Vergrößerung, Verkleinerung oder Deformierung von Armen oder Beinen) der Körperseite, die von der spastischen Lähmung betroffen ist.

Die bevorzugten Positionen in der Raumstruktur der Zeichenfläche sind von körperlichen und emotionalen Voraussetzungen abhängig.

Ein Kind kann sich in seinem persönlichen Umfeld isoliert und einsam fühlen und dieses Gefühl in den graphischen Ausdruck seiner Zeichnung übertragen. Es identifiziert sich z. B. mit einer Person, die auffallend klein und *isoliert am Rand der unteren linken Seite der Zeichenfläche* dargestellt ist. Oder es fallen in der Zeichnung eines Schulkindes *Einkästelungen* auf, die Ausdruck seines problematischen Körpergefühls und seiner Schwierigkeiten in sozialen Beziehungen sein können. Von Einkästelungen spricht man, wenn eine oder mehrere isolierte Personen mit festem Rahmen umschlossen werden, sodass sie von Beziehungen zu anderen Personen der Zeichenfläche (verstanden als Symbol für die „Umwelt" des Zeichners) ausgeschlossen sind. Nach meinen klinischen Erfahrungen setzt eine *projektive Interpretation* von Einkästelungen allerdings neben anderen einschränkenden Voraussetzungen mindestens das Erreichen der „Werkreife" (ab ca. 5;0-7;0 Jahren) voraus. Vor diesem Zeitpunkt treten sie in Zusammenhang mit entwicklungsbedingt notwendigen Wahrnehmungstendenzen der Gestaltgesetze (Schließungstendenz, Prägnanztendenz) auf und sind dann als Entwicklungsmerkmale, nicht aber als Emotionale Zeichen zu werten.

Mit Hilfe des tiefenpsychologischen Zeichentests: „Die verzauberte Familie" (Kos und Biermann, 1995) wurden 1225 Zeichnungen neurotischer Kinder statistisch ausgewertet und in ein Diagnose-Schema eingeordnet (Orale Phase, Anale Phase, Phallische Phase, Latenzphase, Pubertät, Primär organische Schäden, Soziale Neurosen). Die Autoren analysierten im Hinblick auf die formalen Kriterien der Raumanordnung und Komposition der Motive des Zeichentests folgende Merkmale und werteten sie projektiv im Rahmen der Persönlichkeitsdiagnostik aus:

- „Reihung am unteren Blattrand" (Motive werden auf den unteren Blattrand platziert)
- „Reihung in der Mitte" (die Motive sind in der Mitte des Blattes aufgereiht)
- „Reihung am oberen Blattrand" (die Motive sind am oberen Blattrand gezeichnet)
- „Verteilung auf dem ganzen Blatt" (die Motive werden über das ganze Blatt verteilt)

- „Diagonale Anordnung“ (die Motive liegen in Richtung einer Diagonalen)
- „Dreieckslösung auf der Waagerechten“ (die Motive bilden eine Dreiecksform und liegen auf der Waagerechten)
- „Horizontale Anordnung in zwei Ebenen“ (die Motive sind wie ein Streifenbild in zwei Ebenen untereinander gezeichnet
- „Vertikale Anordnung“ (die Motive stehen in vertikaler Richtung übereinander)
- „Seitenbevorzugung“ links und rechts
- „Höhenbevorzugung“ (Motive liegen im oberen Bereich des Zeichenblattes)
- „Häufungen“ (Motive liegen angehäuft)
- „Beachtung der Reihenfolge“ (Beachtung, was an erster, zweiter, dritter etc. Stelle gezeichnet wurde
- „Auffällige räumliche Anordnungen“ (Beachtung von Trennung der Motive, ihrer Nähe und ihrer peripheren Stellung)

Die Autoren stützten sich bei Zusammenstellung dieser Kriterien auf vielfältige Untersuchungsergebnisse der Literatur, die auf die persönlichkeitsdiagnostischen Aussagemöglichkeiten dieser Merkmale hingewiesen haben (Koch, 1949/1997; Brem-Gräser, 1957/2001). Auch andere Autoren setzten vergleichbare Kriterien der Raumstruktur zur projektiven Auswertung von Zeichentests ein. Avé-Lallemant analysierte z. B. im Baum-Test (vgl. Kap 9.3.3) und im Sterne-Wellen-Test (vgl. Kap. 9.3.4) die formale Raumstruktur nach vergleichbaren Auswertungsgesichtspunkten. Auch im Test: *„Familie in Tieren“* (Brem-Gräser, 2001) und im *Mann-Zeichen-Test* wird die formale Raumstruktur mit oben genannten Kriterien im Sinne eines Persönlichkeitsmerkmals gedeutet (Koppitz, 1972; DiLeo, 1992).

Die Händigkeit des Zeichners muss bei diesen Interpretationen berücksichtigt werden. Je nach Händigkeit wird der linken oder rechten Seite der Zeichenfläche, der Mitte, dem Oben oder Unten eine symbolische Deutung für einen Raum zugeordnet, „den sich der Mensch als außen vorstellt und den er zugleich in sich selbst tragt.“ (Koch, 1949/1997, S. 35).

Bei Rechtshändern symbolisiert nach Koch, Avé-Lallemant und anderen Autoren die linke Bildseite die Verarbeitung emotionaler Erlebnisse der Vergangenheit, die rechte dagegen die Bearbeitung des zukunftigen Lebens. Bei Linkshändern findet sich vor allem im Vorschulalter die umgekehrte Zuordnung. Auch Susan Bach findet bei ihren Untersuchungen krebskranker Kinder diese von der Schriftkultur abhängige Raumsymbolik bestätigt.

Die Bedeutung dieses Raumschemas (Koch, 1949/1997; Bach, 1995) ist umstritten und sollte nach meinem Verständnis nur im Sinne einer zu überprüfenden *Zusatzhypothese*, nicht aber unabhängig von der biographischen Anamnese, Familienanamnese oder der Bewertung aller anderen vorliegenden Befunde, vorgenommen werden.

Im Folgenden wird zu einigen der genannten Raumkriterien Stellung bezogen:

Raumsymbolik der vertikalen Ausrichtung:
In der Literatur wird der gezeichneten *Bodenlinie* oder der *räumlichen Darstellung eines Bodens* ein Ausdruckswert und Projektionswert zugeschrieben. Es ist allerdings sehr wichtig, bei der Auswertung der Bodenlinie als Emotionales Zeichen das Lebensalter des Kindes zu berücksichtigen. Erst ab „Werkreife" (ab ca. 5;0-7;0 Jahren) kann man im Rahmen der Entwicklung der Raumdarstellung eine Bodenlinie erwarten. Vor diesem Zeitpunkt streut das Kind seine Motive im Raum (Streubild) und misst der Bodenlinie bei der eigenen Bilddarstellung noch keine Bedeutung bei. Erst wenn das Kind, obwohl es über die entsprechenden Entwicklungsvoraussetzungen zur Raumdarstellung verfügt, weiterhin Streubilder ohne Bodenlinie bevorzugt, gewinnen diese Aussagekraft als Ausdruck der emotionalen Befindlichkeit. Streubilder ohne Beachtung einer Bodenlinie können nach vorliegenden klinischen Erfahrungen ab dem Schulalter Hinweis auf eine emotionale Verunsicherung des Kindes sein. Es ist in diesem Zusammenhang die Hypothese zu überprüfen, ob der fehlende Boden auf der Zeichenfläche in symbolischer Form die Unsicherheit, „keinen Boden unter den Füßen zu haben", keinen Halt zu haben, ausdrückt. Nicht nur die Bodenlinie, auch die mittlere und obere Zeichenfläche (Himmel) sind im Hinblick auf ihre raumsymbolische Bedeutung zu überprüfen (ab ca. 7;0 Jahren).

Raumsymbolik der horzizontalen Anordnung:
Auf der Grundlage der Raum- Zeitdarstellung ist aus der *Analyse des Bildzusammenhanges und der Platzierung der Motive* zueinander auf die emotionale Befindlichkeit des Kindes zu schließen. Sie kann sich zeigen in der räumlichen Distanz der Motive zueinander, in ihrer Position im Raum sowie in ihrer Komposition (räumliche Nähe oder Entfernung, Abwendung oder Zuwendung).
Im Test: *„Familie in Tieren"* (Brem-Gräser, 2001) oder bei der zeichnerischen Darstellung der eigenen Familie als Sonnen (Iten, 1980) wird die Raumstruktur analysiert. Wenn sich das Kind mit einem Tier, einer Sonne oder einer menschlichen Figur identifiziert und diese in die Mitte der Zeichenfläche platziert, entspricht dies zunächst einer entwicklungsbedingten Tendenz der Bevorzugung der mittleren Zeichenfläche. Die Bevorzugung der mittleren Position kann jedoch auch symbolisch das emotionale Bedürfnis ausdrücken, am liebsten selber im Mittelpunkt stehen zu wollen. Es wird zu prüfen sein, ob die Platzierung der im Mittelfeld dargestellten Person im Sinne einer real erlebten Familiensituation erfolgte (das Kind steht in der Familie bereits im Mittelpunkt der Aufmerksamkeit und demonstriert dies in der Zeichnung) oder im Sinne einer ihm unbewussten Wunscherfüllung zu deuten ist (es möchte selber gerne öfter im Mittelpunkt der Familie stehen und drückt diesen Wunsch symbolisch durch die Wahl der mittleren Position auf der Zeichenfläche

aus). Wenn dagegen ein Kind sich selbst in der Menschdarstellung oder einer anderen Identifikationsfigur (Tier, Sonne) ganz an den linken oder rechten Rand platziert, kann dies auf eigenes Erleben seiner isolierten Position in der Familie oder in seinem sozialen Umfeld hinweisen; eine entsprechende Hypothese ist zu überprüfen.

Gramel, S., 2005:

Untersuchungen von S. Gramel haben gezeigt, dass „sowohl die minimale Distanz als auch die zentrale Distanz auf Bildern mit negativer Beziehungsdarstellung tendenziell größer ist als auf Bildern mit positiver Beziehungsdarstellung. Die Kinder malten die Personen, die sie nicht mögen, durchschnittlich stets weiter weg von der eigenen Person, als die Personen, die sie mögen. Differenziert man die Gesamtgruppe nach dem Geschlecht, kann man nur in der Untergruppe der Mädchen signifikante Unterschiede erkennen; bei den Jungen gibt es dagegen keine Unterschiede."

Diese Untersuchungsergebnisse weisen auf verschiedene Kriterien der Bildgestaltung hin, aus denen sich Hinweise auf gute oder schlechte Beziehungsqualitäten gewinnen lassen.

Gramel, S., 2005, S. 15-16:

„Während bezüglich der körperorientierten Maße (Distanz, Lächeln, Zuwendung/Abwendung) und der dargestellten Aktivitäten bedeutsame Unterschiede zwischen den positiven und den negativen Beziehungsdarstellungen existieren, gibt es für Kriterien der Ausgestaltung des Bildes mit der Sonne, zusätzlichen Ausschmückungen und den Farben zum großen Teil keine allgemeinen Unterschiede. Eine Ausnahme ist das signifikant häufigere Vorkommen der Farbe Schwarz auf den Bilder mit negativer Beziehungsdarstellung."

Im Zusammenhang mit der Beurteilung von Raumqualitäten sind auch *zeitliche Qualitäten* hinsichtlich ihres projektiven Aussagewertes zu beurteilen. Dabei ist z. B. die *Reihenfolge* zu beobachten, in der das Kind die Motive oder die Motivzusammenhänge zeichnet. So kann es z. B. in dem Test: *„Familie in Tieren"* von Bedeutung sein, welches Tier zuerst und welches zuletzt gezeichnet wird. Gerade den *ersten und den letzten Motiven* sollte man *besondere Aufmerksamkeit* schenken. Das, was das Kind (in einer freien Zeichnung oder in einem Zeichentest) zuerst zeichnet, ist ihm, wie die klinische Beobachtung in vielen Fällen zeigte, ganz besonders wichtig. Es steht im Mittelpunkt seines Erlebens, seiner aktuellen Wünsche und Phantasien. Auch das zuletzt gezeichnete Motiv kann für das Kind besondere Bedeutung haben. Denn erst, nachdem die nicht problembesetzten Motive dargestellt worden sind, wagt das Kind sich an die Darstellung des letzten Motivs, das unbewusste verdrängte Wünsche oder Konflikte symbolisieren kann (vgl. Fallbeispiel Anna, Kap. 5.3.2-5.3.2.1, Abb. 179). Wenn ein Kind bei Familiendarstellungen sich selber oder einzelne Familienmitglieder weglässt, sollten Gründe hierfür ermittelt werden. Ein „Vergessen" kann auf eine Fehlleistung hinweisen, die eine unbewusste Problematik des Kindes anzeigt. Auch *leeren Stellen, unausgefüllten Zeichenflächen*, kann in der Zeichnung ein Symbolwert als Emotionales Zeichen zukommen, indem sie auf unbewusste Wünsche, Phantasien oder Ängste des Kindes hinweisen.

4.3 Zeichnungen von Kindern mit Verhaltensproblemen im Therapieverlauf

4.3.1 Regressionssymptomatik nach emotionalem Trauma

- **Erläuternde Hinweise zu den Abb. 139-144:**

Darian war 5;8 Jahre alt, als er zur psychodiagnostischen Untersuchung in meine Praxis überwiesen wurde. Der Junge war wegen einer Sprachentwicklungsverzögerung (Stammeln, Dysgrammatismus), wegen seiner motorischen Unruhe, seiner grob- und feinmotorischen Unsicherheiten, seiner Gangstörung und seines aggressiven Verhaltens auffällig geworden.

Die Eltern hatten seine Sprachauffälligkeiten lange auf seine zweisprachige Erziehung zurückgeführt und keine phoniatrische Untersuchung veranlasst. Auch im Hinblick auf die Gangstörung erfolgte eine gezielte neuropädiatrische Untersuchung viel zu spät, stattdessen wurden dem Kind zur Verbesserung seines Ganges Einlagen verschrieben. Ab der Kindergartenzeit zeigte der sehr sensible Junge Verhaltensprobleme, sie nahmen ab 5;0 Jahren deutlich zu. Als Darian 5;0 Jahre alt war, diagnostizierte ein Jugendpsychiater bei ihm eine minimale zentrale Koordinationsstörung (minimale Zerebaralparese) und leitete physiotherapeutische und logopädische Maßnahmen ein (die Einlagen in den Schuhen wurden entfernt!). Bei der kinderpsychiatrischen Untersuchung fiel der Junge wegen seiner mangelnden Kooperationsbereitschaft und wegen visuomotorischer Wahrnehmungsstörungen auf. Zur weiteren Abklärung dieser Auffälligkeiten wurde er zu einer psychologischen Beratungsstelle überwiesen, die den Jungen psychodiagnostisch genauer untersuchen und die Eltern im Hinblick auf seine weitere Erziehung, Förderung und auf schulvorbereitende Maßnahmen beraten sollte.

Vorinformationen und Vorbefunde der psychologischen Beratungsstelle:
Nach kurzer Beobachtungs- und Untersuchungszeit überwies die Beratungsstelle den Jungen zur weiteren psychodiagnostischen Abklärung seiner komplexen Störungen an mich und vermerkte in ihrem Überweisungsbericht: „*Eine psychologische Untersuchung war wegen der erheblichen motorischen Unruhe und mangelnden Kooperationsbereitschaft nur begrenzt durchführbar. Der Coloured Progressive Matrices Test von Raven, CPM, konnte durchgeführt werden. Darian erreichte hier einen weit überdurchschnittlichen Prozentrang 95 (entspricht IQ 139). Die zeichnerische Produktion und andere Testverfahren (mit Ausnahme des CPM) wurden nur fragmentarisch bewältigt bzw. überhaupt nicht bearbeitet und können zur Beurteilung des Kindes nicht herangezogen werden.*“

Es handelt sich beim CPM um einen nicht-verbalen Intelligenztest, der ohne Einsatz der Graphomotorik das allgemeine Intelligenzpotenzial auf der Grundlage statistisch zuverlässiger Altersnormen erfasst.

Explorationsgespräch mit der Mutter, erste Durchsicht der Zeichnungen im Langzeit-Verlauf und erste Überlegungen zur Therapieplanung:
Durch Explorationsgespräche mit der Mutter des Jungen konnte ich erfahren, dass die Familiensituation aktuell sehr problematisch ist und vor Kurzem eine Trennung der Eltern erfolgte. Der Vater hatte vor 6 Monaten die Familie verlassen und den Kontakt zu ihr weit gehend eingestellt. Darian war zu dieser Zeit 5;2 Jahre alt und reagierte nach Beobachtungen der Mutter auf den Auszug des Vaters zunehmend mit auffälligen Verhaltensproblemen. Der sensitive Junge zog sich immer mehr zurück, wollte nicht mehr mit den anderen Kindern im Kindergarten spielen, zeigte sich ängstlich ausweichend oder auffallend aggressiv, widersetzte sich den Anweisungen der Mutter und der Erzieherinnen. Schließlich stellte er zu Hause und auch im Kindergarten jegliche Versuche, zu malen oder einen Stift zu benutzen, ein.
Ich bat die Mutter, alle verfügbaren Zeichnungen mitzubringen, die der Junge während der zurückliegenden Jahre zu Hause oder im Kindergarten angefertigt hatte.
Bei Durchsicht dieser Zeichnungen als Langzeit-Beobachtung fiel mir Folgendes auf: Die Zeichenentwicklung des Jungen war bis zum Lebensalter von ca. 5;2 Jahren mit Ausnahme einer leichten graphomotorischen Koordinationsunsicherheit altersentsprechend verlaufen (vgl. „Eisenbahn", Abb. 139); geschätztes Entwicklungsalter der Zeichenentwicklung im Lebensalter von 5;2 Jahren mindestens ca. 5;0 Jahre *(erreicht Mitte Stufe 2)*. Das testpsychologisch ermittelte, weit überdurchschnittliche allgemeine Intelligenzpotenzial (CPM Prozentrang 95) ließ im Alter von 5;8 Jahren eine mindestens gut-durchschnittliche Zeichenentwicklung erwarten (Ende Stufe 2).
Folgende Zusammenhänge sollten im Sinne einer Prozessdiagnostik von mir überprüft werden:

- Analyse der Entwicklungsmerkmale von Darians aktuell gefertigten Zeichnungen
- Untersuchung der Graphomotorik und visuellen Wahrnehmung des Jungen mit Hilfe von psychodiagnostischen Testverfahren
- Untersuchung auslösender Faktoren seiner Verhaltensstörungen mit Verweigerungshaltungen, zu Hause, im Kindergarten oder in der psychologischen Untersuchungssituation Stifte in die Hand zu nehmen, zu zeichnen oder zu malen
- Überlegungen zur Therapieplanung

Darians erste Zeichnungen:
Nach vorbereitenden Bewegungsspielen und spieltherapeutischen Maßnahmen (Rollenspielen), Gestalten mit Sand, Ton und Knete, lockerte sich Darian und war dann auch bereit, einen Pinsel und später Bunt- oder Bleistifte in die Hand zu nehmen. Es entstanden in Folge die Bilder Abb. 140 bis 144. Die schwere graphomotorische Koordinationsstörung und der Gestaltzerfall der Zeichnungen (Abb. 140 bis 143) wiesen gegenüber der Zeichnung der „Eisenbahn“ (Abb. 139) auf das Vorliegen einer schweren Regression der Zeichenfähigkeit hin. Ausführung und Formniveau wichen erheblich von den Zeichenleistungen ab, die er bereits im Lebensalter von 5;2 Jahren erbringen konnte, und stimmten nicht mit der testpsychologisch ermittelten, überdurchschnittlich hohen Intelligenz überein.
In Frostigs Entwicklungstest der visuellen Wahrnehmung, FEW, zeigte der Junge bei der Profilanalyse nur im Bereich der visuomotorischen Koordination erhebliche Defizite (Prozentrang 4), die anderen Werte lagen im Bereich der Durchschnittsnorm; die Wahrnehmung der Raumlage war mit einem Prozentrang von 89 überdurchschnittlich gut und stimmte mit den überdurchschnittlich guten Werten des CPM überein. Es handelte sich um ein echtes und interpretierbares Profil. Im Bender-Gestalttest (Auswertung Koppitz) erbrachte der Junge knapp-durchschnittliche Werte (-1 Standardabweichung). Zum Zeitpunkt der Untersuchung war leider der Nachfolgetest des FEW, der DTVP-2, FEW-2 noch nicht verfügbar, mit dessen Hilfe es möglich gewesen wäre, das Ausmaß einer bestehenden graphomotorischen Störung und/oder Störung der Gestaltwahrnehmung ohne graphomotorische Anteile statistisch zuverlässiger zu ermitteln und voneinander abzugrenzen (vgl. Kap. 9.1).
Die Hypothese einer psychogen verursachten Regression der Zeichenentwicklung sollte im Behandlungsverlauf überprüft und nach Möglichkeiten ihrer therapeutischen Bearbeitung gesucht werden. Dabei stand vordringlich die Frage einer psychogenen Traumatisierung durch Trennung der Eltern im Vordergrund der diagnostischen Überlegungen. Die medizinische Eingangsdiagnostik einer vorliegenden zentralen Koordinationsstörung (minimale infantile Zerebralparese) war darüber hinaus Anlass für mich, auch einen möglichen Zusammenhang mit dieser Grundstörung sowie mit aktuell auslösenden zentral-nervösen Faktoren im Auge zu behalten und ggf. medizinisch abklären zu lassen (Ausschluss eines aktuellen hirnorganischen Prozesses, z. B. eines sich entwickelnden Tumors).

Behandlungsverlauf und Beendigung der Therapie nach 9 Monaten Behandlungsdauer:
Nach 9 Monaten Therapie mit den Schwerpunkten *Bewegungs- und Rollenspiele, Maltherapie, schulvorbereitende feinmotorische Übungen und Schreibvorübungen* sowie

einer begleitenden intensiven Beratung der Mutter und des Vaters konnte das Verhalten des Kindes stabilisiert werden. Gleichzeitig verschwanden seine Symptome der Hyperaktivität weit gehend, seine Verweigerungshaltung wurde aufgegeben. Er hatte nach den Ergebnissen einer erneuten testpsychologischen Überprüfung die Schulfähigkeit erreicht und wurde seinem Alter entsprechend eingeschult. Wie die Abb. 144 zeigt, verfügte Darian jetzt im Lebensalter von 6;5 Jahren über eine sehr gute Zeichenfähigkeit. Motivwahl, Form-, Größen-, Farb- und Raumdarstellung waren gut durchschnittlich. Auch die Graphomotorik lag jetzt im Bereich der Altersnorm und war nicht mehr behandlungsbedürftig. Meine Therapie konnte nach 9 Monaten erfolgreich beendet werden. Allerdings war es notwendig, die Elternberatung noch während der Eingewöhnungszeit in die Schulsituation fortzusetzen. Auch die physiotherapeutische und logopädische Behandlung wurden noch über einige Monate fortgeführt.

Darian wurde bald ein sehr guter Schüler. Vor allem im Fach Rechnen war er seinen Klassenkameraden schnell weit überlegen und bekam stets die Note 1. Im Unterschied zu diesen Fähigkeiten machte ihm das Erlernen der Schreibschrift Schwierigkeiten, die er jedoch mit Hilfestellungen (z. B. durch besonders strukturierte Schreiblinien) zunehmend meistern konnte. Im Fach Turnen war er in seiner motorischen Koordination oft unsicher und ungeschickt, konnte sich aber auch in diesem Bereich zunehmend deutlich verbessern. Seine Sprachstörungen hatte er Ende des 1. Schuljahres weit gehend überwunden.

Die *rasche Verbesserung seiner Zeichenfähigkeit* nach nur 9 Monaten weist mit Nachdruck darauf hin, dass die plötzlich auftretende gravierende graphomotorische Störung in den Zeichnungen nicht in Zusammenhang mit der vorliegenden minimalen zentralen Koordinationsstörung (minimale infantile Zerebralparese) oder mit einem aktuell ablaufenden hirnorganischen Prozess zu sehen ist. Wie durch den Behandlungsverlauf belegt werden konnte, handelte es sich bei der Störung vielmehr um eine *psychische Traumatisierung*, ausgelöst durch die Trennung der Eltern und den Auszug des Vaters, in deren Folge es zu *zunehmenden Verhaltensstörungen* und *Regression der Zeichenfähigkeit* bei Darian kam. Die Zeichnungen (Abb. 140-143) belegen eindrucksvoll die schwierige emotional-soziale Situation des Jungen während dieser Zeit und die Notwendigkeit umgehender therapeutischer Hilfestellung.

Es ist zu vermuten, dass die Vorschädigung des Jungen (minimale infantile Zerebralparese) mit begleitenden motorischen und sprachlichen Entwicklungsstörungen und früh beobachteter Neigung zur Verhaltenslabilität das Auftreten einer psychogenen Traumatisierung, ausgelöst durch die Trennung der Eltern, begünstigt hat. Die unharmonische Entwicklung Darians mit *weit überdurchschnittlicher Intelligenz*, hoher Sensitivität, aber auch deutlichen *Defiziten in der motorischen und sprachli-*

chen Entwicklung führten wahrscheinlich zu *grundlegenden Schwierigkeiten, in Stresssituationen dem Lebensalter angemessen zu reagieren* und auf ein ausreichend stabiles Selbstwertbewusstsein zurückgreifen zu können. Die Trennung der Eltern und der Auszug des Vaters waren für diesen Jungen nicht ohne therapeutische Hilfestellung zu verkraften.

Abb. 139:
Darian, LA: 5;2 Jahre, Benennung: „Eisenbahn", Filzstifte, 19,0 x 52,7 cm, ***Zeichenentwicklung: Entwicklungsmerkmale altersgemäß, erreicht wird Mitte Stufe 2, beginnende Werkreife****, Feinmotorik etwas unsicher;* ***keine Hinweise auf Emotionale Zeichen; Gesamtentwicklung:*** *Hinweise auf Entwicklungs- und Verhaltensstörungen, vgl. einleitende erläuternde Hinweise zu den Abb. 140-144 .*

Abb. 140:
Darian, LA: 5;8 Jahre, Benennung: „Papa", Buntstifte, 29,7 x 21,0 cm, ***Zeichenentwicklung: Entwicklungsmerkmale überwiegend nicht altersgemäß****, es finden sich besonders auffällige Merkmale beim ersten subjektiven Eindruck (Unsicherheit), beim Stil (Stilbruch), bei der Ausführung und Organisation (fahrige, flüchtige Ausführung), bei der Graphomotorik (unkoordinierte Strichführung), bei der Formdarstellung (Gestaltzerfall), deutlicher Unterschied zur Formdarstellung von Abb. 139, Hinweis auf Regression; die Zeichnung ist aus einer kritzelnden Zeichenbewegung entstanden; Kopf, Arme*

und die nach außen gerichteten Beine sind nur angedeutet, der Körper ist nicht als geschlossene Form gezeichnet; die Menschzeichnung entspricht einer Übergangserscheinung zwischen Kopffüßler und gegliedertem Menschen; geschätztes Entwicklungsalter ca. 4,0-4;6 Jahre; Rückstand ca. 1;8-1;2 Jahre ***(erreicht wird Mitte Stufe 2); Emotionale Zeichen****: Auffälligste Emotionale Zeichen sind im Gesamteindruck (Stilbruch), in der gestörten Graphomotorik und in der gestörten Formdarstellung (Gestaltzerfall) zu ermitteln;* ***Gesamtentwicklung****: deutliche Hinweise auf Entwicklungs- und Verhaltensstörungen, vgl. einleitende erläuternde Hinweise zu den Abb. 140-144.*

Abb. 141:
Darian, LA: 5;8 Jahre, Benennung: „Ich mit meiner Ziege"; Kugelschreiber, 29,7 x 21,0 cm, ***Zeichenentwicklung****:* ***Entwicklungsmerkmale überwiegend nicht altersgemäß****, es finden sich besonders auffällige Merkmale bei der Ausführung und Organisation (fahrige, flüchtige Ausführung) und bei der Graphomotorik (unkoordinierte Strichführung); die Selbstdarstellung zeigt im Hinblick auf die Form jetzt einen gegliederten, aber nicht altersgemäß strukturierten Menschen mit nur einem Arm, der in kritzelndem Bewegungsablauf dargestellt wird; die Form des Körpers ist geschlossen, die Körperteile sind attributiv angesetzt; gut getroffen ist die Formdarstellung der Ziege, allerdings ist auch sie feinmotorisch sehr unsicher gezeichnet; Rückstand ca. 8-12 Monate* ***(erreicht wird Mitte Stufe 2); Emotionale Zeichen****: Auffälligste Emotionale Zeichen sind im Stilbruch (Hinweis auf Regression) und in der gestörten Graphomotorik zu ermitteln;* ***Gesamtentwicklung****: deutliche Hinweise auf Entwicklungs- und Verhaltensstörungen, vgl. einleitende erläuternde Hinweise zu den Abb. 140-144.*

Abb. 142:
Darian, LA: 5;8 Jahre, Benennung: „Haus", Buntstifte, 29,7 x 21,0 cm, ***Zeichenentwicklung****: Die* ***Entwicklungsmerkmale*** *der Zeichnung sind* ***unausgewogen*** *und* ***zum Teil Anfang der Stufe 2, zum Teil Mitte bis Ende der Stufe 2*** *zuzuordnen; es handelt sich hier auf der einen Seite um eine Kritzelzeichnung (Entwicklungsalter ca. 3;6 Jahre), auf der anderen Seite ist das Hausdach bereits in dreieckiger Form dargestellt (Entwicklungsalter ca. 5 Jahre); im Hinblick auf die Raumdarstellung findet sich ein bereits flächig gestalteter Boden (****Mitte bis Ende Stufe 2****). Auch hier zeigt sich ein gravierender Gestaltzerfall, der nicht mit der Zeichenleistung im Lebensalter von 5;2 Jahren oder der überdurchschnittlich hohen Intelligenz des Jungen übereinstimmt und diagnostisch abgeklärt werden muss;* ***Emotionale Zeichen****: Der erste subjektive Eindruck vermittelt mir das Bild einer ungesicherten häuslichen Situation; das Haus ist unten geöffnet und hat kein tragfähiges Fundament; auch alle anderen oben genannten Entwicklungsdefizite können zugleich Hinweis auf vorliegende emotional-soziale Probleme sein;* ***Gesamtentwicklung****: deutliche Hinweise auf Entwicklungs- und Verhaltensstörungen, vgl. einleitende erläuternde Hinweise zu den Abb. 140-144.*

Abb. 143:
Darian, LA: 5;8 Jahre, Benennung: „Mama", Bleistift, 29,7 x 21,0 cm, ***Zeichenentwicklung: Entwicklungsmerkmale nicht altersgemäß****, es finden sich besonders auffällige Merkmale beim ersten subjektiven Eindruck (Unsicherheit), beim Stil (Stilbruch), bei der Ausführung und Organisation (fahrige, flüchtige Ausführung), bei der Graphomotorik (unkoordinierte Strichführung), bei der Formdarstellung (Gestaltzerfall), deutlicher Unterschied zur Formdarstellung von Abb. 139, Hinweis auf Regression; die Zeichnung ist aus einer kritzelnden Zeichenbewegung entstanden (Kreiskritzel) und stellt einen Kopffüßler dar* ***(erreicht wird Anfang der Stufe 2)****, geschätztes Entwicklungsalter ca. 3;8 Jahre, Rückstand ca. 2*

Jahre; ***Emotionale Zeichen****: Auffälligste Emotionale Zeichen sind im Gesamteindruck (Stilbruch), in der gestörten Graphomotorik und in der gestörten Formdarstellung (Gestaltzerfall) zu ermitteln;* ***Gesamtentwicklung****: deutliche Hinweise auf Entwicklungs- und Verhaltensstörungen, vgl. einleitende erläuternde Hinweise zu den Abb. 140-144; die Regression der vorliegenden Zeichnungen in Verbindung mit dem testpsychologisch ermittelten überdurchschnittlichen Intelligenzpotenzial und vorliegender gravierender Verhaltensstörung erfordert weitere Diagnostik im Therapieverlauf; es muss die Hypothese des Vorliegens einer schweren emotionalen Traumatisierung bzw. eines vorliegenden hirnorganischen Prozesses überprüft werden.*

Abb. 144:
Darian, LA: 6;5 Jahre, Benennung: „Rotkäppchen und der Wolf", Filzstifte, 30,2 x 36,0 cm, ***Zeichenentwicklung: Entwicklungsmerkmale in guter Durchschnittsnorm*** *mit Hinweisen auf gute kognitive Potenziale* ***(erreicht wird Ende Stufe 2)****; der Gesamteindruck des Bildes wirkt auf mich positiv, ich vermute, dass es dem Kind beim Zeichnen dieses Bildes emotional gut ging und es wieder zu seiner Mitte zurückgefunden hat; auch der bildnerische Ausdruck ist gut altersentsprechend und weist auf den Vorstellungsreichtum innerer Bilder hin, in gleicher Weise entsprechen Stil, Ausführung und Organisation der Altersnorm; die Motivwahl zeigt übereinstimmend gute visuelle Vorstellungsfähigkeit und die Möglichkeit, Märcheninhalte zeichnerisch gut altersentsprechend umsetzen zu können; auch Graphomotorik, Form-, Größen-, Farb- und Raumdarstellung sind jetzt dem Alter entsprechend einzustufen; Hinweise auf* ***Emotionale Zeichen zeigen sich nicht****;* ***Gesamtentwicklung****: Die Hinweise auf Verhaltensstörungen sind zu diesem Zeitpunkt verschwunden; die Verweigerungshaltung und die motorische Unruhe konnten nach 9 Monaten Therapie weit gehend abgebaut werden; nach Überwindung seiner emotionalen Traumatisierung, ausgelöst durch die Trennung der Eltern und den Auszug des Vaters, zeigte sich Darians Zeichenfähigkeit wieder altersgemäß; die sehr gute Intelligenz des Jungen ist jetzt wieder in der Motivwahl und im Formniveau der Zeichnung zu erkennen; leichte Unsicherheiten der psychomotorischen und sprachlichen Entwicklung konnten in der Folgezeit noch beobachtet werden; Darian wurde altersentsprechend eingeschult und war bald ein sehr guter Schüler.*

4.3.2 Sprachverweigerung (Elektiver Mutismus) nach emotionalem Trauma

- **Erläuternde Hinweise zu den Abb. 145-148:**

Bärbel erlitt im Lebensalter von 6;0 Jahren ein sehr schweres Trauma. Nach Aufdeckung einer Straftat wurde der Vater von der Polizei abgeholt und inhaftiert, am gleichen Tag verschwand die Mutter und ließ ihre 4 Kinder alleine zurück. Das Jugendamt wurde eingeschaltet und sorgte durch eine sofortige Heimunterbringung für die Kinder. Ich wurde umgehend hinzugezogen, um die 4 Kinder therapeutisch solange zu stützen, bis eine Pflegefamilie gefunden war, die alle 4 Kinder gemeinsam betreuen konnte. Bärbel war die Älteste der 4 Geschwister und reagierte am traumatischsten auf das oben geschilderte Ereignis. Während die anderen Geschwister in meiner Praxis spielten und sich relativ unauffällig verhielten, stand Bärbel steif in der Ecke und verweigerte jegliche Mitarbeit. Selbst Bewegungsspiele lehnte sie ab, auch wenn man ihr einen Ball zuwarf, reagierte sie nicht. Nicht nur in ihren Körperbewegungen und ihrem Verhalten, auch in ihrer Sprache zeigte sie eine deutliche Verweigerungshaltung im Sinne des Elektiven Mutismus (Definition dieser Störung vgl. Kap. 10.3). Sie sprach nicht, antwortete nicht, schaute mit traurigen Augen ihr Gegenüber an. Aus ihrer zum Teil starren Körperhaltung und ihrem unbeweglichen Gesichtsaudruck konnte man, ebenso wie aus ihrem mutistischen Sprachverhalten, entnehmen, dass sie schwer traumatisiert war. Bei aller Ablehnung merkte man aber bald deutlich, dass sie sich dringend Zuwendung wünschte. In kleinen Schritten war sie im Therapieverlauf bereit, nonverbalen Kontakt zu mir aufzunehmen. Besonders über das Sandspiel mit Figuren gelang es mir, Bärbel zu lockern und zu ersten spielerischen Aktionen, darauf folgend zum Malen mit flüssigen Farben und Stiften zu motivieren. Die Zeichnungen Abb. 145-148 zeigen in Folge, wie das Mädchen seine Ängste und abwehrenden Aggressionen bildnerisch zum Ausdruck brachte und in relativ kurzer Zeit auch bewältigen, bearbeiten und zum Teil überwinden konnte. In den Zeichnungen Abb. 145-147 zeigen sich *Defizite der Zeichenentwicklung sowie Emotionale Zeichen in der auffälligen Formdarstellung (Darstellung von Zähnen) und auffälligen Farbdarstellung.* Nach 2 Monaten begann Bärbel wieder zu sprechen; gleichzeitig entstand das Bild Abb. 148, das nonverbal auf eine deutliche Verbesserung ihrer emotional-sozialen Situation hinweist. Zu diesem Zeitpunkt war sie auch emotional und verbal in der Lage, ihre Sehnsucht nach Zuwendung mir gegenüber zu äußern, wollte gerne in den Arm genommen werden und sagte dazu: „Ich bin jetzt dein Marienkäferkind."

<u>*Abb. 145:*</u>
Bärbel, LA: 6;0 Jahre, Benennung: fehlt; Wasserfarben, 29,5 x 41,8 cm; ***Zeichenentwicklung****: Die erreichten* ***Entwicklungsmerkmale der Zeichnung fallen weit hinter die erwarteten Merkmale des Lebensalters zurück****; es handelt sich hier um ein Malen mit Wasserfarben, bei dem – mit Ausnahme einer angedeuteten runden Form – keine anderen strukturierten Formen zu erkennen sind* ***(erreicht wird Anfang Stufe 2; geschätztes Entwicklungsalter ca. 3;6-4;0 Jahre)****;* ***Emotionale Zeichen****: Der erste subjektive Gesamteindruck des Bildes wirkt auf mich düster und bedrückt; die problematische emotional-soziale Situation des Mädchens spiegelt sich nach meinem Empfinden deutlich in dieser ersten Zeichnung; vor allem die Farbsymbolik schwarz (linke Bildseite) empfinde ich als ein Emotionales Zeichen. Der bildnerische Ausdruck der Zeichnung stimmt mit meinem ersten subjektiven Eindruck überein, er spiegelt mit dem dominierenden Einsatz der Farbe Schwarz und Grau einen düsteren Eindruck, allerdings gibt es auch die Farben Grün und Gelb in der Mitte des Bildes, die andeutungsweise auf emotionale Ressourcen des Kindes hindeuten; da das Kind zu diesem Zeitpunkt und zu dieser Zeichnung nichts spricht, kann der sprachliche Ausdruck weder im Hinblick auf die Entwicklungsmerkmale noch auf die Emotionalen Zeichen beurteilt werden;* ***Gesamtentwicklung****: schwere Form einer Verhaltensstörung (Elektiver Mutismus), vgl. einleitende erläuternde Hinweise zu den Abb. 145-148.*

<u>*Abb. 146:*</u>
Bärbel, LA: 6;2 Jahre, Benennung: fehlt, Filzstifte, 29,5 x 40 cm, ***Zeichenentwicklung****:* ***Entwicklungsmerkmale der Formdarstellung altersentsprechend (erreicht wird Ende Stufe 2); Emotionale Zeichen:*** *erster subjektiver Eindruck (wirkt auf mich bedrohend, Angst verdeckend); bildnerischer Ausdruck (zeigt ausdrucksvolle Drohgebärden in zwei Gesichtern; die schwarzen Augen wirken starr und maskenhaft; erster subjektiver Eindruck und bildnerischer Ausdruck weisen auf emotionale Konflikte des Kindes*

hin); Formdarstellung: überdeutliche Darstellung der Zähne (bekannt als transkulturelles Angst-Abwehrsymbol findet hier als individuelles Symbol im Sinne der Projektion unbewusster Ängste und Aggressionen Verwendung und ist in Zusammenhang mit dem psychosomatischen Symptom des Elektiven Mutismus des Kindes zu beurteilen; weiterhin auffällig sind die fehlenden Gesichtskonturen; sie können im Schutzschild der Symbolisierung ebenfalls auf emotionale Unsicherheiten im Gesichtsbereich hinweisen; ***Gesamtentwicklung****: vgl. einleitende erläuternde Hinweise zu den Abb. 145-148.*

Abb. 147:
Bärbel, LA: 6;3 Jahre, Benennung: fehlt, Wasserfarben, 29,5 x 39,8 cm, ***Zeichenentwicklung****:* ***Die Entwicklungsmerkmale der Zeichnung liegen ca. 1;0-1;6 Jahre hinter den „erwarteten Entwicklungsmerkmalen" des Lebensalters zurück (erreicht wird Mitte Stufe 2)****; unreife Entwicklungszeichen zeigen sich in der nicht altersgemäßen übergroßen Kopfdarstellung, im rechtwinkligen Ansetzen der Arme am Kopf ebenso wie im rechtwinkligen Ansetzen der Beine seitlich vom Körper;* ***Emotionale Zeichen****: überdeutliche Darstellung der Zähne, vgl. Abb. 146; Hinweise auf Ressourcen: 4 gelbe Sonnen;* ***Gesamtentwicklung****: vgl. einleitende erläuternde Hinweise zu den Abb. 145-148.*

Abb. 148:
Bärbel, LA: 6;5 Jahre, Benennung: „Die Sonne scheint wieder, Blumen, Wiese und Baum", Aquarellfarben auf nassem Papier gemalt, 29,5 x 41,8 cm, ***Zeichenentwicklung: Entwicklungsmerkmale dem Lebensalter gemäß (erreicht wird Ende Stufe 2)****; der erste subjektive Gesamteindruck wirkt auf mich positiv ausstrahlend und vermittelt mir das Gefühl von Licht, Wärme und neu beginnender Lebensfreude; die Merkmale der Zeichnung zeigen nach 3 Monaten Therapie* ***keine Hinweise mehr auf Emotionale Zeichen*** *der Form- oder Farbdarstellung.* ***Gesamtentwicklung****: vgl. einleitende erläuternde Hinweise zu den Abb. 145-148.*

4.3.3 *Psychogene Enkopresis (Einkoten)*

- **Erläuternde Hinweise zu den Abb. 149-165:**

Tom litt an einer schweren psychosomatischen Störung (psychogene Enkopresis, Einkoten, Erklärung des Begriffs vgl. Kap. 10.3) und wurde nach Abbruch einer analytischen Spieltherapie (der Junge hatte demonstrativ seine Mitarbeit verweigert) in meine Behandlung überwiesen. Tom litt an häufigen Darmkrämpfen, die Darmentleerung wurde über lange Zeiträume von ihm zurückgehalten und erfolgte dann unwillkürlich in kleinsten Mengen und unter großen Schmerzen. Er wurde in seiner Gesamtentwicklung durch diese psychosomatische Erkrankung erheblich beeinträchtigt und war auffällig verhaltensgestört. Bei dem sehr intelligenten Jungen ließen sich erhöhte Sensibilität und Störbarkeit seiner emotionalen und sozialen Entwicklung beobachten. Er zog sich oft von anderen Kindern zurück, war häufig in seiner Grundstimmung sehr traurig, zeigte sehr geringe Frustrationstoleranz mit heftigen Wutausbrüchen bei kleinstem Anlass.
Tom wurde in der Folgezeit über 4 Jahre nach meinem integrativen Therapieansatz behandelt. Begleitend wurde eine kontinuierliche Beratung der Mutter durchgeführt – nach 2 Jahren Behandlungszeit war es auch möglich, den Vater in Beratungsangebote einzubeziehen. Die im Folgenden abgebildeten Zeichnungen lassen die unterschiedlichen Stationen des maltherapeutischen Prozesses deutlich erkennen. Sie demonstrieren nicht nur die quälende Situation des Kindes und sein Leiden an dem schweren psychosomatischen Symptom, sondern auch die heilende Kraft gestalttherapeutischer Maßnahmen. Zu Beginn der Therapie – und immer wieder auch in Zwischenphasen – spielte das Gestalten und Formen mit Sand und Matsch, mit Ton und Knete eine ganz wichtige Rolle für den Jungen. Meine spieltherapeutischen Angebote nahm Tom sehr gerne an und zeigte bei seinen Rollenspielen ein unglaublich lebendiges Phantasiepotenzial, großen Vorstellungsreichtum und Hinweise auf seine sehr guten kognitiven Fähigkeiten. Er projizierte seine vielfachen Ängste, Unsicherheiten und Aggressionen auf die unterschiedlichen bildnerischen Materialien, auf seine „Werke", identifizierte sich mit ihnen und gewann über diesen Prozess Kraft zu ihrer psychodynamischen Bearbeitung. Tom erfand zu seinen „Werken" viele phantasievolle Geschichten, die im psychotherapeutischen Prozess nicht aufdeckend bearbeitet wurden. Der Junge hatte Zugriff zu inneren Bildern. Er lebte noch ganz in der Phase des magischen Denkens und projizierte seine individuelle Problematik in kollektive und individuelle Symbole. Unter dem Schutzschild der Symbole war er in der Lage, über die ihn bedrängenden Probleme zu sprechen und setzte damit einen heilenden Prozess in Gang.
Über einen Therapiezeitraum von 4 Jahren (von 6;7 bis 10;11 Jahre) setzte sich Tom

in seinen Gestaltungen und Zeichnungen in Zusammenhang mit anderen Symbolisierungen immer wieder mit der Symbolfigur der Hexe kreativ bildnerisch und sprachlich auseinander. Er unterzog sie vielfältigen Verwandlungen und ließ sie von der „Knothexe" über die „Feuerhexe" zur „Farbenhexe" und schließlich zu einer „richtigen schönen Frau mit bunten Kleidern und phantasievollen Hüten" werden. Die Tatsache, dass unmittelbar nach Abschluss dieser Verwandlungen sein psychosomatisches Symptom (Enkopresis) verschwand und er seinen Stuhlgang ab diesem Zeitpunkt bis ins junge Erwachsenenalter wieder altersentsprechend kontrollieren konnte, weist auf die hohe symbolische Bedeutung der Bearbeitung dieses Zeichenmotivs im psychotherapeutischen Prozess hin. Auch die vielen kreativen verbalen Assoziationen zu diesem Symbol reflektieren das große Mitteilungsbedürfnis des Kindes zu dieser Thematik.

Ohne hier auf Einzelheiten der Vorgeschichte und des Therapieverlaufs genauer einzugehen, sollen die ausgewählten Zeichnungen einen Einblick in die Ausdruckskraft Toms innerer Bilder geben und verdeutlichen, wie der Junge mit Hilfe spiel- und maltherapeutischer Methoden seine emotionalen Konflikte abbauen und sein psychosomatisches Symptom überwinden konnte.

Abb. 149:
Tom, LA: 6;7 Jahre, Benennung: „Ein Elefant und ein Kamel sind im Urwald", Wasserfarben, 29,7 x 42 cm, ***Zeichenentwicklung: Entwicklungsmerkmale rückständig und unausgewogen (Mitte Stufe 2)****; erster subjektiver Eindruck weist auf Entwicklungsrückstand und Regression hin; bildnerischer Ausdruck unausgewogen, Motivwahl altersentsprechend, Graphomotorik sehr unsicher und unausgewogen; Formdarstellung unausgewogen (die Bäume zeigen Gestaltzerfall, bei Kamel und Elefant ist eine altersgemäße gegenständlichen Formdarstellung zu erkennen); Farbwahl zum Teil altersentsprechend (Einsatz der Typenfarbe des braunen Kamels, grünen Urwalds und grauen Elefants), zum Teil noch in Dekorativfarbe (blauer Boden); Raumdarstellung altersentsprechend;* ***Emotionale Zeichen*** *zeigen sich im ersten subjektiven Eindruck (beim Betrachten der Zeichnung teilt sich mir der Leidensdruck des Kindes mit; seine aktuellen Darmprobleme belasten ihn, er ist unkonzentriert und hat keine Motivation zum Malen); der bildnerische Ausdruck wirkt zerfahren, konfus; der Stil weist auf eine Regression hin (Stilbruch, emotionale Instabilität), Ausführung und*

Organisation zeigen eine Störung bei Ausdauer und Planung; in der Formdarstellung zeigt sich Gestaltzerfall; ***Gesamtentwicklung****: Psychosomatische Störung (Enkopresis), Verhaltensstörungen (vgl. einleitende erläuternde Hinweise zu den Abb. 149-165).*

Abb. 150:

Tom, LA: 6;9 Jahre, Benennung: „Die Knothexen, 5 davon sind schon geknallt"; Tom erklärt mir, dass ihn 6 Knothexen mit ihrem magischen Zauber daran gehindert hatten, seinen Kot „raus zu lassen", 5 Hexen seien schon besiegt, er habe nur noch mit einer Knothexe zu kämpfen, Filzstift, 21 x 29,7 cm, ***Zeichenentwicklung: Entwicklungsmerkmale gut-durchschnittlich*** *mit Hinweisen auf sehr gute kognitive Fähigkeiten* ***(Anfang bis Mitte Stufe 3)****, sehr gut koordinierte Graphomotorik, deutlicher Unterschied zu Abb. 149, Wechsel des Stils wird deutlich (Stilbruch), gute Bewegungsdarstellungen (Hexen in unterschiedlichen Bewegungshaltungen), gute Raumdarstellung (Situationsdarstellung mit Handlungszusammenhängen);* ***Emotionale Zeichen*** *zeigen sich in der Motivwahl (Projektion des psychosomatischen Symptoms Einkoten auf die Symbolfiguren der Knothexen); im Stil (Stilbruch spiegelt die emotional instabile Situation des Kindes);* ***Gesamtentwicklung****: Psychosomatische Störung (Enkopresis), Verhaltensstörungen, deutliche Hinweise auf sehr gute kognitive Fähigkeiten (vgl. einleitende erläuternde Hinweise zu den Abb. 149-165).*

Abb. 151:

Tom, LA: 6;9 Jahre, Benennung: „Die Knothexe", Buntstifte, 21 x 29,5 cm, ***Zeichenentwicklung: Entwicklungsmerkmale unausgewogen, insgesamt altersgemäß (Ende Stufe 2)****, Graphomotorik zum Teil sicher, zum Teil wenig koordiniert, Formdarstellung unausgewogen (sehr gute Darstellung der Kopfbedeckung und des Hexenbesens, Arme haben im Vergleich zum Lebensalter noch reduziertes Formniveau); Raumlage: Entwicklungsrückstand (Streubild); Farbdarstellung (sehr differenzierte Darstellung des Rockes mit Schürze);* ***Emotionale Zeichen*** *zeigen sich im bildnerischen Ausdruck, sprachlichen Ausdruck und der Motivwahl (symbolische Verarbeitung des psychosomatischen Symptoms durch die „Knothexe"); **Gesamtentwicklung**: Psychosomatische Störung (Enkopresis), Verhaltensstörungen, deutliche Hinweise auf sehr gute kognitive Fähigkeiten (vgl. einleitende erläuternde Hinweise zu den Abb. 149-165).*

Abb. 152:
*Tom, LA: 7;0 Jahre, Benennung: „Krokodilische Schrift", Filzstifte, 7,7 x 11,5 cm, **Zeichenentwicklung: Entwicklungsmerkmale altersgemäß**, Erfindung von Schriftzeichen, Hinweis auf sehr gute kognitive Potenziale und Phantasiepotenziale **(Anfang Stufe 3); Emotionale Zeichen**: Tom benutzte in diesem Therapieabschnitt die Spielfigur eines Krokodils als „Übergangsobjekt" und trug es immer bei sich; für diese Figur, die ihn nach seinen Aussagen beschützen sollte, erfand er die „krokodilische Schrift"; **Gesamtentwicklung**: Psychosomatische Störung (Enkopresis), Verhaltensstörungen, deutliche Hinweise auf sehr gute kognitive Fähigkeiten (vgl. einleitende erläuternde Hinweise zu den Abb. 149-165).*

Abb. 153:
*Tom, LA: 7;4 Jahre, Benennung: „Meine Wurst", Filzstifte, 29,7x42cm, **Zeichenentwicklung: Entwicklungsmerkmale altersgemäß (Anfang bis Mitte Stufe 3)**; sehr gute Graphomotorik; altersuntypisch ist die Größendarstellung der „Wurst" („Bedeutungsgröße"); gute Bewegungsdarstellung der unteren sitzenden Person (rechts), mit der er sich identifiziert; gute Raumdarstellung (Darstellung der Toilettensituation); **Emotionale Zeichen** zeigen sich im ersten subjektiven Eindruck, bildnerischen Ausdruck, sprachlichen Ausdruck, in der Form- und Größendarstellung: Die „Wurst" ist im Verhältnis zu den dargestellten Personen nicht*

realitätsorientiert, sondern überdimensional groß gezeichnet und weist auf die große emotionale Bedeutung hin, die der Junge diesem Bildmotiv beimisst; Farbsymbolik auffällig (die Rotfärbung der unten sitzenden Personen spiegelt farbsymbolisch die Problematik der Toilettensituation des Kindes); ***Gesamtentwicklung****: Psychosomatische Störung (Enkopresis), Verhaltensstörungen, deutliche Hinweise auf sehr gute kognitive Fähigkeiten (vgl. einleitende erläuternde Hinweise zu den Abb. 149-165).*

Abb. 154:
Tom, LA: 7;4 Jahre, Benennung: „Angstgeister", Temperafarben, 29,5 x 40 cm, ***Zeichenentwicklung: Entwicklungsmerkmale rückständig (Mitte Stufe 2); Emotionale Zeichen*** *zeigen sich im bildnerischen Ausdruck, sprachlichen Ausdruck, Stilbruch und der Farbdarstellung (Auseinandersetzung mit Angst-Abwehrsymbolen);* ***Gesamtentwicklung****: Psychosomatische Störung (Enkopresis), Verhaltensstörungen, deutliche Hinweise auf sehr gute kognitive Fähigkeiten (vgl. einleitende erläuternde Hinweise zu den Abb. 149-165).*

Abb. 155:
Tom, LA: 7;4 Jahre, Benennung: „Ich fessele den Angstgeist von hinten", Temperafarben, 29,7 x 40 cm, ***Zeichenentwicklung: Entwicklungsmerkmale unausgeglichen und rückständig (Ende Stufe 2); Emotionale Zeichen*** *zeigen sich im bildnerischen und sprachlichen Ausdruck, Stilbruch, in der Motivwahl und Farbsymbolik;* ***Gesamtentwicklung****: Psychosomatische Störung (Enkopresis), Verhaltensstörungen, deutliche Hinweise auf sehr gute kognitive Fähigkeiten (vgl. einleitende erläuternde Hinweise zu den Abb. 149-165).*

Abb. 156:
Tom, LA: 7;5 Jahre, Benennung: „Die Wurst vor dem Kampf", Temperafarben, 29,6 x 40 cm, **Zeichenentwicklung: Entwicklungsmerkmale eilen dem Lebensalter leicht voraus (Mitte Stufe 3)**; origineller bildnerischer und sprachlicher Ausdruck, sehr gute Symbolisierung des Bewegungsausdrucks, Hinweise auf sehr gute kognitive Fähigkeiten (Verbindung von bildlicher und sprachlicher Symbolik); **Emotionale Zeichen** zeigen sich im bildnerischen Ausdruck, sprachlichen Ausdruck, der Motivwahl und dem Bewegungsausdruck (Auseinandersetzung mit Angst-Abwehrsymbolen); **Gesamtentwicklung**: Psychosomatische Störung (Enkopresis), Verhaltensstörungen, deutliche Hinweise auf sehr gute kognitive Fähigkeiten (vgl. einleitende erläuternde Hinweise zu den Abb. 149-165).

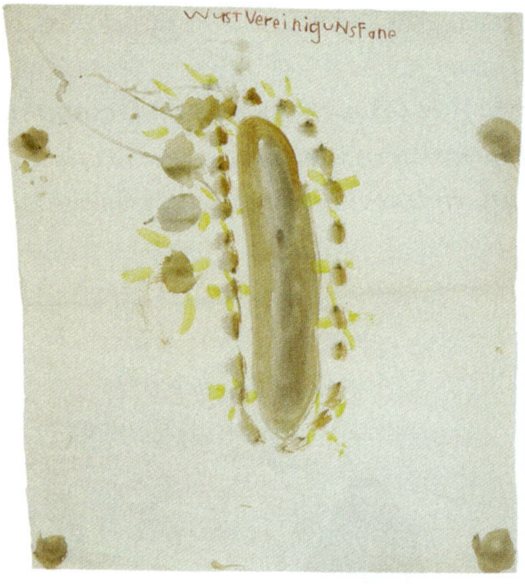

Abb. 157:
Tom, LA: 8;2 Jahre, Benennung: „Wurst-Vereinigungsfahne; das ist ein Symbol wie die Europafahne; die lange Wurst; die Klopse haben sich zusammengesetzt zu einer langen Wurst", Wasserfarben, 56 x 50 cm, **Zeichenentwicklung: Entwicklungsmerkmale unausgewogen (Anfang bis Ende Stufe 3)**, überdurchschnittlich guter abstrahierender sprachlicher Ausdruck, sehr ausdrucksvolle und originelle Verbindung von bildlicher und sprachlicher Metapher, Ausführung und Organisation sowie Graphomotorik sind dagegen flüchtig; **Emotionale Zeichen** zeigen sich im bildnerischen und sprachlichen Ausdruck; bildnerische und sprachliche Symbolisierung des psychosomatischen Symptoms, originelle Wortneuschöpfung („Wurst-Vereinigungsfahne"): Das Symbol der Europafahne wird auf das individuell geprägte Symbol einer großen „Wurst" – vereinigt mit vielen kleinen „Klopsen" – im Sinne einer Wunschvorstellung projiziert; **Gesamtentwicklung**: Psychosomatische Störung (Enkopresis), Verhaltensstörungen, deutliche Hinweise auf sehr gute kognitive Fähigkeiten (vgl. einleitende erläuternde Hinweise zu den Abb. 149-165).

Abb. 158:
Tom, LA: 9;2 Jahre, Benennung: „Der Kampf mit dem Dinosaurier“, Pastellkreiden, 29,5 x 40 cm, ***Zeichenentwicklung: Entwicklungsmerkmale altersgemäß (Mitte Stufe 3); Emotionale Zeichen*** *finden sich im bildnerischen und sprachlichen Ausdruck sowie in der Farbdarstellung (Auseinandersetzung mit Angst-Abwehrsymbolen)* ***Gesamtentwicklung****: Psychosomatische Störung (Enkopresis), Verhaltensstörungen, deutliche Hinweise auf sehr gute kognitive Fähigkeiten (vgl. einleitende erläuternde Hinweise zu den Abb. 149-165).*

Abb. 159:
Tom, LA: 9;9 Jahre, Benennung: „Verwandlung: aus der Knothexe wird eine Feuerhexe auf Feuerland; das Bild ist während der Verwandlung: erst wird viel gezaubert, dann gibt es einen großen Knall, dann ist alles Rauch; wenn der Rauch weg ist, ist es eine Feuerhexe“, Acrylfarben, 40 x 30 cm, ***Zeichenentwicklung: Entwicklungsmerkmale unausgewogen, insgesamt altersgemäß (Mitte Stufe 3)****, mein erster subjektiver Eindruck wird bestimmt von dem Eindruck einer magischen Handlung, einer Wandlung, eines Aufplatzens eines inneren Knotens, dynamischer bildnerischer Ausdruck, guter sprachlicher Ausdruck mit Hinweisen auf sehr gute kognitive Fähigkeiten; sehr eindrucksvolle Farb- und Bewegungsdarstellung;* ***Emotionale Zeichen*** *finden sich im ersten subjektiven Eindruck, bildnerischen Ausdruck, sprachlichen Ausdruck, in der Motivwahl, Farb- und Bewegungsdarstellung; dieses Bild symbolisiert eine psychodynamische Auseinandersetzung mit dem psychosomatischen Symptom der Enkopresis; die Farben Rot, Braun, Schwarz dominieren das Bild, goldene und silberne Tupfer unterstreichen den Eindruck eines magischen Zaubers; die große weiße Fläche im Bauchraum der „Feuerhexe“ und die mittleren schwarzen Wellenlinien (Darmschlingen?) weisen optisch erkennbar auf Lokalisation und Dynamik des psychosomatischen Symptoms hin;* ***Gesamtentwicklung****: Psychosomatische Störung (Enkopresis), Verhaltensstörungen, deutliche Hinweise auf sehr gute kognitive Fähigkeiten (vgl. einleitende erläuternde Hinweise zu den Abb. 149-165).*

<u>Abb. 160:</u>
Tom, LA: 9;11 Jahre, Benennung: „Die Knothexe hat sich in eine Feuerhexe verwandelt; jetzt ist die Verwandlung rum; sie feuert viel rum, aber sie kommt mit dem Feuer nicht aus", Acrylfarben, 30 x 40 cm, ***Zeichenentwicklung: Entwicklungsmerkmale altersgemäß (Mitte Stufe 3)****, guter bildnerischer Ausdruck;* ***Emotionale Zeichen*** *finden sich im sprachlichen Ausdruck und in der Motivwahl;* ***Gesamtentwicklung****: Psychosomatische Störung (Enkopresis), Verhaltensstörungen, deutliche Hinweise auf sehr gute kognitive Fähigkeiten (vgl. einleitende erläuternde Hinweise zu den Abb. 149-165).*

<u>Abb. 161:</u>
Tom, LA: 10;0 Jahre, Benennung: „Die Feuerhexe", Temperafarben, 50,3 x 70,3 cm, ***Zeichenentwicklung: Entwicklungsmerkmale unausgewogen (Mitte bis Ende Stufe 3)****, Formdarstellung zum Teil sehr gut und realitätsorientiert (z. B. Hut, Nase im Profil, Schuhe, Gürtel mit anhängenden Perlen), zum Teil aber auch flüchtig und entwicklungsrückständig (kurze, nach oben gerichtete Arme), sehr differenzierte Farbdarstellung (Feuer in Gegenstandsfarbe mit guter Farbdifferenzierung);* ***Emotionale Zeichen*** *finden sich im bildnerischen Ausdruck, in der Motivwahl, in der Formdarstellung (auffallend kurze Arme) und in der Farbdarstellung;* ***Gesamtentwicklung****: Psychosomatische Störung (Enkopresis), Verhaltensstörungen, deutliche Hinweise auf sehr gute kognitive Fähigkeiten (vgl. einleitende erläuternde Hinweise zu den Abb. 149-165).*

Abb. 162:

Tom, LA: 10;3 Jahre, Benennung: „Gemischte Farben, Berge und Feuer mit Rauch", Pastellkreiden, 32 x 48 cm, ***Zeichenentwicklung: Entwicklungsmerkmale rückständig (Mitte bis Ende Stufe 2)****; unkoordinierte Graphomotorik, Darstellung von runden, farbigen Formen, Andeutungen von Bergen und Rauch, Stilbruch* ***(Rückfall auf Stufe 2)****;* ***Emotionale Zeichen*** *zeigen sich im Stilbruch, in der Motivwahl, in der Regression der Graphomotorik, in der Farbdarstellung; es handelt sich hier um ein* ***Schlüsselbild****, in dem sich mit dem Malen von bunten gerundeten Formen und der dicken, mit den Fingern verwischten Rauchwolke ein dynamischer Durchbruch von Emotionen und die Überwindung des Symptoms Enkopresis ankündigt: 6 Tage nach Fertigstellung dieses Bildes konnte Tom spontan und ergiebig seinen Darm entleeren und hielt seinen Stuhlgang nicht mehr zurück;* ***Gesamtentwicklung****: Die psychosomatische Störung Enkopresis war überwunden; Toms Verhalten zeigte sich deutlich ausgeglichener, auch seine soziale Entwicklung hatte viele Fortschritte gemacht, und er konnte jetzt besser Freundschaften mit Kindern schließen (vgl. einleitende erläuternde Hinweise zu den Abb. 149-165).*

Abb. 163:

Tom, LA: 10;5 Jahre, Benennung: „Die Knothexe ist jetzt endgültig Feuerhexe", Pastellkreiden, 42 x 56 cm, ***Zeichenentwicklung: Entwicklungsmerkmale altersgemäß (Mitte bis Ende Stufe 3)****, sehr lebendiger bildnerischer Ausdruck und gute Farb- und Bewegungsdarstellung;* ***Emotionale Zeichen*** *zeigen sich noch in der Motivwahl, Farb- und Bewegungsdarstellung;* ***Gesamtentwicklung****: vgl. Abb. 162.*

Abb. 164:
Tom, LA: 10;10 Jahre, Benennung: „Die Knothexe hat neue Kleider bekommen, sie hat sich verändert, sie sieht jetzt fast aus wie eine richtige Frau, sie probiert im Hutladen neue Hüte aus, ihr Freund der Rabe ist bei ihr", Pastellkreiden, 50,4 x 70,3 cm, ***Zeichenentwicklung: Die Entwicklungsmerkmale eilen jetzt in allen Bereichen dem Lebensalter deutlich voraus (Ende Stufe 3, Übergang zur Stufe 4)****, subjektiver Gesamteindruck jetzt sehr lebendig und positiv freudig ausstrahlend, sehr kreativer bildnerischer und sprachlicher Ausdruck, überdurchschnittlich gute Phantasietätigkeit, Zugriff auf innere Bilder, Motivwahl originell, Graphomotorik altersentsprechend, Formdarstellung außerordentlich differenziert (sehr gut gelungene Formdarstellung der unterschiedlichen Hüte), Ausschmückung mit vielen originellen kleinen Details, sehr lebendige Farbdarstellungen und schöne Farbmischungen (Gegenstandsfarbe), sehr gute Raumdarstellung mit* ***Übergang zur Stufe 4****, erste Tiefendarstellungen der Hutformen, Versuch der Tiefendarstellungen der Tische, auf denen die Hüte stehen. Hinweise auf überdurchschnittlich gute kognitive Fähigkeiten;* ***Emotionale Zeichen*** *zeigen sich nicht mehr; die Farben sind lebendiger und harmonischer geworden (die Farben Schwarz und Rot dominieren nicht mehr das Bild, sondern sind sehr dosiert eingesetzt), die Beziehung von Rabe und der nun fast wie eine richtige Frau aussehenden früheren Knothexe wird jetzt von Tom symbolisch thematisiert;* ***Gesamtentwicklung****: vgl. Abb.162.*

Abb. 165:
Tom, LA: 10;11 Jahre, Benennung: „Farbenhexe, sie hat jetzt einen neuen Namen, weil sie so bunt ist; die Hexe ist froh, weil sie jetzt einen Freund hat, den Raben", Temperafarben, 42 x 56 cm, ***Zeichenentwicklung: Entwicklungsmerkmale Mitte bis Ende Stufe 3****; Graphomotorik zum Teil geplant, zum Teil flüchtig, Formdarstellung altersentsprechend, auffallend ist jetzt das Überwiegen der Farben Grün und Weiß (Haus rechts); Bewegungsdarstellung (die Profilwendung ist noch nicht abgeschlossen, die Knöpfe des*

Kleides sind noch in Vorderansicht, die restliche Figur in Seitenansicht); ***Emotionale Zeichen*** *zeigen sich in der Motivwahl (Beziehung Farbenhexe und Rabe) und der Form-, Farb- und Raumdarstellung des weißen Hauses rechts mit Kreuz und wurden im psychotherapeutischen Prozess und in der Elternberatung nachfolgend weiter aufgearbeitet;* ***Gesamtentwicklung****: Das psychosomatische Symptom der Enkopresis war nach 4 Jahren Behandlungszeit überwunden, die Gesamtentwicklung des Jungen zeigte sich auf gutem Weg der Stabilisierung; die Therapie wurde noch 3 Monate fortgesetzt und konnte dann erfolgreich beendet werden.*
Der sehr sensitive, gefühlsdifferenzierte und überdurchschnittlich kognitiv und kreativ begabte Junge schaffte nun den Übertritt ins Gymnasium und absolvierte dort seine Schullaufbahn bis zum Abschluss mit bestem Erfolg und ohne erneutes Auftreten einer psychosomatischen Störung oder Verhaltensstörung.
Ganz besonders möchte ich mich bei Tom bedanken, dass er mir erlaubte, seine sehr ausdrucksvollen Zeichnungen in diesem Buch zu veröffentlichen und damit den Leser/innen über seine Bilder einen Einblick in wichtige Abschnitte des heilenden maltherapeutischen Prozesses zu ermöglichen.

4.3.4 Aufmerksamkeits-Defizit-Hyperaktivitäts-Syndrom (ADHS) und Verhaltensprobleme

- **Erläuternde Hinweise zu den Abb. 166-167:**

Es handelt sich bei Paul um ein ADHS-Kind mit guter Gesamtintelligenz und ausgeprägten Verhaltensproblemen. Seine große Bewegungsunruhe führte zu Hause und in der Schule zu häufigen Konflikten mit seinen primären Bezugspersonen, mit Lehrern und Klassenkameraden. Sehr auffällig waren seine ausgesprochen niedrige Frustrationstoleranz, sein chaotisches Verhalten, seine Labilität und sein sehr geringes Selbstbewusstsein, das er immer wieder durch Provokationen seines Verhaltens zu überspielen versuchte. Seine Schulleistungen waren schwankend mit Schwierigkeiten in der Rechtschreibung und deutlich erkennbarer Begabung des mündlichen und schriftsprachlichen Ausdrucks (er verfügte über eine sehr differenzierte sprachliche Ausdrucksfähigkeit, sehr gutes allgemeines Wissen und schrieb in der Schule sehr gute Aufsätze). Die folgenden Bilder, die im Therapieprozess entstanden sind, zeigen mit ihren vielfältigen Emotionalen Zeichen eindringlich das emotional-soziale Problem dieses Kindes.

Abb. 166: *Paul, LA: 10;0 Jahre, Benennung: „Ich wünsche mir schwarze Haare", Pastellkreiden, 29,5 x 39,7 cm,* ***Zeichenentwicklung: Entwicklungsmerkmale in allen Bereichen auffallend rückständig (Ende Stufe 2)****, besonders auffällig ist die entwicklungsretardierte Raumdarstellung des Streubildes;* ***Emotionale Zeichen*** *zeigen sich im ersten subjektiven Eindruck (die Zeichnung wirkt auf mich unsicher, fehlende Bodenhaftung); bildnerischer und sprachlicher Ausdruck weisen auf emotional-soziale Probleme des Jungen hin: Die Menschzeichnung spiegelt das negative Körperbild des Jungen; er empfindet sich nach seinen Kommentaren zur Zeichnung mit seinen blonden Haaren als sehr hässlich und möchte sich deshalb die Haare so schwarz färben wie man sie auf seiner Zeichnung sehen kann; Ausführung und Organisation zeigen deutlich die geringe Durchhaltefähigkeit, Konzentrationsproblematik und Schwierigkeiten der Arbeitshaltung, die so auch in der Schule gravierend auftreten; die ganze rechte Seite des Blattes bleibt leer; Paul hatte keine Lust mehr weiterzumalen! Es finden sich auffällige Zeichen für einen Stilbruch im Sinne einer Regression: Das niedrige Formniveau der Zeichnung* ***(Ende Stufe 2!)*** *weicht deutlich von der Gesamtintelligenz des Jungen ab; auch Motivwahl und Raumdarstellung (Streubild) weisen auf die emotional-sozialen Probleme des Jungen hin;* ***Gesamtentwicklung****: Aufmerksamkeits-Defizit-Hyperaktivitäts-Syndrom verbunden mit Verhaltensproblemen (vgl. einleitende erläuternde Hinweise zu den Abb. 166-167).*

• Erläuternde Hinweise zur Durchführung der Abb. 167:

Angeregt durch Violet Oaklander, 1978/1992, Gestalttherapie mit Kindern und Jugendlichen, führte ich in einer therapeutischen Sitzung mit dem Jungen Paul die folgende Phantasiereise („Rosenbusch-Phantasie") durch:

Ich bat ihn, die Augen zu schließen und sich vorzustellen, er sei ein Rosenbusch. Es wurde ihm vermittelt, er habe genügend Zeit, sich in diese Vorstellungswelt zu begeben. Anschließend wurde er gebeten, sich selbst als Rosenbusch zu malen (Abb. 167).

Abb. 167:
Paul, LA: 10;2 Jahre, Benennung: „Die Geschichte vom Rosenbusch", Temperafarben, 42 x 56 cm, ***Zeichenentwicklung: Entwicklungsmerkmale unausgewogen und rückständig (Anfang bis Mitte Stufe 3)****; auffallend ist die altersuntypische Anwendung der Farbe Blau im Inneren des Rosenbusches; sie wird von Paul jedoch nicht zufällig oder aus dekorativen Gründen, sondern geplant farbsymbolisch eingesetzt („ein giftiges Blau");* ***Emotionale Zeichen*** *finden sich im bildnerischen und sprachlichen Ausdruck (vgl. nachfolgendes Gespräch mit dem Jungen zu dieser Zeichnung), in der Größendarstellung und in der Farbsymbolik des Rot und Schwarz (Angst-Abwehrsymbole) sowie des Blau, das er als „giftig" empfindet;* ***Gesamtentwicklung****: Aufmerksamkeits-Defizit-Hyperaktivitäts-Syndrom verbunden mit Verhaltensproblemen (vgl. einleitende erläuternde Hinweise zu den Abb. 166-167).*

Gespräch mit Paul zu seiner Zeichnung der Geschichte vom Rosenbusch (Abb. 167):
Im Folgenden wird das Gespräch mit Paul zu seiner Zeichnung wörtlich wiedergegeben. Es verdeutlicht die Projektionen des Jungen, zeigt die hohe bild- und sprachsymbolische Aussagekraft dieser Zeichnung (Bedeutung der Emotionalen Zeichen!) und weist nachdrücklich auf die emotional-sozialen Probleme des Kindes hin.
Meine Fragen orientierten sich an Oaklander, V., 1978/1992, S. 49-54; S (Seidel), P (Paul):

S: „Was für ein Rosenbusch bist du?"
P: „Ich bin ein großer, bissiger Rosenbusch!"
S: „Bist du dick oder dünn?"
P: „Ich bin dünn."
S: „Trägst du Blüten?"
P: „Nein, ich bin kahl, ich habe keine Blüten."
S: „Hast du Blätter?"
P: „Ja."
S: „Welche Farbe haben deine Blätter?"
P: „Ich habe schwarze Blätter, auf jedem steht: Vorsicht! Wer dieses Blatt berührt, stirbt!"

S: „Wie ist dein Stamm und wie sind die Äste, die Wurzeln?"
P: „Mein Stamm ist schwarz, hoch bis auf die Wolken."
S: „Wie sind deine Wurzeln?"
P: „Ich bin so schwer, dass es mich nicht umhauen kann. Der Baum selber ist schwer. Der Stamm ist ein Kilometer unter der Erde. Nein, ich habe keine Wurzeln."
S: „Hast du Dornen?"
P: „Ja, wer anfasst, der stirbt."
S: „Wo befindest du dich? In einem Garten, in einem Park, in einer Wüste, in einer Stadt, auf dem Land, mitten im Meer?"
P: „Ich bin auf dem Meer auf meiner Privatinsel."
S: „Wächst du in einem Topf oder im Boden oder durch Zement hindurch oder vielleicht sogar irgendwo in einem Haus?"
P: „Ich wachse in der Erde."
S: „Was ist um dich herum? Gibt es andere Blumen oder bist du allein. Gibt es Bäume, Tiere, Menschen, Vögel?"
P: „Es gibt noch andere von diesen Bäumen, aber ich bin der Chef. Es gibt noch meine persönlichen Wachhunde, alle haben den Namen Kastor. Diese Kastoren wachen sehr gut, wenn ein Tier auf die Insel kommt; zwei Katzen, die alle Mäuse fangen, ein Meerschweinchen sorgt für Ordnung, ein Hase sagt Bescheid, wenn jemand auf die Insel kommt."
S: „Wie fühlst du dich als Rosenbusch?"
P: „Nicht sehr gut."
S: „Was ist das für ein Gefühl, ein Rosenbusch zu sein?"
P: „Nicht so gut ist, dass ich groß bin."
S: „Wärst du lieber klein?"
P: „Mittelmäßig, so fühle ich mich zu groß. 1 Kilometer kleiner wäre besser."

Ich fordere den Jungen auf, nochmals seine Zeichnung anzusehen und sie zu beschreiben. Er beschreibt sie folgendermaßen:

P: „Oben ist ein Blau, ein giftiges Blau, ein langer schwarzer Stamm, schöne giftige rote Stacheln. Die Stacheln sind Schutzschilde, da kann niemand durch. Wenn eine Bombe kommt, können die Stacheln die Bombe abhalten." Zum Rot am Stamm sagt Paul: „Da kommt ein Schutzschild als Ganzes dran."
S: „Wie fühlt sich der Rosenstock mit dem Schutzschild? Fühlt er sich da sicher?"
P: „Ja, da kann ja niemand rein. Das ist ganz dick da rot am Stamm, da kann nicht einmal eine Atombombe durch. Es stehen noch 8 andere Dornenbäume herum, die sind kleiner und haben kein Schutzschild."

4.3.5 *Weitere Beispiele von Emotionalen Zeichen in Kinderzeichnungen*

- **Erläuternde Hinweise zur Abb. 168:**

Heidi war bereits Ende der 2. Klasse wegen ihrer Unsicherheiten in der Rechtschreibung aufgefallen, konnte jedoch ohne Klassenwiederholung die 4. Klasse erreichen. Auffallend waren zu Beginn der 4. Klasse ihre Schulängste, ihr generalisierendes Leistungsversagen und ihre Neigung zu psychosomatischen Reaktionen. Sie wollte morgens nicht zur Schule gehen, klagte über Bauchweh, erbrach häufig das Frühstück, zog sich immer mehr von ihren Sozialkontakten in der Familie und in der Schule zurück.

Auf Drängen der Lehrer/innen wurde zunächst von einer Legasthenietherapeutin eine Überprüfung der Rechtschreibfähigkeit des Mädchens durchgeführt, die Diagnose einer „Legasthenie" erstellt und dem Kind von ihr übermittelt. Anschließend wurde mit einer Legasthenietherapie begonnen. Nach dieser Diagnosestellung und unter der Behandlung verschlechterten sich die Schulleistungen des Mädchens zunehmend, und die Verhaltensauffälligkeiten nahmen zu. Zur weiteren Abklärung der vorliegenden Schwierigkeiten und zur fachmedizinischen Überprüfung der Diagnose einer *umschriebenen Entwicklungsstörung schulischer Fertigkeiten* (Rechtschreibstörung) wurde nun eine jugendpsychiatrische Untersuchung mit Intelligenztestung durchgeführt. Heidi erreichte bei dieser Untersuchung im Hawik R gravierend reduzierte Ergebnisse im Bereich der geistigen Behinderung (Verbal-IQ: 62, Handlungs-IQ: 50, Gesamt-IQ: 50). Auch im Raven-Test zeigte sich ein vergleichbar niedriger Wert (IQ: 59). Das ermittelte Ausmaß der Intelligenzdefizite veranlasste den Jugendpsychiater, von mir eine Zusatzuntersuchung vornehmen zu lassen. Zur Sicherung der Intelligenzdiagnostik sollten von mir der emotional-soziale Bereich des Kindes und die Neigung zu psychogenen Leistungsblockaden eingehender untersucht werden.

Über einleitende spiel- und maltherapeutische Maßnahmen war es mir rasch möglich, Kontakt zu Heidi aufzubauen und durch die Auswertung von Zeichnungen sowie durch gezielte Explorationsgespräche zur Klärung der anstehenden Fragestellung beizutragen.

Die vorliegende Zeichnung (Abb. 168) zeigte einen annähernd altersgemäßen kognitiven Entwicklungsstand (Mitte Stufe 3) und schloss aus meiner Sicht die Diagnose einer vorliegenden geistigen Behinderung unmittelbar aus. Geistig behinderte 10;8jährige Kinder sind – nach meinen eigenen klinischen Erfahrungen und aus Sicht der zu dieser Frage vorliegenden Fachliteratur – nicht in der Lage, eine Zeichnung zu fertigen, die im Hinblick auf Zeichenstil, Ausführung und Organisation,

Motivwahl, Formdarstellung, Bewegungsdarstellung (sitzende Haltung des Vaters), Raumdarstellung (Streifenbild) und Situationsdarstellung mit Heidis Zeichnung vergleichbar wäre (vgl. Erläuterungen zur Abb. 168). Über die Zeichnung Abb. 168 gelang es mir nun, nicht nur Heidis kognitiven Entwicklungsstand abzuschätzen, sondern mit ihr auch über ihre familiäre Situation zu sprechen (Ermittlung von Emotionalen Zeichen). Sie erzählte, dass ihr Vater an Krebs erkrankt sei und sich wenig um die Familie kümmere. Er sitze abends oft alleine oben vor dem Fernseher (wie sie es in der Zeichnung darstellte), auch die Mutter habe keine Zeit für sie. Sie wolle am liebsten ein Junge sein, deshalb habe sie sich als Junge gezeichnet. Ihre Mutter wünsche sich einen Jungen! Sie habe noch zwei ältere Schwestern, mit denen sie aber nicht spielen könne, sie seien schon zu groß für das Spielen mit Puppen. Sie fühle sich zu Hause oft alleine. Beide Eltern seien berufstätig und kämen erst abends nach Hause. Aus dem Gespräch war zu entnehmen, dass der Zusammenhalt der Familie aus Heidis Sicht gering war und sie sich in ihrer Familie isoliert fühlte: Keiner habe Zeit für sie und spiele mit ihr. *Die Eltern hätten vor Kurzem gedroht, sie wegen ihrer schlechten Schulleistungen in ein Internat zu stecken.* Schließlich brach es aus ihr heraus: *Sie sei außerdem schlimm krank, so krank wie wenn man Krebs hat.* Auf mein Nachfragen erklärte sie mir, ihr Vater habe Krebs und auch Legasthenie. Sie wisse ja nun, dass sie auch Legasthenie habe wie ihr Vater und ihr Großvater. Der Vater und der Großvater hätten nicht nur Legasthenie, sondern auch Krebs, und sicherlich habe sie auch wie diese Krebs. Als der Arzt sie vor dem Intelligenztest untersuchte, habe er bestimmt gemerkt, dass sie schlimm krank sei. Das dürfe aber niemand wissen, vor allem die Kinder in der Schule nicht, sie würden sonst nicht mehr mit ihr spielen.

Das Gespräch erhärtete meinen Verdacht, dass das Ergebnis des äußerst reduzierten Intelligenztests bei der jugendpsychiatrischen Untersuchung in Zusammenhang mit einer psychogenen Leistungsblockade und den gravierenden Leistungsängsten des Mädchens zu beurteilen war.

In Absprache mit dem überweisenden Jugendpsychiater begann ich umgehend mit der psychotherapeutischen Behandlung einschließlich Elternberatung und Zusammenarbeit mit der Klassenlehrerin. Parallel zu meiner Behandlung wurde einmal wöchentlich die Legastheniebehandlung weitergeführt.

Es war ganz besonders wichtig, dem altersgemäß intelligenten Mädchen zu erklären, dass Legasthenie keine schlimme Krankheit ist und ihr mit Hilfe meines integrativen Therapieansatzes bei der Bewältigung ihrer aktuellen emotional-sozialen Schwierigkeiten zu helfen.

Einen besonderen Schwerpunkt meiner Behandlungsstrategien bildete das Rollenspiel. Heidi spielte bevorzugt die Rolle eines Buben, der keine Geschwister hat und

viel zu Hause arbeiten muss, keine Freunde und keine Zeit zum Spielen hat. Heidi projizierte ihre Verlassenheitsängste auch in ihre Rollenspiele mit Tieren. So suchte z. B. das „traurige Kamel" in der Wüste überall nach Leuten, die so waren, wie es selber: „Es fand aber keine und ist vor Traurigkeit gestorben."
Nach 12 Monaten Therapie und Elternberatung besserten sich Heidis Schulleistungen zunehmend, ihr Verhalten stabilisierte sich, ihr Bauchweh vor der Schule und das morgendliche Erbrechen verschwanden. Sie war inzwischen in die 5. Klasse versetzt worden und konnte nach Beendigung meiner Therapie ihre Schullaufbahn in der Hauptschule mit durchschnittlichen Leistungen beenden. Hinsichtlich ihrer Rechtschreibleistungen zeigten sich zwar auch leichte Verbesserungen, sie blieben aber bis zum Schulabschluss im unterdurchschnittlichen Bereich, wurden jedoch jetzt – den pädagogischen Richtlinien für „anerkannte Legastheniker" entsprechend – von der Benotung ausgenommen. Heidis Eltern zeigten sich offen für meine Beratungsangebote. Sie lernten es, die umschriebene Entwicklungsstörung schulischer Fertigkeiten (Rechtschreibstörung) ihrer Tochter zu akzeptieren und ihr an wichtigen Stellen die notwendige Zuwendung und Unterstützung zu geben. Heidi selber konnte unter diesen nun günstigeren Voraussetzungen mehr Selbstbewusstsein gewinnen und daher auch mit ihrer Rechtschreibstörung adäquater umgehen.

Abb. 168:
Heidi, LA: 10;8 Jahre, Benennung: „Bei uns zu Hause, Mama (unten), ich (Mitte), Papa vor dem Fernseher (oben)", Filzstifte, 29,5 x 39,7 cm, ***Zeichenentwicklung: Entwicklungsmerkmale im durchschnittlichen Bereich (Mitte Stufe 3)****; beim ersten subjektiven Eindruck wirkt die Zeichnung auf mich kognitiv altersentsprechend und weist zugleich auf Emotionale Zeichen hin; bildnerischer und sprachlicher Ausdruck spiegeln die familiäre Situation des Mädchens; der Stil entspricht Mitte der Stufe 3 der Zeichenentwicklung; Ausführung und Organisation, Motive, Symbole, Zeichen und Graphomotorik sind altersgemäß; die Formdarstellung ist überwiegend*

altersgemäß, es werden viele unterschiedliche Formen und Formdetails altersgemäß berücksichtigt; allerdings fehlen dem Kind im Mittelgeschoss (Selbstbild Heidis) die Füße, seine Arme sind unverhältnismäßig lang, die Beine deutlich zu kurz; altersgemäße kognitive Fähigkeiten zeigen sich in der Bewegungsdarstellung (Vater in sitzender Position im oberen Stockwerk vor dem Fernseher), in der Raumdarstellung (Streifenbild) und Situationsdarstellung; ***Emotionale Zeichen*** *finde ich beim ersten subjektiven Eindruck im bildnerischen und sprachlichen Ausdruck der Zeichnung sowie in der Darstellung des Selbstbildnisses; Merkmale dieser Bereiche weisen auf eine problematische Familiensituation und auf eine Selbstwertproblematik des Mädchens hin; Vater, Mutter und Kind (Heidi) befinden sich auf unterschiedlichen Stockwerken des Hauses; der Vater sitzt alleine im oberen Stockwerk vor dem Fernseher, das Kind (Heidi) befindet sich allein im mittleren Stockwerk und ist als Junge ohne Füße, auffallend klein (3,5 cm) und mit überlangen Armen dargestellt (nach Koppitz entspricht dies 3 Emotionalen Faktoren und ist damit im Hinblick auf die emotional-soziale Entwicklung auffällig). Die Mutter ist unten in der Küche beschäftigt und hat den Tisch für 3 Personen gedeckt (die beiden Schwestern werden nicht in die Familiensituation einbezogen); es fehlt für mich die Andeutung einer gemeinsamen Aktivität von Heidi mit Vater, Mutter oder einer der zwei Schwestern; auffällig ist weiterhin, dass Heidi ihre Geschlechtsrolle wechselt und sich als Junge darstellt (die Mutter wünscht sich nach ihren Aussagen einen Jungen! Fühlt sie sich von der Mutter als Mädchen nicht genügend anerkannt und geliebt?);* ***Gesamtentwicklung:*** *Entwicklungsstörung (Rechtschreibstörung) und Verhaltensprobleme; Schulversagen mit Leistungsängsten und Neigung zu psychosomatischen Reaktionen (morgendliches Erbrechen, Bauchweh, Weigerung, zur Schule zu gehen) und Leistungsblockaden;* ***ganzheitlich orientierte Interpretation der Kinderzeichnung*** *(vgl. Abb. 168): Die Ermittlung einer weit unterdurchschnittlichen Intelligenz (geistige Behinderung) im Hawik-R (VIQ: 62, HIQ: 50; Gesamt-IQ: 50) und im Raven-Test (IQ 59) bei der jugendpsychiatrischen Testuntersuchung stimmt nicht mit der Analyse der altersgemäßen Entwicklungsmerkmale der Zeichnung und den Hinweisen aus der Zeichnung für das Vorliegen einer altersentsprechenden Intelligenz überein; der Verdacht auf Leistungsblockade in der jugendpsychiatrischen Testsituation konnte mit Hilfe der Analyse der Entwicklungsmerkmale und Emotionalen Zeichen in der Zeichnung (Abb. 168) und aufgrund wichtiger Anhaltspunkte aus den Explorationsgesprächen mit Heidi und ihren Eltern sowie den Beobachtungen zu ihrer Gesamtentwicklung (vgl. einleitende Hinweise zur Abb. 168) erhärtet werden. Unter Berücksichtigung der Ergebnisse meiner Analyse von Kinderzeichnungen und anderer Zusatzuntersuchungen wurden das Vorliegen einer Legasthenie gemäß den geforderten diagnostischen Kriterien (vgl. Kap. 6.2.2) nun im jugendpsychiatrischen Gutachten bestätigt und daraufhin die Rechtschreibleistungen in der Schule nur noch gewichtet benotet.*

<u>Abb. 169:</u>
Detlef, LA: 6;0 Jahre, Benennung: fehlt, Buntstifte, 21,3 x 30,3 cm, ***Zeichenentwicklung: Die Entwicklungsmerkmale der Zeichnung eilen den „erwarteten Entwicklungsmerkmalen" im Hinblick auf die Realitätsorientierung der Formdarstellung leicht voraus (Anfang Stufe 3); Emotionale Zeichen*** *zeigen sich in der auffälligen Motivwahl (Darstellung von weiblichen Genitalien) sowie in der realitätsorientierten Form- und Farbdarstellung;* ***Gesamtentwicklung:*** *kognitiv gut begabter Junge mit deutlichen Hinweisen auf Verhaltensstörungen; im Rahmen einer ganzheitlich orientierten Diagnostik (einschließlich durchgeführter Explorationsgespräche mit Kind und Eltern im geschützten therapeutischen Raum) konnten ausgehend von der Analyse der Zeichnung (Abb. 169) eine sexuelle Traumatisierung des Jungen und hieraus sich entwickelnde Verhaltensprobleme im Umgang mit seiner jüngeren Schwester aufgedeckt und nachgewiesen werden (nähere Ausführungen zu diesem Fallbeispiel vgl. Kap. 4.2.4).*

<u>Abb. 170:</u>
Ruth, LA: 6;0 Jahre, Benennung: fehlt, Buntstifte, 21,5 x 30,4 cm, ***Zeichenentwicklung: Entwicklungsmerkmale im knapp-durchschnittlichen Bereich (Stufe 2, Werkreife)****; auffällig ist in der Graphomotorik die Neigung zu Überkritzelungen (Oberkörper, Unterkörper); ein leichter Entwicklungsrückstand zeigt sich bei der Formdarstellung (falsche Fingerzahl, überlange Arme); im Unterschied zu diesen Unreifezeichen der Formdarstellung ist bei der menschlichen Figur ein realitätsorientierter Penis mit Eichel gezeichnet, das Geschlechtsmerkmal und seine umgebende Region wird durch Gelbfärbung optisch besonders hervorgehoben;* ***Emotionale Zeichen*** *zeigen sich im ersten subjektiven Eindruck: Es ist ungewöhnlich, dass ein 6;0jähriges Mädchen ein realitätsorientieres männliches Sexu-*

alorgan zeichnet und optisch durch Gelbfärbung die gesamte umgebende Region besonders hervorhebt; nach der quantitativen Auswertung der Emotionalen Faktoren von Koppitz (Formmerkmale) ist das Mädchen mit 2 Faktoren auffällig (lange Arme und Genitalien; vgl. Kap. 9.2.1); um diese abzuklären, waren weitere psychodiagnostische Untersuchungen und Explorationen im geschützten therapeutischen Raum notwendig; ***Gesamtentwicklung:*** *In der Schulfähigkeitsuntersuchung wurden bei Ruth visuelle Wahrnehmungsstörungen (im Bereich der räumlichen Beziehungen) und Verhaltensstörungen festgestellt; ihre simultane Mengenerfassung war deutlich entwicklungsverzögert; sie neigte immer wieder zur Sprachverweigerung, war auffallend ängstlich und hatte Schwierigkeiten, mit anderen Kindern sozialen Kontakt aufzubauen; ihre Menschzeichnungen im Kindergarten waren insgesamt über lange Zeitperioden entwicklungsverzögert und im Hinblick auf Emotionale Zeichen sehr auffällig: Immer wieder zeichnete sie bei Menschen einen überdeutlichen Penis, den sie dann auskritzelte; bei einem Gespräch im geschützten therapeutischen Raum konnte sie preisgeben, dass sie von ihrem Bruder oft sexuell bedrängt wird; daraufhin wurden Beratungsgespräche mit den Eltern durchgeführt und bei dem verhaltensauffälligen Bruder eine Psychotherapie eingeleitet. Mit Hilfe eines für sie individuell zusammengestellten Vorschulprogramms wurde Ruth auf die Einschulung gezielt vorbereitet, auf die Förderung ihres Selbstwertbewusstseins und ihrer sozialen Kompetenz wurde im Kindergarten besonderer Wert gelegt. Bei dieser Zielsetzung spielten das kreative Gestalten mit Materialien, Malen und Zeichnen und das Rollenspiel eine wichtige Rolle; die Beratung der Eltern erfolgte kontinuierlich bis zur Einschulung, die ein Jahr verspätet erfolgte. Ruth konnte sich nach dieser gezielten Vorbereitung gut in die 1. Klasse der Grundschule integrieren und ihre Schullaufbahn altersgemäß und ohne weitere therapeutische Hilfestellung absolvieren.*

- **Erläuternde Hinweise zur Abb. 171:**

Es handelt sich bei John um ein Kind mit einer zentralen Koordinationsstörung im Sinne einer infantilen Zerebralparese. Betroffen sind vor allem die unteren Extremitäten. Mit Hilfe intensiver physiotherapeutischer Behandlung und großem persönlichen Einsatz (große Motivation und viel Ausdauer bei den notwendigen krankengymnastischen Übungen) lernte er es im späten Kindesalter mit Unterstützung von Hilfsmitteln zu laufen. Auch im Hinblick auf seine kognitive Entwicklung zeigten sich eine zunehmend positve Tendenz und die Möglichkeit, die Kulturtechniken in kleinen und verlangsamten Schritten im Rahmen einer individuellen schulischen Förderung zu erlernen. Weitere Einzelheiten zur Vorgeschichte und der vorliegenden Zeichnung vgl. Kap. 4.2.6.

<u>Abb. 171:</u>
John, LA: 8;3 Jahre, Benennung: fehlt, Buntstifte, 30 x 42 cm, ***Zeichenentwicklung: Entwicklungsmerkmale unausgewogen (Mitte Stufe 2 bis Anfang Stufe 3)****; bei meinem ersten subjektiven Eindruck fallen mir die graphomotorischen Unsicherheiten der Strichführung und die Neigung zu Kritzelungen im Genitalbereich auf; die Formdarstellung der beiden Menschzeichnungen weist auf einen deutlichen Entwicklungsrückstand von ca. 2 Jahren hin (rechte untere Figur quantitativ nach Koppitz ausgewertet: Es fehlen 3 Merkmale (-3): Nase, Arme zweidimensional, Beine zweidimensional; es zeigt sich kein außergewöhnliches Merkmal (+0); Auswertungsformel nach Koppitz: - 3 + 0 + 5= 2; dieses Ergebnis entspricht der Grenze der Minderbegabung; bei der oberen Menschzeichnung ist eine Nase vorhanden, diese Zeichnung fällt damit etwas besser aus (-2 + 0 + 5=3), bleibt aber im Bereich der niedrigen geistigen Fähigkeit (IQ 70-90). In Unterscheidung zu diesen reduzierten Ergebnissen der Formdarstellung der beiden Menschzeichnungen* ***(Mitte Stufe 2)*** *zeigt John bei der qualitativen Auswertung nach meinen neuen Leitlinien deutlich bessere Potenziale bei der Formdarstellung der Bäume* ***(Anfang Stufe 3)****; die Äste sind schon im schrägen Winkel und nicht mehr im rechten Winkel nach dem R-Prinzip angesetzt; die fehlerhafte Darstellung der Anzahl der Finger weist auf Probleme des Jungen im Umgang mit Mengen und Zahlen hin, eine Beobachtung, die sich im weiteren Verlauf der Schulausbildung bestätigte; bei der Raumdarstellung zeigen sich kognitive Potenziale des Jungen (Vorder- und Hintergrund und ein Wegebild werden gezeichnet); John erreicht hier ebenfalls den* ***Anfang der Stufe 3; Emotionale Zeichen*** *zeigen sich nach meinen Leitlinien beim ersten subjektiven Eindruck, im bildnerischen Ausdruck, im Stil (Stilbruch: Die Menschzeichnungen liegen auf deutlich niedrigerem Niveau als die anderen Motive und die Raumdarstellung), Ausführung und Organisation (Hinweise auf flüchtige Arbeitsweise); beim Bereich Motive, Symbole, Zeichen (Betonung des Geschlechtsmerkmals durch orangefarbige „Zeichen" (Kritzel) in der Genitalgegend; in der Graphomotorik (Kritzel im Genitalbereich), in der Formdarstellung (Penis als Kritzel) sowie in der Farbdarstellung (Betonung des Genitalbereichs und der Haare durch die Farbe Orange). Nach der Auswertung der Menschzeichnung von Koppitz werden bei der rechten unteren Personenzeichnung 3 Faktoren ermittelt (unzulängliche Integrati-*

on von Teilen (die Finger liegen als parallele Striche nebeneinander), Schattierung des Gesichts und der Genitalien). Damit sind diese Zeichen im Hinblick auf die emotional-soziale Entwicklung des Jungen auffällig; ***Gesamtentwicklung:*** *Zentrale Koordinationsstörung (infantile Zerebralparese, spastische Lähmung der Beine) mit kombinierten graphomotorischen, perzeptiven, kognitiven und emotional-sozialen Entwicklungsstörungen; in Zusammenhang mit Konzentrationsproblemen und labilen affektiven Reaktionen war bei John bereits im Kindergartenalter ein exzessives Onanieren aufgefallen, das sich bis zum 9. Lebensjahr fortsetzte und nicht nur seine Entwicklungsprobleme im sexuellen Bereich, sondern auch sein Bedürfnis nach Zuwendung und sozialen Kontakten signalisierte. Erst Ende der Kindergartenzeit hatte er mühsam und nur mit Hilfsmitteln das Laufen erlernt und sich durch seine Körperbehinderung bei den Aktivitäten der anderen Kinder von klein auf ausgegrenzt gefühlt; auch zu Hause waren und sind immer noch seine sozialen Kontakte zu Kindern sehr eingeschränkt. Über die Analyse der Emotionalen Zeichen ist es möglich, einen ersten Zugang zu den hier angedeuteten Problemen des Jungen zu finden; eine genauere psychodiagnostische Abklärung, Elternberatung sowie therapeutische Hilfestellung sollte eingeleitet werden (weitere Angaben zum Fallbeispiel John vgl. Kap. 4.2.4).*

- **Erläuternde Hinweise zur Abb. 172:**

Wegen des Verdachts auf Lern- und Leistungsstörung war bei Georg auf Anraten seiner Klassenlehrerin im Lebensalter von 7;5 Jahren eine psychodiagnostische Untersuchung durchgeführt worden.
Georg besuchte zu dieser Zeit die 1. Klasse der Grundschule (Schuljahresende) und war wegen seiner motorischen Unruhe (Verdacht auf ADHS) und seiner Schwierigkeiten beim Sinn erfassenden Lesen auffällig geworden. Georgs Mutter war zu Beginn seiner Schulzeit völlig unerwartet und unter traumatisierenden Umständen verstorben. Da der Vater berufstätig war und sich tagsüber nicht genug um die Kinder kümmern konnte, waren Georg und seine ältere Schwester vorübergehend in eine benachbarte Stadt zu den Großeltern gezogen, die sich sehr engagiert darum bemühten, den ersten Schmerz der Kinder aufzufangen und sie liebevoll zu betreuen.

Zusammenstellung der ersten psychodiagnostischen Untersuchungsergebnisse:
Bei der psychodiagnostischen Untersuchung wurde Georgs Arbeitstempo als schnell, manchmal impulsiv beschrieben. Die Graphomotorik war auffällig unsicher: rechtshändig, Schwierigkeiten, Rundungen und Bögen zu zeichnen, fließende Bewegungen beeinträchtigt, das Überkreuzen der Mittellinie noch problematisch; Stiftführung sehr verkrampft, schlechte Kraftdosierung, „der Mund malt noch mit"; es wurde festgehalten, dass alle Papier- und Bleistiftarbeiten sehr anstrengend für dieses

Kind waren. Die Überprüfung der Intelligenz erfolgte mit dem K-ABC: Skala der intellektuellen Fähigkeiten (SIF) 127; verbale Intelligenz (SED) 115; Handlungs-Intelligenz (SGD) 136; Fertigkeiten-Skala 108; sprachfreie Skala (NV) 137. Es wurde eine signifikante Differenz zwischen SED (einzelheitliches Denken) und ganzheitlichem Denken mit Hinweis auf Teilleistungsstörung und ADHS bei vorliegender Hochbegabung diagnostiziert.

Beim Screening der visuellen Wahrnehmung zeigte sich bei dieser Untersuchung eine Augendominanz links, Hand-Dominanz rechts; bei der Überprüfung der Augenbewegung wurden bei beiden Augen Sprünge ermittelt; rechts und links blieben die Augen immer wieder stehen, es traten Sprünge auf und es konnte nicht fixiert werden. Blickkontakt/Blicksteuerung mit beiden Augen und mit einem Auge wurden als auffällig eingestuft und zur Erklärung der Einschränkung von Aufmerksamkeit und Konzentration herangezogen. Die Überprüfung der visuellen Wahrnehmung mit dem DTVP-2 erbrachte in allen Bereichen altersentsprechende Ergebnisse und keine Hinweise auf eine Verarbeitungsstörung. Auch die Ergebnisse anderer Testverfahren (PET, Mottier) waren unauffällig. Der Rechtschreibtest DRT 1 war dagegen mit Prozentrang 18 auffällig reduziert und wies auf Probleme der Rechtschreibung hin. Buchstaben wurden noch lautgetreu ausgesprochen, einzelne Worte bis 3 Buchstaben konnten erlesen werden. Im Züricher Lesetest erreichte Georg eine sehr gute Buchstabensicherheit, sehr gutes sinnvolles Verstehen. Die Texte wurden langsam, stockend, buchstabenweise, abgehackt, extrem anstrengend für ihn erlesen. Der Lautdiskriminationstest war altersentsprechend. Die Überprüfung der motorischen Entwicklung zeigte eine altersentsprechende Ganzkörperkoordination; auch Fangen und Werfen waren altersgemäß. Gleichgewicht und Rückwärtsbalancieren ohne visuelle Kontrolle, das Überkreuzen der Mittellinie und die Graphomotorik waren unsicher.

Die hier kurz skizzierte differenzierte Diagnostik konzentrierte sich auf die Ermittlung von Intelligenz, Blicksteuerung/Blickmotorik, Graphomotorik, Erfassen der sprachlichen und perzeptiven Funktionen, Früherkennung einer Lese-Rechtschreibstörung. *Der emotional-soziale Bereich wurde dagegen bei der Diagnostik ausgelassen, es wurden keine Kinderzeichnungen analysiert oder andere projektive Verfahren mit Explorationen durchgeführt, mit deren Hilfe man das Ausmaß der vor Kurzem erlebten emotionalen Traumatisierung des Kindes hätte abschätzen können.*

Als Therapie wurde eine medikamentöse Unterstützung zur Verbesserung der Aufmerksamkeit/Konzentration vorgeschlagen. Die Psychologin riet zur Psychotherapie, die zur Verbesserung der Aufmerksamkeit/Konzentration und zur Verarbeitung des Todes der Mutter eingesetzt werden sollte. Als Zusatzmaßnahme wurde das Blicklabor/Augentraining empfohlen.

Der Vater war nach dieser Diagnostik sehr verunsichert. Auf der einen Seite war er erfreut über die Diagnose der Hochbegabung, auf der anderen Seite beunruhigten ihn die Lern- und Leistungsstörung seines Jungen („Risikokind für Lese-Rechtschreib-Schwäche") sowie der Rat, seinem Jungen zur Unterstützung der Aufmerksamkeit Medikamente zu geben. Er holte bei mir daraufhin zusätzlichen Rat ein und schilderte mir die emotional sehr belastende Vorgeschichte seiner Familie sowie auch seine eigene schwierige Situation. Er wollte gerne so bald wie möglich seine beiden Kinder wieder zu sich nehmen und für sie sorgen.
Das folgende Bild entstand in der Maltherapie, die auf meine Empfehlung hin unmittelbar nach meinem Gespräch mit dem Vater für Georg und seine Schwester eingeleitet worden war. Eine Therapie begleitende medikamentöse Unterstützung der Aufmerksamkeit/Konzentration des Jungen lehnte der Vater ab.
Man weiß heute aus der Traumaforschung, dass eine Psychotherapie nach emotionaler Traumatisierung besonders dann erfolgreich verläuft, wenn sie möglichst umgehend nach dem emotional verletzenden Ereignis begonnen wird und der Aufarbeitung der traumatisierenden Erlebnisse dient. Zu dieser Aufarbeitung gehören auch Visualisierungen und maltherapeutische Angebote.

Abb. 172: *Georg, LA: 7;7 Jahre, Benennung: „Unser Haus und im Garten, ein Zelt, da haben wir mal geschlafen, Papa, meine Schwester und ich; dann geht es unten weiter, das Schwarze ist der Grabstein von Mama, das ist schrecklich. Über der Sonne ist ein dunkler Streifen, das ist, wenn ich mir weh tue. Das ist schlimm, aber nicht so schlimm wie der Tod von Mama. Der große Kreis in der Mitte ist Jetzt. Erst war alles traurig, wegen Mama, doch es wird lustiger und schöner. Rechts oben ist die Zukunft, hell wie die Sonne und schön. Die Sonne ist noch dunkel, aber nur ein bisschen, sie scheint schon fast durch"; Wachsmalstifte, 30 x 40 cm,* ***Zeichenentwicklung:***

Entwicklungsmerkmale unausgeglichen (Mitte Stufe 2 bis Mitte und Ende Stufe 3)*; der erste subjektive Eindruck weist auf eine unausgeglichene Entwicklung mit Entwicklungsdefiziten und Hinweisen auf sehr gute kognitive Potenziale im verbalen und nicht-verbalen Bereich hin: Graphomotorik zum Teil sicher (Zelt), zum Teil unsicher mit Neigung zu Kritzelungen (das „Jetzt"); sprachlicher Ausdruck insgesamt sehr differenziert mit sehr guten verbalen Abstraktionen* ***(Mitte bis Ende Stufe 3****: z. B. „in der Mitte ist das Jetzt"); Ausführung und Organisation zum Teil gut geplant und sorgfältig durchgeführt (Zelt), zum Teil flüchtig (die anderen Motive); Farbdarstellung unausgewogen (Sonne noch in Dekorativfarbe, Zelt bereits mit differenzierter farblicher Musterung; auch die Raumdarstellung ist unausgewogen: Das Zelt ist bereits in Vorperspektive gezeichnet (Entwicklungsalter ca. 8;0-9;0 Jahre), die Darstellung des Gesamtraumes entspricht dagegen noch dem Entwicklungsstand* ***Mitte Stufe 2*** *(es fehlt der tragende Boden, das Haus ist noch als Streubild dargestellt);* ***Emotionale Zeichen*** *zeigen sich im ersten subjektiven Eindruck (es dominiert bei mir der Eindruck von Trauer und aufgewühlten Emotionen); bildnerischer und sprachlicher Ausdruck spiegeln die große Trauer des Jungen um den Verlust der Mutter, die vor Kurzem unerwartet und unter dramatischen Umständen verstarb; allerdings deuten sich auch bereits innere Ressourcen des Kindes an: „Die Sonne ist noch dunkel, aber nur ein bisschen, sie scheint schon fast durch"; der Stil ist unausgewogen und verrät Stilbrüche (die emotional besetzten Motive des Hauses, Grabsteins, des „Jetzt" und der „Zukunft" zeigen Hinweise für eine Regression der Formdarstellung und Graphomotorik); Ausführung und Organisation sind unausgewogen und verweisen auf vorübergehend auftretende Probleme der Konzentration; die Symbole (Haus, Grabstein, Jetzt, Zukunft) weisen auf die emotionalen Probleme des Kindes hin, die durch den plötzlichen Verlust der Mutter ausgelöst wurden; die Farbdarstellung des schwarzen Grabsteins ist als deutliches Emotionales Zeichen einer aktuellen Trauerreaktion zu erkennen; die Dunkelung der Sonne verweist ebenfalls auf emotionale Probleme, die durch Farbsymbolik ihren Ausdruck finden;* ***Gesamtentwicklung:*** *motorische Unruhe und Probleme beim Sinn erfassenden Lesen Ende der 1. Klasse Grundschule, diagnostizierte Hochbegabung.*

Ganzheitlich orientierte Interpretation der Entwicklungsmerkmale und Emotionalen Zeichen der Abb. 172:

Die vorliegende Zeichnung zeigt aus meiner Sicht mit großer Deutlichkeit, dass bei dem hochsensiblen und hochbegabten Jungen eine psychotherapeutische Behandlung vordringlich einzuleiten ist und die Frage einer evt. Disposition zur Lese-Rechtschreibschwäche zurückgestellt werden sollte. Georg benötigt dringend fachkompetente Hilfestellung zur Aufarbeitung seines schweren Verlustes. Es ist denkbar, dass die graphomotorischen Unsicherheiten und die motorische Unruhe durch emotionale Verunsicherung ausgelöst oder

wesentlich verstärkt wurden (die Symbole der Zeichnung, die mit Trauer besetzt waren, wurden graphomotorisch auffallend unsicher gezeichnet); die Zeichnung stimmt nicht mit der Diagnose einer Hochbegabung überein und weist auf eine emotional bedingte Regression der Zeichenfähigkeit hin, die sich auch durch Lern- und Leistungsstörungen in der Schule äußern kann. Die Anwendung funktionell übender Verfahren zur Prävention einer Legasthenie sollte aus meiner Sicht bei diesem Kind erst dann erfolgen, wenn es in der Psychotherapie emotional stabilisiert worden ist und sollte nicht vor Abschluss der 2. Grundschulklasse eingeleitet werden. Es wird auch abzuwarten sein, wie sich die häusliche Situation für die Familie entwickelt und ob der Vater die Kinder wieder zu sich holen und für sie sorgen kann.
Bei Georg und seiner Schwester wurde auf meine Empfehlung hin umgehend eine psychotherapeutische Behandlung mit kunsttherapeutischer Orientierung eingeleitet und dort Hilfestellung zur Verarbeitung des Todes der Mutter gegeben. Auch der Vater wurde Therapie begleitend beraten.
Georg erlernte das Lesen in der 2. Klasse rasch und baute seine motorische Unruhe und seine graphomotorischen Unsicherheiten ab. Er war bald der beste Rechner der Klasse und gewann an Selbstbewusstsein und Lebenszuversicht. Der Vater holte seine Kinder nach kurzer Zeit zu sich und konnte ihnen mit Hilfe seiner neuen Lebenspartnerin in seinem Haus wieder Sicherheit und Geborgenheit geben. Der Wunsch, den Georg in seiner Zeichnung ausgedrückt hatte, begann sich damit zu erfüllen: „Doch es wird lustiger und schöner. Rechts oben ist die Zukunft, hell wie die Sonne und schön."

• Erläuternde Hinweise zur Abb. 173:

Das Bild wurde von einem 6;0jährigen Flüchtlingsjungen aus dem Kosovo in einem deutschen Flüchtlingslager gezeichnet. Der Junge war nach meiner Beobachtung extrem verhaltensauffällig. Er hatte eine sehr geringe Frustrationstoleranz, gleichzeitig signalisierte er sein großes Bedürfnis nach Zuwendung. Wenn die Spielzeit für seine Gruppe zu Ende war, wollte er unbedingt eine Verlängerung erzwingen. Er begann mit dem Kopf heftig gegen die Wand zu schlagen und drohte, sich zu verletzen. Leider konnte er sich sprachlich nicht verständigen, ein Dolmetscher war lange Zeit nicht verfügbar. So ebneten mir seine Zeichnungen einen ersten Zugang zu seinen emotional-sozialen Problemen und zu der Möglichkeit, ihm Hilfe anbieten zu können (vgl. Kap. 4.2.6).

Abb. 173:
Flüchtlingsjunge aus dem Kosovo, LA: 6;0 Jahre, Benennung: fehlt, Wachsmalstifte, 40 x 30 cm, ***Zeichenentwicklung: Entwicklungsmerkmale knapp altersentsprechend (Mitte bis Ende Stufe 2, Werkreife); Emotionale Zeichen*** *im ersten sub-*

jektiven Eindruck (Trauer, Wut, Verzweiflung), im bildnerischen Ausdruck, im Stil (Stilbruch: Die Kritzel zeigen Hinweise auf Regression der Zeichenfähigkeit), bei der Ausführung und Organisation (Überkritzelungen), beim Symbol des Hauses (Erinnerte er sich voller Trauer an sein Haus im Kosovo, das er verlassen musste?); in der Graphomotorik (unsichere Strichführung mit Überkritzelungen); und in der Farbdarstellung (Symbolisiert hier die Farbe Schwarz die Trauer, Wut und Verzweiflung des Kindes?); ***Gesamtentwicklung****: auffällige Verhaltensstörung mit sehr geringer Frustrationstoleranz, der Neigung zu labilen affektiven Reaktionen, zu Selbstverletzungen (heftiges Schlagen seines Kopfes gegen die Wand) und zu Aggressionen gegenüber anderen Kindern seiner Gruppe.*

Abb. 173

- **Erläuternde Hinweise zu den Abb. 174-177:**

Die folgenden Zeichnungen werden hier mit freundlicher Genehmigung des Magazins „Stern" nochmals abgebildet. Der Fotograf Uli Reinhardt und Stern-Redakteur Tilmann Müller dokumentierten im Heft Nr. 2, Hamburg, Januar 1994 eine eindrucksvolle Sammlung von Zeichnungen, die Lehrer und Schüler in der zerstörten ostkroatischen Stadt Osijek zusammengestellt haben. „Oft haben die Kinder zu malen begonnen, um ihren an der Front kämpfenden Vätern ein Geschenk zu machen. Mittlerweile ist daraus ein therapeutisches Programm unter der Federführung des Weltkinderhilfswerks Unicef geworden: Überall im ehemaligen Jugoslawien setzen sich Jungen und Mädchen malend mit dem Horror in ihrer Heimat auseinander." (Stern, 2/94, S. 3). Meine folgenden Interpretationen der Emotionalen Zeichen sind nur mit Vorbehalt und als Fragestellungen zu werten, da ich diese Kinder nicht persönlich kennen lernte und mit ihnen keine Explorationen über ihre Kriegserlebnisse führen konnte.

Abb. 174:
Mädchen, LA: 11 Jahre, floh mit ihrer Mutter aus den Flammen von Vukovar, ihr Vater ist vermisst; Benennung: Sie hat Stationen ihres Lebens gezeichnet: sonnige Vergangenheit, Zerstörung, und benennt nun diese Zeichnung „ein See von Garnichts“, Buntstifte, Größe nicht angegeben, ***Zeichenentwicklung: Entwicklungsmerkmale altersgemäß (Ende Stufe 3); Emotionale Zeichen*** *im ersten subjektiven Eindruck, bildnerischen und sprachlichen Ausdruck und in der Motivwahl (Erinnerung an die glückliche Vergangenheit, Zerstörung des Hauses und der Kindheitsträume durch den Krieg, Hoffnungslosigkeit im „See von Garnichts“); die Formdarstellung des Hauses weist ebenfalls symbolisch auf Zerstörung im Krieg hin;* ***Gesamtentwicklung:*** *nicht bekannt; die Analyse der Entwicklungsmerkmale spricht für eine altersgemäße Intelligenz und gute Vorstellungsfähigkeit. Inwieweit eine individuelle Traumatisierung durch Kriegserlebnisse erfolgte, muss abgeklärt werden.*

Abb. 175:
Mädchen, LA: 12 Jahre, Benennung: Es wurden 4 Mädchen auf einem Matratzenlager gemalt, davor die Mutter und spielende Kinder: „Vom August bis zum November waren wir dauernd im Keller, mit all unseren Verwandten. Draußen im Garten schlugen fast jeden Tag Granaten ein. Ich habe Angst, dass ich wieder in den Keller muss“, Wasserfarben, Größe nicht angegeben, ***Zeichenentwicklung: Entwicklungsmerkmale gut-durchschnittlich (Anfang Stufe 4)****, Hinweise auf erhöhte sensuelle Ansprechbarkeit und gute kognitive Fähigkeiten; sehr eindrucks-*

voller bildnerischer Ausdruck, gute Ansätze von Bewegungsdarstellung (unterschiedliche Bewegungshaltungen) und der perspektivischen Zeichnung (Kiste links unten); sehr gute Situationsdarstellung und Gesamtkomposition des Bildes); ***Emotionale Zeichen*** *im ersten subjektiven Eindruck, bildnerischen und sprachlichen Ausdruck sowie in der Motivwahl und Farbdarstellung (Ausdruck von Trauer und Hoffnungslosigkeit); der traurige Gesichtsausdruck der Personen, ihre Bewegungshaltungen und die Farbwahl Lila lassen vermuten, dass die Kriegssituation auf dieses Kind traumatisierend wirkte;* ***Gesamtentwicklung:*** *besucht die 6. Klasse. Andere Angaben sind nicht bekannt; die Analyse der Entwicklungsmerkmale spricht für eine sehr gute Intelligenz, erhöhte sensuelle und visuelle Ansprechbarkeit und sehr gute Vorstellungsfähigkeit; inwieweit eine individuelle Traumatisierung durch Kriegserlebnisse erfolgte, muss abgeklärt werden.*

Abb. 176:
Mädchen, LA: 12 Jahre, floh mit seinen Eltern bei Ausbruch der Kämpfe an die Adriaküste, Benennung: Das Mädchen malte die blutüberströmte Mutter mit ihrem Kind nach Schreckensbildern, die es im Fernsehen sah. „Über den Krieg reden wir hier nie, den wollen wir vergessen", Wasserfarben, Größe nicht angegeben, ***Zeichenentwicklung: Entwicklungsmerkmale gut-durchschnittlich (Anfang Stufe 4)****, Hinweise auf erhöhte sensuelle und visuelle Ansprechbarkeit und gute kognitive Fähigkeiten; sehr eindrucksvoller bildnerischer Ausdruck, gute Ansätze von Bewegungsdarstellung (unterschiedliche Bewegungshaltungen der Personen) und gute erste Ansätze der perspektivischen Zeichnung (Erscheinungsfarbe, Farbmischungen mit ersten tiefenräumlichen Wirkungen bei der Darstellung des Bodens und einzelner Motive, z. B. Hauseingänge mit Tiefenwirkung); sehr gute Situationsdarstellung und Gesamtkomposition des Bildes;* ***Emotionale Zeichen*** *im ersten subjektiven Eindruck, bildnerischen und sprachlichen Ausdruck sowie in der Motivwahl und Farbdarstellung (Ausdruck von erlittener Angst und Aggression); Blutflecken, rotes Feuer und schwarzer Rauch lassen vermuten, dass die Betrachtung der Kriegsbilder im Fernsehen auf dieses Kind traumatisierend wirkte;* ***Gesamtentwicklung:*** *besucht die 6. Klasse. Andere Angaben sind nicht bekannt. Die Analyse der Entwicklungsmerkmale spricht für eine sehr gute*

Intelligenz, erhöhte sensuelle und visuelle Ansprechbarkeit und sehr gute Vorstellungsfähigkeit; inwieweit eine individuelle Traumatisierung durch Kriegserlebnisse, über die sie nicht reden und die sie vergessen (verdrängen) will, erfolgte, muss abgeklärt werden; die Hypothese ist zu überprüfen, ob über das Betrachten von angstauslösenden Kriegsbildern im Fernsehen eigene unverarbeitete (verdrängte) Ängste neu belebt wurden und ihren Ausdruck in dieser Zeichnung fanden.

Abb. 177:
*Junge, LA: 14 Jahre, hat oft gesehen, wie Menschen mit Sack und Pack aus ihren zerstörten Häusern fliehen mussten: „Nicht die Soldaten, sondern die Führer sind schuld am Krieg – sie hätten die Probleme durch Gespräche lösen müssen", Benennung zur Zeichnung nicht bekannt, Wasserfarben und Filzstifte, Größe nicht angegeben, **Zeichenentwicklung: Entwicklungsmerkmale überdurchschnittlich (Mitte bis Ende Stufe 4)**; erster subjektiver Eindruck weist auf eine überwiegend rationale Impulssteuerung des Jugendlichen hin; ich gewinne den Eindruck, dass die Kriegserlebnisse von dem Jungen überwiegend rational reflektierend und mit emotionaler Distanzierung verarbeitet wurden; die Zeichnung wirkt auf mich mehr dekorativ, als dass sie spontanen bildnerischen Ausdruck offenbart; die Entwicklungsmerkmale aller Bereiche sind überdurchschnittlich gut; weit überdurchschnittlich gute Bewegungs- und Raumdarstellung; perspektivisch sehr gut gelungene Zeichnung mit ausgewogener Komposition der Motive; **Emotionale Zeichen** deuten sich in der Motivwahl, in der Form-, Farb- und Bewegungsdarstellung (fliegende Granatsplitter, vom Einschlag getroffene, herumwirbelnde Objekte, zersplitterte Baumteile, zerbrochene Dachziegel) an; die aus dem Bild herauslaufenden Personen, die man nur aus der Rückenansicht sieht, unterstreichen das Thema der Flucht und Vertreibung durch den Krieg; **Gesamtentwicklung:** Einzelheiten zur Gesamtentwicklung sind mir nicht bekannt. Die Analyse der Entwicklungsmerkmale spricht für eine sehr gute Intelligenz, erhöhte visuelle Ansprechbarkeit und sehr gute Vorstellungsfähigkeit; inwieweit die individuelle Traumatisierung durch Kriegserlebnisse erfolgte und mit Hilfe rationaler Verarbeitungsmechanismen bearbeitet wurde, muss abgeklärt werden.*

5 Die Interpretation der Kinderzeichnung als ganzheitlicher Ansatz

5.1 Der Einsatz der Kinderzeichnung als psychodiagnostisches Screening-Verfahren in der pädiatrischen Vorsorge- und Schulfähigkeitsuntersuchung

In den vorangegangen Kapiteln wurden die Entwicklungsmerkmale der Kinderzeichnung beim altersentsprechend entwickelten Kind eingehend besprochen und anhand reichhaltigen Bildmaterials verdeutlicht. Auf die wichtige Bedeutung der emotional-sozialen Entwicklung und der Emotionalen Zeichen zur Interpretation der Kinderzeichnung wurde hingewiesen und durch Fallbeschreibungen mit zahlreichen Bildbeispielen belegt.

In diesem Kapitel geht es um grundlegende Überlegungen zu praxisorientierten Auswertungsempfehlungen für die Interpretation derjenigen Kinderzeichnungen, die neben der altersgemäßen auch nicht-altersgemäße Entwicklungen erkennen lassen; diese werden nun in den Mittelpunkt der Aufmerksamkeit gerückt.

Die Auswertung von Entwicklungsmerkmalen und Emotionalen Zeichen in Abhängigkeit vom Lebens- und Entwicklungsalter und der emotional-sozialen Situation des Kindes soll meinem Ansatz zufolge *Fragestellungen und Hypothesen* im Sinne eines *Screening-Verfahrens* herausarbeiten, es sollen hiermit jedoch keine *intelligenzspezifischen oder persönlichkeitsspezifischen Befunde erhoben werden.* Grundlage zur Ermittlung gezielter Fragestellungen und Hypothesen ist die strukturierte, vom Aspekt der kindlichen Entwicklung geleitete Beobachtung von freien Zeichnungen und Zeichentests. Die im Screening-Verfahren ermittelten Fragestellungen lassen sich nachfolgend mit Hilfe aktuell standardisierter psychodiagnostischer Verfahren bzw. psychotherapeutischer Untersuchungs- und Behandlungsmaßnahmen sowie mit pädagogischen Maßnahmen bearbeiten. Wenn bei einer kinderpsychologischen Untersuchung in Zusammenhang mit der Auswertung der Basisinformationen, der Vorbefunde, dem Elterngespräch, dem Gespräch mit dem Kind und der Verhaltensbeobachtung ausschließlich auf statistisch zuverlässige psychodiagnostische Testverfahren zurückgegriffen, auf die Anwendung und Interpretation der Kinderzeichnung jedoch verzichtet wird, besteht meines Erachtens die Gefahr, wichtige Aspekte der Gesamtentwicklung des Kindes, seiner Vorstellungs- und bildnerischen Ausdrucks- und Darstellungsfähigkeit, seines Mitteilungsbedürfnisses und damit seiner emotional-sozialen Entwicklung zu übersehen (vgl. Fallbeispiel Georg, Kap. 4.3.5, Abb. 172).

Allerdings hängt die Qualitätssicherung der Interpretation der Kinderzeichnung von einer Aus- und Fortbildung auf diesem Spezialgebiet ab. Zum Erkennen und Deuten der entwicklungsabhängigen „Muster“ in Kinderzeichnungen bilden nicht nur entwicklungspsychologisches und psychologisches Grundlagenwissen, sondern auch klinisch-psychologische Erfahrung eine unverzichtbare Voraussetzung. Vergleichbare Forderungen werden z. B. auch in der Medizin bei der Auswertung von EKG-Befunden (Elektrokardiogramm zur Messung bioelektrischer Herzaktionen) oder von EEG-Befunden (Elektroenzephalogramm zur Messung und Darstellung von Hirnaktivitäten) gestellt, die sich nicht nur auf medizinisches Grundlagenwissen, sondern auch wesentlich auf spezifische klinische Erfahrungen im Erkennen und Deuten dieser Muster stützen soll.

Auffällige, fehlende oder außergewöhnliche Entwicklungsmerkmale und Emotionale Zeichen in Kinderzeichnungen sind nach meinem Ansatz *nie als isolierte Merkmale, also unabhängig vom Kontext der Basisinformationen und Vorbefunde zu deuten.* Erst wenn Vorgeschichte und spezielle Problematik des Kindes bekannt sind, gewinnen solche auffälligen Merkmale an Aussagekraft und lenken die Aufmerksamkeit des Betrachters auf besondere Potenziale, Entwicklungsdefizite oder emotional-soziale Nöte des Kindes.

Psychotherapeutische Fachkompetenz ist aus meiner Sicht immer dann vorauszusetzen, wenn bei der Interpretation projektiver Zeichentests und freier Zeichnungen nicht nur Emotionale Faktoren/Emotionale Zeichen in den Zeichnungen bestimmt, sondern auch *tiefensymbolische Deutungen von Projektionen* vorgenommen werden. Wirksamkeitsstudien zur Überprüfung psychotherapeutischer Verfahren weisen allerdings darauf hin, dass nicht nur psychotherapeutisches Fachwissen allein, sondern auch die Fähigkeit des Therapeuten/der Therapeutin zur Empathie (Einfühlung in die Probleme des Patienten) und zu intuitivem Denken (vgl. C. G. Jung, Kap. 4) für die Aufklärung tiefensymbolischer Zusammenhänge und damit für den Therapieerfolg richtungsweisend sind. Interdisziplinäre Zusammenarbeit ist wünschenswert, wenn fachspezifische Kompetenzen (z. B. psychodiagnostische oder psychotherapeutische Ausbildung) zur Interpretation Emotionaler Zeichen in der Kinderzeichnung oder zu deren Behandlung erforderlich sind.

Im Bereich der pädiatrischen Vorsorgeuntersuchung (U9) zählt die Beobachtung des Entwicklungsstandes der Kinderzeichnung zu einem der Kriterien, mit deren Hilfe kindliche Entwicklungsstörungen rechtzeitig erkannt und ihre möglichen Auswirkungen auf schulisches Lernen und die Entwicklung persönlichkeitsspezifischer Auffälligkeiten des Kindes überprüft werden können. Allerdings beziehen sich die Kriterien der U9 bezüglich der Kinderzeichnung bisher nicht auf eine detaillierte

altersbezogene Analyse der Entwicklungsmerkmale; auch Emotionale Zeichen in Kinderzeichnungen sind nicht in den Beobachtungskriterien berücksichtigt.
Als Ergänzung wurde für die „U9-er" von der AG-Südbayern im *Berufsverband der Ärzte für Kinderheilkunde und Jugend-Medizin Deutschlands e. V.* ein Beobachtungsbogen zur sensomotorischen und psychosozialen Entwicklung von 5;0jährigen Kindern erarbeitet. Er wird in Bayern an Erzieher/innen und Eltern mit der Bitte um Bearbeitung ausgegeben. Kinder dieses Lebensalters sollen genauer beobachtet und diese Beobachtungen den Kinderärzten zur Verfügung gestellt werden. Unter den Punkten 1, 3 und 4 der von Kinder- und Jugendärzten eingesetzten Checkliste findet man mehrere Beobachtungskriterien zur Entwicklung der Hand- und Fingermotorik und zu Beobachtungen des Malens, Zeichnens und Bastelns. Auch diese Kriterien sind im Hinblick auf das Malen/Zeichnen aus meiner Sicht zu wenig spezifiziert.

Auszug aus der Checkliste für „U9-er", der sich auf den Bereich Malen, Zeichnen und Basteln bezieht:
Zu Punkt 4: Visuelle Wahrnehmung und Sehen:

- „kann Farben rot, blau, gelb, grün sicher unterscheiden"
- „malt Mensch mit mindestens 6 Teilen"
- „malt Haus mit Fenster und Tür korrekt"

Auch im „Anamnese- und Dokumentationsbogen bei Verdacht auf frühe Lernstörungen und Entwicklungsstörungen schulischer Fertigkeiten (F81)" ab dem 4. Lebensjahr bis zum Grundschulalter von R. Michaelis und Kh. Barth, 2. Version 2003, 3. Version in Vorbereitung, entwickelt für die Kinder- und Jugendärztliche Praxis, werden Kriterien zur Handpräferenz, Hand-Fingermotorik und Entwicklung des Malens, Zeichnens und Bastelns abgefragt. Dieser Beobachtungsbogen soll zur Früherkennung von umschriebenen Entwicklungsstörungen schulischer Fertigkeiten beitragen, wobei auf die Beobachtung der Entwicklung des Malens und Zeichnens deutliches Gewicht gelegt wird. Aber auch hier sind die Kriterien eher allgemein gefasst. So finden sich darin z. B. unter Punkt 16 folgende Beobachtungskriterien zu Schwächen intermodaler Leistungen (Auge-Hand-Koordination):

- „Schwierigkeiten Ball zu werfen und zu fangen"
- „kein oder wenig gestaltendes Malen (Männchen, Haus, Baum, Fahrrad)"
- „Schwierigkeiten, Begrenzungslinien beim Ausmalen zu beachten"

Durch die Anwendung meiner neuen Leitlinien mit Analyse *der Entwicklungsmerkmale und der Emotionalen Zeichen* (vgl. mein Interpretationsmodell, Kap. 5.2, Abb. 178, Schaubild 4) lassen sich aus meiner Sicht die Kriterien zur Interpretation der Kinderzeichnung (und damit der Früherkennung entwicklungsgefährdeter Kinder) der genannten Checklisten und Beobachtungsbögen bzw. die Durchführung der U9 viel stärker differenzieren. So könnte die quantifizierende Analyse der Entwicklungsmerkmale und Emotionalen Zeichen in der Menschzeichnung nach Koppitz, 1972, eine wesentlich genauere Analyse im Sinne eines Screening-Verfahrens ermöglichen als die pauschalisierenden Angaben der genannten Beobachtungslisten (z. B. „Mensch mindestens aus 6 Teilen, wenig gestaltendes Malen von Männchen, Haus, Baum, Fahrrad"). Die Analyse der Menschzeichnung nach Koppitz ist in den Ablauf der empfohlenen Beobachtungspunkte meiner Leitlinien integriert, es werden jedoch zusätzliche Auswertungsgesichtspunkte der Analyse empfohlen.

Die praktische Anwendung der Auswertung der Menschzeichnung nach Koppitz, Ziler oder Reynols und Hickman kann anhand eines Fallbeispiels in Kap. 5.3.4 nachvollzogen werden; Auswertungslisten der Originalliteratur von Koppitz vgl. Kap. 9.2 - 9.2.2.

Bei auffälligen Kindern sollten zusätzlich genauere psychodiagnostische Untersuchungen mit einer ergänzenden *qualifizierenden* Analyse der Kinderzeichnung nach meinen Leitlinien durchgeführt werden. In Zusammenhang mit der Menschzeichnung sind aus meiner Sicht bei auffälligen Kindern mindestens eine freie Zeichnung und ein weiterer Zeichentest nach meinen Leitlinien auszuwerten. Als Entwicklungstest im Vorschulalter eignet sich z. B. der „Sterne-Wellen-Test", Avé-Lallemant, 2006 (vgl. Kap. 9.3.4).

Auch bei Schulfähigkeitsuntersuchungen lässt sich die Kinderzeichnung im Sinne eines Screening-Verfahrens einsetzen.
Berthold Eckstein führte 1998 Einschulungsuntersuchungen mit dem Mann-Zeichen-Test durch. Er wollte mit seiner Studie ermitteln, wie Kinder unter heutigen Lebens- und Lernbedingungen die Menschzeichnung kurz vor der Einschulung bewältigten.

Eckstein, 1999, S. 9:
„Die Zeichnungen entstanden im Rahmen der Einschulungsuntersuchung, die der Jugendärztliche Dienst des Gesundheitsamtes für die Stadt Wuppertal im Zeitraum Februar 1998 bis Juni 1998 durchführte. Die Aufgabe, einen Menschen zu zeichnen, ist ohnehin Bestandteil dieser Einschulungsuntersuchung, für die Zwecke meiner Studie wurde die Aufgabe hinsichtlich der Aufgabenstellung („Zeichne-Einen-Menschen") und hinsichtlich des Materials (DIN-A4 Blatt) standardisiert."
Eckstein analysierte 3593 Zeichnungen von 3988 Kindern (90 % des Einschulungsjahrgangs), die schulpflichtig wurden. Das Alter der meisten Kinder lag zum Zeitpunkt der Erhebung zwischen 5;7 und 6;6 Jahren. Nicht eingeschlossen in die Studie wurden 35 Kinder, deren Eltern die Genehmigung zum Kopieren der Zeichnungen

nicht erteilt hatten, und 93 Kinder, bei denen bereits ein (sonder)pädagogischer Förderbedarf ermittelt worden war.
Unter den 3988 Kindern, die in Wuppertal schulpflichtig wurden, befanden sich 20 % Kinder mit einer anderen als der deutschen Staatsangehörigkeit.
Ziel dieser Studie war es zu zeigen, wie Kinder im Schuleintrittsalter die standardisierte Zeichenaufgabe, einen Menschen zu zeichnen, lösen. Die Gruppe der Kinder, die diese Aufgabe *nicht oder mit auffälligen Schwierigkeiten* bewältigte, sollte genauer analysiert und mit den Ergebnissen der jugendärztlichen Einschulungsuntersuchung verglichen werden. Über diese Kinder wurden von den Ärztinnen des Gesundheitsamtes Informationen eingeholt und diese mit den Untersuchungsergebnissen der auffälligen Menschzeichnung verglichen.

Es wurden folgende Fragen an die Ärztinnen des Gesundheitsamtes gestellt:
Eckstein, 1999, S. 10:

1. „Hat das Kind auch bei anderen Aufgaben der Einschulungsuntersuchung in auffallender Weise versagt?
2. Ist das Kind offensichtlich geistig oder körperlich behindert?
3. Gibt es Hinweise darauf, dass das Kind sich aus situativen Gründen geweigert hat, eine Person zu zeichnen, obwohl es dies wahrscheinlich kann?
4. Welche Empfehlung geben Sie hinsichtlich der Einschulung des Kindes?
5. Welche Bedingungshintergründe stecken Ihrer Ansicht nach hinter dem Unvermögen des Kindes, eine Person zu zeichnen?"

Die Ergebnisse Ecksteins lassen sich wie folgt zusammenfassen:
„Insgesamt ist der Anteil der Kinder, die noch *keine* konventionelle Zeichnung anfertigen (wenigstens Kopf, Rumpf und Beine) mit etwa 10 % doch erheblich." (Eckstein, 1999, S. 13).
Bei der Analyse der *Darstellungsmodi* zeigte sich, dass 92 % der Mädchen und 87,1 % der Jungen eine *konventionelle Zeichnung* anfertigten. Die anderen Zeichnungen wurden als auffällig eingestuft (keine Zeichnung, Kritzelzeichnung, anderes Motiv, „Kopffüßler", Nur Kopf-Darstellung, Übergangsdarstellung, Strichmännchen, Darstellung mit Rumpf ohne Beine). Hinweise auf *graphomotorische Schwierigkeiten* fand Eckstein bei über 8 % der Kinder (Verhältnis Jungen : Mädchen fast 4 : 1).

Graphomotorische Schwierigkeiten wurden an folgenden Auffälligkeiten erkannt:

- Bewegungsunsicherheiten wie Verzitterungen, Lötungen, Verschmierungen, Wiederholungen
- Überschneidungen von Elementen der Zeichnung
- Kreislinien mit Ecken und Winkeln
- Offene Kreise, Dreiecke, Rechtecke usw.
- Unverbundene Segmente

Eckstein untersuchte darüber hinaus Hinweise auf Probleme der Kinder bei der *Planung und Komposition* (Planung und Realisierung der relativen Größe der Elemente und Zusammenfügen der Elemente), *winzig kleine Zeichnungen* (9,6 % der Gesamtpopulation), *Zeichnungen ohne Gesicht und Mund, Zeichnungen ohne Armzeichen, konventionelle Zeichnungen mit Resten aus dem Darstellungsmodus „Kopffüßler", Zeichnungen mit einer besonderen Ausdrucksqualität* (ausdrucksstarke Zeichnungen, Zeichnungen mit aggressiven Attributen, Zeichnungen, bei denen männliche oder weibliche Attribute betont werden).

Eckstein orientierte sich bei der Zusammenstellung und Auswertung der oben genannten Merkmale u. a. an einer *Auswahl* von Normierungswerten der Entwicklungsmerkmale und Emotionalen Faktoren von E. Koppitz, 1972. Eine Gesamtauswertung entsprechend der Vorgaben dieser Originalliteratur wurde nicht vorgenommen. Bei seiner Auswertung verglich er die von ihm als auffällig eingestuften Ergebnisse der Menschzeichnung mit den Ergebnissen der jugendärztlichen Untersuchung. Eckstein führte u. a. aus, dass Kinder, die einen „Kopffüßler" gezeichnet hatten, von den Schulärzt/innen sehr unterschiedlich beurteilt worden waren. „Für einige von ihnen wurde der Besuch des Schulkindergartens vorgeschlagen, andere wurden mit oder ohne Einschränkungen als schulreif oder schulfähig beurteilt." (Eckstein, 1999, S. 15).

> Eckstein, 1999, S. 24:
> „Wie ich gezeigt habe, enthalten 8 % der Zeichnungen Hinweise auf graphomotorische Schwierigkeiten der Kinder, über 15 % der Zeichnungen fallen auf, weil der Kopf größer ist als der Rumpf, 1,7 % der Menschendarstellungen haben einen winzig kleinen Kopf (kleiner als ein Zehntel der gesamten Gestalt), 2,6 % der Kinder zeichneten eine Gestalt, die aus unverbundenen Segmenten besteht. Diese Befunde lassen vermuten, dass mindestens 10 % der Kinder (überwiegend Jungen), die eingeschult werden, nicht über die in der Schule geforderte „Schreibfähigkeit" oder „Schreibreife" (zu den Begriffen vgl. Rudolf, 1986) verfügt. Diese Kinder sind wahrscheinlich überfordert, wenn es darum geht, Buchstaben und Zahlen zu schreiben."

Eckstein fand bei überraschend vielen Kindern Zeichnungen mit einer winzig kleinen Gestalt, Strichmännchen, eine Figur ohne Arme oder Gesicht, Kopffüßler oder Übergangsdarstellungen. Er nimmt an, dass mit den geringen oder verkümmerten Fähigkeiten des Malens und Zeichnens, die sich in diesen Darstellungen zeigen, auch eine Beeinträchtigung der Möglichkeit des schöpferischen Selbstausdrucks der betreffenden Kinder einhergeht.
Die Schlussfolgerungen dieser Studie lassen sich nach Eckstein wie folgt zusammenfassen:

Eckstein, 1999, S. 26-27:

- „Der Erstunterricht muss sich darauf einstellen, dass Kinder mit höchst unterschiedlichen (auch sehr geringen) Fähigkeiten und Vorerfahrungen im Bereich des Zeichnens eingeschult werden. Will man eine Überforderung von Kindern vermeiden, muss man auch Aufgaben anbieten, die mit geringen zeichnerischen Fähigkeiten zu lösen sind."
- „Wünschenswert erscheinen mir zum Beispiel Einzelfallstudien, in denen Kinder über den Zeitraum der Einschulung hinweg begleitet und beobachtet werden. So könnte z. B. der Zusammenhang zwischen der Entwicklung des Zeichnens und dem Schreiblernprozess untersucht werden."
- „Schreibfähigkeit bzw. Schulschreibreife können bei Schulanfängern nicht einfach vorausgesetzt werden. Zeichnen und Malen können wichtige Hinweise auf fehlende Fähigkeiten und mangelnde Reife geben, sodass eine entsprechende Frühförderung geplant und durchgeführt werden kann. Die Beobachtung der Kinder beim Zeichnen und Malen kann insgesamt dazu beitragen, Unter- und Überforderungen im Schreiblernprozess zu vermeiden und auf das graphomotorische Entwicklungsniveau der Kinder abgestimmte Übungsformen anzubieten."
- „Kinder mit Schwierigkeiten in der Verfügung über das Ausdrucksmittel Zeichnen und Malen sollten durch geeignete Angebote an dieses wichtige Kommunikationsmittel herangeführt werden. Sie sollten ermutigt werden, sich auf die Welt der Bilder einzulassen und für bildnerische Aufgaben ihre eigenen Lösungen finden."
- „Lassen die Zeichnungen eines Kindes Schwierigkeiten bei der Bewältigung der kognitiven Anforderungen vermuten, sollten diese aufgabenspezifischen Schwierigkeiten genau beobachtet und beschrieben werden. Folgerungen für die pädagogische und didaktische Arbeit dürfen sich nicht auf das Zeichnen und Malen beschränken. Neben geeigneten unterrichtlichen Angeboten in diesem Bereich können z. B. auch eine motopädische Förderung zum Aufbau des Körperschemas, Übungen zur Wahrnehmung des eigenen Körpers oder ein Aufmerksamkeitstraining geeignet sein, diesen Schwierigkeiten zu begegnen."
- „Diese drei Gruppen aufgabenspezifischer Schwierigkeiten berücksichtigen eine wesentliche Dimension der kindlichen Zeichnung noch gar nicht. Bilder und Zeichnungen enthalten oft auch emotionale Mitteilungen. Deren Sinn erschließt sich aber nur im lebendigen Kontext mit dem Kind."

Die Untersuchungen Ecksteins bestätigen den Wert des gezielten Einsatzes der Kinderzeichnung, z. B. des Tests: „Zeichne-Einen-Menschen", im Rahmen eines jugendärztlichen Screening-Verfahrens zur Überprüfung der Schulfähigkeit. In Unterscheidung zu Ecksteins Ansatz schlage ich vor, die Menschzeichnung bei Screening-Verfahren *nicht durch eine Auswahl* von Kriterien nach Koppitz, sondern im Sinne der von mir vorgeschlagenen neuen Leitlinien durchzuführen und zu interpretieren *(Qualitative und Quantitative Untersuchung der Entwicklungsmerkmale und Emotionalen Zeichen und ihre Zuordnung zu Entwicklungsstufen; ergänzende Auswertung mindestens einer freien Zeichnung; vgl. Kap. 5.2).* Bei der quantitativen Analyse und Auswertung sollte aus meiner Sicht auf die nicht zeitaufwändige Auswertung von Koppitz unter Verwendung der vorliegenden Normen für Jungen

und Mädchen zurückgegriffen werden (Tabellen und Auswertungsrichtlinien der Entwicklungsmerkmale und Emotionalen Zeichen von Koppitz vgl. Kap. 9.2-9.2.2; Auswertung der Menschzeichnung nach Koppitz anhand eines Fallbeispiels vgl. Kap. 5.3.4). Darüber hinaus stehen zur Auswertung der Menschzeichnung Normen von Ziler, 2000, und von Reynolds and Hickman, 2004, zur Verfügung, deren Einsatz ebenfalls in der praktischen Anwendung anhand eines eigenen Fallbeispiels beschrieben wird (vgl. Kap. 5.3.4).
Neben der Menschzeichnung eignet sich z. B. auch der Sterne-Wellen-Test, Avé-Lallemant, 2006, zur Entwicklungsdiagnostik und zur Beurteilung der Schulfähigkeit und kann nach den neuen Leitlinien ausgewertet werden.

5.2 Leitlinien zur ganzheitlichen Interpretation der Kinderzeichnung (Ch. Seidel)

(vgl. Interpretationsmodell Kap. 5.2, Abb. 178, Schaubild 4, Ebene I, 1.-6., II, 1.-5., III, 1.-3.)

Mein Interpretationsmodell zeigt die entscheidenden Schritte zur Anwendbarkeit der Kinderzeichnung als *Screening-Verfahren* im ganzheitlich orientierten diagnostischen Prozess. Mit Hilfe eines Strukturierten Beobachtungsbogens können freie Zeichnungen und Zeichentests nach den neuen Leitlinien praxisorientiert ausgewertet werden (vgl. Kap. 9.4).
Meine Leitlinien zur Interpretation der Kinderzeichnung umfassen den Einsatz freier Zeichnungen, mehrerer Zeichentests und psychodiagnostischer Verfahren in Zusammenschau mit den notwendigen Vorinformationen und den Vorbefunden (vgl. Schaubild 4, Ebene I, 1.-6., II, 1.-5. und III 1.-3.)
Um einen raschen Überblick über den Stand der Zeichenentwicklung zu erhalten, ist es jedoch möglich, innerhalb der Ebene II besondere Punkte zur qualitativen und quantitativen Analyse herauszugreifen (z. B. den Test: „Zeichne-Einen-Menschen" aus Ebene II, 4. und 5.) und die anderen Punkte zunächst zurückzustellen. Die gewonnenen Untersuchungsergebnisse sollten allerdings bei ihrer Interpretation entsprechend relativiert werden. Ist ein Kind im Hinblick auf die Auswertung der Menschzeichnung auffällig, sind zusätzliche Zeichentests und mindestens eine freie Zeichnung unter Anwendung meiner Leitlinien ergänzend zu analysieren und ggf. weitere psychodiagnostische Untersuchungen zu veranlassen.

Nehmen wir an, im Rahmen einer Vorsorgeuntersuchung (U9) oder der Schulfähigkeitsuntersuchung werden während eines kurzen Screening-Verfahrens in Zusammenhang mit anderen medizinischen und psychodiagnostischen Untersuchungsverfahren nur einzelne Punkte der Ebene II erfasst.

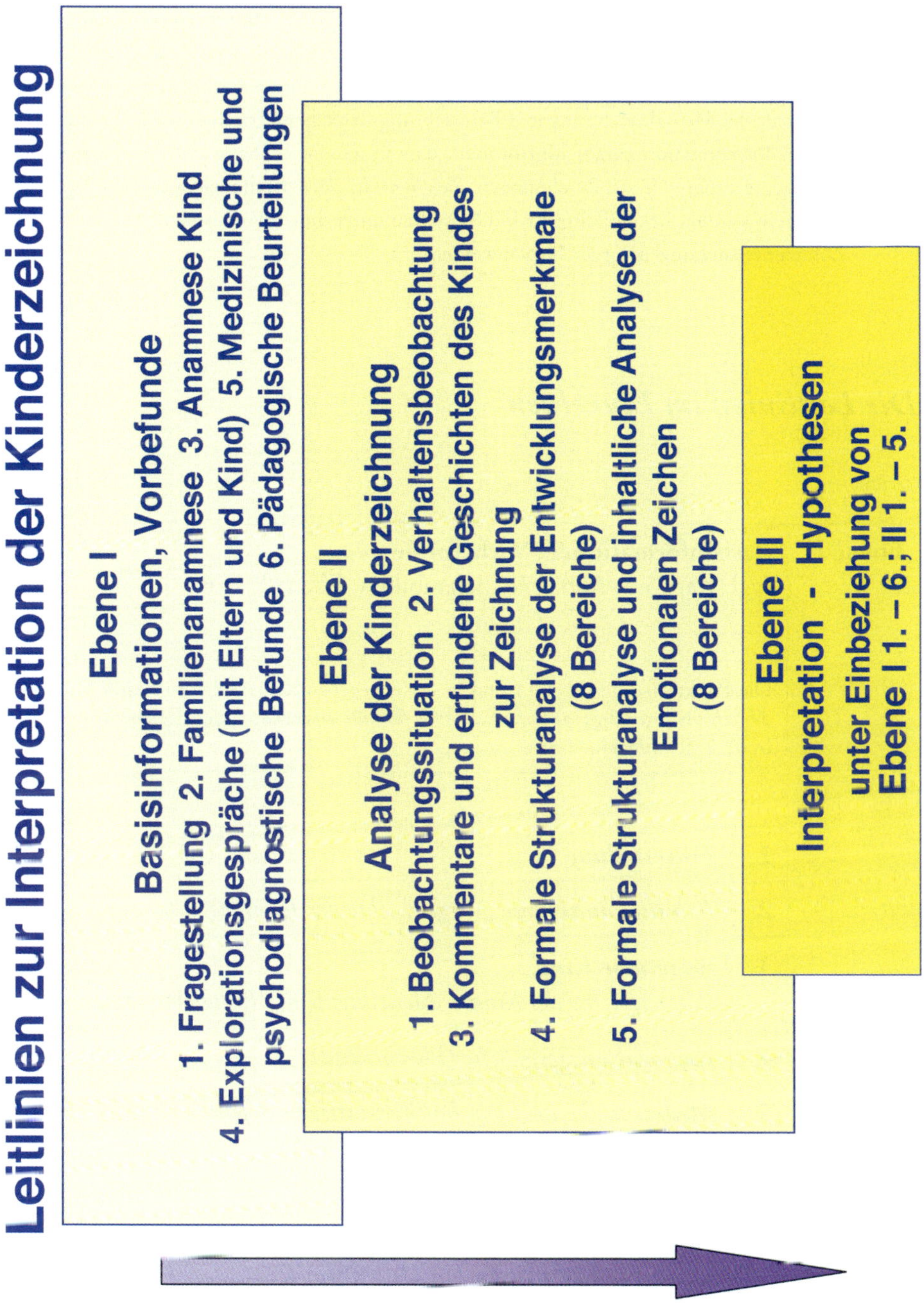

<u>Abb. 178, Schaubild 4:</u>
Leitlinien zur Interpretation der Kinderzeichnung (Interpretationsmodell Ch. Seidel); Erläuterungen zur Anwendung dieses Modells vgl. Kap. 5.2-5.2.3; Fallbeispiel Anna, Kap. 5.3-5.3.6)

Es fehlen z. B. Angaben zur Verhaltensbeobachtung (2.) oder zum 4. Punkt (wenn nur die quantitative Analyse der Entwicklungsmerkmale und der Emotionalen Zeichen der Menschzeichnung nach Koppitz durchgeführt, aber auf die qualitative Analyse der Entwicklungsmerkmale der Menschzeichnung in 8 Beobachtungsbereichen verzichtet wird). Es wäre dann bei der Interpretation darauf hinzuweisen, dass in Zusammenhang mit der Menschzeichnung keine anderen freien Zeichnungen, Zeichentests oder psychodiagnostischen Verfahren analysiert wurden. Bei auffälligen Kindern sollten unter diesen Voraussetzungen notwendige Zusatzuntersuchungen vorgeschlagen werden.

Die Leitlinien im Einzelnen

Ebene I	**Basisinformationen, Vorbefunde** (vgl. Kap. 5.2, Abb. 178, Schaubild 4, Ebene I, 1.-6.)	
	Die Punkte 1-6 der Ebene I sind in der angegeben Reihenfolge zu bearbeiten. Sie dienen als *grundlegende Informationen für alle* auszuwertenden Zeichentests und freien Zeichnungen.	
	1.	***Fragestellung***
	2.	***Familienanamnese*** *(Vorgeschichte der Familie)*
	3.	***Anamnese Kind*** *(Vorgeschichte des Kindes, Meilensteine der Entwicklung)*
	4.	***Explorationsgespräche*** *(Eltern/Kind)*
	5.	***Medizinische und psychodiagnostische Befunde***
	6.	***Pädagogische Beurteilungen***
Ebene II	**Analyse von freien Zeichnungen und Zeichentests** (vgl. Kap. 5.2, Abb. 178, Schaubild 4, Ebene II, 1.-5.)	
	Die Punkte 1-5 der Ebene II sind in der angegeben Reihenfolge für jeden Zeichentest und jede freie Zeichnung gesondert zu bearbeiten.	

1. ***Beobachtungssituation***
(vgl. Schaubild 4, Ebene II, 1.)

- Nennung der freien Zeichnungen und Zeichentests in der vorgesehenen Reihenfolge ihrer Analyse

- Auswahl der einzelnen Zeichnung zur Analyse
  Thema der freien Zeichnung, Name des Zeichentests,
  Datum der Fertigstellung der freien Zeichnung/des Zeichentests
  Lebensalter des Kindes bei Fertigstellung

- Beschreibung der Aufgabenstellung (Psychodiagnostik/Therapie)

- Malsituation
  Wer führte die Untersuchung durch?
  Für wen zeichnete das Kind?
  Wo wurde gezeichnet? (Zeichenort)
  Welche situativen Einflussmöglichkeiten liegen vor? (Einzelsituation/Gruppe, Tageszeit, Jahreszeit, aktuelle Anlässe, z. B. besondere Feste, aktuelle Ereignisse; gab es Störeinflüsse, z. B. unvorhergesehenen Lärm, Unterbrechungen?)
  Wie lange wurde gezeichnet? (Zeitdauer der Ausführung)

- Rahmenbedingungen
  Die folgenden Angaben sind insbesondere zur Auswertung *einer freien Zeichnung ohne vorgegebenes Zeichenthema* und bei der *freien Zeichnung mit vorgegebenem Thema* von Bedeutung.
  Im Unterschied zum Zeichentest, bei dem das Kind eine standardisierte Testinstruktion erhält, darf es sich bei der *Spontanzeichnung (freie Zeichnung ohne gestelltes Zeichenthema)* das Zeichenthema selbst stellen und ist auch bei der Ausführung an keinerlei Vorgaben im Hinblick auf den Inhalt, Einsatz der Malmittel oder Zeitvorgaben gebunden. Bei der *Zeichnung mit vorgegebenem Zeichenthema* erhält das Kind ein Zeichenthema, das vom Untersucher/Therapeuten frei ausgewählt wurde und sich nicht auf die Instruktion eines Zeichentests bezieht. Das Kind ist damit zwar inhaltlich an das vorgegebene Thema gebunden, kann jedoch dieses sowie die Malmittel nach eigenen Vorstellungen ohne Zeitvorgaben bearbeiten.

  Welche *Malvorbereitung* wurde getroffen?
  Welches *Malmaterial* wurde verwendet?
  In welcher *Malposition* wurde gezeichnet?
  Welches *Zeichenthema* hat sich das Kind *selbst gestellt*?
  Welches *Zeichenthema* wurde dem Kind *vorgegeben*?
  Zeichnete das Kind frei/nach Vorlage?

	2.	***Verhaltensbeobachtung während des Zeichenvorgangs*** (vgl. Schaubild 4, Ebene II, 2.)
		Notizen zur Verhaltensbeobachtung sind für jede freie Zeichnung und jeden auszuwertenden Zeichentest gesondert anzufertigen und bei der Interpretation auf Ebene III einzubeziehen; für besondere Fragestellungen sind standardisierte Beobachtungsbögen zu verwenden, vgl. Michaelis und Barth, 2003; weitere Einzelheiten zur Verhaltensbeobachtung vgl. Kap. 5.2.2.2; 8.3.3 und Strukturierter Beobachtungsbogen, Kap. 9.4.
		Die Verhaltensbeobachtung hält *Auffälligkeiten* und *Störungen* in folgenden Bereichen fest:
		• Gesundheitszustand des Kindes • periphere visuelle Wahrnehmung, Sehschärfe • Gehör • Sprache *expressive Sprache:* Aussprache, Grammatik, Wortschatz *rezeptive Sprache:* Sprachverständnis • Arbeitsverhalten Motivation zum Malen/Zeichnen, Konzentration, Aufmerksamkeit, Ausdauer, Arbeitsgeschwindigkeit, Geübtheit im Umgang mit Stiften/Malmaterialien • Psychomotorik *Körperkoordination*: Körperbewegungen, Sitzhaltung beim Malen/Zeichnen *feinmotorische Koordination*: Handpräferenz, Hand-Fingermotorik • modalitätsspezifische Wahrnehmungsfunktionen *auditive, visuelle, taktil-kinästhetische, vestibuläre Wahrnehmung* (Erläuterungen zur Verhaltensbeobachtung dieser Modalitäten vgl. Michaelis und Barth, 2003) • kognitive Verarbeitung • Auffälligkeiten des Verhaltens, Verhaltensstörungen • Einflüsse aus der Umwelt des Kindes auf das Malen/Zeichnen
	3.	***Kommentare und erfundene Geschichten des Kindes zu seiner Zeichnung*** (vgl. Schaubild 4, Ebene II, 3.)
		Die erfundenen Geschichten zur freien Zeichnung und die wörtlich notierten Kommentare und Erklärungen zum Zeichentest werden an dieser Stelle im Beobachtungsbogen eingefügt und bei der nachfolgenden Analyse von Entwicklungsmerkmalen und Emotionalen Zeichen den neuen Leitlinien entsprechend berücksichtigt (vgl. Fallbeispiel Anna, Kap. 5.3-5.3.6 und Kap. 8.3.4).

4.	***Formale Strukturanalyse und inhaltliche Analyse der Entwicklungsmerkmale von freien Zeichnungen und Zeichentests*** (vgl. Schaubild 4, Ebene II, 4.)

- *Qualitative* Auswertung der Entwicklungsmerkmale von *freien Zeichnungen* und *einzelnen Zeichentests* nach den neuen Leitlinien (Seidel)
  - o Bestimmung der *erwarteten Stufe der Zeichenentwicklung (Stufe 1-4, vgl. Kap 3.7.1-3.7.4.9) bezogen auf das Lebensalters des Kindes bei Fertigstellung der Zeichnung:*
    Stufe 1 der Zeichenentwicklung: Säuglingsalter – ca. 2;0 Jahre
    Stufe 2 der Zeichenentwicklung: ca. 2;0-7;0 Jahre
    ca. 2;0-4;0 Jahre
    ca. 4;0-7;0 Jahre
    Stufe 3 der Zeichenentwicklung: ca. 7;0-12;0 Jahre
    Stufe 4 der Zeichenentwicklung: ab ca. 12;0 Jahren
  - o *Beschreibung der Entwicklungsmerkmale einzelner freier Zeichnungen und Zeichentests in folgenden 8 Beobachtungsbereichen:*
    Gesamteindruck (erster subjektiver Eindruck, bildnerischer Ausdruck, sprachlicher Ausdruck, bildnerischer Stil, Ausführung und Organisation)
    Motive, Symbole, Zeichen
    Formdarstellung
    Graphomotorik (Strichführung, Strichcharakter, Flächenbehandlung)
    Größendarstellung
    Farbdarstellung
    Bewegungsdarstellung
    Raum- und Zeitdarstellung, Komposition

    Ausführliche Beschreibung der Zeichenentwicklung auf den 4 Entwicklungsstufen in 8 Beobachtungsbereichen mit Bildbeispielen für jede Stufe vgl. Kap. 3.7.1-3.7.4.9; orientierender Überblick der 4 Stufen der Zeichenentwicklung (vgl. Strukturierter Beobachtungsbogen Kap. 9.4)
- Gesamteinschätzung der erreichten Stufe der Zeichenentwicklung für jede *einzelne* freie Zeichnung oder jeden Zeichentest nach den neuen Leitlinien; erste Einschätzung der kognitiven Entwicklung
- *Quantitative* Auswertung der Entwicklungsmerkmale *einzelner* standardisierter Zeichentests gemäß den Normen der Originalliteratur
  - o *Entwicklungsmerkmale des Tests: „Zeichne-Einen-Menschen" (ZEM), Koppitz*, 1972; fehlende erwartete, außergewöhnliche Entwicklungsmerkmale und gewichtete Gesamtpunktzahl bestimmen und interpretieren (Erläuterungen zur Auswertung und Interpretation vgl. Kap. 5.2.2.4; 5.3.4; 9.2-9.2.1; 9,4)
  - o Auswertung von Entwicklungsmerkmalen anderer standardisierter Zeichentests (MZT, Ziler; DAP:IQ, Reynolds and Hickman; Erläuterungen zu diesen Testverfahren vgl. Kap. 5.2.2.4; 5.3.4; 9.3.3-9.4)

- Vergleichende Darstellung der *qualitativen* und *quantitativen* Auswertung der Entwicklungsmerkmale einzelner freier Zeichnungen oder Zeichentests in 8 Beobachtungsbereichen; Fragestellungen zur kognitiven Entwicklung

	5.	***Formale Strukturanalyse und inhaltliche Analyse der Emotionalen Zeichen*** (vgl. Schaubild 4, Ebene II, 5.)
		• *Qualitative* Auswertung Emotionaler Zeichen im Rahmen der Analyse *einzelner* freier Zeichnungen und Zeichentests nach den neuen Leitlinien (Seidel) o Beachtung des Lebensalters und der kognitiven Entwicklung des Kindes bei Fertigstellung der freien Zeichnungen oder Zeichentests o Beschreibung der Emotionalen Zeichen einzelner freier Zeichnungen und Zeichentests *in den 8 Beobachtungsbereichen,* Formulierung von Fragestellungen zur emotional-sozialen Entwicklung (Inhaltliche Beschreibung der Bereiche vgl. Kap. 4.2-4.2.8; Beispiele für Emotionale Zeichen vgl. Kap. 4.3-4.3.5; Kap. 9.4) • *Quantitative* Auswertung Emotionaler Faktoren im Rahmen des standardisierten Zeichentests: „Zeichne-Einen-Menschen" (ZEM), Koppitz, 1972, nach den Normen der Originalliteratur (vgl. Kap. 9.2, 9.2.2 [Original-Auswertungstabellen] sowie Kap. 9.4) • *Vergleichende Darstellung* der qualitativen und quantitativen Auswertung der Emotionalen Zeichen (Emotionalen Faktoren) in *einzelnen* freien Zeichnungen oder Zeichentests nach 8 Beobachtungsbereichen; Fragestellungen zur emotional-sozialen Entwicklung
Ebene III		**Interpretation / Hypothesen** (vgl. Kap. 5.2, Abb. 178, Schaubild 4, Ebene III 1.-3.)
		Die Interpretation und Hypothesenbildung berücksichtigt Auffälligkeiten der Basisinformationen, Vorbefunde (Ebene I, 1.-6.), die Ergebnisse der Analyse einzelner freier Zeichnungen/Zeichentests (Ebene II, 1.-5.) sowie die vergleichende Auswertung aller angewandten freien Zeichnungen/Zeichentests (Ebene III, 1.-3.). Auf der Grundlage der Interpretationsergebnisse werden Vorschläge für weiterführende psychodiagnostische Verfahren, psychotherapeutische und pädagogische Maßnahmen erarbeitet (vgl. Fallbeispiel Anna, Kap. 5.3.6)
		1. Diskussion der Entwicklungsmerkmale *(Beobachtungsbereiche, Gesamteinschätzung), Vorschläge für weiterführende psychodiagnostische und psychotherapeutische Maßnahmen*
		2. Diskussion der Emotionalen Zeichen *Vorschläge für weiterführende psychodiagnostische, psychotherapeutische Maßnahmen und für das Elterngespräch/Beratungsangebot*
		3. Vorschläge für fördernde schulische Maßnahmen

5.2.1 *Erläuterungen zur Anwendung der Leitlinien auf Ebene I, 1.-6.*
(vgl. Abb. 178, Schaubild 4)

Basisinformationen, Vorbefunde

Die Ergebnisse der Analyse der Kinderzeichnungen sollten auf die bereits gewonnenen Basisinformationen und Vorbefunde bezogen werden (vgl. Kap. 8.2). Wichtig für die Interpretation von Kinderzeichnungen sind *persönlich geführte Explorationsgespräche* mit den Eltern und mit dem betroffenen Kind/Jugendlichen selbst. Zur Ermittlung der Basisinformationen und Vorbefunde *entwicklungsauffälliger* Kinder empfiehlt es sich, standardisierte Erhebungsbögen zu verwenden (z. B. Michaelis und Barth, 2003; Straßburg, Dacheneder, Kreß, 2003). Die Untersuchungsergebnisse aller zur Verfügung stehenden medizinischen und psychodiagnostischen Befunde (z. B. Intelligenzuntersuchungen, Untersuchungen der Wahrnehmungsbereiche u. a.) sowie pädagogische Beurteilungen sind zusammenzustellen. Das Vorliegen einer im Vorfeld diagnostizierten angeborenen oder erworbenen Hirnschädigung, einer organischen Erkrankung oder Behinderung (Zerebralparese, Sinnesbehinderung, z. B. Seh- oder Hörstörung), einer umschriebenen oder globalen Entwicklungsstörung, einer Intelligenzminderung, von hoher oder sehr hoher Intelligenz (Definition von Intelligenz und Intelligenzminderung vgl. Richtlinien der ICD-10, 2007, Kap. 10.1) sowie von Milieuschädigung (Deprivation) muss bei der Interpretation der Kinderzeichnung grundsätzlich berücksichtigt werden (vgl. Kap. 6.1-6.2.7).

5.2.2 *Erläuterungen zur Anwendung der Leitlinien auf Ebene II, 1.-5.*
(vgl. Abb. 178, Schaubild 4)
Analyse freier Zeichnungen und Zeichentests

5.2.2.1 *Zur Beobachtungssituation* (Ebene II, 1.)

- Nennung der freien Zeichnungen und Zeichentests in der vorgesehenen Reihenfolge ihrer Analyse

Zur Übersicht über die angewandten Methoden werden alle durchgeführten und auszuwertenden freien Zeichnungen und Zeichentests genannt. Das jeweilige Lebensalter des Kindes bei Fertigstellung der Zeichnung wird angegeben.

- Auswahl der einzelnen Zeichnungen zur Analyse

Die Auswahl der Methoden (freie Zeichnungen oder Zeichentests) zur Anwendung und Auswertung ist abhängig von der Aufgabenstellung (Psychodiagnostik/Therapie) und von der individuellen Situation des Kindes. Es stehen freie Zeichnungen und Zeichentests zur Verfügung (vgl. Kap. 5.2.2.4; 5.2.2.5 und Kap. 9). Bei freien

Zeichnungen empfiehlt es sich, die ersten Bilder (Initialbilder) zu analysieren. Darüber hinaus sollten jene freien Zeichnungen zur Analyse ausgewählt werden, die am eindrucksvollsten die Potenziale der Zeichenfähigkeit des Kindes verdeutlichen und/oder auf aktuelle emotional-soziale Konflikte hinweisen.

Es empfiehlt sich, beim Einsatz der Zeichnungen im *Rahmen einer psychodiagnostischen Untersuchung als Screening-Verfahren* mit einer *freien* Zeichnung zu beginnen und diese im Hinblick auf die Entwicklungsmerkmale und Emotionalen Zeichen *nach den neuen Leitlinien auszuwerten.* Dann folgt die Auswahl unterschiedlicher Zeichentests entsprechend der vorliegenden Fragestellung und individuellen Voraussetzungen des Kindes (vgl. Leitlinien).

Werden freie Zeichnungen und Zeichentests *im Rahmen der therapeutischen Situation* (als Kontrolluntersuchungen oder als Bestandteil der therapeutischen Maßnahmen) durchgeführt, können die vorliegende Fragestellung und die individuellen Voraussetzungen des Kindes es auch erfordern, bei der Reihenfolge der Anwendungen nicht die freie Zeichnung, sondern einen Zeichentest zu bevorzugen.

Bei der Auswahl von *Menschzeichnungen* ist auf Folgendes zu achten:
Die Menschzeichnung sollte entsprechend der Testinstruktionen separat auf einem Einzelblatt (DIN-A4) durchgeführt und nur bei vorliegender besonderer Fragestellung einer freien Zeichnung oder einer Familiendarstellung berücksichtigt werden. Wichtig ist es, zuerst „eine Person" (Instruktion) zeichnen zu lassen, dabei sollte offen bleiben, welches Geschlecht das Kind wählt. In der Regel zeichnen Kinder bei diesem Test das eigene Geschlecht, sie identifizieren sich mit ihrer eigenen Geschlechtsrolle. Wählt das Kind in der Menschzeichnung nicht das eigene Geschlecht, kann dies zu ergänzenden Testinstruktionen und besonderer Interpretation Anlass geben (vgl. DiLeo, 1992).
Um einen Einblick in *die Familiensituation des Kindes zu gewinnen*, schlägt DiLeo, 1992, S. 74, vor, zuerst eine Person zeichnen zu lassen (Welches Geschlecht wird zuerst gezeichnet?). Anschließend lässt er das andere Geschlecht darstellen und vergleicht die Ausführungen. Danach wird die eigene Familie dargestellt (Hat sich das Kind selbst einbezogen? Wer wurde ausgelassen?). Ich halte es bei Kindern bis zum Alter von ca. 12;0 Jahren für günstig, die Familie als Tiere verzaubert darstellen zu lassen (Testinstruktion: „Familie in Tieren" vgl. Kap. 9.3.6) und dem Kind damit die Möglichkeit zu Projektionen zu erleichtern. Vorschulkinder lassen sich zu der Familiendarstellung durch die Aufforderung „Zeichne deine Familie als Sonnen" motivieren (vgl. Kap. 5.2.2.5). Einen guten Einblick zur Erforschung der Famili-

eninteraktion ermöglicht nach Burns und Kaufmann, 1972, die „Bewegte-Familien-Zeichnung". DiLeo, 1992, S. 74, setzt diesen Test an vierter Stelle ein mit der Aufforderung: „Zeichne deine Familie, einschließlich deiner selbst, wie jeder etwas tut!" (Welche Interaktion besteht zwischen den Familienmitgliedern?).

Die Auswertung freier Zeichnungen und Zeichentests in aufeinander folgenden Schritten kann anhand der hier vorgelegten Leitlinien und eines Strukturierten Beobachtungsbogens durchgeführt werden (vgl. Kap. 5.2 und Kap. 9.4). Weitere Informationen zur Auswertung der genannten Testverfahren sind Kap. 9 zu entnehmen.

Berechnung des Lebensalters bei Fertigung der Zeichnung:
Das Datum der Fertigstellung der Zeichnung ist auf der Rückseite des Zeichenblattes zu vermerken.
Das *Lebensalter* des Kindes bei Fertigstellung der Zeichnung muss genau angegeben werden und lässt sich leicht wie folgt berechnen:

Beispiel 1:
Die Zeichnung wurde am 15.6.2005 angefertigt. Melanie wurde am 10.5.1999 geboren. Sie war also zu diesem Zeitpunkt 6 Jahre, 1 Monat und 5 Tage alt.

	Jahr	Monat	Tag		
Testdatum	2005	6	15		
Geburtsdatum	1999	5	10		
	Jahre	Monat	Tage		
Testalter	6	1	5	→	6;1 Jahre

Beispiel 2:
Die Zeichnung wurde am 22.3.1989 angefertigt. Klaus wurde am 28.10.1983 geboren. Er war also zu diesem Zeitpunkt 5 Jahre, 4 Monate und 24 Tage alt.

	Jahr	Monat	Tag		
Testdatum	1989 (1988)	3 (2) (14)	22 (52)		
Geburtsdatum	1983	10	28		
	Jahre	Monat	Tage		
Testalter	5	4	24	→	5;4 Jahre

- Beschreibung der Aufgabenstellung (Psychodiagnostik/Therapie)

Es wird vermerkt, ob die Zeichnungen (freie Zeichnungen, Zeichentests) im Rahmen einer psychodiagnostischen Untersuchung als Screening-Verfahren oder im Therapieverlauf (Prozessdiagnostik) eingesetzt werden.

- Zur Malsituation (Zeichentest/freie Zeichnung)

Die Malsituation kann Zeichnungen beeinflussen. Um diese Einflussmöglichkeiten gering zu halten, werden Zeichentests unter konstanten, standardisierten Bedingungen durchgeführt (z. B. ZEM, Koppitz; Sterne-Wellen-Test, Avé-Lallemant; DAP: IQ Test u. a.). Testanweisung, zu verwendendes Zeichenmaterial wie auch Maßgaben für das Verhalten des Untersuchers sind bei diesen Zeichentests fest vorgegeben. Der Einfluss der Malsituation ist bekannt und bei der Normierung berücksichtigt. Andere Voraussetzungen findet man dagegen bei der Anwendung und Interpretation *freier Zeichnungen*, die in nicht vorgegebenen Malsituationen angefertigt werden. Bei ihnen sind Verhaltensanweisung, Malsituation und verwendetes Zeichenmaterial nicht standardisiert. Diese Faktoren können Ausführung und Inhalte der freien Zeichnungen in unterschiedlicher Weise beeinflussen. Die Malsituation ist daher besonders bei freien Zeichnungen genauer im Hinblick auf folgende Fragestellungen zu beschreiben und zu definieren:

Wer führte die Untersuchung durch?
Für wen zeichnete das Kind?
Ein Kind wird, je nachdem, ob es für seine Eltern, den Lehrer, Erzieher, Psychologen, Therapeuten oder ein anderes Kind zeichnet, unterschiedlich motiviert sein. Die verschiedenen Ansprechpartner (Kommunikationspartner) können Ausführung und Inhalte der Zeichnungen maßgeblich beeinflussen. Ein Kind mit guter Beziehung zum Therapeuten wird in der Therapiesituation seine Phantasien, Wünsche, Ängste und Konflikte offener zeigen und bearbeiten als in einer ängstigenden, mit Leistungsblockaden einhergehenden Schulsituation.
Die in seiner Zeichnung enthaltene Aussage des Kindes ist an einen Empfänger gerichtet. Das Kind wählt seine Botschaften innerhalb dieses Prozesses oft gezielt aus. Konfliktbesetzte Themen werden oft nur ganz bestimmten Empfängern mitgeteilt, die das Vertrauen des Kindes erworben haben. Eine freundliche, unterstützende, ermutigende, geduldige, zugewandte, rücksichtsvolle, abwartende Grundhaltung der Therapeutin/des Therapeuten zählt zu den wichtigen Voraussetzungen des therapeutischen Dialogs.

Wo wurde gezeichnet?
Der *Zeichenort* übt unterschiedliche Einflüsse auf das Kind aus. Im positiv erlebten Elternhaus werden oft andere Themen in der Zeichnung angesprochen als im Kindergarten, in der Schule oder in der psychodiagnostischen und medizinischen Untersuchungssituation unter standardisierten Untersuchungsbedingungen. Wieder andere Bedingungen findet das Kind am Ort der Therapie im Schutz der thera-

peutischen Situation vor. Wichtig ist vor allem, dass sich das Kind am Zeichenort geborgen, wohl und von äußeren Einflüssen ungestört fühlt.

Welche situativen Einflüsse liegen vor?
Wurde in der Einzelsituation oder in der Gruppe gezeichnet?
Kinder werden durch andere Gruppenmitglieder in ihren Zeichnungen beeinflusst. Sie ahmen oft die Motive ihres Sitznachbarn nach und produzieren *weniger eigene innere Bilder*, wenn das Kopieren nicht vom Untersuchungsleiter durch Anweisung oder Sitzordnung unterbunden wird. Entsprechende Beobachtungen, auch Anzahl und Zusammensetzung der Gruppenmitglieder sollten vermerkt werden. *Besondere Störeinflüsse* während der Durchführung der Zeichnungen (z. B. plötzlicher Lärm, Eintritt anderer Personen in den Untersuchungsraum u. a.) sind festzuhalten.

Wann wurde gezeichnet?
Auch Tageszeiten, Jahreszeiten, aktuelle Ereignisse, Feste u. a. können auf die Inhalte der Zeichnungen deutlichen Einfluss ausüben und sind deshalb zu beachten.

So kann der *Zeitpunkt der Untersuchung (Wann wurde gezeichnet?)* Einfluss auf die Interpretation der Emotionalen Zeichen haben.
Beispiel: Ein im Winter gezeichneter kahler Baum kann Ausdruck einer realitätsorientierten Beobachtung sein und ist in seinem Ausdruckswert anders zu beurteilen als ein im Sommer gezeichneter kahler Baum. Letzterer verweist mit größerer Wahrscheinlichkeit auf ausdruckshaltige innere Bilder von „Kahlheit", die, ihrem Symbolwert entsprechend, individuell zu interpretieren sind. Ein im Sommer gezeichneter Weihnachtsbaum, im Sommer gezeichnete Schneefelder und Eisberge verweisen auf andere innere Bedürfnisse und Phantasien des Kindes als Motive, die adäquat zur Jahreszeit gezeichnet werden.

Wie lange wurde gezeichnet? (freie Zeichnungen und Zeichentests):
Es ist zu vermerken, wie lange sich das Kind mit seiner Zeichnung (Zeichentests/ freie Zeichnungen) beschäftigt hat. Manche Kinder besitzen wenig Ausdauer und Motivation zum Zeichnen; sie liefern die Zeichnung in kürzester Zeit ab, ohne sich bei der Ausgestaltung Mühe gegeben zu haben. Aus ihren Zeichnungen lässt sich die Stufe ihrer Zeichenentwicklung oft nur unzuverlässig abschätzen. Andere Kinder arbeiten sehr sorgfältig, verwenden dabei angemessene Zeit und setzen gerne ihre Zeichenfertigkeit nach bestem Können ein. Manche Kinder verzetteln sich in ihrer Arbeit, schmücken jedes Detail mit größter Sorgfalt und in auffallend langsamem Arbeitstempo aus. Sie haben Schwierigkeiten, ihre Zeichnung in angemessener Zeit fertig zu stellen.
(Nähere Informationen zu beachtenswerten Punkten der Malsituation vgl. Kap. 8.3.1).

- Zu den Rahmenbedingungen (Ebene II, 1.):
  (Die folgenden Hinweise sind besonders zur Auswertung einer freien Zeichnung von Bedeutung.)

Malvorbereitung:
Kinder finden leichter zu ihren inneren Bildern und drücken diese in freien Zeichnungen aus, wenn ihre Phantasie durch spielerische Aktivitäten stimuliert wird. Es ist deshalb zu notieren, ob mit dem Kind vor Beginn des Malens/Zeichnens im Sand (z. B. in der therapeutischen Sandwanne) gespielt, plastisch gestaltet oder Bewegungsspiele und Rollenspiele durchgeführt wurden und wie das Kind auf diese Aktivitäten reagierte. Es ist zu vermerken, ob das Kind z. B. durch rhythmisch-musikalische Aktivitäten wie Singen, Spiel mit dem Orff-Instrumentarium oder Tanzen zum Malen und Zeichnen angeregt wurde oder ob keine vorbereitenden phantasiefördernden Aktivitäten stattfanden.

Malmaterial:
Die Wahl der Malmittel (flüssige Farben, feste Farben, Stifte etc.) trägt wesentlich zum Zeichenergebnis bei und ist deshalb zu notieren.
(Nähere Informationen zu beachtenswerten Punkten der Rahmenbedingungen vgl. Kap. 8.3.2).

Malposition:
Auch die Malposition kann das Zeichenergebnis beeinflussen. So fühlt sich ein grobmotorisch beeinträchtigtes Kind oft freier und motivierter, wenn es auf dem Bauch liegend malt. Es ist festzuhalten, ob das Kind auf dem Bauch liegend, an der Tafel oder Staffelei stehend, am Tisch sitzend gemalt hat. Unterschiedliche *Malpositionen* beeinflussen auch den Malprozess.

> Das Körperbewusstsein des Kindes wird je nach Malpositionen in verschiedener Weise angesprochen. Durch Positionswechsel ist es möglich, Körper- und Sinneswahrnehmungen des Kindes unter jeweils neuen Ausgangsbedingungen zu stimulieren und damit unterschiedliche Wahrnehmungen und emotionale Reaktionen zu provozieren. Das Malen mit beiden Händen, vor der Staffelei oder Wandtafel stehend oder am Tisch sitzend, führt oft zu einer Lockerung der Kinder. Bei diesem Prozess kann die Zusammenarbeit der rechten und linken Hirnhemisphäre positiv beeinflusst werden.

(Nähere Informationen zu beachtenswerten Punkten der Malposition vgl. Kap. 8.3.2).

Zeichenthema:
Es ist festzuhalten, welches Zeichenthema sich das Kind selbst stellte oder welches Thema vorgegeben worden ist. Kindergarten- und Vorschulkinder zeichnen meist

spontan nach inneren Bildern und sollten nicht durch vorgegebene Zeichenthemen frühzeitig eingeengt und zur rationalen Kontrolle ihrer Zeichenaktivitäten angehalten werden. Schulkindern wird im *Kunstunterricht* meist ein Thema gestellt, das den Vorgaben entsprechend zu bearbeiten ist, im günstigen Fall aber dennoch genügend Freiräume für eigenschöpferisches Arbeiten lässt. In der *maltherapeutischen Situation* findet das Kind meist aus vorbereitenden spieltherapeutischen Rollenspielen zu seinen eigenen Malthemen. Phantasiearmen oder ängstlichen Kindern fällt jedoch auch oft nach entsprechend auflockernden maltherapeutischen Vorbereitungen kein eigenes Thema für ihre Zeichnung ein. Sie nehmen deshalb methodische Anregungen (z. B. Ausprobieren unterschiedlicher Maltechniken) oder inhaltliche Anregungen (z. B. vorgeschlagene Themen aus Märchen oder vorgelesenen Geschichten) der Therapeutin/des Therapeuten gerne auf und profitieren davon. Nach Abschluss des Zeichenvorgangs entdecken sie oft selbstständig *ihr* Zeichenthema und damit zugleich Anknüpfungspunkte für das therapeutische Gespräch, indem man sie auffordert, für ihr Bild eine „Überschrift" zu suchen.

Wurde frei oder nach Vorlage gezeichnet?
Es ist festzuhalten, ob es sich um eine freie Zeichnung oder eine Zeichnung nach Vorlage handelt. Die Interpretation der Zeichnung sollte bei Zeichnungen nach Vorlagen auch Anregungen der Kinder aus Bilderbüchern und Bildvorlagen der Medien vermerken, sofern sie verwendet wurden.
Im therapeutischen Prozess ist festzuhalten, welche individuellen Anteile in der eigenschöpferischen Umgestaltung von Bildvorlagen (Wünsche, Ängste oder Konflikt) zu erkennen sind.

5.2.2.2 Zur Verhaltensbeobachtung während des Zeichenvorgangs

(Ebene II, 2.)
Aus der *Verhaltensbeobachtung* während des Zeichenvorgangs lassen sich wertvolle Hinweise auf die Entwicklung des Kindes und seine Potenziale gewinnen; sie macht ebenso auf vorliegende Störungen aufmerksam, die rechtzeitig und fachkompetent weiter abgeklärt werden können.
Es empfiehlt sich, für spezielle Fragestellungen standardisierte Beobachtungsbögen auszufüllen (z. B. Michaelis und Barth, 2003); *alle Auffälligkeiten* sind für jeden auszuwertenden Zeichentest oder jede freie Zeichnung gesondert zu notieren. Ergänzend zur bereits vorliegenden Verhaltensbeobachtung in medizinischen und psychodiagnostischen Befunden (Ebene I, 5.) sind alle Auffälligkeiten für jeden auszuwertenden Zeichentest und jede freie Zeichnung gesondert zu notieren.

Beobachtet werden im Einzelnen:

- Gesundheitszustand des Kindes
- periphere visuelle Wahrnehmung/Sehschärfe
- Gehör
- Sprache
- Arbeitsverhalten
- Psychomotorik
  (nähere Angaben hierzu vgl. Strukturierter Beobachtungsbogen, Kap. 9.4)

  Zur genaueren Abklärung der motorischen Entwicklung des Kindes ist die Verwendung standardisierter Motorik-Tests zu empfehlen (z. B. Beschreibungen der Lincoln-Oseretzky-Skala, des Motorik-Tests für vier- bis sechsjährige Kinder (MOT 4-6), des Körper-Koordinationstests für Kinder (KTK) und Frostigs Test der motorischen Entwicklung (FTM), des Präferenz-Dominanz-Tests (P-D-T) und Hand-Dominanz-Tests (H-D-T); vgl. Dacheneder, in: Straßburg, Dacheneder, Kreß, (Hrsg.), 2003, S. 228-233.
- modalitätsspezifische Wahrnehmungsfunktionen
  (nähere Angaben hierzu vgl. Strukturierter Beobachtungsbogen, Kap. 9.4)

  Die Wahrnehmungsfunktionen werden im auditiven, visuellen und taktil-kinästhetischen Bereich beobachtet (vgl. „Anamnese- und Dokumentationsbogen bei Verdacht auf frühe Lernstörungen und Entwicklungsstörungen schulischer Fertigkeiten (F 81), ab 4. Lebensjahr bis Grundschulalter", Michaelis und Barth, 2003, 2. Version, 3. Version in Bearbeitung).
- kognitive Verarbeitung
  (nähere Angaben hierzu vgl. Strukturierter Beobachtungsbogen, Kap. 9.4)

  Im Kaufman-Assessment-Battery for Children (K-ABC) wird z. B. der Verarbeitungsstil des ganzheitlichen oder einzelheitlichen Denkens unterschieden. Intellektuelle *Fähigkeiten* des ganzheitlichen oder einzelheitlichen Denkens, relativ kulturfreies, lernunabhängiges Potenzial, „fluide" intellektuelle Fähigkeiten, werden von *Fertigkeiten* unterschieden, d.h. von erworbenen, „kristallinen" intellektuellen Leistungen, die gewöhnlich in der Schule gelernt werden, z. B. Wortschatz, Kulturtechniken (Besprechung von Intelligenztests vgl. Dacheneder, in: Straßburg, Dacheneder, Kreß, (Hrsg.), 2003, S. 207-222).
- Auffälligkeiten des Verhaltens, Verhaltensstörungen
  (nähere Angaben hierzu vgl. Strukturierter Beobachtungsbogen, Kap. 9.4).
- Einflüsse aus der Umwelt des Kindes auf das Malen/Zeichnen
  (nähere Angaben hierzu vgl. Strukturierter Beobachtungsbogen, Kap. 9.4).

5.2.2.3 Zu den Kommentaren und erfundenen Geschichten des Kindes zu seiner Zeichnung (Ebene II, 3.)

Die Interpretation der Zeichnungen hängt wesentlich davon ab, ob die Kommentare des Kindes, und zwar zu jeder einzelnen Zeichnung, berücksichtigt werden. Solche

Erklärungen des Kindes sind zur Entschlüsselung seiner Bilder unentbehrlich und wirken der *unreflektierten Projektion eigener Gefühle und Gedanken* des Erwachsenen bei der Interpretation der Kinderzeichnung entgegen. Sie sollten nicht durch Suggestivfragen beeinflusst sein, wörtlich notiert und in die Interpretation einbezogen werden (vgl. Kap. 4.2.1; Kap. 8.3.4). Vor allem im *therapeutischen Prozess* ist es wichtig, die Kinder zu ihren Zeichnungen *Geschichten* erfinden zu lassen. Der Therapeut erhält auf diese Weise Gelegenheit, die inneren Bilder und Phantasien und die kognitiven Handlungsstrategien des Kindes kennen zu lernen und auf individuelle Symbole aufmerksam zu werden, die möglicherweise in Zusammenhang mit aktuellen oder unbewussten Problemen und Konflikten, vor- oder unbewussten Wünschen, Bedürfnissen, Ängsten oder Aggressionen stehen und sich in der Zeichnung als Emotionale Zeichen identifizieren lassen (vgl. Gesprächsprotokoll zur Zeichnung Annas: „Der Wundergarten", Kap. 5.3.3.1; Gesprächsprotokoll zur Rosenbusch-Phantasie Pauls, Kap. 4.3.4, Abb. 167). Das Gespräch sollte im Sinne eines „offenen" Interviews (die Kinder erzählen frei zu ihrer Zeichnung) geführt werden. Oft ist es bei Kindern notwendig, die Aufmerksamkeit auf bestimmte Inhalte des Bildes zu lenken („fokussiertes" Interview) und zu diesen erzählen zu lassen, was dem Kind wichtig ist (Anregungen hierzu vgl. Kap. 8.3.4).

5.2.2.4 Zur formalen Strukturanalyse und inhaltlichen Analyse der Entwicklungsmerkmale in freien Zeichnungen und Zeichentests (Ebene II, 4.)

- Zur *qualitativen* Auswertung der Entwicklungsmerkmale nach den neuen Leitlinien

Zur Bestimmung der Entwicklungsmerkmale werden sowohl *freie Zeichnungen, standardisierte Zeichentests* (ZEM, Koppitz, 1972; Mann-Zeichen-Test, Ziler, 1950/2000; DAP:IQ Test, Reynolds and Hickman, 2004) als auch *andere Zeichentests* („Sterne-Wellen-Test", Avé-Lallemant, 1978/2006; „Baumtest", Koch, 1949/1997, und Avé-Lallemant, 1976/2002, „Haus-Baum-Person Test", Buck, revised by Warren, 1992; „Familie in Tieren", Brem-Gräser, 1957/2001) nach den neuen Leitlinien in 8 Beobachtungsbereichen analysiert. Die Auswertungsrichtlinien der Originalliteratur wurden von mir in neuer Gliederung mit veränderter Bestimmung der Interpretationsschwerpunkte übernommen.

Auswertungshilfen, die speziell für den „Sterne-Wellen-Test", „Baumtest" und den Test: „Familie in Tieren" von mir nach meinen neuen Leitlinien zusammengestellt wurden, sind in meinen Weiterbildungskursen: „Die Kinderzeichnung bei Entwicklungsstörungen" zur Verfügung gestellt (www.christa-seidel.de). Im Fallbeispiel Anna (Kap.5.3-5.3.6) wird die Auswertung einer freien Zeichnung sowie der Tests: „Familie in Tieren", „Zeichne-Einen-Menschen" und „Baumtest" zur Veranschaulichung der Anwendung der neuen Leitlinien beschrieben.

Sowohl bei nicht-projektiven als auch bei projektiven Zeichentests *differenziere ich zwischen Entwicklungsmerkmalen und Emotionalen Zeichen.* Ich erstelle keine persönlichkeitsspezifischen Befunde, sondern ermittle *Fragestellungen im Sinne eines Screening-Verfahrens.* Erst nach der Bestimmung der Entwicklungsmerkmale erfolgt in einem zweiten Schritt die Deutung der Symbolisierungen. Bei deren Bearbeitung ist aus meiner Sicht nicht nur Zurückhaltung, sondern vor allem psychotherapeutische Fachkompetenz zwingend erforderlich. Deutungen sind hier immer abhängig von ihrer Einordnung in den Gesamtzusammenhang der individuellen Fallgeschichte des Kindes und seiner Familie.

Die Analyse dieser und auch anderer hier nicht genannter freier Zeichnungen und Zeichentests gewinnt, wie meine langjährige psychotherapeutische Erfahrung bestätigt, durch die Anwendung der neuen Leitlinien an Strukturierung und diagnostischer Aussagekraft. Von besonderem Vorteil erweisen sich die Differenzierung nach 8 Beobachtungsbereichen zur Untersuchung der Entwicklungsmerkmale und der Emotionalen Zeichen sowie das Bemühen, bei der Interpretation die Entwicklungsmerkmale inhaltlich von den Emotionalen Zeichen zu unterscheiden. Dieses Verfahren wurde von mir analog zur quantitativen Auswertung des ZEM von Koppitz als *qualitativ beschreibende Methode* konzipiert (vgl. Günter Mey, Hrsg., Methoden der *qualitativen Entwicklungspsychologie,* 2005).

Im Unterschied zu normierten Zeichentests liegen bisher zur Interpretation *freier Zeichnungen* keine Auswertungsrichtlinien zur praktischen Anwendung im Bereich der Klinischen Psychologie vor, auf die zurückgegriffen werden könnte. Hier erweist sich die Analyse der 8 Beobachtungsbereiche meiner neuen Leitlinien als besonders hilfreich.

Die Beschreibung der Entwicklungsmerkmale in 8 Beobachtungsbereichen stützt sich nicht auf normative, aus statistisch gesicherten experimentellen Untersuchungen gewonnene Daten, sondern auf *qualitative Beobachtungen* auf der Grundlage entwicklungspsychologischer Kenntnisse und vorliegender klinischer Erfahrungswerte. Die Ergebnisse quantitativer Zeichentests (ZEM, MZT, DAP: IQ) werden durch vergleichende Betrachtungen jedoch mit einbezogen. Die Auswertung stützt sich auf entwicklungspsychologisches Grundlagenwissen, das in der Literatur vielfach beschrieben, jedoch nur in einigen Aspekten durch Untersuchungen an definierten klinischen Gruppen von Kindern belegt worden ist. So liegen z. B. Untersuchungsreihen zum „Baumtest", Koch, 1949/1997; „Sterne-Wellen-Test", 1978/2006, oder Test: „Familie in Tieren", 1957/2001, an klinisch definierten Untersuchungsgruppen vor, deren Ergebnisse allerdings den *Anforderungen statistischer Gütekriterien* nicht entsprechen. Im Hinblick auf eine *qualitativ orientierte Beobachtung* tragen diese Verfahren dennoch Wesentliches zur Erfassung des kindlichen Ausdrucksvermögens und wichtiger Aspekte seiner Entwicklung bei.

Auch die medizinischen *Vorsorgeuntersuchungen* im Säuglings-, Kleinkind-, Vorschul- und Schulalter stützen sich auf die Kenntnis der altersabhängig zu erwartenden Funktionen in verschiedenen Bereichen der kindlichen Entwicklung (z. B. Psychomotorik, Sprache, Wahrnehmung, kognitive Entwicklung, Sozialverhalten) und greifen auf fachspezifisch und erfahrungsorientiert erarbeitete Leitlinien der Kinderheilkunde, nicht aber auf statistisch zuverlässige Normierungen, zurück. Genauere entwicklungsdiagnostische Untersuchungen werden vom Kinderarzt erst dann veranlasst, wenn das Kind im Screening-Verfahren der Vorsorgeuntersuchung auffällig geworden ist. Vergleichbares gilt auch für Kinder, die in Kinderzeichnungen auffällig sind und für die weitere Untersuchungsmaßnahmen getroffen werden sollten.

- *Alter des Kindes bei Fertigstellung der Zeichnung und erwartete Stufe der Zeichenentwicklung:*

Die Zuordnung des Lebensalters des Kindes bei Fertigstellung der Zeichnung (freie Zeichnung bzw. Zeichentest) zur erwarteten Stufe der Zeichenentwicklung (Stufen 1-4) bietet nach meinem Konzept eine erste grundsätzliche und entwicklungspsychologisch fundierte Orientierung. Von dieser Basis ausgehend, können „auffällige", „fehlende" oder „außergewöhnliche Entwicklungsmerkmale" in 8 Beobachtungsbereichen bestimmt werden.

> Ein Kind ist z. B. bei Fertigstellung seiner Zeichnung 8;0 Jahre alt. Erwartet wird bei ihm die 3. Stufe der Zeichenentwicklung (Überblick über die Entwicklungsmerkmale der 4 Stufen der Zeichenentwicklung vgl. Kap. 3.7.1-3.7.4.9 und Strukturierter Beobachtungsbogen, Kap. 9.4).

- *Beschreibung der Entwicklungsmerkmale in 8 Beobachtungsbereichen:*

Die von mir entwickelten Leitlinien sehen vor, die Zeichenentwicklung des Kindes (freie Zeichnungen, Zeichentests) in 8 Bereichen im Hinblick auf entwicklungspsychologische *Auffälligkeiten* zu analysieren (Definition der 8 Beobachtungsbereiche vgl. Leitlinien Kap. 5.2).
Die 8 Bereiche werden unter entwicklungspsychologischen Gesichtspunkten in Kap. 3.6-3.6.8 dargestellt. Ihre Zuordnung zu den 4 Stufen der Zeichenentwicklung kann mit Bildbeispielen in Kap. 3.7.1-3.7.4.9 und im Strukturierten Beobachtungsbogen in Kap. 9.4 eingesehen werden.
Dem Ansatz von Koppitz vergleichbar werden diejenigen Entwicklungsmerkmale eingehender interpretiert, die auf der erwarteten Stufe der Zeichenentwicklung fehlen bzw. deren Auftreten während dieses Entwicklungsabschnittes außergewöhnlich selten ist. „Erwartete Entwicklungsmerkmale" kamen nach den Normierungsergebnissen des Tests: „Zeichne-Einen-Menschen", Koppitz, bei 85-100 % der untersuch-

ten Kinder vor. „Außergewöhnliche Entwicklungsmerkmale" zeigten sich dagegen nur bei 15 % oder weniger der Normierungsgruppe. Nach meinem methodischen Ansatz werden „fehlende" oder „außergewöhnliche Entwicklungsmerkmale" in den 8 Beobachtungsbereichen nicht quantitativ erfasst, sondern auf der Grundlage entwicklungspsychologischer Kenntnisse qualitativ beschrieben und miteinander verglichen.

- Zur *Gesamteinschätzung* der erreichten Zeichenentwicklungsstufe einzelner freier Zeichnungen und Zeichentests; erste Einschätzung der kognitiven Entwicklung

Die Gesamteinschätzung hält fest, auf welcher Entwicklungsstufe der Zeichenentwicklung sich das Kind jeweils befindet. Dabei ist zu differenzieren, ob es eher am Anfang, in der Mitte oder am Ende der erreichten Stufe der Zeichenentwicklung einzuordnen ist bzw. ob seine Zeichenleistungen in den verschiedenen Beobachtungsbereichen Erwartungswerten unterschiedlicher Stufen entsprechen. Die aktuell erreichte Stufe der Zeichenentwicklung wird mit der im Hinblick auf das Lebensalter zu erwartenden Stufe der Zeichenentwicklung verglichen. Auf dieser Grundlage erfolgt dann eine erste orientierende Stellungnahme zur kognitiven Entwicklung des Kindes für jede freie Zeichnung/jeden Zeichentest.

Das Fallbeispiel Anna (Kap. 5.3-5.3.6) illustriert die Anwendung der Leitlinien zur Bestimmung der Entwicklungsmerkmale in 8 Beobachtungsbereichen und in ihrer Gesamteinschätzung anhand verschiedener Zeichentests und freier Zeichnungen.

- Zur *quantitativen* Auswertung der Entwicklungsmerkmale einzelner standardisierter Zeichentests nach den Normen der Originalliteratur

Es empfiehlt sich, zusätzlich zur qualitativen Analyse der Entwicklungsmerkmale von freien Zeichnungen und Zeichentests *standardisierte Zeichentests* mit verfügbaren Normierungen zur *quantitativen Analyse* auszuwählen. Ihre Interpretation wird durch die standardisierten Anwendungsbedingungen dieser Methoden erleichtert. Klinische Erfahrungen ihrer Deutung liegen vor und sind in einschlägigen Publikationen festgehalten.
Quantitative Normwerte liegen für die Auswertungen von Menschzeichnungen vor (ZEM, MZT und DAP:IQ); quantitative Analysen des „Baumtests" (Koch, 1949/1997), des Tests: „Familie in Tieren" (Brem-Gräser, 1957/2001) und des Tests: „Die verzauberte Familie" (Kos, M. und Biermann, B., 1995) sind zu spezifischen Fragestellungen möglich.

- *„Zeichne-Einen-Menschen" (ZEM), Koppitz, 1972:*

Unter den standardisierten Zeichentests eignet sich der Test: „Zeichne-Einen-Menschen" (ZEM), Koppitz, 1972, besonders gut, um im Sinne eines Screening-Ver-

fahrens eine erste orientierende Gesamteinschätzung der Zeichenentwicklung (Entwicklungsmerkmale) als auch der Auffälligkeiten im emotional-sozialen Bereich (Emotionale Faktoren) zu erhalten (vgl. Kap. 9.2-9.2.2). Durchführung und Auswertung dieses Tests sind einfach und nicht zeitaufwändig. Obwohl aktualisierte Neustandardisierungen fehlen, wird der ZEM im englischen und deutschen Sprachraum bis heute im Bereich der Klinischen Psychologie und Sonderpädagogik als strukturierte Beobachtungshilfe noch häufig eingesetzt (DiLeo, 1992, Eckstein, 1999).
Die Auswertung dieses Tests mit Auswertungsnormen wird in Kap. 9.2 dargestellt. Er bietet aus meiner Sicht z. B. für die Vorsorgeuntersuchung U9, für die Schulfähigkeitsuntersuchung und zur Untersuchung verhaltensauffälliger Grundschulkinder wichtige diagnostische Möglichkeiten im Sinne eines Screening-Verfahrens. Dieser normierte Zeichentest ermittelt *Entwicklungsmerkmale* und *Emotionale Faktoren* für Kinder im Alter von 5;0-12;0 Jahren. Die entsprechende Publikation von Koppitz zum ZEM in deutscher Übersetzung ist leider vergriffen und wird nicht mehr aufgelegt. Mit freundlicher Genehmigung des Elsevier Verlags, Philadelphia, USA, konnten die Original-Auswertungstabellen von Koppitz in dem vorliegenden Buch erstmalig in deutscher Sprache nachgedruckt werden.
Aus meiner Sicht ist es empfehlenswert, die quantitative Auswertung der Entwicklungsmerkmale und Emotionalen Zeichen von Koppitz um die *qualitative Auswertung* in 8 Beobachtungsbereichen nach den neuen Leitlinien (Seidel) zu erweitern.
Im Fallbeispiel Anna, Kap. 5.3.4, sind die quantitative Auswertung des ZEM nach Koppitz als auch die qualitative Auswertung des ZEM und anderer Zeichentests und freier Zeichnungen nach den neuen Leitlinien anschaulich beschrieben (vgl. Kap. 5.3-5.3.6).

- *Mann-Zeichen-Test, MZT, Ziler:*

Sofern die Gesamteinschätzung der Zeichenentwicklung im ZEM, Koppitz, auffällig von den Werten der Altersnorm abweicht, empfehle ich zusätzlich zum ZEM die etwas zeitaufwändigere Auswertung des Mann-Zeichen-Tests, Ziler, 1950/2000. Es handelt sich hierbei um eine Neustandardisierung des amerikanischen „man-drawing-tests" von F. Goodenough für den deutschen Sprachraum (Erläuterungen zur Testinstruktion und Auswertung dieses Verfahrens vgl. Kap. 9.3.1; Auswertung des MZT anhand des Fallbeispiels Anna vgl. Kap. 5.3.4).

- *DAP:IQ Test, Reynolds und Hickman, 2004:*

Eine statistisch gesicherte Neustandardisierung der Menschzeichnung für den amerikanischen Sprachraum liegt in englischer Sprache seit 2004 vor und kann, vergleichbar dem ZEM, nach den Empfehlungen der Autoren zur orientierenden Einschätzung der kognitiven Fähigkeiten als kulturfreier Test auch außerhalb des amerikanischen

Sprachraums eingesetzt werden (Erläuterungen zur Anwendung und Auswertung dieses Testverfahrens vgl. Kap. 9.3.2; Auswertung des DAP: IQ Tests anhand des Fallbeispiels Anna vgl. Kap. 5.3.4).

- Zur *vergleichenden Darstellung* der qualitativen und quantitativen Auswertung der Entwicklungsmerkmale

Die vergleichende Betrachtung der qualitativen und quantitativen Entwicklungsmerkmale in unterschiedlichen Zeichentests und freien Zeichnungen führt zu gezielten Fragestellungen bezüglich der kognitiven Entwicklung. Im Fallbeispiel Anna (Kap. 5.3-5.3.6) wird das Vorgehen der vergleichenden Betrachtung veranschaulicht.

5.2.2.5 *Zur formalen Strukturanalyse und inhaltlichen Analyse der Emotionalen Zeichen in freien Zeichnungen und Zeichentests*

(vgl. Schaubild 4, Ebene II, 5.)

Neben Zeichentests sollte nach meinem Ansatz immer mindestens eine *freie Zeichnung* (Spontanzeichnung ohne gestelltes Zeichenthema) im Hinblick auf Emotionale Zeichen nach den neuen Leitlinien ausgewertet werden. Über freie Zeichnungen erhält der Untersucher/die Untersucherin oft einen besonders guten Zugang zu den inneren Bildern (aktuellen Wünschen, Bedürfnissen und Konflikten) des Kindes. Bei der *freien Zeichnung* dürfen die Kinder sich das Thema frei wählen und werden ermutigt, zu ihrer Zeichnung eine Geschichte zu erfinden, die wörtlich notiert wird (vgl. Gesprächsprotokoll Fallbeispiel Anna, Kap. 5.3.3.1 und Kap. 8.3.4).

- Zur *qualitativen* Auswertung Emotionaler Zeichen einzelner freier Zeichnungen und Zeichentests nach den neuen Leitlinien (Seidel)

Aus meiner Sicht ist es notwendig, die Auswertung der *Emotionalen Faktoren* des ZEM nach Koppitz durch qualitativ orientierte Untersuchungsrichtlinien in 8 Beobachtungsbereichen zu ergänzen und zu erweitern. Die so ermittelten *Emotionalen Zeichen* werden nach meinem Ansatz sowohl im Zeichne-Einen-Menschen-Test als auch in anderen projektiven Zeichentests und in freien Zeichnungen analysiert. Die Entwicklungssituation des Kindes und die Gesamteinschätzung seiner erreichten Stufe der Zeichenentwicklung werden bei der Interpretation *Emotionaler Zeichen* ebenso berücksichtigt wie Auffälligkeiten der Beobachtungssituation, die Ergebnisse der Verhaltensbeobachtung, die Gespräche mit dem Kind zu seinen Zeichnungen und das Gespräch mit den Eltern.

Zur Ermittlung Emotionaler Zeichen werden freie Zeichnungen und *projektive Zeichentests* verwendet (ZEM, Koppitz; Sterne-Wellen-Test, Avé-Lallemant; Baumtest, Koch und Avé-Lallemant; „Familie in Tieren“, Brem-Gräser). Die Auswertungsempfehlungen der Originalliteratur übernehme ich in einigen Aspekten, ordne sie jedoch neu und setze entwicklungspsychologisch orientierte Interpretationsschwerpunkte, die sich von der Originalliteratur wie folgt unterscheiden: *Anstelle projektiver Deutungen (auf psychoanalytischem Hintergrund), wie sie in der Originalliteratur vorgeschlagen sind, werden von mir zu den Auffälligkeiten des emotional-sozialen Bereichs (Emotionalen Zeichen) ausschließlich Fragestellungen ermittelt.* Ihre Bearbeitung und Hypothesenbildung über innerpsychische Vorgänge mit der Beurteilung von Persönlichkeitsmerkmalen erfolgen nach meinem Ansatz erst in einem zweiten Schritt und erfordern psychotherapeutische Fachkompetenz (vgl. Interpretation und Hypothesen; Hinweise zur Instruktion und Auswertung dieser Tests Kap. 9.2-9.2.2; 9.3.1-9.3.5; Fallbeispiel Anna, Kap. 5.3-5.3.6).

Der Test: „Familie in Tieren", Brem-Gräser, wird von mir erst ab Schulalter (ab ca. 6;0/7;0 Jahren) ausgewertet, da das Kind erst dann über eine ausreichende Zeichenfertigkeit verfügt, um die Testaufgabe im Sinne eines projektiven Verfahrens erfüllen zu können (vgl. Kap. 9.3.6). Für die orientierende Untersuchung des emotional-sozialen Bereichs bei Kindergartenkindern eignet sich aus meiner Sicht ab ca. 5;0 Jahren der Sterne-Wellen-Test, 1978/2006, (Informationen zur Anwendung des Sterne-Wellen-Tests vgl. Kap. 9.3.4). Mit Hilfe dieses Tests lässt sich der Stand der Zeichenentwicklung abschätzen, es fließen Hinweise auf die kognitive *und* die emotionale Entwicklung ein. Seine Aufgabenstellung ist dem Niveau der Zeichenfähigkeit des Vorschulkindes angemessen („Zeichne einen Sternenhimmel über Meereswellen"; genauere Angaben zur Testinstruktion vgl. Kap. 9.3.4); die Kinder der genannten Altersstufe sind daher zur Durchführung motiviert. Der projektive Test: „Zeichne deine Familie als Sonnen" setzt die Zeichenfähigkeit eines ca. 4;0-5;0jährigen Kindes voraus (Sonnen können vom altersentsprechend entwickelten Kind bereits im Lebensalter ab ca. 3;6 Jahren gezeichnet werden) und wird entsprechend ebenfalls von Vorschulkindern, auch von Kindern der ersten Grundschulklasse oder Kindern mit Leistungsängsten oder Problemen der Graphomotorik und/oder visuellen Wahrnehmung gerne angenommen. Durch die Aufgabe, die eigene Familie (mit Wachs- oder Buntstiften) als Sonnen (nicht als Tiere) darzustellen, fühlt sich das Kind provoziert, seine aktuelle Auseinandersetzung mit der Familie in seiner Zeichnung und im anschließenden Gespräch auszudrücken. Die Auswertungsrichtlinien der Originalliteratur von A. Iten, 1980, werden von mir für den genannten Test nur in ausgewählten Aspekten und dann mit neuer Bestimmung der Interpretationsschwerpunkte, – wie die bereits erwähnte Differenzierung von Entwicklungsmerkmalen und Emotionalen Zeichen, die Ermittlung von Fragestellungen statt Erstellung persönlichkeitsspezifischer Befunde, das Vornehmen tiefenpsychologischer Deutungen nach ganzheitlich orientiertem Untersuchungs- und Behandlungskonzept – übernommen (vgl. Kap. 9.3.6).

- *Lebensalter des Kindes bei Fertigstellung der freien Zeichnungen und Zeichentests:* Wie bei der Bestimmung der Entwicklungsmerkmale, so muss auch bei der Analyse Emotionaler Zeichen das Lebensalter des Kindes grundlegend beachtet werden. Leider kommt es oft vor, dass Auffälligkeiten in der Kinderzeichnung, die rein entwicklungsbedingt und daher *nicht als auffällige Emotionale Zeichen* zu werten sind, in Zusammenhang mit vermeintlichen emotional-sozialen Problemen des Kindes gedeutet werden (vgl. Kap. 4.2.4, projektive Deutung von „Einkästelungen"). Sie entsprechen jedoch der Entwicklungssituation des Lebensalters und weisen nicht auf besondere Störtendenzen hin.

- *Beschreibung Emotionaler Zeichen (freie Zeichnungen und einzelne Zeichentests) in 8 Beobachtungsbereichen; Formulierung von Fragestellungen zur emotional-sozialen Entwicklung:*

Ähnlich wie bei der Ermittlung der Entwicklungsmerkmale werden von mir die beschriebenen 8 Beobachtungsbereiche beim ZEM, Koppitz, sowie bei einer Auswahl projektiver Zeichentests und freier Zeichnungen nach formal-strukturellen und inhaltlichen Auffälligkeiten, die in Zusammenhang mit aktuellen, vor- oder unbewussten Problemen des Kindes stehen könnten (vgl. Kap. 4), exploriert. Die so ermittelten Emotionalen Zeichen stellen nach meinem Ansatz *im Rahmen eines Screening-Verfahrens* lediglich *Hinweise* dar, auf deren Grundlage weitere *Fragestellungen* zur emotional-sozialen Entwicklung des Kindes erarbeitet werden können; sie werden jedoch *nicht* als persönlichkeitsspezifischer Befund gewertet.

- Zur *quantitativen* Auswertung Emotionaler Faktoren des standardisierten Zeichentests: „Zeichne-Einen-Menschen" (ZEM), Koppitz, 1972, nach den Normen der Originalliteratur

Zur Untersuchung des emotional-sozialen Bereichs mit Hilfe eines projektiven Zeichentests steht die Normierung des ZEM, Koppitz, zur Verfügung. Die Auswertung der 30 Emotionalen Faktoren des ZEM, Koppitz, wird mit Hilfe der Original-Normierungstabellen (vgl. Kap. 9.2.2, Tab. 4) durchgeführt und bietet in Zusammenhang mit der beschriebenen qualitativen Analyse des ZEM und anderer Zeichentests sowie freier Zeichnungen eine *Orientierung* über Auffälligkeiten der emotional-sozialen Entwicklung und Situation des Kindes. Entsprechend den Auswertungskriterien von Koppitz, die an einer experimentellen Untersuchung verhaltensunauffälliger und verhaltensgestörter Schulkinder gewonnen wurden, sind mindestens 2 Emotionale Faktoren im ZEM notwendig, um als Hinweis für eine vorliegende emotional-soziale Problematik zu gelten (weitere Erläuterungen zur Normierung der Emotionalen Faktoren vgl. Kap. 9.2).

- Zur *vergleichenden Darstellung* der qualitativen und quantitativen Auswertung der Emotionalen Zeichen

Mit Hilfe der vergleichenden Betrachtung von Emotionalen Faktoren (Koppitz) und Emotionalen Zeichen in 8 Beobachtungsbereichen (Seidel) einzelner freier

Zeichnungen und Zeichentests können Auffälligkeiten in der emotional-sozialen Entwicklung des Kindes ermittelt, Störbereiche zuverlässiger differenziert und gezielte Fragestellungen zur emotional-sozialen Entwicklung herausgearbeitet werden.

5.2.3 Erläuterungen zur Anwendung der neuen Leitlinien auf Ebene III: Interpretation/Hypothesenbildung

(vgl. Abb. 178, Schaubild 4)

Die Diskussion der Entwicklungsmerkmale und Emotionalen Zeichen in *einzelnen freien Zeichnungen* bzw. *Zeichentests* und die vergleichende Auswertung aller durchgeführten Zeichentests/freien Zeichnungen muss die Basisinformationen, Vorbefunde (I) und die Ergebnisse der Analyse der Zeichnungen (II) einbeziehen (vgl. Kap. 8.1-8.4). Entwicklungsmerkmale und Emotionale Zeichen sind immer in ihrer gegenseitigen Vernetzung zu beurteilen. Dennoch ist es hilfreich, beide Bereiche nach *beobachtbaren Schwerpunkten* einzeln zu diskutieren und aus dieser Diskussion gezielte Vorschläge für weiterführende psychodiagnostische, psychotherapeutische und pädagogische Maßnahmen abzuleiten.
Bei der Interpretation von Entwicklungsmerkmalen und Emotionalen Zeichen sind vorliegende psychodiagnostische Befunde zur kindlichen Intelligenz zu berücksichtigen. Fehlende Entwicklungsmerkmale der erwarteten Stufe sind in der Zeichnung eines intelligenzgeminderten Kindes anders zu beurteilen als solche, die bei einem Kind mit hoher oder sehr hoher Intelligenz beobachtet werden. Bei einem Kind mit Intelligenzminderung ist das Fehlen von Entwicklungsmerkmalen zu erwarten (vgl. Kap. 6.2.3), die Zeichenentwicklung entfaltet sich meist zeitverzögert und weist Besonderheiten auf, die mit der Intelligenzminderung in Verbindung stehen. Zeigt dagegen ein Kind mit hoher oder sehr hoher Intelligenz fehlende Merkmale der erwarteten Stufe in einer freien Zeichnung oder einem Zeichentest, weisen diese auf Verzögerung oder Störung der Entwicklung hin, können auf emotionale oder psychoneurologische Probleme, schädigende oder traumatisierende Milieueinflusse aufmerksam machen und sollten differentialdiagnostisch genauer abgeklärt werden (vgl. Kapitel 6, Fallbeispiele mit auffälligen Strukturen in Kinderzeichnungen).
Nach Auswertung einzelner freier Zeichnungen oder Zeichentests kann eine *vergleichende Begutachtung* der ermittelten Entwicklungsmerkmale und Emotionalen Zeichen aller ausgewerteten freien Zeichnungen/Zeichentests die Interpretationssicherheit erhöhen und wichtige Hinweise zur differentialdiagnostischen Klärung erbringen. Auch bei dieser Auswertung müssen die Basisinformationen und Vorbefunde einbezogen werden.

Sind Kontrolluntersuchungen in längeren Zeitabständen oder Langzeit-Therapien durchgeführt worden, können die Entwicklungsmerkmale und Emotionalen Zeichen (bzw. Emotionalen Faktoren) in Kinderzeichnungen methodisch *als Langzeit-Beobachtung* analysiert werden. Das Fehlen von Entwicklungsmerkmalen oder die Feststellung außergewöhnlicher Merkmale weist in der Langzeit-Beobachtung zuverlässiger auf die kognitiven Fähigkeiten und Fertigkeiten des Kindes hin. In diesem Buch werden viele Beispiele von auffälligen, fehlenden oder außergewöhnlichen Entwicklungsmerkmalen der Kinderzeichnungen in 8 Bereichen und in der Gesamteinschätzung im Langzeit-Verlauf beschrieben. Es lässt sich dabei festhalten, ob die Entwicklung altersgemäß verläuft und sich kontinuierlich aufbaut oder ob Entwicklungssprünge, Stillstände oder gar Rückfälle zu beobachten sind. Entsprechend dieser Beobachtungen werden weitere Kontrolluntersuchungen oder therapeutische Maßnahmen empfohlen.
Emotionale Zeichen in Langzeit-Beobachtungen verdeutlichen oft überzeugend die Bedeutung innerer Bilder, Wünsche, Phantasien, Ängste und Konflikte des Kindes (vgl. Kap. 4.3.3, Fallbeispiel Tom). Nur mit psychodiagnostischer und psychotherapeutischer Fachkompetenz ist es jedoch möglich, wiederholt auftretende symbolische Verarbeitungen und Projektionen des Kindes zu deuten, die in seinen Zeichnungen und Kommentaren zu ihnen, in seinen Spielhandlungen (z. B. mit dem Sceno-Material) oder in seinen Träumen im Langzeit-Verlauf vorkommen.

1. Zur Diskussion der Entwicklungsmerkmale

(Beobachtungsbereiche, Gesamteinschätzung) Vorschläge für weiterführende psychodiagnostische und psychotherapeutische Maßnahmen

Die Analyse der Kinderzeichnung macht im Sinne eines Screening-Verfahrens auf besondere Probleme des Kindes aufmerksam. Diese sollten bei auffälligen Kindern mit Hilfe aktuell standardisierter psychodiagnostischer Verfahren bzw. psychotherapeutischer Maßnahmen überprüft werden (Erläuterungen zum Einsatz und zur Beurteilung psychodiagnostischer und projektiver Testverfahren vgl. Dacheneder, in: Straßburg, Dacheneder, Kreß [Hrsg.], 2003, S. 194-244).

Psychodiagnostik von Auffälligkeiten des Zeichenstils, der Ausführung und Organisation der Zeichnungen und der Formdarstellung:

Auffälligkeiten des Zeichenstils:
Bei der Interpretation des *Zeichenstils* ist zunächst darauf zu achten, ob dieser der erwarteten Stufe der Zeichenentwicklung entspricht (z. B. ob ein 8;0jähriges Kind die Stufe 3 der Zeichenentwicklung zeigt und damit eine altersgemäße Zeichnung

aufweist). Darüber hinaus sind *Stilbrüche* besonders zu beachten, sei es, dass ein Kind innerhalb einer Zeichnung Stilelemente unterschiedlicher Reifungsstufen als „Splitterfähigkeit" verwendet oder dass in der Langzeit-Beobachtung Stilbrüche mit Regressionen bzw. Entwicklungssprüngen auffallen. Auch Entwicklungsstillstände sind bei der Langzeit-Beobachtung des Zeichenstils zu vermerken. Schließlich wird der Stil der Zeichnung durch Perseverationen, Stereotypien, groteske und skurrile Personendarstellungen besonders geprägt.

„Splitterfähigkeiten":
Beim Vergleich der Darstellung von Motiven treten deutliche Unterschiede in den Entwicklungsmerkmalen auf. Die Darstellung der Motive *innerhalb einer Zeichnung* erfolgt auf unterschiedlichen Stufen der Zeichenentwicklung und zeigt damit unterschiedliche Stilmerkmale (vgl. Kap. 6.2.4, Fallbeispiel Karl, Abb. 229).

„Entwicklungssprünge", „Regressionen", „Stillstände":
Bei der vergleichenden Beurteilung des Zeichenstils in der Langzeit-Beobachtung zeigen sich Entwicklungssprünge (die Merkmale der Zeichenentwicklung entsprechen einer höheren als der erwarteten Stufe), Entwicklungsrückfälle (die Merkmale fallen auf eine frühere Entwicklungsstufe zurück) oder Entwicklungsstillstände (die Merkmale bleiben über eine unverhältnismäßig lange Zeit auf einer Entwicklungsstufe stehen, das Kind entwickelt sich nicht entsprechend den Erwartungswerten weiter).

„Skurrile Figuren":
Es werden ungewöhnliche Verzerrungen und Besonderheiten in der Bildgestaltung beobachtet, wie wir sie z. B. bei Bildern von autistischen Kindern oder Jugendlichen finden (vgl. Bilder von Janna, Kap. 7.4.2, Abb. 278-281).

„Perseverationen":
Motive werden über den Zeitraum einer Stufe der Zeichenentwicklung hinaus immer wieder in der gleichen Weise gezeichnet (vgl. Kap. 6.2.3, Fallbeispiel Max, Abb. 222-228)

Auffälligkeiten der Ausführung und Organisation:
Wenn aus dem Gesamteindruck der Bildgestaltung deutlich wird, dass *Ausführung und Organisation* nicht planvoll, sondern flüchtig erfolgten, dass oft durchgestrichen, überkritzelt oder ausradiert wurde, sollte dies Anlass zu einer genaueren Untersuchung sein. Auch im wiederholten Ausbrechen aus der Testinstruktion oder in einer Verweigerungshaltung bei Durchführung von Zeichentests können sich Entwicklungsstörungen oder emotional-soziale Probleme manifestieren, sie sollten deshalb genauer untersucht werden. In gleicher Weise ist auf übermäßig kontrolliertes, eingeengtes, perseverierendes, auffällig langsames Arbeitsverhalten zu achten.

Wir finden z. B. übermäßig ehrgeizige Kinder oder Kinder mit Leistungsproblemen und Versagensängsten, die, anstatt einen Menschen „fertig" zu zeichnen, mit dieser Aufgabe immer wieder von vorn beginnen, um Zeicheninhalte und Darstellung fortlaufend zu „verbessern". Dieser Drang zur Perfektion kann ein problematischer und u. U. behandlungsbedürftiger Persönlichkeitszug des Kindes sein, den man genauer untersuchen sollte. Auch wenn das Kind immer wieder nach neuem Papier fragt und die begonnene Zeichnung unterbricht oder sie zerreißt, sollte dies Anlass zu einer genaueren psychodiagnostischen Abklärung sein.

Psychodiagnostische Untersuchung der Intelligenz:
Hinweise auf *Intelligenzminderung oder Hochbegabung* in Zeichnungen sollten immer Anlass zur genaueren Abklärung der *Fähigkeiten und Fertigkeiten* des Kindes sein. Dabei sind folgende Fragen abzuklären:

- Weist das Fehlen von Entwicklungsmerkmalen auf einen Rückstand der allgemeinen geistigen Reife hin oder ist dieses Ergebnis zufallsbedingt und klinisch nicht aussagekräftig?
- Kann der Rückstand in der Zeichenentwicklung durch emotional-soziale Probleme des Kindes ausgelöst oder verstärkt worden sein (vgl. Fallbeispiel Darian, Kap. 4.3.1, Abb. 139-144; Fallbeispiel Heidi, Kap. 4.3.5, Abb. 168)?
- Welche psychodiagnostischen Untersuchungsergebnisse mit Hilfe aktuell standardisierter Testverfahren (Intelligenztests, Wahrnehmungstests, Leistungstests) liegen vor, die zur Interpretation der Auffälligkeiten der freien Zeichnungen, des ZEM oder anderer Zeichentests herangezogen werden können?

Potenziale des *ganzheitlichen oder einzelheitlichen Denkens* (Fähigkeiten) und der *erworbenen Fertigkeiten*, wie sie gewöhnlich in der Schule erworben werden (Lesen, Rechtschreiben, Rechnen), können z. B. mit Hilfe der Kaufmann-Assessment-Battery for Children (K-ABC) oder der Wechsler-Skalen differentialdiagnostisch beurteilt werden. Im Unterschied zu Verfahren für die Analyse der Kinderzeichnung entsprechen diese psychodiagnostischen Tests den statistisch geforderten Gütekriterien (Erläuterungen zu statistischen Gütekriterien und zu Inhalten und Durchführung von Intelligentests vgl. Dacheneder, in: Straßburg, Dacheneder, Kreß [Hrsg.], 2003, S. 194-222). Die Anwendung dieser Testverfahren ist in vielen Fällen unverzichtbar. Sie bleibt jedoch ohne das Einbeziehen von Ergebnissen der Analyse der Kinderzeichnungen aus meiner Sicht einseitig und birgt die Gefahr, die Bedeutung wichtiger Wirkzusammenhänge, z. B. die Rolle emotional-sozialer Funktionen (Leistungsängste, Leistungsblockaden) oder der kreativen Potenziale bei der Beurteilung der vorliegenden Fragestellung zu übersehen (vgl. Fallbeispiel Georg, Kap. 4.3.5, Abb. 172).

Psychodiagnostische Beurteilung der Graphomotorik:
Werden in Zeichnungen graphomotorische Unsicherheiten (Strichführung, Strichcharakter, Flächenbehandlung) erkannt, sollten diese zunächst durch genauere psychodiagnostische Untersuchungen unter Anwendung statistisch zuverlässiger Verfahren abgeklärt werden. Es geht dabei u. a. um folgende Fragestellungen:

- Handelt es sich bei den graphomotorischen Unsicherheiten um entwicklungsbedingte Übergangsphänomene bzw. um einen Übergang von einer früheren (niedrigeren) in eine neue (höhere) Stufe der Zeichenentwicklung? Kann das Suchen nach neuen Schemata und die Umorganisation der Schemata auf dem Weg zur nächst höheren Entwicklungsstufe (Entwicklungsmerkmal) zur vorübergehenden Verunsicherung der Feinmotorik geführt haben?

- Handelt es sich um eine Funktionsstörung des Zentralnervensystems im Sinne einer umschriebenen Entwicklungsstörung schulischer Fertigkeiten der Feinmotorik?
- Handelt es sich um eine hirnorganische Schädigung mit psychoneurologisch nachweisbaren Störungen (z. B. bei Epilepsie, Zerebralparese u. a.)? Klinische Erfahrungen und Studien zeigen, dass diese überproportional häufig mit feinmotorischen Störungen verbunden sind (vgl. B. Pohlmann, 1981).
- Deuten die feinmotorischen Störungen auf eine zu Grunde liegende emotional-soziale Unsicherheit und Problematik (Stresssituationen oder gravierende akute emotionale Konflikte) hin?
- Sind die feinmotorischen Unsicherheiten in Zusammenhang mit auslösenden Umweltfaktoren (wie negative Milieueinflüsse, Deprivation oder Hospitalismus) oder auch mangelnde Übung im Umgang mit dem Stift zu sehen?

Durch die Auswertung von Zeichentests und freien Zeichnungen nach den praxisorientierten Leitlinien lassen sich auf der Grundlage von Vorinformationen und Vorbefunden, Verhaltensbeobachtungen und Analyse von Entwicklungsmerkmalen wie Emotionalen Zeichen in 8 Beobachtungsbereichen die angeschnittenen Fragen schrittweise eingrenzen und präzisieren. Offen bleibende Fragen werden zusammengestellt und sind für die weiterführende Diagnostik mit standardisierten Testverfahren richtungsweisend.

Ab dem Lebensalter von 4;0-5;0 Jahren gibt es für Kinder standardisierte Testverfahren zur Prüfung des Entwicklungsmerkmals der visuomotorischen Koordination (z. B. DTVP-2, FEW-2, vgl. Kap. 9.1), die in Zusammenhang mit der Analyse der Kinderzeichnung eingesetzt werden sollten. Sie ermöglichen eine verlässliche altersbezogene Einordnung dieses Entwicklungsmerkmals auch unter Berücksichtigung der Geschlechtszugehörigkeit. Mit der Abklärung feinmotorischer Unsicherheiten sollte auch die Überprüfung der Psychomotorik (Körperkoordination) unter Zuhilfenahme standardisierter Testverfahren verbunden werden (z. B. Körper-Koordinationstest, Kiphard, E. J. und Schilling, F.; Erläuterungen zu graphomotorischen und psychomotorischen Testverfahren vgl. Dacheneder, in: Straßburg, Dacheneder, Kreß [Hrsg.], 2003, S. 227-233).

Psychodiagnostische Beurteilung visueller Wahrnehmungsfunktionen:
Kinder, die in der Analyse von Zeichentests und freien Zeichnungen Auffälligkeiten der visuellen Wahrnehmungsfunktionen zeigen, sollten mit Hilfe standardisierter Wahrnehmungstests überprüft werden.

Formwahrnehmung und Formkonstanz werden z. B. mit Hilfe des Göttinger Formreproduktionstests (GFT), H. Schlange, B. Stein et al., und des DTVP-2, D. D. Hammill, N. A. Pearson, J. K. Voress, analysiert (vgl. Kap. 9.1; vgl. Dacheneder, in: Straßburg, Dacheneder, Kreß [Hrsg.], 2003, S. 227-229).
Bei der Auswertung von Zeichentests (z. B. „Mann-Zeichen-Test", Ziler, und „Zeichne-Einen-Menschen" (ZEM), Koppitz; „Haus-Baum-Person-Test", Buck, revised by Warren, 1992) und von freien Zeichnungen lassen sich z. B. altersuntypische Darstellungen von *Größenrelationen* erkennen. Es ist sinnvoll, diese Beobachtungen bei entwicklungsauffälligen Kindern nicht nur mit den Ergebnissen des Intelligenztests, sondern auch mit den Ergebnissen von standardisierten Wahrnehmungstests zu vergleichen (z. B. Visuomotorischer Schulreifetest, VSRT, Esser u. Stöhr, 1990; DTVP-2, FEW-2; vgl. Dacheneder, in: Straßburg, Dacheneder, Kreß [Hrsg.], 2003, S. 227-229).
Bei Kindern, die in Zeichnungen Hinweise auf *Störungen der Raumwahrnehmung* zeigen, ist die Analyse der räumlichen Wahrnehmung mit standardisierten Wahrnehmungstests (einschließlich augenärztlicher Überprüfung des tiefenräumlichen Sehens) empfehlenswert (vgl. Fallbeispiel Anna, Kap. 5.3-5.3.6).
Es wird dabei die Fähigkeit des Kindes, Gestalten oder Muster in ihrer Struktur zu erkennen, zu speichern, zu zeigen oder zu reproduzieren, überprüft (z. B. Frostigs Entwicklungstest der visuellen Wahrnehmung, FEW; Developmental Test of Visual Perzeption, DTVP-2, FEW-2, VSRT, Göttinger Formreproduktionstest, Benton-Test). Auch im Bereich der nicht-verbalen Intelligenzuntersuchung spielt die Überprüfung der räumlichen Wahrnehmung eine wichtige Rolle (z. B. im Mosaik-Test und beim Figurenlegen der Wechsler-Skalen, im Raventest, in Untertests aus der Kaufman-Battery u. a.; Hinweise zu psychodiagnostischen Testverfahren und ihrer Beurteilung vgl. Dacheneder, in: Straßburg, Dacheneder und Kreß [Hrsg.], 2003, S. 207-229).

2. Zur Diskussion der Emotionalen Zeichen

Vorschläge für weiterführende psychodiagnostische und psychotherapeutische Maßnahmen sowie für das Elterngespräch (Beratungsangebot); vgl. Schaubild 4, Ebene III, 2.:

Insbesondere bei der Interpretation Emotionaler Zeichen ist eine ganzheitlich orientierte Diagnostik wichtig. Ohne Berücksichtigung der Basisinformationen, der Vorbefunde und Beobachtungen zur Analyse der Entwicklungsmerkmale werden Emotionale Zeichen nach meinem methodischen Ansatz nicht interpretiert. Kommentare und erfundene Geschichten des Kindes zu seinen Zeichnungen und das therapeutische Gespräch ermöglichen einen Zugang zu seinen aktuellen Konflikten, vor- oder unbewussten Wünschen und Bedürfnissen, Ängsten oder Aggressionen. Fragestellungen zu Emotionalen Zeichen, die aus der formalen Strukturanalyse und inhaltlichen Analyse von Zeichentests und freien Zeichnungen ermittelt wurden, werden im Hinblick auf Auffälligkeiten der Beobachtungssituation, der Rahmenbedingungen, der Verhaltensbeobachtung, der Kommentare und erfundenen Geschichten des Kindes zu seiner Zeichnung und der Entwicklungsmerkmale überprüft und zugeordnet. Besonders die erfundenen Geschichten zeigen die Möglichkeiten des Kindes, die inhaltlichen Zusammenhänge der in der Zeichnung verwendeten, subjektiv geprägten bildlichen und graphischen Symbolik in sprachliche Symbolisierungen zu „übersetzen" (vgl. Fallbeispiel Paul, Kap. 4.3.4, Abb. 167). Mit Hilfe des psychotherapeutischen Gesprächs und weiterer psychotherapeutischer Maßnahmen (wie Spieltherapie, Gesprächstherapie, Familientherapie) lassen sich die aus den erfundenen Geschichten ermittelten Hinweise auf emotional-soziale Probleme nach unterschiedlichen Konzepten gezielt bearbeiten und, wo erforderlich, Deutungen von Projektionen (z.B. im Sinne der Psychoanalyse Freuds bzw. der Psychologie C. G. Jungs oder anderer therapeutischer Konzepte) vornehmen. Ein therapeutisches Gespräch mit dem Kind ist immer nötig, um Hinweise auf Emotionale Zeichen genauer überprüfen und von subjektiven Anteilen des Betrachters unterscheiden zu können. Aus dem Gespräch mit dem Kind leiten sich oft Fragen ab, die nur in Zusammenarbeit mit den Eltern zu beantworten sind.

Nur mit psychodiagnostischer/psychotherapeutischer Fachkompetenz ist es möglich, aus den Zeichnungen (samt den dazu erfundenen Geschichten und Kommentaren) Emotionale Zeichen nicht nur zu erkennen, sondern sie auch in die Vielfalt der vorliegenden Untersuchungsergebnisse und Beobachtungen einzuordnen. So ist darauf zu achten, ob Bildinhalte und darauf bezogene Kommentare des Kindes übereinstimmen oder Unstimmigkeiten aufweisen.

> Ein 7;0jähriges Kind erzählt z.B., dass es gerade auf seiner Zeichnung sehr stark regnet, Donner zu hören und Blitze zu sehen sind; auf seiner Zeichnung sind jedoch ein blauer Himmel, eine ausstrahlend große Sonne, aber weder Regen noch Blitze dargestellt.
> Bei der Interpretation solcher Unstimmigkeiten sollte zuerst der kognitive Entwicklungsstand überprüft werden. Nur wenn das Kind bereits über Handlungsplanung und Orientierung an der Realität verfügt (ab ca. 7;0 Jahren), sind die geschilderten Unstimmigkeiten als Projektionen zu deuten (dann könnte z.B. das Zeichnen der strahlenden Sonne und des blauen Himmels symbolischer Ausdruck des Wunsches nach Wärme sein, der im Zusammenhang mit dem Versuch des Kindes, seine Angst vor Gewitter zu bewältigen, von Bedeutung ist)

Eine *zweite* Befragung des Kindes zur gleichen Zeichnung bringt bei schwer zu deutenden Emotionalen Zeichen oft wichtige Zusatzinformationen, auch wenn eine längere Zeitspanne zwischen erstem und zweitem Gespräch liegt. Dies gilt vor allem für Zeichnungen, die Symbolisierungen unbewusster Phantasien, Ängste und Konflikte enthalten und bei denen die Emotionalen Zeichen auf traumatische „Schlüsselerlebnisse" des Kindes hinweisen, die psychotherapeutisch zu bearbeiten sind.

Hinweise auf Verhaltensstörungen und Emotionale Zeichen in Zeichnungen (z.B. auffällige Motive und Symbolisierungen, die auf emotional-soziale Konflikte schließen lassen), sind in der Regel Anlass zu einem Elterngespräch im Rahmen eines Beratungsangebotes. Ziel eines solchen Gesprächs ist es, die aus der Analyse der

Emotionalen Faktoren und Emotionalen Zeichen ermittelten Hypothesen mit den aktuellen Informationen der Eltern zur emotional-sozialen Situation des Kindes und der Familie zu vergleichen und zu überprüfen.

Aus dem Elterngespräch werden wichtige *Hinweise zu aktuellen* Konflikten mit Familienangehörigen oder Freunden im schulischen oder außerschulischen Bereich (Kindergarten oder Vorschule) gewonnen. Der Vergleich der Bildinhalte, der Gespräche mit dem Kind zu seiner Zeichnung und der aktuellen Informationen aus dem Elterngespräch ermöglicht dann eine verlässlichere Einordnung *aktueller Phantasien, Wünsche und Konflikte* des Kindes und eine erste Abgrenzung von vorbewussten oder unbewussten psychodynamischen Prozessen. Die aus der Analyse der Emotionalen Zeichen gewonnenen Hypothesen lassen sich auf diese Weise in einem ersten Schritt überprüfen und bearbeiten.

Genauere Angaben zu den Emotionalen Faktoren und Emotionalen Zeichen in den Zeichnungen des Kindes sollten aus meiner Sicht den Eltern im Beratungsgespräch allerdings in der Regel nicht mitgeteilt werden. Eltern verfügen meist nicht über das Fachwissen, das erforderlich ist, um mit Symbolen und deren Deutungen adäquat umzugehen; sie reagieren auf solche Mitteilungen in vielen Fällen verunsichert.

> So kann es für eine Mutter schmerzlich sein und zu späteren Zurechtweisungen des Kindes führen, wenn sie erfährt, dass sie in dem Zeichentest: *„Familie in Tieren"* „vergessen" oder als „Schwein" gezeichnet wurde. Sie kann sich durch solche Symbolisierungen gekränkt und verunsichert fühlen. Oder ein Vater, der sieht, dass er in diesem Zeichentest als „Esel" dargestellt wurde, fühlt sich von seinem Kind missverstanden und ist betroffen, sich in diesem von ihm negativ besetzten Symbol wiederzufinden. Er erlebt sich im Spiegel der Zeichnung seines Kindes als minderwertig.

Eltern sollten die Probleme des Kindes sehr vorsichtig vermittelt werden. Sie verstehen die Sprache der Bilder und Symbole oft einseitig, kennen nicht deren menschheitsgeschichtlichen Ursprünge, verstehen nicht die Sprache des Unbewussten und wissen nichts von ihrer *polaren Deutungsmöglichkeit.* Sie haben zunächst keine Kenntnisse davon, dass Symbole immer in ihrem positiven und ihrem negativen Aspekt zu interpretieren sind und sich nicht unmittelbar als Hinweis auf reale Erfahrungen deuten lassen, sondern in gleicher Weise *Ausdruck von Wünschen oder Befürchtungen und Ängsten* sein können. So fällt es Eltern schwer, im Symbol des Schweins dessen positiven (mütterlichen, nährenden, für die Jungen sorgenden) Aspekt zu erkennen. Um die Zeichnungen ihres Kindes und damit auch seine Phantasien, Wünsche und Probleme besser verstehen zu können, benötigen sie deshalb Unterstützung von Seiten des Therapeuten/der Therapeutin im Gespräch (Hilfen zum Verständnis der Übertragung des „anschaulichen" in das „digitale" Kommunikationssystem vgl. Watzlawick et al., 1967/2000). Das schließt ein besseres Verständnis ihrer eigenen

Rolle dem Kind gegenüber ein. Dabei sollte darauf geachtet werden, dass die Mitteilungen im Beratungsgespräch für die Eltern unmittelbar verständlich sind. Sie sollten erkennen, dass es nicht um Schuldzuweisungen, sondern um das gemeinsame Suchen nach Problemlösungen geht. Darüber hinaus erfordern auch die getroffenen Therapievereinbarungen mit dem Kind und die Zusicherung des Therapeuten/der Therapeutin, dessen Mitteilungen vertraulich zu behandeln, ein behutsames Vorgehen im Elterngespräch (vgl. Fallbeispiel Anna, Kap. 5.3.2.1; 5.3.6 sowie 8.3.4; 8.5.3).

3. Zu Vorschlägen für fördernde schulische Maßnahmen

Hinweise auf Minder- oder Hochbegabung des Kindes, auf Entwicklungs- oder Verhaltensstörungen in den Zeichnungen führen, zusammen mit der Berücksichtigung der Ergebnisse standardisierter Intelligenz- und Leistungstests, zur Ermittlung geeigneter pädagogischer Maßnahmen.

Die pädagogischen Beurteilungen des Kindes durch den Lehrer/die Lehrerin, Zeugnisnoten, Schulerfolg bzw. Lernprobleme sind in die Interpretation der Zeichnungen einzubeziehen.

Abweichungen zwischen der Beurteilung der Kinderzeichnung, der Intelligenzuntersuchung mit Hilfe aktuell standardisierter Tests und des Schulerfolges sind festzuhalten und im Hinblick auf auslösende Bedingungen zu überprüfen.

> Ein Kind zeigt z. B. in seiner Zeichnung bildnerische und sprachliche Ausdruckskraft, Vorstellungsreichtum, gute Phantasiepotenziale, kognitive Handlungsstrategien bei ausdrucksvollen Situationsdarstellungen, Bewegungs- und Raumdarstellungen. Sowohl sein Gesamt-Intelligenzquotient als auch die Quotienten der verbalen und nicht-verbalen Intelligenz sind gutdurchschnittlich. Es finden sich keine Hinweise auf visuelle oder auditive Wahrnehmungsstörungen oder psychomotorische Störungen. Im Unterschied zu diesen Beobachtungen sind die Schulleistungen des Kindes überwiegend mangelhaft. Sogar im Fach Kunsterziehung versagt es. Hier wird die Hypothese zu prüfen sein, ob die mangelhaften Schulleistungen nicht mit kognitiven Defiziten, sondern in Zusammenhang mit emotional-sozialen Problemen des Kindes (Leistungsblockaden) zu beurteilen sind (vgl. Fallbeispiel Heidi, Kap. 4.3.5, Abb. 168).

Die Zusammenarbeit mit den Lehrer/innen ist notwendig, um solche Fragestellungen auch im Rahmen der Schulsituation weiter aufarbeiten zu können, damit das Kind nicht nur in der therapeutischen Situation und mit Hilfe der Elternberatung, sondern auch mit Hilfe seiner Lehrer/innen im Schulalltag die erforderliche Unterstützung erfährt.

Die Analyse der Zeichentests und freien Zeichnungen kann wichtige Hinweise zum Vorschlag fördernder schulischer Maßnahmen liefern. So ist z. B eine gute verbale Ausdrucksfähigkeit des Kindes beim Erfinden von Geschichten zu Zeichnungen Anlass, dieses Potenzial im Unterricht zu nutzen. Das gilt umso mehr, wenn das Kind

Defizite im nicht-verbalen Intelligenzbereich zeigt und sich aufgrund einer Rechenschwäche als Schulversager erlebt (vgl. Fallbeispiel Anna, Kap. 5.3-5.3.6). Ein anderes Beispiel zeigt einen 9;0jährigen Jungen mit Lese-Rechtschreibstörung, allgemeinem Schulversagen, aber überdurchschnittlich guter Raumvorstellung in der Darstellung seiner einzelnen Motive und vorperspektivischen Landschaften. Seine guten intellektuellen Fähigkeiten (überdurchschnittlich gute Raumwahrnehmung) sollten in der Schule, auch außerhalb des Kunstunterrichts, besonders gewürdigt und eingesetzt werden. Er kann auf diese Weise sein Versagen im Fach Deutsch, übergreifend auch auf andere Schulfächer, kompensieren und in der Schule die für ihn notwendigen Erfolgserlebnisse haben (vgl. Kap. 1).

5.3 „Anna" – Interpretation von drei Zeichentests und zwei freien Zeichnungen im Therapieverlauf nach den neuen Leitlinien anhand eines Fallbeispiels

(vgl. Schaubild 4, Abb. 178, Ebene I, II und III)

Die Anwendung der neuen Leitlinien zur Interpretation der Kinderzeichnung in Diagnostik, Elternberatung und Therapie wird im Folgenden praxisnah anhand eines Fallbeispiels verdeutlicht. Es beschreibt die Geschichte eines Kindes und seiner Familie, soll aber darüber hinaus Eltern, Therapeuten und Lehrer/innen auf Lernprobleme und emotionale Schwierigkeiten aufmerksam machen, von denen viele Kinder betroffen sind. Mit dem gezielten Einsatz der Kinderzeichnung möchte ich einen Beitrag zur Erkennung und Behandlung dieser Schwierigkeiten leisten und Mut machen, an der Überwindung von Lern- und Verhaltensproblemen gemeinsam mit allen Beteiligten zu arbeiten.

Die detaillierte Auswertung von drei Zeichentests („Familie in Tieren", „Zeichne-Einen-Menschen", „Baum-Test") und zwei freien Zeichnungen nach den neuen Leitlinien verdeutlicht meinen diagnostischen und therapeutischen Ansatz.

5.3.1 Basisinformationen und Vorbefunde (Ebene I, 1.-6.)

1. Fragestellung (Ebene I, 1.)

Anna wird im Lebensalter von 9;2 Jahren wegen gravierender Rechenschwäche und Verhaltensproblemen zur psychologischen Untersuchung vorgestellt. Sie besucht zu dieser Zeit die 3. Klasse einer Grundschule. Ihre Lernprobleme konzentrieren sich auf das Fach Mathematik (Note mangelhaft); in den Fächern Deutsch (Lesen, Rechtschreiben) und Sachkunde bringt sie überwiegend ausreichende Leistungen. Sie hat Schwierigkeiten, in der Klasse soziale Kontakte zu finden und fühlt sich als Außenseiterin. Die Eltern, vor allem die Mutter, sind wegen der auffälligen Ablenkbarkeit im

Unterricht, der Leistungsschwäche und der sozialen Probleme ihrer Tochter besorgt und wünschen eine Abklärung sowie therapeutische Hilfestellung.

2. Familienanamnese (Vorgeschichte der Familie); Ebene I, 2.
Anna wurde im Säuglingsalter adoptiert. Ihre um ein gutes Jahr jüngere Schwester wurde ebenfalls im Säuglingsalter adoptiert, zeigt aber keine Entwicklungsauffälligkeiten, Verhaltens- oder Schulprobleme. Die Adoptiveltern leben in gesicherten und geordneten Verhältnissen und waren nach eigener Darstellung von Beginn an bemüht, ihre beiden Töchter liebevoll zu erziehen und zu fördern.

3. Anamnese Kind (Vorgeschichte des Kindes, Meilensteine der Entwicklung); Ebene I, 3.
(Biographische Angaben werden im Folgenden auf ein Minimum beschränkt, persönliche Details verfremdet).
Die Meilensteine der Entwicklung Annas zeigen nach Angaben der Adoptiveltern folgende Auffälligkeiten: Beginn des Sitzens und Laufens altersgemäß. Die motorischen Bewegungen waren von Anfang an „ungelenk“, ungeschickt. Es liegt eine dominante Linkshändigkeit vor. Anna hatte große Schwierigkeiten, mit 6 Jahren auszuschneiden, den Stift koordiniert zu führen, auszumalen oder das Binden einer Schleife zu erlernen. Konstruktionsspiele (z. B. das Bauen mit Klötzen oder mit Lego-Steinen) fielen ihr schwer, sie lehnte diese Spiele daher meist ab. Sprachentwicklung und Sauberkeitsentwicklung verliefen altersgemäß, Essverhalten und soziale Entwicklung (Bindungsverhalten) waren dagegen früh auffällig. Weil sie nicht alleine essen wollte, wurde Anna noch bis zum Alter von 3 Jahren gefüttert. Das Kind hatte Schwierigkeiten, sich von der Adoptivmutter zu lösen. Der Kindergartenbesuch war, gemeinsam mit der jüngeren Schwester, erst ab dem Alter von 4;6 Jahren möglich. Dort und später in der Schule hatte Anna Schwierigkeiten, soziale Kontakte zu Gleichaltrigen zu finden.
Von früh an zeigte sie Freude am Zeichnen, Malen und am Rollenspiel mit Puppen, später an Theaterspiel und Tanz.

Lernverhalten in der Schule:
Nach der Einschulung (Einschulungsalter 6;5 Jahre) fielen bei Anna Schwierigkeiten beim Lesenlernen, in der Rechtschreibung und beim Rechnen auf. Sie benötigte bei den Hausaufgaben immer viel Unterstützung durch die Mutter, war in der Schule und bei den Hausaufgaben leicht ablenkbar, unkonzentriert, hatte Probleme, Sinnzusammenhänge beim Lesen und z. B. im Fach Sachkunde zu verstehen. Die größten Probleme hat sie jetzt in der 3. Klasse im Fach Mathematik. Beim

Kopfrechnen können selbst einfachste Aufgaben der Grundrechenarten nicht ohne Hilfsmittel gelöst werden. Darüber hinaus fällt Anna das Lösen von Textaufgaben oder das Verstehen mathematischer Symbole (> größer als, < kleiner als) ausgesprochen schwer.

4. Explorationsgespräche (Eltern/Kind); Ebene I, 4.

Gespräche mit den Eltern:

Die Eltern berichteten im Gespräch offen von ihren Sorgen um Anna. Das Thema der Adoption der beiden Töchter wurde erwähnt, aber nicht in Zusammenhang mit den bestehenden Schulproblemen oder Kontaktproblemen Annas gestellt. Die Eltern gaben an, sie hätten die Kinder wie ihre eigenen angenommen und aufgezogen und machten zwischen den beiden Kindern keine Unterschiede. Schon früh wurden diese über ihre Adoption aufgeklärt. Im Unterschied zu ihrer Schwester habe Anna inzwischen einige Male den Wunsch geäußert, ihre leibliche Mutter einmal kennen zu lernen. Sie möchte sie gerne sehen, möchte wissen, wie sie aussieht und sie besuchen, wenn sie groß ist. Die Adoptivmutter schilderte das Verhältnis zwischen ihr und Anna in letzter Zeit als gespannt und konfliktreich. Sie empfand Annas Verhalten ihr gegenüber als unausgewogen, oft Streit provozierend. Häufig sei sie aufsässig und ablehnend, dann aber auch wieder liebevoll und kontaktsuchend. Anna verstehe sich nicht gut mit ihren Schulkameradinnen und Schulkameraden, könne keine Freundinnen finden und leide darunter. Sie suche sehr den Kontakt zu anderen Kindern, fühle sich aber von diesen oft abgelehnt. Im Unterricht sei sie unruhig, unkonzentriert und „quatsche" viel, störe die anderen Kinder und müsse deshalb nach Aufforderung der Lehrerin leider oft alleine sitzen. Dadurch fühle sie sich noch mehr isoliert. Die Ablehnung durch die anderen Kinder kränke sie als Mutter, für Anna tue es ihr leid. Sie selbst sei als Kind auch unsicher gewesen und wisse genau, wie schwer solche Unsicherheit für Anna zu ertragen sei. Im Kindergartenalter habe sich Anna nur sehr schwer von ihrer Adoptivmutter lösen können und habe bereits zu diesem Zeitpunkt die ersten Schwierigkeiten bei der Kontaktaufnahme zu Kindern gezeigt. Das habe sich dann in den folgenden Jahren etwas gebessert, nun sei die Situation aber wieder problematischer geworden. Sie wolle ihrer Tochter so gerne helfen, eine Freundin zu finden, wisse aber nicht wie. Auch mit den Schulproblemen Annas wisse sie sich keinen Rat mehr. Anna „kapiere" einfach die Matheaufgaben nicht. Sie verliere oft die Geduld mit Anna, das gebe sie zu. Sie sei sich auch nicht sicher, ob Anna die Schulaufgaben nicht lösen könne oder nicht wolle. Sie sitze „stundenlang" vor den Matheaufgaben, sei unkonzentriert, habe keine Lust zu rechnen. In Deutsch sei das besser. Da könne Anna inzwischen meist selbstständig ihre Hausaufgaben erledigen und sei auch motiviert.

Die Mutter gab an, den Kindern gegenüber strenger zu sein als der Vater. Aus dem Gespräch wurde deutlich, dass in erster Linie die Schulprobleme Annas (vor allem das Erledigen der Hausaufgaben im Fach Mathematik), ihre Verhaltensauffälligkeiten und ihre Schwierigkeiten, soziale Kontakte zu Gleichaltrigen zu knüpfen, das Verhältnis zwischen Mutter und Tochter belasteten.
Der Vater bestätigte zwar die Beobachtungen seiner Frau, fühlte sich aber nach seinen eigenen Aussagen von Annas Schwierigkeiten persönlich weniger betroffen und beschrieb sein Verhältnis zu ihr als gut. Er meinte, man solle Anna so nehmen, wie sie sei und sich nicht so viele Sorgen machen. Um die Hausaufgaben kümmere er sich nicht, dafür sei seine Frau zuständig. Beide Eltern beschrieben eine ausgeprägte Rivalität zwischen den Mädchen. Die jüngere Schwester habe einen starken Charakter, ein großes Durchsetzungsvermögen, sei motorisch sehr geschickt und geistig gut entwickelt. Sie erledige ihre Hausaufgaben schnell und habe keine Schulprobleme. Sie habe viele Freundinnen. Nach den Beobachtungen der Eltern beneide Anna deswegen oft ihre jüngere Schwester und möchte so sein wie sie.

Explorationsgespräch mit dem Kind:
Anna beschrieb ihre Schulprobleme und ihr Verhältnis zu den Eltern und zu ihrer Schwester. Aus der Exploration wurde deutlich, dass auch aus ihrer Sicht die Schulprobleme das Verhältnis zwischen ihr und der Mutter erheblich belasteten. Anna fühlte sich als Schulversager und litt nach eigenen Aussagen darunter, dass die Mutter meist mit ihren Schulleistungen, vor allem im Fach Mathematik, unzufrieden war. Von ihren Klassenkamerad/innen fühlte sie sich oft abgelehnt und ausgelacht; sie glaubte, diese Ablehnung hänge mit ihren Problemen in Mathe zusammen. Ihr Verhältnis zum Vater bezeichnete sie dagegen als unproblematisch. Über ihre Adoption sprach sie nicht.
Aus der Exploration mit Anna wurde deutlich, dass eine ausgeprägte Geschwisterrivalität vorliegt. Anna äußerte den Wunsch, auch so viele Freundinnen zu haben wie ihre Schwester. Das Gespräch mit Anna wies auf ihr Bemühen hin, es allen recht machen zu wollen, aber dabei oft an die eigenen Grenzen zu stoßen. Sie wollte sich mit ihrer Mutter, der Schwester und den Freundinnen gut verstehen und wusste nicht, was sie falsch machte. Ihre Äußerungen zeigten keine aggressiven oder depressiven Tendenzen, sondern verrieten emotionale Sensibilität und Feinfühligkeit. Sie war sehr darauf bedacht, nichts Negatives über ihre Eltern oder ihre Schwester zu sagen. Nicht zu übersehen waren die Selbstunsicherheit und Gehemmtheit des Mädchens sowie sein Wunsch, sich am Gegenüber zu orientieren, Bestätigung zu erfahren. Sobald die Anfangsängste überwunden waren, zeigte Anna sich mir gegenüber zugewandt und zunehmend gesprächsbereiter.

5. Medizinische und psychodiagnostische Befunde (Ebene I, 5.)
In den Vorsorgeuntersuchungen fanden sich bis zum Beginn des 7. Lebensjahres keine Vermerke über Entwicklungsstörungen. Im Lebensalter von 6;1 Jahren und später von 9;1 Jahren wurde Anna bei einem Kinderarzt wegen feinmotorischer und psychomotorischer Unsicherheiten sowie wegen Schwierigkeiten im Umgang mit Zahlen und der räumlichen Orientierung untersucht. Der im Lebensalter von 9;1 Jahren durchgeführte „Frostigs Entwicklungstest der visuellen Wahrnehmung", FEW, ergab nach dem Arztbericht nur im Subtest „Visuo-motorische Koordination" einen unterdurchschnittlichen Wert, die übrigen Subtestergebnisse lagen im Normbereich. (Anwendungsalter des FEW 4;0-8;11 Jahre; kritische Einwände gegen dieses Untersuchungsergebnis vgl. Diskussion der Entwicklungsmerkmale, Kap. 5.3.2.1, Ebene III). Die neurologische Untersuchung im Lebensalter von 9;1 Jahren zeigte insgesamt eine disharmonische Gesamtmotorik mit erhöhtem Muskeltonus. Komplexe Koordinationsaufgaben wie z. B. „Hampelmann-Springen" waren nicht möglich. Unter Belastung fiel eine diskrete Halbseitensymptomatik mit Tonuserhöhung und Dyskinesien (Störungen des Bewegungsablaufs) rechts auf. Zusammenfassend wurde ein sehr komplexes Störungsbild auf dem Boden einer Hirnfunktionsstörung im Sinne einer diskreten rechtsbetonten Zerebralparese diagnostiziert. Die Störungen der visuomotorischen Koordination und des Körperschemas sowie eine taktil-kinästhetische Unterempfindlichkeit wurden besonders hervorgehoben.

Anna war bei Durchführung des *Hamburg-Wechsler-Intelligenztests (HAWIK-R)* 9;1 Jahre alt. Sie erreichte eine knapp-durchschnittliche verbale Intelligenz (VIQ 92, IQ-Intervall 86-98), einen unterdurchschnittlichen Handlungs-IQ von 68 (IQ-Intervall 59-77) und einen unterdurchschnittlichen Gesamt-IQ von 78 (IQ-Intervall 73-83). Es liegt nach statistischer Überprüfung ein echtes Profil (Chi-Quadrat 36.60 > 15.99) vor, d. h. es ist zulässig, den Verlauf der Wertpunkte zu interpretieren, da er nicht als zufällig anzusehen ist. Sowohl das Verbal-Teil-Profil als auch das Handlungs-Teil-Profil sind echt. Insgesamt gesehen sind die verbalen Intelligenzleistungen deutlich besser als die nicht-verbalen. Bei der verbalen Intelligenz zeigte Anna altersentsprechende Leistungen in den Bereichen Allgemeines Verständnis, Gemeinsamkeitenfinden und Zahlennachsprechen. Sie verfügt damit über eine altersentsprechende praktische Urteilsfähigkeit, kann aus Erfahrungen lernen, kann in Ursachen und Wirkzusammenhängen denken und Situationen des Alltagslebens erfassen. Diese Leistungen sind abhängig von familiären, schulischen und kulturellen Wissensangeboten. Beim Gemeinsamkeitenfinden beweist Anna in Abhängigkeit von ihrem sprachlichen Denkvermögen die Möglichkeit zu logischem und abstraktem Denken in Kategorien; sie verfügt über ein altersentsprechendes sprachliches Ausdruckvermögens und kann im verbalen Bereich

wesentliche von unwesentlichen Merkmalen unterscheiden. Beim Zahlennachsprechen weist Anna eine altersentsprechende akustische Merkfähigkeit, Aufmerksamkeit und Selbstkontrolle auf. Sie zeigt auch, dass sie eine gewisse Übung im Umgang mit Ziffern hat und in der Belastbarkeit der Prüfungssituation adäquate Leistungen erbringen kann. Schwach dagegen sind im verbalen Bereich das Allgemeine Wissen, das Rechnerische Denken und der Wortschatz-Test (knapp-unterdurchschnittlich), d. h. familiär, schulisch und kulturell vermitteltes Allgemeinwissen sind hier gering. Beim Rechnerischen Denken hat sie Probleme, numerische Operationen im Kopf durchzuführen, ein geringes Zahlengedächtnis sowie ein nur geringes Konzentrationsvermögen bei Belastbarkeit und unter dem Druck konzentrierten Nachdenkens.
Die *nicht-verbale Intelligenz* Annas liegt insgesamt gesehen deutlich unter dem Altersdurchschnitt. Ihre relativ besten Leistungen finden sich im Zahlen-Symbol-Test und Figurenlegen. Im Zahlen-Symbol-Test zeigt sie eine geringfügig reduzierte allgemeine psychomotorische Geschwindigkeit und eine gering reduzierte visuell-motorische Koordination. Die Konzentration bei Routineaufgaben ist mäßig ausgebildet. Unter Zeitdruck kann sie knapp-unterdurchschnittlich reagieren. Auch das visuelle Kurzzeitgedächtnis ist knapp-unterdurchschnittlich entwickelt. Beim Figurenlegen hat sie Schwierigkeiten bei der Fähigkeit zur Wahrnehmung und Reproduktion von Figuren und damit Probleme in der visuell-motorischen Koordination und im räumlichen Vorstellungsvermögen. Auch weist Anna eine unterdurchschnittliche Flexibilität des Denkens auf. Ihre Konzentrationsfähigkeit und Belastbarkeit unter Zeitdruck sind knapp-unterdurchschnittlich.
Gegenüber diesen *knapp*-unterdurchschnittlichen Leistungen zeigt sie *weit unterdurchschnittliche Leistungen* und damit *gravierende Defizite* in den Bereichen *Bilderergänzen, Bilderordnen* und *Mosaik-Test*. Die am schwersten wiegenden Ausfälle mit einem Wertpunkt von 3 und einem Prozentrang von 1 liegen beim Bilderergänzen (Prozentrang 1 besagt, dass 1 Kind von 100 Kindern der Normierungsgruppe ein vergleichbar niedriges oder schlechteres Ergebnis zeigt, aber 99 Kinder der Vergleichsgruppe bessere Ergebnisse aufweisen). Es fällt Anna ausgesprochen schwer, bekannte Formen, Gegenstände oder Figuren über ihre visuelle Wahrnehmung als Vorstellungsbilder aufzurufen und bei ihrer kognitiven Verarbeitung wesentliche von unwesentlichen Details zu unterscheiden. Hier findet sich in Übereinstimmung mit dem Arztbericht (vgl. Vorbefunde) ein sensitiver Indikator für zerebrale Dysfunktionen (Zeichen einer minimalen Zerebralparese). Anna hat größte Probleme bei der Organisation der visuellen Wahrnehmungsprozesse. Die Flexibilität der Wahrnehmung ist sehr gering. Sie hat erhebliche Schwierigkeiten, Figur-Hintergrund-Relationen schnell zu erfassen und zeigt eine geringe Toleranz gegenüber Ungewissheiten. Beim Bilderordnen erreicht sie lediglich einen Wertpunkt von 4, was einem Prozentrang von 2 entspricht.

Sie kann auf visuellem Weg nur mit größter Mühe *soziale Handlungsabläufe* erfassen oder Ordnung und Sequenzen herstellen. Sie ist auch hierbei nicht fähig, wesentliche von unwesentlichen Details zu unterscheiden. Die Organisation ihrer visuellen Wahrnehmung ist außerordentlich defizitär.
Im nicht-verbalen Bereich zeigen sich Probleme des logischen Denkvermögens, in der Erarbeitung von Lernstrategien, im planvollen Handeln. Anna lernt eher durch Versuch-Irrtum als durch planvolle Strategien. Ihre soziale Intelligenz (Erfassen sozialer Handlungsabläufe) weist Probleme auf. Auf der Grundlage dieser ermittelten Defizite ergibt sich die Vermutung, dass auch ihre kreativen Fähigkeiten beeinträchtigt sind. Familiäre und kulturelle Einflüsse können bei diesen Defiziten mit verursachend wirken. Im Mosaik-Test zeigt Anna auffällige Defizite im räumlichen Vorstellungsvermögen, in der psychomotorischen Koordination und Kombinationsfähigkeit. Auch hier lernt sie eher aus Versuch-Irrtum als nach planenden Denkstrategien. Die Flexibilität des Denkens ist gering, es fällt ihr schwer, neue Lösungsstrategien zu erproben.

Bei der Auswertung des HAWIK-R ergeben sich bei Anna folgende Hypothesen:
Verbal- und Handlungs-Teil unterscheiden sich signifikant voneinander (Diff. 3.43 *** 1.67 %). Auffällig sind weiterhin die Unterschiede im Leistungsvermögen, unter Zeitdruck bzw. nicht unter Zeitdruck arbeiten zu können. Die Unfähigkeit, Wesentliches von Unwesentlichem zu unterscheiden, ist ein anderer Schwerpunkt ihres Problems. Die integrierenden Hirnfunktionen sind beeinträchtigt. Bei dem durch familiäre, schulische und kulturelle positive Einflüsse erworbenen Wissen schneidet sie deutlich besser ab als bei Wissen, das von diesen Einflüssen unabhängig ist.

6. Pädagogische Beurteilungen (Ebene I, 6.)

Anna wurde mit 6;5 Jahren eingeschult und hatte von Beginn an Lernprobleme. Sie erlernte nur langsam das Lesen und die Rechtschreibung. Die größten Schwierigkeiten fanden sich von Anfang an im Fach Mathematik. Das Zeugnis Ende des 3. Schuljahres vor Therapiebeginn zeigte in den meisten Schulfächern ausreichende Leistungen. Im Fach Mathematik erhielt Anna die Note mangelhaft. Von ihren Lehrern wurde sie zu dieser Zeit als bescheiden und zurückhaltend beschrieben. Lobend wurde die Erledigung ihrer Hausaufgaben erwähnt. In der Schule bearbeitete Anna nach der Beurteilung ihrer Lehrer/innen die schriftlichen Aufgaben nicht selbstständig genug. Trotz ihrer Lernschwierigkeiten wurde sie in die 4. Klasse versetzt. Es wurde allerdings mit den Eltern der Vorschlag diskutiert, Anna im 1. Halbjahr der 4. Klasse in die 3. Klasse zurückzustufen. Auf Wunsch der Eltern und mit eigener Zustimmung wiederholte Anna zu Therapiebeginn die 3. Klasse.

Beschreibung des therapeutischen Rahmens – der Einsatz des Kuhn-Programms: Mathefix Spectral:
Anna wurde im Lebensalter von 9;4-11;5 Jahren nach dem Frostig-Konzept in meiner Praxis behandelt (Frostig-Konzept vgl. Kap. 7.1). Die Therapiefrequenz betrug im ersten Behandlungsjahr 2 Therapieeinheiten (90 Min.) pro Woche mit Ausnahme der Schulferien. Ab dem 2. Behandlungsjahr wurde die Frequenz auf 1,5 bzw. 1 Therapieeinheit pro Woche reduziert. Im Mittelpunkt der therapeutischen Bemühungen standen ihre emotional-sozialen Probleme (Selbstunsicherheit, gespanntes Verhältnis zwischen Mutter und Anna, Geschwisterrivalität, Probleme der Kontaktfindung zu Gleichaltrigen in der Schule und im häuslichen Umfeld, Neigung zu Leistungsblockaden bei Arbeiten unter Zeitdruck). Ihre motorischen Koordinationsstörungen (Grob- und Feinmotorik), ihre taktil-kinästhetischen und visuellen Wahrnehmungsstörungen, ihre Konzentrationsstörungen, kognitiven Entwicklungsstörungen und gravierenden Lernstörungen, vor allem im Fach Mathematik, machten darüber hinaus von Behandlungsbeginn an gezielte therapeutische Hilfestellungen notwendig. Die komplexen Störungen erforderten ein ganzheitlich orientiertes Vorgehen, bei dem sowohl die emotional-sozialen Probleme als auch die Entwicklungsstörungen, die funktionellen Beeinträchtigungen und die Elternberatung berücksichtigt werden mussten (vgl. Kap. 7.2).
Es war von Behandlungsbeginn an geplant, Annas kreative Potenziale als Selbstwert stützendes Gegengewicht zu ihren vielfältigen Problemen aufzubauen. Ihre Freude am Zeichnen, Malen und Rollenspiel kamen diesem therapeutischen Anliegen entgegen. Methodisch standen in der Anfangsphase der Therapie spieltherapeutische Angebote im Vordergrund (z. B. Rollenspiele mit Handspielpuppen oder mit kleinen Figuren, die im therapeutischen Sandbecken aufgebaut und spielend bewegt wurden). Maltherapeutisches Arbeiten mit unterschiedlichen Materialien (flüssige und feste Farben, Pastell- und Wachsmalkreiden, Verwendung bunter Papiere in unterschiedlichen Größen) und rhythmische Bewegungsspiele standen darüber hinaus im Mittelpunkt der therapeutischen Bemühungen. In die rhythmischen Bewegungsspiele mit Bällen wurden immer wieder auch spielerische Übungen mit Mengen und Zahlen eingefügt, die in der emotional stützenden therapeutischen Situation von Anna zunehmend besser bearbeitet werden konnten. Schwungübungen auf der Schaukel und vielfältige Bewegungsübungen machten ihr viel Freude, verbesserten ihre Gleichgewichtsreaktionen und ihre motorische Koordination. Als schulbegleitende Maßnahme wurde Anna von Therapiebeginn an mit dem didaktischen Material des Kuhn-Programms Mathefix Spektral bekannt gemacht (www.ursula-kuhn-verlag.de). Mit Hilfe dieses Materials wurden die auf die ermittelte Entwicklungsstufe ihres mathematischen Denkens und auf ihre individuellen Interessen und Schwierigkeiten abge-

stimmten notwendigen visuellen Strukturierungshilfen gegeben. Unterstützend wurden die in kleinen Schritten aufgebauten und visuell gut strukturierten Aufgaben der Rechenbücher des Kuhn-Programms durchgeführt. So lernte Anna relativ rasch, sich im Zahlenraum bis 100 auf der in Spektralfarben angeordneten Hunderter-Tafel zu orientieren und, gestützt auf diese Rechenhilfe, leichte Rechenaufgaben im Handlungsvollzug (zuerst mit Hilfe von farbigen Klötzen, später mit Hilfe von Handbewegungen auf dem Rechenbrett) selbstständig zu lösen. Da sie das Material auch nach Hause und – in Abstimmung mit der Lehrerin – in die Schule mitnehmen durfte, konnte sie ihre schulischen und häuslichen Mathematikaufgaben mit dieser Hilfestellung bald selbstständig bewältigen und war sehr glücklich über ihre ersten Erfolgserlebnisse. Anna gewann, was den Umgang mit Mengen, Zahlen und Rechenoperationen betrifft, immer mehr Zutrauen in ihre Leistungsfähigkeit, dies wiederum wirkte sich positiv auf ihr Gesamtverhalten zu Hause und in der Schule aus (ihr Auftreten wirkte sicherer). Wichtig war es von Beginn an, ihr beim Rechnen genug Zeit zu geben, kompensatorische Rechenhilfen zur Verfügung zu stellen und Leistungsdruck zu vermeiden. Gleichzeitig benötigte sie persönliche Zuwendung und Bestätigung.
Anna erledigte unter diesen stützenden Bedingungen die mathematischen Übungen, die in kleinen Schritten nach dem Kuhn-Programm aufgebaut waren, sehr motiviert und freute sich an ihren langsamen, aber stetigen Fortschritten.
Neben diesen schulbegleitenden Maßnahmen spielten das Malen und Zeichnen in der Therapie eine wichtige Rolle. Über das Rollenspiel, die angefertigten Zeichnungen und die erfundenen Geschichten konnte ermittelt werden, mit welchen Inhalten Anna sich in ihrer Phantasie- und Wunschwelt, auch in ihren Ängsten und Konflikten auseinander setzte und wie sie diese symbolisch verarbeitete. Aus den Zeichnungen konnten gleichzeitig die Entwicklungsfortschritte der Fein- und Graphomotorik, der visuellen Wahrnehmung und der kognitiven Fähigkeiten (Handlungsplanung) erkannt und diese Kenntnis zur weiteren Therapieplanung nutzbringend angewendet werden.

Die ersten freien Zeichnungen entstanden als Abschluss von Rollenspielen mit Handspielpuppen oder mit kleinen Figuren im therapeutischen Sandkasten. Sie zeigten, in Übereinstimmung mit Annas großen Schwierigkeiten beim mathematischen Denken, einen auffälligen Entwicklungsrückstand in der Zeichenentwicklung (Rückstand von ca. 2-3 Jahren). Mit großer Deutlichkeit spiegelten sich in den ersten Zeichnungen ihre komplexen Entwicklungsstörungen (Rückstände in den Bereichen von Grob- und Feinmotorik, taktil-kinästhetische, visuelle Wahrnehmung und Kognition; vgl. Vorbefunde und erster Arztbericht) und machten deutlich, wie dringend hier therapeutische Hilfestellung angesagt war.

Analyse von freien Zeichnungen und Zeichentests im Therapieverlauf:

- Nennung der freien Zeichnungen und Zeichentests in der vorgesehenen Reihenfolge ihrer Analyse

Zeichentest: „Familie in Tieren“, Lebensalter 9;9 Jahre, Kap. 5.3.2-5.3.2.1, Abb. 179
Freie Zeichnung: „Der Wundergarten“, Lebensalter: 10;4 Jahre, Kap. 5.3.3-5.3.3.1, Abb. 180
Zeichentest: „Zeichne-Einen-Menschen“ (ZEM), 10;8 Jahre, Kap. 5.3.4, Abb. 181
Zeichentest: „Baumtest“, Lebensalter: 10;8 Jahre, Kap. 5.3.5, Abb. 182
Freie Zeichnung: „Baum und Blumen“, Lebensalter: 11;2 Jahre, Kap. 5.3.6, Abb. 183

5.3.2 Analyse des Zeichentests: „Familie in Tieren“ (Ebene II, 1.-5.)

1. Beobachtungssituation (Ebene II, 1.)

- Auswahl der Zeichnungen zur Analyse

Es handelt sich um den Zeichentest: „Familie in Tieren“ (vgl. Abb. 179); Lebensalter bei Fertigstellung: 9;9 Jahre.

Abb. 179:

Anna, LA: 9;9 Jahre, Rahmenbedingungen: Zeichentest: „Familie in Tieren“ (Brem-Gräser), Benennung von links nach rechts: Katze (Anna, 1. Motiv), Elefant (Schwester,

2. Motiv), Tiger (Vater, 4. Motiv), Maus (Mutter, 3. Motiv), Bleistift, 29,5 x 39,7 cm, ***Zeichenentwicklung*** *(nach 5 Monaten Therapie): Entwicklungsmerkmale unausgeglichen, es zeigt sich ein Rückstand von ca. 2 Jahren* ***(Ende Stufe 2, Übergang zur Stufe 3), Gesamtentwicklung:*** *Testpsychologisch nachgewiesene graphomotorische, perzeptive und kognitive Entwicklungsstörungen („kombinierte umschriebene Entwicklungsstörungen", vgl. ICD-10-GM 2007, Kap. 10.2); verbale Intelligenz im unteren Bereich der Durchschnittsnorm, nicht-verbale Intelligenz und Gesamt-Intelligenz im Lernbehinderten-Bereich; ausgeprägte Probleme im Fach Mathematik; Hinweise auf Probleme des emotional-sozialen Bereichs* ***(Emotionale Zeichen)****; ausführliche Besprechung der Entwicklungsmerkmale und Emotionalen Zeichen dieses Tests sowie der Hypothesen zu ihrer Interpretation vgl. Kap. 5.3.2, 5.3.2.1 und 5.3.6.*

- Beschreibung der Aufgabenstellung (Psychodiagnostik/Therapie)

Der folgende Zeichentest wurde im Rahmen der Prozessdiagnostik in der therapeutischen Situation in meiner Praxis fünf Monate nach Therapiebeginn von mir selbst durchgeführt. Die Auswertung des Tests sollte dazu beitragen, die Therapieschwerpunkte den aktuellen Bedürfnissen des Mädchens anzupassen.
Die Instruktion des Tests: „Familie in Tieren" ist in Kap. 9.3.6 nachzulesen.

- Malsituation

Der Test wurde von mir in meiner Praxis als Einzeltest durchgeführt, es gab keine unvorhergesehenen Störungen während der Durchführung. Anna erledigte die ihr gestellte Aufgabe zügig.

- Rahmenbedingungen

Sie entsprechen den Bedingungen des Testverfahrens.

2. Verhaltensbeobachtung beim Zeichnen (Ebene II, 2.)

Allgemeiner Gesundheitszustand, Sehfähigkeit, Gehör und Sprache zeigten keine Auffälligkeiten. Das Arbeitsverhalten war motiviert, die Arbeitsweise teils sorgfältig bemüht, teils flüchtig, die Arbeitsgeschwindigkeit rasch. Bei der Körperkoordination fielen ungelenke Körperbewegungen im motorischen Ablauf auf, die feinmotorische Koordination war ebenfalls unsicher. Es zeigte sich eine eindeutige Handpräferenz links. Hand- und Fingermotorik waren verkrampft und ungeschickt. Störungen der Wahrnehmungsmodalitäten zeigten sich im taktil-kinästhetischen und visuellen Bereich und ließen sich bei der Analyse der Zeichnung genauer differenzieren. Das Mädchen wirkte interessiert an der Aufgabenstellung und setzte die Instruktion des Tests sinnentsprechend um. Hinweise auf kognitive Verarbeitungsstörungen ergaben

sich aus der Verhaltensbeobachtung selbst nicht, wohl aber aus der Analyse des Zeichentests (vgl. Analyse der Entwicklungsmerkmale).
Im Hinblick auf Verhaltensstörungen fielen Tendenzen zu Anfangsängsten und Selbstunsicherheit auf. Anna wirkte jedoch zunehmend kontaktbereiter und sicherer in ihrem Auftreten. Nach Angaben des Mädchens selber und der Eltern wurden im Elternhaus, im Kindergarten und auch in der Schule immer wieder einmal Angebote zum Malen und Zeichnen gemacht und auch gerne angenommen.

3. *Kommentare und erfundene Geschichten zur Zeichnung* (Ebene II, 3.)

Anna bezeichnete sich selber als „Katze", ihre Schwester als „Elefant", die Mutter als „Maus" und den Vater als „Tiger". Zusätzliche Kommentare gab sie zu diesem Test nicht ab.

4. *Formale Strukturanalyse und inhaltliche Analyse der Entwicklungsmerkmale des Tests: „Familie in Tieren"* (Ebene II, 4.)

- *Qualitative* Auswertung der Entwicklungsmerkmale nach den neuen Leitlinien (Seidel)

Lebensalter des Kindes bei Fertigstellung der Zeichnung und erwartete Stufe der Zeichenentwicklung:
Anna ist zum Zeitpunkt der Fertigstellung der Zeichnung 9 Jahre, 9 Monate alt. Erwartet wird die Stufe 3 der Zeichenentwicklung (Mitte der Stufe 3; Merkmale dieser Stufe im Überblick vgl. Kap. 3.7.3 und Kap. 9.4).

Beschreibung der Entwicklungsmerkmale des Tests: „Familie in Tieren" in folgenden 8 Beobachtungsbereichen:

Gesamteindruck (Entwicklungsmerkmale):
Erster subjektiver Eindruck: Die Zeichnung wirkt auf mich beim ersten Betrachten im Hinblick auf die Gesamtentwicklung der Zeichenfähigkeit unreif und nicht dem Lebensalter der Zeichnerin entsprechend.
Der *bildnerische Ausdruck* zeigt nur wenige individuelle Merkmale; er erscheint eher stereotyp als aussagekräftig (z. B. sind die Gesichter der vier Tiere gleich gezeichnet, sie wirken schablonisiert. Sie schauen alle in die gleiche Richtung). Ansätze von individuellen bildnerischen Ausdrucksmerkmalen sind bei zwei Tieren zu erkennen: Die Katze ist mit deutlich gezeichneten Krallen dargestellt. Der Elefant imponiert durch seinen lang gestreckten Körper und zwei stämmige Beine, außerdem durch zweidimensional gezeichnete, besonders große Ohren und einen Rüssel. Er ist allerdings kleiner als die Katze. Die langen dunklen Haare von Katze und Elefant fallen mir auf

und erinnern mich an die Haare Annas und die ihrer Schwester. Der *sprachliche Ausdruck* beschränkt sich auf die Nennung der Tiere. Der *bildnerische Stil* ist unausgewogen und entspricht dem eines Kindes Ende der 2. Stufe der Zeichenentwicklung (Tiger und Maus) bzw. zu Beginn der Stufe 3 (Katze und Elefant). Es fällt auf, dass Anna noch über kein selbst entwickeltes Tierschema verfügt, sondern für alle Tiere noch das Menschschema einsetzt, was für ihr Alter untypisch ist und noch dem Stil der 2. Stufe der Zeichenentwicklung entspricht. *Ausführung und Organisation* zeigen sich unausgewogen. Katze und Elefant sind in der Ausführung organisierter und detaillierter als Tiger und Maus.

Motive, Symbole, Zeichen (Entwicklungsmerkmale):
Die Mitglieder der Familie werden durch verschiedene Tierfiguren dargestellt. Sich selbst malt Anna als Katze, die Schwester als Elefant, die Mutter als Maus und den Vater als Tiger. Vergleicht man die Motivwahl des Mädchens mit Brem-Gräsers Zusammenstellung jener 5 bzw. 3 Tiere, welche für die genannten Familienmitglieder bei der Normierungsstichprobe jeweils am häufigsten verwendet wurden, so fällt Folgendes auf:
Dass Anna sich selbst als Katze zeichnet, ist nicht ungewöhnlich, dass sie jedoch die Schwester als Elefant darstellt, entspricht einer eher ungewöhnlichen Motivwahl. Die für Vater und Mutter gewählten Motive sind hingegen nicht ungewöhnlich. Von den 4 Tieren gehören die Katze (Anna) und die Maus (Mutter) zu den Haustieren, während Elefant (Schwester) und Tiger (Vater) Tiere darstellen, die in der Wildnis leben oder im Zoo zu beobachten sind. Damit zeigen sich in der Tierfamilie unterschiedliche Lebensbedingungen für jeweils zwei Tiere.

Graphomotorik (Entwicklungsmerkmale):
Strichführung:
Die Strichführung ist unausgewogen und wechselt zwischen unsicherer und sicherer, unabgesetzter und abgesetzter Strichführung. Häufig nicht geschlossene Formen, Überschneidungen von Elementen der Zeichnung, unverbundene Segmente und Linienwiederholungen weisen auf Unsicherheiten der Graphomotorik hin.
Strichcharakter:
Der Strichcharakter ist ebenfalls schwankend. Ein toniger Strichcharakter (druckschwach und breit) wechselt mit druckstarkem Strichcharakter. Der druckstarke Strich zeigt sich entweder schmal und scharf oder breit und fest.
Flächenbehandlung:
Die Formen sind vorwiegend konturiert (fest umgrenzt). Das Fell des Tigers ist schraffiert, Katze und Elefant haben gedunkelte Haare.

Formdarstellung (Entwicklungsmerkmale):
Die Formen der Tiere (Grundformen und Details) sind mit Ausnahme der Beine des Elefanten noch attributiv zusammengesetzt (die Formdetails sind noch aneinander gesetzt und gehen nicht, wie dies dem Lebensalter entsprechen würde, ineinander über). Die zeichnerische Entwicklung des Mädchens lässt also noch Formmerkmale der 2. Stufe der Zeichenentwicklung und erst ansatzweise den Übergang zur 3. Stufe erkennen. Die Tierformen entsprechen noch dem Menschschema und sind damit nicht altersentsprechend differenziert. Der Elefant zeigt zwar einen ersten Ansatz zu integrierender Darstellung (die Beine gehen ohne Trennlinie in den Körper über) und Ansätze eines beginnenden Tierschemas. Allerdings hat der Elefant nur zwei Beine (zeigen sich hier Probleme der Mengenerfassung?) und entspricht damit in seiner Formgestaltung auch dem Menschschema. Die Formen sind häufig nicht geschlossen. Es fallen Transparenzen auf (z. B. überschneidet der Rüssel im Sinne eines Röntgenbildes den Hals des Elefanten, was wiederum für das Lebensalter des Mädchens untypisch ist und auf deutliche Rückstände der Zeichenentwicklung hinweist). Ebenfalls findet man bei den Haaren der Maus und des Tigers Transparenzen. Formen und Formdetails sind flüchtig gezeichnet. Relative Detailvielfalt zeigt sich bei der Darstellung der Katze (Selbstbildnis) und bei der Darstellung des Elefanten (Darstellung der Schwester). Im Unterschied zur Maus haben Katze, Elefant und Tiger einen Schwanz. Hier fügt Anna Tiermerkmale an Menschschemata an. Ein weiteres Tiermerkmal findet sich bei der Schraffierung des „Tigerkörpers", durch die sein Fell dargestellt werden soll. Katze und Elefant haben deutlich gezeichnete gedunkelte Haare, die an die Haare der beiden Schwestern erinnern. Die Ohren aller Tiere sind groß und deutlich gezeichnet, die Ohren des Elefanten sind besonders groß und als einziges Ohrenpaar zweidimensional. Die Katze hat an jedem Finger scharfe Krallen, und zwar pro Hand 4 (nicht 5). Der Tiger zeigt an jeder Pfote nur 3 bzw. 4 „Finger". Die Darstellung der „Tierpfoten" von Katze und Tiger (gezeichnet wie Menschenhände) weist mit der falschen Anzahl der „Finger" (vier oder drei) auf noch bestehende Unsicherheiten der simultanen Mengenerfassung Annas hin. Auch zwei Füße des Elefanten haben jeweils nur 3 Zehen, zwei Beine des Elefanten fehlen ganz (vgl. ihre gravierenden Probleme der simultanen Mengenerfassung und des Umgangs mit Mengen und Zahlen beim Rechnen). Die Katze trägt als Kleidungsstück eine Hose. Durch diese „Bekleidung" wird deutlich, dass Anna noch das Menschschema auf das Tierschema überträgt, wie dies bei Vorschulkindern üblich ist. Die Arme von Katze, Tiger und Maus sind nicht an der Schulter, sondern in Höhe der Hüften angesetzt und weisen nach oben. Auch diese Merkmale sowie die Gesamtdarstellung von Tiger und Maus zeigen besonders deutliche Unreifezeichen in der Formdarstellung.

Größendarstellung (Entwicklungsmerkmale):
Die Größendarstellung ist nicht realitätsorientiert. So sind z. B. die Katze größer als der Elefant, der Elefant und die Maus fast gleich groß, die Maus fast so groß wie der Tiger. Auch fällt auf, dass der Kopf der Maus größer ist als ihr Körper. Diese Beobachtungen weisen darauf hin, dass die Größendarstellung mit der Beachtung der Proportionen nicht altersentsprechend gelingt.

Farbdarstellung, Bewegungsdarstellung (Entwicklungsmerkmale)
Zu diesem Punkt kann aus der vorliegenden Bleistift-Zeichnung nichts vermerkt werden.

Raum- und Zeitdarstellung, Komposition (Entwicklungsmerkmale):
Die *formale Raumstruktur* ist gekennzeichnet durch den Gesamteindruck der Disharmonie. Es zeigen sich mangelnde Proportionen der Formen und Formdetails. Ebenmaß, Regelmaß und Gleichmaß fehlen. Die Zeichnung ist unausgewogen.
Im Hinblick auf den *vertikalen Aufbau* findet sich folgende Unausgewogenheit: Der obere Bereich des Zeichenblattes ist leer, im mittleren Bereich „schwebt" der Tiger (Vater), im unteren Bereich stehen die anderen Tiere aufgereiht. Im *horizontalen Aufbau* sind eine Linksbetonung bei der Selbstdarstellung (Katze) und eine angedeutete Mittenbetonung beim Vater (Tiger) zu beobachten.
Bei der Beachtung der *Reihenfolge der Motive* fällt Folgendes auf: Als Erstes malt das Mädchen sich selbst, danach die Schwester als Elefant, die Mutter als Maus und als Letztes den Vater als Tiger. Dem ersten und letzten Motiv wird in der Literatur, gestützt auf entsprechende klinische Erfahrungen, besondere Bedeutung beigemessen (vgl. Diskussion der Emotionalen Zeichen).
Gruppierung der Tiere:
Katze, Elefant und Maus sind nebeneinander gereiht. Der Tiger (Vater) „schwebt" etwas oberhalb dieser Reihung im freien Raum. Katze und Maus (Anna und Mutter) sind räumlich am weitesten voneinander entfernt dargestellt. Anna malt sich in größter räumlicher Nähe zu ihrer Schwester. Vater und Mutter sowie die beiden Schwestern stehen jeweils nebeneinander.
Weitere *formale Raummerkmale:*
Bodenlinien oder andersartige Ausgestaltungen des Bodens werden nicht gemalt. Es zeigen sich keine Ansätze von geplanter Raumdarstellung, die dem Lebensalter des Mädchens angemessen wäre.
Es kommt zu *keiner Situationsdarstellung* (es werden keine Handlungszusammenhänge der Motive gezeichnet). Der Faktor *Zeit* wird nicht berücksichtigt.

- Gesamteinschätzung der erreichten Stufe der Zeichenentwicklung; erste Einschätzung der kognitiven Entwicklung

In sechs von acht Beobachtungsbereichen liegen die Zeichenleistungen niedriger als die Erwartungswerte der Altersstufe. Zwei Beobachtungsbereiche können im vorliegenden Test nicht beurteilt werden (Farbdarstellung und Bewegungsdarstellung). Insgesamt gesehen kann man davon ausgehen, dass Anna die Stufe 3 der Zeichenentwicklung nur in ersten Ansätzen erreicht hat und sich noch im Übergang zur Stufe 3 befindet. Ihre Zeichenleistung ist unausgewogen. Es ergeben sich Anzeichen für Rückstände in der visuell-perzeptiven und kognitiven Entwicklung.

- *Quantitative* Auswertung der Entwicklungsmerkmale des Tests: „Familie in Tieren" nach den Normen der Originalliteratur

Die Auswertung des Tests: „Familie in Tieren" der Normierungsstichprobe nach Brem-Gräser enthält Listen von Häufigkeitsverteilungen der Nennung von Tieren und der Verteilung der Tiere auf die Familienangehörigen. Die fünf bzw. drei Tiere, welche für die genannten Familienmitglieder jeweils am häufigsten verwendet wurden, sind zusammengestellt. Darüber hinaus ist die Auswertung der Autorin vorwiegend qualitativ ausgerichtet. Die Orientierung an Häufigkeitsverteilungen wurde in meine qualitative Auswertung übernommen. Statistische Signifikanzprüfungen liegen für diesen vorwiegend projektiven Test nicht vor.

- Vergleichende Darstellung der *qualitativen* und *quantitativen* Auswertung der Entwicklungsmerkmale des Tests: „Familie in Tieren"

Die Auswertung dieses Punktes entfällt für diesen Test.

5. *Formale Strukturanalyse und inhaltliche Analyse der Emotionalen Zeichen des Tests: „Familie in Tieren"* (Ebene II, 5.)

- *Qualitative* Auswertung Emotionaler Zeichen nach den neuen Leitlinien

Beachtung des Lebensalters und der kognitiven Entwicklung des Kindes bei Fertigstellung der Zeichnung:

Anna ist bei Fertigstellung der Zeichnung 9;9 Jahre alt. Die Analyse ihrer Entwicklungsmerkmale ergibt, dass ihre Zeichenentwicklung deutlich rückständig ist und im Vergleich zu ihrem Lebensalter einen Rückstand von ca. 2 Jahren zeigt. Dieser Rückstand weist auf visuell-perzeptive und kognitive Entwicklungsstörungen hin und muss auch bei der Auswertung Emotionaler Zeichen berücksichtigt werden.

Beschreibung der Emotionalen Zeichen in folgenden 8 Beobachtungsbereichen; Formulierung von Fragestellungen zur emotional-sozialen Entwicklung:

Gesamteindruck (Emotionale Zeichen):
Beim Betrachten des Bildes im Hinblick auf Emotionale Zeichen stellt sich als *erster subjektiver Eindruck* bei mir das Gefühl der Unausgewogenheit und emotionalen Labilität eines reifungsverzögerten Kindes ein. Abwehrbereites Verhalten auf der einen Seite und kindliche Naivität auf der anderen stehen sich gegenüber. Der *bildnerische Ausdruck* ist geprägt von Stereotypien einerseits, von den individuellen Ausdrucksmerkmalen – den scharfen Krallen der Katze und der dominierenden Haltung und Darstellung des Elefanten – andererseits. Beide Tiere haben lange dunkle Haare, die an die Haare der beiden Schwestern erinnern. Beginnt Anna, sich ihrer weiblichen Identität und der Attraktivität ihrer langen Haare bewusst zu werden? Die *sprachliche Ausdrucksfähigkeit* zeigt bei diesem Test keine erwähnenswerten Besonderheiten im Hinblick auf Emotionale Zeichen. Der *bildnerische Stil* (kollektiver Stil) ist gekennzeichnet durch Entwicklungsretardierung mit der vermuteten Folge labiler Emotionalität und Problemen des sozialen Verhaltens. Er entspricht eher dem eines Kindes der ersten beiden Grundschuljahre als dem eines Drittklässlers bzw. Viertklässlers (Anna wiederholte zum Zeitpunkt der Fertigstellung der Zeichnung die dritte Klasse). Die individuellen bildnerischen Stilmerkmale (z. B. gleichartiger Gesichtsausdruck, Betonung der Ohren, Benutzung des Menschschemas anstelle des Tierschemas bei allen Tieren) unterstreichen den Eindruck des Entwicklungsrückstandes mit vermuteten Störauswirkungen auf das emotionale und soziale Verhalten. *Ausführung und Organisation* sind zum Teil flüchtig (Tiger und Maus), zum Teil um Struktur und Planung bemüht (Katze und Elefant). Auch aus diesen Beobachtungen ergibt sich die Vermutung, dass das Verhalten, auch das Arbeitsverhalten, Annas unausgewogen und leicht störbar ist.

Motive, Symbole, Zeichen (Emotionale Zeichen):
Katze und Elefant:
Anna stellt sich selbst durch das Symbol der *Katze* dar. Katzen können nach Brem-Gräser „schmeichlerisch, verspielt, reinlich, lustig, unterhaltsam, anhänglich, Mäuse fangend, lieb und putzig“ sein. Aber sie sind auch „falsch, grausam, bissig, hinterlistig, räuberisch, kratzend, krallend, schleichend, scheinheilig.“ Die spitz gezeichneten Krallen an der Pfote könnten darauf hindeuten, dass Anna in der Katze ein wehrhaftes oder auch zum Angriff bereites Tier sieht und sich mit diesem identifiziert. Die Katze steht aufrecht neben dem *Elefanten.* Muss sie sich gegen ihn wehren? Wird die Schwester als dominant und stark, ja gefährlich er-

lebt, wie dies die Exploration mit Anna selbst und mit ihren Eltern bereits erkennen ließ? Statistische Erhebungen von Brem-Gräser zu diesem Test zeigen, dass die Mehrzahl der Kinder zwar den Vater als Elefanten darstellt, nicht aber die Schwester.

Nach Brem-Gräser ist der Elefant „ein starkes, kräftiges, gescheites, arbeitswilliges, folgsames, zutrauliches, gutmütiges, treues Tier", das aber auch „zerstörungsfreudig, habgierig, reizbar, verfressen, eigensinnig und dick" sein kann. Weist die Symbolwahl von Katze und Elefant auf Annas Kontaktprobleme nicht nur gegenüber der Schwester, sondern auch übergreifend gegenüber gleichaltrigen Schulkameraden hin? Hat Anna das Gefühl, sich gegen die angreifende Schwester und darüber hinaus gegen angreifende andere Kinder (Klassenkameraden) wehren zu müssen? Fühlt sie sich in ihrer Rolle und in ihren Rechten als Familienmitglied von der zwar jüngeren, aber als stärker erlebten Schwester bedroht?

Tiger und Katze:

Neben dem Elefanten steht der *Tiger* (Vater). Er verkörpert nach Brem-Gräser ein „starkes, königliches, vornehmes, selbstbewusstes, geschmeidiges Tier", das aber auch „blutgierige, grausame, reizbare, fauchende, lauernde" Charaktereigenschaften hat. Wie erlebt Anna ihren eigenen Vater? Katze und Tiger gehören zu der gleichen Tiergattung (Raubtiere); sie haben jedoch unterschiedliche Kraftpotenziale. Bewundert die Katze den Tiger? Könnte der Wunsch nach einem stärkeren Vater, der die Eigenschaften eines starken Tigers besitzt, Anna zu dieser Symbolwahl veranlasst haben? Wünscht sie sich vielleicht einen starken Vater (Tiger) als Schutz vor den Leistungsanforderungen der Mutter – oder als Schutz gegen die Schwester oder die Klassenkameraden, die Anna immer wieder wegen ihres Versagens im Mathematikunterricht auslachen? Fürchtet sich die Katze manchmal auch etwas vor dem Tiger? Erlebt sie ihn als zu dominant und wünscht sich einen zärtlicheren Vater?

Maus und Katze:

Die Mutter im Symbol der *Maus* stellt sich nach Brem-Gräser als „ein drolliges, ausgelassenes, schnelles, schlaues, spitzbübisches Tier" dar, das aber auch „vorwitzig, frech, naschhaft, diebisch, spitznasig, listig, flink und scheu" sein kann. Die Wahl des Symbols der Maus für die Mutter ist nach statistischen Erhebungen von Brem-Gräser eher ungewöhnlich.

Bei den Symboldeutungen fällt Folgendes auf: Anna und Mutter sind durch ihre Eigenschaften als Haustiere am meisten miteinander verbunden, stehen aber räumlich am entferntesten voneinander. Katze und Maus sind Tiere, die gemeinsam im Haus oder in Hausnähe wohnen, jedoch in Feindschaft miteinander leben. Ein Ausdruck dieser Feindschaft findet sich z. B. in den Kinderspielen „Katz und Maus", „die Katze frisst die Maus". Die Maus muss die Katze als ein aggressives und angriffslustiges Tier fürchten. Verwandelt sich Anna in eine starke, angriffslustige Katze, damit die Maus Angst vor ihr haben muss? Bei der Interpretation dieser Symbole ergibt sich die Frage, ob die Symbolwahl zufällig getroffen wurde oder ob hier eine dem Kind unbewusste Konfliktverarbeitung (Abwehrmechanismus) als Kompensation zeichnerisch zum Ausdruck kommt. Verleiht sich das Mädchen mit Hilfe seiner Vorstellungskraft im Symbol der Katze Abwehrkräfte, um als starke Katze die kleine Maus nicht fürchten zu müssen? Deutet diese Symbolwahl auf einen *aktuellen Konflikt* zwischen Anna und ihrer Mutter hin (Kampf mit den Hausaufgaben in Mathematik)? Handelt es sich bei diesem Konflikt um die Auswirkungen einer *unverarbeiteten frühen individuellen Kindheitserfahrung?* Liegt hier eine *Geborgenheitsproblematik* vor, die in Zusammenhang mit der vollzogenen Adoption zu beurteilen ist? Fühlt sich Anna gegenüber der Schwester, was mütterliche Zuwendung betrifft, benachteiligt? Deutet sich ein *entwicklungspsychologisch erklärbarer Konflikt zwischen Mutter und Tochter* um die Gunst des Vaters an, der im Sinne Freuds der Reifung kindlicher Sexualität zuzuordnen wäre? Ist dieser Konflikt auf der Grundlage polarer archetypischer Vorstellungen des Mütterlichen im Sinne C. G. Jungs als psychodynamische Auseinandersetzung Annas mit ihren eigenen inneren unbewussten Bildern zu interpretieren? Um die angeschnittenen Fragen bearbeiten zu können, sind weitere Informationen aus der Vorgeschichte (Familiengeschichte), den Explorationen mit dem Kind selbst und mit seinen Eltern sowie psychotherapeutische Arbeit mit dem Kind notwendig.

Graphomotorik (Emotionale Zeichen):
Die Unsicherheiten der Strichführung und die Auffälligkeiten des Strichcharakters (fest-deftig) können in unmittelbarem Zusammenhang mit den ermittelten psychoneurologischen Störungen erklärt werden. Sie lassen sich jedoch auch als emotionale Unsicherheiten des Kindes im Sinne von Sekundärstörungen deuten.

Formdarstellung (Emotionale Zeichen):
Es ergibt sich die Frage, ob die Darstellung der Formen von Katze (Krallen) und Elefant und die dazu gehörenden Formdetails als Emotionale Zeichen zu betrachten sind (Abwehr, Verteidigungshaltung gegenüber Angreifern?). Ist es zufällig, dass die Form der Elefantenohren besonders sorgfältig ausgearbeitet wurde (flächige, auffallend große Ohren)? Drücken sich hier unbewusste Wünsche aus? (Sollte die Schwester Anna mehr Gehör schenken, mehr auf das eingehen, was sie ihr sagt? Möchte Anna, dass nicht nur die Schwester, sondern auch andere ihr besser zuhö-

ren? Fühlt sie sich frustriert, weil zu wenige auf das hören, was sie sagt?). Die Betonung der langen dunklen Haare von Katze und Elefant können auf die beginnende Auseinandersetzung mit ihrer weiblichen Identität hinweisen. Es fällt auf, dass Katze, Elefant und Tiger als Tiermerkmale einen Schwanz haben, nicht aber die Maus. Da Anna Tiger und Maus besonders flüchtig und in nicht altersentsprechender Arbeitsweise gezeichnet hat, besteht die Möglichkeit, dass das Fehlen dieses Merkmals dem Zufall unterliegt (Darstellung der Maus nach dem Menschschema ohne das Einfügen eines charakteristischen Tiermerkmals). Sollten durch das Weglassen dieses Merkmals und die besonders flüchtige Darstellungsweise der Maus (sie hat im Unterschied zu den anderen Tieren als einzige keine detaillierten Tatzen und Pfoten) dennoch unbewusste Wünsche oder Befürchtungen symbolisch zum Ausdruck gekommen sein, sind diese nur im psychotherapeutischen Prozess weiter abzuklären.

Größendarstellung (Emotionale Zeichen):
Ist die Größendarstellung der Tiere, die nicht realitätsorientiert ist, im Zusammenhang mit einer vorliegenden graphomotorischen, visuell-perzeptiven und kognitiven Entwicklungsverzögerung zu beurteilen oder sind auch hier Emotionale Faktoren zu bedenken? Zeichnet sich Anna als Katze größer als Elefant und Tiger, weil sie sich klein und schwach fühlt, es aber ihr Wunsch ist, groß und stark zu sein – größer und stärker als die Schwester und der Vater? Wird der Elefant aus emotionalen Gründen kleiner als die Katze dargestellt? Oder beachtet Anna Proportionen noch nicht, weil die Reifungsstörung der visuellen Wahrnehmung und der kognitiven Funktionen sie daran hindern? Zeichnet sie die Maus fast so groß wie den Tiger, weil ihr die Mutter genau so wichtig ist wie der Vater und sie sich ein gutes Verhältnis zu ihr wünscht? Auch diese und ähnliche Fragen können nur fachkompetent psychotherapeutisch weiter bearbeitet werden.

Farbdarstellung, Bewegungsdarstellung (Emotionale Zeichen):
Zu diesen Beobachtungsbereichen können bei der vorliegenden Zeichnung keine Angaben gemacht werden.

Raum- und Zeitdarstellung, Komposition (Emotionale Zeichen).
Formale Raumstruktur:
Wirkt die Zeichnung disharmonisch, weil Anna Entwicklungsverzögerungen aufweist und noch über keine altersentsprechenden kognitiven Planungsstrategien verfügt? Oder haben ihre Unsicherheit und ihre emotional-sozialen Probleme zu der unausgewogenen Gestaltung der formalen Raumstruktur entscheidend beigetragen?

Vertikaler Aufbau: Ist der obere Raum des Zeichenblattes leer, weil Anna kein Interesse an Dingen hat, die „oberhalb" (im symbolischen geistigen Raum) liegen? Weil sie noch keine Gesamtkonzeption eines Bildes planen und sich nur auf einzelne Motive konzentrieren kann?
Zeichnet sie keine Bodenlinie oder sonstige Gestaltung eines Bodens, weil sie sich aufgrund ihrer kognitiven Reifungsverzögerung noch nicht mit der Raumgestaltung auseinander setzt? Weisen das Fehlen der Raumgestaltung und der Bodenlinien, der in der Luft „schwebende" Vater auf Anteile von emotionaler Unsicherheit (symbolisch keinen Boden unter den Füßen haben) hin?
Horizontaler Aufbau: Betont Anna sich selbst (linksbetont) und den Vater (mittenbetont) aus emotionalen Gründen?
Reihenfolge der Tiere: Anna malt sich als erstes Tier und gibt sich selbst damit nicht nur in der Raumsymbolik (Linksbetonung), sondern auch in der Reihenfolge eine besondere Bedeutung. Es folgen die Schwester, die Mutter und als Letztes der Vater. Drückt Anna mit dem zuletzt gemalten Motiv des Vaters symbolisch aus, dass er ihr besonders wichtig ist? Unterstrichen wird diese Vermutung durch die Flächengestaltung des Tigerfells. Nur bei dem Tiger stellt Anna die Oberflächenstruktur der Tierhaut dar. Geschah dies zufällig oder ist es ein Ausdruck unbewusster Wünsche oder Konflikte?
Gruppierung der Tiere:
Der Vater ist in die Reihung der anderen Tiere nicht unmittelbar eingefügt, er ist etwas über sie erhaben, schwebt in der Luft. Es ergibt sich die Frage, inwiefern diese Position ein symbolischer Ausdruck für die Beziehung zwischen Tochter und Vater ist. Gibt es zwischen Tochter und Vater emotionale Nähe und Wärme? Ist der Vater dem Mädchen besonders wichtig? Fühlt sie als Raubtier Katze zu dem Raubtier Tiger eine besondere Nähe? Wie ist die Position des Vaters in der Familie? Wird er optisch in anderer Raumposition dargestellt, weil er als Letzter gezeichnet wurde und für ihn unten (am Boden) nicht mehr genug Zeichenraum zur Verfügung stand? Könnte die abgehobene Raumposition auch einen symbolischen Ausdruckswert haben? Zieht sich der Vater innerhalb der Familie zurück und ist in die Familienangelegenheiten nicht in gleicher Weise involviert wie die Mutter und die Töchter? Oder drückt das Mädchen durch die räumliche Hervorhebung seine besonders nahe Beziehung zu ihm oder seinen Wunsch nach dieser aus? Möchte das Mädchen den Vater lieber mehr für sich beanspruchen und ist es deshalb vielleicht eifersüchtig auf die Mutter? Oder ist umgekehrt die Mutter eifersüchtig auf Anna, die sich mit dem Vater besser versteht als mit ihr? Liegt dem Problem zwischen Tochter und Mutter ein entwicklungspsychologisch begründetes tieferes Gefühl von Rivalität um die Gunst des Vaters zu Grunde, wie Freud es beschrieben hat

(ödipal-genitale Problematik)? Gründet dieser Konflikt – allgemeiner verstanden im Sinne C. G. Jungs – in Annas Auseinandersetzung mit unbewussten archetypischen Vorstellungen der polaren Eigenschaften des Weiblichen, Mütterlichen? Die angesprochenen Fragen können nur im psychotherapeutischen Prozess weiter aufgeklärt werden.

5.3.2.1 Interpretation: Hypothesen zum Zeichentest: „Familie in Tieren" (Ebene III, 1.-3.)

1. Diskussion der Entwicklungsmerkmale (Beobachtungsbereiche, Gesamteinschätzung) mit Vorschlägen für weiterführende psychodiagnostische und psychotherapeutische Maßnahmen

Entwicklungsmerkmale und Emotionale Zeichen sind *immer in ihren Zusammenhängen und gegenseitigen Vernetzungen* zu sehen. Im Folgenden werden daher nur *Diskussionsschwerpunkte* gesetzt, unter denen zunächst die Entwicklungsmerkmale, dann die Emotionalen Zeichen und Vorschläge für fördernde Maßnahmen diskutiert werden.

Mit großer Eindeutigkeit ergibt die Analyse des Tests im Hinblick auf die Entwicklungsmerkmale bei Anna das Vorliegen einer Reifungsverzögerung ihrer Zeichenfähigkeit. Sechs von acht Bereichen entsprechen nicht oder nur ansatzweise den Erwartungswerten des Lebensalters. Zu zwei Bereichen können keine Angaben gemacht werden (Farbdarstellung, Bewegungsdarstellung). Es zeigen sich in diesem Test deutliche Hinweise für graphomotorische Störungen, visuelle Wahrnehmungsstörungen, kognitive Entwicklungsstörungen und Hinweise für emotional-soziale Störtendenzen. Beim Vorliegen solch komplexer Störungsmuster ist es sehr schwierig, Ursachen und Wirkungen, primäre, sekundäre und tertiäre Störungen auseinander zu halten (vgl. Kap. 7.2). Die neurologische Untersuchung Annas erhärtete den Verdacht auf das Vorliegen diskreter hirnorganischer Funktionsstörungen als Grundlage der diagnostizierten Entwicklungsstörungen (visuomotorische Störungen, Dyskinäsien, diskrete Anzeichen einer rechtsbetonten Zerebralparese, taktil-kinästhetische und visuelle Wahrnehmungsstörungen). Dennoch sollte auch der Einfluss emotional-sozialer Faktoren auf das Entstehen oder die Überlagerung dieses komplexen Störungsbildes diskutiert werden. Kinder mit den beschriebenen Grundstörungen reagieren sensibler auf Umweltreize, sind leichter störbar, ablenkbar, erkennen aufgrund ihrer visuellen Wahrnehmungsstörungen oft Zusammenhänge und Situationen schlechter, langsamer, überreagieren daher leicht oder reagieren inadäquat, können zwischenmenschliche Nähe und Distanz schwerer abschätzen und „nerven" daher leicht ihre sozialen Partner, wirken aufdringlich, ohne dass sie dies beabsichtigen, ziehen sich verletzt zurück, isolieren sich. Die beschriebenen Verhaltensprobleme führen in der kognitiven und psychosozialen Entwicklung der betroffenen Kinder oft zu schwer wiegenden Beeinträchtigungen. Sie fühlen sich von den Eltern und Lehrern, häufig auch von ihren Freunden, missverstanden. Unter Zeitdruck kommt es leicht zu Leistungsblockaden, die Symptome verstärken sich, weiten sich zu Sekundär- und Tertiärstörungen aus (Schlack, 2003). So neigen Kinder mit einer visuellen Wahrnehmungsstörung, wie Anna, z. B. unter Stressbedingungen zu Leistungsängsten. Diese können zu einer Verstärkung ihrer Grundstörung beitragen. In psychodiagnostischen Testuntersuchungen (z. B. Intelligenzuntersuchungen) können sich diese Kreisprozesse negativ auf die Testergebnisse vor allem jener Untertests, die mit Zeitmessung ermittelt werden, auswirken.

Anna wies einen weit unterdurchschnittlichen nicht-verbalen Abweichungs-IQ des Wechsler-Tests (HAWIK-R) von 68 (IQ-Intervall 50-77) und einen unterdurchschnittlichen Gesamt-IQ von 78 (IQ-Intervall 73-85) auf. Beim Abweichungs-IQ des Wechsler-Tests, der sich auf die Gauss-Normalverteilung bezieht, beträgt der mittlere Wert 100 (IQ-Intervall 85-115). Annas nicht-verbale Intelligenz und ihre Gesamt-Intelligenz liegen damit im Bereich der Lernbehinderung. Die verbale Intelligenz ist nur knapp-durchschnittlich, aber dennoch erheblich (signifikant) besser als die nicht-verbalen Leistungen.

Die Entwicklungsstörungen des Mädchens zeigen sich nicht nur im kinderärztlichen Untersuchungsbefund (siehe Vorgeschichte) und in der Intelligenzuntersuchung sowie in den reduzierten Ergebnissen des Frostigs Entwicklungstests der visuellen Wahrnehmung, FEW (im Subtest „visuo-motorische Koordination"), sondern auch in den vielen fehlenden bzw. auffälligen Entwicklungsmerkmalen der vorliegenden Zeichnung.

Der FEW wird im Hinblick auf seine statistischen Gütekriterien (Objektivität, Reliabilität und Validität) heute kritisiert (Dacheneder, in: Straßburg, Dacheneder, Kreß [Hrsg.], 2003, S. 227-229). Mit Hilfe des FEW ist es z. B. nicht möglich, bei der Untersuchung der visuellen Wahrnehmung statistisch zuverlässig zwischen den Kriterien der intelligenzabhängigen Form- und Gestalterfassung und der graphomotorischen Kompetenz zu unterscheiden. Gerade bei einem Kind wie Anna, mit der Diagnose diskreter Zeichen einer Zerebralparese, wäre die Möglichkeit einer solchen Unterscheidung jedoch wichtig. Der heute mit amerikanischen Normen verfügbare Nachfolgetest des FEW, der DTVP-2 (FEW-2) war zum Zeitpunkt der Untersuchung Annas in Deutschland noch nicht bekannt (eine deutsche Normierung wird voraussichtlich 2007 erscheinen; weitere Informationen zum DTVP-2 (FEW-2) und DTVP-A vgl. Kap. 9.1). Aus der Analyse des HAWIK-R und des Zeichentests:

„Familie in Tieren" ergibt sich die Hypothese, dass bei Anna sowohl die graphomotorische Kompetenz als auch die Form- und Gestaltauffassung erheblich beeinträchtigt sind. Auch wenn keine graphomotorische Kompetenz benötigt wird (z. B. im Untertest Bilderergänzen des HAWIK-R), zeigte Anna gravierende Beeinträchtigungen. Diese lassen sich übereinstimmend auch in den Schwierigkeiten des Mädchens, Motive aus der Vorstellung zu zeichnen, visuelle Muster zu analysieren und ihre Details im Gedächtnis zu speichern, nachweisen. Im Gegensatz zu dem im Zeichentest: „Familie in Tieren" festgestellten Fehlen der „erwarteten Entwicklungsmerkmale" der Altersstufe gibt es in diesem analysierten Zeichentest keine Beobachtung von Entwicklungspotenzialen, die gleichzeitig auf Potenziale in der sprachlichen, kognitiven oder kreativen Entwicklung hinweisen könnten. Allerdings lässt das im durchschnittlichen Bereich liegende Ergebnis der verbalen Intelligenzuntersuchung des HAWIK-R erwarten, dass im sprachlichen Bereich, welcher bei dem analysierten Papier-Bleistift-Test: „Familie in Tieren" nicht differenziert abgerufen werden konnte, dennoch Potenziale vorhanden sind. Diese sollten in der weiteren Diagnostik auch mit Hilfe von freien farbigen Zeichnungen abgeklärt werden. Sie sind im Hinblick auf ihre protektiven Qualitäten (Ressourcen) therapeutisch und pädagogisch sogar besonders zu beachten (vgl. nachfolgende Analyse der freien Zeichnung in Acrylfarben: „Der Wundergarten").

Aus den hier beschriebenen Befunden wird unmittelbar verständlich, dass Anna Lernprobleme in der Schule, insbesondere im Fach Mathematik, hat und Verhaltensauffälligkeiten zeigt. Erstaunlich – und gleichzeitig zu bedauern – ist, dass man die Probleme dieses Kindes nicht schon bei den Vorsorgeuntersuchungen im Kindergarten- und Vorschulalter, spätestens aber bei der Einschulung, erkannt und bisher keine gezielte Hilfestellung zur Kompensation oder Remediation ihrer komplexen Störungen gegeben hat (Erklärung dieser Begriffe vgl. Kap. 7.2). Ihre relativ guten verbalen Leistungen haben wahrscheinlich ihre Probleme im nicht verbalen Intelligenzbereich lange überdecken können. In der Vorsorge- und Einschulungsuntersuchung wird man es leider versäumt haben, in Zusammenhang mit den anderen Beobachtungen ihre Zeichnungen auszuwerten. Noch im Lebensalter von 9,9 Jahren weisen diese mit großer Deutlichkeit auf gravierende und nicht zu übersehende graphomotorische, visuell-perzeptive und kognitive Entwicklungsdefizite hin! Es wird für Anna selbst, aber auch für ihre Eltern sehr schwer gewesen sein, mit den vorliegenden Problemen adäquat umzugehen. Erfahrungsgemäß leiden Kinder mit unausgewogenen Intelligenzprofilen ganz besonders an Selbstwertzweifeln. Sie können nicht verstehen und einordnen, dass es Bereiche gibt, die zu erlernen ihnen leicht fällt (Sprache), und andere, deren Beherrschung ihnen so viel Mühe bereitet (motorische, visuell-perzeptive und kognitive Funktionen, Kopfrechnen). Die gravie-

renden visuellen Wahrnehmungsstörungen können in Zusammenhang mit anderen Beeinträchtigungen dazu geführt haben, dass Anna auch soziale Situationen schlecht erkennen und einordnen konnte.
Kinder mit diesen komplexen Entwicklungsproblemen und kognitiven Defiziten, wie sie bei Anna vorliegen, sind sehr oft nicht in der Lage, ohne gezielte Hilfestellung den Anforderungen des Grundschullehrplanes zu folgen. Sie lassen sich mit sonderpädagogischer Hilfestellung meist individueller und pädagogisch gezielter betreuen.
Die vorliegenden Befunde lassen erahnen, wie hart Anna in den drei zurückliegenden Schuljahren gearbeitet hat, um trotz ihrer Schwierigkeiten den Anforderungen in der Schule gewachsen zu sein. Aber auch die Eltern, besonders die Mutter, haben sich sehr intensiv um die schulische Förderung der Tochter gekümmert, sonst hätte sich Anna nicht so lange ohne therapeutische Hilfe in der Grundschule halten können. Die Geduld der Mutter ist sicher oft auf eine harte Probe gestellt worden! Umgekehrt wurde wohl auch Anna seitens ihrer Lehrerin und ihrer Mutter viel Geduld im Umgang mit den Anforderungen für die Hausaufgaben abverlangt! Anna ist nun am Ende der 3. Klasse an eine Grenze gestoßen, an der sie ohne gezielte therapeutische und pädagogische Hilfestellung nicht weiter kommt. Zugleich ist die Entwicklung ihrer seelischen Gesundheit als außerordentlich gefährdet einzustufen. Auch ihre Eltern benötigen fachkompetente Unterstützung.
Mein Rat, die 3. Klasse zu wiederholen, den Lernstoff (vor allem in Mathematik), gestützt auf gutes didaktisches Material (Kuhn-Programm, Mathefix-Spektral), auf- und auszubauen und bereits Erlerntes (im Fach Deutsch und Sachkunde) zu festigen sowie unmittelbar mit einer stützenden Therapie nach dem Frostig-Konzept zu beginnen, wurde sowohl von den Eltern als auch von Anna gerne angenommen. Alle Beteiligten waren der Meinung, Anna sollte unter diesen stützenden Bedingungen die 3. Klasse Grundschule wiederholen. Von einer Umschulung in eine Förderschule wurde vorerst abgesehen.

2. *Diskussion der Emotionalen Zeichen mit Vorschlägen für weiterführende psychodiagnostische, psychotherapeutische Maßnahmen, für das Elterngespräch (Beratungsgespräch):*

Die ermittelten Emotionalen Zeichen können nur unter Einbeziehung aller Vorinformationen und Vorbefunde diskutiert werden. Bei Anna liegt eine kombinierte umschriebene Entwicklungsstörung schulischer Fertigkeiten vor mit Lernbehinderung im nicht-verbalen Bereich und mit altersentsprechenden kognitiven Funktionen im verbalen Bereich. Ihre Auffälligkeiten im emotional-sozialen Bereich lassen sich aus meiner Sicht nur unter Berücksichtigung dieser komplexen Grundstörung

deuten und therapieren. Auch die Beratungsgespräche mit den Eltern weisen auf die komplexe Grundstörung Annas hin.
Durch die Analyse des Tests: „Familie in Tieren" ergeben sich in Zusammenschau mit allen Vorinformationen und Vorbefunden folgende Schwerpunkte für vermutete emotional-soziale Problembereiche:

- sehr komplexes Störungsbild auf dem Boden einer Hirnfunktionsstörung im Sinne einer diskreten rechtsbetonten Zerebralparese mit sekundären Verhaltensstörungen (Begleitstörungen)
- frühe Bindungsproblematik, Störungen des Essverhaltens und Störungen der sozialen Kontaktfähigkeit durch Trennung von der leiblichen Mutter im frühen Säuglingsalter und anschließende Adoption
- aktuelle und unbewusste Konflikte im Verhältnis zwischen Anna und ihrer Adoptivmutter
- unbewusste Konflikte im Verhältnis zwischen Anna und ihrem Adoptivvater
- aktuelle und unbewusste Konflikte als Grundlage der bestehenden Geschwisterrivalität
- Verhaltensprobleme in Zusammenhang mit der Überforderungssituation in der Schule (Leistungsdruck durch die Lehrer/innen, soziale Isolierung, Außenseiterposition in der Klasse)
- Verhaltensprobleme in Zusammenhang mit der Überforderungssituation zu Hause (Leistungsdruck durch die Mutter)

Die anstehenden Fragen sind nur im Prozess einer mit Elternarbeit einhergehenden Psychotherapie zu klären. Es muss im therapeutischen Prozess sorgfältig ermittelt werden, welche der oben angesprochenen Problembereiche es erfordern, vertiefend bearbeitet zu werden und welche Konflikte sich als nicht behandlungsbedürftig darstellen. So gibt es aktuelle Konflikte zwischen Eltern und Kindern, die einer Klärung bedürfen. Jedoch nicht jeder unbewusste Konfliktbereich muss ins Bewusstsein gehoben und gezielt mit Hilfe von psychotherapeutischen Maßnahmen bearbeitet werden. Unbewusste oder vorbewusste Problembereiche lassen sich bei Kindern nicht so sehr über das Gespräch als vielmehr mit Hilfe spieltherapeutischer und maltherapeutischer Maßnahmen erkennen und behandeln. Oft ist es therapeutisch nicht sinnvoll, dem Kind die Symbolbildungen, die in Rollenspielen oder in Zeichnungen erkennbar werden, zu deuten. Auch ohne psychotherapeutische Interpretation können Symbolisierungen von Konflikten in Zeichnungen Selbstheilungskräfte entfalten. Symbole wirken oft wie ein Schutzschild gegen erlebte Bedrohungen aus dem (bewussten) aktuellen und/oder aus dem unbewussten Bereich und helfen den Kindern bei deren Bewältigung. Den Eltern gegenüber sollte man ebenfalls sehr vorsichtig mit Erkenntnissen von Problembereichen umgehen, die man aus der Analyse von Zeichnungen oder aus anderen, etwa psychotherapeutischen Maßnahmen gewonnen hat. Eltern sind besonders verletzlich, wenn sie die Symbolisierungen ihres Kindes nicht in ihren polaren Aussagemöglichkeiten einordnen können und Schuldzuweisungen zu erkennen glauben.

Um Annas emotional-soziale Probleme besser zu verstehen und die *behandlungsbedürftigen* Problembereiche zu ermitteln, war die Fortsetzung der Behandlung notwendig. Erst nach 7 Behandlungsmonaten war es mir möglich, einen weiteren Einblick in die unbewusste Erlebniswelt Annas zu gewinnen. Das nachfolgend dargestellte Gesprächsprotokoll einer erfundenen Geschichte zu einer freien Zeichnung mit Acrylfarben („Der Wundergarten") und die Analyse dieser Zeichnung sowie anderer Zeichnungen (Menschzeichnung, Baumzeichnung) ermöglichen es, zu einigen Punkten der oben zusammengefassten Problembereiche detailliertere Angaben zu machen.

Anmerkungen zum Gespräch mit Annas Eltern:

Oft verstehen Eltern entwicklungsgestörter Kinder die funktionellen Beeinträchtigungen und Verhaltensstörungen ihrer Kinder nicht. Sie suchen die Schuld für die Probleme ihres Kindes bei sich selbst und quälen sich mit Fragen nach möglichen Ursachen (vorgeburtliche Schädigung, Geburtsschädigung, genetische Einflüsse). In den meisten Fällen ist es jedoch nicht möglich und auch nicht hilfreich, die genauen hirnorganischen, genetischen oder milieubedingten Ursachen für Entwicklungsstörungen zu bestimmen. Wichtig ist vielmehr, frühzeitig an der gezielten Förderung dieser gefährdeten Kinder und an der fachkompetenten Unterstützung ihrer Eltern zu arbeiten. Dies gilt ganz besonders für Adoptiveltern, die ein entwicklungsgestörtes Kind erziehen. Bei ihnen ist es besonders wichtig, dass entwicklungspsychologische Auffälligkeiten frühzeitig erkannt und erläutert werden und man den Eltern damit Druck oder Schuldzuweisungen erspart. Dieses Vorgehen wiederum hilft am wirksamsten den betroffenen Kindern.

Im vorliegenden Fall erhielten leider weder Anna noch ihre Eltern rechtzeitig Hilfe. Auch das konfliktreiche Verhältnis der beiden Schwestern zueinander wurde leider bisher nicht familientherapeutisch bearbeitet. Bis zum 7. Lebensjahr zeigten die Ergebnisse der pädiatrischen Vorsorgeuntersuchungen bei Anna keinen Hinweis auf Entwicklungsstörungen. Dementsprechend fühlten sich die Eltern, vor allem die Mutter, mit ihren Sorgen um die Entwicklung ihres Kindes alleingelassen. Die Tatsache der Adoption bewirkte möglicherweise das Auftreten von Schuldgefühlen bei den Eltern. Viele Gründe könnten sie für die Verursachung der Entwicklungsstörungen und Verhaltensschwierigkeiten Annas erwogen haben (vorgeburtliche oder geburtsbedingte minimale hirnorganische Schäden, die frühe Trennung Annas von der leiblichen Mutter, eigenes Versagen bei der Erziehung des Kindes). Aufgrund solcher Überlegungen reagierte Annas Mutter vielleicht besonders verletzlich auf ihre Probleme. Es ist denkbar, dass sie damit ungewollt die Unsicherheiten der Tochter verstärkte und das heute feststellbare Abwehrverhalten Annas ihr gegenüber provozierte (vgl. die Wahl der Symbole von Katze und Maus für Tochter und Mutter).

Ressourcenorientierte Beratung:
Im vorliegenden Fall war es daher besonders wichtig, Annas Eltern, vor allem ihre Mutter, zu Therapiebeginn und im Verlauf der Therapie positiv zu stärken und Schuldzuweisungen abzubauen. Den Eltern sollten vor allem die *guten emotional-sozialen Voraussetzungen und die Potenziale Annas* erläutert werden, *nicht nur ihre Defizite*. Zu diesen gehören ihr liebevolles, warmes, gutmütiges und herzliches Wesen, das unter der Fassade ihrer momentanen Abwehr und ihrer Verhaltensschwierigkeiten deutlich erkennbar ist, ihre Suche nach Geborgenheit und Kontakt zu den Eltern und der Schwester, ihre Motivierbarkeit, ihr Fleiß, ihre Freude am Malen und Zeichnen, an Puppenspiel und Tanz, ihre altersentsprechend entwickelte Sprache und ihre altersentsprechenden verbalen Intelligenzleistungen. Es sollte den Eltern vermittelt werden, dass Anna mit diesen Stärken und der Mobilisierung weiterer eigener Kraftreserven (Ressourcen) und kreativer Potenziale gute Chancen hat, ihre Defizite in wichtigen Aspekten zu kompensieren. Voraussetzung für eine positive Entwicklung sind allerdings die liebevolle und verständnisvolle Unterstützung durch die Eltern und die gezielte Hilfestellung durch die Therapeutin und Lehrer/innen.
Die Eltern sollten erkennen, dass es bei Anna nicht nur um die Entfaltung von Motorik, Wahrnehmung und Teilbereichen ihrer intellektuellen Leistungsfähigkeit, sondern auch um die Förderung ihrer emotional-sozialen Entwicklung geht. Mit der Stärkung des Gefühls von Sicherheit und Geborgenheit wird Anna mehr Selbstvertrauen (Ich-Stärke) als Basis ihrer sozialen Kompetenz aufbauen können. Auch die Verbesserung ihrer schulischen Leistungsfähigkeit wird wesentlich von einer Stärkung dieser emotional-sozialen Grundbedingungen abhängen.

Die Bedeutung der „Protektiven Faktoren" für den Therapieerfolg:
Im Beratungsgespräch wurde den Eltern darüber hinaus von Behandlungsbeginn an die Bedeutung der „Protektiven Faktoren" für den Therapieerfolg bei Anna (vgl. Kap. 7.1) verdeutlicht. Mit Unterstützung der Therapeutin und der Eltern muss Anna lernen, ihre Stärken und Schwächen zu erkennen und zu akzeptieren (Stärkung der *Eigenwahrnehmung*). Sie sollte darin unterstützt werden, *Eigeninitiative*

und Ausdauer zu entwickeln, sollte lernen, sich *kleine Lernziele in kleinen und überschaubaren Schritten zu setzen* und *Hilfsangebote von Eltern, Lehrer/innen und Therapeut/innen anzunehmen*. Schließlich sollte sie erkennen lernen, welche Situationen bei ihr Stress, Frustration und emotionale Belastung auslösen und sollte *Strategien erproben, Stresssituationen zu vermeiden bzw. mit ihnen adäquat umzugehen*.
Eltern und Therapeutin sollten darüber hinaus Probleme einer schulischen Überforderung Annas, mit allen möglichen Konsequenzen für sich weiter verstärkende Verhaltensstörungen und weiteren Leistungsabfall, offen besprechen. Den Eltern muss verständlich gemacht werden, dass Anna erhebliche Defizite in den Bereichen Motorik, Wahrnehmung und Kognition hat. Ihre nicht-verbale Intelligenz liegt im Lernbehinderten-Bereich. Aus diesen Gründen sind ihre Schwierigkeiten im Fach Mathematik nach dem Grundschullehrplan verständlich. Es geht hier nicht darum, dass Anna nicht will, sie *kann* die geforderten Mathematikaufgaben ohne therapeutische Hilfe zurzeit gar nicht lösen!
Wichtig ist es zu verstehen, dass Anna nicht lernunwillig und bockig ist, sondern sich von vielen Aufgaben im Mathematikunterricht überfordert fühlt und gezielte therapeutische Hilfestellung dringend benötigt. Es ist zu vermuten, dass sich ihre Leistungen in den anderen Schulfächern verbessern werden, wenn der Leistungsdruck im Fach Mathematik reduziert wird und sie die notwendige Hilfe erfährt.
Darüber hinaus sollten die Konflikte zwischen den Geschwistern familientherapeutisch aufgearbeitet werden. Im Hinblick auf die Geschwisterrivalität ist mit den Eltern zu überlegen, wie sie Annas Selbstvertrauen im häuslichen Umfeld auch im Alltag (z. B. indem man ihr als der Älteren besondere Aufgaben anvertraut) stützen können.

3. Vorschläge für fördernde schulische Maßnahmen:

Ohne gezielte fördernde Maßnahmen in der Schule, in der Therapie und zu Hause ist es für Kinder wie Anna nicht möglich, ihre Entwicklungsstörungen und kognitiven Defizite zu kompensieren. Die Zusammenarbeit von Pädagog/innen, Therapeut/innen und Eltern ist hier überaus wichtig. Die Lehrerin stimmte z. B. auf meine Bitte hin sofort zu, Anna in der Klasse nicht mehr wegen ihrer Unkonzentriertheit und ihres Störverhaltens isoliert sitzen zu lassen. Gerade sie brauchte eine Sitznachbarin an ihrer Seite, die vielleicht einmal ihre Freundin werden könnte! Anna durfte nun auch die Hunderter-Tafel des Kuhn-Programms mit in die Schule bringen und dort damit rechnen. Die Lehrerin erklärte den anderen Kindern, dass dies für Anna wichtig sei und sagte sinngemäß: „Jeder braucht mal eine Hilfe, der eine die Brille, der andere ein Hörgerät, der andere einen Gips, wenn er sich das Bein gebrochen hat. Und Anna braucht für eine Zeit ihre Rechentafel." Je selbstverständlicher man den Kindern derartige Zusammenhänge erklärt, umso lockerer nehmen sie unterschiedliche „Behandlungen" hin. Für Anna bedeutete die kompensatorische Rechenhilfe des Kuhn-Programms eine ungeheure Erleichterung und Stärkung ihres Selbstbewusstseins. Dieses wirkte sich sehr rasch zu Gunsten einer positiven Verhaltensänderung aus. In kleinem Format konnte sie anschließend den „Tausender" (Rechentafel, die das Rechnen in den Grundrechenarten bis Tausend erleichtert) als Rechenhilfe einsetzen. Wichtig ist auch, dass die Lehrer/innen bei Kindern mit Lernstörungen Bereiche identifizieren, in denen diese Potenziale haben, mit deren Hilfe sie sich Anerkennung in der Klasse verschaffen können. Anna fiel es z. B. leicht, Gedichte auswendig zu lernen und sie ausdrucksvoll vorzutragen. Ihre Leistungen im Fach Deutsch waren oft Anlass zum Lob. Ihre Zeichnungen gewannen deutlich an Ausdruckskraft und Formniveau, wenn sie Farben benutzen konnte. Auch die fleißige Erledigung ihrer Hausaufgaben, ob sie nun mit oder ohne Hilfe der Mutter angefertigt wurden, sollten öfter lobend Erwähnung finden. Für Anna bedeuteten sie in jedem Fall einen großen, mühevollen und schon deshalb lobenswerten Einsatz.

Bei der weiteren schulischen Förderung Annas wird es besonders wichtig sein, die Vermittlung der Kulturtechniken durch Angebote des Schulsportes (vor allem Rhythmik, Tanz) und des musischen Bereichs (z. B. Schulspiel, kreatives Gestalten mit Farben, Singen und Musizieren) aufzulockern.
Das Zwischenzeugnis der nun wiederholten 3. Klasse zeigte deutlich, dass sich Anna in allen Schulfächern um eine Note verbessern konnte. In Mathematik bekam sie ein „ausreichend", in Religion und Musik ein „gut" und in allen übrigen Fächern ein „befriedigend". Es wurde vermerkt, dass sie sich gut in die neue Klassengemeinschaft eingefügt hat, sich mit Interesse am Unterricht beteiligt und dass ihr häuslicher Fleiß lobenswert ist.

5.3.3 *Analyse der freien Zeichnung: „Der Wundergarten"* (Ebene II, 1.-5)

Informationen zu den Basisinformationen und Vorbefunden (Kap. 5.3.1, vgl. Schaubild 4, Ebene I, 1.-6.) liegen bereits vor (Kap. 5.3.1).

1. Beobachtungssituation (vgl. Schaubild 4, Ebene II, 1.)

- Auswahl der 2. Zeichnung zur Analyse

Es handelt sich um die freie Zeichnung: „Der Wundergarten", zweite Zeichnung in der Reihenfolge der Analyse (vgl. Abb.180). Anna war bei Fertigstellung der Zeichnung 10;5 Jahre alt.

Abb. 180:
Anna, LA: 10;5 Jahre, Rahmenbedingungen: freie Zeichnung, Benennung: „Der Wundergarten“, Protokoll zum Gespräch mit Anna über diese Zeichnung vgl. Kap. 5.3.3, Acrylfarben, 30 x 40 cm, ***Zeichenentwicklung*** *(nach 13 Monaten Therapie): Entwicklungsmerkmale zeigen deutliche Fortschritte* ***(Mitte Stufe 3)****, Ressourcen im Bereich der kognitiven, emotionalen und kreativen Entwicklung deuten sich an (Vorstellungsreichtum und gute Phantasiepotenziale; bildnerischer und sprachlicher Ausdruck, Motive, Symbole, Zeichen, Farbdarstellung altersentsprechend; deutliche Verbesserung der Raumdarstellung; noch leichte Defizite in der Graphomotorik, Form- und Größendarstellung;* ***Emotionale Zeichen:*** *Probleme im emotional-sozialen Bereich werden über die Analyse dieser freien Zeichnung deutlich (vgl. Gesprächsprotokoll);* ***Gesamtentwicklung:*** *Kombinierte umschriebene Entwicklungsstörung (vgl. Abb. 179); ausführliche Besprechung der Entwicklungsmerkmale und Emotionalen Zeichen sowie Hypothesen zu ihrer Interpretation vgl. Kap. 5.3.3; 5.3.3.1 und 5.3.6.*

- Beschreibung der Aufgabenstellung (Psychodiagnostik/Therapie)

Die Zeichnung wurde im Therapieverlauf im Rahmen der Prozessdiagnostik 13 Monate nach Therapiebeginn angefertigt. Die Therapiefrequenz betrug 2 Therapieeinheiten pro Woche (90 Minuten) mit Ausnahme der Schulferien. Sie wird im Folgenden nach den neuen Leitlinien interpretiert.

Instruktion: „Hier stehen Farben, Pinsel, Papiere, Wasserbehälter, eine Farbpalette, auf der du die Farben mischen kannst. Wähle dir davon aus, was du brauchst und male ein Bild, ganz so, wie du es dir vorstellst. Nimm dir die Zeit, die du brauchst."

- Malsituation

Anna fertigte die Zeichnung im Rahmen einer Einzelsitzung in meiner Praxis an; für die Durchführung benötigte sie 20 Minuten. Während der Anfertigung gab es keine Störeinflüsse.

- Rahmenbedingungen

Zur Malvorbereitung wurden Bewegungsspiele durchgeführt.
Anna stellte sich das Zeichenthema selbst. Sie malte am Tisch ohne Vorlage nach eigener Vorstellung und verwendete Acrylfarben als *Malmaterial.* Sie stellte sich die Farbpalette nach eigenen Wünschen, auch unter Verwendung der Farben Gold und Silber, zusammen, mischte sie und benutzte Borstenpinsel in unterschiedlicher Breite.

2. Verhaltensbeobachtung beim Zeichnen

(vgl. Schaubild 4, Ebene II, 2.)

Allgemeiner Gesundheitszustand, Sehfähigkeit (periphere visuelle Wahrnehmung, Sehschärfe), *Gehör* waren unauffällig, *expressive und rezeptive Sprache* altersentsprechend. Das *Arbeitsverhalten* zeugte von großer Motivation zum Malen, von guter Konzentration, Aufmerksamkeit und Ausdauer. Die Arbeitsgeschwindigkeit war zügig, der Umgang mit dem harten Borstenpinsel gut. Im Unterschied zu den Papier-Bleistift-Tests zeigten sich hier keine Verkrampfungen der Finger-Handmotorik. Die Handpräferenz war eindeutig links.
Störungen der *Wahrnehmungsmodalitäten* oder der *kognitiven Verarbeitung* konnten während des Zeichnens nicht ermittelt werden. Es ergaben sich keine Hinweise auf Verhaltensstörungen. Anna wirkte frei, kontaktbereit und genoss offensichtlich das Erlebnis des Malens mit Acrylfarben. Die leuchtenden Farben, vor allem das Gold, stimulierten ihre Vorstellungskraft. Sie hatte vorher noch nie mit diesen Farben gemalt.

3. Kommentare und erfundene Geschichten zur Zeichnung

(vgl. Schaubild 4, Ebene II, 3.)

Das Gespräch zu dieser Zeichnung wurde mit Video und Ton aufgenommen und wird im Folgenden wörtlich wiedergegeben: S (Seidel), A (Anna)

Gesprächsprotokoll zur Zeichnung: „Der Wundergarten":

Lebensalter bei Fertigung der Zeichnung und beim nachfolgenden Gespräch: 10;5 Jahre

Anna malte das Bild in folgender Reihenfolge: Wiese, Himmel, Sonne, Wolken, Vögel, den Baum rechts, drei Blumen auf der Wiese, das Schloss links und schließlich die beiden Figuren in der Mitte, zuerst die Prinzessin und daneben den Prinzen. Gegen Ende des Gesprächs fügte sie in die Zwischenräume noch goldene Tupfer als „Goldspray" ein.

S: Wir sind schon eine ganze Weile zusammen, haben gespielt und gearbeitet, und heute hast du mir ein schönes Bild gemalt. Du hast die Acrylfarben ausprobiert, und ich habe gemerkt, dass du sehr gerne damit gemalt hast. Jetzt schauen wir uns das Bild noch einmal zusammen an. Kannst du mir etwas zu deinem Bild erzählen?

A: Das ist ein verzaubertes Land, da ist alles bunt, einfach vieles, da ist eine Prinzessin und ein verzauberter Prinz. Da ist der Baum, der ist auch bunt und die Wunderblume, eins, zwei, drei. Und das sind die Wolken, die sind außen weiß und innen blau, und das sind die verzauberten Vögel auch und da ist ihr verzaubertes Schloss.

S: Was sagtest du, das ist die Prinzessin?

A: Und der Prinz, der verzauberte Prinz.

S: Der verzauberte Prinz, ist die Prinzessin auch verzaubert?

A: Ja, die waren vorher zwei Bären, aber jetzt wurden sie verzaubert und ihr Schloss war früher eine Bärenhöhle und dort und da sind jetzt beide und angezogen.

S: Sind sie jetzt aus ihrem Zauber erwacht, wieder hervorgekommen und ist aus den Bären jetzt Prinz und Prinzessin geworden?

A: Nein, die waren vorher schon Bären und sind jetzt Prinz und Prinzessin.

S: Wie ist denn das passiert?

A: Das ist in der Nacht passiert.

S: In der Nacht?

A: Einmal hat die Bärenfrau nicht mehr den Mann gesehen und dann hat sie den Prinz gesehen. Sie wurde dann plötzlich auch so als Prinzessin.

S: Wie ist der Zauber in Gang gekommen, wie ist plötzlich aus den Bären Prinz und Prinzessin geworden, wie ist das passiert?

A: In der Nacht, das wissen sie nicht.

S: Plötzlich ist aus den Bären Prinz und Prinzessin geworden. War da jemand im Spiel, der das veranlasst hat? Was denkst du dir denn?

A: Ja, der Wunschbaum. Sie haben darunter gesessen, aber sie haben gar nicht gewusst, dass es ein Wunschbaum ist.

S: Haben sie dann vielleicht unter dem Wunschbaum etwas gesagt?

A: Nee, sie haben über etwas anderes gesprochen.

S: Sie lebten in der Bärenhöhle und sie hatten für sich einen Wunschbaum, aber sie wussten nicht, dass es ein Wunschbaum war.

A: Nein, wenn man unter ihm sitzt, dann weiß man nicht, dass man das wird.

S: Hatten sie einen besonderen Wunsch, die beiden?

A: Nein, die haben überhaupt nichts gewollt, sie sind nur darunter gesessen und haben die Landschaft angeschaut.

S: Wie fühlten sie sich denn da?

A: Halt gefährlich, die fühlten sich halt, dass sie gefährlich leben.

S: Dass sie jetzt gefährlich leben?

A: Ja, sie fühlen sich halt ängstlich, weil sie oft beraubt werden.

S: Und warum werden sie jetzt beraubt?

A: Weil sie jetzt sehr reich sind.

S: Ach so, wenn man reich ist, kann man beraubt werden und da fühlen sie sich beide jetzt so.

A: So ängstlich und sie wollen eigentlich gar keine Königin sein, aber dann der Wunschbaum, das wissen sie immer noch nicht, aber sie setzen sich nie mehr unter den Wunschbaum.

S: Ja und wären sie denn lieber wieder Bären?

A: Nein, jetzt nicht mehr, jetzt wollen sie nicht mehr, jetzt tun sie sich wie Bären verkleiden.

S: Dann verkleiden sie sich wie Bären, sie hätten es gerne zu sein, wie sie früher als Bären waren?

A: Ja, aber jetzt geht es halt nicht mehr.

S: Jetzt sind sie Prinz und Prinzessin.

A: Ja, aber sie verkleiden sich ja als Bären, damit die anderen Bären, die sie früher gekannt haben, denken, dass sie noch die Bären sind.

S: Ach so.

A: Weil da gibt es Bärenfeste, da dürfen sie dann überall mitmachen und so hätten sie nicht mehr mitmachen dürfen, und die Bären mögen keine Menschen.

S: Die Bären mögen keine Menschen?

A: Nein, dort ist es anders.

S: Und wenn sie sich wieder als Bären verkleiden, dann werden sie wieder gemocht?

A: Ja, dann bleiben sie bei denen.

S: Ja und dann bleiben sie bei denen und das merken die Bären gar nicht, dass sie inzwischen Prinz und Prinzessin geworden sind?

A: Ja, wenn sie das Schloss sehen, ist es ihnen ja egal. Bären können auch reich sein und im Schloss sein, dann merken sie es gar nicht.

S. Und den Wunschbaum haben sie gar nicht bemerkt? Haben sie nicht bemerkt, dass sie einen Wunschbaum haben?

A: Doch, sie haben es schon bemerkt, aber sie haben es nicht gesagt.
S: Aber sie wissen nicht, dass sie sich mit dem Wunschbaum vielleicht noch etwas wünschen können?
A: Nein, das wissen sie nicht mehr, sie wollen jetzt so bleiben.
S: Wieso wollen sie so bleiben, wenn sie doch einen Wunschbaum haben?
A: Weil er erfüllt bloß einen Wunsch, er erfüllt nur 8 Wünsche, die erfüllt er für etwas anderes.
S: Was erfüllt er denn so, was haben sie denn noch für Wünsche?
A: Dass sie in ein anderes Schloss ziehen und dass sie halt kein Schloss....., dass sie dort alles schön einrichten, dass Prinz und Prinzessin nicht mehr Bären sein mögen und dass sie da in Frieden leben können.
S: Ach, die wünschen sich ein richtiges Schloss, wo sie reinziehen, dass sie nicht mehr sein mögen wie Bären, sondern sein wollen wie richtige Menschen?
A: Ja, und dass sie in einem Dorf leben oder in der Stadt leben.
S: Das ist ein Wunsch?
A: Die anderen Wünsche wissen sie nicht, die wollen sie geheim halten.
S: Kannst du dir denn doch noch einen ganz geheimen Wunsch denken?
A: Nee, dass sie noch einen Garten dazu wollen und ein paar Hecken, ein Zaubergarten und Zauberer werden wollen, dann können sie sagen, sie wollen das und das, sie wollen zaubern können. Sie setzen sich unter den Wunschbaum, das weiß ich jetzt schon, dann wünschen sie sich auch noch Tiere, die ihnen gehorchen, wenn etwas Böses eintritt und die dann jemand frisst, wenn jemand böse zu ihnen ist und die es sagen und dann geschieht gleich, was sie sich wünschen.
S: Und mit dem Wunsch, einmal ein richtiger Mensch zu sein und nicht mehr Bären, geht das in Erfüllung?
A: Ja, weil der Wunschbaum dort ist nämlich echt.
S: Und da leben sie eines Tages als richtige Menschen in einem Schloss und die anderen Menschen?
A: Die sind da zu ihnen wie zu König und Königin.
S: Und wie sind sie da dann?
A: Nett und die anderen sind auch nett zu ihnen.
S: Und fühlen sie sich dann wohl in dieser Situation?
A: Ja.
S: Als Verzauberte, da war es ja ein bisschen schwierig.
A: Aber eines ist komisch, dass dort in der Luft Gold sprüht, das finden sie so komisch.
S: Wie kann das passiert sein?

A: Das wissen sie nicht, da kommen schon andere Leute und untersuchen das.
S: Aber kannst du dir vorstellen, wie das passiert ist?
A: Da hat vielleicht jemand mit Spray gesprüht oder sie haben sich selbst gewünscht, vielleicht hat sie sich ein goldenes Kleid gewünscht und statt das Goldkleid kam das Gold in der Luft und sie haben in die Luft geguckt und haben sich toll gefühlt.
S: Konnten sie denn mit dem Gold etwas anfangen?
A: Nein, es war nur zum angucken.
(An dieser Stelle des Gesprächs nimmt sie goldene Farbe und füllt die weißen Zwischenräume mit dieser Farbe aus.)
S: Wie haben sie sich gefühlt, als sie in die Luft guckten.
A: Sie haben sich toll gefühlt, aber in der Nacht haben sie sich nicht so toll gefühlt, weil in der Nacht da leuchtete das Schloss, da wusste jeder, dass da kann jeder einbrechen, da sind die Reichen drin.
S: Haben sie sich doch in dem Schloss immer noch etwas gefürchtet?
A: Ja.
S: Fürchtest du dich eigentlich auch manchmal?
A: Wo?
S: Wenn du zu Hause bist?
A: Allein?
S: Ja.
A: Nein, eigentlich nicht. Ich beschäftige mich dann mit Lesen oder mit Spielen.
S: Zeige mir doch einmal auf dem Bild den Platz, wo du am liebsten sein würdest.
A: Da im Schloss (sie zeigt links das Schloss).
S: Wo auf dem Bild würdest du nicht so gerne sein?
A: Unter dem Wunschbaum, der erfüllt Wünsche, die du gar nicht magst, das war auch so mit den Bären, die wollten als erstes keine Bären sein. Das hat der Wunschbaum gemacht.
S: Und wenn es dir passieren würde, dass du unter einem Wunschbaum sitzt und .....
A: Aber jetzt, das habe ich ganz vergessen, ein Wunschbaum da merkt man, da hängt einer etwas hin. Da merkt man es dann, da hängen so rote, goldene Glitzer, halt ein goldener Glitzerstern. Das sieht der Wunschbaum von sich selber nicht, was daran hängt. Da weiß man, dass es ein Wunschbaum ist und da geht keiner drunter, da darf man sich nicht druntersetzen.
S: Ach so, dass du dich nicht aus Versehen daruntersetzen würdest.
A: Nee, das musst du ja wohl..... Man muss erst hoch schauen.... Das würde ich auch machen.
S: Das würdest du auch machen.

A: Ja, ich würde mein Bild „Der Wundergarten" nennen, das wäre die Überschrift für mein Bild.

S: Da schauen wir uns jetzt noch einmal dein ganzes Bild an. Du wärst also am liebsten in dem Schloss als richtige Prinzessin oder als richtiger Prinz?

A: Als Mensch.

S: Zeig mir, wer von diesen Personen wärst du am liebsten?

A: Die, die da im Schloss wohnt (zeigt auf die Prinzessin).

S: Als richtiger Mensch.

A: Ja.

S: Aber nicht als Bär?

A: Nein.

S: Und nicht verzaubert?

A: Nein, ganz normal.

S: Und dass die Leute im Dorf dich mögen würden?

A: Ja.

S: Das Bild ist dir gut gelungen, du hast dir viel Mühe gegeben, wir werden es jetzt an die Wand hängen und können es dann in der nächsten Stunde noch einmal anschauen.

4. *Formale Strukturanalyse und inhaltliche Analyse der Entwicklungsmerkmale* (vgl. Schaubild 4, Ebene II, 4.)

- Qualitative Auswertung der Entwicklungsmerkmale

Lebensalter bei Fertigstellung der Zeichnung und Bestimmung der erwarteten Stufe der Zeichenentwicklung:

Wir erwarten bei Anna im Lebensalter von 10;5 Jahren die Stufe 3 der Zeichenentwicklung (Mitte bis Ende der Stufe 3).

Beschreibung der Entwicklungsmerkmale der freien Zeichnung in folgenden 8 Beobachtungsbereichen:

Gesamteindruck (Entwicklungsmerkmale):

Erster subjektiver Eindruck:

Die Zeichnung wirkt auf mich bunt, phantasievoll, bilderreich. Fast der ganze Zeichenraum ist ausgefüllt mit Motiven. Ich habe den Eindruck, dass Anna durch die Flut eigener innerer Bilder und märchenhafter Phantasien zur Darstellung geradezu gedrängt wird. Im Unterschied zur Zeichnung: „Familie in Tieren" beobachte ich bei der vorliegenden Zeichnung einen lebendigen *bildnerischen* Ausdruck. Anhand des Gesprächsprotokolls zu diesem Bild zeigt sich darüber hinaus auch eine altersentsprechende *verbale Ausdrucksfähigkeit.* Im bildnerischen und sprachlichen Ausdruck finden sich hiermit kognitive und kreative Potenziale des Mädchens. Der *bildnerische Stil* entspricht dem eines Kindes der 3. Stufe der Zeichenentwicklung (Mitte). *Ausführung und Organisation* sind geplant und verraten Konzentration auf das selbst gestellte Thema.

Motive, Symbole, Zeichen (Entwicklungsmerkmale):
Wie aus dem Gesprächsprotokoll zu der Zeichnung zu erkennen ist, verwendet Anna in diesem Bild eine Vielfalt von Symbolen, zu denen sie auch verbal Stellung bezieht. Die verwendete Symbolik lässt vermuten, dass Anna sowohl kollektive als auch individuelle Symbolisierungen einsetzt. Sie bindet die Symbole in einen geplanten Handlungsvollzug ein.
Die in der Geschichte enthaltenen Symbole sind uns aus Mythologien und Märchen bekannt. Anna verarbeitet die Symbole zu einer eigenständigen Geschichte. Zu sehen sind auf dem Bild folgende Motive und Symbole:
Wiese, Himmel, Sonne, Wolken, verzauberte Vögel, Wunschbaum, drei Wunderblumen, Schloss links, Prinzessin und Prinz in der Mitte sowie Goldtupfer über das Blatt verteilt und als „Goldspray" bezeichnet. Darüber hinaus werden Symbole eingeführt, die in der Vorstellung abgerufen, aber auf dem Bild selbst nicht zu sehen sind: Bären, Bärenhöhle, Verzauberung, roter Glitzerstern auf dem Wunschbaum. Die Motive und Symbole werden eingebunden in eine erfundene Geschichte, die vom magischen Denken des Mädchens und seinem inneren Vorstellungsreichtum zeugt. Durch die kreative Verarbeitung der kulturgeschichtlich geprägten Symbole beweist Anna Feinfühligkeit, Sensibilität, Aufnahmebereitschaft und kreative Verarbeitungsmöglichkeiten sozio-kultureller Überlieferungen.

Graphomotorik (Entwicklungsmerkmale):
Die *Pinselführung* ist locker und zum Teil flüchtig. Sichere, unsicherere, unabgesetzte und abgesetzte Strichführung wechseln sich ab. Der *Charakter der Pinselführung* ist überwiegend druckstark. Schloss, Kleid der Prinzessin und Blumen werden mit lockerer Pinselführung gezeichnet.
Flächengestaltung: Bei der Flächengestaltung zeigt sich beim Baum eine auffallende Konturierung der Krone (Kronenhaut) in grüner Farbe, die allerdings bereits zum Stamm hin geöffnet ist (Übergang vom „Lötstamm" zum „Fingeransatz"). Die Fläche der Wiese wird sehr bewusst überwiegend kompakt ausgefüllt. Das Gleiche gilt auch für den Himmel, der mit einem breiten geraden Pinselstrich dargestellt wird. Während der Prinz flächig ausgemalt ist, erscheinen die Prinzessin und das Schloss zum Teil in transparenter Flächengestaltung.

Formdarstellung (Entwicklungsmerkmale):
Die Formmerkmale sind im Vergleich zu den erwarteten Merkmalen des Lebensalters überwiegend noch wenig differenziert. Im Unterschied zum Test: „Familie in Tieren" sind jedoch deutliche Fortschritte in der Formdarstellung festzustellen. Die Details beginnen jetzt ineinander überzugehen. Dieser Vorgang wird wahrscheinlich durch das Gestalten mit flüssiger Farbe deutlich begünstigt. So sind zwar die Arme des Prinzen immer noch an der Hüfte angesetzt und weisen nach oben (Merkmale von Unreife), aber sie wachsen jetzt aus dem Körper heraus. Die Arme der Prinzessin sind noch im rechten Winkel angesetzt (R-Prinzip), sie bilden jedoch mit dem Körper eine Ganzheit. Weitere Auffälligkeiten der Formen: Der Prinzessin fehlen die Füße, das Schloss geht ohne Bodenlinie in die Wiese über, auch die Tür ist nach unten offen. Der Baum hat, in Anbetracht des Lebensalters von Anna, einen unverhältnismäßig langen Stamm, die Krone ist im Verhältnis dazu klein. Diese Merkmale findet man eher bei 7;0-8;0jährigen als bei 10;0jährigen Kindern. Die Äste wachsen noch im angedeuteten „Lötansatz" aus dem Stamm (noch kein Fingeransatz, der allerdings erst bei ca. 10;0-11;0jährigen Kindern erwartet wird). Die Krone mit roten Früchten ist von einer grünen „Kronenhaut" umgeben und öffnet sich noch nicht frei nach außen. Im Unterschied zur Prinzessin, die ohne Füße gezeichnet ist, hat der Prinz deutlich gezeichnete rote Füße oder Schuhe. Die Formdarstellung des Schlosses zeigt bereits einen Doppelgiebel und entspricht der mittleren Phase auf Stufe 3 der Zeichenentwicklung.

Größendarstellung (Entwicklungsmerkmale):
Auch in diesem Bild orientiert sich Anna, was die Darstellung der Größenverhältnisse betrifft, noch nicht an der Realität. Prinzessin und Prinz sind fast so groß wie das Schloss und nur unwesentlich kleiner als der Baum.

Farbdarstellung (Entwicklungsmerkmale):
Anna benutzt hier überwiegend das Merkmal der „Typenfarbe". Die Wiese ist grün, der Himmel blau, die Sonne gelb usw. Die eine Hälfte der Lippen des Prinzen ist noch im Sinne der „Dekorativfarbe" grün gezeichnet (nicht an der Realität orientiertes Merkmal der Stufe 2 der Zeichenentwicklung, vgl. Kap. 3.7.2.6). Auch die blauen Fenster und die Tür des Schlosses lassen sich der Dekorativfarbe zuordnen. Es zeigen sich erste Ansätze von altersentsprechenden Farbmischungen oder Farbdifferenzierungen (Kleid der Prinzessin, Wolken). Bei der Schlossmauer finden sich „künstlerisch" anmutende Farbeffekte, die durch lockere Pinselführung entstanden sind. Die Wolken enthalten Farbmischungen aus Blau und Weiß. Der reichliche Gebrauch der Farbe Gold verstärkt den Eindruck magischer Denkinhalte und einer unrealistischen Zauberwelt.

Bewegungsdarstellung (Entwicklungsmerkmale):
Zu diesem Punkt können hier keine Angaben gemacht werden.

Raum- und Zeitdarstellung, Komposition (Entwicklungsmerkmale):
Formale Raumstruktur: Das Bild wirkt trotz Überfülle und mangelnder Proportion der Elemente nicht disharmonisch oder unausgewogen. Im Unterschied zum Bild „Familie in Tieren" ist im Hinblick auf den *vertikalen Aufbau* jetzt der Himmel sehr „bevölkert". Himmel, Sonne, schematisch gezeichnete Vögel, Goldglitzer und Wolken sind zu sehen. Im mittleren Bereich stehen das Schloss, Prinzessin, Prinz und der Wunschbaum sowie drei Blumen. Unten finden wir die Wiese. Beim *horizontalen Aufbau* sind zwei Schwerpunkte zu beobachten: links das Schloss und rechts der Wunschbaum. In der Mitte stehen Prinzessin und Prinz. Insgesamt ist damit der horizontale Aufbau mit jeweils 2 Schwerpunkten (2 außen, 2 in der Mitte) ausgewogen.
Reihenfolge der Motive: Wiese, Himmel, Baum rechts, Wolken, Sonne, drei Blumen, Schloss links, die beiden Figuren in der Mitte, zuerst die Prinzessin, dann der Prinz. Am Ende des Gesprächs werden von Anna in die Zwischenräume noch Goldtupfer als Goldspray eingefügt.
Gruppierung der Motive: Bei der Gruppierung fällt auf, dass sich auf der einen Seite des Zeichenraumes als Außenmotive Schloss und Baum gegenüberstehen, als mittlere Motive Prinzessin und Prinz.
Weitere Raummerkmale: Im Unterschied zu der Zeichnung „Familie in Tieren" versucht Anna jetzt, bei ihren Motiven Ansätze von Raummerkmalen darzustellen. Die Wiese ist flächig gezeichnet und lässt einen ersten Ansatz von Tiefe erkennen. Auch das Schloss zeigt schon einen Doppelgiebel mit einem lang gestreckten Zwischengebäude und damit eine Weiterentwicklung der Raummerkmale. Boden, mittleres Feld und der Bereich des Himmels sind in die Raumgestaltung einbezogen.

- Gesamteinschätzung der erreichten Stufe der Zeichenentwicklung; erste Einschätzung der kognitiven Entwicklung

Von den 8 Beobachtungsbereichen zeigen sich noch Entwicklungsdefizite in der Graphomotorik, Formdarstellung und Größendarstellung. Erste Anzeichen von Bewegungsdarstellung sind noch nicht festzustellen. Es finden allerdings jetzt erste Auseinandersetzungen mit Raummerkmalen statt. Die Komposition weist eine Gesamtplanung der Darstellung der einzelnen Motive auf. Den beiden Außenschwerpunkten (Baum und Schloss) stehen als mittlerer Schwerpunkt der Gruppe Prinzessin und Prinz gegenüber. Die Zeichnung zeigt im Unterschied zu dem Bild „Familie in Tieren" deutliche Entwicklungsfortschritte und eine fortschreitende

Reifung der Zeichenentwicklung. Durch das Malen mit Acrylfarbe gewinnt diese Zeichnung an bildnerischer Ausdruckskraft. Erste Differenzierungsmöglichkeiten im Umgang mit Farben (erste Farbmischungen und Unterschiede von festem und lockerem Pinselstrich) deuten sich an. Deutliche Entwicklungspotenziale findet man jetzt im sprachlichen Ausdruck. Die erfundene Geschichte zu der Zeichnung zeigt nicht nur magisches Denken und großen inneren Bilderreichtum, sondern auch den Versuch, diesen Bilderreichtum zu ordnen, sich Handlungssequenzen auszudenken und die Phantasieinhalte in ersten Ansätzen der Realität unterzuordnen (– sie wollen so sein wie richtige Menschen und nicht wie Prinz und Prinzessin – und in einem Dorf leben, sodass man sie dort mag – nicht als Verzauberte, sondern als richtige Menschen). Die Symbolvielfalt der Zeichnung und ihre verbale Verarbeitung deuten nicht nur auf kreative Potenziale des Kindes, sondern auch auf seine Ressourcen im Bereich der kognitiven und emotionalen Entwicklung hin.

- *Quantitative* Auswertung der Entwicklungsmerkmale
- Vergleichende Darstellung der *qualitativen* und *quantitativen* Auswertung

Diese Punkte entfallen für die Analyse der vorliegenden freien Zeichnung

5. *Formale Strukturanalyse und inhaltliche Analyse der Emotionalen Zeichen* (vgl. Schaubild 4, Ebene II, 5.)

- *Qualitative* Auswertung Emotionaler Zeichen

Beachtung des Lebensalters und der kognitiven Entwicklung des Kindes bei Fertigstellung:
Anna ist bei Fertigstellung der Zeichnung 10;5 Jahre alt. Im Hinblick auf ihre kognitive Entwicklung zeigen sich noch Rückstände. Ihre sprachliche Ausdruckfähigkeit und der Gebrauch von Motiven und Symbolen entsprechen jetzt den Erwartungswerten ihres Lebensalters. Anna zeigt gute Phantasiepotenziale.

Beschreibung der Emotionalen Zeichen in der freien Zeichnung „Der Wundergarten" in 8 Beobachtungsbereichen:

Gesamteindruck (Emotionale Zeichen):
Mein erster *subjektiver Gesamteindruck* wird bestimmt durch die Vermutung, dass Anna mit dieser Zeichnung viele innere Bilder, Wünsche, aber auch Konfliktbereiche zur Darstellung bringt. Die Zeichnung wirkt auf mich überladen. Die dunklen Wolken, die grelle Sonne mit den roten Backen und dem großen roten Mund und die verzauberten Vögel empfinde ich als bedrückend. Die Schwere

des Himmels wird durch den „üppigen“ Einsatz der Farbe Gold allerdings aufgelockert. Ich gewinne den Eindruck einer Märchen-Wunderwelt, die in Gold getauchte Wünsche, aber auch Ängste und Bedrohungen zum Ausdruck bringt. Der *sprachliche Ausdruck* ist differenzierter als der *bildliche Ausdruck*, in ihm kommen Symbolisierungen zu Stande, die in der Zeichnung selbst nicht wiedergegeben sind. Der bildnerische Stil entspricht überwiegend der Zeichenentwicklung der 3. Stufe. Im Hinblick auf *Ausführung und Organisation* fallen jetzt Lockerungen der Pinselführung auf, die darauf schließen lassen, dass Anna insgesamt mit dieser Zeichenaufgabe sicherer und kreativer umgeht als mit Papier und Bleistiftdarstellungen.

Motive, Symbole, Zeichen (Emotionale Zeichen):
Die Vielfalt der verwendeten Symbole macht ihre Zuordnung zu Mythologie, Märchen, sozio-kultureller Überlieferung bzw. individueller tiefensymbolischer Verarbeitung von Konfliktbereichen schwierig. Nur mit Hilfe einer psychotherapeutischen Prozessdiagnostik ist es möglich, unbewusste Anteile *individueller Konfliktverarbeitung* genauer zu erkennen, zu bearbeiten und von *kollektiven Inhalten* mit sozio-kultureller Prägung zu unterscheiden.
An dieser Stelle sollen zu den *Symbolisierungen* keine tiefensymbolischen Deutungen vorgenommen, wohl aber gezielte Fragestellungen und damit erste Orientierungen über mögliche Problembereiche herausgearbeitet werden.
Anna nennt ihre Geschichte „Der Wundergarten“. In dem Titel wird bereits ausgedrückt, dass in diesem Garten, in diesem „verzauberten Land“, wunderliche Dinge passieren bzw. passiert sind. Da sind die verzauberte Prinzessin, der verzauberte Prinz, der Wunschbaum, drei Wunderblumen, Wolken, verzauberte Vögel und das verzauberte Schloss. Prinzessin und Prinz waren vor der Verzauberung Bären. Ihr Schloss war vorher eine Bärenhöhle. Jetzt sind sie beide als Prinz und Prinzessin angezogen. Die Verzauberung geschah in der Nacht. Die Bärenfrau hat nicht mehr den (Bären)Mann gesehen; an seiner Stelle erblickte sie plötzlich den Prinzen und wurde selbst zur Prinzessin. Die Verzauberung geschah, als die beiden Bären unter einem Wunschbaum saßen. Sie wussten gar nicht, dass dies ein Wunschbaum war, der Wünsche erfüllt, die man gar nicht hat. Die beiden wollten lieber Baren bleiben, aber durch den Wunschbaum waren sie plötzlich Prinzessin und Prinz. Sie fühlen sich jetzt in ihrem verzauberten Schloss „gefährlich und ängstlich“, weil sie von Einbrechern beraubt werden könnten. Sie werden beraubt, weil sie nun reich sind. Sie wollen eigentlich „keine Königin sein“, betont Anna. Sie setzen sich jetzt nie mehr unter den Wunschbaum („der erfüllt Wünsche, die man gar nicht hat“). Sie möchten keine Bären mehr sein („jetzt geht es halt nicht mehr“), aber sie ver-

kleiden sich zuerst noch als Bären. Sie verkleiden sich, damit die anderen Bären, die sie früher gekannt haben, denken, dass sie noch Bären sind. In dieser Verkleidung (jetzt sehen sie wieder wie Bären und nicht wie Prinzessin und Prinz aus) dürfen sie die Bärenfeste mitfeiern. Sähen sie aus wie Prinzessin und Prinz, also wie Menschen, dürften sie diese Feste nicht mitmachen, „denn Bären lieben keine Menschen". Prinzessin und Prinz haben den Bären nichts von dem Wunschbaum gesagt. Sie wollen jetzt so bleiben und nicht nochmals vom Wunschbaum einen Wunsch erfüllt bekommen, den sie gar nicht haben. Als mögliche Wünsche stellt sich Anna vor, in ein anderes Schloss zu ziehen, „in kein Schloss", dass sie dort alles schön einrichten, dass sie keine Bären mehr mögen und in Frieden leben können, dass sie in einem Dorf leben oder in der Stadt. Die anderen Wünsche wollen sie geheim halten.
Nach Aufforderung werden von Anna noch andere Wünsche genannt: „einen Garten dazu, ein paar Hecken, einen Zaubergarten, dass sie selbst Zauberer sind". Sie setzen sich dann doch unter den Wunschbaum und wünschen sich Tiere als Schutz gegen einen bösen Angreifer. Der Wunschbaum hat den Wunsch erfüllt, dass Prinzessin und Prinz richtige Menschen werden und als König und Königin in einem Schloss leben. Die anderen Menschen sind jetzt nett zu ihnen. Plötzlich sprüht Gold in der Luft. Vielleicht hat sich die Prinzessin ein Goldkleid gewünscht und statt des Kleides kam Gold in der Luft geflogen. Sie fühlten sich toll, als sie das Gold sahen. Aber in der Nacht haben sie sich in dem Schloss gefürchtet, weil das Schloss von dem Gold leuchtete und jeder wusste, dass da die Reichen wohnen, so kann jeder einbrechen. Auf Befragen sagte Anna, sie fürchte sich zu Hause nicht, sie beschäftige sich mit Lesen und Spielen, wenn sie allein sei.
Als Platz, wo sie am liebsten auf der Zeichnung wäre, zeigt sie auf das Schloss. Dagegen zeigt sie auf den Wunschbaum als einen Ort, an dem sie nicht gerne wäre: „Unter dem Wunschbaum wäre ich nicht gerne, der erfüllt Wünsche, die du gar nicht magst, das war auch so mit den Bären, die wollten als erstes keine Bären sein. Das hat der Wunschbaum gemacht. Wenn einer etwas an den Wunschbaum hängt, rote goldene Glitzer, einen goldenen Glitzerstein, da weiß man, dass es ein Wunschbaum ist, und da darf man sich nicht druntersetzen. Der Wunschbaum sieht von sich selber nicht, dass da ein goldener Glitzerstein dran hängt." Anna würde sich auch nicht einfach daruntersetzen, sie würde erst hochschauen. Wenn sie wüsste, es ist ein Wunschbaum, wäre sie vorsichtig.
Auf Befragen sagt sie, sie wäre am liebsten im Schloss als richtiger Mensch, nicht als Prinzessin, sondern als richtiger Mensch, nicht als Bär, nicht verzaubert. Sie wünscht sich auch, dass die Leute im Dorf sie mögen.
Annas Geschichte zeigt folgende Anhaltspunkte für eine Auswahl gezielter Fragestellungen:

Wunschbaum:
Drückt Anna mit der Wahl des Symbols des Wunschbaumes ihre intuitive Erfassung und emotional-kognitive Verarbeitung kulturell überlieferter Märchen, Mythen und ritueller Handlungen aus? Oder offenbart Anna im Schutz des gewählten mehrdeutigen Symbols des Wunschbaumes geheime individuelle Wünsche oder Ängste? Es gibt Wunschbäume in Mythen und Märchen zahlreicher Kulturen. In Indien, Japan oder China sind sie Bestandteile alter Traditionen und ritueller Handlungen, z. B. in Tempelanlagen. Bäumen wird die magische Kraft zugeschrieben, mit den Ästen weit in den Himmel greifen und mit den Wurzeln die ganze Welt umfassen zu können. Sie werden als Vermittler und Verstärker schicksalshafter Prozesse eingesetzt. Ein Wunschbaum wird an öffentlichen Orten aufgestellt. Menschen bringen an seinen Zweigen ihre Wünsche und Sorgen an. Im Märchen „Aschenputtel" der Gebrüder Grimm wächst das Reis eines Haselbusches auf dem Grab der verstorbenen Mutter zu einem Haselbaum heran, der zur Zuflucht des vereinsamten und verspotteten Aschenputtels wird und seine Wünsche erfüllt („Bäumchen rüttel dich und schüttel dich, wirf Gold und Silber über mich!").

Anna bezeichnet intuitiv ihren Baum als „Wunschbaum". Er spielt in ihrer Zeichnung eine wichtige, jedoch im Unterschied zu den oben beschriebenen Riten oder dem Märchen Aschenputtel eine ambivalente Rolle: Zwar erfüllt er Wünsche, aber solche, die man gar nicht geäußert hat (nicht haben darf?). So sitzen die Bären nichts ahnend unter ihm, und er verwandelt sie in Prinzessin und Prinz. Sie müssen ihre Bärenhohle verlassen und in ein verzaubertes Schloss ziehen (im Märchen „Aschenputtel" verhilft dagegen der Wunschbaum dem Aschenputtel zum Einzug in ein Schloss). Auf der anderen Seite kann der Baum aber auch „8 Wünsche" erfüllen, z. B. schöne Kleider oder Tiere zaubern, die Schutz vor Bösen (Angreifern) gewähren.

Zauberin:
Am liebsten wäre Anna selbst eine Zauberin. Möchte sie dem Wunschbaum (ihren Wünschen) nicht hilflos ausgeliefert sein? Hängt sie deshalb einen roten Glitzerstein an ihn? Will sie erkennen können, sich darauf einstellen können, dass sie unter einem Wunschbaum sitzt? Können wir hier bereits in Annas psychodynamischer Entwicklung erste Fortschritte und Ressourcen (Ich-Stärke) erkennen?
In Märchen bewirken *Zauberkräfte* Verwandlungen, die Neues entstehen lassen. *Zauberer* können ungeahnte positive oder negative Möglichkeiten eröffnen. Wenn man einem Zauber oder Zauberer wehrlos ausgeliefert ist, ruft das aber auch Ohnmachtsgefühle und Ängste dem Leben gegenüber hervor. Anna zeigt in ihrer Ge-

schichte deutlich, dass sie sich nicht wehrlos fühlt (sie will selber Zauberin sein) und nach Helfern (Tiere, die sie beschützen) Ausschau hält.

Bär und Bärenhöhle:
Werden mit den Symbolen der Bären, der Bärenhöhle und der Verwandlung in Prinzessin und Prinz kollektive Inhalte aus Mythen und Märchen verarbeitet oder finden wir hier Hinweise auf Annas *individuelle* Konfliktverarbeitung, auf Wünsche oder Ängste?
„Der griechischen Sage nach gehört der *Bär* dem weiblichen Geschlecht an; er ist eine weibliche Gottheit. Den asiatischen und slawischen Völkern gilt er als Weib, den europäischen als Mann. Wegen seiner Menschenähnlichkeit hält man ihn für ein verwandeltes Wesen: Er ist zum Beispiel der *verwunschene Prinz*, der Jüngling oder Vater, der unter dieser Gestalt den Mut seiner Tochter erprobt.......Die *Mütterlichkeit des Bären* wird als das Höchste empfunden.....Bären sind gutmütig, tollpatschig, drollig, stark, mutig, lustig, vergnügt, anhänglich, verspielt – sind aber auch plump, brummig, falsch, naschhaft, listig, räuberisch, kindisch, täppisch, „schlecksig", mörderisch, grob, unberechenbar." (Brem-Gräser, 2001, S. 38-39).
„Die Bärin, die ihre Jungen liebevoll großzieht, wird das älteste Symbol einer durchaus ethischen Seite von Mütterlichkeit sein. Artio, keltische Göttin der unbestellten, bewaldeten Erde und zugleich aller schwangeren und stillenden Mütter, galt als die Bärin schlechthin. Von mutigen und kraftvollen Helden berichten Mythen, sie seien im Wald von einer Bärin großgezogen und mit Bärenmilch gesäugt worden." (Zerling und Bauer, 2003, S. 39).
Mit dem Symbol der *„Höhle"* werden in Mythen und Märchen Erfahrungen von oder die Suche nach Schutz und Geborgenheit bzw. deren Ablehnung ausgedrückt. V. Kast, 2002, sieht in der Höhle das Symbol des Archetyps der Mutter, das auf Schutz, Einengung, einen Ort der Wandlung, Uterus und Erde hinweist. In dem Symbol der „Bärenhöhle" kann Verstärkung des Symbols der bergenden Mütterlichkeit zum Ausdruck kommen (im Sinne von Suche nach Wunscherfüllung oder Abwehrhaltung gegenüber Mütterlichkeit auf der Grundlage von Ängsten).
Setzt sich Anna über die Symbolisierungen der Bären und Bärenhöhle mit ihren Wurzeln, mit ihrer Herkunftsfamilie und nachfolgenden Adoption auseinander? Sie gehörte früher zu einer Bärenfamilie (Herkunftsfamilie) und wollte bei den Bären bleiben. Aber als Bärenfrau und Bärenmann nichts ahnend unter dem Wunschbaum saßen, wurden sie zu reicher Prinzessin und reichem Prinzen verzaubert. Werden im Symbol der Bären, Bärenhöhle und der ambivalenten Einstellung zu der Verwandlung aktuelle oder unbewusste Probleme mit den primären Bezugspersonen thematisiert? Bestehen ambivalente Gefühle sowohl gegenüber der leiblichen Mutter

als auch der Adoptivmutter? Fühlt sich Anna von der leiblichen Mutter verraten, ausgesetzt? Wurde sie von ihr gegen ihren Willen in eine reiche Prinzessin verwandelt? Musste sie ihretwegen die Bärenhöhle verlassen („Bären mögen nämlich keine Menschen“)? – Wünscht sich Anna insgeheim, zu ihrem mütterlichen Ursprung zurückkehren zu dürfen, in dem sie sich zwar nicht reich wie eine Prinzessin, aber sicher und geborgen fühlen könnte und keine Angst vor „Einbrechern“ haben müsste? Ist sie sich über ihren Ursprung im Ungewissen? (Liegt dieser in der Bärenhöhle der leiblichen Mutter oder der Adoptivmutter?) Ist es Zufall, dass die Prinzessin keine Füße hat und das Schloss keinen tragenden Boden, dass die Tür des Schlosses in der Luft hängt und nach unten hin geöffnet ist? Äußern sich in diesen Merkmalen zugleich symbolisch die Probleme des Mädchens mit seinem Körperbewusstsein (Körpergefühl, Körperkonzept, Körperschema), seine motorische Unsicherheit (vgl. Vorgeschichte und Arztbefund), seine emotionale Unsicherheit (symbolisch keinen „tragenden Boden“ unter den Füßen fühlen)? Wo und wie kann es Geborgenheit, „Erdung“ und Anerkennung finden (Anna hat in letzter Zeit wiederholt den Wunsch geäußert, ihre leibliche Mutter einmal zu sehen. Sie möchte wissen, wie sie aussieht und sie treffen, wenn sie groß ist)? Verdrängt sie diesen Wunsch, weil sie in einem Loyalitätskonflikt zwischen leiblicher Mutter und Adoptivmutter steckt? Hat sie Angst vor Liebesverlust, wenn sie solche Wünsche hegt? Sie will wieder zu der Bärenhöhle zurückkehren, möchte von den anderen Bären erkannt und akzeptiert werden und mit ihnen Feste feiern. Dann wieder versagt sie sich diesen Wunsch („es geht halt nicht mehr“) und will sich nie mehr unter den Wunschbaum setzen, weil der Wunsche erfüllt, die man gar nicht hat, die man aus der Sicht Annas nicht haben darf, die man sich selbst nicht zugestehen darf? Lehnt Anna aus diesen Gründen den Wunschbaum ab? Möchte sie aus diesen Gründen jetzt kein Bär mehr sein, sondern ein richtiger Mensch?

Schloss, Prinzessin und Prinz:
Das Schloss ist ein aus Märchen bekannter Ort, der Schutz und Sicherheit gewährt, aber auch einengen und absperren kann.
Anna bringt in ihrer Geschichte zum Ausdruck, dass sie sich in dem Schloss als verzauberte Prinzessin ängstlich fühlt und Furcht vor Einbrechern hat. Da das Schloss golden glänzt, fällt es auf, und die Leute denken, dass dort die Reichen wohnen. In ihrer Geschichte möchte Anna in ein anderes Schloss ziehen. Fühlt sie sich in ihrer jetzigen häuslichen Situation eingeengt, ängstlich? Was ängstigt sie dort? Sind es reale Gefahren, die drohen, oder Phantasien, die Schuldgefühle provozieren und daher ängstigen? Sind die dunklen Wolken über den Köpfen von Prinzessin und Prinz, über dem Schloss und dem Wunschbaum Ausdruck von Bedrückung und Angst?

Welche Rolle kommt dem Vorgang der Verwandlung und dem Prinzen zu? Bezieht Anna mit dieser Figur ihre Schwester, die ebenfalls adoptiert wurde, in die Verwandlungsszene mit ein? Weist sie ihr die Rolle des Prinzen zu, weil sie diese als dominant, stark und männlich erlebt (vgl. Test: „Familie in Tieren“, die Schwester wird in diesem Test als Elefant dargestellt)? Ist das gegengeschlechtliche Paar Prinz/Prinzessin ein dynamisches Selbstsymbol und weist auf Annas Ressourcen im Umgang mit ihren Problemen hin? Oder verbergen sich hinter der Rolle des Prinzen ödipale Phantasien einer kindlichen Sexualität, die ängstigen und Schuldgefühle erzeugen?

Auch Prinzessin und Prinz kennen wir aus Märchen. Die Phantasiegestalt der Prinzessin kann unerfüllte oder erfüllte Bedürfnisse nach Anerkennung und Aufmerksamkeit, nach Liebe und Zärtlichkeit zum Ausdruck bringen. Sie wächst vom Kind zur Frau, zur „Königin“ heran. Sie ist sensibel und empfindsam, setzt ihre Sensibilität aber auch oft mit Nachdruck ein, um ihre Forderungen an ihre Bezugspersonen geltend zu machen.
Eine Prinzessin wünscht sich nicht mehr den Vater, sondern einen Prinzen an ihrer Seite. Oft verwandelt sich daher im Märchen ein hässliches Tier (Frosch, Bär u. a.) in einen Prinzen, den die Prinzessin heiratet (z. B. in der Geschichte „Schneeweißchen und Rosenrot“ der Brüder Grimm). Zeigen sich im ambivalenten Erleben der Eigenschaften des Wunschbaumes und in seiner bildnerischen Darstellung (phallisches Symbol) über die Verwandlung von Bären zu Prinzessin und Prinz erste Anzeichen vorpubertärer Phantasien im Rahmen einer reifenden Sexualität am Ende der Latenzzeit? Können wir im phallischen Symbol des „Wunschbaumes“ eine Auseinandersetzung mit eigenen erstarkenden weiblichen Kräften erkennen? Setzt sich Anna gedanklich nicht nur mit ihren Adoptiveltern, sondern auch mit ihrer leiblichen Mutter und ihrem leiblichen Vater auseinander? Wird der Adoptivvater oder der leibliche Vater in ihrer Phantasie zum Prinzen an ihrer Seite?
Verarbeitet Anna darüber hinaus in ihrer Geschichte ihr Gefühl, Außenseiterin der Klasse zu sein (Sie möchte, dass die Leute im Dorf sie mögen, sie möchte die Bärenfeste mitfeiern dürfen, sie möchte kein „Aschenputtel“ sein.)?
Wünscht sie sich mehr Anerkennung in der Familie und in der Klasse? Wählt sie deshalb die Prinzessin als Identifikationsfigur? Spielt die Farbe *Gold* als symbolisch geäußerter Wunsch nach Anerkennung eine Rolle („Sie sahen Gold in der Luft und fühlten sich toll.“)? Sucht Anna nicht nur in ihrer Familie und Klasse, sondern auch in ihrem sozialen Umfeld des Wohnortes nach Anerkennung und Kontakten („dass die Leute im Dorf sie leiden möchten“)?
Äußert sich in Annas Geschichte auch der Wunsch, sich jetzt in ihre Adoptivfamilie zu integrieren, ganz zu ihr zu gehören und die Gedanken an die Herkunftsfamilie

zu unterdrücken („Sie möchte jetzt nicht mehr verzaubert sein, sondern so leben wie ein richtiger Mensch in einem Schloss; sie möchte sich dort schön einrichten; sie möchte, dass die Leute dort nett zu ihr sind.“)? Gerade dieser Wunsch weist aus meiner Sicht auf eine deutliche Stärkung ihrer Ich-Kräfte hin und ist prognostisch als günstiges Zeichen ihrer Bereitschaft zur Lösung aktueller familiendynamischer Konflikte zu werten.

Die hier zusammengetragenen Fragenkomplexe lassen ahnen, wie schwierig sich ihre Beantwortung und Auflösung gestalten wird. Symbole sind selbst mit Hilfe fachkompetenter psychotherapeutischer Methoden nie eindeutig zu deuten, es bleibt immer ein ungeklärter Rest von Ungewissheit, der sich rationalen Erklärungsversuchen entzieht. Gleichwohl dienen die oben gestellten Fragen als Wegweiser für die weitere psychotherapeutische Arbeit und geben einen Einblick in die Vielfalt an intuitiven Erlebnis- und Entfaltungsmöglichkeiten, Wünschen, aber auch Konflikten, mit denen sich Anna auseinander setzt. Man ist überrascht und erfreut zu sehen, welch innerer Reichtum sich über die Analyse der freien Zeichnung bei diesem Kind erkennen lässt. Aus der Analyse des Intelligenztests allein hätte man keinen Zugang zu diesem kreativen Potenzial gewinnen können.

Graphomotorik (Emotionale Zeichen):
Die Graphomotorik zeigt Ansätze von sicherer, unsicherer, fester und lockerer Strichführung. Im Hinblick auf die Emotionalität kann über die Beobachtung der zunehmenden Lockerung der Graphomotorik angenommen werden, dass auch eine emotionale Entspannung des Mädchens eingesetzt hat.

Größendarstellung (Emotionale Zeichen):
Die Größendarstellung ist noch nicht realitätsorientiert. Aus der Größendarstellung des Schlosses, der Prinzessin, des Prinzen und des Wunschbaumes kann man im Hinblick auf mögliche auslösende Emotionale Faktoren schließen, dass diese vier Motive für das Mädchen eine ganz besondere Bedeutung haben.

Farbdarstellung (Emotionale Zeichen):
Die Farbe *Gold* dominiert das Bild und zeigt Ansätze magischen Denkens, den Wunsch, sich in eine magische verzauberte Welt zu versetzen, selber an Macht und Ausstrahlung zu gewinnen oder auch aus dieser Verzauberung wieder befreit zu werden. Der Gebrauch der Farbe *Braun* beim Mauerwerk des Schlosses und beim Stamm des Wunschbaumes fällt auf. In Verbindung mit dem Symbol der Bärenhöhle als ursprünglicher Wohnort der Bären und der später verzauber-

ten Prinzessin und des Prinzen erinnert das Braun an Erdnähe und Muttererde. Der Baumstamm, das ursprünglich Tragende (Stammbaum der Ursprungsfamilie bzw. der Adoptivfamilie?), ist in dem gleichen Braun gezeichnet wie das Schloss. Dem Mädchen sind diese farbsymbolischen Zuordnungen nicht bewusst. Sie bilden neben Prinzessin und Prinz die räumlichen und inhaltlichen Schwerpunkte der Zeichnung. Bei der Interpretation der Farbe Braun ergibt sich die Frage, ob die Farbwahl zufällig erfolgte oder ob sich hier ein tieferer Ausdruck unbewusster Konfliktbearbeitung zeigt (Suche nach Erdung, nach Geborgenheit im Ursprung des Mütterlichen, Unbewussten, des Familienstammes?). Die *Rotfärbung* des Schlossdaches, der Früchte des Wunschbaumes, des Mundes und der Backen der Sonne, der Wunderblumen, der Münder von Prinzessin und Prinz sowie der Schuhe des Prinzen fällt auf. Zeigt sich hier im positiven Sinne geballte Lebensenergie oder deuten negativ erlebte Emotionen auf Gefahrensignale hin? Unterliegt es dem Zufall, dass die Lippen des Prinzen *sowohl rot als auch grün* gezeichnet sind oder ist dies Ausdruck mangelnder Reife der Zeichenentwicklung? Äußert sich in dieser ungewöhnlichen Farbzusammenstellung ein Emotionales Zeichen für einen aktuellen oder unbewussten Konflikt? Könnte das Dach des Schlosses so zwiespältig erlebt werden wie der Wunschbaum (Lebt Anna unter ihm gefährlich, könnte es einstürzen?)? Weisen die roten Münder von Sonne, Prinzessin und Prinz, die roten Knospen der Wunderblumen und die roten Schuhe des Prinzen auf unbewusste emotionale Bedürfnisse reifender weiblicher Sexualität oder auf Ängste bzw. Angstabwehr des Mädchens hin? Auch das Kleid der Prinzessin enthält Rot, jedoch in feinerer Nuancierung. Will Anna damit eine Fähigkeit zur feineren Nuancierung ihrer Gefühle als Mädchen ausdrücken?

Bewegungsdarstellung (Emotionale Zeichen):
Zu diesem Punkt ist hier nichts zu vermerken.

Raum- und Zeitdarstellung, Komposition (Emotionale Zeichen):
Formale Raumstruktur:
Die Symbole drängen sich auf der Zeichenfläche, es bleibt kaum Raum zwischen ihnen („fast keine Luft zum Atmen“). Wird Anna von ihren zahlreichen inneren Bildern bedrängt, geängstigt?
Raumsymbolik: Im Hinblick auf den *vertikalen Aufbau* wirkt der dicht gedrängte Bereich des Himmels eher erdrückend. Die dunklen Wolken und die schematisiert dargestellten Vögel erzeugen den Eindruck einer belastenden Schwere. Der mittlere Bereich von Schloss, Prinzessin, Prinz, Wunschbaum und Blumen enthält die differenziertesten bildnerischen Ausdrucksmöglichkeiten. Der untere Bereich, die

Wiese, wirkt dagegen kompakt, fest, und zeigt nur wenige Differenzierungen. Die Darstellung des Bodenbereichs erfolgt zwar jetzt geplant, ist jedoch am wenigsten differenziert gestaltet.

Horizontaler Aufbau des Bildes:

Gruppierung der Motive: Links im Bild ist das Schloss, das früher eine Bärenhöhle war. Könnte es sein, dass sich hier symbolisch Vergangenheit und Gegenwart treffen (Vergangenheit im Symbol der Bärenhöhle, Gegenwart im Symbol des Schlosses)? Symbolisiert der Wunschbaum rechts im Bild Annas gegenwärtige Wünsche oder Befürchtungen? Sie malt Prinzessin und Prinz als letzte Motive in dieses Bild, um dann nur noch die Goldtupfer hinzuzufügen. Gibt sie damit in ihrer unbewussten Auseinandersetzung diesen beiden Figuren die entscheidende Betonung als dynamisches Selbstsymbol? Die beiden Figuren bilden zugleich das Bildzentrum und weisen durch diese Position auf ihre hohe emotionale Wertigkeit hin (Anna selbst möchte gerne die Prinzessin sein).

Handlungszusammenhänge sind nicht in der zeichnerischen Darstellung, wohl aber in der erfundenen Geschichte zu beobachten. Die Verwandlungsszene unter dem Wunschbaum enthält nicht nur Handlungsplanung als Hinweis auf Fortschritte der kognitiven Entwicklung, sondern auch Hinweise auf wichtige psychodynamische Prozesse und die Bildung von Ressourcen (Ich-Stärke).

- Quantitative Auswertung Emotionaler Faktoren
- Vergleichende Darstellung der qualitativen und quantitativen Auswertung der Emotionalen Zeichen

Beide Punkte entfallen bei der Analyse dieser Zeichnung.

5.3.3.1 *Interpretation: Hypothesen zur freien Zeichnung: „Der Wundergarten“* (Ebene III, 1.-3.)

1. *Diskussion der Entwicklungsmerkmale (Beobachtungsbereiche, Gesamteinschätzung) mit Vorschlägen für weiterführende psychodiagnostische und psychotherapeutische Maßnahmen:*

Ein Vergleich der beiden Bilder „Familie in Tieren“ und „Der Wundergarten“ zeigt im letzteren eine deutliche Verbesserung der Zeichenfähigkeit. Es ist zu vermuten, dass diese Verbesserung zum größten Teil durch den Gebrauch der flüssigen Farbe bewirkt wurde. Durch dieses Malmaterial fühlte sich Anna deutlich motivierter und emotional stärker angesprochen. Ihre motorischen Verkrampfungen lösten sich, sie war physisch und psychisch entspannter, Phantasien wurden zugänglich. Dennoch zeigen sich auch in diesem Bild Auffälligkeiten, die für eine Beeinträchtigung der kognitiven Reifung und für emotional-soziale Konfliktkonstellationen sprechen und eine Fortführung der Therapie dringend angeraten sein lassen.

2. *Diskussion der Emotionalen Zeichen mit Vorschlägen für weiterführende psychodiagnostische und psychotherapeutische Maßnahmen und für das Elterngespräch:*

Die Zeichnung lässt vermuten, dass sich Anna mit ihrer Herkunftsfamilie und Adoption auseinander setzt und dass Wünsche und Konflikte in diesem Bereich aufzuarbeiten sind. Im Zusammenhang mit dem aktuellen Konflikt zwischen Mutter und Tochter (vgl. Vorgeschichte) gewinnt die Thematik des Bildes „Der Wundergarten" an Bedeutung. Sowohl im Gespräch mit ihr selbst als auch mit den Eltern sollte hier weiter psychotherapeutisch gearbeitet werden. Bei der Beurteilung der vorliegenden Gesamtproblematik wird jetzt die Hypothese zu prüfen sein, ob Anna im Hinblick auf die Entwicklung ihres Grundbedürfnisses nach Sicherheit und Geborgenheit und der Stabilisierung ihres Selbstwertbewusstseins gezielte psychotherapeutische Hilfe benötigt. Die *detaillierte Aufarbeitung ihrer behandlungsbedürftigen Konflikte* ist nur im geschützten therapeutischen Raum zu befürworten und erfolgversprechend. Über weitere spieltherapeutische Maßnahmen sowie über das psychotherapeutische Gespräch mit Anna ist abzuklären, ob die aus der Zeichnung ermittelten Fragen für die emotional-soziale Entwicklung des Mädchens von Bedeutung sind und entsprechende therapeutische Strategien erfordern. Therapeutin und Anna sind dann aufgefordert, gemeinsam am Erkennen und Lösen anstehender Probleme zu arbeiten. Der Wunsch des Mädchens nach Geheimhaltung der offen gelegten Konflikte gegenüber den Eltern sollte respektiert werden. In gleicher Weise verbietet die Diskretion an dieser Stelle eine detailliertere Erörterung der nachfolgend im therapeutischen Prozess ermittelten tiefensymbolischen Zusammenhänge. Familientherapeutische Beratung wurde nun gezielt eingesetzt, um die Komplexität der *aktuell bestehenden familiären und schulischen Probleme* aufzuarbeiten und damit die konfliktreiche häusliche Situation zu entspannen.

3. *Vorschläge für fördernde schulische Maßnahmen:*

Bei der schulischen Förderung Annas wird es weiterhin besonders wichtig sein, die Vermittlung der Kulturtechniken durch Angebote des Schulsportes (vor allem Rhythmik, Tanz) und des musischen Bereichs (z. B. Schulspiel, kreatives Gestalten mit Farben, Singen und Musizieren) aufzulockern.

Die Zusammenarbeit mit der Lehrerin erwies sich in der 3. Klasse weiterhin als sehr kooperativ. Sie unterstützte meine oben beschriebenen Vorschläge und bemühte sich, Anna im Klassenverband immer wieder die notwendigen Ermutigungen und Hilfestellungen zu geben. Das Jahreszeugnis der wiederholten 3. Klasse zeigte deutlich, dass Anna in allen Schulfächern ihre anfänglichen Verbesserungen halten konnte. In Mathematik blieb die Note „ausreichend", alle anderen Fächer wurden mit „befriedigend" bewertet, Religion war „gut". Ihre Hilfsbereitschaft und ihr Bemühen um ein gutes Verhältnis zu den Klassenkameraden wurden besonders gelobt. Sie wurde ohne Einschränkung oder Vorbehalte in die 4. Klasse versetzt.

5.3.4 Analyse des Tests: „Zeichne-Einen-Menschen" mit qualitativer Auswertung (vgl. Leitlinien Ch. Seidel) und quantitativer Auswertung nach Koppitz (ZEM), Ziler (MZT) und Reynolds and Hickman (DAP:IQ); (Ebene II, 1.-5.)

Die Therapie wurde mit den geschilderten Schwerpunkten und verminderter Behandlungsfrequenz bei Anna fortgesetzt (Behandlungsfrequenz: 1,5 Therapieeinheiten bzw. 1 Therapieeinheit pro Woche mit Ausnahme der Schulferien) und nach insgesamt 2 Jahren Behandlungsdauer beendet. Insgesamt wurden 79 Therapieeinheiten von mir durchgeführt.
Die Interpretation des folgenden Tests: „Zeichne-Einen-Menschen" soll den Fortgang der Therapie anschaulich beschreiben. Informationen zu den Basisinformationen und Vorbefunden (vgl. Kap. 5.3.1) liegen bereits vor.

1. Beobachtungssituation (vgl. Schaubild 4, Ebene II, 1.)

- Auswahl des Tests zur Analyse

Der Test: „Zeichne-Einen-Menschen" (ZEM), Koppitz, wird als 3. Test in Folge analysiert (vgl. Abb. 181). Anna war bei Fertigstellung der Zeichnung 10;8 Jahre alt.

Abb. 181: *Anna, LA: 10;8 Jahre, Rahmenbedingungen: Test: „Zeichne-Einen-Menschen (ZEM) (Koppitz), Benennung: „Das bin ich", Bleistift, 29,7 x 21 cm,* ***Zeichenentwicklung*** *(nach 16 Monaten Therapie): Entwicklungsmerkmale unausgewogen und insgesamt rückständig (Beurteilung insgesamt:* ***Anfang Stufe 3****), einige Details der Formdarstellung erreichen jedoch jetzt auch schon* ***Mitte Stufe 3****; es zeigen sich deutliche Entwicklungsdefizite in der Graphomotorik, Form-, Größen- und Raumdarstellung; die Defizite im nichtverbalen Intelligenzbereich (Lernbehinderung) lassen sich auch bei der qualitativen Auswertung nach den neuen Leitlinien (Seidel) sowie nach der quantitativen Auswertung von Koppitz (ZEM), Ziler (MZT) und Reynolds und Hickman (DAP:IQ) nachweisen; deutliche Hinweise auf Probleme im emotional-sozialen Bereich bei der qualitativen Auswertung der* ***Emotionalen Zeichen*** *nach den neuen Leitlinien (Seidel) und nach der quantitativen Auswertung von Koppitz (3 Emotionale Faktoren, zusätzlich ein fraglicher Faktor);* ***Gesamtentwicklung:*** *Kombinierte umschriebene Entwicklungsstörungen (vgl. Abb. 179-180); ausführliche Besprechung der Entwicklungsmerkmale und Emotionalen Zeichen sowie Hypothesen zu ihrer Interpretation vgl. Kap. 5.3.4 und 5.3.6.*

- Beschreibung der Aufgabenstellung (Psychodiagnostik/Therapie)

Durchgeführt wurde der Test im Rahmen der Prozessdiagnostik im Therapieverlauf nach 16 Monaten Therapie.

Testinstruktion und Informationen zur Auswertung nach Koppitz sind in Kap. 9.2-9.2.2 beschrieben. Darüber hinaus wird der Test zum Vergleich nach Ziler (MZT) und Reynolds und Hickman (DAP:IQ) ausgewertet (vgl. Kap. 9.3.1 und 9.3.2).

- Malsituation

Ich führte diesen Test selber mit Anna in meiner Praxis durch.
Es gab keine unvorhergesehenen Unterbrechungen. Anna arbeitete zügig und benötigte zur Fertigstellung der Menschzeichnung ca. 5 Minuten.

- Rahmenbedingungen

Die Rahmenbedingungen entsprachen der Testinstruktion (vgl. Ebene II, 1.).

2. *Verhaltensbeobachtung während des Zeichenvorgangs*

(vgl. Schaubild 4, Ebene II, 2.)

Im Hinblick auf den allgemeinen Gesundheitszustand, Sehfähigkeit, Gehör, Sprache ließen sich keine Störungen ermitteln. Arbeitsverhalten, Motivation zum Malen/Zeichnen, Konzentration, Aufmerksamkeit, Ausdauer waren altersentsprechend. Die Arbeitsgeschwindigkeit war zügig, Geübtheit im Umgang mit Stiften war deutlich bemerkbar. Motorik, Körperkoordination, Körperbewegungen, Sitzhaltung beim Malen/Zeichnen zeigten sich deutlich weniger verkrampft. Die feinmotorische Koordination mit eindeutiger Handpräferenz links war sicherer, aber noch gezeichnet von Druckschwankungen (Einzelheiten vgl. Graphomotorik). Störungen der Wahrnehmungsmodalitäten zeigten sich noch im taktil-kinästhetischen und visuellen Bereich und konnten über die Analyse der Zeichnungen genauer differenziert werden (vgl. Analyse der Entwicklungsmerkmale). Die kognitive Verarbeitung wies nicht im Verhalten, wohl aber bei der Analyse der Zeichnungen deutli che Entwicklungsrückstände auf. Verhaltensstörungen zeigten sich nicht. Anna war kontaktbereit und ließ keine Neigung zu Anfangsängsten oder Leistungsblockaden erkennen. Sie erledigte die ihr gestellten Aufgaben freudig.
Zu Hause, in der Schule und in der Therapie hatte sie in der Zwischenzeit oft gezeichnet und gemalt.

3. *Kommentare und erfundene Geschichten des Kindes zu der Menschzeichnung* (vgl. Schaubild 4, Ebene II, 3.)

Nach Fertigstellung der Zeichnung sagte Anna: „Das bin ich!"

4. *Formale Strukturanalyse und inhaltliche Analyse der Entwicklungsmerkmale des Tests: „Zeichne-Einen-Menschen"*

(vgl. Schaubild 4, Ebene II, 4.)

- Qualitative Auswertung der Entwicklungsmerkmale des Tests: „Zeichne-Einen-Menschen" (ZEM), Koppitz, nach den neuen Leitlinien (Seidel)

Lebensalter bei Fertigstellung der Zeichnung und erwartete Stufe der Zeichenentwicklung:
Anna ist bei Fertigstellung der Zeichnung 10;8 Jahre. Wir erwarten bei ihr die Stufe 3 der Zeichenentwicklung (Mitte bis Ende).

Beschreibung der Entwicklungsmerkmale des Tests: „Zeichne-Einen-Menschen" in folgenden 8 Beobachtungsbereichen:

Gesamteindruck (Entwicklungsmerkmale):
Mein *erster subjektiver Eindruck* beim Betrachten der Zeichnung ist gekennzeichnet durch die Beobachtung der visuell-perzeptiven und kognitiven Entwicklungsstörungen des Mädchens. Ähnlich wie in der ersten Zeichnung: „Familie in Tieren" und in Übereinstimmung mit den Ergebnissen der Intelligenzuntersuchung (HAWIK-R) bestätigen sich die ersten diagnostischen Ermittlungen einer reduzierten Intelligenz im nicht-verbalen Bereich. Die Fortschritte, die beim Gebrauch von flüssigen Farben zu erkennen waren (vgl. Kap. 5.3.3, Abb. 180), sind im Papier-Bleistift-Zeichentest noch nicht nachzuweisen. Der *bildnerische Ausdruck* ist unlebendig, schablonisiert. Das Selbstbildnis zeigt ein hilflos wirkendes Mädchen mit maskenartigem Gesichtsausdruck sowie fehlenden Beinen und Füßen. *Sprachlich* äußert sich Anna nicht detailliert zu der Zeichnung. Sie erwähnt nur, dass das Mädchen in der Zeichnung sie selbst sei. Der *bildnerische Stil* ist uneinheitlich und nicht eindeutig zuzuordnen (Stilbruch). Insgesamt zeigt das Bild den Beginn der 3. Stufe der Zeichenentwicklung. Die unverhältnismäßige Größe des Kopfes (ca. 1/3 der Gesamtfigur) entspricht dem Zeichenentwicklungsstand eines Kindes der ersten Grundschulklassen, nicht jedoch einem Kind, das die 4. Klasse Grundschule besucht. Dagegen weisen die Schleifen am Ende der Zöpfe, die Nasenlöcher und die Falten des Rockes (schraffierte Fläche) schon Differenzierungen auf, die der Mitte der 3. Stufe der Zeichenentwicklung zuzuordnen sind. Bei der Flächendarstellung des Pullovers (mit Kreisen) zeigen sich perseverierende Tendenzen. *Ausführung und Organisation* sind zum Teil sicher geplant, zum Teil flüchtig und unsicher. Es finden sich bei den Haaren (erster Versuch, Schleifen zu zeichnen) und bei der Nase Ausradierungen.

Motive, Symbole, Zeichen (Entwicklungsmerkmale):
Es handelt sich hier um ein Selbstbildnis. Anna legt Wert auf die Darstellung ihrer langen dunklen Haare, ihres Haarschmuckes (Schleifen), des Musters ihres Pullovers und der Falten ihres Rockes. Diese geschlechtsspezifischen Motive sind bei Mädchen ihres Alters häufig zu finden. Ungewöhnlich ist es dagegen, dass Beine und Füße fehlen.

Graphomotorik (Entwicklungsmerkmale):

Die *Strichführung* zeigt mit Ausnahme der Haare einen gesteuerten Einzelstrich mit unabgesetzter Strichführung. Die Haare sind im Pendelstrich lockerer gezeichnet. Der *Strichcharakter* ist vorwiegend druckstark, fest und breit. Am Ende des rechten Zopfes kommt es zu einer intensiven und druckstarken Schwärzung.

Die *Flächenbehandlung* weist eine Konturierung der menschlichen Figur auf, die Haare sind gedunkelt, am Ende des rechten Zopfes geschwärzt. Der Faltenrock zeigt eine Schraffierung und damit kognitive Steuerung der Graphomotorik.

Formdarstellung (Entwicklungsmerkmale):

Die Details sind noch attributiv an den Körper angefügt, gehen noch nicht integrativ ineinander über (Ende Stufe 2). Auch Kopf und Körper sind ohne Übergang aneinander gesetzt, es fehlt der verbindende Hals. Dass diese erwarteten Merkmale fehlen, ist für das Lebensalter von 10;8 Jahren ungewöhnlich und deutet auf einen bestehenden Rückstand der Zeichenentwicklung hin. Die Arme sind nicht an der Schulter, sondern in der Nähe der Taille angesetzt und noch nach oben gestreckt (Unreifezeichen). Die Menschdarstellung zeigt eine unvollständig gezeichnete „Gestalt", Beine und Füße fehlen. Sie ist intellektuell nicht bewältigt und weist auf Probleme des Körperbewusstseins hin (Körperschema, Körperbild, Körperkonzept; Erklärungen zu diesen Begriffen vgl. Kap. 3.6.3 und Kap. 5.3.4). Die Hände haben zwar 5 Finger, sind aber undifferenziert dargestellt. Die rechte Hand ist weniger differenziert gezeichnet als die linke.

Kinder projizieren ihren Körper spiegelbildlich auf die Zeichenfläche, d.h. sie legen sich gleichsam vom Stehen oder Sitzen aus frontal auf das Zeichenblatt. Damit befindet sich ihr rechter Arm auf der rechten Seite, ihr linker Arm auf der linken Seite der Zeichnung. Auch Anna hat ihren linken Arm und ihre linke Hand auf die linke, ihren rechten Arm und ihre rechte Hand auf die rechte Seite ihres Bildes gezeichnet (Abb. 181).

Anna ist Linkshänderin. Für sie ist daher die linke Hand wahrscheinlich bedeutungsvoller im Handlungsvollzug als die rechte. Allerdings ist die Darstellung von linkem und rechtem Arm uneinheitlich. Zwar sind die Finger der linken Hand differenzierter gezeichnet, der linke Arm ist aber kürzer als der rechte. Die Finger der rechten Hand werden räumlich von der zuerst gezeichneten Haarschleife eingeengt. Auch aus diesem (zeichentechnischen) Grund könnte Anna die Finger ihrer rechten Hand undifferenzierter als die der linken dargestellt haben. Die Haarschleifen verraten im zweiten Versuch (ein erster, undifferenzierterer Versuch wurde ausradiert) ein höheres Formniveau als die übrigen Details. Sie sind als graphische Zeichen mit sicherer Beherrschung der Überschneidung der Mittellinie (zwei einander gegenüberliegende Dreiecke) gezeichnet. Die Nase wurde ebenfalls beim ersten Versuch ausradiert. Beim zweiten Versuch zeichnet Anna zweidimensionale Nasenlöcher, die Nase selbst wird nicht flächig, sondern nur als Punkt dargestellt. Die Augen zeigen zwar Pupillen, es fehlen aber Augenbrauen und Wimpern. Backen und Mund wirken schablonenhaft. Der Mund zeigt noch keine Lippen. Der Pullover ist undifferenziert mit sich wiederholenden Kreisen ausgefüllt, die sich überlappen und zum Teil noch nicht geschlossen sind (graphomotorische Unreifezeichen).

Größendarstellung (Entwicklungsmerkmale):
Anna kann ihre Darstellung noch nicht an der Realität orientieren. Die verzerrten Proportionen des Kopfes und Körpers provozieren den Eindruck mangelnder Ausgewogenheit und Disharmonie. Der Kopf ist unverhältnismäßig groß und breit. Er entspricht in der Länge dem Oberkörper und übertrifft ihn darüber hinaus in der Breite. Die Arme sind im Verhältnis zum Kopf, Körper und Beinen viel zu kurz und nach oben gerichtet (Unreifezeichen; Kinder dieses Alters richten in der Mehrzahl die Arme nach unten oder stellen mit ihnen in veränderter Raumposition beabsichtigte andere ausdrucksvolle gestische Bewegungshaltungen dar). Die menschliche Figur ist auffallend groß (22,5 cm). Ergänzt man in der Vorstellung die fehlenden Beine und Füße, wirkt sie in ihrer ungewöhnlichen Gesamtgröße noch imposanter.

Farbdarstellung (Entwicklungsmerkmale):
Bei der vorliegenden Papier-Bleistift-Zeichnung entfällt dieser Punkt.

Bewegungsdarstellung (Entwicklungsmerkmale):
Bei der vorliegenden Papier-Bleistift-Zeichnung entfällt dieser Punkt.

Raum- und Zeitdarstellung, Komposition (Entwicklungsmerkmale)
Formale Raumstruktur:
Die mangelnde Beachtung der Proportionen lässt die vorliegende Raumstruktur disharmonisch erscheinen.
Vertikaler Aufbau: Der menschlichen Gestalt fehlen Beine und Füße. Damit ist der vertikale Aufbau unausgewogen, unharmonisch und auffällig. Die Bedeutung des Kopfes wird hervorgehoben. Ein tragender Boden ist nicht vorhanden.
Horizontaler Aufbau: Die Figur steht achsengerade in der Mitte des Bildes. Die Zeichnung ist damit mittenbetont. Rechts und links bleibt der Zeichenraum leer.
Weitere Raummerkmale: Es zeigen sich im Gesamtraum noch keine Ansätze der Darstellung eines Tiefenraumes (z. B. kein flächiger Boden). Erste Versuche zur Zweidimensionalität finden sich in der Darstellung der Nase.

- Gesamteinschätzung der erreichten Stufe der Zeichenentwicklung nach den neuen Leitlinien; erste Einschätzung der kognitiven Entwicklung

Die Zeichenentwicklung weist deutliche Rückstände auf. Insgesamt gesehen erreicht Anna den Anfang der Stufe 3. Von sechs Beobachtungsbereichen zeigt sie in der Graphomotorik, Form-, Größen- und Raumdarstellung Entwicklungsdefizite. Das Niveau der Entwicklungsmerkmale ist uneinheitlich: Haarschleifen, Nasenlöcher und Faltenrock sind bereits der Mitte der Stufe 3 zuzuordnen. Dagegen zeigen die Haltung der Arme, die nicht-realitätsorientierten Proportionen der Gesamtfigur und ihrer Glieder, die maskenartigen, starren Gesichtsmerkmale und die perseverierenden und graphomotorisch unsicher gezeichneten (noch nicht geschlossenen) Kreise als Muster auf dem Pullover des Mädchens deutliche Unreifezeichen. Diese Merkmale repräsentieren einen undifferenzierten bildnerischen Ausdruck. Es finden sich in dieser Zeichnung keine Ansätze kreativer Potenziale. Die Analyse bestätigt die Eingangsdiagnostik mit Hilfe des Wechsler-Tests (HAWIK-R). Die vorliegende Papier-Bleistift-Zeichnung lässt erkennen, dass Anna im nicht-verbalen Intelligenzbereich deutliche Defizite hat, die sich mindernd auf ihre visuelle Wahrnehmung und Zeichenfähigkeit auswirken. Graphomotorische Unsicherheiten werden, im Unterschied zur Verwendung farbiger Malmittel, beim Gebrauch des Bleistiftes sichtbar und reduzieren das Niveau der Zeichnung.

- *Quantitative* Auswertung der Entwicklungsmerkmale einzelner standardisierter Zeichentests entsprechend der Normen der Originalliteratur

Entwicklungsmerkmale des Tests: „Zeichne Einen-Menschen" (ZEM), Koppitz, 1972; Erläuterungen zur Auswertung siehe Kap. 9.2; 9.2.1, Tab. 1, 2 und 3):

Die Auswertung des ZEM, Koppitz, erfolgt, indem „fehlende" und „außergewöhnliche Entwicklungsmerkmale" bestimmt und mit den Werten der Normierungsstichprobe verglichen werden. Mit Hilfe einer Formel werden fehlende „erwartete" und „außergewöhnliche Entwicklungsmerkmale" miteinander verrechnet und orientieren so über den Stand der Zeichenentwicklung. Zusätzlich kann das Fehlen üblicher und nicht-ungewöhnlicher Entwicklungsmerkmale anhand der vorliegenden Tabellen abgelesen werden. Es werden insgesamt 30 Entwicklungsmerkmale überprüft. Für Jungen und Mädchen liegen getrennte Normierungstabellen vor (vgl. Kap. 9.2). Entsprechend der *Originaltabelle 3, Prozentsatz der Mädchen*, werden von Anna im Lebensalter von 10,8 Jahren 13 Entwicklungsmerkmale erwartet (Kopf, Augen, Nase, Mund, Körper, Beine, Arme, Haare, Füße, Arme zweidimensional (flächig), Beine zweidimensional (flächig), Hals, Arme nach unten weisend; vgl. Kap. 9.2; 9.2.1). *Von den erwarteten 13 Entwicklungsmerkmalen fehlen 3 Merkmale*, was in Annas Alter auf Entwicklungsdefizite hinweist: *Beine, Hals, Arme nach unten weisend* (Anna

zeichnet die Arme noch nach oben gerichtet). Fehlende „erwartete Merkmale" werden als Minus-Werte verrechnet. Anna folgte nicht der Testinstruktion, eine ganze Person zu zeichnen und ließ *Beine und Füße* aus. Beine *könnten* zwar unter dem Rock verdeckt vorhanden sein, werden aber nach den Anweisungen von Koppitz bei Annas Zeichnung als nicht vorhanden gewertet, da die Entfernung zwischen Hüften und Füßen nicht lang genug ist, um auch die Darstellung der Beine unterhalb des Rockes zu gestatten. Dagegen werden die nicht vorhandenen zweidimensionalen Füße nicht als Minuspunkte gerechnet, da auch die Beine nicht vorhanden sind. An *außergewöhnlichen Merkmalen* erwarten wir nach der Normierung von Koppitz im Lebensalter von 10;8 Jahren Profil und Knie. Anna zeichnet *keine außergewöhnlichen Merkmale*, die in der Normierungsstichprobe sehr selten (nur bei 13 bzw. 4 %) vorkamen und auf gute Potenziale der Zeichenentwicklung hinweisen. Da keine außergewöhnlichen Merkmale festzustellen sind, die den Minuswert der erwarteten Merkmale ausgleichen, wird Anna kein Pluspunkt zuerkannt.
Es ergibt sich die folgende Auswertung: - 3 + 0 + 5 = 2.
Nach der Auswertung von Koppitz (vgl. Kap. 9.2, Beurteilung der individuellen ZEM-Punkte) ist dieses Ergebnis weit unterdurchschnittlich und weist zugleich auf eine deutlich reduzierte Intelligenzentwicklung hin (IQ 60-80). Die Normen von Koppitz gelten nach Aussage der Autorin als *Minimalerwartung für das angegebene Lebensalter*. Diese Minimalerwartung wird von Anna nicht erfüllt. Außer der Gesamteinschätzung (Auswertungsformel) können noch *übliche und nicht-ungewöhnliche Merkmale vergleichend bei der Auswertung hinzugezogen werden.* Üblich sind bei einem 10jährigen Mädchen 6 weitere Merkmale (Arme an der Schulter, Hände, Augenbrauen, Pupillen, Füße zweidimensional und Finger). Von diesen 6 üblichen Merkmalen fehlen 2 (Arme an der Schulter und Augenbrauen; Füße zweidimensional wird nicht berechnet, da die Beine fehlen). *Nicht ungewöhnlich* sind bei einem 10jähren Mädchen 6 Merkmale (Ohr, 5 Finger, Beachtung der richtigen Proportion, Nasenlöcher, 2 Lippen und Ellbogen). Von diesen 6 nicht-ungewöhnlichen Merkmalen fehlen bei Anna 4 Merkmale (Ohr, Proportion, zwei Lippen, Ellbogen). Bei der *Betrachtung der Kleidung* finden wir 3 Merkmale (Pullover, Rock und Haarschleifen). Drei Einzelheiten bei der Kleidung sind für ein 10jähriges Mädchen nicht ungewöhnlich und fließen nicht in die Berechnungsformel ein.
Bei einer Gesamtbeurteilung des ZEM (Beachtung der erwarteten, üblichen, nicht-ungewöhnlichen und außergewöhnlichen Merkmale) zeigt sich ein deutlich unterdurchschnittliches Ergebnis. Annas Menschzeichnung entspricht nicht den Erwartungswerten der Altersstufe.

Auswertung von Entwicklungsmerkmalen anderer standardisierter Zeichentests (MZT,

Ziler; DAP:IQ, Reynolds and Hickman; weitere Erläuterungen zu diesen Testverfahren vgl. Kap. 5.2.2.4; 9.3.1; 9.3.2):

Auswertung des Mann-Zeichen-Tests, MZT, Ziler:
Die Auswertung der vorliegenden Menschzeichnung nach Ziler erfolgt, indem *alle erreichten Punkte der Entwicklungsmerkmale als Pluspunkte zusammengezählt, ein Mann-Zeichen-Alter (MZA) und ein Mann-Zeichen-Quotient (MZQ) berechnet und anhand einer Normierungstabelle interpretiert werden.* Es gibt beim MZT insgesamt 58 Entwicklungsmerkmale, die überprüft werden.
Anna erreicht nach der Auswertung von Ziler 19 von 58 Punkten. Das Mann-Zeichen-Alter (MZA) beträgt 7,75 Jahre. Anna ist zurzeit der Fertigstellung der Zeichnung 10;8 Jahre alt (das entspricht dezimal ausgedrückt 10,66 Jahren).
Teilt man MZA durch Lebensalter und multipliziert mit 100, so erhält man einen MZQ von 72 (7,75:10,66 = 0,72 x 100 = 72). Vergleichbar der Auswertung von Koppitz weist dieses Ergebnis ebenfalls auf deutliche Defizite in der Zeichenentwicklung und kognitiven Entwicklung hin.

Auswertung der Menschzeichnung nach den aktuell standardisierten amerikanischen Normen des Tests: DAP:IQ, Reynolds and Hickman (vgl. Kap. 9.3.2):
Die Normen dieses Tests erschienen 2004 und liegen bisher noch nicht in deutscher Sprache vor. Im Unterschied zum ZEM, Koppitz, und MZT, Ziler, ist die Auswertungssicherheit durch Bildbeispiele zu jedem Entwicklungsmerkmal erleichtert. Die Bildbeispiele für das Vergeben von Punkten entsprechend der Differenziertheit der Ausführung sind auf das Auswertungsformular gedruckt und ermöglichen eine rasche Orientierung über die Auswertungsrichtlinien. Bei diesem Test werden, vergleichbar der Auswertung von Ziler, die positiv erreichten Punkte als Pluspunkte zusammengezählt. Auf Grundlage verlässlicher statistischer Gütekriterien werden, vergleichbar den Wechsler-Tests, Standardwerte bestimmt (Wertpunkte mit einem mittleren Wert von 100 und einer Standardabweichung von 15) und Prozentränge sowie T-Werte errechnet (ein T-Wert hat einen mittleren Wert von 50 und eine Standardabweichung von 10). Auch andere statistische Maße sind auszuwerten (z-Werte und Stanine Werte). Die Rohwerte können Alters-Äquivalenten (Zeichen-Alter und der Einordnung in Schulklassen) zugeordnet werden.
Der DAP:IQ untersucht 23 Kategorien von Entwicklungsmerkmalen und verteilt für die zu beobachtenden Merkmale Punktwerte.
Anna erhält folgende Punkte:
Kopf (1), Haare (2), Augen (2), Augenwimpern (0), Augenbrauen (0), Nase (1), Mund (2), Kinn (0), Ohren (0), Hals (0), Schultern (0), Arme (1), Ellbogen (0),

Hände (2), Körper (1), Taille (0), Hüften (0), Beine (0), Knie (0), Fersen (0), Füße (0), Kleidung (2), Accessoires (1)
Insgesamt erhält Anna nach der Auswertung des DAP:IQ 15 Punkte. Dies entspricht einem Standardwert von 81 (M 100, SD 15) und ist, vergleichbar einem IQ von 81, ein unterdurchschnittliches Ergebnis. Es errechnet sich aus dem Standardwert ein unterdurchschnittlicher Prozentrang von 10 (10 % der Normierungsgruppe erzielte gleich gute, aber 90 % der Kinder dieser Altersgruppe erzielten bessere Werte). Der T-Wert liegt bei Anna mit 37 (M 50, SD 10) ebenfalls im unterdurchschnittlichen Bereich.

- Vergleichende Darstellung der *qualitativen und quantitativen* Auswertung der Entwicklungsmerkmale des Tests: *„Zeichne-Einen-Menschen"* in 8 Beobachtungsbereichen; Fragestellungen zur kognitiven Entwicklung

Sowohl die qualitative als auch die quantitative Auswertung des Tests „Zeichne-Einen-Menschen" zeigt deutliche Rückstände in der Zeichenentwicklung, die in Zusammenhang mit kognitiven Defiziten zu beurteilen sind. Nach Reynolds und Hickman bestehen statistisch signifikant gesicherte Zusammenhänge der Standard-Werte des DAP:IQ mit den Ergebnissen der Intelligenzuntersuchungen (HAWIK-R). Insbesondere wurde ein statistisch auf hohem Signifikanzniveau gesicherter Zusammenhang zwischen nicht-verbaler Intelligenz und dem Ergebnis des DAP:IQ nachgewiesen.

4. ***Formale Strukturanalyse und inhaltliche Analyse der Emotionalen Zeichen*** (vgl. Schaubild 4, Ebene II, 5.)

- *Qualitative* Auswertung Emotionaler Zeichen

Beachtung des Lebensalters und der kognitiven Entwicklung des Kindes bei Fertigstellung des Zeichentests:
Anna ist zum Zeitpunkt der Fertigstellung der Zeichnung 10;8 Jahre alt. Ihre geistige Entwicklung entspricht im verbalen Bereich der Durchschnittsnorm und ist im nicht-verbalen Bereich deutlich rückständig.

Beschreibung der Emotionalen Zeichen der Menschzeichnung in 8 Beobachtungsbereichen; Formulierung von Fragestellungen zur emotional-sozialen Entwicklung:

Gesamteindruck (Emotionale Zeichen):
Mein *erster subjektiver Eindruck* wird bestimmt von der zum Ausdruck gebrachten Kindlichkeit und Hilflosigkeit des dargestellten Mädchens. Es hebt die viel zu kurzen Arme hoch und hat einen maskenhaften Gesichtausdruck, der keine Emotionen

verrät. Der *bildnerische Ausdruck* ist starr und unlebendig. *Sprachlich* äußert sich Anna kaum zu dem Bild, vermerkt nur, dass es ein Selbstbildnis sein soll. Der *bildnerische Stil* ist unausgewogen (Stilbruch) und schwankt zwischen Ende Stufe 2 und Mitte Stufe 3. Nicht nur im Hinblick auf die kognitive, sondern auch auf die emotionale Entwicklung sind Störfaktoren (Unsicherheiten) zu erwarten. *Ausführung und Organisation* sind zum Teil geplant, zum Teil unsicher und flüchtig. Auch hier findet sich die Bestätigung vermuteter Zusammenhänge zwischen der kognitiven Entwicklungsverzögerung und Labilität des Arbeitsverhaltens sowie den Emotionen (Ausradierungen).

Motive, Symbole, Zeichen (Emotionale Zeichen):
Über Symbolisierungen in der Menschzeichnung lassen sich Aussagen zum *Körperbewusstsein* (Körperschema, Körperbild, Körperkonzept), zum *Selbstbewusstsein*, zur *Emotionalität* und zur *Persönlichkeitsentwicklung* von Kindern (und Erwachsenen) treffen.

Körperschema:
In der Menschzeichnung spiegelt sich das Körperbewusstsein des Kindes/Erwachsenen. Unbewusste Körperempfindungen, z. B. Gleichgewichtsreaktionen, fließen in die Darstellung und Symbolisierung ein. Beeinträchtigungen der Psychomotorik/Körperbehinderungen kommen häufig symbolisch im Sinne eines Abwehrmechanismus zum Ausdruck. Motorisch unsichere Kinder „vergessen" z. B. die Füße zu zeichnen; ihre Zeichnungen von Personen hängen ohne Bezug zu einer Bodenlinie in der Luft. Weist das Fehlen der Beine und Füße des dargestellten Mädchens auf Störungen in Annas Körperschema hin? Ein Körper ohne Beine und Füße kann sich nicht selbstständig fortbewegen. Fühlt sich Anna in ihrer autonomen Körperfunktion des Gehens und ihrer psychomotorischen Koordination beeinträchtigt? Fühlt sie sich auch im Handlungsspielraum ihrer Arme eingeschränkt und drückt dies symbolisch durch die viel zu kurzen und nach oben gerichteten Arme aus? Wie wir aus ihrer Vorgeschichte (vgl. Arztbericht) wissen, konnte sie mit 9;9 Jahren noch keine komplexeren psychomotorischen Koordinationsleistungen (z. B. „Hampelmann-Sprung") erbringen. Auch im Alter der Fertigstellung dieser Zeichnung ist ihr dies nach meiner Beobachtung erst in Ansätzen möglich. Ihre psychomotorischen Bewegungen sind noch ungelenk.

Körperbild:
Das Kind/der Erwachsene projiziert sein Körpergefühl (Körperbild) in die Zeichnung. Kinder, Erwachsene, die sich schlecht oder hässlich fühlen, übertragen oft die-

se negativen Gefühle unmittelbar in den Ausdruck ihrer Zeichnung (vgl. G. Schmeer, 2002). Kinder/Erwachsene kompensieren auch oft ihre negativen Gefühle im Sinne einer Wunscherfüllung und stellen Merkmale in ihren Menschzeichnungen dar, die den eigenen Empfindungen entgegengesetzt sind. So zeichnen sich z. B. manche Kleinwüchsige nicht besonders klein, sondern im Sinne einer Wunscherfüllung besonders groß. Körperbehinderte Kinder heben in ihren Zeichnungen ihre jeweiligen beeinträchtigten Gliedmaßen optisch besonders hervor (ein spastisch gelähmtes Bein wird z. B. vergrößert bzw. verkleinert dargestellt). Kinder, die sich hässlich vorkommen, zeichnen sich besonders schöne Haare in der gewünschten Haarfarbe (vgl. Fallbeispiel Paul, Kap. 4.3.4, Abb. 166). Kinder mit Sprach- oder Sprechproblemen kritzeln den Mundbereich aus oder zeichnen ihn besonders groß bzw. klein.
Welches Körperbild hat Anna von sich selbst? Fühlt sie sich hilflos und streckt deshalb die viel zu kurzen Arme hoch? Sind die Arme so kurz, weil sie sich in ihrem Aktionsradius eingeschränkt und deshalb schlecht fühlt (Einfluss des gestörten Körperschemas auf ein negativ geprägtes Körperbild)? Zeichnet sie sich kompensatorisch einen „größeren", „klügeren" Kopf, weil sie den eigenen Kopf als „zu klein" erlebt und dieses negative Gefühl abwehrt, verdrängt?
In das Körperbild fließen auch geschlechtsspezifische Vorstellungen ein. Nach eigener Aussage identifiziert sich Anna in der Menschzeichnung mit dieser Mädchenfigur. Ihr Interesse an ihrem Haar, dem Haarschmuck und ihrer Kleidung wird deutlich. Dieses ist bei Mädchen ihres Alters häufig zu beobachten und zeugt von der Auseinandersetzung mit ihren geschlechtsspezifischen Merkmalen. Zeigen diese Merkmale auch Ansätze eines positiven Körperbildes, eines positiven weiblichen Körpergefühls?

Körperkonzept:
Im Körperkonzept erkennen wir das Wissen, das ein Kind von seinem Körper, dessen Aufbau, Proportionen und Funktionen hat. In Zusammenhang mit den psychomotorischen und kognitiven Entwicklungsstörungen Annas wird eine Beeinträchtigung ihres Körperkonzepts deutlich. Projektive Deutungen von Entwicklungsmerkmalen sind daher nur unter Vorbehalt möglich und setzen immer eine ganzheitliche diagnostische Einordnung voraus.

Graphomotorik (Emotionale Zeichen):
Die Graphomotorik zeigt überwiegend einen starken Zeichendruck, der auf vitale Ansprechbarkeit hinweist. Schwärzungen deuten eventuell vorliegende affektive Spannungen an. Ausradierungen können nicht nur auf Unsicherheiten in der Handlungsplanung (kognitive Entwicklung), sondern auch auf solche im emotionalen Bereich hinweisen.

Formdarstellung (Emotionale Zeichen):
Die unvollständige Figur mit fehlenden Beinen, Füßen und Hals und die Unreifezeichen der Formdarstellung lassen kognitive Beeinträchtigungen vermuten, die mit emotionalen Unsicherheiten verbunden sind.

Größendarstellung (Emotionale Zeichen):
Die mangelhafte Proportionalität weist darauf hin, dass Anna von ihrem eigenen Körperbild und Körperkonzept eine wenig differenzierte Vorstellung hat bzw. diese nicht über die graphische Darstellung wiedergeben kann. Zeichnet sie sich selbst deshalb so groß (22,5 cm lang – ohne Beine und Füße!), weil sie sich mehr Anerkennung wünscht (Abwehrmechanismus im Sinne der Kompensation)? Zeichnet sie den Kopf so groß, weil sie sich der kognitiven Defizite ihres als „zu klein" erlebten Kopfes immer deutlicher bewusst wird, diese negativen Gefühle verdrängt und in ihrer Vorstellung im Sinne der kompensatorischen Wunscherfüllung einen Kopf mit größerer geistiger Kapazität, z. B. für das mathematische Denken, „besitzt"? Ist es gerechtfertigt, die mangelhafte Proportionalität ausschließlich in Zusammenhang mit den kognitiven und visuell-perzeptiven Entwicklungsstörungen zu beurteilen?

Farbdarstellung (Emotionale Zeichen):
Dieser Punkt entfällt hier.

Bewegungsdarstellung (Emotionale Zeichen):
Dieser Punkt entfällt hier.

Raum- und Zeitdarstellung, Komposition (Emotionale Zeichen):
Die in der Zeichnung fehlenden Beine und Füße sowie die fehlende Darstellung eines Bodens lassen vermuten, dass Anna mit ihrem Körperbewusstsein (Körperschema, Körperbild und Körperkonzept) Probleme hat. Fehlen ihr in symbolischer Weise der Boden unter den Füßen und die Beine an den Füßen, die sie sicher tragen könnten? (weitere Ausführungen zu diesem Punkt vgl. Motive, Symbole, Zeichen).

- *Quantitative* Auswertung Emotionaler Faktoren im Rahmen des standardisierten Zeichentests: „Zeichne-Einen-Menschen" (ZEM), Koppitz, 1972, gemäß den Normen der Originalliteratur

Koppitz wertet den emotionalen Bereich des Tests: „Zeichne-Einen-Menschen" auf der Grundlage ihrer Normierungsergebnisse mit verhaltensgestörten Kindern über

die Beobachtung von 30 Emotionalen Merkmalen aus. Zwei und mehr dieser Merkmale gelten als auffällig und weisen auf emotional-soziale Störungen hin.
Anna zeigt in ihrer Zeichnung drei dieser Merkmale (kurze Arme, keine Beine, keinen Hals). Dazu kommt als mögliches weiteres Emotionales Merkmal die große Gestalt (gemessen 22,5 cm, auffällig nach Koppitz ab 23 cm).
Diese Emotionalen Merkmale sind bei Anna nicht als umschriebene emotionale Störtendenzen zu beurteilen, sondern müssen in Zusammenhang mit der vorliegenden kombinierten umschriebenen Entwicklungsstörung (vgl. Basisinformationen, ärztlicher Befund) diskutiert werden.

- Vergleichende Darstellung der *qualitativen* und *quantitativen* Auswertung der Emotionalen Zeichen (Emotionalen Faktoren) im *Test: „Zeichne-Einen-Menschen"* nach 8 Beobachtungsbereichen; Fragestellungen zur emotional-sozialen Entwicklung

Qualitative und quantitative Auswertung deuten auf Störtendenzen Annas im emotional-sozialen Bereich hin. Bei der qualitativen Auswertung springen die mangelnde „Erdung" des Mädchens, ihre Probleme mit ihrem Körperbewusstsein verstärkt ins Auge.

Die Interpretation von Entwicklungsmerkmalen und Emotionalen Zeichen (vgl. Schaubild 4, Ebene III, 1.-3.) erfolgt im Anschluss an die Analyse der Baumzeichnung.

5.3.5 Analyse des „Baum-Tests" (Ebene II, 1.-5.)

Die Informationen zu den Basisinformationen und Vorbefunden liegen bereits vor (vgl. Kap. 5.3.1, Ebene I, 1.-6.).

1. Beobachtungssituation (vgl. Schaubild 4, Ebene II, 1.)

- Auswahl der Zeichnung zur Analyse

Der Baum-Test wurde als vierter Test im Therapieverlauf (Therapiedauer: 16 Monate) analysiert (Abb. 182). Anna ist zum Zeitpunkt der Durchführung 10;8 Jahre alt.

- Beschreibung der Aufgabenstellung

Der Baum-Test wurde zeitlich unmittelbar nach der Menschzeichnung durchgeführt und sollte im Hinblick auf die ermittelten Entwicklungsmerkmale und Emotionalen Zeichen mit dieser verglichen werden. Testinstruktion (nach Avé-Lallemant): „Zeichne einen Baum, aber keine Tanne" (vgl. Kap. 9.3.3).

Abb. 182:
Anna, LA: 10;8 Jahre, Rahmenbedingungen: „Baum-Test" (Avé-Lallemant), Benennung: „Apfel-Baum, unten sind Wurzeln", Bleistift, 29,7 x 21 cm, ***Zeichenentwicklung*** *(nach 16 Monaten Therapie): Entwicklungsmerkmale zeigen leichten Rückstand* ***(Mitte Stufe 3)****, Hinweise auf leichte kognitive Entwicklungsverzögerung;* ***Emotionale Zeichen:*** *bei der qualitativen Auswertung nach den neuen Leitlinien (Seidel) auffällige* ***Störtendenzen im emotional-sozialen Bereich; Gesamtentwicklung:*** *Kombinierte umschriebene Entwicklungsstörungen (vgl. Abb. 179-181); ausführliche Besprechung der Entwicklungsmerkmale und Emotionalen Zeichen sowie Hypothesen zu ihrer Interpretation vgl. Kap.5.3.5 und 5.3.6.*

- Malsituation

Ich führte diesen Test selber mit Anna in meiner Praxis unmittelbar nach der Menschzeichnung durch. Es gab keine unvorhergesehenen Unterbrechungen. Anna arbeitete zügig und benötigte zur Fertigstellung der Baumzeichnung wegen der zeitaufwändigen Ausschmückung der Krone mit Blättern und Äpfeln ca. 10 Minuten.

2. *Verhaltensbeobachtung* (vgl. Schaubild 4, Ebene II, 2.)

Die Angaben zur Verhaltensbeobachtung entsprechen weit gehend den Beobachtungen bei der Durchführung der Menschzeichnung. Auffällig war, dass Anna nach Fertigstellung des Baumes nachträglich die „Wurzeln" in den unteren Bereich des Stammes einzeichnete und diese mit einer Linie vom Stamm abtrennte.

3. *Kommentare* (vgl. Schaubild 4, Ebene II, 3.)

Anna bezeichnete den Baum als „Apfel-Baum", den unteren Teil des Baumes als „Wurzeln".

4. Formale Strukturanalyse und inhaltliche Analyse der Entwicklungsmerkmale (Schaubild 4, Ebene II, 4.)

- *Qualitative* Auswertung der Entwicklungsmerkmale nach den neuen Leitlinien

Lebensalter bei Fertigstellung der Zeichnung und Bestimmung der erwarteten Stufe der Zeichenentwicklung:

Anna ist zum Zeitpunkt der Fertigung der Zeichnung 10;8 Jahre alt. Wir erwarten bei ihr Stufe 3 der Zeichenentwicklung (Mitte bis Ende).

Beschreibung der Entwicklungsmerkmale in folgenden 8 Beobachtungsbereichen:

Gesamteindruck (Entwicklungsmerkmale):

Erster *subjektiver Eindruck* der Zeichenentwicklung: Die Zeichnung wirkt auf mich auf der kognitiven Ebene entwicklungsverzögert und im Hinblick auf die emotional-soziale Entwicklung Annas ebenfalls auffällig. Sie entspricht nicht den Erwartungen an ein Mädchen, das die 4. Klasse Grundschule besucht.

Der bildnerische Ausdruck ist in seiner Aussage widersprüchlich: Die Baumkrone ist gekennzeichnet durch Perseverationen (stereotype Wiederholungen der Blatt- und Apfelformen ohne Variationen). Sie wirkt eher dekorativ als aussagekräftig. Der Stamm fällt dagegen in seinem unteren Bereich durch ausdrucksvolle Schattierungen und eine individuell gestaltete (geschwungene) Abgrenzungslinie zwischen Stamm- und Wurzelbereich auf. Der obere Teil des Stammes (Kronenansatz, Ursprungsmitte des Baumes) wirkt dagegen ausdrucksarm. *Sprachlich* äußerte sich Anna kaum zu dieser Zeichnung. Sie bezeichnete den Baum als „Apfel-Baum", den unteren Bereich des Stammes als „Wurzeln". Der *bildnerischer Stil* ist der 3. Stufe der Zeichenentwicklung (Anfang bis Mitte) zuzuordnen. Bei der Darstellung des Innenbereichs der Krone zeigen sich perseverierende Tendenzen (Blätter und Äpfel nach gleichem Muster dargestellt). *Ausführung und Organisation* sind im Bereich von Krone und oberem Teil des Stammes geplant. Der Wurzelbereich zeigt in der schattierten Gesamtfläche flüchtige und ungeplante Linienführungen. Es sind keine Ausradierungen zu beobachten.

Motive, Symbole, Zeichen (Entwicklungsmerkmale):

Die Zeichnung zeigt Stamm, Wurzeln, Krone mit Ästen, Blättern und Äpfeln. Eine geschwungene Linie trennt den Stamm von den Wurzeln.

Graphomotorik (Entwicklungsmerkmale):

Strichführung: Sie ist bei der Kontur der Krone sicher, rational gesteuert, unabgesetzt und wirkt fest-deftig. Die Kontur des Stammes ist ebenfalls mit sicherem Strich gezeichnet, der zur Erdnähe hin an Druckstärke verliert. Die Trennlinie zwischen

Stamm und Wurzeln wird mit einem sicheren, pendelnden Strich dargestellt. Äste, Blätter, Äpfel und Apfelstiele zeigen eine unsichere Strichführung.
Die unsichere, abgesetzte Strichführung des Wurzelbereichs lässt eher affektive Anteile als eine rationale Steuerung bei der Entstehung der Zeichnung vermuten.
Der *Strichcharakter* ist uneinheitlich: im Bereich der Krone druckstark und breit, im Verlauf der Stammlinien schmaler und druckschwächer. Die Trennlinie zwischen Stamm und Wurzeln zeigt einen auffallend scharfen Strich in geschwungener Linienform (druckstark und schmal). Der Wurzelbereich lässt eine zarte Strichführung erkennen, die schwankend, unsicher brüchig wirkt und an eine Strichstörung denken lässt.
Flächenbehandlung: Auch bei diesem Merkmal bietet der Baum ein uneinheitliches Bild: Krone und Stamm sind konturiert. Ihre Umgrenzung der Form weist auf rationale Kontrolle hin. Der Wurzelbereich zeigt dagegen eine Schattierung (vital bedingte Pendelbewegung mit einem Überwiegen der Antriebskräfte und der Vermutung einer zu Grunde liegenden sensuellen Ansprechbarkeit).

Formdarstellung (Entwicklungsmerkmale):
Die Glieder des Baumes (Stamm, Krone, Äste, Wurzelbereich) sind attributiv aneinander gefügt und gehen noch nicht integrativ ineinander über. Wir beobachten einen „Lötstamm". Die Äste wachsen noch nicht im Fingeransatz organisch aus der Ursprungsmitte, sondern werden von einer Trennlinie aus als Haupt-Äste ohne Neben-Äste oder Zweige nach oben geführt (Der Fingeransatz ist allerdings erst ab ca. 10;0-11;0 Jahren zu erwarten). Die Äste sind von einer „Kronenhaut" umschlossen und nach außen abgegrenzt. An den Ästen sind Blätter angebracht. Die Äpfel hängen nicht an Zweigen, sondern wachsen mit ihren Stielen aus den oberen Teilen der Blätter heraus (Unreifezeichen). Allerdings wachsen die Blätter schon schräg aus den Ästen und nicht mehr im rechten Winkel (Überwindung des R-Prinzips).

Größendarstellung (Entwicklungsmerkmale):
Krone und Stamm haben fast die gleiche Länge (Unreifezeichen). Der Wurzelbereich ist auffallend groß dargestellt. Beurteilt man den Baum als ganze Erscheinung ohne die abgetrennten Wurzeln, also wie er zuerst gezeichnet wurde, erscheint die Krone im Verhältnis zum Stamm klein (nach statistischer Erhebungen Kochs zeichnen 10;0-11;0jährige Kinder den Stamm zur Krone im Verhältnis 1:3; bei Anna ist das Verhältnis noch 1:1 und als Unreifezeichen zu werten). Nachdem Anna die Wurzeln eingezeichnet hat, verändert sich das Verhältnis Stamm zu Krone auf 1:2 und entspricht damit einer reiferen Zeichenleistung. Nach Koch ist das von Anna jetzt gezeichnete Verhältnis von Stamm zur Krone bei 10jährigen Kindern zu erwarten. Der Baum ist insgesamt auffällig groß (28,5 cm lang).

Farbdarstellung (Entwicklungsmerkmale):
Dieser Punkt entfällt hier.

Bewegungsdarstellung (Entwicklungsmerkmale):
Dieser Punkt entfällt hier.

Raum- und Zeitdarstellung, Komposition (Entwicklungsmerkmale):
Formale Raumstruktur:
Vertikaler Bildaufbau: Die Krone nimmt die Hälfte des Zeichenblattes ein. Sie reicht fast bis zum oberen Bildrand. Im mittleren Bereich verläuft der Stamm, im unteren Bereich liegen die Wurzeln, die nachträglich in den fertigen Stamm eingezeichnet wurden. Ein Viertel des Gesamtbildes ist mit Wurzeln ausgefüllt.
Das Verhältnis Stamm zu Krone ist 1:1 (Unreifezeichen) bzw. nach Einzeichnung der Wurzeln 1:2. Die Wurzeln liegen der Blattkante auf. Eine Bodenlinie wurde nicht gezeichnet.
Horizontaler Aufbau: Der Baum steht nicht in der Mitte, sondern ist leicht nach rechts verschoben. Die Baumkrone ist auf der rechten Seite fülliger als auf der linken. Auf ihrer linken Seite fallen Unsicherheiten von Graphomotorik und Formgestaltung der Äpfel und Blätter verstärkt auf. Der äußere linke Teil der Baumkrone ist am Rand leer.
Die formale Raumstruktur ist uneinheitlich, disharmonisch, nicht ausgewogen.

- Gesamteinschätzung der ereichten Stufe der Zeichenentwicklung des „Baum-Tests“ nach den neuen Leitlinien; erste Einschätzung der kognitiven Entwicklung

Der Baum ist der 3. Stufe (Mitte) der Zeichenentwicklung zuzuordnen. Die beobachteten Merkmale sprechen für eine leichte kognitive Entwicklungsverzögerung und auffällige Störtendenzen im emotional-sozialen Bereich.

- Vergleichende Darstellung der *qualitativen* und *quantitativen* Auswertung der Entwicklungsmerkmale *einzelner* freier Zeichnungen oder Zeichentests in 8 Beobachtungsbereichen; Fragestellungen zur kognitiven Entwicklung

Dieser Punkt entfällt hier.

5. Formale Strukturanalyse und inhaltliche Analyse der Emotionalen Zeichen (Schaubild 4, Ebene II, 5.)

- Qualitative Auswertung Emotionaler Zeichen

Beachtung des Lebensalters und der kognitiven Entwicklung des Kindes bei Fertigstellung der Baumzeichnung:
Anna ist bei Fertigstellung der Baumzeichnung 10;8 Jahre alt. Sie verfügt über eine altersentsprechende verbale und eine deutlich reduzierte nicht-verbale Intelligenz.

Beschreibung der Emotionalen Zeichen des Baum-Tests in 8 Beobachtungsbereichen; Formulierung von Fragestellungen zur emotional-sozialen Entwicklung:

Gesamteindruck (Emotionale Zeichen):
Erster subjektiver Eindruck: Die Darstellung von Krone, Stamm und Wurzelbereich wirkt auf mich widersprüchlich und lässt eine Störung in der emotional-sozialen Entwicklung vermuten.
Der bildnerische Ausdruck der Krone wirkt rational gesteuert mit einer Neigung zu unflexiblen, perseverativen Reaktionen. Der Wurzelbereich hinterlässt dagegen den Eindruck erhöhter Sensibilität und affektiver Störtendenzen. *Sprachlich* äußert sich Anna kaum zu der Zeichnung. *Der bildnerischer Stil* ist uneinheitlich und weist in seiner Unausgewogenheit auf emotionale Störtendenzen hin. Auch Ausführung und Organisation sind unausgewogen und lassen an Probleme im emotionalen Bereich denken.

Motive, Symbole, Zeichen (Emotionale Zeichen):
Zur kollektiven Symbolik des Baumes:
Gisela Schmeer, 2002, S. 16:
„Lange bevor der Mensch spürte und erkannte, dass der Baum vieles mit ihm selbst als Person gemeinsam hat, war der Baum in allen Kulturen als kosmisches Symbol lebendig.
Der *Weltenbaum* der Indoarier z. B. reicht durchs ganze All und verbindet die Erde mit dem Himmel und der Unterwelt. Ähnlich der große und heilige *Schamanenbaum,* an dessen Zweigen Nester befestigt sind, in denen die Seelen der Schamanen großgezogen werden. Auch der *Paradiesbaum,* der *Lebensbaum,* Buddhas *Baum der Erleuchtung* versinnbildlichen das Kosmische. Sie wurzeln gleichsam im Nabel der Erde und sind Symbole der Mitte."
Mit vielen weiteren Beispielen beschreibt die Autorin zunächst das Symbol des Baumes in Mythen und Märchen, in seinen sozio-kulturellen Zusammenhängen und verdeutlicht durch zahlreiche Beispiele von Baumzeichnungen ihrer Patienten anschließend die Bedeutung des Baumes als individuelles Symbol der physischen und seelisch-geistigen Entfaltung, Entwicklung und des Wachstums (von unten nach oben und von oben nach unten zu den Wurzeln).

> Schmeer, 2002, S. 21:
> „Der Baum hat sowohl einen männlich-phallischen Aspekt (Stamm, Festigkeit) als auch einen *weiblichen,* vor allem *mütterlichen* Aspekt: Er spendet Schutz, Schatten, bietet ein Dach, Früchte zur Nahrung und ist durch seine Wurzeln in Verbindung mit dem Wasser und der < Mutter Erde >. Der Baum in seiner unterschiedlichen Gestalt während der vier Jahreszeiten ist ein Symbol des *Wandels* und des *Alters.*

> Der Baum ist eine *archetypische* Geburtsstätte und ist auch ein Symbol des Todes. In manchen Gegenden der Schweiz wird der Sarg, das *Todesholz*, als < Baum > bezeichnet."

Schmeer weist 2002 auf makroskopisch und mikoskropisch gemeinsame Strukturen von Baum und Mensch hin („Körper-Schema", „Hand-Wurzel", Blutgefäße als „Kapillar-Baum", „Akupunktur-Meridiane", „Koronarbaum der Herzkranzgefäße", „Bronchialbaum", „Drüsen-Bäumchen", „Neuronen-Bäumchen", „Ganglienbäumchen der Kleinhirnrinde"). Auch die Psyche mit ihren archetypischen, kollektiven, tief unbewussten und persönlich unbewussten Anteilen wird von der Autorin mit einer Baumstruktur verglichen.

> Schmeer, 2002, S. 31:
> „Der Mensch lebt und bewegt sich im Spannungsfeld der *vertikalen* Achse und der *horizontalen* Achse. In dieser Hinsicht besteht eine Analogie zwischen dem menschlichen Körper (der menschlichen Existenz), dem *Kreuz* und dem *Baum.*"

Im Baum finden die Menschen einen Energieträger, einen heilsamen Seelenführer. Nach V. Kast, 2002, ist der Baum das Symbol für den Individuationsprozess und steht in Verbindung zum „Mutterkomplex" und zum „Mutterarchetyp".
Den Gliedern des Baumes werden in der psychotherapeutischen Literatur unterschiedliche tiefensymbolische Bedeutungen zugeordnet.
Krone: Die Krone kann wachsen, sich entfalten, verzweigen, sich belauben (Blätter, Blüten oder Früchte können in ihr wachsen) oder sie ist kahl und ohne Hinweise auf organisches Wachstum. Diesen Merkmalen entsprechend repräsentiert die Krone auf der Symbolebene die Persönlichkeit des Zeichners in ihrem Weltbezug, in ihrem Erlebnisbereich, in ihren geistigen Wachstumsmöglichkeiten. Sie kann Hinweise auf geistige Neigungen, Eifer, Ehrgeiz und Gestaltungsbedürfnis oder aber auf gegenteilige Charaktereigenschaften geben. *Früchte* werden als Symbol für Wunschdenken diskutiert. *Blätter* können Ausdruck der Gefühlsbeteiligung des Zeichners/der Zeichnerin sein.

Zur individuellen Symbolik von Annas Baum:

Symbolik der Baumkrone:
Auffallend war, wie intensiv sich Anna mit der Ausgestaltung der Krone beschäftigte. Es war ihr ein Anliegen, möglichst viele Blätter und Früchte zu zeichnen. Können wir dieses Bemühen auf Züge ihrer Persönlichkeitsentwicklung übertragen? Der Fleiß, mit dem sie sich in den zurückliegenden Grundschuljahren bemühte, den dort gestellten Anforderungen durch wiederholendes Üben gerecht zu werden, könnte hier symbolisch seine Entsprechung gefunden haben. Auch ihre emotionale Ansprechbarkeit könnte in den sprossenden Blättern zum Ausdruck kommen.

Symbolik der Kronenhaut:
Es wird beobachtet, ob die Krone in sich geschlossen und mit einer Kronenhaut umgeben ist oder ob sie sich nach außen öffnet und frei entfaltet. Symbolisch wird in der Kronenhaut eine Schutzfunktion hinsichtlich des Austausches mit der Umwelt gesehen (sich gegen soziale Beziehungen abschließen). Könnte die konturiert gezeichnete Kronenhaut Annas symbolischer Ausdruck für ihr Bedürfnis nach Abgrenzung sein? Allerdings zeichnen noch viele 10;0jährige Kinder entwicklungsbedingt eine Kronenhaut und öffnen die Baumkrone erst mit dem Beginn des Fingeransatzes (ab ca. 10;0-11;0 Jahren). Eine projektive Deutung des Kronenansatzes ist daher erst ab ca. 11;0-12;0 Jahren sinnvoll.

Symbolik des Kronenansatzes:
Avé-Lallemant weist 2002 auf die große Bedeutung des Kronenansatzes zur Interpretation der Persönlichkeitsentfaltung hin (Gestaltmitte, Ursprung des Baumes am Ende des Stammes, Übergang vom Stamm zu den Ästen der Krone). Bis zum Alter von ca. 10;0 Jahren finden wir allerdings häufig noch Bäume mit „Lötstamm". Stamm und Äste sind in diesem Fall noch additiv miteinander verbunden, „angelötet". Aus dem Kronenansatz beginnen erst ab ca. 10;0/11;0 Jahren die Äste wie Finger herauszuwachsen („Fingeransatz", vergleichbar den aus dem Handteller wachsenden Fingern). Ab ca. 12;0/13;0 Jahren entsteht dann aus dem Fingeransatz der *organische Ansatz der Äste aus der Baummitte.* Die Äste wachsen nun mit Hauptästen, Nebenästen, Zweigen, Blättern und Früchten organisch (integrierend) aus dem *Ursprung des Baumes.* In Anbetracht dieser entwicklungspsychologischen Zusammenhänge ist es *nicht sinnvoll,* den Kronenansatz bei Anna symbolisch zu deuten.

Die Symbolik des Stammes:
Der Stamm macht den Baum zum Baum. Durch den Stamm unterscheidet sich ein Baum vom Strauch. Er ist das Überdauernde, Aufrechte, Tragende und repräsentiert auf der Symbolebene die Ich-Belastungsfähigkeit. Im Sprachgebrauch finden wir nach Schmeer, 2002, Hinweise auf die tragende Bedeutung des Stammes in den Begriffen des „Stammbaumes" der Familie (Generationenfolge), des „Stammvaters" einer Sippe, des „Stammhalters" (Sohn, der die Familie repräsentiert). Der Stamm wird symbolisch in Verbindung mit der Ursprungsfamilie (väterliche und mütterliche Archetypen) gesehen.
Auf besondere Merkmale des Stammes (Kerben, Einschnitte, Ausbuchtungen, Rauungen) wird bei der symbolischen Interpretation von Zeichnungen geachtet. Hierin werden gleichsam „eingravierte" Spuren (z. B. Verletzungen) gesehen, die in der Biographie des Zeichners/der Zeichnerin nachzuvollziehen sind.

Der Stamm in Annas Baumzeichnung ist in seiner Darstellung auffällig unausgewogen und weist auf mögliche Probleme im emotional-sozialen Bereich hin.

Symbolik der Wurzeln:
Der untere Bereich, von ihr nachträglich als „Wurzeln" bezeichnet, ist vom Reststamm durch eine Trennungslinie abgegrenzt. Könnte hier symbolisch ein Bezug zur Lebensgeschichte Annas hergestellt werden? Finden vielleicht die Trennung von der leiblichen Mutter und die Adoption im Säuglingsalter hier ihren symbolischen Ausdruck?
Wurzel: Die Wurzel zeigt das verankert Sein des Baumes in der Erde, das Halt-Gebende. Bei den Akupunktur-Meridianen spielt das „Wurzel-Chakra" als tiefstes Zentrum der Körperenergie eine wichtige Rolle. Symbolisch kann sich in der Darstellung des Wurzelbereichs ausdrücken, wie „verwurzelt" sich der Mensch fühlt, ob er „Halt" in seinem Leben spürt, ob er sich im mütterlichen Ursprung (Mutterarchetyp) oder väterlichen Ursprung (Vaterarchetyp) geborgen weiß. Wenn Wurzeln gezeichnet werden, die nicht eingewachsen sind, sondern nur aufliegen, kann dies Hinweis auf eine Geborgenheitsproblematik sein. Schwächen im Wurzelbereich können auf Frühstörungen hinweisen.
Anna zeichnet die Wurzeln nachträglich in den Stamm ein, sie legt sie mit schattierender Strichführung auf den Stamm auf. Könnte sich hier ein symbolischer Ausdruck ihrer Geborgenheitsproblematik zeigen? Fühlt sie sich noch nicht fest in ihrer Familie verwurzelt? Trennt sie symbolisch im Sinne eines Abwehrmechanismus ihre Verwurzelung in der Herkunftsfamilie von der Verwurzelung in ihrer jetzigen (Adoptiv-)Familie ab (vgl. Zeichnung: Der Wundergarten: „Jetzt wollen sie keine Bären mehr sein, das geht halt nicht mehr.")?

Graphomotorik:
Strichführung, Strichcharakter, Flächenbehandlung:
Die Graphomotorik zeigt Unsicherheiten und Unausgewogenheit. Ist es Zufall, dass Krone und mittlerer Teil des Stammes eine sicherere Strichführung aufweisen als der Wurzelbereich? Fühlt sich Anna im Hinblick auf ihre weitere Persönlichkeitsentwicklung und die Ausweitung ihrer geistigen Interessen und sozialen Kontaktmöglichkeiten sicherer als bei der Auseinandersetzung mit ihrer Herkunft? Deutet die Schattierung des Wurzelbereichs symbolisch auf eine höhere Sensitivität, differenziertere Gefühlsansprechbarkeit, aber auch erhöhte Verletzbarkeit bei der Auseinandersetzung mit den eigenen Wurzeln, den Wurzeln der Herkunftsfamilie *und* denen ihrer jetzigen Familie hin?

Formdarstellung (Emotionale Zeichen):
Anna zeichnet die Form eines „Kugelbaumes". Krone, Stamm und Wurzelbereich sind attributiv zusammengesetzt und gehen noch nicht ineinander über. Während der „Lötstamm" noch entwicklungsbedingt erklärbar ist und nicht projektiv gedeutet werden sollte, fällt das Aneinandersetzen von Stamm und Wurzeln am unteren Teil des Baumes auf. Es kann Hinweis auf mögliche vorliegende emotionale Störtendenzen in der Biographie Annas sein. Besonders auffällig ist die eingefügte Trennungslinie zwischen den beiden Bereichen (weitere Einzelheiten zu Symbolisierungen der Baumglieder vgl. Motive, Symbole, Zeichen).

Größendarstellung (Emotionale Zeichen):
Auffallend groß dargestellt sind der ganze Baum (28,5 cm) und der Wurzelbereich. Die Krone stößt fast an den oberen Papierrand an und endet auf der Blattkante. Möchte Anna mit diesem Merkmal ausdrücken, dass ihr die Darstellung des ganzen Baumes und seiner Wurzeln emotional besonders wichtig ist? Spiegelt das Größenwachstum des Baumes ihre Bedürfnisse nach Weiterentwicklung? Fühlt sie sich eher als kleiner „Baum", möchte aber größer und bedeutender sein (Kompensation)? Nehmen die Wurzeln einen so großen Bereich ein, weil sich Anna symbolisch mit ihren eigenen „Wurzeln" (Herkunftsfamilie und Adoptivfamilie) beschäftigt?

Farbdarstellung (Emotionale Zeichen):
Es liegt hier eine Papier-Bleistift-Zeichnung vor.

Bewegungsdarstellung (Emotionale Zeichen):
Zu diesem Punkt konnen hier keine Angaben gemacht werden.

Raum- und Zeitdarstellung, Komposition (Emotionale Zeichen):
Vertikaler Aufbau:
Der Baum ist in seinem vertikalen Aufbau dreigeteilt. Krone und Wurzeln sind besonders betont. Der mittlere Stamm tritt dagegen in der Darstellung zurück. Wir vermuten, dass mit der Darstellung der Krone und der Wurzeln die Entfaltung von Annas Persönlichkeit und die Auseinandersetzung mit ihrer Herkunftsfamilie thematisiert werden. Die Funktion eines tragenden, stützenden, geerdeten Stammes (einer stabilen Familienstruktur?) zeigt sich in dieser Zeichnung noch nicht.
Horizontaler Aufbau:
Der Baum kann in der Mitte gezeichnet, nach rechts oder links verschoben sein. In der Literatur wird die linke Seite als Symbol des Selbst des Zeichners, seines seelischen Innenbereichs und seiner Vergangenheitsbewältigung gesehen, die rechte Seite

des Baumes dagegen als symbolischer Ausdruck der Beziehung zur Außenwelt, zu sozialen Kontakten und zukünftigen Aktivitäten des Zeichners/der Zeichnerin.
Anna verschiebt den Baum nach rechts und zeichnet die Baumkrone nach rechts stärker ausgewölbt. Auch die Blätter und Äste sind auf der rechten Seite graphomotorisch sicherer und strukturierter gezeichnet als auf der linken. Könnte dies ein symbolischer Ausdruck dafür sein, dass Anna die Gedanken über ihre Vergangenheit (Herkunftsfamilie) hinter sich lässt und ihren Blick nun mehr in die Zukunft richtet?

5.3.6 Interpretation: Hypothesen zur Analyse der vier Zeichnungen, des Abschlussbildes und zum Ausblick: Anna im frühen Erwachsenenalter (Ebene III, 1. -3.)

1. Diskussion der Entwicklungsmerkmale (Beobachtungsbereiche, Gesamteinschätzung) mit Vorschlägen für weiterführende psychodiagnostische und psychotherapeutische Maßnahmen:

Die Analyse der vier Zeichnungen im Therapieverlauf weist übereinstimmend auf die Entwicklungsstörungen Annas hin. In Papier-Bleistift-Zeichentests kommen ihre Störungen der Graphomotorik, visuellen Wahrnehmung und kognitiven Verarbeitung deutlicher zum Vorschein als in der freien farbigen Zeichnung mit flüssigen Farben. Allerdings war es erst mit dem Einsatz von flüssigen Farben bei freier Themenstellung möglich, auf Annas kognitive und verbal-kreative sowie auf die kreativen *Potenziale ihrer zeichnerischen Darstellung* aufmerksam zu werden, die dann im weiteren Therapieverlauf gezielt genutzt und ausgebaut werden konnten.

Das Abschlussbild (vgl. Kap. 5.3.6, Abb. 183) macht deutlich, dass sich Anna unter den Voraussetzungen einer stützenden Behandlung nach meinem ganzheitlichen klinisch-psychologischen Ansatz, unter Einbeziehung des Frostig-Konzepts und mit besonderer Förderung ihrer kreativen Möglichkeiten, erfreulich weiterentwickelte und stabilisierte. Sie nennt die Zeichnung: „Für Frau Seidel“ und schenkt sie mir zum Abschied. Es zeigt einen Baum, der in seiner Mitte ruht und sich altersentsprechend im Fingeransatz frei entfaltet. Das Blattgrün umgibt die Äste in schwingenden Bewegungen bis zum Blattrand, die Kronenhaut ist verschwunden. Der Stamm ist im Verhältnis zur Krone noch auffallend lang (Unreifezeichen). Er wächst jetzt auf einer sich verbreiternden Stammbasis und sieht so aus, als finde er Halt im Erdreich. Blumen und Schmetterlinge lockern das Bild auf. Die fliegenden Vögel wirken nicht mehr bedrohlich, der Himmel zeigt keine düsteren Wolken mehr. Die Darstellung des Gesichts der Sonne ist jetzt ebenfalls harmonischer als noch im Bild „Der Wundergarten“. Anna hat in der Zwischenzeit gelernt, ihre Entwicklungsdefizite besser zu akzeptieren und Wege zu ihrer Kompensation zu entdecken (z. B. durch den Einsatz von Rechenhilfen mit dem Kuhn-Programm). Ihre Eigeninitiative und Ich-Stärke haben deutlich zugenommen. Sie traut sich jetzt zu Hause und in der Schule auch Leistungen (z. B. im Bereich des mathematischen Denkens) zu, die ihr schwer fallen, bittet um Unterstützung, wenn sie Hilfe benötigt, oder setzt eigenständig Lernhilfen (z. B. Tausender-Tafel des Kuhn-Programms) ein.

Abb. 183: *Anna, LA: 11;2 Jahre, Rahmenbedingungen: Freie Zeichnung, Benennung: „Für Frau Seidel", Wachskreiden, 30 x 40 cm,* ***Zeichenentwicklung*** *(nach 22 Monaten Therapie, insgesamt 79 Behandlungseinheiten): Entwicklungsmerkmale liegen im Bereich der knapp-durchschnittlichen Altersnorm* ***(Mitte bis Ende Stufe 3)****; Weiterentwicklung des „Kronenansatzes" (der „Fingeransatz" hat als Vorform des „Organischen Ansatzes" jetzt den „Lötstamm" abgelöst) und der Krone (Öffnung nach außen); differenzierte Farbdarstellung; Unreifezeichen der Entwicklungsmerkmale sind noch in der Größendarstellung (auffällige Gesamtgröße des Baumes und altersuntypische Länge des Baumstammes im Verhältnis zur Baumkrone) zu beobachten; weitere Unreifezeichen lassen sich in der Raumdarstellung ermitteln (Aufsetzen auf der unteren Blattkante ohne Darstellung einer Bodenlinie oder eines flächigen Bodens; Darstellung der vom Blattrand abgeschnittenen Krone);* ***Emotionale Zeichen:*** *Hinweise auf beginnende Stabilisierung der Persönlichkeitsentwicklung (Gesamteindruck, Formdarstellung des Fingeransatzes der Baumkrone, Farbdarstellung); in der Baumdarstellung zeigen sich noch diskrete Unsicherheiten im Stamm-Wurzelbereich (leichte Einbuchtung auf der rechten Seite des unteren Stammes) und der realitätsorientierten Handlungsplanung (Größen- und Raumdarstellung), die sowohl in Zusammenhang mit den verbleibenden Unreifezeichen der Gesamtentwicklung als auch der beginnenden Pubertät diskutiert werden sollten;* ***Gesamtentwicklung:*** *Kombinierte umschriebene Entwicklungsstörungen (vgl. Abb. 179-182); deutliche Verbesserung der schulischen Leistungen und des Verhaltens; Besprechung der Entwicklungsmerkmale und Emotionalen Zeichen sowie Hypothesen zu ihrer Interpretation (vgl. Kap. 5.3.6).*

2. *Diskussion der Emotionalen Zeichen mit Vorschlägen für weiterführende psychodiagnostische, psychotherapeutische Maßnahmen und für das Elterngespräch (Beratungsgespräch):*

Die Analyse der vier Zeichnungen weist überzeugend auf Probleme Annas im emotional-sozialen Bereich hin. Ihre Selbstunsicherheit, basierend auf einem Problem ihres Körperbewusstseins und die Auseinandersetzung mit den „Wurzeln" ihrer Herkunftsfamilie sowie dem Halt und der Geborgenheit in ihrer jetzigen Familiensituation standen als Hypothese im Mittelpunkt der therapeutischen Überlegungen. Es ist beeindruckend zu sehen, wie viel Ähnlichkeit es in der Darstellung der vermuteten Verwurzelungsproblematik in Annas Baumzeichnung und Menschzeichnung (beides Papier-Bleistift-Zeichnungen) gibt. Bei der Selbstdarstellung fehlen Anna Beine und Füße. In der Baumzeichnung werden die Wurzeln nachträglich aufgesetzt, liegen lose auf. Auch der Baum hat damit keinen Halt im Boden! Probleme mit dem Halt gebenden Boden hatten sich zuvor schon in der Zeichnung „Der Wundergarten" angedeutet. Auch hier hatte die Prinzessin, mit der sich Anna identifizierte, keine Füße, das Schloss keinen Boden, die Tür war nach unten geöffnet. Diese Zeichen mussten Anlass sein, mit Anna über ihre aktuelle Familiensituation zu sprechen und dabei auch vorsichtig das Thema der Adoption und die Frage nach der Herkunftsfamilie zu bearbeiten. Sie sollte im geschützten therapeutischen Raum alle ihre diesbezüglichen Sorgen, Ängste, Wünsche mitteilen dürfen, ohne sich durch Schuldgefühle eingeengt zu fühlen. Ziel der Gespräche war es, Annas Ich-Kräfte zu stärken und ihre bewusste Auseinandersetzung mit den realen Gegebenheiten ihrer heutigen Familiensituation in Gang zu setzen. Dabei war es wichtig, dass sich Anna nicht nur mit den problematischen, sondern vor allem auch mit den positiven und Halt gebenden Voraussetzungen ihrer heutigen Familie auseinandersetzte und dieser Prozess sowohl nicht-verbal (gestalttherapeutisch) als auch gesprächstherapeutisch zum Ausdruck kam.

In den Beratungsgesprächen mit den Eltern wurde der Wunsch Annas nach Verschwiegenheit der Therapeutin berücksichtigt. Ich vermittelte den Eltern allerdings von Therapiebeginn an, dass der Unterstützung des Selbstwertbewusstseins Annas nicht nur in der Therapie, sondern auch in der Familie eine vorrangige Bedeutung zukommen sollte und dass die Lösung der Verhaltensprobleme und schulischen Probleme ganz wesentlich von dieser Voraussetzung abhängt.

3. *Vorschläge für fördernde schulische Maßnahmen:*

Anna wird weiterhin auf häusliche und schulische Hilfen angewiesen sein, mit denen ihre Defizite gemildert, kompensiert und ihre emotionalen Unsicherheiten aufgefangen werden können. Im Schulunterricht sollten die Fächer Deutsch, Fremdsprachen,

Rhythmik, Musik-, Kunst- und Werkunterricht einen besonderen Stellenwert erhalten. Das Gestalten mit verschiedenen Materialien, das Malen mit flüssigen Farben oder bunten Wachskreiden oder Pastellkreiden ermöglichen es Anna, ihr Selbstwertgefühl weiter zu stärken und damit nicht nur ihre Lebensfreude, sondern auch ihre emotionale Stabilität und kognitive Leistungsfähigkeit grundlegend positiv zu beeinflussen (vgl. Stärkung des Kohärenzgefühls durch kreatives Gestalten, Schiffer, E. und H., 2004). Besonders aufgeschlossen zeigte sich Anna für Theaterspiel und Tanz, Aktivitäten, die sie in der folgenden Zeit auch außerhalb des Schulunterrichts gerne und ausdauernd beibehielt.

Ausblick:
Ich beendete die Therapie nach 22 Monaten Behandlungszeit (79 Behandlungseinheiten). Anna hatte zu diesem Zeitpunkt besser gelernt, ihre eigenen Schwierigkeiten zu erkennen, sie zu akzeptieren und mit ihnen konstruktiv umzugehen. Ihre Eltern und ihre Schwester zeigten nach den abgelaufenen Beratungsgesprächen größeres Verständnis für sie, und umgekehrt musste Anna nicht mehr die „Krallen einer Katze" einsetzen, um sich die gewünschte Beachtung und Anerkennung zu verschaffen. Die aktuellen häuslichen Konflikte (z. B. Kampf mit den Hausaufgaben im Fach Mathematik) waren entschärft, das Verhältnis zwischen Anna und ihrer Mutter und zwischen Anna und ihrer Schwester zeigte sich deutlich entspannter. Beim Abschlussgespräch wurde die Familiensituation von allen Familienmitgliedern als harmonischer beschrieben. Dies heißt nicht, dass das Leben dieser Familie künftig von Konflikten verschont sein wird. Die Familienmitglieder haben jedoch etwas besser gelernt, mit ihnen umzugehen.

Mein Therapieangebot konzentrierte sich auf die Bearbeitung der vorliegenden *aktuellen Konfliktschwerpunkte* des Mädchens und seiner Familie und schloss dabei den schulischen Bereich mit ein. Die gewählte Therapieform erwies sich sowohl für Anna als auch für ihre Familie als entlastend. Anna fühlte sich im therapeutischen Raum geschützt, beachtet, gewürdigt, mit ihren Sorgen ernst genommen, verstanden und vermochte es, sich in kleinen Schritten zu öffnen. Sie teilte ihre Phantasien und Gedanken über Rollenspiele, plastisches Gestalten mit unterschiedlichen Materialien sowie über Zeichnungen mit und gewann bei diesem Prozess zunehmend an Selbstvertrauen. Ihr Verhalten zu Hause und in der Schule stabilisierte sich. Auch ihre Schulleistungen zeigten Verbesserung. Es ist zu vermuten, dass diese positiven Veränderungen durch die Unterstützung der Eltern und das Angebot gezielter pädagogischer Hilfestellungen und Lernhilfen seitens ihrer Lehrerinnen und Lehrer ganz wesentlich mitbestimmt wurden.

Auch für die Eltern war es wichtig, ihre Sorgen im geschützten therapeutischen Raum mitteilen zu dürfen und fachkompetente Hilfe zu erfahren.
Die Eltern, vor allem die Mutter, verstanden nach den erfolgten Beratungen die verbleibenden Probleme Annas besser und gingen mit ihnen adäquater um. Es ist zu vermuten, dass ihre Signale der Zuwendung daher von Anna nun auch leichter verstanden werden konnten.
Meine therapeutische Arbeit profitierte in erheblicher Weise von der Interpretation der Kinderzeichnungen und dem Einsatz des Malens, Zeichnens und Gestaltens im therapeutischen Prozess. Die Symbolisierungen in den Zeichnungen Annas und ihre Deutungen waren für meine Gespräche sowohl mit Anna als auch mit ihren Eltern richtungweisend. Von ihr selbst wurde die nicht-verbale und verbale Auseinandersetzung mit bewussten und unbewussten Problembereichen über mal- und gestalttherapeutisches Arbeiten gerne angenommen.
Es bleiben im Leben Annas unbewusste Konflikte im Verborgenen, die sich meiner therapeutischen Bearbeitung entzogen. Sie werden Anna auch in ihrem zukünftigen Leben als Herausforderung ihres seelischen Reifens begleiten. Manche Nöte und Sorgen kann man auch einem Kind nicht abnehmen, es muss selber lernen, mit ihnen zurechtzukommen. Aber Anna hat bisher auf ihrem nicht einfachen Entwicklungsweg viel Mut und Kraft bewiesen. Ich bin daher sehr zuversichtlich, dass sie ihr Leben meistern wird: *Wer Schweres zu tragen gelernt hat, findet oft leichter den Weg nach Haus!*
Anna hat nach Abschluss der Therapie mit gutem Erfolg und ohne weitere Klassenwiederholungen den Hauptschulabschluss absolviert. Sie konnte ihre altersentsprechenden kognitiven Fähigkeiten im Bereich der verbalen Intelligenz überzeugend einsetzen und auf dieser Ressource aufbauend ihre Entwicklungsdefizite im nicht-verbalen Bereich zum großen Teil kompensieren. Sie wirkte zunehmend selbstsicherer, verbesserte schon in der 5. Klasse weiterhin ihre Noten (erhielt z. B. im Fach Deutsch die Note 2, in Mathematik die Note 3) und fand leichter soziale Kontakte zu ihren Klassenkameradinnen und Kameraden. Ihre gute verbale Ausdrucksfähigkeit erleichterten ihr auch Erwachsenen gegenüber die soziale Kontaktaufnahme. Unmittelbar nach Schulabschluss fand Anna eine Lehrstelle und schloss diese erfolgreich ab. Sie arbeitet heute als junge Erwachsene vollzeitlich in einem Beruf mit sozialer Ausrichtung, kann mit dem Verdienst ihren Lebensunterhalt bestreiten und wird von ihren Berufskolleginnen und Kollegen wegen ihrer beruflichen Kompetenz und herzlichen Wesensart anerkannt und geschätzt.

6 Auffällige Strukturen in Kinderzeichnungen mit Fallbeispielen aus dem Bereich der Klinischen Psychologie

6.1 Einführung

Die Entwicklung der Kinderzeichnung darf nicht losgelöst von anderen Bereichen der kindlichen Entwicklung gesehen werden. Sowohl die Entwicklungsmerkmale als auch die Emotionalen Zeichen in der Kinderzeichnung sind in Zusammenhang mit der Gesamtentwicklung des Kindes, mit Anlage, Reifungs- und Umweltfaktoren zu beurteilen. Wie in der Fein- und Grobmotorik, der Sprache oder in den verschiedenen Wahrnehmungsbereichen (Wahrnehmung von Geschmack und Geruch, Tastwahrnehmungen, Wahrnehmung von Bewegungsgestalten, visuelle und auditive Wahrnehmung), so sind auch in der Kinderzeichnung spezifische Kennzeichen für einen grundlegenden Entwicklungsprozess zu finden, die mit folgenden Kriterien beschrieben werden können: Auszug aus Schenk-Danzinger, völlig bearbeitet von K. Rieder, 1. Auflage, 2002, S. 31-33:

1. „Reifung“
2. „Differenzierung von anfangs einfachen Ganzheiten mit Ausgliederung von Details“
3. „Integration und Zentralisierung von anfangs isoliert Aufgenommenem“
4. „Selektivität und Strukturierung von anfangs Ungeordnetem“
5. „Strukturen des kognitiven und sozialen Verhaltens treten in einer nicht umkehrbaren Aufeinanderfolge in Erscheinung“
6. „Abfolgen vollziehen sich in jeder Entwicklung in derselben Reihenfolge, jedoch keineswegs im selben Tempo“
7. „Verfestigung von Verhaltensformen“

Alle Entwicklungsprozesse, auch die Entwicklung der Kinderzeichnung, können u. a. durch Krankheiten, Sinnesschädigungen und/oder Anlage- und Umweltfaktoren besonders geprägt und in ihrem Verlauf charakteristisch verändert werden. Solche Veränderungen äußern sich in auffälligen Strukturen und Motiven der Kinderzeichnung; sie werden im Folgenden genauer betrachtet.

H.-G. Richter stellte 1987 in einem Modell *Sonderentwicklungen und Strukturveränderungen in Kinderzeichnungen* zusammen. Er unternahm den Versuch, „Gruppen von Einwirkungen auf die Entwicklung und Struktur der Kinderzeichnung mit Gruppen von Auswirkungen in Verbindung zu bringen, ohne dass kausale Beziehungen zwischen

Einwirkungsbedingungen und Auswirkungen auf die zeichnerische Struktur angenommen würden. Allerdings ist auch das Verhältnis zwischen diesen beiden Polen nicht als zufällig anzusehen, sondern es handelt sich nach meiner Auffassung um eine (näher zu bestimmende) ‚Wenn-dann-möglich-Beziehung' " (H.-G. Richter, 1987, S. 106).
Er führte aus, wie sich (sinngemäß) spezifische *Einwirkungen* in der Kinderzeichnung auf *Darstellung, Mitteilung und Ausdruck* auswirken. So können sich Krankheiten/Sinnesschädigungen zu „Sonderformen/Sondermotiven", „Qualitativer Andersartigkeit" in Zeichnungen ausdrücken. Verzögerte, andersartige sensomotorische Entwicklungen, Wahrnehmungsstörungen führen nach Richter zur allgemeinen Retardierung/Perseveration. „Intellektuelles Anderssein" kann sich in strukturellen Veränderungen zeigen, formal und/oder motivisch. Neurotische Störungen, primär oder begleitend, äußern sich nach Richter in einer Häufung emotionaler Faktoren. „Schichtspezifische/milieubedingte Besonderheiten" können zu temporärer Verfestigung von Formen und Motiven führen." (Richter, 1987, S. 107).

6.2 Sonderentwicklungen und Strukturveränderungen in Kinderzeichnungen mit Fallbeispielen im Therapieverlauf

Das Modell Richters wird von mir im Folgenden in modifizierter Form dargestellt und durch Beispiele aus meiner Arbeit im Bereich der Klinischen Psychologie verdeutlicht.
In der hier vorgetragenen neuen Zusammenstellung können folgende auslösende Faktoren zu auffälligen Formen, Kombinationen und Motivstrukturen in Kinderzeichnungen führen:

- Krankheiten (diese Gruppierung wird ergänzend zu Richters Modell beschrieben)
- Sinnesschädigungen (diese Gruppierung wird ergänzend zu Richters Modell beschrieben)
- Umschriebene Entwicklungsstörungen schulischer Fertigkeiten mit sensomotorischen Störungen und Wahrnehmungsstörungen der unterschiedlichen Modalitäten bei altersentsprechender Intelligenz (diese Gruppierung wird hier abweichend von Richters Modell definiert und beschrieben)
- Kombinierte umschriebene Entwicklungsstörungen mit Intelligenzminderungen (mentale Entwicklungsstörungen; diese Gruppierung wird hier abweichend von Richters Modell definiert und beschrieben)
- Hohe und sehr hohe Intelligenz (diese Gruppierung wird hier abweichend von Richters Modell beschrieben)
- Sonderformen zeichnerischer Begabung – Asperger-Autismus (diese Gruppierung wird hier ergänzend zu Richters Modell beschrieben)
- Verhaltens- und emotionale Störungen (diese Gruppierung wird hier ergänzend zu Richters Modell beschrieben)
- Schichtspezifische/milieubedingte Besonderheiten (diese Gruppierung wird hier ergänzend zu Richters Modell beschrieben)

All diese Faktoren können in den Kinderzeichnungen zu besonderen Strukturen führen, die sich von den Zeichnungen altersentsprechend entwickelter Kinder abheben. Nur durch eine individualisierte und ganzheitlich orientierte Diagnostik und *in Relation zu Kenntnissen der regulären Entwicklung* können diese Zusammenhänge eingeordnet und genauer erfasst werden.

6.2.1 Zeichnungen von akut oder chronisch erkrankten Kindern, Kindern mit neurologischen Störungen, zentralen Koordinationsstörungen und Sinnesschädigungen

Zeichnungen von Kindern mit akuten oder chronischen Krankheiten:
Kinder werden durch unterschiedliche Krankheitsbilder unterschiedlich in ihrer Reaktionsfähigkeit, in ihrer Konzentration, Aufmerksamkeit und Ausdauer, in ihren Gedächtnisfunktionen und ihrer kognitiven Verarbeitungsfähigkeit und oft in ihrem gesamten Verhalten geprägt. Besonders bei neurologischen Erkrankungen und Störungen lassen sich bedeutsame Einflüsse auf die zentrale Koordinationsfähigkeit und damit auch auf die Anfertigung der Zeichnungen beobachten. Diese sind bei der Interpretation zu berücksichtigen. *Aktuell kranke oder chronisch kranke Kinder können nicht ohne Einschränkungen mit den Erwartungswerten ihrer Altersstufe verglichen werden.* Viele dieser Kinder sind für Aktivitäten, die Konzentration und Ausdauer erfordern, z. B. auch zum Zeichnen/Malen, vorübergehend oder dauerhaft schwer zu motivieren und setzen unter dem Einfluss ihrer Erkrankung ihre kognitiven Potenziale nicht voll ein. Es können sich Regressionen der Zeichenentwicklung zeigen, „erwartete Entwicklungsmerkmale" fehlen, es wird eine niedrigere Stufe der Zeichenentwicklung erreicht, als dies dem Erwartungswert der Altersstufe entspricht. Aktuelle oder chronische Krankheiten können dazu führen, dass Kinder verstärkt emotional verunsichert sind und zu Angst- und/oder Aggressionsreaktionen neigen. Kinder, die sich durch Krankheiten existenziell bedroht fühlen oder fühlten, drücken dies oft unmittelbar oder mit zeitlicher Verzögerung in ihren Zeichnungen durch Emotionale Zeichen aus. Meist sind diese Kinder nicht in der Lage, ihre Ängste zu verbalisieren, sie können sie jedoch in ihrem ihnen unbewussten Bilderdenken in Zeichnungen veranschaulichen.
Kinder mit unheilbaren Krankheiten verarbeiten in und mit Hilfe ihrer Zeichnungen ihre individuelle Problematik. Auf der Grundlage eindrucksvoller Bilddokumente beschreibt S. Bach auffällige Merkmale der Zeichnungen von Kindern in unterschiedlichen Stadien ihrer Krebserkrankung. Sie fand z. B. im Endstadium der Erkrankung ein auffallendes Nachlassen der Farbintensität in den Zeichnungen, die Farben verblassten (Bach, S., 1995).

Zeichnungen von Kindern mit angeborenen oder erworbenen zentralen Koordinationsstörungen (neurologischen Störungen):
Epilepsie, infantile Zerebralparese (spastische Kinder), Schädel-Hirn-Trauma, Hirnschädigung durch Sauerstoffmangel oder Hirntumoren führen zu veränderten Entwicklungsbedingungen des zentralen Nervensystems, deren Auswirkungen in der Kinderzeichnung ihren Ausdruck finden.
Kinder mit hirnorganischen Funktionsstörungen zeigten nach Pohlmann, B., 1981, hochsignifikant mehr Störungen der Graphomotorik (zittrige, wacklige Strichführungen, mehr Linienüberschneidungen) und hochsignifikant häufiger Stereotypien und Perseverationen (dauerndes Wiederholen des Gleichen). Sie stellten in ihren Zeichnungen über unverhältnismäßig lange Zeiträume immer wieder die gleichen Motive dar, ihre Zeichnungen wirkten unlebendig und starr (schablonisiert).
Pohlmann, 1981, zitiert nach H.-G. Richter, 1987, S. 118-120, hier in einer zusammenfassenden Darstellung:

> Pohlmann beschreibt Veränderungen der Bildstruktur von 7;0 – 9;11jährigen Kindern mit definierten hirnorganischen Funktionsstörungen (n=48) im Zeichentest: „Zeichne deine Familie in Tieren“ (Brem-Gräser, 2001).
> Als Kontrollgruppe dienten Zeichnungen von verhaltensauffälligen Kindern ohne Hirnfunktionsstörungen (n=53). Die Kinder beider Untersuchungsgruppen hatten eine altersentsprechende Intelligenzentwicklung (der Mindest-IQ bei beiden Gruppen betrug 87). Signifikant häufiger zeigte sich die gestörte Gestaltauffassung in der Gruppe der hirngeschädigten Kinder durch schlechte Proportionen (Kopf-Rumpf oder Rumpf selbst [Verhältnis Länge/Breite]) der Tiere. Auffällig war weiterhin, dass Kinder mit Hirnfunktionsstörungen im Unterschied zu den verhaltensgestörten Kindern eine geordnete und gegliederte Raumordnung und Orientierung an der Grundlinie bevorzugten, die verhaltensgestörten Kinder dagegen mehr Streubilder ohne Orientierung an der Bodenlinie aufwiesen. Außerdem war bei den Kindern mit Hirnfunktionsstörungen die Differenzierung der Formgestaltung geringer, Körperteile wurden weggelassen. Es zeigten sich asymmetrisch verzerrte Rümpfe und nicht integrierte Glieder zum Rumpf. Skurrile, originelle Details kamen bei der besprochenen Gruppe häufig vor und standen im Gegensatz zu stereotypen Gesamtdarstellungen. Wichtiges konnte nicht von Unwichtigem unterschieden werden. Die Kinder mit Hirnfunktionsstörungen zeigten insgesamt eine nicht altersgemäße Darstellung.

Als signifikant auffällige Merkmale in Zeichnungen von zerebral geschädigten Kindern werden in der Literatur neben den von Pohlmann beschriebenen graphomotorischen Störungen und Perseverationsneigungen häufig der „Gestaltzerfall“ und die Integrationsstörungen genannt. In visuellen Darstellungen fallen unter diesen Bedingungen Teile einer Gestalt auseinander, die Details können nicht zu einem Ganzen verbunden werden (vgl. Kap. 6.2.1, Abb. 186). Bei der Menschdarstellung werden z. B. die Arme, Beine und der Kopf nicht mit dem Körper verbunden, sondern in

auffälliger Raum-Lage neben, über oder unter den Körper gezeichnet. Diese Zeichen des „Gestaltzerfalls" sind in der Zeichnung allerdings erst ab dem Entwicklungsalter von ca. 5;0 Jahren (Mitte bis Ende Stufe 2) von differentialdiagnostischem Wert und können auf psychoneurologische Störungen und/oder Verhaltensstörungen (Persönlichkeitsstörungen) hinweisen. Beim jüngeren Kind entsprechen die nicht an den Körper angefügten Körpergliedmaßen einem Merkmal, das im Rahmen der altersgemäßen Entwicklung zu erwarten ist (vgl. DiLeo, J. H., 1992, S. 28).
Die Ich-Entwicklung des Kindes ist abhängig von seiner körperlichen Befindlichkeit und weist auf den tief greifenden Einfluss von körperlichen Behinderungen oder Krankheiten auf die psychische Entwicklung des Kindes und die Entwicklung seines Körperbewusstseins (Körperschema, Körperbild, Körperkonzept) hin. Dieser Einfluss ist oft in der Kinderzeichnung nachweisbar. Auch Kinder/Jugendliche mit den tief greifenden Entwicklungsstörungen des Autismus oder der Schizophrenie zeigen auffällige Stereotypien und Strukturveränderungen in den Zeichnungen (Asperger-Syndrom, vgl. Kap. 6.2.5 und Kap. 7.4-7.4.2).

Fallbeispiele von Kindern mit neurologischen Störungen:

- **Erläuternde Hinweise zu den Abb. 184 und 185:**

Luci wurde erstmals im Alter von 2;0 Jahren wegen Verhaltensstörungen (ausgeprägte Trennungsängste, Verweigern des Einschlafens, gelegentliche respiratorische Affektkrämpfe mit Luftanhalten und Blaufärbung des Gesichts), wegen des verzögerten Gebrauchs der aktiven Sprache (erste Worte mit 20 Monaten) bei vorhandenem Sprachverständnis und angedeutetem Schielen (Strabismus convergens alternans) neuropädiatrisch untersucht. Es fanden sich keine neurologischen Ausfälle. Wegen der extremen Angst des Kindes konnte allerdings zu dieser Zeit kein EEG abgeleitet werden. Die Probleme des Kindes wurden vorwiegend in Zusammenhang mit Problemen der Eltern bei der Erziehung dieses eigenwilligen Kindes beurteilt und eine Erziehungsberatung in einer psychologischen Beratungsstelle empfohlen. Die Entwicklung Lucis verlief unter der dort erfolgten Beratung weiterhin sprachverzögert und auffallend verhaltensgestört. Wegen ihrer massiven Verweigerungshaltungen und der sich anbahnenden elektiv mutistischen Tendenzen wurde mir Luci im Lebensalter von 3;4 Jahren von ihrem Kinderarzt zur Behandlung überwiesen. Meine Behandlung erfolgte wöchentlich (jeweils 1,5 Therapieeinheiten hintereinander) und dauerte mit Therapiepausen während der Zeit der Schulferien insgesamt 4 Jahre (insgesamt 95 Therapieeinheiten).
Zu Beginn meiner Behandlung konnte Luci nach Angaben ihrer Eltern zu Hause ca. 20 Worte aktiv gebrauchen, verweigerte aber bei fremden Personen sowohl jegliche

sprachliche Äußerung als auch die Mitarbeit. Selbst zu Bewegungsspielen ließ sie sich von Fremden nicht motivieren. Ihr Verhalten war sehr affektlabil und eigenwillig. In Zusammenarbeit mit den Eltern war es mir nach sehr schwieriger Anfangsphase möglich, Zugang zu Luci zu gewinnen, mit ihr im Sinne des Frostig-Konzepts entwicklungstherapeutisch zu arbeiten und sprachliche, fein- und grobmotorische, perzeptive, kognitive und kreative Funktionen gezielt aufzubauen. Im Lebensalter von 4 Jahren gelang es unter meiner Behandlung, ihre Verweigerungshaltungen zu mildern, sodass sie nun in den Kindergarten integriert werden konnte. Dies war für ihre weitere soziale Entwicklung außerordentlich wichtig und wirkte sich bald positiv auf eine weitere Verhaltensstabilisierung aus. Im Lebensalter von 4;5 Jahren erlitt Luci zerebrale Anfälle (Fieberkrämpfe) und wurde nun wiederholt neuropädiatrisch untersucht. Beschreibung und EEG-Befund sprachen jetzt für ein aktives zerebrales Anfallsleiden, das vom Okzipital-Bereich der rechten Hemisphäre ausging und bisher nur in Zusammenhang mit Fieber aufgetreten war. Der Neuropädiater erwartete jedoch, dass sich ein von solchen Bedingungen unabhängiges Anfallsleiden entwickeln würde. Zitat aus dem neuropädiatrischen Befund: „Rückblickend ist die ausgesprochene Affektlabilität einschließlich der Trennungsängste und der Schwierigkeiten im Tag-Nacht-Rhythmus wohl doch Ausdruck einer diffusen Entwicklungsstörung, die sich jetzt als erste Hinweise auf eine mentale Retardierung herausstellen. Die Sprachentwicklung scheint mir nicht isoliert und im Rahmen der gesamten Entwicklungsstörung verzögert zu verlaufen.“
In der Folgezeit traten schwere Krämpfe auch unabhängig von Fieber auf, und Luci musste die folgenden Jahre kontinuierlich medikamentös antikonvulsiv (zur Verhinderung von Krämpfen) behandelt werden. Trotz der Einnahme hochdosierter Medikamente kam es in den folgenden Jahren immer wieder zu schweren und lang anhaltenden Krampfanfällen mit Bewusstlosigkeit.
Lucis Entwicklung wurde durch das Anfallsleiden beeinträchtigt. Besonders betroffen war die Graphomotorik (zittrige Strichführung). Nicht nur Luci, auch ihre Eltern benötigten unter diesen neu aufgetretenen und als sehr bedrohlich erlebten Schwierigkeiten dringend die Fortsetzung einer konsequenten Beratung und Behandlung. Nach deutlichen Entwicklungsfortschritten kam es leider immer wieder zu Stillständen und Rückfällen. Dennoch war die Entwicklungskurve insgesamt langsam ansteigend. Passive und aktive sprachliche Entwicklung entfalteten sich sogar sprunghaft, es traten keine grammatikalischen Störungen auf. Eine logopädische Behandlung musste vor der Einschulung in die Grundschule daher nicht parallel zu meiner Behandlung vorgenommen werden. Auch das Verhalten von Luci verbesserte sich deutlich, die Verweigerungshaltungen waren nur noch vereinzelt zu beobachten, die Sprache wurde zur Einschulungszeit nicht mehr verweigert.

Auf der Grundlage ihrer jetzt verfügbaren, nur leicht entwicklungsverzögerten kognitiven Potenziale (es lag eine Lernbehinderung, jedoch nicht, wie zunächst vom Neuropädiater vermutet worden war, eine geistige Behinderung vor) und mit Hilfe meiner stützenden Behandlung nach meinem ganzheitlich-klinisch-psychologischen Ansatz unter Einbeziehung des Frostig-Konzepts und gestalttherapeutischer Maßnahmen konnte Luci auf die Einschulung in die Grundschule vorbereitet werden. Schwerpunkt meiner Behandlung war die Kombination gestalttherapeutischer Maßnahmen (Rollenspiele, Gestalten mit unterschiedlichen Materialien, Malen, Zeichnen, und gesprächstherapeutische Angebote für Luci und ihre Eltern) mit entwicklungsfördernden Maßnahmen des Frostig-Konzepts.
Nach anfänglich guter Eingewöhnung in die Schulsituation (Grundschule) wurde Luci durch eine plötzlich auftretende degenerative und sich verschlimmernde Beeinträchtigung ihrer Sehfähigkeit („Retinopathia pigmentosa") in ihren Lernfortschritten aufgehalten (verändertes Farb- bzw. Kontrastsehen, Einengung des Gesichtsfeldes, Verringerung der Sehschärfe; die Erkrankung kann zur Erblindung führen; es gibt bis heute keine medikamentöse Therapie). Die Empfehlung eines Schulwechsels ab der 3. Klasse in den Lernbehinderten-Bereich wurde von den Eltern und von Luci zu diesem Zeitpunkt gerne angenommen und die (sonder)pädagogische Hilfestellung zum Absolvieren der weiteren Schullaufbahn dankbar akzeptiert.

Abb. 184:
Luci, LA: 5;0 Jahre, Benennung: „Haus", Filzstifte, 21 x 20 cm, ***Zeichenentwicklung*** *(nach 1;8 Jahren Behandlungsdauer): Entwicklungsmerkmale unausgewogen, der Zeichenstil zeigt Merkmale, die von* ***Anfang Stufe 2*** *(Ausführung und Organisation, Graphomotorik)* ***bis Mitte Stufe 2*** *(Formdarstellung) reichen; Ausführung und Organisation zeigen Überkritzelungen, reduzierte Handlungsplanung im Inneren des Hauses; die Graphomotorik (Strichführung) ist auffällig gestört; dagegen ist die Formdarstellung knapp altersentsprechend* ***(Mitte Stufe 2)*** *und verrät kognitive Potenziale des Mädchens, die sich mit Hilfe der durchgeführten therapeutischen Maßnahmen jetzt entfalten konnten;* ***Emotionale Zeichen:*** *Der unaus-*

gewogene Zeichenstil, die schwere Beeinträchtigung der Ausführung und Organisation (Überkritzelungen) und die auffallend gestörte Graphomotorik (Strichstörung) weisen nicht nur auf zentrale Koordinationsstörungen (Entwicklungsdefizite) und ihre mögliche Beeinflussung durch die antikonvulsive Medikation hin, sondern sind auch als Ausdruck der Probleme des Mädchens im emotional-sozialen Bereich zu diskutieren; ***Gesamtentwicklung:*** *Anfallsleiden in Verbindung mit kombinierten umschriebenen Entwicklungs- und Verhaltensstörungen.*

Abb. 185:
Luci, LA: 5;0 Jahre, Benennung: „Mann", Wasserfarben auf angefeuchtetem Papier, 29,5 x 39,5 cm, ***Zeichenentwicklung (Anfang bis Mitte Stufe 2,*** *nach 1;8 Jahren Behandlungsdauer): Entwicklungsmerkmale zeigen Rückstand von ca. 1 Jahr; bei der qualitativen Auswertung nach den neuen Leitlinien fallen vor allem folgende Störungen auf: erster subjektiver Eindruck und bildnerischer Ausdruck (chaotisch, ungesteuert, entwicklungsverzögert); Stil (Entwicklungsalter ca. 4;0 Jahre); Ausführung und Organisation (zum Teil ungesteuert, zum Teil durch stark erhöhten Zeichendruck übersteuert, der Druck führt bis zum Zerreißen des Papiers), Graphomotorik (Störungen von Strichführung und Strichcharakter); Formdarstellung (Störungen finden sich in Überkritzelungen, nicht geschlossenen Formen, Detailarmut); bei der quantitativen Auswertung nach Koppitz zeigt Luci mit 3 Minuspunkten die Grenze der Minderbegabung (IQ 60-80);* ***Emotionale Zeichen:*** *Alle genannten auffälligen Entwicklungsmerkmale können zugleich Ausdruck der gestörten emotional-sozialen Entwicklung des Mädchens sein; es ist die Hypothese zu überprüfen, ob der massiv erhöhte Schreibdruck mit Zerreißen des Papiers als Emotionales Zeichen zu beurteilen ist und auf die großen emotionalen Spannungen hinweist, unter denen das Kind immer noch leidet (Zeigen sich die emotionalen Spannungen des Kindes nicht nur in seinem Verhalten [Verweigerungshaltungen], sondern symbolisch auch durch erhöhten Schreibdruck auf der Zeichenfläche?);* ***Gesamtentwicklung:*** *Anfallsleiden in Verbindung mit kombinierten umschriebenen Entwicklungs- und Verhaltensstörungen; die Auswertung der Menschzeichnung lässt vermuten, dass Luci im Hinblick auf ihr Körperbewusstsein (Körperschema, Körperbild und Körperkonzept) besondere Probleme aufweist und auf eine Fortsetzung der kombinierten stützenden therapeutischen Maßnahmen dringend angewiesen ist.*

- **Erläuternde Hinweise zu den Abb. 186-189:**

Kim wurde zur Behandlung feinmotorischer, perzeptiver und kognitiver Entwicklungsstörungen im Lebensalter von 6;8 Jahren in meine Behandlung überwiesen. Es lag bei Kim eine zerebrale Bewegungsstörung (Ataxie, leichte extrapyramidal hypoton-hyperkinetische ataktische Bewegungsstörung milder Ausprägung) vor. Als Verursachung dieser zentralen Koordinationsstörung wird eine Geburtsschädigung mit Sauerstoffmangel angenommen.

Der Junge sollte von mir nach seiner Zurückstellung vom Schulbesuch gezielt mit Hilfe der Frostig-Therapie auf die Einschulung in die Schule für Körperbehinderte vorbereitet und die ersten Schuljahre hindurch dort therapeutisch begleitet werden.

Erst im Alter von 1;6 Jahren war den Eltern der staksige, ungelenke Gang des Jungen aufgefallen, der zur krankengymnastischen Behandlung nach K. Bobath (von LA 2;0-3;0 Jahre) und zur ergotherapeutischen Behandlung seiner feinmotorischen Störungen und sensorischen Wahrnehmungsstörungen nach Jean Ayres (von LA 3;0-6;8 Jahre) führte (vgl. Sensorische Integrationstherapie, Schaefgen, R., 2007).

Die Vorbefunde zeigten bei dem 4;9jährigen Jungen große Probleme der Aufmerksamkeit und Konzentration, der Motorik, der Perzeption (taktile Hypersensibilität im Bereich der Haut, jedoch nicht im Bereich der Mundschleimhaut; das Kind speichelte viel bei häufig geöffnetem Mund). Die Sprache war altersgemäß entwickelt, der Sprechfluss etwas verlangsamt. Eine Intelligenzuntersuchung lag zu Beginn meiner Behandlung noch nicht vor.

Meine erste orientierende Überprüfung der kognitiven Entwicklung mit Hilfe des Tests: „Zeichne-Einen-Menschen" (ZEM) zu Therapiebeginn zeigte einen sehr großen motorischen und visuell-perzeptiven Entwicklungsrückstand des Jungen, verbunden mit deutlichen Hinweisen auf eine vorliegende hirnorganische Schädigung (Gestaltzerfall) bei gleichzeitigem Hinweis auf vorhandene und ausbaufähige kognitive Potenziale im Bereich der verbalen Intelligenz (vgl. Abb. 186). Die folgenden Zeichnungen verdeutlichen die großen Entwicklungsfortschritte dieses Jungen, der auf der Grundlage der bisher durchgeführten Therapien, mit Hilfe seiner knapp-durchschnittlichen Intelligenz und mit gezielter therapeutischer und (sonder)pädagogischer Hilfestellung seine motorisch-perzeptiven Störungen sowie Defizite im nicht-verbalen Bereich in erfreulichem Ausmaß kompensieren konnte. Eine ganz entscheidende, vielleicht die ausschlaggebende Rolle bei seinen bemerkenswerten Entwicklungsfortschritten spielten aus meiner Sicht seine große Lernmotivation, seine Ausdauer und die unermüdliche Unterstützung durch seine Mutter, die die täglich notwendigen Übungen mit dem Jungen sehr feinfühlig, aber auch sehr konsequent als sehr kompetente „Ko-Therapeutin" durchführte.

<u>Abb. 186:</u>
*Kim, LA: 6;0 Jahre, Kim benennt die Körperteile des auf dem Kopf stehenden Menschen (linke Bildhälfte), zu den Kreisen und Kreiskritzeln auf der rechten unteren Bildhälfte sagt er: „Geheimschrift", Filzstifte, 21 x 29,7 cm, **Zeichenentwicklung** (vor Einsetzen der Therapie zu Hause gezeichnet: Die Entwicklungsmerkmale sind unausgeglichen; das geschätzte Alter der Zeichenentwicklung (erster subjektiver Eindruck) beträgt ca. 3;0-3;6 Jahre **(Anfang Stufe 2)**; das geschätzte Alter der Sprachentwicklung (sprachlicher Ausdruck) beträgt dagegen ca. 6 Jahre **(Ende Stufe 2)**; auffällig ist damit der Stilbruch: Das Wort „Geheimschrift" enthält bereits eine verbale Abstraktion, mit der das Unvermögen des Jungen zur differenzierten Formdarstellung kompensiert werden soll; die Formdarstellung zeigt Gestaltzerfall, die Körperteile sind nicht miteinander verbunden und liegen in vertauschter Raumanordnung (der Kopf ist nach unten, die Beine sind nach oben ausgerichtet); die Graphomotorik ist schwer gestört; Kim konnte mit 6 Jahren den Stift nur im Faustgriff halten und führte ihn sehr verkrampft; **Emotionale Zeichen** lassen sich aus dem Stilbruch ableiten; es ist zu untersuchen, inwieweit der Junge an seinen motorischen und perzeptiven Defiziten leidet und versucht, diese durch „Rationalisierungen" abzuwehren (verdrängen); **Gesamtentwicklung:** motorische, perzeptive und kognitive Entwicklungsstörungen bei vorliegender zerebraler Bewegungsstörung (infantile Zerebralparese).*

<u>*Abb. 187:*</u>
Kim, LA: 7;6 Jahre, Benennung: „Apfelbaum", Filzstifte, 28 x 21 cm, ***Zeichenentwicklung*** *(nach 11 Monaten Frostig-Therapie): Die Analyse der Entwicklungsmerkmale zeigt einen deutlichen Fortschritt der feinmotorischen und visuell-perzeptiven Entwicklung in allen Bereichen* ***(Ende Stufe 2)****; die Zeichnung ist jetzt knapp-durchschnittlich, die Entwicklung ist harmonischer geworden; der Rückstand liegt jetzt schwerpunktmäßig im graphomotorischen Bereich;* ***Emotionale Zeichen*** *lassen sich in dieser Zeichnung für mich nicht erkennen;* ***Gesamtentwicklung****: motorische, perzeptive und leichte kognitive Entwicklungsstörungen bei vorliegender zerebraler Bewegungsstörung (infantile Zerebralparese).*

<u>*Abb. 188:*</u>
Kim, LA: 10;6 Jahre , Benennung: „Ich liege im Bett und höre Musik, oben am Bett steht das Radio", Wasserfarben, 29,7 x 41,9 cm, ***Zeichenentwicklung*** *(nach 3 Jahren und 11 Monaten Frostig-Therapie): Die Analyse der Entwicklungsmerkmale zeigt einen leichten Gesamtrückstand* ***(Mitte Stufe 3)*** *bei erfreulicher Weiterentwicklung der Graphomotorik, Form- und Raumdarstellung (Klappbild);* ***Emotionale Zeichen:*** *In der Exploration mit Kim war deutlich geworden, dass er sich oft in der Schule und bei den Hausaufgaben unter Leistungsdruck fühlt; bei der gedanklichen Suche nach Möglichkeiten*

zur Stressreduktion fiel ihm die beruhigende Wirkung von Musik ein. Er visualisierte, wie er sich auf sein Bett legt, Musik hört und sich dabei entspannen kann. Anschließend malte er das Bild (Abb. 188). Es zeigt auf der einen Seite, dass Kim sich oft sehr angespannt und gestresst fühlte, auch benachteiligt gegenüber seinem gesunden Bruder, der nicht so viel üben und arbeiten musste. Auf der anderen Seite zeigt es seine innere Stärke, auf Ressourcen zurückgreifen zu können und Stress, auch Frustrationen, über das Hören von Musik abzubauen. ***Gesamtentwicklung:*** *motorische, perzeptive und leichte kognitive Entwicklungsstörungen bei vorliegender zerebraler Bewegungsstörung (infantile Zerebralparese); Kim äußerte jetzt den großen Wunsch, das Gitarrespielen zu erlernen und setzte diesen Wunsch auch mit großem Engagement und – trotz seiner noch bestehenden feinmotorischen Unsicherheiten – mit gutem Erfolg und zu seiner eigenen großen Freude, aber auch zur Freude seiner Familie und seiner Klassenkamerad/innen, um.*

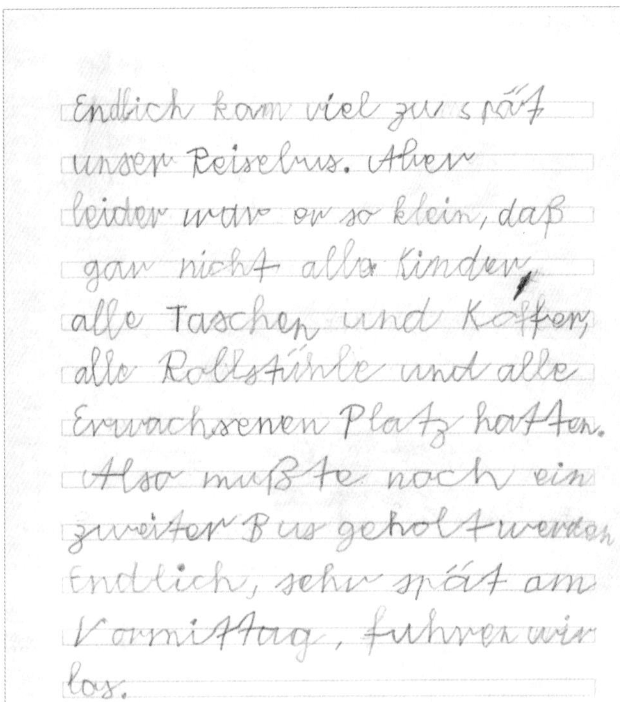
Endlich kam viel zu spät
unser Reiselbus. Aber
leider war er so klein, daß
gar nicht alle Kinder,
alle Taschen und Koffer,
alle Rollstühle und alle
Erwachsenen Platz hatten.
Also mußte noch ein
zweiter Bus geholt werden.
Endlich, sehr spät am
Vormittag, fuhren wir
los.

<u>Abb. 189:</u>
Kim, LA: 10;7 Jahre, Benennung: Es handelt sich hier um einen Schulaufsatz; dieser zeigt nicht nur die großen Fortschritte in der Schreibmotorik, sondern auch die Möglichkeiten des Jungen zum eigenständigen schriftsprachlichen Formulieren seiner Gedanken; bei der Intelligenzüberprüfung mit dem HAWIK erreichte er eine knapp-durchschnittliche Leistung im verbalen Bereich (VIQ 86) und einen Handlungs-IQ sowie Gesamt-IQ im Lernbehinderten-Bereich (HIQ 71, GIQ 76). Der weitere Weg Kims demonstriert seine Stärken und Ressourcen („Resilienz"), die mit den angegebenen Werten des Intelligenztests allein nicht zu erfassen waren. Der warmherzige, sozial engagierte Junge bemühte sich in der folgenden Zeit mit eisernem Willen, auf der Grundlage seiner knapp-durchschnittlichen verbalen Intelligenz seine Defizite im nicht-verbalen Bereich zu kompensieren. Er wurde von seinen Eltern positiv unterstützt, verfügte zunehmend

über gute Selbsteinschätzung, zeigte Ausdauer, setzte sich kleine Ziele, konnte um Hilfe bitten, wenn er nicht alleine zurechtkam und lernte, mit seinen Emotionen konstruktiv umzugehen. So zog er sich z. B. auch in der folgenden Zeit in sein Zimmer zurück, wenn er traurig, wütend oder frustriert war, hörte Musik oder spielte Gitarre, sang dazu und konnte sich auf diesem Weg beruhigen (seine emotionale Ausgeglichenheit erreichen). Damit kann man auf seinem Weg die Wirkung der „Schutzfaktoren" („Protektive Faktoren", vgl. Kap. 7.1) beobachten, die nach den Forschungsergebnissen des Frostig Centers wesentliche Bedingungen zur positiven Lebensgestaltung lerngestörter Kinder (Kinder mit Teilleistungsstörungen) im jungen Erwachsenenalter darstellen. Der Aufbau dieser Schutzfaktoren war seit Beginn meiner Therapie Schwerpunkt meiner therapeutischen Bemühungen.
Kim absolvierte seine Schullaufbahn in der Schule für Körperbehinderte bis zur 6. Klasse, wechselte ab Klasse 7 in die reguläre Hauptschule über und erreichte dort seinen Hauptschulabschluss mit guten Benotungen. Er ließ sich anschließend zum Landschaftsgärtner ausbilden, machte seinen Führerschein und arbeitet heute als selbstständiger junger Erwachsener gern in diesem Beruf.

- **Erläuternde Hinweise zu den Abb. 190-203:**

Marcel wurde im Alter von 5;1-6;4 Jahren regelmäßig, danach bis zum Alter von 10;0 Jahren in größeren Zeitabständen von mir wegen umschriebener Entwicklungsstörungen motorischer Funktionen (Grobmotorik, Fein- und Mundmotorik), visueller Wahrnehmungsstörungen und Verhaltensproblemen behandelt. Begleitend wurden die Eltern beraten (mein Therapiekonzept vgl. Kap. 7.1-7.2). In der Vorgeschichte des Kindes zeigten sich als Risikofaktoren Blutungen und Frühgeburtbestrebungen um die 30. Schwangerschaftswoche, asphyktische (Sauerstoffmangel) hypotone Geburt durch Sectio (Kaiserschnitt) wegen vorzeitiger Plazentalösung (Apgar 6-8-10) und Anzeichen einer frühkindlichen Deprivation. Im Lebensalter von 12 Monaten gab ihn seine 19jährige Mutter zur Adoption frei. Als seine Adoptiveltern ihn kennen lernten, zeigte Marcel eine deutliche Verzögerung seiner Gesamtentwicklung. Seine Körpermotorik war hypoton (schlaff), er konnte mit 12 Monaten noch nicht sitzen und war insgesamt recht passiv (mit jedem Bauklotz zufrieden). Die Eltern gaben an, er habe wenig Blickkontakt gezeigt, weder geweint noch gelacht, keine artikulierten Laute von sich gegeben, die Fortbewegung erfolgte durch Rollen. Unter der intensiven Betreuung und Förderung durch seine Adoptiveltern lernte Marcel mit 16 Monaten sitzen und mit 22 Monaten laufen. Seine Körpermotorik und Mundmotorik blieben jedoch auch in der Folgezeit auffallend hypoton (schlaff). Bei einer neuropädiatrischen Untersuchung des Jungen wurden im Lebensalter von 16 Monaten ein *allgemeiner harmonischer*

Entwicklungsrückstand mit einem EQ (Entwicklungsquotient) von 65 (mittlerer Wert 100), eine noch stark schwankende Tonuslage der Muskulatur und eine atopische Dermatitis ermittelt. Ein im Lebensalter von 2;5 Jahren abgeleitetes EEG war artefaktreich, zeigte streckenweise altersentsprechende Grundaktivität und müdigkeitsbedingte Veränderungen. In den artefaktfreien Strecken ergaben sich keine konstanten Seiten- oder Herdhinweise und keine Spitzenpotenziale (keine Hinweise für Krampfpotenziale, wie sie bei der Epilepsie nachzuweisen sind). Marcel sprach zu dieser Zeit noch sehr undeutlich, oft nur eine Silbe eines Wortes, kaute langsam, nicht sehr gründlich. Insbesondere beim intensiven Spielen war gelegentlich noch Speichelfluss zu beobachten. Er hatte Schwierigkeiten, aus einem Becher zu trinken. Das Sprachverständnis war altersgemäß, der Wortschatz gering eingeschränkt. Es lag ein multiples Stammeln vor, Zweiwortverbindungen waren noch nicht möglich. Teilweise sprach Marcel noch „unverständliches Kauderwelsch". Es wurde eine Sprachentwicklungsverzögerung bei normalem Hörvermögen und etwas retardierter Mundmotorik diagnostiziert.
Zur Förderung der Handgeschicklichkeit und Wahrnehmungsverarbeitung wurde eine ergotherapeutische Behandlung empfohlen und nachfolgend durchgeführt (Konzept von Jean Ayres, vgl. Schaefgen, R., 2007).
Im Lebensalter von 4;9 Jahren wurde Marcel intelligenzdiagnostisch mit dem nonverbalen Intelligenztest der Leiter-Scale untersucht und erreichte mit einem Intelligenzalter von 5;3 Jahren ein *gut-durchschnittliches Ergebnis.* Bei der Testung mit dem HAWIVA (Hannover-Wechsler-Intelligenztest für das Vorschulalter) war Marcel recht motiviert und kooperativ. Im Verbal-Teil sowie im Subtest Tierhäuser, der die visuomotorische Koordination prüft, erzielte er einen C-Wert von 3. Dies entspricht einem unterdurchschnittlichen Ergebnis. *Noch im Durchschnittsbereich lagen dagegen seine Leistungen im Handlungs-Teil und auch im Rechnerischen Denken.* Die Gesamtleistung bewegte sich damit im Grenzbereich zwischen Durchschnitt und nicht altersgemäßer Leistung. Es wurde vorgeschlagen, die ermittelten Schwächen des Jungen in der visuomotorischen Koordination und Wahrnehmung nachfolgend noch genauer abzuklären. Diese Befunde widerlegten die Beobachtungen der ersten neuropädiatrischen Untersuchung. Es wurde bei Marcel im Alter von 4;9 Jahren keine „allgemeine harmonische Entwicklungsstörung" mit deutlichen Hinweisen auf Defizite der Intelligenzentwicklung mehr ermittelt. Dagegen zeichnete sich jetzt die Diagnose einer *umschriebenen Entwicklungsstörung motorischer Funktionen mit altersentsprechender Intelligenz* ab.
Im Lebensalter von 5;1 Jahren wurde Marcel zur Behandlung seiner motorischen Störungen, Wahrnehmungsstörungen und Verhaltensprobleme an mich überwiesen. Besonders auffällig waren in diesem Lebensalter die noch bestehenden Störun-

gen des Gleichgewichts und der Koordination. Seine Handmotorik (Rechtshänder) war verkrampft; mit 5;1 Jahren konnte er einen Stift noch nicht richtig halten. In der Sprachentwicklung war dagegen keine Verzögerung mehr nachzuweisen. Marcel verfügte im Gegenteil jetzt bereits über einen ungewöhnlich guten Wortschatz mit häufigen Redewendungen der Erwachsenensprache. Gelegentlich machte sich ein Situationsstottern bemerkbar. In seiner emotional-sozialen Entwicklung zeigten sich deutliche Entwicklungsverzögerungen und Störtendenzen. Es fiel ihm sehr schwer, sich von seiner Adoptivmutter zu lösen und soziale Kontakte zu anderen Kindern zu knüpfen. Seine Frustrationstoleranz war auffallend gering. Er zeigte eine ausgeprägte Angstneigung, insbesondere bei allen seinen Bewegungsaktivitäten.
Im Frostigs Entwicklungstest der visuellen Wahrnehmung zeigte er in den *motorikfreien Subtests* „Formkonstanz“ und „Wahrnehmung der Raumlage“ gut-durchschnittliche Werte (Prozentrang 70 bzw. 100). Der Untertest „Figur-Grund-Wahrnehmung“ (mit Motorikbeteiligung) lag im durchschnittlichen Bereich (Prozentrang 49). Die *Untertests mit Motorikbeteiligung* (visuomotorische Koordination und Wahrnehmung räumlicher Beziehungen) zeigten dagegen unterdurchschnittliche Leistungen (Prozentrang 26 und 28). Es handelt sich hier nach statistischer Überprüfung um ein echtes Profil. Die inhomogenen Ergebnisse der Untertests unterliegen nicht dem Zufall und dürfen differentialdiagnostisch ausgewertet werden. Aus heutiger Sicht würde eine Überprüfung der visuellen Wahrnehmung mit Hilfe des DTVP-2 (FEW-2, vgl. Kap. 9.1) eine genauere Abklärung dieses Bereichs ermöglicht haben (größere Auswahl von Testaufgaben, Unterscheidung von Testaufgaben mit und ohne Motorikbeteiligung). Zum Zeitpunkt der Überprüfung Marcels war dieser Test noch nicht verfügbar.
Marcel wurde im Lebensalter von 6;9 Jahren eingeschult. Das Erlernen der Schreibmotorik fiel ihm sehr schwer, und er benötigte hier viele pädagogische Zusatzhilfen. Im Lesen hatte er keine Schwierigkeiten. Das Fach Deutsch war bald sein Lieblingsfach. In der 4. Klasse erhielt Marcel in diesem Fach die Note 1. Er gewann mit 10 Jahren den Landes-Vorlesewettbewerb. Ab 10 Jahren interessierte er sich intensiv für Opern und war bald ein Kenner auf diesem Gebiet. Er konnte viele Passagen von Opern auswendig vortragen oder auch vorsingen. Bis heute hat er sein Interesse für Opern beibehalten und vertieft. Von der Gesamtschule wechselte er in die Realschule und schloss diese mit der Realschulreife ab. Anschließend absolvierte er eine kaufmännische Lehre. Mit Hilfe der intensiven Zuwendung und Förderung durch seine Eltern, der früh eingesetzten mehrdimensionalen therapeutischen Maßnahmen und der pädagogischen Hilfestellung seiner Lehrer hat er seine motorischen und emotional-sozialen Probleme erfreulich kompensieren können. Seine Frustrationstoleranz ist deutlich besser geworden, sein Selbstwertbewusstsein hat sich gesteigert. Marcel

ist jetzt auf gutem Weg ins Erwachsenensein und ins Berufleben, was durch folgenden Bericht seiner Eltern unterstrichen wird:

Marcels Entwicklung aus heutiger Sicht seiner Eltern:

„Nachdem Marcel im Alter von einem Jahr als Adoptivkind zu uns gekommen war, hatten wir zunächst eine sozialpädiatrische Untersuchung durchführen lassen. Man empfahl uns, den Jungen *ohne therapeutische Maßnahmen in seiner harmonischen Befindlichkeit zu belassen* und uns darauf vorzubereiten, dass er vermutlich die Sonderschule würde besuchen müssen. Eine Untersuchung in einem Sozialpädiatrischen Zentrum ergab dann Teilleistungsstörungen mit Wahrnehmungs- und Koordinationsproblemen des Bewegungsablaufs, und wir wurden auf die Möglichkeit von Frostig-Tests hingewiesen, um einen genaueren Behandlungsplan zu erhalten. So kamen wir zu Frau Dr. Seidel, die seinerzeit noch in .... praktizierte. Später suchten wir sie in regelmäßigen Abständen in ihrer Praxis in......auf – was abgesehen von den therapeutischen Erfolgen – jeweils den Lustgewinn eines zusätzlichen kleinen Urlaubs mit sich brachte. Die von Frau Dr. Seidel aufgrund ihrer Untersuchungen gegebenen Hinweise zu Therapien und zu unserem Verhalten dem Kind gegenüber haben dazu geführt, dass Marcels Entwicklung einen recht günstigen Verlauf genommen hat, sodass er heute beispielsweise schwimmt, Fahrrad fährt, Fußball spielt und den Führerschein gemacht hat. Und dass wir – was nicht gering zu veranschlagen ist – zu einer ziemlich glücklichen Familie zusammengewachsen sind. Marcel hat die Gesamtschule mit der mittleren Reife verlassen und seine Lehre als Bürokaufmann erfolgreich abgeschlossen. Er arbeitet heute im Callcenter eines deutschlandweit agierenden Unternehmens."

Marcels Zeichnungen im Therapieverlauf:

Im Folgenden dokumentiere ich die Zeichnungen Marcels im Behandlungsverlauf. Deutlicher als in der Intelligenzdiagnostik kommen seine gravierenden visuomotorischen Koordinationsprobleme und Verhaltensprobleme bei der Analyse seiner Kinderzeichnungen zum Ausdruck. Aber auch seine guten kognitiven Potenziale (vor allem in der Raumwahrnehmung) lassen sich in ihnen nachweisen. Die Interpretation seiner Zeichnungen war bei der Planung und Durchführung meiner therapeutischen Maßnahmen und bei der Elternberatung für mich unverzichtbar. Obwohl Marcel beim Malen und Zeichnen große Schwierigkeiten hatte und zum Teil auch heute noch hat, ließ er sich zu diesen Aktivitäten immer wieder motivieren. Er fand damit nicht nur die Möglichkeit, seine visuomotorische Koordination und die Funktionen seiner visuellen Wahrnehmung zu üben, sondern er konnte in seinen Zeichnungen auch das ausdrücken, was ihm emotional wichtig war und dies im Gespräch weiter bearbeiten.

<u>Abb. 190:</u>
*Marcel, LA: 5;2 Jahre, Benennung: „Mann, Weihnachten, Geschenke unter dem Tannenbaum", Filzstifte, 29,7 x 42 cm, **Zeichenentwicklung:** Entwicklungsmerkmale unausgewogen; auffallende Unsicherheit der Graphomotorik, die Formdarstellung der Person zeigt deutlichen Entwicklungsrückstand **(Anfang Stufe 2)**; dagegen eilt die Formdarstellung des Baumes (schräg angesetzte Äste) den Erwartungsmerkmalen des Lebensalters um ca. 1;0-1;6 Jahre voraus und weist auf kognitive Potenziale des Jungen hin **(Übergang von Stufe 2 zur Stufe 3); Emotionale Zeichen:** Ausführung und Organisation (Überkritzelung, sehr niedrige Frustrationstoleranz: Marcel beginnt, einen Menschen zu zeichnen, ärgert sich über einen kleinen Fleck im Papier und zerkritzelt alles; nur durch meine positive Umdeutung der Kritzelzeichnung („Wer hat sich da unter dem Vorhang versteckt?") gelingt es, Marcel zur Fertigstellung der Zeichnung zu bewegen (vgl. Kap. 4.2.1); weist die überkritzelte Menschzeichnung auf Probleme des Körperbewusstseins des Jungen (Körperschema, Körperbild, Körperkonzept) mit Auswirkungen auf den emotional-sozialen Bereich (geringes Selbstwertbewusstsein) hin?; **Gesamtentwicklung:** Zentrale Koordinationsstörung mit besonderer Beeinträchtigung der fein- und grobmotorischen Koordination bei altersentsprechender Intelligenz; Verhaltensstörungen (ausgeprägte Angstneigung, geringe Frustrationstoleranz).*

Abb. 191: *Marcel, LA: 5;2 Jahre, Benennung: „Gewitter und Schaf", Wasserfarben, 29,7 x 42 cm,* ***Zeichenentwicklung:*** *Entwicklungsmerkmale* ***(Mitte Stufe 2); Emotionale Zeichen:*** *Ausführung und Organisation (Überkritzelung, sehr niedrige Frustrationstoleranz); in der Exploration zu dieser Zeichnung erzählt Marcel von seinen Dunkelängsten und von seinen Ängsten bei Gewitter;* ***Gesamtentwicklung:*** *Zentrale Koordinationsstörung mit besonderer Beeinträchtigung der fein- und grobmotorischen Koordination bei altersentsprechender Intelligenz; Verhaltensstörungen (ausgeprägte Angstneigung, geringe Frustrationstoleranz).*

Abb. 192: *Marcel, LA: 5;6 Jahre, Benennung: „Septemberbrezel, (links unten), Sonne, Schlange, die fängt eine Maus, sie ist ein bisschen in der Luft, da fängt sie gerade die Maus; oben ist so ein bisschen Gebrummel, schwarze Wolken", Wasserfarben, 30,5 x 40,5 cm,* ***Zeichenentwicklung:*** *Entwicklungsmerkmale* ***(Mitte Stufe 2)****; gute Formdarstellung der „Septemberbrezel"; motorische Symbolik weist auf gute kognitive Potenziale hin;* ***Emotionale Zeichen*** *finden sich im sprachlichen Ausdruck und in der Farbsymbolik: „Gebrummel" steht nach dem Ergebnis der Exploration für Angst vor Gewitter; die Schwarzfärbung des Himmels kann als symbolischer Ausdruck seiner Gewitterangst gedeutet werden;* ***Gesamtentwicklung:*** *Zentrale Koordinationsstörung mit besonderer Beeinträchtigung der fein- und grobmotorischen Koordination bei altersentsprechender Intelligenz; Verhaltensstörungen (ausgeprägte Angstneigung, geringe Frustrationstoleranz).*

Abb. 193:
Marcel, LA: 5;9 Jahre, Benennung: „Ein erwachsener Mann", Filzstifte, 31 x 40,5 cm, ***Zeichenentwicklung:*** *Entwicklungsmerkmale unausgewogen* ***(Ende Stufe 2),*** *Stilbruch: Graphomotorik und Formdarstellung weisen auf gravierende Entwicklungsstörungen hin, Entwicklungsalter ca. 4;0-4;6 Jahre (Gestaltzerfall); die Bewegungsdarstellung zeigt dagegen bereits Profilwendung mit „Zentralauge"* ***(Übergang von Stufe 2 zur Stufe 3)*** *und weist auf gute kognitive Potenziale hin;* ***Emotionale Zeichen:*** *Der Stilbruch verdeutlicht die unharmonische Entwicklung Marcels und lässt problematische Auswirkungen auf seine emotionale Stabilität vermuten. Sprachlicher Ausdruck: Mit welchem erwachsenen Mann identifiziert sich Marcel hier? Farbsymbolik: Weist die Farbwahl (Rot-Schwarz) auf eine problematische Auseinandersetzung mit diesem erwachsenen Mann hin? Raumlage: Ist die fehlende Bodenlinie als emotionales Zeichen (Probleme des Körperbewusstseins) zu deuten?* ***Gesamtentwicklung:*** *Zentrale Koordinationsstörung mit besonderer Beeinträchtigung der fein- und grobmotorischen Koordination bei altersentsprechender Intelligenz; Verhaltensstörungen (ausgeprägte Angstneigung, geringe Frustrationstoleranz).*

Abb. 194:
Marcel, LA: 5;11 Jahre, Benennung (von links nach rechts): „Tomate, Birnbaum, Tomate, Laterne, Busch, Birne, Staubwolke, Tupfen von einer kleinen Hexe, die da gelaufen ist", ***Zeichenentwicklung:*** *Entwicklungsmerkmale unausgewogen* ***(Mitte bis Ende Stufe 2),*** *Feinmotorik unsicher, gute Ansätze bei der Formdarstellung (schräge Winkelansetzung der Äste) und bei der Bewegungsdarstellung (motorische Symbolik der Laufspuren der Hexe);*

Emotionale Zeichen: *Raumlage: Sind die fehlende Bodenlinie und fehlende Verwurzelung des Baumes in der Erde als Emotionale Zeichen (Unsicherheit des Körperbewusstseins überträgt sich auf Unsicherheiten im emotional-sozialen Bereich) zu deuten? Deuten sich hier Gefühle der Unsicherheit in der familiären Situation symbolisch an?* ***Gesamtentwicklung:*** *Zentrale Koordinationsstörung mit besonderer Beeinträchtigung der fein- und grobmotorischen Koordination bei altersentsprechender Intelligenz; Verhaltensstörungen (ausgeprägte Angstneigung, geringe Frustrationstoleranz).*

Abb. 195:
Marcel, LA: 5;11 Jahre, Benennung: „Vater mit Zylinder, Mohnblume mit Honig, den man zum Bienenstichkuchen nehmen kann", Filzstifte und Wasserfarben, 29,7 x 39,7 cm, ***Zeichenentwicklung:*** *Entwicklungsmerkmale unausgewogen, Graphomotorik unsicher, Formdarstellung des Kopffüßlers oben links zeigt deutlichen Entwicklungsrückstand (Entwicklungsalter ca. 4;0-4;6 Jahre* ***Mitte Stufe 2****); Bewegungsdarstellung gute Durchschnittsnorm [Zentralauge des „Vaters mit Zylinder"]* ***(Ende Stufe 2); Emotionale Zeichen:*** *Motive, Symbole, Zeichen: Weist die Zeichnung auf eine Auseinandersetzung des Jungen mit seinem Vater hin?* ***Gesamtentwicklung:*** *Zentrale Koordinationsstörung mit besonderer Beeinträchtigung der fein- und grobmotorischen Koordination bei altersentsprechender Intelligenz; Verhaltensstörungen (ausgeprägte Angstneigung, geringe Frustrationstoleranz).*

Abb. 196:
Marcel, LA: 5;11 Jahre, Benennung: „Haus und Kartoffelfeuer", Filzstifte und Wasserfarben, 29,7 x 39,7 cm, ***Zeichenentwicklung:*** *Entwicklungsmerkmale unausgeglichen, Graphomotorik unsicher, Raumdarstellung zeigt deutliche Verbesserung und weist auf gute kognitive Potenziale des Jungen hin* ***(Anfang bis Mitte Stufe 3)****; vertikale Anordnung; Haus ruht auf Bodenlinie; Klappbild, vorperspektivisch (Marcel beschreibt anschaulich, dass er ein Haus mit vier Wänden und mit vier Nägeln sieht); differenzierte Farbdarstellung des*

*„Kartoffelfeuers"; **Emotionale Zeichen** sind in dieser Zeichnung nicht zu ermitteln; **Gesamtentwicklung:** Zentrale Koordinationsstörung mit besonderer Beeinträchtigung der fein- und grobmotorischen Koordination bei altersentsprechender Intelligenz; Verhaltensstörungen (ausgeprägte Angstneigung, geringe Frustrationstoleranz).*

Bild oben: Abb. 196

<u>Abb. 197:</u>

*Marcel, LA: 6;0 Jahre, Benennung: „Volvo und Mann, der im Führerhaus sitzt", Filzstifte, 29,6 x 42 cm, **Zeichenentwicklung:** Entwicklungsmerkmale unausgewogen; Graphomotorik und Formdarstellung zeigen deutlichen Rückstand (Mann im Führerhaus ist noch Kopffüßler; die Räder sind nicht mit dem Autokörper verbunden, Gestaltzerfall (Entwicklungsalter ca. 4;6 Jahre, **Mitte Stufe 2**); die Raumdarstellung zeigt sowohl Rückstand (der Mann ist in gedrehter Raumlage gezeichnet) als auch bereits erste Ansätze eines Klappbildes (**Ende Stufe 2**); **Emotionale Zeichen:** Die gravierenden graphomotorischen und visuell-perzeptiven Störungen bei altersentsprechender Gesamtintelligenz lassen einen destabilisierenden Einfluss auf den emotional-sozialen Bereich vermuten; **Gesamtentwicklung:** Zentrale Koordinationsstörung mit besonderer Beeinträchtigung der fein- und grobmotorischen Koordination bei altersentsprechender Intelligenz; Verhaltensstörungen (ausgeprägte Angstneigung, geringe Frustrationstoleranz).*

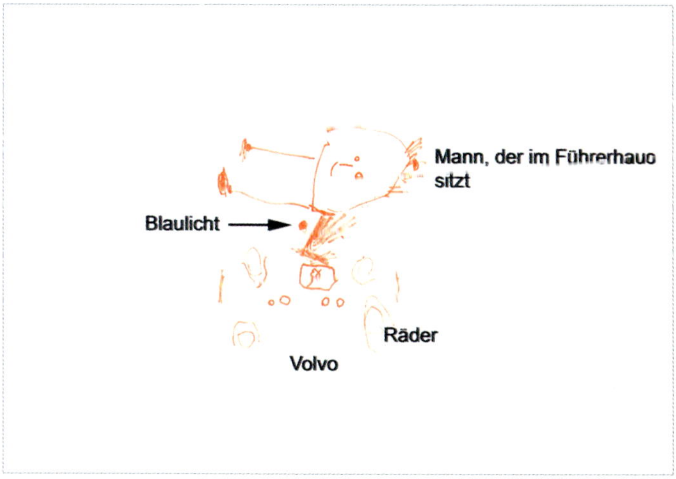

Abb. 198:
Marcel, LA: 7;1 Jahre, Benennung: „Hier steht Marcel", Wasserfarben, 39,5 x 29,5 cm, ***Zeichenentwicklung:*** *Entwicklungsmerkmale altersgemäß* ***(Ende Stufe 2)****; Graphomotorik noch unsicher; deutliche Fortschritte in der Formdarstellung; Schulfähigkeit (Grundschule) ist erreicht;* ***Emotionale Zeichen:*** *Ist die fehlende Bodenlinie zufällig oder Ausdruck einer nach wie vor bestehenden Unsicherheit des Körperbewusstseins?* ***Gesamtentwicklung:*** *Zentrale Koordinationsstörung mit besonderer Beeinträchtigung der fein- und grobmotorischen Koordination bei altersentsprechender Intelligenz; deutliche Verbesserung der Graphomotorik und visuell-perzeptiven Funktionen, auch das Verhalten zeigt Stabilisierungstendenz, ist aber insgesamt noch affektlabil; Marcel besucht jetzt die 1. Klasse Grundschule, erhält von seiner Lehrerin oft individuelle Hilfestellung; er darf z. B. größere Schreibhefte benutzen als die anderen Kinder und bekommt visuelle Strukturhilfen (Hilfslinien, farbig unterschiedlich abgesetzte Schreibräume); die Eingewöhnung in die Schulsituation und das Erledigen der Hausaufgaben fallen Marcel schwer; er ist oft noch sehr ungeduldig mit sich selbst und mit seinen Bezugspersonen.*

Bild links: Abb. 199

Abb. 199:
Marcel, LA: 7;3 Jahre, „Papa", Buntstifte, 42 x 30 cm, ***Zeichenentwicklung:*** *Entwicklungsmerkmale unausgewogen; die Graphomotorik ist noch unsicher, die Formdarstellung ist im Kopf-Halsbereich altersgemäß* ***(Ende Stufe 2/Anfang Stufe 3)****; die Zunahme von Details wie Bart, Zähne, Adamsapfel ist altersgemäß und zeigt, dass Marcel beginnt, sich an der Realität zu orientieren; die Formdarstellung des Oberkörpers mit dem grünen „Kragen" ist nur knapp-durchschnittlich, Unterkörper und Extremitäten fehlen; die Person ist nur in einem Ausschnitt gezeichnet;* ***Emotionale Zeichen:*** *Motive, Symbole, Zeichen: Weisen die Merkmale der Zähne, des Bartes und des Adamsapfels auf eine problematische Auseinandersetzung Marcels mit seinem Vater hin? Ist es zufällig, dass er beim Vater den Ausschnitt des Kopfes mit Bart, Zähnen, Adamsapfel und Hals betont und Unterkörper, Arme und Beine weglässt?* ***Gesamtentwicklung:*** *Zentrale Koordinationsstörung mit besonderer Beeinträchtigung der fein- und grobmotorischen Koordination bei altersentsprechender Intelligenz; affektive Labilität mit häufig auftretenden Verhaltensproblemen (Angstneigung, geringe Frustrationstoleranz).*

Abb. 200:
Marcel, LA: 7;4 Jahre, Benennung: „Auto", Buntstifte, 21 x 30 cm, ***Zeichenentwicklung: Ende Stufe 2, Übergang zur Stufe 3;*** *die Entwicklungsmerkmale der Graphomotorik zeigen noch Probleme der Linienführung und Flächengestaltung; die Formdarstellung weist eine deutliche Verbesserung auf (die Details sind jetzt an den Autokörper gefügt, kein Gestaltzerfall mehr); die Raumdarstellung zeigt jetzt flächige Gestaltung des Bodens;* ***Emotionale Zeichen*** *sind in dieser Zeichnung nicht zu ermitteln;* ***Gesamtentwicklung:*** *Zentrale Koordinationsstörung mit besonderer Beeinträchtigung der fein- und grobmotorischen Koordination bei altersentsprechender Intelligenz; affektive Labilität mit häufig auftretenden Verhaltensproblemen (Angstneigung, geringe Frustrationstoleranz).*

Abb. 201:
Marcel, LA: 7;4 Jahre, Benennung: „Auto", Filzstifte, 29,5 x 21 cm, ***Zeichenentwicklung: Anfang bis Mitte Stufe 3;*** *die Entwicklungsmerkmale der Graphomotorik zeigen noch Probleme der Linienführung und Flächengestaltung; die Raumdarstellung liegt jetzt im gut-durchschnittlichen Bereich („Klappbild") und weist auf kognitive Potenziale Marcels hin;* ***Emotionale Zeichen*** *sind in dieser Zeichnung nicht zu ermitteln;* ***Gesamtentwicklung:*** *Zentrale Koordinationsstörung mit besonderer Beeinträchtigung der fein- und grobmotorischen Koordination bei altersentsprechender Intelligenz mit erkennbaren guten kognitiven Potenzialen; affektive Labilität mit häufig auftretenden Verhaltensproblemen (Angstneigung, geringe Frustrationstoleranz).*

Abb. 202:
Marcel, LA: 7;4 Jahre, Benennung: fehlt, Buntstifte, 29,5 x 39,7 cm, ***Zeichenentwicklung:*** *Die Entwicklungsmerkmale der Graphomotorik zeigen noch Probleme der Linienführung; Marcel setzt sich jetzt besonders mit der Raumdarstellung auseinander (Wegebilder), was als gutes Potenzial seiner kognitiven Entwicklung zu werten ist* ***(Anfang bis Mitte Stufe 3);*** ***Emotionale Zeichen*** *sind in dieser Zeichnung nicht zu ermitteln;* ***Gesamtentwicklung:*** *Zentrale Koordinationsstörung mit besonderer Beeinträchtigung der fein- und grobmotorischen Koordination bei altersentsprechender Intelligenz mit erkennbaren guten kognitiven Potenzialen; affektive Labilität mit häufig auftretenden Verhaltensproblemen (Angstneigung, geringe Frustrationstoleranz).*

Abb. 203:

*Marcel, LA: 10;11 Jahre, Benennung: „Der Teufel will ein Plätzchen haben", (von links nach rechts) „Ich und meine Mutter"; **Zeichenentwicklung:** Das Entwicklungsmerkmal des sprachlichen Ausdrucks weist auf den Vorstellungsreichtum und die Phantasiepotenziale Marcels hin; es fällt ihm wesentlich leichter, eine Geschichte zu erfinden und sprachlich auf überdurchschnittlich hohem Sprachniveau zu formulieren, als dazu ein Bild zu zeichnen; die Graphomotorik zeigt in dieser Lebensphase (Vorpubertät) und in dieser Lebenssituation eine deutliche Zunahme der Unsicherheiten in der Linienführung und Flächengestaltung; in Zusammenhang mit der reduzierten Graphomotorik hat Marcel jetzt auch wieder vermehrte Probleme mit der Formdarstellung aller drei gezeichneten Personen, die einen deutlichen Entwicklungsrückstand aufweist (**Anfang Stufe 3**); **Emotionale Zeichen:** Motive, Symbole, Zeichen: Enthält der dargestellte Bildzusammenhang mit den dargestellten Motiven in symbolischer Verschlüsselung einen Hinweis auf aktuell oder unbewusst vorliegende emotional-soziale Probleme Marcels? **Gesamtentwicklung:** Zentrale Koordinationsstörung mit besonderer Beeinträchtigung der grapho- und grobmotorischen Koordination bei altersentsprechender Intelligenz mit erkennbaren guten kognitiven Potenzialen; affektive Labilität mit häufig auftretenden Verhaltensproblemen (Angstneigung, geringe Frustrationstoleranz).*

Ausblick:
Die Entwicklungsgeschichte Marcels macht deutlich, wie wichtig es ist, nicht nur die Entwicklungsdefizite eines Kindes bei der Langzeit-Behandlung im Auge zu behalten, sondern sich auch vor allem an seinen Potenzialen, an seinen Ressourcen zu orientieren. Wie das Beispiel Marcels zeigt, kann sich unter einer frühzeitig begonnenen, fachkompetent durchgeführten und durch Eltern unterstützten Therapie durchaus das diagnostische Bild einer komplexen Entwicklungsstörung in das einer umschriebenen Entwicklungsstörung wandeln. Eine ganz wichtige Voraussetzung des Therapieerfolgs ist allerdings, nicht nur funktionell übende Verfahren in den Mittelpunkt der Bemühungen zu stellen. Besonders die Emotionalen Zeichen sind es, die uns auf aktuelle emotional-soziale Bedürfnisse und Probleme des Kindes aufmerksam machen können und damit gezielte Hilfestellung, auch gezielte Elternberatung, ermöglichen. Die Hilfestellung beim Aufbau des kindlichen Selbstvertrauens und die kontinuierliche Zusammenarbeit mit den Eltern gehören aus meiner Sicht zu den Schwerpunkten der Behandlung. Der Therapieerfolg hängt darüber hinaus wesentlich davon ab, dass ein entwicklungsgestörtes Kind lernt, mit Restsymptomen (z. B. graphomotorischen Unsicherheiten oder visuell-perzeptiven Defiziten) konstruktiv umzugehen, sie zu akzeptieren und nach Möglichkeiten und Wegen zu ihrer Kompensation zu suchen (vgl. „Protektive Faktoren", Kap. 7.1). Wie Marcel bewiesen hat, führen diese „Anstrengungen" durchaus zu Erfolgen beim Absolvieren der Schullaufbahn und schaffen damit auch die Voraussetzungen zur selbstständigen Lebensbewältigung und zum Gefühl seiner Sinnerfüllung. Wie gut ist es bei allem Bemühen, wenn – wie bei Marcel zu beobachten – ein Schuss Humor über verbleibende Schwierigkeiten hinweghelfen kann.

Auf meine Anfrage nach seinem Befinden schrieb mir Marcel im jungen Erwachsenenalter den folgenden Brief:

Marcel im jungen Erwachsenenalter:

„Hey Frau Seidel, hier ist der versprochene Brief damit Sie sehen, was so aus mir geworden ist (hoffe was Gutes) * **grinsfrech** *

Ich hatte nach meinem ja nicht so erfreulichen ersten Lebensjahr das größte Glück der Welt zu Eltern zu kommen die mir immer zur Seite standen und stehen, ich hatte ein Zuhause indem ich mich wohl geborgen fühlen konnte. Einen nicht unwichtigen Anteil an meiner Entwicklung hatte meine Grundschullehrerin die mir mit Ihrer herzlichen Art sehr half und früh meine schulischen Stärken und Schwächen erkannte und mich förderte. Zu ihr habe ich noch immer losen Kontakt und demnächst werde ich sie auch wieder besuchen.

Eine Sache die mir von Anfang nie gefiel war das malen, aber bei den Besuchen bei Ihnen habe ich ja doch so einiges gemalt und auch bei späteren Therapien sind viele Bilder entstanden. Auch wenn mir das Malen nie richtig Spaß machte sind in meinen Bildern anscheinend doch viele Botschaften drin gewesen, die Sie wunderbar interpretiert haben, denn mir haben die Besuche bei Ihnen auf jeden Fall stark geholfen, wieder ein bisschen Selbstvertrauen aufzubauen, denn Selbstvertrauen ist nach wie vor meine größte Schwäche. Es hat sich zwar enorm gebessert, vor allem in der Zeit in der wir bei Ihnen waren, aber dennoch komme ich auch jetzt noch früher ins Zweifeln als andere in vergleichbaren Situationen. Auch bei Kritik bin ich noch immer sehr feinfühlig und empfindsam, bekomme sie oft in den falschen Hals und mache dann komplett dicht. In der 7. und 8. Klasse z. B. hatte mein damaliger Klassenlehrer eine Art mit der ich überhaupt nicht zurechtkam. Er merkte das ich in Mathe besonders große Probleme hatte ... und holte mich vor der gesamten Klasse besonders oft an die Tafel, wo ich mich dann in der Regel völlig blamierte und perfekten Nährstoff zu Hänseleien lieferte. Der Lehrer muss das gemerkt haben, weil es täglich mehrfach passierte und wie ich unter der Situation litt, aber er machte in seinem Stil beharrlich weiter mit dem Ergebnis das meine ohnehin schon schlechte Matheleistungen völlig in den Keller gingen und mein Selbstbewusstsein völlig zusammenbrach. Vielleicht wollte er mich durch das bloßstellen vor der Klasse motivieren, hätte aber merken müssen, das das Gegenteil geschah und das er da nicht entsprechend reagierte nehme ich ihm auch heute noch sehr übel und an eine Verzeihung ist nicht zu denken. Als Konsequenz wechselte ich die Klasse, einer der besten Entscheidungen meines Lebens. Diese Schulprobleme plus den Rückschlägen bei den Mädchen warfen mich wieder auf den Punkt zurück bevor die Mal-Therapien bei Ihnen begonnen hatten. Mir ging es richtig schlecht. Was dann folgte waren Besuche beim Psychologen der mir Medikamente verschrieb die Glücksgefühle auslösen (weiß nicht mehr wie die heißen) und die halfen mir wieder auf die Beine. Ich war wieder im Leben zurück.

Viele Freunde hatte ich nie, aber das liegt vielleicht daran das ich ein bisschen zu misstrauisch fremden Leuten gegenüber bin und sie mir erstmal sehr genau anschaue bevor ich ihnen Vertrauen schenke. Aus meiner Schulzeit hat sich nur eine Freundschaft gerettet. Die anderen Schulfreundschaften haben sich leider verloren, entweder entpuppten sie sich als keine wahren Freundschaften oder sie zogen weg. Zwei Freundschaften konnte ich bis jetzt festhalten und hoffe das sie auch für immer bestehen bleiben. Bemerkenswert vielleicht das Freundschaften oder auch die Mehrheit meiner Beziehungen mit Menschen war, die körperlich in irgendeiner Form behindert waren. Ich habe das nicht gezielt gesucht, aber wenn man es sich in aller Ruhe durch den Kopf gehen lässt, fällt es mir auf. Über die Gründe hierfür vermag ich nichts zu sagen, vielleicht haben Sie ja eine logische Erklärung dafür?!?!

Die Medikamente hatten meine psychologischen Probleme ein wenig behoben, aber notenmäßig erholte ich mich von oben beschriebenen beiden Jahren nur sehr langsam und es bedurfte großer Anstrengungen (meine Mutter weiß da ein Lied von zu singen). Ich habe das 10. Schuljahr freiwillig wiederholt und konnte nach vielem und harten Kampf gegen die Faulheit und dem nach wie vor bei Rückschlägen empfindlichen Selbstvertrauen den Realschulabschluss mit dem Schnitt 3,07 erreichen. Mein Vater ist zwar noch immer der Meinung das ich auch das Abitur und mehr hätte schaffen können... ich bin da anderer Meinung nämlich das ich schulisch das erreicht habe was für mich realistisch erreichbar war. Aber man muss ja auch über manche Sachen streiten können, oder? ☺

Die Suche nach einer Ausbildung gestaltete sich schwer aber ich bekam eine bei der Firma X (Einrichtung des Arbeitsamtes für schwer vermittelbare). Dort merkte ich in meinem Ausbildungsjahrgang schnell wer es gut meinte und mit wem ich gut klarkam. Es war eine lehrreiche Zeit mit Höhen und Tiefen, letztere überwand ich aber deutlich leichter als in der Schule. In der Ausbildung zum Bürokaufmann fand ich dann auch die beiden Freundschaften die bis heute gehalten haben und für die ich sehr dankbar bin.

Meine anschließende berufliche Karriere ist schnell erzählt, es begann mit einer 3/4jährigen Tätigkeit für ein Callcenter in der Bestellannahme..... Vor wenigen Wochen erhielt ich eine Zusage für einen Callcenter-Job in Vollzeit bei einer Unternehmensberatung. Dort ist zwar feine Kleidung vorgeschrieben aber die Kollegen sind bis auf eine Ausnahme alle nett und es macht Spaß (man ruft bei Restaurants an und legt Termine für den Außendienst-Mitarbeiter fest). Und so sehe ich meine „Karriere" vom Tiefpunkt 8. Klasse bis zu diesem Job als stetigen Aufstieg an und das ist in erster Linie meinen Eltern und den Menschen zu verdanken, die meine Schwäche richtig erkannt und meine Eltern richtig beraten haben. Auch wenn mein Vater anfangs Bedenken gegen Ihre Therapie hatte habe ich Ihnen sehr viel zu verdanken, denn ich bin heute ein Mensch der sich zufrieden und glücklich im Spiegel anschauen kann. Und ich glaub meine Freundin findet das ganz genauso. Sie ist zwar auf Krücken angewiesen (Glasknochen) aber bildhübsch und unheimlich süß und liebenswert.
Ich habe schulisch, beruflich, in Sachen Liebe und auch mit meinen Eltern mitunter schwer zu kämpfen gehabt, aber ich bin an diesen Problemen gewachsen und zu einem jungen Mann gereift. Ich weiß, welchen Menschen ich das zu verdanken habe und sage aus tiefstem Herzen DANKE!!!

„Marcel"

Zeichnungen von Kindern mit Sinnesschädigungen:
Die kindliche Entwicklung wird durch Sinnesschädigungen (taktil-kinästhetische Störungen, Sehstörungen, Hörstörungen) meist tief greifend beeinflusst. Im Zusammenhang mit veränderten Voraussetzungen der Sinneswahrnehmungen zeigen sich auch in der Kinderzeichnung veränderte Funktionen der Darstellung (auffällige Entwicklungsmerkmale), der Mitteilung und des Ausdrucks (auffällige Emotionale Zeichen). Diese können sich in Sonderformen/Sondermotiven und qualitativer Andersartigkeit äußern. (Seidel, Ch., 1966, 1970, 1973a und b; Seidel, Ch. et al., 1978).
Sehstörungen im frühen Kindesalter (z. B. nicht korrigierte Kurz- oder Weitsichtigkeit) beeinflussen die Entwicklung der Auge-Hand-Koordination und anderer Funktionen der visuellen Wahrnehmung (vgl. DPVT-2, FEW-2, Kap. 9.1) und damit auch die Entwicklung der Kinderzeichnung. Sie haben z. B. Einfluss auf die Gedächtnisspeicherung, auf die kognitive Verarbeitung von Seheindrücken, auf Symbolbildungen, auf die motorische Ausführung, auf die Orientierung der Objekte an der Realität. Nach Anpassung entsprechender Sehhilfen und Sehschulung bzw. Kompensation des fehlenden Sehvermögens blinder Kinder durch taktil-kinästhetische Sinnesschulung (z. B. mit Hilfe von Tastübungen und plastischem Gestalten) können diese Defizite im Vorschulalter weit gehend ausgeglichen werden. Auch bei blinden Kindern entwickelt sich die Kinderzeichnung nur leicht verzögert in den hier beschriebenen, aufeinander aufbauenden Entwicklungsstufen. Allerdings setzt eine kontinuierliche perzeptive und kognitive Weiterentwicklung die frühzeitig begonnene intensive und ganzheitlich orientierte Förderung unter Einbeziehung der Bezugspersonen voraus (vgl. Kap. 3.3, Schaubild 2; Entwicklungsstufen der Kinderzeichnung; Lowenfeld, V., 1960, verwendete bei der Ausarbeitung seines Stufenschemas vorwiegend Zeichnungen von sehgestörten und blinden Kindern).
Durch eine frühkindliche Hörstörung oder Gehörlosigkeit wird nicht nur die Sprachentwicklung schwer wiegend beeinträchtigt, sondern auch die Entwicklung kognitiver Funktionen (z. B. die Symbolbildung, die neuronale Vernetzung und Speicherung innerer Bilder) aufgehalten. Die Entwicklungsmerkmale der Beobachtungsbereiche (vgl. Kap. 3.7.1-3.7.2.9) treten daher im Vergleich zu den Erwartungswerten der Altersgruppe im Vorschulalter bei vielen dieser Kinder verspätet auf. Gehörlose Kinder beginnen nach meinen Beobachtungen in Zusammenhang mit ihrer verzögerten Sprachentwicklung auch verspätet mit „Konzeptkritzeln“ (erste Kritzel, denen eine Bedeutung unterlegt wird) und erst nachfolgend mit der gegenständlichen Zeichnung (verspätetes Erreichen der Stufe 2 der Zeichenentwicklung). Sobald die Sprache (z. B. mit Hilfe von Gebärden und/oder Lautspracherziehung) angebahnt worden ist und sich unter einer pädaudiologischen Förderung unter Mithilfe der Eltern und einer logopädischen Behandlung kontinuierlich weiterentwickelt, können die

frühen Entwicklungsdefizite in der Kinderzeichnung bis zum Erreichen der Schulreife in kleinen Schritten ausgeglichen werden. Eine Schwerhörigkeit oder Gehörlosigkeit kann nach meinen Beobachtungen ebenfalls einen nachvollziehbaren Einfluss auf das Auftreten emotionaler Zeichen in der Kinderzeichnung haben. Ohren werden z. B. im Sinne einer symbolischen Verarbeitung des als Defizit erlebten fehlenden Gehörs als Wunschvorstellung besonders groß gezeichnet oder als Ausdruck eines Abwehrverhaltens weggelassen, besonders klein dargestellt bzw. zwar gemalt, aber hinterher wieder ausgekritzelt. Diese Auffälligkeiten können jedoch erst ab dem Lebensalter von ca. 5;0 Jahren beurteilt werden.

6.2.2 Zeichnungen von Kindern mit umschriebenen Entwicklungsstörungen schulischer Fertigkeiten (Teilleistungsstörungen)

Die Definition dieser klinischen Gruppe weicht von der Beschreibung des Modells von Richter ab. Während Richter die Kinder dieser Gruppe den „verzögerten andersartigen sensomotorischen Entwicklungen, Wahrnehmungsstörungen" zuordnet, werde ich die Kinder dieser Gruppe im Folgenden unter dem Begriff der „Teilleistungsstörungen" bzw. der „umschriebenen Entwicklungsstörungen schulischer Fertigkeiten" zusammenfassen. Diese Zuordnung ist heute in der medizinischen und psychologischen Diagnostik allgemein verbindlich (vgl. ICD-10-GM 2007, Kap. 10.2).

> Dacheneder, W., in: Straßburg, H.-M., Dacheneder, W., Kreß, W. (Hrsg.), 2003, S. 248-249:
> „Die Diagnose Teilleistungsstörung wird häufig synonym mit dem Begriff der spezifischen oder umschriebenen Entwicklungsstörung verwendet. Damit steht der Begriff im Kontrast zur globalen Entwicklungsstörung.
> Mit einer umschriebenen Entwicklungsstörung werden Leistungsschwächen in einem begrenzten Funktionsbereich bezeichnet, die nicht auf Schwächen in der allgemeinen Intelligenz, neurologischer oder sensorischer Funktionen, auf psychische Erkrankungen oder mangelhafte Förderung zurückzuführen sind."
> In der ICD-10 und im multiaxialen Klassifikationsschema für psychische Störungen des Kindes- und Jugendalters werden umschriebene Entwicklungsstörungen als eigene Gruppe beziehungsweise Achse behandelt.
> Im Gegensatz zur neuropsychologischen Definition von Teilleistungsstörungen werden hier komplexe Verhaltensformen und Fertigkeiten als Teile bzw. Teilleistungen bezeichnet.
> Das Ganze, die Referenz, ist das globale Entwicklungsniveau, operationalisiert als Intelligenzniveau.
>
> Daraus folgen zwei Bedingungen:
> - Die Normalisierungsannahme besagt, dass eine normale allgemeine Intelligenz vorliegt (in der ICD-10 heißt das, ein IQ >70; die Lernbehinderung ist in der Normalitätsannahme mitenthalten), keine Sinnesschädigungen und keine neurologischen Störungen.

- Die Diskrepanzannahme beinhaltet einerseits, dass die Teilleistung in Bezug auf die Altersnorm unterdurchschnittlich ausfällt und andererseits, dass eine Diskrepanz zwischen dem Intelligenzniveau und der Teilleistung besteht. Dieser zweifache Aspekt der Diskrepanz wird auch als ‚doppelte Diskrepanzdefinition' bezeichnet.

Damit sind umschriebene Entwicklungsstörungen wesentlich durch methodische Bedingungen definiert.
- Die Diagnostik der Teilleistung soll mit einem standardisierten Test für diese Teilleistung erfolgen; das Testergebnis muss unterdurchschnittlich ausfallen.
- Die Diagnostik der allgemeinen Intelligenz soll mit einem Individualtest erfolgen, der IQ muss über 70 liegen
- Zwischen diesen beiden diagnostischen Testergebnissen muss eine kritische Differenz erreicht werden, die über 12 T-Wert-Punkten liegt."

Teilleistungsgestörte Kinder mit *altersgemäßer und hoher Intelligenz* oder auch *mit Lernbehinderung* (IQ 84-70) und umschriebenen Entwicklungsstörungen schulischer Fertigkeiten werden nach dieser Definition differentialdiagnostisch von global entwicklungsgestörten Kindern unterschieden, bei denen eine *Intelligenzminderung* (IQ < 70; 2 Standardabweichungen unter dem Durchschnitt) und meist eine *Mischung* von Entwicklungsstörungen des Sprechens und der Sprache, schulischer Fertigkeiten und motorischer Funktionen vorliegen. Kinder mit mentalen Entwicklungsstörungen werden in der ICD-10-GM 2007 den „kombinierten umschriebenen Entwicklungsstörungen" zugeordnet.

Zu den **Entwicklungsstörungen** nach der ICD-10-GM 2007 zählen:
- umschriebene Entwicklungsstörungen des Sprechens und der Sprache
- umschriebene Entwicklungsstörungen schulischer Fertigkeiten (Lese- und Rechtschreib störung, isolierte Rechtschreibstörung, Rechenstörung, kombinierte Störungen schulischer Fertigkeiten, sonstige Entwicklungsstörungen schulischer Fertigkeiten
- entwicklungsbedingte expressive Schreibstörung
- umschriebene Entwicklungsstörung der motorischen Funktionen (Grobmotorik, Fein- und Graphomotorik, Mundmotorik)
- kombinierte umschriebene Entwicklungsstörungen
- tief greifende Entwicklungsstörungen (z. B. Frühkindlicher Autismus, Asperger-Syndrom).

Zur Basisdiagnostik von *umschriebenen Entwicklungsstörungen* schulischer Fertigkeiten (Lese- Rechtschreibstörung) gehören ein Rechtschreibtest, Lesetest, Intelligenztest, eine entwicklungsneurologische Untersuchung, ein Hörtest und ein Sehtest.
Rosenkötter, H., Deutsche Gesellschaft für Sozialpädiatrie und Jugendmedizin e. V., www.dgspj.de/lluew.php:
„Bei durchschnittlicher Intelligenz sollte der Prozentrang im Rechtschreib- und/oder Lesetest nicht größer als 10 sein. Nach den Kriterien des ICD-10 ist bei über- oder

unterdurchschnittlicher Intelligenz ein deutlicher Unterschied zwischen der allgemeinen intellektuellen Begabung und den Leistungen im Rechtschreiben und/oder Lesen nachzuweisen. Eine solche Diskrepanz liegt vor:

- wenn die Noten in Mathematik um mindestens zwei Noten von den Diktatnoten abweichen und wenn der Unterschied länger als sechs Monate besteht
- wenn die T-Wert-Unterschiede zwischen IQ und Schreib/Lesetest größer als 12 sind und
- wenn die Rechtschreibtests und der höhere IQ-Wert um mindestens 1,5 Standardabweichungen divergieren.“

Entsprechend differenziert wird die psychologische Diagnostik der anderen umschriebenen Entwicklungsstörungen schulischer Fertigkeiten vorgenommen, bei denen eine altersgemäße Basisintelligenz (eingeschlossen ist die Lernbehinderung) vorausgesetzt wird, von der sich die Teilleistungsstörung statistisch signifikant (Abweichung von mindestens 1,5 Standardabweichungen) abhebt.
Allerdings ergeben sich bei der psychodiagnostischen Untersuchung von Kindern mit Lese-Rechtschreibstörungen, Rechenstörungen oder umschriebenen Entwicklungsstörungen motorischer Funktionen oft Probleme, diese methodisch (statistisch) festgelegten Kriterien punktgenau zu treffen. Da die verbale und die nicht-verbale Intelligenz von Kindern mit Teilleistungsstörungen oft erheblich auseinander fallen, beginnt die Schwierigkeit bereits bei der Ermittlung der Basisintelligenz. In diesen Fällen ist es aus meiner Sicht im Sinne der oben zitierten, von der Deutschen Gesellschaft für Sozialpädiatrie und Jugendmedizin e.V. 2004 autorisierten Definition zulässig, bei der Beurteilung der kognitiven Fähigkeiten *von dem höheren IQ-Wert auszugehen* (Verbal-IQ *oder* Handlungs-IQ) und diesen Wert mit der gestörten Teilleistung zu vergleichen. Allerdings sollte definitionsgemäß der Gesamt-IQ teilleistungsgestörter Kinder nicht unter 70 liegen.
In meinen Langzeit-Behandlungen von Kindern mit umschriebenen Entwicklungsstörungen schulischer Fertigkeiten zeigte sich ein solches Vorgehen meist als berechtigter Versuch, die kognitiven Fähigkeiten dieser Kinder im Verbal- *oder* Handlungs-Teil genauer zu erfassen und einzuordnen und von den gestörten Teilfunktionen der Schulfertigkeiten abzugrenzen (diese sollen über 12 T-Wert-Punkte unterhalb des besseren IQ-Wertes liegen). Beschränkt man sich nur auf die Berechnung ihrer *Gesamtintelligenz,* besteht dagegen die Gefahr, die spezifischen kognitiven Fähigkeiten und das Ausmaß der vorliegenden Teilleistungsstörung zu unterschätzen.
Abhängig von ihrer Basisintelligenz (im Bereich der verbalen oder nicht-verbalen Intelligenz), ihren motorischen, perzeptiven und kognitiven Fähigkeiten und Defiziten und ihrer emotional-sozialen Entwicklung zeigen die Zeichnungen teilleistungsge-

störter Kinder unterschiedliche Merkmale. Zeichen einer „allgemein rückständigen Entwicklung (Retardierung)“ oder „Wiederholungen immer gleicher zeichnerischer Gestaltungen (Perseverationen)“ (vgl. Richter, 1987, S. 107) können nach meinen Beobachtungen nicht – wie Richter dies in seinem Modell ausführt – als *gemeinsames* Merkmal entwicklungsgestörter Kinder mit sensomotorischen Störungen und Wahrnehmungsstörungen bezeichnet werden. Seine Charakterisierung trifft aus meiner Sicht vor allem auf jene Kinder mit *globalen Entwicklungsstörungen* (kombinierte umschriebene Entwicklungsstörungen) zu, die in der Regel eine *reduzierte allgemeine Intelligenz* (Intelligenzminderung, IQ < 70) und, in Zusammenhang mit ihrer kognitiven Beeinträchtigung, auch gravierende visuelle Wahrnehmungsstörungen aufweisen.

Mit vielen Bildbeispielen wird in diesem Buch auf die *unterschiedlichen Stärken und Defizite* sowohl von Kindern mit umschriebenen Entwicklungsstörungen schulischer Fertigkeiten (Teilleistungsstörungen) als auch mit kombinierten umschriebenen Entwicklungsstörungen hingewiesen, die ihren Ausdruck nicht nur in standardisierten psychodiagnostischen Testverfahren, sondern ebenso in auffälligen Merkmalen der Kinderzeichnung finden.

Da bei entwicklungsgestörten Kindern häufig Störungen in mehreren Entwicklungsbereichen zu beobachten sind und diese durch Begleitstörungen überdeckt werden, lassen sich eindeutige Zuweisungen zu den oben definierten Gruppen entwicklungsgestörter Kinder oft schwer treffen. Besonders schwierig ist dies, wenn z. B. Teilleistungsstörungen, ADHS (Aufmerksamkeits-Defizit-Hyperaktivitäts-Syndrom) und emotional-soziale Störungen zusammen auftreten und sich im Sinne von Kreisprozessen gegenseitig verstärken und überlagern (vgl. Fallbeispiel Sven, Kap. 6.2.2, Abb. 206-216). Diagnosen müssen in regelmäßigen kürzeren Zeitabständen überprüft und ggf. revidiert werden.

Im Verlauf der Langzeit-Beobachtung einer Entwicklungstherapie (z. B. Frostig-Therapie) kann sich das klinische Bild einer diagnostizierten globalen Entwicklungsstörung eines Kindergartenkindes (kombinierte umschriebene Entwicklungsstörung mit Intelligenzminderung) hin zur Diagnose einer umschriebenen Entwicklungsstörung schulischer Fertigkeiten mit altersentsprechender Intelligenz verändern (vgl. Fallbeispiel Marcel, Kap. 6.2.1, Abb. 190-203). Welche Auffälligkeiten Kinder mit Entwicklungsstörungen im Entwicklungsverlauf zeigen und in welchem Ausmaß ihre Kompensation oder Remediation (Erklärung dieser Begriffe vgl. Kap. 7.2) durch therapeutische Maßnahmen zu beeinflussen ist, hängt in Zusammenhang mit der Intelligenzentwicklung von vielen anderen Variablen ab (vgl. „Protektive Faktoren“, Kap. 7.1). Umso wichtiger ist es, bei der Diagnosefindung besonders junger entwicklungsgestörter Kinder (unter 3;0-4;0 Jahren), aber auch bei älteren Kindern

frühzeitige und einseitige Festlegungen zu vermeiden und den Blick für mögliche Entwicklungsfortschritte durch Kontrolluntersuchungen offen zu halten.
Im Folgenden soll auf die *umschriebenen Entwicklungsstörungen schulischer Fertigkeiten und insbesondere auf die Lese- und Rechtschreibstörung* beispielhaft differenzierter eingegangen werden.

> Schlack, H. G., 2003:
> „Die „umschriebenen Entwicklungsstörungen schulischer Fertigkeiten“ (vgl. Kap. 10.2) entstehen auf dem Boden einer altersentsprechend entwickelten Intelligenz und können in der Grundschule (spätestens ab Ende der 2. Klasse) als umschriebene Lese-, Rechtschreib-, Rechenstörungen, Störungen der Sprache oder der Feinmotorik (Schreibstörungen) oder Grobmotorik diagnostiziert werden. Diese Störungen, die in Familien gehäuft vorkommen und bei denen Jungen häufiger betroffen sind als Mädchen, werden allerdings oft durch Begleitstörungen überdeckt.“

Das bedeutet dann auch oft, dass die Grundstörung durch überlagernde Störungen komplizierter und schwerer zu diagnostizieren und zu therapieren ist. Gerade bei Kindern mit umschriebenen Entwicklungsstörungen schulischer Fertigkeiten werden häufig durch Unverständnis der schulischen und häuslichen Umgebung schwer wiegende Sekundärstörungen mit gravierenden Folgen für die Selbstwertentwicklung (für das Kohärenzgefühl) und für die Gesamtentwicklung provoziert. Sie geraten in einen „Teufelskreis der Lernstörungen“, aus dem sie, unterstützt von ihren Eltern und Bezugspersonen, nur mit pädagogisch-psychologischer Hilfestellung herausfinden.
In Zeichnungen von Kindern mit Lese-Rechtschreibstörung ist die Sensomotorik unterschiedlich entwickelt. Es gibt Kinder mit einer gut entwickelten Auge-Hand-Koordination, Graphomotorik und visuellen Wahrnehmung (vgl. Fallbeispiel Hans, Kap. 6.2.2, Abb. 204-205) und Kinder mit auffälligen graphomotorischen Unsicherheiten bei gut entwickelter visueller Wahrnehmung (vgl. Fallbeispiel Michael, Kap. 7.5, Abb. 282-288) sowie Kinder mit graphomotorischen Störungen, die die visuelle Wahrnehmungsfähigkeit hemmend überlagern (vgl. Fallbeispiel Sven, Kap. 6.2.2, Abb. 206-216). Allgemeine Retardierung und Perseverationstendenzen kommen in den Zeichnungen von Kindern mit umschriebenen Lese- und Rechtschreibstörungen (bei altersentsprechender Intelligenz) nur dann gehäuft vor, wenn die Grundstörung des Lesens und Rechtschreibens schwer wiegend emotional überlagert ist. Lernbehinderte teilleistungsgestörte Kinder können dagegen diese Merkmale zeigen, sofern bei ihnen gleichzeitig visuelle Wahrnehmungsstörungen vorliegen. Einen wichtigen Einfluss auf die Zeichenentwicklung von Kindern mit Lese-Rechtschreibstörung kommt der individuellen intellektuellen und künstlerischen Begabung, der emotional-sozialen Situation, der Umwelt und den Milieufaktoren zu. Auf folgende möglicherweise vorliegenden *positiven Potenziale* von Kindern mit Lese-Rechtschreibstörung ist

zu achten: Im Zusammenhang mit einer altersentsprechend guten oder überdurchschnittlich guten Intelligenz und oft gut entwickelten *visuellen Wahrnehmung* kann sich auch die Zeichnung dieser Kinder in vielen Fällen altersentsprechend oder über dem Durchschnitt der Altersnorm liegend entwickeln. Witz und Humor in den Zeichnungen zeigen oft ihre gute Intelligenzkapazität. Sie verfügen in vielen Fällen über eine gute visuelle Beobachtungsfähigkeit, ein gutes visuelles Gedächtnis und gutes räumliches Vorstellungsvermögen (vgl. Fallbeispiel Hans, Kap. 6.2.2, Abb. 204-205; Fallbeispiel Michael, Kap. 7.5, Abb. 283, 286). Häufig werden bei ihnen ein ganzheitlich orientiertes Bilderdenken und eine gute Bildgestaltung (Funktionen der rechten Hirnhemisphäre bei Rechtshändern) beobachtet, die in deutlichem Unterschied zu ihren Entwicklungsdefiziten im Bereich der auditiven Wahrnehmung und der linkshemisphärischen linguistischen Funktionen (bei Rechtshändern) zu beurteilen sind. E. Pöppel (persönliche Mitteilung, 2005) weist darauf hin, dass die rechte Hirnhemisphäre bei vielen rechtshändigen Legasthenikern besonders gut entwickelt ist und ihre altersentsprechenden oder sogar über dem Altersdurchschnitt liegenden Funktionen der räumlichen Wahrnehmung zu den oben genannten guten Leistungen in den Zeichnungen führen.

Durch Untersuchungen von Legasthenikern mit bildgebenden Verfahren (PET: Positronen-Emissions-Tomographie, MRT: Magnet-Resonanz-Tomographie u. a.) konnten solche Vermutungen zum Teil bestätigt werden. Gerade der Einsatz der Kinderzeichnung als Screening-Verfahren kann dazu beitragen, auf solche guten Potenziale der Kinder aufmerksam zu machen und anzuregen, dass diese Fähigkeiten z. B. in der Schule entsprechend gewürdigt und eingesetzt werden (vgl. Kap 1). Viele Legastheniker sind bedeutende Architekten, bildende Künstler oder Bildhauer geworden. Auguste Rodin und Pablo Picasso waren z. B. Legastheniker! Rechtshemisphärisch orientierte sprachliche Fähigkeiten treten in Zusammenhang mit dem Bilderdenken dieser Kinder, Jugendlichen und Erwachsenen z. B. als gute sprachliche Assoziationsfähigkeit auf. Oft können Kinder mit Legasthenie gute Aufsätze schreiben, sofern man diese auf Tonband sprechen und bewerten lässt. Jugendliche bereichern ihre sprachlichen Äußerungen oft durch differenzierten Gebrauch von Metaphern und lyrischer Sprache. Auch bei den Gesprächen über die Zeichnungen sind solche Potenziale im sprachlichen Bereich oft auffallend und sollten unbedingt für diese Kinder pädagogisch nutzbar gemacht werden.

Der folgende Briefausschnitt einer erwachsenen Legasthenikerin weist deutlich darauf hin, wie tief greifend Kinder mit umschriebenen Entwicklungsstörungen schulischer Fertigkeiten beim Aufbau ihres Selbstbewusstseins, ihrer persönlichen Identität verunsichert werden können und wie wichtig hier eine frühzeitige und gezielte pädagogische und therapeutische Hilfestellung ist. Diese sollte bei den Stärken, Interessen,

Begabungen des Kindes ansetzen, seine schöpferischen Fähigkeiten nutzen und im Behandlungskonzept die „Protektiven Faktoren" besonders beachten (vgl. Kap. 7.1).

Brief einer erwachsenen Legasthenikerin:
„Gefangene in einer Schwäche"

.... Nie kann ich sicher sein, das mein Text fehlerfrei ist. In meiner Kindheit gab mir mal meine Mutter ein Gutachten von einer Psychologin zu lesen, in dem das Ergebnis eines Rorschach-Tests von mir beschrieben wurde. In diesem Gutachten wurde meine Phantasie negativ beurteilt. Meine zu rege Gedankenwelt und überschäumendes Temperament würden hinderlich sein, bei einer Therapie meiner schweren Legasthenie. Dieser damalige Bericht veranlasste mich, ab meinem 12 Lebensjahr mit aller Kraft meine Gedankenwelt zu unterdrücken.
Heute, als 53jährige, habe ich nicht nur stets mit der Orthographie und richtigen Formulierungen zu kämpfen, sondern auch mit dem Freilassen meiner eingesperrten und von mir selbst vergewaltigten Gedanken.
Die Befreiung aus dem damaligen so wichtigen Bericht ging sehr langsam und mit Rückschlägen vonstatten. Eine Entwicklung und Förderung meiner Kreativität hat es nie gegeben. Mein Versuch, heute zu schreiben, in Gedichtform oder im Drama, wie wäre es besser gewesen man hätte gerade meine Stärke damals gefördert, statt sie zu verurteilen. Mein Schreiben ist nicht nur eine Form des Überkompensierens und des Trotzes, sondern ich würde es als ein Öffnen eines Ventils beschreiben, das unter Überdruck steht.
Die Zusammenarbeit mit Mutter und Kind kann schwer wiegende und nicht greifbare Folgen haben. Ganz besonders mit Kindern – Jugendlichen, die es durch viele Gelegenheiten gelernt haben, ihre Schwächen und Behinderungen zu verstecken. Denken Sie immer daran, dass es Kinder sind, die es peinlich finden, geholfen zu werden, denn es bedeutet ein Eingestehen einer Schwäche. Sie sollten ein Buch schreiben mit dem Titel, „Gefangene in einer Schwäche".

Die Verfasserin dieses Briefes beendete ihre Schulzeit in England und fühlte sich dort als Ausländerin nicht mehr unter Leistungsdruck im Hinblick auf korrekte Anwendung der englischen Rechtschreibung. Sie befreite sich von Schulängsten, lernte rasch die englische Sprache und betätigt sich heute als erfolgreiche Schriftstellerin und Lyrikerin. Sie hat inzwischen ihren 2. Lyrikband in englischer Sprache herausgegeben.

Im Folgenden sollen zwei Fallbeispiele die unterschiedliche Problematik von Kindern mit umschriebenen Entwicklungsstörungen schulischer Fertigkeiten (Lese-Rechtschreibstörung) demonstrieren.

Zeichnungen eines Kindes mit umschriebenen Entwicklungsstörungen schulischer Fertigkeiten (Lesestörung und Rechtschreibschwäche):

- **Erläuternde Hinweise zu den Abb. 204 und 205:**

Es handelt sich bei Hans um einen Jungen mit einer umschriebenen Entwicklungsstörung schulischer Fertigkeiten (schwere Form der Lesestörung mit kombinierter Rechtschreibschwäche) mit drohendem generalisierenden Leistungsversagen und zunehmenden Problemen im emotional-sozialen Bereich. Sein Arbeitsverhalten ist auffallend langsam, jedoch sehr motiviert; seine Intelligenzentwicklung zeigt ein unausgeglichenes Profil im HAWIK-R mit knapp-durchschnittlichen Werten im Verbalbereich und unterdurchschnittlichen Leistungen im nicht-verbalen Bereich (Grenzbereich zur Lernbehinderung); der in der knappen Durchschnittsnorm liegende Verbal-IQ weicht signifikant von der nicht-verbalen Intelligenz ab (auffällige Differenz von 19 IQ-Punkten!); in nicht-verbalen Untertests, die mit Zeitbegrenzung erfolgten, versagte Hans auffallend. Im sprachfreien Intelligentest *ohne Zeitbegrenzung* (SPM) erreichte Hans dagegen mit Prozentrangplatz 87 *gut-durchschnittliche bis überdurchschnittliche Leistungen*. Dieser Wert stimmt mit den Beobachtungen der gut-durchschnittlichen Entwicklung der räumlichen Darstellung in den Zeichnungen Abb. 204 und 205 überein. Auch im differentialdiagnostischen Intelligenztest mit adaptiver Vorgehensweise (AID) erreichte Hans mit Prozentrangplatz 69 gut-durchschnittliche kognitive Leistungen. In signifikantem Unterschied zu diesen Fähigkeiten steht die weit unterdurchschnittliche Leistung im Lesen (Züricher Lesetest: *Lesezeit* Prozentrangplatz 1-5; *Lesefehler* Prozentrangplatz 6-10); bei der Überprüfung der *Rechtschreibung* mit dem DRT-2 lag Hans mit Prozentrangplatz 34 an der unteren Grenze der Durchschnittsnorm; in der sozialen Entwicklung des Jungen machten sich ab der 3. Grundschulklasse Zeichen von Rückzug und sozialer Überangepasstheit bemerkbar; Hans wurde in seiner Schullaufbahn durch die Lesestörung und die begleitende Rechtschreibschwäche extrem behindert und litt sehr unter seiner schweren Teilleistungsstörung. Lange

Zeit galt er nicht nur bei seinen Klassenkamerad/innen, sondern auch bei seinen Lehrern als lernbehindert und nicht geeignet für die Regelschule. Wie viele Probleme hätte man Hans und seinen Eltern ersparen können, wenn seine guten bis überdurchschnittlich guten Fähigkeiten im räumlichen Denken (als wichtiger Indikator für kognitive Fähigkeiten) über das Malen und Zeichnen früher erkannt (vgl. Abb. 205) und zusammen mit seinen vielen anderen positiven Fähigkeiten auch von seinen Lehrern gewürdigt worden wären! (vgl. Kap. 1).
Mit meiner therapeutischen Unterstützung und der verspätet erfolgten Hilfestellung seiner Lehrer (Hans durfte z. B. ab Ende der 3. Klasse, auf meine Anregung und Bitte hin, Aufsätze auf Tonband diktieren, seine Nachschriften und seine Leseleistungen wurden nur noch gewichtet, zum Teil gar nicht mehr benotet, Textaufgaben wurden ihm bei Klassenarbeiten im Fach Mathematik und Sachkunde zum Teil vorgelesen) schaffte Hans unter großen Mühen den Hauptschulabschluss, anschließend die Berufsschule (wiederum mit Erleichterungen, die aufgrund meines psychologischen Gutachtens gewährt wurden) und absolvierte die Berufsausbildung zum Maurer. In diesem Beruf ist er heute beschäftigt. Er hat Freude an seiner beruflichen Tätigkeit und machte auf mich bei unserem letzten Gespräch einen zufriedenen und emotional ausgeglichenen Eindruck.

Abb. 204: *Hans, LA: 8;8 Jahre, Benennung: „Haus", Filzstifte, 21 x 27,6 cm,* ***Zeichenentwicklung:*** *Entwicklungsmerkmale in allen Bereichen gutdurchschnittlich* ***(Mitte bis Ende Stufe 3);*** *dem Lebensalter leicht vorauseilend ist die räumliche Wahrnehmung (Haus mit Doppelgiebel in Präperspektive); Hinweise auf gute kognitive Potenziale;* ***Emotionale Zeichen:*** *Deutet sich in der Farbsymbolik (Schwarz) des Hauses die oft traurige und resignierte Stimmungslage des Jungen an?* ***Gesamtentwicklung:*** *vgl. einleitende Erläuterungen zu den Abb. 204-205.*

Abb. 205:
Hans, LA: 9;7 Jahre, Benennung:„Bauernhof“, Filzstifte und Bleistift, 27,5 x 80 cm, ***Zeichenentwicklung:*** *Entwicklungsmerkmale insgesamt in allen Bereichen gut durchschnittlich* ***(Mitte bis Ende Stufe 3)****; auffallend gute räumliche Wahrnehmung (Präperspektive des Bauernhauses) mit Hinweisen auf gute kognitive Fähigkeiten (vgl. Ergebnisse der Intelligenzprüfung in den erläuternden Hinweisen zu Abb. 204-205);* ***Emotionale Zeichen*** *sind in dieser Zeichnung nicht zu ermitteln;* ***Gesamtentwicklung:*** *Hans konnte sich mit meiner therapeutischen Unterstützung, die in Zusammenarbeit mit seinen Lehrern erfolgte, emotional jetzt freier entfalten und wirkte fröhlicher und zuversichtlicher; er lernte in kleinen Schritten, seine umschriebene schwere Störung zu akzeptieren und unermüdlich an Möglichkeiten zu ihrer Kompensation zu arbeiten (vgl. „Protektive Faktoren“ der Frostig-Therapie Kap.7.1); die wichtigste Ressource war für ihn die liebevolle, intakte eigene Familie, die ihn immer wieder aufmunterte, sowie die Natur. Hans lebte auf einem Bauernhof. Im Gespräch zu seiner Zeichnung (vgl. Abb. 205) erklärte er mir, dass er sich am wohlsten auf seinem Bauernhof und in der Natur fühle. Wenn er traurig und frustriert sei, gehe er am liebsten auf die Wiese und das Feld, dort könne er sich am besten beruhigen; vgl. liebevolle und detailreiche Ausgestaltung des Bauernhofs in Abb. 205.*

Zeichnungen eines Kindes mit ADHS und umschriebenen Entwicklungsstörungen schulischer Fertigkeiten (graphomotorische Störungen, Recht schreibschwäche) und Verhaltensstörungen:

• Erläuternde Hinweise zu den Abb. 206-216:

Sven wurde mir zur Behandlung seiner umschriebenen Entwicklungsstörung schulischer Fertigkeiten (graphomotorische Störungen, Rechtschreibstörung) und seiner Verhaltensstörungen überwiesen (Unruhe, aggressives Verhalten, Verweigerungshaltung bei schulischen Anforderungen, generalisierendes Leistungsversagen, Verdacht auf ADHS). Er besuchte die 5. Klasse Hauptschule, war aber den Anforderungen der

Schule zu dieser Zeit in keiner Weise gewachsen (seine Schulnoten waren in fast allen Fächern mangelhaft, eine Umschulung in den Lernbehinderten-Bereich wurde von den Lehrer/innen diskutiert).

Die Mitarbeit Svens war zu Therapiebeginn derart beeinträchtigt, sein Leistungs-Abwehrverhalten und seine Unruhe waren so groß, Konzentrationsfähigkeit und Ausdauer so gering, dass es zunächst nicht sinnvoll erschien, einen Intelligenztest durchzuführen. Bereits bei unserer Begrüßung hatte er mir eröffnet: „Ich werde hier keinen Stift anfassen und nicht die Rechtschreibung üben!"

Mein Therapieansatz ging von den Stärken und Interessen des Jungen aus. Er war unter diesen Bedingungen zunehmend zur Mitarbeit bereit und zeigte deutliche kreative Potenziale im Bereich des Gestaltens mit verschiedenen Materialien, beim Rollenspiel und Inszenieren von selbst erfundenen Theaterstücken, beim Filmen mit der Videokamera, beim Arbeiten am Computer. Durch gezielte Verhaltensbeobachtungen konnte ich das Vorliegen einer Lernbehinderung ausschließen; eine altersentsprechende, in Teilbereichen sogar gut-durchschnittliche Intelligenz war zu vermuten. Sven zeigte sich geistig flexibel, hatte viel Sinn für Witz und Humor, konnte sehr ausdrucksvolle, logisch gut durchgeplante und oft sehr humorvolle Rollenspiele gestalten. Über die Nutzung dieser Interessen war es mir möglich, mit Sven ins Gespräch zu kommen und Näheres über seine Freuden und Sorgen, über seine Familien- und Schulsituation zu erfahren. Gleichzeitig konnte ich ihn über die Aktivierung seiner Interessen in kleinen Schritten zu funktionellen Übungen seiner schwer beeinträchtigten Konzentration, Graphomotorik und Rechtschreibung motivieren (er sollte z. B. einen kurzen Regieplan schriftlich notieren, den wir daraufhin gemeinsam zu einem Videofilm verarbeiten wollten). Sven war bald auch bereit, mit Pastellkreiden (vgl. Abb. 207) und Buntstiften, Wachsmalkreiden oder Filzstiften zu malen. Freie Zeichnungen, erste Zeichentests und Frostigs Entwicklungstest der visuellen Wahrnehmung konnten durchgeführt werden und verrieten, ebenso wie seine Handschrift, eine sehr ausgeprägte graphomotorische Störung.

Seine Schrift war derart unleserlich mit verzitterter Linienführung und vielen Rechtschreibfehlern, dass sie an vielen Stellen weder von mir noch von ihm selbst entziffert werden konnte. Beim Frostigs Entwicklungstest der visuellen Wahrnehmung (FEW) erreichte Sven im Bereich der „Visuo-motorischen Koordination" einen auffälligen und interpretierbaren unterdurchschnittlichen Wert (Prozentrang: 11; T-Wert: 38). Die anderen Untertests dieses Verfahrens lagen im Normbereich und zeigten keine Hinweise auf visuelle Wahrnehmungsstörungen („Figur-Grund": Prozentrang: 68, T-Wert: 55; „Formkonstanz": Prozentrang: 40, T-Wert: 48; „Erkennen der Lage im Raum": Prozentrang: 58; T-Wert: 52; „Erfassen räumlicher Beziehungen": Prozentrang: 95; T-Wert: 66; Gesamt-Wert (Profilhöhe): 54, Wahrnehmungsquotient 106.

Das Profil ist nach statistischer Überprüfung echt, Chi-Quadrat = 16,79 > 7.78). Allerdings konnte dieser Test, der nur bis zum Lebensalter von 8;11 Jahren standardisiert ist, bei Sven nur mit Vorbehalt beurteilt werden. (Der DTVP-2 zur genaueren Analyse der visuellen Wahrnehmungsfähigkeit und Differenzierung von Tests mit und ohne Motorikanteilen, standardisiert bis zum Lebensalter von 10;11 Jahren, war derzeit noch nicht verfügbar). Svens Rechtschreibung zeigte sich auffallend gestört. Eine Überprüfung mit dem DRT 4-5 ergab einen Prozentrang 18 und lag damit auf unterdurchschnittlichem und behandlungsbedürftigem Niveau. Dagegen konnte Sven nach meiner Beobachtung fremde Texte gut und Sinn entnehmend erlesen und war gut im Kopfrechnen. Aber auch in diesen Bereichen zeigte er zunehmend in der Schule, zu Hause und in meiner Praxis Lernunlust und Abwehrverhalten (generalisierendes Leistungsversagen).

Svens Verhalten war zu Therapiebeginn Besorgnis erregend depressiv. Wiederholt äußerte er, es sei am besten, er springe aus dem Fenster und müsse dann nicht mehr zur Schule gehen.

Es stellte sich bald heraus, dass Sven erheblich unter seiner problematischen Familiensituation litt. Die Familienatmosphäre war durch die lebensbedrohliche und unheilbare Krankheit seiner älteren Schwester geprägt. Die Sorge der Eltern konzentrierte sich seit mehreren Jahren auf die Tochter. Svens graphomotorische Schwierigkeiten, Rechtschreibprobleme, gesteigerte Unruhe und Konzentrationsstörungen setzten bereits mit Schulbeginn ein (zu dieser Zeit war die Schwester schon krank), wurden aber weder von den Eltern noch von den Lehrern unterstützend aufgefangen. Sven verlor immer mehr die Lust am Lernen und litt unter seinem Schulversagen und der depressiv getönten Familienatmosphäre, in der er sich nicht genügend beachtet und „gewürdigt" fühlte. Seine Selbstwertproblematik wurde in Explorationsgesprächen, aber auch im Zeichentest: „Familie in Tieren", Abb. 206, deutlich. (Er malte sich selbst als auffallend kleine Fliege, die über den anderen Familienmitgliedern schwebt).

Sven kam bald gerne zur Therapie und war über ein pädagogisches Computerprogramm (Budenberg-Lernsoftware) zu gezielten Rechtschreibübungen zu motivieren. Das Malen und Zeichnen, auch das Bearbeiten der Frostig-Arbeitsbogen machten ihm Freude und gaben ihm immer wieder Gelegenheit, seine Phantasien zu gestalten, über seine Freuden und Probleme zu sprechen und seine Graphomotorik zu üben. Sein Verhalten besserte sich deutlich, die Unruhe wurde geringer, die Lernmotivation nahm zu. Der Tod seiner Schwester führte bei Sven zu einem deutlichen Rückfall seiner bereits mit Hilfe therapeutischer Maßnahmen erreichten Leistungsfortschritte. Erneut nahm seine motorische Unruhe wieder dramatisch zu, seine Rechtschreibung, Graphomotorik und seine anderen Schulleistungen verschlechterten sich. Der Entschluss seiner Lehrer, ihn in dieser emotional so schwierigen Situation, unmittelbar nach dem Tod seiner Schwester, nicht in die Klasse 6 zu versetzen, löste bei ihm erneut depressiven Rückzug, Suizidgedanken und wiederholte aggressive Durchbrüche (Sprühdosen-Aktionen) aus. Die von mir jetzt – allerdings unter erheblichen schulorganisatorischen Schwierigkeiten – in die Wege geleitete Umschulung in eine Privatschule mit besonderen Angeboten für Kinder mit Lernproblemen und Teilleistungsstörungen bewahrte Sven vorm Wiederholen der 5. Klasse und gab ihm endlich die Chance einer gezielten schulischen Hilfestellung zur Kompensation seiner Leistungsdefizite und Verhaltensstörungen. Der individualisierte pädagogische Ansatz dieser Schule und die Betreuung in kleineren Klassen wirkten sich, zusammen mit meiner kontinuierlich begleitenden Therapie, rasch stabilisierend auf Svens Verhalten aus. Vor der Umschulung war von einer Schulpsychologin eine Intelligenztestung mit dem HAWIK-R durchgeführt worden. Sven erreichte jetzt mit 12;9 Jahren einen altersgemäßen Verbal-IQ 101, einen knapp-durchschnittlichen Nicht-Verbal-IQ 85 und einen Gesamt-IQ 92. Der Test konnte innerhalb einer Sitzung durchgeführt werden. Verbal-Teil und Handlungs-Teil zeigten eine signifikante und interpretierbare Differenz (Hinweis auf Teilleistungsstörungen). Tests im Handlungs-Teil, die unter Zeitdruck durchgeführt wurden, fielen signifikant schlechter aus als solche, die ohne Zeitdruck gemessen worden waren. Im Raven-Intelligenztest, SPM, der ohne Zeitmessung durchgeführt wurde, erreichte Sven ein durchschnittliches Ergebnis. Eine vorliegende Lernbehinderung war damit auch testdiagnostisch auszuschließen. Diese Testergebnisse bestätigten meine erste Einschätzung der altersgemäßen kognitiven Fähigkeiten Svens (vgl. oben). Eine Kontrolluntersuchung des Untertests „Visuo-motorische Koordination“ des FEW zur gleichen Zeit zeigte, dass seine graphomotorischen Leistungen auch 1;6 Jahre nach der Erstuntersuchung im unterdurchschnittlichen Bereich verblieben (Prozentrang: 10, T-Wert: 37); im Untertest „Erfassen räumlicher Beziehungen“ des FEW erreichte Sven zur gleichen Zeit dagegen, wie auch schon bei der Erstuntersuchung, einen gut-durchschnittlichen bis überdurchschnittlich guten Prozentrang von 95, T-Wert: 66. Eine Kontrolluntersuchung der Rechtschreibung mit dem DRT 4-5 zeigte jetzt eine deutliche Verbesserung seiner Leistungen, Prozentrangplatz 39 (30-47), und lag nun im knapp-durchschnittlichen Bereich. Es zeigte sich also im Langzeit-Verlauf, dass die Rechtschreibstörung Svens mit Hilfe meiner Übungsbehandlung therapeutisch deutlich besser aufgefangen werden konnte als die graphomotorische Störung, die sich jetzt als eine „umschriebene Entwicklungsstörung graphomotorischer Funktionen“ darstellte. Die Überprüfung seiner Psychomotorik mit Frostigs Test der motorischen Entwicklung, FTM, erbrachte eine durchschnittliche Gesamt-Leistung (Stanine-Werte: Auge-Hand-Koordination: 4,5; Kraft: 7; Gelenkigkeit: 3; Ausgeglichene Bewegung: 5; Gleichgewicht: 4,5; Gesamtpunkt-Wert der FTM-Stanine-Punkte: 4,8).

Sven zeigte mit dem durchschnittlichen Ergebnis des Untertests: „Auge-Hand-Koordination“, dass sich seine motorischen Probleme vor allem auf die Graphomotorik beziehen. Bei feinmotorischen Leistungen des FTM, aber auch z. B. beim Gestalten mit Ton oder bei seiner Handhabung der Tastatur und Funktionen des Computers waren keine feinmotorischen Defizite zu beobachten. Es wird zu überprüfen sein, inwieweit Svens testpsychologisch im Lebensalter von 12;9 Jahren ermittelten graphomotorischen Störungen von seiner zwar gemilderten, aber zu unterschiedlichen Zeitpunkten immer wieder erneut auftretenden Hyperaktivität bzw. seinen anderen Verhaltensproblemen ausgelöst und beeinflusst worden sind. Auch destabilisierende Einflussmöglichkeiten der einsetzenden Pubertät sind in Betracht zu ziehen.
Sven war, trotz seiner verbleibenden Defizite in der Graphomotorik und seiner Verhaltensprobleme (Hyperaktivität), bald so weit, dass er mit schulischer Unterstützung, aber ohne meine weitere therapeutische Hilfe und ohne Klassenwiederholungen den Hauptschulbesuch erfolgreich fortsetzen und einen guten Abschluss dort erreichen konnte. Seine Rechtschreibleistungen konnte er bis zum Schulabschluss auf knapp-durchschnittlichem Niveau kompensieren. Seine Graphomotorik blieb im unterdurchschnittlichen Bereich und zeigte sich nach meiner Vermutung abhängig von seiner nach wie vor beobachtbaren, allerdings deutlich gemilderten Form der Hyperaktivität. Seine Konzentrationsfähigkeit und Ausdauer hatten sich deutlich verbessert. Er lernte es immer besser, seine Unruhe selbst kognitiv zu steuern und zu kontrollieren. Die familiäre Situation hatte sich inzwischen etwas entspannt. Die Eltern bemühten sich nun sehr, Sven die für ihn notwendige Zuwendung zu geben. Nach meiner Vermutung hat sich diese Tatsache besonders stabilisierend auf Svens weitere Entwicklung und sein Verhalten (Kompensation seiner Hyperaktivität) ausgewirkt. Er erlernte nach Schulabschluss einen kaufmännischen Beruf, in dem er erfolgreich seine besonderen Interessen und Fähigkeiten beim Arbeiten mit Computern umsetzen kann.

Zusammenfassung:
Die Komplexität der vorliegenden Störungen macht es außerordentlich schwierig, Primär- und Sekundärstörungen voneinander zu trennen und ein Leitsymptom zu definieren. Es sprechen viele Gründe dafür, die Primärstörung in dem ADHS zu sehen, die verursachend auf das Entstehen der graphomotorischen Störungen, Rechtschreibschwäche und Verhaltensstörung gewirkt haben könnte. Es gibt jedoch auch die begründbare Annahme, in der graphomotorischen Störung (Teilleistungsstörung) die Leitsymptomatik einer umgrenzten Hirnfunktionsstörung zu sehen, die den Jungen besonders verletzbar für Misserfolgserlebnisse machte und die Entwicklung eines gesunden Selbstwertbewusstseins ohne gezielte elterliche und/oder pädagogische und

therapeutische Hilfestellung verhinderte. Auf der Grundlage der bei Sven vorliegenden Teilleistungsstörung (umgrenzte graphomotorische Störung) könnten auch seine gravierenden Verhaltensstörungen, seine Unruhe, sein unausgewogenes aggressives bzw. depressives Verhalten und seine Verweigerungshaltung als Sekundärstörung ihren Ausgang genommen und beim Aufbau der Kulturtechnik des Rechtschreibens, der Konzentration und Ausdauer von Beginn an störend eingewirkt haben. Unbeantwortet bleibt die Frage, inwieweit das Entstehen der Teilleistungsstörung und der Hyperaktivität auf das Vorliegen einer umgrenzten psychoneurologischen Störung, auf psychoneurologische Unreifezeichen oder eine genetische Disposition zurückzuführen ist (ab dem Lebensalter von 3 Jahren bis zum 10. Lebensjahr traten wiederholt leichte Krampfanfälle, zuerst mit Fieber, später ohne Fieber, auf; ein im Lebensalter von 12 Jahren abgeleitetes EEG zeigte leichte Veränderungen: „leicht abnormes EEG mit einer für das Alter zu langsamen Alphatätigkeit und vermehrtem Auftreten von gruppierten Delta- und Thetawellen"; eine medikamentöse Behandlung war allerdings von medizinischer Seite zu keiner Zeit vorgeschlagen worden).
Schließlich ist nicht mit Sicherheit auszuschließen, dass die durch die lange Krankheit der Schwester ausgelösten aktuellen Schwierigkeiten der Familie oder andere, mir nicht bekannte Faktoren zu psychodynamischen Störtendenzen innerhalb der familiären Beziehungen (Eltern-Kind-Beziehung, Geschwisterbeziehung, Partnerbeziehung der Eltern) führten und auf die Entstehung des gesamten Störungskomplexes des Jungen und auf seine Gesamtentwicklung grundlegenden Einfluss nahmen.

Abb. 206:
Sven, LA: 11;2 Jahre, Zeichentest: „Familie in Tieren"; Benennung: „Unsere Familie", Bleistift und Buntstifte, 29,7 x 42 cm, ***Zeichenentwicklung:*** *unausgewogen, insgesamt Rückstand von ca. 2 Jahren* ***(Gesamteinschätzung Mitte Stufe 3);*** *Gesamteindruck: erster subjektiver Eindruck: Sven reiht sich als kleine, über den anderen Tieren schwebende Fliege nicht in die Familiengemeinschaft ein; Graphomotorik: zum Teil gesteuert (Katze, die Konturen des Frosches, einige Konturen der Stute), zum Teil Überkritzelungen (vor allem bei der Stute); alle Tiere mit Ausnahme der Fliege (Sven selbst) schauen nach rechts (hier Hinweis auf die Linkshändigkeit Svens!; Linkshänder zeichnen überwiegend die Profile nach rechts gerichtet); bildnerischer Ausdruck: Durch die Verwendung der Farben (auf dringenden Wunsch Svens) wird die differenzierungsarme Formdarstellung der Tiere aufgelockert und der Ausdruck bereichert; der bildnerische Stil entspricht dem eines jüngeren Kindes (ca. 9 Jahre); Ausführung und Organisation sind unausgewogen, z. T. geplant, zum Teil flüchtig; bei der Motivwahl ist ungewöhnlich, dass Sven sich selbst als Fliege und den Vater als Frosch zeichnet; Graphomotorik: Die Linienführung ist zum Teil koordiniert, zum Teil unsicher; auch der Zeichendruck ist schwankend; die Flächengestaltung der Stute*

zeigt Schattierungen, die als Hinweis auf eine erhöhte Gefühlsansprechbarkeit Svens und seine altersgemäßen kognitiven Potenziale zu diskutieren sind; die Formdarstellung der Motive ist entwicklungsverzögert (Rückstand ca. 2 Jahre); es zeigt sich Detailarmut; die geringste Binnendifferenzierung weist der Frosch (Vater) auf. Bei Stute, Frosch und Katze fehlt die Darstellung der Füße – sie wirken abgeschnitten. Die Größendarstellung ist im Hinblick auf den Frosch nicht an der Realität orientiert: Er ist auffallend groß gezeichnet; die Stute (Mutter) ist (realitätsorientiert) am größten dargestellt, ihr steht das kleinste Tier, die Fliege (Sven), gegenüber. Die Farbdarstellung orientiert sich dem Lebensalter entsprechend an der Typenfarbe; Bewegungsdarstellung findet man in der Profilwendung der Tierköpfe; besonders gut wurde die Position des Froschauges gezeichnet; Raumdarstel-

lung: Bei der vertikalen Raumbetrachtung fällt eine Entwicklungsverzögerung auf: Die Tiere stehen auf der Blattkante, es ist noch keine Bodenlinie und kein flächiger Boden gestaltet; der obere Zeichenraum ist leer, in der Mitte des Zeichenblattes befindet sich die Fliege (Sven), unten sind die Tiere aufgereiht (Unreifezeichen); sie treten in keine Beziehung zueinander (keine Handlungsvollzüge oder Gruppierung) und schauen alle in die gleiche Richtung; horizontale Bildbetrachtung: Rechts steht die Stute (Mutter), links die Katze (Schwester), in der mittleren Position sind die Fliege (Sven) und der Frosch (Vater) gezeichnet. Katze und Frosch stehen sich räumlich näher als Frosch und Stute. Die Fliege (Sven) befindet sich vereinzelt außerhalb der Positionen der anderen Tiere. Zeitliche Aufeinanderfolge der Darstellungen: Zuerst zeichnet Sven die Stute, danach Frosch, Katze und zuletzt sich selbst als Fliege; ***Emotionale Zeichen:*** *im Gesamteindruck: erster subjektiver Eindruck: Äußert sich in der Symbolwahl der Fliege die Selbstwertproblematik Svens? Weisen die im Zeichenstil erkennbaren Entwicklungsverzögerungen zugleich auf eine emotionale Labilität des Jungen hin? Motive, Symbole, Zeichen: Nach Brem-Gräser gilt die Fliege als lästiges Insekt. In positiver Deutung kann sie „neckisch, schnellfliegend, seidenflügelig" sein. Negativ gedeutet ist sie „lästig, eitel, gefräßig, frech, störend." Aus den Explorationsgesprächen mit Sven war zu ermitteln, dass er sich in seiner Familie als lästig und nicht genügend beachtet vorkam. Den Vater als Frosch zu zeichnen, gilt als eher ungewöhnlich. Positiv gedeutet symbolisiert der Frosch ein „ulkiges, harmloses, vergnügtes, gesprächiges Wesen." In negativer Deutung werden ihm folgende Eigenschaften zugeteilt: „ aufgeblasen, großmäulig, blasiert, eingebildet, quatschhaft, protzig, schlapp, kraftlos, nass, glitschig." Aus der Exploration mit Sven konnte man erfahren, dass er sich von seinem Vater nicht angenommen fühlte und traurig drüber war, dass sich der Vater so wenig um ihn kümmerte. Sven fühlte sich vom Vater nicht ernst genommen. In seinen Phantasien setzte er sich intensiv mit seinem Vater (Frosch) und mit sich selber (Fliege, die sich von der Familie ausgeschlossen fühlt) auseinander. Die unausgewogene Graphomotorik kann als Hinweis auf die emotionale Instabilität Svens gedeutet werden. Die differenzierte Flächengestaltung der Stute weist darauf hin, dass sich Sven besonders gefühlsintensiv mit seiner Mutter auseinander setzt. Sie wurde als erstes (wichtigstes?) und größtes Motiv gezeichnet. Im Hinblick auf die Formdarstellung sind die Stute und die Katze am differenziertesten gezeichnet. Nimmt Sven Mutter und Schwester am intensivsten wahr und setzt sich mit ihnen auseinander? Aus der Exploration war zu erfahren, dass Sven zur älteren Schwester ein enges Verhältnis hatte, sich von ihr oft zu sehr „bemuttert" fühlte (die Katze weist die detailliertesten Gesichtszüge auf!) und er sich viele Gedanken um ihre unheilbare Krankheit machte (Ist das Schwarz der Katze ein Hinweis auf die Krankheit der Schwester und auf alle Probleme, die Sven mit dieser in Verbindung bringt?). Die Raumdarstellung weist darauf hin, dass sich Sven als kleinstes Tier in den Mittelpunkt der Bildfläche setzt, abseits von den anderen Familienmitgliedern. Drücken Wahl des Motivs, Position und zeitliche Reihenfolge der Darstellung (Fliege als letztes, wichtigstes Motiv?) seinen symbolischen Wunsch aus, mehr im Mittelpunkt der Aufmerksamkeit seiner Familie stehen zu wollen? In der Exploration mit Sven kam deutlich zum Ausdruck, dass er sich mit diesen Wünschen intensiv beschäftigte. Ist es zufällig, dass Sven im Symbol der Fliege über den Familienmitgliedern schwebt, keinen Boden unter den Füßen hat und dass bei Stute, Frosch und Katze keine Füße gezeichnet sind? Aus der Exploration mit Sven war zu entnehmen, dass er sich sehr verunsichert fühlte, depressionsgefährdet war und wiederholt Suizidgedanken äußerte: „Am besten, ich springe aus dem Fenster, dann muss ich nicht mehr in die Schule gehen";* ***Gesamtentwicklung:*** *ADHS und umschriebene Entwicklungsstörung der Graphomotorik, Verhaltensstörungen (vgl. erläuternde Hinweise zu den Abb. 206-216).*

Abb. 207: *Sven, LA: 11;2 Jahre, Benennung: „Der eifrige Hansi, es war einmal der Hansi, der wollte so gerne fliegen. Hansi ging zum Flugplatz. Er stieg in die Maschine. Der Pilot sagte dem Fluglotsen, ob der Start frei hat. Dann flogen sie los. Er sah die Vögel, die Wolken, die Sonne ganz nah. Als sie wieder landeten, sprach Hansi: „Ich will auch Pilot werden." Als er zu Hause war, fragten seine Eltern: „Wie war es denn?" Hansi antwortete fröhlich: „Ich möchte auch Pilot werden. Auf der Zeichnung, das ist der Moment, wo ich als Kopilot vorne sitze, die Sonne, die Wolken und Vögel sehe", Pastellkreiden, 29,7 x 42 cm,* ***Zeichenentwicklung:*** *altersentsprechend* ***(Ende Stufe 3)****; Sven zeigte große Motivation, mit den Pastellkreiden zu malen; er genoss das taktil-kinästhetische Empfinden beim Verwischen der Farbpigmente. Zur Darstellung der Konturen des Flugzeugs setzte er ein Lineal ein (er suchte sich also selber eine Hilfestellung zur Kompensation seiner graphomotorischen Unsicherheit);* ***Emotionale Zeichen*** *sind nicht zu ermitteln;* ***Gesamtentwicklung:*** *ADHS und umschriebene Entwicklungsstörung der Graphomotorik, Verhaltensstörungen (vgl. erläuternde Hinweise zu den Abb. 206-216).*

Abb. 208: *Sven, LA: 11;3 Jahre, Rahmenbedingungen: Bewegungsspiele mit Sven auf der Turnbank durch zurollen, werfen und fangen eines Balles; darauf folgend Szenen aus diesen Spielen in Ton gestalten und anschließend*

zeichnen; Benennung: „Frau Seidel und ich werfen uns auf der Turnbank einen Ball zu, ich bin unten, Frau Seidel sitzt oben“, Wachskreiden, 29,7 x 42 cm, ***Zeichenentwicklung:*** *unausgewogen, auffälliger Entwicklungsrückstand in der Graphomotorik und in der Formdarstellung, insbesondere der menschlichen Figuren* ***(Ende Stufe 2)****; Bewegungsdarstellung: Motorische Symbolik des rollenden Balles und situative Zuordnung weisen auf kognitive Potenziale hin* ***(Anfang Stufe 3)****; auch die Darstellung eines Handlungszusammenhangs bei der Raumdarstellung (Spielszene auf der Turnbank) zeigt den Zugriff Svens auf innere Bilder und auf kognitive Potenziale* ***(Mitte Stufe 3)****;* ***Emotionale Zeichen*** *äußern sich in der unausgewogenen Entwicklung mit sehr großen Problemen der Graphomotorik, verbunden mit auffallend rückständiger Formdarstellung, besonders der menschlichen Figuren, aber deutlich besseren Fähigkeiten in der Bewegungs- und Raumdarstellung (Hinweise auf vorliegende kognitive Potenziale);* ***Gesamtentwicklung:*** *ADHS und umschriebene Entwicklungsstörung der Graphomotorik, Verhaltensstörungen (vgl. erläuternde Hinweise zu den Abb. 206-216).*

Abb. 209:
Sven, LA: 11;4 Jahre, Rahmenbedingungen: Sven sitzt auf der Schaukel, ich sitze in seiner Nähe auf dem Boden, wir unterhalten uns über einen Film, den wir zusammen drehen wollen; ich halte einen Bogen Papier in der Hand und notiere die von Sven vorgeschlagene Reihenfolge der Filmszenen; anschließend zeichnet Sven diese Szene (Abb. 209), in der nachfolgenden Therapiestunde ist er bereit, selber eigene schriftliche Notizen zum geplanten Film festzuhalten; Benennung: „Auf der Schaukel“, Buntstifte, 29,7 x 42 cm, ***Zeichenentwicklung:*** *unausgewogen* ***(Anfang Stufe 3)****; auffällige Störung bei der Ausführung und Organisation: Die rechte Seite wird mit Kritzeln gefüllt, Sven hatte keine Lust, diese Bildseite zu bearbeiten; schwere Beeinträchtigung der Graphomotorik, entwicklungsverzögerte Formdarstellung; Bewegungsdarstellung (situative Zuordnung) und Darstellung eines Handlungszusammenhangs (unser Gespräch) lassen kognitive Potenziale vermuten, die* ***Mitte der Stufe 3*** *zuzuordnen sind;* ***Emotionale Zeichen:*** *Ausführung und Organisation zeigen geringe Ausdauer, Hinweise auf ADHS;* ***Gesamtentwicklung:*** *ADHS und umschriebene Entwicklungsstörung der Graphomotorik, Verhaltensstörungen (vgl. erläuternde Hinweise zu den Abb. 206-216).*

Abb. 210:
Sven, LA: 11;5 Jahre, Rahmenbedingungen: Sven und ich improvisieren mit Orff-Instrumenten. Sven zeigt viele rhythmisch und klanglich sehr gute Einfälle und verbindet diese mit sprachlichen Assoziationen, zum Teil in Reimform; er denkt sich Musik und Text zur Geschichte vom Räuber Hotzenplotz aus; Benennung: „Der Polizist Dimpfelmoser schießt, der Räuber Hotzenplotz geht gerade den Berg rauf zum Versteck in der Höhle, unterwegs schießt Dimpfelmoser mit seiner Pfefferpistole rum, dann wäre er beinahe wieder vom Berg runtergeflogen, er weiß, da ist ein Abgrund, da sieht man nichts", Buntstifte und Filzstift, 29,7 x 42 cm, ***Zeichenentwicklung:*** *unausgewogen* ***(Anfang Stufe 3)****, Rückstände in der Graphomotorik und Formdarstellung, deutlich bessere Fähigkeiten im sprachlichen Ausdruck, in der Bewegungs- und Raumdarstellung; Sinn für Witz und Humor fällt als Potential für altersgemäße kognitive Fähigkeiten auf;* ***Emotionale Zeichen*** *deuten sich durch unausgewogene Entwicklungsmerkmale an;* ***Gesamtentwicklung:*** *ADHS und umschriebene Entwicklungsstörung der Graphomotorik, Verhaltensstörungen (vgl. erläuternde Hinweise zu den Abb. 206-216)*

Abb. 211:
Sven, LA: 11;6 Jahre, Benennung: „Batman fliegt mit Krokodil und Affen davon", Kugelschreiber, Buntstifte und Filzstift, 29,7 x 42 cm, ***Zeichenentwicklung:*** *unausgewogen* ***(Gesamteinschätzung Mitte Stufe 3)****, unsichere Graphomotorik und Formdarstellung, aber gute kognitive Potenziale in der Bewegungs- und Raumdarstellung, Sinn für Witz und Humor als gutes kognitives Potential erkennbar,* ***Emotionale Zeichen*** *fehlen;* ***Gesamtentwicklung:*** *ADHS und umschriebene Entwicklungsstörung der Graphomotorik, Verhaltensstörungen (vgl. erläuternde Hinweise zu den Abb. 206-216).*

Abb. 212:
Sven, LA: 11;7 Jahre, Rahmenbedingungen: (Therapiedauer: 5 Monate): Sven spielt als Rollenspiel Szenen aus der Fußball-Weltmeisterschaft; er hält ein „Mikrophon" in der Hand und stellt den Reporter dar, der das Fußballspiel kommentiert; dabei beschäftigt er sich immer wieder selbst mit dem Ball und kickt ihn durch das Therapiezimmer; anschließend gebe ich ihm farbige Tonpapiere und eine Schere und bitte ihn, eine Szene seines Rollenspiels freihändig auszuschneiden und als Collage aufzukleben; Benennung: „Weltmeister", farbige Tonpapiere auf weißem Papier, 29,7 x 42 cm, ***Gestalten mit Papier:*** *altersentsprechende phantasievolle Collage; die Feinmotorik ist knapp-durchschnittlich und wesentlich besser als die Graphomotorik; diese Aufgabe erfüllt Sven mit großer Motivation und Ausdauer;* ***Gesamtentwicklung:*** *ADHS und umschriebene Entwicklungsstörung der Graphomotorik, Verhaltensstörungen (vgl. erläuternde Hinweise zu den Abb. 206-216).*

Abb. 213:
Sven, LA: 11;7 Jahre, Benennung: „Zitterschlangentanz", oben sind Lichtorgeln (erste Motive) in der Teeny Disco Megamix, unten steht eine Musikbox (rechts unten), links daneben steht Fundy, diese Figur ist an die Wand gemalt, in der Mitte tanze ich, meine Hosen haben Bügelfalten, links daneben tanzt jemand den „Zitterschlangentanz" (grün, letztes Motiv); Wachsmalstifte, 29,7 x 42 cm, ***Zeichenentwicklung:*** *unausgewogen, weit rückständige Graphomotorik; Formdarstellung überwiegend rückständig, allerdings sind die Nasen der Selbstdarstellung und der Zittertanz-Figur schon altersgemäß in die Kon-*

tur integriert; sehr gute Phantasiepotenziale und gute visuelle Vorstellungsfähigkeit, guter sprachlicher Ausdruck; gute Bewegungsdarstellung der Profilwendung (mittlere Figur, die ihn selber darstellen soll und Zittertanzfigur links daneben); gute Bewegungssymbolik der Figur, die den Zitterschlangentanz vorführt; Sven stellt sich vor mich hin und demonstriert zitternde Bewegungen; er ahmt seine inneren Vorstellungsbilder von Körperbewegungen mit eigenen Körpergebärden nach und zeichnet sie darauf folgend ***(Gesamteinschätzung: Anfang bis Mitte Stufe 3)****;* ***Emotionale Zeichen*** *sehe ich bei der unausgewogenen Ausführung und Organisation mit Hinweisen auf ADHS (zu Beginn werden die Lichtorgeln konzentriert gezeichnet, zunehmend ist eine flüchtigere Ausführung der Zeichnung zu beobachten, Kritzel werden eingefügt, die allerdings als Tanzbewegungen motorisch symbolisiert werden;* ***Gesamtentwicklung:*** *ADHS und umschriebene Entwicklungsstörung der Graphomotorik, Verhaltensstörungen (vgl. erläuternde Hinweise zu den Abb. 206-216).*

Abb. 214:
Sven, 11;8 Jahre, Rahmenbedingungen: Sven baut sich nach eigener Vorstellung ein Experiment auf: Er stellt eine große Trommel in ca. 2 1/2 m Entfernung von einem Sitzkissen auf; neben die Trommel positioniert er ein Becken, an das er eine Triangel hängt; in jede Hand nimmt er einen Klöppel und setzt sich so auf den Sitzwürfel, dass sich die Trommel in mittlerer Position genau hinter ihm befindet; er versucht nun, die Klöppel ohne Sichtkontrolle so hinter sich zu werfen, dass er die Trommel mit beiden Klöppeln trifft und den Trommelschlag erzeugt; Vergleichbares probiert er darauf folgend mit dem Becken aus; Benennung: „Der Schlag auf der Trommel", Bleistift und Wachsmalstifte, 29,7 x 42 cm. ***Zeichenentwicklung:*** *unausgewogen* ***(Gesamteinschätzung Mitte Stufe 3)****; Graphomotorik zum Teil gut koordiniert, zum Teil unsicher mit der Neigung zu Kritzelbewegungen; altersgemäße Flächendarstellung des Würfels (Schattierung und Schraffierung:* ***Ende Stufe 3****); Formdarstellung des Beckens altersentsprechend* ***(Mitte bis Ende Stufe 3)****; motorische Symbolik zeigt kognitive Potenziale (Bewegungsspur der nach hinten fliegenden Klöppel); großer Fortschritt bei der Raumdarstellung mit Beginn der*

Vorperspektive (die Schattierung des Würfels soll die Tiefe der Sitzfläche darstellen ***(Ende Stufe 3)****; die Trommel ist als Klappbild gezeichnet und zeigt ebenfalls eine zunehmende Differenzierung der Raumwahrnehmung und Hinweise auf gute kognitive Potenziale* ***(Mitte Stufe 3)****; besonders gelungen ist die Situationsdarstellung mit der Zeichnung von Handlungszusammenhängen* ***(Ende Stufe 3)****;* ***Emotionale Zeichen*** *zeigen sich in der unausgewogenen Zeichenentwicklung und dem Nebeneinander von Entwicklungsdefiziten und guten kognitiven Fähigkeiten;* ***Gesamtentwicklung:*** *ADHS und umschriebene Entwicklungsstörung der Graphomotorik, Verhaltensstörungen (vgl. erläuternde Hinweise zu den Abb. 206-216).*

Abb. 215:
Sven, LA: 11;9 Jahre, Rahmenbedingungen: Bearbeiten eines Frostig-Arbeitsblattes (Heft 2) zur Übung der Linienführung, Figur-Grund-Wahrnehmung und Konzentration; Benennung: Sven benennt die Motive des Arbeitsblattes, Filzstifte, 20,7 x 29,7 cm, ***Zeichenentwicklung:*** *Graphomotorik und Konzentration haben sich verbessert;* ***Gesamtentwicklung:*** *ADHS und umschriebene Entwicklungsstörung der Graphomotorik, Verhaltensstörungen (vgl. erläuternde Hinweise zu den Abb. 206-216); die motorische Unruhe hat nach 7 Monaten Therapie abgenommen und tritt nur noch in vereinzelten Situationen auf, die Verhaltensprobleme haben sich zu diesem Zeitpunkt deutlich verringert.*

Abb. 216:
Sven, LA: 11;9 Jahre, Rahmenbedingungen: Im Anschluss an die Bearbeitung des Arbeitsbogens (Abb. 215) bat ich Sven, ein Bild nach freier Themenwahl zu zeichnen; Benennung: „Die Berge und der Umweltschutz, Umweltschützer, die noch länger leben wollen (Bäume links unten und menschli-

che Figuren im Hintergrund der Bäume), eine Kirche für den Umweltschutz (grünes Zeichen im linken Turmgiebel); ich als Bergsteiger (menschliche Figur am Kletterseil in der mittleren Position der Berge); das Graue ist der Nebel (graue Kritzel um alle Bergspitzen); die machen Picknick, in der Mitte steht der Picknickkorb, ich und mein Freund (menschliche Figuren unter dem Gipfelkreuz, rechts oben), da singt die Freundin von meinem Freund (menschliche Figur auf dem Gipfel mit Sprechblase); ein See (links), da schwimmt die Freundin von meinem Freund, meine Freundin ist zu Hause"; Filzstifte, 29,9 x 42 cm, ***Zeichenentwicklung:*** *unausgewogen* ***(Gesamteinschätzung: Mitte bis Ende Stufe 3)****; Graphomotorik jetzt stabiler, aber noch Zeichen von Unsicherheit; die Formdarstellung der menschlichen Figuren zeigt deutlichen Entwicklungsrückstand* ***(Ende Stufe 2)****; bildnerischer Ausdruck, sprachlicher Ausdruck, Ausführung und Organisation, Formdarstellung mit Ausnahme der menschlichen Figuren, Bewegungsdarstellung und Raumdarstellung jetzt altersgemäß* ***(Ende Stufe 3)****; besonders gut ist die Darstellung der Handlungszusammenhänge mit deutlichen Hinweisen auf altersgemäße Intelligenz und gut-durchschnittliche Fähigkeiten, visuelle Vorstellungen in den Zeichnungen umzusetzen;* ***Emotionale Zeichen*** *sind im Stilbruch zu ermitteln: Das stark reduzierte Formniveau der menschlichen Figuren hebt sich von den anderen Zeichenleistungen deutlich ab und sollte als Hinweis auf weiter bestehende Unsicherheiten der Selbstwahrnehmung, der Wahrnehmung des eigenen Körperbildes diskutiert werden; vorpubertäre Entwicklungsprobleme deuten sich an;* ***Gesamtentwicklung:*** *ADHS und umschriebene Entwicklungsstörung der Graphomotorik, Verhaltensprobleme (vgl. erläuternde Hinweise zu den Abb. 206-216); die motorische Unruhe hat nach 7 Monaten Therapie abgenommen und tritt nur noch in vereinzelten Situationen auf, die Verhaltensprobleme haben sich zu diesem Zeitpunkt deutlich verringert.*

Fallbeispiel eines Kindes mit umschriebener Entwicklungsstörung der Graphomotorik und Begleitstörungen:

- **Erläuternde Hinweise zu den Abb. 217-221:**

Peter war wegen seiner gravierenden Leistungsängste, Rückzugstendenzen und seiner ausgeprägten graphomotorischen Unsicherheiten bereits im Kindergartenalter auffällig geworden.

Bei der U9 allerdings war lediglich vermerkt worden, dass sich eine Konzentrationsschwäche angedeutet habe und der Denver-Entwicklungstest altersgemäß ausgefallen sei. Die Zeichnungen des Jungen waren bei dieser Untersuchung nicht beachtet worden. Entsprechend wurde den Eltern auch keine Empfehlung für therapeutische und schulvorbereitende Maßnahmen gegeben. Die Schulfähigkeit wurde ohne Einschränkungen bescheinigt.

Die zunehmenden emotional-sozialen Probleme des Kindes veranlassten die Mutter, mich um eine psychodiagnostische Untersuchung und erneute Überprüfung seiner Schulfähigkeit zu bitten. Wie seine Zeichnungen im Lebensalter von 5;7 Jahren zeigten (Abb. 217-218), lagen bei Peter eine gravierende graphomotorische Störung und visuelle Wahrnehmungsstörungen vor, die dringend einer psychodiagnostischen Abklärung und ganzheitlich orientierten Behandlung bedurften. Das Ergebnis meiner Screening-Untersuchung sprach für das Vorliegen einer gut-durchschnittlichen Gesamt-Intelligenz, von der sich die graphomotorische und visuell perzeptive Störung deutlich abhoben (im Frostigs Entwicklungstest der visuellen Wahrnehmung, FEW, erreichte Peter im Lebensalter von 5;8 Jahren im Untertest „Visuo-motorische Koordination" einen unterdurchschnittlichen Prozentrang von 4, T-Wert von 32; ein altersentsprechendes „Erkennen der Lage im Raum": Prozentrang: 56, T-Wert: 49; ein knapp-durchschnittliches „Erfassen räumlicher Beziehungen": Prozentrang: 29; T-Wert: 45 (Hier machten sich aus meiner Sicht die graphomotorischen Schwierigkeiten des Jungen leistungsmindernd bemerkbar); es war sehr schwer, Peter zur Durchführung dieser von mir getroffenen Auswahl von Untertests zu motivieren (Tendenz zur Leistungsverweigerung bei allen Aufgaben, die mit graphomotorischen Funktionen verbunden waren). Auffällig war bei dem nach meiner Beobachtung ungewöhnlich gefühlsdifferenzierten und sehr intelligenten Jungen die Überlagerung der Grundstörung durch Sekundärstörungen, die eine testpsychologische Untersuchung erheblich erschwerten. Er litt unter großen Versagensängsten und zeigte häufig Leistungsblockaden. Das vermutete Vorliegen einer Teilleistungsstörung (Schwerpunkt Graphomotorik) mit Begleitstörungen bestätigte sich im weiteren Behandlungsverlauf (Langzeit-Beobachtung). Eine jugendpsychiatrische Untersuchung des Jungen im Lebensalter von 6;4 Jahren mit dem HAWIK-III ergab eine durchschnittliche Allgemeinbegabung. Förderungsbedürftig waren nach der Begutachtung der Fachärztin für Kinder- und Jugendpsychiatrie der allgemeine Wortschatz, das Durchhaltevermögen und die Leistungsmotivation. „Die Reaktion auf Misserfolge muss stabilisiert werden."

Bei der Therapie Peters war es von Beginn an außerordentlich wichtig, sein Selbstbewusstsein mit Hilfe von spieltherapeutischen Verfahren und Rollenspielen aufzubauen; auf die Förderung der schöpferischer Fähigkeiten des Jungen wurde von mir größter Wert gelegt. Gestalten mit verschiedenen Materialien, Malen und Zeichnen halfen wesentlich beim Prozess der Stabilisierung seines Selbstwertbewusstseins („Kohärenzgefühls"), seiner Graphomotorik sowie visuell perzeptiver Funktionen. Peter gestaltete aus Ton sehr ausdrucksstarke Figuren auf hohem Formniveau, die auf eine überdurchschnittlich gute visuelle Beobachtungsfähigkeit, Vorstellungsfähigkeit, visuelle Speicherfähigkeit, knapp-durchschnittliche Feinmotorik und auf Ein-

fallsreichtum und schöpferische Begabung hinwiesen. Auch im Rollenspiel wurden diese Fähigkeiten deutlich und standen in auffallendem Gegensatz zu seinen graphomotorischen Defiziten. Peter wurde durch diese Leistungsdiskrepanz in hohem Maß verunsichert und konnte selber seine Leistungsfähigkeit nur schwer einordnen. Er fühlte sich schon im Kindergarten oft als Versager, weil er mit seinen Händen im graphomotorischen Bereich ungeschickt war, Schwierigkeiten hatte, mit der Schere umzugehen oder so zu zeichnen wie gleichaltrige Kinder. Im Bereich der auditiven Wahrnehmung konnte ich keine Defizite erkennen. Die kontinuierlich begleitende Elternberatung erwies sich bei der Langzeit-Behandlung des Jungen als sehr wichtig und hilfreich.
Die Einschulung Peters erfolgte um 1 Jahr verzögert und wurde therapeutisch von mir begleitet. Von Schulbeginn an war die Zusammenarbeit mit der Klassenlehrerin eng, gut und notwendig.
Peter erlernte das Lesen rasch, hatte aber mit dem Erlernen der Druck- und später Schreibschrift sehr große Probleme. Er benötigte bis zum Ende der 1. Klasse vergrößerte Abstände der Schreiblinien mit visuellen Strukturhilfen. Auch das Erlernen der Rechtschreibung verlief leicht verzögert. Seine Grobmotorik war gut, im Turnen war er mit Begeisterung bei der Sache. Im Rechnen konnte er dem Unterrichtsstoff gerecht werden, allerdings brauchte er zunächst auch in diesem Fach visuelle Anschauungshilfen (Kuhn-Programm), mit deren Hilfe seine Leistungsbereitschaft deutlich gesteigert und Leistungsängste abgebaut werden konnten. Aufmerksamkeit, Konzentrationsfähigkeit, Ausdauer, die graphomotorischen und visuell-perzeptiven Leistungen Peters besserten sich unter der Therapie, die in größeren Zeitintervallen bis zum 3. Schuljahr fortgesetzt wurde, deutlich.
Peter konnte nach Ablauf dieser Zeit seine Schullaufbahn ohne weitere therapeutische Hilfestellung fortsetzen.

Eine Kontrolluntersuchung im 11. Lebensjahr mit dem HAWIK-III erbrachte bei guter Leistungsmotivation und altersgemäßer Ausdauer bei Peter eine gut-durchschnittliche verbale, weit überdurchschnittliche nicht verbale und eine weit überdurchschnittliche Gesamtintelligenz. Leistungsängste machten sich während der Testsituation nicht bemerkbar. Zur gleichen Zeit zeigte die Kontrolluntersuchung der visuellen Wahrnehmung mit dem DTVP-2 ein gut-durchschnittliches Gesamtergebnis (GVP-Quotient 116). Das Leistungsprofil der Untertests, die die visuelle Wahrnehmung ohne Motorikanteile und derjenigen Tests, die diese mit Motorikanteilen prüften, war ausgeglichen (MRP-Quotient 115; VMI-Quotient 115). Der Untertest „Auge-Hand-Koordination“ zeigte jetzt gut-durchschnittliche Ergebnisse. Die Untertests „Nachzeichnen“ und „Raumlage“ blieben im Normbereich, zeigten aber im Vergleich zu den anderen, insgesamt gut-durchschnittlichen Leistungen die vergleichsweise niedrigsten Werte und wiesen, ebenso wie die noch ungelenke Handschrift und das geringfügig verzögerte Schreibtempo, auf eine geringe Restsymptomatik der umschriebenen Entwicklungsstörungen motorischer Funktionen des Jungen hin.

Auch in seiner emotional-sozialen Entwicklung hat Peter große Fortschritte gemacht. In Zusammenhang mit seiner positiven Gesamtentwicklung und der deutlichen Verbesserung seiner Graphomotorik ist auch eine Stabilisierung seines Selbstbewusstseins festzustellen. Peter schreibt und zeichnet heute gerne und ohne erkennbare Hemmungen. Seine Zeichnungen lassen jetzt ein gutes Formniveau erkennen, die Linienführung ist nur noch geringfügig unsicher. Immer zuverlässiger kann er jetzt seine sehr guten intellektuellen Fähigkeiten auch bei schulischen Anforderungen zum Einsatz bringen.
Allerdings halte ich es für wichtig, bei dem sehr intelligenten, sensitiven und gefühlsdifferenzierten Jungen in der Schule weiterhin Leistungsdruck zu vermeiden, individuelles Arbeitstempo zuzugestehen, seine Lern- und Leistungsbemühungen positiv zu verstärken und seine Weiterentwicklung nicht nur im intellektuellen, sondern auch im kreativen und emotional-sozialen Bereich unter Berücksichtigung der „Protektiven Faktoren" zu stimulieren (vgl. Frostig-Konzept, Kap. 7.1).

Abb. 217: *Peter, LA: 5;7 Jahre, Benennung: „Piratenschiff", Buntstift, 21 x 29,7 cm,* ***Zeichenentwicklung:*** *Störung der Graphomotorik und Formwahrnehmung, Gestaltzerfall* ***(Anfang bis Mitte Stufe 2);*** ***Emotionale Zeichen:*** *Graphomotorische Störung und Gestaltzerfall lassen erhöhte emotionale Labilität vermuten;* ***Gesamtentwicklung:*** *Umschriebene Entwicklungsstörung der Graphomotorik und von Teilbereichen der der visuellen Wahrnehmung bei altersentsprechender Intelligenz, Begleitstörungen (vgl. erläuternde Hinweise zu den Abb. 217-221).*

Abb. 218:
Peter, LA: 5;7 Jahre, Benennung: „Das bin ich", Buntstift, 29,7 x 21 cm, ***Zeichenentwicklung****: unausgewogen, Störung der Graphomotorik und Formdarstellung, Gestaltzerfall* ***(Gesamteinschätzung: Mitte Stufe 2)****; Formdarstellung des rechten Armes zeigt als gutes kognitives Potenzial bereits integrierten Ansatz;* ***Emotionale Zeichen:*** *Graphomotorische Störung und Gestaltzerfall lassen erhöhte emotionale Labilität vermuten;* ***Gesamtentwicklung:*** *Umschriebene Entwicklungsstörung der Graphomotorik und von Teilbereichen der visuellen Wahrnehmung bei altersentsprechender Intelligenz, Begleitstörungen (vgl. erläuternde Hinweise zu den Abb. 217-221).*

Abb. 219:
Peter, LA: 6;4 Jahre, Benennung: „Mama in ihrer Lieblingsfarbe", Buntstifte, 30,2 x 21,2 cm, ***Zeichenentwicklung:*** *weiterhin auffällige Unsicherheit der Graphomotorik, (Formdarstellung* ***Ende Stufe 2****);* ***Emotionale Zeichen:*** *Graphomotorische Unsicherheiten lassen erhöhte emotionale Labilität vermuten;* ***Gesamtentwicklung:*** *Umschriebene Entwicklungsstörung der Graphomotorik und von Teilbereichen der visuellen Wahrnehmung bei altersentsprechender Intelligenz, Begleitstörungen (vgl. erläuternde Hinweise zu den Abb. 217-221).*

Abb. 220:
*Peter, LA: 6;11 Jahre, Benennung: „Der Junge steht im Haus und schaut aus dem Fenster (oben); ein erwachsener Mann, der hat Zacken, ein Vampir, das weiß man doch, er hat Zähne und einen Umhang", **Zeichenentwicklung:** weiterhin auffällige graphomotorische Unsicherheit **(Formdarstellung Ende Stufe 2)**; **Emotionale Zeichen:** Graphomotorische Unsicherheiten lassen erhöhte emotionale Labilität vermuten; Motiv (Vampir) und Darstellung der Zähne sind im Behandlungszusammenhang als Emotionale Zeichen zu diskutieren; das Niveau der Zeichnung ist niedriger als das Gesamt-Intelligenzniveau; auch aus dieser Divergenz sind Hinweise auf emotionale Verunsicherung abzuleiten; **Gesamtentwicklung:** Umschriebene Entwicklungsstörung der Graphomotorik bei altersentsprechender, in einzelnen Bereichen mindestens gutdurchschnittlicher Intelligenz, Verhaltensprobleme (vgl. erläuternde Hinweise zu den Abb. 217-221).*

Abb. 221:
*Peter, LA: 7;4 Jahre, Benennung: „Spiderman", Wasserfarben, 30 x 40 cm, **Zeichenentwicklung:** unausgewogen; auffällige graphomotorische Unsicherheit und knappdurchschnittliche bzw. altersgemäße Formdarstellung **(Ende Stufe 2)**; die Schulfähigkeit ist jetzt im Hinblick auf die Gesamtentwicklung (einschließlich simultane Mengenerfassung) erreicht (die rechte, zuerst gezeichnete Figur entspricht der unteren Grenze der*

Durchschnittsnorm; es fehlen nach den Normen für 7jährige Jungen (Koppitz) Nase, Mund und zweidimensionale Arme); die linke, farbig ausgefüllte Figur ist in Farbe und Form ausdrucksvoll und liegt im altersgemäßen Bereich; ich vermute, dass Peter durch die Thematik des „Spiderman" und den vermehrten Einsatz der flüssigen Farben emotional stimuliert wurde und versuchte, die Figur gemäß ihm bekannter Vorlagen (Film, Medien, Spielfiguren) nachzugestalten (im Film hat Spiderman betont große Augen, die sich auffallend vom roten Gesicht und Körper abheben, Nase und Mund treten im optischen Eindruck des Gesichts und der Gesamtfigur stark zurück; Peter hat in seiner Zeichnung diese charakteristischen Merkmale des Spiderman gut umgesetzt); rechte und linke Figur fallen in ihrem Formniveau deutlich auseinander; ***Emotionale Zeichen:*** *Die umschriebene graphomotorische Unsicherheit lässt eine erhöhte emotionale Labilität vermuten; das Motiv („Spiderman") wurde aus einem Filmerlebnis entnommen (dies erzählte Peter bei der anschließenden Exploration); seine Identifikation mit diesem „Helden" ist für einen 7jährigen Jungen unserer Kultur nicht ungewöhnlich; die verwendete Farbsymbolik des Spiderman ist im Hinblick auf das Vorbild (Film, Medien, Spielfiguren) realitätsorientiert; auch die Farbsymbolik des Himmels kann als Versuch Peters gewertet werden, einen dramatischen Moment der Filmgeschichte bildnerisch wiederzugeben; der Behandlungsverlauf legt dennoch die Vermutung nahe, dass nicht nur sozio-kulturelle, sondern auch individuelle emotionale Anteile die Wahl der Motive und ihrer Ausführung beeinflussten;* ***Gesamtentwicklung:*** *Umschriebene Entwicklungsstörung der Graphomotorik bei altersentsprechender, in Teilbereichen gut-durchschnittlicher bzw. überdurchschnittlicher Intelligenz; die emotional-soziale und graphomotorische Entwicklung Peters beginnt sich zu stabilisieren (vgl. erläuternde Hinweise zu den Abb. 217-221).*

6.2.3 *Kinder mit mentalen Entwicklungsstörungen*

Das intellektuelle Anderssein, die nicht altersgemäße, auffallend rückständige geistige Entwicklung, führt nach H.-G. Richter in der Kinderzeichnung zu formalen und/oder motivischen strukturellen Veränderungen in den Funktionen der Darstellung, Mitteilung und des Ausdrucks. Die Frage nach dem Zusammenhang von Intelligenz und zeichnerischem Verhalten ist in der Fachliteratur vielfältig bearbeitet worden. Die Entwicklung von Zeichentests zur Intelligenzmessung trug diesem Forschungsansatz Rechnung (Goodenough, F. L. and Harris, D. B., 1950; Koppitz, E., M., 1972; Reynolds, C. R. and Hickman, J. A., 2004). Die Ergebnisse von Zeichentests zur Intelligenzmessung werden allerdings hinsichtlich der statistischen Zuverlässigkeitskriterien bei der Wiederholung des Tests (Reliabilität) und Zuverlässigkeit der inhaltlichen klinischen Aussage (Validität) kritisiert. Untersuchungen von lernbehinderten oder geistig behinderten Kindern oder Erwachsenen zeigen je-

doch meist deutliche Merkmale einer verminderten Differenzierungsfähigkeit nicht nur in standardisierten Intelligenztests, sondern auch in den Zeichnungen.
Im Sinne eines orientierenden Verfahrens ist es deshalb sinnvoll, auf oben genannte quantitative und qualitative Veränderungen der Kinderzeichnungen zu achten. Im Vergleich zu altersentsprechend entwickelten Kindern treten bei Kindern mit Störungen der Denkentwicklung altersabhängige Merkmale der Kinderzeichnung verzögert auf, höhere Stufen der Zeichenentwicklung werden meist nicht erreicht. So bleiben z. B. das plastische Gestalten und die zeichnerische Darstellung von geistig behinderten Kindern auch nach langjährigen therapeutischen Bemühungen noch im Erwachsenenalter meist auf dem Niveau der frühen Kinderzeichnung stehen (vgl. Fallbeispiel Carolus, Kap. 6.2.3, Abb. 242). Solche Gestaltungen und Zeichnungen werden dann im Unterschied zu Zeichnungen altersgemäß entwickelter Kinder oft auch durch charakteristische Strukturveränderungen auffällig. Sie können durch dekorative und nicht an der Realität orientierte Form- und Farbgestaltungen sehr ausdrucksstark sein, und es gebührt ihnen damit im Rahmen der ästhetischen Betrachtung Anerkennung und Würdigung (Kläger, M., 1993). In diesen Zeichnungen fallen oft Unsicherheiten oder Störungen im graphomotorischen Bereich („Auge-Hand-Koordination") und/oder in den anderen Bereichen der visuellen Wahrnehmung auf („Lage im Raum, Nachzeichnen, Figur-Grund, Räumliche Beziehungen, Gestaltschließen, Visuo-motorische Geschwindigkeit, Formkonstanz", vgl. Besprechung des DTVP-2, FEW-2, Kap. 9.1). In ihrer Struktur sind diese Zeichnungen gegenüber Zeichnungen altersentsprechend entwickelter Kinder nicht nur entwicklungsrückständig, sondern auch qualitativ andersartig und damit auffällig. Motive werden über lange Zeiträume wiederholt und verändern sich unter neuen Lern- und Umwelterfahrungen gar nicht oder auffällig zeitverzögert (vgl. Fallbeispiel Max, Kap. 6.2.3, Abb. 222-228; Fallbeispiel Karl, Kap. 6.2.3, Abb. 229-236).

In den Bildern dieser Kinder und oft auch in ihrer Sprache äußert sich die rückständige Denkentwicklung. Ihre Denkstruktur bleibt bei schweren Intelligenzminderungen meist auf der sensomotorischen (Stufe 1), bei leichteren Intelligenzminderungen auf der voroperativen Stufe (Stufe 2) stehen. Die Denkprozesse spiegeln eine frühe Entwicklungsstufe wider, sind nicht umkehrbar und nicht flexibel. Das Denken kann nicht alterstypisch nach logischen Gesetzen ablaufen, sondern reflektiert vorlogische, emotional geprägte Denkabläufe. Innere Vorstellungsbilder werden auf eine für den Betrachter oft nicht nachvollziehbare Weise in die zeichnerische Darstellung übertragen. Aus den Zeichnungen solcher Kinder kann man ableiten, dass Umwelterfahrungen und Lernerfahrungen nicht altersentsprechend im Gedächtnis gespeichert und verarbeitet wurden. So findet man z. B. in der Menschzeichnung meist keine Profilwendung und keine Bewegungsdarstellung, die ja ebenfalls eine Flexibilität des Denkens im Sinne von konkreten Operationen voraussetzt und von altersgemäß entwickelten Kindern erst ab ca. 7;0 Jahren erreicht wird (Stufe 3 der Zeichenentwicklung). *Erste Ansätze von Bewegungsdarstellung* („Zentralauge", „situative Zuordnung", „Situationsprofil") treten verspätet am Ende der Kindheit nur bei den mental beeinträchtigten Kindern auf, die meist mit Hilfe einer gezielten Behandlung ihrer perzeptiven und kognitiven Defizite in einigen Funktionen und Bereichen den Übergang von Stufe 2 zur Stufe 3 der Denkentwicklung erreichen können (vgl. Fallbeispiel Karl, Abb. 236; Fallbeispiel Carolus, Abb. 240). Außerdem sind bei Kindern oder Erwachsenen mit Intelligenzminderung *selten oder nie Ansätze* zur Raumdarstellung im Sinne der *Vorperspektive oder Perspektive zu beobachten.* Die Vorperspektive deutet sich in ersten Versuchen des Kindes an, räumliche Qualitäten durch Zuordnungen zu jeweiligen Grundlinien zu gestalten. Eindrucksvoll kann man das an den sog. „Klappbildern" beobachten (vgl. Kap. 3.7.3.9, Abb. 095, Verkehrsschilder). Klappbilder, bei denen die Seitenansichten eines Gegenstandes mit in die Zeichenebene vorgeklappt werden, sind bei Kindern mit schweren Intelligenzminderungen äußerst selten oder nie zu beobachten. *Perspektivische Darstellungen* mit der Einordnung aller Objekte unter einen Gesamt-Betrachtungswinkel findet man zwar auch nur selten bei Jugendlichen oder Erwachsenen mit altersentsprechender geistiger Entwicklung (Stufe 4 der Zeichenentwicklung) – bei Menschen mit Intelligenzminderungen beobachtet man solche Darstellungen jedoch *nie.* Kinder oder Erwachsene mit *isolierter Sonderbegabung in Form eines fotografischen Gedächtnisses,* wie dies beim *Asperger-Syndrom,* einer bestimmten Form des Autismus, auffällig ist, zeigen mit ihren differenzierten und an der Realität orientierten graphischen Darstellungen und vorperspektivischen oder perspektivischen Raumdarstellungen gleichzeitig, dass sie über isolierte Bereiche altersentsprechend entwickelter oder sogar überdurchschnittlich entfalteter kognitiver Fähigkeiten verfügen (weitere Ausführungen zum Asperger-Autismus vgl. Kap. 6.2.5). Diese Fähigkeit ist auch bei bildnerisch ungewöhnlich begabten Künstlern zu ermitteln, die jedoch in Unterscheidung zu autistischen Menschen über eine gute Vernetzungsmöglichkeit ihrer fotografisch gespeicherten visuellen Eindrucke verfügen und diese als Fundament ihres Kunstschaffens schöpferisch verwenden können (vgl. Hartlaub, G. F., 1930; vgl. Kap. 6.2.4).

H.-G. Richter, 1987, beschreibt bei Lernbehinderten (ohne Berücksichtigung von Sonderformen zeichnerischer Begabung z. B. bei autistischen Kindern) folgende Merkmale in Zeichnungen (zusammenfassende Darstellung des Textes von Richter, H.-G., 1987, S. 116-117):

Differenzierung und Strukturierung:
Es zeigen sich Schablonisierungen (Mühle, 1955/1975), d. h. Perseverationstendenzen auf allen Altersstufen. Dazu zählen Kritzelreste, verzögerte motorische Ausbildung (von Kreis-, Kreuz-, Kastenformen usw.) und allgemeine Retardierungen innerhalb des Formenrepertoires; eine nicht altersadäquate Binnendifferenzierung des einzelnen Bildzeichens; Veränderungen der kompositionellen Organisation in Richtung auf leere *und* füllende Wiederholungen und Reihungen; Differenzierung und Strukturierung des Bildes verweisen auf den bildnerischen Ausdruck jüngerer Kinder, ohne ihm zu entsprechen; die Zeichnungen Lernbehinderter wirken nicht nur retardiert, sondern auch andersartig; sie enthalten Bruchstellen, Unstimmigkeiten.
Raumdarstellung:
Richter weist in seiner Darstellung von Untersuchungen an lerngestörten Schülern in Übereinstimmung mit Aussagen der Grundlagenliteratur zu Recht darauf hin, dass die Raumdarstellung als Indikator für die Altersadäquatheit eines bildnerischen Gefüges angesehen werden kann, während die Farbdarstellung häufiger situativ-affektive und zufällige Momente enthält.

> Richter, 1987, S. 117:
> „Alle Anzeichen (z. B. in den genannten Untersuchungen) deuten darauf hin, dass die Raumdarstellung/Flächenorganisation in der Zeichnung Rückschlüsse auf das Lernniveau, auf die intellektuellen Verhaltensweisen zulässt."

Nach H.-G. Richter finden sich in den Zeichnungen Lernbehinderter gehäuft frühkindliche Raumschemata, z. B. „topologische" und „neutralzonenartige Organisationen", d. h. Schemata, in denen noch die elementaren räumlichen Beziehungen vorherrschen.

> Piaget, J. und Inhelder, B., 1972/2000, S. 73:
> „Die ersten räumlichen Bilder des Kindes sind nämlich topologisch, bevor sie projektiv werden oder mit der euklidischen Metrik übereinstimmen. Es gibt zum Beispiel eine Entwicklungsstufe, wo die Quadrate, Rechtecke, Kreise, Ellipsen usw. einheitlich durch ein und dieselbe geschlossene Kurve, ohne Seiten oder Winkel, dargestellt werden (die Zeichnung eines Quadrates wird erst nach dem 4. Lebensjahr einigermaßen richtig), während Kreuze, Kreissegmente usw. als offene Figuren wiedergegeben werden.(...) Der „intellektuelle Realismus" der Kinderzeichnung weiß noch nichts von der Perspektive und den metrischen Zusammenhängen, aber er berücksichtigt die topologischen Beziehungen: Nachbarschaften, Trennungen, Eingrenzungen, Abschlüsse usw. Aus diesen topologischen Bildern gehen von 7 bis 8 Jahren an projektive Bilder hervor, und gleichzeitig entwickelt sich eine euklidische Metrik, mit anderen Worten: die beiden Grundmerkmale des „visuellen Realismus" werden sichtbar. Zur selben Zeit bildet sich (im Zusammenhang mit den Sehverhaltensweisen) die projektive oder punktförmige Gerade und eine elementare Perspektive aus: das Kind ist jetzt im Stande, in der Zeichnung die Form eines Gegenstandes vorwegzunehmen, den man ihm zeigt, der aber so gezeichnet werden muss, wie er von einem Beobachter rechts von ihm oder ihm gegenüber gesehen würde."

Das Raummerkmal der „streifenartigen Schichtung" („Streifenbild" nach Meyers, H., 1971, S. 66 ff., zitiert nach Richter, 1987, S. 84; graphische Übersicht zur Entwicklung der Raumdarstellung, einschließlich der Streifenbilder, vgl. Mühle, G., 1955/1975, S. 111) der Flächenzonen ist bei Kindern mit kognitiven Entwicklungsstörungen selten zu beobachten („Streifenbild" in der altersentsprechenden Zeichenentwicklung vgl. Kap. 3.7.3.9, Abb. 101). Zur Ausbildung von „steilbildartigen Organisationen", d. h. zur Entwicklung von Raumformen mit tiefenräumlichem Charakter, kommt es in Zeichnungen Lernbehinderter nach Richter auffallend selten. Auch nach meinen Beobachtungen weist die tiefenräumliche Gestaltung auf kognitive Potenziale des Kindes Ende der Stufe 3 hin. Diese wird von Kindern mit Lernbehinderungen oder Intelligenzminderungen in der Regel nicht erreicht. Gerade beim Kind mit einer diagnostizierten „Intelligenzminderung" sollte daher aus meiner Sicht ein Auffinden des beschriebenen Merkmals zur weiteren psychodiagnostischen Abklärung der Basisintelligenz, kognitiver Fähigkeiten im nicht-verbalen Bereich und zur Überprüfung vorliegender emotionaler Zeichen (z. B. Leistungsblockaden) Veranlassung geben.
Motivstruktur:
Richter beschreibt Veränderungen der Motivstruktur, der inhaltlichen Schicht in Bildern von Lernbehinderten. Gefühle des Verlassenseins, der Enttäuschung, der Trennungsängste, aber auch der als positiv erlebten Möglichkeit, einmal allein sein zu können, ließen sich feststellen. Weiter zeigten sich Aggressivität, Distanzlosigkeit, Misserfolgserlebnisse. Viele dieser affektiven Einstellungen/Inhalte können sich zu neurotisierenden Verfestigungen zusammenschließen. Richter bemerkt abschließend zu Recht, wie schwierig es ist, diese Merkmale den Zeichnungen selbst (und nicht nur der Anamnese) zu entnehmen. Seine Beobachtungen bestätigen mich in meinem Ansatz, die individualisierte und ganzheitlich orientierte Interpretation der Kinderzeichnung auf der Grundlage meiner neu entwickelten Leitlinien durchzuführen (vgl. Kap. 5.2, Abb. 178, Schaubild 4) und dabei z. B. dem Gespräch mit dem Kind zu seinem Bild einen besonderen Stellenwert zukommen zu lassen.

Nach meinen langjährigen Erfahrungen sind nicht nur qualitative Struktur und quantitative Merkmale der Zeichnungen lern- und/oder geistig behinderter Kinder häufig verändert, auch das Tempo der Zeichenentwicklung selbst ist meist auffällig verlangsamt. Die Stufen der zeichnerischen Entwicklung werden deutlich später erreicht, als dies von altersentsprechend entwickelten Kindern erwartet wird. Die höheren Stufen der Zeichenentwicklung werden auch im Jugend- oder im Erwachsenenalter meist nicht erreicht, es sei denn, es liegt eine Sonderform der zeichnerischen Begabung vor (vgl. Kap. 6.2.5).

Fallbeispiele von Kindern mit mentalen Entwicklungsstörungen

- **Erläuternde Hinweise zu den Abb. 222-228:**

Bei Max liegt eine globale Entwicklungsstörung vor, die erst im Lebensalter von 3 Jahren diagnostiziert wurde. In Zusammenhang mit einer gravierenden kognitiven Entwicklungsverzögerung waren auch seine grob- und feinmotorische, sprachliche, perzeptive und emotional-soziale Entwicklung gestört. Nach physiotherapeutischen und ergotherapeutischen Behandlungen und Förderung im Sprachheilkindergarten wurde er mit 1 Jahr Verzögerung in die Förderschule eingeschult. Als Ergebnis erster (sonder)pädagogischer Untersuchungsbefunde wurden bei Max eine psychomotorische Koordinationsschwäche mit Lernbehinderung (Grenzbefund zur geistigen Behinderung) und Begleitstörungen ermittelt.
Die Eingewöhnung in die Schulsituation (Förderschule mit dem Förderschwerpunkt Lernen) verlief unter größten Schwierigkeiten. Max zeigte ein hyperaktives Verhalten und massive Leistungs-Verweigerungshaltungen und Ängste. Immer wieder versuchte er, sich den Anforderungen der Lehrer/innen zu entziehen und rannte aus dem Klassenraum. Auch zu Hause war sein Verhalten sehr schwer zu kontrollieren. Die Eltern hatten ihn deshalb häufig im Vorschulalter in seinem Zimmer eingesperrt. Max wurde nach einem Lehrplan – seinem besonderen schulischen Förderbedarf entsprechend – zunächst überwiegend in der Einzelförderung unterrichtet (er war zu Beginn seiner Schulzeit noch nicht fähig, im Gruppenunterricht zu lernen). Wegen der gravierenden Verhaltensstörungen und Ängste sowie seiner Neigung zu psychosomatischen Reaktionen (Erbrechen bei Angst vor ihm unbekannten Situationen) wurde er schulbegleitend von mir 1;6 Jahre behandelt. Auch wurden seine Eltern in Erziehungsfragen und im Hinblick auf die weitere Förderung beraten.

Seine Verhaltensstörungen und psychosomatischen Reaktionen konnten vor allem mit Hilfe von Rollenspielen und Elternberatung und in enger Zusammenarbeit mit den betreuenden Lehrern und Lehrerinnen zum Teil abgebaut werden; darüber hinaus konnte ich Max über dreidimensionales Gestalten mit Sand, Knete und Ton, über Malen (mit flüssigen Farben) und Zeichnen, über das Spiel mit dem Pertra-Spielsatz und begleitende Anwendung von Bewegungsübungen sowie Arbeitsbogen aus dem Frostig-Programm zu gezielten taktil-kinästhetischen und perzeptiven Übungen führen. In kleinen Schritten baute Max unter diesen therapeutischen Bemühungen über den Aufbau von Erfolgserlebnissen seine Leistungsverweigerung ab. Er gewann mehr Selbstvertrauen und fügte sich zunehmend besser in den Schulbetrieb ein, versuchte nicht mehr, wegzulaufen, begann, seine Bedürfnisse und Ängste sprachlich auszudrücken und konnte erste Freundschaften mit Kindern seiner Klasse schließen. Bis zu seinem Schulabschluss (mit 18 Jahren) erlernte er die Kulturtechniken in ersten Ansätzen (er kannte zu diesem Zeitpunkt alle Buchstaben, konnte mit Ausnahme einiger bekannter Wörter aber keine fremden Texte erlesen; er erkannte die Zahlen bis 100, konnte aber nur mit Hilfsmitteln erste Additions- und Subtraktionsaufgaben bis zum Zahlenraum von 20 lösen; im Schreibablauf zeigten sich Schwierigkeiten der Raumlage-Beachtung). Seine verbalen kognitiven Leistungen blieben in der Folgezeit deutlich besser als seine nichtverbalen. Dennoch lagen auch diese besseren Leistungen im Bereich der Lernbehinderung und erreichten nicht die unterste Grenze der Altersnorm. Seit Abschluss seiner Schulzeit wird er in den behütenden Werkstätten betreut und beschäftigt; bei einer Nachbefragung berichtete die Mutter, dass Max im jungen Erwachsenenalter im Unterschied zu früher eher ruhig und antriebsarm, aber emotional ausgeglichener sei. Er hilft seinen Eltern gerne bei der Arbeit auf dem Bauernhof und zeigt Freude und Geschick im Umgang mit „seinen“ Tieren.

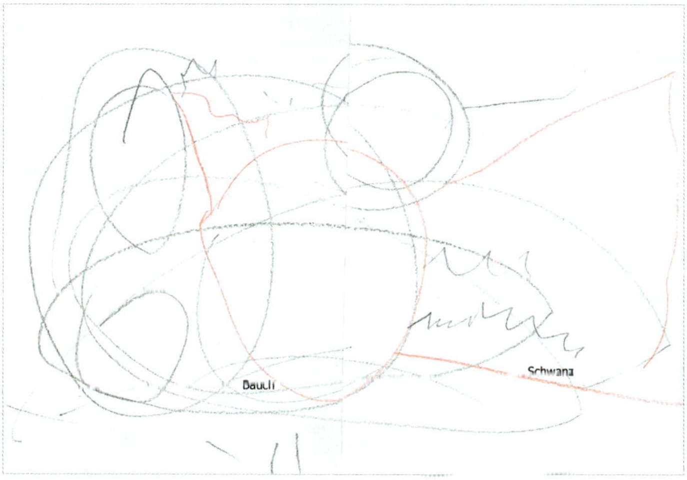

<u>Abb. 222:</u> Max, LA: 7;2 Jahre, Rahmenbedingungen: Die Zeichnung entstand vor Einsetzen der Therapie zu Hause und wurde mir von der Mutter mitgebracht; Benennung: „Das ist ein Schwein, es hat einen Schwanz und einen Bauch“, Buntstifte, 29,7 x 42 cm, ***Zeichenentwicklung:*** *sehr großer Rückstand; Konzeptkritzel, Entwicklungsalter ca. 2;0-2;6 Jahre* ***(Anfang Stufe 2)****; die Sprachentwicklung eilt der Zeichenentwicklung voraus;* ***Emotionale Zeichen:*** *Der große Rückstand der Zeichenentwicklung lässt in Zusammenhang mit dem großen Rückstand der perzeptiven und kognitiven Entwicklung bei deutlich besserer Sprachentwicklung eine auffällig erhöhte emotionale Labilität erwarten; diese äußert sich in der gravierenden Verhaltensstörung des Jungen;* ***Gesamtentwicklung:*** *Mentale Entwicklungsstörung, leichte Intelligenzminderung (ICD-10: IQ < 70); Verhaltensstörungen (Hyperaktivität, ausgeprägte Versagensängste, Neigung zu psychosomatischen Reaktionen); vgl. erläuternde Hinweise zu den Abb. 222-228.*

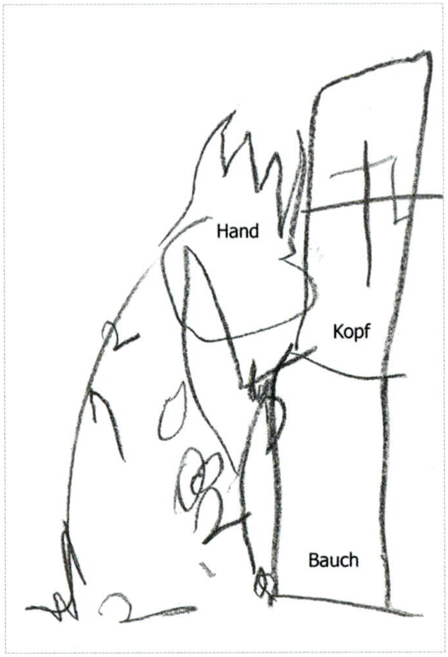

Abb. 223:
Max, LA: 7;11 Jahre, Rahmenbedingungen: Die Zeichnung entstand zu Therapiebeginn als erste Zeichnung; Benennung: „Mann", Buntstift, 42 x 29,5 cm, ***Zeichenentwicklung:*** *sehr großer Rückstand, Gestaltzerfall; im Vergleich zu der vor 9 Monaten zu Hause angefertigten Zeichnung (vgl. Abb. 222) leicht erhöhtes Entwicklungsniveau; Entwicklungsalter der Zeichnung jetzt ca. 3;6-4;0 Jahre* ***(Anfang bis Mitte Stufe 2)****; das Schreiben der Zahlen 1 und 2 entspricht einer „Splitterfähigkeit", die auf Übungsinhalte des Schulunterrichts zurückzuführen, jedoch noch nicht in die perzeptiven Fähigkeiten des Jungen integriert (mit ihnen vernetzt) ist; die sprachliche Entwicklung eilt der Zeichenentwicklung voraus;* ***Emotionale Zeichen:*** *Der große Rückstand der Zeichenentwicklung lässt in Zusammenhang mit dem großen Rückstand der perzeptiven und kognitiven Entwicklung und bei deutlich besserer Sprachentwicklung eine auffällig erhöhte emotionale Labilität erwarten; diese äußert sich in den schweren Verhaltensstörungen des Jungen und seiner Neigung zu psychosomatischen Reaktionen;* ***Gesamtentwicklung:*** *Mentale Entwicklungsstörung, leichte Intelligenzminderung (IQ < 70); Verhaltensstörungen (Hyperaktivität, ausgeprägte Versagensängste, Neigung zu psychosomatischen Reaktionen); vgl. erläuternde Hinweise zu den Abb. 222-228.*

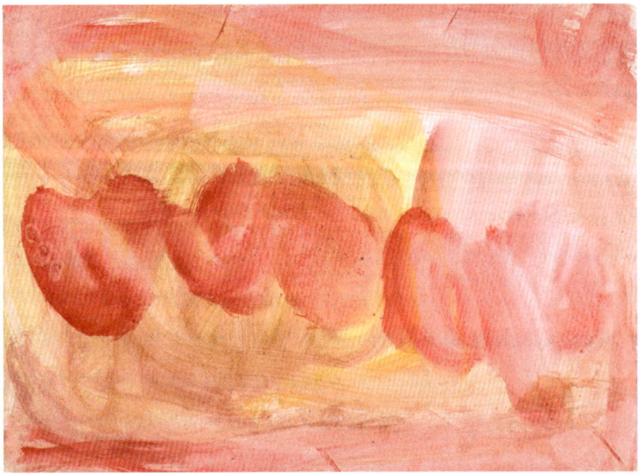

Abb. 224:
Max, LA: 7;11 Jahre, Rahmenbedingungen: Das Bild entstand im Anschluss an ein Rollenspiel mit zwei Telefonen: Max rief im Rollenspiel seine Freunde an und fragte, wer von ihnen zu ihm komme, um mit ihm Fußball zu spielen; bei dem Spiel sagten alle angerufenen Kinder ab, keiner

wollte zu ihm kommen, um mit ihm zu spielen (Anruf bei 10 Kindern hintereinander); Max stellte den Kindern am Telefon jeweils unter anderem Namen die gleiche Frage: „Michael, bist du dran? Kommst du zu mir zum Fußballspielen?“ Michael antwortete mit der Stimme von Max: „Nein, ich kann nicht.“ Max legte im Symbolspiel den Telefonhörer auf und wählte die nächste Nummer etc.; nachdem ihm alle Freunde abgesagt hatten, malte er das folgende Bild und sagte: Benennung: „Das sind alle Freunde, die gesagt haben, sie kommen nicht“, Wasserfarben, 29,5 x 42 cm, ***Zeichenentwicklung:*** *sehr großer Rückstand, Entwicklungsalter ca. 3;6 Jahre* ***(Anfang Stufe 2)****; sprachliche Entwicklung und Handlungsplanung im Symbolspiel eilen der Zeichenentwicklung voraus;* ***Emotionale Zeichen:*** *Der große Rückstand der Zeichenentwicklung lässt in Zusammenhang mit dem großen Rückstand der perzeptiven und kognitiven Entwicklung bei deutlich besserer Sprachentwicklung und Handlungsplanung im Symbolspiel eine auffällig erhöhte emotionale Labilität erwarten; diese äußert sich in den schweren Verhaltensstörungen des Jungen und seiner Neigung zu psychosomatischen Reaktionen; über die Exploration mit Max zu diesem Bild erkannte ich seinen großen Wunsch, zu Hause mit Freunden spielen zu können; er ist Einzelkind, lebt isoliert von anderen Kindern mit seinen Eltern und Großeltern auf einem Bauernhof und hat nach der Schule nie Gelegenheit, mit anderen Kindern zu spielen; über das Rollenspiel und die Zeichnung projiziert Max seine Wünsche nach Kontakt mit anderen Kindern; Thematik und Farbsymbolik weisen auf Emotionale Zeichen hin und werden in der folgenden Zeit therapeutisch von mir bearbeitet;* ***Gesamtentwicklung:*** *Mentale Entwicklungsstörung, leichte Intelligenzminderung (IQ < 70); Verhaltensstörungen (Hyperaktivität, ausgeprägte Versagensängste, Neigung zu psychosomatischen Reaktionen); vgl. erläuternde Hinweise zu den Abb. 222-228.*

<u>Abb. 225:</u> *Max, LA: 8;11 Jahre, Therapiedauer: 12 Monate, Benennung: „Die Kuh ist im Stall“, Filzstifte, 29,7 x 40 cm,* ***Zeichenentwicklung:*** *Die Zeichenfähigkeit verbesserte sich unter meiner Behandlung kontinuierlich, der Rückstand nahm nicht zu, wie man*

dies sonst bei kognitiv beeinträchtigten Kindern meist findet; Entwicklungsalter jetzt ca. 5;0-5;6 Jahre ***(Mitte bis Ende Stufe 2)****; zur gleichen Zeit Fortschritte der simultanen Mengenerfassung; in dieser Zeichnung beachtet Max z. B. aus eigener Erkenntnis die richtige Anzahl der Beine der Kuh; sofern man ein Entwicklungsalter von ca. 5;0-5;6 Jahren zu Grunde legt, kann die Einkästelung der Kuh im Sinne eines Emotionalen Zeichens analysiert werden;* ***Emotionale Zeichen:*** *Max hatte große Probleme mit seinem Weglaufen und mit seiner Erfahrung, zu Hause oft von seinen Eltern in seinem Zimmer eingeschlossen worden zu sein; in Rollenspielen kam er immer wieder auf Symbolhandlungen zurück, bei denen Tiere eingesperrt wurden; er sagte dann laut: „Bindet sie doch wieder los"; es ist deshalb nicht auszuschließen, dass die Einkästelung der Kuh nicht nur im Sinne der Prägnanztendenz der Formwahrnehmung, sondern auch als symbolischer Ausdruck dieser Problematik vorgenommen wurde;* ***Gesamtentwicklung:*** *Mentale Entwicklungsstörung, leichte Intelligenzminderung (IQ < 70); Verhaltensstörungen (Hyperaktivität, ausgeprägte Versagensängste, Neigung zu psychosomatischen Reaktionen); vgl. erläuternde Hinweise zu den Abb. 222-228.*

Abb. 226:
Max, LA: 8;11 Jahre, Benennung: „Blumen", Filzstifte, 29,5 x 40 cm, ***Zeichenentwicklung:*** *großer Rückstand, Entwicklungsalter ca. 4;5 Jahre* ***(Mitte Stufe 2)****; die schablonisierte Formdarstellung der Blumen weist auf den großen kognitiven Entwicklungsrückstand des Jungen hin; in der unterschiedlichen Farbwahl der Blumen finden sich allerdings erste Ansätze einer wenn auch noch geringen Variationsmöglichkeit des zeichnerischen Ausdrucks;* ***Emotionale Zeichen:*** *Der große Rückstand der Zeichenentwicklung lässt in Zusammenhang mit dem großen Rückstand der perzeptiven und kognitiven Entwicklung bei deutlich besserer Sprachentwicklung eine auffällig erhöhte emotionale Labilität erwarten; diese äußert sich in der gravierenden Verhaltensstörung des Jungen;* ***Gesamtentwicklung:*** *Mentale Entwicklungsstörung, leichte Intelligenzminderung (IQ < 70); Verhaltensstörungen (Hyperaktivität, ausgeprägte Versagensängste, Neigung zu psychosomatischen Reaktionen); vgl. erläuternde Hinweise zu den Abb. 222-228.*

Abb. 227:
Max, LA: 8;11 Jahre, Rahmenbedingungen: Die Abb. 227 wurde unmittelbar im Anschluss an die Abb. 226 gezeichnet; Benennung: „Die Kühe sind auf der Weide, da sind noch Blumen", Filzstifte, 29,7 x 42 cm, ***Zeichenentwicklung:*** *großer Rückstand, Entwicklungsalter ca. 5;0 Jahre* ***(Mitte Stufe 2)****; deutliche Verbesserung der Umsetzung innerer Bilder in zeichnerischen Ausdruck; inzwischen kann Max die Zahlen 3 und 4 schreiben, seine simultane Mengenerfassung liegt jedoch noch überwiegend bei der Menge 3; Motive und farblicher Ausdruck werden reichhaltiger;* ***Emotionale Zeichen:*** *Auch in diesem Bild werden die Tiere eingekästelt (nach seinen Aussagen „eingesperrt, damit sie nicht weglaufen"); es ist nicht auszuschließen, dass die Einkästelung der Tiere, vergleichbar der Abb. 225, symbolischer Ausdruck dieser Problematik ist;* ***Gesamtentwicklung:*** *Mentale Entwicklungsstörung, leichte Intelligenzminderung (IQ < 70); Verhaltensstörungen (Hyperaktivität, ausgeprägte Versagensängste, Neigung zu psychosomatischen Reaktionen); vgl. erläuternde Hinweise zu den Abb. 222-228.*

Abb. 228:
Max, LA: 9;5 Jahre, Rahmenbedingungen: Max zeichnet dieses Bild zu Hause selbstständig und aus eigener Motivation; er bringt das Bild zur Therapiestunde mit und zeigt es mir stolz; Benennung: „Das bin ich", Filzstifte, 21 x 28,5 cm, ***Zeichenentwicklung:*** *großer Rückstand, Entwicklungsalter jetzt ca. 5;0 Jahre* ***(Mitte Stufe 2)****; Max überwindet erstmalig das Stadium des Kopffüßlers und zeichnet in Folge 6 gegliederte Menschen, die er nachträglich einkästelt; Auswertung nach Koppitz (Normen für 9jährige Kinder; Auswertungsgrundlage ist die relativ bestgezeichnete Figur in der Mitte unten): Es fehlen Augen, Nase, Mund, Füße, Arme zweidimensional, Beine*

zweidimensional; Auswertungsformel: - 6 + 0 + 5 = - 1; Hinweis auf gravierende kognitive Entwicklungsstörung im Sinne einer geistigen Behinderung mit Begleitstörungen; ***Emotionale Zeichen:*** *Der große Rückstand der Zeichenentwicklung lässt in Zusammenhang mit dem großen Rückstand der perzeptiven und kognitiven Entwicklung bei deutlich besserer Sprachentwicklung eine auffällig erhöhte emotionale Labilität erwarten; diese äußert sich in den gravierenden Verhaltensstörungen des Jungen; auch in diesem Bild sind Figuren eingekästelt (nach seinen Aussagen stellen die Figuren ihn selber dar; er erzählt dazu keine Geschichte im Handlungsverlauf; es handelt sich damit nicht um ein Erzählbild im Sinne der räumlich-zeitlich orientierten Situationsdarstellung); es ist nicht auszuschließen, dass die Einkästelung der Menschzeichnungen, vergleichbar den Abb. 225 und 227, von Max als symbolischer Ausdruck der individuellen Problematik des Weglaufens und seiner Angst vor dem Eingesperrtwerden vorgenommen wurde; die insgesamt auffallend entwicklungsrückständige Menschzeichnung und das Weglassen der Füße könnte im Behandlungszusammenhang nicht nur auf den kognitiven Entwicklungsrückstand hinweisen. Diese Auffälligkeiten können auch als Emotionales Zeichen gewertet und als Ausdruck des beeinträchtigten Körperbewusstseins (Körperschema, Körperbild, Körperkonzept) des Jungen und daraus resultierender erhöhter emotionaler Unsicherheit interpretiert werden; Max zeigte in seinen ersten Entwicklungsjahren einen schlaffen Muskeltonus und neigte noch bis zum Lebensalter von 8;0-9;0 Jahren zum Zehenspitzgang, hatte fein- und grobmotorische Koordinationsstörungen, die in der Vorschulzeit physiotherapeutisch, schulbegleitend psychomotorisch behandelt wurden;* ***Gesamtentwicklung:*** *Mentale Entwicklungsstörung, leichte Intelligenzminderung (IQ < 70); Verhaltensstörungen (Hyperaktivität, ausgeprägte Versagensängste, Neigung zu psychosomatischen Reaktionen); vgl. erläuternde Hinweise zu Abb. 222-228; die vorliegenden therapeutischen Langzeit-Beobachtungen weisen auf eine deutliche sekundäre Überlagerung der geistigen Entwicklungsstörung durch schwer wiegende emotionale Störungen und Verhaltensstörungen hin. Da die Begleitstörungen nur zum Teil abgebaut werden konnten, ist weiterhin nicht auszuschließen, dass das Gesamt-Intelligenzniveau des Jungen durch seine noch bestehenden Verhaltensstörungen, vor allem durch seine Hyperaktivität, beeinträchtigt wird. Nach Abschluss meiner Behandlung empfahl ich daher, die diagnostische Einschätzung des Jungen und mögliche Anzeichen einer Verbesserung seiner kognitiven Fähigkeiten in regelmäßigen zeitlichen Abständen zu überprüfen und die Förderangebote entsprechend flexibel zu gestalten (vgl. erläuternde Hinweise zu den Abb. 222-228).*

• Erläuternde Hinweise zu den Abb. 229-236:

Auch bei Karl liegt eine globale Entwicklungsstörung vor, die von schwer wiegenden emotionalen Störungen, Verhaltensstörungen und Stottern überlagert ist. Nach

Komplikationen in der Schwangerschaft und schwieriger Geburt lernte Karl erst mit 15 Monaten zu sitzen, mit 2;6 Jahren zu laufen und wurde ab dem 9. Lebensmonat physiotherapeutisch nach dem Konzept von Bobath behandelt; logopädische Behandlung erhielt er im Lebensalter zwischen 3;6-4;3 Jahren. Seine Sprachentwicklung verbesserte sich unter dieser Behandlung erfreulich und eilte seit dem 5. Lebensjahr allen anderen Entwicklungsbereichen deutlich voraus. Die Eingewöhnung in den Kindergarten fiel Karl sehr schwer. Er verweigerte meist demonstrativ die Mitarbeit und lehnte Malen, Zeichnen, Basteln und den Umgang mit Werkzeugen zunehmend ab. Als Karl 5 Jahre alt war, traten Situationsstottern und acetonämisches Erbrechen auf. Bei der ersten Schulfähigkeitsuntersuchung fiel Karl wegen seiner vielfältigen Entwicklungsstörungen zwar auf, das Ausmaß seiner perzeptiven und kognitiven Beeinträchtigung wurde jedoch nicht erkannt und bis zur verspäteten Einschulung im Lebensalter von 7;9 Jahren nicht gezielt behandelt. Allerdings wurde bereits in der Vorschulzeit eine genauere Diagnostik der peripheren Sehfähigkeit vorgenommen; entsprechende korrigierende Maßnahmen wurden eingeleitet (Verordnung einer Brille, Behandlung einer Schielstellung der Augen durch wechselseitiges Abkleben und Sehschulung).

Karls Einschulung erfolgte wegen der auffälligen Unsicherheiten seiner Körpermotorik (Dyspraxie) in einer Schule für körperbehinderte Kinder. Von Beginn an verweigerte er auch dort seine Mitarbeit und wurde wegen seiner vielfältigen Ängste und unvermindert anhaltenden Verhaltensstörungen bereits zu Beginn seiner Schulzeit in meine Behandlung überwiesen.

Karl wirkte beim ersten Kennenlernen verkrampft und nicht kontaktbereit. Als er Buntstifte auf dem Tisch liegen sah, begann er zu weinen und wollte das Zimmer verlassen. Ganz offensichtlich hatte er Angst vor Leistungsanforderungen in einer für ihn neuen Situation. Das Ergebnis meiner ersten Screening-Untersuchung wies auf das Vorliegen einer mentalen Entwicklungsstörung mit Begleitstörungen hin, die jedoch erst nach dem Abbau der Verweigerungshaltung im Lebensalter von 9;9 Jahren mit Hilfe eines Intelligenztests (Kramer) nachgewiesen werden konnte (IQ 50). Bei Karl lag eine geistige Behinderung vor (ICD-10: unterer Bereich der leichten intellektuellen Behinderung, IQ 50-69). Nach 2jähriger Behandlungsdauer ließ sich bei dem nun leistungsmotivierten Karl im Frostigs Entwicklungstest der visuellen Wahrnehmung erwartungsgemäß eine deutliche Beeinträchtigung der visuellen Wahrnehmung in allen Bereichen als „harmonische Retardierung“ nachweisen („Visuo-motorische Koordination“: PR: 7; T-Wert: 35; „Figur-Grund“: PR: 0; T-Wert: 25; „Formkonstanz“: PR: 9; T-Wert: 37; „Erkennen der Lage im Raum“: PR: 0; T-Wert: 25; „Erfassen räumlicher Beziehungen“: PR: 3; T-Wert: 32; Gesamtwert: 33; Wahrnehmungsquotient: 75; es handelt sich um ein Scheinprofil, da Chi-Quadrat = 2.78 < 7.78).

Wie Karls Vorgeschichte zeigt, hatten weder seine Eltern noch die Erzieher/innen des Kindergartens, die Kinder- und Jugendärzte bei der Vorsorgeuntersuchung (U9) und Schulfähigkeitsuntersuchung noch die untersuchenden Lehrer/innen das Ausmaß der vorliegenden kognitiven Beeinträchtigung und ihre Überlagerung durch Begleitstörungen richtig einordnen und frühzeitig Hilfen anbieten können. Sie bezogen sich wahrscheinlich bei ihrer Einschätzung vorwiegend auf die relativ gut entwickelte expressive Sprachfähigkeit des Jungen und unterschätzten die tatsächlich vorliegenden großen Defizite im perzeptiven und kognitiven Bereich. Eine genauere Entwicklungsdiagnostik, die hier hätte aufklärend wirken können, war bis zum Lebensalter von 7;9 Jahren und auch zu einem späteren Zeitpunkt von medizinischer Seite nicht erfolgt.
Karl war nach meiner Vermutung während der letzten Jahre, vor allem seit Beginn der Kindergartenzeit, permanent kognitiv überfordert worden und wehrte in der Folge perzeptive und kognitive Anforderungen an ihn generalisierend ab. In einem meiner ersten Explorationsgespräche mit Karl erzählte er, dass er nachts Angst habe. Auf meine Nachfrage berichtete er, dass er Angst habe vor den „Rückständen“. Karl konnte mir nicht erklären, was das Wort bedeuten sollte – er hatte es sich gemerkt, vielleicht einem Gespräch der besorgten Eltern entnommen. Er hatte intuitiv erfasst, dass das Wort etwas mit ihm zu tun habe und dass es etwas Nachteiliges über ihn aussage. Karl konnte dieses schwierige Wort nicht mit dem ihm zur Verfügung stehenden Vokabular vernetzen, es konnte nicht integriert und nicht Sinn entnehmend verstanden werden und löste daher Unsicherheit, Selbstzweifel und Angst aus. Eine vergleichbare Beobachtung machte ich später bei der Analyse einer Zeichnung, bei der wiederum eine „Splitterfähigkeit“ deutlich wurde, ein Stilbruch innerhalb der Zeichnung, der auf Zeichentrainingsversuche der Mutter kurz vor dem letzten Einschulungsversuch zurückzuführen war (vgl. Abb. 229). Die Mutter hatte mit Karl – so berichtete sie auf meine Nachfrage hin im Explorationsgespräch – über hundert Mal das Zeichnen eines Hauses eingeübt. Sie wollte ihn damit auf den Schuleignungstest zur Aufnahme in die Grundschulklasse der Schule für körperbehinderte Kinder vorbereiten! Ich habe großes Verständnis für die Schwierigkeit von Karls Eltern, bei ihrem Kind das Ausmaß seiner kognitiven Beeinträchtigung objektiv einschätzen und das Vorliegen einer geistigen Behinderung akzeptieren zu können; aber auch sie benötigten hier dringend Hilfestellung und Beratung.

Es war nun sehr wichtig, bei Karl mit Therapieangeboten zu beginnen, die seinem kognitiven Entwicklungsniveau angemessen waren und die ihn emotional ansprachen. Vor allem kam es darauf an, durch das selbstständige Schaffen eigener „Werke“ sein Selbstwertbewusstsein zu stärken und ihm ein Erlebnis von Freude und Sinn zu vermitteln. Das Thema Sonne sprach ihn emotional sehr an (vgl. Abb. 230). Besonders stimulierend und befreiend war es für ihn, die Sonne auf nassem Papier und mit flüssigen Farben malen zu dürfen. Auch das Rollenspiel (Symbolspiel) half ihm, innere Bilder zu entwickeln und diese in seinen Zeichnungen darzustellen. Die Entwicklungsförderung Karls erforderte ein behutsames und kindzentriertes Vorgehen in kleinen, aufeinander aufbauenden Schritten unter Zuhilfenahme spielerischer Bewegungsübungen, Arbeiten mit dreidimensionalem Material (Knete, Ton, Holz, Papier etc.), Malen und Zeichnen. Mit Hilfe des Pertra-Spielsatzes konnten Karls gestörte visuomotorische Koordination und alle Bereiche seiner visuellen Wahrnehmung, insbesondere seine erheblich defizitäre Raumlage-Wahrnehmung, weiterentwickelt werden. Die kombinierte Anwendung des Pertra-Spielsatz und des Frostig-Programms zur Förderung der visuellen Wahrnehmung (einschließlich der Durchführung der Frostig-Arbeitsbogen) bedeuteten eine wesentliche schulbegleitende Aufbauhilfe zum Erlernen der Kulturtechnik des Schreibens. Auditive Gedächtnisübungen und auditive Wahrnehmungsübungen halfen Karl bei der Weiterentwicklung seiner phonologischen Bewusstheit und auditiven Diskriminationsfähigkeit und damit auch beim Aufbau erster Rechtschreibfertigkeiten. Besonders schwierig waren für Karl Übungen mit Mengen und Zahlen. Die simultane Erfassung von Mengen lag zu Beginn meiner Behandlung (im Lebensalter von 7;9 Jahren) noch bei der Menge 2. Entsprechend konnte Karl den Anforderungen des Rechenunterrichts in der Schule nur mit Hilfsmitteln und nur in sehr begrenztem Umfang entsprechen. Mit Hilfe meines ganzheitlich orientierten und die speziellen Defizite berücksichtigenden Therapieansatzes (vgl. Frostig-Konzept, Kap. 7.1) und in Zusammenarbeit mit den Eltern und Lehrer/innen gelang es in meiner Langzeit-Therapie (3;10 Jahre), die Gesamtentwicklung Karls günstig zu beeinflussen. Er erlernte das Lesen und Schreiben zwar zeitverzögert, aber gemessen an seinen gravierenden kognitiven Beeinträchtigungen in erfreulichem Umfang (vgl. Schreibprobe im Lebensalter von 10;7 Jahren, Abb. 233); im Rechnen kam er nicht über erste Additions- und Subtraktionsaufgaben mit Hilfsmitteln hinaus. Seine hier beschriebenen Zeichnungen spiegeln seine gravierende perzeptive und kognitive Beeinträchtigung und sein deutlich verlangsamtes Entwicklungstempo, zugleich aber auch den Abbau seiner Verhaltensstörungen, seine individuellen Interessen und seine individuellen Entwicklungsfortschritte in kleinen Schritten.

Es war schön für mich mitzuerleben, welche Fortschritte Karl mit steigendem Selbstwertbewusstsein auch in seiner sozialen Entwicklung machte. Immer bereitwilliger öffnete er sich mir und anderen ihm vertrauten Menschen und zeigte sich warmherzig und zugewandt. Im Gespräch oder in der Zeichnung konnte er jetzt das mitteilen, was ihm wichtig war und aktuelle Themen ansprechen, mit denen er sich innerlich beschäftigte (z. B. auch mit dem Thema „Gott"; vgl. Abb. 236). Am Ende meiner Behandlungszeit fiel es Karl leichter, Kontakte zu Erwachsenen und Kindern zu knüpfen, soziale Beziehungen zu festigen und seine Lernfähigkeit entsprechend seinen individuellen Fähigkeiten und Fertigkeiten ohne Leistungsverweigerung einzusetzen.

Karl wird wahrscheinlich auf seinem Entwicklungsweg ins Erwachsenenalter und der Eingewöhnung ins Berufsleben von seinen Eltern, Lehrern und Bezugspersonen weiterhin angemessene Hilfestellung benötigen, ist jetzt aber bereit, diese auch anzunehmen und hat damit trotz seiner erheblichen kognitiven Beeinträchtigung gute Voraussetzungen, sein Leben positiv zu bewältigen.

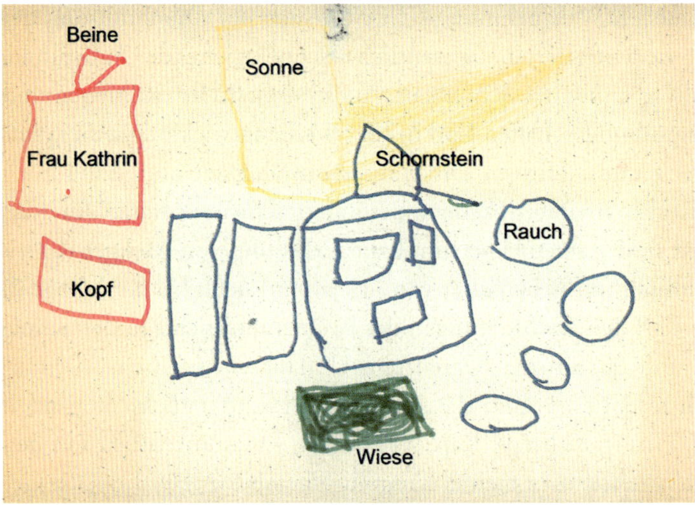

Abb. 229: *Karl, 7;9 Jahre, Benennung: „Frau Kathrin, ein Haus, das hat einen Schornstein, da ist Rauch, oben ist eine Sonne und unten eine Wiese", Filzstifte, 21 x 29,8 cm,* ***Zeichenentwicklung:*** *unausgewogen, großer Rückstand; die Darstellung des Hauses entspricht dem Entwicklungsstand eines etwa 5;0 Jährigen* ***(Mitte Stufe 2)****; das Haus zeigt eine sog. „Splitterfähigkeit", wurde mit über 100 Zeichenversuchen von der Mutter eintrainiert, damit Karl die Schulfähigkeitsuntersuchung zum Besuch der Grundschulklasse in der Schule für körperbehinderte Kinder besteht; diese Splitterfähigkeit ist nicht mit der perzeptiven und kognitiven Gesamtentwicklung des Jungen vernetzt und repräsentiert nicht sein Zeichenniveau; das Entwicklungsalter der Menschzeichnung beträgt ca. 3;6-4;0 Jahre* ***(Anfang Stufe 2)****; schwer gestörte Gestaltdarstellung und Störung der Raumlage-Wahrnehmung (der Kopf ist nach unten, die Beine sind nach oben gerichtet; der Rauch führt zur Bodenlinie); der bildnerische Stil der Zeichnung entspricht insgesamt Anfang bis Mitte der Stufe 2; auffällig sind die Splitterfähigkeit und der Stilbruch (vgl. Kap. 4.2.1, S. 268); die Zeichenmotive wirken starr und eintrainiert; selbst die Sonne erscheint als (wahrscheinlich eingeübte) geometrische Form;* ***Emotionale Zeichen:*** *Der große Rückstand der Zeichenentwicklung und ihr unausgewogenes Form-*

niveau (Stilbruch) lassen in Zusammenhang mit dem großen Rückstand der perzeptiven und kognitiven Entwicklung bei deutlich besserer Sprachentwicklung eine auffällig erhöhte emotionale Labilität erwarten; diese äußert sich in den Verhaltensstörungen des Jungen (gravierende Ängste, Leistungsblockaden und Stottern); ***Gesamtentwicklung:*** *Mentale Entwicklungsstörung, leichte Intelligenzminderung (IQ < 70); Verhaltensstörungen (ausgeprägte Versagensängste, Neigung zu psychosomatischen Reaktionen, Stottern); die ersten Beobachtungen wiesen auf eine deutliche sekundäre Überlagerung der geistigen Entwicklungsstörung durch schwer wiegende emotionale Störungen und Verhaltensstörungen hin (Überforderung von Seiten der Mutter, die die vorliegende geistige Behinderung ihres Kindes zunächst nicht verarbeiten konnte und versuchte, seine Entwicklung durch kognitive Trainingsversuche voranzutreiben und damit die Schulfähigkeit ihres Sohnes zum Besuch der Regelklasse zu erreichen; wie ich aus dem Explorationsgespräch erfuhr, hatte Karl auf diese Trainingsversuche zunehmend mit Verhaltensstörungen reagiert. Er begann zu stottern und lehnte Leistungsanforderungen jeglicher Art immer mehr ab, auch das Malen und Zeichnen. Wenn sich die Mutter mit Malstiften näherte, begann er zu weinen und verweigerte jede Mitarbeit; vgl. erläuternde Hinweise zu den Abb. 229-236).*

Abb. 230:
Karl, LA: 7;10 Jahre, Dauer der Frostig-Therapie: 4 Wochen (Therapie-Konzept vgl. Kap. 7.1), Benennung: „Sonne", Wasserfarben, 29,8 x 40 cm, ***Zeichenentwicklung:*** *großer Rückstand, Entwicklungsalter ca. 3;6-4;0 Jahre* ***(Anfang Stufe 2), Emotionale Zeichen:*** *Der große Rückstand der Zeichenentwicklung lässt in Zusammenhang mit dem großen Rückstand der perzeptiven und kognitiven Entwicklung bei deutlich besserer Sprachentwicklung eine auffällig erhöhte emotionale Labilität erwarten;* ***Gesamtentwicklung:*** *Mentale Entwicklungsstörung, leichte Intelligenzminderung (IQ < 70); Verhaltensstörungen (ausgeprägte Versagensängste, Leistungsblockaden, Neigung zu psychosomatischen Reaktionen, Erbrechen bei Aufregungen, Stottern); Karl reagiert auf meine kreativen Angebote, die auf sein kognitives Leistungsniveau abgestimmt sind, sehr positiv; er agiert gerne mit flüssiger Farbe, hat Erfolgserlebnisse und wirkt bei dieser Tätigkeit freudig und entspannt; sein Stottern reduziert sich merklich.*

Abb. 231:
Karl, LA: 8;2 Jahre, nach 5 Monaten Frostig-Therapie, Benennung: „Ein Baum, eine Wiese und Blumen, eine Sonne“, Filzstifte, 29,8 x 40 cm, ***Zeichenentwicklung:*** *unausgewogen, großer Rückstand, deutliche individuelle Weiterentwicklung, Entwicklungsalter der freien Zeichnung (ohne Zeichentrainingsversuche!) jetzt ca. 5;0-5;6 Jahre* ***(Mitte bis Ende Stufe 2)****;* ***Emotionale Zeichen:*** *Der große Rückstand der Zeichenentwicklung lässt in Zusammenhang mit dem großen Rückstand der perzeptiven und kognitiven Entwicklung bei deutlich besserer Sprachentwicklung eine auffällig erhöhte emotionale Labilität erwarten;* ***Gesamtentwicklung:*** *Mentale Entwicklungsstörung, leichte Intelligenzminderung (IQ < 70); Verhaltensstörungen (ausgeprägte Versagensängste, Leistungsblockaden, Neigung zu psychosomatischen Reaktionen, Stottern).*

Abb. 232:
Karl, LA: 8;3 Jahre, Benennung: „Unsere Familie“, Filzstifte, 29,8 x 40 cm, ***Zeichenentwicklung:*** *unausgewogen, großer Rückstand, individuelle Weiterentwicklung in kleinen Schritten, Zeichenentwicklung jetzt ca. 5 Jahre* ***(Mitte bis Ende Stufe 2)****, graphomotorische Unsicherheit der Linienführung;* ***Emotionale Zeichen:*** *Der große Rückstand der Zeichenentwicklung lässt in Zusammenhang mit dem großen Rückstand der perzeptiven und kognitiven Entwicklung bei deutlich besserer Sprachentwicklung eine auffällig erhöhte emotionale Labilität erwarten; die unerwartet auftretende graphomotorische Unsicherheit der Linienführung kann im Behandlungszusammenhang als Emotionales Zeichen gewertet werden (aus dem Explorationsgespräch zu dieser Zeichnung konnte ich Hinweise auf aktuelle familiäre Konflikte ermitteln, die den Jungen belasteten);* ***Gesamtentwicklung:*** *Mentale Entwicklungsstörung, leichte Intelligenzminderung (IQ < 70); Verhaltensstörungen (ausgeprägte Versagensängste, Leistungsblockaden, Neigung zu psychosomatischen Reaktionen, Stottern).*

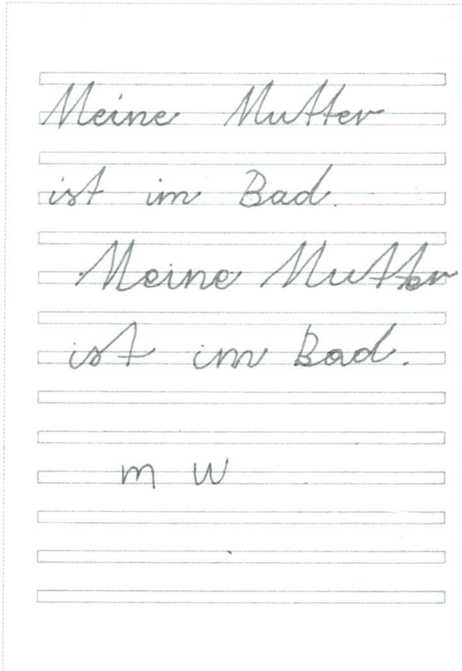

Abb. 233:
Karl, LA: 10;7 Jahre, Therapiedauer: 2;10 Jahre, Rahmenbedingung: Nachschrift in der Schule, Bleistift, 21 x 14.8 cm, Schreibentwicklung: 4. Klasse Schule für körperbehinderte Kinder; ***Gesamtentwicklung:*** *Karl zeigte deutliche Fortschritte seines Schreiblern- und Leselerngangs; er lernte es zeitverzögert, auch fremde, jedoch einfache Texte Sinn entnehmend zu lesen und einfache Wörter in korrekter Rechtschreibung zu schreiben; der Junge bezog aus den erlernten Fähigkeiten des Lesens und Schreibens eine deutliche Hilfe beim Aufbau seines Selbstbewusstseins; seine kognitive Gesamtentwicklung und sein Wissenserwerb wurden durch das Erlernen dieser Kulturtechniken stimuliert.*

Abb. 234:
Karl, LA: 10;7 Jahre, Therapiedauer: 2;10 Jahre, Benennung: „Ich lache, ha, ha", Buntstift, 21 x 29,7 cm, ***Zeichenentwicklung:*** *unausgewogen, insgesamt großer Rückstand, das Zeichenentwicklungsalter beträgt jetzt ca. 4;6-5;0 Jahre* ***(Mitte Stufe 2)****; erster Versuch einer Bewegungsdarstellung unter Zuhilfenahme der Schriftsprache* ***(Ende Stufe 2)****; hier zeigt sich in der Zeichnung ein deutlicher Hinweis auf eine Verbesserung der kognitiven Funktionen in Teilbereichen; der bildnerische Ausdruck der Menschzeichnung wird durch Zuhilfenahme der Schriftsprache und der mündlichen Erklärungen jetzt reich-*

haltiger; ***Emotionale Zeichen:*** *Der große Rückstand der Zeichenentwicklung lässt in Zusammenhang mit dem großen Rückstand der perzeptiven und kognitiven Entwicklung bei deutlich besserer Sprachentwicklung eine auffällig erhöhte emotionale Labilität erwarten;* ***Gesamtentwicklung:*** *Mentale Entwicklungsstörung, leichte Intelligenzminderung (IQ < 70); Karls Verhalten stabilisiert sich zunehmend; Versagensängste und Leistungsblockaden sind nur noch gelegentlich zu beobachten; auch der Sprachfluss ist freier, das Situationsstottern tritt seltener auf.*

Abb. 235: *Karl, LA: 10;10 Jahre, Therapiedauer: 3;1 Jahre, Benennung: „Mama, Papa und ich, oben ist der liebe Gott", Filzstifte, 29,7 x 42 cm,* ***Zeichenentwicklung:*** *unausgewogen, großer Rückstand, Zeichenentwicklung liegt jetzt bei ca. 5;0 bis 6;0 Jahren* ***(Mitte bis Ende Stufe 2)****; Ausführung und Organisation zeigen als Ausdruck der gravierenden kognitiven Entwicklungsstörung Perseverationstendenz und Neigung zur Schablonisierung (Aufreihung der Wolken); unausgewogener Fortschritt der Raumdarstellung: Die Bäume sind jetzt bereits einem flächigen Boden zugeordnet, die Menschen sind jedoch noch ohne Bezug zu einem Boden im Sinne eines Streubildes im Raum verteilt;* ***Emotionale Zeichen:*** *Der große Rückstand der Zeichenentwicklung lässt in Zusammenhang mit dem großen Rückstand der perzeptiven und kognitiven Entwicklung bei deutlich besserer Sprachentwicklung eine auffällig erhöhte emotionale Labilität erwarten; die fehlende Bodenlinie unter den dargestellten Menschen kann im Behandlungszusammenhang auch als Hinweis auf die ausgeprägten Unsicherheiten von Karls Körperbewusstsein (Körperschema, Körperbild, Körperkonzept) und ihre emotional verunsichernden Auswirkungen auf den emotional-sozialen Bereich gedeutet werden;* ***Gesamtentwicklung:*** *Mentale Entwicklungsstörung, leichte Intelligenzminderung (IQ < 70); das Verhalten Karls zeigt eine deutliche Stabilisierung; Versagensängste und Leistungsblockaden sind nur noch gelegentlich zu beobachten; auch der Sprachfluss ist freier, das Situationsstottern tritt seltener auf.*

*<u>Abb. 236:</u> Karl, LA: 11;7 Jahre, Therapiedauer mit Unterbrechungen bei Schulferien: 3;10 Jahre; Karl besucht jetzt die 4. Klasse der Schule für körperbehinderte Kinder; Benennung: „Das Haus, wo Frau Seidel drin wohnt (unten mit rotem Dach), oben ist der liebe Gott im Himmel, da sind Papa, Mama und ich und unser Hund (Figuren in der mittleren Bildebene)", hatschi, sagt der Vater, er hat eine Hausstauballergie, ich mache auch hatschi, die Mutter lacht, unten fahren Busse: die Sonne soll dem lieben Gott Glück bringen, sie scheint bis nach unten"; **Zeichenentwicklung:** unausgewogen, großer Rückstand, das Zeichenentwicklungsalter ist leicht verbessert und liegt jetzt als Gesamteinschätzung bei ca. 5;0 bis 6;0 Jahren **(Mitte bis Ende Stufe 2, Werkreife)**; individueller Fortschritt des sprachlichen Ausdrucks, der Gesamtplanung und Durchgestaltung des Bildes sowie bei der Farbdarstellung; Zunahme der Umsetzungsmöglichkeit innerer Bilder in der Zeichnung; Formdarstellung: Das Haus (Mitte) und die Busse (unten) sind nach dem gleichen Grundschema aufgebaut, werden aber in Details variiert; die Busse haben Räder, Rauch kommt aus ihrem Auspuff; das Haus hat das gleiche Zeichen für die Türe wie die Busse (Mitte links), aber keine Räder; als Hinweis auf eine Verbesserung der kognitiven Fähigkeiten zeigen sich jetzt erste Ansätze einer Bewegungsdarstellung: erster Versuch zur Profilwendung (Zentralauge bei den drei mittleren Figuren, **Übergang zur Stufe 3**); die Raumdarstellung zeigt sich weiterhin unausgewogen: Die Busse und das Haus sind einem flächigen Boden zugeordnet, die Menschen finden sich jedoch noch ohne Bezug zu einem Boden im Sinne eines Streubildes im Raum verteilt; durch die Fortschritte der Sprachentwicklung, Verbesserung der visuellen und auditiven Speicherfähigkeit und Umsetzbarkeit innerer Bilder in Zeichnungen (Beginn der Bewegungsdarstellung!) werden die Merkmale der vorliegenden kognitiven Entwicklungsstörung in der Zeichnung deutlich gemildert. **Emotionale Zeichen:** Der große Rückstand der Zeichenentwicklung lässt in Zusammenhang mit dem großen Rückstand der perzeptiven und kognitiven Entwicklung bei deutlich besserer Sprachentwicklung eine auffällig erhöhte emotionale Labilität erwarten; die fehlende Bodenlinie unter den*

dargestellten Menschen kann im Behandlungszusammenhang auch als Hinweis auf die ausgeprägten Unsicherheiten von Karls Körperbewusstsein (Körperschema, Körperbild, Körperkonzept) und ihre noch immer emotional verunsichernden Auswirkungen auf den emotional-sozialen Bereich gedeutet werden (vgl. Abb. 235); diese äußert sich inzwischen nur noch sporadisch in besonderen Belastungssituationen; ***Gesamtentwicklung:*** *Mentale Entwicklungsstörung, leichte Intelligenzminderung (IQ < 70); die Verhaltensstörungen des Jungen sind jetzt deutlich gebessert, es findet sich keine Neigung mehr zu psychosomatischen Reaktionen; Lernmotivation und Lernfähigkeit (Aufbau der Kulturtechniken des Lesens und Schreibens) zeigen Entwicklungsfortschritte in verlangsamtem Tempo und in kleinen Schritten; Karl wirkt freudiger und ausgeglichener; meine Behandlung und Elternberatung konnten beendet und die Schullaufbahn des Jungen in der Förderschule für körperbehinderte Kinder (Klasse zur individuellen Förderung der geistigen Entwicklung) ohne weitere therapeutische Unterstützung mit Erfolg fortgesetzt werden.*

- **Erläuternde Hinweise zu den Abb. 237-242:**

Carolus wurde mir im Lebensalter von 4;7 Jahren zur psychodiagnostischen Untersuchung und Therapie überwiesen. Er sprach zu diesem Zeitpunkt noch kein Wort, konnte aber Sprache in Ansätzen verstehen.
Der Junge lernte nach der mit 9 Monaten begonnenen und 9 Monate andauernden Behandlung einer Hüftgelenksluxation erst mit 2;6 Jahren laufen. Seine mentale Retardierung fiel Eltern und Ärzten erst im 3. Lebensjahr auf, da er auf sprachliche Aufforderungen sehr verzögert reagierte, noch keine aktive Sprachentwicklung angebahnt und sein Verhalten auffällig gestört war (er zeigte stereotype Bewegungsmuster im Stehen und Liegen). Es wurden jedoch zu diesem Zeitpunkt bei Carolus noch keine genauere Abklärung seiner Entwicklungsstörung vorgenommen und keine logopädische Behandlung oder gezielte Förderung eingesetzt.
Als ich Carolus kennen lernte, zeigte er bei der strukturierten Verhaltensbeobachtung deutliche Hinweise für das Vorliegen einer mentalen Entwicklungsstörung (im Lebensalter von 4;7 Jahren geschätztes Entwicklungsalter von 2;6 Jahren; der nichtverbale Snijders-Omen-Intelligenztest war wegen der großen Unruhe des Kindes, seiner mangelnden Konzentrationsfähigkeit und seines wiederholten Zurückfallens in stereotype Bewegungsmuster nur bedingt auswertbar und wies, vergleichbar meiner ersten Einschätzung, auf ein Intelligenzalter zwischen 2;0 und 2;6 Jahren hin). Sprachlichen Aufforderungen kam Carolus nur sehr zögernd nach. Sein passiver Wortschatz (z. B. überprüft beim Erkennen und Zeigen von Bildern) entsprach dem eines ca. 2;0jährigen Kindes. Carolus sprach mit Ausnahme des Wortes „Mama“ nur vereinzelte Wortsilben. Mit Stiften konnte er zu dieser Zeit nur sehr bedingt

umgehen und lehnte diese Betätigung ab. Seine Zeichenversuche zeigten Kritzel, Ansätze von geschlossenen Formen waren noch nicht zu erkennen. Kognitive Potenziale ließen sich beobachten, als Carolus mit dem Material des Scenotests hantierte. Hier zeigte er Interesse, seine motorische Unruhe nahm ab, Ausdauer und Konzentration verbesserten sich, und Ansätze von Rollenspiel machten sich bemerkbar.

In Zusammenarbeit mit einem Sprachheilpädagogen und unter Mithilfe der Eltern wurde Carolus von mir nach dem Frostig-Konzept behandelt (vgl. Kap. 7.1). Bei der Sprachanbahnung war es besonders wichtig, keinen Leistungsdruck auf den Jungen auszuüben. Er hatte vor Einsetzen meiner Behandlung bereits auf nachdrückliche sprachliche Aufforderungen seiner Eltern vorübergehend mutistisch reagiert und sprachliche Äußerungen verweigert; selbst das bereits verfügbare erste Wort und die ersten verfügbaren Wortsilben waren während mehrerer Wochen nicht mehr gesprochen worden.

Die folgenden Zeichnungen sollen einen Einblick in den Langzeit-Therapieverlauf vermitteln. Die ersten Kritzelzeichnungen im Lebensalter von 5;7 Jahren (vgl. Abb. 237) weisen auf das erheblich reduzierte kognitive Entwicklungsniveau des Jungen hin (Stufe 1). Erst ab dem Lebensalter von 6;0 Jahren begannen sich in Zusammenhang mit einer Verbesserung seiner Gesamtentwicklung, insbesondere seiner Konzentration, Ausdauer, visuellen und auditiven Wahrnehmung, auch deutliche und auffallend rasche Fortschritte seiner Sprachentwicklung zu zeigen. Im Lebensalter von 7;9 Jahren waren erste Versuche der Darstellung eines Menschen zu beobachten (Anfang bis Mitte Stufe 2; vgl. Abb. 238), die allerdings noch große motorische Unsicherheit der Linienführung und Formdarstellung aufwiesen. Zu diesem Zeitpunkt erreichte Carolus im Intelligenztest (HAWIK) einen Handlungs-IQ von 65. Mit 8;7 Jahren verfügte Carolus über eine fließende, einfach strukturierte Sprache, und es war möglich, den Verbal- und Handlungs-Teil des HAWIK durchzuführen. Seine verbale und nicht-verbale Intelligenz lagen im Bereich der geistigen Behinderung (Verbal-IQ 57, Handlungs-IQ 68, Gesamt-IQ 57 (ICD-10: unterer Bereich der leichten intellektuellen Behinderung).

Mit 11;0 Jahren gelang es Carolus, einen gegliederten Menschen zu zeichnen (Ende Stufe 2; geschätztes Entwicklungsalter 6,0 Jahre). Eine Erweiterung seiner kognitiven Fähigkeiten zeigte sich nachfolgend im Lebensalter von 11;2 Jahren (Anfang Stufe 3; erste Ansätze einer Bewegungs- und Situationsdarstellung). Carolus hatte sich ab diesem Zeitpunkt, gestützt durch therapeutische und außerschulische (sonder)pädagogische Förderung, auch schulisch gut entwickelt und konnte die Kulturtechniken Lesen, Schreiben, Rechtschreiben und Rechnen in verlangsamtem Lerntempo und in kleinen Schritten erlernen (Beschulung nach den Vorgaben der Lernbehinderten-Pädagogik mit erfolgreich bestandener Abschlussprüfung).

Im Lebensalter von 20 Jahren wurde bei Carolus im Rahmen einer Berufsberatung erneut ein Intelligenztest durchgeführt (HAWIE, Hamburg-Wechsler-Intelligenztest für Erwachsene). Der Gesamtwert der verbalen und nicht-verbalen Intelligenz lag jetzt bei ausgeglichenem Profil im mittleren Bereich der Lernbehinderung (GIQ 78). Der Handlungs-IQ 83 fiel um 15 Punkte höher aus als der Messwert der ersten Testung im Lebensalter von 8;7 Jahren und reichte nun knapp an die untere Grenze der Altersnorm. Verbal-IQ 76 und Gesamt-IQ 78 waren dem Lernbehinderten-Bereich zuzuordnen.

Carolus zeigte als junger Erwachsener ein überwiegend gut angepasstes, oft jedoch noch von Unruhe und Problemen der Selbststeuerung und Konzentration geprägtes Verhalten. Er hatte den großen Wunsch, Bäcker zu werden, war jedoch mit seinen kognitiven Defiziten und seiner Förderschulausbildung den theoretischen Anforderungen der regulären Berufsschule nicht gewachsen. Sein Versuch, doch noch den Hauptschulabschluss zu erreichen, scheiterte. Er übt heute im Anlernverhältnis praktische Tätigkeiten im Umfeld seines gewünschten Berufes sehr motiviert, zuverlässig und verantwortungsbewusst aus und machte bei unserem letzten Treffen (Lebensalter 25 Jahre) auf mich einen deutlich gereiften und kontaktbereiten Eindruck. Beim Beratungsgespräch konnte ich von ihm erfahren, dass er bei seinen Eltern, die ihn während seiner Entwicklungszeit sehr einfühlsam gestützt hatten, bei den Geschwistern und einem Freund den notwendigen Rückhalt, Hilfestellung und Anerkennung fand. Zu außerfamiliären Gruppen junger Erwachsener konnte er jedoch zu seinem Bedauern nach Beendigung seiner Schulzeit bis jetzt wenig Kontakt herstellen und fühlte sich oft sozial ausgegrenzt.

Auf meine Anregung hin arbeitet er jetzt in seiner Freizeit unter kunstpädagogischer Anleitung (einzeln und in der Kleingruppe) gerne mit verschiedenen Materialien (z. B. Ton) und ist stolz auf seine „Werke“. Er schickte mir kurze Zeit nach unserem letzten Treffen sein erstes „Werk“ aus gebranntem und bemaltem Ton, das mit vielen einzelnen Motiven reichhaltig dekoriert war und Inhalte seiner Vorstellungswelt zum Ausdruck brachte. Dreidimensionales Gestalten mit verschiedenen Materialien, Malen und Zeichnen eröffnen Carolus im jungen Erwachsenenalter die Möglichkeit, nach seinen ihm zu Verfügung stehenden kognitiven Fähigkeiten selbstschöpferisch tätig zu werden und aus dieser Arbeit in seiner Freizeit Kräfte zu beziehen, die sein Selbstwertbewusstsein weiter aufbauen und stabilisieren. Gleichzeitig besteht die Hoffnung, dass Carolus über solche Erfolgserlebnisse und Steigerung seines „Kohärenzgefühls“ (vgl. Schiffer, E. und H., 2004, Kap. 2.5, S. 68-69) auch seine individuellen Voraussetzungen zum Knüpfen und Festigen sozialer Kontakte verbessern und seine kognitiven Fähigkeiten und Fertigkeiten erweitern wird.

Abb. 237:
Carolus, LA: 5;7 Jahre, Benennung: fehlt (Carolus kann zu diesem Zeitpunkt mit Ausnahme des Wortes „Mama" und einiger Wortsilben noch nicht sprechen), Filzstifte, 21 x 29,7 cm, ***Zeichenentwicklung:*** *großer Rückstand* ***(Stufe 1); Emotionale Zeichen:*** *Der große Rückstand der Zeichenentwicklung lässt in Zusammenhang mit dem großen Rückstand der sprachlichen, graphomotorischen, perzeptiven und kognitiven Entwicklung eine auffällig erhöhte emotionale Labilität erwarten; diese ist im Behandlungsverlauf nachzuweisen;* ***Gesamtentwicklung:*** *mentale Entwicklungsstörung (vgl. erläuternde Hinweise zu den Abb. 237-242).*

Abb. 238:
Carolus, LA: 7;9 Jahre, Benennung: „Mann", Bleistift, 29,7 x 21 cm, ***Zeichenentwicklung:*** *großer Rückstand* ***(Anfang bis Mitte Stufe 2);*** *Ausführung und Organisation sind flüchtig, die Linienführung ist noch sehr unsicher, der Zeichendruck zeigt sich schwach; Augen, Nase und Mund sind nicht klar voneinander zu unterscheiden; es fehlen die Füße, die Arme sind noch nicht zweidimensional; bei der Beobachtung der Raumlage fehlt die Bodenlinie; der Mann steht auf der linken unteren Seite des Blattes;* ***Emotionale Zeichen:*** *Der große Rückstand der Zeichenentwicklung lässt in Zusammenhang mit dem großen Rückstand der sprachlichen, graphomotorischen, perzeptiven und kognitiven Entwicklung eine auffällig erhöhte emotionale Labilität erwarten;*

diese ist im Behandlungsverlauf nachzuweisen; die fehlenden Füße, fehlende Bodenlinie und die auffällige Positionierung der Menschzeichnung auf der unteren linken Blattseite sind im Behandlungsverlauf als Emotionale Zeichen einer bestehenden Unsicherheit seines Körperbewusstseins und Selbstwertgefühls zu diskutieren; ***Gesamtentwicklung:*** *mentale Entwicklungsstörung (vgl. erläuternde Hinweise zu den Abb. 237-242).*

Abb. 239:

Carolus, LA: 11;0 Jahre, Benennung: „Bäcker", Bleistift, 28,4 x 21 cm, ***Zeichenentwicklung:*** *großer Rückstand* ***(Ende Stufe 2)****; Auswertung der Entwicklungsmerkmale nach Koppitz: Es fehlen Arme zweidimensional, Beine zweidimensional, Arme nach unten (nur angedeutet, fragliches Merkmal), Hals; keine außergewöhnlichen Merkmale: -4 +0 +5 = 1 (bzw. – 3 + 0 + 5 = 2); gravierende Intelligenzminderung bzw. Grenze der Minderbegabung (vgl. Kap. 9.2-9.2.1); die simultane Mengenerfassung ist auffallend rückständig (9 bzw. 10 Finger an einer Hand!); auffällig ist die unsymmetrische Darstellung der Augen und Füße (nur ein Auge bzw. ein Bein und ein Fuß sind geschwärzt, die geschwärzten Teile befinden sich auf den gegenüberliegenden Körperhälften); es war nicht zu ermitteln, inwieweit Carolus diese unsymmetrischen Darstellungen absichtlich gezeichnet hat und hier eine für ihn individuell wichtige Mitteilung an den Betrachter richten wollte; er war zu dieser Zeit oft zu Späßen aufgelegt; es ist nicht auszuschließen, dass sich hier ein erstes Potenzial beginnender geistiger Flexibilität zeigt;* ***Emotionale Zeichen:*** *Der noch bestehende Rückstand der Zeichenentwicklung lässt in Zusammenhang mit dem Rückstand der perzeptiven und kognitiven Entwicklung eine erhöhte emotionale Labilität erwarten; unsichere Linienführung, Druckcharakter (auffallend fester Zeichendruck) und Flächengestaltung (Schwärzungen) sind im Behandlungsverlauf als Emotionale Zeichen zu diskutieren;* ***Gesamtentwicklung:*** *mentale Entwicklungsstörung (vgl. erläuternde Hinweise zu den Abb. 237-242).*

Abb. 240:

Carolus, LA: 11;2 Jahre, Benennung: „Der Bäckerjunge rutscht mit dem Brötchenkorb auf dem Glatteis aus", Bleistift und Filzstifte, 21 x 29.4 cm, ***Zeichenentwicklung:*** *großer Rückstand verringert sich* ***(Anfang Stufe 3)****; Linienführung und Formdarstellung noch unsicher, erste Bewegungsdarstellung; deutlicher Hinweis auf Zunahme der geistigen Flexibilität (lebendiger bildnerischer und sprachlicher Ausdruck; Ansatz von Witz und Humor; Verbesserung der Raumdarstellung, Darstellung eines Handlungszusammenhangs im Sinne einer Situationsdarstellung);* ***Emotionale Zeichen:*** *Der Rückstand der Zeichenentwicklung lässt in Zusammenhang mit dem Rückstand der graphomotorischen, perzeptiven und kognitiven Entwicklung eine erhöhte emotionale Labilität erwarten und ist noch sporadisch im Behandlungsverlauf nachzuweisen; unsichere Linienführung, Druckcharakter (auffallend fester Zeichendruck) und Flächengestaltung (Schwärzungen) sind im Behandlungsverlauf als Emotionale Zeichen zu diskutieren;* ***Gesamtentwicklung:*** *mentale Entwicklungsstörung; nach der Langzeit-Behandlung zeigen sich jetzt deutlich gebesserte kognitive Funktionen (Beginn der Stufe 3 der Denkentwicklung), die eine erfolgreiche Beschulung in der Förderschule (Lernbehinderten-Bereich) ermöglichen; die Kulturtechnik des Lesens, Schreibens und Rechtschreibens konnte in langsamem Tempo und kleinen Schritten erlernt werden; im Hinblick auf das Rechnen hatte Carolus in den folgenden Jahren wesentlich größere Schwierigkeiten als beim Erlernen der anderen Kulturtechniken. Meine Behandlung und Elternberatung endeten zu diesem Zeitpunkt; leider wurden bei Carolus in der Folgezeit von schulischer Seite die bildnerische Gestaltung im Kunstunterricht nur unzureichend gefördert und die sich in seinen plastischen Gestaltungen und Zeichnungen andeutenden Möglichkeiten zu individuellem selbstschöpferischen Gestalten nicht gezielt angesprochen (vgl. erläuternde Hinweise zu den Abb. 237-242).*

<u>Abb. 241:</u>
Carolus, LA: 25;0 Jahre, Rahmenbedingungen: Carolus kam mit seinen Eltern als junger Erwachsener zu mir zur Beratung; auf meine Bitte hin zeichnete er nacheinander die folgenden zwei Zeichnungen (Abb. 241-242); Benennung (Abb. 241): „Backstube und Bäcker", Filzstifte, 29,7 x 42 cm, ***Zeichenentwicklung:*** *unausgewogen, insgesamt großer Rückstand; individuelle Fortschritte der Formdarstellung im Hinblick auf den Versuch der realitätsorientierten Darstellung der Backstube* ***(Anfang bis Mitte Stufe 3)****; Tische, Schränke mit Schubladen, übereinander gestapelte Backbleche, Backblech mit Brötchen, die in Reihen angeordnet und in verschiedenen Farben dargestellt sind; eine Uhr; Rückschritt der Menschdarstellungen* ***(Anfang bis Mitte Stufe 2)****, die „Bäcker" sind links neben den mittleren Tisch gezeichnet; ihre Form ist auffällig vereinfacht und schablonisiert (Strichfiguren, bestehend aus einem Grundstrich mit Verdickung am oberen Ende als Andeutung des Kopfes und 2 Armen ohne Hände und Finger; der Grundstrich symbolisiert zugleich ein Stand-Bein); Fortschritte bei der Raumdarstellung; die Darstellung der Uhr deutet als kognitives Potential die Auseinandersetzung mit der Zeit an;* ***Emotionale Zeichen:*** *Der Rückstand der Zeichenentwicklung lässt in Zusammenhang mit dem Rückstand der perzeptiven und kognitiven Entwicklung eine erhöhte emotionale Labilität erwarten; diese ist noch im jungen Erwachsenenalter sporadisch nachzuweisen; der Stilbruch innerhalb der Zeichnung ist als Emotionales Zeichen einer Unsicherheit des Körperbewusstseins und einer Selbstwertproblematik zu diskutieren (die menschlichen Figuren liegen im Formniveau eine ganze Entwicklungsstufe niedriger als die anderen Motive der Zeichnung!);* ***Gesamtentwicklung:*** *mentale Entwicklungsstörung; Zeichnung eines jungen Erwachsenen nach Langzeit-Behandlung (vgl. erläuternde Hinweise zu den Abb. 237-242). Deutliche Verbesserung der Gesamtentwicklung im Langzeit-Therapieverlauf.*

<u>Abb. 242:</u>
Carolus, LA: 25;0 Jahre, ***Benennung:*** *„Ein Mann", Filzstifte, 29,7 x 42 cm,* ***Zeichenentwicklung:*** *unausgewogen, großer Rückstand* ***(Mitte bis Ende Stufe 2)****; bildnerischer Ausdruck und Stil sind unausgewogen: Die menschliche Figur trägt Merkmale einer Kinderzeichnung* ***(Anfang bis Mitte Stufe 2)****; gleichzeitig werden im Gesicht sekundäre*

Geschlechtsmerkmale dargestellt, die nicht zu dem Formniveau der Zeichnung (es handelt sich noch um einen Kopffüßler), wohl aber zu dem Lebensalter des Zeichners passen; es handelt sich im Hinblick auf die Formdarstellung um einen Kopffüßler; die Hände haben jetzt jedoch jeweils schon 5 Finger, die Schuhe sind bereits zweidimensional und mit sicherer Linienführung ausgemalt; diese Zeichnung spiegelt deutlich die kognitive Beeinträchtigung und emotionale Labilität des jungen Mannes; die Menschzeichnung (Abb. 242) zeigt ein wesentlich höheres Formniveau als die Menschzeichnungen in Abb. 241, liegt aber insgesamt deutlich (eine ganze Entwicklungsstufe) unter dem Niveau der Motive der Backstube in Abb. 241; ***Emotionale Zeichen:*** *Der Rückstand der Zeichenentwicklung lässt in Zusammenhang mit dem Rückstand der perzeptiven und kognitiven Entwicklung eine erhöhte emotionale Labilität erwarten; diese ist noch im jungen Erwachsenenalter sporadisch nachzuweisen; das niedrige Formniveau der Menschzeichnungen unterscheidet sich deutlich von den wesentlich höher entwickelten Darstellungsmöglichkeiten der anderen Motive (Stilbruch) und ist im Beratungsverlauf als Emotionales Zeichen einer Verunsicherung des Körperbewusstseins, insbesondere des Körperbildes und Körperkonzepts, und einer Selbstwertproblematik zu diskutieren;* ***Gesamtentwicklung:*** *mentale Entwicklungsstörung; Zeichnung eines jungen Erwachsenen nach Langzeit-Behandlung (vgl. erläuternde Hinweise zu den Abb. 237-242). Deutliche Verbesserung der Gesamtentwicklung im Langzeit-Therapieverlauf.*

- **Erläuternde Hinweise zu den Abb. 243-245:**

Bei Susanne lag auf der Grundlage einer vorgeburtlichen Schädigung eine globale Entwicklungsstörung mit Begleitstörungen vor. Sie entwickelte sich in allen Bereichen zunächst insgesamt deutlich verlangsamt, wurde entwicklungsdiagnostisch von medizinischer Seite kontinuierlich kontrolliert, begleitet und bereits ab dem ersten Lebensjahr physiotherapeutisch, nachfolgend ergotherapeutisch behandelt. Von Beginn an stand sie innerhalb der familiären Situation und ihrer Geschwisterreihe im Mittelpunkt der elterlichen Fürsorge und erhielt verstärkte, zum Teil überprotektive Zuwendung und Aufmerksamkeit. Ihre kognitive Entwicklung entfaltete sich unaus-

geglichen. Im verbalen Bereich zeigten sich ab dem Vorschulalter nur noch diskrete Anzeichen einer Entwicklungsstörung. Ihre gravierenden Defizite im nicht-verbalen Intelligenzbereich fielen zwar Eltern und Erzieher/innen des Kindergartens auf, wurden jedoch häufig bei Anforderungen an Susanne nicht ausreichend berücksichtigt. Oft wurde sie im Vorschulalter emotional und im Hinblick auf ihre intellektuellen Fähigkeiten überfordert. Susanne beanspruchte in ihrer Familie zunehmend die Mittelpunktsstellung und entwickelte Verhaltensprobleme. Sie lehnte im Kindergarten, dann auch zu Hause alle Betätigungen, die ihr ausgesprochen schwer fielen (Malen, Zeichnen, Kneten, Basteln oder Leistungsanforderungen im Bereich der vorschulischen Förderung) immer mehr ab und war emotional auffallend unausgeglichen. Zum Teil zeigte sie sich ängstlich zurückweichend, Kontakt abwehrend, zum Teil provokativ und aggressiv. Sie hatte große Probleme, Freundschaften mit Kindern zu schließen und orientierte sich überwiegend an Erwachsenen.
Susanne wurde mir zur Vorbereitung auf die Einschulung in eine Integrationsklasse und zur Behandlung ihrer Verhaltensprobleme zur Therapie überwiesen. Entsprechend meines ganzheitlich orientierten Behandlungsansatzes (vgl. Frostig-Konzept, Kap. 7.1-7.2) behandelte ich Susanne nach ihrer Einschulung schulbegleitend und legte einen wichtigen Schwerpunkt auf die Elternberatung und Zusammenarbeit mit den Lehrer/innen. Susanne konnte in den folgenden 3 Jahren ihre sprachlichen Fähigkeiten weiterhin verbessern, ihre Defizite im nicht-verbalen Bereich mildern, ihre Verhaltensprobleme reduzieren und die Kulturtechniken Lesen, Rechtschreiben und Rechnen in verlangsamtem Tempo und begrenztem Umfang aufbauen. Probleme der affektiven Steuerung und des Selbstwertbewusstseins waren im Lebensalter von 10;10 Jahren noch sporadisch im häuslichen und schulischen Umfeld zu beobachten. Die folgenden Zeichnungen demonstrieren nicht nur die übereinstimmenden Hinweise einer vorliegenden mentalen Entwicklungsstörung im nicht-verbalen Bereich, sondern darüber hinaus Emotionale Zeichen, die im Zusammenhang mit den beobachtbaren Verhaltensproblemen des Mädchens zu interpretieren sind.
Der Erfolg der weiteren Erziehung und schulischen Förderung Susannes hängt aus meiner Sicht wesentlich von der Berücksichtigung ihrer Gesamtentwicklung und insbesondere ihrer Emotionalität und sozialen Kompetenz ab. Gerade Kinder wie Susanne benötigen bei liebevoller, nicht überprotektiver Zuwendung ein wohl dosiertes, strukturiertes Entwicklungsförderungs-Programm, das auf die vorliegenden Fähigkeiten und Defizite abgestimmt ist und das Lernen in der sozialen Gemeinschaft fördert. Unausgeglichene intellektuelle Fähigkeiten, die sowohl im Bereich des Randnormalen als auch im unteren Bereich der Lernbehinderung liegen, erschweren bei entwicklungsgestörten Kindern Diagnostik, Erziehung und Förderung erheblich. Sich entwickelnden Verhaltensproblemen kann man aus meiner Sicht langfristig

am besten begegnen, wenn man ihre Eltern berät und stützt, ihre Lehrer/innen berufsbegleitend weiterbildet und ihnen die Probleme dieser Kinder und ihre Fördermöglichkeiten verständlich macht. Orientiert an ihren Fähigkeiten und Defiziten sollte ihr „Kohärenzgefühl“ (vgl. Schiffer, E. und H., 2004, S. 68-69; Kap. 2.5) über Erfolgserlebnisse (z. B. über ein selbst gemaltes „Werk“) gestärkt werden. Ein Werk Susannes, gemalt mit flüssigen bunten Temperafarben im Lebensalter von 11 Jahren, ist auf dem Buchumschlag (vorn links unten) sowie unter: www.christa-seidel.de/html/kurswerkstatt.html. abgebildet (Bilder von Kindern im Grundschulalter: „Das Mädchen mit roten Haaren“) und verdeutlicht meinen Therapieansatz.

STERNE-WELLEN-TEST (SWT)

Abb. 243: *Susanne, LA: 10;10 Jahre, Rahmenbedingungen: Durchführung des „Sterne-Wellen-Tests“ von U. Avé-Lallemant, Bleistift, Größe entsprechend der standardisierten Testbedingungen (vgl. Kap. 9.3.4),* ***Zeichenentwicklung:*** *unausgewogen, rückständig* ***(Sterne: Ende Stufe 2; Meer: Anfang Stufe 2)****; auffälliger Gesamteindruck (erster subjektiver Eindruck, bildnerischer Ausdruck, Stil und Ausführung und Organisation weisen auf eine unausgewogene Zeichenentwicklung und flüchtige Arbeitsweise hin); der Zeichenstil lässt Stilbruch erkennen: Die Sterne sind wesentlich differenzierter gezeichnet als das Meer; die Graphomotorik ist unsicher (unsichere Linienführung der Sterne; Druckschwankungen, Flächengestaltung des Meeres undifferenziert geschwärzt, keine Wellenlinien); auch im Hinblick auf die Formdarstellung der Motive ist die Entwicklung unausgeglichen: Die Sterne (Ausdrucksmöglichkeit der kognitiven Entwicklung) sind differenzierter dargestellt als die Wellen (Ausdruck des emotionalen Bereichs); die Strichsterne (noch keine Flächensterne) entsprechen im Unterschied zur Darstellung des Meeres dem Formniveau ca. 6;0jähriger Kinder und tragen alle die gleichen Merkmale (Unreifezeichen); bei der Beobachtung der Größendarstellung fällt ein besonders großer Stern rechts der Mitte auf (Mittenstern); im Hinblick auf die Farbdarstellung ist die Schwärzung des Meeres zu beobachten; die Darstellung des Meeres gelingt mit Hilfe druckstarker Strichbewegungen, die die Wellenbewegung des Meeres im Sinne einer motorischen Symbolik darstellen; die*

Analyse der Raumdarstellung zeigt einen oberen Bereich, in dem die Sterne nebeneinander aufgereiht sind (Unreifezeichen) und einen unteren Bereich, der die Meereswellen durch schwärzende Kritzelbewegungen symbolisiert und an den Seiten leer ist (Hinweis auf flüchtige Arbeitsweise); der mittlere Bildbereich ist leer (Unreifezeichen); ***Emotionale Zeichen*** *finden sich zunächst im Gesamteindruck: Mein erster subjektiver Eindruck ist geprägt von der auffallend geschwärzten Darstellung des Meeres; die Zeichnung des Meeres wirkt auf mich aufgewühlt, chaotisch, affektiv ungesteuert; weitere Emotionale Zeichen finde ich im Stilbruch: Kognitiver Bereich (Sterne) und emotionaler Bereich (Meer) zeigen ein auffallend unterschiedliches Niveau: Der Bewegungsausdruck (motorische Symbolik) des Meeres (emotionaler Bereich) ist weitaus undifferenzierter gezeichnet als die Formdarstellung der Sterne (die allerdings ebenfalls auf einen erheblichen Entwicklungsrückstand hindeuten); diese Divergenz ist auffällig und weist auf Susannes Verbesserung ihrer kognitiven Fähigkeiten sowie auf noch beobachtbare Probleme im emotionalen Bereich hin. Allerdings können in dieser Zeichnung emotional belastende aktuelle Erlebnisse mit vorübergehenden emotionalen Störtendenzen ihren Ausdruck gefunden haben; die unsichere Graphomotorik (unsichere Linienführung, Druckschwankungen, Schwärzungen) können auf der einen Seite in Zusammenhang mit der globalen Reifungsverzögerung interpretiert werden, sie können jedoch auch – im Zusammenhang mit Susannes Vorgeschichte betrachtet – als Ausdruck ihrer ausgeprägten affektiven Schwankungen und emotionalen Labilität gedeutet werden; eine vergleichbare Problematik ergibt sich bei der Interpretation des „Mittensterns". Dieser könnte, im Zusammenhang mit der Biographie und Familienanamnese beurteilt, auf Susannes Bedürfnis nach einer Mittelpunktstellung in ihrer Familie schließen lassen. Diese Interpretation halte ich jedoch bei Susannes Vorgeschichte und ihren vorliegenden visuellen Wahrnehmungsstörungen für anfechtbar: Susannes visuelle Wahrnehmungsstörungen, die in ihren Zeichnungen (vgl. Abb. 244, 245), jedoch auch in durchgeführten Intelligenz- und Wahrnehmungstests nachgewiesen wurden, machen es ihr im Lebensalter von fast 11 Jahren noch nicht möglich, Größenrelationen verlässlich realitätsorientiert abzuschätzen und in die Zeichnung zu übertragen; entsprechend sollten Besonderheiten der Größenrelation aus meiner Sicht bei Susanne noch nicht projektiv gedeutet werden;* ***Gesamtentwicklung:*** *Entwicklungsstörung im nicht-verbalen Intelligenzbereich mit Begleitstörungen (vgl. erläuternde Hinweise zu den Abb. 243-245). Deutliche Verbesserung der Gesamtentwicklung im Langzeit-Therapieverlauf.*

Abb. 244:

Susanne, LA: 10;10 Jahre, Rahmenbedingungen: Durchführung des Tests „Zeichne-Einen-Menschen" (Instruktion vgl. Kap. 9.2); Benennung: „Das bin ich", Bleistift, 29,7 x 21 cm, ***Zeichenentwicklung:*** *deutlicher Rückstand* ***(Mitte bis Ende Stufe 2)****, geschätztes Entwicklungsalter ca. 5;0-6;0 Jahre; bildnerischer Ausdruck sowie Ausfüh-*

rung und Organisation weisen auf einen flüchtigen Arbeitsstil hin und sind eher einem Vorschulkind als einem beinahe 11jährigen Mädchen zuzuordnen; der Zeichenstil entspricht dem voroperationalen Denken; die Graphomotorik ist auffallend unsicher (unsichere Linienführung mit Überschneidungen, Druckschwankungen, schwärzende Flächengestaltung); die Formdarstellung zeigt einen gegliederten Menschen, die Hände weisen 5 Finger auf; in den Augen sind Pupillen angedeutet; die Auswertung nach Koppitz zeigt, bezogen auf die Normen 10jähriger Mädchen, folgende fehlenden Entwicklungsmerkmale: Arme zweidimensional, Beine zweidimensional, Hals, Arme nach unten; (Auswertungsformel: - 4 + 0 + 5 = 1; Hinweis auf eine gravierende Intelligenzminderung oder gravierende emotionale Probleme); ***Emotionale Zeichen:*** *Der große Rückstand der Zeichenentwicklung und nicht-verbalen kognitiven Entwicklung im Vergleich zum Lebensalter lässt eine erhöhte emotionale Labilität erwarten; diese zeigt sich in der Verhaltensbeobachtung des Mädchens im Rahmen der Erstvorstellung und im Behandlungsverlauf; es ergeben sich Hinweise darauf, dass Susanne kognitiv bestmöglich gefördert wurde, ihre Neigung zu affektiven Schwankungen jedoch noch in ihrem Verhalten deutlich wird und auch in dieser Zeichnung ihren Ausdruck findet; die unsichere Graphomotorik weist auf die noch unsichere Gesamt-Körpermotorik des Mädchens und seine Probleme des Körperbewusstseins hin (Unsicherheiten von Körperschema, Körperbild, Körperkonzept); auch die Schwärzung der Haare kann im Behandlungszusammenhang als Ausdruck affektiver Probleme interpretiert werden; nach der Auswertung von Koppitz sind in der vorliegenden Zeichnung 3 Emotionale Faktoren nachzuweisen: unzulängliche Integration von Teilen, übermäßig lange Arme, kein Hals (mehr als 2 Faktoren gelten als Hinweis für möglicherweise vorliegende emotionale Störungen und sollten überprüft werden);* ***Gesamtentwicklung:*** *Entwicklungsstörung im nicht-verbalen Intelligenzbereich mit Begleitstörungen (vgl. erläuternde Hinweise zu den Abb. 243-245). Deutliche Verbesserung der Gesamtentwicklung im Langzeit-Therapieverlauf.*

<u>Abb. 245:</u>
Susanne, LA: 10;10 Jahre, Rahmenbedingungen: Durchführung des Baum-Zeichentests (Instruktion vgl. Kap. 9.3.3), Benennung: „Baum“, Bleistift, 29,7 x 21 cm, ***Zeichenentwicklung:*** *Rückstand* ***(Mitte Stufe 2)****, geschätztes Entwicklungsalter ca. 5 Jahre; auffällig unsichere Graphomotorik (unsichere Linienführung, Druckschwankungen, geschwärzte Flächengestaltung), entwicklungsgestörte Formdarstellung;* ***Emotionale Zeichen:*** *Der große Rückstand der Zeichenentwicklung und mentalen Entwicklung im nicht-verbalen Bereich lässt eine erhöhte emotionale Labilität erwarten; diese zeigt sich in der Verhaltensbeobachtung des Mädchens im Rahmen der Erstvorstellung und im Behandlungsverlauf; die Unsicherheit der Graphomotorik ist im Behandlungszusammenhang als emotionales Zeichen zu interpretieren und weist zugleich auf Probleme des Körperbewusstseins des Mädchens und ihre Auswirkungen auf den emotionalen Bereich (Selbstwertproblematik) hin;* ***Gesamtentwicklung:*** *Entwicklungsstörung im nicht-verbalen Intelligenzbereich mit Begleitstörungen (vgl. erläuternde Hinweise zu den Abb. 243-245). Deutliche Verbesserung der Gesamtentwicklung im Langzeit-Therapieverlauf.*

- **Erläuternde Hinweise zu den Abb. 246-250:**

Die folgenden Zeichnungen wurden von Kindern mit mentalen Entwicklungsstörungen (Down-Syndrom) gezeichnet und belegen ihren unterschiedlichen Gesamt-Entwicklungsstand sowie ihre Verhaltensproblematik bei kognitiver Überforderung.

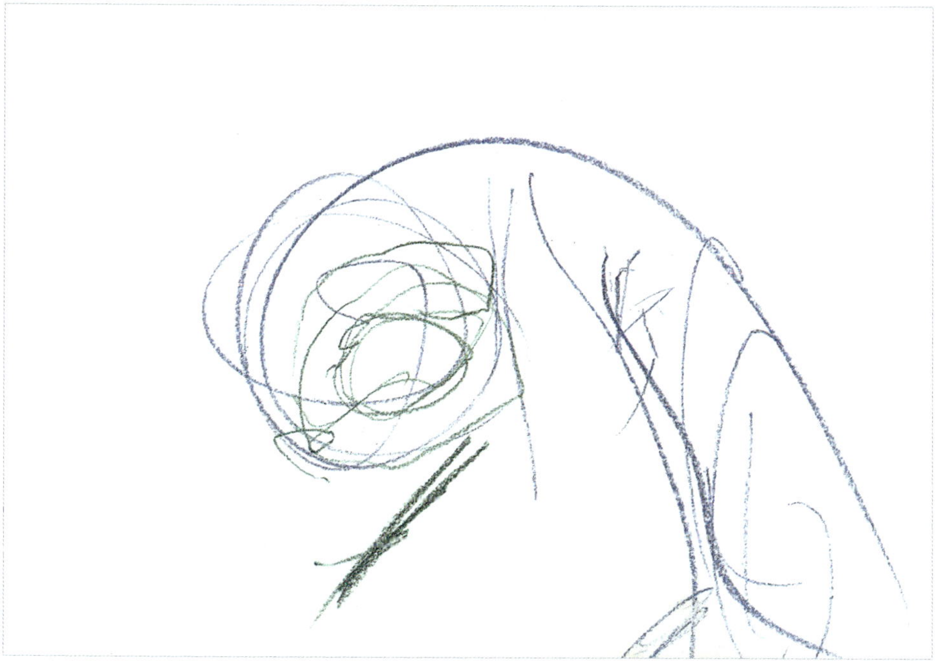

Abb. 246:

Melanie, LA: 9;5 Jahre, Rahmenbedingungen: Die Zeichnung entstand nach einer Therapiedauer von 18 Monaten; ein wesentlicher Schwerpunkt bei meiner Behandlung des mental schwer entwicklungsgestörten Kindes mit hyperkinetischem Syndrom war die Beratung der Eltern im Hinblick auf Erziehung und Förderung Melanies; Benennung: fehlt (Melanie konnte bis zu diesem Zeitpunkt und auch in der Folgezeit bis zum jungen Erwachsenenalter mit Ausnahme weniger Wortsilben die expressive Sprache nicht erlernen); Wachsmalstifte, 29,6 x 42,2 cm, ***Zeichenentwicklung:*** *extrem großer Rückstand* ***(Stufe 1)****, Kreiskritzel; im Behandlungsverlauf wurden trotz intensiver gezielter und ganzheitlich orientierter therapeutischer Bemühungen weder die aktive Sprache erworben noch beim Zeichnen die Kritzelstufe überwunden; die kognitive Entwicklung blieb immer mehr hinter dem Lebensalter zurück und erreichte nicht die Stufe der voroperationalen Denkentwicklung;* ***Emotionale Zeichen:*** *Der extrem große Rückstand der Zeichenentwicklung (Verweilen auf der Kritzelstufe) und der Gesamtentwicklung lässt eine auffällig erhöhte Labilität und Steuerungsschwäche des Verhaltens erwarten; diese äußerte sich im Therapieverlauf und wurde vor allem durch die vorliegende schwere Intelligenzminderung und ein ausgeprägtes hyperkinetisches Syndrom geprägt;* ***Gesamtentwicklung:*** *Mentale Entwicklungsstörung (Down-Syndrom), schwere Intelligenzminderung und hyperkinetisches Syndrom; erheblich eingeschränktes Sprachverständnis, fehlende expressive Sprachentwicklung; schwere und dauerhafte Beeinträchtigung aller Entwicklungsbereiche.*

- **Erläuternde Hinweise zu den Abb. 247-249:**

Bei Tanja wurde eine mentale Entwicklungsstörung (Down-Syndrom) mit Beeinträchtigung aller Entwicklungsbereiche diagnostiziert. Sie erhielt bereits im ersten Lebensjahr Physiotherapie, in den folgenden Jahren wurde sie ergotherapeutisch und sprachheilpädagogisch behandelt. Die Eltern hatten große Schwierigkeiten, die Behinderung ihrer Tochter zu akzeptieren und neigten dazu, Tanja kognitiv zu überfordern. Das Mädchen entwickelte im Vorschulalter unter dem Einsatz der durchgeführten Therapien zunehmend Verhaltensprobleme und zeigte bei unserem Kennenlernen sowohl im sprachlichen Bereich als auch im Gesamtverhalten auffällige Verweigerungstendenzen.
Es war aus meiner Sicht zu Therapiebeginn dringend notwendig, die Sprachübungsbehandlung abzusetzen, bei Tanja eine ganzheitlich und spielerisch orientierte sprachliche Förderung und Gesamtförderung anzustreben und die Eltern bei der Erziehung ihres Kindes zu beraten. Es zeigte sich unter meinem Therapieansatz sehr schnell, dass das Mädchen bei nachlassenden sprachlichen und kognitiven Anforderungen insgesamt freier, zugewandter und sprechbereiter wurde. In der folgenden Zeit machten sich auch ohne gezielte Sprachtherapie stetige kleine Fortschritte in ihrer Sprachentwicklung, aber auch in den anderen Entwicklungsbereichen bemerkbar. Immer bereitwilliger ging sie auf Spielangebote im freien Rollenspiel und bei der Durchführung didaktischer Spiele ein. Besonders hilfreich erwies sich der Einsatz des Pertra-Spielsatzes (vgl. Brand, I., 1998) zur Förderung ihrer taktil-kinästhetischen und visuellen Wahrnehmungsfähigkeit, der in Kombination mit anderen dreidimensionalen Übungen und ersten Arbeitsbogen des Frostig-Programms durchgeführt wurde. Tanjas Sprachverständnis, Wortschatz und auditive Speicherfähigkeit nahmen mit der Verbesserung ihrer Wahrnehmungsfunktionen deutlich zu. Der Umgang mit Mengen und Zahlen und Wahrnehmungsübungen im Bereich räumlicher Beziehungen bereiteten ihr von Behandlungsbeginn an größte Probleme. Im Unterschied zu diesen gravierenden Defiziten konnte sie sich jedoch bald einfach gegliederte, kurze Liedtexte und Liedmelodien gut merken und reproduzierte sie mit Freude und Stolz. Besonders erfreulich waren Tanjas Rollenspiele mit Puppen und kleinen Spielfiguren, die den Zugriff auf innere Bilder und Differenzierung ihrer Vorstellungsfähigkeit erkennen ließen. Das gemeinsame Musizieren mit Orff-Instrumenten regte Tanja besonders intensiv zur Entwicklung innerer Bilder an, die sie anschließend in ihren plastischen Gestaltungen oder Zeichnungen umsetzte (vgl. Abb. 248). Beim Malen und Zeichnen überwand sie die Kritzelphase und erreichte nach dem eigenständigen Entwickeln erster eigener Zeichenschemata (Therapiedauer: 19 Monate) mit 6;5 Jahren Mitte der Stufe 2 (geschätztes Entwicklungsalter ca. 4;6-5;0 Jahre; Rückstand ca. 1;5 Jahre). Im Therapieverlauf war

mit der Weiterentwicklung ihrer kognitiven Fähigkeiten der Abbau von Leistungsängsten deutlich erkennbar.
Tanja hat Chancen, mit (sonder)pädagogischer Unterstützung nach dem Lehrplan der Förderschule, Förderschwerpunkt geistige Entwicklung, in langsamen kleinen und kontinuierlich aufeinander aufbauenden Schritten in begrenztem Umfang die Kulturtechniken Lesen, Schreiben und Rechtschreiben zu erlernen. Das Erlernen der Kulturtechnik des Rechnens wird Tanja, auch unter Einsatz von Hilfsmitteln, nur in ersten kleinen Ansätzen möglich sein. Ihre von den Eltern angestrebte Beschulung als Integrationskind in einer Grundschule kann aus meiner Sicht allerdings nur gelingen, wenn sie in diesem Schulrahmen angemessene individuelle (sonder)pädagogische Unterstützung erhält und von Seiten der Eltern und Lehrer nicht erneut unter Leistungsdruck gerät. Ihre selbstschöpferischen Kräfte sollten in den Bereichen von Musik und bildender Kunst im Elternhaus und in der Schule immer wieder angeregt und auf einseitige „Trainingsprogramme" zur Förderung der Sprache, Wahrnehmungsbereiche und kognitiven Entwicklung verzichtet werden.

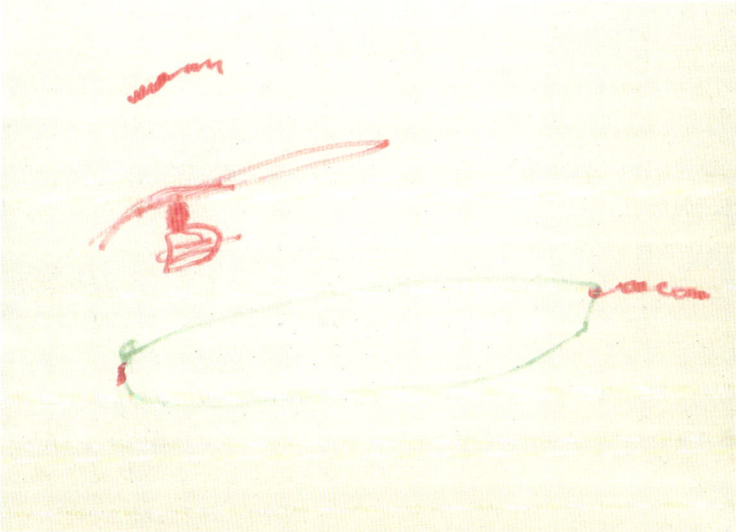

Abb. 247: *Tanja, LA: 5;3 Jahre, Rahmenbedingungen: Therapiedauer: 5 Monate; Benennung: „Maus", Filzstifte, 21 x 30 cm,* ***Zeichenentwicklung:*** *großer Rückstand* ***(Anfang Stufe 2)****, Entwicklung erster eigener Schemata; geschätztes Entwicklungsalter ca. 3;6 Jahre;* ***Emotionale Zeichen:*** *Der große Rückstand der Zeichenentwicklung und Gesamtentwicklung lässt eine auffällig erhöhte Labilität des Verhaltens erwarten; diese äußerte sich bei der Eingangsdiagnostik (ausgeprägte Verweigerungstendenzen) und im Therapieverlauf;* ***Gesamtentwicklung:*** *mentale Entwicklungsstörung, Down-Syndrom (vgl. erläuternde Hinweise zu den Abb. 247-249).*

Abb. 248:
Tanja, LA: 6;5 Jahre, Rahmenbedingungen: Therapiedauer: 19 Monate; gemeinsames Musizieren mit Orff-Instrumenten; ich erzählte Tanja eine kurze Geschichte von einem Spaziergang im Wald und untermalte diese Erzählung musikalisch; danach forderte ich sie auf, die Geschichte nochmals zu erzählen und beim Erzählen Orff-Instrumente ihrer Wahl einzusetzen; Tanja kam dieser Aufforderung mit großer Motivation nach; schließlich bat ich sie, die Geschichte zu zeichnen; ihre Benennung: „Wir gehen im Wald spazieren, da kommt ein Reh, da ist eine Kirche, eine Wiese und ein Himmel", Filzstifte, 29,7 x 42 cm, ***Zeichenentwicklung:*** *Der Rückstand hat sich leicht verringert* ***(Mitte bis Ende Stufe 2)****, geschätztes Entwicklungsalter ca. 5;0-5;6 Jahre; Weiterentwicklung aller Bereiche der Zeichenentwicklung wird deutlich;* ***Emotionale Zeichen:*** *Die Zeichnung wirkt auf mich wesentlich harmonischer und emotional ausgeglichener als die Zeichnungen zu Beginn meiner Therapie; die jetzt erkennbaren deutlichen Zeichenfortschritte lassen eine Verbesserung der kognitiven Fähigkeiten und der Gesamtentwicklung erwarten; diese ist im Therapieverlauf nachzuweisen; einzelne Emotionale Zeichen können in der vorliegenden Zeichnung nicht isoliert werden;* ***Gesamtentwicklung:*** *mentale Entwicklungsstörung, Down-Syndrom (vgl. erläuternde Hinweise zu den Abb. 247-249).*

Abb. 249:
Tanja, LA: 6;5 Jahre, Rahmenbedingungen: Therapiedauer: 19 Monate; diese Zeichnung entstand nach einem Rollenspiel mit Tanjas Lieblingspuppe; Benennung: „Puppe Monika", Buntstifte, 21 x 27,5 cm, ***Zeichenentwicklung:*** *deutlicher Rückstand* ***(Mitte Stufe 2)****; Kopffüßler,*

geschätztes Entwicklungsalter ca. 4;0-4;6 Jahre; ***Emotionale Zeichen:*** *Die Menschzeichnung zeigt ein niedrigeres Niveau als andere Motive (Abb. 248); auch die entwicklungsrückständige Raumlage (Streubild ohne Bezug zu einem tragenden Boden) kann auf Probleme des Körperbewusstseins (Körperschema, Körperbild, Körperkonzept) hinweisen und zugleich als Ausdruck emotionaler Verunsicherung interpretiert werden;* ***Gesamtentwicklung:*** *mentale Entwicklungsstörung (Down-Syndrom); auf Wunsch der Eltern wird zu diesem Zeitpunkt die Einschulung Tanjas als Integrationskind in die erste Grundschulklasse ins Auge gefasst und schulorganisatorisch vorbereitet (vgl. erläuternde Hinweise zu den Abb. 247-249).*

• Erläuternde Hinweise zur Abb. 250:

Bei Ulrich liegt ebenfalls eine mentale Entwicklungsstörung (Down-Syndrom) vor. Seine Gesamtentwicklung verlief verzögert und wurde von ärztlicher Seite von Beginn an kontinuierlich mit Hilfe von Kontrolluntersuchungen und Planung therapeutischer Strategien begleitet (Physiotherapie, Logopädie, Sprachheilbehandlung). Seine Eltern lernten es, Ulrichs Behinderung zu akzeptieren und förderten ihn in allen Bereichen kontinuierlich, vor allem im Bereich der Bewegungserziehung. Aber auch sie neigten dazu, Ulrich durch sprachliche und später forcierte schulbegleitende Übungen zu überfordern und provozierten bei ihm zunehmend ein blockierendes Abwehrverhalten.

Ulrich war von seinem 15. bis 18. Lebensjahr in größeren Zeitintervallen in meiner Behandlung. Therapie begleitend wurden seine Eltern von mir beraten und reduzierten daraufhin ihre Leistungsanforderungen (z. B. Nachsprechübungen ganzer Sätze oder forcierte Leseübungen) an Ulrich merklich. Ulrich reagierte auf meine mal und gesprächstherapeutischen Angebote sehr positiv und baute seine Verweigerungshaltung in kleinen Schritten ab, gleichzeitig verbesserten sich seine Lernmotivation und Schulleistungen im Lesen und Schreiben (Förderschule mit Forderschwerpunkt geistige Entwicklung) merklich. Im Rahmen dieser Förderangebote erlernte er die Kulturtechniken in verzögertem Tempo und geringem Umfang. Mit 18 Jahren kannte er z. B. alle Buchstaben, konnte einfache Worte in Druck- und/oder Schreibschrift schreiben (noch oft mit Raumlage-Unsicherheiten und Buchstabendrehungen) und im langsamen Lesetempo Sinn entnehmend erlesen. Lesefehler kamen jedoch noch häufig vor. Ulrich kannte zu diesem Zeitpunkt die Zahlen bis 100 noch unsicher und hatte Schwierigkeiten, einfache Rechenoperationen (Additions- und Substraktionsaufgaben) mit Hilfsmitteln im Zahlenraum bis 20 durchzuführen. Die Zahlen wurden beim Lesen und Schreiben oft gedreht. Seine Gesamtentwicklung und sein Verhalten zeigten eine positive Tendenz.

<u>Abb. 250:</u>

Ulrich, LA: 18;0 Jahre, Rahmenbedingungen: Die Zeichnung entstand im Rahmen eines Beratungsgesprächs; Benennung: „Der Drache, da kommt Feuer raus, im Bauch vom Drachen ist Holz; Blumen, Palme mit Kokosnüssen", Filzstifte, 29,5 x 42 cm, ***Zeichenentwicklung:*** *Rückstand* ***(Übergang von Stufe 2 zur Stufe 3)****, geschätztes Entwicklungsalter ca. 6;0-7;0 Jahre; Hinweis auf innere Bilder, die in der Zeichnung dargestellt werden können und die Neigung zu perseverierenden Tendenzen (vgl. schablonisierte Darstellung der Blumen) mildern; farbliche Differenzierungsmöglichkeiten und beginnender Bewegungsausdruck (motorische Symbolik; Feuer kommt aus dem Maul des Drachen) weisen auf eine Verbesserung kognitiver Fähigkeiten und weiter ausbaubare kognitive Potenziale hin; das Denken ist noch nicht realitätsorientiert, Ulrich sucht aber selbstständig nach Erklärungsmöglichkeiten für das Feuer, das aus dem Maul des Drachen kommt (im Bauch vom Drachen ist Holz, wenn es brennt, entsteht Feuer, das aus dem Maul kommt);* ***Emotionale Zeichen:*** *Ulrich setzt sich zum Zeitpunkt der Fertigung dieser Zeichnung verstärkt mit eigenen sexuellen Reifungsproblemen auseinander; er malt häufig Frauen mit Brüsten, ohne dies weiter zu kommentieren; die beiden schwarzen runden Formen am Baum (links) und die Bewegungsspur des Feuer speienden Drachen der vorliegenden Zeichnung sind im Hinblick auf dieses individuelle Interesse im Behandlungszusammenhang auffällig;* ***Gesamtentwicklung:*** *mentale Entwicklungsstörung (Down-Syndrom) nach Langzeit-Behandlung und Elternberatung. Deutliche Verbesserung der Gesamtentwicklung im Langzeit-Therapieverlauf.*

6.2.4 *Zeichnungen von Kindern mit überdurchschnittlicher und weit überdurchschnittlicher Intelligenz (Hochbegabung)*

Auch sehr begabte und hochbegabte Kinder und Jugendliche zeigen Strukturveränderungen in ihren Zeichnungen. In Zusammenhang mit den Besonderheiten ihrer Denkstruktur findet man häufig neben weit überdurchschnittlichen Fähigkeiten eine überdurchschnittlich gute bildnerische Begabung mit auffallend hohem Formniveau und lebendigem Ausdruck der Zeichnungen. Die Motivwahl reflektiert ungewöhnliche und originelle Gedankengänge, die oft durch ausdrucksstarke sprachliche Kommentare zu den Zeichnungen verdeutlicht werden. (vgl. Kap. 3.8, Abb. 132, 135, 136, 137, 138). Form-, Farb-, Bewegungs- oder Raumdarstellungen spiegeln ein über den Erwartungswerten des Lebensalters liegendes Niveau. Aufgrund einer erhöhten Sensibilität zur Aufnahme, Vernetzung und Speicherung von Sinneswahrnehmungen unterschiedlicher Modalitäten entwickeln diese Kinder in ihrer Vorstellungskraft reichhaltig geprägte innere Bilder, die sie abrufen und zu eigenständigen bildnerischen Darstellungen verarbeiten können. Sie speichern Umwelteindrücke oft präzise wie ein Fotoapparat ab („eidetische Fähigkeiten" bei Asperger-Autismus, vgl. Kap. 6.2.5) und „übersetzen" diese Informationen in Bilder von individuell geprägtem zeichnerischen Ausdruck. Die bei Hochbegabten oft ausgeprägten Fähigkeiten zu Humor, Karikierungen und Abstraktionen zeigen sich oft schon in der 3. Stufe der Zeichenentwicklung (vgl. Kap. 3.8, Abb. 126), die von diesen Kindern vorzeitig erreicht wird.

Sehr begabte und hochbegabte Kinder durchlaufen alle Stufen der Zeichenentwicklung in der gleichen Abfolge wie altersentsprechend entwickelte Kinder, allerdings oft in einem deutlich schnelleren Entwicklungstempo. Sofern keine überlagernden emotionalen oder psychoneurologischen Störungen vorliegen, fallen solche Kinder *bereits im Kindergartenalter* durch ihre ungewöhnlich differenzierten Entwicklungsmerkmale der 8 Beobachtungsbereiche auf. Unerwartet gute graphomotorische Koordination, außergewöhnliche Motivwahl, Form-, Größen-, Farb-, Bewegungs- und Raumdarstellungen und die ausdrucksvollen sprachlichen Kommentare zu den Zeichnungen weisen auf den flexiblen Umgang mit inneren Bildern, fruh erworbene Fähigkeiten des operationalen Denkens und zugleich erhöhte emotionale Ansprechbarkeit hin (vgl. Bildbeispiele des sehr gut begabten Jungen P., R, dessen hohe Intelligenz über die Zeichnungen im Kindergartenalter erkannt und nachfolgend testdiagnostisch bestätigt wurde, Kap. 3.8, Abb. 121-128).

Auf der Grundlage des von ihm zusammengestellten umfangreichen Bildmaterials von Zeichnungen sehr begabter und hochbegabter Kinder und Jugendlicher suchte

der Kunsthistoriker G. F. Hartlaub erstmalig nach den Grundbedingungen der Entfaltung selbstschöpferischer Kräfte im Kind. Er verwies auf die „Gesichte“ dieser Kinder, auf ihre „eidetischen Fähigkeiten“, visuelle Eindrücke wie mit einem Fotoapparat aufgenommen zu speichern, sie unter dem Einsatz ihrer selbstschöpferischen Kräfte zu vernetzen und in ihren Zeichnungen zu verarbeiten. Zugleich erkannte G. F. Hartlaub die Fähigkeiten der Kinder, vor allem des begabten Kindes, auf archaische Bilder der Menschheitsentwicklung, auf Inhalte von Mythen und Märchen zurückzugreifen und sie bildnerisch umsetzen zu können (vgl. meine vergleichenden Betrachtungen zur Entwicklung der Kinderzeichnung und der bildenden Kunst, Kap. 3.4).
In seiner berühmt gewordenen Schrift: „Der Genius im Kinde“, 1921/1930, finden sich zahlreiche, inzwischen in der Fachliteratur viel besprochene Zeichnungen von Kindern und Jugendlichen mit sehr hoher zeichnerischer Begabung. G. F. Hartlaub beschrieb diese Bilder einzeln und in Entwicklungsreihen. Es gelang ihm überzeugend, dem Genius des Kindes nachzuspüren, seine Wesensart zu erforschen und in ersten Ansätzen einfühlbar zu machen.

> Hartlaub, G. F., 1930, S. 49-50:
> „Bildkünstlerische Begabung setzt voraus: exakte Vorstellungskraft sowie die Gabe körperlich motorischer Einfühlung in bestimmte Eigenschaften des Angeschauten (z. B. den Umriss) und damit geeignete Innervation der zeichnerisch darstellenden Hand. .....Der zeichnerisch Unbegabte hat keine präzisen Anschauungen (Gesichte); bei ihm überwiegen von Anfang an Begriffsbilder, die sich dann später vollends zu unanschaulichen Begriffen verflüchtigen.“

Nach G. F. Hartlaub zeigt der zeichnerisch besonders Begabte „anschauende Empfänglichkeit“, „einfühlendes Interesse (Dazwischensein, Drinnensein) an optischen Eigenschaften des Angeschauten und imitatorische Aktivierung der Hand.“
Bildnerisch sehr begabte Kinder verbinden oft Gesehenes und Gehörtes (Synästhesien) und bringen neue und ungewöhnliche Assoziationen in ihre zeichnerischen Darstellungen ein (vgl. Kap. 3.8, Abb. 134). So sind für ihr Empfinden z. B. Farben nicht nur zu sehen, sondern auch gleichzeitig zu hören, sie haben einen besonderen Klang, Geruch, Namen, sie verwandeln sich zu menschlichen oder tierischen Wesen oder zu Geistern. Hier künden sich beim sehr begabten Kind bereits früh erste bildkünstlerische Ausdrucksqualitäten an, die bei wenigen auch nach der Pubertät in das Kunstschaffen des Erwachsenen münden.
Wir kennen hochbegabte Künstler, die im Kindesalter nicht nur durch ihre zeichnerische Sonderbegabung auffielen, sondern auch in anderen Bereichen ihre weit überdurchschnittliche Intelligenz und Kreativität bewiesen. So zeigt z. B. Paul Klees Biographie in Zusammenhang mit seiner hohen und früh erkennbaren Begabung auf dem Gebiet der Bildenden Kunst (mit neun Jahren zeichnete er z. B. sein Elternhaus bereits perspektivisch korrekt, vgl. Winner, E., 1982, zitiert nach Schuster, M., 2000,

S. 105) eine ebenfalls sehr hohe künstlerische Begabung auf dem Gebiet der Musik, Sprache und der Mathematik (Zeichnungen Paul Klees im Kindesalter vgl. Fineberg, J., 1995a).

G. F. Hartlaub veröffentlichte in seiner Schrift neben Zeichnungen anderer zeichnerisch hochbegabter Kinder auch Bilder seines Sohnes Felix Hartlaub, der dem Vater sehr früh durch seine außergewöhnlich differenzierten und ausdrucksstarken Kinderzeichnungen aufgefallen und durch den er auf das Interesse an der Malerei des begabten Kindes gestoßen war. Die Bilder waren in der Mannheimer Städtischen Kunsthalle 1921 ausgestellt worden und auf großes öffentliches Interesse gestoßen.

In einer kürzlich veröffentlichten Biographie zum Schicksal des verschollenen Felix Hartlaub: „Unter der Tarnkappe", Monika Marose, 2005, finden sich Hinweise auf seine früh erkennbare hohe zeichnerische und sprachliche Begabung.

Monika Marose beschreibt, wie der Vater (G. F. Hartlaub) von früher Kindheit seines Sohnes an versuchte, das bildnerische und sprachliche Talent des „Wunderkindes" mit großem Nachdruck pädagogisch gezielt zu fördern. Wie schwer es ist, ein solches Kind bei besten pädagogischen Voraussetzungen *zu fördern und dabei nicht zu überfordern*, zeigt Felix Hartlaubs weitere Biographie.

Der sehr intelligente, hochsensible und verletzbare Junge entzog sich als Jugendlicher zunehmend den pädagogischen Bemühungen des Vaters zur Förderung seines bildnerischen Talents. Er verlor die Freude daran, auf seine inneren Bilder, „Gesichte", zuzugreifen und sie bildnerisch selbstschöpferisch zu bearbeiten. Schließlich gab er die Malerei ganz auf, setzte aber seine hohe Begabung weiterhin auf literarischem Gebiet ein. Seine Biographie als Jugendlicher und Erwachsener zeugt von seinen vielfältigen Leistungshemmungen und Selbstzweifeln, die nicht nur sein bildnerisches Gestalten, sondern auch sein literarisches kreatives Arbeiten immer wieder blockierten. Er hinterließ ein umfangreiches, erst heute viel beachtetes und diskutiertes literarisches Werk, das allerdings fragmentarisch geblieben ist.

> Marose, M., 2005, S. 49:
>
> „Anders als die Titelgestalt seines *Tobias*-Fragments zog er nun die Konsequenz aus seiner Einsicht, dass man ihn < nur ins Marionettentheater > geführt hatte, denn er hatte mittlerweile den verantwortlichen Direktor namhaft gemacht. Er wohnte bereits nicht mehr zu Hause, als er in einem Prosafragment mit deutlich autobiographischem Bezug schrieb: „Das Unglück des begabten Kindes, das von nicht zu Ende gediehenen Erwachsenen zu einer ungesunden Produktion angestachelt wird. Es reist mit dem Vater, muss sich dauernd produzieren. Alles sieht es irgendwie, alles kann es beschreiben oder malen, zu Musik machen u.s.w, aber das eigentlich Lebendige, Menschliche entgeht ihm, er merkt es deutlich. .... An das richtige <Leben> kommt es nicht heran."

Nicht alle Kinder mit hoher und sehr hoher Intelligenz (Hochbegabung) fallen durch außergewöhnlich differenzierte Zeichnungen auf. Wir beobachten sehr begabte und hochbegabte Kinder und Jugendliche mit *umschriebenen graphomotorischen Unsicherheiten*, die in ihren Zeichnungen Probleme mit der Auge-Hand-Koordination haben und daher oft zum Zeichnen/Malen weniger motiviert sind als zum kreativen Umgang mit Sprachsymbolen oder zum Lösen von mathematischen, informationstheoretischen oder philosophischen Denkaufgaben. Manchmal äußern diese Kinder mehr Interesse am plastischen Gestalten, weil sie hierbei durch ihre graphomotorischen Störungen nicht so beeinträchtigt werden wie beim Zeichnen. Sie empfinden beim plastischen Gestalten oder z. B. beim Konstruieren von Flugzeugmodellen Freude und folgen so ihrem Bedürfnis, ihre oft weit überdurchschnittlich guten visuell-räumlichen Vorstellungsfähigkeiten einzusetzen. Auch in der Gruppe der hyperaktiven sehr begabten oder hochbegabten Kinder mit „Aufmerksamkeits-Defizit-Hyperaktivitäts-Syndrom (ADHS)" findet man häufig Kinder mit feinmotorischen und/oder graphomotorischen Unsicherheiten, die das Niveau ihrer Zeichnungen reduzieren. Die hohe Begabung solcher Kinder kann unter diesen Voraussetzungen nicht in den Zeichnungen, sehr wohl aber in anderen kreativen Bereichen zum Ausdruck kommen (z. B. plastische Gestaltung mit verschiedenen Materialien, Musik, Tanz, Rollenspiel, Sprachgestaltung in Form von Lyrik oder Prosa, graphisches computergestütztes Design, multimediale Gestaltungen, technische Konstruktionen und Erfindungen etc.).

Die sehr hohe intellektuelle Begabung oder Hochbegabung im einzelheitlichen und/oder ganzheitlichen Denken lässt sich mit Hilfe standardisierter Intelligenz- und Leistungstests quantitativ (z. B. mit IQ-Werten) statistisch signifikant nachweisen. Die Fähigkeit zu schöpferischem Denken in unterschiedlichen „Domänen" (Bereichen, Gebieten, Schwerpunkten) wird aber bei diesen Verfahren leider nicht angesprochen und wird mit den heute eingesetzten psychodiagnostischen Verfahren meist nicht untersucht. Deshalb werden – mit problematischer Konsequenz für die Erziehung und Förderung dieser Kinder – überdurchschnittlich ausgeprägte Bereiche ihrer Begabung oft übersehen. Dies kann sich bei vorliegenden Entwicklungs- und Verhaltensstörungen auch negativ auf die Planung und Durchführung notwendiger therapeutischer Maßnahmen auswirken.

Erkennt man z. B. bei einem sehr begabten oder weit überdurchschnittlich begabten Kind mit umschriebener Lese- und/oder Rechtschreibschwäche weit überdurchschnittliche Fähigkeiten des allgemeinen Wissens und des Wissens über geschichtliche Zusammenhänge, muss man diese in der Schule nicht nur entsprechend würdigen, sondern sie auch vom Kind in den Unterricht einbringen lassen. Man setzt damit gleichzeitig ein Gegengewicht zu seinen Versagenserlebnissen auf dem Gebiet des Lesens/der Rechtschreibung und den daraus resultierenden Frustrationen und kann so die Motivation zum Lernen und die Freude am Unterricht aufbauen.

Vergleichbares gilt für die Nutzung der Stärken des Kindes im Hinblick auf therapeutische Maßnahmen.
Schließlich finden wir in den Zeichnungen überdurchschnittlich begabter Kinder und Jugendlichen auch häufig Emotionale Zeichen, die auf eine erhöhte emotionale Empfindsamkeit, oft auch auf Störungen im emotional-sozialen Bereich hinweisen. Die zu beobachtenden feinmotorischen und/oder graphomotorischen Unsicherheiten solcher Kinder können Ausdruck von vorliegenden primären umschriebenen Entwicklungsstörungen motorischer Fertigkeiten sein, sie können jedoch auch im Sinne primärer Emotionaler Zeichen gedeutet werden und auf vorliegende behandlungsbedürftige Verhaltensstörungen hinweisen. Eine *ganzheitlich orientierte* psychologische Diagnostik ist notwendig, um diese Zusammenhänge zu klären. Eine noch so umfassende Intelligenzdiagnostik allein genügt dabei nicht.

Fallbeispiel eines Kindes mit weit überdurchschnittlicher Intelligenz:

- **Erläuternde Hinweise zu den Abb. 251 und 252:**

Uwe ist ein hochbegabter Junge mit einem Aufmerksamkeits-Defizit-Hyperaktivitäts-Syndrom (ADHS). Im frühen Kindesalter zeigten sich Entwicklungsstörungen beim Aufbau der Sprache (Sprachverständnis, expressive Sprache, Erwerb grammatikalischer Strukturen), der Fein-, Grapho- und Grobmotorik, der Konzentration (Uwe war extrem leicht ablenkbar), der Ausdauer und Begleitstörungen. Sein Verhalten war bereits im frühen Kindesalter auffällig geprägt von Angstneigung und Labilität, Problemen der Affektsteuerung, der Frustrationstoleranz und der sozialen Anpassung. Im Unterschied zu diesen Schwierigkeiten ließ sich im Vorschulalter bei Uwe eine überdurchschnittlich gute verbale und nicht-verbale Intelligenz ermitteln. Diese war testdiagnostisch im Alter von 5;5 und 7;0 Jahren, später im Erwachsenenalter eindeutig nachweisbar.
Wie meine erste psychodiagnostische Untersuchung und Ergebnisse der Prozessdiagnostik während des Behandlungsverlaufs zur Schulvorbereitung zeigten, lagen Uwes Begabungsschwerpunkte und Interessen im visuellen Gedächtnis für Formen und Farben, im Umgang mit Mengen und Zahlen und der selbstständigen Erarbeitung und Durchführung erster Rechenoperationen, in sehr guten Fähigkeiten für verbal-logisches Denken (Analogien), in überdurchschnittlich guter auditiver Speicherfähigkeit für Zahlen, im guten Tongehör, in der Vorliebe für Musik. Schon vor der Einschulung hatte er sich selbst das Lesen der Druck- und Schreibschrift beigebracht. Seine Zeichnungen waren zu Behandlungsbeginn und im mehrjährigen Behandlungsverlauf durch gravierende graphomotorische und feinmotorische Un-

sicherheiten, emotionale Unausgewogenheit und Verhaltensstörungen (ADHS) geprägt und auffällig.
Durch seine vielfältigen Verhaltensschwierigkeiten, sprachlichen und motorischen Störungen wurde von früher Kindheit an seine hohe Begabung überdeckt und war über Verhaltensbeobachtung schwer einschätzbar. So schlug z. B. die Klassenlehrerin kurz nach der Einschulung in die Grundschule sogar eine Umschulung in die Förderschule mit dem Förderschwerpunkt Lernen vor. Dieser Vorschlag konnte allerdings nach meinem Einspruch, einer Kontrolluntersuchung der Intelligenz durch eine Schulpsychologin und durch einen Klassenlehrerwechsel revidiert werden. Bereits in der zweiten Grundschulklasse war Uwe seinen Klassenkamerad/innen im Fach Rechnen weit überlegen, beschäftigte sich in den nachfolgenden Jahren in seiner Freizeit oft mit mathematischen Denkaufgaben und überraschte durch eigenständige logische und originelle Denkansätze. Auffallend war ebenfalls seine hohe Musikalität – mit Leichtigkeit lernte er das Spielen eines Instrumentes. Auch das Erlernen mehrerer Fremdsprachen fiel ihm in den folgenden Jahren ausgesprochen leicht. Uwe war von Beginn an eher ein Einzelgänger; er hatte es schwer, soziale Kontakte aufzubauen.
Er absolvierte die Grundschule, anschließend das Gymnasium und schloss sein Universitätsstudium (Mathematik und Physik) mit gutem Examen ab.
Noch als junger Erwachsener zeigte sein Verhalten eine Restsymptomatik des ADHS; seine fahrige Handschrift ließ situationsabhängige Unsicherheiten erkennen. Für Uwe war es im Entwicklungsverlauf schwer, seine Hochbegabung mit seinen vielfältigen Schwierigkeiten in Einklang zu bringen und ein fundiertes Selbstwertbewusstsein und „Kohärenzgefühl" aufzubauen. Er benötigte hierzu dringend eine mehrjährige therapeutische Hilfestellung mit begleitender Elternberatung und Kooperation mit seinen Lehrer/innen. Die Beachtung und Förderung der „Protektiven Faktoren" (vgl. Kap. 7.1), der Einsatz von gestalttherapeutischen Maßnahmen einschließlich Rollenspielen, von gesprächstherapeutischen Angeboten, dreidimensionalem Gestalten, Malen und Zeichnen erwiesen sich bei meiner ganzheitlich orientierten Behandlung als besonders hilfreich. Die begleitende psychomotorische Behandlung half ihm, Unsicherheiten der Körperkoordination (Grob- und Feinmotorik) in kleinen Schritten auszugleichen, sein Körperbewusstsein und damit gleichzeitig auch sein Körpergefühl (Körperbild) und Selbstwertbewusstsein zu stärken. Uwe musste es darüber hinaus lernen, seine hohe Begabung effektiv in seinem sozialen Umfeld einzusetzen, diese selber zu würdigen, gleichzeitig an der Überwindung seiner verbleibenden Defizite zu arbeiten und fortbestehende Beeinträchtigungen zu akzeptieren.
Uwe versteht es aus meiner Sicht als junger Erwachsener viel besser, sich selbst mit seinen Stärken und Schwächen einzuschätzen. Er lässt sich heute weniger durch seine sporadisch auftretenden Verhaltensprobleme und Schwierigkeiten und auch nicht

durch Unverständnis entmutigen, das ihm zum Beispiel von Berufskolleg/innen, Bekannten oder Freund/innen (sogar Ärzten und Psychologen) oft entgegen gebracht wird. Er hat es nach oft bitteren Erfahrungen gelernt, für seine Rechte und seine Anerkennung zu kämpfen und engagiert sich als junger Erwachsener für Kinder, die wie er hochbegabt sind und an Restsymptomen des ADHS leiden. Wie er mir vor Kurzem mitteilte, eröffnet sich für ihn nach mehreren Anläufen jetzt eine Chance der Eingliederung ins Berufsleben.

Uwe hatte durch die Unterstützung von Seiten seiner Eltern und Geschwister und die frühzeitig begonnenen und langfristig durchgeführten Therapien (Förderung seiner kreativen bildnerischen Fähigkeiten und gesprächstherapeutische Angebote, Psychomotorik) gute Voraussetzungen zur Kompensation einiger seiner Entwicklungsschwierigkeiten. Sein Lebenslauf zeigt, dass in den ersten 10 bis 12 Lebensjahren das bildnerische Gestalten und der Einsatz seiner kreativen sprachlichen Ausdrucksmöglichkeiten, mit zunehmendem Lebensalter dann aber die Beschäftigung mit Musik (Hören und aktives Musizieren mit Instrumenten sowie Singen im Chor) seine Kreativität ansprachen und ihm dabei halfen, in seiner Freizeit immer wieder Ruhe, Entspannung, ein tieferes Sinnverständnis seines Lebens und auch Kontakte zu Gleichgesinnten zu finden.

Die nachfolgend besprochenen Zeichnungen Uwes, die im Lebensalter von 10;0 und 10;5 Jahren gefertigt wurden, demonstrieren seine überdurchschnittlich guten kognitiven Fähigkeiten (sehr gute Raumdarstellung, Übergang zur perspektivischen Gestaltung der Stufe 4), aber auch seine noch nicht überwundenen Schwierigkeiten (unausgewogene Graphomotorik, Wechsel von sicherer und unsicherer Linienführung mit Hinweisen auf Unausgewogenheit seines Verhaltens und seiner Emotionen).

Abb. 251:
Uwe, LA: 10;0 Jahre, Benennung: „Mein Dorf", Bleistift und Buntstifte, 15 x 21 cm, ***Zeichenentwicklung:*** *unausgewogen* ***(Ende Stufe 3, Übergang zur Stufe 4)****, gut-durchschnittliche Raumdarstellung (Vorperspektive, Tiefengestaltungen durch*

Überschneidungen mit Auslassungen); Hinweise auf weit überdurchschnittliches naturwissenschaftliches Interesse und Wissen; wie die Exploration zu dieser Zeichnung zeigt, beschäftigt sich Uwe mit dem Sonnensystem; sein Dorf ist gleichsam sein Sonnensystem; er beschriftet (abgekürzte Form) in seiner Zeichnung die Anordnung der Planeten des Sonnensystems (Erde, Venus, Merkur, Mars und Saturn) und ordnet damit sein Dorf in das Universum ein; in Unterscheidung zu diesen überdurchschnittlichen kognitiven Fähigkeiten zeigt Uwe eine insgesamt auffallend rückständige und unausgewogene Graphomotorik: Die Umrisslinien der Häuser weisen zum Teil eine scharf-harte, altersentsprechend koordinierte Linienführung auf, zum Teil sind sie jedoch flüchtig und unkoordiniert; bei den Ausmalbewegungen der Dächer ist die Linienführung durchgehend sehr flüchtig und entspricht den Fertigkeiten eines Kindes ***Mitte bis Ende der Stufe 2****; die Darstellung aller Bäume (Graphomotorik und Formdarstellung) lässt ebenfalls eine erheblich altersrückständige Ausführung und Organisation und auffällige graphomotorische Unsicherheiten erkennen* ***(Mitte bis Ende Stufe 2); Emotionale Zeichen:*** *Die Unausgewogenheit der Zeichenleistungen in unterschiedlichen Bereichen (Stilbruch) deutet bei diesem hochbegabten Jungen auf seine ausgeprägten Verhaltensauffälligkeiten im Sinne des ADHS mit Begleitstörungen im emotional-sozialen Bereich hin; zunächst nimmt Uwe eine Aufgabenstellung mit Interesse auf und setzt sie sehr originell und logisch durchdacht und abstrahierend um; er erreicht bei diesem Prozess bereits die* ***Stufe 4*** *der Denkentwicklung; seine geringe Ausdauer und Neigung zu hyperkinetischen Störungen verhindern aber oft eine sorgfältige Bearbeitung (z. B. das Ausmalen der Dächer); er fällt bei der Ausführung von Formdetails oder Formganzen einzelner Motive (Bäume) auf kritzelnde Zeichenbewegungen zurück, die seinem Lebensalter und seiner hohen kognitiven Begabung nicht gemäß sind. Nicht nur beim Zeichnen, auch bei schulischen Anforderungen und im Sozialverhalten ist die Unausgewogenheit seines Verhaltens und seiner Leistungsmöglichkeiten auffällig; Uwe verliert sich oft in seiner Gedankenwelt, zeigt Konzentrationsprobleme und neigt zu Flüchtigkeitsfehlern. Misserfolgserlebnisse verunsichern ihn und verstärken seine Verhaltensprobleme;* ***Gesamtentwicklung:*** *Aufmerksamkeits-Defizit-Hyperaktivitäts-Syndrom (ADHS) mit Begleitstörungen, Hochbegabung (vgl. erläuternde Hinweise zu den Abb. 251-252).*

Abb. 252:

Uwe, LA: 10;5 Jahre, Rahmenbedingungen: Diese Zeichnung gehört als 1. Bild zu einer Serie von 3 freien Zeichnungen, die während einer Therapiesitzung fertig gestellt wurden und zu denen er eine Geschichte erfand; Benennung: „Der Fernkutscher, es war einmal ein Kutscher, der verließ Hamburg und kam an den Rhein, um sich dort zu waschen. Die Kutsche hatte eine Schatztruhe oben auf dem Dach mit 1400 RM. Das Pferd trank am Rhein. Er wurde in Bonn begrüßt. Die Leute grüßten ihn aus den Fachwerkhäusern.“

Nachdem Uwe die Zeichnungen fertig gestellt hatte, dachte er sich zu dieser Geschichte folgendes Lied mit Text und Melodie aus:

Es war einmal ein Kutscher
Simsala
Es war einmal ein Kutschersmann
Er wollte nach Bonn
Er wollte nach Bonn fahrn
Da war ne Schatztruhe
Simsala
Da war ne Schatztruhe drauf
Die Schatztruhe war sicher
Simsala
Die Schatztruhe war sicher voll
1400 Reichsmark
Simsala
1400 Reichsmark drin
Er wusch sich die Hände
Simsala
Er wusch sich die Hände am Rhein

Bleistift und Buntstifte, 21 x 14,4 cm, ***Zeichenentwicklung:*** *eilt den „erwarteten Entwicklungsmerkmalen" des Lebensalters im Hinblick auf die Form-, Bewegungs- und Raumdarstellung voraus* ***(Anfang Stufe 4)****, die Graphomotorik ist im Vergleich zur Abb. 251 etwas sicherer geworden (Fachwerkhäuser), allerdings ist die Linienführung noch unausgeglichen und lässt bei der Darstellung der Kutsche, des Kutschers mit Begleitperson, des Pferdes und der Schatztruhe bestehende Unsicherheiten erkennen; die Ausmalbewegungen sind noch flüchtig; auch die Handschrift zeigt Probleme der Linienführung und Druckdosierung; überdurchschnittlich gut entwickelt sind die Form-, Bewegungs- und Raumdarstellung und weisen auf die hohe kognitive Begabung des Jungen und seine sehr gut entwickelte visuelle Wahrnehmung und visuelle Vorstellungsfähigkeit hin. Der bildnerische Ausdruck wird mit sprachlichem Ausdruck verbunden und zu einer fortlaufenden Geschichte umgearbeitet (Situationsdarstellung). Diese wird nach eigener Motivation auch musikalisch umgesetzt. Sowohl die einzelnen Motive als auch das Gesamtbild werden unter einen Gesamt-Betrachtungswinkel geordnet und aus der Ansicht von vorne gezeichnet; die Fachwerkhäuser vermitteln mit der Anordnung ihrer Überschneidungen und Auslassungen einen tiefenräumlichen Eindruck. Eine besonders gelungene Tiefenwirkung wird aus meiner Sicht bei der Darstellung der Dachgiebel und der schattierten Kirchenkuppel erreicht;* ***Emotionale Zeichen*** *deuten sich in der flüchtigen*

Ausführung und Organisation des Motivs der Kutsche mit ihren Details und den Hinweisen auf Probleme der Arbeitshaltung an: Uwe begann die Zeichnung mit der Darstellung der Fachwerkhäuser. Bei diesen Motiven war seine graphomotorische Steuerung relativ koordiniert und zeigte gegenüber der Abb. 251 eine deutliche Stabilisierungstendenz. Beim folgenden Motiv der Kutsche mit ihren Personen und anderen Details fällt Uwe wieder in eine unsichere Linienführung mit Kritzelbewegungen zurück. Ich vermute, dass die Probleme der Ausdauer erheblich an den nun erkennbaren graphomotorischen Unsicherheiten beteiligt sind und sich zugleich auf eine Destabilisierung des emotionalen Bereichs auswirken (vgl. Ausführungen zu Abb. 251); ***Gesamtentwicklung:*** *Aufmerksamkeits-Defizit-Hyperaktivitäts-Syndrom (ADHS) mit Begleitstörungen, Hochbegabung.*
Uwe zeigte in den folgenden Entwicklungsjahren bis zum jungen Erwachsenenalter in Zusammenhang mit seinen Verhaltensproblemen (ADHS) deutliche und andauernde graphomotorische Unsicherheiten in seiner Handschrift, während in seinen Zeichnungen situationsabhängig Stabilisierungstendenzen zu beobachten waren und eine positive Tendenz der Gesamtentwicklung andeuteten (vgl. erläuternde Hinweise zu den Abb. 251-252).

6.2.5 Sonderformen zeichnerischer Begabung bei tief greifenden Entwicklungsstörungen (Asperger-Autismus)

Sonderformen zeichnerischer Begabung können bei einigen autistischen Kindern beobachtet werden (Asperger-Autismus, vgl. Kap. 7.4-7.4.2). G. F. Hartlaub veröffentlichte in seiner Schrift: „Der Genius im Kinde", 1930, auch eindrucksvolle Beispiele von Zeichnungen autistischer Kinder mit außergewöhnlichen zeichnerischen Fähigkeiten.
Kinder/Jugendliche mit dieser Sonderform der zeichnerischen Begabung sind in ihrer Gesamtentwicklung tief greifend gestört, überraschen jedoch bei oft deutlich gestörter Sprachentwicklung und schwer wiegenden Störungen ihrer sozialen Wahrnehmung durch ein herausragendes visuelles Gedächtnis (eidetische Fähigkeiten, fotografisches Gedächtnis) und künstlerische Fähigkeiten in ihren Zeichnungen. Ihre Bilder zeigen ein ungewöhnlich hohes Formniveau, das an der Realität orientiert ist und in seiner Abbildungsqualität – auch wenn „nur" aus dem Gedächtnis gemalt wurde – der Genauigkeit von Fotografien gleicht (vgl. Matthias, Kap. 6.2.5, Abb. 253).
Nicht alle autistischen Kinder/Jugendliche setzen die Sonderbegabung ihres visuellen fotografischen Gedächtnisses beim Zeichnen ein. Es gibt andere Menschen mit Asperger-Autismus, die auf der Grundlage ihres fotografischen Gedächtnisses z. B. ganze Telefonbücher oder Zugfahrpläne mit großer Leichtigkeit und Geschwindigkeit auswendig lernen. Kinder/Jugendliche oder Erwachsene mit Asperger-Autismus können ihre außergewöhnlichen eidetischen Fähigkeiten, ihr außergewöhnlich gutes visuelles Gedächtnis nicht ausweiten, nicht generalisieren; sie zeigen stattdessen einen

übertriebenen Hang zu belanglosen Details. Sie können diese ihre spezielle Fähigkeit nicht mit anderen psychischen Funktionen vernetzen und sind deshalb im Hinblick auf ihre emotional-soziale Entwicklung und ihre soziale Wahrnehmung schwer wiegend beeinträchtigt.

> Spitzer, M., 2000, S. 142 (Zusammenfassung):
> Unter neuesten neurobiologischen Forschungsergebnissen zur Informationsverarbeitung des Kortex beschreibt M. Spitzer auch einige Aspekte des psychiatrischen Krankheitsbildes Autismus in Form des Asperger-Syndroms in einem Netzwerkmodell und zieht Konsequenzen für die Verhaltenstherapie. Er erklärt in diesem Bezugsrahmen die überraschenden Befunde bei autistischen Menschen mit der „*vermehrten* Neuronendichte in kortikalen Arealen, die für Lernen und Gedächtnis notwendig sind, wie z. B. im Hippocampus, im Mandelkern (Amygdala) und im Riechhirn (dem entorhinalen Kortex)." Spitzer weist in der zitierten Veröffentlichung darauf hin, wie aus dem Vorhandensein von zuviel Neuronen Pathologie entstehen kann, wie die bei dieser Personengruppe bestehende Unfähigkeit zur Generalisierung und ihr übertriebener Hang zu belanglosen Details durch ein Zuviel an neuronaler Verarbeitung zu erklären ist.

Manche dieser Kinder kommen mit ihrer Sonderform der zeichnerischen Begabung zu sehr individuellen und ausdrucksstarken bildnerischen Gestaltungen, die sie auch mit eindrucksvollen sprachlichen Kommentaren versehen (vgl. Fallbeispiel Janna, Kap. 7.4-7.4.2).
Richter, 1987, beschreibt zwei Gruppen von Sonderformen und Sondermotiven bei Kindern/Jugendlichen mit Autismus (Asperger-Syndrom). Bei der einen Form handelt es sich um Bildneuschöpfungen (Neoikonismen), die skurril, deformiert und absurd anmuten. Er verweist in diesem Zusammenhang auf Bildverschmelzungen von Merkmalen der Menschzeichnung und der Objektdarstellung. Diese ungewöhnliche Kombinatorik erinnert an die zeitgenössische Moderne Kunst und scheint das Ergebnis eines Abstraktionsprozesses zu sein. Oft werden Wortzeichen und Bildsymbole kombiniert.
Die andere Gruppe von Bildern autistischer Kinder/Jugendlicher/Erwachsener fällt durch schematisiert-realistische Darstellungen, bei denen Bildverschmelzungen fehlen, auf. Ihre Menschzeichnungen wirken puppenartig und zeugen vom Bemühen um genaue Wiedergabe von Bewegungsabläufen und Körperfunktionen (Richter, 1987, S. 122-126).
Richter verweist in diesem Zusammenhang auf die interessanten Verbindungen der Kunst der Außenseiter mit Elementen der Kinderzeichnung.

> Richter, 1987, S. 127:
> „Die Entdeckungsgeschichte der Bildnerei der Geisteskranken (Prinzhorn, 1922/2001) verlief parallel zur Erforschung der Kinderzeichnung, aber eine konsequente Übertragung der Einsichten in die Genese und Struktur der Kinderzeichnung auf die Bildnerei der Außenseiter ist unseres Wissens bisher nirgends erfolgt. Die Prinzhorn-Sammlung war der erste und eindrucksvolle

> Versuch, die Kunst von schizophrenen Patienten öffentlich zugänglich zu machen und auch im Hinblick ihrer ästhetischen Formkraft und Ausdrucksmöglichkeiten zu würdigen.“

Fallgeschichte und Bilder Jannas, die in diesem Buch beschrieben werden (Kap. 7.4-7.4.2), lassen – bei allen ihren sozialen Schwierigkeiten – doch eine ganz ungewöhnliche zeichnerische Begabung erkennen. Auch in ihren Bildern deuten sich Qualitäten an, die wir von der Bildnerei der Außenseiter kennen und die z. B. eine Nähe zur „Art brut“ (Jean Dubuffet) vorstellbar machen (vgl. Kap. 3.4). Jannas ungewöhnliche sprachliche Assoziationen zu den Bildern spiegeln in vergleichbarer Weise ihre starke verbale Ausdruckskraft und Empfindsamkeit wider. Diese berührt den Leser und lässt eigenschöpferische, kreative Kräfte des Mädchens erkennen, die es aus tieferen, ihm unbewussten und uns nicht erklärbaren Quellen schöpft: „Ich bin so traurig, dass ich ein Loch in meinem Herzen habe, durch das der Wind weht!“ (vgl. Kap. 7.4-7.4.2).

Fallbeispiel eines Kindes mit Autismus und körperlicher Behinderung:

- **Erläuternde Hinweise zu den Abb. 253-256:**

Bei Matthias liegt eine autistische Störung mit schwerer Mehrfachbehinderung vor (bei allen Alltagsverrichtungen konstant auf Unterstützung durch eine Pflegeperson angewiesen). Im Rahmen seiner tief greifenden Entwicklungsstörung ist die aktive Sprache am auffälligsten beeinträchtigt. Er versteht Sprache, kann diese aber nicht aktiv einsetzten. Bis zu seinem 15. Lebensjahr konnte er sich weder mit Gebärdensprache noch in schriftsprachlicher Form verständlich machen (auch die Gebärden für „Ja“ und „Nein“ konnte er nicht einsetzen). Matthias zeigte Probleme der Konzentration und Lenkung seiner Aufmerksamkeit. Er galt als schwerst intelligenzgemindert und war im Hinblick auf seine kognitiven Fähigkeiten weder testdiagnostisch noch durch Screening-Verfahren genauer einschätzbar. Es war ihm nicht möglich, mit seinen Händen koordinierte Bewegungen durchzuführen oder ein Schreib- oder Malwerkzeug selbstständig zu halten oder zu führen. Seine psychomotorischen Funktionen, seine Antriebssteuerung und sein Verhalten waren tief greifend gestört. Seine Eltern fühlten sich mit seiner Erziehung zunehmend überfordert und gaben ihn zur Betreuung und Förderung ab dem Grundschulalter in ein Heim für schwerst geistig und körperlich behinderte Kinder. Auch dort erkannte man nicht, dass Matthias über wesentlich bessere kognitive Fähigkeiten verfügte als bisher angenommen. Erst mit Hilfe der „Gestützten Kommunikation“ (FC – Faciliated Communication) war es ab dem 15. Lebensjahr möglich, mit Matthias eine schriftsprachliche Kommunikation aufzubauen und damit Wege der zwischenmenschlichen Kommunikation zu eröffnen. Er hatte sich, bisher unbemerkt, durch Anregungen der Mutter, des Schulunterrichts, Fernsehens etc. das Verständnis der Schriftsprache beigebracht, ohne diese anwenden zu können. Mit Hilfe der „Gestützten Kommunikation" (FC) lernte er relativ rasch, seine Anliegen und Gedanken auf dem Computer in Schriftsprache zum Ausdruck zu bringen. Erstaunlich waren seine differenzierten sprachlichen Assoziationen, die Ansätze eines bilderreichen, anschaulichen Denkens verrieten sowie seine Fertigkeiten des Kopfrechnens.

> Die „Gestützte Kommunikation" (FC) gehört als Teilbereich der „Unterstützenden Kommunikation" (UK) zu dem gesamten Bereich der alternativen Kommunikationsmethoden. FC ermöglicht es, mit Menschen mit schweren kommunikativen Beeinträchtigungen durch gestütztes Zeigen, z. B. auf Objekte, Bilder oder Buchstaben auf der Tastatur eines Computers, zu kommunizieren. Der in der FC-Methode geschulte Stützer/die Stützerin nimmt die Impulse des schwer kommunikativ Beeinträchtigten auf und bietet physikalische Unterstützung an Hand, Handgelenk, Ellbogen oder später nur an der Schulter bei ihrer Umsetzung an. Er darf die Hand des schwer kommunikativ Beeinträchtigten nicht entsprechend eigener Impulse führen und sollte ihm mit physischer, verbaler und emotionaler Hilfe zur Seite stehen.
>
> Die „Gestützte Kommunikation" gehört nicht zu den heute allgemein wissenschaftlich anerkannten Therapiemethoden und wird in medizinischen, psychologischen und (sonder)pädagogischen Fachkreisen wegen der Gefahr der Manipulation des Gestützten durch den Unterstützer kontrovers diskutiert.
>
> Ohne auf solche Argumente hier näher einzugehen, muss im Fall von Matthias festgehalten werden, dass der Einsatz dieser Methode (FC) seine Lebensqualität in erheblichem Umfang verbesserte und dass sich seit Anwendung dieser Methode einige seiner Verhaltensschwierigkeiten positiv veränderten (z. B. entwickelte er plötzlich Interesse am Malen und an der Kommunikation mit seinen Eltern und Bezugspersonen). Für seine Eltern eröffnete diese Methode die Basis einer Kommunikationsmöglichkeit mit ihrem Sohn. Sie holten ihn nach 6 Jahren Heimaufenthalt wieder nach Hause und waren bereit, die nach wie vor sehr schwierige Aufgabe seiner Betreuung erneut zu übernehmen.

Schriftsprachliche Äußerungen („Gestützte Kommunikation"); Matthias; Lebensalter: 15 Jahre:

„ICH FINDE IHRE IDEE GANZ OBERTOLL UND MAG MEINE BILDER NATÜRLICH ZEIGEN; VIELLEICHT WERDE ICH NOCH VIELE NEUE BILDER MALEN: KALTE ZEITEN HABEN OFT WEG NACH AUSSEN MIT JA LÜGEN ÜBER M ICH GANZ FAST TOT GEMACHT: >ICH BIN GANZ GESUND IM GEHIRN UND DUMM SIND ÄRZTE : ICH BIN MIT JMA MOLEKÜLE UND GENE WIE ALLE MENXSCHEN SUMME IN MIRR GLEICH: LANGE WAYR I CH MIT LEBEN SEHR TRAURIG UND GANZ ARM: MUTIG BIN ICH BUNTER FAST FREIER VOGEL"

Matthias, Lebensalter 16 Jahre: „ICH WILL MIT MEHR BUNTER FARBE MEI-

NE SEELE HEILEN. OHNE MALEN MUSS ICH RICHTIG MARSMENSCH SEIN.“

Matthias entwickelte mit Hilfe der „Gestützten Kommunikation“ erste eigene Interessen und unerwartete Fähigkeiten, die sich im Sinne einer Sonderbegabung auf die bildnerische Gestaltung konzentrierten. Bald war an seinen Bildern zu erkennen, dass er über eine sehr gute visuelle Speicherfähigkeit verfügte (fotografisches Gedächtnis); so entstand z. B. Abb. 253 als Erinnerungsbild einer Abbildung, die er einen Tag vor Fertigstellung seiner Zeichnung in einer Zeitschrift gesehen hatte und die der Stützerin unbekannt war. Matthias lässt in seinen Zeichnungen ein differenziertes Farbempfinden erkennen (er deutet auf die Farben, die er verwenden möchte) und bringt dieses in der Darstellung seiner expressionistisch anmutenden Motive ein.
Es ist heute sein großer Wunsch, einmal – nach dem Vorbild seines Großvaters – ein berühmter Künstler zu werden. Er zeigt stolz seine Bilder in ersten kleinen Ausstellungen (z. B. bei einer überregionalen FC-Tagung in Haar, Bezirkskrankenhaus) und bezieht aus diesen Erfolgserlebnissen eine deutliche Stärkung seines Selbstwertbewusstseins. Matthias lebt heute wieder bei seinen Eltern und wird von diesen versorgt. Seine Mutter hat sich inzwischen die Methode der „Gestützten Kommunikation“ angeeignet und damit zwischen Eltern und Matthias eine Kommunikationsbasis geschaffen. Er besucht zurzeit eine Förderschule und darf als Integrationsschüler wöchentlich in ausgewählten Unterrichtseinheiten mit „Gestützter Kommunikation“ am Unterricht der Hauptschüler teilnehmen (ein Stützer, der in dieser Methode ausgebildet wurde, sitzt während des Unterrichts neben ihm). Nach Aussagen seiner Mutter freut er sich auf diese Schultage ganz besonders und verfolgt motiviert den Unterricht.

Abb. 253:
Matthias, LA: 15;0 Jahre, Rahmenbedingungen: Matthias malte das vorliegende Bild nach einer Vorlage, die er einen Tag zuvor in einer Zeitschrift gesehen hatte, die aber der Stützerin zum Zeitpunkt der Fertigstellung des Bildes unbekannt war; Benennung (durch „Gestützte Kommunikation“): „Blumen“, Acrylfarben, 30 x 21 cm, ***Zeichenentwicklung:*** *auffallend gute Darstellung und Komposition der Blumenformen und ihrer Farben, die wahrscheinlich im Sinne einer fotografischen Gedächtnisleistung von der Vorlage einer Zeitschrift übernommen wurden;* ***Emotionale Zeichen:*** *sind aus der*

Vorgeschichte des Jungen, nicht aber aus dieser Zeichnung zu entnehmen (vgl. erläuternde Hinweise zu den Abb. 253-256). ***Gesamtentwicklung:*** *tief greifende Entwicklungsstörung; über die Methode der „Gestützten Kommunikation" wurde bei Matthias eine künstlerische Begabung des Malens erkannt.*

Abb. 254:
Matthias, LA: 15;0 Jahre, Rahmenbedingungen: Malen mit „Gestützter Kommunikation" nach freier Themenwahl und ohne Vorlage, Benennung (über „Gestützte Kommunikation"): „Sonnenblumen", Acrylfarben, 35 x 24 cm, ***Zeichenentwicklung:*** *auffallend ausdrucksvolle Farbdarstellung und Komposition;* ***Emotionale Zeichen:*** *sind aus der Vorgeschichte des Jungen, nicht aber aus dieser Zeichnung zu entnehmen (vgl. erläuternde Hinweise zu den Abb. 253-256);* ***Gesamtentwicklung:*** *tief greifende Entwicklungsstörung; über die Methode der „Gestützten Kommunikation" wurde bei Matthias eine künstlerische Begabung des Malens erkannt.*

Abb. 255.
Matthias, LA: 15;0 Jahre, Rahmenbedingungen: Malen mit „Gestützter Kommunikation" nach freier Themenwahl und ohne Vorlage, Benennung (über „Gestützte Kommunikation"): „Tulpen", Acrylfarben, 35 x 25 cm, ***Zeichenentwicklung:*** *auffallend ausdrucksvolle Farbdarstellung und Komposition;* ***Emotionale Zeichen:*** *sind aus der Vorgeschichte des Jungen, nicht aber aus dieser Zeichnung zu entnehmen (vgl. erläuternde Hinweise zu den Abb. 253-256);* ***Gesamtentwicklung:*** *tief greifende Entwicklungsstörung; über die Methode der „Gestützten Kommunikation" wurde bei Matthias eine künstlerische Begabung des Malens erkannt.*

Abb. 256: *Matthias, LA: 16;0 Jahre, Rahmenbedingungen: Malen mit „Gestützter Kommunikation“ nach freier Themenwahl und ohne Vorlage, Benennung (über „Gestützte Kommunikation“): „Tulpen“, Acrylfarben, 24 x 18 cm,* ***Zeichenentwicklung:*** *auffallend ausdrucksvolle Farbdarstellung und Komposition;* ***Emotionale Zeichen:*** *sind aus der Vorgeschichte des Jungen, nicht aber aus dieser Zeichnung zu entnehmen (vgl. erläuternde Hinweise zu den Abb. 253-256);* ***Gesamtentwicklung:*** *tief greifende Entwicklungsstörung; über die Methode der „Gestützten Kommunikation“ wurde bei Matthias eine künstlerische Begabung des Malens erkannt.*

6.2.6 Zeichnungen von Kindern mit Verhaltensproblemen und emotionalen Störungen

Emotionale Störungen, primär oder begleitend, können in der Zeichnung zu einer Häufung bestimmter auffälliger Merkmale führen, die von mir Emotionale Zeichen genannt und als solche untersucht werden (vgl. Kap. 4.1-4.3.5). So malt z B. ein 6;0jähriges, emotional schwer gestörtes Kind mit Sprachverweigerung (Elektiver Mutismus) nach plötzlichem Verlust der Mutter einen Menschen, der nur aus der Andeutung eines Gesichtes mit übergroßen Zähnen besteht (vgl. Fallbeispiel Bärbel, Kap. 4.3.2, Abb. 146). Alle zur Verfügung stehenden Informationen über das Kind sprechen dafür, dass es in dieser Zeichnung seine sprachliche Verweigerung in dem individuell geprägten Symbol eines übergroßen Mundes mit übergroßen Zähnen ausdrückt. Solche Emotionalen Zeichen können nur mit Hilfe einer ganzheitlich orientierten Analyse der Kinderzeichnung ermittelt werden, die immer die Analyse von Entwicklungsmerkmalen mit einschließt (vgl. hierzu auch Fallbeispiel Anna, Kap. 5.3-5.3.6). Altersgemäß entwickelte hochbegabte oder minderbegabte Kinder mit emotional-sozialen Störungen, entwicklungsgestörte und verhaltensgestörte Kinder lassen Retardierungen mit Strukturveränderungen in ihrer Zeichenentwicklung erkennen, die nur im Rahmen einer ganzheitlich orientierten und mehrdimensionalen Diagnostik fachkompetent abzuklären sind. Oft erweist es sich dabei als schwierig, Entwicklungsmerkmale von Emotionalen Zeichen zu unterscheiden. Die Einordnung der Kinderzeichnung in biographische Zusammenhänge und in die vergleichende Betrachtung aller zur Verfügung stehenden Verhaltensbeobachtungen, Explorationen, medizinischen und psychodiagnostischen Befunde ist bei der Bearbeitung dieser Fragestellung unverzichtbar. (Beispiele von Emotionalen Zeichen in Kinderzeichnungen vgl. Kap. 4.3.1-4.3.5).

6.2.7 Schichtspezifische und milieubedingte Besonderheiten in Zeichnungen

Schichtspezifische und milieubedingte Besonderheiten in der Kinderzeichnung können zu temporären Verfestigungen von Formen und Motiven führen (Richter, 1987). Wenn die Anamnese eines Kindes auf entsprechende Besonderheiten hinweist, sollten deren mögliche Auswirkungen auf die Kinderzeichnung geprüft werden.
Der Einfluss des sozio-ökonomischen Status der Eltern und der Milieufaktoren kann positive oder negative Auswirkungen auf Lern- und Beobachtungsmöglichkeiten des Kindes und damit auch auf die Entwicklung der Kinderzeichnung haben. Die Statusabhängigkeit der Kinderzeichnung ist nach den Untersuchungen von John-Winde, H., 1981, im ersten Schuljahr andeutungsweise, im vierten Grundschuljahr signifikant nachzuweisen.

> John-Winde, H., 1981, S. 331-332:
> „Die Statusabhängigkeit von Kinderzeichnungen kann mit Hilfe des validisierten Instrumentariums der Kriterien „Differenzierung", „Integration" und „Gesamtstrukturierung" analysiert werden. ...Die Kriterien stützen sich auf die erarbeitete Theorie der Entwicklung der Kinderzeichnung in vier Phasen....
> Die Statusabhängigkeit der Kinderzeichnung im ersten Schuljahr ist auf dem 5 % Niveau nachweisbar. ...Es handelt sich um eine eben erkennbare Statusabhängigkeit, bei der die einzelnen Kriterien eine beträchtliche Streuung aufweisen.....
> Die Statusabhängigkeit der Kinderzeichnung im vierten Schuljahr ist im höheren Maße gegeben. Sie ist sogar auf dem 1 % Niveau der Signifikanz vorhanden...
> Dies bedeutet: je höher der Status der Eltern ist, umso größer ist die Wahrscheinlichkeit, dass Kinder der vierten Klasse eine höhere Wertpunktzahl der Kriterien erreichen."

Im Einzelfall sollte aus meiner Sicht immer, auch bei Kindern der ersten drei Grundschuljahre, die möglicherweise vorliegende positive oder negative Beeinflussung der Zeichenleistung durch Milieueinflüsse überprüft werden. Gezielte Gesamtförderung kann die Zeichenentwicklung beschleunigen, milieubedingte Verarmung oder Reduzierung von Umwelterfahrungen können im Einzelfall entwicklungshemmenden Einfluss auf alle Bereiche der psychischen Funktionen haben, auf Sensomotorik,

Sprache, alle Wahrnehmungsbereiche, auf die kognitive Entwicklung, das Arbeitsverhalten, den emotional-sozialen Bereich und so auch auf die Kinderzeichnung. *Die Kinderzeichnung ist ein Spiegelbild für alle psychischen Funktionen, es lohnt sich, in diesen Spiegel zu schauen* (vgl. Fallbeispiel Anna, Kap. 5.3-5.3.6).
Schicht- und milieuspezifische Besonderheiten können sowohl die Gesamtentwicklung als auch die Entwicklung einzelner Beobachtungsbereiche beeinflussen. So können einzelne gewählte Zeichenmotive auf Einflüsse der spezifischen aktuellen Lebensbedingungen zurückgeführt werden. Wir finden z. B. in Zeichnungen von Flüchtlingskindern Motive, die in Zusammenhang mit ihren Kriegserlebnissen oder ihren Erlebnissen in Flüchtlingslagern einzuordnen und zu beurteilen sind (vgl. Kap. 6.2.7, Abb. 257). Auch bei Kindern, die in den ersten Entwicklungsjahren hospitalisiert wurden und schwere Deprivationen erlebten, muss mit prägenden Einflüssen auf die Entwicklung der Kinderzeichnung gerechnet werden (vgl. Fallbeispiel Alexander, Kap. 7.3.3, Abb. 258-277).

Fallbeispiel eines Kindes mit milieubedingten Besonderheiten (Flüchtlingskind):

- **Erläuternde Hinweise zur Abb. 257:**

Ich lernte Albulena im Lebensalter von 11;0 Jahren in einem Flüchtlingslager kennen. Sie fiel mir in der Malgruppe als besonders zugewandtes, sehr phantasiebegabtes und sozial gut angepasstes Kind auf. Meine sprachliche Verständigung mit ihr und den anderen nicht deutsch sprechenden Kindern während des Malens oder gemeinsamen Spielens erfolgte zunächst über Gebärden und mit Hilfe von Handspielpuppen. Nach 6 Monaten stand sporadisch eine Dolmetscherin zu Verfügung, die vor allem bei der Kommunikation mit den auch im Lager lebenden Eltern der Flüchtlingskinder hilfreich war. Albulena erlernte die deutsche Sprache innerhalb eines Jahres fließend, sie malte gerne und gut. Ihre Motive zeigten keine Erinnerungsbilder an den Krieg und die Vertreibung aus ihrer Heimat. Sie zeichnete dagegen besonders häufig harmonisch wirkende Blumen- und Landschaftsbilder in gut-durchschnittlicher Form-, Farb- und Raumdarstellung. Über ihre Kriegserlebnisse wollte sie nicht gerne sprechen und neigte eher dazu, diese zu verharmlosen.
Erst nach der Rückkehr in ihre Heimat schickte sie mir das folgend beschriebene, von ihr im Lebensalter von 15;3 Jahren gezeichnete Bild und nannte es: „Der Krieg in Metrowitscha“. Am Telefon erzählte sie mir zu ihrem Bild ihre Kriegserinnerungen und ließ erst zu diesem Zeitpunkt erkennen, wie viel Angst sie bei den Kriegsereignissen und der Vertreibung empfunden hatte.

Abb. 257:
Albulena, LA: 15;3 Jahre, Rahmenbedingungen: Dieses Bild wurde nach Albulenas Rückkehr in ihre Heimat zu Hause gezeichnet und mir mit der Post zugeschickt – 4 Jahre nach ihrer Flucht mit den Eltern und Geschwistern und ihrem anschließenden Aufenthalt in einem deutschen Flüchtlingslager, Benennung (telefonisches Gespräch): „Der Krieg in Metrowitscha, als ich das Feuer gesehen habe, hatte ich Angst, sehr Angst. Ich war mit dem Bus, nicht solche Anhänger (sie meinte, sie sei selber in einem Bus geflohen), ich habe diese Menschen gesehen, auch an anderen Plätzen gesehen. Manche Menschen sind in unser Haus gekommen, sie sind bei uns geblieben, bis sie weggegangen sind. Ich bin zuerst nach Montenegro gekommen, dann nach.....", Bleistift und Wasserfarben, 20 x 30.5 cm, ***Zeichenentwicklung: Anfang bis Mitte Stufe 4****; sehr gute Form-, Farb-, Bewegungs- und Raumdarstellung mit Hinweisen auf Albulenas sehr gute kognitive Fähigkeiten; gute Ansätze zur perspektivischen Darstellung;* ***Emotionale Zeichen:*** *Dieses Bild vermittelt als mein erster subjektiver Eindruck ein Gefühl von Trauer, Hoffnungslosigkeit, Flüchtlingsschicksalen, Angst vor Feuer und den Schrecken des Krieges. Albulena malt hier ihre schmerzlichen Kriegserfahrungen als Erinnerungsbilder, die auf ihre, in der Vergangenheit*

erfahrene und bereits ansatzweise bewältigte, emotionale Traumatisierung hinweisen. Der bildnerische und sprachliche Ausdruck sowie das Rot der brennenden Dächer, der brennenden Hauseingänge und die Situationsdarstellung (in Anhängern zusammengepferchte Flüchtlinge mit ihren Koffern) sind in Zusammenhang mit Albulenas Vorgeschichte als Emotionale Zeichen zu werten; ***Gesamtentwicklung:*** *Albulena zeigt heute als Jugendliche, kurz vor dem Erreichen ihrer Volljährigkeit, eine harmonische Gesamtentwicklung ohne Hinweise auf emotionale Störungen. Sie wächst in einer behüteten, kinderreichen Familie mit verständnisvollen und differenzierten Eltern auf. Albulena hat ihre Kriegserlebnisse so weit verarbeitet, dass sie frei über diese sprechen kann und möchte. Das Lernen und Schließen sozialer Kontakte fällt ihr ausgesprochen leicht. Sie besucht ein Gymnasium, wird in Kürze ihr Abitur ablegen und möchte dann studieren.*

7 Der Einsatz der Kinderzeichnung im Rahmen des Frostig-Konzepts

Im Folgenden wird der Einsatz der Kinderzeichnung in der Diagnostik und Behandlung von Entwicklungsstörungen und Verhaltensstörungen *am Beispiel des Frostig-Konzepts* beschrieben, das hier in seiner erweiterten Form und mit neu definierten Schwerpunkten zusammenfassend dargestellt wird. Die anschließenden Überlegungen und Empfehlungen zur Therapie und die einzelnen Fallbeispiele mit Kinderzeichnungen sollen Inhalt und Methode dieses erweiterten Konzepts praxisorientiert verdeutlichen.

7.1 Das Frostig-Konzept (Kurzfassung)

Einführung:
Marianne Frostig gilt als Pionierin auf dem Gebiet der Diagnostik, Pädagogik und Therapie von Kindern mit Lernstörungen (Teilleistungsstörungen). Selber vielseitig als Pädagogin, Psychologin, Sozialarbeiterin und Rhythmiklehrerin ausgebildet, gründete sie 1951 in Los Angeles, Kalifornien, das *Marianne Frostig Center of Educational Therapy* und entwickelte dort, und später in Pasadena, Test- und Therapieprogramme zu den Bereichen „Bewegung“ und „visuelle Wahrnehmung“.

Test- und Therapieprogramme:
Frostigs Test- und Therapieprogramme und ihr Konzept fanden große internationale Beachtung und Anerkennung. Sie werden heute noch in vielen Ländern angewendet. So gehört der Frostigs Entwicklungstest der visuellen Wahrnehmung (FEW) nach der deutschen Restandardisierung durch O. Lockowandt, 1974, und der statistischen Bearbeitung von W. Dacheneder (T-Werte) jetzt in der 9. Auflage (2000) zu den in Deutschland am häufigsten verwendeten psychodiagnostischen Testverfahren. Inzwischen gibt es eine in den USA entwickelte Revision des FEW, den DTVP-2 (*Developmental Test of Visual Perception*, Hammill, D. D., Pearson, N. A., Voress, J. K., 1993). Eine deutsche Normierung ist in Vorbereitung und wird in Kürze unter dem Namen: FEW-2 erscheinen. Das Frostig-Konzept wurde jedoch gelegentlich, aufgrund methodischer Verengung und einseitiger Betonung der Bedeutung der visuellen Wahrnehmung, auch missverstanden und entsprechend kritisiert.

Einrichtungen, die nach dem Marianne Frostig-Konzept arbeiten:
Heute zählt das „Frostig Center“ in Pasadena zu den international führenden Ein-

richtungen für Diagnostik, Pädagogik und Behandlung von Kindern und Jugendlichen mit umschriebenen Entwicklungsstörungen schulischer Fertigkeiten, z. B. Lese-Rechtschreibstörung, Rechenschwäche, motorische Funktionen (vgl. Kap. 10.2).

Auch in Deutschland und anderen europäischen Ländern (z. B. in Schweden, Österreich, Rumänien, Ungarn) kommt das Frostig-Konzept mit Erfolg in heilpädagogischen, (sonder)pädagogischen, kinderpsychiatrischen, klinisch-psychologischen und anderen therapeutischen Einrichtungen zum Einsatz. Lernbehinderte oder geistig behinderte Kinder und Jugendliche mit Entwicklungsstörungen werden in Deutschland ebenso nach seiner erweiterten Form gefördert oder therapiert wie durchschnittlich oder überdurchschnittlich begabte Kinder und Jugendliche mit Teilleistungsstörungen (Seidel, Ch., 1981, 1987). In zunehmendem Maße wird das Frostig-Konzept im Sinne einer primären Prävention von Lernstörungen in Kindergärten, Vorschulen und Grundschulen eingesetzt.

Inzwischen wurden der erste Marianne Frostig-Kindergarten in Detmold und die ersten beiden Marianne Frostig-Schulen in Offenbach a. M. (private Einrichtung mit Grund-, Hauptschul- und Realschulklassen) und in Dorndorf, Thüringen, (Staatliches Förderzentrum), gegründet. Kindergarten und Schulen arbeiten nach dem Frostig-Konzept.

Inhalte und Methoden:
Das Frostig-Konzept ist auf der Grundlage der Humanistischen Psychologie entstanden und entspricht einem ganzheitlichen Ansatz zur Förderung der kindlichen Entwicklung und zur Therapie von Lernstörungen und Teilleistungsstörungen. Es ist durch viele Einflüsse aus unterschiedlichen wissenschaftlichen Disziplinen und Schulen geprägt und integriert, aktuellen Forschungsergebnissen entsprechend, pädagogische, psychologische, neuropsychologische und therapeutische Theorien und Methoden zu einem eigenständigen Konzept.
Motorik (Bewegung), Sprache, alle Wahrnehmungsfunktionen, die höheren kognitiven Funktionen, die emotionale, soziale und kreative Entwicklung werden bei Anwendung dieses Konzepts in ihrer wichtigen Bedeutung für die Gesamtentwicklung des Kindes stets in ihrem Entwicklungszusammenhang beachtet, untersucht und unter ganzheitlichen und integrativen Bedingungen gefördert oder bei vorliegenden Störungen behandelt. Dieser integrative Ansatz des Konzepts fordert die Zusammenarbeit mit den Eltern und eine interdisziplinäre Zusammenarbeit verschiedener Fachdisziplinen in besonderer Weise heraus.

Schwerpunkte des Frostig-Konzepts:
Dem humanistisch orientierten Ansatz von Maria Montessori vergleichbar, forderte auch Marianne Frostig, das Kind in seiner Persönlichkeit anzunehmen, sein Selbstbewusstsein zu stärken, seine Würde zu achten, auf seine individuellen Bedürfnisse und seine emotional-soziale Situation einzugehen. Eigeninitiative, soziale Kompetenz und die Freude am Leben und Lernen in der Gemeinschaft sollen geweckt und entfaltet werden. Die Arbeit nach diesem Konzept will dazu beitragen, dass altersentsprechend entwickelte Kinder und Jugendliche, aber auch Kinder und Jugendliche mit Entwicklungs- und Lernproblemen, sich zu verantwortungs- und umweltbewussten, produktiven und erfolgreichen Mitgliedern unserer Gesellschaft entwickeln können – immer orientiert am Wertesystem der Humanistischen Psychologie.
Über das Anliegen von Maria Montessori und Marianne Frostig hinausgehend, bezieht die von mir hier beschriebene und praktizierte erweiterte Form des Frostig-Konzepts die kreativen Potenziale des Kindes gezielter ein und arbeitet verstärkt ressourcenorientiert (Seidel, Ch., in: Frostig, M. und Müller, H., 1981, S. 58-94; Seidel, 1987). Um das Vertrauen in die eigene Kompetenz des Kindes/Jugendlichen und sein Sinnempfinden („Kohärenzgefühl", Aaron Antonovsky) zu stärken, werden nach meinem Ansatz Spiel, eigenschöpferisches Gestalten, Malen und Zeichnen, Rollenspiele, Singen und Musizieren als wichtige Bausteine in die Förderung und Therapie integriert.
Dem Einsatz der Kinderzeichnung kommt nicht nur als *Screening-Verfahren* im psychodiagnostischen Prozess eine wichtige Bedeutung zu. Im Zusammenhang mit der Durchführung von standardisierten psychodiagnostischen Testverfahren kann die Analyse von Kinderzeichnungen auch wesentlich zur *Abklärung von kognitiven Fähigkeiten und Fertigkeiten sowie von Defiziten* in der emotional-sozialen, sprachlichen, perzeptiven und kreativen Entwicklung beitragen (vgl. Fallbeispiel Anna, Kap. 5.3-5.3.6; Kap. 6). Die Interpretation der Kinderzeichnung wird hier erstmalig unter *Verwendung praxisorientierter neuer Leitlinien* beschrieben (vgl. Kap. 5.2-5.2.3; Strukturierter Beobachtungsbogen vgl. Kap. 9.4).
Aus Hinweisen, die aus der Querschnitt- und Langzeit-Beobachtung der Zeichenentwicklung gewonnen werden, lassen sich Informationen zur emotional-sozialen Entwicklung des Kindes gewinnen und *Stillstände, Rückfälle* oder *Sprünge der Entwicklung* ermitteln. Es ergibt sich damit auch die Möglichkeit, *Verhaltensstörungen und emotional-soziale Probleme des Kindes* (z. B. Leistungsängste und Lernblockaden) *in persönlichkeitsspezifische und familiendynamische Zusammenhänge einzuordnen* und diese Erkenntnisse in den therapeutischen Prozess einzubringen. Allerdings sind hierzu gründliche Kenntnisse zur Interpretation der Kinderzeichnung sowie psychotherapeutische Fachkompetenz erforderlich.

Im Zusammenhang mit der Förderung von Bewegung und Sprache werden das *dreidimensionale Gestalten mit verschiedenen Materialien sowie Malen und Zeichnen als wichtige Grundpfeiler der integrativen Wahrnehmungsförderung selbst* gesehen und auch *zur Förderung von höheren kognitiven Funktionen* (z. B. Konzentration, Ausdauer, Gedächtnis, Handlungsplanung) *bei entwicklungsgestörten Kindern gezielt eingesetzt.*

Der *Beratung und Unterstützung von Eltern* wird in der Förderung und Therapie lerngestörter und teilleistungsgestörter Kinder/Jugendlicher eine bevorzugte Stellung eingeräumt.

Das Frostig-Konzept in seiner erweiterten und hier beschriebenen Form kann in den Bereichen von Diagnostik, Beratung, Förderung, Therapie und Prävention eingesetzt werden und enthält nunmehr folgende Schwerpunkte:

Psychodiagnostik/Förderdiagnostik:

- eine alle Maßnahmen des Konzepts umgreifende *Erziehungsphilosophie* im Sinne der Humanistischen Psychologie
- Beachtung von *Vorgeschichte, medizinischen, psychologischen, (sonder)pädagogischen Vorbefunden und der aktuellen Lebens- und Familiensituation* des betroffenen Kindes
- *Explorationsgespräche* mit dem Kind/Jugendlichen, mit den Eltern und Bezugspersonen
- Einsatz von *Screening-Verfahren* (Verhaltensbeobachtung in Alltagssituationen, beim freien Spiel und im Umgang mit didaktischen Materialien; Beobachtung kreativer Ausdrucksmöglichkeiten in der Bewegung, beim Gestalten mit verschiedenen Materialien, beim Malen und Zeichnen, beim Rollenspiel, im sprachlichen Ausdruck, beim Singen und Musizieren); formale Strukturanalyse und inhaltliche Analyse von Kinderzeichnungen (Querschnitt- und Langzeit-Beobachtung); Ermittlung von Entwicklungsmerkmalen und von Emotionalen Zeichen in den Zeichnungen mit Hinweisen auf entwicklungspsychologische Zusammenhänge sowie auf aktuelle Erlebnisinhalte und Konflikte des Kindes/Jugendlichen; Analyse der zu den Zeichnungen gegebenen Kommentare und Explorationen
- Einsatz *gezielter, mehrdimensionaler und hypothesengeleiteter Prozessdiagnostik* mit wissenschaftlich anerkannten standardisierten Intelligenztests, Persönlichkeitstests, Leistungstests, Wahrnehmungstests und Tests zur Überprüfung der Händigkeit, Fein- und Graphomotorik, Körpermotorik; Ermittlung von Interessen, Fähigkeiten, Begabungen/Sonderbegabungen und Entwicklungsdefiziten als Grundlage für die Ausarbeitung von Förder- und Therapieplänen

Methodologische Rahmenprinzipien bei der Förderung oder Therapie:

- *Individualisierung des Ansatzes:* Ausgehend von den Stärken und emotionalen, sozialen, kognitiven und kreativen Potenzialen des Kindes sollen vorhandene Schwächen mit Hilfe von Übungsprogrammen ausgeglichen werden
- *Motivation:* Die Bedürfnisse, Interessen, Begabungen oder Schwächen des Kindes/Jugendlichen sind besonders zu beachten
- *Systematisierung des Übungsansatzes:* Übungen, die dem Entwicklungsstand des Kindes angepasst sind, werden in systematisch aufeinander aufbauenden kleinen Lernschritten durchgeführt
- *Flexibilität der Methodenwahl:* Auswahl und Einsatz von vielfältigen, spezifisch gestalteten Methoden entsprechend der Motivation und den Bedürfnissen, Interessen, Begabungen oder Schwächen des Kindes
- *individualisierte Gestaltung von Förder- und Therapiesituationen:* Das Kind/der Jugendliche soll sich geborgen und wohl fühlen und Freiraum für spielerische und kreative Aktivitäten erhalten; es/er soll geistig angeregt, jedoch nicht durch Förder-/Therapieangebote überstimuliert werden;
  Vorbereitung, Zielbestimmung, Selbstkontrolle, Temporegulierung (dem Kind Zeit geben), Vernetzung der Lerninhalte, Strukturierung der Lernsituation sind erforderlich
- *Förderung der kreativen Ausdrucksmöglichkeiten* in der Bewegung, beim Gestalten mit verschiedenen Materialien, beim plastischen Gestalten, Malen und Zeichnen, beim Rollenspiel, beim sprachlichen Ausdruck, beim Singen und Musizieren (z. B. unter Verwendung des Orff-Instrumentariums) oder bei kreativen multimedialen computergestützten Arbeiten; auch Eltern und Bezugspersonen, Erzieher, Lehrer, Therapeuten, die mit den Kindern/Jugendlichen arbeiten, sollen auf die wichtige Bedeutung der kreativen Ausdruckmöglichkeiten hingewiesen werden und Anregungen für eigenes schöpferisches Arbeiten mit dem Kind erhalten
- *Beachtung der Person und Rolle des Erziehers/Lehrers/Therapeuten:* Bemühen um eine warme und persönliche Beziehung zwischen Erzieher/Lehrer/Therapeut und Kind oder Jugendlichem
- *Zusammenarbeit mit den Eltern und Bezugspersonen:* Die Eltern werden in den therapeutischen Prozess mit einbezogen und um aktive Mithilfe gebeten; sie erhalten kontinuierliche Rückmeldungen über die erzielten Fortschritte, Entwicklungsprobleme oder Verhaltensprobleme ihres Kindes, sofern dies aus therapeutischer Sicht mit der Schweigepflicht dem Kind/Jugendlichen gegenüber zu verantworten und sinnvoll ist; Beratung und Unterstützung bei Erziehungsproblemen und bei Fragen zur koordinierten gezielten Entwicklungsförderung im häuslichen Umfeld, in der Schule und in der Therapie werden angeboten

- *eine interdisziplinäre Zusammenarbeit aller Berufsgruppen, die mit dem Kind arbeiten,* wird angestrebt

Anwendung besonderer Methoden: Jedem Kind seine Chance!
Im Hinblick auf die Anwendung besonderer Methoden ist es vorrangig wichtig, jedes Kind individuell dort anzusprechen, wo es ansprechbar ist, über Potenziale und Ressourcen verfügt und interne und externe Stützsysteme mobilisieren kann. Die basalen Fertigkeiten (Bewegung, Sprache, perzeptive, höhere kognitive, emotionale, soziale und kreative Funktionen) sollen in ihrem *Entwicklungszusammenhang* rechtzeitig, d.h. mit Unterstützung von Eltern und Bezugspersonen, schon im frühen Kindesalter gefördert und diese Förderung soll in Kindergarten und Vorschule fortgesetzt werden. Eine „geordnete Interdependenz aller psychischen Funktionen auf einem optimalen Aktualisierungsniveau" (O. Lockowandt, 1994) gilt als wichtige Voraussetzung für die *Integration* dieser basalen psychischen Funktionen und ihre Einordnung in die Gesamtheit zielgerichteten Verhaltens. Diese Prozesse setzen sich ins Schulalter fort. Alles Lernen – so auch das Erlernen der *Kulturtechniken* Lesen, Schreiben, Rechtschreiben und Rechnen, einschließlich *Gedächtnis, Konzentration, Aufmerksamkeit, Ausdauer* – ist von einer sich altersentsprechend entwickelnden *neuronalen Vernetzung und Integration psychischer Funktionen* abhängig. Vorliegende aktuelle Forschungsergebnisse gehen heute von der Hypothese aus, dass den emotional-sozialen Faktoren bei der Analyse von Lern- und Verhaltensstörungen sowie bei der nachzuweisenden Effektivität von Förder- und Therapieprogrammen eine bevorzugte Stellung zukommt.
Aus dieser Betrachtung heraus ergeben sich auch zeitgemäße Ansätze für *aktuelle bildungspolitische Fragen. Jedem Kind seine Chance!* Diese Forderung kann nur erfüllt werden, wenn man bereits in der frühen Kindheit mit der Förderung der basalen Funktionen unter ganzheitlich orientierten und die Persönlichkeitsentwicklung des Kindes besonders beachtenden Bedingungen beginnt. Auch bei der weiteren Entwicklung des Schulkindes, vor allem in den ersten Grundschulklassen, müssen diese Förderaspekte im Auge behalten werden. Kindern mit bereits auffällig gewordenen Lernstörungen bietet das Frostig-Konzept die Möglichkeit, sich in kleinen, systematisch aufgebauten Lernschritten neuen Herausforderungen mit Ausdauer und Umsicht zu stellen. *Störungen oder Behinderungen beim Erlernen der Kulturtechniken* des Lesens, Schreibens, Rechtschreibens und Rechnens sowie *Störungen der Aufmerksamkeit, Konzentration, Ausdauer,* der *Gedächtnisfunktionen* und *des Verhaltens* werden in der Frostig-Pädagogik oder Frostig-Therapie unter dem Einsatz gezielter und ressourcenorientierter entwicklungstherapeutischer Hilfestellungen angesprochen.

In Langzeit-Studien des Frostig Centers, Pasadena, USA, konnten *sechs Protektive Faktoren* (unterstützende Faktoren) ermittelt werden, die sich bei ehemaligen Schülern und Schülerinnen mit Teilleistungsstörungen (umschriebenen Entwicklungsstörungen schulischer Fertigkeiten, z. B. Lese-Rechtschreibstörung, Rechenstörung, motorische Funktionen) für eine positive Lebensbewältigung als effektiv erwiesen (Spekman, N. J., Goldberg, R. J., Herman, K. L., 1992).

Raskind, M. H., Goldberg, R. J. et al., 1999 und 2002; Goldberg, R. J., Higgins, E. L. et al., 2003a und b sowie Higgins, E. L., Goldberg, R. J. et al., 2005, beschreiben diese Faktoren wie folgt:

- *„Selbstwahrnehmung" („Self-Awareness")*
  (z. B. „die Teilleistungsstörung annehmen; eigene Stärken und Schwächen einordnen können; Strategien benutzen, um die Lernstörung zu kompensieren")
- *„Eigeninitiative" („Proactivity")*
  (z. B. „Entscheidungen treffen und diese durchführen können")
- *„Ausdauer" („Perseverance")*
  (z. B. „bereit sein, schulische und nicht schulische Aufgaben trotz bestehender Schwierigkeiten zu erledigen")
- *„Zielsetzung" („Goal-Setting")*
  (z. B. „erkennen, ob ein Ziel erreichbar ist; Pläne/Stufen entwickeln, um Ziele in kleinen Schritten zu erreichen")
- *„Vorhandensein und aktiver Gebrauch von Stützsystemen" („Presence and Use of Support Systems")*
  (z. B. „unterstützende Hilfsangebote suchen und annehmen")
- *„Emotionale Bewältigungsstrategien" („Emotional Coping Strategies")*
  (z. B. „erkennen, welche Situationen Stress, Frustration und emotionale Belastung auslösen; Strategien lernen, um Stresssituationen zu vermeiden bzw. mit ihnen adäquat umzugehen")

Orientiert an den Untersuchungsergebnissen des Frostig Centers werden diese Faktoren auch in dem hier vorgestellten erweiterten Ansatz des Frostig-Konzepts berücksichtigt.
In zwei Broschüren stellt das Frostig Center für Eltern und Lehrer Beobachtungskriterien des Verhaltens lerngestörter Kinder zusammen, mit deren Hilfe frühzeitig Fehlentwicklungen in den oben genannten Bereichen erkannt werden können. Gleichzeitig gibt das Center Eltern und Lehrern damit Anregungen zur Stimulation der Entwicklung der genannten Protektiven Faktoren im häuslichen Umfeld und in der Schule.
(Raskind, M. H., Goldberg, R. J., Higgins, E. L. and Herman, K. L., 2003: Life success for learning disabilities: A parent guide. Pasadena, CA: Frostig Center; Higgins, E. L., Goldberg, R. J., Raskind, M. H., 2005: Life success for students with learning disabilities, teacher guide, Pasadena, CA: Frostig Center; www.frostig.org).

7.2 Die Anwendung des Frostig-Konzepts bei Entwicklungsstörungen

Das Frostig-Konzept wird von psychologischen, pädagogischen, (sonder)pädagogischen, heilpädagogischen, medizinischen Fachdisziplinen und unterschiedlichen Therapierichtungen (z. B. Ergotherapie, Psychomotorik) eingesetzt. Den vielfältigen Voraussetzungen der beruflichen Grundausbildung und Zusatzqualifikationen entsprechend, erfolgt der Einsatz dieses Konzepts in Diagnostik, Förderung und Therapie unter besonderen Zielsetzungen und Schwerpunkten.
Mein Ansatz ist dem Bereich der Klinischen Psychologie zuzuordnen und konzentriert sich auf die Diagnostik und Therapie von Kindern mit Entwicklungsstörungen (ICD-10-GM 2007, F80-F89, vgl. Kap. 10.2) und mit zu Beginn der Kindheit einsetzenden Verhaltensstörungen und emotionalen Störungen, die sich bis ins Jugendalter fortsetzen (ICD-10-GM 2007, F90-F98, Kap. 10.3).

In Kap. 10.2 und 10.3, können die Erklärungen zu den in diesem Buch beschriebenen Entwicklungs-, Verhaltens- und emotionalen Störungen mit Diagnoseschlüssel nach der ICD-10-GM 2007 eingesehen werden.

Die letztgenannten Störungen treten oft bei Entwicklungsstörungen als *Sekundärstörungen* auf. So *können Kinder mit Entwicklungsstörungen*, z. B. mit einer schweren Form von Lese-Rechtschreibstörung, in Zusammenhang mit ihrer Grundstörung gravierende Leistungsängste mit Selbstwertproblematik entwickeln und in ihrer seelischen Gesundheit tief greifend verunsichert und gefährdet sein (vgl. „sekundäre und tertiäre komorbide Störungen", Schlack, 2003). Ein Rechtschreibtraining für entwicklungsgestörte Kinder, das diese Begleitstörungen nicht im Therapieplan beachtet, kann solchen Kindern nicht gerecht werden. Oder Kinder mit besonderen Bedürfnissen, etwa mit einer geistigen Behinderung, leiden aufgrund einer überfordernden Erziehung an schweren Versagensängsten und verweigern Leistungsanforderungen bei übenden therapeutischen Verfahren. Sprachübungsbehandlungen oder Übungsprogramme im Wahrnehmungsbereich erfordern bei Kindern mit Leistungsblockaden ein behutsames Vorgehen, bei dem zuerst die Versagensängste therapeutisch abgebaut werden müssen. Das Kind kann über das Vertrauensverhältnis zum Therapeuten die Bereitschaft zum Annehmen von Lernangeboten entwickeln und durch zunehmendes neugieriges Sich-Öffnen Motivation zum Lernen entfalten. Um die Verweigerungsproblematik aufzufangen, arbeite ich mit einer erweiterten Form des Frostig-Konzepts nach einem Behandlungsplan, der die Problematik von komorbiden Störungen (sekundäre Verhaltensstörungen bei primären Entwicklungsstörungen) von Behandlungsbeginn an besonders berücksichtigt. Entwicklungsgestörte Kinder sind besonders störanfällig, Begleitstörungen sind bei ihnen daher oft zu beobachten. *Durch Begleitstörungen wird jedoch jede entwicklungstherapeutische Behandlung deutlich erschwert.* Sie führen in vielen Fällen zu *Entwicklungsstillständen* oder *Rückfällen*, da die emotional-sozialen Schwierigkeiten der Vernetzung und Integration psychischer Funktionen im Wege stehen. Bevor funktionell übende Verfahren sinnvoll eingesetzt werden können, ist daher aus meiner Sicht eine vorbereitende, die Emotionalität des Kindes ansprechende therapeutische Einleitungsphase mit Bewegungsspielen, spieltherapeutischen und maltherapeutischen Methoden notwendig. Dem Ausmaß der Leistungsängste entsprechend, sollte diese Übungsphase über einen längeren Zeitraum beibehalten werden. Auch wenn die Leistungsängste durch solche Maßnahmen gemildert oder abgebaut werden konnten, sind die oben genannten Methoden immer wieder bei Bedarf zur Stabilisierung des Kindes in die durchzuführenden Therapieeinheiten zu integrieren. Der jeweilige gezielte Einsatz von spieltherapeutischen, maltherapeutischen und funktionell übenden Verfahren erfordert bei entwicklungsgestörten Kindern ein *flexibles Eingehen* auf ihre aktuellen Bedürfnisse und emotional-sozialen Voraussetzungen. *Entsprechend müssen die Wahl und der Zeitpunkt der anzuwendenden Behandlungsmethoden flexibel erfolgen.* Diese Zusammenhänge werden anhand von Fallbeispielen genauer erläutert.

Definition der Frostig-Therapie in der GÖÄ (Gebührenordnung für Ärzte):
Patientengruppen, die nach der Frostig-Therapie behandelt werden:
Die Frostig-Therapie wird in dem ausführlichen Kommentar der Gebührenordnung für Ärzte unter der Nummer 725 wie folgt definiert:
„Systematische sensomotorische Entwicklungs- und Übungsbehandlung von Ausfallserscheinungen am Zentralnervensystem als zeitaufwändige Einzelbehandlung – gegebenenfalls einschließlich individueller Beratung der Betreuungsperson –, Dauer mindestens 45 Minuten.
Erläuterung: Diese Leistung umfasst unabhängig vom Alter des Patienten ein weites Spektrum von Behandlungsverfahren bei Funktionsstörungen des Zentralnervensystems. Auch entsprechende Ausfallserscheinungen des peripheren Nervensystems und angeborene bzw. erworbene Fehlhaltungen des Skelettsystems können hierunter – zumindest analog – gefasst werden.
Beispiele für einige häufige angewandte Verfahren sind die Methoden nach Bobath, Vojta, Frostig oder die propriozeptive neuromuskuläre Fazilitation (PNF).“ (Lang, M. H., Schäfer, F.-H. et al., 2002, F 31, 725).

Die folgenden Fallbeispiele wurden nach einer von mir entwickelten *erweiterten Form des Frostig-Konzepts* therapiert (vgl. Kap. 5.3-5.3.6; Kap. 6.2.1-6.2.4; 7.3-7.3.3;

7.4-7.4.2; 7.5-7.5.1). Die Behandlung der von mir beschriebenen Kinder mit allgemeinen und umschriebenen Entwicklungsstörungen, Verhaltensstörungen und Lernstörungen erfolgte *nicht ausschließlich* im Sinne einer *systematischen funktionellen Entwicklungs- und Übungsbehandlung* (vgl. Definition der GOÄ). Vielmehr wurde diese u. a. durch den Einsatz von Behandlungsmethoden im spieltherapeutischen und maltherapeutischen Bereich, durch begleitende Elternberatung und die Beachtung anderer psychosozialer und Protektiver Faktoren erweitert (vgl. Kurzfassung des Frostig-Konzepts, Kap. 7.1).

Kritik an der Effektivität der funktionellen psychomotorischen Übungsbehandlung:
Durch vorliegende Untersuchungsergebnisse einer Meta-Analyse von über 180 Fall-Kontroll-Studien (13. 000 Kinder) von K. Kavale und P. D. Mattson, 1983, neu besprochen von K. W. Zimmermann, 1996, konnte die Effektivität des Einsatzes von psychomotorischen Übungsprogrammen auf Merkmale der Persönlichkeit (Motorik/Wahrnehmung, Kulturtechniken, Intelligenz und adaptives Verhalten) *nicht* nachgewiesen werden.
Bei der Diskussion der Ergebnisse beanstandet Zimmermann, dass bei dieser Meta-Analyse *Persönlichkeitsmerkmale* nur in einem einzigen, nicht weiter differenzierten Punkt („adaptive behavior“) Gegenstand der Untersuchung waren. „Eine differenzierte Analyse für den komplexen Bereich des sozialen und emotionalen Erlebens und Verhaltens steht somit aus. Diese allerdings ist nur durchführbar, wenn experimentelle Untersuchungen hierzu vorliegen. Im Moment scheint dies nicht der Fall zu sein.“ (Zimmermann, 1996, S. 5, www.uni-kassel.de/fb3/psych/pers/zimmermann/weilb4.htm).
Die hier skizzierte Meta-Analyse zur Ermittlung der Effektivität des Behandlungserfolges von psychomotorischem Training ist sicher ein Schritt in Richtung besserer Objektivierung und Standardisierung von Sammelreferaten, dennoch ist auch diese Methode umstritten.
Um die Effektivität von Behandlungskonzepten statistisch zuverlässig nachweisen zu können, sind randomisierte Vergleichsstudien erforderlich. Diese liegen jedoch bis heute nur für wenige Patientengruppen vor (vgl. Schlack, 1994, 2003). Die von Kavale und Mattson geschilderten Effektivitätsstudien beziehen sich auf Untersuchungen von behandelten *Schulkindern* (Durchschnittsalter: 8;8 Jahre), bei denen *keine globalen Entwicklungsstörungen* vorlagen. Die Behandlungsdauer betrug 19 Wochen bzw. 65 Behandlungsstunden. Bei der geschilderten Meta-Studie wurden *die inhaltlichen Kriterien* der einzelnen Therapiekonzepte nicht genauer besprochen, diese könnten jedoch einen entscheidenden Einfluss auf die Effektivität des Behandlungserfolges gehabt haben. Die *Behandlung nach Frostig* z. B. war in der

Untersuchung von Kavale und Mattson berücksichtigt worden, erwies sich jedoch, ebenso wie die anderen psychomotorischen Übungsbehandlungen, als nicht effektiv. Allerdings wurde zur damaligen Zeit nach Frostig häufig ausschließlich im Sinne einer *funktionellen Übungsbehandlung der visuellen Wahrnehmung überwiegend mit Arbeitsblättern* gearbeitet und nicht nach dem von mir hier geschilderten *erweiterten Ansatz* des Frostig-Konzepts mit den oben genannten Schwerpunkten auch auf anderen psychischen Funktionen (z. B. Bewegung und Kreativität). Auch heute wird das Frostig-Konzept *leider noch mit ausschließlicher Konzentration auf die Diagnostik der visuellen Wahrnehmung und eine funktionelle Behandlung von visuellen Wahrnehmungsstörungen* mit Hilfe von Arbeitsblättern eingesetzt (z. B. bei der Behandlung von Kindern mit Down-Syndrom) und entsprechend auch einseitig in wissenschaftlichen Publikationen als „funktionalistisches Modell" kritisiert (Grüntgens, W., 9/2001, S. 5-8).

Bewegungsspiele und psychomotorische Übungen, emotionale und psychosoziale Faktoren, Förderung kreativer Ausdrucksmöglichkeiten (z. B. in der Kinderzeichnung) und die Elternberatung werden bei einer falschen Anwendung des Frostig-Konzepts nicht oder zu wenig einbezogen. Auf die Bedeutung dieser therapeutischen Grundvoraussetzungen hat M. Frostig selbst immer wieder hingewiesen.

Nach heutigem Wissen gelten gerade die „Protektiven Faktoren" (vgl. Frostig-Konzept, Kap. 7.1) als wichtigste Voraussetzungen für den Therapieerfolg bei Entwicklungsstörungen (vgl. Spekman, N. J., Goldberg, R. J. et al., 1992; Raskind, M. H., Goldberg, R. J. et al., 2003; Higgins, E. L., Goldberg, R. J. et al., 2005; Schlack, H. G., 1994).

Die Meta-Analyse von Kavale und Mattson weist, bei allen offenen Fragen hinsichtlich einer genaueren inhaltlichen Definition der verschiedenen Therapiekonzepte, auf die Problematik eines isolierten *funktionellen psychomotorischen Trainingsprogramms* hin. Dies gilt umso mehr, als Persönlichkeitsvariablen und psychosoziale Faktoren bei diesen Untersuchungen nur in sehr eingeschränktem Umfang berücksichtigt wurden.

Um so wichtiger scheint es mir zu sein, bei dem Behandlungskonzept für entwicklungsgestörte Kinder nach *Frostig in seiner hier beschriebenen erweiterten Form* die Rolle der Erziehungsphilosophie im Sinne der Humanistischen Psychologie, der psychosozialen Funktionen, der Elternberatung, der Bedeutung der Kinderzeichnung, der Förderung der kreativen Ausdrucksmöglichkeiten und der Protektiven Faktoren in die therapeutischen Bemühungen zu integrieren. Es bleibt abzuwarten, ob sich unter diesen geänderten Voraussetzungen bei künftigen Fall-Kontroll-Studien die Effektivität genauer definierter Behandlungskonzepte bei genauer definierten Gruppen von entwicklungsgestörten Kindern verlässlich nachweisen lässt.

Interventionen bei Entwicklungsstörungen – eine bewertende Literaturübersicht von H. G. Schlack:

H. G. Schlack publizierte 1994 eine Arbeit über Interventionen bei Entwicklungsstörungen – eine bewertende Literaturübersicht. Drei Gebiete der Frühbehandlung bzw. der Frühförderung wurden im Hinblick auf die Evaluation der Ergebnisse metaanalytisch näher betrachtet:

1. Kinder mit zerebralen Bewegungsstörungen bzw. mit entsprechender Verdachtssymptomatik
2. Kinder mit geistiger Behinderung bzw. nicht näher spezifizierten mentalen Entwicklungsstörungen auf organischer Grundlage
3. Kinder mit Entwicklungsstörungen infolge ungünstiger sozialer Bedingungen

Der Autor fand auf der Grundlage einer viele repräsentative Studien umfassenden Literaturanalyse, dass die besten Erfolge von Interventionen bei *jungen Kindern mit Entwicklungsstörungen aufgrund ungünstiger sozialer Lebensbedingungen* erzielt werden konnten. Er stellte bei *organisch behinderten Kindern wenig Evidenz für entscheidende Effekte einer funktionellen Übungsbehandlung fest*, im Unterschied dazu erwiesen sich hier jedoch Interventionen, die auf *psychosoziale Verbesserung* ausgerichtet sind, als wirksam. Nach der Einschätzung des Autors zeitigten die dadurch hervorgerufenen Veränderungen in der Situation der Eltern und in der Eltern-Kind-Interaktion kompensatorisch effektive Auswirkungen auf die Entwicklung und das Verhalten der Kinder. H. G. Schlack formulierte aus den Ergebnissen dieser Meta-Analyse die Hypothese, dass *elternzentrierte Interventionen, die definiert und standardisiert sein müssen, im Konzept der Frühförderung eine zentrale Bedeutung haben.*

Bei der Auswertung von 20 gut kontrollierten Studien, die den Zusammenhang zwischen bestimmten Qualitäten mütterlichen Verhaltens und der Entwicklung der Kinder untersuchten, konnten einige sehr konsistente Faktoren herausgearbeitet werden, die sich günstig oder ungünstig auf die funktionelle Entwicklung auswirkten; dies galt übereinstimmend für gesunde Kinder ebenso wie für behinderte und Risikokinder. H. G. Schlack fand bei der bewertenden Übersicht dieser Studien, dass sich *Responsivität (emotionale Zugewandtheit), verbale Verstärkung und Spielangebote* als förderlich erwiesen. Als Faktoren, die sich negativ auf die Entwicklung der Kinder auswirkten, wurden herausgefunden: *Direktheit, autoritäre Kontrolle und Überstimulation.* Die günstigen Verhaltensmuster werden, wie der Autor empirisch belegt, durch typische Belastungsfaktoren der Eltern behinderter Kinder wie *emotionaler und sozialer Stress, Depressivität, Überforderung und Hilflosigkeit* bedeutsam eingeschränkt oder unmöglich gemacht; sie können dagegen durch elternzentrierte Maßnahmen der Frühförderung verbessert werden. „Die positive Auswirkung der Responsivität und die negative Auswirkung von Einengung, autoritärer Kontrolle und Überstimulation zeigt darüber hinaus, dass es wesentlich darauf ankommt, die *Eigenaktivität und Eigenmotivation* des Kindes anzuregen." (Schlack, H. G., 1994, S. 7).

Der Autor kommt zu folgenden Schlussfolgerungen:
Schlack, H. G., 1994, S. 7-8:

- „Die Folgen angeborener Hirnschädigungen sind therapeutisch offenbar nur in engen Grenzen zu beeinflussen. Diese Feststellung rechtfertigt indessen keinen therapeutischen Nihilismus: Bei zerebralen Bewegungsstörungen sind z. B. funktionelle Übungsbehandlungen unentbehrlich. Bei schwer behinderten Kindern muss schon die Erhaltung des Status quo als Behandlungserfolg gewertet werden."

- „Wie spezifisch sich die Behandlungstechnik der einen oder der anderen Methode auswirkt, ist schwer zu beurteilen. Jede therapeutische Intervention impliziert einen ganzen Komplex von Variablen, wobei die *Person des Therapeuten* vermutlich eine *mindestens ebenso wichtige Rolle spielt wie seine Behandlungstechnik*."

- „Ein Konzept, das bei organisch bedingten Entwicklungsstörungen therapeutische Interventionen auf der psychosozialen Ebene in den Mittelpunkt stellt, wird von den Ergebnissen der vorliegenden empirischen Studien besser gestützt als eine Therapietheorie, die in erster Linie das Training beeinträchtigter Funktionen als kurativen Faktor bewertet."

- „Zur Qualitätssicherung bedürfen die Interventionsweisen auf der psychosozialen Ebene der Standardisierung, um eine Evaluation zu ermöglichen."

In seinem Beitrag: „Das motorisch ungeschickte Kind – Nosologie, Diagnostik, Therapie" weist H. G. Schlack 2003 darauf hin, dass bei der Behandlung motorisch ungeschickter Kinder (Schlüsselbegriff der ICD-10: F82.- umschriebene Entwicklungsstörung der motorischen Funktionen) die *kompetente ärztliche Beratung der Eltern* eine entscheidende Rolle spielt. Wichtig sind dabei die Anpassung der Erwartungen und Anforderungen an die aktuellen Fähigkeiten des Kindes, eine verständnisvolle Interpretation begleitender Verhaltensauffälligkeiten und vor allem die *Anregung der Eigenaktivität* des Kindes trotz eingeschränkter motorischer Fähigkeiten. H. G. Schlack beschreibt die Auswirkungen funktioneller Entwicklungsstörungen auf das Verhalten und weist darauf hin, dass umschriebene Entwicklungsstörungen motorischer Funktionen häufig von *komorbiden Störungen des Lernens und Verhaltens* begleitet sind.

Er unterscheidet dabei vor allem aus praktischen therapeutischen Gründen zwischen *primärer, sekundärer und tertiärer Komorbidität.*

Zur *primären Komorbidität* zählen gleichzeitig vorhandene Entwicklungsstörungen auf anderen Funktionsbereichen (Sprache, nonverbale kognitive Fähigkeiten). So kann z. B. eine eingeschränkte „Gestaltwahrnehmung" (Identifizierung und Wiedererkennung von visuell-räumlichen und zeitlichen Strukturen, Abfolgen, Regeln) zu verzögertem Spracherwerb, mangelhafter Anpassungsfähigkeit an regelmäßige Abläufe, Nicht-Warten-Können führen.

Die *sekundäre Komorbidität* ist gekennzeichnet durch die Folgen situativer und fortgesetzter Überforderung für das Verhalten. Die Sekundärsymptome entstehen durch Interaktion der Primärsymptome mit Bedingungen der Umwelt. Auf diese Weise können *situative Überforderungen* zu Konzentrationsschwäche, Vermeidungsverhalten, Sprunghaftigkeit und schnellem Aufgeben führen.

Die *tertiäre Komorbidität* hat Auswirkungen auf das *Selbstbild* und die *emotionale Stabilität* des Kindes. Die Selbstwertproblematik eines Kindes kann zur Selbstabwertung, Misserfolgsorientierung, Depressivität, Aggressivität und zu Kontaktstörungen führen. Eine dysfunktionale psychische Verarbeitung kann psychosomatische Störungen, Ersatzbefriedigungen, Realitätsverlust und Verdrängung zur Folge haben.

Schlacks Ergebnisse bestätigten wichtige Aspekte meines hier vorgestellten, erweiterten klinisch-psychologischen Ansatzes des Frostig-Konzepts (vgl. Frostig-Konzept in Kurzfassung). Seine Untersuchungsergebnisse zeigten *keinen nachhaltigen Therapieerfolg für Interventionen, die ausschließlich ein Training von defizitären Funktionen in den Mittelpunkt stellten* (vgl. Zimmermann, 1996; Kavale and Mattson, 1983). Sie belegten dagegen die Notwendigkeit, bei der Behandlung entwicklungsgestörter Kinder *psychosoziale Faktoren* mit *gezielter Elternberatung* in den Mittelpunkt von Förderung und Therapie zu stellen. Die *Person und Rolle des Therapeuten, seine emotionale Zugewandtheit*, die besonderen atmosphärischen und strukturellen Bedingungen der *Therapiesituation* werden thematisiert. Schlack weist bei seiner Interpretation der Untersuchungsergebnisse auf die Notwendigkeit hin, dem entwicklungsgestörten Kind in Zusammenhang mit funktionellen Übungen immer wieder einen *Freiraum zum Spielen* zu gewähren, *Spielangebote* zu machen und fordert, gestützt auf die Ergebnisse der Meta-Analyse, dazu auf, die *Eigeninitiative und Eigenaktivität* des Kindes zu steigern. *Einengende Vorschriften, autoritäre Kontrolle* und *Überstimulation* durch ein Zuviel an Spiel-, Förder- oder Therapieangeboten sind zu vermeiden. Dies deckt sich mit dem Anliegen des hier beschriebenen erweiterten Frostig-Konzepts, bei dem die *kreativen Ausdrucksmöglichkeiten des Kindes* gezielt miteinbezogen und zum festen Bestandteil von Förderung und Therapie werden (kreative Bewegungsspiele, plastisches Gestalten mit verschiedenen Materialien, Malen, Zeichnen, Bauen, Rollenspiel, Singen, Musizie-

ren u. a.). Gerade durch das „eigene Werk“ kann das „Kohärenzgefühl“ des Kindes, sein Selbstwertbewusstsein und sein Gefühl von Lebenssinn mit allen daraus folgenden positiven Konsequenzen für neuronale Vernetzungsmöglichkeiten und Therapieerfolg positiv stimuliert werden (vgl. Schiffer, E. und Schiffer, H., 2004). Die bedeutende Rolle einer unterstützenden Elternberatung wird von Schlack aus ärztlicher Sicht beschrieben. Die *Unterstützung liegt somit nicht in erster Linie auf alltagspraktischen Anweisungen, sondern auch darin, dass sich Eltern als „erfolgreich“, also selbst als „kohärent“ in ihrer Elternrolle mit ihrem Kind erleben.*
Darüber hinausgehend ist jedoch aus meiner Sicht die Einbindung klinisch-psychologischer und anderer Fachkompetenzen in Therapie und Elternarbeit bei der Behandlung vieler entwicklungsgestörter Kinder als *interdisziplinäres Angebot* besonders notwendig und begrüßenswert.

Langzeit-Studien zum Behandlungserfolg aus dem Frostig Center:
1992 veröffentlichten N. J. Spekman, R. J. Goldberg und K. L. Herman als Ergebnis einer Langzeit-Studie des Frostig Centers, Pasadena, Faktoren für den Erfolg und die Zufriedenheit junger Erwachsener mit Teilleistungsstörungen (umschriebene Entwicklungsstörungen schulischer Fertigkeiten).
50 junge Erwachsene (Alter 18-25 Jahre), ehemalige Schüler/innen des Frostig Centers, die diese Schule wegen vorliegender Teilleistungsstörungen besucht hatten, wurden bei der Nachuntersuchung in zwei Gruppen eingeteilt: Erfolgreiche (n = 29) und Nicht-Erfolgreiche (n = 21). Diese Gruppen wurden quantitativ und qualitativ verglichen, gestützt auf Informationen aus Fallberichten, Elternfragebogen, Nachtestungen und Tiefeninterviews. Die beiden Gruppen waren im Hinblick auf zahlreiche Hintergrundvariablen vergleichbar. Die Variablen, durch die sich die Gruppen signifikant unterschieden (Verbal-IQ bei Aufnahme ins Frostig Center, Zeit der Beschulung im Frostig Center und Diskrepanz der erwarteten von den erbrachten Mathematikleistungen), erwiesen sich als nicht geeignet zur genauen Voraussage der Gruppenzugehörigkeit. Bei beiden Gruppen zeigten die Ergebnisse der Nachtestungen und die persönlichkeitsspezifischen Daten die chronische Natur von Leistungsstörungen und den andauernden Kampf, diese Lernstörungen zu bewältigen. Eltern schätzten die erfolgreiche Gruppe im Hinblick auf Anpassung, soziale Variablen und Variable der Zufriedenheit signifikant höher ein. Qualitative Analysen zeigten, dass persönliche Haltungen, Verhaltensweisen und externe Stützsysteme in Beziehung zum Erfolg gesetzt werden konnten. Quantitative und qualitative Resultate wurden im Hinblick auf die Erforschung von Bewältigungsstrategien bei anderen Risikogruppen diskutiert. Möglichkeiten zur Einschätzung, Intervention und für künftige Forschungsvorhaben wurden beschrieben.

Untersuchungsergebnisse:
Die Untersuchungsergebnisse der hier zusammenfassend dargestellten Studie wurden sowohl im Hinblick auf die Testergebnisse quantitativ (Phase 1) als auch im Hinblick auf eine Zusammenschau und ganzheitliche Wertung aller Befunde und Informationen qualitativ (Phase 2) analysiert.
Als Prädiktoren für späteren Erfolg und für die hier vorgenommene Einteilung und Zuweisung zu den Gruppen der Erfolgreichen oder Nicht-Erfolgreichen konnte die *quantitative Analyse* keine statistisch gesicherten und für die praktische Arbeit mit teilleistungsgestörten Kindern umsetzbaren Erkenntnisse liefern.
Dagegen erbrachte die *qualitative Analyse* der Befunde aus den Daten der Tiefeninterviews der Phase 2 weiterführende Ergebnisse, die hier nach thematischen Schwerpunkten vorgetragen werden.

Persönlichkeitsspezifische Themenbereiche, die bei teilleistungsgestörten jungen Erwachsenen von Bedeutung sind:
Gemeinsame Problembereiche bei beiden Gruppen: Erfolgreiche und Nicht-Erfolgreiche

- Eine Teilleistungsstörung bedeutet eine dauerhafte Beeinträchtigung
- Individuen mit Teilleistungsstörungen müssen sich mit zusätzlichen Stressoren in ihrem Leben auseinander setzen
- Individuen mit Teilleistungsstörungen neigen dazu, Spätentwickler zu sein

Bedingungen, die Erfolg unterstützen:

- Realistische Anpassung an die Lebensumstände
  Selbsteinschätzung und Akzeptanz der Teilleistungsstörung (Self-awareness)
  Einsatzbereitschaft, Entscheidungsbereitschaft, Eigeninitiative (Proactive approach)
  Ausdauer (Perseverance)
  Emotionale Stabilität, Bewältigungsstrategien, Stress-Reduktion
- Angemessene Zielsetzung und Zielgerichtetheit (Goal-setting)
- Vorhandensein und aktiver Gebrauch von Stützsystemen
  (Presence and use of effective support systems)

Übereinstimmende Ergebnisse beider Gruppen:
Bei *beiden Gruppen* konnte übereinstimmend ermittelt werden, dass Teilleistungsstörungen eine andauernde Beeinträchtigung darstellen; sie verschwinden nicht „von selbst“, sondern bleiben im jungen Erwachsenenalter bestehen. Es war nicht zu erkennen, dass die Art der Teilleistungsstörung, die Art und Dauer der Intervention (För-

derung), familiäre Faktoren oder der erreichte Berufsstatus einen entscheidenden Einfluss auf diese Beobachtung hatten. Die Mitglieder beider Gruppen hatten immer mit den Fertigkeiten der Kulturtechniken zu kämpfen, mit Gedächtnisproblemen oder z. B. mit Schwierigkeiten der räumlichen Orientierung. Sie mussten schwerer und länger arbeiten als ihre Altersgenossen ohne Lernstörungen. Wegen der fortgesetzt bestehenden Teilleistungsstörungen hatten viele ihre Jobs verloren. Viele wählten Karrieren, die ein Minimum jener Fertigkeiten erforderten, die den Betroffenen Probleme bereiteten. Trotzdem hatten sie in diesem Beruf mit ihren Defiziten zu kämpfen.
Es zeigten sich zusätzliche Stresssituationen, mit denen die teilleistungsgestörten jungen Erwachsenen, ebenso wie die andere Gruppe, konfrontiert waren (Scheidungen, Tod von Angehörigen, Krankheiten etc.).
Teilleistungsgestörte neigten dazu, Spätentwickler zu sein. Es zeigten sich Anzeichen einer verzögerten Reifung im Hinblick auf Partnerschaft, Loslösung von der Familie und finanzielle Unabhängigkeit. Nur einer von 50 jungen Erwachsenen war im Untersuchungszeitraum finanziell von seinen Eltern unabhängig.

Unterschiede zwischen beiden Gruppen:
Die Mitglieder der *erfolgreichen Gruppe* wiesen mehr *Realitätsbezogenheit* im Umgang mit auftretenden Schwierigkeiten und Problemen, eine *bessere Selbstwahrnehmung* und eine *Akzeptanz ihrer Teilleistungsstörungen auf*. Sie sahen ihre Teilleistungsstörung nur als *einen Aspekt* ihrer Identität an und ließen sich nicht vollständig durch diese definieren. Dieses Bewusstsein befähigte sie, eigene Stärken zu erkennen, Begrenzungen genau zu akzeptieren und Aktivitäten oder Ziele danach einzurichten. Die Erfolgreichen wirkten *aktiv*, sie konnten Entscheidungen treffen. Sie waren davon überzeugt, dass man sein eigenes Schicksal beeinflussen könne. Sie bewiesen *Ausdauer* beim Erreichen ihrer Ziele und Durchhaltevermögen, zeigten *emotionale Stabilität* und die Fähigkeit, *Stress zu reduzieren*. Sie konnten *gute Beziehung zu Gleichaltrigen* aufbauen, waren *sozial aktiv* und verfügten auch hier über *gute Stressbewältigungsstrategien*, konnten *mit Frustrationen und Ambivalenzen gut umgehen*. Bei der Gruppe der Erfolgreichen beobachteten die Untersucher das Vorhandensein und die Inanspruchnahme von *effektiven Stützungssystemen* (Lehrer, Therapeuten, Tutoren, Freunde, Mentoren). Diese Unterstützungen wurden langfristig gesucht und waren wichtig beim Umgang mit und bei der Bewältigung von Schwierigkeiten.

Die *nicht-erfolgreiche Gruppe* zeigte folgende Auffälligkeiten:
Mitglieder dieser Gruppe neigten dazu, *ihre Schwierigkeiten zu leugnen*, sie fanden *nicht mehrere Lösungsmöglichkeiten, weigerten sich oft, mit Leuten zusammen zu sein, die Teilleistungsstörungen oder sonstige Probleme haben, nahmen Hilfsangebote nicht an*

und neigten dazu, diejenigen, die ihnen helfen wollten, zu kritisieren. Die Nicht-Erfolgreichen waren eher *passiv.* Schon geringe Schwierigkeiten konnten sie aus der Bahn werfen, sie *gaben leicht auf* und machten andere für ihr Versagen verantwortlich. Sie zeigten *keine guten Bewältigungsstrategien gegen Stress,* konnten Stress nicht reduzieren, zeigten *Angstneigung.* Einige junge Erwachsene mussten deshalb zur klinischen Behandlung eingewiesen werden. Bei der Gruppe der Nicht-Erfolgreichen fanden die Untersucher *weniger Stützungssysteme,* die den Betroffenen bei der Bewältigung ihrer Probleme hätten helfen können.

Schlussfolgerungen und Diskussion der Ergebnisse:

Die Ergebnisse der vorliegenden Untersuchung über die Faktoren, die in Zusammenhang mit Erfolg identifiziert wurden, enthalten wichtige Konsequenzen.

- Bei Teilleistungsstörungen (umschriebenen Entwicklungsstörungen schulischer Fertigkeiten) wird empfohlen, sich auf eine lebenslange Beeinträchtigung einzustellen.
- Ein Defizit orientiertes Modell der Remediation (Heilung) ist nicht angemessen. Die diagnostische Untersuchung jedes Risikokindes sollte nicht nur individuelle Fähigkeiten und Fertigkeiten, Defizite und Risikofaktoren berücksichtigen. Vielmehr sollten alle *internen und Protektiven Faktoren im Kind selbst und in seiner Umwelt,* die das Risiko abfangen und die Wahrscheinlichkeit eines Erfolges erhöhen können, beachtet werden (Werner, 1990).
- Inhalt und Kontext von Erziehung, Förderung und Therapie müssen untersucht werden. Die bleibend niedrigen Stufen der Leistungsüberprüfungen in den Fächern Lesen und Mathematik, die hier und auch in der Literatur gefunden wurden, sprechen eindringlich dafür, dass bei der Intervention nicht nur die Defizite in den Kulturtechniken angesprochen werden sollten. Zielsetzung und Selbstbestimmung müssen in den Curricula während des gesamten Schuljahres integriert und angesprochen werden. Dem Einzelnen muss geholfen werden, sich mit seinen Teilleistungsstörungen auseinander zu setzen, seine Ziele seinen Defiziten gemäß zu formulieren, Verantwortung für sein Handeln zu übernehmen und angemessene Karrieren vorzubereiten. Versuche in diese Richtung müssen für die Betroffenen Sinn ergeben. Es sollten gesicherte Umweltbedingungen geschaffen werden, sodass Fehler und Rückschläge verkraftet werden können. Ausdauer und Eigeninitiative können in diesem Zusammenhang gefördert werden. Lehrer und Therapeuten sollten sich in gleicher Weise ihres möglichen Beitrags für eine langdauernde unterstützende Beziehung zu dem Jugendlichen und jungen Erwachsenen mit Teilleistungsstörungen bewusst sein.

- Es besteht die Notwendigkeit einer Kompetenz orientierten Forschung. Statt Bereiche zu untersuchen, die teilleistungsgestörte von altersentsprechend lernenden Kindern unterscheiden, sollte die Suche nach Faktoren fortgesetzt werden, die für eine möglichst gelungene Lebensführung von Bedeutung sind und deren Entwicklung begünstigen.

Als Konsequenz aus der oben skizzierten und den nachfolgenden Studien gab das Frostig Center in den Jahren 2003 und 2005 Broschüren für Eltern und Lehrer von Kindern mit Teilleistungsstörungen heraus, die ihnen gezielte Hinweise für Erfolg versprechende pädagogische Strategien liefern. Es werden darin die sechs Protektiven Faktoren beschrieben („success attributes"), die sich bei Kindern mit umschriebenen Entwicklungsstörungen schulischer Fertigkeiten in der Langzeit-Studie als besonders effizient zum Erreichen einer positiven Lebensgestaltung im jungen Erwachsenenalter erwiesen hatten (vgl. Kap. 7.1, Frostig-Konzept; Kurzfassung, www.frostig.org).

Die Arbeit nach dem Frostig-Konzept aus klinisch-psychologischer Sicht:
Diagnostik und Therapie entwicklungsgestörter Kinder fordern aus klinisch-psychologischer Sicht zu einem integrativen Vorgehen in besonderer Weise heraus. Eine Festlegung der angewendeten psychotherapeutischen Verfahren auf nur eine spezifische Methode, z. B. der Verhaltenstherapie oder der analytischen Spieltherapie, oder ein einseitiger Einsatz von nur übenden, nur spezielle Funktionen trainierenden und nicht ganzheitlich ausgerichteten Verfahren (z. B. bei der Therapie der Lese-Rechtschreibstörung) erweisen sich im Hinblick auf die vielfältige Problematik und Überlagerung von primären, sekundären und tertiären Störungen entwicklungsgestörter Kinder nicht als ausreichend wirksam (vgl. Meta-Studien zur Effektivitätsprüfung von sensomotorischen Übungsprogrammen, Schlack, 2003). Anzuwendende Methoden müssen daher aus klinisch-psychologischer Sicht flexibel integriert werden.
Das Körperbewusstsein (Körperschema, Körperbild und Körperkonzept) entwicklungsgestörter Kinder ist oft durch Defizite (z. B. primäre grob-, fein-, graphomotorische Störungen und Wahrnehmungsstörungen) erheblich beeinträchtigt, was zu problematischen Konsequenzen bei der Entwicklung des Selbstwertgefühls und der Selbstwahrnehmung führen kann. Diese Kinder mit ihren sensorischen Integrationsstörungen, ihren sensorischen Vernetzungsschwierigkeiten, sind oft besonders leicht zu verunsichern und neigen als Sekundärproblematik verstärkt zu Leistungsängsten und Verhaltensstörungen. Die emotionalen Störungen müssen zunächst mit Hilfe von spieltherapeutischen und maltherapeutischen Verfahren und durch

gezielte Elternberatung aufgefangen werden. Mit diesen Methoden *allein* ist aber einem entwicklungsgestörten Kind langfristig nicht grundlegend geholfen. Nicht nur seine emotionalen Störungen und Verhaltensstörungen, auch seine *Defizite in Motorik, Sprache, im Wahrnehmungs- und Lernbereich* bedürfen einer gezielten und aufbauenden Entwicklungsbehandlung (Seidel, Ch., 1970, 1973a und 1973b, 1978, 1981, 1987). Verhaltensstörungen und Entwicklungsstörungen verstärken sich oft gegenseitig. Entwicklungsdefizite führen meist unausweichlich zu Problemen mit den Anforderungen der häuslichen Umwelt, des Kindergartens und der Schule, sodass diese Kinder auch in ihrer sozialen Entwicklung immer von Neuem beeinträchtigt sind und oft zu Außenseitern werden. Zur *Remediation* oder *Kompensation* ihrer Defizite und zur Überwindung ihrer Verhaltensprobleme brauchen solche Kinder deshalb auch besondere Hilfsangebote.

> Mit dem Begriff der *Remediation* wird ausgedrückt, dass die Defizite mit Hilfe eines ganzheitlichen Förder- und Therapieeinsatzes in kleinen Lernschritten behoben (geheilt) werden können.
> Der Begriff der *Kompensation* wird verwendet, wenn für das Kind (den Jugendlichen oder Erwachsenen) stützende Maßnahmen gezielt eingesetzt werden, um *fortbestehende Reststörungen so gut wie möglich auszugleichen.* Man gibt z. B. einem Kind mit Lese-Rechtschreibstörung als *Kompensationshilfe* die Möglichkeit, seine Nachschriften, Diktate und Aufsätze auf dem Computer zu schreiben und die eigene Rechtschreibung durch die Rechtschreibkontrolle des Computers zu überprüfen. Oder Kinder mit Rechenstörungen (Dyskalkulie) erhalten in der Schule und bei der Erledigung der Hausaufgaben visuelle Strukturhilfen, mit denen sie die Rechenoperationen durchführen können. Als Kompensationshilfe im Rechnen eignet sich z. B. das *Kuhn-Programm Mathefix Spektral*, das den Kindern mit einer Hunderter-Tafel in Spektralfarben und dazu passenden farbigen und weißen Gitterbrettern und farbigen Würfeln Sicherheit beim Erlernen der Rechenoperationen bietet. Durch den Einsatz solcher oder vergleichbarer Hilfsmittel wird auch langsam lernenden Kindern mit fortbestehenden Reststörungen ihrer Teilleistungsproblematik ermöglicht, dem Rechenunterricht im Klassenverband zu folgen. Auch die Hausaufgaben können langfristig mit Einsatz kompensatorischer pädagogischer Hilfsmittel selbstständig erledigt werden (vgl. Fallbeispiel Anna, Kap. 5.3.1, Pädagogische Beurteilungen; Beschreibung des therapeutischen Rahmens). Ähnliches gilt für Kinder mit Entwicklungsstörungen der intellektuellen Fähigkeiten. Diese Kinder sind auf kompensatorische pädagogische Hilfen im Lernbereich besonders angewiesen.

Die Leistungsmöglichkeiten entwicklungsgestörter Kinder sind entweder in Teilbereichen oder umfassend reduziert und erfordern eine systematische, in kleinen Schritten aufbauende Therapie. Es kommt aber nicht selten vor, dass sich gerade diese Kinder zunächst vehement gegen jede Form von übenden Verfahren wehren. Oft weigern sie sich, sich mit ihren Defiziten auseinander zu setzen und zeigen zunehmend Leistungsängste und Verhaltensstörungen.

Ein 6;0jähriges Kind z. B., das tief greifend entwicklungsgestört ist, sich noch im Kritzelstadium (Stufe 1 der Zeichenentwicklung) befindet, noch keine Ansätze der gegenständlichen Zeichnung zeigt und Schwierigkeiten hat, einen Stift sicher zu halten, wird oft alle Angebote ablehnen, die es mit Papier und Stiften konfrontieren und nicht zu aufbauenden fein- und graphomotorischen Übungen und Wahrnehmungsübungen bereit sein. Häufig wurde dieses Kind bereits im Kindergarten wegen seiner Schwierigkeiten ausgelacht und hat sich als minderwertig erlebt. Als Konsequenz daraus bemüht es sich nach Kräften, seine „Minderwertigkeit" zu verbergen und zu leugnen. Mit diesem Verhalten blockiert es seine Weiterentwicklung. Ohne gezielte Aufbauhilfe, ausgehend von den basalen taktil-kinästhetischen Funktionen und Übungen im dreidimensionalen Bereich (z. B. Arbeiten mit Sand, Knete, Teig, Bauen mit dem Pertra-Spielsatz; vgl. Brand, I., 1998) kann dieses Kind die Kulturtechnik des Schreibens nicht erlernen. Auch andere wichtige psychische Funktionen wie z. B. der Handlungsplanung, der Denk- und Phantasieentwicklung, bleiben ohne entwicklungspsychologisch orientierte, systematisch in kleinen Lernschritten aufbauende Therapie zurück. Bleibt diese Hilfestellung aus, können sich die Leistungsängste des Kindes weiter vertiefen und zu sekundären und tertiären komorbiden Störungen führen (vgl. Schlack, 2003).

Unter solchen Voraussetzungen fällt der vermittelnden Rolle und Person des Therapeuten in Zusammenarbeit mit den Eltern, dem Kinderarzt, der Erzieherin der schulvorbereitenden Institution oder dem Lehrer eine sehr wichtige Funktion zu. Er muss die atmosphärischen Bedingungen der Behandlung so gestalten, dass sich das Kind sicher, wohl und anerkannt fühlt. Es darf seine Fähigkeiten und Interessen einbringen und erlebt damit in der Therapie nicht nur seine Defizite, sondern zuerst auch seine *Stärken*. Mit Hilfe einer liebevollen Zuwendung seitens der Therapeutin/des Therapeuten, mit ihrem Lob und ihrer Anerkennung, also ihrer Empathie und positiven Verstärkung, kann es Mut fassen, sich mit seinen Defiziten auseinander zu setzen.

Leistungsängste gelten als *Leitsymptomatik* dieses Störungsbildes und müssen als erstes Therapieziel mit Hilfe von Bewegungsspielen, spieltherapeutischen und maltherapeutischen Verfahren sowie durch Elternberatung aufgefangen werden.

Wahrnehmungs- und Lernstörungen werden bekanntlich besonders dafür verantwortlich gemacht, dass diese Kinder höchst störanfällig sind, ihre Defizite selber nicht verstehen und einordnen können. Auch Eltern und Bezugspersonen haben oft Schwierigkeiten damit, die Störungen in ihren Zusammenhängen zu begreifen und angemessen unterstützend damit umzugehen (vgl. Fallbeispiel Anna, Kap. 5.3-5.3.6). Dies trifft z. B. auch für weit überdurchschnittlich begabte Kinder zu, die durch vorliegende *Teilleistungsstörungen* und unausgewogene Begabungsstrukturen – mit weit überdurchschnittlichen und auch unterdurchschnittlichen Fähigkeiten – tief greifend verunsichert werden können und häufig Verhaltensprobleme aufbauen (vgl. Fallbeispiel Peter, Kap. 6.2.2, Abb. 217-221). Kinder mit Entwicklungsstörungen brauchen fachkompetente und oft schulbegleitende Hilfe, die nach einer spieltherapeutischen, mal- oder gestalttherapeutischen Einleitungsphase auch übende Verfahren gezielt einsetzt. In diesem Zusammenhang müssen den Kindern innerhalb des therapeutischen Prozesses Anregungen zur Stimulation der „Protektiven Faktoren“ kontinuierlich angeboten werden (vgl. Kap. 7.1, Frostig-Konzept, Kurzfassung). Methoden der kognitiven Verhaltenstherapie sind zur Stimulation dieser Faktoren hilfreich. Dabei sollte ihnen im Sinne der Ergebnisse der Langzeit-Studien des Frostig Centers und der daraus resultierenden Empfehlungen Hilfestellung zur *Selbstwahrnehmung, Selbsteinschätzung, Eigeninitiative, Ausdauer, Zielsetzung, zum Suchen nach und Annehmen von Hilfsangeboten und zum Erlernen emotionaler Bewältigungsstrategien* gegeben werden (Raskind, M. H., Goldberg, R. J. et al., 2003; Higgins, E. L, Goldberg, R. J. et al., 2005).

Zu unterschiedlichen Zeitpunkten des therapeutischen Prozesses kann es notwendig sein, unterschiedliche therapeutische Methoden einzusetzen.

Spieltherapeutische und maltherapeutische Verfahren müssen oft im Wechsel flexibel verwendet werden. Man benötigt besondere Kenntnisse zur Behandlung entwicklungsgestörter Kinder, um diese Ansätze zum richtigen Zeitpunkt gezielt anbieten zu können. Besonders schwierig ist der Therapieansatz, wenn die Entwicklungsstörungen, wie oben beschrieben, mit affektiven Störungen und Verhaltensstörungen kombiniert auftreten.

Ein Kind mit einer Entwicklungsstörung muss grundsätzlich unter einem besonderen Betrachtungswinkel gesehen und unter anderen Bedingungen behandelt werden als ein Kind mit einer primären affektiven Störung *ohne* basale Entwicklungsstörung. Treten Überschneidungen beider Kategorien von Störungsbildern auf, muss entschieden werden, welches die *Leitsymptomatik* ist und *welche Störungen vorrangig zu behandeln sind.* Überschneidungen von Störungsbildern und von therapeutischen Ansätzen dürfen nicht darüber hinwegtäuschen, dass entwicklungsgestörte Kinder mit Verhaltensstörungen besondere Bedürfnisse haben, die nur mit einem auf diese Kinder zugeschnittenen Behandlungskonzept aufgefangen werden können. Ein solches Konzept muss der Problematik Rechnung tragen, dass bei entwicklungsgestörten Kindern mit affektiven Störungen oder mit schweren Störungen der Konzentration oder des Verhaltens – wie Aufmerksamkeits-Defizit-Syndrom (ADS) und Aufmerksamkeits-Defizit-Hyperaktivitäts-Syndrom (ADHS, vgl. Kap. 10.3) – übende Verfahren zunächst nicht sinnvoll eingesetzt werden können und vorrangig die psychosozialen Basisbedürfnisse mit psychotherapeutischen Methoden aufgefangen werden müssen (vgl. Fallbeispiel Sven, Kap. 6.2.2, Abb. 206-216).

Mit viel Fingerspitzengefühl muss der Zeitpunkt erkannt werden, wann das entwicklungsgestörte und gleichzeitig verhaltensgestörte Kind eine ausreichende affektive Stabilität erreicht und genug Selbstvertrauen gewonnen hat, um sich mit seinen Defiziten auseinander setzen zu können und für entwicklungsaufbauende übende Verfahren, z. B. in den Bereichen der Graphomotorik, der Sprache oder der Wahrnehmungsbereiche, bereit zu sein.
Auch wenn bereits Übungsprogramme durchführbar sind, können plötzlich auftretende emotionale Belastungssituationen es immer wieder erforderlich machen, dass übende Verfahren (z. B. ein Konzentrationstraining) für einige Zeit ausgesetzt und durch spiel-, mal- oder gestalttherapeutische, kreativitätsfördernde Verfahren und durch Bewegungsspiele ersetzt werden müssen.
Bei der Planung des Ablaufs, der Struktur einer Therapieeinheit sind Zeitpunkt und Umfang des Einsatzes der spieltherapeutischen, maltherapeutischen oder übenden Verfahren stets den individuellen Bedürfnissen des Kindes anzupassen. *Bewegungsspiele und die Kreativität fördernde Maßnahmen* (z. B. plastisches Gestalten mit Holz, Stein und verschiedenen anderen Materialien, Malen, Zeichnen, Rollenspiel) *bleiben in Zusammenhang mit spieltherapeutischen und übenden Verfahren immer der unerlässliche Grundpfeiler meines Behandlungskonzepts.*

> Das Kind soll ermutigt werden, selber Neues auszuprobieren, zu experimentieren, Fragen zu stellen, übende Verfahren nach eigenen Vorstellungen kreativ umzugestalten, diese z. B. mit selbstgemalten Bildern oder Ornamenten zu verzieren oder eigene neue Gestaltungen und Umgestaltungen mit Hilfe besonderer Materialien oder z. B. auch des Computers vorzunehmen. Immer wieder soll das Kind dazu ermutigt werden, seine Beobachtungsmöglichkeiten zu differenzieren, seine Sprachkompetenz zu erweitern, sein Kurz- und Langzeitgedächtnis zu schulen, seine Vorstellungsfähigkeit und Möglichkeit zu inneren Repräsentationen und inneren Bildern zu vertiefen und schöpferisch tätig zu sein.

Bei entwicklungsgestörten Kindern ist der Einsatz der Kinderzeichnung innerhalb der Eingangsdiagnostik und als Prozessdiagnostik während des gesamten therapeutischen Verlaufes besonders wichtig. Auch Gespräche mit dem Kind, die seine kreativen Gestaltungen in Knete, Ton oder anderen Materialien, oder seine Rollenspiele und Zeichnungen zum Gegenstand haben, stehen im Mittelpunkt der therapeutischen Interventionen. Gerade die Kinderzeichnung offenbart oft emotional-soziale Probleme, sodass rechtzeitig fachkompetente Hilfe in interdisziplinärer Zusammenarbeit gesucht und angeboten werden kann (Gesprächsprotokoll mit Anna, Kap. 5.3.3, Abb. 180; Gesprächsprotokoll mit Paul, Kap. 4.3.4, Abb. 167). Umgekehrt werden fein- und graphomotorische Entwicklung, visuelle Wahrnehmung, Handlungsplanung, Denkentwicklung und kreative bildnerische und sprachliche Ausdrucksmöglichkeiten durch plastisches Gestalten, Zeichnen und Malen gefördert.

Um keine Zeit zu verlieren, kann es bei *lang andauernden schweren sekundären Verhaltens- und emotionalen Störungen* entwicklungsgestörter Kinder sinnvoll sein, *unterschiedliche Fachkompetenzen* in die Behandlung einzubeziehen. So ergibt sich wegen resistenter Verhaltensstörungen entwicklungsgestörter Kinder oft die Notwendigkeit, nach einer spieltherapeutischen Einleitungsphase diese Therapieform auch über einen längeren Zeitraum beizubehalten. Parallel dazu kann z. B. ein Ergotherapeut/eine Ergotherapeutin in Absprache mit dem Psychotherapeuten/der Psychotherapeutin die Aufgabe übernehmen, eine Übungsbehandlung defizitärer Funktionen im Sinne des erweiterten Frostig-Konzepts, des Jean Ayres-Konzepts (vgl. Schaefgen, R., 2007) oder vergleichbarer Konzepte durchzuführen. Unterschiedliche Therapieansätze mit unterschiedlichen Therapeuten erfordern entsprechende Absprachen und interdisziplinäre Zusammenarbeit.

Bei *Schulkindern* mit umschriebenen Entwicklungsstörungen schulischer Fertigkeiten empfiehlt sich meist eine *schulbegleitende Therapie der Entwicklungsstörungen.* Dabei ist darauf zu achten, dass es dem Kind gelingt, mit therapeutischer Hilfestellung den Anforderungen der Schulklasse zu folgen. So sollte aus meiner Sicht z. B. die Behandlung der Lese-Rechtschreibstörung mit den Anforderungen abgestimmt werden, die das Kind in der Schule im Deutschunterricht zu erfüllen hat. Der Therapeut/die Therapeutin sollte in Zusammenarbeit mit dem Lehrer/der Lehrerin darauf achten, dass notwendige Kompensationshilfen (z. B. Texte auf Tonband sprechen lassen, um den sprachlichen Ausdruck in einem Aufsatz zu beurteilen) auch in der Schule eingesetzt werden.

Das kontinuierliche Gespräch mit Eltern und Bezugspersonen oder mit Ko-Therapeuten wird als unabdingbar angesehen. Der Austausch und die Zusammenarbeit mit medizinischen, pädagogischen und sonder- und heilpädagogischen oder psychotherapeutischen Fachkolleginnen und -kollegen trägt entscheidend dazu bei, dass gravierende Probleme des entwicklungsgestörten Kindes nicht übersehen werden und rechtzeitig fachkompetente Hilfe eingeleitet werden kann.

Oft ist es sinnvoll, 1 1/2 oder 2 Therapieeinheiten in der wöchentlichen Behandlung zusammenzulegen (statt 45 Minuten 70 bzw. 90 Minuten Behandlungszeit), um damit genügend Zeit für den individualisierten Therapieplan mit flexibler Methodenwahl einschließlich kreativer Therapieansätze und Elternberatung zu gewinnen.

Der Therapieplan muss für diese Kinder individuell unter Einbeziehung besonderer Strukturhilfen zusammengestellt werden. Sie brauchen einen orientierenden Zeitrahmen, sollten jedoch bei Lernprozessen nicht unter Zeitdruck gestellt werden.

Elternberatung im Anschluss an die klinisch-psychologisch orientierte Frostig-Therapie:
Eine der wesentlichen Voraussetzungen für den Therapieerfolg ist der Aufbau eines vertrauensvollen Verhältnisses zwischen Therapeut/Therapeutin und Eltern. Die Eltern sind in den therapeutischen Prozess einzubeziehen. Man sollte ihnen die Therapieschritte kontinuierlich erklären, entweder im unmittelbaren Anschluss an die Therapie oder zu besonders einzurichtenden Terminen, und sie an den Fortschritten des Kindes teilnehmen lassen. Die Aufmerksamkeit der Eltern ist dabei auch und besonders auf die kleinen Fortschritte zu lenken. Dieses Vorgehen kann die Eltern zur weiteren Mitarbeit motivieren und sich zugleich positiv auf die Motivation des Kindes auswirken. Auch über Stagnationen oder Rückfälle innerhalb des therapeutischen Prozesses ist mit den Eltern zu sprechen. Gerade die Analyse von Kinderzeichnungen gibt Aufschluss über den Therapieverlauf und über mögliche und abzuklärende Ursachen von Stillständen, Regressionen oder Entwicklungssprüngen. Bei der Elternberatung ist ein besonderer Schwerpunkt auf die *Erziehung* des entwicklungsgestörten Kindes zu legen. Dabei sind vor allem die Möglichkeiten zu einer gezielten Verhaltensbeobachtung seitens der Eltern und zu einer liebevollen und den besonderen Bedürfnissen der Kinder angepassten und *konsequenten* Unterstützung zu thematisieren (vgl. Kap. 8.5). Auch hier ist es wichtig, auf die *Protektiven Faktoren* hinzuweisen und deren grundlegende Bedeutung zu vermitteln. Gerade die Eltern (oder auch andere Bezugspersonen, zu denen das Kind ein *stabiles Vertrauensverhältnis* aufbauen kann) tragen dazu bei, dass eine emotional verlässliche Basis des Urvertrauens und damit die wichtigste Bedingung zur Entwicklung eines gesunden Selbstwertgefühls und einer positiven Gesamtentwicklung des Kindes geschaffen wird. Die Eltern und andere wichtige Bezugspersonen (z. B. Therapeuten) können dem entwicklungsgestörten Kind entscheidend helfen, dass es sich selbst mit seinen *Stärken und Defiziten* akzeptieren lernt und sich nicht einseitig nur über die eigenen Defizite definiert.
Oft ist es schwierig, die Wünsche der Kinder nach Vertraulichkeit und Schweigepflicht zu respektieren, wenn es gleichzeitig erforderlich ist, den Eltern die Sorgen ihrer Kinder mitzuteilen und mit ihnen zusammen an der Verbesserung der Situation der Kinder zu arbeiten. Hier ist sehr viel Fingerspitzengefühl gefordert, und auch hier gilt es unbedingt, die Rechte und Würde des Kindes und des Jugendlichen zu achten (vgl. Kap. 8.5.3).

7.3 *Der Einsatz des Malens und Zeichnens bei der Diagnostik und Behandlung Alexanders nach dem Frostig-Konzept (Schwere Form eines Hospitalismus und Autismus [Asperger-Syndrom])*

7.3.1 *Vorgeschichte und erste Begegnung mit der Therapeutin*

Alexander verbrachte seine ersten vier Lebensjahre im Kinderheim. Seine leibliche Mutter hatte ihn gleich nach der Geburt zur Adoption freigegeben und keine weiteren Kontakte zu ihm hergestellt. Auch seinen leiblichen Vater lernte der Junge nicht kennen. Alexander entwickelte sich mit globaler Verzögerung (vgl. Bericht seiner Adoptivmutter). Mit 3;9 Jahren, als er seiner zukünftigen Pflegemutter und späteren Adoptivmutter zur Untersuchung vorgestellt wurde (sie hatte gerade als zuständige Ärztin die Aufnahmestation des Kinderheims übernommen), konnte er noch nicht laufen, musste ausschließlich mit flüssiger Nahrung ernährt werden, kommunizierte weder mit Gebärden noch mit Sprache und lag auch tagsüber meist teilnahmslos im Bett. Man zählte ihn im Kinderheim zu den schwerst pflegebedürftigen, geistig behinderten Kindern und vermutete als Verursachung seiner globalen Entwicklungsstörung eine Hirnschädigung („Hydrozephalus internus"). Diese Vermutung konnte allerdings später widerlegt werden (vgl. Bericht der Adoptivmutter/Ärztin). Auf Betreiben dieser Ärztin wurden nun bei Alexander (ab 3;9 Jahren) erste ergotherapeutische Maßnahmen im Kinderheim durchgeführt. Ab seinem 5. Lebensjahr übernahm sie ihn als Pflegemutter in ihre häusliche Pflege. Der Junge zeigte unter ihrer liebevollen Zuwendung und individuellen Förderung erstaunlich rasche Entwicklungsfortschritte. Er erlernte das freie Laufen, konnte bald feste Nahrung zu sich nehmen und ließ ebenfalls deutliche Fortschritte in seinem Spielverhalten erkennen. Auffällig entwicklungsretardiert blieben allerdings weiterhin seine expressive Sprache und sein Sozialverhalten. Alexander zeigte eine auffällige Affektlabilität, geringe Frustrationstoleranz und die Neigung zu stereotypen Verhaltensmustern.

Als Alexander 6;5 Jahre alt wurde, plante seine Pflegemutter, ihn zu adoptieren. Zur Abklärung seiner Gesamtentwicklung erfolgte in einer Universitätsklinik eine jugendpsychiatrisch-psychologische Untersuchung. Diese ermittelte eine „geistige Behinderung und erethischen Schwachsinn", von einer Adoption wurde abgeraten. Seine Pflegemutter suchte mich nach dieser Diagnosestellung mit der Bitte auf, Alexanders Spielverhalten längerfristig zu beobachten, seine kognitiven Fähigkeiten und emotionalen Schwierigkeiten nochmals zu überprüfen und Wege zu seiner weiteren Förderung zu ermitteln. Sie war davon überzeugt, dass Alexander nicht primär an einer Hirnschädigung litt, sondern durch seine lange Hospitalisierung Entwicklungsdefizite erworben hatte. Sie hoffte, diese mit Hilfe einer gezielten Therapie und ihrer weiteren häuslichen Unterstützung in kleinen Schritten zu mildern.

Alexander zeigte bei unserer ersten Begegnung ein sehr unruhiges, affektlabiles Verhalten mit stereotypen Bewegungsmustern. Er lief frei, seine Psychomotorik war jedoch unsicher (Grob- und Feinmotorik). Sein *Sprachverständnis* zeigte sich knapp-durchschnittlich aufgebaut. Er konnte sich jedoch nur über Gesten und Gebärden, nicht aber über den Gebrauch der *expressiven Sprache* verständlich machen und äußerte zu dieser Zeit nur einzelne Wortsilben ohne erkennbare Bedeutung.
Bei freier Wahl von Spielsachen und didaktischen Spielen interessierte er sich in der ersten Therapiesitzung auffällig für ein Mengenlotto und wollte immer wieder damit spielen. Durch Gebärden gab er mir zu verstehen, dass bei den abgebildeten Tieren die Ohren zu klein seien, verlangte Kreide und fügte in richtiger Position jeweils zwei Kreiskritzel ein (das Lotto bestand aus plastischem Material, die unterschiedlichen Tiere waren in unterschiedlichen Mengenverhältnissen, aber gleicher bunter Farbgebung auf großen und kleinen Karten dargestellt. Die kleineren Lottokarten konnten nur bei genauer visueller Analyse der Mengenverhältnisse bzw. auf der Grundlage einer weit überdurchschnittlichen visuellen Speicherfähigkeit im Sinne eines fotografischen Gedächtnisses (eidetische Fähigkeit) auf den großen Karten richtig zugeordnet werden. Ohne Schwierigkeiten ordnete Alexander die Mengenbilder bis zur Menge 7 zu, ohne diese einzeln abzählen zu müssen, und bewies damit eine überdurchschnittlich entwickelte kognitive Fähigkeit. Eine simultane Mengenerfassung von 7 ist selbst bei Erwachsenen extrem ungewöhnlich (ohne abzuzählen erfasst ein 6;0-7;0jähriges, altersentsprechend entwickeltes, schulfähiges Kind bei wechselnder Konstellation der räumlichen Anordnung des Mengenbildes in der Regel nicht mehr als höchstens 6 Einheiten).
Alexander zeigte im Therapieverlauf keine überdurchschnittlich entwickelte Mengenerfassung (z. B. wiesen die Hände seiner Menschzeichnungen längere Zeit 6 und nicht 5 Finger auf), jedoch eine ungewöhnlich rasche Entwicklung seiner Zeichenfähigkeit. Heute, in der Rückschau auf Alexanders Entwicklung, vermute ich bei ihm zum Untersuchungszeitpunkt und wahrscheinlich auch in den späteren Jahren eine überdurchschnittlich gute visuelle Speicherfähigkeit (fotografisches Gedächtnis) als Grundlage der sprunghaften Verbesserung seiner Gesamtentwicklung und Zeichenfähigkeit im hier besprochenen Behandlungsverlauf. Bei dem Störungsbild, das im Folgenden bei Alexander diagnostiziert wurde (Autismus im Sinne des Asperger-Syndroms), sind eidetische Fähigkeiten in der Fachliteratur beschrieben worden (vgl. Kap. 6.2.5; Fallbeispiel Matthias).
Meine Beobachtungen ließen als erste Hypothese darauf schließen, dass bei Alexander durchaus weiter ausbaubare kognitive Potenziale im Sinne einer Sonderbegabung vorlagen („Teilleistungsstärke"). Mit Hilfe einer ganzheitlich orientierten Therapie musste aus meiner Sicht – in Unterscheidung zu der ermittelten Intelligenzdiagnostik

„Erethischer Schwachsinn" – versucht werden, Alexanders vermutete Teilleistungsstärke genauer herauszuarbeiten, in die Gesamtentwicklung zu integrieren und ihre Vernetzung mit anderen psychischen Funktionen zu stimulieren. Erst nach Beobachtung des weiteren Entwicklungsverlaufs unter Durchführung gezielter therapeutischer Maßnahmen konnte abgeschätzt werden, ob Alexanders besondere Begabung der visuellen Speicherfähigkeit lediglich einer Teilleistungsstärke entsprach (bei sonst vorliegender Intelligenzminderung) oder ob diese Fähigkeit mit anderen gut-durchschnittlich entwickelten kognitiven Funktionen verbunden war.
Im Laufe meiner nun einsetzenden therapeutischen Maßnahmen (vgl. erweiterte Form des Frostig-Konzepts, Kap. 7.1-7.2) konnte die erste Hypothese verworfen und die zweite bestätigt werden. Es zeigte sich, dass Alexander unter meiner emotionalen Zuwendung und gezielten Förderung seiner taktil-kinästhetischen, visuellen und auditiven Wahrnehmungsfunktionen, in Verbindung mit der Förderung seiner psychomotorischen und kreativen Funktionen, über das Malen und Zeichnen und mit Unterstützung durch seine Mutter (sie hatte inzwischen die Adoption vollzogen und stand mir als Ko-Therapeutin zur Seite) unerwartet schnell seine expressive Sprache, seine Zeichenleistungen und andere kognitive Funktionen aufbaute. In Zusammenhang mit seiner sich langsam verbessernden Graphomotorik und seinen explosionsartigen Fortschritten der Zeichenentwicklung entdeckte er die zeichnerische Symbolsprache als Kommunikationsmittel und fand Zugang zum Aufbau seiner Lautsprache. Ihm eröffnete sich damit die Möglichkeit, sich in ersten Ansätzen verbal zu Hause und in der Therapiegruppe verständlich zu machen (zur Förderung seiner sozialen Kompetenz wurde er von mir in der Kleingruppe zusammen mit insgesamt vier Kindern behandelt). Sein Verhalten und seine Arbeitshaltung blieben allerdings sehr störanfällig und labil.
Über dreidimensionales Gestalten mit Sand, Knete, Ton und unterschiedlichen Materialien und feinmotorische Übungen (die auch zu Hause mit lebenspraktischen Übungen kombiniert wurden) verbesserte er seine Auge-Hand-Koordination, Konzentrationsfähigkeit und Ausdauer. Er erlernte nicht nur das Zuknöpfen und Binden einer Schleife, sondern auch den Umgang mit der Schere und anderen Werkzeugen und konnte bald auch einen Stift richtig halten. Während sich seine Grobmotorik kontinuierlich stabilisierte, blieb seine Graphomotorik jedoch in der folgenden Zeit und noch bis zum Erwachsenenalter unsicher und störanfällig. Bis zum Beginn des Jugendalters zeigte Alexander zudem auffallende Unsicherheiten und Ängste bei der räumlichen Orientierung in einer ihm unvertrauten Umgebung (vgl. Bericht seiner Adoptivmutter).
In der Zeichenentwicklung überwand er ungewöhnlich schnell den Beginn der Stufe 2 (Konzeptkritzel) und erreichte schon nach 3 Behandlungsmonaten Mitte der Stufe

2, nach 4 Monaten mit ersten Bewegungsdarstellungen bereits den Übergang von Stufe 2 zur Stufe 3. Mit 7;0 Jahren (nach 7 Behandlungsmonaten) zeigte er Fähigkeiten eines Kindes der 3. Stufe der Zeichenentwicklung (Anfang Stufe 3) und zugleich kognitive Fähigkeiten, die einem Kind zu Beginn der Grundschulausbildung entsprechen. Bei Alexander waren seit Beginn meiner Behandlung in der Zeichenentwicklung *Entwicklungssprünge* im Stufenverlauf (vgl. Kap. 3.5, Schaubild 3, Abb. 006) zu beobachten. Dabei durchlief er in einem Zeitraum von 7 Monaten eine beschleunigt aufbauende Zeichenentwicklung, zu der altersentsprechend entwickelte Kinder nach vorliegenden klinischen Erfahrungen ca. 3;0 Jahre benötigen. In Zusammenhang mit seiner Lebensgeschichte beurteilt (schwere Form der Deprivation während der ersten 4 Lebensjahre), wiesen diese Entwicklungssprünge auf gut entwickelte kognitive Grundfunktionen, eine überdurchschnittlich gute visuelle Speicherfähigkeit sowie auf sein großes *Nachholbedürfnis* bei der Aufnahme, psychoneurologischen Verarbeitung und neuronalen Vernetzung emotional-sozialer, motorischer, perzeptiver und sprachlicher Lernerfahrungen hin. Eine visuelle Wahrnehmungsstörung auf der Grundlage einer geistigen Behinderung und/oder hirnorganischen Schädigung war auszuschließen. Kinder mit visuellen Wahrnehmungsstörungen auf hirnorganischer Grundlage und/oder auf der Grundlage einer Intelligenzminderung zeigen aus meiner Erfahrung und nach Untersuchungsergebnissen der Fachliteratur regelmäßig in der Zeichenentwicklung auffällige *Störungen, Retardierungen oder Regressionen,* nicht jedoch vergleichbar große Entwicklungsbeschleunigungen oder Entwicklungssprünge, wie sie bei Alexander zu beobachten waren. Seine Entwicklungssprünge in der Zeichenentwicklung verwiesen nicht auf eine isolierte Stärke (Teilleistungsstärke bei vorliegender Intelligenzminderung), sondern Alexander konnte auf der Grundlage seiner weit überdurchschnittlichen visuellen Speicherfähigkeit und anderer altersentsprechend entwickelter kognitiver Basisfunktionen einige seiner Defizite unerwartet rasch aufholen.

Alexander erweiterte während der ersten Behandlungsmonate kontinuierlich seinen aktiven Wortschatz und konnte sich bald in ersten kurzen und einfach strukturierten Mehrwortsätzen bei auffällig gestörtem Sprachrhythmus und unmelodischer Aussprache mitteilen. Seine expressive Sprache blieb jedoch in den folgenden Jahren schwer verständlich.

Eine Testung mit dem HAWIK ergab bei Alexander im Lebensalter von 7;0 Jahren einen knapp-durchschnittlichen Intelligenzquotienten, die verbale Intelligenz war zu diesem Zeitpunkt mit diesem Verfahren noch nicht zu überprüfen. Wie die folgenden raschen Fortschritte seiner kognitiven Entwicklung, einschließlich seiner

Zeichenentwicklung, sowie ein im 11. Lebensjahr durchgeführter Intelligenz-Kontrolltest (Verbal- und Handlungs-Teil des HAWIK) und der erfolgreiche Abschluss von Schul- und Berufsausbildung (Realschulabschluss, Ausbildung zum Medizin-Laboranten) zeigen, lag die Kapazität seiner nicht-verbalen Intelligenz im *gut-durchschnittlichen* Bereich, einige Funktionen der verbalen Intelligenz blieben dagegen bei der Beobachtung des Langzeit-Verlaufs leicht hinter der nicht-verbalen zurück. Nach Aussagen von Alexanders Adoptivmutter wurden bei einer Nachtestung der Intelligenz im jungen Erwachsenenalter bei ihm ein überdurchschnittlich guter Wortschatz und überdurchschnittliche Werte im Bereich des abstrakt-logischen Denkens ermittelt.

Alexanders nach wie vor bestehenden gravierenden Rückstände der expressiven Sprache und Verhaltensstörungen, vor allem seine gesteigerte Unruhe, geringe Ausdauer und Konzentrationsstörungen (Merkmale des ADHS) machten im Einschulungsalter und auch in den folgenden Jahren eine Einordnung in eine schulische Institution schwierig. Nach einer Odyssee in Förderschulen mit unterschiedlichen Schwerpunkten (Sprache, Lernen, Sehen) schaffte Alexander schließlich den Hauptschulabschluss und in einer sozialpädagogischen Berufsfachschule die mittlere Reife (vgl. den folgenden Bericht seiner Adoptivmutter). Anschließend erreichte er in einer Rehabilitationseinrichtung die Berufsqualifikation zum Medizin-Laboranten (bei der Abschlussprüfung erhielt er in den Fächern Biologie und Chemie sogar die Note 2!). Für 2 ½ Jahre war er unter besonders erleichternden Bedingungen verständnisvoller Chefs in diesem Beruf tätig (sein Arbeitsplatz war strukturiert und abgeschirmt) und erbrachte zuverlässig und genau (drei Stellen hinter dem Komma) berechnete Laboranalysen, hatte aber große Schwierigkeiten, sich in den Berufsalltag einzuordnen und Sozialkontakte zu Berufskolleg/innen oder Freund/innen aufzubauen. Sein Verhalten war unvermindert affektlabil, unruhig, leicht ablenkbar, zeigte Neigung zu Zwangshandlungen, große Schwierigkeiten der sozialen Anpassung und andere Merkmale des Asperger-Autismus.
Als die Adoptivmutter nach ihrer Pensionierung plante, nach Norddeutschland in eine ländliche Umgebung in ihr eigenes Haus umzuziehen, entschloss sich Alexander, sein Arbeitsverhältnis im Labor aufzugeben und mit ihr auch seinen Wohnsitz zu verlegen. Da ihm dort auf dem 1. Arbeitsmarkt keine neue Stelle in seinem Beruf vermittelt werden konnte, suchte er sich eine Beschäftigung in einer Werkstatt für seelisch behinderte Menschen. Dort fühlt er sich nach der Beschreibung seiner Mutter zwar oft unterfordert, aber insgesamt gesehen zu seiner Zufriedenheit aufgehoben. Er verrichtet leichte handwerkliche Tätigkeiten und hat einige wenige erste Sozialkontakte hergestellt. Bei seiner Mutter sucht und findet Alexander weiterhin

den für ihn wichtigen persönlichen Rückhalt und ihre Unterstützung. Sie hat seine Adoption trotz aller aufgetretenen Schwierigkeiten nie bereut – im Gegenteil: Sie fand durch Alexander zu der ihr wichtigen und sie beglückenden Lebensaufgabe und zu ihrem Lebenssinn.

7.3.2 Alexanders Entwicklung aus Sicht seiner Adoptivmutter

„Ich lernte Alexander kennen, als er als 3;9jähriger aus einem von alten Nonnen geleiteten Kinderheim in die Anstalt für geistig behinderte Kinder und Jugendliche kam, – gerade an dem Tag, als ich die Aufnahmestation als zuständige Ärztin übernommen hatte. Die Einweisungsdiagnose lautete: „Hydrozephalus internus."
Er war ein extrem abgemagertes Kind, nicht in der Lage, feste Speise zu sich zu nehmen. Er pendelte im Bett ständig von rechts nach links, konnte mit Mühe sitzen, war unsicher im Stehen, lief keinen Schritt von allein. Auffällig waren ein horizontaler Pendelnystagmus und das Fehlen jeden Blickkontaktes. Er hatte keine Sprache und reagierte auch nicht auf Ansprache.
Auffällig gegenüber geistig behinderten Kindern in vergleichbarem Zustand war sein extrem ängstliches Zurückweichen in die Bettecke, wenn das Gitter von seinem Bett herabgelassen wurde. Gab man ihm ein Spielzeug in die Hand, klammerte er sich daran fest, spielte nicht, jammerte leise, wenn er es verlor, konnte es jedoch nicht wieder finden, auch wenn es unmittelbar neben seiner Hand lag.
Alexander war nicht mit dem Topf vertraut und offenbar auch nie mit dem Löffel gefüttert, sondern mit flüssigem Brei aus dem Becher ernährt worden. Er kannte keine Treppe oder Stufen und hatte keinerlei räumliche Orientierung.

Durch viel Zuwendung, Aufenthalt im Freien, Beschäftigungstherapie (das Malen mit Fingerfarben machte ihm großen Spaß) besserte sich sein Zustand allmählich.

Die Diagnose Hydrozephalus wurde durch eine Untersuchung in der Uni Kinderklinik widerlegt, der Verdacht auf Gehörlosigkeit ebenfalls. Unsere Diagnose lautete: schwerer Hospitalismus und ???

Sein und auch mein Leben änderten sich entscheidend, als wir beide zusammen nach 9 Monaten die Anstalt verließen. Ich konnte dieses Kind dort nicht einfach seinem Schicksal überlassen, zumal mein Chef weiterhin eine „schwere geistige Behinderung" attestierte. Ich nahm Alexander zu mir.
Nun begann für mich als alleinstehende, voll berufstätige Mutter mit hilflosem, schwer behindertem Kind der Kampf mit der Umwelt. Die Ablehnung eines „solchen" Kindes durch die eigene Familie kam erschwerend hinzu.

Zunächst stand die Suche nach einer geeigneten Therapie im Vordergrund. Die kinderpsychiatrische Universitätsklinik diagnostizierte eine „geistige Behinderung und erethischen Schwachsinn" und lehnte eine Eignung zur Adoption ab. (Fünfzehn Jahre später korrigierte sich der Institutsleiter.) Ich wusste es besser und war unbelehrbar. Ein Kinderpsychologe vermutete als Erster *Autismus* und verwies mich bei meiner Suche an Frau Dr. Seidel. Dort nahm die Therapie ihren Anfang.
Viele weitere Therapien folgten: Logopädie, Sprachtherapie, Musiktherapie, analytische Spieltherapie, Gesprächstherapien. Noch mit 10 Jahren ist Alexanders Sprache so, dass er von Gleichaltrigen nicht verstanden wird. Später sollte noch eine Sehbehinderung (Maculadegeneration) diagnostiziert werden. Zu diesen Schwierigkeiten kam die mangelnde räumliche Orientierung hinzu; Alexander fand sich nirgends alleine zurecht. Das Kauen der Nahrung blieb lange Zeit schwierig.

Dazu kamen reichliche Schulprobleme. Keine Schule fühlte sich für ihn zuständig, aber ich weigerte mich, Alexander auf die Sonderschule für geistig Behinderte zu schicken. Unter großem persönlichen Einsatz haben wir schließlich nacheinander folgende Schulen davon überzeugt, ihn aufzunehmen: Schule für Sprachbehinderte, Schule für Lernbehinderte, Schule für Sehbehinderte (mit zentralem Hauptschulabschluss), sozialpädagogisch-hauswirtschaftliche Berufsfachschule (mit Abschluss der mittleren Reife).
Als ich nach Alexanders Hauptschulabschluss auf seinen dringenden Wunsch hin eine weiterführende Schule suchte und diesbezüglich beim Oberschulamt vorstellig wurde, bekam ich zu hören: „Er hat doch den HS-Abschluss, das kann für einen Behinderten doch genügen!"
Später machte Alexander eine Ausbildung in einer Rehabilitations-Einrichtung und arbeitete auch 2 1/2 Jahre in einem Labor im Beruf eines medizinisch-technischen Assistenten, allerdings mit Unterstützung des Arbeitsamtes und getragen von verständnisvollen Chefs.

Nach unserem Umzug nach Norddeutschland fand er auf dem ersten Arbeitsmarkt keine Möglichkeit mehr. Jetzt arbeitet er in einer Werkstatt für seelisch Behinderte und lebt in eigener Wohnung bei mir im Hause. Alexander hat nach wie vor einige auffällige, autistische Verhaltensweisen, die ihn von anderen unterscheiden. Seine Sprache hat sich allerdings sehr verbessert, sein Wortschatz und sein logisches Denkvermögen sind überdurchschnittlich. Sein Durchsetzungsvermögen ist dagegen sehr gering. Er wird, denke ich, auf weitere Betreuung angewiesen bleiben."

7.3.3 Kommentare zu Alexanders Zeichnungen im Therapieverlauf: Wie über das Zeichnen innere Bilder, die Symbolfunktion der Sprache, die visuelle Wahrnehmung und kognitive Strukturen im therapeutischen Prozess aufgebaut wurden

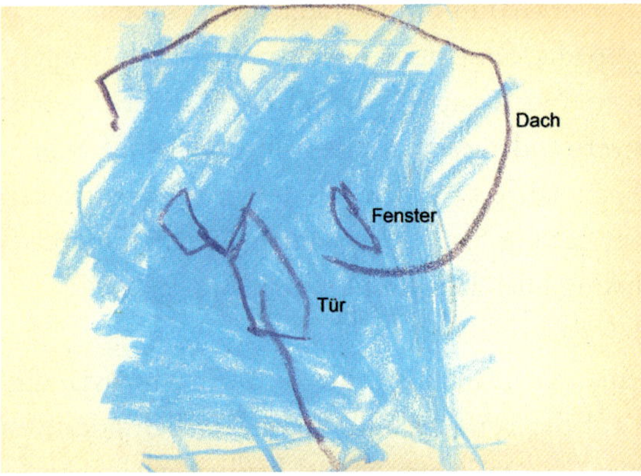

Abb. 258:
Alexander, LA: 6;5 Jahre, Rahmenbedingungen: Therapiebeginn, Benennung (über Gebärden): „Haus, Dach, Fenster, Türe", Pastellkreide und Wachsmalkreide, 21,5 x 29 cm, ***Zeichenentwicklung:*** *großer Rückstand, geschätztes Entwicklungsalter 2;0-3;6 Jahre;* ***Anfang Stufe 2*** *(Konzeptkritzel),* ***Emotionale Zeichen:*** *Der große Rückstand der Zeichenentwicklung im Vergleich zum Lebensalter (Rückstand ca. 3;0 Jahre) und die fehlende expressive Sprachentwicklung lassen eine erhöhte emotionale Labilität erwarten; diese zeigt sich in den Verhaltensstörungen des Jungen im Rahmen der Erstvorstellung und im Behandlungsverlauf;* ***Gesamtentwicklung:*** *Schwere Form eines Hospitalismus und Autismus (Asperger-Syndrom); fehlende expressive Sprache.*

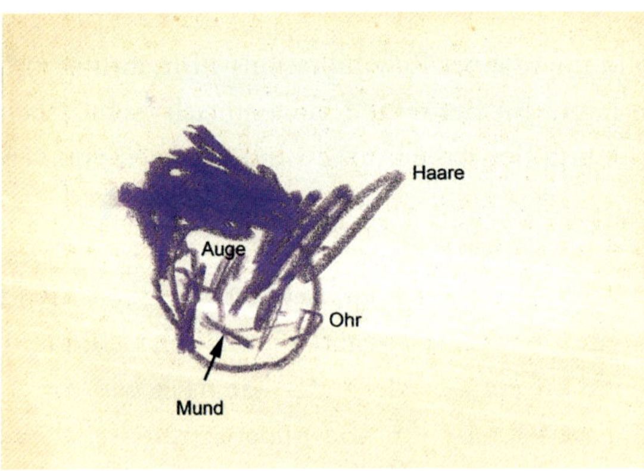

Abb. 259:
Alexander, LA: 6;7 Jahre, Rahmenbedingungen: Therapiedauer: 2 Monate, Benennung (über Gebärden): „Gesicht mit Haaren, Augen, Ohr und Mund", Wachsmalkreiden, 20,5 x 28,7 cm, ***Zeichenentwicklung:*** *großer Rückstand, geschätztes Entwicklungsalter ca. 3;6 Jahre; Konzeptkritzel* ***(Anfang Stufe 2),*** ***Emotionale Zeichen:*** *Der große Rückstand der Zeichenentwicklung im Vergleich zum Lebensalter (Rückstand ca. 3;0 Jahre) und die fehlende expressive Sprachentwicklung lassen eine erhöhte emotionale Labilität erwarten; diese zeigt sich in den Verhaltensstörungen des Jungen im Behandlungsverlauf; Emotionale Zeichen finden sich im ersten subjektiven*

Eindruck, im bildnerischen Ausdruck, im Stil (er stimmt nicht mit den Erwartungen des Lebensalters überein), der Ausführung und Organisation (flüchtige Arbeitsweise), der sehr unsicheren Graphomotorik (affektiv ungesteuerte Flächengestaltung der Haare) sowie in den altersuntypischen Rückständen der anderen Bereiche, ***Gesamtentwicklung:*** *Schwere Form eines Hospitalismus und Autismus (Asperger-Syndrom); fehlende expressive Sprache.*

Abb. 260:
Alexander, LA: 6;7 Jahre, Rahmenbedingungen: Therapiedauer: 2 Monate, Benennung (über Gebärden): fehlt, 20 x 29,6 cm, ***Zeichenentwicklung:*** *großer Rückstand, geschätztes Entwicklungsalter ca. 3;6 Jahre; Konzeptkritzel* ***(Anfang Stufe 2)****, erste Fortschritte finden sich im Gebrauch unterschiedlicher Farben;* ***Emotionale Zeichen:*** *Der große Rückstand der Zeichenentwicklung im Vergleich zum Lebensalter (Rückstand ca. 3;0 Jahre) und die fehlende expressive Sprachentwicklung lassen eine erhöhte emotionale Labilität erwarten; diese zeigt sich in den Verhaltensstörungen des Jungen im Behandlungsverlauf; Emotionale Zeichen finden sich im ersten subjektiven Eindruck, im bildnerischen Ausdruck, im Stil (er stimmt nicht mit den Erwartungen des Lebensalters überein), der Ausführung und Organisation (flüchtige Arbeitsweise), der sehr unsicheren Graphomotorik sowie in den altersuntypischen Rückständen der anderen Bereiche;* ***Gesamtentwicklung:*** *Schwere Form eines Hospitalismus und Autismus (Asperger-Syndrom); fehlende expressive Sprache.*

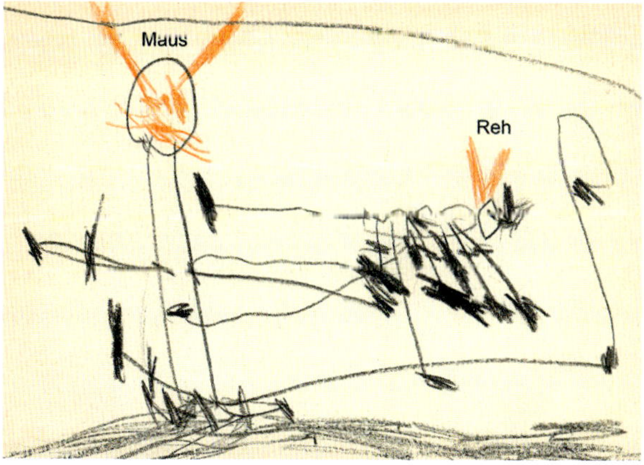

Abb. 261:
Alexander, LA: 6;8 Jahre, Rahmenbedingungen: Therapiedauer: 3 Monate, expressive Sprachentwicklung setzt ein, Benennung: „Maus, Reh“, Wachsmalstifte, 20,7 x 29,3 cm, ***Zeichenentwicklung:*** *Entwicklungssprung, Rückstand verringert sich auffallend rasch, geschätztes Entwicklungsalter*

jetzt ca. 4;6-5;0 Jahre ***(Mitte Stufe 2)****, Darstellung erster eigener Schemata, deutliche Fortschritte finden sich in der Verbesserung der Formdarstellung mit der Beachtung von Formdetails der Motive (Gesichtsteile der Maus, Darstellung der Ohren bei Maus und Reh), Fortschritte bei der Beachtung von Raummerkmalen (flächiger, gewölbter Boden und Himmelslinie); erste angedeutete Bewegungsdarstellung: Reh in Profilwendung, die Laufbewegung des Rehs wird durch eine Vervielfachung der Beine dargestellt (Hinweis auf Alexanders anschauliches Denken, auf seine gute visuelle Speicherfähigkeit und auf die Übertragungsmöglichkeit seiner inneren Bilder in die Zeichnung);* ***Emotionale Zeichen:*** *Der noch bestehende große Rückstand der Zeichenentwicklung im Vergleich zum Lebensalter (Rückstand ca. 2;0 Jahre) und die großen Rückstände der expressiven Sprachentwicklung lassen eine noch bestehende erhöhte emotionale Labilität erwarten; diese zeigt sich weiterhin in den Verhaltensstörungen des Jungen im Behandlungsverlauf; Emotionale Zeichen finden sich im Stil (er stimmt nicht mit den Erwartungen des Lebensalters überein), der Ausführung und Organisation (flüchtige Arbeitsweise), der sehr unsicheren Graphomotorik sowie in der Formdarstellung (die Ohren werden besonders betont); Alexander zeigt im Behandlungsverlauf auffälliges Interesse an seinen eigenen Ohren und an den Ohren seiner Gesprächspartner; vgl. Eingangsdiagnostik, besondere Beachtung der Ohren der abgebildeten Tiere des Mengenlottos und ihre Markierung mit Kreiskritzeln; das besondere Interesse des Jungen an Ohren ist in Zusammenhang mit der schweren Beeinträchtigung seiner sprachlichen Kommunikationsfähigkeit im Sinne einer Projektion (unbewusste Konfliktverarbeitung) als Wunschvorstellung an seine Gesprächspartner zu interpretieren: Wenn sie (seine Wünsche gegenüber Menschen werden auf Tiere übertragen) große Ohren hätten, könnten sie ihn besser hören und seine Sprache (die vorläufig nur aus einzelnen Worten besteht) besser verstehen;* ***Gesamtentwicklung:*** *Schwere Form eines Hospitalismus und Autismus (Asperger-Syndrom); schwere expressive Sprachentwicklungsstörung; die expressive Sprache hat jetzt begonnen, die ersten einzelnen Worte werden gesprochen.*

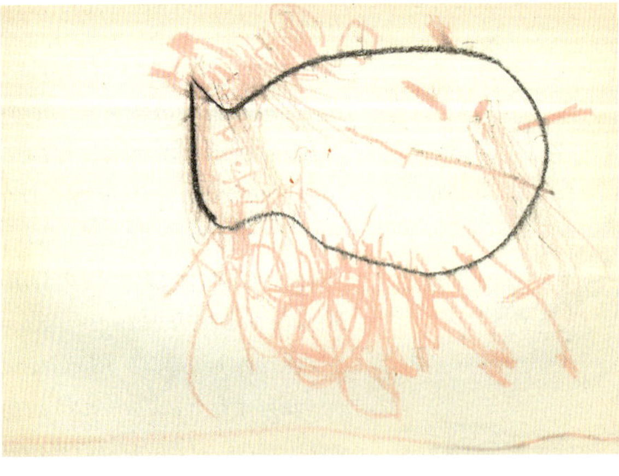

Abb. 262:
Alexander, LA: 6;8 Jahre, Rahmenbedingungen: Therapiedauer: 3 Monate, expressive Sprachentwicklung setzt ein, Benennung: „Fisch", Wachsmalstifte, 21 x 29,8 cm, ***Zeichenentwicklung:*** *selbstständig entwickeltes Schema für „Fisch", Zeichenentwicklung noch rückständig, geschätztes*

Entwicklungsalter jetzt ca. 4;6-5;0 Jahre ***(Mitte Stufe 2)****,* ***Emotionale Zeichen:*** *Der noch bestehende Rückstand der Zeichenentwicklung im Vergleich zum Lebensalter (Rückstand ca. 2;0 Jahre) und die großen Rückstände der expressiven Sprachentwicklung lassen eine noch bestehende erhöhte emotionale Labilität erwarten; diese zeigt sich weiterhin in den Verhaltensstörungen des Jungen im Behandlungsverlauf; Emotionale Zeichen finden sich im Stil (er stimmt nicht mit den Erwartungen des Lebensalters überein), der Ausführung und Organisation (flüchtige Arbeitsweise) und der sehr unsicheren Graphomotorik;* ***Gesamtentwicklung:*** *Schwere Form eines Hospitalismus und Autismus (Asperger-Syndrom); schwere expressive Sprachentwicklungsstörung; die expressive Sprache hat jetzt begonnen, die ersten einzelnen Worte werden gesprochen.*

Abb. 263:
Alexander, LA: 6;8 Jahre, Rahmenbedingungen: Therapiedauer: 3 Monate, expressive Sprache hat eingesetzt, Benennung: „Haus“, Wachsmalstifte, 28,5 x 21 cm, ***Zeichenentwicklung:*** *Rückstand verringert sich, geschätztes Entwicklungsalter jetzt ca. 5;0 Jahre* ***(Mitte Stufe 2)****, Darstellung eines ersten eigenen Schemas für „Haus“, deutliche Fortschritte finden sich in der Verbesserung der Formdarstellung mit der Beachtung von Formdetails (die Dreieckform des Daches weist auf die beginnende „Werkreife“ hin, Haustür und Fenster werden angedeutet),* ***Emotionale Zeichen:*** *Der noch bestehende Rückstand der Zeichenentwicklung im Vergleich zum Lebensalter (Rückstand ca. 1;8 Jahre) und der große Rückstand der expressiven Sprachentwicklung lassen eine noch bestehende erhöhte emotionale Labilität erwarten; diese zeigt sich weiterhin in den Verhaltensstörungen des Jungen im Behandlungsverlauf; Emotionale Zeichen finden sich im Stil (er stimmt nicht mit den Erwartungen des Lebensalters überein), der Ausführung und Organisation (flüchtige Arbeitsweise) und der sehr unsicheren Graphomotorik,* ***Gesamtentwicklung:*** *Schwere Form eines Hospitalismus und Autismus (Asperger-Syndrom); schwere expressive Sprachentwicklungsstörung; die expressive Sprache hat jetzt begonnen, die ersten einzelnen Worte werden gesprochen.*

Abb. 264:
Alexander, LA: 6;9 Jahre, Rahmenbedingungen: Therapiedauer: 4 Monate, expressive Sprachentwicklung verbessert sich rasch, Benennung: fehlt, Wachsmalstifte, 21 x 26 cm, ***Zeichenentwicklung:*** *beschleunigte Entwicklung, Rückstand verringert sich weiterhin, geschätztes Entwicklungsalter jetzt ca. 6;0-7;0 Jahre* ***(Ende Stufe 2, Übergang zur Stufe 3)****, deutliche Fortschritte finden sich in der Bewegungsdarstellung: Profilwendung der menschlichen Figur mit Laufbewegung der Beine; das Formmerkmal des Halses wird auffällig betont; Beachtung des Raummerkmals der Bodenlinie,* ***Emotionale Zeichen:*** *Der Rückstand der Zeichenentwicklung im Vergleich zum Lebensalter ist aufgeholt; große Rückstände der expressiven Sprachentwicklung und Verhaltensstörungen werden im Behandlungsverlauf weiterhin deutlich; Emotionale Zeichen finden sich in der unsicheren Graphomotorik (unsichere Linienführung, Druckschwankungen) sowie in Weglassungen der Formdarstellung: Es fehlen die Gesichtsteile und die Arme; nach Koppitz sind folgende vier Emotionale Faktoren zu ermitteln (vgl. Kap. 9.2.2): keine Augen, keine Nase, kein Mund, keine Arme. Mehr als 2 Faktoren gelten als auffällig und sind als Hinweis auf emotional-soziale Störungen im emotional-sozialen Bereich zu diskutieren;* ***Gesamtentwicklung:*** *Schwere Form eines Hospitalismus und Autismus (Asperger-Syndrom); schwere expressive Sprachentwicklungsstörung; die expressive Sprache hat jetzt begonnen, die ersten einzelnen Worte werden gesprochen, zwei bis drei Worte werden zu Sätzen zusammengefügt; Sprachrhythmus und Sprachmelodie weichen von der Norm ab (seine monotone Sprache erinnert mich an Sprechmerkmale hörgestörter Kinder und ist oft noch schwer verständlich. Eine Hörstörung war allerdings durch eine medizinische Untersuchung zu diesem Zeitpunkt bereits ausgeschlossen worden).*

Abb. 265:
Alexander, LA: 6;9 Jahre, Rahmenbedingungen: Therapiedauer: 4 Monate, einen Tag nach Fertigstellung von Abb. 264; expressive Sprachentwicklung verbessert sich kontinu-

ierlich, Benennung: fehlt, Wachsmalstifte, 21 x 23 cm, ***Zeichenentwicklung:*** *unausgewogen, geschätztes Entwicklungsalter jetzt ca. 7;0 Jahre* ***(Anfang Stufe 3)****, rückständig sind Ausführung und Organisation (flüchtige Arbeitsweise mit vielen ungesteuerten Kritzelbewegungen) und Graphomotorik (unsichere Linienführung, Druckschwankungen, affektiv ungesteuerte Flächengestaltungen mit druckstarken Kritzelbewegungen bei den Haaren, betonten Ohren und dem Hals der menschlichen Figur sowie bei den Gesichtsteilen, dem Hals und den Füßen des Tieres); deutliche Fortschritte finden sich in der Formdarstellung mit einer Zunahme der Beachtung von Details (Gesichtsteile, Ohren, Hals) und der Bewegungsdarstellung: Profilwendung der menschlichen Figur mit Laufbewegung der Beine, Laufbewegungen der Beine des Tieres mit Überschneidungen; Beachtung des Raummerkmals der Bodenlinie,* ***Emotionale Zeichen:*** *Der Rückstand der Zeichenentwicklung im Vergleich zum Lebensalter ist aufgeholt; große Rückstände der expressiven Sprachentwicklung und Verhaltensstörungen werden im Behandlungsverlauf deutlich; Emotionale Zeichen finden sich in der flüchtigen Ausführung und Organisation sowie in der unsicheren Graphomotorik (unsichere Linienführung, Druckschwankungen, auffällige Flächengestaltung) sowie in Weglassungen der Formdarstellung (es fehlen die Arme; nach Koppitz ist damit nur ein Emotionaler Faktor zu ermitteln; dies entspricht einem unauffälligen Wert; vgl. Kap. 9.2.2): Auffällig ist hier aus meiner Sicht die Betonung der Ohren bei der menschlichen Figur und des Tieres und ist im Sinne einer unbewussten Konfliktverarbeitung (Projektion) zu interpretieren (vgl. Abb. 261); die Bevorzugung der Farbe Rot bei den affektiv ungesteuerten Kritzelbewegungen der Darstellung der Haare ist als Emotionales Zeichen zu diskutieren;* ***Gesamtentwicklung:*** *Schwere Form eines Hospitalismus und Autismus (Asperger-Syndrom); schwere expressive Sprachentwicklungsstörung (vgl. Abb. 264).*

Abb. 265

<u>Abb. 266:</u>
Alexander, LA: 6;9 Jahre, Rahmenbedingungen: Therapiedauer: 4 Monate, einen Tag nach Fertigstellung von Abb. 265; expressive Sprachentwicklung verbessert sich kontinuierlich, Benennung: fehlt, Wachsmalstifte, 21 x 23 cm, ***Zeichenentwicklung:*** *unausgewogen, geschätztes Entwicklungsalter jetzt ca. 7;0 Jahre* ***(Anfang Stufe 3)****, rückständig sind Ausführung und Organisation (flüchtige Arbeitsweise mit vielen ungesteuerten Kritzelbewegungen) und Graphomotorik (unsichere Linienführung, Druckschwankungen, affektiv ungesteuerte Flächengestaltungen mit druckstarken Kritzelbewegungen); unausgewogene Formdarstellung: fehlende Gesichtsmerkmale, jedoch Fortschritte bei der Formdarstellung erstmals realitätsorientierter Tiermerkmale; Herausarbeitung des langen Halses des Tieres – in einem Bilderlexikon zeigte er mir zu diesem Bild eine Giraffe – und des Halses der menschlichen Figur; gute Bewegungsdarstellung der menschlichen Figur und des Tieres: Profilwendung der menschlichen Figur mit Laufbewegung der Beine, Laufbewegungen der Beine des Tieres; Beachtung des Raummerkmals der Bodenlinie und eines flächigen Bodens;* ***Emotionale Zeichen:*** *Der Rückstand der Zeichenentwicklung im Vergleich zum Lebensalter ist aufgeholt; große Rückstände der expressiven Sprachentwicklung und Verhaltensstörungen werden im Behandlungsverlauf deutlich; Emotionale Zeichen finden sich in der flüchtigen Ausführung und Organisation sowie in der unsicheren Graphomotorik (unsichere Linienführung, Druckschwankungen, auffällige Flächengestaltung); die Weglassungen in der Formdarstellung (es fehlen die Arme und die Gesichtsteile; vgl. Abb. 264) entsprechen nach der Normierung von Koppitz vier Emotionalen Faktoren und sind als Hinweis für vorliegende emotionale Störungen zu interpretieren (vgl. Kap. 9.2.2); Gesamtentwicklung: Schwere Form eines Hospitalismus und Autismus (Asperger-Syndrom); schwere expressive Sprachentwicklungsstörung und Verhaltensstörungen; die expressive Sprachentwicklung zeigt Fortschritte (vgl. Abb. 264).*

Abb. 267: *Alexander, LA: 6;9 Jahre, Rahmenbedingungen: Therapiedauer: 4 Monate, im Anschluss an Abb. 266 gezeichnet; expressive Sprachentwicklung verbessert sich kontinuierlich, Benennung: fehlt, die Zeichnung zeigt zwei menschliche Figuren und ausschmückende Kritzelformen; Wachsmalstifte, 16,5 x 27 cm,* ***Zeichenentwicklung:*** *unausgewogen, geschätztes Entwicklungsalter jetzt ca. 6;0-7;0 Jahre* ***(Ende Stufe 2)****, rückständig sind beim Gesamteindruck Ausführung und Organisation (flüchtige Arbeitsweise mit vielen ungesteuerten Kritzelbewegungen) und Graphomotorik (unsichere Linienführung, Druckschwankungen, affektiv ungesteuerte Flächengestaltungen mit druckstarken, schwärzenden Kritzelbewegungen beim Hals der linken Figur, den Händen und Füßen der linken Figur; Dunkelungen auch beim linken Ohr und der Andeutung von Haaren der linken Figur); die Formdarstellung zeigt eine Betonung des langen Halses bei beiden menschlichen Figuren; beide Figuren stellen jetzt die Gesichtsteile dar; bei der linken Figur sind die Arme auffallend lang, bei der rechten fehlen sie; die Bodenlinie wird beachtet;* ***Emotionale Zeichen:*** *Der Rückstand der Zeichenentwicklung im Vergleich zum Lebensalter ist aufgeholt; große Rückstände der expressiven Sprachentwicklung und Verhaltensstörungen werden im Behandlungsverlauf deutlich; Emotionale Zeichen finden sich in der flüchtigen Ausführung und Organisation sowie in der unsicheren Graphomotorik (unsichere Linienführung, unkoordinierte Kritzelbewegungen, Druckschwankungen, auffällige Flächengestaltung mit Schwärzungen, vgl. oben); nach der Auswertung von Koppitz zeigt die linke Figur nur einen Emotionalen Faktor (lange Arme); bei der rechten Figur ist ebenfalls nur ein Emotionaler Faktor zu ermitteln (fehlende Arme); die Schattierung des Halses ist bei beiden Figuren zu beobachten, gilt nach der vorliegenden Normierung von Koppitz jedoch nicht als Hinweis auf eine emotionale Problematik, da Alexander noch nicht 8,0 Jahre alt ist (vgl. Kap. 9.2.2); auffällig als Emotionales Zeichen ist im Hinblick auf die Formdarstellung die Betonung der Ohren (vgl. Abb. 259, 261 und 265);* ***Gesamtentwicklung:*** *Schwere Form eines Hospitalismus und Autismus (Asperger-Syndrom); schwere expressive Sprachentwicklungsstörung und Verhaltensstörungen (vgl. Abb. 264).*

Abb. 268:
Alexander, LA: 6;10 Jahre, Rahmenbedingungen: Therapiedauer: 5 Monate; expressive Sprachentwicklung verbessert sich kontinuierlich, Benennung: „Mann, Regen", die Zeichnung zeigt eine menschliche Figur und ein nicht benanntes Tier (links) sowie über das Blatt verteilte Regentropfen; Filzstift, 29,7 x 21 cm, ***Zeichenentwicklung:*** *Die visuelle Gliederungsfähigkeit einspricht jetzt einem Schulanfänger (Grundschule), geschätztes Entwicklungsalter ca. 6;0-7;0 Jahre* ***(Ende Stufe 2)****, rückständig sind beim Gesamtbild Ausführung und Organisation (flüchtige Arbeitsweise mit vielen ungesteuerten Kritzelbewegungen); die Graphomotorik ist noch unausgewogen, zeigt aber bei der Menschzeichnung eine überwiegend sichere Linienführung; das Ausmalen des Halses, der Hände, Beine und Füße gelingt altersentsprechend; Druckschwankungen sind bei der Darstellung des Tieres (links) zu beobachten; die Formdarstellung des Mannes zeigt eine altersentsprechende Beachtung von Details; die Ohren sind auffallend groß dargestellt; die Auswertung der Entwicklungsmerkmale nach Koppitz ermittelt eine altersentsprechende Leistung (keine fehlenden Entwicklungsmerkmale: - 0 + 0 + 5 = 5); von den üblichen Merkmalen werden mit Ausnahme der Darstellung der Finger alle erreicht; Arme und Beine sind zweidimensional; von den nicht-ungewöhnlichen 8 Merkmalen werden 5 erreicht (vgl. Tabelle 2, Kap. 9.2.1); die Raumdarstellung lässt einen flächigen Boden erkennen;* ***Emotionale Zeichen:*** *Der Rückstand der Zeichenentwicklung im Vergleich zum Lebensalter ist aufgeholt; die noch bestehenden großen Rückstände der expressiven Sprachentwicklung und Verhaltensstörungen werden im Behandlungsverlauf deutlich; Emotionale Zeichen finden sich in der flüchtigen Ausführung und Organisation sowie in der unausgeglichenen Graphomotorik, die sowohl sichere wie unsichere Linienführung der Motive zeigt und von unkoordinierten Kritzelbewegungen überlagert ist. Nach der Auswertung von Koppitz weist nur ein Emotionaler Faktor (Regen) auf Probleme des emotionalen Bereichs hin (erst ab zwei Faktoren wird diese Beobachtung von Koppitz im Hinblick auf vorliegende emotionale Störungen interpretiert); ein weiteres auffälliges Emotionales Zeichen finde ich in der Betonung der Ohren (vgl. Abb. 259, 261, 265, 267);* ***Gesamtentwicklung:*** *Schwere Form eines Hospitalismus und Autismus (Asper-*

ger-Syndrom); schwere expressive Sprachentwicklungsstörung und Verhaltensstörungen (vgl. Abb. 264).
Nach 5 Monaten Therapie zeigen sich deutliche Fortschritte der Gesamtentwicklung. Bei der Überprüfung seiner Schulfähigkeit zeigt sich nun im nicht-verbalen Intelligenztest (HAWIK) eine knapp-durchschnittliche Intelligenz. Entsprechend dieser Testergebnisse ist seine visuelle Gliederungsfähigkeit altersentsprechend. Im emotional-sozialen Bereich, in der Affektsteuerung, sozialen Anpassung und im Arbeitsverhalten sind deutliche Störungen zu beobachten, die bei der künftigen Beschulung zu berücksichtigen sind (vgl. erläuternde Hinweise zu den Abb. 258-277).

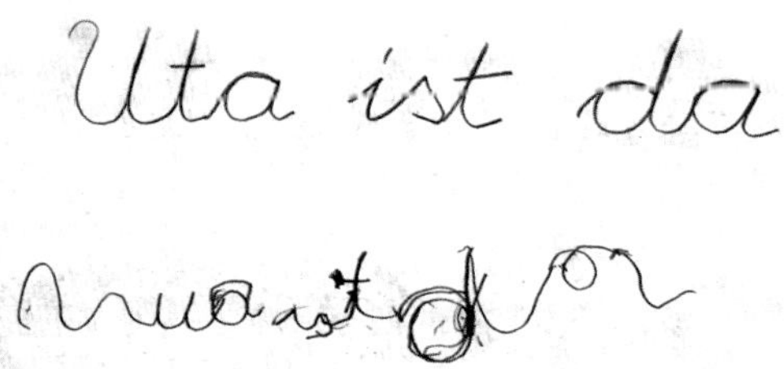

Abb. 269:
Alexander, LA: 6;11 Jahre, Rahmenbedingungen: Therapiedauer: 6 Monate; Alexander bekam von mir ohne Vorübungen die Aufgabe gestellt, den abgebildeten Satz abzuzeichnen (in Anlehnung an eine Testaufgabe des Kern-Schulreifetests; Kern, A., 1970/1995). Im Hinblick auf die vorgesehene Einschulung und Frage individueller schulischer Förderungsmöglichkeiten (Erlernen des Schreibens) sollten seine visuomotorische Koordination und visuelle Gliederungsfähigkeit überprüft werden. Es gelang Alexander, diesen Satz leserlich abzuschreiben. Er zeigte damit, dass er in den Funktionen seiner Feinmotorik, visuellen Wahrnehmung und Kognition jetzt bereit war, die Kulturtechnik des Schreibens zu erlernen. Seine Graphomotorik war noch unsicher und sehr abhängig von seiner affektiven Befindlichkeit.
Ich hoffte nun, dass mit seiner geplanten Einschulung über das Erlernen des Lesens und der Schriftsprache auch der weitere Aufbau seiner expressiven Sprache und eine Differenzierung seiner auditiven Wahrnehmungsleistung erleichtert werden könnten. Ergänzende Untersuchungen zeigten bei Alexander eine altersentsprechende, simultane Mengenerfassung. Seine überdurchschnittlich gute visuelle Speicherfähigkeit, mindestens altersentsprechende visuelle Gliederungsfähigkeit sowie große Motivation zum Erlernen des Lesens wurden von mir darüber hinaus als günstige Bedingungen der Schulfähigkeit gewertet. Allerdings war aus meiner Sicht mit einer Überlagerung seiner kognitiven Leistungsfähigkeit durch Verhaltensstörungen vom Beginn der Einschulung an zu rechnen, entsprechende Hilfestellungen sollten deshalb geplant werden.

Abb. 270:
Alexander, LA: 6;11 Jahre, Rahmenbedingungen: Therapiedauer: 6 Monate, Benennung: fehlt, Wachsmalstifte, 21 x 30 cm, ***Zeichenentwicklung: Anfang Stufe 3****, Ausführung und Organisation sind noch flüchtig, die Graphomotorik ist unsicher mit eingefügten Kritzeln; das Ausmalen zeigt Unsicherheiten; Zunahme der Detailbeachtung; Betonung der großen Ohren (vgl. Abb. 259, 261, 265, 267, 268); Erweiterung der Motive; Weiterentwicklung der Bewegungsdarstellung: Laufbewegungen mit Überschneidungen und Auslassungen, Raumdarstellung mit flächigem Boden;* ***Emotionale Zeichen:*** *Der Rückstand der Zeichenentwicklung im Vergleich zum Lebensalter ist aufgeholt; die noch bestehenden großen Rückstände der expressiven Sprachentwicklung und Verhaltensstörungen werden im Behandlungsverlauf deutlich; Emotionale Zeichen finden sich in der flüchtigen Ausführung und Organisation sowie in der unsicheren Graphomotorik; nach der Auswertung von Koppitz weist nur ein Emotionaler Faktor (fehlende Arme) auf Probleme des emotionalen Bereichs hin (erst ab zwei Faktoren wird diese Beobachtung von Koppitz im Hinblick auf vorliegende emotionale Störungen interpretiert); ein weiteres auffälliges Emotionales Zeichen finde ich in der Betonung der Ohren (vgl. Abb. 259, 261, 265, 267, 268);* ***Gesamtentwicklung:*** *Schwere Form eines Hospitalismus und Autismus (Asperger-Syndrom); schwere expressive Sprachentwicklungsstörung und Verhaltensstörungen zeigen sich im Behandlungsverlauf (vgl. Abb. 264). Nach 6 Monaten Therapie lassen sich deutliche Fortschritte der Gesamtentwicklung beobachten (vgl. Abb. 268, 269).*

Abb. 271:
Alexander, LA: 7;0 Jahre, Rahmenbedingungen: Therapiedauer: 7 Monate, Benennung: „Schaukel", Wachsmalstifte, 19,9 x 29,3 cm, ***Zeichenentwicklung:*** *Die Entwicklungsmerkmale der Zeichnung eilen den Erwartungswerten um ca. 2 Jahre voraus;* ***Mitte Stu-***

fe 3, die Ausführung ist flüchtig, die Organisation weist auf Planungsstrategien hin; die Graphomotorik zeigt Unsicherheiten der Linienführung; Erweiterung der Motive, ***bemerkenswert gute Weiterentwicklung der Bewegungsdarstellung*** *(mit Überschneidungen) und der Raumdarstellung: sehr gut beobachtete Situationsdarstellung von schaukelnden Personen mit Beachtung der charakteristischen Merkmale ihrer Schaukelbewegung im zeitlichen Ablauf; durch die geplante schräge Linienführung der Seile ist der Moment eingefangen, in dem die Schaukeln nach hinten (linke Schaukel) bzw. nach vorne (rechte Schaukel) schwingen; diese Kombination von Bewegungs-, Raum- und Zeitdarstellung weist auf überdurchschnittlich gute visuelle Speicherfähigkeit (fotografisches Gedächtnis?) und ihre Vernetzung mit der kognitiven Fähigkeit der Raumdarstellung hin;* ***Emotionale Zeichen:*** *Die Zeichenentwicklung eilt dem Lebensalter deutlich voraus; die noch bestehenden großen Rückstände der expressiven Sprachentwicklung und Verhaltensstörungen werden im Behandlungsverlauf deutlich; Emotionale Zeichen finden sich in der flüchtigen Ausführung und der unsicheren Graphomotorik;* ***Gesamtentwicklung:*** *Schwere Form eines Hospitalismus und Autismus (Asperger-Syndrom); nach 7 Monaten Therapie lassen sich deutliche Fortschritte der Gesamtentwicklung beobachten. Alexander hat noch große Schwierigkeiten, sich verbal verständlich zu machen und zeigt weiterhin Verhaltensauffälligkeiten im Sinne des Asperger-Syndroms (vgl. erläuternde Hinweise zu den Abb. 258-277).*

Abb. 272:
Alexander, LA: 7;0 Jahre, Rahmenbedingungen: Therapiedauer: 7 Monate; Alexander beginnt nun, seiner Mutter und mir seine Wünsche über die Kommunikation durch Zeichnungen verständlich zu machen; seine expressive Sprachentwicklung ist noch weit zurück. Der Junge leidet oft unter seiner „Sprachnot". Alexander setzt jetzt die Bildersprache als Kommunikationshilfe ein und will seiner Mutter verständlich machen, dass er mit ihr ins Schwimmbad gehen und dort über die Rutschbahn ins Wasser springen möchte. Ich nehme an, er drückt in seiner Zeichnung auch aus, dass er von ihr im Schwimmbad aufgefangen werden möchte (vgl. ausgestreckte Arme der Person, die sich unter dem rutschenden Alexander befindet); Benennung: „Baden", Wachsmalstifte, 19,9 x 28 cm, ***Zeichenentwicklung:*** *Die Entwicklungsmerkmale der Zeichnung liegen im guten Altersdurchschnitt* ***(Anfang bis***

***Mitte Stufe 3)**, Ausführung und Organisation sind flüchtig; die Graphomotorik zeigt Unsicherheiten der Linienführung; Erweiterung der Motive; Bewegungsdarstellung (situative Zuordnung): Durch die räumliche Anordnung der Motive wird ein Bewegungsausdruck provoziert; diese Situationsdarstellung weist auf eine gut-durchschnittliche Planung und Komposition der Gesamtsituation im Schwimmbad und damit auf gute kognitive Fähigkeiten hin; **Emotionale Zeichen:** Die Zeichenentwicklung eilt dem Lebensalter leicht voraus; die noch bestehenden großen Rückstände der expressiven Sprachentwicklung und Verhaltensstörungen werden im Behandlungsverlauf weiterhin deutlich; Emotionale Zeichen finden sich in der flüchtigen Ausführung und der unsicheren Graphomotorik; nach der Auswertung von Koppitz ist mit der Darstellung der Genitalien ein Emotionaler Faktor zu ermitteln (nach ihrer Normierung gelten erst zwei und mehrere dieser Faktoren als auffällig); Alexander zeigt zu dieser Zeit nach Beobachtungen der Mutter allerdings Probleme seiner geschlechtlichen Entwicklung; nach meiner Interpretation weisen die betonte Formdarstellung und Schwärzung der Genitalien (symbolische Verwendung der Farbe Schwarz) auf diesen Problembereich hin; **Gesamtentwicklung:** Schwere Form eines Hospitalismus und Autismus (Asperger-Syndrom); nach 7 Monaten Therapie lassen sich deutliche Fortschritte der Gesamtentwicklung beobachten. Alexander hat noch große Schwierigkeiten, sich verbal verständlich zu machen und zeigt Verhaltensauffälligkeiten im Sinne des Asperger-Syndroms (vgl. erläuternde Hinweise zu den Abb. 258-277).*

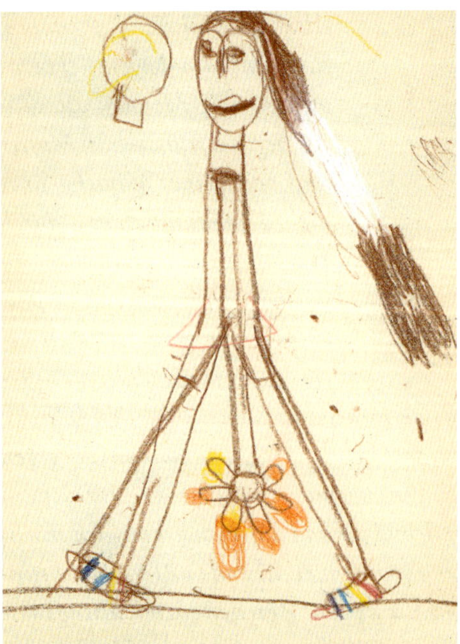

<u>Abb. 273:</u>
*Alexander, LA: 7;0 Jahre, Rahmenbedingungen: Therapiedauer: 7 Monate, Benennung: fehlt, Wachsmalstifte, 29,7 x 21 cm, **Zeichenentwicklung:** Die Entwicklungsmerkmale der Zeichnung liegen im Altersdurchschnitt **(Anfang Stufe 3)**, Ausführung und Organisation sind flüchtig; die Graphomotorik zeigt Unsicherheiten der Linienführung; die Farbdarstellung weist auf eine bunte Musterung der Schuhe hin, rechter und linker Schuh zeigen eine sich wiederholende Anordnung ihrer farbigen Streifen; auffällig sind die farblichen Darstellungen der Fingernägel und des langen Zopfes; im Hinblick auf die Bewegungsdarstellung ist eine Profil-*

wendung mit seitlicher Ansicht des einen überlangen Armes aus der Ansicht von vorne zu beobachten, der an der Schulter angesetzt ist (Andeutung der Schulter durch ihre Rundung und farbliche Betonung); hier findet sich wiederum ein Hinweis auf gute Fähigkeiten der Raumdarstellung; ***Emotionale Zeichen:*** *Die Zeichenentwicklung eilt dem Lebensalter leicht voraus; die noch bestehenden großen Rückstände der expressiven Sprachentwicklung und Verhaltensstörungen werden im Behandlungsverlauf weiterhin deutlich; Emotionale Zeichen finden sich in der flüchtigen Ausführung und der unsicheren Graphomotorik; nach der Auswertung von Koppitz sind darüber hinaus mit der Darstellung des auffällig langen Armes und der großen Hand zwei Emotionale Faktoren zu ermitteln, die im Behandlungszusammenhang als Hinweise auf Probleme im emotional-sozialen Bereich, hier insbesondere in seiner geschlechtlichen Entwicklung, interpretiert werden können (vgl. Exploration der Mutter zur Darstellung der Genitalien auf Abb. 272).* ***Gesamtentwicklung:*** *Schwere Form eines Hospitalismus und Autismus (Asperger-Syndrom); nach 7 Monaten Therapie lassen sich deutliche Fortschritte der Gesamtentwicklung beobachten. Alexander hat noch große Schwierigkeiten, sich verbal verständlich zu machen und zeigt Verhaltensauffälligkeiten im Sinne des Asperger-Syndroms (vgl. erläuternde Hinweise zu den Abb. 258-277).*

Abb. 274:
Alexander, LA: 7;0 Jahre, Rahmenbedingungen: Therapiedauer: 7 Monate, Benennung: „Elefant", Wachsmalstifte, 29,7 x 29,7 cm, ***Zeichenentwicklung:*** *Die Entwicklungsmerkmale der Zeichnung eilen dem Altersdurchschnitt leicht voraus* ***(Anfang bis Mitte Stufe 3)****, Ausführung und Organisation sind flüchtig; die Graphomotorik ist unausgewogen und zeigt sowohl gut koordinierte Linienführung als auch Unsicherheiten; im Hinblick auf die Bewegungsdarstellung sind die Profilwendung des Elefanten mit Laufbewegungsausdruck seiner Beine (Darstellung vieler Überschneidungen) sowie die Darstellung von zwei Kindern in sitzender Position zu beobachten; eine andere Person läuft neben dem Elefanten; die Laufbewegung ihrer Beine ist deutlich zu erkennen; hier findet sich wiederum ein Hinweis auf gute Fähigkeiten der Bewegungs- und Raumdarstellung;* ***Emotionale Zeichen:*** *Die Zeichenentwicklung eilt dem Lebensalter leicht voraus; die noch bestehenden großen Rückstände der expressiven Sprachentwicklung und Verhaltensstörungen werden im Behandlungs-*

verlauf weiterhin deutlich; Emotionale Zeichen finden sich in der zum Teil flüchtigen Ausführung und der unsicheren Graphomotorik; Gesamtentwicklung: Schwere Form eines Hospitalismus und Autismus (Asperger-Syndrom); nach 7 Monaten Therapie lassen sich deutliche Fortschritte der Gesamtentwicklung beobachten. Alexander hat noch große Schwierigkeiten, sich verbal verständlich zu machen und zeigt Verhaltensauffälligkeiten im Sinne des Asperger-Syndroms (vgl. erläuternde Hinweise zu den Abb. 258-277).

Abb. 275:

Alexander, LA: 9;8 Jahre, Rahmenbedingungen: Diese Zeichnung wurde nach Beendigung meiner Therapie bei einer Kontrolluntersuchung gezeichnet; der Junge besuchte zu dieser Zeit eine Förderschule mit dem Förderschwerpunkt Lernen; Benennung: „Der Marienkäfer fliegt auf ein Blatt"; Wachsmalstifte, 28,6 x 20,5 cm, ***Zeichenentwicklung:*** *Die Entwicklungsmerkmale der Zeichnung liegen im Altersdurchschnitt* ***(Mitte bis Ende Stufe 3)****, Ausführung und Organisation sind deutlich verbessert und zeigen strukturierte Planung; die Graphomotorik ist überwiegend altersentsprechend koordiniert; die Formdarstellung zeigt einen Bildausschnitt und damit eine deutliche kognitive Weiterentwicklung in Richtung des* ***Endes der Stufe 3*** *(nur der obere Teil eines Astes wird dargestellt; aus dem Ast wächst ein Blatt); beim Ast finden sich altersentsprechend integrierte Zweigansätze; vor dem Blatt steht eine Blume mit Beachtung von Details (Blumenkelch und Blütenstempel); die Farbdarstellung der Käfer und Blume ist realitätsorientiert; ausdrucksvoll hebt sich der farblich differenziert gezeichnete Blumenkelch vom Blumenstiel ab; im Hinblick auf die Bewegungsdarstellung und Situationsdarstellung lässt sich eine abstrahierende Bewegungslinie mit Pfeil – ausgehend von einem roten Punkt – in Flugrichtung des Käfers ermitteln und weist auf weitere Fortschritte der Denkentwicklung hin („Aus dem Ei entfaltet sich der Käfer und fliegt auf ein Blatt"); das Interesse Alexanders an biologischen Zusammenhängen wird deutlich; die Raumdarstellung zeigt, dass die Motive – entsprechend erwarteter Fähigkeiten eines ca. 9jährigen Kindes – unter verschiedenen Betrachtungswinkeln angeordnet werden (die Beine des oberen Käfers sind in schräger Laufrichtung auf die* *obere Grundlinie des Blattes orientiert; der mittlere Käfer wird dagegen ohne Bezug zu dieser Bodenlinie in der Mitte des Blattes gezeichnet, seine Beine sind in die freie Ebene aufgeklappt; die Blume ist von vorne dargestellt);* ***Emotionale Zeichen:*** *Die Zeichenentwicklung eilt in einzelnen Aspekten einzelner Bereiche dem Lebensalter leicht voraus; die noch immer bestehenden Rückstände der expressiven Sprachentwicklung und die Verhaltensstörungen werden im Behandlungsverlauf weiterhin deutlich, äußern sich aber nicht als Emotionale Zeichen;* ***Gesamtentwicklung:*** *Schwere Form eines Hospitalismus und Autismus (Asperger-Syndrom); nach der Einschulung in die Förderschule mit unterschiedlichen Förderschwerpunkten (vgl. Bericht der Adoptivmutter) lassen sich weiterhin Fortschritte der Gesamtentwicklung beobachten, die allerdings nicht stabil sind und durch Alexanders Verhaltensstörungen vielfältig überlagert werden. Er hat noch große Schwierigkeiten, sich verbal verständlich zu machen und zeigt Verhaltensauffälligkeiten im Sinne des Asperger-Syndroms; vgl. erläuternde Hinweise zu den Abb. 258-277.*

<u>Abb. 276:</u>
Alexander, LA: 9;8 Jahre, Rahmenbedingungen: Diese Zeichnung wurde nach Beendigung meiner Therapie bei einer Kontrolluntersuchung im Anschluss an Abb. 275 gezeichnet; der Junge besuchte zu dieser Zeit eine Förderschule mit dem Förderschwerpunkt Lernen; Benennung: „Maikäfer", Wachsmalstifte, 21 x 30 cm, ***Zeichenentwicklung:*** *altersentsprechend* ***(Mitte bis Ende Stufe 3)****, Ausführung und Organisation sind deutlich verbessert und zeigen strukturierte Planung; die Graphomotorik ist überwiegend altersentsprechend koordiniert; die Form- und Farbdarstellung der Käfer und des Nestes mit vielen kleinen und einem großen roten Ei ist realitätsorientiert, reich an Details und ausdrucksvoll in der Farbgebung; das Interesse Alexanders an biologischen Zusammenhängen wird deutlich (vgl. Abb. 275);* ***Emotionale Zeichen:*** *Die Zeichenentwicklung ist altersentsprechend; noch immer bestehende Rückstande der expressiven Sprachentwicklung, Verhaltensstörungen werden im Behandlungsverlauf weiterhin deutlich, äußern sich jedoch nicht in Emotionalen Zeichen dieser Zeichnung;* ***Gesamtentwicklung:*** *Schwere Form eines Hospitalismus und Autismus (Asperger-Syndrom); vgl. Ausführungen zur Abb. 275.*

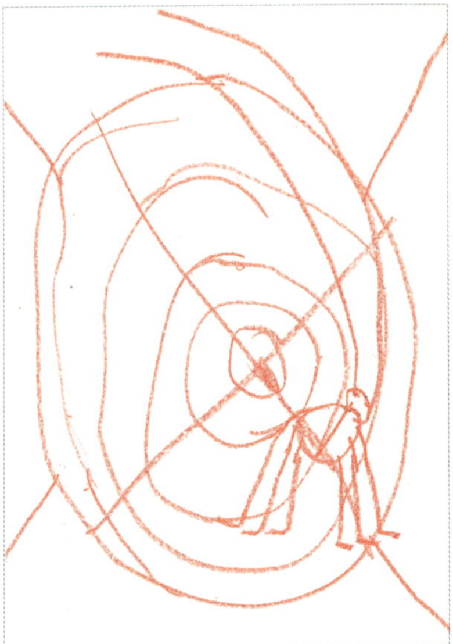

Abb. 277:
Alexander, LA: 9;8 Jahre, Rahmenbedingungen: Diese Zeichnung wurde nach Beendigung meiner Therapie bei einer Kontrolluntersuchung im Anschluss an Abb. 276 gezeichnet; der Junge besuchte zu dieser Zeit eine Förderschule mit dem Förderschwerpunkt Lernen; Benennung: „Spinnennetz", Wachsmalstifte, 29,8 x 21 cm, ***Zeichenentwicklung:*** *altersentsprechend* ***(Mitte bis Ende Stufe 3)****, Ausführung und Organisation sind flüchtig, unsicher zeigt sich ebenfalls noch die Graphomotorik; bei realitätsorientierter Formdarstellung der Motive weist diese Situationsdarstellung (die Spinne spinnt ihr Netz) auf das Interesse Alexanders an biologischen Zusammenhängen hin (vgl. Abb. 275, 276);* ***Emotionale Zeichen:*** *Die Zeichenentwicklung ist altersentsprechend; noch immer bestehende Rückstände der expressiven Sprachentwicklung und Verhaltensstörungen werden im Behandlungsverlauf weiterhin deutlich; Emotionale Zeichen deuten sich in Unsicherheiten der Ausführung und Organisation und der Graphomotorik an;* ***Gesamtentwicklung:*** *Schwere Form eines Hospitalismus und Autismus (Asperger-Syndrom); vgl. Ausführungen zur Abb. 275.*

Schlussbemerkung:

Die vorliegende Fallgeschichte weist auf die große Schwierigkeit hin, das klinische Störungsbild Alexanders differentialdiagnostisch abzuklären und Primär-, Sekundär- und Tertiärstörungen voneinander zu unterscheiden. Der Einfluss der schweren frühkindlichen Deprivation (Hospitalismus), die mangelnde emotionale Zuwendung und die Reduzierung seiner Umwelterfahrungen während der ersten vier prägenden Lebensjahre im Kinderheim (vgl. Bericht der Adoptivmutter) sind bei der Überlegung zur Klassifikation des vorliegenden Störungsbildes (Asperger-Autismus) sicher ebenso zu diskutieren wie möglicherweise verursachende genetische Faktoren.
Festzuhalten bleibt, dass bei Alexander unter der konstanten emotionalen Zuwendung seiner Pflegemutter und späteren Adoptivmutter und ihrer Entwicklungsförderung ab dem 4. Lebensjahr (ab 3;9 Jahren) Vertrauen aufgebaut und damit die Grundvoraussetzungen für seine späteren Lernfortschritte gelegt werden konnten. Darüber hinaus war es für ihn notwendig, fördernde Entwicklungsanreize durch Therapeuten zu erhalten, die an seinen Potenzialen anknüpften (überdurchschnittliche Fähigkeit der visuellen Speicherung) und ihm bei dem Versuch der Kompen-

sation seiner Defizite und Verhaltensschwierigkeiten gezielte Hilfestellung gaben. Auch seine Mutter wurde Therapie begleitend beraten. Trotz schwerer Deprivation (Primärstörung) baute Alexander seine Kommunikationsfähigkeit über Bilder- und Lautsprache auf und legte damit die Basis für seine weiteren Entwicklungsfortschritte und für die Kompensation einiger seiner Defizite und Verhaltensstörungen.
Unserem vor Kurzem geführten telefonischen Gespräch konnte ich mit Freude entnehmen, dass Alexander und seine Mutter (vgl. Bericht) es gelernt haben, fortbestehende Störungen zu akzeptieren und mit ihnen konstruktiv umzugehen. Alexander erzählte mir in gut strukturierter, etwas abgehackt und hölzern klingender Sprache von seiner neuen Arbeitsstelle. Zum Abschied sagte er mir – und diesen Satz habe ich wörtlich notiert: „Eines Tages werden die Menschen wissen, wer ich wirklich bin."

7.4 Die Behandlung Jannas nach dem Frostig-Konzept (Asperger-Autismus mit Sonderbegabung im Zeichnen)

7.4.1 Bericht der behandelnden psychologischen Psychotherapeutin über die Therapie Jannas

Vorbemerkung:
Als mir die behandelnde psychologische Psychotherapeutin von Janna erzählte und mir ihre Zeichnungen zeigte, war ich sehr beeindruckt. Ich entdeckte in ihren Bildern ihr tiefes Ausdrucksbedürfnis und zugleich eine besondere bildnerische Begabung und Zeichenfertigkeit. Charakteristische Merkmale dieser Zeichnungen und ihre sprachsymbolische Verarbeitung konnte ich dem Störungsbild des Autismus (Asperger-Syndrom) zuordnen. Zugleich beobachtete ich in Jannas Bildern ihr häufiges Verweilen in Phantasiewelten und ihre bemerkenswerte Nähe zu surrealistischen Ausdrucksformen moderner Kunst. In ihren Kommentaren zu den Zeichnungen fand ich ausdrucksstarke sprachliche Metaphern. Diese ließen erkennen, dass Janna zur Strukturierung neuer, ihr noch nicht vertrauter Sachverhalte (z. B. Ausdruck bestimmter Gefühle) auf bekannte Sachverhalte (z. B. Eigenschaften ihr bekannter Objekte) zurückgriff und bei diesem Prozess zu ungewöhnlichen Verknüpfungen des anschaulichen, bilderreichen Denkens und zu kreativen Sprachneuschöpfungen gelangte (vgl. Kap. 4.2.2, S. 284-285). Wenn z. B. ein Gespräch spezieller auf ihre Person gerichtet wurde und ihr dies unangenehm war, gab sie folgende typische Antwort: „Ich habe meine Gedanken aus dem Fenster geworfen, dort auf der Straße hat sie jemand in eine Tüte gesteckt und mitgenommen. Jetzt kann ich nicht darüber reden." Auch der Ausspruch Jannas zu ihrer Traurigkeit und dem Loch in

ihrem Herzen, durch das der Wind weht, wies in diese Richtung (vgl. Bericht der Therapeutin). In ihren Zeichnungen fand ich ungewöhnliche und ausdrucksstarke Verknüpfungen bildlicher und sprachlicher Metaphern. Merkmale von Menschen wurden mit Merkmalen einer Objektdarstellung verschmolzen, dargestellt und mit Wortneuschöpfungen benannt (z. B. Abb. 279: „Menschlicher Lebens-Roboter-Besitzer, Lebensroboter ohne Kraft"). Gleichzeitig beobachtete ich puppenartig dargestellte Menschdarstellungen, Hexen, Zauberer oder Tiere, deren charakteristische Form- und Bewegungsmerkmale in Anlehnung an die Realität oder ausschließlich phantasiegeleitet in der Zeichnung festgehalten wurden.
Janna hatte Zugriff zu ihrer reichen Bilderwelt und verstand es, auch individuelle und aktuell traumatisierende Erlebnisse in ihren Zeichnungen anklingen zu lassen.

Ich habe Janna nicht persönlich kennen gelernt, aber über ihre Therapeutin mit ihrem Einverständnis wesentliche Zusammenhänge ihrer Lebensgeschichte erfahren dürfen. Ich erhielt von Janna die Erlaubnis, in diesem Buch über sie unter dem Namen „Janna" zu berichten, einige ihrer Zeichnungen abzubilden und zu interpretieren. Für diese Bereitschaft möchte ich Janna meinen herzlichen Dank aussprechen.
Den folgenden Therapiebericht hat Jannas Psychotherapeutin, Dipl.-Psychologin Hildegard Bethge, verfasst. Sie arbeitete mit Janna psychotherapeutisch nach dem hier beschriebenen erweiterten Frostig-Ansatz und legte bei ihrer Behandlung einen besonderen Wert auf den Einsatz gestalt- und maltherapeutischer Methoden. Bis zum Lebensalter von ca. 12 Jahren erfolgte die Kommunikation zwischen ihr und Janna nur über Zeichnungen. Janna malte in den Therapiestunden bizarre und phantastische Szenen. Ab dem 13. Lebensjahr griff sie kleine Holzbiegepüppchen auf und spielte mit ihrer Therapeutin alles, was sie bewegte. Später brachte sie zu jeder Therapiestunde auch seitenweise selbst verfasste Geschichten und Gedichte mit. Über diese kreativen „Werke" gelang es der Therapeutin, Zugang zu Jannas innerem Erleben zu gewinnen und damit einen therapeutischen Dialog in Gang zu setzen: *„Jannas Bilder sind die Fenster in der Wand zwischen uns. Janna schaut heraus und ich schaue hinein."*
Mit dem folgenden Therapiebericht gibt uns Hildegard Bethge Einblick in ihre therapeutische Arbeit mit Janna. Über den Einsatz psychotherapeutischer Behandlungsmethoden, insbesondere über den Einsatz des Zeichnens und Rollenspiels, gelang es ihr, das Selbstvertrauen (vgl. Kap. 2.5, „Kohärenzgefühl", Schiffer, E. und H., 2004) des Mädchens zu stärken und Janna einen gangbaren Weg aus ihrer sozialen Isolierung aufzuzeigen.
Ich möchte an dieser Stelle Hildegard Bethge herzlich für ihre Bereitschaft danken, ihren folgenden Bericht für dieses Buch zur Verfügung zu stellen.

Therapiebericht der behandelnden psychologischen Psychotherapeutin

Angaben zur Familienanamnese:
„Janna wurde nicht ehelich geboren. Ihre Eltern hatten nur eine kurze Beziehung, die schon während der Schwangerschaft auseinander brach. Als Janna 3 Jahre alt war, erkrankte die Mutter an einer Psychose (manisch-depressiv), seitdem ist sie regelmäßig in stationärer psychiatrischer Behandlung. Janna kam damals als Pflegekind zur Großmutter väterlicherseits, die in der gleichen Stadt lebte. Die Mutter behielt aber das Sorgerecht. Sie erhielt außerdem ein 14-tägiges Umgangsrecht, welchem sie auch nachkam, soweit es ihr Gesundheitszustand zuließ. Zwischen Spätherbst und Frühjahr war die Mutter in der Regel Patientin eines psychiatrischen Krankenhauses, Besuchskontakte mit Janna gab es meist nur im Frühjahr und Sommer. Die Mutter steht mittlerweile unter Betreuung.

Janna besuchte den Waldorf-Kindergarten und die Waldorf-Schule, mittlerweile in der 9. Klasse. Sie ist eine gute Schülerin.

Angaben zur Schwangerschafts- und Geburtsanamnese:
Bezüglich Schwangerschaft und Geburt liegen keine Kenntnisse vor. Belegt ist, dass Janna mit 1;6 Jahren frei laufen konnte. In ganzen Sätzen sprach sie mit ca. 2;6 Jahren. Noch während der Zeit bei ihrer Mutter wurden eine Sprach- sowie eine motorische Entwicklungsverzögerung festgestellt; sie bekam eine entsprechende Frühförderung. An Erkrankungen wurde eine Neurodermitis erwähnt, die aber mit Salben und vernünftiger Ernährung gut in den Griff zu bekommen war. Ernsthafte Erkrankungen, Operationen oder gar Unfälle sind nicht bekannt. Deutliche Störungen wurden im Kontaktverhalten zu anderen Menschen beobachtet. Janna zeigte erhebliche Defizite in der emotionalen Schwingungsfähigkeit und hatte besondere skurrile Vorlieben. Im Alter von ca. 3 Jahren liebte sie alles, was sich drehte. Auch sie selbst machte ständig Drehbewegungen, summte wie eine Biene und wollte fliegen.

Ergebnisse aus Anamnese und Explorationsgesprächen, Beobachtungen und Testergebnisse der psychologischen Erstuntersuchungen:
Im Rahmen einer Begutachtung lernte ich Janna kennen, als sie 6;0 Jahre alt war. Im Gutachten galt es, die Frage zu klären, ob der regelmäßige Kontakt zur manisch-depressiven Mutter der kindlichen Entwicklung von Janna schade und wie das Problem der angespannten Beziehung zwischen Mutter und Großmutter väterlicherseits zu lösen sei. Ich kam zu dem Ergebnis, dass Janna zu beiden Frauen eine

gute Beziehung hatte und somit auch der Kontakt zur Mutter für das Kind und seine Entwicklung wichtig sei. Die Besuchstage sollten vor- und nachbereitet werden und zwar nur mit der Mutter und der Großmutter. Diese Gespräche gingen über einen Zeitraum von ca. drei Jahren. Ein Jahr lang gab es dann keinerlei Kontakt zu mir. Danach meldete sich die Großmutter wieder bei mir mit dem Auftrag, Janna und sie durch die schwierige Zeit der Pubertät zu begleiten.

Bei der körperlichen Untersuchung durch eine Ärztin im Rahmen der Begutachtung und noch einmal vier Jahre später ließ Janna nicht alle Untersuchungen zu. Sie verweigerte die Untersuchungen von Herz, Abdomen und Brustbereich, ebenso die Reflexuntersuchungen der oberen Extremitäten. Körperkoordination, Grob- und Feinmotorik waren altersgemäß entwickelt. Der übrige internistische Untersuchungsbefund war ebenfalls unauffällig.

Janna besaß schon ganz früh einen enormen Wortschatz. Ihre Artikulation, ihre rezeptive wie auch expressive Sprache sind heute außerordentlich differenziert. Ihre Grammatik-Syntax entspricht nicht der „Jugendsprache“, sondern einem reinen, klaren Hochdeutsch. Allerdings ist ihre Kommunikationsfähigkeit durch das Asperger-Syndrom zum Teil erheblich eingeschränkt (Verbalsprache gut, jedoch oft naiv, unpassend, übertrieben, pedantisch, formell, lange Monologe, stereotype Fragen, Diskussionen über unwesentliche Details, zwingt der Umgebung ihre Interessen und Themen auf).

In den ersten Jahren unserer therapeutischen Beziehung sprach Janna bis auf das Nötigste nicht mit mir, sondern zeichnete in verblüffenden Bildern ihre Gedanken, Phantasien und Probleme. Ab dem 13. Lebensjahr zeichnete sie nicht mehr so viel; nun vollzog sich unsere Kommunikation hauptsächlich über das Spiel mit Holzbiegepüppchen, mit denen sie all das spielen konnte und auch heute noch spielt, was sie bewegt. Seit ca. 2;6 Jahren bringt sie mir zu jeder Therapiestunde seitenweise umfangreiche, bis zu 60 Seiten (!) fassende Geschichten und Gedichte mit, die sie selbst verfasst hat und in denen sie sich inhaltlich mit dem Sortieren und Katalogisieren ihres Alltags beschäftigt. Das ist ihre Art, sich die Umwelt zu erschließen und verstehbar zu machen. So schreibt sie Bekannten und Phantasiepersonen Zeugnisse, und zwar in der ausführlichen Form, die in Waldorf-Schulen üblich ist. Über Wochen hinweg stellt sie für zahlreiche Personen Essenspläne auf und rechnet Kosten und Kalorien aus. Dann wiederum schreibt sie phantastische Geschichten, deren Sinn nicht zu verstehen ist. Manchmal schreibt sie diese Geschichten auch komplett in Englisch.

Geistige Entwicklung:
Im Rahmen einer Begutachtung des Gesundheitsamtes wurde Janna in ihrem 18. Lebensjahr testpsychologisch zu der Fragestellung untersucht, wie ihre Betreuung nach ihrem 18. Geburtstag aussehen solle. Durchgeführt wurde der Intelligenztest *HAWIE-R* (Intelligenztest für Erwachsene), ein Verfahren, das versucht, die globale Intelligenz zu erfassen, bestimmt als die Fähigkeit einer Person, zweckvoll zu handeln und sich mit ihrer Umwelt wirkungsvoll auseinander zu setzen. In diesen Test fließen Umwelterfahrungen und schulische Kenntnisse mit ein. Zum Zeitpunkt der Testabnahme erzielte Janna im Verbal-Teil einen IQ von 120 (T-Wert 63) und im Handlungs-Teil einen IQ von 86 (T-Wert 41). Die Leistungsunterschiede zwischen beiden Testteilen sind signifikant. Im Handlungs-Teil hatte Janna vor allem mit der Zeitmessung Probleme. Sie veränderte ihr Arbeitstempo unter Zeitvorgabe nicht.

Im *BENTON-TEST*, einem Verfahren zur Erfassung der visuellen Wahrnehmung sowie der visuell-motorischen Koordination, hatte sie ein auffälliges, nicht altersgerechtes Ergebnis. Die untersuchende Psychologin berichtete von wechselnden Aufmerksamkeiten.

Depressionsinventar für Kinder und Jugendliche (DIKJ):
Dieser Fragebogen versucht die subjektiven Aspekte von Depressivität bei Kindern und Jugendlichen zu erfassen. Neben der Intensität der Depressionen werden zugleich die wichtigsten Symptome erfasst. Das Ergebnis hier war grenzwertig. Janna erzielte einen Prozentrang von 80,7.

Satzergänzungstest:
In diesem Verfahren wurde ein großes Maß an Ängsten verschiedener Art deutlich. Janna hatte Angst vor dem Erwachsenwerden, vor Schwangerschaft, Vergewaltigung und Missbrauch.

Es ergaben sich keine Hinweise zu eingeschränkten Fähigkeiten im taktil-kinästhetischen, visuellen und auditiven Bereich.

Arbeitsverhalten:
Immer unter der Voraussetzung, dass Janna die Tätigkeit auch auszuführen bereit war, zeigte sie bei allem, was sie tat, hohe Motivation und Leistungsbereitschaft, hohe Konzentration, Aufmerksamkeit und Ausdauer. War sie jedoch nicht bereit, etwas zu tun, was andere von ihr verlangten, so wehrte sie sich mit erstaunlicher Vehemenz und scharfer Argumentation bis hin zur völligen Verweigerung. Jannas

größtes Problem ist die Bewältigung von Alltagsdingen und das Einsehen von Notwendigkeiten.

Emotionen:
Emotional ist Janna nicht belastbar. Kleinste Störungen können sie komplett aus dem Konzept bringen. Ihre Frustrationstoleranz ist gering. Ihre emotionale Reife und Stabilität sind die eines Kindes.

Persönlichkeitsentwicklung:
Janna entschloss sich erst im Alter von 10 Jahren, ein Mädchen zu werden, und erst mit 15 Jahren akzeptierte sie ihren Vornamen und hatte nichts mehr dagegen, so genannt zu werden. Sie weiß, dass sie jetzt volljährig ist und besteht darauf, bestimmte Dinge selber entscheiden zu können. Aber alles, was alltäglich ist, ihre Zukunft betrifft, was ihr lästig ist, will sie nicht entscheiden. Ihr Selbstbewusstsein ist nur wenig entwickelt. Aufgrund ihrer Andersartigkeit und Skurrilität war sie in der Klasse immer Außenseiterin und wurde eine Zeit lang von Klassenkameradinnen sogar gemobbt. Sie war bereit alles zu tun, nur um in die Klassengemeinschaft aufgenommen zu werden. Zu ihrem Schutz kam sie in eine andere Klasse, in der sie so akzeptiert wurde wie sie ist, und fand sogar eine Freundin (ebenfalls Außenseiterin). Eigenverantwortung und Selbstständigkeit sind nur schwach entwickelt.

Sozialverhalten:
In diesem Bereich werden Jannas Probleme als autistisches Mädchen besonders deutlich. Als sie mit 3;6 Jahren in den Waldorf-Kindergarten kam, reagierte sie bei Kontaktaufnahme durch andere Kinder mit schrillem Schreien und großer Angst. Sie spielte nur für sich und nur mit sich drehenden Sachen. Sie selber liebte es, ständig Drehbewegungen zu machen. Sie sprach davon, selbst eine Biene zu sein, dann ein Fuchs, dann eine Maus. Sie sprach von sich in der 3. Person. Erst im Alter von 10 Jahren entschloss sie sich, ein Mädchen zu sein.

Regelverhalten:
Verständnis und Akzeptanz von sozialen Regeln waren und sind für sie nur schwer begreifbar; sie hat ihr eigenes Regelverständnis und -verhalten. Mittlerweile hat sie akzeptiert, dass es ein paar Regeln gibt, die einzuhalten sind, aber auch hier fügt sie sich „in ihr Schicksal", es stehen weder eine Überzeugung noch entsprechende Erfahrungen dahinter.
Die soziale Integration in die Klassengemeinschaft sieht so aus, dass sie in ihrer Außenseiterrolle akzeptiert wird, ansonsten hat sie nur Kontakte zu Erwachsenen. In

der Schule hat sie erfolgreich in einer Theater- und einer Zirkus-AG mitgewirkt. Hier hat sie die ihr zugewiesene Rolle akzeptiert und ausgefüllt und konnte somit einen guten Beitrag leisten. In der Nähe ihrer Freundin fühlt sie sich wohl. Dort kann sie bestimmen, was gemacht wird. Laut der Großmutter ist die Freundin ein eher schwach begabtes, aber liebes Mädchen, die für Janna alles tut.

Erst zum Ende ihrer Grundschulzeit wollte Janna ihren Kindergeburtstag feiern. Eingeladen wurde sie selber nie. Die Geburtstagsfeste verliefen so, dass zwar Kinder eingeladen wurden, sie aber nicht mit ihnen spielte. Sie saß abseits des Trubels, freute sich, dass so viele Kinder gekommen waren, Geschenke mitgebracht hatten (die ihr aber nicht wichtig waren) und dass alle vergnügt waren. Die Großmutter musste ein komplettes Unterhaltungsprogramm abspulen, und wenn die Kinder gegangen waren, zog sich Janna zufrieden auf ihr Zimmer zurück und las oder malte.

Seit Jahren fährt Janna einmal im Jahr für zwei Wochen auf einen anthroposophisch geführten Reiterhof. Sie läuft dort mit, erledigt ihre Aufgaben bei den Pferden und im Stall, zu den Mädchen dort hat sie jedoch kaum Kontakt.

Schule, Schullaufbahn:
Janna besucht die 9. Klasse der Waldorf-Schule. Sie ist ein bis zwei Jahre älter als ihre Klassenkameraden, weil sie ein Jahr später eingeschult wurde und wegen eines Schulwechsels eine Klasse wiederholte. Sie ist eine gute Schülerin und wird aller Voraussicht nach das Abitur bestehen.

Sie nimmt Klavierunterricht und spielt gerne und gut. Zurzeit favorisiert sie es, Geschichten und Gedichte zu schreiben, auch in englischer Sprache. Sie möchte auch gerne mal eine Zeit lang in England leben, z. B. im Rahmen von Sprachferien oder im Internat. Janna kann unglaublich schnell lesen, verarbeitet das Gelesene sofort und wendet es richtig an.

Sie erfährt ihre Umwelt nicht im direkten Austausch mit der Wirklichkeit, sondern aus Büchern. So kann sie der Bedrohlichkeit einer Kommunikation und Interaktion ausweichen und den Erfahrungsaustausch aus zweiter Hand annehmen. Sie weiß also viel über eine Welt, in der sie selbst sich nur bedingt zurechtfindet.
Die Zusammenarbeit mit der Großmutter und früher auch mit der Mutter war und ist sehr vertrauensvoll. Neben den Stunden mit Janna gibt es intensiven telefonischen oder direkten Austausch. Es gab auch Gespräche mit dem Jugendamt und dem Gesundheitsamt.

Der Behandlungsauftrag der Großmutter an mich war, Janna und sie durch die schwierige Zeit der Pubertät zu begleiten, d.h. die Großmutter in ihrem Erziehungsverhalten zu unterstützen und Janna zu helfen, sich besser mit der Wirklichkeit auseinander zu setzen und trotz ihres Autismus einen Platz im Leben zu finden.

Behandlungsverlauf:
Nach Erledigung des anfangs erwähnten Gutachtens wurden Mutter und Großmutter ca. drei Jahre lang beraten, wie die Treffen mit der Mutter und Janna gestaltet werden sollten, damit es allen Beteiligten, vor allem aber Janna, dabei gut ging. In dieser Zeit habe ich Janna nicht gesehen.
Als ich dann wieder direkten Kontakt zu Janna bekam, war es mein therapeutischer Ansatz, über ihre Bilder Zugang zu ihr und ihren Gedanken zu finden. Anfangs sprach sie nicht mit mir, hatte keinen Blickkontakt und stand in meinem Zimmer, als sei sie dort vergessen worden. Lange Zeit kommunizierte Janna ausschließlich über das Malen. Alles, was sie bewegte, malte sie in eindringlichen, oft mythisch anmutenden Bildern, mit intensiven Farben, oft streng geordnet. Mit der Zeit wurde die Sprache immer wichtiger für sie. Sie fing an, mit mir zu sprechen, sah mich dabei an und beantwortete auch ab und zu Fragen, das Thema jedoch bestimmte stets sie. Wenn sie eine Frage als unpassend oder gar als bedrohlich empfand, legte sie sich mit dem Rücken auf den Boden, machte mit Armen und Beinen eine „Hundestellung" und schwieg. Manchmal knurrte sie noch ein paar Mal unwirsch.
Dieses Verhalten gab sie nach einiger Zeit auf, konnte aber dem Gesprächspartner heftig über den Mund fahren, wenn sich das Gespräch in eine Richtung bewegte, die ihr nicht passte, oder sie ließ die Großmutter für sie sprechen.

Im Alter von ca. 13 Jahren war sie in der Kommunikation so weit fortgeschritten, dass sie während der Therapiestunden kleine, ca. 10 bis 12 cm große Biegepüppchen ergriff und mit ihnen, stellvertretend für sich selbst, sie interessierende Situationen, ihre Probleme, die aufkommende Sexualität und Ereignisse in der Welt spielte. Sie bestimmte dabei genau den Ablauf der Szenen. Nach einiger Zeit ließ ich in diesem Szenario immer öfter Widerstand aufkommen. Dann spielten die Puppen ihre Rollen nicht so, wie Janna es erhoffte. Sie musste sich nun auf neue Bedingungen, andere Meinungen etc. einlassen, was ihr sehr schwer fiel. Die Auseinandersetzung mit dem Alltäglichen fand nun auch in unserem Spiel statt. Dabei lernte sie Verhaltensweisen und Sichtweisen kennen, die ihr helfen konnten, sich im realen Leben besser zurechtzufinden.

Mittlerweile ist Janna durchaus in der Lage, alleine Straßenbahn zu fahren, sich mit anderen Personen auszutauschen und Regeln einzuhalten. Sie kann Trauer zeigen,

Verluste beklagen und Empathie zeigen. Sie kann telefonieren und Beziehungen aufrechterhalten.
Dennoch wird sie im Erwachsenenalter einer Form des betreuten Wohnens bedürfen, denn Sarkasmus, Verführungen jedweder Art, Mobbing etc. begreift sie nicht und steht Angriffen aus dieser Richtung schutzlos gegenüber. Das weiß Janna auch und fordert vehement Betreuung für sich ein. Die Großmutter hat eine Selbsthilfegruppe gegründet, um mit Eltern behinderter Kinder Formen von betreutem Wohnen mit anthroposophischem Hintergrund zu finden bzw. zu schaffen.

Lassen Sie mich den Bericht über Janna mit einem Satz von ihr beenden, den sie sprach, als sie ca. 14 Jahre alt war: „Ich bin so traurig, dass ich ein Loch im Herzen habe, durch das der Wind weht!" Aus welchem Anlass sie ihn äußerte, ist nicht mehr bekannt.

Meine Arbeit wird sich weiterhin darauf konzentrieren, Janna so weit zu stärken, dass sie ihren Weg im Leben findet. Um ein würdiges Leben führen zu können, braucht sie einen Rahmen, der ihr Schutz, aber auch die Möglichkeit der Entfaltung bietet."

7.4.2 Kommentare zu den Zeichnungen Jannas

Vorbemerkungen:
Die folgenden vier Zeichnungen Jannas werden von mir unter Vorbehalt interpretiert. Ich habe Janna nicht persönlich kennen gelernt und konnte keine Explorationen zu den Zeichnungen vornehmen. Die Angaben zu den Basisinformationen und Vorbefunden sowie zur Beobachtungssituation, Verhaltensbeobachtung und zu den Kommentaren zu ihren Zeichnungen übernehme ich von der behandelnden Psychotherapeutin.

. Biestige sirenen!
2 Die Hexe
3. Farbfrauen!
4. Hochmütige Tanzfälscherinnen!
5. Teufelsweiber!
6. Geldgierige Frauen!
7. Redeitle Frauen!
8. Streitschießwütige Frauen!
9. Drachen-weiber!
10. madame medusa!
11. Überdrüsser!
12 Böse Frauen!
13. Falsche Prinzessinnen!
14. rosa pinke und lila Frauen!
15. Queen Rosenblüte!
16. Edelfrau Rosamunde!
18. Wütige Rotfrauen!
19. Stadtfrauen
20. Queen Jane
21. Martina
22. Falsche Königinnen!
33 Brave Frauen!

Abb. 278

zu Abb. 278:

Janna, LA: 14;0 Jahre, Rahmenbedingungen: Nach den Angaben der behandelnden Therapeutin malte Janna diese Zeichnung während der Therapiestunde; Benennung (von links nach rechts und oben nach unten): „1. Biestige Sirenen, 2. Die Hexe, 3. Farbfrauen, 4. Hochmütige Tanzfälscherinnen, 5. Teufelsweiber, 6. Geldgierige Frauen, 7. Redeitle Frauen, 8. Streitschießwütige Frauen, 9. Drachenweiber, 10. Madame Medusa, 11. Überdrüssler, 12. Böse Frauen, 13. Falsche Prinzessinnen, 14. Rosapinke und lila Frauen, 15. Queen Rosenblüte, 16. Edelfrau Rosamunde, 17. (kann nicht von mir identifiziert werden), 18. Wütige Rotfrauen, 19. Stadtfrauen, 20. Queen Jane, 21. Martina, 22. Falsche Königinnen, 23. Brave Frauen; Bleistift und Buntstifte, 29,8 x 21 cm, ***Zeichenentwicklung:*** *überdurchschnittlich gute zeichnerische Darstellung und Zeichenfertigkeit* ***(Stufe 4)****; mein erster subjektiver Eindruck weist auf eine frühe künstlerische Leistung eines 14jährigen Mädchens hin; bildnerischer und sprachlicher Ausdruck zeigen die reiche Vorstellungswelt Jannas, die sie sehr eindrucksvoll zeichnerisch umsetzen kann; bildnerischer und sprachlicher Ausdruck werden verknüpft und zu ironisch-witzigen bildnerischen Gestaltungen und Wortneuschöpfungen zusammengeführt (z. B. „Streitschießwütige Frauen, Überdrüssler"); der Zeichenstil entspricht dem einer erwachsenen Karikaturistin und nicht dem einer 14jährigen Schülerin (Stilbruch); Ausführung und Organisation sind geplant und gut strukturiert; die Wahl der Motive und Symbole (Frauen mit unterschiedlichen Charaktereigenschaften und unterschiedlichem Rollenverhalten) ist reichhaltig und verrät eine Auseinandersetzung mit der eigenen Geschlechtszugehörigkeit sowie gutes Allgemeinwissen; die Graphomotorik zeigt sich selbst auf kleinstem Zeichenraum sehr gut koordiniert; sehr variationsreich zeichnet Janna die vielen unterschiedlichen Formen der Frauengestalten und berücksichtigt dabei viele Formdetails; eine Mischung realitätsorientierter und Phantasie geleiteter bildnerischer Vorstellungen und ihre Umsetzung in zeichnerische Gestaltungen wird deutlich; die Formen wirken zum Teil realitätsbestimmt, zum Teil abstrakt, skurril, surrealistisch. Die Formdetails zeigen eine besondere Betonung weiblicher Geschlechtsmerkmale (Haare, Brust, Taille, Rundung der Hüften und des Hinterteils, Länge des Unterkörpers bzw. Länge der Beine); eigenartig verzerrt und unrealistisch wirkt die Größendarstellung der Formen und Formdetails: Die Proportionen sind im Sinne einer karikaturistischen Herausarbeitung von ironisch-witzigen Effekten unrealistisch verändert; sehr differenziert und variationsreich gestaltet Janna die Farben und erzielt durch unterschiedliche Farbintensitäten (hellere und dunklere Flächengestaltungen) und durch differenzierte Farbwahl interessante Farbeffekte (Andeutung von Farbperspektive, Kleider sind transparent und lassen die Beine durchschimmern); die Frauengestalten nehmen entsprechend ihrer dargestellten Rollen unterschiedliche charakteristische Körperhaltungen ein und zeigen einen überdurchschnittlich guten Bewegungsausdruck; im Hinblick auf die Raumdarstellung bevorzugt Janna die horizontale Anordnung eines Streifenbildes. Fast* *alle Frauen stehen vereinzelt. Die „Farbfrauen und Überdrüssler" stehen in Zweiergruppe nebeneinander, ohne sich zu berühren, während die „Rosapinken und lila Frauen" in einer Dreiergruppe nah zueinander angeordnet sind. Sie berühren sich mit ihren Armen und Beinen, Überschneidungen mit Auslassungen werden deutlich. Hier (Nr. 14) finden im Bild im Sinne einer Situationsdarstellung körperliche Berührung und Kommunikation statt;* ***Emotionale Zeichen:*** *Der Zeichenstil entspricht nicht dem Lebensalter und zeigt auffällige Merkmale einer teilweise unrealistischen, Phantasie geleiteten Vorstellungswelt mit skurrilen Zügen, beschrieben mit Wortneuschöpfungen (Stilbruch und Stilmerkmale, die bei Menschen mit Asperger-Autismus bekannt sind); die Motivwahl und Größendarstellung von Details (Betonung der weiblichen Geschlechtsmerkmale) deutet auf eine problematische Auseinandersetzung mit der eigenen Geschlechtsrolle hin. Aus der Vorgeschichte ist zu erfahren, dass sich Janna in den ersten Kinderjahren mit Tieren identifizierte, ihren eigenen Namen ablehnte und erst ab 10;6 Jahren im Therapieverlauf akzeptierte, ein Mädchen zu sein. Probleme der Identifikation mit dem eigenen Geschlecht wurden psychotherapeutisch über einen längeren Zeitraum bearbeitet. Sie beschäftigte sich zurzeit der Fertigstellung dieses Bildes sehr mit Fragen ihrer Geschlechtsreifung. Die räumliche Anordnung der Motive zeigt mit Ausnahme der „Rosapinken und lila Frauen" (Nr. 14) eine vereinzelte streifenartige Anordnung. Sie kann als Hinweis auf Jannas autistische Persönlichkeitsstörung gewertet werden. Die Symbolisierung erster Gruppenaktivitäten kann darauf hinweisen, dass sich Janna mit ihrer sozialen Problematik innerlich auseinander setzt;* ***Gesamtentwicklung:*** *vgl. Therapiebericht der Therapeutin.*

Abb. 279:

Janna, LA: 14;0 Jahre, Rahmenbedingungen: Nach den Angaben der behandelnden Therapeutin malte Janna diese Zeichnung während der Therapiestunde; Benennung (von links nach rechts): „Erster Kampfplan der neuen Monster! Unholde! Sind sehr stark – Menschen! Sind mittelstark! – Erstes entführtes Mädchen....! – Roboter! Sind sehr stark – Menschlicher Lebens-Roboter-Besitzer! Mittelstark – Lebens-Roboter! Ohne Kraft – Böse Frau! Schwierig! Sie ist im Haus zu bekämpfen!" Janna verfasste auf der Rückseite dieser Zeichnung folgende Aufzeichnung: „Das ist der erste Kampfplan in der neuen Episode! Damit es nicht auf einem anderen Kampfplan steht! Wenn ein entführtes Mädchen im Schmerzen erscheint, bekämpfen wir nur die Monster! Dann holen wir das entführte Mädchen raus und verscheuchen das Schwarze! Im Haus ist eine schwierige Frau! Wenn sie besiegt ist, machen wir nächste Erfahrungen durch!" Kugelschreiber und Buntstifte, 21 x 29,8 cm, ***Zeichenentwicklung:*** *unausgewogene, skurrile zeichnerische Darstellung* ***(Ende Stufe 3)****; mein erster subjektiver Eindruck ist geprägt von einem Gefühl der Bedrohung, Ohnmacht, Angst und Angstabwehr; der bildnerische Ausdruck weist auf eine skurril anmutende und zugleich ausdrucksstarke Darstellung hin; Janna zeigt bei ihren*

Abb. 279

Kommentaren Merkmale des sprachlichen Ausdrucks, die dem Störungsbild des Autismus (Asperger-Syndrom) zugeordnet werden können; sie besitzt eine reiche Vorstellungswelt mit bedrohlichen Inhalten und setzt diese zeichnerisch eindrucksvoll um. Bildnerischer und sprachlicher Ausdruck werden verknüpft und zu ausdrucksstarken und psychopathologisch auffälligen bildnerischen Gestaltungen und Wortneuschöpfungen zusammengeführt (z. B. „Menschlicher Lebens-Roboter Besitzer! Mittelstark – Lebens-Roboter! Ohne Kraft). Der Zeichenstil wirkt skurril und entspricht nicht der erwarteten Zeichnung einer 14jährigen Schülerin (Stilbruch); Ausführung und Organisation sind geplant und strukturiert; die Wahl der Motive und Symbole (Kampf der neuen Monster) weist auf eine Auseinandersetzung mit bedrohlichen Inhalten hin (Angst vor Entführung); die Graphomotorik zeigt sich sehr gut koordiniert; Ansätze von Schattierungen der Flächengestaltung des „Lebens-Roboters! Ohne Kraft“ werden deutlich. Eine Mischung realitätsorientierter und Phantasie geleiteter bildnerischer Vorstellungen und ihre Umsetzung in zeichnerische Gestaltungen wird deutlich; die Formen wirken zum Teil realitätsbestimmt (z. B. „Menschen! Sind mittelstark“), zum Teil abstrakt, skurril, surrealistisch und erinnern an Comic-Figuren; eigenartig verzerrt und unrealistisch wirkt die Größendarstellung der Formen und Formdetails: Die Proportionen sind ebenfalls unrealistisch verändert und wirken skurril; bei der Farbdarstellung zeigen sich Schattierungen mit Hell-Dunkel-Effekten; die Bewegungsdarstellung lässt Profilwendung bei „Menschen sind mittelstark“

und die Geste einer geplant hilflosen Armbewegung des „menschlichen Lebens-Roboter-Besitzers" erkennen; geplant eckig ist die Armhaltung des Roboters und wirkt starr und unlebendig (bildlicher Ausdruck und sprachlicher Ausdruck stimmen überein); im Hinblick auf die Raumdarstellung bevorzugt Janna die Reihung der Figuren in horizontaler Richtung. Alle Figuren stehen vereinzelt, ohne sich zu berühren; ***Emotionale Zeichen:*** *Der Zeichenstil entspricht nicht dem Lebensalter und zeigt auffällige Merkmale einer teilweise unrealistischen, Phantasie geleiteten Vorstellungswelt mit skurrilen Zügen. Sie wird mit Wortneuschöpfungen beschrieben (Stilbruch und Stilmerkmale, die bei Menschen mit Asperger-Autismus bekannt sind); die Motivwahl („Erster Kampf der neuen Monster") und Symbolik von Formdetails (sehr starker Unhold und mittelstarker Mensch mit geschwärzten länglichen Gegenständen in den Händen, böse Frau, Lebens-Roboter! Ohne Kraft) sind im Behandlungszusammenhang als Emotionale Zeichen zu analysieren; Ansätze von Schattierungen der Flächengestaltung des „Lebens-Roboters! Ohne Kraft" können als Hinweise auf Sensitivität und Verletzbarkeit diskutiert werden; die Farbsymbolik des bedrohlich wirkenden „mittelstarken Menschen" (rote Kleidung und schwarzer Gegenstand in der Hand) deutet in Zusammenhang mit der nachfolgend erzählten Geschichte ebenfalls auf individuelle Konfliktkonstellationen hin, die nur im therapeutischen Kontext geklärt und bearbeitet werden können; die räumliche Anordnung der vereinzelt in einer Reihung dargestellten Motive kann in Zusammenhang mit der vorliegenden psychopathologischen Störung Jannas und ihren Problemen im sozialen Bereich diskutiert werden;* ***Gesamtentwicklung:*** *vgl. Therapiebericht der Therapeutin.*

Abb. 280:

Janna, LA: 14;0 Jahre, Rahmenbedingungen: Nach den Angaben der behandelnden Therapeutin malte Janna diese Zeichnung während der Therapiestunde; Benennung (von links nach rechts und von der oberen über die mittlere zur unteren Bildebene): „Ein Fuchs! – Eine Hexe! – Ein Zauberer! Ein schwieriger Mensch!" – (6 Füchse); über drei Ebenen verteilt: „Ein ganz schwieriger Mensch! – mittlere Ebene: „Eine Hexe! – Die Ratte..! – Ein Braunfuchs! – Die Oberratte ..!"- untere Ebene: „Ein Blaumonster! – Zwei Hexen! – Eine Hexe!" Janna verfasste auf der Rückseite dieser Zeichnung folgende Aufzeichnung: „Das kennen alle, das ist eine Straße! Aber was ist das? Die Straße ist voller Monster! Hexen, ein Blaumonster, ein Blaufuchs, acht Ratten, ein schwieriger Zauberer, eine Junghexe und ein ganz schwieriger Mensch laufen herum! Wer hilft uns und bekämpft diese Monster, um die Straße zu befreien, damit die Autos wieder fahren können! Denn die Straße ist seit letzter Woche gesperrt! Viele Väter kommen zu spät zur Arbeit und viele Kinder zu spät zur Schule! Es sind zu viele Monster auf dieser Straße. Bekämpft die Monster und befreit die Straße!", Kugelschreiber und Buntstifte, 21 x 29,8 cm, ***Zeichenentwicklung: Ende Stufe 3, Übergang zur Stufe 4****; ausdrucksvolle, originell-skurrile zeichnerische Darstel-*

Abb. 280

lung, die eine gute Zeichenfähigkeit verrät; der sprachliche Ausdruck ist dem Störungsbild des Autismus (Asperger-Syndrom) zuzuordnen; in Jannas reicher Vorstellungswelt finden sich bedrohliche Inhalte, die zeichnerisch eindrucksvoll umgesetzt werden. Bildnerischer und sprachlicher Ausdruck werden verknüpft und zu ausdrucksstarken und psychopathologisch auffälligen bildnerischen Gestaltungen zusammengeführt. Der Zeichenstil wirkt originell und zugleich skurril, erinnert an Karikaturen einer bildkünstlerisch begabten Erwachsenen und entspricht nicht der erwarteten Zeichnung einer 14jährigen Schülerin (Stilbruch); Ausführung und Organisation sind geplant und strukturiert; die Wahl der Motive und Symbole (Kampf gegen Monster und einen ganz schwierigen Mensch) weist auf eine innere Auseinandersetzung mit archaischen und bedrohlichen Inhalten hin (Zauberern, Hexen); Phantasie geleitete Vorstellungen werden im Sinne des magischen Denkens in zeichnerische Gestaltungen übertragen; die Graphomotorik zeigt sich sehr gut koordiniert; skurril und surrealistisch wirkt die Formdarstellung der Motive und erinnert an Comic-Figuren; eigenartig verzerrt und unrealistisch zeigt sich die Größendarstellung der Formen und Formdetails: Die Proportionen sind unrealistisch verändert (auffällige Verlängerung des Unterkörpers der meisten Motive); ein Motiv („Ein ganz schwieriger Mensch!") ist durch die Hervorhebung seiner Größe (die mittlere Figur erstreckt sich über zwei, die linke Figur über drei Ebenen) sowie seine Wiederholung besonders hervorgehoben; bei der Farbdarstellung zeigen sich Schattierungen mit Hell-Dunkel-Effekten;

Bewegungsdarstellungen finden sich in der Profilwendung und Gestik einiger Motive; im Hinblick auf die Raumdarstellung bevorzugt Janna die Reihung der Figuren in horizontaler Richtung auf drei Bildebenen. Zwei Hexen und sechs Füchse sind in einer Gruppierung dargestellt. Die anderen Motive stehen vereinzelt auf dem ihnen zugewiesenen Platz und berühren sich nicht; es kommt zu keiner Situationsdarstellung mit Handlungsplanung mehrerer Motive; ***Emotionale Zeichen:*** *Der Zeichenstil entspricht nicht dem Lebensalter und zeigt auffällige Merkmale einer unrealistischen, Phantasie geleiteten, märchenhaften Vorstellungswelt mit skurrilen Zügen. Sie werden mit auffälligem sprachlichen Ausdruck beschrieben (Stilbruch und Stilmerkmale, die bei Menschen mit Asperger-Autismus bekannt sind); die Motivwahl (ein ganz schwieriger Mensch) wird von Janna sowohl durch die Größendarstellung als auch durch die Wiederholung (in der Mitte und links außen) besonders hervorgehoben und ist im Behandlungszusammenhang als Emotionales Zeichen zu bearbeiten. Die räumliche Anordnung der vereinzelt in einer Reihung dargestellten Motive kann in Zusammenhang mit der vorliegenden psychopathologischen Störung Jannas und ihren Problemen im sozialen Bereich diskutiert werden;* ***Gesamtentwicklung:*** *vgl. Therapiebericht der Therapeutin.*

zu Abb. 281:

Janna, LA: 14;0 Jahre, Rahmenbedingungen: Nach den Angaben der behandelnden Therapeutin malte Janna diese Zeichnung während der Therapiestunde; Benennung (von links nach rechts und von der oberen über die mittlere zur unteren Bildebene): „Die Magersucht! Eine Fünfzehnjährige hat eine gleichaltrige Freundin, die sehr schlank ist. Das wird ihr Idealbild. Das Mädchen beginnt, danach zu hungern! Es merkt zu spät, dass es gar nichts mehr isst! Doch dann ist die Magersucht schon da. Dann muss sie ins Krankenhaus, wo sie künstlich ernährt wird und dann zu essen beginnt. Oder sie ist nun ausgehungert und wiegt ein halbes Lot. Dann endet sie auf dem Friedhof. Aber das wollen wir verhindern! Diese Mode muss verboten werden! Lebende Schlankheitsmodelle müssen verhaftet werden und die dünnen Schaufensterpuppen müssen verschwinden! Auch ihre Hersteller gehören ins Gefängnis. Schaufensterpuppen wie diese hier – weg damit! Auch unsere Klasse sollte davor geschützt werden! Dünne Schaufensterpuppen in unserer Größe – weg damit! Magersucht ade, ade, ade! Beginnen Sie, bevor noch mehr Mädchen an Magersucht sterben oder ins Krankenhaus kommen! Achten Sie darauf, dass unsere Schülerinnen nicht angesteckt werden!"; Bleistift und Buntstifte, 29,8 x 21 cm, ***Zeichenentwicklung:*** *unausgewogen,* ***Ende Stufe 3, Übergang zur Stufe 4****; originell-skurrile zeichnerische Darstellung, die eine gute Zeichenfähigkeit verrät; bildnerischer und sprachlicher Ausdruck wirken bizarr und theatralisch; ungewöhnliche Gedankengänge („Lebende Schlankheitsmodelle müssen verhaftet werden!") und auffällige sprachliche Formulierungen sind dem Störungsbild des Autismus (Asperger-Syndrom) zuzuordnen; Janna setzt sich hier im*

Die Magersucht!
Eine Fünfzehnjährige hat eine gleichaltrige Freundin, die sehr schlank ist. Das wird ihr Idealbild.
Das Mädchen beginnt, danach zu hungern! Es merkt zu spät, daß es gar nichts mehr ißt! Doch dann ist die Magersucht schon da.
Dann muß sie ins Krankenhaus, wo sie künstlich ernährt wird und dann zu essen beginnt.
Oder sie ist nun ausgehungert und wiegt ein halbes Lot. Dann endet sie auf dem Friedhof.
Aber das wollen wir verhindern! Diese Mode muß verboten werden! Lebende Schlankheitsmodels müssen verhaftet werden und die dünnen Schaufensterpuppen müssen verschwinden! Auch ihre Hersteller gehören ins Gefängnis.
Schaufensterpuppen wie diese hier — weg damit!
Auch unsere Klasse sollte davor geschützt werden! Dünne Schaufensterpuppen in unserer Größe — weg damit!
Magersucht, ade, ade, ade!
Beginnen Sie, bevor noch mehr Mädchen an Magersucht sterben oder ins Krankenhaus kommen! Achten Sie darauf, daß unsere Schülerinnen nicht angesteckt

Abb. 281

Sinne des nun erreichten Jugendalters zwar mit einem realitätsorientierten, sozial-kritischen Thema auseinander, verarbeitet dieses aber mit unlebendigem, steifen und teilweise kindlich-naivem sprachlichen Ausdruck („Schaufensterpuppen wie diese hier – weg damit! Magersucht ade, ade, ade!"). Sie möchte verhindern, dass noch mehr Mädchen an Magersucht erkranken und richtet Appelle an imaginäre Personen, die magere Schaufensterpuppen aufstellen. Bildnerischer und sprachlicher Ausdruck werden verknüpft und zu ausdrucksvollen, psychopathologisch auffälligen bildnerischen Gestaltungen zusammengeführt. Der Zeichenstil wirkt originell und zugleich skurril, erinnert an Karikaturen einer bildkünstlerisch begabten Erwachsenen und entspricht nicht der erwarteten Zeichnung einer 14jährigen Schülerin (Stilbruch); Ausführung und Organisation sind geplant und strukturiert; die Graphomotorik zeigt sich – selbst auf kleinstem Zeichenraum – sehr gut koordiniert; die Formdarstellung der Motive wirkt puppenartig, surrealistisch und erinnert an Karikaturen; eigenartig verzerrt und unrealistisch wirkt die Größendarstellung der Figuren und ihrer Details: Die Proportionen sind unrealistisch verändert (auffällige Verlängerung des Unterkörpers der meisten Figuren); bei der Farbdarstellung der Motive überwiegt die Farbe Rot; das Krankenhaus wird durch seine Rotfärbung und das Zeichen des roten Kreuzes kenntlich gemacht; Bewegungsdarstellungen finden sich in der Profilwendung und Gestik der Personen; im Hinblick auf die Raumdarstellung bevorzugt Janna die Reihung der Figuren in horizontaler Richtung auf drei Bildebenen. In die Mitte der Zeichnung platziert sie ein schwarzes Kreuz als sozio-kulturell bekanntes Zeichen der Trauer und verleiht damit dem Bild seinen prägenden symbolischen Ausdruck; zwei Personen sind in einer Gruppensituation dargestellt, die anderen stehen vereinzelt auf dem ihnen zugewiesenen Platz und berühren sich nicht; es kommt zu keiner Situationsdarstellung mit Handlungsplanung mehrerer Motive; ***Emotionale Zeichen:*** *Bildnerischer und sprachlicher Stil entsprechen nicht dem Lebensalter Jannas (Stilbruch) und zeigen auffällige Merkmale, die Menschen mit Asperger-Autismus zugeordnet werden können; die Wahl der Motive und Symbole (Kampf gegen die Magersucht) weist auf eine innere Auseinandersetzung mit dieser Thematik hin; diese ist in der Entwicklungsphase der Pubertät nicht ungewöhnlich; viele Jugendliche setzen sich während dieser Zeit verstärkt mit den Funktionen ihres Körpers und ihrer geschlechtlichen Identität und Reife sowie ihrer gesellschaftlichen Rolle auseinander (Janna betont z. B. auch in dieser Zeichnung bei vier Frauen die Brüste) und hungern, um ihrem Schönheits- bzw. Schlankheitsideal zu entsprechen. Janna wählt zwar dieses Thema, grenzt sich aber bewusst von den ihr bekannten Bestrebungen anderer junger Mädchen ihres Alters ab. Gerade in dieser etwas theatralisch wirkenden Abgrenzung lässt sich ein unbewusster und abgewehrter Konflikt als Emotionales Zeichen vermuten. Das schwarze Kreuz in der Mitte der Zeichnung, das nicht nur als sozio-kulturelles Zeichen, sondern im Behandlungszusammenhang auch als Emotionales Zeichen zu deuten ist, kann im Hinblick seiner Form- und Farbsymbolik* *ebenfalls auf den hier angesprochenen individuellen Konflikt des Mädchens hinweisen. Auch in Abb. 278 setzte sich Janna mit weiblichem Rollenverhalten auseinander und betonte dabei in auffälliger Weise die weiblichen Geschlechtsmerkmale. Das Bedrohliche der Magersucht wird von Janna durch die symbolische Farbwahl des Rot bei allen dargestellten magersüchtigen Mädchen, des Krankenhauses sowie der roten Unterstreichungen ihr wichtiger Merksätze hervorgehoben. Die räumliche Anordnung der vereinzelt in einer Reihung auf drei Bildebenen dargestellten, puppenartig wirkenden Figuren kann in Zusammenhang mit der vorliegenden psychopathologischen Störung Jannas und ihren Problemen im sozialen Bereich diskutiert werden; dass auf der mittleren und unteren Ebene zwei Personen in einer angedeuteten Kommunikation dargestellt werden, ist als Hinweis ihrer inneren Auseinandersetzung mit ihrer sozialen Problematik zu diskutieren (Janna wünscht sich soziale Kontakte, es fällt ihr aber schwer, diese herzustellen). Als Hinweis auf positive Auswirkungen der Langzeit-Therapie ist zu werten, dass sie jetzt eine Freundin gefunden hat und in ihrer sozialen Entwicklung Fortschritte zeigt;* ***Gesamtentwicklung:*** *vgl. Therapiebericht der Therapeutin.*

7.5 Die Behandlung Michaels nach dem Frostig-Konzept mit Kommentaren zu seinen Zeichnungen (Lese- und Rechtschreibstörung)

Einführung:

Michael wurde wegen umschriebener Entwicklungsstörungen schulischer Fertigkeiten (Lese- und Rechtschreibstörungen) und umschriebener Entwicklungsstörungen der Fein- und Graphomotorik (vgl. Kap. 10.2) sowie Begleitstörungen in meine Behandlung überwiesen. Er besuchte zu Behandlungsbeginn Ende der 2. Klasse die Grundschule. Meine Therapie umfasste, verteilt auf 4 Behandlungsjahre, insgesamt 122 Behandlungseinheiten und endete mit Michaels Aufnahme in die Orientierungsstufe. In einer privaten Realschule erwarb Michael seine mittlere Reife, anschließend die Fachhochschulreife und befindet sich heute in seiner Berufsausbildung (Studium der Sozialpädagogik).

Michael kam nach normaler und termingerechter Schwangerschaft und Geburt aufgrund einer Plazenta-Insuffizienz (Unterfunktion) leicht untergewichtig (2100 g) zur Welt. Der Entwicklungsverlauf zeigte nach termingerechtem Erlernen des Sitzens (6 Monate) und Laufens (1;3 Jahre) Unsicherheiten der Gleichgewichtsregulation, der expressiven Sprachentwicklung (sein expressiver Spracherwerb war verzögert, Artikulationsstörungen mit Stammelfehlern und häufigen Silbenverdrehungen waren zu beobachten, er sprach sehr schnell, seine Aussprache klang verwaschen und war bis zur Einschulung oft schwer verständlich) sowie der fein- und graphomotorischen

Koordination. Im Lebensalter zwischen 4;6-5;6 Jahren trat Situationsstottern auf. Michael erhielt im Vorschulalter psychomotorische Förderung, Spieltherapie und im Lebensalter von 6;0-7;0 Jahren Ergotherapie. Wegen seiner umschriebenen Entwicklungsstörungen wurde er ein Jahr von der Einschulung zurückgestellt und besuchte während dieser Zeit den Schulkindergarten.
Nach der Einschulung fielen bei Michael große Schwierigkeiten auf, das Lesen, Schreiben und die Rechtschreibung zu erlernen. Im Fach Mathematik hatte der Junge dagegen von Schulbeginn an keine Probleme und bewies während seiner gesamten Schulzeit gut-durchschnittliche mathematische Fähigkeiten. Bald entwickelten sich Begleitstörungen: Michael zeigte bereits in der ersten Klasse auffällige Leistungsängste. Bei Leistungsanforderungen unter Zeitdruck traten bei ihm ein zunehmend unruhiges Verhalten und die Neigung zu psychosomatischen Reaktionen auf (übermäßiges Schwitzen und Neigung zu unkoordinierten Handbewegungen). Der Junge beteiligte sich immer weniger am Unterricht, war immer schwerer zu übenden Schularbeiten im Lesen, Schreiben und Rechtschreiben zu motivieren, hatte ein geringes Selbstwertbewusstsein, war im „Teufelskreis seiner Lernstörungen" gefangen (Betz, D. und Breuninger, H., 1987/1993) und infolge seiner Begleitstörungen in seiner seelischen Gesundheit deutlich gefährdet.
Mein Therapieansatz erfolgte im Sinne der hier beschriebenen erweiterten Form des Frostig-Konzepts (vgl. Kap. 7.1-7.2).
Es war innerhalb der Einleitungsphase der Therapie vordringlich wichtig, das Selbstwertbewusstsein des Jungen mit der Betonung seiner Leistungsstärken und Interessen aufzubauen. Über Anteilnahme und Würdigung seines Interesses und Geschicks am Bau von Flugzeugen gewann ich sein Vertrauen und damit die Grundvoraussetzung für unsere Zusammenarbeit. Gerne brachte er mir seine „Werke" von zu Hause mit und erklärte mir fachkundig die einzelnen Schritte ihrer Fertigung. Nach einleitenden spiel- und gestalttherapeutischen Maßnahmen (Rollenspielen, dreidimensionales Gestalten mit verschiedenen Materialen, Malen und Zeichnen) konnte ich Michaels Selbstbewusstsein stärken und ihn in kleinen und systematisch aufgebauten Schritten zu Übungen des Schreibens, Lesens und Rechtschreibens motivieren (die Behandlung erfolgte zunächst in Einzeltherapie, später in der Zweiergruppe).
Michaels Verhalten war kontaktbereit und sozial gut angepasst. In der Kleingruppe fielen mir seine Kameradschaftlichkeit und soziale Kompetenz, aber auch sein ausgeprägter Leistungsehrgeiz und seine Versagensangst besonders auf. Gesprächstherapeutische Angebote zur Bearbeitung seiner vielfältigen Ängste (in Einzeltherapie) wurden von Michael gerne angenommen. Auch seine Rivalität gegenüber dem größeren, sehr intelligenten und in der Schule sehr erfolgreichen Bruder wurde von ihm angesprochen und konnte therapeutisch bearbeitet werden.

Seine Handmotorik und Stifthaltung waren sehr verkrampft, seine Linienführung beim Zeichnen und Schreiben zeigten sich zu Therapiebeginn und auch während der folgenden Jahre auffallend unsicher (vgl. Abb. 287). Zur Verbesserung seiner Fein- und Graphomotorik wurden von mir daher Therapie begleitend vielfältige Lockerungsübungen der Hände und Finger und graphomotorische Schwing- und Schreibübungen durchgeführt. Sehr wichtig war es für Michael, diese Übungen immer wieder mit grobmotorischen Bewegungsspielen zu kombinieren. Michaels Grobmotorik war sehr gut koordiniert, und er war sehr stolz auf viele seiner motorischen Balancier- und Geschicklichkeitsvorführungen (vgl. Bericht seiner Mutter).
Bei der Behandlung der Lese- und Rechtschreibstörung folgte ich der „Lautgetreuen Lese-Rechtschreibförderung“ von Reuter-Liehr mit dem Ziel einer „langfristigen Lese-Rechtschreibkompetenz, die nur durch systematische Arbeit am Lernprozess, nicht aber durch kurzfristiges Fehlertraining erreicht werden kann.“ (Vorstellung des Reuter-Liehr-Gesamtkonzepts unter: www.lrs-therapie.de/methode.htm).
Dieses Therapiekonzept setzt sich zusammen aus so genannter *lautgetreuer Rechtschreibförderung mit Hilfe von Silbensegmentierung, dem Aufbau kognitiven Regelwissens und dem Training von Speicherwörtern.* Mit großer Motivation erlernte Michael über die Durchgliederung von Wörtern in Sprechsilben mit begleitenden unterstützenden Handbewegungen die „Pilotsprache“ und verbesserte seine Rechtschreibleistungen und sein Lesen in kontinuierlichen kleinen Schritten. Fortan wurden bei ihm die *richtig geschriebenen Wörter* und nicht die Fehler bewertet! Dies steigerte seine Lernmotivation und Lernfreude erheblich und ermöglichte ihm die ersten Erfolgserlebnisse. Es konnte in Zusammenarbeit mit den Eltern und der Klassenlehrerin der 3. Grundschulklasse erreicht werden, dass mein therapeutischer Ansatz in Teilaspekten von der Schule übernommen wurde. Michael bekam daraufhin z. B. individualisierte, nach seinen Leistungsmöglichkeiten zusammengestellte Nachschriften, bei denen lobend die richtig geschriebenen Wörter bewertet und nicht mehr – wie zuvor üblich – bei 60 richtig geschriebenen Wörtern und 9 Fehlern die Note 6 erteilt wurde. Es konnte auch erreicht werden, dass die Fehler nicht mehr in roter Signalfarbe markiert wurden.
Nicht nur seine Lesefertigkeit und Rechtschreibung, auch Michaels verwaschene Aussprache verbesserten sich unter meiner Behandlung nach dem Reuter-Liehr- Gesamtkonzept (Anwendung der „Pilotsprache“) erheblich. Auch seine auditive Wahrnehmung (phonologische Bewusstheit) verbesserte sich deutlich im Behandlungsverlauf.
Der zusätzliche Einsatz von Lese- und Rechtschreibübungen am Computer (Budenberg. Lernprogramme für Sonderschule und Grundschule, Software Vertrieb über: Stoll, M., Friedberg) förderte Michaels Lernmotivation und den Umgang mit die-

ser, ihm zunächst neuen, Technik. Mit seinem guten logischen Denkvermögen und Verständnis für technische Zusammenhänge erwarb er sich rasch das notwendige Grundwissen und setzte bald den Computer auch zu häuslichen, schulbegleitenden Rechtschreibübungen ein.
Michael verfügte über eine gut-durchschnittliche Intelligenz (SPM: Stufe III +, Prozentrang: 70). Seine Rechtschreibleistungen lagen signifikant unter dem Niveau seiner Gesamt-Intelligenz (DRT 4-5: Prozentrang: 9).
Bereits zu Behandlungsbeginn war mir sein logisches Denkvermögen über die Verhaltensbeobachtung beim Umgang mit didaktischen Spielen, beim Bauen und Konstruieren von Bauten und Flugzeugen und beim Malen und Zeichnen aufgefallen. Als Michael 8;8 Jahre alt war, versuchte er bereits, einen Adventskranz in vorperspektivischer Ansicht zu zeichnen (er wollte zeigen, wie er auf einem Stuhl steht und die Kerzen des Kranzes von unten anzündet; vgl. Abb. 283). Mit 11;3 Jahren zeichnete er seinen Schreibtisch in perspektivischer Ansicht (vgl. Abb. 286) oder ein Flugzeug aus der Sicht von unten betrachtet und bewies damit bereits den Übergang zur Stufe 4 der Zeichen- und Denkentwicklung. Seine wache Intelligenz zeigte sich nicht nur in der Raumdarstellung seiner Zeichnungen. Er hatte auch einen ausgesprochenen Sinn für witzige und humorvolle sprachliche Einfälle („unter uns gesprochen, ich habe eine Sauklaue", vgl. Abb. 287) und ließ so auch im sprachlichen Bereich, z. B. bei Rollenspielen oder in seinen phantasievollen Aufsätzen und seinen guten Leistungen im Fach Sachkunde, seine Flexibilität des Denkens erkennen.

Nach dem Besuch der Orientierungsstufe war es Michaels großer Wunsch, die Realschule zu besuchen. Seine Lehrer befürworteten seinen Wechsel in die weiterführende Schule, schlugen aber wegen seiner nach wie vor bestehenden Rechtschreibstörung (Michaels Lesefertigkeit war zu dieser Zeit bereits altersentsprechend entwickelt) und seiner Leistungsängste den Besuch einer privaten Realschule vor, die in ihrer Unterrichtsmethodik Rücksicht auf Legastheniker nimmt. Verunsichert durch seine Leistungsängste unterzog sich Michael einer notwendigen psychiatrisch-psychologischen Untersuchung zur Ermittlung seiner Intelligenz und Eignung für diese Schule (die Unterstützung der Finanzierung dieser Privatschule durch das Jugendamt machte eine solche Prüfung durch unabhängige Begutachter erforderlich). Vor und nach Durchführung dieser Untersuchung beschrieb mir Michael in der therapeutischen Situation seine großen Prüfungsängste und meinte, er mache seiner Familie Schande, wenn er diese Prüfung nicht bestehe. Sein Bruder würde ihn bei einem schlechten Ergebnis auslachen, und außerdem könne er ohne Realschule nicht den Beruf erlernen, den er sich wünsche. Auf der Basis *nur eines Intelligenztests und ohne Berücksichtigung seiner Zeichnungen oder anderer Dokumentationen seiner*

Leistungsstärken wurde bei Michael eine Intelligenz auf durchschnittlichem, jedoch nicht für die Realschule geeigneten gut-durchschnittlichen Niveau ermittelt und die Übernahme des Schulgeldes für die von seinen Lehrern vorgeschlagene private Realschule für Legastheniker vom Jugendamt daher zunächst abgelehnt. Stattdessen wurde der Besuch einer staatlichen Realschule für hörgestörte Kinder vorgeschlagen (bei Michael lag keine Hörstörung vor!), da man dort eine besondere Förderung seiner Rechtschreibfähigkeiten in einer kleineren Klasse und sonderpädagogische Hilfestellung für ihn erwartete.
Aufgrund des Einspruchs der Eltern und meines Zusatzgutachtens konnte dieser Entscheid allerdings revidiert und Michael in der vorgesehenen privaten Realschule mit Erfolg bis zum Erwerb seiner mittleren Reife unterrichtet werden.
Wie sein weiterer Lebensweg und seine Schullaufbahn zeigen, haben sich der unermüdliche Einsatz und die Unterstützung seiner Eltern, die pädagogischen Bemühungen seiner Erzieher/innen (Kindergarten und Schulkindergarten) und Lehrer/innen in Zusammenhang mit den bereits im Vorschulalter einsetzenden und im Schulalter fortgeführten therapeutischen Maßnahmen (Psychomotorik, Spieltherapie, Ergotherapie, Frostig-Therapie in erweiterter Form mit Betonung der kreativen Förderung) durchaus gelohnt. Michael konnte seine Potenziale entwickeln und einsetzen, er hat es gelernt, seine Defizite in erfreulichem Umfang auszugleichen oder zu kompensieren und fortbestehende Reststörungen zu akzeptieren. Er ist ein wertvolles Mitglied unserer Gesellschaft geworden und möchte sich in seinem zukünftigen Beruf sozial für Kinder engagieren.

Michaels Fallbeispiel weist eindrücklich darauf hin, dass die Diagnostik und Therapie von Kindern mit Teilleistungsstörungen einen ganzheitlich orientierten, die Gesamtpersönlichkeit des Kindes berücksichtigenden und stützenden Ansatz erfordern. Ausgehend von einer mehrdimensional orientierten, die Analyse der Kinderzeichnung berücksichtigenden Diagnostik sollte zielorientiert und längerfristig an der Überwindung und/oder Kompensation der umschriebenen Störungen des teilleistungsgestörten Kindes gearbeitet und ihm dabei geholfen werden, fortbestehende Reststörungen zu akzeptieren und in seine Lebensplanung zu integrieren.
Mit meinen Interpretationen zu den folgenden Zeichnungen, der Handschriftprobe und eines Linolschnittes (Selbstbildnis) möchte ich die Bedeutung dieser Empfehlung unterstreichen und in den Zusammenhang der Gesamtentwicklung Michaels einordnen.

Michaels Zeichnungen vor Einsetzen der Therapie und im Therapieverlauf:

Abb. 282:
Michael, LA: 5;10 Jahre, Rahmenbedingungen: Diese Zeichnung wurde vor Therapiebeginn zu Hause gefertigt und von der Mutter zur Eingangsdiagnostik zur Verfügung gestellt, Benennung: „Pippi Langstrumpf", Buntstifte, 29 x 21 cm, ***Zeichenentwicklung:*** *unausgewogen, Gesamteinschätzung knapp-durchschnittlich* **(Mitte Stufe 2)***; geschätztes Entwicklungsalter ca.5;0 Jahre, auffallend unsicher ist die Graphomotorik (unsichere und unterbrochene Linienführung, Schwierigkeiten beim Ausmalen, Druckschwankungen);* ***Emotionale Zeichen:*** *Die auffälligen Unsicherheiten der Graphomotorik können zugleich als Hinweis auf Störtendenzen der Emotionalität diskutiert werden;* ***Gesamtentwicklung:*** *vgl. Einführung zu Kap. 7.5 und nachfolgenden Bericht der Mutter. Ab Beginn der Schulzeit wurden umschriebene Entwicklungsstörungen schulischer Fertigkeiten (Lese- und Rechtschreibstörung) sowie der fein- und graphomotorischen Funktionen auffällig.*

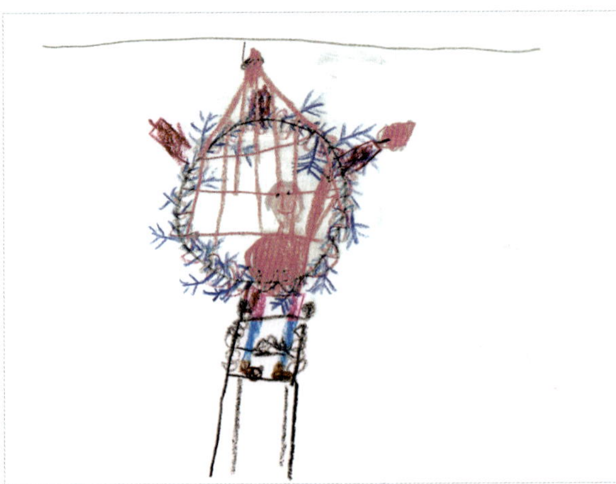

Abb. 283:
Michael, LA: 8;8 Jahre, Rahmenbedingungen: Michael zeichnete dieses Bild (ebenso wie die Abb. 284 und 285) in sein „Weihnachtsbuch", in das er Geschichten über sich schrieb; Benennung (schriftlich zu dieser Zeichnung notiert, die Rechtschreibfehler wurden von seiner Mutter korrigiert): „Wir haben ges-

tern die 1. Kerze am Adventskranz angezündet", Buntstifte, 26,5 x 17,5 cm, ***Zeichenentwicklung:*** *Die Entwicklungsmerkmale eilen den Erwartungswerten leicht voraus* ***(Mitte Stufe 3)****, differenzierte Farbdarstellung, sehr gute Bewegungsdarstellung (es wird dargestellt, wie der Junge auf dem Stuhl steht, seinen Arm hebt und eine Kerze anzündet); sehr gute Raumdarstellung in präperspektivischer Ansicht mit Hinweisen auf gute visuelle Speicherfähigkeit und gute kognitive Fähigkeiten: Michael versucht, den Adventskranz aus der Ansicht von unten zu zeichnen; er betont dieses Vorhaben durch die Position des Jungen unter dem Adventskranz und die Schrägführung der roten Bänder zum Punkt ihrer Befestigung; die Kerzen sind im rechten Winkel zur jeweiligen Grundfläche nach außen geklappt (Klappbild);* ***Emotionale Zeichen:*** *sind nicht zu ermitteln;* ***Gesamtentwicklung:*** *Umschriebene Entwicklungsstörungen schulischer Fertigkeiten (Lese- und Rechtschreibstörung) und der graphomotorischen Funktionen; vgl. Einführung zu Kap. 7.5 und nachfolgenden Bericht der Mutter.*

Abb. 284:
Michael, LA: 8;8 Jahre, Rahmenbedingungen: Michael zeichnete dieses Bild neun Tage nach Abb. 283 in sein „Weihnachtsbuch", in das er Geschichten über sich schrieb; Benennung (schriftlich zu dieser Zeichnung notiert, die Rechtschreibfehler wurden von seiner Mutter korrigiert): „Unser Haus, ich finde, ich bin hilfsbereit, nett, sportlich, fröhlich, mutig, stark, kameradschaftlich", Buntstifte, 26,5 x 17,5 cm, ***Zeichenentwicklung:*** *unausgewogen, leicht entwicklungsrückständig* ***(Anfang Stufe 3)****; auffallend unkoordinierte Graphomotorik; die Formdarstellung des Hauses zeigt wenige differenzierte Details: Nur durch Farbaussparungen werden Fenster und Tür angedeutet; die Blattkante bildet den Boden des Hauses (keine gezeichnete Bodenlinie);* ***Emotionale Zeichen:*** *Diese Zeichnung wirkt beim ersten Betrachten auf mich graphomotorisch sehr unkoordiniert und vermittelt mir zugleich den Eindruck eines emotional unsicheren Zeichners; das Haus ist im Dachbereich (kognitive Entwicklung?) und der Darstellung des Schornsteins relativ sicher, in seinem Unterbau aber sehr flüchtig und ohne tragenden und Sicherheit bietenden Boden gezeichnet und kann auf emotionale Unsicherheiten*

*des Jungen hinweisen; nur im Behandlungszusammenhang ist abzuklären, inwieweit diese Unsicherheiten in Konflikten des häuslichen Bereichs wurzeln (bekannt ist eine ausgeprägte Geschwisterrivalität) und/oder durch seine Teilleistungsstörungen mit daraus resultierenden Problemen des Schulbereichs zu beurteilen sind; auffällig ist der große Unterschied des Gesamteindrucks von Abb. 283 und 284 (Stilbruch). Im Unterschied zu dem emotional stabil wirkenden Bild des Adventskranzes kann das Haus auf eine aktuelle Konfliktlage am Tage der Fertigung dieser Zeichnung hinweisen; Michael hebt in seiner schriftlichen Aufzeichnung zu diesem unsicher gezeichneten Haus alle seine guten Eigenschaften (vgl. Benennung) hervor. Warum hat er es nötig, diese Eigenschaften an dieser Stelle zu betonen? Aus seiner Vorgeschichte wissen wir, dass er zu dieser Zeit über seine Misserfolge in der Schule sehr entmutigt war; mir kommt es so vor, als spreche er sich hier im Sinne eines ihm unbewussten Angstabwehrverhaltens selber Mut zu (vgl. Bericht der Mutter und ihre Hinweise auf Michaels „Mutproben"); **Gesamtentwicklung:** Umschriebene Entwicklungsstörungen schulischer Fertigkeiten (Lese- und Rechtschreibstörung) und der graphomotorischen Funktionen; vgl. Einführung zu Kap. 7.5 und nachfolgenden Bericht der Mutter.*

Abb. 285:
*Michael, LA: 8;8 Jahre, Rahmenbedingungen: Michael zeichnete dieses Bild fünf Tage nach Abb. 284 in sein Weihnachtsbuch, in das er Geschichten über sich schrieb, Benennung (schriftlich zu dieser Zeichnung notiert): „Mein Lieblingsspil – Ich Rollschuhfahren und die Wette weil ich da so oft gewinne bei der Rollschuhlban mit meinen Freunden", Buntstifte, 26,5 x 17,5 cm, **Zeichenentwicklung:** altersentsprechend **(Anfang bis Mitte Stufe 3)**, die Graphomotorik zeigt leichte Unsicherheiten, ist aber deutlich koordinierter als bei Abb. 284; **Emotionale Zeichen:** sind in dieser Abb. nicht zu ermitteln; Michael wirkt hier als Rollschuhläufer selbstsicher und zufrieden bei der Ausübung seiner sportlichen Betätigung; aus der Vorgeschichte wissen wir, dass seine grobmotorische Koordination sehr gut entwickelt ist und er aus sportlichen Erfolgen eine Stärkung seines Selbstwertgefühls bezieht; **Gesamtentwicklung:** Umschriebene Entwicklungsstörungen schulischer Fertigkeiten (Lese- und Rechtschreibstörung) und der graphomotorischen Funktionen; vgl. Einführung zu Kap. 7.5 und nachfolgenden Bericht der Mutter.*

<u>*Abb. 286:*</u>

Michael, LA: 11;3 Jahre, Rahmenbedingungen: Diese Zeichnung wurde während der Therapie in meiner Praxis gefertigt, Benennung: „Mein Schreibtisch“, Bleistift, 29,6 x 21 cm, ***Zeichenentwicklung:*** *Die Entwicklungsmerkmale der Raumdarstellung eilen dem Lebensalter leicht voraus und weisen auf gute kognitive Fähigkeiten der abstrakten Denkoperationen hin* ***(Anfang Stufe 4)****; Michaels Begabungsschwerpunkt liegt im naturwissenschaftlich-mathematischen Bereich; in der Schule zeigt er in der Fächern Mathematik und Sachkunde durchgehend gute Leistungen;* ***Emotionale Zeichen:*** *sind aus dieser Zeichnung nicht zu ermitteln;* ***Gesamtentwicklung:*** *Umschriebene Entwicklungsstörungen schulischer Fertigkeiten (Rechtschreibstörung) und der graphomotorischen Funktionen.*

<u>*Abb. 287:*</u>

Michael, LA: 11;5 Jahre, Rahmenbedingungen: Michael fuhr mit seinem Vater zum Skilaufen. Er schrieb den folgenden Brief an seine Mutter, die zu Hause geblieben war, Benennung: siehe Inhalt des Briefes, Kugelschreiber, 18 x 21 cm, ***Entwicklung der Graphomotorik und Rechtschreibung:*** *Noch immer sind Michaels Graphomotorik und seine Rechtschreibung auffällig gestört. Sinnvolle Inhalte (Erlebnisse während des Skifahrens) werden schriftlich formuliert, sind aber wegen der vielen Rechtschreibfehler und der unkoordinierten Schrift nur mit Mühe zu entnehmen. Sein Hinweis am Ende des Briefes, dass er bestimmt nichts verbessern oder noch etwas schreiben wird, weist auf die Begleitstörungen seiner Teilleistungsstörung hin. Wie seine Vorgeschichte und meine Explorationen zu dieser Thematik zeigen, fühlt Michael sich frustriert, wenn er von seinen Eltern oder Lehrern auf seine vielen Rechtschreibfehler hingewiesen und immer wieder zu Rechtschreibübungen angehalten wird. Auffallend ist, dass sich seine Graphomotorik bei der freien Zeichnung (vgl. Abb. 286) jetzt wesentlich koordinierter als in seiner Schrift zeigt. Das Schreiben ist für Michael emotional negativ mit Misserfolgs-*

erlebnissen und Frustrationen besetzt. Ich vermute, dass diese belastende Voraussetzung langfristig einen destabilisierenden Einfluss auf die Koordination der Handschrift haben kann ***(Emotionales Zeichen)****. Darüber hinaus halte ich es für wahrscheinlich, dass sich auch die Rechtschreibstörung selbst ungünstig auf die Koordination der Handschrift auswirkt: Indem Michael die Aufmerksamkeit während des Schreibens verstärkt auf eine Überprüfung der Rechtschreibung lenkt, wird die gleichzeitige Konzentration auf die Koordination der Schreibmotorik verstärkt störanfällig; eine gleichzeitige Beachtung von Rechtschreibung und graphomotorischer Koordination gelingt Michael noch nicht.*
Gesamtentwicklung: *Umschriebene Entwicklungsstörungen schulischer Fertigkeiten*

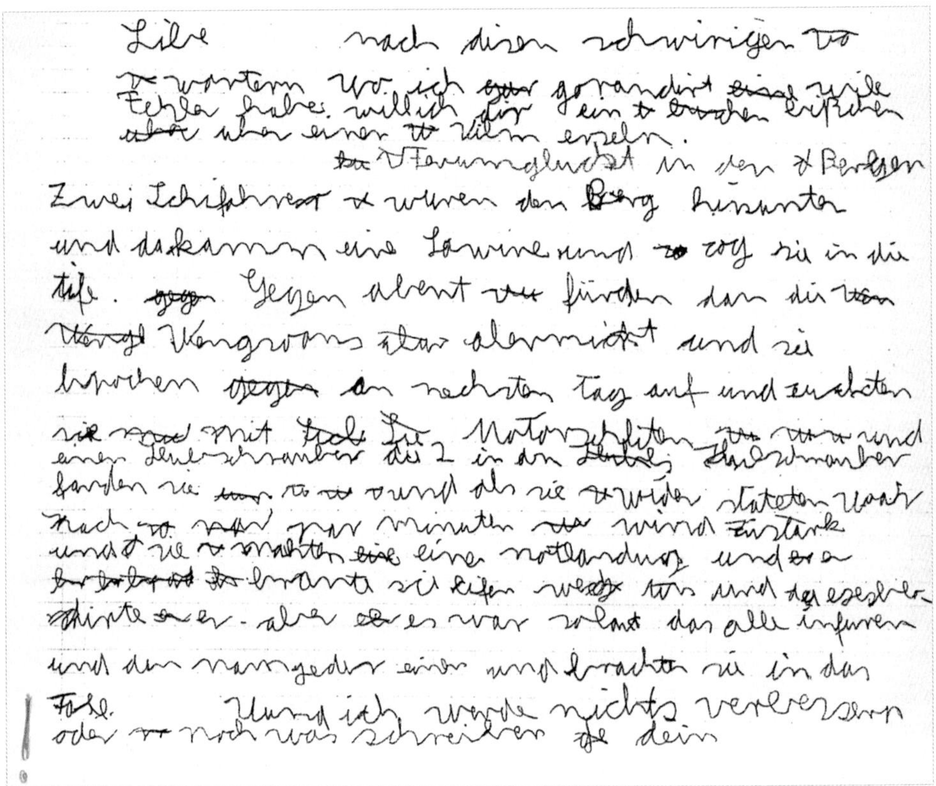

Abb. 287

(Rechtschreibstörung) und der graphomotorischen Funktionen; die schriftsprachlichen Leistungen dieses kognitiv gut begabten Jungen und seine emotionale Stabilität („Lerngesundheit", vgl. Schiffer, E. und H., 2004) werden durch seine Teilleistungsstörung schwer wiegend beeinträchtigt; nur unter pädagogischer Berücksichtigung seiner Stärken und Schwächen ist es möglich, die Voraussetzungen zum Absolvieren einer ihm gemäßen weiterführenden Schullaufbahn zu planen und umzusetzen.

Abb. 288:
Michael, LA: 14;0 Jahre, Rahmenbedingungen: Michael fertigte diesen Linoldruck zu Hause; Benennung: „Selbstbildnis", Linoleum und schwarze Tusche, 21,3 x 15 cm, ***Zeichenentwicklung:*** *altersgemäß, Michael arbeitet charakteristische Merkmale seines Gesichts in dieser Technik heraus; er geht geschickt und graphomotorisch altersgemäß koordiniert mit dem Handwerkszeug (Messern in unterschiedlichen Größen) um und stellt die Konturen und Flächen des Gesichts, Kopfes und Körpers mit dieser Drucktechnik dar;* ***Emotionale Zeichen:*** *sind nicht zu ermitteln;* ***Gesamtentwicklung:*** *Umschriebene Entwicklungsstörungen schulischer Fertigkeiten (Rechtschreibstörung) und der graphomotorischen Funktionen (Handschrift); Michael hat den Sprung in eine weiterführende Realschule geschafft, die in ihrer Unterrichtspädagogik Rücksicht auf Legastheniker nimmt. Er zeigt in seiner Gesamtentwicklung eine zunehmende emotionale Stabilisierung und Selbstsicherheit. Seine Lehrer akzeptieren seine Rechtschreibproblematik und graphomotorisch unsichere Schrift und geben ihm pädagogische Hilfestellung. Sie achten darauf, ihn bei Schulaufgaben nicht unter Zeitdruck zu setzen und verstärken seine guten Leistungen positiv. Michael schaffte nicht nur seine mittlere Reife, sondern anschließend seine Fachhochschulreife, bekam einen Studienplatz und befindet sich zurzeit in seiner Berufsausbildung (Studium der Sozialpädagogik).*

7.5.1 „Langzeit-Beobachtungen einer betroffenen Mutter" – Michaels Mutter berichtet über die Entwicklung ihres Sohnes

Vorbemerkung:
Der folgende Bericht macht betroffenen Eltern und ihren Kindern Mut. Ich danke Michaels Mutter für die Bereitschaft, ihre Langzeit-Beobachtungen und persönlichen Erinnerungen zur Entwicklung ihres Sohnes bis zum jungen Erwachsenenalter mit seinem Einverständnis für dieses Buch zur Verfügung zu stellen. Auch Michael soll hier mein Dank ausgesprochen werden.
Eindrucksvoll werden in dem folgenden Bericht Michaels *Stärken und Probleme* und die Stationen seiner Entwicklung (einschließlich des Therapieverlaufs) aus der Sicht seiner Eltern vorgetragen und reflektiert.

Die Leserinnen und Leser können aus Michaels Lebensgeschichte erkennen, wie wichtig es für Eltern und Fachleute (Ärzt/innen, Psycholog/innen, Pädagog/innen, Erzieher/innen) ist, sich bei Kindern mit Teilleistungsstörungen nicht nur auf ihre Defizite zu konzentrieren. Insbesondere die Stärken und Potenziale dieser Kinder sollten rechtzeitig erkannt, gewürdigt und ihnen damit Wege zu einer ihnen gemäßen Schulausbildung geebnet werden (vgl. Kap. 6.2.2, Brief einer erwachsenen Legasthenikerin: „Gefangene in einer Schwäche"). *Bei diesem recht schwierigen Erkennungsprozess* (oft werden die Fähigkeiten dieser Kinder – wie bei Michael – durch Sekundärstörungen mit Leistungsängsten verdeckt!) *sollte immer auch besonders auf die kreativen Möglichkeiten des Kindes im Rollenspiel, beim dreidimensionalen Gestalten mit verschiedenen Materialien, Malen und Zeichnen, in der kreativen sprachlichen oder musikalischen Ausdrucksfähigkeit, im kreativen Bewegungsausdruck sowie auf die Stärkung seiner emotional-sozialen Entwicklung geachtet und Störtendenzen sollten rechtzeitig therapeutisch bearbeitet werden.*
Auch die Eltern benötigen Hilfestellung bei der Erziehung und Förderung von Kindern mit Teilleistungsstörungen. Wie der nachfolgende Bericht von Michaels Mutter zur Entwicklung ihres Sohnes zeigt, fühlen sich Eltern dieser Kinder zunächst oft hilflos und im Umgang mit den häufigen Schulproblemen überfordert. Unter günstigen persönlichen Voraussetzungen lernen sie es jedoch, besondere Kräfte zu entwickeln und für die Rechte ihres Kindes bei Schulen und Ämtern einzutreten. Sie helfen damit ihren Kindern und auch sich selbst, Frustrationen zu vermeiden und mit den Schwierigkeiten ihrer Kinder konstruktiv umzugehen.
Der vorliegende Bericht lässt darüber hinaus erkennen, dass Michaels Mutter nicht nur die kreative und emotional-soziale Entwicklung ihrer Kinder gefördert, sondern der aktiven Auseinandersetzung mit Bildender Kunst (vgl. Kap. 3.8, Abb. 135) und Lyrik auch in ihrem persönlichen Leben von früher Jugend an einen hohen Stellenwert zuerkannt hat (vgl. Kap. 8.5.3: Wie können Eltern die Phantasie und Kreativität ihrer Kinder fördern?).

„Langzeit-Beobachtungen einer betroffenen Mutter"

Nicht müde werden
sondern dem Wunder
leise
wie einem Vogel
die Hand hinhalten

Hilde Domin
Domin, H. (1987): Gesammelte Gedichte. S. Fischer Verlag GmbH, Frankfurt am Main, S. 294.

„Während meines Studiums der Sozialpädagogik Anfang der siebziger Jahre lernte ich viel über Pädagogik, Entwicklungspsychologie und Fehlentwicklungen – aber noch ging es dabei um Kinder fremder Eltern. Zu dieser Zeit hätte ich mir nicht vorstellen können, selbst einmal von dem Problem „Teilleistungsstörungen" beim eigenen Kind betroffen zu sein. Aber schon die so wenig „sanfte Geburt" des ersten Kindes lehrte uns Eltern die grundsätzliche Bereitschaft, sich auf völlig andere Situationen einzustellen und vor allem, Kinder so anzunehmen wie sie sind.

Frühe Kindheit „Ist mit unserem Kind alles in Ordnung?"

Unser zweiter Sohn Michael kam trotz einer zunächst unauffälligen Schwangerschaft aufgrund einer Plazenta-Insuffizienz als Mangelgeburt [small for date] zur Welt. Das Kind war in der letzten Phase der Schwangerschaft nicht mehr ausreichend versorgt worden. Sehr deutlich erinnere ich mich noch an ein Gefühl der Rührung und des Mitleids mit diesem kleinen Wesen, das kaum 2200 g wog und so ängstlich weinte. Im ersten Lebensjahr brauchte Michael lange, um trotz schwieriger Startbedingungen aufzuholen. Er trank anfangs beim Stillen kaum 30 ml und brauchte danach eine Weile Schlaf, um dann erneut eine winzige Menge Muttermilch aufnehmen zu können. Erst mit einem Vierteljahr hatte Michael das Geburtsgewicht seines älteren Bruders erreicht; während Aufmerksamkeit und Lebhaftigkeit durchaus dem Stand eines drei Monate alten Kindes entsprachen. Als Baby war er in wachen Stunden unermüdlich bestrebt, neue Bewegungsabläufe einzuüben. Er lauschte seinen eigenen Lauten hinterher und freute sich, wenn sein Bruder in den Stubenwagen schaute.
Ich erinnere mich aber auch an seine besondere Art zu schreien: Seine ohnehin helle Stimme wurde dann fast unerträglich schrill und panikartig, vor allem, wenn er Hunger zu haben schien. Sein verängstigter Gesichtsausdruck ließ uns Eltern dann ahnen, welchen Existenzkampf er vorgeburtlich durchgestanden haben musste. Das bedrohliche Gefühl zu verhungern hielt lange an; auf Abweichungen vom Essensrhythmus reagierte er noch als Schulkind mit heftigem Protest.
Trotz dieses schwierigen Starts und einer ausgeprägten Infektanfälligkeit entwickelte sich Michael in den ersten beiden Jahren in vielen Bereichen altersgemäß. Mit knapp einem Jahr krabbelte er im Vierfüßlerstand und machte seine ersten Gehversuche.
Seine Sprachentwicklung und seine motorische Entwicklung verliefen nicht parallel. Erst mit 2 Jahren begann er aktiv zu sprechen, vor allem „leine machen" (alleine machen). Technische Begriffe aus dem Hobbybereich des Vaters („Leifnine", „Baubenzieha") machten den Hauptwortschatz aus. Bei schwierigen Wörtern verdrehte er häufig die Silben, z. B. „Bagspetti" an Stelle von Spaghetti, „Gerotter" für Recorder; sein bevorzugtes Bilderbuch war „Konrad und das Mobdarbon" (Bombardon).
Grobmotorisch war er als Dreijähriger seinem bedächtigeren Bruder weit überlegen,

überholte ihn mit dem Dreirad, während der Ältere eher zaghaft auf seinem Kinderfahrrad mit Stützen fuhr. Mit dreieinhalb Jahren übte er im Winter unermüdlich auf einfachen Plastikskiern das „Lalomfahren“ auf jedem kleinen Hügel in der Umgebung.

Eine Kinderballettgruppe mit dem Schwerpunkt „Rhythmische Früherziehung“ kam seinem Bewegungsdrang entgegen und förderte sein gutes Gefühl für Rhythmus. Im Alter von fünf Jahren fühlte er sich als einziger Junge in dieser Gruppe nicht mehr wohl und wechselte in den Turnverein. Zum täglichen Ritual auf dem Weg zum Kindergarten gehörte es, dass Michael auf jedem Mäuerchen balancierte und auf alle kleineren Bäume kletterte. Bei Wanderungen legte er riesige Wegstrecken zurück, weil er immer voraus laufen wollte, zurückkehrte und wieder davon sprang. Während der Grundschulzeit war er ein begeisterter Judokämpfer.

Seine Geschicklichkeit und sportliche Ausdauer ließen uns Eltern übersehen, dass er sich bei feinmotorischen Aufgaben schwerer tat als andere Kinder seines Alters. In der Vorschulgruppe des Kindergartens fiel auf, dass er beim Zeichnen den Stift mit erheblichem Kraftaufwand führte. Daheim malten wir vor allem mit dicken Pinseln, Wachskreiden und Fingerfarben. In Absprache mit unserer Kinderärztin und der Schulärztin beantragten wir, Michael von der Einschulung zurückzustellen, zumal er nach wie vor klein und zierlich war.

Die Kinderärztin stellte damals eine „leichte zerebrale Dysfunktion mit zentraler Koordinationsstörung, Sprach- und Entwicklungsstörung“ fest und verordnete eine ergotherapeutische Behandlung, anschließend eine Spieltherapie bei einer Kinderpsychotherapeutin.

Wegen der verzögerten Sprachentwicklung ließen wir Michael auch pädo-audiologisch untersuchen, zumal ich von Kindheit an schwerhörig war und unter dem Nichterkennen dieser Beeinträchtigung gelitten hatte. Zum Glück bestätigte sich unsere Sorge nicht. Ich war mir bewusst, dass ich selbst nicht immer ein gutes Sprachvorbild war. So bat ich eine befreundete Sozialpädagogik-Studentin, die aus Schleswig-Holstein stammte und ein angenehmes Hochdeutsch sprach, Michael einmal wöchentlich zu betreuen. Es war der Beginn einer langen Freundschaft; heute hütet Michael gelegentlich ihre Söhne, mit denen er sich bestens versteht.

Michaels Artikulationsprobleme wurden dadurch erschwert, dass er mit viereinhalb Jahren beim Spielen einen Schneidezahn verlor. Er musste deshalb zunächst einen „Platzhalter“ tragen und blieb während seiner ganzen Jugend in kieferorthopädischer Behandlung.

Auch die Geschwisterkonstellation wirkte sich auf Michaels Sprachentwicklung aus: Der ältere Bruder, der gerade im ausgeprägten Fragealter war, als Michael seine ersten Sätze zu sprechen lernte, verwickelte den Papa so sehr ins Gespräch, dass dieser

nicht wahrnahm, wenn der Kleinere auch etwas mitteilen wollte. Der Ältere machte ein Spiel daraus, ihn nach den ersten Worten zu unterbrechen, weil Michael dann seinen angefangenen Satz wieder von vorne begann und schließlich immer verzweifelter und wütender wurde.
Wenn ich an solche Situationen zurückdenke, aber auch an Erfahrungen aus meiner eigenen Kindheit und dem beruflichen Umfeld, halte ich es für aufschlussreich, bei Sprachentwicklungsstörungen im Kindesalter auch die Kommunikationsstrukturen der Familie genauer zu betrachten: Wem hören die Eltern mehr zu, wer bekommt zuerst Antwort? Trägt die chronische Erfahrung „mir hört ja keiner zu" vielleicht dazu bei, dass ein Kind unartikuliert redet, um seine Gedanken loszuwerden, bevor die Aufmerksamkeit des Zuhörenden wieder abgelenkt ist?

Grundschulzeit ... „Sind die Eltern an allem schuld?"

Nach einem Jahr Schulkindergarten kam Michael mit siebeneinhalb Jahren in die Grundschule. Wir waren zuversichtlich, dass er nach dieser guten Vorbereitung eine „ganz normale schulische Entwicklung" nehmen würde. Michael war aufgeschlossen und begeisterungsfähig, war bei Gleichaltrigen beliebt als ideenreicher und zu Späßen aufgelegter Spielkamerad. Er nahm auch am Unterricht der Musikschule teil, die er schon im Schulkindergarten besucht hatte, um später Waldhorn zu lernen – ein Wunsch, der wegen der nötigen Gebisskorrektur unerfüllt blieb. In der Klassengemeinschaft fand er aufgrund seines kameradschaftlichen Verhaltens rasch Freunde.
Im Jahreszeugnis war hervorgehoben: ... „mathematische Zusammenhänge und Sachverhalte erfasst er rasch", aber auch „Das Einprägen von Wortbildern und auswendiges Aufschreiben fiel ihm nicht leicht... Das Umsetzen von Druck- und Schreibschrift gelang ihm nicht immer sicher..." Die Schreibschrift wurde bereits eingeübt, als das Erlernen der Druckbuchstaben noch nicht abgeschlossen war. Michael hatte sich die Gestalt der einzelnen Buchstaben noch nicht sicher eingeprägt, als schon das Zusammenziehen der neuen Buchstabenformen erlernt wurde. Er konnte nicht genau erkennen, wo die Schleife des „h" und „n" wie im Wort „ihn" oder bei Doppelkonsonanten wie „mm" ineinander übergingen. Anfangs zog er bei der Schreibschrift alle Buchstaben so weit auseinander, dass er für drei Worte eine ganze Zeile brauchte. Die größere Lineatur der Erstklass-Hefte kam ihm dabei ein wenig entgegen; in der zweiten Klasse erforderten die kleineren Zeilen bereits mehr Koordination. Seine Schrift wurde immer fahriger und verkrampfter.
Das Lesenüben war mitunter für uns beide eine Qual: Mit ansteigendem Ton hangelte er sich von Silbe zu Silbe den banalen Sätzen des Lesebuches entlang. Ich hatte mit einem Blick die ganze Seite erfasst und musste nun geduldig zuhören:

„Rooollooo iiiist aaam Aaarm rooot..." Zwischendurch wollten auch die Geschwister zu ihrem Recht kommen. Ich gebe zu, dass ich mitunter an die Grenzen meiner Geduld geriet. Weil wir aber fleißig übten, konnte Michael die Sätze in der Schule auswendig vorlesen.

Schwieriger gestalteten sich die Verbesserungen von Nachschriften, die zu Hause „sauber" ins schöne Heft eingetragen werden sollten. Die Korrektur war mitunter noch fehlerhafter als der erste Text. Wenn ich Michael anhielt, es noch einmal zu versuchen, wurde er entweder wütend und verweigerte die Wiederholung, oder er brachte beim zweiten Versuch nichts wesentlich Besseres zu Stande. An solchen Tagen schrieb ich der Lehrerin ins Heft, dass Michael zu müde sei und eine nochmalige Verbesserung weder zumutbar noch sinnvoll schien. Beim häuslichen Üben von Nachschriften erfanden wir eine neue Korrekturmethode: Über jedes richtig geschriebene Wort durfte Michael einen goldenen Punkt malen. In der Schule wird die Aufmerksamkeit mit dem Rotstift auf das falsch geschriebene Wort gelenkt – alles Richtige scheint nicht der Beachtung wert. Für Michael wirkte es ermutigend zu sehen, dass er in einem kleinen Abschnitt durchaus vieles richtig schrieb.

Einige Schulhefte aus seiner Grundschulzeit habe ich aufbewahrt: Immerhin stand bis zur zweiten Klasse meistens die Bemerkung der Lehrerin „bemüht" unter dem Eintrag. Das Lob der Lehrerin unter den frei geschriebenen Geschichten zeigte, dass sie seine Erzählung trotz der zahlreichen Fehler anerkennen wollte „Du weißt viel, Michael!" Das war für ihn ermutigend, denn er dachte sich gerne Geschichten aus. Je älter er wurde, desto mehr fing er an, schwierige Wörter zu vermeiden und damit seiner Phantasie Grenzen zu verordnen, sodass seine Aufsätze nicht mehr das ausdrückten, was er eigentlich mitteilen wollte.

Vor der Einschulung war „die Lust am Fabulieren" bei unseren Kindern noch sehr ausgeprägt. Von früh an haben wir viel vorgelesen, und jedes Kind besaß seine eigenen Bücher. Beeinflusst von solchen Erzählungen und seinen Lieblingsmärchen tauchte das Thema „Verwandlung und Errettung" in Phantasiegeschichten auf, die Michael sich vor dem Einschlafen ausdachte: Der Held war „ein Junge, der aus einem Land kommt, das Natur heißt, in dem die Leute Werkzeug aus Abfällen machen und nichts fertig kaufen ..., der sich eines Tages befreien wird ... und über den noch alle staunen werden ..."

In der Schule machte Michael die kränkende Erfahrung, dass er zu den Kindern gehörte, die nur ein „Bemüht" erreichten. Den Stempel mit dem lachenden Gesicht für eine gute Leistung erhielten andere. Die Lehrerin glaubte zu erkennen, dass Michael unter der Erwartungshaltung des Vaters leide, der den Älteren wegen seiner sehr guten Leistungen vorziehe. Meinem Mann fiel es damals tatsächlich nicht leicht, Michael bei schulischen Aufgaben zu unterstützen. Seine besondere

Stärke lag darin, unsere Söhne sportlich und handwerklich zu fördern. Sie lernten schwimmen und tauchen, waren im Winter unterwegs auf Skiern und Schlittschuhen und bauten mit dem Vater in tagelanger Kleinarbeit wunderschöne Modellflieger.

In der dritten Klasse bekam Michael eine Lehrerin, die Abweichungen aller Art als Störung ihres Unterrichts zu empfinden schien. Wie sehr sie dadurch die Kreativität der Kinder einschränkte, zeigten zweieinhalb Dutzend Bilder „ganz normaler Phantasieblumen" auf dem Flur vor dem Klassenzimmer: alle wie aus einem Guss!

Waren im Wortgutachten der 2. Klasse die Lernprobleme des Kindes noch verschlüsselt umschrieben, erhielt Michael im ersten Zwischenzeugnis der 3. Klasse in Deutsch eine Fünf. Gleichzeitig wurde er aufgefordert, „sich am Unterrichtsgespräch aktiver zu beteiligen und zu lernen, sich mehr zuzutrauen."

Ich suchte die Lehrerin auf, um mit ihr über die Schwierigkeiten des Kindes zu sprechen und nach geeigneten Hilfen zu suchen. „Sie haben Ihr Kind übertherapiert", lautete ihr Kommentar, als ich von den Therapien für Michael seit dem Vorschulalter berichtete. Ihrer Meinung nach hatte nur unsere übergroße Besorgnis Michael das Gefühl vermittelt, nicht so gut zu sein wie der ältere Bruder.

Nach diesem Gespräch fragte ich mich, niedergeschlagen und verunsichert, ob wir wirklich zu viel gemacht hatten? Hätten wir besser alles laufen lassen sollen in der Hoffnung, „dass es sich auswächst?" Was hatten wir falsch gemacht? Ich kannte die Bedeutung der Frühförderung aus meiner beruflichen Erfahrung und hatte den Eindruck, dass Michael von diesen Angeboten profitierte – aber hatten wir ihn vielleicht doch eher überfordert statt zu fördern? *„Rat-Schläge sind auch Schläge."* Wie wahr das mitunter sein konnte, erlebten wir Eltern in dieser Zeit deutlich. Die wechselnden Empfehlungen reichten von mehr Strenge beim Üben bis weniger Üben, mehr lieb haben statt fördern, bis zu ernsthaften Schuldzuweisungen, dass wir den älteren, überdurchschnittlich intelligenten Bruder ebenso wie den herzkranken Jüngsten Michael vorzögen. Doch wie in anderen Familien auch, gab es bei uns Zeiten, in denen ein Kind vorübergehend mehr Fürsorge und Aufmerksamkeit brauchte als die anderen.

Ein Professor für Augenheilkunde, uns wegen Michaels Schwierigkeiten beim Lesen und Schreiben empfohlen, diagnostizierte bei der ersten Vorstellung, der Junge habe keine Legasthenie, sondern brauche orthoptische Übungen: Mittels einer Glasscheibe mit einer sich drehenden Spirale übte Michael, seine Augen zu koordinieren. Mit neun Jahren erhielt er, nach einer Schieloperation, seine erste Brille; er durfte sich die schönste aussuchen und war sehr stolz auf sie.

Von einer Bekannten erhielt ich den Erziehungsratgeber „Helfen bei Legasthenie". Der psychoanalytisch orientierte Autor sah in der Legasthenie ein seelisches Notsignal, das Symptom einer gravierenden Beziehungsstörung. Das Buch machte mich

hilflos und ärgerlich zugleich. So fühlten wir uns aufgrund der widersprüchlichen Diagnosen und Ratschläge sehr verunsichert.
Mein Kalender war damals voll mit Terminen: Kieferorthopädie, Sehschule, Musikschule, Judoverein ... Mein Mann war dienstlich häufig abwesend und konnte mich nur an den Wochenenden entlasten. Um so mehr schmerzten Ratschläge, die andeuteten, dass unsere elterliche Fürsorge wohl immer noch nicht ausreiche.
Auf der Suche nach möglichen Ursachen von Michaels Behinderung tauchte eine neue Frage auf – könnte die Legasthenie vererbt sein? Mein Mann hatte in der Schulzeit ebenfalls große Schwierigkeiten beim Lesen und Schreiben gehabt. Damals war der Begriff Legasthenie noch nicht bekannt; ein Schüler mit Rechtschreibproblemen galt einfach als „dumm" oder „faul". Ende der 6. Klasse sollte er in die Sonderschule abgeschoben werden. Nur durch den persönlichen Einsatz seiner Mutter, die den Schulleiter aufsuchte, erhielt der Schüler „noch eine Chance". Im folgenden Schuljahr bekam Lorenz einen Lehrer, der die intellektuellen und kreativen Fähigkeiten des rechtschreibschwachen Schülers erkannte. Mein Mann erinnert sich gut an das Wohlwollen des Lehrers; zum ersten Mal habe er sich nicht mehr als „schlechter Schüler" abgestempelt gefühlt. Der Lehrer habe ihn angespornt zur Leistung, wenn er bei kniffligen Mathematikaufgaben gerade ihm zutraute, die richtige Lösung zu finden. Die letzte Hauptschulklasse schloss er als Zweitbester ab. Über den zweiten Bildungsweg wurde er schließlich Ingenieur. Für ihn als Vater war es nun schmerzlich zu erleben, dass Michael, der ihm auch äußerlich immer ähnlicher wurde, die gleichen Schwierigkeiten und Hürden zu überwinden hatte wie er. „Was soll aus dem Jungen werden?" war seine große Sorge.
Ich hatte andere Probleme, mich in die Situation eines legasthenen Kindes einzufühlen: Noch nicht sechsjährig war ich eingeschult worden, konnte aber bereits in der ersten Klasse die alten Märchenbücher meiner Mutter in Frakturschrift lesen. Für mich waren gerade die sprachgebundenen Fächer ein Rettungsanker, während ich eine Abneigung gegen mathematische Fächer hatte. Auch ich habe erst über einen längeren „Ausbildungsumweg" den Abschluss an der Fachhochschule für Sozialwesen erreicht.

Die Grenzen erproben
Die zunehmenden Frustrationen in der Schule kompensierte Michael durch abenteuerliches Verhalten. Es schien, als ob er ständig die Grenzen seiner Kraft erproben müsse. Wie oft suchten wir mit diesem Kind die Notfallhilfe auf? Als ihm ein Loch im Kopf genäht werden musste, berichtete er stolz, die Krankenschwester habe noch nie so einen tapferen kleinen Jungen gesehen. Mit einem „Batman-Sprung" über mehrere Treppenstufen landete er bäuchlings auf dem Parkett. Mit seinem Fahrrad raste er so übermütig durch den Park, dass er beim Bremsen über die Lenkstange

stürzte. Dem Wachhund unseres Kärntner Bauern wollte er beweisen, dass er keine Angst vor ihm habe. Der Hund reagierte auf die ungewohnte Annäherung mit einem leichten Biss in Michaels Wange. Wie erleichtert war ich immer, wenn Michael von seinen Unternehmungen wohlbehalten heimkehrte.
Nach Rollschuhen und Inline-Skatern wünschte Michael sich mit zehn Jahren hartnäckig das erste Skateboard. Mit ausdauerndem Training brachte er es zu solch einer Fertigkeit, dass er als Jugendlicher mit dem „Snake-Board" Überschläge auf Halfpipes beherrschte und mit seinen Freunden an sportlichen „Contests" teilnahm. Ein Kreuzbandriss machte schließlich dem waghalsigen Sport ein Ende und führte zur späteren Untauglichkeit für den Wehrdienst. Noch immer liebt Michael das Snowboarden, aber die Mutter muss nicht mehr wie früher dabeistehen, um den ultimativen Sprung des Helden im Foto festzuhalten.

Dass solche Mutproben möglicherweise auch eine Form der Angstbewältigung waren, wurde uns bei folgendem Vorfall deutlich: Als ich Michael noch regelmäßig zur Therapiestunde begleitete, damit er die Fahrt mit der S-Bahn eines Tages selbstständig zurücklegen könnte, wurde er von einem Mann in ein Gespräch verwickelt. Michael antwortete bereitwillig, voll kindlicher Arglosigkeit. Während des Gesprächs rückte dieser Mann immer näher zu meinem Kind, und ich fühlte mich zunehmend unbehaglich. Als wir ausgestiegen waren, versuchte ich Michael zu erklären, dass er sich von fremden Personen nicht ansprechen lassen dürfe. Er hatte dem Fremden vertraut, weil dieser sich als Erzieher in einem Kinderheim ausgegeben hatte. Er konnte sich nicht vorstellen, dass es Erwachsene gibt, die es mit Kindern nicht gut meinten und ihr Vertrauen missbrauchten. Der Vorfall muss ihn sehr verunsichert haben, denn als ich ihn später nicht mehr regelmäßig begleiten konnte, packte er heimlich einen Satz Küchenmesser „zur Verteidigung" in seinen Ranzen. Zum Glück entdeckte die Therapeutin das „Waffenarsenal" und informierte uns sofort. Mit uns hatte er nie über seine Angst vor dem Allein-Fahren geredet, – er wollte uns ja zeigen, wie selbstständig und groß er schon war.

Familie und Beruf – eine neue Herausforderung

In diese Zeit fiel auch die Frage meiner Rückkehr in den Beruf. Nach elf Jahren Erziehungsurlaub musste ich mich entscheiden, ob ich meine sichere Planstelle im öffentlichen Dienst aufgeben sollte. In der Firma meines Mannes wurden damals zahlreiche Stellen abgebaut, auch über uns hing das Damoklesschwert seines möglichen Arbeitsplatzverlustes. All dies abwägend, entschied ich mich schweren Herzens für eine angebotene Halbtagstätigkeit. Zurückblickend erkenne ich, dass die berufliche Tätigkeit auch eine Quelle der Befriedigung und des Zuwachses an neuen

Kompetenzen wurde. Heute begegnen mir in der Beratungsarbeit Eltern mit ähnlichen Sorgen um ihre Kinder. Ich kann ihnen aus eigener Erfahrung Verständnis entgegenbringen und sie an geeignete Stellen vermitteln. Vor allem ist es mir wichtig, in unseren „lösungsorientierten" Gesprächen nicht nur das Problem in den Mittelpunkt der Aufmerksamkeit zu stellen. Wie überrascht und erleichtert sind Eltern oft, wenn ich sie frage, „Und was mögen Sie an Ihrem Kind besonders?"
Manchmal nehmen sie die Fähigkeiten ihrer Kinder nicht mehr wahr, weil sie von allen Seiten – mitunter subtile – Schuldzuweisungen erfahren haben. Ich möchte ihnen den Druck, „versagt zu haben", nehmen und sie ermutigen, sich mit ihrem Kind auf einen langwierigen, aber lohnenden Weg zu machen.

Die psychotherapeutische Behandlung – Prozess einer Ermutigung
Mitunter begegnet uns in einer kritischen Situation der richtige Mensch, der uns eine „Hand hinhält" und neuen Mut macht. Solch ein Schutzfaktor war für Michael und auch für uns Eltern die Begegnung mit der Psychotherapeutin.
Wegen der wachsenden Schulprobleme und der unterschiedlichen Diagnosen und Rezepte suchten wir nun kompetenten Rat. Man empfahl uns, den Verdacht auf Legasthenie von einer Psychologin abklären zu lassen und nach geeigneten Therapieangeboten zu suchen. Bei der psychodiagnostischen Untersuchung wurde eine Lese-Rechtschreibschwäche ermittelt. Auf die Beeinträchtigung des Selbstwertgefühls des Jungen wurde besonders hingewiesen und eine ganzheitlich orientierte Therapie nach dem Frostig-Konzept begonnen.
Die chronischen schulischen Misserfolge hatten Michaels seelische Entwicklung beeinträchtigt. Zudem fühlte er sich seinem Bruder unterlegen, der auf dem Gymnasium sehr gute Leistungen erreichte. Dieser wiederum litt unter Eifersucht auf den Bruder, dem die Mutter scheinbar viel mehr Zeit widmete. Aus seiner Perspektive fand er es ungerecht, dass wir Michael für einen Dreier oder Vierer ebenso lobten wie ihn für einen Einser oder Zweier. In begleitenden Elterngesprächen sprachen wir oft über das schwierige Thema Geschwisterrivalität.
Die wichtigste Botschaft in den Gesprächen mit der Therapeutin war für uns, an die Potenziale unseres Sohnes zu glauben. Durch diese Gespräche wurden wir auch sensibler dafür, gegenüber Dritten nicht mehr zu sagen „Michael *ist* Legastheniker". Die Formulierung „er *hat* Legasthenie" beschreibt besser, dass Legasthenie nicht das Hauptmerkmal seiner Persönlichkeit ist. Ein Mensch ist mehr als die Summe seiner Fähigkeiten oder seiner Beeinträchtigungen. Die „Frostig-Therapie" arbeitet nach einem ganzheitlichen Ansatz: Nicht die Legasthenie oder eine andere Lernstörung stehen im Mittelpunkt, sondern die Gesamtpersönlichkeit des Kindes. Körperübungen und gezielte Wahrnehmungsübungen helfen, die Koordination von Auge und

Hand zu integrieren. Noch gut erinnere ich mich an das Einüben der „Pilotsprache", bei der Michael lernte, über rhythmisiertes Sprechen und über das Hören die Vorstellung der geschriebenen Sprache zu entwickeln. Besonders motivierend war für Michael das heilpädagogische Training am Computer, von dem er begeistert Bilder und Texte nach Hause brachte. Dieses moderne Medium bietet neue Möglichkeiten, ganzheitlich das komplexe Zusammenspiel von Auge und Hand zu schulen und konkrete Erfolgserlebnisse zu sehen.

Auch nach Abschluss ihrer Behandlung nahm die Therapeutin aktiven Anteil an der weiteren Schullaufbahn unseres Sohnes. Ihre ausführliche Stellungnahme unterstützte die beantragte Härtefallregelung für die Aufnahme Michaels in eine zweijährige Gesamtschule. Dieses Modellprojekt bietet Kindern im 5. und 6. Schuljahr in den Hauptfächern Deutsch, Englisch und Mathematik unterschiedliche Leistungsgruppen und Förderunterricht an. Kleinere Klassen, ein angeschlossenes Tagesheim sowie die wohlwollende Haltung der engagierten Lehrkräfte verhelfen dazu, dass ca. 15 % in die 7. Klasse der Gymnasien übertreten können, rund 35 % wechseln in die damals grundsätzlich noch vierstufige Realschule, die anderen sind auf einen guten Hauptschulabschluss vorbereitet.

Michael fand verständnisvolle Lehrkräfte, die ihre Methoden dem unterschiedlichen Leistungstempo anpassten und sensibler mit den Schwächen der Kinder umgingen. Ich erinnere mich noch gut, wie mir die Deutschlehrerin beim ersten Elterngespräch schilderte, wie Michael verschämt sein Heft mit den Unterarmen abgedeckt habe, wenn sie durch die Bankreihen ging. Er sei wegen seiner krakeligen Schrift so verzagt und unsicher gewesen und müsse wohl zuvor schwere Kränkungen erfahren haben. Im zweiten Jahr rückte Michael in Mathematik in den B-Kurs auf, die Voraussetzung für den Übertritt in die Realschule. Im Jahreszeugnis stand die Bemerkung „Der zuverlässige, interessierte Schüler erfreute durch vorbildliches Verhalten und engagierte Mitarbeit." Außerdem hatte Michael gelernt, selbstständig einen weiten Schulweg zurückzulegen. Wahlpflichtfächer wie Eisschnelllaufen kamen seinen sportlichen Fähigkeiten entgegen. Trotz des langen Schultages fühlte er sich auch im Tagesheim wohl. Das einzige, was er als „Entschädigung" einforderte, war eine Portion vom Familienmittagessen. Das war für ihn wohl eine Art Versicherung, zum „familiären Nest" zu gehören.

Beim Übertritt in die Realschule war eine neue Hürde zu überwinden: Wir hatten Michael in einer privaten Ganztages-Realschule angemeldet, die uns wegen ihrer Aufgeschlossenheit für Schüler mit Legasthenieproblemen empfohlen worden war. Voraussetzung für die Kostenübernahme durch das Jugendamt war eine kinder- und jugendpsychiatrische Untersuchung, für die wir erst verspätet einen Termin erhalten

hatten. Michael hatte nach bestandenem Probeunterricht an dieser Realschule bereits begonnen, als wir vom Jugendamt einen Ablehnungsbescheid aufgrund dieses Gutachtens erhielten. Bei einer einmaligen Testsituation waren die Ärztin und der Psychologe zu der Auffassung gelangt, Michael habe nicht die intellektuelle Eignung für eine Realschule. Gleichzeitig empfahlen sie als (billigere) Alternative eine Realschule für hörgeschädigte Jugendliche, welche in fünf Jahren zur Mittleren Reife führt.
Beim Informationsgespräch erklärte der Schulleiter dieser Schwerhörigen-Schule, dass Legastheniker wegen der besonderen Unterrichtsform und gewissen Erleichterungen, wie das Wegfallen von Diktaten, profitieren könnten. Gut hörende Schüler mit Rechtschreibschwächen würden jedoch nur in begrenztem Umfang aufgenommen, wenn sie durch gutes Mundbild und fehlerfreie Artikulation ein geeignetes Sprachvorbild sind. Nun hatte Michael neben seiner Teilleistungsstörung auch mundmotorische Unsicherheiten; je nachdem, ob er unter Druck stand oder entspannt war, war auch seine Artikulation deutlicher oder verwaschener. Deshalb begründete der Schulleiter der Schwerhörigen-Schule seine Absage an das Jugendamt mit dem Hinweis, dass Michael nicht die Aufnahmekriterien für gut hörende Schüler erfülle. Nach langem Hin und Her – und mit erneutem Rückhalt der Therapeutin – wurde schließlich die Eingliederungshilfe „unter Vorbehalt" bewilligt. Die Kostenübernahme war für uns eine große Entlastung. Alljährlich war allerdings die Weiterverlängerung zu beantragen und mit Michaels Zeugnissen seine „Würdigkeit" zu beweisen.
In dieser Ganztages-Realschule mit nur 16-18 Schülern pro Klasse konnten Schüler mit ähnlichen Problemen wie unser Sohn ihre Noten durch mündliche Beiträge aufwerten. Viel Wert wurde z. B. auf das Vortragen anspruchsvoller langer Gedichte gelegt. Mit seinem guten Gefühl für Rhythmus und großem Fleiß konnte Michael sich auch längere Texte sicher einprägen. In einer kleinen Klassengemeinschaft war ständige Aufmerksamkeit gefordert, andererseits bestand weniger Hemmung, sich aktiv am Unterricht zu beteiligen. Sehr günstig wirkten sich auch die Verteilung des Unterrichts über den ganzen Tag und die in den Schulalltag integrierten Freizeitangebote aus. Mit Begeisterung spielte Michael in der Basketballmannschaft seiner Schule.
Sicher, auch diese Schule konnte nicht auf Orthographie verzichten, doch wurde in den meisten Fächern der Inhalt stärker bewertet als Form und Rechtschrift. Deutsch und Englisch blieben – von den mündlichen Leistungen abgesehen – seine Sorgenfächer, in denen er zwischen Note vier und fünf schwankte. In den beiden letzten Klassen erhielt er zusätzliche Nachhilfe in Englisch bei einer ehemaligen Übersetzerin. Wichtige Orientierung boten die zusätzlichen Beurteilungen, in denen die Lehrkräfte für jedes Fach Arbeitshaltung, Motivation und individuellen Fortschritt

hervorhoben, meist verbunden mit einem anspornenden Zusatz wie „Weiter so. Ich bin ganz zufrieden!".
Für Michael war es ein besonderes Erfolgserlebnis, dass er „ohne Sonderstatus" mit anderen Jugendlichen die Mittlere Reife erreichte und dadurch motiviert war, die nächste weiterführende Schule anzustreben. Als ich die Klassenlehrerin der 10. Klasse zu Michaels Chancen für die Fachoberschule befragte, ermutigte sie uns: „Wenn es überhaupt einer von der Klasse packt, dann ist es Ihr Sohn. Der wird es schaffen, wenn er es wirklich will."
Mit dem Zeugnis der Mittleren Reife wurde Michael an der Fachoberschule für Sozialwesen aufgenommen. In den Praktika der 11. Klasse erhielt er sehr gute Beurteilungen. Das sozialpädagogische Fachpraktikum führte ihn zurück in den Schulkindergarten, den er früher selbst besucht hatte. Ein wenig elterliche Unterstützung war noch vonnöten, wenn Michael an Berichten und Referaten arbeitete. Das Fachabitur legte er mit der Durchschnittsnote Drei ab. Michael wollte damals keinesfalls im Zeugnis einen Hinweis auf seine Legasthenie haben. Lieber nahm er in Deutsch und Englisch eine schlechtere Gesamtwertung in Kauf ohne zu wissen, dass er dadurch den Numerus Clausus der Fachhochschulen vorerst nicht erreichen würde.
Nach zwölf Jahren Schulzeit hatte Michael das Bedürfnis, erst einmal etwas Geld zu verdienen und zu „relaxen" – sein Lieblingswort aus dieser Zeit. Er jobbte bei einem „Musik-Genomprojekt", bei dem seine Kenntnisse auf dem Gebiet jugendspezifischer Musik gefragt waren. Mit seinen Freunden entdeckte er Spaß an der Rapmusik, vor allem am Verfassen eigener Texte. Was keine Logopädin erreicht hätte: Michael übte stundenlang vor dem Spiegel seine Schnellsprechtexte, die eine akzentuierte Betonung und Aussprache erforderten.
Auseinandersetzungen waren gelegentlich unausweichlich, wenn wir solche „Musik-Sessions" als nervtötenden Lärm empfanden. Mit Rücksicht auf die anderen Familienmitglieder im Haus musste zu bestimmten Zeiten endgültig Ruhe sein. War es in seinem Zimmer ungewohnt ruhig und zogen dann süßliche Gerüche durchs Haus, mussten wir wiederum Grenzen setzen. Besorgt waren wir auch, wenn einzelne Freunde ihre Schullaufbahn abbrachen – wird sich ihr Einfluss auf Michael auswirken oder wird er dennoch seinen Weg gehen?
„Mit brennender Geduld" – dieser von Pablo Neruda geprägte Begriff beschreibt unsere Gefühle während dieser Phase zutreffend: Der Heranwachsende braucht Entscheidungsspielräume und das Zutrauen der Eltern, um Eigenverantwortung für sein Handeln zu erproben. Die Eltern bleiben jedoch gefordert als Gesprächspartner und notfalls als eingreifende Autorität. Dieses Spannungsverhältnis zwischen Freiraum, Toleranz und unverrückbaren Grenzen sind die letzte große Herausforderung in einer Familie, bevor die Kinder eines Tages das Elternhaus verlassen.

Seinen Weg finden
Nach einem halben Jahr „Auszeit" drängten wir auf eine berufliche Entscheidung. Beratungen beim Arbeitsamt erwiesen sich kaum als hilfreich. Michael erhielt keine klaren Hinweise, wie er sich auf die angestrebte Aufnahmeprüfung für die Berufsfachschule für Physiotherapie vorbereiten solle. Das Interesse an diesem Beruf hatte sich entwickelt, als er nach einer Knieoperation krankengymnastische Behandlungen und dabei Einblick in dieses Arbeitsfeld erhielt.
Nachdem er bei diesem anspruchsvollen Ausleseverfahren nicht zum Zuge gekommen war, arbeitete er zunächst stundenweise in einem Familienentlastungsdienst und bewarb sich anschließend dort für ein Freiwilliges Soziales Jahr (FSJ). Er lernte verschiedene Einsatzbereiche dieser Organisation kennen: An Wochenenden betreute er einen lernbehinderten türkischen Jungen, der die Freizeitunternehmungen mit seinem „großen Freund" sehr schätzte. An einer Schule für geistig behinderte Kinder war Michael Schulbegleiter eines autistischen Kindes. Hinzu kamen Einsätze bei einem mehrfach behinderten jungen Erwachsenen, die viel Einfühlungsvermögen und die Überwindung von Ekel und Unsicherheit verlangten. So musste er ihn auf die Toilette begleiten, nach der Krankengymnastik duschen und beim An- und Auskleiden helfen. Zusätzlich erwarb er in dieser Zeit die Qualifikation als Snowboardlehrer und wurde als Assistent bei einem Snowboard-Kurs einer Schule eingesetzt.
So lernte Michael durch die Erfahrungen des FSJ und bei einem weiteren Vorpraktikum in einer Freizeiteinrichtung professionelles Handeln in der Sozialen Arbeit kennen. In seinen Berichten reflektierte er, wie schwierig es für Berufsanfänger ist, die Balance zwischen persönlicher Anteilnahme und notwendiger Distanz zu halten.
Mit diesen vielseitigen Praxiserfahrungen bewarb er sich erneut für das Studium der Sozialpädagogik und erhielt nach einigen Wartesemestern einen Studienplatz an einer Fachhochschule. Seine soziale Kompetenz, Kreativität und Fähigkeit im abstrakten Denken werden Probleme, die er wegen seiner Rechtschreibschwäche weiterhin hat, ausgleichen. Mit der neuen Kulturtechnik der Informationsverarbeitung (PC und Internet) geht er kompetent um und kann so die Arbeit mit Texten effektiver gestalten. Seit einigen Monaten besucht Michael ein Sprachkompetenz-Training für Erwachsene, um zu Beginn seines Studiums mehr Sicherheit zu gewinnen und gelassener an Prüfungssituationen heranzugehen. Es fällt ihm nicht leicht, zu seiner Legasthenie zu stehen und die ihm zustehende Berücksichtigung bei Prüfungen einzufordern, um eine adäquate Beurteilung seiner Leistung zu erreichen.

Zum Ende dieses Rückblicks will ich einen Textausschnitt anfügen, den Michael mit siebzehn Jahren zu Beginn seiner „Rapzeit" verfasst hat. Er zeigt deutlich, wie viel

Ausdruckskraft in einem jungen Menschen steckt, wenn er sich zutraut, etwas von sich preiszugeben:

„...die meisten Menschen reden zu viel
sind nicht bereit zu denken und haben keinen Stil
sie denken sie kennen doch ihre Grenzen
doch sie sehen nicht über ihren Tellerrand
und haben somit ihr Leben verplant
...
Wer weiß schon was am Ende passiert
wenn unsere Zeit abgelaufen ist
der Mensch ist doch nur so klein
wie in einem Steinbruch ein Kieselstein
Zeit, Leben, Tod, Existenz, Raum
was ist das schon...“

„...die Hand hinhalten...“

Unsere Söhne werden schrittweise erwachsen; die elterliche Verantwortung geht in eine mehr partnerschaftliche Haltung über. Noch sind sie auf unsere materielle Unterstützung angewiesen, was zu ihrem Streben nach Unabhängigkeit im Widerspruch steht und den Ablösungsprozess nicht leicht macht.

Immer häufiger blicken wir Eltern auch zurück und fragen uns, was wir heute möglicherweise anders machen würden und auch, was uns geholfen hat in all den schwierigen Phasen.

Vor allem erkennen wir rückschauend, wie wichtig es ist, über den „eigenen Tellerrand“ zu schauen, von dem Michael in seinem Rap-Song spricht. Damit meine ich zunächst, dass die Schule „auf dem Familienteller“ keinen unangemessen großen Raum erhalten darf. Wenn wir mitunter spaßeshalber sagten „*Wir* haben eine Fünf in Englisch geschrieben“ oder „*Wir* machen Abitur“ – waren wir uns bewusst, dass Eltern sich für die schulischen Leistungen der Kinder mitverantwortlich fühlen.

„Die Hand hinhalten“ meint einen Prozess von Geben und Nehmen, Beschenktwerden und selbst weitergeben. Danken möchte ich deshalb allen, die uns und Michael auf seinem Weg begleitet haben. Ich bin zuversichtlich, dass er auf dem Weg angekommen ist, von dem er als Siebenjähriger in seinen Geschichten erzählt hat: ‚Der Junge aus dem Land Natur, der sich eines Tages befreien wird und über den noch alle staunen werden‘...“

8 Praxisorientierte Fragen und Antworten zum Einsatz der Kinderzeichnung – für Eltern und alle Berufsgruppen, die mit Kindern malen und zeichnen

Im Folgenden habe ich Fragen zum Malen und Zeichnen mit Kindern zusammengetragen, die häufig gestellt werden; ihre Beantwortung soll zum Einsatz der ganzheitlich orientierten Interpretation der Kinderzeichnung in Diagnostik, Beratung, Förderung und Therapie motivieren. Dabei ist das Malen und Zeichnen nicht nur nach dem Frostig-Konzept, sondern innerhalb vieler Förder- und Therapiekonzepte einzusetzen und bietet im Rahmen der Prozessdiagnostik unterschiedlicher Fachdisziplinen als wichtiges Screening-Verfahren wertvolle Hinweise. Angesprochen werden hier, verbunden mit wichtigen Informationen zur Elternberatung, besonders Fragen von Erziehern, Heil- und Sonderpädagogen, Therapeuten u. a., die mit Kindern (bis ca. 11;0/12;0 Jahre) frei zeichnen oder Zeichentests durchführen. Das Malen und Zeichnen mit Jugendlichen wird in diesem Kapitel erwähnt, jedoch nicht ausführlich behandelt.
Hinweise auf einschlägige Kapitel des Buches sollen dazu anregen, die angesprochenen Fragen vertiefend zu bearbeiten.

8.1 Einführung: Die Bilderwelt der Kinder – ein geheimnisvolles Land

Wenn Erwachsene mit Kindern malen und zeichnen, betreten sie ein geheimnisvolles Land. Vieles, was sie von der Bilderwelt der Kinder dort erfahren, wird ihnen zwar aus ihrer eigenen Kindheit bekannt vorkommen und Erinnerungen in ihnen wecken, schöne oder auch problematische. Manches von dem, was die Kinder malen oder zeichnen, wird ihnen jedoch fremd und unverständlich bleiben. Als Erzieher, Lehrer, Heilpädagoge, Sonderpädagoge, Psychologe, Arzt oder als Eltern wissen Sie dann nicht, wie Sie auf die Bilder des Kindes reagieren sollen. Sollen Sie das Kind loben oder dürfen Sie tadeln? Könnten Sie auch zu viel loben oder zu viel tadeln? Dürfen Sie korrigierend eingreifen, dürfen Sie vorzeichnen, wenn das Kind Sie darum bittet? Wie sollen Sie reagieren, wenn das Kind sich weigert zu malen? Oder wenn es beim Malen von anderen Kindern ausgelacht und gehänselt wird? Es können Kinder der eigenen Geschwisterreihe, aber auch Kinder aus dem Kindergarten, dem Freundeskreis oder Schulkameraden sein, die sich über die Bilder des Kindes lustig machen. Wie kann dann dem Kind zur Seite gestanden, sein Selbstwertgefühl auch den anderen Kindern gegenüber gestützt werden? Was ist zu tun, wenn das Kind eine verzögerte Malentwicklung zeigt und nicht aus dem Kritzelstadium herausfindet, obwohl es schon bald zur Schule gehen soll? Wie lässt sich die Malentwicklung fördern, die Kreativität anregen und insbesondere entwicklungsgestörten Kindern gezielt helfen? Solche von Eltern, Erziehern, Pädagogen, Therapeuten und Ärzten häufig gestellten Fragen werden hier praxisnah beantwortet. Es sind Fragen, die sich auf die Mal- und Zeichenentwicklung von Kindern mit altersgemäßer Entwicklung oder mit Entwicklungsstörungen beziehen; aber auch die Probleme hochbegabter, lernbehinderter Kinder oder solcher mit besonderen Bedürfnissen werden hier angesprochen. Die Antworten auf diese Fragen dürfen nicht wie ein „Rezeptbuch" gelesen oder angewendet werden. Sie sollen vielmehr einen Anstoß zum Nachdenken geben, zu einem besseren Verständnis von Kindern und Jugendlichen verhelfen, indem sie deren unterschiedliche Ausgangsbedingungen berücksichtigen und Wege aufzeigen, wie über die Beschäftigung mit ihren Bildern und Zeichnungen zur Verbesserung ihrer Situation beigetragen werden kann. Zwar werden die erörterten Fragen schwerpunktmäßig häufig von Eltern gestellt; sie sind jedoch auch für alle Berufsgruppen, die mit Kindern malen und zeichnen, von Interesse, vor allem dann, wenn diese ebenfalls Elternarbeit durchführen. Die Fragen sind nach folgenden Bereichen geordnet (vgl. Kap. 5.2, Abb. 178, Schaubild 4):

- *Fragen zu den Basisinformationen und Vorbefunden*
  Fragestellung, Familienanamnese, Anamnese Kind, Explorationsgespräche, medizinische und psychodiagnostische Befunde, pädagogische Beurteilungen
- *Fragen zur Analyse der Kinderzeichnungen*
  Beobachtungssituation, Verhaltensbeobachtung, Kommentare und erfundene Geschichten des Kindes zur Zeichnung, formale Strukturanalyse und inhaltliche Analyse der Entwicklungsmerkmale (8 Beobachtungsbereiche), formale Strukturanalyse und inhaltliche Analyse der Emotionalen Zeichen (8 Beobachtungsbereiche)
- *Fragen zur Interpretation der Kinderzeichnung*
- *Fragen zur Beratung, Förderung und Therapie*

Die aufgeworfenen Fragen und ihre Beantwortung sind für alle Interessierten von Nutzen. Sofern Fragestellungen angesprochen werden, die sich speziell an Fachleute richten (Psychologen, Pädagogen, Therapeuten), ist dies besonders gekennzeichnet.

8.2 Fragen zu den Basisinformationen und Vorbefunden

- *Ist es hilfreich, wenn Beobachtungen zur Umweltsituation des Kindes bei der Interpretation seiner Zeichnungen berücksichtigt werden?*

Prägende Einflüsse des Elternhauses (z. B. kreative Atmosphäre mit geistigen und musischen Anregungen und Ermutigung bzw. zu geringe geistige Anregung, Vernachlässigung), des Kindergartens, der Schule weisen auf fördernde oder belastende Situationen und Ereignisse, denen das Kind ausgesetzt ist, hin. Sowohl die emotional-soziale als auch die kognitive Entwicklung (einschließlich sprachlicher und perzeptiver Funktionen) können durch solche Einflüsse tief greifende positive oder negative Veränderungen erfahren (vgl. Fallbeispiel Alexander, Kap. 7.3-7.3.3).

- *Sind bei der Interpretation der Kinderzeichnung Vorbefunde und Vorinformationen (vgl. Kap. 5.2, Abb. 178, Schaubild 4) einzubeziehen?*

Die Kinderzeichnung wird von mir als ein psychodiagnostisches Screening-Verfahren nach einem ganzheitlich orientierten Ansatz beschrieben. Durch das Einbeziehen von Vorinformationen und Vorbefunden (Beachtung der Fragestellung, Familienanamnese, Anamnese Kind, Explorationsgespräche, medizinische und psychodiagnostische Befunde, pädagogische Beurteilungen) lassen sich Zeichnungen zuverlässiger interpretieren und Fehlerquellen bei der Ermittlung von Hypothesen ausschließen.

Diese Informationen können zu einer fundierten Interpretation der Kinderzeichnung wesentlich beitragen. Spezielle Strukturveränderungen der Kinderzeichnungen (z. B. besondere Motive oder Entwicklungsauffälligkeiten beim hör-, sprach- oder sehgestörten Kind, bei Kindern mit Hoch-, Sonder- oder Minderbegabung, beim Kind mit umschriebener Lese-, Rechtschreib- oder Rechenstörung) sind mit ihrer Hilfe leichter einzuordnen (vgl. Kap. 6).

8.3 Fragen zur Analyse der Kinderzeichnungen

8.3.1 Fragen zur Beobachtungssituation

- *Sollte ein möglichst gemütlicher, fester Malplatz für das Kind bereit stehen und wie ist er einzurichten?*

Wenn Kindern, z. B. in ihrer eigenen Wohnung, im Kindergarten oder in der therapeutischen Institution, ein fester Malplatz zur Verfügung steht, an dem die Malmaterialien immer bereit liegen, wird das Kind zum Malen besonders motiviert. *Es kann auf diese Weise seine Ideen spontan umsetzen und muss nicht erst um Zeichenmaterial bitten.* Es ist wichtig, Maltisch und Stuhl der Größe des Kindes anzupassen, sodass die Beine fest auf dem Boden stehen. Ich empfehle Ihnen, in der Malecke z. B. eine große Wandtafel anzubringen, auf der die Kinder mit bunten Kreiden malen können. Auch Papiere, die man als Tafelersatz an die Wand hängt, stimulieren die Kinder zum Malen und Zeichnen. Eine Staffelei, sie kann leicht selbst zusammengeschreinert werden, gibt dem Kind die Möglichkeit, sein Werk von verschiedenen Seiten und aus der Entfernung zu betrachten. Solche Raumerfahrungen wirken sich über die Veränderung von Bildeindrücken durch unterschiedliche Distanzen und Blickwinkel der Betrachtung auf das Malen oft besonders günstig aus. Es stimuliert Kinder zum Malen und Zeichnen, wenn unterschiedliche Papiere, sowohl nach Größe als auch nach Farben (weiße und bunte) geordnet, in der Malecke bereit liegen. Über das dreidimensionale Formen mit Knete oder Ton werden ihre Tasterfahrungen, die Empfindung von Bewegungseindrücken und damit auch die Entwicklung innerer Bilder und der räumlichen Vorstellungskraft gefördert. Neben flüssigen Farben, Farbstiften und Pinseln in unterschiedlicher Länge und Stärke, einem standsicheren Wasserbehälter und Kleber stehen den Kindern eine kindersichere Schere für Rechts- bzw. Linkshänder, Bleistiftspitzer und Radiergummi zur Verfügung.

- *Soll das Kind in der Einzelsituation oder in der Gruppe malen/zeichnen?*

Die Beantwortung dieser Frage hängt von der jeweiligen Entwicklung des Kindes ab. Altersentsprechend entwickelte Kinder malen und zeichnen sehr gerne in der Gruppe. Sie stimulieren sich oft gegenseitig durch ihre Ideen, haben Spaß miteinander, fühlen sich beim gemeinsamen Arbeiten wohl. Schon bei 2;0-3;0jährigen Kindern kann man die Entwicklung des plastischen Gestaltens (mit Knete und Ton, Holz oder Stein) und die Malentwicklung in Kleingruppen fördern.
Entwicklungsgestörte Kinder mit visuellen Wahrnehmungsstörungen, feinmotorischen Störungen, Leistungsängsten und Verhaltensstörungen benötigen meist zu Beginn ihrer Förderung zu Hause oder in einer therapeutischen Institution die Einzelzuwendung. Oft sind sie bereits wegen ihrer Zeichenversuche von anderen Kindern, den Geschwistern, Kindern im Kindergarten oder in der Schule ausgelacht worden und haben Vermeidungsstrategien entwickelt. Sie lehnen zunächst das Malen und Zeichnen ab und weichen entsprechenden Angeboten aus. Es ist gut, wenn Sie die Kinder mit besonders ausgewählten Aufgaben in kleinen Schritten an dieses Medium heranführen, ihnen Erfolgserlebnisse verschaffen, ihr Selbstbewusstsein stärken. Nach einer solchen Einleitungsphase wirkt es sich auch für entwicklungsgestörte Kinder günstig aus, in einer kleinen, sorgfältig ausgewählten und für sie passenden Gruppe zu kneten, formen, malen und zeichnen.

- *Beeinflusst der Betrachter die Zeichnung des Kindes?*

Eine Zeichnung enthält immer eine Mitteilung, sie ist Teil eines Kommunikationsprozesses zwischen Sender und Empfänger. Wenn der Sender (das Kind) eine vertrauensvolle Beziehung zum Empfänger (Eltern, Erzieher, Lehrer, Therapeut) aufgebaut hat, wird es ihm leichter fallen, emotional Wichtiges, Beglückendes oder Belastendes in seiner Zeichnung mitzuteilen. Ist diese Beziehung eher kühl und distanziert, wird sich das Kind entsprechend weniger öffnen. Im Elternhaus, in der vertrauten Umgebung und unter guten atmosphärischen Bedingungen zu den primären Bezugspersonen entstehen oft freiere, spontanere, auch kreativere Bilder als z. B. in der Schule oder in der psychodiagnostischen Testsituation. Eltern altersentsprechend entwickelter Kinder oder von Kindern mit Entwicklungsstörungen tun daher gut daran, die *positiven* Möglichkeiten (z. B. *stimulierende Atmosphäre, Ermutigung*) zur Förderung der Malentwicklung im häuslichen Umfeld bewusst zu nutzen. Engagierte Erzieher, Pädagogen, Psychologen und Therapeuten erleichtern die Kommunikationsprozesse zwischen ihnen und dem Kind über das Medium des *Formens mit Wachs, Ton, Knete, Holz, Stein sowie anderen Materialien* und des Malens und Zeichnens. Dabei spielen ihre eigene positive Einstellung dem Kind gegenüber, die Art ihrer Zuwendung und ihre Möglichkeit, zu ihm eine vertrauensvolle Beziehung aufzubauen, eine entscheidende Rolle.

8.3.2 Fragen zu den Rahmenbedingungen

Für Interessierte, die psychodiagnostische Untersuchungen, Förderung oder Therapie durchführen:

- *Wird das Zeichenergebnis durch die Art der Zeichenaufgabe beeinflusst?*

Durch Malen und Zeichnen werden emotional geladene Prozesse beim Kind provoziert. Als einengend empfundene Aufgabenstellungen mit definierten Themen können diese Prozesse abblocken oder unterbrechen. Es ist daher sehr wichtig, das Kind *zunächst eine freie Zeichnung anfertigen zu lassen.* Hierbei hat es die beste Möglichkeit, seine kreativen Potenziale zu aktivieren und das auszudrücken, was es emotional bewegt. Nach Durchführung der freien Zeichnung können der Entwicklungsstand der Zeichenentwicklung abgeschätzt und ein Zeichentest oder andere Testverfahren, die zur ergänzenden Beurteilung des Kindes geeignet sind, zielsicherer ausgewählt werden. Kinder mit Leistungsängsten schneiden oft in freien Zeichnungen ohne Aufgabenstellung weitaus besser ab als in Zeichentests mit festgelegten Instruktionen. Es ist es aus meiner Sicht empfehlenswert, besonders bei leistungsgehemmten Kindern mit visuellen Wahrnehmungsstörungen die psychodiagnostische Untersuchung mit Bewegungsspielen oder Rollenspielen (auch in Verbindung mit Sandspielen) zu beginnen und die Kinder nachfolgend mit Salzteig, Knete, Ton, Papier, Holz oder anderen Materialien nach eigenen Vorstellungen formen zu lassen.

Salzteig kann schnell und preiswert von den Eltern, auch unter Mithilfe der Kinder, hergestellt werden. Man nimmt dazu 1 Becher Salz, 1 Becher Mehl, vermischt dies mit etwas Wasser und backt die Formen und Figuren im Herd (ca. 45 Minuten bei 50 Grad Wärme) solange, bis sie fest geworden sind. Die Kinder sind stolz auf ihre „Werke" und können diese anschließend mit wasserlöslichen Temperafarben oder mit Acrylfarben, die nach dem Trocknen wasserfest werden und glänzen, farbig anmalen.

Erst wenn sich die Kinder nach ersten Erfolgserlebnissen sicherer fühlen und ihre Anfangsängste über Spiele und dreidimensionale Gestaltungen abgebaut haben, lasse ich sie mit flüssigen Farben oder Kreiden, dann mit Buntstiften freie Zeichnungen und erst darauffolgend weitere Zeichentests, Intelligenztests oder Leistungstests durchführen. Ein leistungsgehemmtes Kind mit Problemen des Körperbildes und Selbstwertbewusstseins hat oft erhebliche Widerstände, zu Beginn einer psychodiagnostischen Untersuchung sogleich mit der Aufgabe einer Menschzeichnung oder einer anderen Zeichentestaufgabe konfrontiert zu werden. Es reagiert in vielen Fällen umgehend mit Abwehrverhalten und Leistungsverweigerung: „Ich kann das nicht, ich will nicht malen." Entsprechend werden seine Motivation und Leistungsbereitschaft zum Zeichnen von Anfang an gebremst, was dann zu negativen Konsequenzen für es selbst und die Qualität der Untersuchungsresultate führt.

- *Warum sind Fingerfarben so beliebt?*

Flüssige Farben, die mit den Fingern gefühlt und auf Papier oder Pappe verarbeitet werden, stimulieren Tasterlebnisse des Kindes in besonderer Weise. Sie wirken sich oft positiv und befreiend auf die Emotionalität des Kindes aus und können auch ängstliche Kinder zum freien Gestalten anregen. Durch die Mischung von Fingerfarben mit eingeweichtem Tapetenkleister wird die Beschaffenheit der flüssigen Farbe fester und vermittelt so Tastempfindungen, die vielen Kindern angenehm sind.

- *Welche flüssigen Farben und Tinten können verwendet werden?*

Kindergartenkinder werden durch *Fingerfarben* (Temperafarben) oft besonders zum Malen und zum Erzeugen von Bewegungsspuren angeregt. Die Farben sind in größeren Plastikflaschen erhältlich und können für Vorschulkinder einzeln in kleine Gefäße abgefüllt werden. Besonders geeignet für Vorschulkinder ist der Einsatz von dreidimensionalen unterteilten *„Farbpaletten"*, in die sich die flüssigen Farben verteilen lassen, ohne ineinander zu fließen (Gefäße zum Einfrieren von Wasser zu Eisstücken eignen sich hierfür sehr gut. Sie können nach Beendigung des Malvorganges z. B. mit Pappen überdeckt und damit vor dem Austrocknen bewahrt werden). Die *ersten Malkästen* für Kinder bestehen aus ca. sieben festen Farben in eng nebeneinander liegenden Näpfchen, die mit nassem Pinsel aufgenommen und verarbeitet werden. Bei diesen „Wasserfarben" in Farbkästen sollten die drei Grundfarben Gelb, Rot und Blau wie auch Grün, Braun, Weiß und Schwarz immer vorhanden sein, Kinder im Grundschulalter lieben es, wenn auch *Farben wie Gold und Silber* vorhanden sind. Das gilt auch für Stifte mit Farben in Gold und Silber. Mit ihnen können Kinder oft ihre Märchenvorstellungen umsetzen. Besondere Freude macht es Grundschulkindern, aber auch Jugendlichen, mit *wasserlöslichen Tinten* zu malen oder auch mit *wasserlöslichen Holzbeizen*, die in vielen Farbabstufungen erhältlich sind und beim Malen ein transparentes Ergebnis erzeugen.

- *Was ist zu tun, wenn Kinder flüssige Farben nicht anfassen möchten?*

Kinder mir sensorischen Integrationsstörungen (taktil-kinästhetische Wahrnehmungsstörungen) oder Kinder mit emotional-sozialen Problemen (z. B. Kinder mit Reinlichkeitszwang, die sich nicht schmutzig machen wollen und sehr oft ihre Hände waschen) lehnen häufig das Anfassen flüssiger Farbe (oder anderer weicher Materialien wie Sand, Knete oder Ton) ab. Sie bevorzugen Pinsel oder Stifte, ertragen es jedoch nicht, die Farbe an ihren Händen, Füßen oder anderen Körperteilen zu spüren. Zwingen Sie diese Kinder nicht zum Anfassen der flüssigen Farbe, sondern lassen Sie ihnen Eingewöhnungszeit. Solche Kinder müssen in kleinen Schritten an die Tasterlebnisse mit weichen Materialien oder Farbe gewöhnt werden. Benutzen Sie bei Kindergartenkindern zuerst „Zuckerkreiden", die von weicher Beschaffenheit sind, sich aber wie ein Pinsel oder Stift mit der Hand führen lassen und die Hände nicht beschmutzen (Rezept zur Herstellung siehe unten). Die Kreidespuren können anschließend mit etwas Wasser, das mit dem Pinsel und später mit der Hand aufgetragen wird, zu neuen Farbeffekten vermischt werden.
Wichtig für das übermäßig tastempfindliche Kind ist auch, dass es zu Hause gemeinsam mit Ihnen Teig anrühren, ihn formen und anschließend backen und essen darf. Die Freude am oralen Genuss des Gebackenen hilft dem Kind, seine zuvor negativ erlebten Tasteindrücke des klebrigen Teiges mit positiven Emotionen zu besetzen. Überlegen Sie auch, ob Sie Ihr Kind vielleicht zu sehr zur Reinlichkeit angehalten haben (zu frühes und zu intensives Sauberkeitstraining) und es auf diese Weise provoziert wurde, sein angeborenes Bedürfnis nach Tasterlebnissen, z. B. nach Spurschmieren, zu unterdrücken. Haben Sie Ihrem Kind genügend Möglichkeit zu wichtigen frühen Tasterfahrungen mit Erde, Sand und Naturmaterialien gegeben? Oft fühlen sich Kinder (zuweilen auch Erwachsene) befreit, wenn sie nach Herzenslust mit den Händen „schmieren" und Farben mit großformatigen Bewegungen auf einer Fläche verteilen dürfen, ohne gerügt zu werden. Häufig lässt sich ein positiver Einfluss auf das Selbstwertbewusstsein von Kindern und Erwachsenen (auch von Künstlern) feststellen, wenn aus Tast- und Bewegungserfahrungen ein eigenes darstellendes „Werk" entstehen kann.

- *Welche Stifte sind geeignet?*

Die Wahl der Stifte richtet sich nach dem Alter des Kindes. Kleine Kinder brauchen weiche Stifte, zunächst *kurze Wachskreiden* oder „Malbirnen", die gut in der Hand liegen und leicht geführt werden können.

Für das erste Malen 2;0-4;0jähriger Kinder eignet sich besonders gut die *„Zuckerkreide“*. Sie ist leicht selbst herzustellen.

Auf Empfehlung von Helga Sommer, Erzieherin mit Montessori-Diplom, werden bunte Tafelkreiden über Nacht in lauwarmem Zuckerwasser eingeweicht. Man verwendet 4 Esslöffel Zucker für ein zur Hälfte gefülltes Glas (ca. 300 ml) mit verschließbarem Deckel. Die feuchten Kreiden lassen sich am nächsten Tag und an folgenden Tagen leicht vermalen, ergeben kräftige leuchtende breite Farbspuren und sind gut zu führen. Im Glas mit Schraubverschluss bleiben sie einige Tage gebrauchsfertig. Sobald sie austrocknen, werden sie erneut in Zuckerwasser eingeweicht. Die entstehenden Zeichnungen können Kinder mit Wasser verwischen und so Effekte erzielen, die dem Malen mit Fingerfarben vergleichbar sind. (Weitere Anregungen für die pädagogische Praxis siehe Seitz, R. und M., 2002).

Die „Zuckerkreiden“ sind eine wichtige Ergänzung zum Einsatz von *Fingerfarben. Wachsmalstifte und Wachsmalblöcke* sind bei jüngeren Kindern sehr beliebt. Ältere Kinder bevorzugen eher *weiche Buntstifte und Bleistifte. Buntstifte in guter Qualität* sind weicher, leichter handhabbar und besitzen eine größere Leuchtkraft.

Es gibt heute gute, preiswerte *Buntstifte in ergonomisch günstiger Dreiecksform*, die nicht nur Kindern mit feinmotorischen Unsicherheiten helfen, ihre Kraft bei der Stiftführung besser zu dosieren.

Ältere Kinder haben Freude an den Experimentiermöglichkeiten mit *übereinander gelegten Wachsschichten und anschließender Scraffiti-Technik (Kratz-Technik). Filzstifte* zeigen viel Leuchtkraft und werden von Kindern sehr gerne eingesetzt. Allerdings verblassen diese Farben unter Lichteinwirkung viel rascher als Buntstifte, Wachsmalstifte oder Kreiden. Sie eignen sich daher zur längerfristigen Dokumentation von Kinderzeichnungen nur bedingt.

Kinder im Grundschulalter (ab ca. 9;0-10;0 Jahren) und Jugendliche fühlen sich oft durch *Pastellkreiden* sehr angesprochen, da sie die Möglichkeit entdecken, die Farbpigmente mit den Fingern zu verwischen und dadurch schöne Farbeffekte zu erzielen. Diese Kreidefarben können ineinander gewischt, mit Wasser verdünnt werden und so kreative Farbenspiele provozieren. Ängstliche Kinder und Jugendliche, oft auch Erwachsene, fühlen sich beim Malen mit Pastellkreiden freier und unkontrollierter, weniger durch die rationale Steuerung konturierender Stifte eingeengt und offener für emotional geprägten Ausdruck.

Neben Pastellkreiden benutzen Jugendliche gerne *Graphit-, Kohle- und Rötelstifte*, fertigen gerne *Federzeichnungen mit Tusche* an und versuchen sich mit Linolschnitten und Schattenrissen.

- *Ist es günstig, auch farbige Papiere einzusetzen?*

Kinder, besonders ängstliche Kinder, werden durch farbige Papiere zum Malen motiviert. Der farbige Untergrund dient ihnen bereits als fertiger Hintergrund.

Jede Figur, die auf das Papier gemalt wird, gibt dem Kind das Gefühl, bereits ein fertiges Bild dargestellt zu haben. Günstig ist es, wenn die Kinder sich unter verschiedenfarbigen Papieren die Papiere mit ihren Lieblingsfarben aussuchen dürfen.

- *Kann sich die Farbe Schwarz negativ auf die Emotionalität des Kindes auswirken und sollte deshalb nicht angeboten werden?*
- *Ist es zu empfehlen, bestimmte Farben bei Kindern nicht einzusetzen?*

Ich halte es für wichtig, alle oben genannten Farben einzusetzen und dabei auch Schwarz nicht auszunehmen. Kleine Kinder fühlen sich oft besonders von der Farbe Schwarz angezogen. Sie benutzen z. B. diese Farbe, um ihre Motive deutlich vom Untergrund des Papiers abzuheben. Ältere Schulkinder zeichnen oft *nach Anweisung des Kunsterziehers* oder im Sinne der Nachahmung von Bildvorlagen Moderner Kunst und nicht nach spontanem Ausdruckswillen mit dieser Farbe Konturen (vgl. schwarze Konturen in der expressionistischen Malerei). Schließen Sie auf keinen Fall unreflektiert allein aus der Verwendung der Farbe Schwarz z. B. auf eine bestehende depressive Verstimmung des Kindes! Diese Besorgnis wird öfter zu Unrecht von Kindergarteneltern geäußert. Durch das Weglassen der Farbe Schwarz aus der Farbpalette wird auch keine sich möglicherweise entwickelnde depressive Grundstimmung verhindert! Spezifische Farben sprechen die Emotionalität des Kindes unter verschiedenen Voraussetzungen jeweils anders an. Individuelle und sozio-kulturelle Symbole und Zeichen finden ihre Ausdrucksmöglichkeit in einer Vielfalt von Farben. Ihre Begrenzung kann sich hemmend auf die Möglichkeit zu kreativem Ausdruck in der Zeichnung auswirken.

- *Welche Pinsel eignen sich?*

Der Einsatz *verschiedenartiger Pinsel* (große, kleine, dicke, dünne, flache, runde) ermöglicht dem Kind freien und vielfältigen zeichnerischen Ausdruck. Mit einem *Japanpinsel* kann, vergleichbar dem Zeichnen mit einer *Feder*, je nach Hand- und Fingerhaltung ein haarfeiner oder auch sehr breiter Strich erzeugt werden. Diese Pinsel lassen sich besonders gut für *Tintentuschen* und *Holzbeizen* benutzen. Jugendliche probieren damit gerne *verschiedene Schriftarten* (Kalligraphien) aus.

- *Ist es sinnvoll, verschiedene Maltechniken einzusetzen?*

Beim Malen und Zeichnen mit Kindern ist es sehr sinnvoll, verschiedene Maltechniken einzusetzen. Man kann ein Kind, das eine Abwehrhaltung gegenüber dem Malen und Zeichnen aufgebaut hat, durch Angebote unterschiedlicher Maltechniken neugierig machen und so die Motivation zum Malen wieder aufbauen. Wenn ein abwehrendes Kind z. B. aufgefordert wird, statt zu zeichnen mit einem Strohhalm farbige Tinte auf einem Papier zu verblasen, entstehen durch seinen Lufthauch Spuren auf dem Papier, ohne dass dazu seine abwehrende Hand eingesetzt werden muss. Diese Spuren können nachfolgend gedeutet und zu eigenen neuen Motiven des Kindes ergänzt werden. Es ist wichtig, dass Sie sich über die Anwendungsmöglichkeiten verschiedenartiger Maltechniken aus der Literatur oder auf der Grundlage von Weiterbildungskursen informieren.

- *Sollen dem Kind beim freien Zeichnen Radiergummi und Lineal angeboten werden?*

Die Beantwortung der Frage hängt vom Lebensalter des Kindes und seiner individuellen Situation ab. Ein Kindergarten- und Vorschulkind benötigt noch keinen Radiergummi und kein Lineal. Es zeichnet spontan nach inneren Bildern und orientiert sich noch nicht an der Realität. Entsprechend hat es auch noch kein Bedürfnis, seine Zeichnungen mit einem Radiergummi zu korrigieren. Mit der Schulreife verändert sich dieses Verhalten. Besonders ängstliche Kinder mit fein- und/oder graphomotorischen Schwierigkeiten verlangen nun häufiger nach diesen Werkzeugen. Ermutigen Sie ängstliche Kinder mit fein- und/oder graphomotorischen Unsicherheiten immer wieder, auch ohne Einsatz von Lineal und Radiergummi zu arbeiten und Zutrauen zur eigenen Strichführung zu gewinnen.

- *Fördert das Malen mit Spraydosen-Farben die Kreativität Jugendlicher?*

Ja! Jugendliche werden durch Malen mit Farb-Spraydosen in ihrer Motivation zum freien Malen/Zeichnen motiviert. Sie besprühen gerne große Wandflächen und verzieren mit ihren oft provozierenden und kreativen Graffiti-Bildern Mauern nach eigenen Vorstellungen. Sprühbilder stellen eine besondere Kunstform der Jugendkultur dar (Hip-Hop).

- *Welche Malposition wirkt sich günstig auf das Malen/Zeichnen aus?*

Wichtig ist, dass Kinder beim Malen ihre Malpositionen nach ihren Wünschen immer wieder verändern können. So wollen manche Kinder auf dem Bauch liegend malen, manche lieber an der Wand, an der Tafel, an der Staffelei stehend oder am Tisch sitzend. Kinder erleben ihren Körper je nach Position anders. Sie bereichern durch Positionswechsel ihr Körperbild, erfahren ihren Körper differenzierter und können diese Erfahrungen dann auch in kleinen Schritten in die Ausdrucksmöglichkeiten ihrer Zeichnungen (z. B. ihrer Menschzeichnungen) einfließen lassen.

8.3.3 *Fragen zur Verhaltensbeobachtung*

- *Soll das Kind beim Malen/Zeichnen beobachtet werden?*

Beim Malen/Zeichnen mit dem Kind bieten sich zahlreiche Beobachtungsmöglichkeiten seines Verhaltens. Mimik, Körperhaltung, Umgang mit den Malmitteln (z. B. neugieriges Farbenmischen oder ängstliches „Sauberhalten" der Farben), Selbstgespräche oder „untermalende" Geräusche und begleitendes Singen sind Verhaltensweisen, die Eltern wie auch Erziehern und Lehrern, die mit Kindern arbeiten, wichtige Informationen liefern. Durch eine strukturierte Verhaltensbeobachtung können Fachleute darüber hinaus entscheidende Kriterien für die Diagnostik, Planung und Durchführung von Förderung und Therapie gewinnen.

Für Interessierte, die Förderung oder Therapie durchführen:
Die im Folgenden aufgeführten Schwerpunkte der diagnostisch orientierten Verhaltensbeobachtung beim Malen/Zeichnen können mit Hilfe meines Strukturierten Beobachtungsbogens genauer beachtet und ausgewertet werden (vgl. Kap. 9.4).

Empfohlen werden z. B. der Anamnese- und Dokumentationsbogen bei Verdacht auf frühe Lernstörungen und Entwicklungsstörungen schulischer Fertigkeiten (F 81), ab 4. Lebensjahr bis Grundschulalter, 2. Version, 2003, Michaelis, R. und Barth, Kh. (3. Version in Vorbereitung) sowie die Check-Liste für „U9-er", Beobachtungen zu verschiedenen Entwicklungsdimensionen für Früherzieherinnen; AG-Südbayern im Berufsverband der Ärzte für Kinderheilkunde und Jugendmedizin Deutschlands e.V. (BVKJD), 3. Aufl., 2003, Bestellungen unter Fax-Nr. 08171/ 409952.

- *Spielt die Beobachtung des Gesundheitszustandes des Kindes beim Malen/Zeichnen eine Rolle?*

Beim Malen und Zeichnen lassen sich Antriebsstärke und Vitalität des Kindes beobachten. Antriebsschwäche und Lustlosigkeit oder Regressionen im Zeichenverhalten können (z. B. im Anfangsstadium einer Infektionskrankheit) auf einen reduzierten Gesundheitszustand aufmerksam machen. Auf Anzeichen von Krankheiten (z. B. Absencen) während des Malens/Zeichnens oder das Vorliegen von Verhaltensstörungen oder psychosomatischen Störungen (z. B. Einnässen, Einkoten, autistische Störungen) ist zu achten.

- *Ist die Beobachtung der Sehfähigkeit des Kindes beim Malen/Zeichnen von Bedeutung?*

Achten Sie darauf, ob das Kind eine gute Sehfähigkeit zeigt oder ob Hinweise auf Sehstörungen zu beobachten sind. Wird die verordnete Brille auch beim Zeichnen getragen oder abgelehnt bzw. häufig vergessen? Ist die Brille gut angepasst? Sitzt das Brillengestell fest genug auf der Nase? Befinden sich die Brillengläser in der richtigen, die Sehstörung korrigierenden Position? Beobachten Sie die Einhaltung des Augenabstandes zum Zeichenblatt. Kinder mit einer nicht korrigierten peripheren Sehstörung halten oft einen zu geringen oder zu großen Augenabstand zur Zeichenfläche ein und können beim Betrachten angebotener Bilder Details nicht richtig erkennen. Besprechen Sie alle Anzeichen von Beeinträchtigungen der Sehfähigkeit (z. B. gerötete Augen, häufiges Reiben der Augen) und der Farbtüchtigkeit (z. B. Probleme im Vorschulalter, die Farben Rot und Grün voneinander zu unterscheiden) mit dem Augenarzt. Vorschulkinder, die in ihren Zeichnungen visuelle Wahrnehmungsstörungen und fein- und/oder graphomotorische Störungen erkennen lassen, benötigen auch nach der Einschulung dringend regelmäßige Kontrolluntersuchungen durch den Augenarzt.

- *Spielt auch die Beobachtung der Hörfähigkeit des Kindes beim Malen/Zeichnen eine Rolle?*

Beim Gespräch mit dem Kind über seine Skulpturen oder Zeichnungen können Sie darauf achten, ob es angemessen auf sprachliche Aufforderungen reagiert, Sprache über sein Gehör verarbeiten kann oder Sprachstörungen zeigt, die auf eine Hörstörung schließen lassen. Besprechen Sie auffällige Abweichungen von der normalen Hörfähigkeit mit dem Facharzt.

- *Müssen auch das Sprachverständnis und die expressive Sprache des Kindes beim Malen/Zeichnen berücksichtigt werden?*

Während der Einleitungsphase des Malens/Zeichnens kann im Gespräch mit dem Kind beobachtet werden, ob es angemessen auf sprachliche Aufforderungen reagiert, ob seine sprachlichen Reaktionen auf ein altersgemäßes Sprachverständnis schließen lassen. Auffallend ist z. B., wenn ein 4;0jähriges Kind auf Fragen der Eltern oder des Therapeuten mit Echosprache antwortet (d. h. es beantwortet die gestellte Frage nicht inhaltlich, sondern wiederholt sie in der Art eines Echos). Während das Kind seine Skulptur (aus Knete oder Ton) oder seine Zeichnung erklärt oder zu ihr eine längere Geschichte erzählt, können sein Wortschatz, seine Aussprache, sein Sprachfluss, seine verbale Mitteilsamkeit gut beobachtet werden. Besprechen Sie Auffälligkeiten des Sprachverständnisses (rezeptive Sprache) und der expressiven Sprache (z. B. reduzierter Wortschatz, Stammeln, Probleme des Satzbaus, Stottern, Poltern) mit dem Facharzt und der Logopädin. Zur Abklärung von vorliegenden Sprechhemmungen oder Verweigern der Sprache (Elektiver Mutismus) sind eine kinder- und jugendpsychiatrische und psychodiagnostische Untersuchung erforderlich.

- *Wie wichtig ist es, die Beobachtung der Körperkoordination und Sitzhaltung des Kindes beim Malen/Zeichnen mit einzubeziehen?*

Die Beobachtung der Steh-, Lauf- und Sitzhaltung des Kindes erlaubt eine erste Beurteilung der Grobmotorik und Körperkoordination. Während des Malens und Zeichnens mit häufigem Positionswechsel ergeben sich gute Beobachtungsmöglichkeiten des Bewegungsflusses der Gesamtkörperbewegung, der Körperhaltung, der Koordination der Beine und Arme. Besprechen Sie Auffälligkeiten der Gesamtkörperkoordination und der Koordination der Gliedmaßen (schlaffe Körperhaltung, Hinweise für zerebrale Paresen, Asymmetrien, Gangstörungen) mit dem Kinder- und Jugendarzt.

- *Welche Rolle spielt die Beobachtung der Finger-/Handmotorik, Stifthaltung für das Zeichenergebnis?*

Während des Ausschneidens, plastischen Gestaltens mit Knete oder Ton und des Malens mit einem Pinsel oder einem Stift lassen sich Finger- und Handmotorik gut beobachten. Grundschulkinder, die *in allen fein- und/oder graphomotorischen Fertigkeiten Unsicherheiten* zeigen, sind von Kindern zu unterscheiden, bei denen *deutliche Leistungsdiskrepanzen und umschriebene Entwicklungsstörungen der Fein- und Graphomotorik* auffallen. Es gibt Kinder, die im Umgang mit Knete oder Ton eine altersentsprechende Hand- und Fingerkoordination zeigen (z. B. schon recht geschickt menschliche Figuren oder Tiere formen), aber noch große Schwierigkeiten beim Umgang mit der Schere und beim Ausschneiden haben. Ihre Pinsel- oder Stifthaltung ist auffallend verkrampft und deutlich unsicher. Die Graphomotorik der Zeichnungen ist bei diesen Kindern sichtbar gestört. Beachten Sie auch Diskrepanzen z. B. bei der feinmotorischen Geschicklichkeit im Umgang mit Handwerkszeug (schrauben, hämmern, drehen etc.) und deutliche graphomotorische Störungen der Zeichnung oder Schrift. Lassen Sie genauer ärztlich und ggf. psychodiagnostisch abklären, ob es sich um eine umschriebene Reifungsverzögerung handelt und ob diese Unsicherheit durch Leistungsängste sekundär überlagert ist, ausgehend z. B. von unangemessenem Schuldruck oder Druck seitens der Bezugspersonen.

- *Spielt die Händigkeit und Dominanzentwicklung (Bevorzugung der rechten oder linken Hand) für das Zeichenergebnis eine Rolle?*

Beobachten Sie, welche Hand Ihr Kind bevorzugt gebraucht: Setzt es beim Umgang mit Knete oder anderen Materialien, beim Malen/Zeichnen die rechte Hand, die linke Hand oder die rechte und linke Hand abwechselnd ein? Im Vergleich zu diesen Beobachtungen überprüfen Sie, ob die Kulturtechnik des Schreibens beim Schulkind mit derselben bevorzugten Hand durchgeführt wird wie das Malen/Zeichnen. Eine wechselnde Händigkeit liegt vor, wenn das Kind mit der linken Hand zeichnet,

jedoch mit der rechten Hand schreibt. In diesem Fall sollten die Präferenz-Dominanz (Überprüfung der bevorzugten Hand) durch verschiedene Gestik- und Handlungsproben mit Hilfe des Präferenz-Dominanz-Tests (P-D-T) von Schilling und die Hand-Dominanz überprüft werden (z. B. mit Hilfe des Hand-Dominanz-Tests von Steingruber und Lienert; vgl. Dacheneder, in: Straßburg, Dacheneder, Kreß [Hrsg.], 2003, S. 232-233). Dabei ist die Frage zu klären, ob das Kind die rechte Hand zum Schreiben einsetzt, weil sie die leistungsstärkere ist oder weil es durch Umerziehungsversuche dazu veranlasst wurde, von seiner hirnfunktionellen Anlage her jedoch ein Linkshänder ist. Auch diese Fragen sind mit dem Kinderarzt zu besprechen.
Umerziehungsversuche von dominant linkshändigen Kindern (Kindern, bei denen die Linkshändigkeit von Geburt an im Gehirn angelegt ist) zur Rechtshändigkeit bergen große Risiken für die Entwicklung des Kindes (z. B. Auftreten von Sprach- und Konzentrationsstörungen, Verhaltensstörungen) und sollten nie ohne Rücksprache mit dem Kinderarzt eigenständig von Eltern oder Lehrern vorgenommen, erst recht nicht unter Strafandrohungen oder dem Einsatz von Strafmaßnahmen (z. B. Verbinden der linken Hand, wie dies noch vor einigen Jahren aus Unkenntnis geschah) durchgeführt werden. In Zweifelsfällen (verzögerte Dominanzentwicklung durch verzögerte Hirnreifung, wechselnde Händigkeit im Schulalter) empfiehlt sich in Zusammenhang mit einer testpsychologischen Überprüfung der Präferenz-Dominanz und Hand-Dominanz eine fachkompetente Linkshänderberatung (Sattler, J. B., 2006).
Linkshändige Kinder beginnen ihre Zeichnungen oft auf der rechten Seite des Zeichenblattes und vervollständigen sie in der Richtung von rechts nach links. Gesichtsprofile linkshändiger Kinder unterscheiden sich häufig von Profilen rechtshändiger Kinder durch unterschiedliche Ausrichtung der Gesichtszüge. Bei Linkshändern ist häufig das Profil nach rechts, bei Rechtshändern nach links ausgerichtet (vgl. DiLeo, 1992, S. 142-160).

- *Sollte die Motivation zum Malen/Zeichnen beobachtet werden?*

Kinder, die lustlos an eine Zeichenaufgabe herangehen, zeigen meist reduzierte Zeichenleistungen. Sie zeichnen oft flüchtig, geben sich bei der Darstellung ihrer Motive keine Mühe, zeigen nicht ihre eigentlichen Potenziale. Die Interpretation ihrer Zeichnungen wird durch dieses Verhalten erschwert.

- *Können aus der Beobachtung des Arbeitsverhaltens (Konzentration, Aufmerksamkeit, Ausdauer, Bewegungsruhe/Bewegungsunruhe, Temporegulierung) während des Malens/Zeichnens hilfreiche Hinweise gewonnen werden?*

Das Zeichenergebnis wird durch das Arbeitsverhalten erheblich beeinflusst. Ein konzentriertes, aufmerksames, in angemessenem Tempo arbeitendes Kind bietet wesentlich bessere Voraussetzungen zur Durchführung einer Zeichnung als ein unkonzentriertes, unaufmerksames, mit übermäßig gesteigertem Arbeitstempo vorgehendes Kind ohne Ausdauer. Die Qualität der Zeichnung wird durch eine gesteigerte Bewegungsunruhe (Hyperaktivität) oft reduziert bzw. es fällt unter diesen Voraussetzungen eine Unausgewogenheit der Zeichenleistungen auf. Das Kind beginnt seine Zeichnung zunächst relativ konzentriert, nach kurzer Zeit zeigt es in seiner jeweiligen Malposition Bewegungsunruhe, seine Strichführung wird fahrig, die Formdetails werden nicht mehr ausdifferenziert. Teile des Zeichenblattes bleiben leer, schließlich wird das Zeichnen abgebrochen (vgl. Fallbeispiel Sven, Kap. 6.2.2, Abb. 209; Fallbeispiel Paul, Kap. 4.3.4, Abb. 166). Beim ADHS (Aufmerksamkeits-Defizits-Hyperaktivitäts-Syndrom) werden auf diese Weise Teile der Zeichnung, die besonders interessieren und motivieren, entsprechend seinem neuronalen Reifungsstadium für eine kurze Zeitspanne vom Kind konzentriert ausgeführt, wieder andere Teile zeigen dagegen erhebliche Beeinträchtigungen der motorischen Ausführung und Strukturierung.

- *Werden Zeichenergebnis und Interpretation durch die Geübtheit des Kindes im Umgang mit Stiften beeinflusst?*

Ja! Die Interpretation der Kinderzeichnung muss diese Voraussetzungen also berücksichtigen. Deprivierte oder milieugeschädigte Kinder, Kinder aus Kriegsgebieten, denen in der Kindergarten- und Vorschulzeit keine oder kaum Gelegenheit zum Malen und Zeichnen und keine oder kaum Malmaterialien angeboten wurden, zeigen meist erhebliche Defizite ihrer Malentwicklung. Sofern keine gravierenden zerebralen Schädigungen, kognitiven Beeinträchtigungen oder emotionale Störungen vorliegen, lassen sich jedoch diese Defizite im Vorschulalter durch nachholende Übungen zum großen Teil ausgleichen.

Für Interessierte, die psychodiagnostische Untersuchungen, Förderung und Therapie durchführen:

- *Kann die Verhaltensbeobachtung während des Malens/Zeichnens Hinweise auf die kognitiven Fähigkeiten des Kindes/Jugendlichen erbringen?*

Das Aufgabenverständnis des Kindes, seine sprachlichen Äußerungen (z. B. Wortschatz, sprachliche Ausdrucksfähigkeit) zu den Zeichnungen, sein Arbeitsverhalten (Konzentration, Aufmerksamkeit und Ausdauer), seine Gedächtnisfunktionen (vgl. Kap. 2.4), seine Handlungsplanung bei Durchführung und Komposition der Zeichnung lassen Rückschlüsse auf seine kognitiven Fähigkeiten zu. Diese lassen sich mit Hilfe standardisierter Intelligenztests genauer abklären und einordnen. Besondere Interessen des Kindes, die in der Zeichnung thematisiert sind, können seine geistige

Neugier, seinen Wissenshorizont, sein technisches Verständnis zum Ausdruck bringen. Umgekehrt zeigen inhaltsarme, starre, schablonisierte Zeichnungen mit Wiederholungen von Zeichenmotiven über lange Zeiträume wenig geistige Flexibilität und eingeschränkte Möglichkeiten der geistigen Entwicklung, die genauer abzuklären sind.

- *Ist es möglich, aus Kinderzeichnungen Beobachtungen zur Kreativität des Kindes/Jugendlichen abzuleiten?*

Ja! Beachten Sie in diesem Zusammenhang besonders die auffallend gute visuelle Vorstellungsfähigkeit und das gute visuelle Gedächtnis als Grundlage für eigenschöpferische plastische Gestaltungen und Zeichnungen, die Originalität, den Einfallsreichtum und die oft ungewöhnlichen und eigenwilligen gedanklichen Verarbeitungsmöglichkeiten! Auch der starke und originelle verbale Ausdruck bei Erklärungen zu den Zeichnungen oder beim Erfinden und Erzählen von ganzen Geschichten zu der Zeichnung/den Zeichnungen, die bildlichen Symbolisierungen und Abstraktionen lassen Rückschlüsse auf vorliegende kreative Potenziale im verbalen und nicht-verbalen Bereich, oft auch auf Hochbegabung, zu (vgl. Kap. 3.8).

Für Interessierte, die psychodiagnostische Untersuchungen, Förderung und Therapie durchführen:

- *Kann die Verhaltensbeobachtung während des Malens/Zeichnens Hinweise auf die Emotionalität und soziale Entwicklung des Kindes/Jugendlichen erbringen?*

Ja, und zwar ist besonders darauf zu achten, ob das Kind Selbstvertrauen zeigt, ob es angemessen mit der gestellten Zeichenaufgabe umgeht, z. B. ob seine Frustrationstoleranz angemessen ist oder ob sich Verhaltensstörungen wie gesteigerte Angstbereitschaft, Aggressivität, Überaktivität, Antriebsschwache oder Ticks während des Zeichnens bemerkbar machen. Die Kontaktbereitschaft gegenüber Erwachsenen und Kindern ist während des Malens/Zeichnens besonders gut in Malgruppen zu beobachten.

Besonders für Eltern:

Aufgeklärte Eltern, die in unserer gesellschaftlich herausfordernden Zeit Kinder erziehen, verlassen sich bei der Erziehung ihrer Kinder nicht allein auf ihren Instinkt, so grundlegend und wichtig er auch ist. Sie geben ihrem Kind emotionale Wärme und herzliche Zuwendung und reagieren auf ihre Kinder spontan, engagiert und mit ihrem ganzen Menschsein. Sie interessieren sich *auch für neuere Forschungserkenntnisse auf dem Gebiet der Kinderpsychologie und der Pädagogik* und versuchen, möglichst viel über die Entwicklung ihres Kindes in Erfahrung zu bringen. Auf diese Weise erhalten sie Hinweise und Anregungen, Erziehungsfehler nach heutigem Wissensstand weitestgehend zu vermeiden. Dies schließt auch die Auseinandersetzung mit neuen Erkenntnissen der Säuglingsforschung (Dornes, 2001) und der Neuropsychologie (Spitzer, 2000, 2004) ein, die in den Medien oft praxisnah vermittelt werden. Dabei sollte es Eltern bewusst sein, dass Erziehungsfehler trotz bester Vorsätze immer wieder auftreten und dass auch Kinder es lernen müssen, mit den Fehlern ihrer Eltern zurechtzukommen. Wenn sich ein Kind geliebt und anerkannt fühlt, kann es auch lernen, gelegentliche problematische Reaktionen der Eltern oder Erziehenden einzuordnen und zu bewältigen, ohne nachhaltigen emotionalen Schaden zu nehmen. *Für Eltern mit entwicklungsgestörten Kindern ist es allerdings besonders wichtig, sich mit der Problematik ihres Kindes vertiefend auseinander zu setzen und fachkompetente Hilfestellung rechtzeitig einzuholen.* Entwicklungsgestörte Kinder reagieren besonders sensibel auf Umweltreize und so auch auf problematisches Verhalten der Eltern und Bezugspersonen und auf problematische atmosphärische Bedingungen und negative Lernvoraussetzungen im häuslichen und schulischen Umfeld (Leistungsdruck, Stress). Die Gestaltung der Lernsituation und die Auswahl der Übungsangebote muss der vorliegenden Entwicklungsstörung angepasst werden! Hilfen zur Förderung oder Therapie können nur dann gezielt gegeben werden, wenn die betroffenen Kinder genauer mit ihren *individuellen Sensibilitäten, Fähigkeiten, Fertigkeiten und Potenzialen,* aber auch mit ihren *Empfindlichkeiten, Schwierigkeiten und Defiziten* beobachtet, untersucht und diagnostiziert worden sind. Gerade die *Verhaltensbeobachtung* liefert hierzu wichtiges Material. Durch eine gezielte Verhaltensbeobachtung werden Eltern auf die Probleme ihres Kindes aufmerksam und können bei Bedarf rechtzeitig fachkompetente Hilfe suchen.

Für Fachleute, die mit Kindern malen und zeichnen, stellt die detaillierte Verhaltensbeobachtung eine wichtige Ergänzung zu den medizinischen und psychodiagnostischen Untersuchungen sowie pädagogischen Beobachtungen dar. Besonders interessant ist es zu vergleichen, in welchen Punkten die Ergebnisse der Verhaltensbeobachtung mit den übrigen medizinischen oder psychodiagnostischen Befunden übereinstimmen und in welchen Bereichen sich Abweichungen ergeben. Diese Abweichungen können in differentialdiagnostische Überlegungen einbezogen werden. So kann es z. B. sein, dass ein Kind zum Malen/Zeichnen sehr motiviert ist und in seinen Bildern eine gute visuelle Wahrnehmung und kognitive Verarbeitungsfähigkeit sowie kreativen Einfallsreichtum im Rollenspiel und beim Zeichnen oder Gestalten mit Ton zeigt; im Gegensatz zu diesen positiven Beobachtungen fällt es aber in der Schule durch geringe Motivation und durch besonders schlechte Schulleistungen (generalisierendes Schulversagen) auf. Hier muss genauer nach den Ursachen für diese Diskrepanz geforscht werden.

8.3.4 *Fragen zu Gesprächen über plastische Gestaltungen oder Kinderzeichnungen*

Für Interessierte, die psychodiagnostische Untersuchungen, Förderung und Therapie durchführen:

- *Gilt es bei der Gesprächsführung mit dem Kind zu seiner Zeichnung/seinen Zeichnungen etwas Besonderes zu beachten?*

Es ist wichtig, die Kinder nach Fertigstellung ihrer plastischen Gestaltung/Zeichnung dazu anzuregen, etwas zu ihrem „Werk" zu erzählen und die sprachlichen Äußerungen wörtlich zu notieren.

Dazu empfiehlt sich z. B. folgende Formulierung: *„Möchtest du mir etwas zu deinem Bild erzählen?"* Fragen wie: „Was hast du denn da gemalt?", „Was bedeutet das?" sind zu vermeiden, da sie das Kind vorschnell zu rationalisierenden Erklärungen provozieren. Oft ist das Kind durch folgende Formulierung motiviert, über sein Bild zu sprechen: „Was du mir zu deinem Bild erzählst, ist für mich sehr wichtig. Ich möchte es aufschreiben. Wir können spielen, ich bin deine Sekretärin/dein Sekretär und du diktierst mir eine Geschichte zu deinem Bild." Kinder fühlen sich auf diese Weise ernst genommen und hören sehr gerne zu, wenn ihnen ihre Geschichte zur plastischen Gestaltung/zur Zeichnung aus den Notizen nochmals vorgelesen wird bzw. das Grundschulkind diese schon selber vorlesen kann.

Das Kind malt meist aus unbewussten oder vorbewussten Impulsen, die es dem Betrachter nicht erklären kann. Gehen Sie als psychotherapeutisch nicht vorgebildeter Betrachter deshalb besonders vorsichtig mit den Äußerungen des Kindes zu seinem Bild um, akzeptieren Sie seine Äußerungen zu seiner Zeichnung, drängen Sie das Kind nicht zu Erklärungen, stellen Sie keine Suggestivfragen und bieten Sie keine eigenständigen Interpretationen an:

„Da sehe ich doch einen Löwen, hast du da einen Löwen gemalt? Will der jemanden auffressen?" Das Kind hatte beim Zeichnen vielleicht ein ganz anderes inneres Bild und wollte einen Hund, keinesfalls einen „auffressenden" Löwen zeichnen. Es antwortet unter diesen Voraussetzungen nicht aus eigenem Empfinden, sondern eher dem Erwachsenen zuliebe: „Ja, das ist ein Löwe, der ist böse" und fühlt dabei das eigene Unvermögen, sowohl einen Hund *als auch* einen Löwen zu zeichnen. Es wird beim Betrachten seines Bildes – mit einem „bösen" Löwen konfrontiert – nicht positiv verstärkt, sondern eher verwirrt. Auf diese Weise können früh Unsicherheiten beim Umgang mit inneren Bildern und beim Zeichnen dieser Bilder entstehen, die Anlass zu falschen Interpretationen geben.

Die Gesprächführung mit dem Kind zu seinem Bild erfordert Schulung und psychotherapeutische Fachkompetenz (Beachtung von „Gegenübertragungen", also möglicher Übertragung eigener unverarbeiteter psychischer Prozesse auf das Kind vgl. Kap. 4.2.1).

In psychoanalytischen Kindertherapien werden über das Medium der Zeichnung, der plastischen Gestaltung, über spieltherapeutische Angebote (Rollenspiel) und die damit verbundenen Gespräche unbewusste Konflikte bewusst gemacht. Damit bahnen sich Wege für die aktive Auseinandersetzung mit ihnen, ihre Bewältigung und Einordnung in den Prozess der Persönlichkeitsentwicklung. Es gibt jedoch auch eine nicht-deutende Gestalttherapie (Kunsttherapie), bei der die Kinder mit ihrem „Werk", ihrer Zeichnung oder plastischen Gestaltung, nicht aber mit deren Deutung durch den Therapeuten konfrontiert werden. In dem Aufspüren von bewussten und unbewussten Konflikten der Kinder/Jugendlichen findet der Therapeut die Leitlinien für sein therapeutisches Vorgehen. Er bereitet die Malsituation und die Rahmenbedingungen entsprechend vor und begleitet die Kinder während des Malprozesses, ohne deutend einzugreifen. Auf diese Weise konfrontiert er die Kinder oder Jugendlichen mit ihrem „Werk", mit der Dynamik ihres Unbewussten und seinen Symbolbildungen. Es werden damit kreative, Unbewusstes und Vorbewusstes verbindende und ausgleichende Kräfte freigesetzt, die auch ohne verbale Deutungen bei der Bewältigung unbewusster oder vorbewusster Phantasien, Wünsche oder Konflikte hilfreich sind. In diesem Sinne kann die Zeichnung, das „Werk" des Kindes, im psychotherapeutischen Prozess als emotional stabilisierendes „Übergangsobjekt" und Grundlage der weiteren Entwicklung seiner Kreativität dienen (vgl. Winnicott, 2006).

Für alle Interessierten:
Ich möchte Eltern und Berufsgruppen *ohne psychotherapeutische Fachkompetenz* auf die Problematik der Deutung von Zeichnungen hinweisen. Es ist hilfreich, wenn Sie bei Ihren Gesprächen mit dem Kind über das Bild/die Bilder seine Äußerungen annehmen und festhalten, ohne tiefenpsychologisch orientierte Deutungen vorzunehmen. Aus solchen Gesprächen über die Bilder des Kindes lassen sich, ohne tiefensymbolische Deutungen, wichtige Hinweise auf *aktuelle positive oder angstauslösende Erlebnisse* des Kindes, auf *aktuelle Interessen oder beunruhigende Erlebnisse, auch in Zusammenhang mit Filmen oder Fernsehsendungen,* gewinnen. Das plastische Gestalten oder Malen/Zeichnen dieser Erlebnisse und das nachfolgende Sprechen darüber können dem Kind eine spürbare emotionale Entlastung verschaffen und bei der späteren Aufarbeitung dienlich sein.

Hinweis für Therapeuten:
Für Therapeuten ist es oft schwierig, ein *wortkarges Kind zum Sprechen über sein Bild zu bewegen.* Es gibt verschiedene Wege, auch mit einem wortkargen Kind über das Bild/die Bilder in Kontakt zu kommen und dabei festzuhalten, womit sich das Kind aktuell beschäftigt.

Fragen wie: „Gibt es auf dem Bild eine Stelle, wo du dich wohl fühlst?“ und „Gibt es auf dem Bild eine Stelle, wo du dich nicht so wohl fühlst?“ können mit Zuordnungen zu bestimmten Farben, Objekten oder Bildzusammenhängen Hinweise auf emotionale Befindlichkeiten des Kindes geben. Auch Fragen wie: „Welche Farbe auf deinem Bild gefällt dir besonders gut?“ – „Welche Farbe auf deinem Bild gefällt dir gar nicht?“ führen zu orientierenden Hinweisen auf Vorlieben und Abneigungen des Kindes, die in den Therapieprozess einzuordnen sind und dabei helfen, das Kind emotional-sozial besser zu verstehen.

Bei Oaklander, 1978/1992, finden sich gestalttherapeutisch orientierte Empfehlungen zur Gesprächsführung mit Kindern/Jugendlichen über ihre Gestaltungen in Knete, Ton oder anderen Materialen und über ihre Zeichnungen (vgl. Kap. 4.3.4).

8.3.5 Fragen zur Entwicklung der Kinderzeichnung: Was ist ein „Kopffüßler“? Warum malt mein Kind in der Mitte des Kopfes nur ein Auge?

Die folgenden Fragen und Antworten richten sich an Interessierte, die psychodiagnostische Untersuchungen, Förderung und Therapie durchführen, auch an interessierte Eltern:

Zu den Motiven, Symbolen, graphischen und sprachlichen Zeichen und zur Formdarstellung.

- *Warum findet man bei den ersten Darstellungen aller Kinder dieser Erde Kreise, Kreuze, Vierecke, Kopffüßler?*

Die Kinderzeichnung – das gilt für alle Kulturen, so unterschiedlich sie auch sonst sein mögen, – entwickelt sich stets aus dem Kritzelstadium, geht dann über in die ersten Grundformen, die geschlossenen Kreise (ab ca. 2;0-3;0 Jahren), Kreuze (ab ca. 3;6 Jahren), Spiralen (ab ca. 3;0-4;0 Jahren), die ersten Kopffüßler-Formen (ab ca. 3;0-4;0 Jahren), Leiterformen (ab ca. 3;0-4;0 Jahren), Sonnenformen (ab ca. 3;6-4;0 Jahren), und schließlich in Vierecke (ab ca. 4;0 Jahren), Dreiecke (ab ca. 5;0 Jahren), Rhomben (ab ca. 6;0-7;0 Jahren) und andere differenziertere Formen. Bei diesen ersten Formen handelt es sich um dynamische Ganzheiten, „Schemata“, „Gestalten“, Muster, Grundbausteine neuronaler Reifungsprozesse der visuellen Wahrnehmung. Sie sind als eine dem Menschen angeborene Formensprache in allen Kulturräumen zu beobachten. Ihre formal-strukturelle Weiterentwicklung (neuronale Vernetzung) und Belegung mit individueller Symbolik vollzieht sich über Erfahrungen aller Sinnesbereiche des Kindes, über seine sprachlichen, emotional-sozialen Erfahrungen und über Lernprozesse (vgl. Kap. 3.6.4; 3.7.2.4).

- *Was sind Kopffüßler?*

Diese allerersten Menschdarstellungen bestehen aus einem Rund, das den ganzen Körper symbolisiert, sowie aus Strichen für Arme oder Beine oder auch Einfügungen für Augen, Nase, Mund oder Haare. Aus diesen Kopffüßlern entwickeln sich mit ca. 4;0/5;0 Jahren die ersten menschlichen Figuren mit Gliederungen von Kopf, Körper und Gliedmaßen. Kopffüßler als Urform der Menschzeichnung findet man in allen Kulturen und in der Kunst der Urvölker, z. B. in der afrikanischen Kunst. Auch in der Modernen Kunst, im Expressionismus, im Kubismus und in der Art brut finden sich Auseinandersetzungen und künstlerische Verarbeitungen von Kopffüßler-Motiven. So haben sich z. B. Joan Miró, Jean Dubuffet und Horst Antes vielfältig mit dem Phänomen des Kopffüßlers auseinandergesetzt und es in ihre expressionistische Kunst einbezogen (vgl. Kap. 3.4).

- *Warum haben Vertreter des „Blauen Reiters" wie Wassily Kandinsky und Gabriele Münter Hunderte von Kinderzeichnungen gesammelt?*

Die expressionistischen Maler sammelten Hunderte von Kinderzeichnungen, kopierten sie und veränderten ihre Merkmale eigenschöpferisch. Über die Beschäftigung mit der Kinderkunst und der Kunst früher Kulturen fanden sie zu neuen Wegen ihres künstlerischen Ausdrucks (vgl. Kap. 3.4).

- *Wie lange darf ein Kind kritzeln, und wann sollte es zu den ersten Formen der gegenständlichen Zeichnung finden? Was sind „Telefonbilder"?*

Üblicherweise dauert die Kritzelphase eines Kindes etwa bis zum Lebensalter von 2;0-3;0 Jahren. Danach beginnt das Kind die ersten Grundformen zu zeichnen (vgl. oben). Es folgen die ersten „Konzeptkritzel" mit ersten Benennungen und Hinweisen auf eigene innere Bilder. Das schulfähige Kind hat das Grundhandwerkszeug zum Malen und Zeichnen erworben („Werkreife") und zeichnet gegenständlich. Es kann dem Betrachter mit seinen Zeichnungen etwas ihm Wichtiges mitteilen. Das Kritzeln bleibt jedoch als lustvolle Betätigung lange in der Kinderzeichnung erhalten, und das Kind fällt immer wieder gerne in diese Bewegungsspuren zurück. Oft sind Kritzelzeichnungen bei Kindern der Ausgangspunkt für eigene kreative Darstellungen. Selbst Erwachsene kritzeln noch gerne, z. B. während sie telefonieren. In den „Telefonbildern" kommt oft eine individuelle Symbolik des Zeichners zum Ausdruck, die ihn beim Betrachten des fertigen „Werkes" selbst überrascht und zur gedanklichen Verarbeitung drängt. Auch in Konfliktsituationen können Kinder und Erwachsene auf das Stadium der Kritzelzeichnung zurückfallen und in ihm individuelle, kreative Ausdrucksmöglichkeiten für ihre emotional-sozialen Konflikte finden. (vgl. kreative Kritzelzeichnungen der Erzie-

herin Heidrun Egert, www.christa-seidel.de/html/kurswerkstatt.html - Bilder von Kursteilnehmer/innen; vgl. ebenso Kap. 4.2.3).
Wenn 5;0jährige Kinder jedoch nach Erreichen der Stufe der gegenständlichen Zeichnung wieder auf das Kritzelstadium zurückfallen und in ihren Zeichnungen „Gestaltzerfall" zu beobachten ist, sollte dies allerdings Anlass zu einer genaueren Entwicklungsdiagnostik und Beratung sein (vgl. Fallbeispiel Darian, Kap. 4.3.1, Abb. 139-144).

- *Warum malen Kinder gern immer wieder die gleichen Bilder?*

Wenn ein Kind die ersten Grundformen und Striche zu seinen ersten gegenständlichen Bildern zusammensetzt und diese dann auch benennt, bedeutet dies einen wichtigen Schritt in seiner geistigen und sozial-emotionalen Entwicklung. Es wird seine ersten Bilder, sein erstes „Werk" stolz betrachten. Kinder wiederholen ihre ersten Zeichenmotive, ihre ersten „Schemata", solange, bis sie eine Sicherheit des Zeichenvorgangs erreicht haben. Dies setzt das Erreichen entsprechender Gedächtnisleistungen und feinmotorischer Fertigkeiten voraus. Die Wiederholung von Zeichenmotiven ist damit ein wichtiger Faktor im Entwicklungsprozess und eine notwendige Voraussetzung auf dem Weg zur Differenzierung der Zeichnung sowie ihrer neuronalen Verarbeitung und Einordnung. Das altersgemäß entwickelte Kind erweitert seine Schemata kontinuierlich (vgl. intrinsische Motivation nach Piaget, Kap. 3.2). Phasen, die geprägt sind von dem Bestreben nach motorischer Festigung und Rhythmisierung, wechseln ab mit Phasen, die Unsicherheiten beim Ausprobieren neuer „Gestalten", „Muster" erkennen lassen (vgl. Kap. 3.2). Im Unterschied zu diesen Beobachtungen beharren entwicklungsgestörte Kinder unverhältnismäßig lange auf einem einmal erworbenen Schema. Diese „Stillstände" der Zeichenentwicklung, diese Perseverationen sollten immer Anlass zu einer genaueren Entwicklungsdiagnostik sein.

- *Warum malen Kinder und Erwachsene so gerne Kreise?*
- *Warum ist das Ausmalen von Mandala Vorlagen in Malbüchern wenig wirksam, um eigenschöpferische Prozesse zu stimulieren?*

Kinder und Erwachsene malen gerne Kreise, weil es sich hier um die Grund- und Ausgangsform der Zeichenentwicklung handelt. Der Kreis entspricht der ersten geschlossenen Form in der Zeichenentwicklung aller Kulturen. Er behält sowohl im Hinblick auf den Einsatz seiner formalen Struktur (z. B. Legen von runden Formen mit verschiedenen Materialien, Bau von Thingstätten, Dorfplätzen, Theatern in der Kreisform) als auch auf die Belegung mit einer individuellen Symbolik der Selbstfindung (z. B. Einsatz von Mandala-Formen in der Meditation des Zen-Buddismus

oder in der Psychotherapie C. G. Jungs) eine bevorzugte Stellung. Auch bei der kunstpädagogischen Arbeit in Kindergärten und ersten Grundschulklassen spielt das Zeichnen von Kreisen und ihre Kombination mit anderen Grundformen eine wichtige Rolle. Als Vorbereitung zum Erfassen der runden Grundform des Kreises und zu seiner Darstellung werden im dreidimensionalen Bereich Kugeln geformt und aus ihnen Bälle, Reifen, Gefäße und vielfältige Motive hergestellt.
Das Ausmalen von vorgegebenen Mandala-Bildern gehört heute zu den oft praktizierten, „in Mode" gekommenen Aufgabenstellungen, um Kinder zweidimensionale Rundformen üben zu lassen. Ich empfehle Ihnen, Kinder Mandala-Formen nach eigenen Vorstellungen und inneren Bildern entwerfen und ausmalen, nicht jedoch nach Vorlagen zeichnen zu lassen. Ausmalübungen vorgegebener Mandala-Formen in Malbüchern können zwar die Feinmotorik schulen, sind jedoch wenig wirksam, um eigenschöpferische oder emotional stabilisierend Prozesse zu stimulieren (vgl. Kap. 4.2.2). Dies gilt auch für Erwachsene!

Fragen zur Auge-Hand-Koordination:

- *Ist es wichtig, die Auge-Hand-Koordination (Graphomotorik) im Bild eines Kindes genauer anzusehen?*

Die graphomotorischen Merkmale eines Bildes zeigen oft sehr deutliche Hinweise auf die kognitive Kontrolle und affektive Antriebsstruktur des Kindes. Wie die graphomotorischen Merkmale allerdings in eine Gesamtdiagnostik einzuordnen sind, muss eine mehrdimensionale Beurteilung entscheiden. Graphomotorische Untersicherheiten können Ausdruck zentralnervöser Probleme oder von Reifungsverzögerungen sein, sie können jedoch auch auf emotional-soziale Probleme verweisen. Sie sind von Reifungsvorgängen ebenso abhängig wie von den Voraussetzungen des emotionalen und sozialen Bereichs (emotionale Störungen und Verhaltensstörungen) sowie von Umweltfaktoren (negative Milieueinflüsse, mangelnde Geübtheit im Umgang mit dem Stift, Deprivation, Hospitalismus). Es empfiehlt sich, die graphomotorischen Leistungen möglichst mit standardisierten Testverfahren genauer zu analysieren und zu beurteilen (vgl. Kap. 3.6.3; 3.7.1.3; 3.7.2.3; 3.7.3.3; 3.7.4.3 und 4.2.3).

Fragen zur Formdarstellung:

- *Warum stehen die Äste des Baumes im rechten Winkel vom Stamm ab?*

Das Kind zeichnet die Äste im rechten Winkel zur Grundlinie des Stammes nach dem „R-Prinzip", bei dem der rechte Winkel als prägnante Gestalt wahrgenommen und erlebt wird (Erläuterungen zum R-Prinzip vgl. Kap. 3.6.4 und 3.7.2.4). Die Bevorzugung des rechten Winkels hängt mit formal-strukturellen Voraussetzungen der Entwicklung der visuellen Wahrnehmung nach genetisch angelegten Gestaltgesetzen (z. B. Bevorzugung prägnanter und symmetrischer Gestalten) zusammen. Mit Beginn des Grundschulalters gleicht das Kind seine Wahrnehmungen immer mehr der Realität an und ist in der Lage, differenziertere Formen auch mit schiefen Winkeln zu zeichnen. Das 9;0jährige, altersentsprechend entwickelte Kind zeichnet z. B. die Arme der menschlichen Figur (oder die Äste des Baumes) nicht mehr im rechten Winkel, sondern setzt sie im schiefen Winkel nach unten weisend an. Der rechte Winkel bleibt allerdings ein Grundbaustein der visuellen Wahrnehmung und zeichnerischen Darstellung und wird in vielfältigen dreidimensionalen und zweidimensionalen Varianten eingesetzt (vgl. Kap. 3.6.4; 3.7.2.4; 3.7.3.4).

Fragen zur Größendarstellung, Beachtung von Proportionen:

- *Warum malt ein Kind Teile eines Bildes besonders groß, die in Wirklichkeit gar nicht so groß, vielleicht sogar besonders klein sind?*
- *Warum malt das 5jährige Kind einen Baum kleiner als einen Menschen?*

Erst mit der Schulreife beginnt das Kind, bei seinen Darstellungen Größen und Proportionen der Formdetails zu beachten. Im Kindergarten- und Vorschulalter malt es das am größten, was ihm emotional am wichtigsten ist. Es beachtet beim Zeichnen noch nicht die Realität, sondern zeichnet vorwiegend gemäß eigener innerer Bilder nach der „Bedeutungsperspektive“ oder „Affektperspektive“ (vgl. Kap. 3.6.5; 3.7.1.5; 3.7.2.5; Fallbeispiel Tom, Kap. 4.3.3, Abb. 153).

Fragen zur Farbdarstellung:

- *Warum malen Vorschulkinder oft rote Haare und ein grünes Gesicht?*

Kinder, vor allem im Vorschulalter, benutzen vor allem „Dekorativfarben“ (vgl. Kap. 3.6.6; 3.7.1.6; 3.7.2.6) und orientieren sich im Gebrauch ihrer Farben an eigenen Vorstellungen und inneren Bildern, die noch wenig realitätsbezogen/-gemäß sind. Unterstützen Sie die kindgemäße und expressive, ausdrucksstarke Farbwahl der Vorschulzeit, drängen Sie nicht zu Korrekturen und veranlassen Sie die Kinder nicht, entsprechend der Realität zu malen/zeichnen. Erst wenn visuelle Wahrnehmung und Gedächtnisfunktionen entsprechend entwickelt und Farbkonstanzen verinnerlicht worden sind, beginnt das Kind damit, seinen Farbgebrauch in Form von „Typenfarben“, später von „Gegenstandsfarben“ und im Jugendalter von „Erscheinungsfarben“ zu modifizieren. Über alle Entwicklungsstufen hinweg bleibt es ein großes Bedürfnis der Kinder, die Farbwahl ihrer Bilder nach eigenen Vorstellungen treffen zu dürfen und sich bei ihrer kreativen Arbeit nicht durch Vorschriften des Lehrers oder der Eltern einengen zu lassen (vgl. Kap. 3.6.6; 3.7.1.6; 3.7.2.6 und Kap. 4.2.6).

Fragen zur Bewegungsdarstellung:

- *Warum hat der Mann zwei Nasen und nur ein Auge in der Mitte des Kopfes?*

Ein Kind, dessen Zeichnung diese Merkmale erkennen lässt, ist gerade im Begriff, sich eine Profilwendung zu erarbeiten, d. h. ihm stehen innere Bilder zur Verfügung, die ihm unterschiedliche Ansichten des menschlichen Kopfes (von vorne und von der Seite aus betrachtet) einprägen und die es zeichnen möchte. Die Profilwendung zeigt den Übergang zu einer neuen Entwicklungsstufe an (von Stufe 2 zur Stufe 3 der konkreten Operationen des Denkens) und ist ein Hinweis für die beginnende Flexibilität von kognitiven Prozessen (vgl. Kap. 3.6.7; 3.7.2.7; 3.7.3.7).

Fragen zur Raum- und Zeitdarstellung und zur Komposition:

- *Warum steht der Kamin schief auf dem Dach und warum sind die Tischbeine so eigenartig an die Tischplatte angefügt, dass man glaubt, man sehe den Tisch als Luftaufnahme?*

Das Kind, das in dieser Weise „Klappbilder" malt, ordnet die jeweilige Gestalt im rechten Winkel zur jeweiligen Grundlinie zu und ist noch nicht in der Lage, alle Grundlinien unter einem gesamten Betrachtungswinkel zu zeichnen. Klappbilder findet man bei altersentsprechend entwickelten Kindern im Alter von ca. 7;0-9;0 Jahren, die damit den der 3. Stufe der Denkentwicklung entsprechenden Fortschritt ihrer Raumwahrnehmung dokumentieren (vgl. Kap. 3.6.8; 3.7.3.8).

- *Was kann es bedeuten, wenn das Kind/der Jugendliche beginnt, einen Gegenstand oder die Anordnung von Gegenständen im Bild in perspektivischer Sicht darzustellen?*

Ein Kind/ein Jugendlicher, der versucht, einen Gegenstand oder mehrere Gegenstände in einem Gesamtbild in die perspektivische Sicht zu ordnen, beweist damit Flexibilität des Denkens entsprechend der Stufe 4 der Zeichenentwicklung. Die perspektivische Darstellung entfaltet sich jedoch meist erst ab ca. 12;0-14;0 Jahren unter dem Einfluss gezielter kunstpädagogischer Förderung. Bei hochbegabten oder zeichnerisch sonderbegabten Kindern/Jugendlichen mit überdurchschnittlich guter visueller Vorstellungsfähigkeit und Raumwahrnehmung sind perspektivische Zeichnungen schon früher zu beobachten (z. B. Kinderbilder des Künstlers Paul Klee; vgl. Kap. 3.8, Abb. 129-131; Kap. 6.2.4).

8.4 Fragen zur Interpretation der Kinderzeichnung

Die folgenden Fragen und Antworten zur Interpretation von freien Zeichnungen und von Zeichentests richten sich an Interessierte, die psychodiagnostische Untersuchungen, Förderung und Therapie durchführen:

- *Was muss ich bei der Interpretation einer Kinderzeichnung genauer beachten?*

Um eine Kinderzeichnung interpretieren zu können, muss man sehr viel Fachkompetenz erworben haben. Bestimmen Sie keine Einzelmerkmale oder leiten gar aus ihnen Gesamtinterpretationen ab. Interpretation erfordert immer eine ganzheitlich orientierte Zusammenschau aller zur Verfügung stehenden Beobachtungen und Befunde, der Anamnese, der Explorationsgespräche, der medizinischen und psychodiagnostischen Befunde und der pädagogischen Beurteilungen. Aus Kinderzeichnungen, vor allem aus Serien von Kinderzeichnungen, können Hypothesen abgeleitet werden, die dann in einer Gesamtbeurteilung zu bestätigen oder zu verwerfen sind. Ebenso können Kinderzeichnungen, und zwar sowohl freie Zeichnungen als auch standardisierte Zeichentests, auf Entwicklungsmerkmale und Emotionale Zeichen hin analysiert werden (vgl. Kap. 5, 6 und 9.4).

- *Warum ist es wichtig, bei der Analyse der Kinderzeichnung zuerst in Abhängigkeit vom erreichten Lebensalter die Entwicklungsmerkmale und damit den Entwicklungsstand der Zeichenfähigkeit zu bestimmen und erst dann nach Hinweisen für emotionale Störungen (Emotionale Zeichen) zu suchen?*

Die Kinderzeichnung verändert sich in Abhängigkeit vom Lebensalter und der jeweils erreichten Stufe der kognitiven Entwicklung. Erst wenn das genaue Lebensalter des zeichnenden Kindes und seine erwartete Stufe der Zeichenentwicklung bestimmt worden sind, ist es sinnvoll, seine Entwicklungsmerkmale im Vergleich zu den Referenzwerten der betreffenden Altersstufe in den hier beschriebenen 8 Beobachtungsbereichen zu beurteilen (vgl. neue praxisorientierte Leitlinien zur Interpretation der Kinderzeichnung, Kap. 5.1-5.2.3 und Strukturierten Beobachtungsbogen Kap. 9.4). Halten Sie fest, welche Merkmale den Erwartungswerten der Altersstufe entsprechen, welche besser und welche rückständig sind. Durch die Analyse der Emotionalen Zeichen können Sie nachfolgend klären, ob sich die ermittelten Emotionalen Zeichen von den Erwartungswerten der Entwicklungsmerkmale der jeweiligen Altersstufe unterscheiden und ob ihnen auf der dem Lebensalter entsprechenden Stufe der Zeichenentwicklung eine diagnostisch verwertbare Aussagekraft zukommt.

- *Lassen sich aus der Analyse der Kinderzeichnung Potenziale der kognitiven Entwicklung in Kinderzeichnungen erkennen?*

Schätzen Sie zunächst ab, welche Entwicklungstendenzen der 8 Beobachtungsbereiche der Zeichenentwicklung den Erwartungswerten der Altersstufe entsprechen bzw. in welchen Bereichen Defizite vorliegen. Halten Sie diejenigen Merkmale als Potenziale fest, die schon den Übergang zur nächsten Stufe ankündigen bzw. bereits über die Erwartungswerte der Altersstufe hinausgehen. Bewegungsdarstellungen (vgl. Kap. 3.6.7; 3.7.3.7-3.7.4.7) und Beachtung der Raum- und Zeitdarstellung, präperspektivische oder perspektivische Darstellungen, Handlungsstrategien der Komposition des Gesamtbildes (Kap. 3.6.8; 3.7.3.8; 3.7.4.8) bieten Ihnen gute Möglichkeiten, die geistige Flexibilität der Kindes im Vergleich zu seiner Altersgruppe einzuschätzen. Darüber hinaus spiegeln auch Aufgabenverständnis, Konzentration, Aufmerksamkeit und Ausdauer, die Gedächtnisfunktionen (vgl. Kap. 2.4) und die in den Zeichnungen thematisierten besonderen Interessen des Kindes seine geistigen Potenziale wider. Ein besonders wichtiger Indikator sind verbale und nicht-verbale kreative Ausdrucksmöglichkeiten (bildnerischer und sprachlicher Ausdruck) in Zeichnungen oder zu Zeichnungen und plastischen Gestaltungen (vgl. Kap. 8.5).

- *Können Symbole in Zeichnungen mit Hilfe von Lexika interpretiert werden?*

Grundsätzliche Kenntnisse über kulturgeschichtliche Zusammenhänge und unterschiedliche Deutungsmöglichkeiten von Symbolen (z. B. auch von Traumsymbolen) lassen sich aus Lexika zwar aneignen; im Einzelfall jedoch kann die lexikalische Zusammenstellung von Symboldeutungen allein nicht bei der Interpretation einer Zeichnung helfen. Dies gilt gleichermaßen für die Interpretation von Kinder- und Jugendzeichnungen wie auch für die Interpretation von Zeichnungen Erwachsener. Symbole sind immer mehrdeutig und enthalten immer polare Eigenschaften. Es ist im Einzelfall zu klären, ob die in der Zeichnung vorliegende Verwendung von Symbolen eher im Hinblick auf gesellschaftlich festgelegte Zeichen eingesetzt wird oder ob sie Ausdruck einer individuellen bewussten oder unbewussten Thematik, Problematik und Auseinandersetzung ist (vgl. C. G. Jung, 1964/1995).

- *Können in der Zeichnung aktuelle Erlebnisinhalte deutlich werden, die in Zusammenhang mit unbewussten Konflikten stehen?*

Diese Unterscheidung ist sehr schwierig und erfordert psychotherapeutische Fachkompetenz. Das mit dem Kind geführte Gespräch über seine Zeichnung gibt zunächst Auskunft über die aktuelle Erlebnisverarbeitung im Bild. Jugendliche malen z. B. Erinnerungen an ihre Erlebnisse im Kosovo-Krieg. Die Bilder lassen auf aktuelle Erlebnisse und Begebenheiten des Krieges schließen, die erzählend dargestellt werden (vgl. Kap. 4.3.5, Kriegsbilder). Darüber hinaus ist die Rückführung der verwendeten Zeichensymbolik auf angesprochene individuelle verdrängte und unbewusste frühkindliche Traumata (z. B. frühe Störungen zu den primären Bezugspersonen) nur im fachkompetent geleiteten psychotherapeutischen Prozess möglich.

- *Ist es wichtig, alles schriftlich festzuhalten, was das Kind zu seinem Bild sagt?*

Alle Kommentare des Kindes zu seinem Bild sind für die Interpretation und Auswertung wichtig. Die Aussagen des Kindes zu seiner Zeichnung erlauben einen Einblick in seine Vorstellungswelt und Phantasien. Ohne Berücksichtigung der sprachlichen Äußerungen des Kindes entstehen häufig Fehldeutungen und Fehlinterpretationen. Die sprachlichen Äußerungen des Kindes zu seinem Bild ermöglichen darüber hinaus auch die Einschätzung des Standes seiner Sprachentwicklung, geben Aufschluss über sein Sprachverständnis, seinen Wortschatz und seine sprachliche Ausdruckskraft.

- *Haben längere Stillstände oder Rückschritte (Regressionen) in der Malentwicklung/Zeichenentwicklung des Kindes eine Bedeutung?*

Bei altersentsprechend entwickelten Kindern entwickelt sich auch die Kinderzeichnung bis etwa zum 11./12. Lebensjahr kontinuierlich. Innerhalb der Tendenz zur Weiterentwicklung und Differenzierung gibt es allerdings immer wieder Plateaus, d. h. Abschnitte, in denen das Kind neu erworbene Veränderungen seiner Zeichenmotive wiederholend übt, in seinen Gedächtnisfunktionen festigt und sicher verfügbar macht. Diese Vorgänge sind auf jeder Stufe der Zeichenentwicklung zu beobachten und bilden zugleich auch die Voraussetzung für eine Weiterentwicklung der Zeichenfähigkeit. Wenn die Malentwicklung/Zeichenentwicklung jedoch über den Zeitraum einer ganzen Entwicklungsstufe hinaus stehen bleibt oder Rückfälle in frühere Entwicklungsstufen der Zeichenentwicklung zu beobachten sind, sollten die Ursachen für diese Auffälligkeiten erkundet werden. Emotional-soziale Probleme und Traumatisierungen (vgl. Kap. 4.3.1, Beispiel Darian), aber auch hirnorganische Störungen (z. B. Aphasien nach Schädelhirntrauma) oder Erkrankungen können Ursache für Regressionen in Zeichnungen von Kindern, Jugendlichen und Erwachsenen sein.

- *Welche Hinweise für Angst sind in der Kinderzeichnung zu erkennen?*

Diese Frage kann nicht grundsätzlich bzw. pauschal beantwortet werden. Die Beantwortung hängt ganz entscheidend von der individuellen Analyse des Bildes und der Analyse der Gesamtsituation des Kindes, also von der Einbeziehung aller zur Verfügung stehenden Beobachtungen und Befunde, ab. Es ist sehr wichtig, mit dem Kind über sein Bild zu sprechen. Sie entdecken dabei eventuell Hinweise auf aktuelle Angsterlebnisse des Kindes bzw. auf Erinnerungen an angstauslösende Erlebnisse der Vergangenheit, dazu gehören auch unverarbeitete Erinnerungen an ängstigende Filme und Fernsehsendungen. Bestimmte Farben können mit einer Angstsymptomatik in Verbindung stehen, eine eindeutige, ausschließliche Zuordnung gibt es hier jedoch nicht. Die Farbe Rot kann z. B. vom Kind benutzt werden, um seine Angst auszudrücken. Es ist jedoch auch möglich, dass das Kind seine Angst in den Farben Schwarz oder Weiß zum Ausdruck bringt bzw. dass seine Ängste es dazu veranlassen, beim Malen überhaupt auf Farbe zu verzichten. So ist auch zu beobachten, dass selbstunsichere Kinder das Malen/Zeichnen ganz ablehnen, um nicht über die Farbe und das Malen mit ihren Ängsten konfrontiert zu werden. Jede Farbsymbolik ist immer polar zu deuten. Auf diese Weise kann die Farbe Rot nicht nur auf Angst, sondern auch auf aggressive Impulse als Form der Angstabwehr hindeuten. Rot kann jedoch auch mit dem Gefühl von Freude und impulsivem Leben verbunden sein und damit überhaupt nicht mit der Thematik von Angst oder Angstabwehr in Verbindung stehen.

- *Ist es von Bedeutung, was das Kind als erstes, als zweites und als letztes Motiv malt?*

Oft malt ein Kind als Erstes das, was ihm am wichtigsten ist. Es möchte mit diesem ersten Motiv etwas ihm besonders Wichtiges, *aktuell Erlebtes* mitteilen, oder es fließen bedeutsame *verdrängte innere Bilder aus seinem Vorbewussten oder Unbewussten* in die ersten Motive ein. Es ist jedoch auch möglich, dass es als Erstes das malt, was ihm zeichnerisch am leichtesten fällt, was keine Konfliktsituation tangiert und worüber zu sprechen es sich nicht scheut. Dies kann auch noch für das zweite Motiv gelten. Umgekehrt kann es sich bei dem letzten gemalten Motiv um etwas handeln, dessen Mitteilungsgehalt es lieber für sich behalten möchte. In der weiteren Auseinandersetzung erweist sich dann das letzte Motiv als besonders wichtig für sein Erleben. Nur die individuelle Interpretation in einem ganzheitlichen Zusammenhang kann diese Fragen klären. Fachleute, die mit Kindern malen, werden daher immer protokollieren, in welcher Reihenfolge Kinder ihre Bilder malen und was sie dazu sagen. Diese Kenntnis kann ihnen bei der Interpretation behilflich sein und zu gezielten Fragestellungen und Hypothesen führen.

- *Was kann es bedeuten, wenn eine menschliche Figur im Raum „schwebt" und das Kind unter ihre Füße keinen Boden gezeichnet hat?*

Kinder bis zum Alter von ca. 4;0-4;6 Jahren zeichnen noch „Streubilder". Sie verteilen ihre Motive ohne Bodenlinien kreuz und quer auf die Zeichenfläche. Ab ca. 5;0 Jahren beginnt das Kind jedoch, eine Figur zum unteren Blattrand hin zu orientieren. Zunächst dient der Blattrand als Bodenlinie. Im Vorschulalter werden dann immer häufiger Bodenlinien eingefügt. Beurteilen Sie daher erst ab der Stufe 3 der Zeichenentwicklung (ab ca. 7;0 Jahren) das Fehlen von Bodenlinien als Entwicklungsmerkmal (vgl. Kap. 3.6.8; 3.7.2.8; 3.7.3.8) bzw. diskutieren es als Emotionales Zeichen. Das Fehlen von Bodenlinien lässt sich auf unterschiedliche Ursachen zurückführen. Denken Sie an mögliche Probleme der Körperwahrnehmung, des Körperbildes, der Raum-Lagewahrnehmung wie auch an eine auslösende emotional-soziale Problematik (in symbolischer Weise keinen festen, tragenden Boden zur Verfügung haben; vgl. Kap. 4.2.8). Nur mit Hilfe einer ganzheitlich orientierten Interpretation ist es möglich, das Fehlen von Bodenlinien ab der Stufe 3 der Zeichenentwicklung als Emotionales Zeichen zu klären.

- *Was bedeutet es, wenn ein Grundschulkind eine altersentsprechende Intelligenzentwicklung hat, aber in der Menschdarstellung nur eine unterdurchschnittliche Zeichenleistung zu Papier bringt?*

Es ist möglich, dass Probleme im Bereich des Körperbewusstseins und Selbstwertgefühls bestehen und daher besonders die Menschzeichnung als symbolischer Ausdruck des eigenen Körperbildes reduziert ist. Das Kind könnte unter Minderwertigkeitsgefühlen und Leistungsängsten leiden, die sich zwar in der Menschzeichnung, nicht aber in Intelligenztests zeigen. Klären Sie solche Diskrepanzen durch eine umfassendere und ganzheitlich orientierte Untersuchung ab.

- *Wieso zeichnet ein Kind die Körperteile unter dem Rock? Deutet das auf sexuellen Missbrauch hin?*

Es kommt sehr darauf an, zunächst festzuhalten, in welchem Lebensalter das Kind ein solches Bild gezeichnet hat. Im Vorschulalter und beginnenden Schulalter (bis ca. 7;0 Jahre) ist es durchaus angemessen, wenn ein Kind als „Röntgenbild" alle Details zeichnet, die es kennt, gleichgültig, ob sie zu sehen sind oder nicht (vgl. „Intellektueller Realismus" nach Luquet, Kap. 3.7.2.4). Auf keinen Fall ist es vertretbar, aufgrund einer Röntgenzeichnung im Vorschulalter und dem Zeichnen von Körperteilen unter dem Rock unmittelbar auf verstärktes sexuelles Interesse oder sogar auf eventuell erfolgten Missbrauch zu schließen. Vor solchen vorschnellen Fehlinterpretationen ist dringend zu warnen! Ein Grundschulkind von ca. 8;0 Jahren, das entgegen den Erwartungswerten dieser Altersstufe noch Röntgenbilder malt und z. B. Details von Körperteilen unter dem Rock zeichnet, könnte, bedingt durch eine Verzögerung der kognitiven Entwicklung, in seiner Gesamtentwicklung leicht retardiert sein. Möglich ist auch das Vorliegen visueller Wahrnehmungsstörungen, die ein Zurückbleiben der Malentwicklung bewirken. Die Lebensgeschichte des Kindes muss Hinweise darauf erbringen, ob das Zeichnen von Details unter der Kleidung auf entsprechend problematische Erfahrungen schließen lässt.

- *Ist es beunruhigend, wenn das Kind einen großen Penis in seine Menschzeichnung malt?*

Auch hier ist es wichtig, das Lebensalter des Kindes zum Zeitpunkt der Zeichnung zu berücksichtigen. Kinder im Vorschulalter haben durchaus die Tendenz, besondere Merkmale, auch Geschlechtsmerkmale, nach dem „pars-pro-toto-Prinzip" (d.h. ein Teil steht für die ganze Gestalt, vgl. Kap. 3.6.4), hervorzuheben, sich mit ihrem Körper, Jungen insbesondere mit ihrem Penis, auseinander zu setzen und diesen dann auch entsprechend groß zu zeichnen. Dieses Interesse ist zunächst weder besonders auffallend noch muss es beunruhigen. Wenn aber ältere Kinder (ab ca. 7;0 Jahren) bei der Menschzeichnung einen auffallend vergrößerten Penis darstellen, muss die individuelle Analyse der Lebensgeschichte klären, ob hier ein Zusammenhang mit einer speziellen sexuellen Problematik besteht (vgl. Kap. 4.3.5). In *Einzelfällen* sind Penis- und Vagina-Darstellungen bei Kindergartenkindern (bei Jungen und Mädchen) auch als Hinweis auf eine sexuelle Problematik oder Traumatisierung zu deuten. Diese Interpretation ist jedoch nur auf der Grundlage einer ganzheitlich orientierten Diagnostik und Exploration des Kindes und seiner Bezugspersonen vertretbar (vgl. Fallbeispiel Detlef, Kap. 4.3.5, Abb. 169; Fallbeispiel Ruth, Kap. 4.3.5, Abb. 170; Fallbeispiel John, Kap. 4.3.5, Abb. 171).

- *Malen Jungen genauso gut wie Mädchen?*

Bis zum Lebensalter von ca. 8;0-9;0 Jahren sprechen viele Untersuchungen dafür, dass Jungen insgesamt weniger differenziert malen als Mädchen. Zeichentests berücksichtigen diese Tatsache mit unterschiedlichen geschlechtsspezifischen Auswertungsnormen (vgl. Auswertungstabellen für Jungen und Mädchen des Tests „Zeichne-Einen-Menschen" (ZEM) nach Koppitz, Kap. 9.2.1; 9.2.2). Mädchen im Kindergartenalter lieben es besonders, Haare und Kleider detaillierter zu malen als Jungen. Um diese geschlechtsabhängigen Unterschiede etwas auszugleichen, wird in der Literatur empfohlen, Jungen im Kindergartenalter gezielt immer wieder verschiedene Farben zum Malen anzubieten, z. B. Wachsmalstifte, um sie verstärkt zum Zeichnen anzuregen. Jungen werden durch den Gebrauch unterschiedlicher Farben zum Zeichnen und Malen motiviert und überwinden so leichter ihre oft zu beobachtende Unlust gegenüber dieser Betätigung. Auch mangelnde Anregungen zum Malen/Zeichnen von Seiten des Elternhauses oder Versäumnisse des Kunstunterrichts in der Schule können dafür verantwortlich sein, wenn Jungen schon im Grundschulalter die Freude am Malen und Zeichnen verlieren.

- *Kann aus der Zeichnung auf die Schulfähigkeit des Kindes geschlossen werden?*

Aus Zeichnungen allein kann die Schulfähigkeit eines Kindes nicht beurteilt werden. Dafür sind differenziertere Untersuchungen und Einordnungen verschiedener Befunde in einen ganzheitlichen Zusammenhang erforderlich (wie Bewegung, Sprache, Wahrnehmungsfunktionen, höhere kognitive Funktionen mit Aufmerksamkeit, Konzentration, Ausdauer und den Gedächtnisfunktionen, emotionale und soziale Entwicklung und Kreativität). Innerhalb einer *Schulfähigkeitsuntersuchung* wird man allerdings immer auch Kinderzeichnungen auswerten und darin Entwicklungsmerkmale und Emotionale Zeichen festhalten, die für das Erreichen der Schulreife Aussagewert besitzen. Sehr häufig benutzt man zur Ermittlung der Schulfähigkeit den Test „Zeichne-Einen-Menschen" (ZEM) oder den „Mann-Zeichen-Test" (MZT) in Zusammenhang mit anderen Verfahren (vgl. Kap. 5.1; 9.2.1-9.3.2). Über die Menschzeichnung hinaus ist es für die Beurteilung der Schulfähigkeit auch wichtig, die freien Zeichnungen des Kindes, andere Zeichentests und Schulfähigkeitstests zu berücksichtigen. So kann z. B. der Sterne-Wellen-Test (Avé-Lallemant, 2006) als Entwicklungstest eingesetzt werden und bei der Beurteilung der Schulfähigkeit auch im Hinblick auf das Vorliegen von Auffälligkeiten im emotional-sozialen Bereich hilfreich sein (vgl. Kap. 9.3.4). Auch der Baum-Zeichentest (vgl. Kap. 9.3.3) und der Haus-Baum-Person-Test (vgl. Kap. 9.3.5) können zur Frage der Schulfähigkeit hinzugezogen werden. Durch den Einsatz psychodiagnostischer Testverfahren zur Untersuchung der Entwicklung der visuellen Wahrnehmung (DTVP-2, FEW-2, vgl. Kap. 9.1) und zur Untersuchung der auditiven Wahrnehmung werden die Beobachtungen aus der Analyse von freien Zeichnungen und von Zeichentests ergänzt.

- *Ist ein Kind depressiv, wenn es die Farbe Schwarz benutzt?*

Die Beantwortung dieser Frage hängt von der individuellen Beurteilung des Kindes und seiner Gesamtsituation ab, wobei alle zur Verfügung stehenden Befunde einzuschließen sind. Es sollte zunächst festgehalten werden, in welchem Lebensalter sich das Kind befindet. Vorschulkinder benutzen gerne die Farbe Schwarz, um damit die Konturierung und Leuchtkraft der Farbe hervorzuheben. Sie setzen diese Farbe durchaus nicht nach ihrem Symbolwert, z. B. als Ausdruck von Trauer, ein.
Ältere Kinder können Farbsymbole im Sinne einer kollektiven Farbsymbolik benutzen (C. G. Jung, 1964/1995), als sozio-kulturell festgelegte Zeichen (z. B. Farbsignale der Verkehrsampeln), oder mit ihrer individuellen Farbsymbolik emotional-soziale Empfindlichkeiten zum Ausdruck bringen (vgl. Kap. 4.2.6).
Klären Sie stets im individuellen Zusammenhang und auch im Gespräch, welchen Ausdruckswert die Farben für das individuelle Kind oder den Jugendlichen haben. Besonders Jugendliche neigen gern dazu, die Farbe Schwarz als besonders schick, zeitgemäß und elegant zu empfinden. Die Farbsymbolik insgesamt ist nicht nur von

individuellen oder unbewussten Bedeutungen, sondern auch von kulturellen Zusammenhängen abhängig. Bei individuellen Fragestellungen untersuchen Sie gezielt, welche Assoziationen das Kind oder der Jugendliche zu bestimmten Farben hat. Im Sinne einer mehrdimensionalen und gezielten Diagnostik ist es aus meiner Sicht nicht zulässig, aus der Farbwahl allein tiefenpsychologisch orientierte Deutungen/ Diagnosen (z. B. eine neurotische Depression) abzuleiten.

- *Was sind skurrile Formen und bei welchen Entwicklungsstörungen können sie auftreten?*

Skurrile Formen zeigen ungewöhnliche Strukturierungen und Proportionen. Sie treten häufig bei hirngeschädigten oder autistischen Kindern auf (vgl. Kap. 6.2.5 sowie 7.4.2, Beispiel Janna).

8.5 Fragen zur Beratung, Förderung und Therapie

8.5.1 Fragen zur Dokumentation und Präsentation von Kinderzeichnungen im Elternhaus, in der Schule, bei Förderungen und Therapien

Die folgenden Fragen und Antworten gelten für alle Interessierten:

- *Ist es wichtig, die Bilder sofort zu beschriften, und in welcher Weise soll dies erfolgen?*

Es empfiehlt sich, *auf der Rückseite* jeder Zeichnung den Namen des Kindes, das Datum der Anfertigung und möglichst auch das genaue Lebensalter in Jahren und Monaten festzuhalten. Notwendig ist es, sämtliche Äußerungen des Kindes zu seiner Zeichnung/zu seinen Zeichnungen *wörtlich* zu notieren. Auch Eltern sollten die Zeichnungen ihrer Kinder möglichst sofort schriftlich datieren. Kinderzeichnungen lassen sich ohne genaue Zuordnung des Lebensalters des Kindes und ohne seine verbalen Kommentare dazu nicht zuverlässig interpretieren. Bewahren Sie die Zeichnungen, ohne Lochungen und *ohne Notizen in der Zeichnung selbst,* in besonderen Mappen oder Schachteln für jedes Kind gesondert auf.

Stimulierend für Kinder ist es, die Zeichnungen nach Fertigstellung in besonderer Weise zu präsentieren, sie z. B. an der Wand oder an einer Schnur aufzuhängen und damit das Kind und die Betrachter zur Auseinandersetzung mit ihnen anzuregen. Es ist wichtig, diese Präsentation zu Hause, in der Schule oder im Therapiezimmer immer wieder auf den neuesten Stand zu bringen. Achten Sie als Lehrer darauf, in der Schule nicht nur die „besten" Arbeiten auszustellen. *Allen Arbeiten der Klasse gebührt ein Platz!* Auf diese Weise fühlen sich auch Kinder besonders geachtet und gewürdigt, die mit dem Zeichnen und Malen Schwierigkeiten haben.

Die Präsentation der Bilder in Ausstellungen im Elternhaus, in der Schule oder in der Therapieeinrichtung kann dazu beitragen, dass das Kind/der Jugendliche lernt, sich in einer Welt der Bilder zu bewegen, sich dort zu Hause zu fühlen, sich dort auszudrücken und dadurch auch bereit zu sein, Werte seiner Kultur zu entwickeln und weiterzutragen. Durch den Besuch von Museen und Kunstausstellungen kann dieser Prozess intensiviert werden. Ganz wichtig ist es, den eigenschöpferischen Gestaltungen des Kindes/Jugendlichen viel Freiraum zu lassen. Imitationen der Bilder aus den Medien, der Bilder anderer Kinder oder der Bilder von anerkannten Künstlern können das Abrufen und Zeichnen *eigener innerer Bilder* in keiner Weise ersetzen. Durch das Gestalten mit verschiedenen Materialien und durch Zeichnen werden die Tast- und Bewegungswahrnehmung und die visuelle Wahrnehmung besonders angeregt. Eigene innere Bilder und Repräsentationen fördern darüber hinaus die Entwicklung der Phantasie und Kreativität und damit wichtige Voraussetzungen der Denkentwicklung selbst (z. B. Konzentration und Handlungsplanung). Wie bedauerlich ist es, wenn man in Schulen eine Ausstellung von Schülerzeichnungen sieht, die alle wie aus einem Guss wirken! Gerade die *eigenwilligen, individuellen, selbstschöpferischen Darstellungen* sollten die Aufmerksamkeit und Würdigung der Eltern, Lehrer, Mitschüler und Therapeuten erhalten.

Die folgenden Fragen und Antworten sind vor allem für Therapeuten gedacht:

8.5.2 Wie kann ich das Kind zum Malen/Zeichnen einstimmen und motivieren?

Es ist sehr wichtig, das Kind zum Malen einzustimmen und eine Situation vorzubereiten, in der das Kind motiviert ist, auf seine eigene Bilderwelt zuzugreifen. Die Gestaltung der Malsituation richtet sich nach dem Lebensalter des Kindes. Kleine Kinder, aber auch ängstlich gehemmte Kinder, bevorzugen Bewegungsspiele zur Vorbereitung des Malens. Durch Bewegungsspiele in einem größeren Raum werden sie besonders angeregt, auch in ihren Zeichnungen Bewegungsspuren und Bewegungssymbolik darzustellen, die dann zur gegenständlichen Zeichnung führen können. Ich rate Ihnen zu vorbereitenden Rollenspielen mit selbst ausgewählten Spielobjekten, mit Handspielpuppen und Handspieltieren, aus deren Inhalten das Kind Motive für seine Zeichnungen ableiten kann. Auch Rollenspiele im Sand sind oft sehr geeignet, kleine Kinder zum Gestalten mit Knete oder Ton und anschließend zum Malen und Zeichnen anzuregen (Sandwanne).
Entwicklungsgestörte Kinder können zu *ersten sinnunterlegten Kritzeln* veranlasst werden, wenn einfach strukturierte und kurze Rollenspiele auf dem Zeichenpapier und auf den ersten, noch nicht benannten Kritzelspuren des Kindes gespielt werden.

Man sucht sich z. B. eine Stelle auf dem Zeichenpapier und den ersten Kritzelspuren des Kindes aus und fragt das Kind, wer dort wohne. Alle vom Kind ausgewählten und benannten Personen werden in das Spiel integriert. Spielhandlungen mit ihnen regen die Phantasietätigkeit des Kindes an. Durch ergänzende Fragen wird das Rollenspiel bereichert. Man fragt das Kind z. B., wo die Leute wohnen, ob es ein Haus oder eine Wohnung ist, ob es eine Tür und Fenster im Haus gibt, ob eine Klingel an der Haustüre angebracht ist und wie es sich anhört, wenn sie klingelt. Durch einen Punkt, verschieden geformte Kritzel oder Kreiskritzel kann das Kind die Klingel darstellen und mit ihr den Inhalt des Rollenspiels ergänzen. Mit Fragen nach den Tätigkeiten der Personen wird das Kind zu weiteren eigenen Spielhandlungen angeregt, die oft von inneren Vorstellungen begleitet werden. Schließlich darf es Spielobjekte auswählen, die für die Handlungen der Spielfiguren von Bedeutung sind (z. B. einen Ball für Peter, ein Brot zum Essen für Papa etc.). Die entsprechenden Tast- und Bewegungserfahrungen, nachahmenden Spielhandlungen mit den Spielfiguren und die Herausforderung zu ihrer genaueren visuellen Beobachtung können es dem entwicklungsgestörten Kind erleichtern, innere Bilder und visuelle Vorstellungen aufzubauen, sie zu speichern und zu ersten Konzeptkritzeln zu verarbeiten.

Wenn Kinder von besonderen Erlebnissen (auch Fernseherlebnissen) berichten, sind sie oft bereit, diese Erlebnisse nachfolgend auch in dreidimensionale Gestaltungen mit Knete oder Ton oder in Zeichnungen zu übertragen (Neuß, 1999). Bei älteren Kindern oder Jugendlichen wirken sich Phantasiereisen motivierend zum Rollenspiel, Malen und Zeichnen aus. In der Psychotherapie benutzt man z. B. das „katathyme Bilderleben" nach H. Leuner, um Zugang zu den inneren Bildern der Patienten zu gewinnen, lässt diese im psychotherapeutischen Prozess malen oder zeichnen und bearbeitet sie dann im psychotherapeutischen Gespräch. Dieses Verfahren kann auch bei Kindern und Jugendlichen angewendet werden (Leuner, H., Horn, G. und Klessmann, E., 1997).

8.5.3 Weitere Fragen zur Förderung und Therapie

- *Kann sich auch das Hören von Musik positiv auf die Tiefenentspannung und den Zugriff auf innere Phantasien/Bilder auswirken?*

Eine musikalische Einstimmung zum Malen/Zeichnen eignet sich für manche Kinder und Jugendliche besonders gut, um über eine durch Musik stimulierte Tiefenentspannung (Einflussnahme auf die beiden Mandelkerne, auf die Amygdala im limbischen System des Gehirns) Angstneigungen abzubauen und Zugang zu inneren Bildern zu gewinnen (Spitzer, 2004). Sowohl das Hören von Musik als auch Musikimprovisationen mit Orff-Instrumenten können emotional ausgleichen, die Phantasie und den Zugang zu inneren Bildern stimulieren. Wählen Sie allerdings sorgfältig aus, für welche Kinder oder Jugendliche welche Musik (hörend oder produzierend) förderlich ist, welche musikalischen Stücke sich dazu eignen, beim Kind eine entspannende, wohltuende Resonanz hervorzurufen und welche Kinder/Jugendliche durch eine falsch ausgewählte Musik überstimuliert werden können. Hyperaktive Kinder oder Kinder mit Konzentrationsstörungen werden durch lautstarke musikalische Stimulation mit Trommelmusik häufig überreizt und in ihrer Bewegungsunruhe verstärkt. In diesen Fällen finden sie auch beim Malen und Zeichnen nach Musik nicht zu ihren inneren Bildern. Ganz andere Beobachtungen mache ich bei diesen Kindern, wenn mit ihnen vor Beginn des Malprozesses Übungen zur Tiefenentspannung durchgeführt werden und sie im entspannten Zustand kraft ihrer inneren Bilder eine vom Therapeuten geführte Phantasiereise (dem katathymen Bilderleben nach Leuner vergleichbar) unternehmen und diese anschließend malen oder zeichnen.

- *Welche Schritte sind nötig, um bei einem 5;0jährigen Vorschulkind, das noch kritzelt, die gegenständliche Zeichnung aufzubauen?*

Ein Kind, das mit 5;0 Jahren noch kritzelt und noch keine Ansätze zur gegenständlichen Zeichnung zeigt, ist auffällig. Eltern sollten diese Beobachtung mit dem Kinderarzt besprechen. Er wird abklären, ob bei dem Kind eine *allgemeine Entwicklungsstörung* mit geminderten kognitiven Funktionen, eine *umschriebene Entwicklungsstörung feinmotorischer* Funktionen *bei altersentsprechender Intelligenzentwicklung* oder eine *emotional-soziale Problematik* mit Verhaltensstörungen und mangelnder Motivation vorliegt. Auch eine mögliche mangelnde Erfahrung im Umgang mit Stiften wird er bei dieser Abklärung in Betracht ziehen. Spätestens bei der Vorsorgeuntersuchung (U9) wird er überprüfen, ob der Rückstand in der Zeichenentwicklung gleichzeitig Ausdruck einer Entwicklungsstörung ist und eine entwicklungsfördernde Ergotherapie oder heilpädagogische Behandlung (z. B. nach den Konzepten von Marianne Frostig, Jean Ayres, Maria Montessori) notwendig macht (Wiedemann, M. und Grewe, Th., 2002; Schaefgen, R., 2007; Anderlik, L., 1996) oder ob eine psychologische Beratung der Eltern und psychotherapeutische Behandlung des Kindes (z. B. mit Spieltherapie) angezeigt ist. Ebenso wird er die Überweisung an medizinische und psychologische Fachkollegen veranlassen, wenn die Abklärung der vorliegenden Problematik dies erfordert (vgl. Kap. 5.3.1).

Deutliche Verzögerungen der Zeichenentwicklung, wie z. B. das Verharren im Kritzelstadium bei einem Lebensalter von 5,0 Jahren, lassen sich nicht als isolierte Funktionsstörungen behandeln und beheben.

Mit Hilfe einer ganzheitlich orientierten Entwicklungsdiagnostik sollten die grob-, fein- und graphomotorischen Funktionen, die Sprache, alle Sinneswahrnehmungen, die kognitiven Funktionen und der emotional-soziale und kreative Bereich untersucht werden. Die Ermittlung von Fähigkeiten und Fertigkeiten, von Potenzialen und Defiziten des Kindes mit Hilfe von Screening-Verfahren und wissenschaftlich anerkannten, zeitgemäß standardisierten psychodiagnostischen Tests bilden die

Grundlage für die Diagnostik und – bei behandlungsbedürftigen Störungen – für die Ausarbeitung eines Therapieplanes.
Im Rahmen der hier beschriebenen ganzheitlich orientierten Entwicklungstherapie zur Behandlung von Bewegungs- und Wahrnehmungsstörungen sowie Störungen der Graphomotorik nach dem Frostig-Konzept (vgl. Kap. 7.1, Frostig-Konzept) werden zu Beginn der Therapie Bewegungsspiele und Bewegungsübungen des ganzen Körpers zur Schulung des Körperbewusstseins (Körperschema, Körperbild, Körperkonzept) durchgeführt. Übungen der Tast- und Bewegungswahrnehmung, der feinmotorischen, graphomotorischen, visuellen und auditiven Wahrnehmungsfunktionen (Seidel, Ch., in: Frostig, M. und Müller, H. [Hrsg.], 1981, S. 58-94; Seidel, Ch., in: Internat. Frostig-Gesellschaft e.V., [Hrsg.], 1987, S. 9-22) und Übungen zur Erweiterung der „phonologischen Bewusstheit" (z. B. der Fähigkeit zur Rhythmisierung und phonologischen Gliederung der Sprache), des Sprachverständnisses und des Wortschatzes sind wichtige Bausteine dieser Therapie (das Würzburger Programm: „Hören, lauschen, lernen", Küspert, P., und Schneider, W., 1999/2006, hat sich zur Prävention von Störungen der Sprachentwicklung bewährt und wird heute nicht nur bundesweit in der Vorschulerziehung, in Kindergärten, sondern auch in Entwicklungstherapien nach unterschiedlichen Konzepten gezielt eingesetzt). Die Untersuchungsergebnisse der Graphomotorik und der visuellen Wahrnehmung mit Hilfe des DTVP-2 (FEW-2) sind zugleich wichtige Orientierungshilfen bei der Therapieplanung (vgl. Kap. 9.1). Es werden hierbei *motorikabhängige Funktionen* überprüft (Auge-Hand-Koordination, Nachzeichnen, Räumliche Beziehungen, Visuomotorische Geschwindigkeit) und *motorikfreie Funktionen* (Wahrnehmung der Lage im Raum, Figur-Grund-Wahrnehmung, Visuelle Gestaltschließung, Erkennen der Formkonstanz) unter standardisierten Bedingungen beurteilt. Anhand dieser Untersuchungen können auch Auffälligkeiten der Zeichenentwicklung genauer abgeklärt und entsprechende Konsequenzen für die Therapie gezogen werden (vgl. Straßburg, Dacheneder, Kreß [Hrsg.], 2003).
Der Zusammenarbeit mit den Eltern wird bei der Frostig-Therapie eine wichtige Bedeutung zuerkannt. Durch Bewegungsspiele und Bewegungsübungen, durch Bauen mit dem dreidimensionalen Holzspielsatz „Pertra", nach der theoretischen Konzeption des Frostig-Ansatzes von E. Hoerz konstruiert (Brand, I., 1998), und durch plastisches Formen mit Knete, Ton und anderen Materialien werden taktile und visuelle Wahrnehmung, die visuelle Beobachtungsfähigkeit und die Raumerfahrung mit der Möglichkeit ihrer Abspeicherung im Kurzzeit- und Langzeitgedächtnis gezielt gefördert. Papier-Bleistift-Übungen mit Frostig-Arbeitsbogen zur Schulung der visuellen Wahrnehmung und Graphomotorik können in Zusammenhang mit den dreidimensionalen Übungsmöglichkeiten des Pertra-Spielsatzes in kleinen Schritten vorbereitet werden

(Frostig, M. und Horne, D. [Hrsg. A. und E. Reinartz]: Visuelle Wahrnehmungsförderung, Arbeitshefte 1-3, Verlagsgruppe Schroedel, Diesterweg, Westermann, 1974/2002/2003). Bei dieser Förderung bzw. Therapie der Kinder werden auch die Eltern beraten, ermutigt, unterstützt und um ihre Mithilfe bei notwendigen häuslichen Übungen gebeten, sofern sie diese leisten können und möchten (vgl. Kap. 8.5-8.5.3). Die Therapeuten lernen sie z. B. zu Nachahmungsspielen und Symbolspielen (Rollenspielen) mit ihrem Kind an, um den Aufbau innerer Bilder und Vorstellungen und ihre Übertragung in erste Schemata der Zeichnung zu provozieren. Zugleich stimulieren Eltern und Therapeuten durch diese Angebote grundlegende Voraussetzungen der Phantasieentwicklung mit wichtigen positiven Einflussmöglichkeiten auf die kognitive und emotionale Entwicklung des Kindes (vgl. Ausführungen zur Frage: „Wie können Eltern die Phantasie und Kreativität ihrer Kinder fördern?“, Kap. 8.5.3).
Hat ein entwicklungsgestörtes Kind Probleme im Umgang mit Mengen und Zahlen, wird in Zusammenhang mit der Wahrnehmungsförderung das international ausgezeichnete und bundesweit für Grund- und Förderschulen anerkannte Programm „Mathefix Spectral“ von Ursula Kuhn eingesetzt. Ebenso wie der Pertra Spielsatz wurde dieses didaktische Material auf den Grundlagen des Frostig-Konzepts entwickelt. Es arbeitet mit Spektralfarben, die das Kind besonders ansprechen und die Gedächtnisfunktionen unterstützen (Informationen zu diesem Programm mit Abbildungen des Materials finden Sie unter www.ursula-kuhn-verlag.de).
In Kapitel 5 (Fallbeispiel Anna) und Kapitel 6 wird mein integrativer therapeutischer Ansatz bei der Behandlung entwicklungsgestörter Kinder anhand von Kinderzeichnungen ausführlich demonstriert. Darüber hinaus können Sie in einem ausführlichen Fallbeispiel nachlesen, wie ein entwicklungsgestörtes Kind von mir nach dem Frostig-Konzept therapiert wurde und sich unter dieser gezielten und frühzeitig im Vorschulalter begonnenen Behandlung nicht nur die Zeichenentwicklung, sondern mit ihr auch die motorische, perzeptive, sprachliche und kognitive Entwicklung positiv entfalten konnte (Seidel, Ch., in: Frostig, M. und Müller, H. (Hrsg.), 1981; www.christa-seidel.de/html/fallbeispiel.html).

Die folgenden Fragen und Antworten richten sich an Interessierte, die psychodiagnostische Untersuchungen, Förderung und Therapie durchführen, und sind auch für Eltern von Interesse. Insbesondere werden hier Eltern angesprochen, die die Förderung oder Therapie ihres Kindes unterstützend begleiten:

- *Wie sollen Erzieher/Pädagogen/Therapeuten und Eltern reagieren, wenn das Kind beim Malen/Zeichnen eines Menschen Gesichtsteile oder Arme bzw. Hände weglässt?*

Ich empfehle, diese Weglassungen zu beobachten und zu notieren, sie jedoch dem Kind gegenüber nicht zu kommentieren. Das Kind soll frei und unbeschwert malen und auch seine Unsicherheiten darstellen dürfen. Bei anderer Gelegenheit kann dann der Therapeut diese Beobachtungen umsetzen und mit dem Kind Übungen zur Stärkung seines Körperbewusstseins und Körperbildes durchführen (z. B. Bewegungsübungen, auch vor dem Spiegel). Dem Kind wird dabei die Bedeutung von Gesichts- und Körperteilen durch Bewegungs- und Tasterfahrungen erlebbar gemacht. Erst wenn diese Erfahrungen neuronal vernetzt und emotional eingeordnet sind, wird es diese in seine freien Zeichnungen übertragen können, ohne dazu besonders aufgefordert worden zu sein.

- *Sollen Erzieher, Therapeuten, Eltern dem Kind auf dessen ausdrücklichen Wunsch vorzeichnen?*

Nein! Zwar ist es oft sehr schwer, dem Wunsch des Kindes zu widerstehen und ihn nicht zu erfüllen. Aber es ist sicher zum Vorteil des Kindes, wenn es ermutigt wird, eigene innere Bilder in seinen Zeichnungen umzusetzen. Wenn es die Schemata von Erwachsenen übernimmt, wird es leicht verunsichert und wird versuchen, seine Fähigkeiten an denen der Erwachsenen zu messen. Seine Motivation zum Malen/Zeichnen kann unter dieser Voraussetzung schnell untergraben werden.

- *Ist es für das Kind förderlicher, von Erwachsenen oder von Kindern abzumalen?*

Grundsätzlich ist es besser, wenn das Kind Bilder nach eigenen visuellen Vorstellungen und inneren Bildern malt/zeichnet. Wenn es aber abmalt, ist es förderlicher, von Kindern als von Erwachsenen abzumalen. Unterschiede in der Entwicklung der Zeichenfähigkeit sind von Kind zu Kind kleiner als von Kind zu Erwachsenem. Kinder verständigen sich untereinander leichter über die Anwendung ihrer Zeichenmotive und Symbole, auch ohne dies mit Worten zu erklären. Sie können Schemata von anderen Kindern leichter nachahmen, sie als Ausgangspunkt für neue eigene innere Bilder verwenden, und fühlen sich auf diese Weise nicht überfordert.

- *Ist es empfehlenswert, Kinder von Bildvorlagen abzeichnen zu lassen, um ihre Zeichenfähigkeit zu verbessern?*

Die Beantwortung dieser Frage hängt vom Lebensalter und von der perzeptiven und kognitiven Reifung des Kindes ab. Halten Sie *Vorschulkinder* auf keinen Fall dazu an, nach Bildvorlagen zu zeichnen! Kinder dieses Alters haben das Bedürfnis und die besondere Fähigkeit, eigene visuelle Vorstellungsbilder zu speichern und eigenschöpferisch zu verarbeiten. Der Versuch des Nachahmens (Kopierens) von Bildvorlagen blockiert die Zeichenentwicklung von Kindern bis zum Alter von ca. 7;0 Jahren. Sie können auch durch das Nachahmen vorgefertigter Bildvorlagen ihre Zeichenfertigkeit nicht verbessern. Die Merkmale der Bildvorlagen können bei Vorschulkindern nicht mit eigenen gespeicherten und bereits motorisch verfügbaren Schemata (inneren Bildern und Motiven) verbunden und neuronal vernetzt werden. Sie erleben durch solche Versuche oft einen Stillstand oder sogar einen Rückfall ihrer Möglichkeiten zur spontanen und kreativen kindgemäßen Darstellung. Auch für *entwicklungsverzögerte ältere Kinder* gelten diese Einschränkungen, sofern das Alter ihrer Intelligenzentwicklung (ihr Intelligenzalter in Unterscheidung zu ihrem Lebensalter) noch unter 7;0 Jahren liegt. Ältere, altersgemäß entwickelte Kinder (beginnend ab ca. 7;0-8;0 Jahren, häufiger ab ca. 10;0 Jahren) zeichnen gerne Bildvorlagen ab (z. B. Motive von Spielkarten) und versuchen, sich durch diese Nachahmungsprozesse neue Schemata zeichnerisch anzueignen. Das flächige Abzeichnen von Bildvorlagen gelingt ihnen leichter als das Abzeichnen von dreidimensionalen Objekten und wird daher bevorzugt. Durch das Abzeichnen von Bildvorlagen oder das Abtasten und Abzeichnen von Objekten versuchen ältere Kinder, ihre visuelle Beobachtungsfähigkeit und Zeichenfähigkeit zu erweitern. Auf diese Weise beginnen sie, sich ihrem Alter und ihrer kognitiven Reifung entsprechend an der Realität zu orientieren. Kreative und bildnerisch begabte ältere Kinder verbinden diese neuen, aus Nachahmungsprozessen gewonnenen Informationen mit eigenen inneren Vorstellungsbildern und eignen sie sich durch motorisch wiederholtes Üben an. Jugendliche (ab ca. 12;0 Jahren) imitieren gerne Werke Moderner Kunst („ich zeichne meinen eigenen Picasso", vgl. Kap. 3.7.4.9, Abb. 118). Kreative Jugendliche sind in der Lage und motiviert, solche Vorlagen mit eigenen inneren Vorstellungen zu verbinden und eigenschöpferisch umzugestalten (vgl. Kap. 3.8, Abb. 134).

- *Was ist gegen den folgenden Spruch einzuwenden: Punkt, Punkt, Komma, Strich, fertig ist das Mondgesicht?*

Dieser Spruch wird Kindern oft von Erwachsenen als Gedächtnisstütze zum Zeichnen eines Gesichts mit zwei Augen, Nase und Mund an die Hand gegeben. Leider wird durch eine solche Gedächtnisstütze das Zeichnen zu einem automatisierten Vorgang degradiert. Es wird dann zu einer Schablone und verliert damit die Dynamik eines eigenschöpferischen Ausdrucks.

- *Ist es möglich, geistig behinderte oder lernbehinderte Kinder durch das Malen/Zeichnen kognitiv zu fördern? Wenn ja, warum ist dies so?*

Alle Kinder werden durch das Malen/Zeichnen in ihrer Gesamtentwicklung gefördert. Besonders bei geistig behinderten und lernbehinderten Kindern ergibt sich die Möglichkeit, über eine Entwicklungstherapie, die das dreidimensionale Gestalten,

Malen und Zeichnen einschließt, die Förderung der Sprache, der visuellen Wahrnehmung und der visuellen Vorstellungsfähigkeit zu stimulieren und damit auch die kognitiven Funktionen, die Gedächtnisleistungen unterschiedlicher Modalitäten (wie Speicherung von Tasterfahrungen, Bewegungserfahrungen, visuellen und räumlichen Erfahrungen), die Konzentration und die Handlungsplanung zu schulen.

- *Was ist zu tun, wenn das Kind seine Zeichnungen überkritzelt oder sie sofort nach Fertigstellung zerreißen möchte?*

Wichtig ist, dem Kind eine Hilfestellung anzubieten und es nicht zu tadeln. Man muss versuchen, die destruktiven Tendenzen zu unterbrechen, indem man eine positive Motivation aufbaut. Es könnte sich z. B. jemand unter der Kritzelei versteckt haben. „Wer steht da wohl? Was sieht er in seinem Versteck?“ (vgl. Fallbeispiel Marcel, Kap. 6.2.1, Abb. 190).

- *Was versteht man unter „imaginären Begleitern“ des Kindes?*
- *Ab welchem Alter sind sie auffällig?*

Es ist nicht ungewöhnlich, wenn sich phantasievolle Kinder mit eingeschränkten Sozialkontakten zu gleichaltrigen Kindern auf der Stufe des voroperationalen Denkens (bis ca. 5;0-6;0 Jahre) „imaginäre Begleiter“ wählen. Sie leben in ihrer Vorstellungswelt mit ihnen und empfinden sie als Freunde. Sie dürfen mit ihnen am Tisch sitzen, bekommen etwas zu essen, werden in die Unterhaltung einbezogen etc. Bei älteren Kindern können imaginäre Begleiter Hinweis auf mangelnde Realitätskontrolle und auf Probleme der sozialen Kontaktfähigkeit (z. B. bei Asperger-Autismus) sein und sollten jugendpsychiatrisch abgeklärt werden.

- *Was ist beim Abschluss des Malens/Zeichnens zu beachten?*

Vermitteln Sie dem Kind beim Abschluss des Malens/Zeichnens ein Erfolgserlebnis und würdigen Sie sein „Werk“! Dabei sollte weniger das Endergebnis hervorgehoben, sondern vor allem der Einsatz des Kindes lobend erwähnt werden.
Übermäßiges Lob ist jedoch genauso zu vermeiden wie zu wenig Anerkennung. Beide Einstellungen können sich auf die weitere Produktion von Bildern negativ auswirken. Zu wenig Lob kann frustrieren. Zu viel Lob kann hemmend wirken und zu dem übermäßigen Ehrgeiz führen, bei jedem selbstgemalten Bild ein Höchstmaß an Qualität und vom Betrachter ein höchstes Maß an Anerkennung zu erwarten.
Man kann z. B. fragen: „Ist dein Bild jetzt fertig? Möchtest du aufhören zu zeichnen/malen? Du hast dir aber mit deinem Bild viel Mühe gegeben, das sehe ich!“ Die Kinder wissen ganz genau, wann sie ein Bild abschließen möchten. Respektieren Sie dies

und verlangen Sie von dem Kind nicht, das Bild zu vervollständigen. Erwähnen Sie auch nicht, was nach Ihrer Ansicht noch alles auf dem Bild fehlt. Kinder haben ein anderes Verständnis von der Vollständigkeit einer Zeichnung als Erwachsene. Kinder von 2;0-5;0 Jahren zeichnen oft noch flüchtig und zeigen dabei wenig Ausdauer. Häufig genügen dem Kind einzelne Bildobjekte, um subjektiv schon das Gefühl eines fertig gestellten Bildes zu entwickeln. Bildzusammenhänge werden von altersgemäß entwickelten Kindern erst ab der „Werkreife" mit ca. 5;0 Jahren in ersten Ansätzen gezeichnet, aber erst ab ca. 9;0 Jahren hat das Kind genügend Ausdauer, ein Gesamtbild mit Bildzusammenhängen und vielen Bilddetails darzustellen. Obwohl hochbegabte und bildnerisch sonderbegabte Kinder diese Stufe oft früher erreichen, gilt auch für sie, dass man ihre eigenen Entscheidungen zum Abschluss des Bildes respektiert. Überlassen Sie dem Kind die Entscheidung, wann für sein Empfinden ein Bild fertig ist.
Auch im Grundschulalter müssen Lehrer/innen mit viel Fingerspitzengefühl erkennen, inwieweit es pädagogisch sinnvoll ist, sich als Erwachsener in den Prozess des Malens/Zeichnens einzumischen. Das gilt für altersgemäß entwickelte, hochbegabte, sonderbegabte, minderbegabte oder entwicklungsgestörte Kinder gleichermaßen. Oft sind auch Schulkinder sehr frustriert, wenn sie merken, dass die Eltern, die Lehrerin/der Lehrer, die Therapeutin/der Therapeut nicht mit ihrem Bild zufrieden sind und sie Details nach den Vorgaben Erwachsener einfügen sollen.

- *Wie sollte der Therapeut mit den vertraulichen Mitteilungen des Kindes umgehen?*

Wenn ein Kind malt oder zeichnet und dem Therapeuten im anschließenden Gespräch sein „Geheimnis" anvertraut, muss er dieses auch den Eltern gegenüber vertraulich behandeln. Es gehört sehr viel therapeutisches Fingerspitzengefühl dazu, die „Geheimnisse" des Kindes zu schützen und gleichzeitig mit den Eltern zum Wohle des Kindes eng zusammenzuarbeiten. Die Notwendigkeit der Einhaltung der Schweigepflicht ist bei medizinischen und psychotherapeutischen Behandlungen von Jugendlichen (ab 16;0 Jahren) und von Erwachsenen rechtlich vorgeschrieben, wird akzeptiert und eingehalten. Bei Jugendlichen im Alter zwischen 12;0 und 16;0 Jahren und für jüngere Kinder ist die Einhaltung der Schweigepflicht nicht verbindlich geregelt, es werden individuelle Lösungen empfohlen. Bei Kunst- und Gestalttherapien von Kindern, aber auch bei den nicht psychotherapeutisch orientierten Entwicklungstherapien (z. B. durch Ergotherapeuten, Heil- oder Sonderpädagogen) sollte die Schweigepflicht berücksichtigt werden. Jeder, dem das Kind sein „Geheimnis" anvertraut, muss damit sorgsam umgehen und die Wünsche und Bedürfnisse des Kindes nach Geheimhaltung respektieren. Sie können auch beim jüngeren Kind (vor dem Lebensalter von 12;0 Jahren) ein Signal dafür sein, dass das

Kind unter Ängsten leidet und Unterstützung benötigt. Nicht nur die Therapeuten, auch die Eltern müssen hier oft geduldige Zurückhaltung üben und warten, bis das Kind eine angebotene Hilfestellung annehmen kann und in der Lage ist, seine geheimen Sorgen und Ängste mitzuteilen. Dies können aus Sicht der Erwachsenen nur kleine Nöte, kleine „Vergehen" sein, für die Kinder selbst sind sie jedoch oft von großer Bedeutung.

> Ein 10;0jähriger sensibler Junge formulierte seine negativen Erfahrungen mit der nicht eingehaltenen Schweigepflicht wie folgt: „Ich mag nicht, wenn Menschen.....Kinder gehen zum Therapeuten und erzählen ihre Geheimnisse und Ängste. Und wenn der Therapeut es den Eltern weitersagt, dann sagen die auf einmal: Du Kind, du hast doch Angst vor ... das hat mir der Therapeut erzählt. Dann können die Kinder nicht mehr ihre Ängste rauslassen und fühlen sich noch von den Ängsten bedrängt. Man sollte warten, bis das Kind sich entscheidet, es selbst zu sagen. Man muss es selbst vor den Eltern rauslassen. Nur wenn der Therapeut das Kind überzeugt, es den Eltern zu sagen, ist es gut. Dann sagt es das Kind den Eltern und die Angst geht weg. Sonst fühlt sich das Kind bedrängt von dem Therapeuten und den Eltern. Kinder sind da sehr empfindlich."

In seiner Erzählung „Kinderseele" gelingt es Hermann Hesse, 1918/1985, die hier angesprochenen Nöte eines Kindes mit seinem „Geheimnis" sehr einfühlsam zum Ausdruck zu bringen. Therapeuten, Lehrern und Eltern möchte ich diese Lektüre ans Herz legen!
Deutet sich in den Zeichnungen oder Äußerungen des Kindes an, dass es Opfer einer Straftat wurde oder ist (z. B. sexueller Missbrauch oder körperliche Misshandlung), muss der Therapeut sorgfältig prüfen, ob und inwieweit den Eltern oder Behörden gegenüber eine Mitteilungspflicht besteht. Das Wohl und der Schutz des Kindes stehen hier immer im Mittelpunkt aller Überlegungen.

Insbesondere, wenn Eltern selbst als Täter in Betracht kommen, darf eine Aufdeckung bzw. Konfrontation erst erfolgen, wenn der Schutz des Kindes gesichert ist, da Täter dazu neigen, auf das Kind erheblichen psychischen Druck auszuüben. Zur Verdachtsabklärung und verbindlichen Absprache über notwendige Interventionen zum Schutze des Kindes sollte der Therapeut die Unterstützung durch fachlich kompetente Ansprechpartner in Anspruch nehmen. So wird beispielsweise in den Sozialbürgerhäusern der Landeshauptstadt München seit zehn Jahren eine so genannte „Interne Fachberatung" angeboten. Die Zusammenarbeit mit zuständigen, fachlich und rechtlich in der Handhabung dieser Problematik ausgebildeten Beratern des Jugendamtes und anderer Beratungsstellen (z. B. des Kinderschutzbundes) ist im VIII. Sozialgesetzbuch im Paragraph 8a inzwischen ausdrücklich verankert und abgesichert.

Für alle Interessierten, besonders aber für Eltern:

- *Wie können Eltern die Phantasie und Kreativität ihrer Kinder fördern?*

Mit der abschließenden Frage nach der Bedeutung von Phantasie und Kreativität für die Entwicklung des Kindes soll der Einsatz der Kinderzeichnung aus einem weiteren, auch andere kreative Bereiche umfassenden Gesichtswinkel betrachtet werden. Am besten und wirkungsvollsten ist es, wenn Eltern den Kindern eigene Kreativität, eigenes phantasievolles, lebendiges Suchen nach Neuem vorleben. Kinder beobachten ihre Eltern sehr genau. Sie bewundern sie und wollen einmal so sein wie sie. Eltern, die durch Vorlesen, gemeinsame Gespräche, gemeinsames Malen und Zeichnen, Singen und Musizieren kreative Impulse setzen, schaffen damit wichtige Grundlagen für die Persönlichkeitsentwicklung ihrer Kinder. Sie können mit solchen kreativen Angeboten nicht nur die Entwicklung des kindlichen Selbstvertrauens, der Sprache und kognitiven Fähigkeiten, sondern auch die Phantasie und die Entwicklung innerer Bilder ihres Kindes fördern. Wie unterschiedlich erleben es Kinder, ob Eltern schweigsam, passiv konsumierend vor dem Fernseher sitzen oder ob eine fröhliche und inspirierende Atmosphäre das Haus erfüllt, in der Eltern und Kinder zusammen kreativ tätig sind. Das Kind fühlt sich bei gemeinsam ausgeübten kreativen Betätigungen wohl; es erfährt eine Stärkung seiner eigenschöpferischen Möglichkeiten und Kräfte und kann über seine „Werke" Selbstvertrauen entwickeln. Fehlen diese positiven Voraussetzungen, kann ein Kind durch die phantasiearmen, eingeengten Einstellungen und Verhaltensweisen der Eltern und Bezugspersonen negativ geprägt und in seiner Persönlichkeitsentwicklung wie bei der Entwicklung seiner geistigen Fähigkeiten ungünstig beeinflusst werden.

Die Phantasienentwicklung jüngerer, auch entwicklungsgestörter Kinder wird durch die Stimulation von Sinneswahrnehmungen in grundlegender Weise angeregt. Wie wichtig ist es beispielsweise, mit den Kindern immer wieder in Ruhe, ohne Hast und Stress, die Schönheit der Natur zu betrachten, sie auf besondere Tastempfindungen, Bewegungen, Gerüche, Geräusche und Töne, Farben und Formen aufmerksam zu machen (z. B. bei der gemeinsamen Gartenarbeit). Intensive, bewusst aufgenommene Naturerlebnisse und -eindrücke ermöglichen es den Kindern, diese als innere Bilder in ihrer visuellen Vorstellung zu speichern und sich an ihrer Vielfalt und Schönheit zu erfreuen. Ältere Kinder (ab ca. 7;0 Jahren) können bereits für zerstörerische Eingriffe des Menschen in die Natur (z. B. Umweltverschmutzung) sensibilisiert werden und aus diesem Erleben heraus phantasiereiche innere Bilder entwickeln, wie sie etwa in der Geschichte „Momo" von Michael Ende geschildert werden, wenn von den naturfeindlichen Aktivitäten der fremden grauen Herren, die versuchen, Momo aus ihrer vertrauten Welt zu vertreiben und ihre Freundschaften zu zerstören, die Rede ist.

Den Kindern gute, ihrem Lebens- und Entwicklungsalter entsprechende Literatur vorzulesen oder gemeinsam zu lesen und das Gelesene später in der Phantasie ausmalen zu lassen, ist für Kinder überaus inspirierend. Auch gute Hörkassetten oder Kinderfilme können die Phantasie nachhaltig anregen. Das Kind kann die Geschichten später mit eigenen Worten nacherzählen und sie mit *eigenen Einfällen anreichern*, z. B. eine Theatervorstellung mit musikalischen Einlagen zusammenstellen oder Inhalte der Geschichte plastisch gestalten, malen und zeichnen. So können aus einer angebotenen Geschichte innere, mit visuellen Vorstellungen verbundene Bilder entstehen, die noch intensiver erlebt werden, wenn über eigene „Werke" (Bau eines Spielhauses, plastische Gestaltung mit unterschiedlichen Materialien, eigenständig gezeichnetes Bild und/oder Formulierung eigener Gedanken in schriftsprachlicher Form, z. B. in einem persönlich geführten, mit eigenen Zeichnungen angereicherten Tagebuch) *intensive emotionale Erlebnisse* ausgedrückt werden. Es geht bei all dem vor allem um die *selbstständige und eigenschöpferische Ausgestaltung* eigener Erlebnisse oder angebotener Geschichten. Entscheidend ist, dass dem Kind dafür genügend Freiräume bleiben und dass es sich nicht durch Kritik oder Anforderungen, denen es aufgrund seines Alters oder seiner Entwicklung noch nicht gewachsen ist, in seiner Kreativität eingeengt fühlt. Anders als „Fantasy"-Geschichten sollten die angebotenen Bilder, Figuren und Geschichten in ihren Verläufen und Eigenschaften noch nicht genau festgelegt oder bereits mit allen Details beschrieben sein.

Es muss noch etwas *Geheimnisvolles* bleiben, das zur Entschlüsselung drängt und der kindlichen Phantasie Flügel verleiht! Das Kind soll mit seinen Phantasiefiguren und -geschichten bzw. mit seinen Zeichnungen eine eigene innere Welt herbeizaubern dürfen, in der es Ungezwungenheit, Wunscherfüllung, Auseinandersetzung mit seinen Freuden, Ängsten und Aggressionen erleben kann. Auch der freie Zugriff auf Inhalte von Märchen, Mythen und Sagen, auf die archaischen Symbole des Unbewussten, muss ihm gewährt sein. *Allen Teufeln, Elfen, Engeln, Kobolden, Riesen und Zwergen, Königen und Prinzessinnen, Monstern, Drachen, Zauberern und Hexen muss der Zutritt zur kindlichen Phantasiewelt offen stehen.* Wichtig ist, dass das Kind die Geschichte am Ende nach eigenen Vorstellungen zum Guten führen darf und aus dieser Wunscherfüllung aufbauende innere Kräfte bezieht, die es gestärkt in die Realität zurückkehren lassen. Ein kreatives Kind erschafft sich im phantasievollen Spiel, beim Malen und Zeichnen, seine eigene unbegrenzte Welt und fühlt sich darin wohl und geborgen. Es hat die Möglichkeit, sich immer wieder dorthin zurückziehen, wenn es diese Rückzugsmöglichkeit zu seiner Beruhigung, seinem Schutz und seinem Glücksempfinden braucht.

Albert Einstein (1879-1955) fand für die wichtige Rolle der Phantasie die treffenden Worte: *„Phantasie ist wichtiger als Wissen. Wissen ist begrenzt, aber die Phantasie umfasst die ganze Welt.“*

Eltern, die selbst kreativ sind, die malen und zeichnen, sich mit den Kindern Rollenspiele und lustige oder spannende Geschichten ausdenken, Zugang zu ihrem eigenen Kindsein haben und sich dort mit ihren Kindern treffen können, lassen nicht nur ihr Denken, Fühlen und Wollen, sondern auch jene intuitiven Kräfte zu, die aus vorbewussten oder unbewussten Quellen gespeist werden. Kinder erleben auf diese Weise spontane, ideenreiche Eltern, die nicht nur in ihrem Beruf, sondern auch in ihrer Freizeit bei handwerklichen und technischen Arbeiten in Haus und Garten, bei Arbeiten am Computer oder auf den Gebieten von Kunst, Literatur, Wissenschaft, Film, Medien etc. ihr kreatives Potenzial einsetzen. Wenn sie die Kinder in ihr Tun einbeziehen und es ihnen in kindgerechter Sprache verständlich machen, sind sie ihnen ein Vorbild. Kinder werden durch witzige und humorvolle Erklärungen ihrer Eltern besonders angesprochen und zu eigenem kreativen Umgang mit Sprache stimuliert. Auch für das Heranführen an Werte und Güter der eigenen oder einer fremden Kultur spielen Eltern eine wichtige Rolle. Eltern, die selbst gerne ein Buch zur Hand nehmen und den Kindern ihre Freude an der Literatur und/oder am eigenen Schreiben vorleben, schaffen hierzu die besten Voraussetzungen. Durch gemeinsame Film-, Konzert-, Theater- und Ausstellungsbesuche kann das Interesse der Kinder an solchen Werken geweckt und anschließend in Gesprächen über das Gesehene und Erlebte noch einmal vertieft werden.

Joan Miró, „Der singende Fisch“,
© Successió Miró / VG Bild-Kunst, Bonn 2007

Abb. 289

Nicht nur Erwachsene, auch Kinder lassen sich von der Ausdruckskraft und Mystik der Werke bildender Künstler besonders inspirieren.

So wurde die Phantasie eines hochbegabten 10jährigen Jungen durch das hier authentisch reproduzierte Bild Joan Mirós „Der singende Fisch“ (Abb. 289) zur sensiblen Nachempfindung und eigenständigen Variation des Themas angeregt. (Abbildung der Zeichnung dieses Jungen mit Erläuterungen siehe Kap. 3.8, Abb. 134, S. 259).

9 Erläuterungen zu psychodiagnostischen Testverfahren - Kurzbeschreibungen, Erklärungen, Kommentare -

9.1 Frostigs Entwicklungstest der visuellen Wahrnehmung (FEW), Developmental Test of Visual Perception 2 (DTVP-2; FEW-2) und DTVP-A (für Jugendliche und Erwachsene)

Marianne Frostig entwickelte mit ihren Mitarbeiter/innen 1961 den „Developmental Test of Visuel Perception" (DTVP) zur Basisdiagnostik der visuellen Wahrnehmung (Frostig, M., Lefever, D. W. and Whittlesey, J. R. B., 1961) und ergänzte in den folgenden Jahren die Auswertungsnormen (Frostig, M., Lefever, D. W. and Whittlesey, J. R. B., 1964, 1966). Auf der Grundlage dieses bald weltweit anerkannten und vielseitig in pädagogischen und klinischen Einrichtungen, psychologischen und ergotherapeutischen Praxen und Förderschulen verwendeten diagnostischen Verfahrens wurde, unter Einbeziehung von Untersuchungsergebnissen der Bewegung („Frostigs Test der motorischen Entwicklung", FTM, deutsche Ausgabe: Bratfisch, O., 1985), von Untersuchungen der auditiven Wahrnehmung, Intelligenz- und Leistungstests (Lesen, Rechtschreiben, Rechnen), ein Förder- und Therapieprogramm für Kinder mit Teilleistungsstörungen etabliert (M. Frostig und D. Horne, 1974: „Visuelle Wahrnehmungsförderung", Heft 1, 2003; Heft 2, 2002; Heft 3, 2002; Lehreranweisungsheft für die Arbeitshefte 1-3, 2002).
In deutscher Bearbeitung von O. Lockowandt liegt der DTVP unter dem Namen: „Frostigs Entwicklungstest der visuellen Wahrnehmung (FEW) seit 1974 vor und gehört nach der statistischen Bearbeitung durch W. Dacheneder (T-Werte) jetzt in der 9. Auflage (2000) zu einer der in Deutschland am häufigsten verwendeten psychodiagnostischen Testverfahren (Lockowandt, O., 1974/2000).
Der FEW prüft die visuelle Wahrnehmung in den Bereichen: „Visuo-motorische Koordination, Figur-Grund-Unterscheidung, Form-Konstanz-Beachtung, Erkennen der Lage im Raum, Erfassen räumlicher Beziehungen." Eine Normierung liegt für Kinder im Lebensalter von 4;0-8;11 Jahren vor. Die Kritik am FEW konzentriert sich auf folgende Aussagen:

> Dacheneder, W., in: Straßburg, H.-M., Dacheneder, W., Kreß, W. (Hrsg.), 2003, S. 227-228: „Der DTVP bzw. FEW besteht aus fünf Aufgabengruppen, deren Auswahl mit faktorenanalytischen Forschungen begründet wird. Diese Wahrnehmungsfähigkeiten stellen eine Basis für die intellektuelle Entwicklung dar; die Aufgaben sollen insbesondere im Hinblick auf den Erwerb des Lesens und Schreibens Auskunft geben. Die Unabhängigkeit dieser fünf Subtests (Faktoren) voneinander wird in verschiedenen Untersuchungen sehr bezweifelt; empirische Untersuchungen konnten Ein- oder Zwei-Faktorenlösungen zeigen.

> Auch für die deutsche Bearbeitung gibt es ein Zwei-Faktoren-Modell, bestehend aus einem Faktor der graphomotorischen Kompetenz und dem Faktor der Form- und Gestalt-Erfassung. Während bei jüngeren Kindern die graphomotorische Kompetenz die größere Varianz aufweist, ist es bei den älteren Kindern die Form- und Gestalt-Erfassung.
> Die Messgenauigkeit (Reliabilität) lässt bei einigen Subtests in einigen Altersstufen zu wünschen übrig; bei älteren Kindern (8;0-8;11jährigen) sind die Aufgabengruppen *Lage im Raum* und *räumliche Beziehungen* generell zu leicht *(ceiling effect)* und können deshalb nicht ausreichend differenzieren."

Inzwischen gibt es eine Revision des FEW, die in den USA entwickelt wurde, den DTVP-2 (Developmental Test of Visual Perception 2; Hamill et al., 1993). Eine deutsche Normierung dieses Tests ist in Vorbereitung und erscheint 2007 unter dem Namen „FEW-2" im Hogrefe Verlag, Göttingen. (Büttner, G., Dacheneder, W., Schneider, W. und Beyer, K., 2007). Auch unter Verwendung der amerikanischen Testnormen wird der DTVP-2 bereits in Deutschland häufig zur Diagnose der Grundfunktionen der visuellen Wahrnehmung im klinischen Bereich eingesetzt und ermöglicht differenziertere Aussagen zur visuellen Wahrnehmung als der FEW (vgl. Kap. 6.2.2, Erläuternde Hinweise zu den Abb. 217-221, Testauswertung des DTVP-2 anhand des Fallbeispiels Peter).
Die faktorenanalytischen Untersuchungen am DTVP-2 zeigen, vergleichbar dem FEW, jedoch statistisch eindeutiger, dass die 8 Untertests des DTVP-2 die visuelle Wahrnehmung als Gesamtfähigkeit messen. Diese Messung erfolgt im DTVP-2 im Unterschied zum FEW auf zwei Wegen: Ein Weg erfordert minimale motorische Fertigkeiten, und ein anderer Weg erfordert in stärkerem Maße Auge-Hand-Koordination. Mit Hilfe dieses Tests können damit im Hinblick auf die Beteiligung feinmotorischer Funktionen an den Testaufgaben zur Überprüfung der visuellen Wahrnehmungsleistungen statistisch gesicherte Aussagen getroffen werden.
Beim DTVP-2 werden 4 Untertests mit hoher Motorikbeteiligung und 4 Untertests mit geringer Motorikbeteiligung unterschieden. Hohe Motorikbeteiligung und graphomotorische Kompetenz werden im Untertest „Auge-Hand-Koordination, Nachzeichnen, Räumliche Beziehungen und Visuo-motorische Geschwindigkeit" ermittelt; dagegen gelten die Untertests „Lage im Raum, Figur-Grund, Gestaltschließen und Formkonstanz" als statistisch zuverlässige Indikatoren für die Form- und Gestalt-Erfassung (geringe Motorikbeteiligung). Der DTVP-2 wurde für Kinder im Alter zwischen 4;0 und 10;11 Jahren standardisiert. „Die Testgütekriterien, vor allem die Reliabilität, werden in allen Altersgruppen gut bis sehr gut erfüllt." (Dacheneder, W., in: Straßburg, H.-M., Dacheneder, W. und Kreß, W. (Hrsg.), 2003, S. 228; Dacheneder, W. und Weiland, G., 2001, S. 16-24).

Für den DTVP-A liegen jetzt auch amerikanische Normwerte für *Jugendliche* und *Erwachsene* vor.

Der DTVP-A eignet sich zur Diagnose und Therapieplanung von visuellen Wahrnehmungsstörungen bei besonderen klinischen Fragestellungen (z. B. zur Diagnostik und Erarbeitung von speziellen Therapie- und Förderprogrammen bei rechts-hemisphärischen und posterioren links-hemisphärischen Hirnschädigungen; dieser Test kann im Bereich der Rehabilitation nach Schlaganfall, Schädel-Hirntrauma oder bei sonstigen Störungen oder Abbauprozessen des zentralen Nervensystems, die mit visuellen Wahrnehmungsstörungen verbunden sind, eingesetzt werden (z. B. Alzheimer-Erkrankung im Anfangsstadium). Auch für Erwachsene mit geistiger Behinderung ergeben sich aus der Anwendung des DTVP-A Einsatzmöglichkeiten in Diagnostik, Förderung und Therapie.

Die Ergebnisse der Untersuchungen mit dem DTVP-2 (FEW-2) bzw. DTVP-A bilden eine wichtige Grundlage zur Planung der Förderung und Therapie nach dem *Frostig-Konzept* (vgl. Kap. 7). Testpsychologisch ermittelte Defizite im Bereich der visuellen Wahrnehmung sollten nach diesem Konzept bei Kindern nicht isoliert durch Übungsprogramme der visuellen Wahrnehmung „trainiert" werden. Dies gilt gerade auch für entwicklungsgestörte oder intelligenzgeminderte Kinder. Im Zusammenhang mit einer zielorientiert geplanten Förderung oder Therapie der visuellen Wahrnehmungsfunktionen (mit hoher oder geringer Motorikbeteiligung) werden nach diesem Konzept, entsprechend vorliegender testpsychologisch (z. B. mit Hilfe des DTVP-2, FEW-2) und über die Verhaltensbeobachtung ermittelter Potenziale und Störungsschwerpunkte, immer auch die taktil-kinästhetische und auditive Wahrnehmung, Bewegung, Sprache sowie die kognitive und kreative Entwicklung angesprochen. Der Beachtung des emotional-sozialen Bereichs, einschließlich spiel-, gestalt-, mal- und gesprächstherapeutischer Angebote und der Elternberatung kommt ein wichtiger Stellenwert in Diagnostik, Förderung und Therapie zu. Bewegungsübungen und dreidimensionale Übungen (z. B. Entwicklungsförderung mit dem Pertra-Spielsatz, vgl. Brand, I., 1998; Gestalten mit unterschiedlichen Materialien, Knete, Ton, Sand etc.) werden mit einer Förderung des Malens und Zeichnens und der Durchführung systematisch aufbauender Papier-Bleistiftübungen (z. B. Frostig-Arbeitsbogen der Arbeitshefte 1 bis 3, Schroedel Verlag, Braunschweig) im Sinne der Anwendung eines ganzheitlichen Konzepts verbunden.
Auch mit Hilfe der Kinderzeichnungen kann als Screening-Verfahren eine orientierende Einschätzung der visuellen Wahrnehmungsfunktionen des Kindes vorgenommen werden (vgl. Interpretation der Fallbeispiele in Kap. 5, 6 und 7). In Kinderzeichnungen sind visuelle Wahrnehmungsleistungen immer auch mit fein- und graphomotorischen Funktionen verbunden. Im Unterschied zum DTVP-2 bzw. FEW-2 ist es bei der Analyse von Zeichnungen oft schwierig, visuelle Wahrnehmung

(Form- und Gestalt-Erfassung) und Auge-Hand-Koordination (graphomotorische Kompetenz) voneinander zu trennen, was bei manchen differentialdiagnostischen Fragestellungen von Nachteil ist. Bei einigen Formen von Entwicklungsstörungen (z. B. den umschriebenen Entwicklungsstörungen fein- und/oder graphomotorischer Fertigkeiten) ist es daher zur Sicherung der Diagnose sinnvoll, eine solche Analyse mit Hilfe des standardisierten DTVP-2 (FEW-2) vorzunehmen und die Ergebnisse dieses Tests mit den Ergebnissen der Analyse von Zeichentests und von freien Zeichnungen zu vergleichen. Die Analyse von Zeichnungen bietet, über den Anwendungsbereich von visuellen Wahrnehmungstests wie dem DTVP-2 hinausgehend, die Möglichkeit, den emotional-sozialen Bereich, die Sprachentwicklung und die kreative Entwicklung orientierend zu begutachten und in die Diagnostik einzubeziehen. Freie Zeichnungen oder Zeichentests können auf Ressourcen oder Konfliktbereiche des Kindes hinweisen. Diese Beobachtungen sind nicht nur für die Diagnostik, sondern auch für die Planung und Durchführung von Beratung, Förderung und Therapie grundlegend wichtig.

Richtlinien zur Testanwendung und Auswertung des DTVP-2 (FEW-2) in englischer Sprache und mit Normen für amerikanische Kinder siehe unter: Hamill et al., 1993, Developmental Test of Visual Perception 2; Richtlinien zur Testanwendung und Auswertung des FEW-2 in deutscher Sprache und mit neuen Normen für deutschsprachige Kinder siehe unter: Büttner, G., Dacheneder, W., Schneider, W. und Beyer, K., 2007, Göttingen: Hogrefe Verlag.

9.2 *Test: „Zeichne-Einen-Menschen“ (ZEM), E. M. Koppitz, Einführung und Auswertungshilfen*

Der Test: „Zeichne-Einen-Menschen“ (ZEM) von E. M. Koppitz wurde erstmals 1968 unter dem amerikanischen Originaltitel: „Psychological Evaluation of Children's Human Figure Drawings“ veröffentlicht und stieß auf großes internationales Interesse. Im Jahr 1972 erfolgte eine Übersetzung ins Deutsche. Leider ist diese Ausgabe inzwischen vergriffen und wird nicht mehr aufgelegt. Dennoch beziehen sich nicht nur amerikanische, sondern auch viele deutschsprachige Autoren weiterhin auf die Evaluierungen von E. M. Koppitz und verweisen auf die normativen Untersuchungsergebnisse dieser Veröffentlichung. Mit Genehmigung des Elsevier Verlags, Philadelphia, USA, werden im Folgenden die Normierungstabellen von E. M. Koppitz zur Auswertung des Tests: „Zeichne-Einen-Menschen“ (ZEM) den Lesern und Leserinnen wieder zugänglich gemacht (Kap. 9.2.1 9.2.2, Tabellen 1 - 4).

Anwendungsrichtlinien des ZEM-Tests:

Der ZEM wird mit Bleistift (Nr. 2) gezeichnet, es wird auch ein Radiergummi bereitgelegt. Als Papierformat gibt Koppitz 28 x 20 cm an.

Testanweisung (Koppitz, E. M., 1972, S. 22):
„Ich möchte, dass du auf dieses Blatt Papier eine ganze Person zeichnest. Du kannst jede Art von Person zeichnen, nur achte darauf, dass es eine ganze Person wird und nicht nur ein Strichmännchen oder eine Witzblattfigur." Bei kleineren Kindern, die den Ausdruck „Person" noch nicht richtig verstehen, kann man die Instruktion folgendermaßen ändern: *„Du kannst einen Mann oder eine Frau zeichnen oder einen Jungen oder ein Mädchen, was immer du gerade zeichnen willst."*

Die Testdauer ist nicht begrenzt. Es wird dem Kind gestattet, auszuradieren oder seine Zeichnung zu ändern. Der Test ist als Einzel- oder Gruppentest einsetzbar.

Bemerkungen zur Durchführung:
Der Untersucher/die Untersucherin sollten während der Durchführung des Tests das Verhalten des Kindes beobachten und dabei auch die Reihenfolge festhalten, in der die Person gezeichnet wird. Wichtig ist es ebenfalls, die aufgewandte Zeit und die Menge des verbrauchten Papiers zu notieren. Wenn ein Kind mit seiner Zeichnung unzufrieden ist, sollte man ihm gestatten, auf der Rückseite des Papiers neu zu beginnen oder einen zweiten Papierbogen zu benutzen. Bei Gruppenanwendungen des ZEM-Tests sollte man die Kinder möglichst voneinander getrennt setzen, um die Wahrscheinlichkeit des gegenseitigen Kopierens zu verringern.
Sollte der ZEM individuell angewendet werden, ist darauf zu achten, dass kein Bild einer Person oder eine andere Zeichnung an der Wand hängt, die das Kind abzeichnen könnte. Man sollte das Kind anregen, möglichst die Zeichnung aus eigener Vorstellung anzufertigen und nicht die vor ihm stehende Person des Untersuchers/der Untersucherin zu kopieren.

Auswertung der Entwicklungsmerkmale des ZEM nach E. M. Koppitz:
Mit der Auswertung des ZEM können „Entwicklungsmerkmale" und „Emotionale Faktoren" unterschieden werden. Die vorliegenden statistischen Untersuchungsergebnisse dieses Tests haben ergeben, dass sich *Entwicklungsmerkmale* mit dem Alter und dem Reifezustand der Kinder verändern. Im Unterschied zu den Entwicklungsmerkmalen konnte Koppitz belegen, dass die *Emotionalen Faktoren* nicht primär von dem Alter und dem Reifezustand der Kinder abhängen, sondern hauptsächlich mit ihrer inneren Einstellung und ihren Problemen verbunden sind.
Sowohl für die Entwicklungsmerkmale als auch für die Emotionalen Faktoren legte Koppitz normative Angaben vor. Ihre normative Studie des ZEM beruht auf Testergebnissen an 1856 amerikanischen Schülern aus 86 vollständigen Schulklassen (vom Kindergarten bis zur 6. Klasse) aus 10 Volksschulen. Koppitz konnte 30 Entwick-

lungsmerkmale (Erläuterungen zu den Entwicklungsmerkmalen vgl. Kap. 9.2 und 9.2.1, Tabellen 2 und 3) und 30 Emotionale Faktoren isolieren (Erläuterungen zu den Emotionalen Faktoren vgl. Kap. 9.2.2, Tab. 4).

- ***Erläuterungen zu den Entwicklungsmerkmalen:***

Koppitz teilte die Entwicklungsmerkmale vier Häufigkeitskategorien zu: *„Erwartete Einzelmerkmale"*, *„Übliche Einzelmerkmale"*, *„Nicht-Ungewöhnliche Einzelmerkmale"* und *„Außergewöhnliche Einzelmerkmale"*.

„Erwartete Einzelmerkmale":

Unter dieser Kategorie beschrieb Koppitz Einzelfaktoren, die in 85 bis 100 % des ZEM einer jeweiligen Altersstufe bei Jungen bzw. bei Mädchen vorkamen. Diese „Erwarteten Einzelmerkmale" stellen das grundlegende Minimum dar, das in der Menschzeichnung von Kindern des jeweiligen Alters zu erwarten ist.

> Koppitz, E. M., 1972, S. 28:
> „Daher wird dem *Fehlen* der ‚Erwarteten Einzelheiten' mehr Bedeutung beigemessen als ihrem Vorhandensein. Es wird vermutet, dass das Weglassen eines Entwicklungsmerkmals, das in die ‚erwartete Kategorie' fällt, entweder auf erhebliche Unreife, Entwicklungsrückstand oder auf das Vorhandensein einer Regression infolge von emotionalen Problemen hindeutet."

„Übliche Einzelmerkmale":

Zu den „Üblichen Einzelmerkmalen" rechnete Koppitz Merkmale, die in 51 bis 85 % des ZEM bei Jungen bzw. bei Mädchen vorkommen. Sie sind in über der Hälfte der Zeichnungen jeder Altersstufe vorhanden, jedoch nicht häufig genug, um sie als wesentlich zu bewerten.

„Nicht-Ungewöhnliche Einzelmerkmale"

Die „Nicht-Ungewöhnlichen Einzelmerkmale" wurden in 16 bis 50 % des ZEM von Jungen bzw. Mädchen gefunden. Diese Entwicklungsmerkmale erschienen in weniger als der Hälfte aller ZEM-Tests.

> Koppitz, E. M., 1972, S. 28:
> „Weder das Vorhandensein noch das Fehlen der ‚Üblichen' oder ‚Nicht- Ungewöhnlichen Einzelmerkmale' wird in der Diagnose für wichtig gehalten."

„Außergewöhnliche Einzelmerkmale"

Koppitz, E. M., 1972, S. 28:

„Andererseits wird die vierte Kategorie für sehr wichtig gehalten. In diese Kategorie gehören alle Merkmale, die in 15 % oder weniger des ZEM bei Jungen bzw. Mädchen erscheinen. Diese Einzelheiten werden als *‚Außergewöhnlich'* bezeichnet.

Es wird angenommen, dass die ‚Außergewöhnlichen Einzelmerkmale' nur in ZEM von Kindern mit überdurchschnittlicher geistiger Reife zu finden sind."

Ergänzende Anmerkung Ch. Seidel: Außergewöhnlichen Merkmalen der Kleidung (0-1 Einzelheiten) kommt bei Mädchen im Alter von 10;0, 11;0 und 12;0 Jahren (vgl. Kap. 9.2.1, Tabelle 3) wegen ihres seltenen Vorkommens eine differentialdiagnostische Bedeutung zu, die entsprechend der vorliegenden individuellen Situation des Kindes, nicht jedoch als Hinweis auf überdurchschnittliche geistige Reife zu interpretieren ist.

Die Ergebnisse der Auswertung stellte Koppitz in Entwicklungstabellen zusammen, die *unterschiedliche Daten für Jungen und Mädchen* enthalten (vgl. Kap. 9.2.1, Tab. 2 und 3). Aus diesen Tabellen geht hervor, dass sich Jungen (bis zum Lebensalter von ca. 8;0 Jahren) im Hinblick auf den ZEM etwas später entwickeln als Mädchen und dass es spezielle Merkmale gibt, bei denen Jungen und Mädchen eine unterschiedliche Entwicklung aufweisen.

Den Tabellen 2 und 3 ist zu entnehmen, dass jedes Einzelmerkmal mit zunehmendem Alter häufiger vorkommt, bis dieses Einzelmerkmal in 90 % oder mehr der Zeichnungen der entsprechenden Altersgruppe in Erscheinung tritt.

Koppitz, E. M. , 1972, S. 28:

„Die Anzahl der Erwarteten Einzelheiten steigt stetig an, während die Anzahl der Außergewöhnlichen Einzelheiten von Jahr zu Jahr bis zum 10. Lebensjahr zurückgeht; danach treten scheinbar keine bedeutsamen entwicklungsbedingten Veränderungen in den ZEM mehr auf. Dieser Befund stimmt mit den Ergebnissen von Goodenough überein."

Nach den Untersuchungsergebnissen von Koppitz liefert die Auswertung der Entwicklungsmerkmale erste Hinweise auf das allgemeine geistige Reifeniveau im Sinne eines Screening-Verfahrens, auch wenn kein endgültiges IQ-Ergebnis vorliegt (signifikante Korrelationen mit den Untersuchungsergebnissen des Wechsler-Intelligenztests für Kinder, WISC, werden von Koppitz ausführlich beschrieben). Die statistischen Untersuchungsergebnisse von Koppitz belegten, dass die ZEM-Werte vor allem mit dem Alter und der allgemeinen kognitiven Reife zusammenhängen und nicht statistisch signifikant zwischen geprüften Kindern mit hohem Handlungs-IQ und solchen mit hohem Verbal-IQ differenzieren.

Erläuterungen zur Einschätzung des Gesamtniveaus der Zeichenentwicklung des ZEM nach Koppitz

Koppitz verwendete eine einfache Zählmethode für die „Erwarteten" und die „Außergewöhnlichen Entwicklungsmerkmale" für 1856 Jungen und Mädchen der normativen Gruppe auf jeder Altersstufe (vgl. Kap. 9.2.1, Tabelle 2 und 3).

Koppitz, E. M., 1972, S. 50:

„Jede Erwartete und Außergewöhnliche Einzelheit erhielt einen Punktwert von 1. Das Fehlen einer Erwarteten Einzelheit wurde mit – 1 bezeichnet, während das Vorhandensein einer Außergewöhnlichen Einzelheit mit + 1 gewertet wurde. Um negative Punktwerte zu vermeiden, wurden zu der Summe aller negativen und positiven Punkte, die ein Kind für seinen ZEM erhielt, fünf hinzugerechnet. Somit zählte das Fehlen einer Erwarteten Einzelheit als – 1 + 5 oder mit 4 Punkten, das Vorhandensein einer Außergewöhnlichen Einzelheit zählte als + 1 + 5 oder mit 6 Punkten."

- *Auswertungsformel:*
  Minus (Anzahl der fehlenden Erwarteten Merkmale) plus (Anzahl der vorhandenen Außergewöhnlichen Merkmale) plus 5 = errechneter Punktwert
  (Erläuterung zur praktischen Anwendung dieser Formel anhand der Auswertung des ZEM im Fallbeispiel Anna, vgl. Kap. 5.3.4).

Koppitz fand bei ihren Untersuchungen an insgesamt 347 Knaben und Mädchen im Alter von 5;11-12;11 Jahren signifikante Korrelationen der Punktwerte des ZEM mit Gesamt-IQ-Ergebnissen des „Wechsler-Tests" (Wechsler, D., 1949) und des „Stanford-Binet-Intelligenztests" (Terman and Merrill, 1960). Die Signifikanzen der Korrelationen des Wechsler-Intelligenztests und des Stanford-Binet-Intelligenztests mit den ZEM-Werten (Erwartete und Außergewöhnliche Merkmale) wurden getrennt berechnet und für beide Testverfahren bestätigt. Auch die Korrelationen dieser Merkmale des ZEM mit dem Ergebnis des „Draw-A-Man-Tests" (Goodenough, F. L., 1926; Goodenough, F. L. and Harris, D. B., 1950) erwiesen sich als signifikant (vgl. Koppitz, E. M., 1972, S. 46-52). Entsprechend dieser Ergebnisse errechnete Koppitz folgende Punktwerte ihrer Auswertungsformel zur Gesamteinschätzung der Intelligenz (vgl. Koppitz, E. M., 1972, Anhang C, Beurteilung individueller ZEM-Punktwerte, S. 387):

„ZEM-Wert	Bereich der geistigen Fähigkeit
• 8 oder 7 Punkte:	Hoch bis Sehr Hoch (IQ über 110)
• 6 Punkte:	Durchschnitt bis Sehr Hoch (IQ 90-135)
• 5 Punkte:	Durchschnitt bis Hoch (IQ 85-120)
• 4 Punkte:	Niedrig bis Durchschnitt (IQ 80-110)
• 3 Punkte:	Niedrig (IQ 70-90)
• 2 Punkte:	Grenze der Intelligenzminderung (IQ 60-80)
• 1 oder 0 Punkte:	Intelligenzminderung (Geistige Behinderung) oder solche Kinder, die infolge von ernsten emotionalen Problemen auf einem sehr zurückgebliebenen Niveau funktionieren"

(Anmerkung Ch. Seidel: Der von Koppitz verwendete Begriff „Schwachsinn" wurde in der vorliegenden Buchveröffentlichung durch den in der ICD-10-GM 2007 gebräuchlichen Begriff der „Intelligenzminderung" (Geistige Behinderung") ersetzt.

Diese mit Hilfe der Formel von Koppitz zu errechnenden Gesamtpunktwerte dienen nach meiner Erfahrung einer raschen ersten Orientierung zur Einschätzung der Zeichenentwicklung und der geistigen Reife bis zum Alter von ca. 10;0-11;0 Jahren. Der Vergleich der Punktwerte mit IQ-Werten ist aus meiner Sicht in heutiger Zeit problematisch, da die normativen Daten von Koppitz veraltet sind und nicht mehr den statistischen Gütekriterien entsprechen. Als *überschlägige Orientierung* (z. B. bei der Untersuchung von Vorschulkindern oder bei Schulfähigkeitsuntersuchungen) sind diese Punktwerte jedoch in einem Screening-Verfahren durchaus von Nutzen. Allerdings sollten sie meiner Überzeugung nach bei auffälligen Kindern durch die qualitative Analyse nach den neuen Leitlinien in 8 Bereichen (Seidel) ergänzt werden; die Anwendung aktuell standardisierter Zeichentests (Reynolds, C. R. and Hickman, J. A., 2004), Wahrnehmungstests (z. B. DTVP-2, FEW-2), aktuell standardisierter Intelligenztests und freier Zeichnungen ist hierbei eingeschlossen. Die Auswertung der Emotionalen Faktoren (Koppitz) und der Emotionalen Zeichen (Seidel) sollte immer in die Interpretation der Entwicklungsmerkmale der Kinderzeichnung einbezogen werden. Die Auswertungsanleitung der 30 Entwicklungsmerkmale wird in Kap. 9.2.1, Tabelle 1 beschrieben (Originalliteratur von Koppitz siehe Anhang A, S. 383). In Kap. 9.2.1, Tabelle 2 und 3, ist die Auswertung der individuellen ZEM-Befunde *im Hinblick auf die Erwarteten, Üblichen, Nicht-Ungewöhnlichen und Außergewöhnlichen Einzelmerkmale* wiedergegeben, bezogen auf die Standardisierungsnormen (Auswertungsalter 5;0-12;11 Jahre).

Koppitz, E. M., 1972, S. 39:
„Die Verfasserin hat eine Reihe von Untersuchungen durchgeführt, um zu ermitteln, ob die 30 Entwicklungsmerkmale den weiter oben (Seite 25) beschriebenen Kriterien für solche Einzelheiten entsprechen. Wie bereits früher ausgeführt, wurde ein Entwicklungsfaktor als ein Merkmal im ZEM von Kindern definiert, das

1. hauptsächlich mit Alter und Reife des Kindes zusammenhängt und dessen Häufigkeit mit zunehmendem Alter ansteigt;
2. das nicht nennenswert von den Testanweisungen beeinflusst wird, die dem Kind erteilt werden, noch vom Material, das beim Zeichnen verwendet wird;
3. das nicht besonders stark von den Kenntnissen beeinflusst wird, die in der Schule erworben werden, noch
4. von den künstlerischen Fähigkeiten des Kindes."

Die normativen Daten der Tabellen von Koppitz zeigen, dass die Entwicklungsmerkmale mit dem Alter und dem Reifegrad zusammenhängen und dass sie bei einander folgenden Alterstufen immer häufiger auftreten, bis das maximale Vorkommen erreicht ist. Einige Einzelheiten sind praktisch in allen ZEM zu finden, sogar schon bei 5;0jährigen, andere hingegen erscheinen selbst bei 12;0jährigen nur in verhältnismäßig wenigen ZEM. In jedem Fall nimmt jedoch das Vorkommen immer mehr zu, bis bei einer jeweiligen Altersstufe ein Plateau erreicht ist, das nicht mehr überschritten wird.

Zur Interpretation des ZEM nach E. M. Koppitz:
Koppitz ging bei der Interpretation des ZEM davon aus, dass das Fehlen von „Erwarteten Einzelheiten“ (= „Erwarteten Einzelmerkmalen“), d. h. von Einzelheiten, die in 86 bis 100 % aller „normalen“ Fälle vorkommen, als diagnostisch bedeutungsvoll zu werten ist und aller Wahrscheinlichkeit nach auf geistige Unreife hindeutet.
Immer dann, wenn ZEM-Befunde und IQ-Ergebnis nicht übereinstimmen, riet Koppitz zu einer genaueren Analyse der Befunde. Sie wendete sinngemäß folgende Untersuchungsstrategien an:
Alle Kinder, deren ZEM-Ergebnisse deutlich von den Testergebnissen der Intelligenzprüfung abwichen, wurden einer genaueren Prüfung unterzogen. Das Ergebnis ihrer klinischen Studien belegte, dass alle Kinder, deren Ergebnis beim Intelligenztest durchschnittlich oder überdurchschnittlich ausgefallen war, dagegen beim ZEM-Test unter der Durchschnittsnorm lag, an schweren seelischen und Persönlichkeitsproblemen litten. In diesen Fällen zeigte das Niveau des ZEM die tatsächlichen geistigen Leistungsmöglichkeiten des Kindes auf, während das Ergebnis des Intelligenztests *auf das intellektuelle Potenzial des Kindes hindeutete*, das zu verwirklichen das Kind vielleicht, aber nicht mit Sicherheit, fähig war.
In den Fällen, in denen das Niveau der ZEM-Ergebnisse höher als das des Intelligenztests war, beobachtete Koppitz zwar eine altersentsprechende Intelligenz, die Kinder hatten aber gehäuft Lernschwierigkeiten infolge kultureller oder sozialer Benachteiligung oder infolge von Störungen des Gehörs, der auditiven Perzeption oder des Gedächtnisses.

9.2.1 Originaltabellen zur Auswertung der Entwicklungsmerkmale des ZEM-Tests nach E. M. Koppitz für Jungen und Mädchen

Die im Folgenden mit freundlicher Genehmigung der Verlage Elsevier, Philadelphia, und Thieme, Stuttgart, wiedergegebenen Tabellen der Originalliteratur von E. M. Koppitz sind eine Orientierungshilfe zur Auswertung des ZEM. Die Bewertung der Entwicklungsmerkmale wird in der Originalliteratur von Koppitz erläutert und anhand von Bildbeispielen demonstriert. Im Folgenden werden die Nummern dieser Bildbeispiele in Klammern angegeben, die Bildbeispiele selbst sind jedoch in meinem Buch: „Leitlinien zur Interpretation der Kinderzeichnung“ nicht abgebildet. Es besteht aber die Möglichkeit, im Rahmen der Weiterbildungskurse der Autorin: „Die Kinderzeichnung bei Entwicklungsstörungen“ Einblick in die aufgeführten Bildbeispiele der Originalliteratur von E. M. Koppitz zu nehmen, vgl. www.christa-seidel.de/html/kursangebot.html.

Auswertungsanleitung für 30 Entwicklungsmerkmale

Tabelle 1 ©Elsevier, Philadelphia, USA

Nachdruck der Originaltabellen aus: E. M. Koppitz: Psychological Evaluation of Children's Human Figure Drawings, Grune and Stratton, Inc. New York, Copyright 1968, mit Genehmigung von Elsevier, Philadelphia;
Nachdruck der Originaltabellen in deutscher Übersetzung aus:
Koppitz, E. M. (1972): Die Menschendarstellung in Kinderzeichnungen und ihre psychologische Auswertung, Anhang A, S. 383-385, Stuttgart: Hippokrates, deutsche Übersetzung mit freundlicher Genehmigung des Thieme Verlags, Stuttgart.

1.	*Kopf:* jede Darstellung, klar-deutlicher Umriss des Kopfes erforderlich.
2.	*Augen:* jede Darstellung.
3.	*Pupillen:* ausgeprägte Kreise oder Punkte innerhalb der Augen-Umrisse erforderlich. Ein Punkt mit einer Linie darüber wird als Auge und Augenbraue gewertet (Koppitz Bildbeispiele Tafeln 5, 8, 9, 13b, c, 14, 17, 34, 35).
4.	*Augenbrauen oder Augenwimpern:* entweder Brauen oder Wimpern oder beides (Koppitz Bildbeispiele Tafeln 8, 13a, b, 14, 19, 25a, 27, 29, 34).
5.	*Nase:* jede Darstellung (Koppitz Bildbeispiele Tafeln 2, 3, 4, 6, 8, 9, 13a, b, c, 14).
6.	*Nasenlöcher:* Punkte oder Nasenlöcher, außer der Darstellung der Nase, gezeigt (Koppitz Bildbeispiele Tafeln 13a, c, 17, 53, 54, 69, 86, 102a, 106, 107).
7.	*Mund:* jede Darstellung (Koppitz Bildbeispiele Tafeln 2, 3, 4, 6, 8, 13a, b, c, 14, 15).
8.	*Zwei Lippen:* zwei klar umrissene Lippen und durch eine Linie voneinander getrennt; zwei Zahn-Reihen allein werden nicht gewertet (Koppitz Bildbeispiele, gewertete Tafeln 13c, 14, 17, 39, 41a, c, 54, 56, 103, 111; nicht gewertete Tafeln: 35, 62).

Auswertungsanleitung für 30 Entwicklungsmerkmale, Koppitz (Fortsetzung)

9.	*Ohr:* jede Darstellung (Koppitz Bildbeispiele Tafeln 5, 13a, c, 17, 19, 20, 25a, b, d, 35).
10.	*Haare:* jede Darstellung (Koppitz Bildbeispiele Tafeln 2, 4, 5, 9, 13a, b, 14, 15, 16, 17) oder Hut oder Mütze bedecken den Kopf und verbergen das Haar (Koppitz Bildbeispiele Tafeln 8, 23, 37, 42, 47, 69, 77, 109).
11.	*Hals:* ausgesprochen deutliche Trennung von Kopf und Körper notwendig (Koppitz Bildbeispiele Tafeln 3, 4, 6, 8, 13a, b, c, 14, 16, 17, 19).
12.	*Körper:* jede Darstellung, klarer Umriss notwendig.
13.	*Arme:* jede Darstellung.
14.	*Zweidimensionale Arme:* beide Arme durch mehr als eine einzige Linie dargestellt (Koppitz Bildbeispiele Tafeln 3, 4, 6, 8, 9, 13a, b, c, 14, 15).
15.	*Arme nach unten weisend:* Beide Arme oder nur ein Arm weisen – in einem Winkel von 30 Grad oder mehr von der Horizontallage aus – nach unten (Koppitz Bildbeispiele Tafeln 3, 4, 6, 8, 9, 13a, b, c, 15, 16, 99) *oder* Arme erhoben, entsprechend der Tätigkeit, die von der Gestalt ausgeübt wird (Koppitz Bildbeispiele Tafeln 17, 18, 20); sind die Arme horizontal vom Körper weggestreckt und wenden sich dann, in gewisser Entfernung vom Körper, nach unten, erfolgt keine Wertung (Koppitz Bildbeispiel Tafel 48).
16.	*Arme richtig an der Schulter angesetzt:* Die Andeutung der Schulter ist in diesem Fall nötig, und die Arme müssen fest mit dem Körper verbunden sein (Koppitz Bildbeispiele Tafeln 4, 13a, b, 15, 16, 20, 35, 40, 41a, b).
17.	*Ellbogen:* ausgeprägt-deutlicher Winkel im Arm erforderlich (Koppitz Bildbeispiele Tafeln 13a, 25d, 28, 39, 41b, 45, 47, 83, 111); abgerundete Biegung im Arm wird *nicht gewertet* (Koppitz Bildbeispiele Tafeln 17, 29).
18.	*Hände:* klare Trennung von Armen und Fingern notwendig, z. B. die Dehnung des Armes oder die Abgrenzung des Armes durch die Ärmel oder durch ein Armband (Koppitz Bildbeispiele Tafeln 4, 5, 9, 10, 13b, c, 14, 15, 17, 19).
19.	*Finger:* Jede Darstellung muss Trennung von Händen oder Armen erkennen lassen (Koppitz Bildbeispiele Tafeln 4, 6, 7, 8, 13c, 15, 17, 19, 25a, b, c).
20.	*Richtige Anzahl der Finger:* fünf Finger an jeder Hand oder an jedem Arm, es sei denn, die Lage der Hand verbirgt einige Finger (Koppitz Bildbeispiele Tafeln 13c, 19, 28, 35, 40, 41b, c, 54, 69, 70).

Auswertungsanleitung für 30 Entwicklungsmerkmale, Koppitz (Fortsetzung)

21.	*Beine:* jede Darstellung; im Falle von weiblichen Gestalten in langen Röcken *wird dieses Merkmal gewertet,* wenn die Entfernung zwischen Hüften und Füßen lang genug ist, um auch die Darstellung der Beine unterhalb des Rockes zu gestatten.
22.	*Zweidimensionale Beine:* beide Beine durch mehr als einzelne Linien dargestellt (Koppitz Bildbeispiele Tafeln 3, 4, 6, 9, 13a, b, c, 14, 15, 17).
23.	*Knie:* ausgeprägter Winkel in einem Bein oder an beiden Beinen (Seitenansicht) oder Darstellung der Kniescheibe (Frontalansicht) (Koppitz Bildbeispiele Tafeln 4, 20, 28, 41b, 73, 98c, 109); runde Biegung im Bein *nicht gewertet* (Koppitz Bildbeispiele Tafeln 17, 47).
24.	*Füße:* jede Darstellung (Koppitz Bildbeispiele Tafeln 2, 5, 6, 13a, b, c, 15, 17, 18, 19).
25.	*Zweidimensionale Füße:* Füße erstrecken sich – von der Ferse aus – nach einer Richtung (Seitenansicht) mit größerer Länge als Höhe, oder Füße in Perspektive (Frontalansicht) gezeichnet (Koppitz Bildbeispiele Tafeln 3, 4, 13a, b, c, 15, 17, 19, 37, 38).
26.	*Profil:* Kopf im Profil gezeichnet, selbst wenn die übrige Gestalt nicht ganz im Profil zu sehen ist (Koppitz Bildbeispiele Tafeln 4, 17, 18, 29, 39, 40, 41a, 42, 53, 57).
27.	*Kleidung: ein oder gar kein Kleidungsstück:* gar kein Kleidungsstück oder nur ein Hut, Knöpfe oder ein Gürtel oder die Konturen eines Gewandes ohne Einzelheiten (Koppitz Bildbeispiele Tafeln 2, 4, 5, 13c, 14, 19, 28, 42, 43, 55).
28.	*Kleidung: zwei oder drei Stücke:* Die folgenden Stücke werden als Kleidungsstücke gewertet: Hosen, Röcke, Hemd oder Bluse (der obere Teil eines Kleides, wenn durch einen Gürtel getrennt, wird als Bluse gewertet), Jacke, Hut, Helm, Gürtel, Schlips, Haarschleife, Haarspange, Halskette, Uhr, Ring, Armband, Pfeife, Zigarette, Regenschirm, Spazierstock, Gewehr, Schuhe, Socken, Handtasche, Brieftasche, Baseballschläger, Handschuhe usw. (Koppitz Bildbeispiele Tafeln 3, 8, 9, 20, 25a, b, 29, 37, 41b, c).
29.	*Kleidung: vier oder mehr Stücke:* Vorhanden sind vier oder mehr von den oben angeführten Kleidungsstücken (Koppitz Bildbeispiele Tafeln 13a, b, 15, 16, 34, 35, 39, 40, 41a, 45).
30.	*Gute Proportionen:* Gestalt *sieht richtig aus,* selbst wenn dies vom anatomischen Gesichtspunkt nicht ganz der Fall ist (Koppitz Bildbeispiele Tafeln 13a, 18, 20, 40, 44, 54, 67, 70, 80, 81).

Auswertungsanleitung für 30 Entwicklungsmerkmale – Prozentsatz der Jungen und Mädchen, die im ZEM Entwicklungsmerkmale aufweisen

Tabelle 2 und 3

Die im Folgenden mit freundlicher Genehmigung der Verlage Elsevier, Philadelphia, und Thieme, Stuttgart, wiedergegebenen Tabellen 2 und 3 der Originalliteratur von E. M. Koppitz sind eine Orientierungshilfe zur Auswertung des ZEM. Entsprechend des Lebensalters bei Fertigung der Menschzeichnung werden bei Jungen bzw. Mädchen die *fehlenden „Erwarteten Entwicklungsmerkmale" und die vorhandenen „Außergewöhnlichen Entwicklungsmerkmale"* bestimmt und gemäß der Auswertungsformel berechnet und interpretiert (vgl. Erklärungen zur Auswertungsformel unter Kap. 9.2, siehe oben); ergänzend werden die *„Üblichen" und „Nicht-Ungewöhnlichen Entwicklungsmerkmale"* für Jungen und Mädchen der Altersgruppen 5;0-12;0 Jahre ausgewertet.

Tabelle 2 und 3: Entwicklungsmerkmale im ZEM. Normative Daten für Entwicklungsmerkmale im ZEM von Jungen und Mädchen

Nachdruck der Originaltabellen aus: E.M. Koppitz: Psychological Evaluation of Children's Human Figure Drawings, Grune and Stratton, Inc. New York, Copyright 1968, mit Genehmigung von Elsevier, Philadelphia;

Nachdruck der Originaltabellen in deutscher Übersetzung aus:

Koppitz, E. M. (1972): Die Menschendarstellung in Kinderzeichnungen und ihre psychologische Auswertung, Kap. 3, Tabelle 2 und 3, Prozentsatz der Jungen und Mädchen, die im ZEM Entwicklungsmerkmale aufweisen, S. 30-31, 34-35, Stuttgart: Hippokrates, deutsche Übersetzung mit freundlicher Genehmigung des Thieme Verlags, Stuttgart.

Tabelle 2 und 3: Entwicklungsmerkmale im ZEM, Koppitz. Normative Daten für Entwicklungsmerkmale im ZEM von Jungen und Mädchen © Elsevier, Philadelphia

Tabelle 2. Prozentsatz der JUNGEN, die im ZEM, Koppitz, Entwicklungsmerkmale erkennen lassen

5 Jahre N 128		6 Jahre N 131		7 Jahre N 134		8 Jahre N 138	
Erwartet		**Erwartet**		**Erwartet**		**Erwartet**	
Kopf	100	Kopf	100	Kopf	100	Kopf	100
Augen	98	Augen	99	Augen	99	Augen	99
Nase	87	Nase	91	Nase	90	Nase	94
Mund	92	Mund	97	Mund	97	Mund	95
Körper	89	Körper	97	Körper	98	Körper	99
Beine	97	Beine	98	Beine	99	Beine	97
Üblich		Arme	95	Arme	96	Arme	96
Arme	84	**Üblich**		Füße	87	Füße	86
Füße	73	Füße	80	Arme 2d*	86	Arme 2d*	96
Finger	61	Finger	60	**Üblich**		Beine 2d*	93
Haare	54	Haare	72	Beine 2d*	84	**Üblich**	
Nicht-Ungew.		Arme 2d*	62	Haare	76	Haare	78
Arme 2d*	48	Beine 2d*	70	Arm unten	57	Arm unten	71
Beine 2d*	37	**Nicht-Ungew.**		Hals	55	Hals	60
Arm unten	21	Arm unten	35	Finger	76	Finger	72
Hals	28	Hals	27	**Nicht-Ungew.**		Hände	55
Hände	33	Hände	42	Hände	50	**Nicht-Ungew.**	
Ohr	25	Ohr	33	Ohr	42	Ohr	40
Augenbrauen	21	Augenbrauen	28	Augenbrauen	37	Augenbrauen	37
Außergew.		Pupillen	22	Pupillen	38	Pupillen	38
Pupillen	11	Füße 2d*	22	Füße 2d*	43	Füße 2d*	50
Füße 2d*	8	5 Finger	26	5 Finger	38	5 Finger	40
5 Finger	13	**Außergew.**		Arm a. Sch.	24	Arm a. Sch.	40
Arm an Sch.	3	Arm a. Sch.	14	Proportion	23	Proportion	26
Proportion	2	Proportion	5	**Außergew.**		Profil	25
Nasenlöcher	2	Nasenlöcher	5	Profil	15	**Außergew.**	
Profil	1	Profil	3	Nasenlöcher	10	Nasenlöcher	15
Ellbogen	1	Ellbogen	6	Ellbogen	4	Ellbogen	11
Zwei Lippen	2	Zwei Lippen	2	Zwei Lippen	6	Zwei Lippen	8
Knie	0	Knie	3	Knie	1	Knie	4
Kleidung		Kleidung		Kleidung		Kleidung	
0-1 Einzelh. Erwartet	90	0-1 Einzelh. Üblich	70	0-1 Einzelh. Nicht-Ungew.	46	0-1 Einzelh. Nicht-Ungew.	37
2-3 Einzelh. Außergew.	9	2-3 Einzelh. Nicht-Ungew.	25	2-3 Einzelh. Nicht-Ungew.	31	2-3 Einzelh. Nicht-Ungew.	37
4 Einzelh. Außergew.	1	4 Einzelh. Außergew.	5	4 Einzelh. Nicht-Ungew.	23	4 Einzelh. Nicht-Ungew.	26

* 2 d = zweidimensional

Tabelle 2. Prozentsatz der JUNGEN, die im ZEM, Koppitz, Entwicklungsmerkmale erkennen lassen (Fortsetzung)

9 Jahre N 134		10 Jahre N 109		11 Jahre N 105		12 Jahre N 52	
Erwartet		**Erwartet**		**Erwartet**		**Erwartet**	
Kopf	100	Kopf	100	Kopf	100	Kopf	100
Augen	100	Augen	100	Augen	99	Augen	100
Nase	100	Nase	97	Nase	97	Nase	100
Mund	99	Mund	98	Mund	97	Mund	100
Körper	100	Körper	100	Körper	99	Körper	100
Beine	99	Beine	99	Beine	98	Beine	100
Arme	100	Arme	98	Arme	99	Arme	100
Füße	90	Füße	96	Füße	95	Füße	94
Arme 2d*	98	Arme 2d*	97	Arme 2d*	99	Arme 2d*	100
Beine 2d*	98	Beine 2d*	99	Beine 2d*	97	Beine 2d*	100
Üblich		Haar	89	Haar	88	Haar	90
Haare	81	Arm unten	86	Arm unten	93	Arm unten	94
Arm unten	78	Hals	89	Hals	93	Hals	98
Hals	81	**Üblich**		**Üblich**		Arm a. Sch.	94
Finger	81	Finger	84	Finger	83	**Üblich**	
Hände	70	Hände	58	Hände	69	Hände	56
Arm a. Sch.	52	Arm a. Sch.	54	Arm a. Sch.	79	Finger	77
Ohr	59	Ohr	59	Ohr	67	Ohr	65
Füße 2d*	69	Augenbrauen	52	Augenbrauen	54	Augenbrauen	58
Pupillen	56	Pupillen	51	Pupillen	57	Pupillen	58
Nicht-Ungew.		Füße 2d*	72	Füße 2d*	74	Füße 2d*	75
5 Finger	50	**Nicht Ungew.**		5 Finger	55	**Nicht Ungew.**	
Augenbrauen	42	5 Finger	50	**Nicht-Ungew.**		5 Finger	46
Proportion	31	Proportion	42	Proportion	38	Proportion	50
Profil	18	Profil	29	Profil	29	Profil	29
Außergew.		Nasenlöcher	28	Nasenlöcher	16	Nasenlöcher	21
Nasenlöcher	15	Ellbogen	23	Ellbogen	20	Ellbogen	35
Ellbogen	15	**Außergew.**		Zwei Lippen	17	Zwei Lippen	19
Zwei Lippen	8	Zwei Lippen	15	**Außergew.**		**Außergew.**	
Knie	10	Knie	10	Knie	11	Knie	15
Kleidung		Kleidung		Kleidung		Kleidung	
0-1 Einzelh. Nicht-Ungew.	32	0-1 Einzelh. Nicht-Ungew.	30	0-1 Einzelh. Nicht-Ungew.	23	0-1 Einzelh. Nicht-Ungew.	4
2-3 Einzelh. Nicht-Ungew.	37	2-3 Einzelh. Nicht-Ungew.	27	2-3 Einzelh. Nicht-Ungew.	39	2-3 Einzelh. Nicht-Ungew.	46
4 Einzelh. Nicht-Ungew.	31	4 Einzelh. Nicht-Ungew.	43	4 Einzelh. Nicht-Ungew.	38	4 Einzelh. Nicht-Ungew.	50

Tabelle 3. Prozentsatz der MÄDCHEN, die im ZEM, Koppitz, Entwicklungsmerkmale erkennen lassen

5 Jahre N 128		6 Jahre N 133		7 Jahre N 125		8 Jahre N 130	
Erwartet		**Erwartet**		**Erwartet**		**Erwartet**	
Kopf	100	Kopf	100	Kopf	100	Kopf	100
Augen	100	Augen	100	Augen	100	Augen	100
Nase	90	Nase	95	Nase	92	Nase	92
Mund	91	Mund	100	Mund	100	Mund	98
Körper	91	Körper	94	Körper	100	Körper	99
Beine	97	Beine	93	Beine	99	Beine	94
Arme	91	Arme	98	Arme	99	Arme	100
Üblich		Haare	91	Haare	94	Haare	97
Haare	85	Füße	89	Füße	94	Füße	90
Füße	75	**Üblich**		Arme 2d*	91	Arme 2d*	96
Arme 2d*	52	Arme 2d*	77	Beine 2d*	86	Beine 2d*	86
Finger	59	Finger	68	**Üblich**		**Üblich**	
Nicht-Ungew.		Beine 2d*	67	Finger	71	Finger	65
Beine 2d*	46	**Nicht-Ungew.**		Hals	62	Hals	76
Hals	25	Hals	37	Arm unten	59	Arm unten	73
Hände	39	Hände	44	Hände	57	Hände	59
Augenbrauen	33	Augenbrauen	48	Augenbrauen	60	Augenbrauen	70
Pupillen	19	Pupillen	34	Pupillen	51	Pupillen	59
Arm unten	29	Arm unten	38	**Nicht-Ungew.**		**Nicht-Ungew.**	
Ohr	29	Ohr	19	Ohr	18	Ohr	16
5 Finger	18	5 Finger	24	5 Finger	38	5 Finger	44
Außergew.		Füße 2d*	19	Füße 2d*	34	Füße 2d*	33
Füße 2d*	7	**Außergew.**		Arm a. Sch.	27	Arm a. Sch.	33
Proportion	2	Proportion	2	Proportion	17	Proportion	19
Nasenlöcher	6	Nasenlöcher	14	Nasenlöcher	20	Nasenlöcher	21
Zwei Lippen	4	Zwei Lippen	5	**Außergew.**		Zwei Lippen	17
Ellbogen	0	Ellbogen	7	Ellbogen	5	**Außergew.**	
Profil	1	Profil	7	Profil	11	Profil	8
Arm a. Sch.	5	Arm a. Sch.	11	Zwei Lippen	7	Ellbogen	5
Knie	2	Knie	2	Knie	1	Knie	3
Kleidung		Kleidung		Kleidung		Kleidung	
0-1 Einzelh. Üblich	70	0-1 Einzelh. Üblich	52	0-1 Einzelh. Nicht-Ungew.	35	0-1 Einzelh. Nicht-Ungew.	27
2-3 Einzelh. Nicht-Ungew.	27	2-3 Einzelh. Nicht-Ungew.	40	2-3 Einzelh. Nicht-Ungew.	42	2-3 Einzelh. Nicht-Ungew.	46
4 Einzelh. Außergew.	3	4 Einzelh. Außergew.	8	4 Einzelh. Nicht-Ungew.	23	4 Einzelh. Nicht-Ungew.	27

* 2 d = zweidimensional

Tabelle 3. Prozentsatz der MÄDCHEN, die im ZEM, Koppitz, Entwicklungsmerkmale erkennen lassen (Fortsetzung)

9 Jahre N 134		10 Jahre N 108		11 Jahre N 112		12 Jahre N 55	
Erwartet		**Erwartet**		**Erwartet**		**Erwartet**	
Kopf	100	Kopf	100	Kopf	100	Kopf	100
Augen	100	Augen	100	Augen	98	Augen	100
Nase	93	Nase	95	Nase	97	Nase	98
Mund	99	Mund	99	Mund	97	Mund	98
Körper	100	Körper	100	Körper	100	Körper	100
Beine	99	Beine	95	Beine	96	Beine	96
Arme	100	Arme	100	Arme	100	Arme	100
Haare	99	Haare	98	Haare	96	Haare	96
Füße	99	Füße	94	Füße	96	Füße	95
Arme 2d*	99	Arme 2d*	99	Arme 2d*	100	Arme 2d*	100
Beine 2d*	92	Beine 2d*	92	Beine 2d*	96	Beine 2d*	96
Hals	93	Hals	94	Hals	96	Hals	100
Üblich		Arm unten	94	Arm unten	96	Arm unten	100
Finger	76	**Üblich**		**Üblich**		Arm a. Sch.	93
Arm unten	78	Arm a. Sch.	71	Arm a. Sch.	85	**Üblich**	
Hände	60	Hände	63	Hände	72	Hände	73
Augenbrauen	79	Augenbrauen	74	Augenbrauen	84	Augenbrauen	76
Pupillen	74	Pupillen	78	Pupillen	67	Pupillen	76
Füße 2d*	53	Füße 2d*	65	Füße 2d*	70	Füße 2d*	75
Arm a. Sch.	52	Finger	82	Finger	77	Finger	71
Nicht-Ungew.		**Nicht-Ungew.**		Proportion	61	Proportion	60
Ohr	19	Ohr	19	**Nicht-Ungew.**		**Nicht-Ungew.**	
5 Finger	46	5 Finger	48	5 Finger	38	5 Finger	27
Proportion	26	Proportion	43	Ohr	24	Ohr	20
Nasenlöcher	26	Nasenlöcher	17	Nasenlöcher	19	Nasenlöcher	25
Zwei Lippen	28	Zwei Lippen	21	Zwei Lippen	25	Zwei Lippen	27
Ellbogen	19	Ellbogen	24	Ellbogen	40	Ellbogen	45
Außergew.		**Außergew.**		**Außergew.**		Profil	16
Profil	13	Profil	15	Profil	9	**Außergew.**	
Knie	4	Knie	5	Knie	12	Knie	9
Kleidung		Kleidung		Kleidung		Kleidung	
0-1 Einzelh. Nicht-Ungew.	16	0-1 Einzelh. Außergew.	15	0-1 Einzelh. Außergew.	14	0-1 Einzelh. Außergew.	9
2-3 Einzelh. Nicht-Ungew.	40	2-3 Einzelh. Nicht-Ungew.	35	2-3 Einzelh. Nicht-Ungew.	30	2-3 Einzelh. Nicht-Ungew.	25
4 Einzelh. Nicht-Ungew.	44	4 Einzelh. Nicht-Ungew.	50	4 Einzelh. Üblich	56	4 Einzelh. Üblich	66

9.2.2 Originaltabellen zur Auswertung der Emotionalen Faktoren des ZEM-Tests nach E. M. Koppitz

Koppitz wertete den ZEM-Test nicht nur im Hinblick auf die Entwicklungsmerkmale, sondern immer auch im Hinblick auf „Emotionale Faktoren" aus. Die Emotionalen Faktoren sollten nicht mit Alter und Reife zusammenhängen und demzufolge nicht häufiger in Gruppen älterer Kinder vorkommen, sie sollten selten oder ungewöhnlich auftreten und bei einer bestimmten Altersgruppe nur in 15 % aller ZEM oder noch seltener feststellbar sein.

Die ZEM derselben 1856 Kinder, die bereits bei der Untersuchung der Entwicklungsmerkmale als normative Versuchspersonen dienten, wurden auch in der normativen Untersuchung der Emotionalen Faktoren verwendet (vgl. E. M. Koppitz, 1972, S. 58).

Nachdem die Kriterien für die Emotionalen Faktoren ermittelt waren, wurden sie im Hinblick auf ihre klinische Signifikanz überprüft. Um zu belegen, dass die Emotionalen Faktoren zwischen den ZEM von Kindern mit emotionalen Problemen und Verhaltensproblemen und denen ohne diese Probleme unterscheiden können, führte Koppitz ihre Untersuchungen unter zwei Hypothesen durch (Koppitz, 1972, S. 62).

Hypothese 1: Individuelle Emotionale Faktoren kommen in den ZEM von Kindern mit emotionalen Problemen häufiger vor als in den Zeichnungen gut angepasster, ausgeglichener Kinder.

Hypothese 2: Die ZEM von emotional gestörten Kindern weisen eine größere Anzahl von Emotionalen Faktoren auf als die ZEM gut angepasster, ausgeglichener Kinder.

Beide Hypothesen konnten von Koppitz bestätigt werden. Sie isolierte 30 signifikante Merkmale von Emotionalen Faktoren. Als Vergleichsgruppe zur Beurteilung der klinischen Relevanz der Emotionalen Faktoren im ZEM wurden 76 verhaltensauffällige Patienten einer Erziehungsberatungsstelle für Kinder ausgewählt. Der WISC- oder Stanford-Binet-IQ dieser Kinder variierte zwischen 90 und 148 IQ-Punkten mit einem Mittelwert von 110. Im Vergleich zu dieser Gruppe wurden 76 Kinder aus einer Vorstadt-Volksschule herangezogen, vom Kindergarten bis zur 6. Klasse. Alle diese Kinder waren von ihren Lehrern als hervorragende Schüler mit guter sozialer emotionaler und schulischer Anpassungsfähigkeit und Leistung bezeichnet worden. Die Untersuchungsergebnisse beider Gruppen unterschieden sich signifikant voneinander. Mit Hilfe ihrer normativen Untersuchung fand Koppitz 30 Emotionale Faktoren, die überwiegend vom Alter und Reife des Kindes unabhängig waren und auf seine Ängste, Sorgen und innere Einstellung hinwiesen. Ein Emotionaler Faktor wurde als ein Merkmal in dem ZEM bestimmt, das die folgenden drei Kriterien erfüllte:

1. Es musste klinische Gültigkeit haben, d.h. es musste erlauben, zwischen dem ZEM von Kindern mit emotionalen Problemen und jenen ohne solche Probleme zu unterscheiden.
2. Es musste ungewöhnlich sein und in den ZEM normaler Kinder, die keine psychiatrischen Patienten waren, nicht oft auftreten; das Merkmal durfte nur in weniger als 16 % der ZEM von Kindern einer gegebenen Altersstufe vorkommen.
3. Es durfte nicht von Alter und Reife abhängen, das Vorkommen in den ZEM durfte nicht mit dem Alter der Kinder zusammenhängen.

• *Auswertungsanleitung für 30 Emotionale Merkmale/Faktoren*

Falls kein anderer Hinweis gegeben, gelten nach den Standardisierungsnormen von Koppitz alle Emotionalen Faktoren für Knaben und Mädchen im Alter von 5;0 bis 12;0 Jahren. *Das Auftreten von zwei oder mehr als zwei Emotionalen Faktoren gilt nach Koppitz als auffällig und weist auf eine möglicherweise vorliegende emotional-soziale Problematik hin.* Diese kann jedoch nur im Sinne einer *ganzheitlich orientierten* psychologischen Diagnostik interpretiert werden (vgl. „Leitlinien zur Interpretation der Kinderzeichnung", Interpretationsmodell Ch. Seidel, Kap. 5.2, Abb. 178, Schaubild 4).

Die Auswertung der Emotionalen Faktoren wird in der Originalliteratur von Koppitz ausführlich erläutert und anhand von Bildbeispielen demonstriert. Einige Beispiele für die Emotionalen Faktoren sind auf den in Klammern angeführten Tafeln der Originalliteratur zu finden. Diese Bildbeispiele von Koppitz sind im vorliegenden Buch nicht abgebildet. Es besteht jedoch die Möglichkeit, im Rahmen der Weiterbildungskurse der Autorin:

„Die Kinderzeichnung bei Entwicklungsstörungen" Einblick in diese Bildbeispiele der Originalliteratur zu nehmen, vgl. www.christa-seidel.de/html/kursangebot.html.

Die 30 Emotionalen Merkmale/Faktoren werden von Koppitz eingeteilt in: *Qualitative Merkmale, Spezielle Merkmale und Weglassungen* und werden in der folgenden Tabelle 4 mit freundlicher Genehmigung von Elsevier, Philadelphia, und dem Thieme Verlag, Stuttgart, wiedergegeben.

Die Altersangaben sind in Klammern angegeben (Knaben 7, Mädchen 6 bedeutet: Knaben 7;0-7;11 Jahre, Mädchen 6,0-6;11 Jahre).

Auswertungsanleitung für 30 Emotionale Merkmale/Faktoren von E. M. Koppitz

Tabelle 4 © Elsevier, Philadelphia

Nachdruck der Originaltabelle aus: E. M. Koppitz: Psychological Evaluation of Children's Human Figure Drawings, Grune and Stratton, Inc. New York, Copyright 1968, mit freundlicher Genehmigung von Elsevier, Philadelphia;

Nachdruck der Originaltabelle in deutscher Übersetzung aus:
Koppitz, E. M. (1972): Die Menschendarstellung in Kinderzeichnungen und ihre psychologische Auswertung, Anhang A, S. 389-391; Stuttgart: Hippokrates, deutsche Übersetzung mit freundlicher Genehmigung des Thieme Verlags, Stuttgart.

Qualitative Emotionale Merkmale/Faktoren: **Tabelle 4**

1.	*Unzulängliche Integration von Teilen* (Knaben 7, Mädchen 6): ein Teil oder mehrere Teile der Gestalt nicht mit der übrigen Gestalt verbunden, Teil nur durch eine einzige Linie verbunden oder diese kaum berührend (Koppitz Bildbeispiele Tafeln 2, 6, 10, 14, 15, 29, 36, 42, 52, 55, 96).
2.	*Schattierung des Gesichts:* absichtliche Schattierung des ganzen Gesichts oder von Teilen desselben (einschließlich „Sommersprossen", „Masern" usw.). Eine gleichmäßig-leichte Schattierung des Gesichts und der Hände, um Hautfarbe darzustellen, *wird nicht gewertet* (Koppitz Bildbeispiele Tafeln 3, 25c, 28, 43, 50, 52a, 76, 96; nicht gewertet: Tafel 44).
3.	*Schattierung des Körpers bzw. der Gliedmaßen* (Knaben 9, Mädchen 8): Schattierung des Körpers bzw. der Gliedmaßen oder beides (Koppitz Bildbeispiele Tafeln 6, 9, 15, 28, 29, 34, 56, 81, 95, 100e).
4.	*Schattierung der Hände bzw. des Halses* (Knaben 8, Mädchen 7) oder beides (Koppitz Bildbeispiele Tafeln 4, 6, 45, 59).
5.	*Grobe Asymmetrie der Gliedmaßen:* Ein Bein oder ein Arm unterscheidet sich *der Form nach* beträchtlich vom anderen Bein oder vom anderen Arm. Dieses Merkmal *wird nicht gewertet,* wenn Arme oder Beine der Form nach ähnlich, in der Größe aber etwas ungleich sind (Koppitz Bildbeispiele Tafeln 7, 14, 25a, 52a, 57, 58, 74, 75, 82, 98a; nicht gewertet: Tafeln 6, 28, 106).
6.	*Schräg geneigte Gestalten:* Die Vertikalachse der Gestalt weicht um 15 Grad oder mehr von der Senkrechten ab (Koppitz Bildbeispiele Tafeln 2, 3, 5, 6, 9, 28, 38, 61, 82, 95).
7.	*Winzige Gestalt:* Die Gestalt ist 5 cm hoch (oder kleiner) (Koppitz Bildbeispiele Tafeln 2, 4, 5, 19, 25d, 38, 49, 58, 60, 67).
8.	*Große Gestalt* (Knaben und Mädchen 8): Die Gestalt ist 23 cm hoch (oder größer) (Koppitz Bildbeispiele Tafeln 16, 27, 28, 29, 36, 37, 39, 65, 69, 96).
9.	*Transparenzen:* Transparenzen erstrecken sich auf große Teile des Körpers oder der Gliedmaßen (Koppitz Bildbeispiele Tafeln 9, 27, 28, 43, 53, 57, 82, 98a, b, 102a, b, c). Eine einzige Linie oder Linien der Arme, die quer über den Körper verlaufen, *werden nicht gewertet* (Koppitz Bildbeispiele Tafeln 4, 36, 39).

Spezielle Emotionale Merkmale/Faktoren: Tabelle 4, Koppitz (Fortsetzung)

10.	*Winziger Kopf:* Höhe des Kopfes weniger als ein Zehntel der Gesamtgestalt (Koppitz Bildbeispiele Tafeln 36, 46, 50, 77).
11.	*Schielende Augen:* beide Augen nach innen oder nach außen gewandt (Koppitz Bildbeispiele Tafeln 16, 107); Seitenblick der Augen *nicht gewertet* (Koppitz Bildbeispiele Tafeln 5, 13b, c).
12.	*Zähne:* jede Darstellung von einem Zahn oder mehreren Zähnen (Koppitz Bildbeispiele Tafeln 35, 60, 61, 62, 80, 96, 98b, 101a, 107, 109).
13.	*Kurze Arme:* kurze Stümpfe für die Arme, Arme nicht lang genug, um die Taille zu erreichen (Koppitz Bildbeispiele Tafeln 15, 34, 56, 66, 76, 84, 97, 104, 109, 112).
14.	*Lange Arme:* Arme übermäßig lang, Arme lang genug, um bis unter die Knie zu reichen oder bis dorthin, wo die Knie sein sollten (Koppitz Bildbeispiele Tafeln 6, 25b, 29, 36, 58, 71, 74, 110).
15.	*Arme am Körper anliegend:* kein Raum zwischen dem Körper und den Armen (Koppitz Bildbeispiele Tafeln 16, 40, 56, 57, 95, 107, 112).
16.	*Große Hände:* Hände so groß wie das Gesicht der Gestalt oder noch größer (Koppitz Bildbeispiele Tafeln 6, 46, 52, 58, 71, 74).
17.	*Abgeschnittene Hände:* Arme weder mit Händen noch mit Fingern (Koppitz Bildbeispiele Tafeln 3, 16, 25d, 42, 49, 50, 56, 76, 96, 97). Hände hinter dem Rücken verborgen oder in der Tasche werden *nicht gewertet* (Koppitz Bildbeispiele Tafeln 12, 13a, 39, 95).
18.	*Beine zusammengepresst:* Beide Beine berühren sich ohne trennenden Zwischenraum, in Profilzeichnungen ist nur ein Bein zu sehen (Koppitz Bildbeispiele Tafeln 40, 54, 66, 94, 96, 108).
19.	*Genitalien:* realistische oder unmissverständliche symbolische Darstellung der Genitalien (Koppitz Bildbeispiele Tafeln 27, 59, 77).
20.	*Ungeheuer oder groteske Gestalt:* Gestalt stellt eine nicht-menschliche, gering geschätzte oder lächerliche Person dar; das Groteske der Gestalt muss jedoch der wohl überlegten Absicht des Kindes entspringen und nicht seiner Unreife oder seiner mangelnden zeichnerischen Fähigkeit (Koppitz Bildbeispiele Tafeln 26b, 47, 48, 61, 62, 65, 67, 68, 71, 74; *nicht gewertete* Tafeln: 27, 28, 50, 106, 109).

Tabelle 4, Koppitz (Fortsetzung)

21.	*Drei oder mehr spontan gezeichnete Gestalten:* Mehrere Gestalten sind zu sehen, die nicht miteinander in Verbindung stehen oder eine sinnvolle Tätigkeit ausüben; wiederholtes Zeichnen von Gestalten, wenn nur «eine» Gestalt verlangt wurde (Koppitz Bildbeispiele Tafeln 7, 8, 105); die Darstellung eines Knaben und eines Mädchens oder der Familie des Kindes *wird nicht gewertet* (Koppitz Bildbeispiele Tafeln 51, 104).
22.	*Wolken:* jede Darstellung von Wolken, Regen, Schnee oder von fliegenden Vögeln (Koppitz Bildbeispiele Tafeln 19, 36, 108).

Weglassungen (Emotionale Merkmale/Faktoren):

23.	*Keine Augen:* völliges Fehlen der Augen (Koppitz Bildbeispiele Tafeln 7, 12, 18, 25c, 52a, 73, 84); geschlossene Augen oder leere Kreise als Augen werden *nicht gewertet* (Koppitz Bildbeispiele Tafeln 10, 13a, 25b).
24.	*Keine Nase:* (Knaben 6, Mädchen 5): (Koppitz Bildbeispiele Tafeln 5, 7, 12, 15, 25c, 34, 55, 60, 73, 75).
25.	*Kein Mund:* (Koppitz Bildbeispiele Tafeln 5, 7, 12, 18, 25c, 46, 55, 67, 73, 77).
26.	*Kein Körper:* (Koppitz Bildbeispiele Tafeln 50, 97, 101a, 104, 105).
27.	*Keine Arme:* (Knaben 6, Mädchen 5): (Koppitz Bildbeispiele Tafeln 2, 11, 27, 52b, 55, 65, 94, 98c, 108).
28.	*Keine Beine:* (Koppitz Bildbeispiele Tafeln 10, 11, 16, 65).
29.	*Keine Füße:* (Knaben 9, Mädchen 7): (Koppitz Bildbeispiele Tafeln 9, 14, 27, 65, 68, 69, 74, 96).
30.	*Kein Hals:* (Knaben 10, Mädchen 9): (Koppitz Bildbeispiele Tafeln 18, 27, 38, 68, 70, 74, 76, 96, 109, 110).

9.3 Kurzbesprechungen anderer Zeichentests

9.3.1 Mann-Zeichen-Test, H. Ziler

F. L. Goodenough, 1926, später F. L. Goodenough and D. B. Harris, 1928/1950, D. B. Harris, 1963, und E. M. Koppitz, 1972, hatten bei der Normierung ihrer Tests signifikante Korrelationen zwischen der Menschzeichnung und Intelligenztests (Stanford-Binet-Intelligenztest, Wechsler Intelligence Scale for Children) ermittelt.

Der Test: „Zeichne eine Person“ von F. L. Goodenough und F. L. Goodenough and D. B. Harris sowie der Test: „Zeichne-Einen-Menschen“ (ZEM), Koppitz, wurden im amerikanischen und europäischen Sprachraum viele Jahre hindurch zur orientierenden Einschätzung der geistigen Entwicklung des Kindes bis zum Alter von ca. 12;0 Jahren eingesetzt.
Bei dem „Mann-Zeichen-Test von H. Ziler, 1950/2000, handelt es sich um eine Neustandardisierung des amerikanischen „Draw-A-Man-Tests“ von F. L. Goodenough an 700 deutschsprachigen Kindern im Alter von 3;0 bis 14;0 Jahren mit detailstatistischer Auswertung.
Gedacht war dieser Test von H. Ziler ursprünglich als Ergänzung zum Binet-Simon-Intelligenztest beim Aufnahmeverfahren in eine Förderschule und bei Untersuchungen der Schulfähigkeit. Auf der Grundlage seiner (Validitäts-)Berechnungen empfahl H. Ziler die Anwendung dieses Tests für Kinder im Lebensalter zwischen 4;0 und 13;0 Jahren.

Anwendungsrichtlinien:
Es handelt sich um einen Papier-Bleistift-Zeichentest. Die Größe des Papiers wird von Ziler mit den Maßen 15 x 21 cm vorgegeben. Der Test kann als Einzel- oder Gruppentest durchgeführt werden.

Testanweisung:
„Male einen Mann, so gut du kannst!“

> Anmerkung Ch. Seidel:
> Ich bevorzuge die Instruktion von E. M. Koppitz (vgl. Kap. 9.2) zur Menschzeichnung, die zum Zeichnen einer „ganzen Person bzw. von Mann oder Frau, Jungen oder Mädchen“ auffordert und damit dem Kind die Auswahl der Geschlechtszugehörigkeit überlässt. Ebenfalls bevorzuge ich, entgegen den Empfehlungen von Ziler, das von Koppitz vorgeschlagene Papierformat (28 x 20 cm) und verwende das bei uns gebräuchliche DIN-A4 Format, (29,7 x 21,0 cm). Ich lege das Blatt hochkant vor das Kind oder den Jugendlichen, sage aber nichts, wenn das Kind das Blatt auf die Breitseite dreht.

Auswertung des Mann-Zeichen-Tests, MZT, H. Ziler, 1950/2000:
Die quantitative Auswertung des Mann-Zeichen-Tests nach Ziler bezieht zur Einschätzung der geistigen Entwicklung des Kindes 52 Entwicklungsmerkmale ein. Die einzelnen Merkmale sind entsprechend den zu erwartenden Entwicklungsfortschritten geordnet. So gibt es z. B. einen Punkt (Punkt 26) für angedeutete Hände. Punkt 27 bewertet deutlich ausgezeichnete Hände, während Punkt 28 angedeutete Finger, Punkt 29 Finger – plastisch, Punkt 30 die richtige Fingerzahl und Punkt 31 den Daumen bewertet, der abgespreizt gezeichnet ist. Aus der Abfolge der Punkte ge-

winnt man zugleich eine Orientierungshilfe über die sich entwickelnden Details der Menschzeichnung.
Es wird kein Abweichungs-IQ (Intelligenz-Quotient) berechnet wie bei den Wechsler-Tests oder dem DAP:IQ; der Mann-Zeichen-Quotient (MZQ), in Analogie zum Intelligenz-Quotienten bewertet, wird vielmehr aus der Umwandlung von Rohwerten in ein Mann-Zeichen-Alter (MZA) und der Division von Mann-Zeichen-Alter und Lebensalter berechnet (MZA, geteilt durch Lebensalter, multipliziert mit 100). Die Interpretation des Mann-Zeichen-Alters (MZA) und Mann-Zeichen-Quotienten (MZQ) zur Einschätzung der geistigen Entwicklung des Kindes entspricht nicht mehr den heute geforderten Kriterien statistischer Zuverlässigkeit. Im Rahmen einer ganzheitlich und qualitativ orientierten Diagnostik (vgl. Interpretationsmodell Ch. Seidel, Kap. 5.2, Abb. 178, Schaubild 4) wird dieser Zeichentest jedoch als Orientierungshilfe in den Bereichen von (Sonder)Pädagogik und Klinischer Psychologie sowie anderer Fachrichtungen noch häufig eingesetzt (Auswertung des Mann-Zeichen-Tests nach E. M. Koppitz, H. Ziler und C. R. Reynolds and J. A. Hickman im Vergleich zur Auswertung anderer Zeichen-, Wahrnehmungs- und Intelligenztests anhand des Fallbeispiels Anna, vgl. Kap. 5.3.4).

9.3.2 Draw-A-Person Intellectual Ability Test for Children, Adolescents, and Adults (DAP:IQ); C. R. Reynolds and J. A. Hickman

Der Draw-A-Person Intellectual Ability Test wird zur Diagnostik kognitiver Fähigkeiten (einschließlich visuomotorischer und perzeptiver Fähigkeiten) von Kindern und Erwachsenen eingesetzt. Auf der Grundlage aktueller und statistisch zuverlässiger Messverfahren wurden Menschzeichnungen von 2295 amerikanischen Kindern und Erwachsenen ausgewertet und im Jahr 2004 standardisiert. Die quantitative Auswertung des DAP:IQ bezieht zur Abschätzung der Intelligenz 23 *Entwicklungsmerkmale* der Menschzeichnung ein. Rohwerte werden zu Standardwerten (IQs) verrechnet, die zu Prozenträngen und anderen Skalen-Werten umgerechnet werden können. Die Rohwerte orientieren über das Alter der Zeichenentwicklung und über Zuordnungen zu Schulklassen.

Vergleichbar den Wechsler-Tests wird der Abweichungs-IQ (Standardwert) über Errechnung des Mittelwertes (100) und der Standardabweichung vom Mittelwert (15) interpretiert; Werte < 1 Standardabweichung unter dem Mittelwert gelten als unterdurchschnittlich, < 2 Standardabweichungen als weit unterdurchschnittlich. Es können Standardwerte, Prozentränge, T-Werte, z-Werte, Stanine-Werte und Entwicklungsalter berechnet werden. Prüfungen zur Reliabilität und Validität dieses Testverfahrens weisen auf seine klinische Brauchbarkeit und Zuverlässigkeit hin. Die Auswertungsergebnisse zeigen, z. B. im Hinblick auf die Validitätsprüfung, statistisch zuverlässige Korrelationen des DAP:IQ mit dem Handlungs-IQ des Wechsler-Intelligenztests (Wechsler Intelligence Scale for Children – Revised, Wechsler, 1974; Wechsler Intelligence Scale for Children, Third Edition, Wechsler, 1991) und mit mathematischen Leistungstests der Normierungsgruppen.

Die aktuellen Auswertungsnormen dieses Tests beziehen sich auf den amerikanischen Sprachraum, sind jedoch auch im deutschen Sprachraum anwendbar. Sofern der Draw-A-Person Intellectual Ability Test im Rahmen meiner neuen Leitlinien zur Interpretation der Kinderzeichnung eingesetzt wird (vgl. Kap. 9.4, Strukturierter Beobachtungsbogen), dient ein Vergleich seiner Auswertungsergebnisse (aktuelle Testnormen) mit den Entwicklungsmerkmalen des ZEM von Koppitz und des Mann-Zeichen-Tests von Ziler (veraltete Normen) zur Sicherung diagnostischer Fragestellungen. Es ist darüber hinaus aus meiner Sicht besonders wichtig, die Ergebnisse des Draw-A-Person Intellectual Ability Tests im Sinne des Ansatzes von Koppitz und meiner neuen Leitlinien mit Beobachtungen zu vergleichen, die sich auf den emotional-sozialen Bereich beziehen (Emotionale Zeichen). Diese sind im Draw-A-Person Intellectual Ability Test nicht angesprochen.

Anwendungs- und Auswertungsrichtlinien des Draw-A-Person Intellectual Ability Test for Children, Adolescents, and Adults (DAP:IQ), C. R. Reynolds and J. A. Hickman, 2004:
Der Test wird als Individual- oder Gruppentest angewendet. Zur Bearbeitung ist keine Zeitbegrenzung vorgesehen (in der Regel dauert die Durchführung ca. 10-12 Minuten). Auswertungsnormen liegen ab dem Lebensalter von 4;0 Jahren bis zum Erwachsenenalter (89;11 Jahre) vor. Die Testanweisung ist in englischer Sprache dem Manual zu entnehmen. Das Kind wird gebeten, ein Bild von sich selbst in Frontalansicht, von vorne (nicht im Profil) zu zeichnen. Die anderen Testanweisungen sind mit der Instruktion des ZEM von Koppitz vergleichbar (auch ein Radiergummi darf verwendet werden). Das Zeichenpapier ist für diesen Test genormt.
Die Auswertung des Draw-A-Person Intellectual Ability Test wird durch individuelle Auswertungsbögen mit Bildbeispielen zu jedem Auswertungspunkt erheblich erleichtert und objektiviert (Testformulare, Auswertungsbögen und Manual sind über die Testzentrale Göttingen zu beziehen).

9.3.3 Baumtest, K. Koch und U. Avé-Lallemant

Bei dem Baumtest handelt es sich um einen Projektions- und Entwicklungstest, der erstmalig 1949 von K. Koch publiziert wurde und in der 10. Auflage seit 1997 lieferbar ist. Dieser Test wird bis heute, nach vielfältigen Bearbeitungen und ergänzenden Untersuchungen unterschiedlicher Autoren, im Bereich der Klinischen Psy-

chologie, Psychotherapie, Psychiatrie, Graphologie sowie in anderen medizinischen, (sonder)pädagogischen und therapeutischen Bereichen (z. B. Ergotherapie und Logopädie) eingesetzt.
Der Baumtest gibt sowohl Hinweise auf die Persönlichkeitsentwicklung als auch auf den Entwicklungsstand von Graphomotorik, visueller Wahrnehmung, kognitiver Fähigkeiten und bildnerischer Ausdrucksfähigkeit des Zeichners/der Zeichnerin (Kinder, Jugendliche und Erwachsene).

Der Baumtest als projektives Verfahren:
K. Koch ging bei Anwendung des Baumtests von der Annahme aus, dass sich der Proband/die Probandin in der Baumzeichnung darstellt (Projektion) und darin eine ihm/ihr unbewusste Aussage über das eigene Selbst in seiner/ihrer Zeichnung zum Ausdruck kommt.
Zur Deutung der Raumsymbolik von Baumzeichnungen bezog sich K. Koch auf M. Grünwalds Raumschema („rechteckiges Kraftfeld, das in einer komplexen Wechselwirkung seiner Lokalisationen steht"). „Was in dieses Kraftfeld, in diesen Kosmos hineingestellt ist, sei es ein Schriftbild oder eine Baumzeichnung, wird, freilich im Sinne eines Gleichnisses zur Menschengestalt gemeint, zum Menschen, der vom eigenen Selbst aus einen Beziehungsversuch zu diesem Raum schaffen will, ein Raum, den er sich als außen vorstellt und den er zugleich in sich selber trägt." (Koch, K., 1949/1997, S. 359).
Bis heute wird Grünwalds Raumschema im Sinne K. Kochs zur Deutung der Raumsymbolik in Baumzeichnungen, in freien Zeichnungen (vgl. Bach, S., 1995), aber auch in projektiven Spieltests (vgl. Anordnung der Spielfiguren im Scenotest, (Staabs, G., v., 1964/1992) verwendet, jedoch auch abgelehnt und kontrovers diskutiert.
Der Zeichner/die Zeichnerin projiziert, vergleichbar der Menschzeichnung, sein/ihr Selbstbild in das Symbol des Baumes und zeichnet es spiegelbildlich auf die Zeichenfläche. Die links von uns betrachtete Seite des Baumes entspricht in ihrer Bedeutung der linken Seite des Zeichners/der Zeichnerin oder des Betrachters. Im Sinne dieses Raumschemas verweisen Zeichenmotive der Baumzeichnung (z. B. Wurzeln, Stamm, Krone, Äste, Zweige, Blätter), die sich auf der linken Bildseite befinden, symbolisch auf den Bezug zum eigenen Selbst, auf den seelischen Innenbereich im Sinne der *Introversion*, sowie auf Vergangenes, auf Regressionen, auf Fixierungen an frühe Entwicklungsstufen, und können auf Überwundenes hindeuten. Baummotive, die sich auf der rechten Bildseite befinden, werden dagegen als Hinweise auf die nach außen gerichtete seelische Dynamik des Selbst im Sinne der *Extraversion* gedeutet (zur Definition der Begriffe „Introversion" und „Extraversion" vgl. Theorie der psychologischen Typen nach C. G. Jung). Sie sollen Hinweise auf die stärker

nach außen gerichtete Anschauungswelt, auf die aktuelle Lebenssituation des Zeichners/der Zeichnerin sowie Hinweise auf Zukünftiges, auf seine/ihre Beziehung zum Partner, auf die sozialen Beziehungen erbringen. Allerdings sind solche Deutungen aus meiner Sicht nicht zum alleinigen Maßstab einer Persönlichkeitsdiagnostik zu verwenden. Sie müssen vielmehr immer in den Kontext einer ganzheitlich orientierten, fachkompetenten psychodiagnostischen Untersuchung gestellt werden und können dort nur als *Hypothesen*, als *gezielte Fragestellungen, nicht aber als diagnostische Befunde* Verwendung finden. Beim Raumschema nach Grünwald ist aus meiner Sicht darüber hinaus das Vorliegen einer Rechts- bzw. Linkshändigkeit des Kindes (Jugendlichen) in die Deutungsüberlegungen einzubeziehen.
Vergleichbar zurückhaltend bewerte ich den von K. Koch empfohlenen „Wittgenstein-Index" als Grundlage von Baumdeutungen. Auch dieser Index findet bis heute in abgewandelter Form (ohne Festlegung auf exakte Raummaße) Verwendung und trägt zum Misskredit des Baumtests sowie auch anderer projektiver Zeichentests bei, sofern er ohne Fachkompetenz und Einbeziehung in eine ganzheitlich orientierte Gesamtdiagnostik eingesetzt wird.

> Wittgenstein-Index:
> Nach dem deutschen Nervenarzt und Psychotherapeut O. Graf Wittgenstein, auf den sich K. Koch und nachfolgend viele Autoren beriefen, entspricht der im Augenblick gezeichnete Baum der augenblicklichen Situation des Zeichners. Er fand einen Maßstab (Wittgenstein-Index), der auf den Zeitpunkt früherer seelischer Traumata hinweist (die Baumhöhe, das heißt die Strecke von der Basis bis zur Spitze des Baumes, enthält nach Untersuchungen von Wittgenstein die Lebensgeschichte des Zeichners/der Zeichnerin und markiert die Teilstriche des zeitlichen Lebensablaufs, z. B. auffällige Knicke, Linkswendungen, Abbrüche von Stamm und/oder Ästen etc., erstaunlich exakt.
> Koch, K., 1949/1997, S. 46.
> „Die Höhe des Baumes (h) in Millimetern wird in Relation zu dem Alter (a) des Zeichners in Jahre und Monate umgerechnet. Daraus ergibt sich eine Indexzahl (i). Dieses zugrundelegend, kann man vielfach gravierende, zum Teil vergessene Daten aus dem Leben des betreffenden Patienten am Baum ablesen."

Die Anwendung des Baumtests in der psychotherapeutischen Praxis nach G. Schmeer:
Gisela Schmeer (1990/2002) interpretiert Baumtests als: „Heilende Bäume, Baumbilder in der psychotherapeutischen Praxis" und dokumentiert mit vielen sehr anschaulichen, farbigen Bildern ihre Auswertungen von Baumtests in psychotherapeutischen Langzeit-Behandlungen. Ihre Interpretationen von Baumzeichnungen (einschließlich die Symboldeutungen von Farben) überzeugen durch Einordnung in einen ganzheitlich orientierten und fachkompetenten Beobachtungszusammenhang und belegen die klinische Brauchbarkeit dieses projektiven Verfahrens in der Psychotherapie.

Der Baumtest als projektiver Test und Entwicklungstest nach K. Koch und U. Avé-Lallemant:
Der Baumtest kann nicht nur als projektives Verfahren eingesetzt werden, er ist auch geeignet, bei Kindern und Jugendlichen auf entwicklungspsychologische Zusammenhänge hinzuweisen. Nur wenige Entwicklungsmerkmale des Baumtests können allerdings auf der Grundlage vorliegender empirischer Untersuchungsergebnisse ausgewertet werden.
K. Koch errechnete auf der Grundlage ausgedehnter Untersuchungen an Schulkindern (altersentsprechend entwickelte Kinder und solche mit Förderbedarf) und an Erwachsenen Durchschnittswerte der Entwicklungsmerkmale von Baumtests und dokumentierte seine Ergebnisse in graphischen Darstellungen und Tabellen.

Testanweisung und Anwendungsrichtlinien des Baumtests nach K. Koch:
K. Koch legte dem Baumtest folgende Testanweisung zu Grunde: *„Zeichne einen Obstbaum. Bei kleinen Kindern, die den Begriff ‚Obstbaum' nicht kennen oder verstehen, genügt die Instruktion ‚Apfelbaum' oder einfach ‚Baum'. Mit Vorteil kombiniert man die Aufgabe: ‚Zeichne ein Haus mit einem Baum oder ähnliches.'"* (Koch, K., 1949/1997, S. 123).
Als Material werden bei K. Koch Papier (DIN-A4; 29,7 x 21,0 cm) und ein mittelweicher bis weicher Bleistift eingesetzt. Das Blatt wird hochkant vor das Kind, Jugendlichen oder Erwachsenen gelegt, aber nichts geäußert, wenn diese es auf die Breitseite drehen. Es wird empfohlen, den Zeichenvorgang unauffällig zu beobachten und den Zeitaufwand zu notieren. Auch das, was ausradiert wird, soll vermerkt werden. Es gibt keine Zeitbegrenzung.

Testanweisung und Anwendungsrichtlinien des Baumtests nach U. Avé-Lallemant:
U. Avé-Lallemant aktualisierte den Ansatz K. Kochs mit Deutungen von Baumtests und einer Einführung in ihre symbolische und graphologische Interpretation (1976/2002). Zur Anwendung des Baumtests gibt sie folgende, von K. Koch abweichende Instruktion:
„Zeichne einen Baum, aber keine Tanne." Im Unterschied zu K. Koch möchte sie mit dieser Instruktion vermeiden, dass Äpfel oder gar eine Leiter mit Obstkorb gezeichnet werden, die dann, ausgelöst durch die Testanweisung, bloß Attribute ohne symbolischen Gehalt sein könnten.

Anmerkung Ch. Seidel:
Bei der Durchführung von Baumtests bevorzuge ich in Abgrenzung von K. Koch die neutralere Testanweisung Avé-Lallemants (vgl. Kap. 5.3.5, Analyse des Baumtests, Fallbeispiel Anna).

Die Wahl des Bleistifts überlässt U. Avé-Lallemant ausdrücklich dem Zeichner/der Zeichnerin. Als Papiermaße verwendet sie DIN-A4 und DIN-A5. Sie erläutert ihre Baum-Interpretationen anhand vieler eindrucksvoller Bleistiftzeichnungen (vor allem von Jugendlichen) und gibt jeweils am Ende ihrer Deutungen kurze Informationen zur Biographie ihrer Probanden.
Sie beschreibt die Anwendung des Baumtests auch bei Kindergartenkindern (3- bis 6jährige), bei geistig Behinderten, in der Rehabilitations-Klinik und in der Kriminologie.

Methodische Schwerpunkte der Interpretation von Baumtests nach U. Avé-Lallemant:
U. Avé-Lallemant betrachtete den Baum bei der Analyse unter 5 Aspekten:

1. Unmittelbarer (erster) Eindruck
2. Raumsymbolische Deutung
3. Der Baum als Organismus mit Hinweischarakter des Natursymbols auf das Leben und Erleben des Menschen: die innere Struktur des Baumes
4. Graphologische Analyse der Stricharten, Strichstörungen und Flächenbehandlung
5. Lebensdaten

Auch U. Avé-Lallemant sieht in der Baumzeichnung eine unbewusste Aussage über das eigene Selbst. Nach der Beschreibung des ersten Eindrucks analysiert sie den Baum in seinen räumlichen Beziehungen (horizontale und vertikale Betrachtung). Vergleichbar K. Koch interpretiert sie den symbolischen „Bedeutungsraum" des Baumes nach M. Grünwalds Raumschema (linke und rechte Seite des Baumes, das Oben und Unten). Es folgt die Deutung der inneren Baumstruktur (Beschreibung der Entfaltung des Baumes in der Zeit aus seiner Ursprungsmitte; Deutung von Stamm-Wurzel-Ansatz, Stammansatz, Wurzeln, Kronenansatz). Bei der graphologischen Auswertung befasst sie sich mit den Stricharten (Strichführung und Strichcharakter), der Flächenbehandlung und den Strichstörungen.

Wie bereits zuvor L. Brem-Gräser in ihrem Test: „Familie in Tieren" (1957/2001), so übernahm U. Avé-Lallemant sowohl für den Baumtest (1976/2002) als auch für den Sterne-Wellen-Test (1978/2006) von A. Vetter (1949, 1951, 1970), K. Koch (1949/1997) und R. Pophal (1966), folgende Definitionen:
Strichführung (nach A. Vetter: sicher, unsicher, unabgesetzt, abgesetzt; nach R. Pophal: Einzelstrich, Pendelstrich; A. Vetter hatte die Begriffe von Einzelstrich und Pendelstrich als „elastisch" bzw. „unelastisch" bezeichnet und wird von L. Brem-Gräser (1957/2001) bei der Definition der Strichführung entsprechend zitiert)
Strichcharakter (nach A. Vetter: zart, tonig, scharf, fest)

Flächenbehandlung (nach A. Vetter: Schattierung, Schraffierung, Konturierung; nach K. Koch: Dunkelung, Rauung)
Neu definierte dagegen U. Avé-Lallemant sowohl für den Baumtest als auch für den Sterne-Wellen-Test die „Strichstörungen" (zart-fragil, tonig-schwammig, scharf-hart, fest-deftig, gestückelt, fixierend geschwärzt).
Die erwähnten Definitionen von „Strichführung", „Strichcharakter", „Flächenbehandlung" und „Strichstörungen" sind in meine Leitlinien sowohl unter der Betrachtung der Entwicklungsmerkmale als auch der Emotionalen Zeichen (Beobachtungsbereich „Graphomotorik") integriert und können detailliert bei Avé-Lallemant, 1976/2002 sowie 1978/2006, nachgelesen werden. Darüber hinaus hat bereits L. Brem-Gräser eine sehr ausführliche Beschreibung der graphologischen Analyse einer Auswahl dieser Merkmale vorgelegt (1957/2001).

Merkmale des Baumtests im Entwicklungsverlauf:
K. Koch, 1949/1997, konnte auf der Grundlage statistischer Überprüfungen von „Kronenansatz" und „Wurzelarten" eine eindeutige Entwicklungslinie in Baumtests ermitteln (Erklärungen zu diesen Begriffen vgl. Kap. 3.7.3.4).
U. Avé-Lallemant bezieht sich auf die Untersuchungsergebnisse von K. Koch und stellt sie wie folgt zusammen (Koch, K., 1949/1997, S. 155 und S. 127):

> Avé-Lallemant, U., 2002, S. 18-19:
> „Beim ersteren (Kronenansatz) hat besonders der ‚Lötansatz' (Lötstamm) eine eindeutige Entwicklungslinie, die mit dem Einbruch der Pubertät abgeschlossen zu werden pflegt (Erklärungen zum Lötstamm vgl. Kap. 9.4, unter: Formdarstellung Stufe 3); er fand sich in folgender Alterszuordnung: 7jährige 71,2 %, 8jährige 44,2 %, 9jährige 38 %, 10jährige 22,5 %, 11jährige 13,2 %, 12jährige 0,9 %, 13jährige 4,2 %; (Ergänzung: Ch. Seidel: 14jährige 1,9 %); von da an unter 1 % (Koch, K., S. 155). Bei den Wurzeln dagegen findet sich kein Anzeichen für Entwicklungsstadien. Bei der ‚Doppelstrichwurzel', um ein Beispiel zu nennen, sehen die Zahlen so aus (einschließlich der Wurzelansätze über der Erde): 7jährige 0,8 %, 8jährige 3,6 %, 9jährige 4,5 %, 10jährige 18,7 %, 11jährige 12,4 %; (Korrektur Ch. Seidel entsprechend der Ergebnisse Kochs: 12jährige 20,2 %)); 13jährige 10,8 %, 14jährige 15,7 %, 15jährige 13,2 % usw. (Koch, K., 1949/1997, S. 127)."

Nach den Untersuchungsergebnissen von K. Koch finden sich z. B. auch bei der Darstellung der Länge des Baumstammes spezifische entwicklungsbedingte Merkmale. Mit zunehmender kognitiver Reife verschiebt sich das Verhältnis von Stamm zur Krone zu Gunsten der Krone. Die Länge des Stammes verringert sich mit zunehmendem Lebensalter und zunehmender Reife kognitiver Funktionen. Kochs Untersuchungen ergaben, dass bei Kindern ab ca. 8;0 Jahren üblicherweise die Krone höher ist als der Stamm. Auch B. Eckstein (1996) bezieht sich bei der Auswertung des „Haus-Baum-Person-Tests" auf diese Untersuchungsergebnisse K. Kochs.

Die statistischen Grundlagen zur Konstruktion des Normalbaumes gibt K. Koch, 1949/1997, S. 89, mit folgenden Maßen an:
Kindergartenkinder, 6;0-7,0 Jahre: Stammhöhe 21,5 cm; Kronenhöhe 10 cm;
Lernbehinderte Kinder, 8;0-17;0 Jahre: Stammhöhe 12,5 cm, Kronenhöhe 10 cm;
Primarschüler, 8;0-15;0 Jahre: Stammhöhe 10,4 cm, Kronenhöhe 10 cm;
Sekundarschüler, 8,0-15;0 Jahre: Stammhöhe 6,7 cm, Kronenhöhe 10 cm;
Rechte Kronenhälfte: 1,13mal linke Hälfte;
Kronenhöhe: 0,7mal Kronenbreite

$$\frac{\text{Kronenbreite}}{\text{Kronenhöhe}} \quad \frac{10}{7}$$

Die Interpretation des Baumtests als entwicklungsdiagnostisches und projektives Verfahren:

Die Interpretation des Baumtests erfordert eine gründliche Einarbeitung in die Literatur (Koch, K., 1949/1997; Avé-Lallemant, U., 1976/2002; Schmeer, G., 1990/2002) sowie klinische Erfahrung in der Anwendung psychodiagnostischer Testverfahren.
Es ist aus meiner Sicht unerlässlich, diesen Test in ein ganzheitlich orientiertes diagnostisches Untersuchungsprogramm einzuordnen. Die Deutungen auf der Grundlage dieses Tests verstehe ich als *Herausarbeitung von Hypothesen (gezielte Fragestellungen)*, die im Rahmen der Gesamtdiagnostik abzuklären sind. Hierbei sind die Vorgeschichte des Kindes, seiner Familie, Explorationsgespräche, vorliegende medizinische und psychodiagnostische Befunde und pädagogische Beurteilungen eingeschlossen (vgl. „Leitlinien zur Interpretation der Kinderzeichnung", Ch. Seidel, Kap. 5.2, Abb. 178, Schaubild 4).
Die Auswertung des Baumtests nach meinen neuen Leitlinien bietet den Vorteil einer Systematisierung der Untersuchung der Entwicklungsmerkmale und der Emoti onalen Zeichen in 8 Beobachtungsbereichen. Es ist aus meiner Sicht notwendig, bei Kindern jeweils die Entwicklungsmerkmale des Baumtests in 8 Beobachtungsbereichen zuerst zu bestimmen und erst nachfolgend Emotionale Zeichen zu analysieren (projektive Deutungen vorzunehmen), vgl. „Leitlinien zur Interpretation der Kinderzeichnung", Kap. 5.2.
Vorliegende Untersuchungsergebnisse von K. Koch, L. Brem-Gräser (graphologische Analyse) und U. Avé-Lallemant sind in meinen Leitlinien zur Interpretation der Baumzeichnung integriert, jedoch neu und mit anderen Interpretationsschwerpunkten geordnet. Eindrucksvolle Bildbeispiele von Bäumen mit symbolischen Deutungen der einzelnen Baummotive von G. Schmeer und U. Avé-Lallemant helfen bei der Einarbeitung in die Detailbetrachtung, z. B. Stamm, Krone, Kronenansatz (Strichansatz, Kugelansatz, Kropf- und Knotenansatz, Fingeransatz und organischer Ansatz), Wurzel, Stamm-Wurzel-Ansatz (Ursprungsmitte des Baumes).

Detaillierte Interpretationshilfen zur Auswertung des Baumtests nach meinen neuen Leitlinien werden in meinen Aufbau- und Supervisionskursen: „Die Kinderzeichnung bei Entwicklungsstörungen" zur Verfügung gestellt.

Neue Untersuchungen zur Validität des Baumtests (Koch) für die Diagnostik der Hirnorganisation Erwachsener legte E. Gaertner-Toman 1994 vor. Diese Arbeit stellt einen Beitrag zur empirischen Validierung des Baumtests dar. Es wurde untersucht, ob dieser Test wichtige Informationen zur Diskrimination zwischen hirnorganisch beeinträchtigten (Beeinträchtigung durch Computeraufnahmen des Schädels und neurologisch-psychiatrische Befunde nachgewiesen) und hirnorganisch unauffälligen Personen liefert. Der Baumtest erwies sich als mögliches Screening-Verfahren zur frühen Diagnostik der Hirnorganizität. Sowohl die merkmalsorientierte Interpretation als auch die intuitive Auswertung führten zu guten Ergebnissen.

9.3.4 Sterne-Wellen-Test, SWT, U. Avé-Lallemant

Bei dem Sterne-Wellen-Test handelt es sich um ein graphisches Ausdrucksverfahren, das es schon im Kindergartenalter erlaubt, Reifestadium, Störsymptome und Charakteristika des Kindes festzustellen. Die besonderen Möglichkeiten dieses Tests liegen aus meiner Sicht in der Diagnostik von Entwicklungsstörungen und psychischen Störungen im Kindergarten-, Vorschul-, Einschulungs- und Schulalter. Dieser Test wurde darüber hinaus von U. Avé-Lallemant bei Jugendlichen und Erwachsenen als projektives Verfahren in Psychotherapie, Berufsberatung, Persönlichkeitsdiagnostik bei psychosomatischer Erkrankung, bei psychogener Traumatisierung nach schwerem Unfall, bei Intelligenzminderung, bei Sprachstörungen sowie im Rahmen kriminologischer Persönlichkeitsdiagnostik eingesetzt.
Nach der Einführung in ihr neues Testverfahren (Beschreibung des SWT als Persönlichkeitstest und Funktionstest) stellt U. Avé-Lallemant Kriterien der Testauswertung dar, bewertet 50 Tests aus Kindergärten anhand von Bildbeispielen und vergleichenden Beobachtungen der Erzieher/innen und führt in verschiedene Anwendungsgebiete des Tests ein (Überprüfung der Entwicklung im Kindesalter, Konfliktberatung, medizinische Diagnostik, Kriminologie). Schließlich präsentiert die Autorin Ergebnisse statistischer Erhebungen mit dem SWT.

Anleitung zur Testanweisung des Sterne-Wellen-Tests:

Die folgende Anleitung des SWT ist mit freundlicher Genehmigung des Reinhardt Verlags aus der Originalliteratur entnommen:
Avé-Lallemant, U., 1978/2006, S. 230:

„Die Durchführung

1. Die Aufforderung zu zeichnen sollte in entspannter Stimmung erfolgen und eher als Einladung wirken. Die Testpersonen (in Gruppen werden es wohl meist Kinder sein) werden so gesetzt, dass sie nicht voneinander abschauen können. Sie sollten auch nicht sprechen oder gar über die Sache diskutieren, sondern sich unmittelbar auf ihre Aufgabe konzentrieren.
2. Die Aufgabe wird in freier Form ausgesprochen. Sie lautet für Testpersonen über 10 Jahre *„Zeichne einen Sternenhimmel über Meereswellen", während man für jüngere Kinder sagen kann „Zeichne Sterne über Wasserwellen."*
3. Während des Zeichnens sollte die Testperson in Ruhe gelassen werden, damit das Bild sich in ihrer Vorstellung entfalten kann. Eventuelle Fragen sollten kurz und ruhig beantwortet werden. Um Kindern Sicherheit zu geben, sollte man mit einer ‚unwichtigen' Arbeit im Raum bleiben, auch Bleistiftspitzer und Radiergummi bereitlegen.
4. Als Zeichenvorlage sollte ausschließlich das Original-SWT-Testblatt dienen (erhältlich bei: Testzentrale des BDP, Postfach 3751, D-37027 Göttingen). Der Testperson wird ein mittelharter Bleistift zur Verfügung gestellt. Da der Bleistiftstrich ein wichtiges Diagnostikum ist, sind weder Kugelschreiber noch Tinte erlaubt; auch keine Farbstifte; wenn Kinder nach ihnen fragen, kann man sie auf ein ‚schönes buntes Bild' vertrösten, das anschließend gemacht wird.
5. Oft wird ein Felsen, Strand oder ähnliches hinzugefügt, was Symbolwert haben kann. Wenn jedoch gefragt wird, ob man solches oder gar Schiffe, Fische usw. hineinzeichnen dürfe, so sollte dies abgelehnt werden, um die Intention nicht zu sehr vom eigentlichen Thema abzuwenden.
6. Die Testperson erhält keine Zeitvorgabe. In der Regel wird die Zeichnung nicht länger als 5–10 Minuten dauern.
7. Auf das fertige Blatt werden eingetragen: Name oder Chiffre, Geschlecht, Alter (Jahre und Monate) und das Datum der Aufnahme. Jetzt – oder auch später – kann mit der Auswertung begonnen werden, mit genügend Zeit oder sogar Muße: einer der großen Vorteile graphischer Projektionstests!"

Anmerkung Ch. Seidel: Die Testblätter sind genormt und können über die Testzentrale in Göttingen bezogen werden (vgl. oben). Es ist nicht zulässig und verfälscht die Testergebnisse, wenn DIN-A4 Blätter ohne den schwarzen genormten Rahmen für den Test verwendet werden.

Die Interpretation des Sterne-Wellen-Tests (SWT) als entwicklugsdiagnostisches und projektives Verfahren:
Die Interpretation des Sterne-Wellen-Tests erfordert eine gründliche Einarbeitung in die Literatur (U. Avé-Lallemant, 1978/2006) sowie klinische Erfahrung in der Anwendung von psychodiagnostischen Testverfahren.

Methodische Grundlagen der Interpretation des Sterne-Wellen-Tests nach U. Avé-Lallemant:
U. Avé-Lallemant interpretiert den Sterne-Wellen-Test unter folgenden Aspekten (zusammenfassende Darstellung aus: U. Avé-Lallemant, 1978/2006, S. 27-64):
1. Formale Auffassungsweisen
   („Sachlösung, Bildlösung, Stimmungslösung, Formlösung, Sinnlösung")
2. Formale Raumstruktur
   („Ebenmaß, Gleichmaß, Regelmaß, Disharmonie")
3. Raumsymbolik (vertikaler Aufbau und horizontaler Aufbau des Bildes)
4. Sachsymbolik
5 Stricharten
   (Strichführung, Strichcharaktere, Strichstörungen, Flächenbehandlungen)
6. Lebensdaten

Nach der Beschreibung „Formale Auffassungsweisen" (z. B.: Handelt es sich um ein eher sachlich gezeichnetes Bild oder kommt darin eher eine Stimmung zum Ausdruck?) und der Analyse der „Formalen Raumstruktur" (z. B.: Sind in dem Bild Regelmaß oder Disharmonie zu beobachten?) untersucht Avé-Lallemant die „Raumsymbolik". Beim vertikalen Bildaufbau geht es um die Begutachtung der Ausgewogenheit des Verhältnisses von Himmel und Meer (Dominanz des Himmels, Dominanz des Meeres, Horizontberührung, Zwischenraum, Absperrung, Überschneidung). Es folgt die Analyse des horizontalen Bildaufbaus (unakzentuiert, linksbetont, rechtsbetont, mittenbetont). Die „Sachsymbolik" umfasst nach Avé-Lallemant symbolische Deutungen zu einzelnen Motiven der Zeichnung (*Sternenhimmel:* Sterne, Mittenstern, Mond, Komet, Licht, Wolke, Gewitter; *Meereswellen, Wasserwellen:* Wellengang, Brandung, Schaumkronen, stille See, Wellengitter, vereistes Wasser etc.; *Motive am Himmel:* Flugzeug, Rakete, Vögel etc.; *Motive am Meer:* Strand, Felsen, Böschung, Bäume, Schiffe, Fische etc.).
Die graphologische Analyse der „Stricharten" (Strichführung, Strichcharakter, Strichstörungen, Flächenbehandlungen) des Sterne-Wellen-Tests folgt in der Definition der Begriffe und der Anwendung der Beobachtungsstrategien den Vorgaben des Baumtests.

Vergleichbar der Anwendung des Baumtests ist es aus meiner Sicht unerlässlich, den SWT in ein ganzheitlich orientiertes diagnostisches Untersuchungsprogramm einzuordnen. Die Deutungen auf der Grundlage dieses Tests verstehe ich im Sinne einer Herausarbeitung von *Hypothesen (gezielte Fragestellungen)*, die im Rahmen der Gesamtdiagnostik abzuklären sind. Hierbei sind die Vorgeschichte des Kindes und seiner Familie, Explorationsgespräche, vorliegende medizinische und psychodiagnostische Befunde und pädagogische Beurteilungen eingeschlossen (vgl. „Leitlinien zur Interpretation der Kinderzeichnung", Ch. Seidel, Kap. 5.2, Abb. 178, Schaubild 4).

Nach meinen Erfahrungen eignet sich der SWT besonders im Rahmen der Untersuchung von Vorschulkindern im Kindergarten und im Rahmen von Schulfähigkeitsuntersuchungen. Es können mit Hilfe des SWT Hinweise auf Entwicklungsverzögerungen im kognitiven Bereich (Darstellung der Sterne) wie auch des emotionalen Bereichs (Darstellung des Meeres und der Bewegungen der Meereswellen) gefunden und in Beratung und Planung von Förderung bzw. Therapie eingesetzt werden.

So ist es z. B. auffällig, wenn ein Kind kurz vor der Einschulung die Sterne noch als Kreise darstellt (Hinweise auf Entwicklungsstörungen der Formdarstellung bzw. auf emotionale Problematik), wenn die Meereswellen mit unkoordinierten oder geschwärzten Kritzelbewegungen und die Wellenbewegungen unrhythmisch und abgehackt gezeichnet werden (Hinweise auf möglicherweise vorliegende Probleme im emotionalen Bereich) oder die Begrenzung durch die vorgegebenen Außenränder nicht eingehalten wird (möglicherweise vorliegende Störungen der Impulskontrolle).

Die Auswertung des SWT nach meinen neuen Leitlinien bietet den Vorteil einer Systematisierung der Untersuchung der Entwicklungsmerkmale sowie ihrer Abgrenzung von Emotionalen Zeichen in 8 Beobachtungsbereichen. Es ist aus meiner Sicht notwendig, bei Kindern jeweils die Entwicklungsmerkmale des SWT in 8 Beobachtungsbereichen zuerst zu analysieren und erst nachfolgend Emotionale Zeichen zu bestimmen (projektive Deutungen vorzunehmen); vgl. „Leitlinien zur Interpretation der Kinderzeichnung", Kap. 5.2.

Vorliegende Untersuchungsergebnisse des SWT von U. Avé-Lallemant, 1978/2006, vor allem die Aspekte der Raumsymbolik und graphologischen Analyse, sind in meinen Leitlinien zur Interpretation des SWT integriert, jedoch neu und mit anderen Interpretationsschwerpunkten geordnet. Bei Anwendung meiner Leitlinien bildet die Interpretation des Sterne-Wellen-Tests von U. Avé-Lallemant mit ihren eindrucksvollen Bildbeispielen eine wichtige Orientierungshilfe, vor allem beim Einsatz dieses Tests im Jugendalter.

Die Anwendung des SWT wird im vorliegenden Buch anhand eines Fallbeispiels erläutert und in Zusammenhang mit den anderen vorliegenden Untersuchungsbefunden beschrieben (vgl. Kap. 6.2.3, Beispiel Susanne, Erläuternde Hinweise zu den Abb. 243-245).

Detaillierte Interpretationshilfen zur Auswertung des Sterne-Wellen-Tests nach meinen neuen Leitlinien werden in meinen Aufbau- und Supervisionskursen: „Die Kinderzeichnung bei Entwicklungsstörungen" zur Verfügung gestellt.

9.3.5 Haus-Baum-Person-Test, H-T-P, J. N. Buck, W. L. Warren et al.; B. Eckstein

Der H-T-P (House-Tree-Person)-Test gehört zu den gestalterisch-projektiven Verfahren und wird als Kommunikationsmedium im diagnostischen Prozess eingesetzt (Buck, J. N., Warren, W. L., Jolles, I., Wenck, L. S. and Hammer, E. F., 1965; Buck, J. N., revised by Warren, W. L., 1992. Das komplette Set zur „house-tree-person technique" ist über Hogrefe, Göttingen, Testzentrale, zu beziehen). B. Eckstein veröffentlichte 1995 Ergebnisse einer Untersuchung mit dem H-T-P-Test an 28 verhaltensauffälligen Schülern von Schulen für Lernbehinderte und von Schulen für Erziehungshilfe in Nordrhein-Westfalen und wies mit seinen Untersuchungsergebnissen auf die Bedeutung dieses Verfahrens im Bereich der sonderpädagogischen Diagnostik im deutschen Sprachraum hin.

Aufgabenstellung des H-T-P:
Die Kinder werden gebeten, auf H-T-P-Formulare mit Bleistift ein Haus, einen Baum und eine Person zu zeichnen. Anschließend werden ihnen zu jeder Zeichnung Fragen gestellt, die von den Testautoren vorgegeben sind. Mit Hilfe dieser Fragen sollen die Kinder stimuliert werden, zu ihren Zeichnungen ihnen Wichtiges und Persönliches mitzuteilen (15 Fragen zu ihrer Hauszeichnung, 20 Fragen zu ihrer Baumzeichnung und 15 Fragen zu ihrer Personenzeichnung). In einem dritten Schritt werden die Kinder gebeten, mit Buntstiften auf einem einzigen DIN-A4 Blatt ein Haus, einen Baum und eine Person zu malen. Dazu werden den Kindern 12 Buntstifte einschließlich eines schwarzen Stiftes zur Verfügung gestellt.

Beschreibung der Auswertungskriterien des H-T-P nach B. Eckstein, 1995/1996:
B. Eckstein konzentrierte sich bei der Auswertung des H-T-P-Tests auf zwei Merkmalsgruppen:

- *Das Fehlen wesentlicher Details (Auslassungen)*
- *Außergewöhnliche Größenverhältnisse*

Seine Auswertungskriterien orientieren sich weitgehend an den Angaben der Originalliteratur und schließen die Kriterien der Entwicklungsmerkmale und Emotionalen Faktoren von E. M. Koppitz, Test: „Zeichne-Einen-Menschen" (ZEM), 1972, ein.

Das Fehlen wesentlicher Details:
Mit *fehlenden Merkmalen der Hauszeichnung* (Wand, Dach, Tür, Fenster, Kamin; das Fehlen eines Kamins ist allerdings bei Kindern unter 8;0 Jahren nicht ungewöhnlich) wollte Eckstein im Sinne der Test-Konzeption Hinweise auf bewusste oder unbewusste problematische Assoziationen (Symbolisierungen) zur häuslichen Situation über die Zeichnungen festhalten und über Explorationen mit den Schüler/innen (15 Fragen zur Hauszeichnung) näher aufklären (Fehlende Merkmale der Hauszeichnung fanden sich z. B. bei Kindern, die zu Hause einer schwierigen Lebenssituation ausgesetzt waren.).
Die *fehlenden Merkmale der Baumzeichnung* (Stamm, mindestens ein Ast) wurden als Hinweise auf eine möglicherweise vorliegende Problematik des *unbewussten Selbstbildes* des Zeichners/der Zeichnerin gewertet.
Die *fehlenden Merkmale der Personenzeichnung* (Kopf, Rumpf, Arme, Beine und Gesichtszüge, Augen, Nase, Mund und Ohren; das Fehlen von Körperteilen ist aber bei Kindern unter 8;0 Jahren nicht ungewöhnlich). Fehlende Augen, Nase, Mund, Arme, Beine, Füße wurden im Sinne von E. M. Koppitz als Emotionale Faktoren und Hinweise auf möglicherweise vorliegende Probleme des bewussten Selbstbildes und der Aussagen zur Geschlechtsrolle gedeutet (vgl. Emotionale Faktoren des ZEM, Koppitz, Kap. 9.2.2, Tab. 4).

Außergewöhnliche Größenverhältnisse:
Bei der Haus-, Baum- und Personenzeichnung wurden von B. Eckstein in Anlehnung an E. M. Koppitz folgende Merkmale als außergewöhnlich klein bzw. außergewöhnlich groß beurteilt:

- *Winziges Haus:* weniger als 10% des Zeichenblattes
- *Außergewöhnlich großes Haus:* mehr als 2/3 des Zeichenblattes
- *Winziger Baum:* weniger als 5% der Fläche des Blattes
- *Winzige Baumkrone:* weniger als 2/3 des Stammes (erst ab 8;0 Jahren zu bewerten)
- *Außergewöhnlich großer Baum:* mehr als 50% des Blattes, die Krone berührt den Rand oder ragt über den Rand hinaus
- *Winzige Person.* kleiner als 5 cm
- *Winziger Kopf:* weniger als 1/10 der Gesamtgestalt
- *Außergewöhnlich große Person:* größer als 23 cm

Die Interpretation des H-T-P-Tests erfordert eine gründliche Einarbeitung in die Fachliteratur (Buck, J. N., Warren, W. L. et al., 1965; Buck, J. N., revised by Warren, W. L., 1992; Buck, J. N. and Hammer, E. F., 1969; Eckstein, B., 1995; 1996) sowie klinische Erfahrung in der Anwendung von psychodiagnostischen Testverfahren. Vergleichbar der Anwendung der Menschzeichnung, des Baumtests und des Sterne-Wellen-Tests ist es aus meiner Sicht unerlässlich, den H-T-P-Test in ein ganzheitlich orientiertes diagnostisches Untersuchungsprogramm einzuordnen. Auch B. Eckstein weist bei der Darstellung seiner Untersuchungsergebnisse (1995, 1996) auf diese Forderung ausdrücklich hin. Die Deutungen auf der Grundlage dieses Tests verstehe ich im Sinne einer Herausarbeitung von *Hypothesen (gezielte Fragestellungen)*, die im Rahmen der Gesamtdiagnostik abzuklären sind. Hierbei sind die Vorgeschichte des Kindes und seiner Familie, Explorationsgespräche, vorliegende medizinische und psychodiagnostische Befunde und pädagogische Beurteilungen eingeschlossen (vgl. „Leitlinien zur Interpretation der Kinderzeichnung", Ch. Seidel, Kap. 5.2, Abb. 178, Schaubild 4).

Die Auswertung des H-T-P nach meinen neuen Leitlinien bietet den Vorteil einer Systematisierung der Untersuchung der Entwicklungsmerkmale sowie ihrer Abgrenzung von Emotionalen Zeichen in 8 Beobachtungsbereichen. Es ist aus meiner Sicht notwendig, bei Kindern und Jugendlichen jeweils die Entwicklungsmerkmale des H-T-P in 8 Beobachtungsbereichen zuerst zu analysieren und erst nachfolgend Emotionale Zeichen zu bestimmen (projektive Deutungen vorzunehmen); vgl. „Leitlinien zur Interpretation der Kinderzeichnung", Kap. 5.2.

B. Eckstein berücksichtigt bei seiner Auswertung des H-T-P die von mir zunächst vorgenommene Auswertung von Entwicklungsmerkmalen nicht, sondern beschränkt sich mit zwei Beobachtungsbereichen *(Auslassungen und Außergewöhnliche Größenverhältnisse)* auf eine Untersuchung des emotional-sozialen Bereichs. Die von ihm herausgefilterten Beobachtungsbereiche sind bei meinen „Leitlinien zur Interpretation der Kinderzeichnung" als Emotionale Zeichen der Form- und Größendarstellung innerhalb von sechs weiteren Beobachtungsbereichen integriert (Gesamteindruck; Motive, Symbole, Zeichen; Graphomotorik, Farbdarstellung; Bewegungsdarstellung und Raumdarstellung).

Die Zusammenstellung der von B. Eckstein im Sinne der Originalliteratur verwendeten Kriterien der *Auslassungen* und *Außergewöhnlichen Größenverhältnisse* halte ich für hilfreich bei der Auswertung der Emotionalen Zeichen des H-T-P, darüber hinausgehend von freien Zeichnungen, sofern diese in einem ganzheitlichen Zusammenhang mit anderen Informationen aus medizinischen und psychodiagnostischen Befunden, Verhaltensbeobachtungen, Explorationen und pädagogischen Beurteilungen beurteilt werden.

9.3.6 *„Familie in Tieren". Die Familiensituation im Spiegel der Kinderzeichnung, L. Brem-Gräser*

Dieser projektive Zeichentest liegt bereits in der 8. Auflage vor und wird vielfältig in den Bereichen der Klinischen Psychologie, Jugendpsychiatrie, (Sonder)Pädagogik und anderen Fachgebieten eingesetzt.

In 800 Untersuchungsfällen aus der Praxis der Erziehungs- und Schulberatung wurde die Zeichnung „Familie in Tieren" mit den jeweiligen Befunden der gesamten psychologischen Untersuchung verglichen.

Anhand von 29 Fallbeispielen demonstrierte Brem-Gräser die einzelnen Schritte ihrer Testinterpretation und ordnete die Problematik der auffälligen Kinder den Themenbereichen der „Geborgenheitsproblematik" (das nestverhaftete und das ungeborgene Kind), „Kontaktproblematik" (das mittelpunkthafte und das periphere Kind) und „Machtproblematik" (das dominierende und das ungeborgene Kind) zu. Brem-Gräser analysierte die jeweiligen Fehlhaltungen der Beziehungspersonen, die zu den beschriebenen Verhaltensproblemen der Kinder führen können.

Nach einer methodologischen Vororientierung und einer Abhandlung über: „Das Tier im Erleben des Menschen" (z. B. anthropologische Fragestellung, entwicklungspsychologische Aspekte der Beziehungen zwischen Kind und Tier, Fabel, Tierkarikatur und -satire) stellte die Autorin 1957 eine statistische Auswertung von zweitausend gezeichneten Testvorlagen „Familie in Tieren" vor.

> In drei Erhebungen standen jedes Mal dieselben rund 2000 Kinder zur Verfügung (Münchner Volksschulkinder: 1067 Buben und 955 Mädchen im Alter von 10 Jahren). Die erste Erhebung sollte die Frage klären, welche Tiere überhaupt im kindlichen Erleben eine Rolle spielen. Die zweite Untersuchung fand 14 Tage später statt. Hier sollten die Kinder nach der festgelegten Testanweisung ihre Familie als Tiere zeichnen („Stell dir vor, deine Familie wäre eine Tierfamilie..."). Es wurde analog zur ersten Untersuchung auch bei der zweiten Untersuchung die Häufigkeit bestimmt, mit der ein Tier gewählt wurde, und dann anschließend eine Rangreihe aufgestellt, außerdem wurde die Verteilung der Tiere auf Vater, Mutter, Geschwister, Großeltern etc. festgehalten.
>
> Brem-Gräser, L., 1957/2001, S. 33:
>
> „So wurden vierzehn Tage nach der zweiten Erhebung die 2000 Kinder veranlasst, hinter die insgesamt ermittelten Tiere die guten und schlechten Eigenschaften zu schreiben. In dem Katalog werden die einhundertacht Tiere alphabetisch aufgeführt. Ihre – von den Kindern genannten – guten Eigenschaften werden mit „+", die schlechten mit „-" in der Liste gekennzeichnet. Die Reihenfolge, in der diese Eigenschaften hintereinander aufgeführt werden, entspricht der Häufigkeit, mit der die Kinder ihrerseits sie angaben. Diese Eigenschaftsliste ist als Vororientierung für die spezielle Deutung des Tiercharakters von grundlegendem Wert.
>
> Die Auswertung der drei Erhebungen ergibt die Grundlage der Deutung des einzelnen Bildes ‚Familie in Tieren'."

Als eine wichtige Grundlage zur individuellen Interpretation ihres Tests beschrieb Brem-Gräser die aus der Mythologie und der Symbolik bekannten Eigenschaften der von den Kindern genannten Tiere, wie sie vornehmlich von C. G. Jung und seiner Schule erarbeitet wurden. Auch die Volkskunde mit ihren Teilbereichen: Aberglaube, Zauberriten, Redewendungen, Tierfabeln u. a. wird bei der Darstellung von Tiereigenschaften mit kurzen Hinweisen berücksichtigt.
Die Zusammenstellung der Tiereigenschaften unter ihrem positiven und ihrem negativen Aspekt dient als wichtige Orientierungshilfe zur Auswertung des Tests (Brem-Gräser, 1957/2001, S. 40-66). So kann der Bär z. B. als gutmütig, drollig, er kann jedoch auch als brummig, falsch und unberechenbar erlebt werden (vgl. Deutungen der Tiersymbolik der freien Zeichnung in meinem Fallbeispiel Anna, Kap. 5.3.2; 5.3.2.1; 5.3.3 und 5.3.3.1).

Auswertungsrichtlinien des Tests: „Familie in Tieren" nach L. Brem-Gräser:

Testanweisung (Brem-Gräser, L., 1957/2001, S. 32):
„Du kennst doch Märchen, da werden oft Menschen in Tiere verwandelt und umgekehrt. Stelle dir einmal vor, deine Familie wäre eine Tierfamilie und zeichne euch alle, natürlich auch dich selbst, als Tiere. Nummeriere bitte die Reihenfolge, nach der du zeichnest und schreibe unter jedes Tier, wen es darstellen und was für ein Tier es sein soll. Es kommt nicht darauf an, dass du besonders schön zeichnest, sondern nur darauf, was du darstellen willst."

Dieser Test ist von Brem-Gräser als Papier-Bleistift-Zeichentest ohne Zeitbegrenzung vorgesehen. Er eignet sich vorwiegend als Individualtest. Als bevorzugtes Anwendungsalter empfiehlt die Autorin das Lebensalter von 10;0 Jahren. Dieser Test kann jedoch schon ab dem Grundschulalter eingesetzt werden.

> Anmerkung Ch. Seidel:
> In besonderen Fällen, z. B. bei Kindern mit Leistungsängsten und Zeichenhemmungen, stelle ich es den Kindern frei, auch Buntstifte zu verwenden. Die Farbsymbolik der Zeichnungen liefert dabei eine zusätzliche Interpretationsmöglichkeit.
> Bei Kindergartenkindern und entwicklungsgestörten Kindern, deren Zeichenfähigkeit noch auf der voroperationalen Stufe liegt (Entwicklungsalter ca. 4;0-6;0/7;0 Jahre) verwende ich an Stelle des Tests: „Familie in Tieren" den „Sonnenfamilien-Test" (Iten, A., 1980). Kinder dieses Entwicklungsalters können in der Regel noch keine oder sehr wenige unterscheidbare Tiere zeichnen. Sie sind der Aufgabenstellung dieses Tests noch nicht gewachsen und verweigern meist die Mitarbeit. Dagegen können Kinder ab dem Entwicklungsalter von ca. 3;6-4;0 Jahren durchaus Sonnen zeichnen und tun dies auch motiviert. Die abgewandelte Testaufgabe, die Fa-

milie als Sonnen und nicht als Tiere zu zeichnen (Sonnenfamilien-Test, A. Iten, 1980), eröffnet eine gute Gelegenheit, mit dem Kind über seine Familie ins Gespräch zu kommen. Aus den Zeichnungen können Hinweise auf eine positive oder problematische familiäre Situation und aktuelle Erlebnisse des Kindes ermittelt werden.

Instruktion des „Sonnenfamilien-Tests" (nach A. Iten, 1980, modifiziert nach Ch. Seidel): „Heute darfst du etwas Besonders malen. Wir haben vorher von Märchen gesprochen, in denen Verwandlungen vorkamen. Stelle dir vor, deine Familie wäre eine Sonnenfamilie. Zeichne euch alle, natürlich auch dich selbst, als Sonnen. Und noch eine Überraschung! Wenn du willst, darfst du die Sonnen farbig ausmalen."

Ich gebe diesen Test ohne Zeitbegrenzung und benutze dazu ein DIN-A4 Blatt, das ich breitkant vor das Kind lege, und lasse den Test mit Buntstiften ausführen (farbsymbolische Deutungsmöglichkeiten).

Die oben wiedergegebene Instruktion folgt sinngemäß der von A. Iten, 1980, lässt aber die Aufforderung zur Nummerierung der Motive aus. Die Nummerierung sollte nach meiner Vorstellung vom Testleiter/der Testleiterin durchgeführt werden, der/die zugleich eine Verhaltensbeobachtung während der Anfertigung des Tests durchführt. Ich verwende diesen Test nur als Individualtest. Bei seiner Auswertung folge ich meinen Leitlinien und analysiere zuerst die Entwicklungsmerkmale, darauf folgend die Emotionalen Zeichen in 8 Beobachtungsbereichen. Auf projektive, tiefenpsychologisch orientierte Deutungen von Emotionalen Zeichen im Sonnenfamilien-Test verzichte ich in Unterscheidung zu A. Iten bei Kindern im Lebensalter und/oder Entwicklungsalter unter 5;0 Jahren weitgehend. Ich beschränke mich auf die Auswertung des Gesprächs mit dem Kind zu seiner Sonnenfamilie und auf Informationen zu seinem aktuellen familiären Erlebnisbereich, die ich aus dieser Darstellung und dem Gespräch über die Zeichnung gewinnen kann.

Brem Gräser führte die Bildanalyse ihres Tests unter folgenden Aspekten und in folgender Reihenfolge durch (zusammenfassende Darstellung, vgl. Brem-Gräser, L., 1957/2001, S. 70-81) und demonstrierte ihr Vorgehen anhand von 29 Fallbeispielen. Sie leitete ihre Analysen ein, indem sie den Beratungsgrund beschrieb (Nennung biographischer Daten und Angaben zur familiären Situation).

1. Graphologische Analyse (Strichstruktur, Flächenbehandlung und Formbehandlung)
2. Die Reihenfolge des Zeichnens der Tiere
3. Darstellung der Familie mit gleichen oder verschiedenen Tieren
4. Gruppierung der Tierfamilie
5. Größenverhältnisse der Tiere im Vergleich zur Wirklichkeit
6. Ausdrucksgebaren der Tiere
7. Charakter der Tiere

Wie nachfolgend U. Avé-Lallemant (vgl. ihre Ausführungen zur graphologischen Analyse des Baumtests und Sterne-Wellen-Tests), so bezog sich bereits L. Brem-Gräser bei ihrer graphologischen Analyse des Tests: „Familie in Tieren" überwiegend auf die Definitionen und Interpretationen der „Strichstruktur" („Strichcharakter" und „Strichführung") sowie „Flächenbehandlung" von A. Vetter, 1949, 1951, 1970 (auch A. Iten verwendete diese Begriffe zur Auswertung seines Sonnenfamilien-Tests).

Unter der „Strichstruktur" beschrieb sie den „Strichcharakter" (fest, tonig, scharf, zart) und die „Strichführung" (elastisch-unelastisch; sicher-unsicher; abgesetzt-unabgesetzt). Die „Flächenbehandlung" fasste sie unter den Begriffen der „Konturierung", „Schattierung", „Schraffierung" und „Schwärzung" zusammen. Sie fügte im Unterschied zu Avé-Lallemant und meinen Leitlinien auch die „Formbehandlung" (Beachtung der Formgröße) in den Beobachtungsbereich der graphologischen Analyse ein (in meinen „Leitlinien zur Interpretation der Kinderzeichnung" wird dieser Punkt dem Beobachtungsbereich der „Größendarstellung" zugeordnet).

Bei der Reihenfolge der Darstellung der Tiere beachtete Brem-Gräser vor allem die psychologisch wichtige Bedeutung des ersten und letzten Motivs (was als erstes und letztes Motiv gezeichnet wird, kann im Erleben des Kindes eine besondere Rolle spielen). Dieser wie auch die folgenden von Brem-Gräser beachteten Aspekte (2.-7.) wird bei der Interpretation der Emotionalen Zeichen meiner Leitlinien ebenfalls berücksichtigt.

Die Interpretation des Tests: „Familie in Tieren" erfordert eine gründliche Einarbeitung in die Fachliteratur (Brem-Gräser, L., 1957/2001) sowie klinische Erfahrung in der Anwendung psychodiagnostischer Testverfahren. Vergleichbar der Anwendung der Menschzeichnung, des Baumtests, des Haus-Baum-Person-Tests und Sterne-Wellen-Tests ist es unerlässlich, den Test: „Familie in Tieren" in ein ganzheitlich orientiertes diagnostisches Untersuchungsprogramm einzuordnen. Auch L. Brem-Gräser weist bei der Darstellung ihres Tests ausdrücklich auf diese Forderung hin. Die Deutungen auf der Grundlage dieses Tests verstehe ich im Sinne einer *Herausarbeitung von Hypothesen (gezielte Fragestellungen)*, die im Rahmen der Gesamtdiagnostik abzuklären sind. Hierbei sind die Vorgeschichte des Kindes und seiner Familie, Explorationsgespräche, vorliegende medizinische und psychodiagnostische Befunde und pädagogische Beurteilungen eingeschlossen (vgl. „Leitlinien zur Interpretation der Kinderzeichnung", Ch. Seidel, Kap. 5.2, Abb. 178, Schaubild 4).

Die Auswertung des Tests: „Familie in Tieren" nach meinen neuen Leitlinien bietet den Vorteil einer Systematisierung der Untersuchung der Entwicklungsmerkmale sowie ihrer Abgrenzung von Emotionalen Zeichen in 8 Beobachtungsbereichen. Es ist aus meiner Sicht notwendig, bei Kindern und Jugendlichen, vor allem bei Kindern mit Entwicklungsstörungen, nach Berücksichtigung der Vorbefunde (vgl. Kap. 5.2, Abb. 178, Schaubild 4) die Bildanalyse als ersten Schritt mit der Bestimmung der Entwicklungsmerkmale in 8 Beobachtungsbereichen einzuleiten und erst nachfolgend die Emotionalen Zeichen des Tests zu bestimmen (projektive Deutungen

vorzunehmen); vgl. „Leitlinien zur Interpretation der Kinderzeichnung", Kap. 5.2. Brem-Gräsers Auswertungskriterien sind in meine neuen Leitlinien integriert, allerdings wurden ihre Kriterien neu geordnet und andere Interpretationsschwerpunkte gesetzt.
In Kap. 5.3.2 und 5.3.2.1, Fallbeispiel Anna, habe ich den Test: „Familie in Tieren" entsprechend meiner neuen Leitlinien ausgewertet und im Zusammenhang mit den Vorinformationen zur Anamnese, mit den vorliegenden medizinischen und psychodiagnostischen Befunden, Verhaltensbeobachtungen, Explorationen und pädagogischen Beurteilungen interpretiert.

In meinen Aufbau- und Supervisionskursen: „Die Kinderzeichnung bei Entwicklungsstörungen" stelle ich spezielle Auswertungshilfen für den Test: „Familie in Tieren" nach meinen neuen Leitlinien zur Verfügung.

9.4 Strukturierter Beobachtungsbogen: Entwicklungsmerkmale und Emotionale Zeichen in freien Zeichnungen und Zeichentests © Christa Seidel siehe Seite 764 – 806

9.4 *Strukturierter Beobachtungsbogen: Entwicklungsmerkmale und Emotionale Zeichen in freien Zeichnungen und Zeichentests © Christa Seidel*

Der Strukturierte Beobachtungsbogen enthält die Gesamtkonzeption des ganzheitlich orientierten Interpretationsansatzes der Kinderzeichnung (Interpretationsmodell Ch. Seidel, Kap. 5.2, Abb. 178, Schaubild 4) und dient als Orientierungshilfe. Einzelne freie Zeichnungen oder Zeichentests können anhand dieses Bogens auch in schriftlicher Form ausgewertet werden (entsprechende Sets sind über die Website www.christa-seidel.de zu beziehen). In Abhängigkeit von der jeweiligen Fragestellung ist es möglich, die Auswertung auf einzelne Punkte der Ebenen I-III zu beschränken. Bei der Interpretation sollte dann allerdings vermerkt werden, welche Punkte der Gesamtkonzeption nicht bearbeitet wurden.

Name des Kindes:________________ **Geburtsdatum:**__________ **Bearbeitung dieses Beobachtungsbogens am:**__________

Wohnsitz:____

Ebene I Basisinformationen, Vorbefunde

Die genannten Basisinformationen (1.-6.) mit Hilfe von Erhebungsbögen zusammenstellen und diesem Beobachtungsbogen beifügen.

1. ***Fragestellung***
2. ***Familienanamnese*** *(Vorgeschichte der Familie)*
3. ***Anamnese Kind*** *(Vorgeschichte des Kindes; Meilensteine der Entwicklung; vgl. auch Ebene II, 2.)*
4. ***Explorationsgespräche*** *(Eltern/Kind)*
5. ***Medizinische und psychodiagnostische Befunde*** *(vgl. auch Ebene II, 2.)*
6. ***Pädagogische Beurteilungen***

   Pädagogische Beurteilungen der Lehrer/innen mit Beschreibung des Verhaltens in der Schule, der Schulleistungen, der Leistungsstärken und Leistungsschwächen diesem Beobachtungsbogen beilegen; bei Kindergarten- und Vorschulkindern Beurteilungen der Erzieher/innen beilegen.

Ebene II Analyse von freien Zeichnungen und Zeichentests

Zutreffendes ausfüllen bzw. markieren (einkreisen, ankreuzen oder unterstreichen)

1. *Beobachtungssituation*

Nennung der freien Zeichnungen und Zeichentests in der vorgesehenen Reihenfolge ihrer Analyse: ______________________________

____

Auswahl der einzelnen Zeichnung zur Analyse:

Thema der freien Zeichnung: ______________________________

Name des Zeichentests: ______________________________

Datum bei Fertigstellung der freien Zeichnung / des Zeichentests: ______________________________

Lebensalter des Kindes bei Fertigstellung der Zeichnung / des Zeichentests (in Jahren und Monaten, z.B. 7;6 Jahre): ______________

Beschreibung der Aufgabenstellung (Psychodiagnostik / Therapie): ______________________________

____

Malsituation:

Wer führte die Untersuchung durch? ______________________________

Für wen zeichnete das Kind (Eltern, Erzieher/in, Lehrer/in, Therapeut/in)? ______________________________

Wo wurde gezeichnet (Zeichenort)? ______________________________

Welche situativen Einflussmöglichkeiten lagen vor?

Einzelsituation / Gruppe, Anzahl der Gruppenmitglieder: ______________________________

Tageszeit: ____________ Jahreszeit ____________ aktuelle Anlässe, z.B. besondere Feste, aktuelle Ereignisse; gab es Störeinflüsse? **Ja / Nein**

(z.B. unvorhergesehenen Lärm, Unterbrechungen): ______________________________

____

Wie lange wurde gezeichnet? ______________________________

Rahmenbedingungen:

Die folgenden Angaben sind für die Auswertung ***einer freien Zeichnung ohne vorgegebenes Zeichenthema*** und einer ***Zeichnung mit vorgegebenem Thema*** wichtig.

Welche *Malvorbereitungen* wurden getroffen? ________________

Welches *Malmaterial* wurde verwendet? ________________

In welcher *Malposition* wurde gezeichnet (sitzend, stehend, auf dem Bauch liegend o.ä.)? ________________

Welches *Zeichenthema* hat sich das Kind *selbst gestellt?* ________________

Welches *Zeichenthema* wurde dem Kind *vorgegeben?* ________________

Zeichnete das Kind *frei / nach Vorlage?* ________________

2. *Verhaltensbeobachtung während des Zeichenvorgangs (ggf. Extrablatt verwenden)*

Allgemeiner Gesundheitszustand des Kindes:

Hinweise auf eine *akute oder chronische Erkrankung* (z. B. Anfallsleiden, infantile Zerebralparese etc.; vgl. Vorbefunde, Ebene I, 5.): **Ja / Nein**

Es zeigen sich folgende Hinweise auf eine akute Erkrankung / chronische Erkrankung: ________________

____

Nimmt das Kind *regelmäßig Medikamente* ein? **Ja / Nein**

Wenn **Ja**, *welche Medikamente wurden vor Fertigstellung der Zeichnung eingenommen?* ________________

Periphere visuelle Wahrnehmung, Sehschärfe:

Hinweise auf *Störungen der peripheren visuellen Wahrnehmung/Sehschärfe* (vgl. Vorbefunde, Ebene I, 5.): **Ja / Nein**

Wurde eine Brille verordnet? **Ja / Nein**

Wurde die verordnete Brille beim Zeichnen getragen? **Ja / Nein**

Gehör:

Hinweise auf *Hörstörungen* (vgl. Vorbefunde, Ebene I, 5.): **Ja / Nein**

Wenn **Ja**, *welche Hinweise auf Hörstörungen sind festzustellen?* ______________________

____

Sprache:

Hinweise auf *expressive Sprachstörungen* (Aussprache, Grammatik, Wortschatz, vgl. Vorbefunde, Ebene I,5): **Ja / Nein**

Wenn **Ja**, *welche Hinweise auf expressive Sprachstörungen sind festzustellen?* ______________________

____

Hinweise auf *rezeptive Sprachstörungen* (Sprachverständnis, vgl. Vorbefunde, Ebene I, 5.): **Ja / Nein**

Wenn **Ja**, *welche Hinweise auf rezeptive Sprachstörungen sind festzustellen?* ______________________

____

Hinweise auf Störungen des *Sprachflusses* (Stottern, Poltern, vgl. Vorbefunde, Ebene I, 5.): **Ja / Nein**

Hinweise auf *psychogene Sprechstörungen* (Sprechhemmungen, Sprachverweigerung, Elektiver Mutismus, vgl. Vorbefunde, Ebene I, 5.): **Ja / Nein**

Arbeitsverhalten:

Hinweise auf *Probleme der Motivation zum Malen/Zeichnen:* **Ja / Nein**

Hinweise auf *Probleme der Konzentration, Aufmerksamkeit:* **Ja / Nein**

Hinweise auf *Probleme der Ausdauer:* **Ja / Nein**

Hinweise auf *Probleme der Arbeitsgeschwindigkeit:* **Ja / Nein**

Hinweise auf *mangelnde Geübtheit im Umgang mit Stiften/Malmaterialien:* **Ja / Nein**

Beschreibung des *Arbeitsverhaltens beim Malen/Zeichnen:* ______________________

____

____

Psychomotorik:

Hinweise auf *Probleme der Körperkoordination* (vgl. Vorbefunde, Ebene I, 5.): **Ja / Nein**

Wenn **Ja**, *welche Probleme* fallen auf (Zutreffendes unterstreichen), z.B. Unsicherheit beim Begehen von Treppen, unebenem Gelände, Balancieren, Klettern, Schaukeln, psychomotorische Auffälligkeiten der Körperhaltung/der Sitzhaltung beim Malen/Zeichnen:

Andere Auffälligkeiten der Körperkoordination: ______________________________

Hinweise auf *Entwicklungsstörungen der Körperkoordination durch standardisierte medizinische und / oder psychodiagnostische Untersuchungsverfahren bestätigt* (vgl. Vorbefunde, Ebene I, 5.): **Ja / Nein**

Bevorzugter Handgebrauch: rechts / links / wechselnd

Wurde die geschicktere, leistungsfähigere Hand mit Hilfe eines standardisierten psychodiagnostischen Tests überprüft (z.B. Hand-Dominanz-Test, H-D-T, vgl. Vorbefunde, Ebene I, 5.)? **Ja / Nein**

Ergebnis des *Hand-Dominanz-Tests, H-D-T* (vgl. Vorbefunde, Ebene I, 5.) Zutreffendes unterstreichen: *Hand-Dominanz: rechts / links*

Hinweise auf *Probleme des Hand-Fingergeschicks:* **Ja / Nein**

Hinweise auf *Probleme im Umgang mit Knete, Ton, Papier:* **Ja / Nein**

Hinweise auf *Probleme im Umgang mit der Schere:* **Ja / Nein**

Hinweise auf *Probleme bei der Stifthaltung:* **Ja / Nein**

Wenn **Ja,** *was fällt auf (wird der Stift noch im Faustgriff gehalten, falscher 3-Finger-Griff)?*

Beschreibung der Stifthaltung: ______________________________

Hinweise auf *Probleme beim Ablauf der Zeichenbewegungen:* **Ja / Nein**

Wenn **Ja**, *Beschreibung der Auffälligkeiten der Zeichenbewegung:* ______________________________

____

Hinweise auf *Probleme beim Ablauf der Schreibbewegungen:* **Ja / Nein**

Wenn **Ja**, *Beschreibung der Auffälligkeiten der Schreibbewegung:* ______________________________

Hinweise auf *Entwicklungsstörungen der Graphomotorik testpsychologisch bestätigt* (vgl. Vorbefunde Ebene I, 5.): **Ja / Nein**

Auditive, visuelle, taktil-kinästhetische, vestibuläre Wahrnehmung:

(Erläuterungen zur Verhaltensbeobachtung dieser Modalitäten vgl. Michaelis, R. und Barth, Kh.: „Anamnese- und Dokumentationsbogen zur Früherkennung von Lernstörungen in der kinder- und jugendärztlichen Praxis“, 2. Version, Kinder- und Jugendarzt 34. Jg., 2003, Nr. 6; 3. Version in Bearbeitung, erscheint voraussichtlich 2007; Bezugsmöglichkeiten sind im Literaturverzeichnis angegeben).

Auditive Wahrnehmung:

Hinweise auf *auditive Wahrnehmungsstörungen:* **Ja / Nein**

Wenn **Ja**, *welche Hinweise auf auditive Wahrnehmungsstörungen liegen vor* (z. B. Konzentration und Ausdauer beim Zuhören nicht altersgemäß, Geräusche lenken beim Zuhören leicht ab, mündliche Aufträge werden nicht altersgemäß gespeichert, Liedtexte oder Gedichte werden nicht altersgemäß auswendig gelernt, bei Schulkindern Lese- und/oder Rechtschreibstörung)?

Beschreibung der Hinweise auf auditive Wahrnehmungsstörungen: ____________________

____

Hinweise auf *auditive Wahrnehmungsstörungen testpsychologisch bestätigt* (vgl. Vorbefunde, Ebene I, 5.): **Ja / Nein**

Visuelle Wahrnehmung:

Hinweise auf *visuelle Wahrnehmungsstörungen* (z. B. keine Ausdauer beim gemeinsamen Betrachten und Erklären von Bildern und Bilderbüchern, kein altersgemäßes Basteln, kein altersgemäßes Malen und Zeichnen, kein altersgemäßer Umgang mit Puzzles): **Ja / Nein**

Beschreibung der Hinweise auf visuelle Wahrnehmungsstörungen: ____________________

____

Hinweise auf *visuelle Wahrnehmungsstörungen testpsychologisch bestätigt* (vgl. Vorbefunde Ebene I, 5.): **Ja / Nein**

Taktil-kinästhetische Wahrnehmung:

Hinweise auf *Störungen der taktil-kinästhetischen Wahrnehmung:* **Ja / Nein**

Wenn **Ja**, *welche Hinweise auf taktil-kinästhetische Wahrnehmungsstörungen sind zu beobachten* (z. B. auffallend berührungsempfindlich oder berührungsunempfindlich, auffallend schmerzempfindlich oder schmerzunempfindlich, keine altersgemäße Akzeptanz beim Umgang mit Matsch, Sand, Teig, Glibberigem, der Umgang mit diesen Materialien wird als unangenehm empfunden/gemieden)?

Beschreibung der Hinweise auf taktil-kinästhetische Wahrnehmnungsstörungen: ______________________

____

Hinweise auf *taktil-kinästhetische Wahrnehmungsstörungen testpsychologisch bestätigt* (vgl. Vorbefunde Ebene I, 5.): **Ja / Nein**

Kognitive Verarbeitung:

Interessen des Kindes (z. B. Spielen eines Musikinstrumentes, Modellbau, Malen, Zeichnen, Modellieren etc.): ______________________

Hinweise auf *kognitive Verarbeitungsstörungen:* **Ja / Nein**

Wenn **Ja**, *welche Hinweise sind zu beobachten* (Zutreffendes unterstreichen), z.B. reduzierte verbale Fähigkeiten, reduziertes verbales Verständnis, altersuntypische Schwierigkeiten beim Umgang mit Mengen und Zahlen; bei Kindergarten- und Vorschulkindern keine altersgemäße simultane Mengenerfassung (d.h. kein altersentsprechend spontanes Erfassen einer Anzahl von Objekten ohne diese einzeln abzuzählen); altersuntypische Schwierigkeiten beim dreidimensionalen Gestalten, Malen, Zeichnen, Bauen und Konstruieren; Konstruktionsspiele bereiten altersuntypische Schwierigkeiten und werden meist gemieden.

Andere Hinweise auf kognitive Verarbeitungsstörungen: ______________________

____

Hinweise auf *Entwicklungsstörungen der kognitiven Verarbeitung testpsychologisch bestätigt* (vgl. Vorbefunde Ebene I, 5.): **Ja / Nein**

Auffälligkeiten des Verhaltens, Verhaltensstörungen (während des Zeichenvorgangs):

Hinweise auf *Verhaltensstörungen:* **Ja / Nein**

Wenn **Ja**, *welche Auffälligkeiten zeigen sich* (Zutreffendes unterstreichen), z.B. Probleme des Selbstwertbewusstseins und der emotionalen Stabilität, geringe Frustrationstoleranz, Probleme der Bindungsfähigkeit an primäre Bezugspersonen; auffallend geringe Kontaktbereitschaft zu Kindern / Erwachsenen; gesteigerte Angstbereitschaft, Aggressionsneigung, Störungen des Sozialverhaltens, Aufmerksamkeits-Defizit-Syndrom (ADS), Aufmerksamkeits-Defizit-Hyperaktivitäts-Syndrom (ADHS), Hypoaktivität, Tics, Nägelkauen, Einkoten, Einnässen, Sprachverweigerung im Sinne des Elektiven Mutismus, Verhaltensauffälligkeiten im Sinne des Autismus, stereotype Bewegungsmuster, Ordnungszwänge, Zwangshandlungen, z.B. Waschzwang.

Andere Verhaltensauffälligkeiten: ______________________

____

Hinweise auf *Verhaltensstörungen anhand standardisierter Beobachtungsbögen bestätigt* (vgl. Vorbefunde, Ebene I, 5.): **Ja / Nein**

Hinweise auf *Verhaltensstörungen im Anamnese- und Explorationsgespräch mit den Eltern bestätigt* (vgl. Vorbefunde, Ebene I, 3.-4.): **Ja / Nein**

Einflüsse aus der Umwelt des Kindes auf das plastische Gestalten und/oder Malen / Zeichnen:

Plastisches Gestalten wurde besonders gefördert? **Ja / Nein**

Wenn **Ja**, *wer förderte das plastische Gestalten des Kindes besonders* (Zutreffendes unterstreichen), z. B. *Elternhaus/Kindergarten/Vorschule/Schule/außerschulische Förderung wie Töpferkurs, Schule der Phantasie?*

Malen/Zeichnen wurden besonders gefördert? **Ja / Nein**

Wenn **Ja**, *wer förderte das Malen und Zeichnen des Kindes besonders* (Zutreffendes unterstreichen), *z. B. Elternhaus/Kindergarten/Vorschule/Schule/außerschulische Förderung wie Malkurs, Schule der Phantasie?* **Ja / Nein**

3. *Kommentare und erfundene Geschichten des Kindes zu seiner Zeichnung (ggf. Extrablatt verwenden)*

Kommentare und erfundene Geschichten wörtlich notieren; keine Suggestivfragen stellen; Gesprächsführung als „offenes“ oder „fokussiertes“ Interview (beim offenen Interview erzählt das Kind frei, beim fokussierten Interview werden dem Kind zu seiner Zeichnung spezielle Fragen gestellt).

Qualitative Auswertung der Entwicklungsmerkmale von freien Zeichnungen und Zeichentests nach den neuen Leitlinien (Ch. Seidel)

Erläuterungen zur schriftlichen Auswertung des Beobachtungsbogens:

(1) Zur **schriftlichen Auswertung** der Entwicklungsmerkmale einzelner Zeichnungen sind Beobachtungsbögen über www.christa-seidel.de zu beziehen; für die schriftliche Auswertung werden ein grüner Markierungsstift und ein schwarzer oder blauer Kugelschreiber benötigt.

(2) Im Strukturierten Beobachtungsbogen sind folgende **8 Beobachtungsbereiche den 4 Stufen der Zeichenentwicklung zugeordnet** (Stufe 1, 2, 3, 4) und in tabellarischer Form dargestellt: **Gesamteindruck** (erster subjektiver Eindruck, bildnerischer Ausdruck, sprachlicher Ausdruck, Stil, Ausführung und Organisation), **Motive, Symbole, Zeichen; Graphomotorik** (Strichführung, Strichcharakter, Flächenbehandlung); **Formdarstellung; Größendarstellung; Farbdarstellung; Bewegungsdarstellung** (motorische Symbolik, Profilwendung, andere Bewegungsmerkmale); **Raum- und Zeitdarstellung, Komposition** (formale Raumstruktur in der vertikalen und horizontalen Anordnung, Raumdarstellung einzelner Objekte, Situationsdarstellung, Zeitdarstellung).

(3) **Lebensalter (LA) bei Fertigung der Zeichnung in Jahren und Monaten ermitteln.** Beispiel: Junge, LA: 7;6 Jahre; der Junge hat sein Bild im Lebensalter von 7 Jahren und 6 Monaten gezeichnet; die erwartete Stufe seiner Zeichenentwicklung entspricht der Stufe 3 (vgl. Altersangaben zu den 4 Stufen).

(4) **Die erwartete Stufe der Zeichenentwicklung** auf jeder Seite des Bogens am oberen Rand mit grünem Markierungsstift notieren.

(5) Alle zutreffenden Entwicklungsmerkmale jedes Beobachtungsbereiches werden nur auf der **erwarteten Stufe** der Zeichenentwicklung **mit dem grünen Markierungsstift unterstrichen** bzw. nach vorgegebenem Schlüssel eingeschätzt.

(6) Die qualitativ orientierte Einschätzung der Zeichenentwicklung **wird auf der erwarteten Stufe der Zeichenentwicklung nach folgendem Schlüssel vorgenommen (Zutreffendes in den entsprechenden Spalten 1 – 2 – 3 oder 4 markieren / einkreisen):**

a: altersgemäß	**a+: eilt dem Lebensalter leicht voraus**		**a++: eilt dem Lebensalter weit voraus**
	b: in der Entwicklung leicht rückständig		**b–: in der Entwicklung auffällig rückständig**

(7) Sofern ein Merkmal **nicht** auf der erwarteten Stufe festgestellt werden kann, wird es nachfolgend auf den **benachbarten Stufen aufgesucht** und dort mit einem schwarzen oder blauen Kugelschreiber notiert (unterstrichen). Entwicklungsmerkmale, die oberhalb (rechts) der erwarteten Stufe der Zeichenentwicklung liegen, werden als möglicherweise vorliegende Entwicklungspotenziale bewertet. Sie eilen dem Lebensalter voraus. Merkmale, die unterhalb (links) der erwarteten Stufe ermittelt werden, weisen möglicherweise auf Defizite der Zeichenentwicklung hin. Bei der Interpretation und Hypothesenbildung werden die Auswertungsergebnisse des Strukturierten Beobachtungsbogens in eine ganzheitlich orientierte Diagnostik eingeordnet.

Strukturierter Beobachtungsbogen

Thema/Kurzbeschreibung der freien Zeichnung/des Zeichentests: ______________________

Lebensalter bei Fertigung (Jahre und Monate, z.B. 7;6 Jahre): ______________________

Erwartete Stufe der Zeichenentwicklung: Stufe: 1 2 3 4 (zutreffende Stufe markieren)

	1	2	3	4
Beobachtungsbereiche zu den Stufen der Zeichenentwicklung	**Stufe 1** **Vorstufe** **Säuglingsalter und Beginn frühe Kindheit** **bis ca. 2;0 Jahre**	**Stufe 2** **frühe Kindheit und Beginn mittlere Kindheit, Vorschulalter** **ca. 2;0-7;0 Jahre**	**Stufe 3** **mittlere und späte Kindheit** **ca. 7;0-12;0 Jahre**	**Stufe 4** **Jugendalter** **ab ca. 12;0 Jahren**
Zutreffendes nur auf der <u>erwarteten</u> Stufe der Zeichenentwicklung mit grünem Markierungsstift unterstreichen bzw. einkreisen oder ankreuzen! Die zutreffenden Entwicklungsmerkmale der <u>benachbarten</u> Stufen mit schwarzem oder blauem Kugelschreiber markieren.	Sensomotorisches Denken vernetzt mit taktil-kinästhetischen, (vor)sprachlichen, perzeptiven, emotional-sozialen Funktionen der Stufe 1	a) ca. 2;0- 4;0 Jahre b) ca. 4;0-7;0 Jahre (Vorschulalter, „Werkreife“ ca. 5;0-7;0 Jahre) Voroperationales Denken vernetzt mit sensomotorischen, taktil-kinästhetischen, sprachlichen, perzeptiven und emotional-sozialen Funktionen der Stufe 2	a) ca. 7;0-9;0 Jahre (mittlere Kindheit) b) ca. 9;0-12;0 Jahre (späte Kindheit) Konkrete Operationen des Denkens vernetzt mit sensomotorischen, taktil-kinästhetischen, sprachlichen, perzeptiven und emotional-sozialen Funktionen der Stufe 3	Unterschiedliche Denkstile vernetzt mit sensomotorischen, taktil-kinästhetischen, sprachlichen, perzeptiven und emotional-sozialen Funktionen der Stufe 4 Nur bei einer kleinen Gruppe von Jugendlichen wird die Handlungsplanung der Zeichnungen durch *„formale Operationen des Denkens“* im Sinne Piagets geleitet

	1	2	3	4
Gesamteindruck **Erster subjektiver Eindruck im Hinblick auf die Zeichenentwicklung**	**Die Zeichenentwicklung ist im Vergleich zum Lebensalter:** **a a+ a++ b b-** **Einschätzung des Entwicklungsalters im Gesamteindruck:** **ca. ______ Jahre** **Geschätzte Entwicklungsstufe -- Anfang, Mitte, Ende der Stufe:** ______ **Bemerkungen:** ______ ______ ______	**Die Zeichenentwicklung ist im Vergleich zum Lebensalter:** **a a+ a++ b b-** **Einschätzung des Entwicklungsalters im Gesamteindruck:** **ca. ______ Jahre** **Geschätzte Entwicklungsstufe -- Anfang, Mitte, Ende der Stufe:** ______ **Bemerkungen:** ______ ______ ______	**Die Zeichenentwicklung ist im Vergleich zum Lebensalter:** **a a+ a++ b b-** **Einschätzung des Entwicklungsalters im Gesamteindruck:** **ca. ______ Jahre** **Geschätzte Entwicklungsstufe -- Anfang, Mitte, Ende der Stufe:** ______ **Bemerkungen:** ______ ______ ______	**Die Zeichenentwicklung ist im Vergleich zum Lebensalter:** **a a+ a++ b b-** **Einschätzung des Entwicklungsalters im Gesamteindruck:** **ca. ______ Jahre** **Geschätzte Entwicklungsstufe -- Anfang, Mitte, Ende der Stufe:** ______ **Bemerkungen:** ______ ______ ______
Bildnerischer Ausdruck Beschreibung der Ausdrucksqualitäten, die sich in der Zeichnung zeigen, z. B. Hinweis auf inneren Bilderreichtum, Phantasie, Vorstellungskraft, bei älteren Kindern auf Witz, Humor, Karikierungen, graphische Abstraktionen – bzw. auf geringe Vorstellungskraft und dürftige oder skurrile Zeichnungen	Die Kritzel lassen noch keine Symbolfunktion erkennen, die auf innere Bilder schließen lassen	Innere Vorstellungsbilder werden in die Zeichnung übertragen, sie sind ***noch nicht an der Realität orientiert***	Innere Vorstellungsbilder werden in die Zeichnung übertragen und ***sind jetzt an der Realität orientiert*** (ab ca. 7;0-12;0 Jahren)	Innere Bilder werden in den Zeichnungen ausgedrückt und sind jetzt entweder an der Realität orientiert oder geplant unrealistisch, illusionistisch (ab ca. 12;0 Jahren); Vorfeld künstlerischer Gestaltungskonzepte; Witz, Humor, Karikierungen (ab ca. 11;0-12;0 Jahren); „Quasi-künstlerische Gestaltung“ – Richter, 1987, (ab ca. 14;0 Jahren);

	1	2	3	4
Bildnerischer Ausdruck (Fortsetzung)				Verbindung von graphischer und sprachlicher Symbolik, Bildsymbole, Allegorien (ab ca. 14;0/16;0 Jahren); expressionistische oder abstrakte Kunstwerke dienen als Vorbilder und werden nach eigenen Vorstellungen umgestaltet (ab ca. 14;0-16;0 Jahren)
Bildnerischer Ausdruck altersgemäß, lebendig, Zugriff auf innere Bilder: **a** Bildnerischer Ausdruck eilt dem Lebensalter leicht voraus: **a+** Bildnerischer Ausdruck eilt dem Lebensalter weit voraus: **a++** Bildnerischer Ausdruck karg, nicht dem Lebensalter entsprechend: **b** Bildnerischer Ausdruck starr, unlebendig, schablonisiert bizarr, skurril: **b-**	Bildnerischer Ausdruck ist auf Stufe 1 noch nicht zu beurteilen	**Bildnerischer Ausdruck:** **a a+ a++ b b-** **Einschätzung des Entwicklungsalters im bildnerischen Ausdruck: ca. ________ Jahre** **Geschätzte Entwicklungsstufe – Anfang, Mitte, Ende der Stufe:** ________ ________	**Bildnerischer Ausdruck:** **a a+ a++ b b-** **Einschätzung des Entwicklungsalters im bildnerischen Ausdruck: ca. ________ Jahre** **Geschätzte Entwicklungsstufe – Anfang, Mitte, Ende der Stufe:** ________ ________	**Bildnerischer Ausdruck:** **a a+ a++ b b-** **Einschätzung des Entwicklungsalters im bildnerischen Ausdruck: ca. ________ Jahre** **Geschätzte Entwicklungsstufe – Anfang, Mitte, Ende der Stufe:** ________ ________

	1	2	3	4
Sprachlicher Ausdruck Sprachliche Kommentare und erfundene Geschichten zu den Zeichnungen im Hinblick auf ihren Einfallsreichtum, flexible verbale Assoziationsmöglichkeiten, Wortgewandtheit, flexible Verknüpfungen von Sinneswahrnehmungen, den bildnerischen und sprachlichen Ausdruck bewerten – bei älteren Kindern auch Witz und Humor – bzw. geringe sprachliche Ausdruckskraft bewerten Sprachlicher Ausdruck altersgemäß: **a**	Die Sprache befindet sich im Aufbau und lässt noch keine inneren Bilder erkennen	Sprachliche Phantasien zu Zeichnungen beziehen sich vorwiegend auf innere Bilder und ***sind noch nicht an der Realität orientiert***	Sprachliche Phantasien, werden jetzt mit bildlichen Phantasien verbunden und ***an der Realität orientiert***	Wortgewandtheit, sprachlicher Einfallsreichtum, sprachliche Phantasie und bildliche Phantasie werden im kreativen bildnerischen und sprachlichen Ausdruck verbunden und an der Realität orientiert oder sind geplant unrealistisch, illusionistisch; Witz, Humor, Originalität in der Verbindung von Bildsymbolik und Sprachsymbolik – Karikaturen und Ironisierungen, Übertragung von Wortsymbolen, Metaphern, in bildnerische Symbole (ab ca. 14;0 Jahren)
Sprachlicher Ausdruck eilt dem Lebensalter leicht voraus: **a+** Sprachlicher Ausdruck eilt dem Lebensalter weit voraus (auffallend wortgewandt, reicher Sprachschatz): **a++** Sprachlicher Ausdruck karg, geringe sprachliche Phantasie, Entwicklungsrückstand: **b** Sprachlicher Ausdruck zeigt Hinweise auf eine Sprachentwicklungsstörung: **b-**	Sprachlicher Ausdruck auf Stufe 1 noch nicht zu beurteilen, da die Kritzel noch nicht benannt werden	**Beurteilung des sprachlichen Ausdrucks:** **a a+ a++ b b-** **Einschätzung des Entwicklungsalters im sprachlichen Ausdruck:** **ca.__________ Jahre** **Geschätzte Entwicklungsstufe -- Anfang, Mitte, Ende der Stufe:** __________ __________	**Beurteilung des sprachlichen Ausdrucks:** **a a+ a++ b b-** **Einschätzung des Entwicklungsalters im sprachlichen Ausdruck:** **ca.__________ Jahre** **Geschätzte Entwicklungsstufe -- Anfang, Mitte, Ende der Stufe:** __________ __________	**Beurteilung des sprachlichen Ausdrucks:** **a a+ a++ b b-** **Einschätzung des Entwicklungsalters im sprachlichen Ausdruck:** **ca.__________ Jahre** **Geschätzte Entwicklungsstufe -- Anfang, Mitte, Ende der Stufe:** __________ __________

	1	2	3	4
Stil Überindividuelle und individuelle Besonderheiten, Merkmalskombinationen der zeichnerischen Darstellung werden beurteilt Der Zeichenstil entspricht den Entwicklungsmerkmalen der erwarteten Stufe: **a** Der Zeichenstil eilt dem Lebensalter leicht voraus: **a+** Der Zeichenstil eilt dem Lebensalter weit voraus (Entwicklungssprünge): **a++** Der Zeichenstil lässt Entwicklungsrückstände auf der erwarteten Stufe erkennen: **b** Der Zeichenstil zeigt Stilbruch, Splitterfähigkeit, Regression, Stillstand, Perseverationen, skurrile Figuren: **b-**	Stil der Stufe 1, sensomotorisches Denken bestimmt den Zeichenstil der Kritzelzeichnung **Zeichenstil entspricht:** **a a+ a++ b b-** **Einschätzung des Entwicklungsalters im Zeichenstil:** **ca. __________ Jahre** **Geschätzte Entwicklungsstufe -- Anfang, Mitte, Ende der Stufe:** __________ **Beobachtungen zu individuellen Besonderheiten und Merkmalskombinationen notieren:** __________ __________ __________ __________	Stil der Stufe 2, voroperationales Denken bestimmt den Zeichenstil **Zeichenstil entspricht:** **a a+ a++ b b-** **Einschätzung des Entwicklungsalters im Zeichenstil:** **ca. __________ Jahre** **Geschätzte Entwicklungsstufe -- Anfang, Mitte, Ende der Stufe:** __________ **Beobachtungen zu individuellen Besonderheiten und Merkmalskombinationen notieren:** __________ __________ __________ __________	Stil der Stufe 3, konkrete Operationen des Denkens bestimmen den Zeichenstil **Zeichenstil entspricht:** **a a+ a++ b b-** **Einschätzung des Entwicklungsalters im Zeichenstil:** **ca. __________ Jahre** **Geschätzte Entwicklungsstufe -- Anfang, Mitte, Ende der Stufe:** __________ **Beobachtungen zu individuellen Besonderheiten und Merkmalskombinationen notieren:** __________ __________ __________ __________	Stil der Stufe 4, unterschiedliche Denkstile bestimmen den Zeichenstil; nur bei einem kleinen Teil der Jugendlichen wird der Zeichenstil durch formale Operationen des Denkens im Sinne Piagets geprägt **Zeichenstil entspricht:** **a a+ a++ b b-** **Einschätzung des Entwicklungsalters im Zeichenstil:** **ca. __________ Jahre** **Geschätzte Entwicklungsstufe -- Anfang, Mitte, Ende der Stufe:** __________ **Beobachtungen zu individuellen Besonderheiten und Merkmalskombinationen notieren:** __________ __________ __________ __________

	1	2	3	4
Ausführung und Organisation				
Arbeitsweise altersgemäß geordnet: **a** Arbeitsweise eilt dem Lebensalter leicht voraus: **a+** Arbeitsweise eilt dem Lebensalter weit voraus: **a++** Arbeitsweise altersuntypisch flüchtig (ungeordnet, Überkritzelungen, Durchstreichungen): **b** Arbeitsweise auffällig gestört (übermäßig kontrolliert, eingeengt, perseverierend, auffällig langsam, Zeichnen nur mit Hilfe eines Lineals, immer wieder neu beginnend, um ein besseres Ergebnis zu erzielen, häufiges Ausradieren bzw. chaotische, völlig ungeordnete Arbeitsweise): **b-**	Arbeitsweise und Organisation werden auf Stufe 1 noch nicht beurteilt	**Arbeitsweise:** **a a+ a++ b b-** **Einschätzung des Entwicklungsalters bei der Arbeitsweise:** **ca. __________ Jahre** **Geschätzte Entwicklungsstufe -- Anfang, Mitte, Ende der Stufe:** __________ **Beobachtungen zur Arbeitsweise notieren:**	**Arbeitsweise:** **a a+ a++ b b-** **Einschätzung des Entwicklungsalters bei der Arbeitsweise:** **ca. __________ Jahre** **Geschätzte Entwicklungsstufe -- Anfang, Mitte, Ende der Stufe:** __________ **Beobachtungen zur Arbeitsweise notieren:**	**Arbeitsweise:** **a a+ a++ b b-** **Einschätzung des Entwicklungsalters bei der Arbeitsweise:** **ca. __________ Jahre** **Geschätzte Entwicklungsstufe -- Anfang, Mitte, Ende der Stufe:** __________ **Beobachtungen zur Arbeitsweise notieren:**

	1	2	3	4
Motive, Symbole, Zeichen Festgestellte Motive der erwarteten Stufe der Zeichenentwicklung mit grünem Stift markieren; nicht aufgeführte Motive nur auf der erwarteten Stufe unter der Rubrik „Andere Motive, Symbole, Zeichen" ergänzen bzw. notieren! Beobachtete Motive der anderen Stufen mit schwarzem oder blauem Kugelschreiber unterstreichen.	Als Motive werden folgende Kritzel dargestellt: Hiebkritzel, Schwingkritzel, Kreiskritzel, verschiedengeformte Kritzel (bis ca. 1;6-2;0 Jahre); die Kritzel werden nicht benannt und nicht mit Sinn unterlegt (vorsymbolisch); die Kritzel der Stufe 1 sind vom Betrachter ohne Erklärungen des Kindes noch nicht zu deuten Am Ende der Stufe 1 und als Übergang zur Stufe 2 treten erste vereinzelte Konzeptkritzel auf (erste Sinn unterlegte Kritzel, die mit Hilfe von Gestik und/oder Sprache verdeutlicht werden; es kommt aber noch nicht zu geschlossenen Kreisen oder anderen erkennbaren geschlossenen Formen)	Die Kritzel werden jetzt benannt; meist eilt zu Beginn der Stufe 2 die Sprachentwicklung der Zeichenentwicklung voraus; aus geschlossenen Kreisen und Strichen (Linien, Konzeptkritzeln) werden jetzt gehäuft erste Motive gebildet und mit Hilfe von Gestik und/oder Sprache mit Sinn belegt; erste Motive sind z.B. Ball, Fisch, Kuchen, Sonne, Maus etc.; erste Menschdarstellungen (Mama, Papa, Geschwister, Familienangehörige, Selbstdarstellung) werden als Kopffüßler gezeichnet (ab ca. 3;0-4;0 Jahren); Schreibkritel (ab ca. 3;6 Jahren); gegliederter Mensch (ab ca. 4;0-5;0 Jahren) Menschschema wird auf Tierdarstellung übertragen (ab ca. 4;0 Jahren) Haus (ab ca. 4;0-4;6 Jahren); Pflanzen (Blumen, Bäume) (ab ca 4;0-4;6 Jahren) erste Andeutungen von Himmel oder Wiese (ab ca. 4;0-5;0 Jahren); Autos und andere Fahrzeuge u. a. (ab ca. 4;0-5;0 Jahren); Motive aus Bilderbüchern und Fernsehserien	Selbstdarstellungen treten jetzt häufig auf der Mensch wird in seiner sozialen Umwelt gezeichnet: Haus, Wohnung, Familie, Schule, Spiele etc. Alltagsgegenstände; Motive aus dem Umgang mit der Natur: Pflanzen, Tiere, Gestirne etc. Motive aus Büchern und Medien: Motive aus Märchen, Sagen, Mythen, aus Geschichten über Indianer und Cowboys, Robinson Crusoe und andere Abenteurer und Helden; andere Inhalte aus Kinderbüchern, Inhalte aus Fernsehserien und Werbung, z.B. Batman, Spiderman, Zorro, Pokémon, Yu-Gi-Oh, Snoopy, Micky Mouse, Comic-Figuren etc. Andere Motive, Symbole, Zeichen: __________ __________ __________ __________ __________ __________ __________ __________	Immer neue Versuche, interessante Motive aus den Medien, aus Werbung, Unterhaltung, Presse, Film/Fernsehen, Internet zu kopieren und nach eigenen Vorstellungen umzugestalten; Auseinandersetzung mit modernen Vorbildern der Erwachsenenkunst; Kopien nach Vorlagen und eigenständige Umgestaltungen: „Ich male meinen eigenen Picasso"; sozialkritische Motive (verstärkt ab ca. 14;0 Jahren), z.B. die heile und die zerstörte Welt, Umweltzerstörung, Krieg und Frieden, Tierschutz, Hunger in der Dritten Welt, Darstellungen von Vergangenheit, Gegenwart und Zukunft Weltraumphantasien, der illusionistische Raum, surreale Raumwelten, Collagen, multimediale Gestaltungen, eigene Gestaltung von Filmen, 3-D Computersimulationen, Animationen gebundenes Sachzeichnen, Design, konstruktive Darstellungen von Objekten, Umgestaltung von vorgegebener Architektur

	1	2	3	4
Motive, Symbole, Zeichen **(Fortsetzung)**		Andere Motive, Symbole, Zeichen: __________	__________	Experimentieren mit Farben und Formen und Texturen; Oberflächenbeschaffenheit von Objekten (Textur), Darstellung der Stofflichkeit der Objekte (Weichheit der Haut, Härte von Metall) Hell-Dunkel-Studien, Licht und Schatten, Körperschnitte, perspektivische Darstellungen (ab ca. 14;0 Jahren, meist unter Anleitung) Andere Motive, Symbole, Zeichen: __________
	Beurteilung der Motive, Symbole, Zeichen: Es werden Kritzel ohne Sinnbezug dargestellt	**Beurteilung der Motive, Symbole, Zeichen:** a a+ a++ b b-	**Beurteilung der Motive, Symbole, Zeichen:** a a+ a++ b b-	**Beurteilung der Motive, Symbole, Zeichen:** a a+ a++ b b-
	Einschätzung des Entwicklungsalters bei den Motiven, Symbolen, Zeichen: **ca.________ Jahre**	**Einschätzung des Entwicklungsalters bei den Motiven, Symbolen, Zeichen:** **ca.________ Jahre**	**Einschätzung des Entwicklungsalters bei den Motiven, Symbolen, Zeichen:** **ca.________ Jahre**	**Einschätzung des Entwicklungsalters bei den Motiven, Symbolen, Zeichen:** **ca.________ Jahre**
	Geschätzte Entwicklungsstufe-- Anfang, Mitte, Ende der Stufe: ________	**Geschätzte Entwicklungsstufe-- Anfang, Mitte, Ende der Stufe:**________	**Geschätzte Entwicklungsstufe-- Anfang, Mitte, Ende der Stufe:**________	**Geschätzte Entwicklungsstufe-- Anfang, Mitte, Ende der Stufe:**________

	1	2	3	4
Graphomotorik **Strichführung** Definition der Begriffe „Strichführung, Strichcharakter und Flächengestaltung" nach A. Vetter, 1949, 1952, 1970 sowie R. Pophal, 1966; ausführlich beschrieben von Brem-Gräser, L., 1957/2001, und Avé-Lallemant, U., 1976/2002 und 1978/2006	Spurschmieren, ab ca. 8 Mon. (erste nicht zielgerichtete und unkoordinierte Schmierbewegungen, unkoordinierte Kritzel); Linien, Spiralen, Punkte, Hiebkritzel, Schwingkritzel mit rhythmischem Pendelstrich; verschieden geformte Kritzel, Kreiskritzel (ab ca. 13-18 Monaten); am Ende der Stufe 1 beginnt die Koordination von Auge und zeichnender Hand (ab ca. 1;6-2;0 Jahren); Zusammenhang zwischen Hand- und Fingerbewegung und der Spur auf dem Papier wird erkannt, den Spuren wird aber noch kein Sinn unterlegt; dies gelingt erst beim Übergang zur Stufe 2 mit ersten vereinzelten Konzeptkritzeln	Erstes Ausmalen von Formen mit Beachtung von Grenzlinien, z.B. Ausmalen der Sonne (ab ca. 3;6 Jahren); zunehmende Sicherheit der Strichführung, dabei noch Überschneidungen von Linienenden und Körperkonturen (ab ca. 5;0-6;6/7;0 Jahren)	Überwiegend sichere Strichführung beim Ausmalen von Formen und/oder Zeichnen von Linien, nur wenige Überschneidungen von Linienenden und Körperkonturen	Sichere Strichführung beim Ausmalen von Formen und/oder Zeichnen von Linien; kein unbeabsichtigtes Überschneiden oder Nichtschließen von Linienenden und Körperkonturen
		Merkmale der Strichführung: rhythmischer Pendelstrich Einzelstrich unabgesetzte Strichführung abgesetzte Strichführung	**Merkmale der Strichführung:** rhythmischer Pendelstrich Einzelstrich unabgesetzte Strichführung abgesetzte Strichführung	**Merkmale der Strichführung:** rhythmischer Pendelstrich Einzelstrich unabgesetzte Strichführung abgesetzte Strichführung geplant skizzierende Strichbewegungen
	Die Strichführung kann auf Stufe 1 kann noch nicht beurteilt werden	**Beurteilung der Strichführung:** **a a+ a++ b b-**	**Beurteilung der Strichführung:** **a a+ a++ b b-**	**Beurteilung der Strichführung:** **a a+ a++ b b-**

	1	2	3	4
Graphomotorik **(Fortsetzung)** **Strichcharakter**	Merkmale des Strichcharakters sind auf Stufe 1 noch nicht zu beurteilen	**Merkmale des Strichcharakters:** druckstark druckschwach zarter Strich (druckschwach und schmal) toniger Strich (druckschwach und breit) scharfer Strich (druckstark und schmal) fester Strich (druckstark und breit)	**Merkmale des Strichcharakters:** druckstark druckschwach zarter Strich (druckschwach und schmal) toniger Strich (druckschwach und breit) scharfer Strich (druckstark und schmal) fester Strich (druckstark und breit)	**Merkmale des Strichcharakters:** druckstark druckschwach zarter Strich (druckschwach und schmal) toniger Strich (druckschwach und breit) scharfer Strich (druckstark und schmal) fester Strich (druckstark und breit)
Hinweise auf Störungen von Strichführung und Strichcharakter nach Avé-Lallemant, U., 1976/2002 und 1978/2006	Hinweise auf Störungen von Strichführung und Strichcharakter sind auf Stufe 1 noch nicht zu beurteilen	**Hinweise auf Störungen von Strichführung und Strichcharakter** *(erst ab ca. 5;0 Jahren zu beurteilen):* Grobe Schwankungen und Verzitterungen der Strichführung Strichführung ist: zart/fragil (zerbrechlich, unsicher, schwankend) tonig-schwammig (schmierig, verwischt) scharf/hart (heftig, Rille im Papier, Rückseite des Papiers vergleichend beurteilen) fest/deftig (breit, druckstark) gestückelter Strich fixierende Schwärzung	**Hinweise auf Störungen von Strichführung und Strichcharakter :** Grobe Schwankungen und Verzitterungen der Strichführung Strichführung ist: zart/fragil (zerbrechlich, unsicher, schwankend) tonig-schwammig (schmierig, verwischt) scharf/hart (heftig, Rille im Papier, Rückseite des Papiers vergleichend beurteilen) fest/deftig (breit, druckstark) gestückelter Strich fixierende Schwärzung	**Hinweise auf Störungen von Strichführung und Strichcharakter:** Grobe Schwankungen und Verzitterungen der Strichführung Strichführung ist: zart/fragil (zerbrechlich, unsicher, schwankend) tonig-schwammig (schmierig, verwischt) scharf/hart (heftig, Rille im Papier, Rückseite des Papiers vergleichend beurteilen) fest/deftig (breit, druckstark) gestückelter Strich fixierende Schwärzung

	1	2	3	4
Graphomotorik **(Fortsetzung)** **Flächenbehandlung**	Flächenbehandlung ist auf Stufe 1 noch nicht zu beobachten	Konturierungen Dunkelungen	Schattierungen (selten auf Stufe 3; sie deuten bereits auf den Übergang zur Stufe 4 hin) Schraffierungen Konturierungen Dunkelungen Rauungen (Ende Stufe 3)	Schattierungen Schraffierungen Konturierungen Dunkelungen Rauungen
Formdarstellung Beschreibung der Struktur und des Aufbaus der Formen und Figuren, Platzierung der Details, Detailtreue, Detailbeziehungen	Schmierspuren (ca. 9-12 Monate); Kritzel (1;0-1;6 Jahre); Hiebkritzel (ab ca. 1;6-2;0 Jahren); Schwingkritzel (ab ca. 1;6-2;0 Jahren); verschieden geformte Kritzel (ab ca. 1;6-2;0 Jahren); Kreiskritzel, Striche, Linien und Punkte (ab ca. 1;6-2;0 Jahren) Aus Kritzeln werden noch keine Formen gebildet, es werden noch keine Formen geschlossen	Die ersten Formen sind noch nicht an der Realität orientiert; aus Kreiskritzeln entsteht als erste geschlossene Form der Kreis (ab ca. 2;0-3;0 Jahren) Aus Kreisen und Strichen werden die ersten Formen mit den ersten Formdetails aufgebaut Bei der Darstellung von Formen und Formdetails vorwiegend Verwendung des rechten Winkels im Sinne der Prägnanztendenz der Gestaltwahrnehmung: Details werden im rechten Winkel (R-Prinzip) an die Grundformen angefügt (attributiv) und noch nicht in ihre Binnenstruktur integriert; ein Merkmal kann für die ganze Form stehen, z.B. ein aufgerissenes Maul steht für den ganzen Löwen (Pars-pro-toto-Prinzip)	Die Formen sind jetzt an der Realität orientiert; erste eingeübte Schemata werden den perzeptiven und emotionalen Voraussetzungen entsprechend verändert oder aufgegeben; neue Schemata mit immer mehr Details und mehr Binnendifferenzierung entstehen; Details werden nicht mehr attributiv an die Grundformen angefügt, sondern in unterschiedlichen Winkelstellungen und unter Beachtung der Binnengliederung in die Binnenstruktur integriert (ab ca. 7;0 Jahren); Verwendung des rechten Winkels (R-Prinzip) wird reduziert, auch andere Winkelformen finden Verwendung, z.B. schräger Ansatz von Ästen (ab ca. 7;0 Jahren)	Realtätsorientierte Bildkonzepte sind jetzt üblich; zu Beginn des Jugendalters versuchen die Jugendlichen, die Wahrnehmungen der Realität möglichst form- und detailgenau in ihren Zeichnungen umzusetzen („Quasi-Realismus", Richter, 1987); im späten Jugendalter oft Verlassen des Realismus, Abstraktionen und eigenständige Umgestaltungen Details werden entsprechend der Realität zunehmend differenziert gezeichnet und in die Binnenstruktur von Gestalten eingeordnet; die Details sind nicht mehr additiv angefügt, sondern wachsen jetzt organisch aus dem Inneren der Figur heraus; Verwendung aller Winkelformen, das R-Prinzip ist aufgegeben, z.B. sind die Gliedmaßen des Menschen organisch wachsend miteinander verbunden, die Finger wachsen aus den Handflächen, der Hals geht in den Brustkorb über;

	1	2	3	4
Formdarstellung **(Fortsetzung)**		Formen werden auf der Grundlage der Prägnanztendenz (Schließungstendenz) der Gestaltwahrnehmung eingekästelt; Einkästelungen sind daher auf Stufe 2 noch nicht projektiv zu deuten; jede Form hat ihren Platz; Überschneidungen von Formen, die auf unterschiedlichen Ebenen liegen, werden vermieden	Figurdetails werden den Figurganzen untergeordnet, das Pars-pro-toto-Prinzip verschwindet; Einkästelungen werden jetzt geplant und nicht mehr im Sinne der Schließungstendenz von Formen eingesetzt; die Formen beanspruchen jetzt nicht mehr ihren eigenen Platz; Überschneidungen von Formen, die auf unterschiedlichen Ebenen liegen, kommen jetzt vor (ab ca. 9;0 Jahren)	Konturen umschließen Objekte und Figuren mit ihren Details; planende Überschneidung von Umrisslinien mit Auslassungen bei Überlappungen; Überschneidungen der Formen werden eingesetzt, um Tiefenwirkungen zu erzielen
		Umfeld der Objekte wird noch nicht beachtet (Hintergrund, Tischunterlage) „Röntgenbilder" im Alter von ca. 5;0-7;0 Jahren (das Kind zeichnet bei einem Motiv gleichzeitig die Innen- und Außenansicht; die Beine sind z.B. unter dem Rock sichtbar; es stellt gleichzeitig alles dar, was es von seinem Zeichenmotiv weiß, „Intellektueller Realismus", Luquet, 1927)	Umfeld der Objekte (Hintergrund, Tischunterlage) wird jetzt beachtet (ab ca. 9;0-10;0 Jahren) „Röntgenbilder" werden aufgegeben (ab ca. 7;0 Jahren) Menschzeichnung: Arme flächig, Beine flächig, Details der Menschzeichnung werden reichhaltiger und sind an der Realität orientiert **(vgl. Koppitz, Normierungstabellen der Entwicklungsmerkmale des ZEM, Kap. 9.2-9.2.1)**	Motive mit vielen Details; Detailgenauigkeit, genaue sprachliche Beschreibungen der Details

	1	2	3	4
Formdarstellung **(Fortsetzung)**		Grundformen: Geschlossener Kreis oder Langrund (ab ca. 2;0-3;0 Jahren)	Rhombus und andere geometrische Formen können korrekt abgezeichnet werden (ab ca. 7;0 Jahren)	
		Kopffüßler (ab ca. 3;0-4;0 Jahren) Kreuz (ab ca. 3;6 Jahren)	Zunahme der Darstellung von Binnenstrukturen und Detailbeziehungen (ab ca. 9;0 Jahren)	
		Sonnenformen (ab ca. 3;6 Jahren) Leiterformen (ab ca. 3;6 Jahren) Schreibkritzel (ab ca. 3;6 Jahren)	Baumzeichnung: „Lötstamm“, Äste wachsen aus einer horizontalen Schnittfläche am Ende des Stammes und bilden die Baumkrone (bis ca. 10;0 Jahre)	Bei der Baumdarstellung organischer Übergang vom Stamm zu den Ästen, zu den Zweigen, Blättern, Blüten und Früchten; kein Lötstamm mehr, sondern „Fingeransatz“ (ab ca. 10;0-12;0 Jahren) und „organischer Ansatz“ (ab ca. 12;0-14;0 Jahren)
		Viereck (ab ca. 4;0 Jahren); viereckiges Haus mit rundem Dach (ab ca. 4;0-4;6 Jahren)	Ende der Stufe 3 als Übergang zur Stufe 4 erste Versuche eines „Fingeransatzes“ (ab ca. 10;0-12;0 Jahren)	
		Dreieck (ab ca. 5;0 Jahren); Haus mit dreieckigem Dach (ab ca. 5;0 Jahren)	Auslassungen bei Überlappungen (ab ca. 9;0-12;0 Jahren)	
		gegliederter Mensch, Arme und/oder Beine noch mit Einzelstrichen, noch nicht flächig (ab ca. 4;0-4;6 Jahren); die Kopffüßler werden im Vorschulalter (ab ca. 5;0 Jahren) aufgegeben	Am Ende der Stufe 3 und als Übergang zur Stufe 4 erste Versuche, Objekte (vor)perspektivisch darzustellen (ab ca. 10;0-12;0 Jahren) Kritik an eigenen Zeichnungen beginnt; als Überbrückung von Unsicherheiten des zeichnerischen Ausdrucks sind groteske Übertreibungen zu beobachten (ab ca. 10;0/11;0 Jahren)	Spiel mit Formen; Formen mit Schatten; Formen in perspektivischer Ansicht

	1	2	3	4
Formdarstellung (Fortsetzung)		**Ab 5;0 Jahren können die Entwicklungsmerkmale der Menschzeichnung (vorwiegend Beurteilung der Formdarstellung) anhand der Normierungstabellen von Koppitz, 1972, ausgewertet werden (vgl. Kap. 9.2-9.2.1, Tab. 1-3); genauere Auswertung der Formmerkmale der Menschzeichnung auch nach Ziler, 1950/2000, und Reynolds und Hickman, 2004, möglich, vgl. quantitative Auswertung der Entwicklungsmerkmale – siehe unteren Abschnitt** Harmonie der Formen (in sich geschlossen, symmetrisch, ab ca. 5;0 Jahren) Flächenstern gelingt ab ca. 6;0 Jahren, vgl. Sterne-Wellen-Test		
Hinweise auf Störtendenzen in der Formdarstellung	Hinweise auf Störtendenzen in der Formdarstellung sind auf Stufe 1 noch nicht zu beurteilen	**Hinweise auf Störtendenzen in der Formdarstellung** *(erst ab ca. 5;0 Jahren zu beurteilen):* Formen sind nicht geschlossen keine Harmonie der Formen Formen wirken unlebendig, starr, schablonisiert	**Hinweise auf Störtendenzen in der Formdarstellung:** Formen sind nicht geschlossen keine Harmonie der Formen Detailarmut	**Hinweise auf Störtendenzen in der Formdarstellung:** Formen sind nicht geschlossen keine Harmonie der Formen Detailarmut

	1	2	3	4
Hinweise auf Störtendenzen in der Formdarstellung (Fortsetzung)		Formen sind unsymmetrisch mit achsensymmetrischen Horizontalverschiebungen eckiges Körperschema Gestaltzerfall **Beurteilung der Formdarstellung:** **a a+ a++ b b-** **Einschätzung des Entwicklungsalters bei der Formdarstellung:** **ca. ________ Jahre** **Geschätzte Entwicklungsstufe -- Anfang, Mitte, Ende der Stufe:** ________ ________	geringe Binnendifferenzierung Formen wirken unlebendig, starr, schablonisiert Formen sind unsymmetrisch mit achsensymmetrischen Horizontalverschiebungen eckiges Körperschema Gestaltzerfall **Beurteilung der Formdarstellung:** **a a+ a++ b b-** **Einschätzung des Entwicklungsalters bei der Formdarstellung:** **ca. ________ Jahre** **Geschätzte Entwicklungsstufe -- Anfang, Mitte, Ende der Stufe:** ________ ________	keine Binnendifferenzierung Formen wirken unlebendig, starr, schablonisiert Formen sind unsymmetrisch mit achsensymmetrischen Horizontalverschiebungen eckiges Körperschema Gestaltzerfall **Beurteilung der Formdarstellung:** **a a+ a++ b b-** **Einschätzung des Entwicklungsalters bei der Formdarstellung:** **ca. ________ Jahre** **Geschätzte Entwicklungsstufe -- Anfang, Mitte, Ende der Stufe:** ________ ________

	1	2	3	4
Größen-darstellung Beschreibung von Größen und Größenrelationen, Proportionen	Größenrelationen werden auf Stufe 1 noch nicht beachtet	Größenrelationen werden noch nicht entsprechend der Realität beachtet; erste Menschdarstellungen: Kopffüßler (Körper und Kopf bilden eine Einheit, noch keine Größenbeachtung); Kindergartenalter: Kopf ist größer als der Körper oder halb so groß wie der Körper (bis ca. 5;0 Jahre); „Werkreife": Verhältnis Kopf zu Körper beträgt 1:2 (ab 5;0-7;0 Jahren);	Größenrelationen und Proportionen werden zunehmend entsprechend der Realität dargestellt; Vergleich von Vorstellungsbild und beobachtetem Erfahrungswert; ab Schulreife: Verhältnis Kopf zu Körper 1:3 (ab ca. 7;0 Jahren) Größendarstellungen, die von der Norm abweichen (Papiergröße DIN-A4): **nach Koppitz, E. M., 1972:** *auffällig große Person:* 23 cm oder größer (Jungen und Mädchen ab 8;0 Jahren) *auffällig kleine Person:* 5 cm oder kleiner *winziger Kopf:* Höhe des Kopfes weniger als ein Zehntel der Gesamtgestalt **nach Ziler, H.**, 1950/2000: Kopf nicht größer als ½ und nicht kleiner als ⅙ des Rumpfes **nach Eckstein, B.**, 1995, 1996, 2000: *auffallend großer Baum:* mehr als 50 % des Zeichenblattes, die Krone berührt den Blattrand oder ragt über den Blattrand hinaus *auffällig kleiner Baum:* weniger als 5 % der Fläche des Zeichenblattes *auffallend kleine Baumkrone:* weniger als ⅔ des Stammes (ab 8;0 Jahren)	Die Realität dient als Vorbild zur Gestaltung von Größen und Größenrelationen; Abschätzen vertrauter Größen und Einschätzen ihrer Entfernungen ist jetzt möglich; Größenrelation Kopf zu Körper im Jugend- und Erwachsenenalter: 1:8 (ab ca. 14;0/16;0 Jahren)

	1	2	3	4
Größen-darstellung (Fortsetzung) Beschreibung von Größen und Größenrelationen, Proportionen (Fortsetzung)	Die Größendarstellung wird auf Stufe 1 noch nicht beurteilt	**Größendarstellung:** **a a+ a++ b b-** **Einschätzung des Entwicklungsalters der Größendarstellung:** **ca. ____ Jahre** **Geschätzte Entwicklungsstufe -- Anfang, Mitte, Ende der Stufe:** ____ ____	*auffällig großes Haus:* mehr als ⅔ des Zeichenblattes *auffällig kleines Haus:* weniger als 10 % des Zeichenblattes Größenrelation Kopf zu Körper: in später Kindheit 1:5 (ab ca. 10;0-12;0 Jahren); auch die Größenrelationen der einzelnen Objekte untereinander sowie der Objektdetails zu den Objekten werden zunehmend realistischer gezeichnet; Entfernungen und Größen können jetzt realistischer abgeschätzt werden **Größendarstellung:** **a a+ a++ b b-** **Einschätzung des Entwicklungsalters der Größendarstellung:** **ca. ____ Jahre** **Geschätzte Entwicklungsstufe -- Anfang, Mitte, Ende der Stufe:** ____ ____	**Größendarstellung:** **a a+ a++ b b-** **Einschätzung des Entwicklungsalters der Größendarstellung:** **ca. ____ Jahre** **Geschätzte Entwicklungsstufe -- Anfang, Mitte, Ende der Stufe:** ____ ____

	1	2	3	4
Farbdarstellung Beschreibung von Dekorativfarbe, Typenfarbe, Gegenstandsfarbe und Erscheinungsfarbe (vgl. Mosimann, W., 1979)	Die Farbwahl erfolgt auf Stufe 1 noch zufällig	Dekorativfarbe“ (ab ca. 3;0-5;0 Jahren); „Dekorativfarbe“ und „Typenfarbe“ (ab ca. 5;0 Jahren)	Überwiegend „Typenfarbe“ (ab ca. 6;6/7;0 Jahren); „Gegenstandsfarbe“ mit Farbmischungen und Farbabstufungen hell-dunkel (ab ca. 9;0 Jahren)	„Gegenstandsfarbe“ (ab ca. 9;0-12;0 Jahren); „Erscheinungsfarbe“ (ab ca. 14;0 Jahren) möglich; differenzierte, nuancierte Farbigkeit, viele Farbklänge, Mischfarben, Hell-Dunkel-Abstufungen, Licht und Schattenwirkungen; Farbenperspektive (ab ca. 14;0 Jahren) möglich; ab dieser Zeit Tendenz zur reduzierten Farbigkeit; Stimmungsbilder mit ausdrucksvoller Farbgestaltung
	Die Farbdarstellung wird auf Stufe 1 noch nicht beurteilt	**Farbdarstellung:** **a a+ a++ b b-** **Einschätzung des Entwicklungsalters bei der Farbdarstellung:** **ca. ________ Jahre** **Geschätzte Entwicklungsstufe -- Anfang, Mitte, Ende der Stufe:** ________ ________	**Farbdarstellung:** **a a+ a++ b b-** **Einschätzung des Entwicklungsalters bei der Farbdarstellung:** **ca. ________ Jahre** **Geschätzte Entwicklungsstufe -- Anfang, Mitte, Ende der Stufe:** ________ ________	**Farbdarstellung:** **a a+ a++ b b-** **Einschätzung des Entwicklungsalters bei der Farbdarstellung:** **ca. ________ Jahre** **Geschätzte Entwicklungsstufe -- Anfang, Mitte, Ende der Stufe:** ________ ________

	1	2	3	4
Bewegungs-darstellung Beschreibung der motorischen Symbolik, Profilwendung und anderer Bewegungsmerkmale	Auf Stufe 1 ist noch keine Bewegungsdarstellung zu beobachten	Bewegungsspuren mit motorischer Symbolik treten auf (ab ca. 2;0-3;0 Jahren) Erste vereinzelte Ansätze anderer Merkmale der Bewegungsdarstellung sind ab ca. 6;0/7;0 Jahren zu beobachten und weisen auf den Übergang zur Stufe 3 hin: Beine in Wellenlinien oder Verdoppelung der Beine sollen die Laufbewegung darstellen; Vorbereitung der Profilwendung, Übergang zur Stufe 3: Situative Zuordnung, Situationsprofil, Doppelungen von Gesichtsteilen, z.B. zwei Nasen, „Zentralauge“	Die Bewegungsdarstellung wird durch die Profilwendung eingeleitet (ab ca. 6;6/7;0 Jahren); Merkmale der Profilwendung: „Situative Zuordnung“, „Situationsprofil“, Doppelungen von Gesichtsteilen (z.B. zwei Nasen), „Zentralauge“; Bewegungsausdruck der Beine: Beine im Profil, Gelenke noch rund (ca. 7;0-10;0 Jahre); Kopf im Profil, Nase im Profil (ab ca. 7;0-9;0 Jahren); Gestische Bewegung: Arm verlängert (Verlängerung des Armes drückt Greifbewegung aus); Arme mit Bewegungsausdruck im Profil (ab ca. 7;0 Jahren); mimischer Bewegungsausdruck beginnt (ab ca. 9;0-10;0 Jahren); Beine und/oder Arme an den Gelenken nicht mehr gebogen, sondern in Winkelform (ab ca. 10;0 Jahren) Bewegungsdarstellung mit Überschneidungen und Überdeckungen, Richtungsänderungen (ab ca. 10;0-12;0 Jahren)	Bewegungsgestaltung des ganzen Körpers einer menschlichen Figur oder eines Tieres mit Verkürzungen und Überschneidungen, auch aus perspektivischer Sicht; Bewegungshaltungen in Vorderansicht, Seitenansicht (Profil), Rückansicht, Draufsicht; Kombination mehrerer Sichtweisen; Bewegung betonende Haltungen (Neigen, Beugen, Drehen); Fortbewegungen (Gehen, Laufen, Kriechen); Transportbewegungen (Tragen, Schieben, Ziehen) Differenzierung des mimischen Bewegungsausdrucks (ab ca. 12;0-14;0 Jahren)

	1	2	3	4
Bewegungs-darstellung (Fortsetzung)	Bewegungsdarstellung tritt auf Stufe 1 noch nicht auf	**Bewegungsdarstellung:** **a a+ a++ b b-** **Einschätzung des Entwicklungsalters bei der Bewegungsdarstellung:** **ca. __________ Jahre** **Geschätzte Entwicklungsstufe - Anfang, Mitte, Ende der Stufe:** __________	**Bewegungsdarstellung:** **a a+ a++ b b-** **Einschätzung des Entwicklungsalters bei der Bewegungsdarstellung:** **ca. __________ Jahre** **Geschätzte Entwicklungsstufe - Anfang, Mitte, Ende der Stufe:** __________	**Bewegungsdarstellung:** **a a+ a++ b b-** **Einschätzung des Entwicklungsalters bei der Bewegungsdarstellung:** **ca. __________ Jahre** **Geschätzte Entwicklungsstufe - Anfang, Mitte, Ende der Stufe:** __________
Raum- und Zeitdarstellung Komposition	Gesamtraum: Die Kritzel werden ohne räumliche Planung als „Streubild" auf der Zeichenfläche verteilt	Gesamtraum: keine Planung der vertikalen und horizontalen Raumpositionen von Motiven unten, oben, Mitte, rechts und links; die Motive werden als „Streubild" im Raum verteilt (bis ca. 2;0-3;6/4;0 Jahre) Erste Orientierung im Bildraum beginnt mit der Einordnung der Motive in die Raumpositionen unten, oben, rechts und links und der Beachtung der Seitenränder (ab ca. 3;6/4;0 Jahren) Orientierung der Objekte zur unteren Blattkante beginnt (ab ca. 4;0 Jahren) Blattkante dient als Boden (ca. 4;0-5;0 Jahre)	Gesamtraum: Es erfolgen erste Planungen des Gesamtraumes und der Raumpositionen einzelner Motive, diese werden aber noch nicht konsequent im Sinne einer Gesamt-Komposition zu Ende geführt Boden / Himmel flächig, Flächen werden verbreitert (ab ca. 7;0-9;0 Jahren) Klappbild im rechten Winkel zur Standlinie (ca. 7;0-9;0 Jahre); Erweiterung der Präperspektive, Ordnung unter einen Ansichtswinkel beginnt (ab ca. 9;0 Jahren) Bodenlinie dehnt sich aus, diagonal verlaufende Wege; Darstellung von Vordergrund, Mittelgrund und Hintergrund; Raumpläne mit unterscheidbaren Zonen:	Gesamtraum: Das gesamte Bild ist gegenstandsanalog organisiert, es gibt nicht nur realistisch gezeichnete „Inseln" (Einzelobjekte); es kann jetzt von einem Standpunkt aus gedacht werden, räumliche Beziehungen werden antizipiert; Tiefenkriterien des Gesamtraumes werden berücksichtigt (Überlappungen, Schatten, Größen und Entfernungen können als Erfahrungswissen abgeschätzt werden; Bilder zeigen relative Helligkeiten, Schärfe und Unschärfe entsprechend dem räumlichen Abstand) Tiefengestaltungen durch Überschneidungen Steilbild (ab ca. 11;0-12;0 Jahren)

	1	2	3	4
Raum- und Zeitdarstellung Komposition **(Fortsetzung)**		Bodenlinie wird gezeichnet (ca. 5;0 Jahre) Boden und/oder Himmel flächig (Ende der Stufe 2 und Übergang zur Stufe 3; ca. 6;0-7;0 Jahre)	räumliche Darstellung durch Streifenbild, Raumschichtbild (ab ca. 9;0 Jahren); Wanderbild, Straßen- und Wegebilder (ab ca. 9;0 Jahren); erste Ansätze des Horizontbildes (ab ca. 9;0/10;0 Jahren); Steilbild, die Zeichnung verläuft schräg in die Flächentiefe (ab ca. 11;0-12;0 Jahren, Übergang zur Stufe 4)	Differenzierung des Horizontbildes: die Horizontlinie wird auf eine Ebene verlagert, die Tiefenräumliches wiedergeben soll (ab ca. 12;0 Jahren) Korrekt tiefenräumlich organisierte Bilder (ab ca. 14;0 Jahren möglich), meist nach Anleitung (Zentralperspektive, Linearperspektive, Frontalperspektive, Farbenperspektive; Verdeckungen und Überlappungen, Schatten, Abschätzungen „vertrauter Größen" und Einschätzung ihrer Entfernungen aus Erfahrungswissen)
	Die formale Raumstruktur wird auf Stufe 1 noch nicht beurteilt	**Beurteilung der formalen Raumstruktur (vertikale und horizontale Anordnung der Motive):** a a+ a++ b b- **Einschätzung des Entwicklungsalters bei der formalen Raumdarstellung (vertikale und horizontale Anordnung):** **ca. ________ Jahre** **Geschätzte Entwicklungsstufe -- Anfang, Mitte, Ende der Stufe:** ________ ________	**Beurteilung der formalen Raumstruktur (vertikale und horizontale Anordnung der Motive):** a a+ a++ b b- **Einschätzung des Entwicklungsalters bei der formalen Raumdarstellung (vertikale und horizontale Anordnung):** **ca. ________ Jahre** **Geschätzte Entwicklungsstufe -- Anfang, Mitte, Ende der Stufe:** ________ ________	**Beurteilung der formalen Raumstruktur (vertikale und horizontale Anordnung der Motive):** a a+ a++ b b- **Einschätzung des Entwicklungsalters bei der formalen Raumdarstellung (vertikale und horizontale Anordnung):** **ca. ________ Jahre** **Geschätzte Entwicklungsstufe -- Anfang, Mitte, Ende der Stufe:** ________ ________

	1	2	3	4
Raum- und Zeitdarstellung Komposition **(Fortsetzung)** **Räumliche Darstellung einzelner Objekte**	Objekte: Auf Stufe 1 werden nur Kritzel, aber noch keine zwei- oder dreidimensionalen Objekte dargestellt	Objekte: Die Motive sind zweidimensional; es werden noch keine dreidimensionalen Objekte dargestellt Überschneidung von Formen, die sich auf unterschiedlichen Ebenen befinden, wird vermieden	Objekte: Beginn der plastischen (dreidimensionalen) Konstruktion von Objekten in Teilaspekten (z.B. Haus, Auto in Vorperspektive, beim Haus z.B. Vorder- und Seitenansicht) (ab ca. 9;0 Jahren) Überschneidung von Formen, die auf unterschiedlichen Ebenen liegen, ist jetzt zu beobachten (ab ca. 9;0/10;0 Jahren) Auslassungen bei Überlappungen (erste Versuche ab ca. 9,0 Jahren)	Objekte: Selektive Bildkonzepte; differenzierte Einzelobjekte werden in weniger differenzierter Gesamtgestaltung gezeichnet Flächen werden mit Texturen dargestellt, mit Linien, die in ihrem Verlauf einen räumlichen Eindruck ermöglichen, z.B. Treppen; relative Höhen der Gegenstände zueinander und in Beziehung zum Horizont werden beachtet; Gestaltung der relativen Helligkeit und Schärfe bzw. Unschärfe des einzelnen Objektes (nahe Punkte sind in der Regel kontrastreicher, dunkler und schärfer als entfernte) Grundrisse, Aufrisse und Querschnitte von Objekten werden dargestellt; Verfremdungen von perspektivischen Gestaltungen durch ungewöhnliche tiefenräumliche Einblicke und Ausblicke
	Die Raumqualität von Objekten wird auf Stufe 1 noch nicht dargestellt	Die Raumqualität von Objekten wird auf Stufe 2 noch nicht dreidimensional dargestellt	**Beurteilung der Darstellung einzelner Objekte:** **a a+ a++ b b-** **Einschätzung des Entwicklungsalters bei der räumlichen Darstellung einzelner Objekte:** **ca. ____________ Jahre** **Geschätzte Entwicklungsstufe -- Anfang, Mitte, Ende der Stufe:** ____________	**Beurteilung der Darstellung einzelner Objekte:** **a a+ a++ b b-** **Einschätzung des Entwicklungsalters bei der räumlichen Darstellung einzelner Objekte:** **ca. ____________ Jahre** **Geschätzte Entwicklungsstufe -- Anfang, Mitte, Ende der Stufe:** ____________

	1	2	3	4
Raum- und Zeitdarstellung Komposition **(Fortsetzung)**	Noch keine Darstellung von Handlungs- und Sinnzusammenhängen auf Stufe 1	Noch keine Darstellung von Handlungs- und Sinnzusammenhängen auf Stufe 2; dieses Merkmal ist erst auf Stufe 3 zu erwarten	Handlungs- und Sinnzusammenhänge sind jetzt zu beobachten (ab ca. 7;0 Jahren) Objekte und Objektdetails in sachlich-logischer Beziehung zueinander, Handlungen in den Zeichnungen sind jetzt keine isolierten Akte mehr Die Darstellung von Handlungen wird noch mehr durch ihre inhaltliche Aussage als durch ihre räumliche Vorausplanung geleitet und durch Kommentare und erfundene Geschichten verdeutlicht Am Ende der Stufe 3 beginnt als Übergang zur Stufe 4 das planende Vorausdenken einer räumlichen und inhaltlichen Gesamtkonzeption der Situationsdarstellung in der Zeichnung	Die räumliche Darstellung von Handlungs- und Sinnzusammenhängen zeigt sich als wesentliche Komponente der Zeichnung, z.B. Darstellung einer Szene: „Der zerbrochene Krug“ Planendes Vorausdenken einer räumlichen Gesamtkonzeption in Verbindung mit einer geplanten inhaltlichen Aussage über Handlungszusammenhänge; mehrere Faktoren können gleichzeitig beachtet werden; Beziehungen wie Lage, Größe und Richtung der Objekte zueinander, der Details innerhalb der Objekte, werden in den Zeichnungen mit einer inhaltlichen Aussage über Handlungszusammenhänge verbunden
Situationsdarstellung Darstellung von Handlungs- und Sinnzusammenhängen	Situationsdarstellung kommt auf Stufe 1 noch nicht vor	Situationsdarstellung ist auf Stufe 2 noch nicht zu erwarten	**Situationsdarstellung:** **a a+ a++ b b-** **Einschätzung des Entwicklungsalters bei der Situationsdarstellung:** **ca. __________ Jahre** **Geschätzte Entwicklungsstufe -- Anfang, Mitte, Ende der Stufe:** __________	**Situationsdarstellung:** **a a+ a++ b b-** **Einschätzung des Entwicklungsalters bei der Situationsdarstellung:** **ca. __________ Jahre** **Geschätzte Entwicklungsstufe -- Anfang, Mitte, Ende der Stufe:** __________

	1	2	3	4
Raum- und Zeitdarstellung Komposition **(Fortsetzung)** **Zeitdarstellung**	Noch keine Darstellung von Merkmalen der Zeit	Eine Darstellung von Merkmalen der Zeit ist erst ab Mitte der Stufe 3 zu erwarten; die Dimension der Zeit wird vom Kind erlebt und sprachlich in Ansätzen beschrieben, aber noch nicht im Bild verarbeitet; die Zeichnung ist wie eine Momentaufnahme: alles, was dargestellt wird, geschieht gleichzeitig	Unterschiedliche Zeitstrukturen werden erlebt und dargestellt (das Nacheinander der Ereignisse wird durch Bilderfolgen gezeichnet, räumliche Beziehungen werden antizipiert, Raum und Zeit werden aufeinander bezogen) Erzählbilder mit Sprechblasen: Geschichten werden in ihrem zeitlichen Ablauf gezeichnet; statt der Bildsymbole werden als sprachliche Zeichen Sprechblasen in die Zeichnungen eingefügt wie bei Comic-Heften (ab ca. 9;0-10;0 Jahren)	Raum und Zeit können in ihrer gegenseitigen Abhängigkeit gesehen, Zeiten können durch Berechnung von Entfernungen bestimmt werden Bildmerkmale der Dimension der Zeit: in perspektivischen Gestaltungen und Computersimulationen (3 D Animationen) setzen sich die Jugendlichen mit den Dimensionen von Raum und Zeit bewusst auseinander
	Zeitdarstellung ist auf Stufe 1 noch nicht zu beobachten	Zeitdarstellung ist auf Stufe 2 noch nicht zu erwarten	**Beurteilung der Zeitdarstellung:** **a a+ a+ b b-** **Einschätzung des Entwicklungsalters bei der Zeitdarstellung:** **ca. ________ Jahre** **Geschätzte Entwicklungsstufe - Anfang, Mitte, Ende der Stufe:** ________	**Beurteilung der Zeitdarstellung:** **a a+ a+ b b-** **Einschätzung des Entwicklungsalters bei der Zeitdarstellung:** **ca. ________ Jahre** **Geschätzte Entwicklungsstufe - Anfang, Mitte, Ende der Stufe:** ________

Quantitative Auswertung der Entwicklungsmerkmale der Menschzeichnung:

Auswertung des Tests: „Zeichne-Einen-Menschen“ (ZEM), E. M. Koppitz, 1972:
Die quantitative Auswertung des ZEM umfasst 30 Entwicklungsmerkmale. Erwartete Werte (gefunden bei 85-100 % der ZEM der jeweiligen Altersstufe) sind in getrennten Altersnormen für Jungen und Mädchen zusammengestellt (vgl. Kap. 9.2 - 9.2.1, Tabelle 1, 2 und 3). Fehlende „Erwartete Entwicklungsmerkmale“ werden „Außergewöhnlichen Merkmalen“ gegenübergestellt. Mit Hilfe einer Auswertungsformel lassen sich Punktwerte errechnen, mit deren Hilfe die Zeichenentwicklung und kognitive Entwicklung des Kindes eingeschätzt werden können. Obwohl bei der Standardisierung des ZEM positive Korrelationen zu Intelligenztests (Wechsler Intelligence Scale for Children, WISC, Stanford-Binet-Intelligenztest) und zu den Standardisierungsergebnissen des Mann-Zeichen-Tests (Goodenough) nachgewiesen wurden, ist die Interpretation dieses Tests im Hinblick auf die Beurteilung der Intelligenz nur mit Vorbehalt möglich (die Standardisierung wurde nicht aktualisiert und bezieht sich auf den amerikanischen Sprachraum). Der ZEM ist jedoch im Rahmen einer durchgeführten Testbatterie zur ersten Einschätzung der kognitiven Entwicklung von diagnostischem Nutzen und wird in der psychologischen und (sonder)pädagogischen Diagnostik bis heute auch in diesem Zusammenhang als Screening-Verfahren vielfältig eingesetzt.

Ergebnis des ZEM:
Lebensalter (LA) bei Durchführung des Tests (in Jahren und Monaten, z.B. 7;6 Jahre): ______________________
Auswertungsformel nach E. M. Koppitz, 1972:
Minus (Anzahl der fehlenden Erwarteten Merkmale) plus (Anzahl der vorhandenen Außergewöhnlichen Merkmale) plus 5 = errechneter Punktwert:
____

Bewertung des Punktwertes der Auswertungsformel (Zutreffendes unterstreichen):
1 oder 0: Intelligenzminderung, **2:** Grenze der Intelligenzminderung (IQ 60-80), **3:** niedrig (IQ 70-90), **4:** niedrig bis Durchschnitt (IQ 80-110), **5:** Durchschnitt bis hoch (IQ 85-120), **6:** Durchschnitt bis sehr hoch (IQ 90-135), 7 **oder 8:** hoch bis sehr hoch (IQ über 110).

Das Ergebnis des ZEM weist auf eine altersgemäße Intelligenz hin: **Ja / Nein**
Wenn **Nein,** *welche Einschätzung der Intelligenz ist auf der Grundlage des ZEM zu treffen?* ______________________
____
____

Auswertung des Mann-Zeichen-Tests, MZT, H. Ziler, 1950/2000:
Die quantitative Auswertung des Mann-Zeichen-Tests nach Ziler bezieht zur Einschätzung der geistigen Entwicklung des Kindes 52 Entwicklungsmerkmale ein. Es wird kein Abweichungs-IQ berechnet wie bei den Wechsler-Tests oder dem DAP:IQ; der Mann-Zeichen-Quotient (MZQ) wird vielmehr aus der Umwandlung von Rohwerten in ein Mann-Zeichen-Alter (MZA) und der Division von Mann-Zeichen-Alter und Lebensalter ermittelt (MZA geteilt durch Lebensalter); um Dezimalzahlen zu vermeiden, wird dieser Bruch mit 100 multipliziert; die Interpretation des MZQ ist statistisch nicht zuverlässig, kann jedoch im Rahmen einer durchgeführten Testbatterie als Orientierungshilfe eingesetzt werden.

Ergebnis des MZT:
Lebensalter (LA), z.B. 7;6 Jahre: ____________ *Mann-Zeichen-Alter (MZA):* ____________ *Mann-Zeichen-Quotient (MZQ)* ____________
Bewertung:
Das Ergebnis des MZT weist auf eine altersgemäße Intelligenz hin (MZQ 90-109): **Ja / Nein**
Wenn **Nein**, *welche Einschätzung der Intelligenz ist auf der Grundlage des MZT zu treffen?* ____________

Auswertung des Draw-A-Person Intellectual Ability Test for Children, Adolescents, and Adults, DAP:IQ, C. R. Reynolds and J. A. Hickman, 2004:
Die quantitative Auswertung des DAP:IQ bezieht zur Abschätzung der Intelligenz 23 Entwicklungsmerkmale der Menschzeichnung ein. Vergleichbar den Wechsler-Tests wird der Abweichungs-IQ (Standardwert) über Errechnung des Mittelwertes (100) und der Standardabweichung vom Mittelwert (15) interpretiert; Werte < 1 Standardabweichung unter dem Mittelwert gelten als unterdurchschnittlich, < 2 Standardabweichungen als weit unterdurchschnittlich. Es können Standardwerte, Prozentränge, T-Werte, z-Werte, Stanine-Werte und Entwicklungsalter berechnet werden. Die Standardisierung des DAP:IQ (2004) erfolgte nach aktuellen, statistisch zuverlässigen Kriterien, seine Auswertung gilt als statistisch zuverlässig für den amerikanischen Sprachraum; auch im deutschen Sprachraum ist die Anwendung dieses Tests im Rahmen einer Testbatterie von diagnostischem Wert.

Ergebnis des DAP:IQ:
Rohwert: ____________ Standardwert: ____________ Prozentrang: ____________ T-Wert: ____________ Entwicklungsalter: ____________

Bewertung des Standardwertes (Zutreffendes unterstreichen): **DAP:IQ < 70** signifikante Intelligenzminderung, **DAP:IQ 70-79** leichte Intelligenzminderung, **DAP:IQ 80-89** unterdurchschnittliche Intelligenz, **DAP:IQ 90-109** durchschnittliche Intelligenz, **DAP:IQ 110-119** hohe Durchschnittsintelligenz, **DAP:IQ 120-129** überdurchschnittliche Intelligenz, **DAP:IQ > 130** weit überdurchschnittliche Intelligenz.
Das Ergebnis des DAP:IQ weist auf eine altersgemäße Intelligenz hin: **Ja / Nein**
Wenn **Nein**, *welche Einschätzung der Intelligenz ist auf der Grundlage des DAP:IQ zu treffen?* ____________

5. *Formale Strukturanalyse und inhaltliche Analyse Emotionaler Zeichen*

***Qualitative* Auswertung der Emotionalen Zeichen** (vgl. Kap. 4)
Zutreffendes unterstreichen bzw. ausfüllen

Emotionale Zeichen im Gesamteindruck:

Emotionale Zeichen im ersten subjektiven Eindruck:
Hinweise auf *Emotionale Zeichen im ersten subjektiven Eindruck:* **Ja / Nein**
Wenn **Ja,** *erste Hinweise auf Emotionale Zeichen (emotional-soziale Probleme / Störungen) im ersten subjektiven Gesamteindruck beschreiben:*

____

____

____

____

____

Emotionale Zeichen im bildnerischen Ausdruck:
Hinweise auf *Emotionale Zeichen im bildnerischen Ausdruck:* **Ja / Nein**
Wenn **Ja,** *Emotionale Zeichen im bildnerischen Ausdruck beschreiben* (Zutreffendes unterstreichen): karger, unlebendiger, starrer bildnerischer Audruck, Perseverationen, Schablonisierungen, skurrile Darstellungen, Fratzen, Ungereimtheiten, Flucht in Phantasiewelt mit mangelndem Realitätsbezug (erst ab ca. 10;0 Jahren zu bewerten).
Andere Hinweise auf Emotionale Zeichen im bildnerischen Ausdruck: ______________________

____

____

____

Emotionale Zeichen im sprachlichen Ausdruck:

Hinweise auf *Emotionale Zeichen im sprachlichen Ausdruck:* **Ja / Nein**

Wenn **Ja,** *Hinweise auf Emotionale Zeichen im sprachlichen Ausdruck beschreiben* (folgende sprachliche Äußerungen zu den Zeichnungen weisen auf Emotionale Zeichen hin):

Emotionale Zeichen im Stil der Zeichnung:

Hinweise auf *Emotionale Zeichen im Stil:* **Ja / Nein**

Wenn **Ja,** *Hinweise auf Emotionale Zeichen im Stil beschreiben* (Zutreffendes unterstreichen): Stil entspricht nicht dem Lebensalter, es zeigen sich Stilbrüche, Splitterfähigkeiten.

Andere Hinweise auf Emotionale Zeichen im Stil:

Emotionale Zeichen in der Ausführung und Organisation:

Hinweise *auf Emotionale Zeichen bei der Ausführung und Organisation:* **Ja / Nein**

Wenn **Ja,** *Hinweise auf Emotionale Zeichen bei der Ausführung und Organisation beschreiben* (Zutreffendes unterstreichen): flüchtiges Arbeiten, Abbrüche, Überkritzelungen, Durchstreichen, immer wieder neu beginnen, nicht mit dem Zeichenplatz bzw. Zeichenpapier auskommen, Zerreißen oder Zerknüllen des Zeichenpapiers, häufiges Ausradieren, nur mit Lineal arbeiten wollen, verlangsamtes Zeichentempo.

Andere Hinweise auf Emotionale Zeichen bei der Ausführung und Organisation:

Emotionale Zeichen in den Motiven, Symbolen, Zeichen:

Hinweise auf *Emotionale Zeichen bei Motiven, Symbolen, Zeichen:* **Ja / Nein**

Wenn **Ja,** *Hinweise auf Emotionale Zeichen bei Motiven, Symbolen, Zeichen beschreiben* (Zutreffendes unterstreichen): Darstellung von Körperflüssigkeiten (Blut, Urin, Eiter, Tränen), von Exkrementen (Kot), von Naturerscheinungen (Nacht, Blitz, Donner, Feuer, Rauch), Motive von Blut, Krieg, aggressive Kampfszenen, Darstellung von Zähnen, Darstellung von Genitalien.

Andere Hinweise auf Emotionale Zeichen in den Motiven, Symbolen, Zeichen: ______________________

____

____

Emotionale Zeichen in der Graphomotorik:

Hinweise auf Emotionale Zeichen in der Strichführung und im Strichcharakter: Ja / Nein

Wenn **Ja,** *Hinweise auf Emotionale Zeichen in der Graphomotorik beschreiben* (Zutreffendes unterstreichen, vgl. Avé-Lallemant, U., Sterne-Wellen-Test, 2006): Grobe Schwankungen und Verzitterungen der Strichführung, Strichführung ist zart / fragil (zerbrechlich, unsicher, schwankend), tonig-schwammig (schmierig, verwischt), scharf / hart (heftig, Rille im Papier, Rückseite des Papiers vergleichend beurteilen), fest / deftig (breit, druckstark), gestückelter Strich, fixierende Schwärzung.

Hinweise auf Emotionale Zeichen in der Flächengestaltung: Ja / Nein

Wenn **Ja,** *Hinweise auf Emotionale Zeichen in der Flächengestaltung beschreiben* (Zutreffendes unterstreichen, vgl. Brem-Gräser, L., 2001; Avé-Lallemant, U., 2005): Schattierung, Schraffierung, Konturierung, Dunkelung, Rauung (erst ab ca. 10;0-12;0 Jahren zu beurteilen).

Emotionale Zeichen in der Formdarstellung:

Hinweise auf *Emotionale Zeichen in der Formdarstellung:* **Ja / Nein**

Wenn **Ja,** *Hinweise auf Emotionale Zeichen in der Formdarstellung beschreiben* (Zutreffendes unterstreichen): Formen sind nicht geschlossen, keine Harmonie der Formen, Formen wirken unlebendig, starr, schablonisiert, Formen sind unsymmetrisch mit achsensymmetrischen Horizontalverschiebungen, eckiges Körperschema, Gestaltzerfall; Hervorhebungen von Formen und Formdetails, z.B. Hervorhebung von Körperteilen (vgl. Emotionale Faktoren nach Koppitz), Hervorhebung eines mittleren Sterns (Mittenstern) beim Sterne-Wellen-Test, Hervorhebung besonderer Personen, Hervorhebung besonderer Körperteile bei Personen, Weglassen von Formen und Formdetails, z.B. fehlende Krone oder fehlende bzw. abgeschnittene Äste beim Baumtest, fehlende Fenster, Türen oder fehlender Boden beim Haus, fehlende Sterne oder fehlendes Meer beim Sterne-Wellen-Test, fehlende Körperteile in der Menschzeichnung (vgl. Auswertung Emotionaler Faktoren nach Koppitz siehe unten).

Emotionale Zeichen in der Größendarstellung:

Hinweise auf *Emotionale Zeichen in der Größendarstellung:* **Ja / Nein**

Wenn **Ja,** *Hinweise auf Emotionale Zeichen in der Größendarstellung beschreiben* (Zutreffendes unterstreichen): Die Größenproportionen von Formen und Formdetails sind auffallend wenig an der Realität orientiert (Beurteilung erst ab ca. 7;0 Jahren möglich); auffallend kleine Selbstdarstellung und Darstellung anderer Personen, 5 cm oder kleiner (vgl. Emotionale Faktoren nach Koppitz); auffallend große Selbstdarstellung und Darstellung von Personen, 23 cm und größer (vgl. Emotionale Faktoren nach Koppitz), auffallend große oder kleine Darstellung folgender einzelner Motive:

____

____

____

Emotionale Zeichen in der Farbdarstellung:

Hinweise auf *Emotionale Zeichen in der Farbdarstellung:* **Ja / Nein**

Wenn **Ja,** *Hinweise auf Emotionale Zeichen in der Farbdarstellung beschreiben* (Zutreffendes unterstreichen): Farben als individuelle Symbole zur Darstellung von Körperflüssigkeiten (Blut, Urin, Eiter, Tränen), von Exkrementen (Kot), von Naturerscheinungen (Nacht, Blitz, Donner, Feuer, Rauch), von Stimmungen (erst ab Stufe 4 zu beurteilen).

Andere Emotionale Zeichen in der Farbdarstellung: ______________________________

____

Emotionale Zeichen in der Bewegungsdarstellung:

Hinweise auf *Emotionale Zeichen in der Bewegungsdarstellung:* **Ja / Nein**

Wenn **Ja,** *Hinweise auf Emotionale Zeichen in der Bewegungsdarstellung beschreiben* (Zutreffendes unterstreichen): Die motorische Symbolik der Strichführung weist auf heftige affektive Antriebe und Reaktionen hin, z.B. Darstellung der Meereswellen im Sterne-Wellen-Test mit unrhythmischen, großflächig ausschwingenden Wellenlinien, „Wellenbergen"; Darstellung von fließenden Tränen, von schwingenden Linien als Rauchwolken, Bewegungsausdruck von Linien, z.B. Meereswellen, wirkt auffallend antriebsarm, keine oder kaum Wellenbewegungen, starre Körperhaltungen, starrer Gesichtsausdruck in der Menschzeichnung (erst ab ca. 7;0 Jahren zu beurteilen).

Andere Emotionale Zeichen in der Bewegungsdarstellung: ______________________________

____

Emotionale Zeichen in der Raum- und Zeitdarstellung (Komposition):

Hinweise auf *Emotionale Zeichen beim vertikalen Aufbau der formalen Raumstruktur:* **Ja / Nein**

Wenn **Ja,** *Emotionale Zeichen beim vertikalen Aufbau der Raumstruktur beschreiben* (Zutreffendes unterstreichen): Die Positionierung der Motive im Gesamtraum (unten, oben, in der Mitte) entspricht besonderen problematischen individuellen Befindlichkeiten; den Motiven, die unten, oben oder in der Mitte gezeichnet sind, kommt individuelle problematische Bedeutung ihrer Raumsymbolik zu; der untere Raum (die fehlende Bodenlinie) drückt ein problematisches Körpergefühl aus (Stehen auf unsicherem Boden); leeren Stellen im Gesamtraum kommt ebenfalls eine problematische individuelle Bedeutung zu.

Andere Emotionale Zeichen der Raumsymbolik (vertikaler Aufbau): ______________________________

____

____

Hinweise auf *Emotionale Zeichen beim horizontalen Aufbau der Raumstruktur:* **Ja / Nein**

Wenn **Ja,** *Hinweise auf Emotionale Zeichen in der horizontalen Raumstruktur beschreiben* (Zutreffendes unterstreichen): problematische Bedeutung der Motive, die in der Mitte, am linken oder rechten Rand der Zeichenfläche gezeichnet werden; problematische Bedeutung der räumlichen Distanz der Motive – kann emotionale Zuwendung / Abwendung – Nähe / Entfernung ausdrücken und auf emotionale Beziehungskonflikte hinweisen; problematische Bedeutung von Weglassungen, fehlende Familienmitglieder (bei einer Familiendarstellung vergisst das Kind sich selbst oder Familienmitglieder, der Platz der Mutter / des Vaters / der Geschwister bleibt leer; das Kind sagt, es habe die entsprechenden Familienmitglieder „vergessen" oder sie passten nicht mehr auf das Blatt; vgl. auch Weglassungen unter Formen und Formdetails).

Spiegelbildliche Projektion des Körperbildes auf die Zeichenfläche: Besondere Hervorhebung von Körperteilen bei Selbstdarstellungen können als Projektion des konfliktbesetzten entsprechenden Körperteils auf die vor dem Kind liegende Zeichenfläche gedeutet werden, z.B. projiziert das Kind bei der Menschzeichnung sein linkes spastisch gelähmtes Bein auf die linke Zeichenfläche; der Betrachter kann damit auf die emotionale Auseinandersetzung des Kindes mit seiner spastischen Lähmung hingewiesen werden.

Andere Emotionale Zeichen der Raumsymbolik (horizontaler Aufbau): ______________________________

____

____

Hinweise auf *Emotionale Zeichen in der Situationsdarstellung:* **Ja / Nein**

Wenn **Ja,** *Hinweise auf Emotionale Zeichen in der Situationsdarstellung beschreiben* (Zutreffendes unterstreichen): Handlungsabläufe in Erzählbildern, die auf emotionale Konflikte hinweisen, z.B. Darstellung von Kriegsszenen mit Bewegungssymbolik der Körperbewegungen der Kämpfenden, Darstellung einer brutalen Bestrafung durch Hängen, Kopf abschlagen etc., Darstellung von traurigen Ereignissen im Handlungsablauf, z. B. Darstellung des Terrorangriffs auf das World Trade Center in New York am 11. September 2001.

Andere Emotionale Zeichen in der Situationsdarstellung: ____________________

____

____

Hinweise auf *Emotionale Zeichen im zeitlichen Ablauf der Darstellung der Motive (erstes Motiv, letztes Motiv) und in der Zeitdarstellung:* **Ja / Nein**

Wenn **Ja,** *Hinweise auf Emotionale Zeichen im zeitlichen Ablauf der Darstellung der Motive und/oder in der Zeitdarstellung beschreiben* (Zutreffendes unterstreichen): Die Reihenfolge der Motive weist auf emotional-soziale Probleme hin; erstes oder letztes Motiv kann Hinweise auf emotionale Probleme vermitteln (das erste Motiv ist dem Kind oft besonders wichtig oder es zeichnet als erstes Motiv das, was sich am leichtesten zeichentechnisch bewältigen lässt oder am wenigsten emotional negativ besetzt ist; auch das zuletzt gezeichnete Motiv kann dem Kind besonders wichtig sein; es wird häufig zurückgehalten, wenn es emotional negativ besetzt ist); Auseinandersetzung mit der zeitlichen Qualität problematischer Ereignisse (z. B. bei lebensbedrohenden Krankheiten), meist erst Ende Stufe 3 zu beobachten.

Andere Emotionale Zeichen in der Zeitdarstellung: ____________________

____

____

Quantitative Auswertung der Emotionalen Faktoren des Tests: „Zeichne-Einen-Menschen“ (ZEM), Koppitz, 1972:

Koppitz standardisierte den ZEM nicht nur im Hinblick auf Entwicklungsmerkmale, sondern auch im Hinblick auf seine Validität zur Ermittlung emotional-sozialer Auffälligkeiten.

In Kap. 9.2.2, Tabelle 4, kann die Definition der folgenden 30 Emotionalen Merkmale des ZEM in Originaltabellen nach Koppitz eingesehen werden.

Nach Koppitz beginnt der klinische Aussagewert dieser Faktoren erst, wenn sie gehäuft **(mindestens 2 Faktoren)** in der Zeichnung vorkommen. Um diese Auffälligkeiten als Emotionale Faktoren isolieren zu können, ist allerdings ihre Einordnung in eine ganzheitlich orientierte Diagnostik unerlässlich. Unzulängliche Integration von Teilen, grobe Asymmetrie der Gliedmaßen oder Transparenzen können z. B. auch Ausdruck einer Entwicklungsstörung auf der Grundlage einer zerebralen Schädigung sein.

Hinweise auf gehäuftes Auftreten Emotionaler Faktoren im ZEM: **Ja / Nein**

Wenn **Ja,** *Emotionale Faktoren nach Koppitz ermitteln* (Zutreffendes unterstreichen):

Unzulängliche Integration von Teilen *(Knaben 7 Jahre, Mädchen 6 Jahre);* **Schattierung des Gesichts; Schattierung des Körpers bzw. der Gliedmaßen** *(Knaben 9 Jahre, Mädchen 8 Jahre);* **Schattierung der Hände bzw. des Halses** *(Knaben 8 Jahre, Mädchen 7 Jahre);* **grobe Asymmetrie der Gliedmaßen; schräg geneigte Gestalten** *(Abweichung der Vertikalachse der Gestalt von der Senkrechten um 15 Grad oder mehr);* **winzige Gestalt** *(5 cm hoch oder kleiner);* **große Gestalt** *(23 cm hoch oder größer; Knaben und Mädchen 8 Jahre);* **Transparenzen** *(Röntgenbilder, eine einzige Linie nicht gewertet);* **winziger Kopf** *(Höhe des Kopfes weniger als ein Zehntel der Gesamtgestalt);* **schielende Augen** *(beide Augen nach innen oder außen gewandt, Seitenblick nicht gewertet);* **Zähne; kurze Arme** *(nicht lang genug, um die Taille zu erreichen);* **lange Arme** *(lang genug, um bis unter die Knie zu reichen oder bis dahin, wo die Knie sein sollten);* **Arme am Körper anliegend; große Hände** *(so groß wie das Gesicht der Gestalt oder noch größer);* **abgeschnittene Hände** *(Hände hinter dem Rücken verborgen oder in der Tasche werden nicht gewertet);* **Beine zusammengepresst** *(Beine ohne trennenden Zwischenraum, in Profilzeichnung nur ein Bein);* **Genitalien; Ungeheuer oder groteske Gestalt** *(wohl überlegte Absicht und nicht Unreife);* **drei oder mehr spontan gezeichnete Gestalten** *(stehen nicht in Verbindung miteinander, üben keine sinnvolle Tätigkeit aus, Knabe und Mädchen oder Familie des Kindes wird nicht gewertet);* **Wolken** *(Regen, Schnee, fliegende Vögel);* **Weglassungen: keine Augen** *(geschlossene Augen oder leere Kreise nicht gewertet);* **keine Nase** *(Knaben 6 Jahre, Mädchen 5 Jahre);* **kein Mund; kein Körper; keine Arme** *(Knaben 6 Jahre, Mädchen 5 Jahre);* **keine Beine; keine Füße** *(Knaben 9 Jahre, Mädchen 7 Jahre);* **kein Hals** *(Knaben 10 Jahre, Mädchen 9 Jahre).*

Ergebnis des ZEM:

Es sind ________________ (Anzahl) Emotionale Faktoren zu ermitteln.

Ebene III — Interpretation: Hypothesen zu den Entwicklungsmerkmalen und Emotionalen Zeichen

1. *Diskussion der Entwicklungsmerkmale und Vorschläge für weiterführende psychodiagnostische und therapeutische Maßnahmen*

____

____

____

____

2. *Diskussion der Emotionalen Zeichen und Vorschläge für weiterführende psychodiagnostische und therapeutische Maßnahmen*

____

____

____

____

3. *Vorschläge für (sonder)pädagogische Maßnahmen*

____

____

____

____

Name:______________ Unterschrift:______________ Datum:__________

10 Auszüge aus dem Multiaxialen Klassifikationsschema für psychische Störungen des Kindes- und Jugendalters nach ICD-10 der WHO, 2006, und der ICD-10-GM 2007. Systematisches Verzeichnis. Internationale statistische Klassifikation der Krankheiten und verwandter Gesundheitsprobleme

10.1 Klassifikation der Intelligenz und Intelligenzminderung Dritte Achse Intelligenzniveau

Auszug mit freundlicher Genehmigung des Hans Huber Verlags aus: Remschmidt, H., Schmidt, M. und Poustka, F. (Hrsg.) (2001/2006): Multiaxiales Klassifikationsschema für psychische Störungen des Kindes- und Jugendalters nach ICD-10 der WHO, 5. vollständig überarbeitete und erweiterte Auflage, Bern: Verlag Hans Huber, S. 303-304:

„Um auch (die) höheren Intelligenzgrade berücksichtigen zu können, wurden im MAS abweichend von der Originalfassung die Kategorien 1 bis 4 ergänzt und die Kategorien der Intelligenzminderung (F70-F79) fortlaufend als Kategorien 5 bis 8 kodiert. Das angegebene Intelligenzniveau basiert auf Testergebnissen mit einem Mittelwert von 100 und einer Standardabweichung von 15, wie sie für Wechsler-Skalen gültig sind. Sie sollten nur als Anhaltspunkt dienen und nicht rigide angewendet werden. Im Übrigen sollen die weiter unten angeführten diagnostischen Leitlinien beachtet werden."

INTELLIGENZNIVEAU

1. **„Sehr hohe Intelligenz**
   Weit überdurchschnittliche Intelligenz
   IQ über 129"
2. **„Hohe Intelligenz**
   Überdurchschnittliche Intelligenz
   IQ 115-129"
3. **„Normvariante**
   Durchschnittliche Intelligenz
   IQ 85-114"
4. **„Niedrige Intelligenz**
   Unterdurchschnittliche Intelligenz
   Grenzdebilität
   IQ 70-84"

5. – 8. „F7 INTELLIGENZMINDERUNG“

5. **„F70 Leichte Intelligenzminderung**
Debilität
IQ 50-69
Leichte intellektuelle Behinderung“

6. **„F71 Mittelgradige Intelligenzminderung**
Imbezillität
IQ 35-49
Mittelgradige intellektuelle Behinderung“

7. **„F72 schwere Intelligenzminderung**
Ausgeprägte Imbezillität
IQ 20-34
Schwere intellektuelle Behinderung“

8. **„F73 schwerste Intelligenzminderung**
Idiotie
IQ unter 20
Schwerste intellektuelle Behinderung“

9. **„Intelligenzniveau nicht bekannt**
(Weder durch klinische noch durch psychometrische Einschätzung einschließlich F78 und F79)
F78 **sonstige Intelligenzminderung**
F79 **nicht näher bezeichnete Intelligenzminderung“**

10.2 Entwicklungsstörungen (F80-F89)

Auszüge mit freundlicher Genehmigung des Deutschen Ärzte-Verlags, Köln, aus der ICD-10-GM 2007. Systematisches Verzeichnis. Internationale statistische Klassifikation der Krankheiten und verwandter Gesundheitsprobleme, 10. Revision – German Modification, Stand 9. Oktober 2006. Herausgegeben vom Deutschen Institut für Medizinische Dokumentation und Information (DIMDI) im Auftrag des Bundesministeriums für Gesundheit unter Beteiligung der Arbeitsgruppe ICD-10 des Kuratoriums für Fragen der Klassifikation im Gesundheitswesen (KKG). Bearbeitet von B. Graubner, Zentralinstitut für die kassenärztliche Versorgung in der Bundesrepublik Deutschland (ZI). Köln: Deutscher Ärzte-Verlag, S. 205-209:

„Die in diesem Abschnitt zusammengefassten Störungen haben folgende Gemeinsamkeiten:

a) Beginn ausnahmslos im Kleinkindalter oder in der Kindheit;
b) eine Entwicklungseinschränkung oder -verzögerung von Funktionen, die eng mit der biologischen Reifung des Zentralnervensystems verknüpft sind;
c) stetiger Verlauf ohne Remissionen und Rezidive.

In den meisten Fällen sind unter anderem die Sprache, die visuellräumlichen Fertigkeiten und die Bewegungskoordination betroffen. In der Regel bestand die Verzögerung oder Schwäche vom frühestmöglichen Erkennungszeitpunkt an. Mit dem Älterwerden der Kinder vermindern sich die Störungen zunehmend, wenn auch geringere Defizite oft im Erwachsenenalter zurückbleiben.

F80.- **Umschriebene Entwicklungsstörungen des Sprechens und der Sprache**
Es handelt sich um Störungen, bei denen die normalen Muster des Spracherwerbs von frühen Entwicklungsstadien an beeinträchtigt sind. Die Störungen können nicht direkt neurologischen Störungen oder Veränderungen des Sprachablaufs, sensorischen Beeinträchtigungen, Intelligenzminderung oder Umweltfaktoren zugeordnet werden. Umschriebene Entwicklungsstörungen des Sprechens und der Sprache ziehen oft sekundäre Folgen nach sich, wie Schwierigkeiten beim Lesen und Rechtschreiben, Störungen im Bereich der zwischenmenschlichen Beziehungen, im emotionalen und Verhaltensbereich.

F80.0 **Artikulationsstörung**

F80.1 **Expressive Sprachstörung**

F80.2 **Rezeptive Sprachstörung**

F80.20 **Auditive Verarbeitungs- und Wahrnehmungsstörung**

F80.28 **Sonstige rezeptive Sprachstörung**

F80.3 **Erworbene Aphasie mit Epilepsie (Landau-Kleffner-Syndrom)**

F80.8 **Sonstige Entwicklungsstörungen des Sprechens oder der Sprache**
Lispeln

F80.9 **Entwicklungsstörung des Sprechens oder der Sprache, nicht näher bezeichnet**
Sprachstörung o. n. A.

F81.- **Umschriebene Entwicklungsstörungen schulischer Fertigkeiten**
Es handelt sich um Störungen, bei denen die normalen Muster des Fertigkeitserwerbs von frühen Entwicklungsstadien an gestört sind. Dies ist nicht einfach Folge eines Mangels an Gelegenheit zu lernen; es ist auch

nicht allein als Folge einer Intelligenzminderung oder irgendeiner erworbenen Hirnschädigung oder -krankheit aufzufassen.

F81.0 Lese- und Rechtschreibstörung

Das Hauptmerkmal ist eine umschriebene und bedeutsame Beeinträchtigung in der Entwicklung der Lesefertigkeiten, die nicht allein durch das Entwicklungsalter, Visusprobleme oder unangemessene Beschulung erklärbar ist. Das Leseverständnis, die Fähigkeit, gelesene Worte wieder zu erkennen, vorzulesen und Leistungen, für welche Lesefähigkeit nötig ist, können sämtlich betroffen sein. Bei umschriebenen Lesestörungen sind Rechtschreibstörungen häufig und persistieren oft bis in die Adoleszenz, auch wenn einige Fortschritte im Lesen gemacht werden. Umschriebene Entwicklungsstörungen des Lesens gehen Entwicklungsstörungen des Sprechens oder der Sprache voraus. Während der Schulzeit sind begleitende Störungen im emotionalen und Verhaltensbereich häufig.

F81.1 Isolierte Rechtschreibstörung

F81.2 Rechenstörung

Diese Störung besteht in einer umschriebenen Beeinträchtigung von Rechenfertigkeiten, die nicht allein durch eine allgemeine Intelligenzminderung oder eine unangemessene Beschulung erklärbar ist. Das Defizit betrifft vor allem die Beherrschung grundlegender Rechenfertigkeiten, wie Addition, Subtraktion, Multiplikation und Division, weniger die höheren mathematischen Fertigkeiten, die für Algebra, Trigonometrie, Geometrie oder Differenzial- und Integralrechnung benötigt werden.

F81.3 Kombinierte Störungen schulischer Fertigkeiten

Dies ist eine schlecht definierte Restkategorie für Störungen mit deutlicher Beeinträchtigung der Rechen-, der Lese- und der Rechtschreibfähigkeiten. Die Störung ist jedoch nicht allein durch eine allgemeine Intelligenzminderung oder unangemessene Beschulung erklärbar. Sie soll für Störungen verwendet werden, die die Kriterien für F81.2 und F81.0 oder F81.1 erfüllen.

F81.8 Sonstige Entwicklungsstörungen schulischer Fertigkeiten

Entwicklungsbedingte expressive Schreibstörung

F81.9 Entwicklungsstörung schulischer Fertigkeiten, nicht näher bezeichnet

Lernbehinderung o. n. A.

Lernstörung o. n. A.

Störung des Wissenserwerbs o. n. A.

F82.- Umschriebene Entwicklungsstörung der motorischen Funktionen

Hauptmerkmal ist eine schwerwiegende Entwicklungsbeeinträchtigung der motorischen Koordination, die nicht allein durch Intelligenzminderung oder eine spezifische angeborene oder erworbene neurologische Störung erklärbar ist. In den meisten Fällen zeigt eine sorgfältige klinische Untersuchung dennoch deutliche entwicklungsneurologische Unreifezeichen wie choreoforme Bewegungen freigehaltener Glieder oder Spiegelbewegungen und andere begleitende motorische Merkmale, ebenso wie Zeichen einer mangelhaften fein- oder grobmotorischen Koordination.

F82.0 Umschriebene Entwicklungsstörung der Grobmotorik

F82.1 Umschriebene Entwicklungsstörung der Fein- und Graphomotorik

F82.2 Umschriebene Entwicklungsstörung der Mundmotorik

F82.9 Umschriebene Entwicklungsstörung der motorischen Funktionen, nicht näher bezeichnet

F83.- Kombinierte umschriebene Entwicklungsstörungen

Dies ist eine Restkategorie für Störungen, bei denen eine gewisse Mischung von umschriebenen Entwicklungsstörungen des Sprechens und der Sprache, schulischer Fertigkeiten und motorischer Funktionen vorliegt, von denen jedoch keine so dominiert, dass sie eine Hauptdiagnose rechtfertigt. Diese Mischkategorie soll nur dann verwendet werden, wenn weitgehende Überschneidungen mit allen diesen umschriebenen Entwicklungsstörungen vorliegen. Meist sind die Störungen mit einem gewissen Grad an allgemeiner Beeinträchtigung kognitiver Funktionen verbunden. Sie ist also dann zu verwenden, wenn Funktionsstörungen vorliegen, welche die Kriterien von zwei oder mehr Kategorien von F80.-, F81.- und F82 erfüllen.

F84.- Tief greifende Entwicklungsstörungen

Diese Gruppe von Störungen ist gekennzeichnet durch qualitative Abweichungen in den wechselseitigen sozialen Interaktionen und Kommunikationsmustern und durch ein eingeschränktes, stereotypes, sich wiederholendes Repertoire von Interessen und Aktivitäten. Diese qualitativen Auffälligkeiten sind in allen Situationen ein grundlegendes Funktionsmerkmal des betroffenen Kindes.

Sollen alle begleitenden somatischen Zustandsbilder und eine Intelligenzminderung angegeben werden, sind zusätzliche Schlüsselnummern zu benutzen.

F84.0 Frühkindlicher Autismus

Diese Form der tief greifenden Entwicklungsstörung ist durch eine abnorme oder beeinträchtigte Entwicklung definiert, die sich vor dem dritten Lebensjahr manifestiert. Sie ist außerdem gekennzeichnet durch ein charakteristisches Muster abnormer Funktionen in den folgenden psychopathologischen Bereichen: in der sozialen Interaktion, der Kommunikation und im eingeschränkten, stereotyp repetitiven Verhalten. Neben diesen spezifischen diagnostischen Merkmalen zeigt sich häufig eine Vielzahl unspezifischer Probleme, wie Phobien, Schlaf- und Essstörungen, Wutausbrüche und (autodestruktive) Aggression.

F84.1 Atypischer Autismus

F84.2 Rett-Syndrom

F84.3 Andere desintegrative Störung des Kindesalters

F84.4 Überaktive Störung mit Intelligenzminderung und Bewegungsstereotypien

F84.5 Asperger-Syndrom

Diese Störung von unsicherer nosologischer Validität ist durch dieselbe Form qualitativer Abweichungen der wechselseitigen sozialen Interaktionen, wie für den Autismus typisch, charakterisiert, zusammen mit einem eingeschränkten, stereotypen, sich wiederholenden Repertoire von Interessen und Aktivitäten. Die Störung unterscheidet sich vom Autismus in erster Linie durch fehlende allgemeine Entwicklungsverzögerung bzw. den fehlenden Entwicklungsrückstand der Sprache und der kognitiven Entwicklung. Die Störung geht häufig mit einer auffallenden Ungeschicklichkeit einher. Die Abweichungen tendieren stark dazu, bis in die Adoleszenz und das Erwachsenenalter zu persistieren. Gelegentlich treten psychotische Episoden im frühen Erwachsenenalter auf.

Autistische Psychopathie

Schizoide Störung des Kindesalters

F84.8 Sonstige tief greifende Entwicklungsstörungen

F84.9 Tief greifende Entwicklungsstörung, nicht näher bezeichnet

F88 Andere Entwicklungsstörungen

Entwicklungsbedingte Agnosie

F89 Nicht näher bezeichnete Entwicklungsstörung

Entwicklungsstörung o. n. A.“

10.3 Verhaltens- und emotionale Störungen mit Beginn in der Kindheit und Jugend (F90-F98)

Auszüge aus der ICD-10-GM 2007. Systematisches Verzeichnis. Internationale statistische Klassifikation der Krankheiten und verwandter Gesundheitsprobleme. 10. Revision – German Modification, Stand 9. Oktober 2006., S. 210-216:

F90.- **„Hyperkinetische Störungen**

Diese Gruppe von Störungen ist charakterisiert durch einen frühen Beginn, meist in den ersten fünf Lebensjahren, einen Mangel an Ausdauer bei Beschäftigungen, die kognitiven Einsatz verlangen, und eine Tendenz, von einer Tätigkeit zu einer anderen zu wechseln, ohne etwas zu Ende zu bringen; hinzu kommt eine desorganisierte, mangelhaft regulierte und überschießende Aktivität. Verschiedene andere Auffälligkeiten können zusätzlich vorliegen. Hyperkinetische Kinder sind oft achtlos und impulsiv, neigen zu Unfällen und werden oft bestraft, weil sie eher aus Unachtsamkeit als vorsätzlich Regeln verletzen. Ihre Beziehung zu Erwachsenen ist oft von einer Distanzstörung und einem Mangel an normaler Vorsicht und Zurückhaltung geprägt. Bei anderen Kindern sind sie unbeliebt und können isoliert sein. Beeinträchtigung kognitiver Funktionen ist häufig, spezifische Verzögerungen der motorischen und sprachlichen Entwicklung kommen überproportional oft vor. Sekundäre Komplikationen sind dissoziales Verhalten und niedriges Selbstwertgefühl.

F90.0 **Einfache Aktivitäts- und Aufmerksamkeitsstörung**

Aufmerksamkeitsdefizit bei:
hyperaktivem Syndrom
Hyperaktivitätsstörung
Störung mit Hyperaktivität

F90.1 **Hyperkinetische Störung des Sozialverhaltens**

Hyperkinetische Störung verbunden mit Störung des Sozialverhaltens

F90.8 **Sonstige hyperkinetische Störungen**

F90.9 **Hyperkinetische Störung, nicht näher bezeichnet**

Hyperkinetische Reaktion der Kindheit oder des Jugendalters o. n. A.
Hyperkinetisches Syndrom o. n. A.

F91.- **Störungen des Sozialverhaltens**

F92.- Kombinierte Störung des Sozialverhaltens und der Emotionen

F93.- Emotionale Störungen des Kindesalters

Diese stellen in erster Linie Verstärkungen normaler Entwicklungstrends dar und weniger eigenständige, qualitativ abnorme Phänomene. Die Entwicklungsbezogenheit ist das diagnostische Schlüsselmerkmal für die Unterscheidung der emotionalen Störungen mit Beginn in der Kindheit (F93.-) von den neurotischen Störungen (F40-F48).

F93.0 Emotionale Störung mit Trennungsangst des Kindesalters

F93.1 Phobische Störung des Kindesalters

F93.2 Störung mit sozialer Ängstlichkeit des Kindesalters

F93.3 Emotionale Störung mit Geschwisterrivalität

F93.8 Sonstige emotionale Störungen des Kindesalters

F93.9 Emotionale Störung des Kindesalters, nicht näher bezeichnet

F94.- Störungen sozialer Funktionen mit Beginn in der Kindheit und Jugend

Es handelt sich um eine etwas heterogene Gruppe von Störungen, mit Abweichungen in der sozialen Funktionsfähigkeit und Beginn in der Entwicklungszeit. Anders als die tief greifenden Entwicklungsstörungen sind sie jedoch nicht primär durch eine offensichtliche konstitutionelle soziale Beeinträchtigung oder Defizite in allen Bereichen sozialer Funktionen charakterisiert. In vielen Fällen spielen schwerwiegende Milieuschäden oder Deprivationen eine vermutlich entscheidende Rolle in der Ätiologie.

F94.0 Elektiver Mutismus

Dieser ist durch eine deutliche, emotional bedingte Selektivität des Sprechens charakterisiert, so dass das Kind in einigen Situationen spricht, in anderen definierbaren Situationen jedoch nicht. Diese Störung ist üblicherweise mit besonderen Persönlichkeitsmerkmalen wie Sozialangst, Rückzug, Empfindsamkeit oder Widerstand verbunden.

Selektiver Mutismus

F94.1 Reaktive Bindungsstörung des Kindesalters

F94.2 Bindungsstörung des Kindesalters mit Enthemmung

F94.8 Sonstige Störungen sozialer Funktionen mit Beginn in der Kindheit

F94.9 Störung sozialer Funktionen mit Beginn in der Kindheit, nicht näher bezeichnet

F95.- **Ticstörungen**

F98.- **Andere Verhaltens- und emotionale Störungen mit Beginn in der Kindheit und Jugend**

Dieser heterogenen Gruppe von Störungen ist der Beginn in der Kindheit gemeinsam, sonst unterscheiden sie sich jedoch in vielerlei Hinsicht. Einige der Störungen repräsentieren gut definierte Syndrome, andere sind nicht mehr als Symptomkomplexe, die hier aber wegen ihrer Häufigkeit und ihrer sozialen Folgen und weil sie anderen Syndromen nicht zugeordnet werden können, aufgeführt werden.

F98.0 **Nichtorganische Enuresis**

Diese Störung ist charakterisiert durch unwillkürlichen Harnabgang am Tag und in der Nacht, untypisch für das Entwicklungsalter. Sie ist nicht Folge einer mangelnden Blasenkontrolle aufgrund einer neurologischen Krankheit, epileptischer Anfälle oder einer strukturellen Anomalie der ableitenden Harnwege. Die Enuresis kann von Geburt an bestehen oder nach einer Periode bereits erworbener Blasenkontrolle aufgetreten sein. Die Enuresis kann von einer schweren emotionalen oder Verhaltensstörung begleitet werden.

F98.1 **Nichtorganische Enkopresis**

Wiederholtes willkürliches oder unwillkürliches Absetzen von Faeces normaler oder fast normaler Konsistenz an Stellen, die im soziokulturellen Umfeld des Betroffenen nicht dafür vorgesehen sind. Die Störung kann eine abnorme Verlängerung der normalen infantilen Inkontinenz darstellen oder einen Kontinenzverlust nach bereits vorhandener Darmkontrolle, oder es kann sich um ein absichtliches Absetzen von Stuhl an dafür nicht vorgesehenen Stellen trotz normaler physiologischer Darmkontrolle handeln. Das Zustandsbild kann als monosymptomatische Störung auftreten oder als Teil einer umfassenderen Störung, besonders einer emotionalen Störung (F93.-) oder einer Störung des Sozialverhaltens (F91.-).

Funktionelle Enkopresis

Nichtorganische Stuhlinkontinenz

Psychogene Enkopresis

F98.2 **Fütterstörung im frühen Kindesalter**

F98.3 **Pica im Kindesalter**

F98.4 **Stereotype Bewegungsstörungen**

F98.5 **Stottern**

Hierbei ist das Sprechen durch häufige Wiederholung oder Dehnung von

Lauten, Silben oder Wörtern, oder durch häufiges Zögern und Innehalten, das den rhythmischen Sprechfluss unterbricht, gekennzeichnet. Es soll als Störung nur klassifiziert werden, wenn die Sprechflüssigkeit deutlich beeinträchtigt ist.

F98.6 Poltern

Eine hohe Sprechgeschwindigkeit mit Störung der Sprechflüssigkeit, jedoch ohne Wiederholungen oder Zögern, von einem Schweregrad, der zu einer beeinträchtigten Sprechverständlichkeit führt. Das Sprechen ist unregelmäßig und unrhythmisch, mit schnellen, ruckartigen Anläufen, die gewöhnlich zu einem fehlerhaften Satzmuster führen.

F98.8 Sonstige näher bezeichnete Verhaltens- und emotionale Störungen mit Beginn in der Kindheit und Jugend

Aufmerksamkeitsstörung ohne Hyperaktivität
Daumenlutschen
Exzessive Masturbation
Nägelkauen
Nasebohren

F98.9 Nicht näher bezeichnete Verhaltens- oder emotionale Störungen mit Beginn in der Kindheit und Jugend

Nachwort und Dank

Namentlich und stellvertretend für alle Kinder und Jugendlichen, deren Zeichnungen in diesem Buch abgebildet sind, danke ich zuerst Janna und ihrer behandelnden psychologischen Psychotherapeutin, Diplom-Psychologin Hildegard Bethge, herzlich. Janna leidet an der tief greifenden Entwicklungsstörung des Asperger-Syndroms (vgl. Kap. 10.2) und zeigt beim Zeichnen eine Sonderbegabung (vgl. Kap. 7.4.1 und 7.4.2). Mit Jannas Einverständnis – sie hat sich ihren Namen für diesen Bericht selbst gewählt – berichtet Frau Bethge über die langjährige Behandlung und Unterstützung des Mädchens (vgl. Kap. 7.4.1, S. 633-639). Jannas ausdrucksstarke Zeichnungen ergänzen diesen Therapiebericht in eindrucksvoller Weise. Frau Bethge arbeitet in der Institutsambulanz einer Klinik für Kinder- und Jugendpsychiatrie und ist Mitglied im Vorstand und Lehrteam der Internationalen Frostig-Gesellschaft e. V., Würzburg.

Auch für die Beiträge von Marcel (Kap. 6.2.1, S. 489-492) und seinen Eltern (Kap. 6.2.1, S. 478), von Alexanders Mutter (Kap. 7.3.2, S. 612-613), für den Erfahrungsbericht einer erwachsenen Legasthenikerin („Gefangene in einer Schwäche", Kap. 6.2.2, S. 500) sowie für die „Langzeit-Beobachtungen einer betroffenen Mutter" – Michaels Mutter berichtet über die Entwicklung ihres Sohnes (Kap. 7.5.1, S. 659-673) – möchte ich an dieser Stelle meinen besonderen Dank aussprechen.

Mein Dank richtet sich des Weiteren an viele mir wichtige Menschen, die an der Entstehung dieses Buches beteiligt waren, indem sie mich unterstützten und mir wesentliche Anregungen gaben. Mein Ansatz zur ganzheitlich orientierten Interpretation der Kinderzeichnung und ihre Anwendung in Diagnostik, Beratung, Förderung und Therapie ist der Humanistischen Psychologie verpflichtet und dem Bereich der Klinischen Psychologie zuzuordnen. In meiner Aus- und Weiterbildung zur Kinderpsychologin wurde ich wesentlich von den Gedanken und dem Werk meiner verehrten Lehrerinnen, Dr. Marianne Frostig (Gründerin und langjährige Direktorin des Frostig Centers, Pasadena, Kalifornien, USA, verstorben 1985) und Dr. Erika Landau, Gründerin und Direktorin des Young Persons' Institute for the Promotion of Creativity and Excellence, Tel-Aviv University, Israel, geprägt. Bei meinem Bemühen um die Anwendung und Weiterentwicklung des Frostig-Konzepts zur Diagnostik und Therapie entwicklungsgestörter Kinder habe ich einen besonderen Schwerpunkt auf den Einsatz der Kinderzeichnung und auf die Förderung der kreativen Entwicklung dieser Kinder gelegt. Beeinflusst wurde ich in diesem Bemühen durch meine langjährige Ausbildung bei Dr. Erika Landau auf dem Gebiet der Psychologie der Kreativität. Dafür und für ihren einleitenden Beitrag zu diesem Buch möchte ich ihr ganz herzlich danken.

Auch die Diskussionen mit den Teilnehmerinnen und Teilnehmern meiner Weiterbildungskurse (Grund-, Aufbau- und Supervisionskurse) über Kinderzeichnungen bei Entwicklungsstörungen haben mich motiviert, meinen methodischen Ansatz zu erweitern und zu differenzieren. Ihrem Wunsch, mein in fast vierzigjähriger Berufstätigkeit gesammeltes Bildmaterial und meine daraus entwickelten Leitlinien zur Interpretation der Kinderzeichnung zu veröffentlichen, komme ich hiermit nach. So danke ich speziell Claudia Ochsenkühn, Logopädin, für ihre Anregungen zur Gestaltung meines Strukturierten Beobachtungsbogens.

Mein besonderer Dank gilt Elke Kaufmann für die sorgfältige und kompetente Computer-Niederschrift meines Buchtextes. Sie unterstützte meine Arbeit in ganz wesentlichen Aspekten und war für mich eine unverzichtbare, zuverlässige und immer freundlich zugewandte Mitarbeiterin.

Herzlich danke ich auch Dietmar Lauffer für die sehr zeitaufwändige, qualitativ hochwertige Bearbeitung des Bildmaterials, für seine Beratung und Hilfestellung.

Der mehrjährige Entstehungsprozess dieses Buches wurde in unterschiedlichen Zeitabschnitten und mit unterschiedlichen Schwerpunkten von drei Lektorinnen begleitet.

Meiner berufserfahrenen sonderpädagogischen Kollegin Ingelid Brand, langjährige Mitarbeiterin im Vorstand und Lehrteam der Internationalen Frostig-Gesellschaft e. V., Würzburg, danke ich sehr für die Bearbeitung des Manuskripts, ihre Ratschläge und Korrekturen. Sie hat mich besonders in der schwierigen Anfangsphase des Schreibens dieses Buches fachlich unterstützt und ermutigt.

Gisela Pispers, M. A., begleitete nachfolgend als Lektorin den Entstehungsprozess dieses umfangreichen Buchmanuskripts bis kurz vor der Drucklegung. Ihr möchte ich für ihr Mitdenken, ihre konstruktive Kritik, ihre Vorschläge und für ihr einfühlsames und ausdauerndes Engagement ganz besonders herzlich danken. Sie hat meine Arbeit wesentlich bereichert und mir wichtige Denkanstöße gegeben.

Dr. med. Helga Drews lektorierte abschließend das Gesamtmanuskript. Sie unterstützte mich sehr kompetent in der arbeitsintensiven letzten Phase der Fertigstellung des Buches. Herzlich danke ich ihr an dieser Stelle für ihre umsichtigen und mit bewundernswerter Sorgfalt durchgeführten Korrekturen. Ihre konstruktiven Anregungen und ihre andauernde Gesprächsbereitschaft waren für mich außerordentlich wertvoll und hilfreich.

Herzlich danke ich auch meiner Schwester Dr. Sigrid Achenbach, Kunsthistorikerin, für ihre Ratschläge und fachbezogene Durchsicht und Korrektur des Kapitels 3.4 (Vergleichende Betrachtungen: Entwicklung der Kinderzeichnung und Bildende Kunst).

Mein besonderer Dank gilt darüber hinaus der Redaktion des Journal Verlags unter der Leitung von Mag. Elisabeth Hilgartner. Alexandra Ladstätter danke ich herzlich

für die Schriftsatzgestaltung, graphische Gestaltung, die sehr kompetente Vorbereitung des Buchmanuskripts zum Druck und für ihre stets freundliche und entgegenkommende Unterstützung.
Dieter J. Droesler möchte ich an dieser Stelle herzlich für das graphische Design des Buchumschlags danken.
Abschließend und von ganzem Herzen danke ich meiner Familie, unseren Töchtern und ganz besonders meinem Mann, ohne dessen Ermutigung und Unterstützung dieses Buch noch immer nicht geschrieben worden wäre. Er hat mich als mein wichtigster Gesprächspartner immer wieder zu meinem Vorhaben motiviert, mich beraten und mir unterstützend und tatkräftig zur Seite gestanden. Mit großem Verständnis hat er mir den nötigen Freiraum in der Familie geschaffen, damit ich neben meiner privaten und beruflichen Arbeit Zeit zum Schreiben finden konnte.

Literaturverzeichnis

Adelson, J. (1977): Die politischen Vorstellungen des Jugendlichen in der Frühadoleszenz. In: R. Döbert et al. (Hrsg.): Entwicklung des Ichs. Köln: Kiepenheuer.

Aissen-Crewert, M. (1988): Kinderzeichnungen verstehen. Von der Kritzelphase bis zum Grundschulalter. München: Don Bosco.

Aissen-Crewert, M. (2002): Kunst und Therapie mit Gruppen. Aktivitäten, Themen und Anregungen für die Praxis. Dortmund: modernes lernen. Borgmann KG.

Ammann, R. (1989): Heilende Bilder der Seele: Das Sandspiel – der schöpferische Weg der Persönlichkeitsentwicklung. München: Kösel.

Anderlik, L. (1996): Ein Weg für alle! Leben mit Montessori. Montessori-Therapie und Heilpädagogik in der Praxis. Dortmund: modernes lernen. Borgmann KG.

Andersen, E. (1998/2002): Was Kinderzeichnungen uns sagen können. 5. Aufl., Stuttgart: Urania.

Antonovsky, A. und Franke, A. (1997): Salutogenese: Zur Entmystifizierung der Gesundheit. Tübingen: Verlag Dgvt.

Ausubel, D. P. (1968/1979): Das Jugendalter. Fakten, Probleme, Theorie. 6., unveränd. Aufl., München: Juventa.

Avé-Lallemant, U. (1976/2002): Baum-Tests. 5. Aufl., München, Basel: Ernst Reinhardt.

Avé-Lallemant, U. (1978/2000): Der Wartegg-Zeichentest in der Lebensberatung. Mit systematischer Grundlegung von A. Vetter. 3. Aufl., München, Basel: Ernst-Reinhardt.

Avé-Lallemant, U. (1978/2006): Der Sterne-Wellen-Test. 3. unveränd. Aufl., München, Basel: Ernst Reinhardt.

Bach, S. (1995): Das Leben malt seine eigene Wahrheit. Über die Bedeutung spontaner Malereien schwerkranker Kinder. Textteil und Bildteil. Einsiedeln: Daimon.

Barth, Kh. (2002): Die diagnostischen Einschätzskalen (DES) zur Beurteilung des Entwicklungsstandes und der Schulfähigkeit. München: Ernst Reinhardt.

Baumgardt, U. (1985/1996): Kinderzeichnungen – Spiegel der Seele. Kinder zeichnen Konflikte ihrer Familie. Zürich: Kreuz.

Bayerisches Staatsministerium für Arbeit und Sozialisierung, Familie und Frauen. Staatsinstitut für Frühpädagogik München (2003): Der Bayerische Bildungs- und Erziehungsplan für Kinder in Tageseinrichtungen bis zur Einschulung. Entwurf für die Erprobung. Weinheim, Basel, Berlin: Beltz.

Betz, D. und Breuninger, H. (1987/1993): Teufelskreis Lernstörungen. Theoretische Grundlegung und Standardprogramm. Materialien für die psychosoziale Praxis. 3. Aufl., Weinheim: Beltz Psychologie VerlagsUnion.

Beutl, P. (1998): Fühl' das Rot und sieh' das Blau. Mit Kindern die Welt der Farben entdecken. Freiburg im Breisgau: Christophorus.

Biedermann, H. (1989/1998): Knaurs Lexikon der Symbole. Mit über 600 Abbildungen. München: Droemer Knaur Nachf..

Bloch-Aupperle, S. (1999): Kunst-Therapien mit Kindern. Pädagogische Chancen, Didaktik, Realisationsbeispiele. München: Ernst Reinhardt .

Boynton, G. M. (2003): Modulation of Neuronal Responses: Implications for Active Vision. 334 NATO Science Series: Life and Behavioural Sciences, G. T. Buracas, O. Ruksenas, G. M. Boynton, Th. D. Albright (Eds.).

Brand, I. (1998): Kreatives Spielen. Entwicklungsförderung mit dem Pertra-Spielsatz. Dortmund: modernes lernen. Borgmann KG.

Brem-Gräser, L. (1957/2001): Familie in Tieren. Die Familiensituation im Spiegel der Kinderzeichnung. Entwicklung eines Testverfahrens. 8. Aufl., München: Ernst Reinhardt.

Bröcher, J. (1999a): Kunsttherapie als Chance. Das Ästhetische in der Grund- und Sonderschuldidaktik bei auffälligem Verhalten. Heidelberg: Universitätsverlag C. Winter, Edition S.

Bröcher, J. (1999b): Bilder einer zerrissenen Welt. Kunsttherapeutisches Verstehen und Intervenieren bei auffälligem Verhalten an Grund- und Sonderschulen. Heidelberg: Universitätsverlag C. Winter, Edition S.

Brochmann, I. (1997): Die Geheimnisse der Kinderzeichnungen. Wie können wir sie verstehen? Stuttgart: Freies Geistesleben.

Brockhaus Enzyklopädie in zwanzig Bänden (1973): 17. völlig neu bearb. Aufl. des Großen Brockhaus. 18. Band. Wiesbaden: F. A. Brockhaus.

Buck, J. N., Warren, W. L., Jolles, I., Wenck, L. S., Hammer, E. F. (1965): H-T-P: House-Tree-Person Projective Technique. Reviewed in the Sixth Mental Measurements Yearbook. Los Angeles: Western Psychological Services. (Das komplette Set zur „house-tree-person technique" ist zu beziehen über Hogrefe, Göttingen, Testzentrale; es besteht aus folgenden Materialien, die auch einzeln erhältlich sind:
(1992): Manual and Interpretive Guide by J. Buck, revised by W. L. Warren.
(1964/1971): Catalogue for the Qualitative Interpretation of the House-Tree-Person (H-T-P) by I. Jolles.
(1977): House-Tree-Person Drawings: An Illustrated Diagnostic Handbook by L. S. Wenck).

Buck, J. N. and Hammer, E. F. (Eds.) (1969): Advances in the house-tree-person technique: Variations and applications. Los Angeles: Western Psychological Services.

Budenberg Lernsoftware (2007): D-61169 Friedberg: M. Stoll.

Bühler, K. (1958/1967): Abriss der geistigen Entwicklung des Kleinkindes, in Zusammenarbeit mit L. Schenk-Danzinger. 9. erw. Aufl., Heidelberg: Quelle & Meyer.

Büttner, G., Dacheneder, W., Schneider, W. und Beyer, K. (erscheint 2007): Frostigs Entwicklungstest der visuellen Wahrnehmung-2 (FEW-2). Göttingen: Hogrefe.

Buggle, F. (1985/2001): Die Entwicklungspsychologie Jean Piagets, 4. Aufl., Stuttgart, Berlin, Köln: W. Kohlhammer.

Burns, R. C. and Kaufman, S. H. (1972): Actions, Styles and Symbols in Kinetic Family Drawings. New York: Brunner/Mazel.

Check-Liste für „U9-er" (2003): Beobachtungen zu verschiedenen Entwicklungsdimensionen. © AG-Südbayern im Berufsverband der Ärzte für Kinderheilkunde und Jugendmedizin Deutschlands e. V. (BVKJD), 3. Aufl., Bestellungen unter Fax-Nr. 08171/409952.

Dacheneder, W. (2001): Der Developmental Test of Visual Perception 2 (DTVP-2) – ein neuer amerikanischer Frostig-Test. Teil I: Kritik am FEW. Ergotherapie und Rehabilitation 8/01, S. 15-19.

Dacheneder, W. und Weiland, G. (2001): Der Developmental Test of Visual Perception 2 (DTVP-2) – ein neuer amerikanischer Frostig-Test. Teil II: Darstellung des DTVP-2 mit zwei Fallbeispielen. Ergotherapie und Rehabilitation 9/01, S. 16-24.

Dacheneder, W. (2003): Psychologische Beurteilung und Grundsätze der Betreuung. In: H.-M. Straßburg, W. Dacheneder und W. Kreß (Hrsg.), 3. neubearb. Aufl., München, Jena: Urban und Fischer.

Damm, E. L. (1999): Malen mit Seelenpflege-bedürftigen Kindern im Schulalter. Stuttgart: Freies Geistesleben.

DiLeo, J. H. (1983/1992): Die Deutung von Kinderzeichnungen. Karlsruhe: Gerhardi Verlag für Kunsttherapie.

Domin, H. (1987): Gesammelte Gedichte. Frankfurt a. M.: Fischer.

Dornes, M. (1993/2001): Der kompetente Säugling. Die präverbale Entwicklung des Menschen. 10. Aufl., Frankfurt a. M.: Geist und Psyche. Fischer.

Dornes, M. (1997/2003): Die frühe Kindheit. Entwicklungspsychologie der ersten Lebensjahre. 7. Aufl., Frankfurt a. M.: Fischer Taschenbuchverlag.

Dornes, M. (2000/2002): Die emotionale Welt des Kindes. 3. Aufl., Frankfurt

a. M.: Fischer Taschenbuchverlag. Geist und Psyche.

Drewermann, E. (1986): Die kluge Else. Rapunzel. Grimms Märchen tiefenpsychologisch gedeutet. Olten und Freiburg im Breisgau: Walter

Dubery, F. and Willats, J. (1983): Perspective and other drawing systems. London: Herbert Press.

Düchting, H. (2001): Paul Klee. Malerei und Musik. München, London, New York: Prestel.

Eckstein, B. (1995): Die „House-Tree-Person Technique" (H-T-P) – ein projektives Untersuchungsverfahren für die Diagnostik bei Kindern mit Verhaltensstörungen. In: Z. Heilpäd., 46. Jg., Heft 5, S. 227-234.

Eckstein, B. (1996): Haus-, Baum- und Personzeichnungen in der sonderpädagogischen Diagnostik – Ergebnisse einer Untersuchung an Schulen für Lernbehinderte und an Schulen für Erziehungshilfe in Nordrhein-Westfalen. In: Mitteilungen des Verbandes Deutscher Sonderschulen e. V., Landesverband Nordrhein-Westfalen, Heft 4/96, S. 62-83.

Eckstein, B. (1999): Kinder im Einschulungsalter zeichnen einen Menschen. Bericht über eine Untersuchung zu den zeichnerischen Lösungen der Kinder und zu Hinweisen auf pädagogischen Förderbedarf. Sonderpädagogik, Aus-, Fort- und Weiterbildung. Berichte zur Sondererziehung und Rehabilitation Nr. 7, herausgegeben vom Lehrgebiet Heil- und Sonderpädagogik, K.-E. Ackermann, FernUniversität, Gesamthochschule in Hagen.

Eckstein, B. (2000): Schulanfänger zeichnen Menschen. Darstellungstypen, Schwierigkeiten und pädagogischer Förderbedarf. In: Grundschule, 32, 6, S. 56-58.

Egger, B. (1995): Träume malen und verstehen. Bern: Zytglogge.

Egger, B. (2000): Der gemalte Schrei. Geschichte einer Maltherapie. Bern: Zytglogge.

Egger, B. (2001): Bilder verstehen. Wahrnehmung und Entwicklung der bildnerischen Sprache. Bern: Zytglogge Werkbuch.

Egger, B. (2002): Malen als Lernhilfe. Bern: Zytglogge.

Eibl-Eibesfeldt, I. und Sütterlin, Ch. (1992): Im Banne der Angst. Zur Natur- u. Kunstgeschichte menschlicher Abwehrsymbolik. München: Piper.

Erikson, E. H. (1961): Kindheit und Gesellschaft. Stuttgart: Klett-Cotta.

Esser, G. und Stöhr, R.-M. (1990): VSRT Visuomotorischer Schulreifetest. Göttingen: Hogrefe Testzentrale.

Ferrari, R. (2002): Fantasie für kleine Hände. Freies Gestalten und Basteln mit Kindern. 4. Aufl., Freiburg im Breisgau: Christophorus.

Fineberg, J. (1995a): Mit dem Auge des Kindes. Kinderzeichnung und moderne Kunst (H. Friedel und J. Helfenstein Hrsg.) Lenbachhaus, Kunstbau München, Kunstmuseum Bern, Ostfildern-Ruit bei Stuttgart: Gerd Hatje.

Fineberg, J. (Hrsg.) in Zusammenarbeit mit dem Lenbachhaus, München, und dem Kunstmuseum Bern (1995b): Kinderzeichnung und die Kunst des 20. Jahrhunderts. Ostfildern-Ruit bei Stuttgart: Gerd Hatje.

Fleck-Bangert, R. (1994): Kinder setzen Zeichen. Kinderbilder sehen und verstehen. München: Kösel.

Frostig, M. (1970/1999): Bewegungserziehung. Neue Wege der Heilpädagogik. 6. neugest. Aufl., München, Basel: Ernst Reinhardt.

Frostig, M. (1976): Education for Dignity. New York, San Francisco, London: Grune & Stratton.

Frostig, M. (1992): Mein Leben. Lernen – Schritt für Schritt. Dortmund: borgmann publishing. (Vergriffen; zu beziehen über die Internationale Frostig-Gesellschaft e. V., Würzburg).

Frostig, M., Lefever, D. W. & Whittlesey, J. R. B. (1961): A developmental test of visuel perception for evaluating normal and neurologically handicapped children. Perceptual and Motor Skills, 12, 383-389.

Frostig, M., Lefever, D. W. & Whittlesey, J. R. B. (1964): The Marianne Frostig Developmental Test of Visual Perception. 1963 Standardization. Perceptual and Motor Skills, 19, 463-499.

Frostig, M., Lefever, D. W. & Whittlesey, J. R. B. (1966): Administration and scoring manual for the Marianne Frostig Developmental Test of Visual Perception. Palo Alto: Consulting Psychologists Press.

Frostig, M. [Deutsche Ausgabe O. Bratfisch] (1985): Frostigs Test der Motorischen Entwicklung FTM. AOB Studium AB, Psykologiförlaget, Stockholm.

Frostig, M. und Horne, D. (A. und E. Reinartz Hrsg.) (1974/2003): Visuelle Wahrnehmungsförderung. Materialien, Arbeitshefte 1-3; Lehreranweisung für die Arbeitshefte 1 bis 3, 10. Aufl. 2002; Heft 1, 13. Aufl. 2003; Heft 2, 12. Aufl. 2002; Heft 3, 11. Aufl. 2002, Braunschweig: Schroedel.

Frostig, M. und Maslow, P. (1973/1978): Lernprobleme in der Schule. Stuttgart: Hippokrates. (Vergriffen; zu beziehen über die Internationale Frostig-Gesellschaft e. V., Würzburg).

Frostig, M. und Müller H. (Hrsg.) (1981): Teilleistungsstörungen. Ihre Erkennung und Behandlung bei Kindern. München, Wien, Baltimore: Urban und Schwarzenberg.

Gadamer, H.-G. (1977/1993): Die Aktualität des Schönen. Kunst als Spiel, Symbol und Fest. Stuttgart: Philipp Reclam jun.

Gaertner-Toman, E. (1994): Untersuchungen zur Validität des Baumtests (Koch) für die Diagnostik der Hirnorganisation bei Erwachsenen. Schriftenreihe Medizinische Forschungsergebnisse, Bd. 25. Hamburg: Hippokrates.

Gage, J. (1999): Die Sprache der Farben. Bedeutungswandel der Farben in der bildenden Kunst. Stuttgart: Urania.

Gage, J. (2001): Kulturgeschichte der Farbe. Von der Antike bis zur Gegenwart. Stuttgart: Urania.

Gardner, H. (1982): Artful Scribbles. The Significance of Children's Drawings. New York: Basic Books, Inc., Publishers.

Gardner, H. (1994/2001): Abschied vom IQ. Die Rahmen-Theorie der vielfachen Intelligenzen. 3. Aufl., Stuttgart: Klett-Cotta.

Gesell, A., Ilg, F. L. and Ames, L. B. (1974): Infant and Child in the Culture of Today. New York: Harper and Row.

Ginsburg, H. P. und Opper, S. (1969/1998): Piagets Theorie der geistigen Entwicklung. 8. völlig überarb. und erg. Aufl., Stuttgart: Klett-Cotta.

Goldberg, R. J., Higgins, E. L., Raskind, M. H. and Herman, K. L. (2003a): Learning disabilities: A parent guide. Pasadena, CA: The Frostig Center.

Goldberg, R. J., Higgins, E. L., Raskind, M. H. and Herman, K. L. (2003b): Predictors of success in individuals with learning disabilities: A qualitative analysis of a 20-year longitudinal study. Learning Disabilities Research and Practice, 18 (4), 222-236.

Goleman, D. (1995/2002): Emotionale Intelligenz. 15. Aufl., München: dtv.

Goodenough, F. L. (1926/1975): Measurement of Intelligence by Drawings. New York: Harcourt, Brace and World, Inc.

Goodenough, F. L. and Harris, D. B. (1950): Studies in the Psychology of Children's Drawings. II: 1928-1949. Psychol. Bull., 47, 369-433.

Gramel, S. (2005): Die Darstellung von guten und schlechten Beziehungen in Kinderzeichnungen. In: Prax. Kinderpsychol. und Kinderpsychiatr. 54, 1.

Graubner, B. (2007): ICD-10-GM 2007. Systematisches Verzeichnis. Internationale statistische Klassifikation der Krankheiten und verwandter Gesundheitsprobleme. 10. Revision – German Modification. Version 2007 – Stand 9. Oktober 2006. Herausgegeben vom Deutschen Institut für Medizinische Dokumentation und Information (DIMDI) im Auftrag des Bundesministeriums für Gesundheit unter Beteiligung der Arbeitsgruppe ICD-10 des Kuratoriums für Fragen der Klassifikation im Gesundheitswesen (KKG). Bearbeitet von Dr. med. B. Graubner, Zentralinstitut für die kassenärztliche Versorgung in der Bundesrepublik Deutschland (ZI). Köln: Deutscher Ärzte-Verlag.

Greenfield, P. M. (1966): On culture and conservation. In: J. S. Bruner (Hrsg.): Studien zur kognitiven Entwicklung. Stuttgart, 1971.

Grüntgens, W. (2001): Die Wahrnehmung. Das funktionalistische Modell von Marianne Frostig. Förderschulmagazin 9, S. 5-8.

Hammill, D. D., Pearson, N. A., Voress, J. K. (1993): Developmental Test of Visual Perception: DTVP-2. Austin: Pro-ed (zu beziehen über Hogrefe, Göttingen, Testzentrale).

Hann, D. (2007): Gestalterische Mittel der Farbe I: Analyse, Farbe, Form (Symbolik der Farben) und II: Farb- und Harmonielehre (Lehre von Johannes Itten); Grafisches Gestalten, Druck und Bleistifttechnik (Linie, Schraffur, Struktur, Druckgrafik); Bildform I: Das Prinzip der realistischen Nachahmung. Digitale Kunst Unterrichtsmaterialien für den Schulunterricht. München: Park Körner.

Harris, D. B. (1963): Children's Drawings as Measures of Intellectual Maturity. New York: Harcourt, Brace and World, Inc.

Hartlaub, G. F. (1922/1930): Der Genius im Kinde. Ein Versuch über die zeichnerische Anlage des Kindes. 2. stark umgearb. und erw. Aufl. mit 35 farbigen und 92 Schwarz-Weiß-Druck Bildern. Breslau: Ferdinand Hirt.

Heller, E. (1989/2004): Wie Farben wirken. Farbpsychologie-Farbsymbolik-Kreative Farbgestaltung. Reinbek bei Hamburg: Rowohlt.

Herrlen-Pelzer, S., Rechenberg, P. (1998): Malen mit Krebspatienten. Ein Beitrag zur Krankheitsbewältigung. Ulm, Stuttgart, Jena, Lübeck, München: Urban & Fischer.

Hesse, H. (1918/1985): Kinderseele. Erzählung. 11. Aufl., Frankfurt a. M.: Suhrkamp Taschenbuch.

Higgins, E. L., Goldberg, R. J., Raskind, M. H. (2005): Life success for students with learning disabilities, teacher guide. Pasadena: Frostig Center.

Inhelder, B. and Piaget, J. (1958): The Growth of Logical Thinking from Childhood to Adolescence. New York: Basic Books.

Iten, A. (1974): Die Sonne in der Kinderzeichnung und ihre psychologische Bedeutung. Zug: H. R. Balmer AG; heute Stäfa-Zürich: Rothenhäusler.

Iten, A. (1980): Die Sonnenfamilie: Familienbeziehungstest und Kinderzeichnung. Oberwil bei Zug: Rudolf Kugler; heute Stäfa-Zürich: Rothenhäusler.

Itten, J. (1961/2003): Kunst der Farbe. Subjektives Erleben und objektives Erkennen als Wege zur Kunst. 13. Aufl., Stuttgart: Urania.

Jacobi, J. (1992): Vom Bilderreich der Seele. Wege und Umwege zu sich selbst. Düsseldorf: Walter.

John-Winde, H. (1981): Kriterien zur Bewertung der Kinderzeichnung. Bonn: Bouvier-Verlag Herbert Grundmann.

John-Winde, H., Roth-Bojadzhiev, G. (1993): Kinder, Jugendliche, Erwachsene zeichnen. Untersuchung zur Veränderung von der Kinder- zur Erwachsenenzeichnung. Baltmannsweiler: Schneider Verlag Hohengehren GmbH.

Jung, C. G. (1957/1988): Bewusstes und Unbewusstes. Beiträge zur Psychologie. Frankfurt a. M.: Fischer, Psychologie.

Jung, C. G., von Franz, M.-L., Henderson, J. L., Jacobi, J. und Jaffé, A. (1964/1995): Der Mensch und seine Symbole. Sonderausgabe. 14. Aufl., Düsseldorf, Olten: Walter.

Jung, C. G. (1961/2005): Erinnerungen, Träume, Gedanken von C. G. Jung. Aufgezeichnet und herausgegeben von A. Jaffé. 14. Aufl., Olten und Freiburg im Breisgau: Walter.

Kandinsky, W. (1912/2004): Über das Geistige in der Kunst. Bern: Benteli.

Kast, V. (1996/2002): Die Dynamik der Symbole. Grundlagen der Jungschen Psychotherapie. Düsseldorf: Walter.

Kavale, K. and Mattson, P. D. (1983): „One Jumped Off the Balance Beam": Meta-Analysis of Perceptual Motor Training. Journal of Learning Disabilities, 16, N. 3, 165-173.

Kern, A. (1970/1995): Schulreife in pädagogischer Sicht. Frankfurt a. M.: Akad. Verl. – Ges., Erziehungswissenschaftliche Reihe 3.

Kerschensteiner, G. (1905): Die Entwicklung der zeichnerischen Begabung. München: Gerber.

Kienzle, R. (1951): Gesetzmäßigkeiten in der zeichnerischen Entwicklung des Kindes. Basel.

Kiphard, E. J. und Schilling, F. (1974): KTK. Körper-Koordinationstest für Kinder. Göttingen: Hogrefe Testzentrale.

Kläger, M. (1993): Die Vielfalt der Bilder. Kunstwerke entwicklungsbehinderter Menschen. Stuttgart: Konrad Wittwer.

Kläger, M. (Hrsg.) (1995). Phänomen Kinderzeichnung. Manifestationen bildnerischen Denkens. 3. Aufl., Baltmannsweiler: Schneider Verlag Hohengehren GmbH.

Kläger, M. (1997): Verständnis für Kinderkunst. Baltmannsweiler: Schneider Verlag Hohengehren GmbH

Kleine, G. (1990/1994): Gabriele Münter und Wassily Kandinsky. Biographie eines Paares. 7. Aufl., Frankfurt a. M.: Insel.

Klessmann, E. und Eibach, H. (1993): Wo die Seele wohnt. Das imaginäre Haus als Spiegel menschlicher Erfahrungen und Entwicklungen. Bern, Göttingen, Toronto, Seattle: Hans Huber.

Klessmann, E. und Eibach, H. (1996): Traumpfade. Weg-Erfahrungen in der Imagination. Unter Mitarbeit von K. Pöhler und F. Gräfin von Spreti. 1. Aufl., Bern: Hans Huber.

Koch, K. (1949/1997): Der Baumtest. Baumzeichenversuch als psychodiagnostisches Hilfsmittel. Taschenbuch, 10. Aufl. seit 1997 lieferbar, Bern: Hans Huber.

Kohlmann, R. (1984): Zur Entwicklung von Horizontale und Vertikale anhand der Kinderzeichnung. Salzburg: Universitätsbibliothek.

Kohlmann, R., Perner, J. und Wimmer, H. (1983): Von Kinderzeichnungen kann man nicht auf das Verständnis der Raumkoordination schließen. In: G. Luer (Hrsg.), Bericht über den 33. Kongress der Deutschen Gesellschaft für Psychologie, Göttingen: Hogrefe.

Koppitz, E. M. (1968/1972): Die Menschendarstellung in Kinderzeichnungen und ihre psychologische Auswertung. Stuttgart: Hippokrates (vergriffen).

Kos, M. und Biermann, G. (1995): Die verzauberte Familie: Ein tiefenpsychologischer Zeichentest. Unter Mitarbeit von G. Haub. München: Ernst Reinhardt.

Kos, M. und Biermann, G. (2002): Die verzauberte Familie. Ein tiefenpsychologischer Zeichentest. Unter Mitarbeit von G. Haub. 5. Aufl., München, Basel: Ernst Reinhardt.

Kraaz von Rohr, I. (1995): Formen, Farben und Symbole bewusst erfahren und nutzen. Bern, München, Wien: Scherz.

Kraft, Ch.-B. und Rohwer, K. (1993): Worte können nicht der Bilder Seele malen. Deutscher Arbeitskreis Gestaltungstherapie. Grundlagen zur Methode und Praxis der Gestalttherapie und klinischen Kunsttherapie. Stuttgart: Verlag DAGKT.

Kraft, H. (1982): Die Kopffüßler. Eine transkulturelle Studie zur Psychologie und Psychopathologie der bildnerischen Gestaltung. Stuttgart: Hippokrates.

Kramer, E. (2004): Kunst als Therapie mit Kindern. München, Basel: Ernst Reinhardt.

Kraus, W. (2003): Die Heilkraft des Malens. Einführung in die Kunsttherapie. München: Becksche Reihe.

Krenz, A. (2004): Was Kinderzeichnungen erzählen. Kinder in ihrer Bildersprache verstehen. Dortmund: modernes lernen. Borgmann KG.

Küspert, P. und Schneider, W. (1999/2006): Hören, lauschen, lernen. Sprachspiele für Kinder im Vorschulalter. Würzburger Trainingsprogramm zur Vorbereitung auf den Erwerb der Schriftsprache. Anleitung und Arbeitsmaterial. 5. überarb. Aufl., Göttingen: Vandenhoeck und Ruprecht.

Landau, E. (1990/1999): Mut zur Begabung. 2. überarb. u. erw. Auflage, München, Basel: Ernst Reinhardt.

Lang, M. H., Schäfer, F.-H., Stiel, H. und Vogt, W. Unter Mitarbeit von C. Beitelstein (2002): Der GOÄ-Kommentar. Ausführliche Interpretation der neuen

Gebührenordnung – Tips und Beispiele zur privatärztlichen Abrechungspraxis. 2. aktualisierte Aufl., Stuttgart, New York: Georg Thieme.

Lauf, D. I. (1999): Symbole. Verschiedenheit und Einheit in östlicher und westlicher Kultur. Frankfurt a. M.: Insel.

Lebeus, A.-M. (2001): Kinderbilder und was sie uns sagen. Weinheim: Beltz Taschenbücher.

Leroy, A. (1951): Representation de la perspective dans le dessin d'enfants. Enfance, 4, 286-307.

Leuner, H., Horn, G. und Klessmann, E. (1997): Katathymes Bilderleben mit Kindern und Jugendlichen. München: Ernst Reinhardt.

Lockowandt, O. (1974/2000): Frostigs Entwicklungstest der visuellen Wahrnehmung (FEW). 9. ergänzte Auflage seit 2000 lieferbar. Göttingen: Hogrefe Testzentrale.

Lowenfeld, V. (1960): Vom Wesen schöpferischen Gestaltens. Frankfurt a. M.: Europäische Verlagsanstalt.

Lüscher, M. (1989): Die Lüscher Farben. Zur Persönlichkeitsbeurteilung und Konfliktlösung. München: Mosaik.

Luquet, G.-H. (1927/1977): Le dessin enfantin, Paris 1927. Neuaufl., Neuchâtel 1967, 3. Neuaufl., Lausanne, Paris, Montréal, Bruxelles.

Machover, K. (1949/1980): Personality Projection in the Drawing of the Human Figure. Springfield, Illinois: Charles C. Thomas.

Marbacher Widmer, P. (1997): Bewegen und Malen. Zusammenhänge-Psychomotorik-Urformen-Körper- und Raumerfahrungen. Dortmund: modernes lernen. Borgmann KG.

Marose, M. (2005): Unter der Tarnkappe. Felix Hartlaub. Eine Biographie. Berlin: Transit.

McClelland, J. L. (1989): Parallel distributed processing: Implications for cognition and development. In: Morris RGM (Hrsg.), Parallel Distributed Processing: Implications for Psychology and Neurobiology. Oxford: Clarendon Press.

Meacham, J. A. und Riegel, K. F. (1978): Dialektische Perspektiven in Piagets Theorie. In: G. Steiner (Hrsg.): Piaget und die Folgen. Psychologie des 20. Jahrhunderts, Entwicklungspsychologie, Bd. 7, S. 181, Zürich.

Meehan, A. (1984): A meta-analysis of sex-differences in formal operational thought. Child Development, 55, 1110-1124.

Mey, G. (Hrsg.) (2005): Handbuch/qualitative Entwicklungspsychologie. Köln: Kölner Studienverlag.

Meyers, H. (1950): Experimentelle Untersuchungen zur Entwicklung des zeichnerischen Gestaltens. Diss. Universität Mainz.

Meyers, H. (1957/1971): Die Welt der kindlichen Bildnerei. 4. unveränd. Aufl., Witten: Luther.

Michaelis, R. und Barth, Kh. (2003): Anamnese- und Dokumentationsbogen zur Früherkennung von Lernstörungen in der kinder- und jugendärztlichen Praxis, 2. Version. Kinder- und Jugendarzt 34. Jg., Nr. 6, S. 450-456 (zu beziehen über STADA GmbH. Stadastr. 2-18, D-61118 Bad Vilbel. Fax: 06101/603316. 3. Version in Vorbereitung).

Milner, M. (1988): Zeichnen und Malen ohne Scheu. Ein Weg zur kreativen Befreiung. Köln: DuMont Reise.

Milz, I. (1996/2002): Neuropsychologie für Pädagogen. Neuropädagogik für die Schule. 4. überarb. u. erweit. Aufl., Dortmund: modernes lernen. Borgmann KG.

Montada, L. (1995): Die geistige Entwicklung aus der Sicht Jean Piagets. In: R. Oerter und L. Montada (Hrsg.), Entwicklungspsychologie (S. 518-560). Weinheim: Psychologie VerlagsUnion.

Mosimann, W. (1979): Kinder zeichnen. Die Darstellung von Mensch, Tier, Baum, Haus, Raum und Farbe in Kritzel, Zeichen, Bildzeichen und Bild. Eine Information und Hilfe für Eltern, Kindergärtnerinnen und Lehrer. Bern, Stuttgart: Paul Haupt.

Mühle, G. (1955/1975): Entwicklungspsychologie des zeichnerischen Gestaltens. Grundlagen, Formen und Wege in der Kinderzeichnung. 4. unveränd. Aufl., Berlin, Heidelberg, New York, Tokyo: Springer.

Müssig, R. (1999): Familien-Selbst-Bilder. Gestaltende Verfahren in der Paar- und Familientherapie. München, Basel: Ernst Reinhardt.

Neuß, N. (1999): Symbolische Verarbeitung von Fernseherlebnissen in Kinderzeichnungen. Eine empirische Studie mit Vorschulkindern. München: KoPäd.

Oaklander, V. (1978/1992): Gestalttherapie mit Kindern und Jugendlichen. 7. Aufl., Stuttgart: Klett-Cotta.

Obiols, J. E. (1996): Art and Creativity: Neuropsychological Perspectives. In: Depression and the Spiritual in Modern Art: Homage to Miró (J. J. Schildkraut and A. Otero, Eds.). Chichester, New York, Brisbane, Toronto, Singapore: John Wiley & Sons.

Peez, G. (2000/2002): Qualitative Forschung in der Kunstpädagogik. Methodologische Analysen und praxisbezogene Konzepte zu Fallstudien über ästhetische Prozesse, biographische Aspekte und soziale Interaktion in unterschiedlichen Bereichen der Kunstpädagogik. 2. unveränd. Aufl., Hannover: BDK-Verlag, Books on Demand GmbH.

Phillips, W. A., Inall, M. and Lander, E. (1985): On the discovery, storage and use of graphic descriptions. In: N. H. Freeman and M. V. Cox (Eds.), Visual Order, pp. 122-134, Cambridge: Cambridge University Press.

Piaget, J. (1959/2003a): Das Erwachen der Intelligenz beim Kinde. 5. Aufl., Stuttgart: J. G. Cotta'sche Buchhandlung, Nachf. GmbH, Klett-Cotta.

Piaget, J. (1959/2003b): Nachahmung, Spiel und Traum. Die Entwicklung der Symbolfunktion beim Kinde. 5. Aufl., Stuttgart: J. G. Cotta'sche Buchhandlung, Nachf. GmbH, Klett-Cotta.

Piaget, J. (1966): Psychologie der Intelligenz. Zürich: Rascher.

Piaget, J. (1973): Einführung in die genetische Entwicklungstheorie. Frankfurt a. M.: Suhrkamp.

Piaget, J. und Inhelder, B. (1971): Die Entwicklung des räumlichen Denkens beim Kinde. Stuttgart: Klett.

Piaget, J. und Inhelder, B. (1972/2000): Die Psychologie des Kindes. 8. Aufl., München: Deutscher Taschenbuch Verlag.

Piaget, J. und Inhelder, B. (1977): Von der Logik des Kindes zur Logik des Heranwachsenden. Essay über die Ausformung der formal-operativen Strukturen. Olten: Walter.

Piaget, J. und Szeminska, A. (1965/1972): Die Entwicklung des Zahlbegriffs beim Kinde. Stuttgart: Klett-Cotta.

Platon (2006): Das Gastmahl oder Von der Liebe. Übers. u. Einl. von K. Hildebrandt. Stuttgart: Reclam.

Plewig, G. (2004): Fetische der Congo. In: Medizin und Kunst. Das Kunstmagazin für den Dermatologen 4, 16. Jg., 4. Quart., S. 21-27.

Pöppel, E. (1997): Grenzen des Bewusstseins. Wie kommen wir zur Zeit, wie entsteht Wirklichkeit? Frankfurt a. M. und Leipzig: Insel.

Pohlmann, B. (1981): Zeichnerische Auffälligkeiten bei Kindern mit Hirnfunktionsstörungen. Diss. Heidelberg/Mannheim.

Pophal, R. (1966): Eidetische Graphologie. Graphologie in Vorlesungen Bd. II., Stuttgart: Fischer.

Prinzhorn, H. (1922/2001): Bildnerei der Geisteskranken. 6. Aufl., Wien: Springer.

Raskind, M. H., Goldberg, R. J., Higgins, E. L. and Herman, K. L. (1999): Patterns of change and predictors of success in individuals with learning disabilities: Results from a twenty-year longitudinal study. Learning Disabilities Research and Practice, 14, (1), 35-49.

Raskind, M. H., Goldberg, R. J., Higgins, E. L. and Herman, K. L. (2002): Teaching "life success" to students with learning disabilities: Lessons learned from a 20-year study. Intervention in School and Clinic, 37 (4), 201-208.

Raskind, M. H., Goldberg, R. J., Higgins, E. L. and Herman, K. L. (2003): Life success for learning disabilities: A parent guide. Pasadena: Frostig Center.

Reichelt, S. (2000): Kindertherapie nach sexueller Misshandlung. Malen als Heilmethode. Stuttgart: Kreuz.

Reiß, W. (1996): Kinderzeichnungen – Wege zum Kind durch seine Zeichnung. Neuwied, Kriftel, Berlin: Hermann Luchterhand.

Reiß, W. (1997): Lebensweltliche Aspekte in Bildern von Kindern und Jugendlichen. In: D. Grünewald u. a. (Hrsg.): Ästhetische Erfahrung. Perspektiven ästhetischer Rationalität. Seelze: Friedrich.

Remschmidt, H., Schmidt, M. und Poustka, F. (Hrsg.) (2006): Multiaxiales Klassifikationsschema für psychische Störungen des Kindes- und Jugendalters nach ICD-10 der WHO. Mit einem synoptischen Vergleich von ICD-10 und DSM-IV. 5. vollständig überarbeitete und erweiterte Auflage, Bern: Hans Huber, Hogrefe AG.

Reynolds, C. R. and Hickman, J. A. (2004): Draw-A-Person Intellectual Ability Test for Children, Adolescents, and Adults (DAP:IQ). Austin, Texas: pro-ed (zu beziehen über Hogrefe, Göttingen, Testzentrale).

Richter, H.-G. (1984): Pädagogische Kunsttherapie. Grundlegung, Didaktik, Anregungen. Berlin: Cornelsen.

Richter, H.-G. (1987/1997): Die Kinderzeichnung. Entwicklung, Interpretation, Ästhetik. Düsseldorf: Schwann. Nachdr. Berlin: Cornelsen.

Richter, H.-G. (1999): Pädagogische Kunsttherapie. 2. Teil. Hamburg: Dr. Kovac.

Richter, H.-G. (1999): Sexueller Missbrauch im Spiegel der Kinderzeichnung. Frankfurt a. M.: Peter Lang.

Riedel, I. (1998): Bilder in Therapie, Kunst und Religion. Wege zur Interpretation. Stuttgart: Kreuz.

Riedel, I. (1999): Farben in Religion, Gesellschaft, Kunst und Psychotherapie. 16. erw. Aufl., Stuttgart: Kreuz.

Riedel, I. (2002): Formen. Tiefenpsychologische Deutung von Kreis, Kreuz, Dreieck, Quadrat, Spirale und Mandala. Stuttgart, Zürich: Kreuz.

Riedel, I. (2004): Engel der Wandlung. Paul Klees Engelbilder. Freiburg im Breisgau: Herder.

Riedel, I. und Henzler, C. (2004): Maltherapie. Stuttgart: Kreuz.

Rosenkötter, H. (2004): Umschriebene Entwicklungsstörungen schulischer Fertigkeiten. ICD-10-Nummern: F 81.0-F 81.9, F 82.0-F 82.2, F 83. Deutsche Gesellschaft für Sozialpädiatrie und Jugendmedizin e. V., www.dgspj.de/lluew.php

Sattler, J. B. (2006): Das linkshändige Kind in der Grundschule. Donauwörth: Auer.

Schaefgen, R. (2007): Praxis der Sensorischen Integrationstherapie. Erfahrungen mit einem ergotherapeutischen Konzept. Stuttgart, New York: Thieme.

Schenk-Danzinger, L. (2002): Entwicklungspsychologie. Völlig neu bearbeitet von Karl Rieder. Wien: ÖBV.

Schiffer, E. und H. (2004): LernGesundheit. Lebensfreude und Lernfreude in der Schule und anderswo. Weinheim und Basel: Beltz Taschenbuch.

Schildkraut, J. J. and Otero, A. (Eds.) (1996): Depression and the spiritual in modern art. Homage to Miró. Chichester, New York, Brisbane, Toronto, Singapore: John Wiley & Sons.

Schlack, H. G. (1994): Interventionen bei Entwicklungsstörungen. Bewertende Übersicht. In: Monatsschr. Kinderheilk. 142: S. 180-184.

Schlack, H. G. (2003): Das motorisch ungeschickte Kind. Nosologie, Diagnostik, Therapie. In: Kinderärztl. Praxis Nr. 8, S. 506-514.

Schlange, H., Stein, B., von Boetticher, I. und Taneli, S. (1977): Göttinger Formreproduktionstest. 3. Aufl., Göttingen: Hogrefe Testzentrale.

Schmeer, G. (1990/2002): Heilende Bäume. Baumbilder in der psychotherapeutischen Praxis. 3. Aufl., Stuttgart: Pfeiffer bei Klett-Cotta.

Schmidt, H. und M. (1995): Die vergessene Bildersprache christlicher Kunst. 4. durchgesehene Aufl., München: C. H. Beck.

Schottenloher, G. (2000): Kunst- und Gestaltungstherapie. Eine praktische Einführung. 4. Aufl., München: Kösel.

Schuster, M. (2000): Psychologie der Kinderzeichnung. 3. überarb. Aufl., Göttingen, Bern, Toronto, Seattle: Hogrefe.

Schuster, M. (2001): Kinderzeichnungen: Wie sie entstehen. Was sie bedeuten. 2. neu bearb. Aufl., München, Basel: Ernst-Reinhardt.

Schuster, M. (2002): Wodurch Bilder wirken. Psychologie der Kunst. Köln: DuMont.

Schuster, U. (1998): Raumdarstellung in der Zeichnung von Schülern. Seminar Gymnasialfach Kunsterziehung. www.kusem.de/texneu/3d/3d.htm

Seidel, Ch. (1966): Beiträge zur Klinischen Psychologie kindlicher Hör- und Sprachstörungen. Die diagnostische Relevanz des Bender-Gestalttests, des Mann-Zeichen-Tests und des Snijders-Omen-Intelligenztests für hochgradige Hör- und Sprachstörungen. Diss. Universität Mainz.

Seidel, Ch. (1970): Psychodiagnostik kindlicher Hör- und Sprachstörungen. Methoden und differentialdiagnostische Möglichkeiten. In: R. Luchsinger und G. E. Arnold (Hrsg.): Handbuch der Stimm- und Sprachheilkunde. 3. völlig umgearbeitete und wesentlich erweiterte Auflage in zwei Bänden. Band 2: Die Sprache und ihre Störungen. Wien, New York: Springer.

Seidel, Ch. (1973a): Klinische Psychologie der Hör- und Sprachstörungen. In: P. Biesalski, G. Böhme, F. Frank und R. Luchsinger (Hrsg.): Phoniatrie und Pädaudiologie. Ein Überblick. Stuttgart: Thieme.

Seidel, Ch. und Biesalski, P. (1973b): Psychologische und klinische Erfahrungen mit dem Frostig-Test und der Frostig-Therapie bei sprachbehinderten Kindern. In: Prax. Kinderpsychol. Kinderpsychiatr. 22, 1, S. 3-15.

Seidel, Ch. (1981): Diagnose und Therapie von visuellen Perzeptionsstörungen. In: M. Frostig und H. Müller (Hrsg.): Teilleistungsstörungen. Ihre Erkennung und Behandlung bei Kindern. München, Wien, Baltimore: Urban und Schwarzenberg.

Seidel, Ch. (1986): Marianne Frostig – Mensch und Werk: Die Anwendung ihrer Test- und Therapieprogramme in Deutschland seit 1972. S. 3-10. In: E. J. Kiphard und Ch. Seidel (Hrsg.): Festschrift Memorial-Symposium zum 1. Todestag von Dr. Marianne Frostig. Wiederauflage anlässlich des 10jährigen Bestehens der Internationalen Frostig-Gesellschaft e. V., Würzburg (1986-1996). Würzburg: Intern. Frostig-Gesellschaft.

Seidel, Ch. (1987): Das Marianne Frostig-Konzept. In: Internationale Frostig-Gesellschaft (Hrsg.): Die Anwendung des Marianne Frostig-Konzepts in Pädagogik und Therapie. Jahrestagung 1987, Dortmund: Borgmann.

Seidel, Ch., Kiefner, B. D., Lessel, D., Schwarz, N., Steffen, H. und Zimmermann, U. (1978): Zur Untersuchung der Intelligenz, der visuellen Perzeption und des Auftretens von Lernschwächen und Verhaltensstörungen bei Erstklässlern der Sonderschulen für Sprachbehinderte in Heidelberg und Mannheim.
In: G. Lotzmann (Hrsg.): Aspekte auditiver, rhythmischer und sensomotorischer Diagnostik, Erziehung und Therapie. München, Basel: Ernst Reinhardt.

Seitz, M. (1997): Urformen – Quellen der Phantasie. Einführungen und Anregungen für die pädagogische Praxis. 1. Aufl., München: Don Bosco.

Seitz, R. (2000): Zeichnen und Malen mit Kindern. Vom Kritzelalter bis zum 8. Lebensjahr. München: Don Bosco.

Seitz, R. (2002): Was hast du denn da gemalt? Wie Kinder zeichnen und was Eltern, Erzieherinnen und Lehrkräfte dafür tun können. München: Don Bosco.

Seitz, R. und M. (2002): ROT, GELB, BLAU. Grundlagen und Spielideen für die pädagogische Praxis. 3. Aufl., München: Don Bosco.

Spekman, N. J., Goldberg, R. J. and Herman, K. L. (1992): Learning Disabled Children Grow Up: A Search for Factors Related to Success in the Young Adult Years. Learning Disabilities. Research and Practice, 7, 161-170.

Spitzer, M. (2000): Geist im Netz: Modelle für Lernen, Denken und Handeln. Heidelberg, Berlin: Spektrum, Akad. Verlag.

Spitzer, M. (2004): Musik im Kopf. Hören, Musizieren, Verstehen und Erleben im neuronalen Netzwerk. 4. korrig. Nachdruck der 1. Aufl., Stuttgart, New York: Schattauer.

Spitzer, M. (2005): Spinnen, Schlangen und Menschen – Der Mandelkern und die Angst vor Fremden. Nervenheilkunde. Zeitschrift für interdisziplinäre Fortbildung, 24, S. 736-739.

Staabs von, G. (1964/1992): Der Scenotest. 8. unveränd. Aufl., Bern: Hans Huber.

Steffen, H. und Seidel, Ch. (1976): Perzeptives, kognitives, schulisches und soziales Verhalten sprachretardierter und sprechgestörter Kinder. In: Z. Kinder. Jugendpsychiat. 4, 3, 216.

Steingruber, H. J. und Lienert, G. A. (Hrsg.) (1976): HDT. Hand-Dominanz-Test. 2. Aufl., Göttingen: Hogrefe Testzentrale.

Steinhagen, R. (1992): Sexuelle Gewalt, Kinderzeichnungen als Signal. Reinbek bei Hamburg: Rowohlt Sachbuch.

Stendler Lavatelli, C. (1976): Früherziehung nach Piaget. Wie Kinder Wissen erwerben – ein Programm zur Förderung der kindlichen Denkoperationen. München, Basel: Ernst Reinhardt.

Stöcklin-Meier, S. (2003): Kinder brauchen Geheimnisse. Über Zwerge, Engel und andere unsichtbare Freunde. München: Kösel.

Straßburg, H.-M., Dacheneder, W. und Kreß, W. (Hrsg.) (2003): Entwicklungsstörungen bei Kindern. 3. neu bearb. und erw. Auflage. München, Jena: Urban & Fischer.

Terman, L. M. and Merrill, M. A. (1960): Stanford-Binet Intelligence Scale. Boston, Mass.: Houghton Mifflin.

Thomas, J. und Schillig, S. (1996): Die Entwicklung hypothetisch-deduktiven Denkens im Jugendalter. In: R. Schumann-Hengsteler u. H. Trautner (Hrsg.), Entwicklung im Jugendalter, S. 99-118, Göttingen: Hogrefe.

Tresidder, J. (2002): Symbole und ihre Bedeutung. Über 1000 Bilder und Zeichen aus allen Kulturkreisen. München: Droemer Knaur.

Tucke, M. (1999): Entwicklungspsychologie des Kindes und Jugendalters für (zukünftige) Lehrer. Osnabrücker Schriften zur Psychologie (Hrsg. J. Rogner, H. Schöttke, M. Tücke), Band 6.

Urner, E. (1993): Häuser erzählen Geschichten – Die Bedeutung des Hauses in der Kinderzeichnung. Zürich: ProJuv.-Atlantis.

Vetter, A. (1949): Natur und Person. Stuttgart: Klett.

Vetter, A. (1951): Der Ausdrucksgehalt in Handschrift und Zeichnung. Neue Zeitung, Okt. 1951.

Vetter, A. (1970): Die Zeichensprache von Schrift und Traum. Eine Einführung in die anthropologische Diagnostik. Freiburg im Breisgau, München: Karl Alber.

Watzlawick, P., Beavin, J. H. und Jackson, D. D. (1967/2000): Menschliche Kommunikation. Formen, Störungen, Paradoxien. 10. unveränd. Aufl., Bern: Hans Huber.

Wechsler, D. (1949): Wechsler Intelligence Scale for Children. New York: The Psychological Corporation.

Wechsler, D. (1974): Wechsler Intelligence Scale for Children – Revised. San Antonio: The Psychological Corp.

Wechsler, D. (1991): Wechsler Intelligence Scale for Children – Third Edition. San Antonio: The Psychological Corp.

Werner, E. E. (1990): Protective factors and individual resilience. In: S. J. Meisels and J. P. Shonkoff (Eds.). Handbook of early childhood intervention. Cambridge: Cambridge University Press.

Widlöcher, D. (1993): Was eine Kinderzeichnung verrät. Methode und Beispiele psychoanalytischer Deutung. Frankfurt a. M.: Fischer.

Wiedemann, M. und Grewe, Th. (2002): Ein Fundament fürs Leben und Lernen – das Frostig-Konzept in Kindergarten und Schule. Donauwörth: Auer.

Winnicott, D. W. (2006): Vom Spiel zur Kreativität. 11. Aufl., Stuttgart: Klett-Cotta.

Wolff, S. (1986): Klinische Maltherapie. Berlin, Heidelberg, New York, Tokyo: Springer.

Zazzo, R. (1950): Le geste graphique et la structuration de l'espace. Enfance, 3-4, 202-240.

Zerling, C. und Bauer, W. (Hrsg. W. Bauer) (2003): Lexikon der Tiersymbolik. Mythologie, Religion, Psychologie. München: Kösel.

Ziler, H. (1950/2000): Der Mann-Zeichen-Test. In detail-statistischer Auswertung. MZT. 11. Aufl., Münster: Aschendorff.

Zimmermann, K. W. (1996): Wirkt „psychomotorisches" Training? – Eine Meta-Analyse neuerer Forschungsarbeiten. In: Hessisches Institut für Bildungsplanung und Bildungsentwicklung (Hrsg.), Schule und Beratung, Nr. 6. (redaktionell modifiziert als www-Dokument: www.uni-kassel.de/fb7/psychologie/pers/zimmermann/weilb4.htm

Zweig, S. (1925/2002): Der Kampf mit dem Dämon. Hölderlin, Kleist, Nietzsche. 2. Aufl., Frankfurt a. M.: Fischer.

Autorenregister

A

B

D

E

F

G

H

I

J

K

L

M

N

O

P

R

S

T

V

W

Z

Sach- und Personenregister

(Die Seitenzahlen werden in nicht-kursiver Schrift angegeben; die Nummern der Abbildungen erscheinen in kursiver Schrift in Klammern.)

A

B

C

D

E

F

G

H

I

J

K

L

M

N

O

P

Q

R

S

T

U

V

W

Y

Z

Über die Autorin

Studium der Psychologie an der Johannes Gutenberg-Universität Mainz mit dem Abschluss des Diploms und der Promotion. Mehrjähriger Aufenthalt in den USA, dort erste persönliche Begegnung und darauf folgend langjährige Zusammenarbeit mit Marianne Frostig, Gründerin des Marianne Frostig Centers of Educational Therapy, Los Angeles, Kalifornien. Tätigkeit als Kinderpsychologin an der Klinik und Poliklinik für Kommunikationsstörungen der Universität Mainz unter Leitung von P. Biesalski. Dort etablierte sie die Anwendung der Frostig-Therapie (1973) und publizierte gemeinsam mit P. Biesalski erstmals in Deutschland ihre psychologischen und klinischen Erfahrungen mit dem Frostig-Test und der Frostig-Therapie bei sprach- und hörbehinderten Kindern in psychologischen und medizinischen Fachzeitschriften und Fachbüchern. Später folgten weitere Publikationen zur Diagnose und Therapie von visuellen Perzeptionsstörungen und zum Frostig-Konzept.
In den folgenden Jahren arbeitete Christa Seidel als Kinderpsychologin an der Abteilung für Kinder- und Jugendpsychiatrie der Psychiatrischen Klinik der Universität Göttingen, in heilpädagogischen Institutionen und in ihren eigenen freien Praxen in Heidelberg, Göttingen und Starnberg. Anerkennung als Klinische Psychologin / Psychotherapie BDP durch den Berufsverband Deutscher Psychologinnen und Psychologen, Bonn. Vielfältige Vortragstätigkeiten zur Vermittlung des Frostig-Konzepts, z. T. gemeinsam mit Marianne Frostig.
Gründungsmitglied der Internationalen Frostig-Gesellschaft e. V., Würzburg, Vizepräsidentin, seit 1992 Ehrenpräsidentin dieser Gesellschaft. Erwerb des Marianne Frostig-Zertifikats, Mitglied im Wissenschaftlichen Beirat und im Lehrteam der Internationalen Frostig-Gesellschaft e. V.;
Weiterbildung auf dem Gebiet der Psychologie der Kreativität bei Erika Landau, Gründerin und Direktorin des Young Persons' Institute for the Promotion of Creativity and Excellence, Tel Aviv University, Technical College, Israel.
Seit 1990 Etablierung eines eigenen Weiterbildungsprogramms: „Die Kinderzeichnung bei Entwicklungsstörungen" mit Grund-, Aufbau- und Supervisionskursen an der Deutschen Akademie für Entwicklungs Rehabilitation, München, in der eigenen Praxis in Starnberg und bei Vortrags- und Lehrtätigkeiten für andere Institutionen. In diesen Seminaren stellt die Autorin ihre Leitlinien zur Interpretation der Kinderzeichnung vor und vermittelt zugleich eine Einführung in die von ihr entwickelte erweiterte Form des Frostig-Konzepts mit besonderer Betonung der Förderung der kindlichen Kreativität. Die Seminare der Autorin werden als Bausteine zum Erwerb des Marianne Frostig-Zertifikats von der Internationalen Frostig-Gesellschaft e. V., Würzburg, anerkannt.

Schwerpunkte ihrer beruflichen Tätigkeit sind die Diagnostik und Therapie entwicklungs- und verhaltensgestörter Kinder im Sinne der Humanistischen Psychologie, Elternberatung sowie Supervision von Mitarbeiter/innen von Kindergärten, insbesondere von Integrations-Kindergärten und von pädagogischen, heil- und sonderpädagogischen, psychologischen und therapeutischen Einrichtungen und Praxen.

Abbildungsnachweise

Abb. 001, Seite 20, © Autorin Dr. phil. Dipl.-Psych. Christa Seidel, Starnberg.

Abb. 002, Seite 75, Paul Klee: „Insula dulcamara“, 1938, 481 (C I), 88 x 175 cm; Öl und Kleisterfarbe auf Zeitungspapier auf Jute über Keilrahmen; originale Rahmenleisten, Zentrum Paul Klee, Bern. Die Reproduktion erfolgt mit freundlicher Genehmigung von VG Bild-Kunst, Bonn. © VG Bild-Kunst, Bonn 2007.

Seite 75, Düchting, H., 2001, Seite 75-76. Die Erläuterungen zu „Insula dulcamara“, einem von Paul Klees Hauptwerken aus seiner Spätzeit, werden mit freundlicher Genehmigung des Prestel Verlags, München, London, New York, wiedergegeben. © Prestel Verlag, München, London, New York.

Abb. 003, Seite 82, © Autorin Dr. phil. Dipl.-Psych. Christa Seidel, Starnberg.

Abb. 004, Seite 93, Horst Antes: „Lebensalter“, 1976/77, Aquatec und Kohle auf Leinwand, 180 x 450 cm, Sig. Würth Inv. 6362, Seite 93. Die Reproduktion erfolgt mit freundlicher Genehmigung von VG Bild-Kunst, Bonn. Die Reproduktionserlaubnis für das Foto wurde freundlicherweise von Herrn Volker Naumann, Schönaich, erteilt. © VG Bild-Kunst, Bonn 2007.

Abb. 005, Seite 94, Joan Miró: „L'enfance d'Ubu“, 1975, Farblithographie, 32 x 51 cm. Die Reproduktion erfolgt mit freundlicher Genehmigung von VG Bild-Kunst, Bonn. © Successió Miró/VG Bild-Kunst, Bonn 2007.

Abb. 006, Seite 97, © Autorin Dr. phil. Dipl.-Psych. Christa Seidel, Starnberg.

Abb. 007, Seite 118, © Autorin Dr. phil. Dipl.-Psych. Christa Seidel, Starnberg.

Abb. 008, Seite 124, Ambete Reliquiarfigur, Ambete, Gabun, Kongo, 19.-20. Jahrhundert. Hauptfigur einer Gemeinschaft. Holz, Pigmente, 59 cm. Ausgehöhlt zur Verwahrung von Reliquien der Ahnen und magischer Substanz. Die Reproduktion der Reliquiarfigur erfolgt mit freundlicher Genehmigung von Herrn Prof. Dr. G. Plewig, München. © Prof. Dr. G. Plewig, München.

Abb. 009-014, Seiten 139-140, © Autorin Dr. phil. Dipl.-Psych. Christa Seidel, Starnberg.

Abb. 015-073, Seiten 161-186, © Autorin Dr. phil. Dipl.-Psych. Christa Seidel, Starnberg.

Abb. 074-114, Seiten 207-230, © Autorin Dr. phil. Dipl.-Psych. Christa Seidel, Starnberg.

Abb. 115-119, Seiten 244-246, © Autorin Dr. phil. Dipl.-Psych. Christa Seidel, Starnberg.

Abb. 120, Seite 247, © Autorin Dr. phil. Dipl.-Psych. Christa Seidel, Starnberg.

Abb. 121-128, Seiten 249-253, © Autorin Dr. phil. Dipl.-Psych. Christa Seidel, Starnberg.
Abb. 129-131, Seiten 254-255, © Autorin Dr. phil. Dipl.-Psych. Christa Seidel, Starnberg.
Abb. 132-134, Seiten 257-259, © Autorin Dr. phil. Dipl.-Psych. Christa Seidel, Starnberg.
Abb. 135, Seite 260, © Autorin Dr. phil. Dipl.-Psych. Christa Seidel, Starnberg.
Abb. 136-138, Seiten 261-263, © Autorin Dr. phil. Dipl.-Psych. Christa Seidel, Starnberg.
Abb. 139-144, Seiten 308-311, © Autorin Dr. phil. Dipl.-Psych. Christa Seidel, Starnberg.
Abb. 145-148, Seiten 313-314, © Autorin Dr. phil. Dipl.-Psych. Christa Seidel, Starnberg.
Abb. 149-165, Seiten 316-324, © Autorin Dr. phil. Dipl.-Psych. Christa Seidel, Starnberg.
Abb. 166, Seite 326, © Autorin Dr. phil. Dipl.-Psych. Christa Seidel, Starnberg.
Abb. 167, Seite 327, © Autorin Dr. phil. Dipl.-Psych. Christa Seidel, Starnberg.
Abb. 168, Seite 331, © Autorin Dr. phil. Dipl.-Psych. Christa Seidel, Starnberg.
Abb. 169-170, Seite 333, © Autorin Dr. phil. Dipl.-Psych. Christa Seidel, Starnberg.
Abb. 171, Seite 335, © Autorin Dr. phil. Dipl.-Psych. Christa Seidel, Starnberg.
Abb. 172, Seite 338, © Autorin Dr. phil. Dipl.-Psych. Christa Seidel, Starnberg.
Abb. 173, Seite 341, © Autorin Dr. phil. Dipl.-Psych. Christa Seidel, Starnberg.
Abb. 174-177, Seiten 342-344. Die Abbildungen sind aus dem Magazin Stern, Heft Nr. 2, Hamburg, 5. Januar 1994, entnommen. Ihre Reproduktion erfolgt mit freundlicher Genehmigung des Magazins Stern. © Magazin Stern, Hamburg; Fotografie Tilmann Müller und Uli Reinhardt.
Abb. 178, Seite 353, © Autorin Dr. phil. Dipl.-Psych. Christa Seidel, Starnberg.
Leitlinien zur ganzheitlichen Interpretation der Kinderzeichnung, Seite 354-358, © Autorin Dr. phil. Dipl.-Psych. Christa Seidel, Starnberg.
Abb. 179, Seite 393, © Autorin Dr. phil. Dipl.-Psych. Christa Seidel, Starnberg.
Abb. 180, Seite 414, © Autorin Dr. phil. Dipl.-Psych. Christa Seidel, Starnberg.
Abb. 181, Seite 436, © Autorin Dr. phil. Dipl.-Psych. Christa Seidel, Starnberg.
Abb. 182, Seite 449, © Autorin Dr. phil. Dipl.-Psych. Christa Seidel, Starnberg.
Abb. 183, Seite 459, © Autorin Dr. phil. Dipl.-Psych. Christa Seidel, Starnberg.
Abb. 184-185, Seiten 469-470, © Autorin Dr. phil. Dipl.-Psych. Christa Seidel, Starnberg.
Abb. 186-189, Seiten 472-474, © Autorin Dr. phil. Dipl.-Psych. Christa Seidel, Starnberg.

Abb. 190-203, Seiten 479-487, © Autorin Dr. phil. Dipl.-Psych. Christa Seidel, Starnberg.
Abb. 204-205, Seiten 502-503, © Autorin Dr. phil. Dipl.-Psych. Christa Seidel, Starnberg.
Abb. 206-216, Seiten 509-516, © Autorin Dr. phil. Dipl.-Psych. Christa Seidel, Starnberg.
Abb. 217-221, Seiten 520-522, © Autorin Dr. phil. Dipl.-Psych. Christa Seidel, Starnberg.
Abb. 222-228, Seiten 529-533, © Autorin Dr. phil. Dipl.-Psych. Christa Seidel, Starnberg.
Abb. 229-236, Seiten 538-543, © Autorin Dr. phil. Dipl.-Psych. Christa Seidel, Starnberg.
Abb. 237-242, Seiten 547-551, © Autorin Dr. phil. Dipl.-Psych. Christa Seidel, Starnberg.
Abb. 243-245, Seiten 553-556, © Autorin Dr. phil. Dipl.-Psych. Christa Seidel, Starnberg.
Abb. 246, Seite 557, © Autorin Dr. phil. Dipl.-Psych. Christa Seidel, Starnberg.
Abb. 247, Seite 559, © Autorin Dr. phil. Dipl.-Psych. Christa Seidel, Starnberg.
Abb. 248-249, Seite 560, © Autorin Dr. phil. Dipl.-Psych. Christa Seidel, Starnberg.
Abb. 250, Seite 562, © Autorin Dr. phil. Dipl.-Psych. Christa Seidel, Starnberg.
Abb. 251-252, Seiten 569 und 571, © Autorin Dr. phil. Dipl.-Psych. Christa Seidel, Starnberg.
Abb. 253-256, Seiten 576-578, © Autorin Dr. phil. Dipl.-Psych. Christa Seidel, Starnberg.
Abb. 257, Seite 581, © Autorin Dr. phil. Dipl.-Psych. Christa Seidel, Starnberg.
Abb. 258-277, Seiten 614-630, © Autorin Dr. phil. Dipl.-Psych. Christa Seidel, Starnberg.
Abb. 278, Seite 640, © Autorin Dr. phil. Dipl.-Psych. Christa Seidel, Starnberg.
Abb. 279, Seite 643, © Autorin Dr. phil. Dipl.-Psych. Christa Seidel, Starnberg.
Abb. 280, Seite 645, © Autorin Dr. phil. Dipl.-Psych. Christa Seidel, Starnberg.
Abb. 281, Seite 647, © Autorin Dr. phil. Dipl.-Psych. Christa Seidel, Starnberg
Abb. 282-288, Seiten 654-659, © Autorin Dr. phil. Dipl.-Psych. Christa Seidel, Starnberg.
Seite 660, Domin, H. (1987): © Gesammelte Gedichte. Frankfurt a. M.: S. Fischer Verlag GmbH.
Abb. 289, Seite 719, Joan Miró: „Der singende Fisch". Die Reproduktion dieser Abbildung erfolgt mit freundlicher Genehmigung von VG Bild-Kunst, Bonn. © Successió Miró/VG Bild-Kunst, Bonn 2007.

Tabelle 1, Seiten 730-732, E. M. Koppitz, Auswertungsanleitung für 30 Entwicklungsmerkmale. Die Reproduktion der Tabelle 1 erfolgt mit freundlicher Genehmigung von Elsevier, Philadelphia, USA, und des Thieme Verlags, Stuttgart. © Elsevier, Philadelphia, USA, und Thieme, Stuttgart.

Tabellen 2 und 3, Seiten 734-737, Entwicklungsmerkmale im ZEM, E. M. Koppitz. Normative Daten für Entwicklungsmerkmale im ZEM von Jungen und Mädchen. Die Reproduktion der Tabellen 2 und 3 erfolgt mit freundlicher Genehmigung von Elsevier, Philadelphia, USA, und des Thieme Verlags, Stuttgart. © Elsevier, Philadelphia, USA, und Thieme, Stuttgart.

Tabelle 4, Seiten 740-742, E. M. Koppitz, Auswertungsanleitung für 30 Emotionale Merkmale/Faktoren. Die Reproduktion der Tabelle 4 erfolgt mit freundlicher Genehmigung von Elsevier, Philadelphia, USA, und des Thieme Verlags, Stuttgart. © Elsevier, Philadelphia, USA, und Thieme, Stuttgart.

Anleitung zur Testanweisung des Sterne-Wellen-Tests (U. Avé-Lallemant), Seite 753. Die Anleitung des SWT wird mit freundlicher Genehmigung des Reinhardt Verlags, München, entsprechend der Originalliteratur zitiert.

Strukturierter Beobachtungsbogen, Seiten 764-804 und 806, © Autorin Dr. phil. Dipl.-Psych. Christa Seidel, Starnberg. Seite 805 bezieht sich auf die quantitative Auswertung der Emotionalen Faktoren des Tests: „Zeichne-Einen-Menschen“, ZEM, nach E. M. Koppitz und unterliegt damit dem Copyright von Elsevier, Philadelphia, USA, und Thieme, Stuttgart.

Auszüge aus dem Multiaxialen Klassifikationsschema für psychische Störungen des Kindes- und Jugendalters nach ICD-10 der WHO, 2006, Seiten 807-808. Die Wiedergabe erfolgt mit freundlicher Genehmigung des Hans Huber Verlags, Bern. © Verlag Hans Huber, Bern.

Auszüge aus der ICD-10-GM 2007. Systematisches Verzeichnis. Internationale statistische Klassifikation der Krankheiten und verwandter Gesundheitsprobleme, 10. Revision – German Modification, Stand 9. Oktober 2006. Herausgegeben vom Deutschen Institut für Medizinische Dokumentation und Information (DIMDI) im Auftrag des Bundesministeriums für Gesundheit unter Beteiligung der Arbeitsgruppe ICD-10 des Kuratoriums für Fragen der Klassifikation des Gesundheitswesens (KKG). Bearbeitet von B. Graubner, Zentralinstitut für kassenärztliche Versorgung in der Bundesrepublik Deutschland (ZI), Seiten 809-816. Die Wiedergabe erfolgt mit freundlicher Genehmigung des Deutschen Ärzte-Verlags, Köln. © Deutscher Ärzte-Verlag, Köln.

Buchumschlag: © Autorin Dr. phil. Dipl.-Psych. Christa Seidel, Starnberg.
Hintergrund-Motiv für Buchumschlag (Vorderseite, Buchrücken, Rückseite): Abb. 110 (seitenverkehrt), Seite 228 - „Unser Boot“.

Vorderseite rechts oben:
Abb. 086, Seite 216 - „Das Mondauto“.
Vorderseite Mitte:
Abb. 244, Seite 555 - „Das bin ich“.
Vorderseite unten (v. l. n. r.):
Abb. „Das Mädchen mit roten Haaren“ (in Buchrücken übergehend) - Fallbeispiel Susanne, Seite 553;
Abb. 063, Seite 182 - „Im Zirkus, ein Clown, er macht Quatsch ...“;
Abb. 094, Seite 220 - „Kirche, Bäume, Häuser, Wald, ...“;
Abb. 167, Seite 327 - „Die Geschichte vom Rosenbusch“;
Abb. 109, Seite 228 - „Unsere Stadt“.
Rückseite links unten:
Abb. 072 (seitenverkehrt), Seite 186 - Benennung fehlt.